U0216167

吉林人民出版社

简体字本二十六史

宋史

卷八六——卷一四九

（三）

［元］ 脱脱等 撰

刘浦江等 标点

宋史卷八六
志第三九

地理二

河北路　河东路

河北路。旧分东西两路,后并为一路。熙宁六年,再分为两路。

东路。府三:大名,开德,河间,州十一:沧,冀,博,棣,莫,雄,霸,德,滨,恩,清。军五:德清,保顺,永静,信安,保定。县五十七。

大名府,魏郡。庆历二年,建为北京。八年,始置大名府路安抚使,统北京、澶怀卫德博滨棣、通利保顺军。熙宁以来并因之,六年,分属河北东路。崇宁户一十五万五千二百五十三,口五十六万八千九百七十六。贡花绸、绵绸、平绸、紫草。县十二:元城,赤。熙宁六年,省大名县为镇入焉。莘,畿。大名,次赤。熙宁六年,省入元城。绍圣三年复。政和六年,徙治南乐镇。内黄,畿。成安,畿。熙宁六年,省洹水县为镇入焉。魏,次畿。馆陶,畿。熙宁五年,省永济县为镇入焉,寻复旧。临清,次畿。夏津,畿。清平,畿。宋初,自博州来隶。熙宁二年,又割博平县明灵寨隶焉,本县移置明灵。冠氏,畿。宗城。畿。熙宁五年,省临清县为镇入焉。当年复旧,寻以永济隶临清。熙宁六年,又省经城县为镇入焉。

开德府,上,澶渊郡,镇宁军节度。本澶州。崇宁四年,建为北辅。五年,升为府。宣和二年,罢辅郡,仍隶河北东路。崇宁户三万一千八百七十八,口八万二千八百二十六。贡苣䔽席、南粉。县七:

濮阳，中。观城，望。皇祐元年，省入濮阳、顿丘。四年，复置。临河，紧。清丰，中。庆历四年，徙清丰县治德清军，即县置军使，隶州。熙宁六年，省顿丘县入清丰。卫南，中。朝城，畿。旧隶大名府崇宁四年，与南乐来隶。南乐，畿。德清军。见上。

沧州，上，景城郡，横海军节度。崇宁户六万五千八百五十二，口一十一万八千二百一十八。贡大绢、大柳箱。县五：清池，望。熙宁四年，省饶安县为镇入清池。有乾符、巷姑、三女、泥姑、小南河五寨。政和三年，改巷姑曰海清，三女曰三河，泥姑曰河平。无棣，望。治平中，徙无棣县治保顺军，即县治置军使，隶州。盐山，紧。乐陵，紧。熙宁二年徙治咸平镇。南皮。中。熙宁六年，省临津县入焉。

保顺军。周置军于沧州无棣县南二十里。开宝三年，又以沧、隶二州界保顺、吴桥二镇之地益焉，仍隶沧州。

冀州，上，信都郡，旧团练。庆历八年，升安武军节度。崇宁户六万六千二百四十四，口一十万一千三十。贡绢。县六：信都，望。修，上。南宫，上。皇祐四年，升新河镇为县，废南宫。六年，省新河为镇入焉。枣强，上。熙宁元年，省为镇入信都。十年，复置。武邑，上。衡水。中。

河间府，上，河间郡，瀛海军节度。至道三年，以高阳隶顺安军。旧名关南，太平兴国元年，改名高阳关。庆历八年，始置高阳关路安抚使，统瀛莫雄贝冀沧、永静保定乾宁信安一十州军。本瀛州，防御。大观二年升为府，赐军额。崇宁户三万一千九百三十，口六万二百六。贡绢。县三：河间，望。雍熙中即县西置平虏寨，景德二年改为肃宁城。乐寿，望。至道三年，自深州来隶。熙宁六年，省景城为镇入焉。束城。上。熙宁六年，省为镇入河间，元祐元年复。

博州，上，博平郡，防御。淳化三年，河决，移治于孝武渡西。崇宁户四万六千四百九十二，口九万一千三百二十三。贡平绢。县四：聊城，望。高唐，望。堂邑，望。博平。紧。熙宁二年，割明灵寨隶北京清平。

棣州，上，乐安郡，防御。建隆二年，升为团练，俄为防御。大中祥符八年，移治阳信县界八方寺。崇宁户三万九千一百三十七，口五万七千二百三十四。贡绢。县三：厌次，上。商河，中。阳信。下。

莫州，上，文安郡，防御。熙宁六年，省长丰县为镇，又省莫县入任丘。元祐二年，复莫县，寻又罢为镇。崇宁户一万四千五百六十，口三万一千九百九十二。贡绵。县一：任丘。上。有马村王家二寨。政和三年，改马村寨曰定安，王家寨曰定平。

雄州，中，防御。本唐涿州瓦桥关。政和三年赐郡名曰易阳。崇宁户一万三千一十三，口五万二千九百六十七。贡绸。县二：归信，中。有张家、木场、三桥、双柳、大涡、七姑垣、红城、新垣八寨。容城。中。建隆四年复置。

霸州，中防御。本唐幽州永清县地，后置益津关。周置霸州，以莫之文安、瀛州之大城来属。政和三年，赐郡名曰永清。崇宁户一万五千九百一十八，口二万一千五百一十六。贡绢。县二；文安，上。景祐二年，废永清县入焉。有刘家涡、刁鱼、莫金口、阿翁、雁头；黎阳、喜涡、鹿角八寨。元丰四年，割鹿角寨隶信安军。政和三年，改刘家涡曰安平，阿翁曰仁孝，雁头曰和宁，喜涡曰喜安。大城。上。

德州，上，平原郡，军事。宋初，省归化县。景祐二年，废安陵县入将陵，后割属永静军。熙宁六年，省德平县为镇，入安德。崇宁户四万四千五百九十一，口八万二千二十五。贡绢。县二：安德，望。平原。紧。

滨州，上，军事。大观二年，赐渤海郡名。大中祥符五年，废蒲台县。崇宁户四万九千九百九十一，口一十一万四千九百八十四。贡绢。县二：渤海，望。招安。上。庆历二年，升招安镇为县。熙宁六年，省为镇入渤海。元丰二年复为县。

恩州，下，清河郡，军事。唐贝州，晋永清军度节，周为防御。宋初，复为节度。庆历八年，改州名，罢节度。崇宁户五万一千三百四十二，口八万五千九百八十六。贡绢、白毡。县三：清河，望。端拱元年，徙治永宁镇。淳化五年徙今治。熙宁四年，省清阳县入焉。武城，望。历亭。紧。至和元年，废漳南县入焉。

永静军，同下州。唐景州。太平兴国六年，以军直属京。淳化元年，以冀州阜城来属。景德元年，改军名。崇宁户三万四千一百九十三，口三万九千二十二。贡簟、绢。县三：东光，紧。将陵。望。景祐元年，移治于长河镇。阜城。中。嘉祐八年省为镇入东光。熙宁十年复为县。

清州，下，本乾宁军。幽州芦台军之地，晋陷契丹。周平三关，置永安县，属沧州。太平兴国七年置军，改县曰乾宁，隶焉。大观二年，升为州。政和三年，赐郡名曰乾宁。崇宁户六千六百一十九，口一万二千七十八。贡绢。县一：乾宁。熙宁六年省为镇。元符二年复。崇宁三年再省。政和五年又复，寨六。钓台、独流北、独流东、当城、沙涡、百万。

信安军，同下州。太平兴国六年，以霸州淤口寨建破虏军。景德二年，改为信安。崇宁户七百一十五，口一千四百三十七。贡绢，寨七。周河、刁鱼、田家、狼城、佛圣涡、鹿角、李详。元丰四年，霸州鹿角寨始隶军。

保定军，同下州。太平兴国六年，以涿州新镇建平戎军。景德元年，改为保定军。景祐元年，析霸州文安、大城二县五百户隶军。宣和七年，废保定军为保定县，隶莫州。知县事仍兼军使，寻依旧。崇宁户一千二十九，口二千四百八十四。贡绢。寨二。桃花、父母。政和三年，改父母寨曰安宁。

西路。府四：真定，中山，信德，庆源。州九：相，浚，怀，卫，洺，深，磁，祁，保。军六：天威，北平，安肃，永宁，广信，顺安。县六十五。

真定府，次府，常山郡，唐成德军节度。本镇州，汉以赵州之元氏、栾城二县来属。开宝六年，废九门、石邑二县。端拱初，以鼓城隶祁州。淳化九年，以束鹿隶深州。庆历八年，初置真定府安抚使，统真定府、磁相邢赵洺六州。崇宁户九万二千三百五十三，口一十六万三千一百九十七。贡罗。县九：真定，次赤。稾城，次畿。栾城，次畿。元氏，次畿。井陉，次畿。熙宁六年，省入获鹿、平山。八年复置，徙治天武军，即县治置军使，隶府。有天威军、小作口、王家谷三寨。获鹿，次畿。

平山，次畿。有甘泉、岚州、沂州、擅明、夫妇、柏岭、黄冈、烘山、赤箭、抱儿、石虎、中子、雕棋、东临山、西临山十五寨。**行唐**，次畿。**灵寿**。次畿。熙宁六年，省为镇入行唐。八年复。有赤陉、飞吴二寨。**寨一：北寨**。咸平二年置。熙宁八年，析行唐县二乡隶寨。**天威军**。见上。

　　相州，望，邺郡，彰德军节度。崇宁户三万六千三百四十，口七万一千六百三十五。贡暗花牡丹花纱、知母、胡粉、绢。县四：**安阳**，紧。熙宁五年，省永和县入焉。**汤阴**，紧。宣和二年，以汤阴县隶浚州，寻复来隶。**临漳**，紧。熙宁五年，省邺县入焉。**林虑**。中。

　　中山府，次府，博陵郡。建隆元年，以易北平并来属。太平兴国初，改定武军节度。本定州。庆历八年，始置定州路安抚使，统定保深祁、广信、安肃、顺安、永宁八州。政和三年，升为府，改赐郡名曰中山。崇宁户六万五千九百三十五，口一十八万六千三百五。贡罗、大花绫。县七：**安喜**，紧。**无极**，紧。**曲阳**，上，**唐**，上。**望都**，中。**新乐**，中。**北平**。中下。**寨一：军城**。隶曲阳县。北平军。庆历二年，以北平寨建军。四年复隶州，即北平县治置军使，隶州。

　　信德府，次府，钜鹿郡。后唐安国军节度。本邢州。宣和元年，升为府。崇宁户五万三千六百一十三，口九万五千五百五十二。贡绢、白磁盏、解玉砂。县八：**邢台**，上。宣和二年，改龙冈县为邢台。**沙河**，上。**任**，中。**尧山**，中。**平乡**，上。熙宁六年，省平乡县为镇入钜鹿。元祐元年复。**内丘**，上。熙宁六年，省尧山县入焉，元祐元年复。**南和**，中。熙宁五年，省任县为镇入焉，元祐元年复。**钜鹿**。上。

　　浚州，平川军节度。本通利军。端拱元年。以滑州黎阳县为军。天圣元年，改通利为安利。四年，以卫州卫县隶军。熙宁三年废为县，隶卫州。元祐元年复为军。政和五年升为州，号浚川军节度，改今额。崇宁户三千一百七十六，口三千二百二。县二：**卫**，上。熙宁六年，废为镇入黎阳。后复。**黎阳**。中。

　　怀州，雄，河内郡，防御。建隆元年，升为团练，俄为防御。崇宁户三万二千三百一十一，口八万八千一百八十五。贡牛膝、皂角。县三：**河内**，紧。熙宁六年，省武德县为镇入焉。**修武**，上。熙宁六年，省为镇入武陟。元祐元年复，**武陟**。中。

卫州，望，汲郡，防御。崇宁户二万三千二百四，口四万六千三百六十五。贡绢、绵。县四：**汲**，中。**新乡**，紧。熙宁六年废为镇入汲。元祐二年复。**获嘉**，上。天圣四年，自怀州来隶。**共城**。中。监一：**黎阳**。熙宁七年置，铸铜钱。

洺州，望，广平郡，建隆元年，千为防御。熙宁三年，省曲周县为镇，入鸡泽。六年，省临洺县为镇，入永年。元祐二年，曲周、临洺复为县，寻复为镇。四年，曲周、鸡泽依旧别为两县，崇宁户三万八千八百一十七，口七万三千六百。贡绸。县五：**永年**，上。**肥乡**，望。**平恩**，紧。**鸡泽**，中。**曲周**。中。

深州，望，饶阳郡，防御。雍熙四年，废陆泽县。崇宁户三万八千三十六，口八万三千七百一十，贡绢。县五：**望**。本汉下博县，周置静安军，以县隶，俄复焉。太平兴国七年，又隶静安军。雍熙二年军废，还属，三年废，四年复置改今名。**束鹿**，望。淳化中，自真定来属。**安平**，望。**饶阳**，望。**武强**。望。

磁州，上，滏阳郡，团练。旧名慈，政和三年改作磁。崇宁户三万六千四百九十一，口九万六千九百二十二。贡磁石。县三：**滏阳**，上。熙宁六年，省昭德县为镇入焉。**邯郸**，上。**武安**。上。有固镇、永安、黄泽、梅回四寨。

祁州，中，蒲阴郡，团练。端拱初，以镇州鼓城来属。景德元年，移治于定州蒲阴，以无极隶定。熙宁六年，省深泽县为镇，入鼓城。元祐元年复。崇宁户二万四千四百八十四，口四万九千九百七十五。贡花紬。县三：**蒲阴**，望。**鼓城**，紧。**深泽**。中。

庆源府，望，赵郡，庆源军节度。本赵州，军事。大观三年，升为大藩。崇宁四年，赐军额。宣和元年，升为府。崇宁户三万四千一百四十一，口六万一百三十七。贡绢、绵。县七：**平棘**，望。**宁晋**，望。**临城**，上。唐县。熙宁六年，省隆平县为镇入焉，元祐无年复。**高邑**，中。熙宁五年，省柏乡、赞皇二县为镇入焉，元祐元年皆复。**隆平**，中。**柏乡**，中。**赞皇**。下。

保州，下，军事。本莫州清苑县。建隆初，置保塞军。太平兴国六年，建为州。政和三年，赐郡名曰清苑。崇宁户二万七千四百五十六，口二十三万二百三十四。贡绢。县一：保塞。望。太平兴国六年，析易州满城之南境入焉。

安肃军，同下州。本易州遂城县。太平兴国六年，建为静戎军，析易州遂城三乡置静戎县隶焉。景德元年并县改安肃军。宣和七年，废军为安肃县。知县事仍兼军使，寻依旧。崇宁户七千一百九十七，口一万四千七百五十一。贡素绝。县一：安肃。中。

永宁军，同下州。雍熙四年，以定州博野县建宁边军。景德元年，改永宁军。宣和七年，废为博野县。知县事仍兼军使，寻依旧。县一：博野。望。

广信军，同下州。太平兴国六年，改易州遂城县为威勇军。景德元年，改广信军。崇宁户四千四百四十五，口八千七百三十八。贡绸、栗。县一：遂城。中。

顺安军，同下州。本瀛州高阳关寨。太平兴国七年，置唐兴寨。淳化三年，建为顺安军。至道三年，以瀛州高阳来属。熙宁六年，省高阳县为镇。十年，复为县。崇宁户八千六百五，口一万六千五百七十八。贡绢。县一：高阳。中。

河北路，盖《禹贡》兖、冀、青三州之域，而冀、兖为多。当毕、昂、室、东壁、尾、箕之分。南滨大河，北际幽、朔，东濒海，西压上党。茧丝、织纴之所出。人性质厚少文，多专经术，大率气勇尚义，号为强忮。土平而近边，习尚战斗。有河漕以实边用，商贾贸迁，刍粟峙积。宋初募置乡义，大修战备，为三关，置方田以资军廪。契丹数来侵扰，人多去本，及荐修戎好，益开互市，而流庸复来归矣。大名、澶渊、安阳、临洺、汲郡之地，颇杂斥卤，宜于畜牧。浮阳际海，多鬻盐之利。其控带北地，镇、魏、中山皆为雄镇云。

河东路。府三：太原，隆德，平阳。州十四：绛，泽，代，忻，汾，辽，宪，岚，石，隰，慈，麟，府，丰。军八：庆祚，威胜，平定，岢岚，宁化，火山，保德，晋宁。县八十一。

太原府，太原郡，河东节度。太平兴国四年，平刘继元，降为紧州，军事；毁其城，移治于榆次县。又废太原县，以平定、东平二县属平定军，交城属大通监。七年，移治唐明监。旧领河东路经略、安抚使。元丰为次府，大观元年升大都督府。崇宁户一十五万五千二百六十三，口一百二十四万一千七百六十八。贡大铜鉴、甘草、人参、矾石。县十：阳曲，次赤。有百井、阳兴二寨。太谷，次畿。榆次，次畿。寿阳，次畿。盂，次畿。交城，次畿。开宝元年，自大通监来隶。文水，次畿。祁，次畿。清源，次畿。平晋，中。熙宁三年，废入阳曲。政和五年复。监二：大通，永利。

隆德府，大都督府，上党郡，昭义军节度。太平兴国初，改昭德。旧领河东路兵马钤辖，兼提举泽晋绛州、威胜军屯驻泊本城兵马巡检事。本潞州。建中靖国元年，改为军。崇宁三年，升为府，仍还昭德旧节。崇宁户五万二千九百九十七，口一十三万三千一百四十六。贡人参、蜜、墨。县八：上党，望。屯留，上。襄垣，上。潞城，上。壶关，中。长子，中。涉，中。黎城，中。天圣三年，徙治涉之东南白马驿。熙宁五年，首入潞城县。元祐元年复。

平阳府，望。平阳郡，建雄军节度。本晋州，政和六年，升为府。崇宁户七万五千九百八，口一十八万三千二百五十四。贡蜜、蜡烛。县十：临汾，望。洪洞，紧。襄陵，紧。熙宁五年，废慈州乡宁县分隶焉。有雕窠、豹尾二寨。神山，上。有韩买、安国、史壁、叠头关等堡。赵城，上。熙宁五年，省为镇隶洪洞。元丰三年复为县。汾西，中。有厚畛、青岸、石桥、青山、边柏五寨。霍邑，中。冀氏，中。有府城、永兴二寨，陶川、白练、当谷、横巅四堡。岳阳，中下。和川，中下。太平兴国六年，废沁州，以县来属。熙宁五年，省为镇入冀氏。元祐元年复为县。务二：炼矾、矾山。

庆祚军。政和三年，以赵城造父始封之地升为军，以军事领之。

绛州，雄，绛郡，防御。崇宁户五万九千九百三，口九万四千二百三十七。贡防风、蜡烛、墨。县七：正平，望。曲沃，望。大平，望。熙宁五年，废慈州，以乡宁县分隶太平、稷山。翼城，上。稷山，中。绛，中。有中山、花崖、华山三寨。垣曲。下有铜钱一监。

泽州，上，高平郡。崇宁户四万四千一百三十三，口九万一千八百五十二。贡白石英、禹余粮、人参。县六：晋城，紧。高平，上。阳城，上。端氏，中。陵川，中。沁水。中下。关一：雄定。旧天井关，属晋城县。靖康元年改今名。

代州，上，雁门郡，防御。景德二年，废唐林县。旧置沿边安抚司。崇宁户三万三千二百五十八，口一十五万九千八百五十七。贡麝香、青、碌。县四：雁门，中下。有西陉、胡谷、雁门三寨。崞，中下。有楼板、阳武、石峡、土登四寨。五台，中下。繁畤。下。有繁畤、茹越、大石、义兴冶、宝兴军、瓶形、梅回、麻谷八寨。

忻州，下，定襄郡，团练。崇宁户一万八千一百八十六，口四万二千二百三十二。贡解玉砂、麝。县二：秀容，紧。熙宁五年，省定襄入焉。元祐元年，定襄复为县。有石岭关、忻口、云内、徒合四寨。定襄。中下。

汾州，望，西河郡，军事。崇宁户五万一千六百九十七，口一十八万五千六百九十八。贡土绢、石膏。县五：西河，望。有永利西监。平遥，望。介休，上。灵石，中。有阳凉南关、阳凉北关。孝义。上。太平兴国元年，改为中阳，后复为孝义。熙宁五年，省为镇入介休。元祐元年复。

辽州，下，乐平郡。熙宁七年州废，省平城、和顺二县为镇，入辽山县，隶平定军；省榆社县为镇，入威胜军武乡县。元丰八年，复置州，县镇并复来隶。元祐元年，复置和顺、榆社、平城县。崇宁户七千三百一十五。贡人参。县四：辽山，下。有黄泽寨。和顺，下。榆社，中下。平城。中。

宪州，中，汾源郡，军事。初治楼烦，咸平五年，移治静乐军、县，遂废军，又废楼烦改隶岚州。熙宁三年，废宪州，以静乐县隶岚州。十年，复宪州，仍领静乐县。政和五年，赐郡名。崇宁户二千七百二十二，口七千四百四十四。贡麝香。县一：静乐。中。咸平五年，废天池、玄池二县入焉。

岚州，下，楼烦郡，军事。太平兴国五年，以岚谷隶岢岚军。崇宁户一万三千二百六十九，口六万六千二百二十四。贡麝香。县三：宜芳，中。有飞鸢堡。合河，中下。有乳浪寨。楼烦。下。咸平五年，自宪州来隶。

石州，下，昌化郡，军事。旧带岚、石、隰三州都巡检使。元丰五年，置葭芦、吴堡二寨，隶州，因置二寨沿边都巡检使，遂令三州各带沿边都巡检使。初领县五，元符二年，升葭芦寨为晋宁军，以州之临泉县隶焉。大观三年，复以定胡县隶晋宁军。崇宁户一万五千八百九，口七万二千九百二十九。贡蜜、蜡。县三：离石，中。平夷，中。有伏落津寨。方山。下。

隰州，下，大宁郡，团练。熙宁五年，废慈州，以吉乡县隶州，即县治置吉乡军使，仍省文城县为镇，隶焉。元祐元年，复慈州。七年，以州之上平、永宁两关府逼西界，以州为次边。崇宁户三万八千二百八十四，口一十三万八千四百三十九。贡蜜、蜡。县六：隰川，上。温泉，上。有碌矾一务，水头、白壁、先锋三寨。蒲，中。大宁，中。石楼，中。有上平、永宁二寨。永和。中。

慈州，下，团练。旧领吉乡、文城、乡宁三县。熙宁五年废州，以吉乡隶隰州，即县治置吉乡军使，仍省文城为镇，隶焉。又以乡宁隶晋州襄陵县。元祐元年，复吉乡军为慈州。户口阙。县一：吉乡。中。

麟州，下，新秦郡。乾德初，移治吴儿堡。五年，升建宁军节度。端拱初，改镇西军节度。崇宁户三千四百八十二，口八千六百八十四。贡柴胡。县一：新秦。上。政和四年，废银城、连谷二县入焉。有神堂、静羌二寨，惠宁、镇川，二堡银城有屈野川，五原塞，银城、神木、建宁三寨，肃定、神木、通津、阑干四堡，连谷有屈野川、横阳堡。大和寨，地名大和谷，元符二年进筑，赐名。东至神木寨五十五里，南至弥川寨三十里，西至饶咩浪界堠七十里，北至清水谷二十里。大和堡。地名麻乜娘，元符二年进筑，赐名。东至肃定堡界二十五里，南到清水谷二十里，西至松木骨堆界六十五里，北至银城寨二十五里。

府州，中，靖康军节度。本永安军。崇宁元年，改军额。政和五年，赐郡名曰荣河。旧置麟府路军马司。以太原府代州路钤辖领之。崇宁户一千二百四十二，口三千一百八十五。贡甘草。县一：府谷。下。有安丰、宁府、百胜三寨，河滨、斥堠、靖安、西安四堡。宁川堡，府州安丰寨外第九寨，元符元年赐名。东至斥堠堡三十五里，南至安丰寨界四十五里，西至丰州宁丰寨四十里，北至青没怒川界堠一百五十里。宁边寨，地名端正平，元符二年进筑，赐今名。东至宁府寨界三十里，南至靖化堡界三十里，西至吴庞烽一十五里，北至保宁寨界三十里。宁疆堡，宣和六年，独移庄岭建堡，赐名宁疆。震威城。宣和六年，铁炉骨堆建寨，赐名。

丰州，下。庆历元年，元昊攻陷州地。嘉祐七年，以府州罗泊川掌地复建为州。今军事。政和五年，赐郡名宁丰。崇宁户一百五十三，口四百一十一。贡甘草、柴胡。寨二：永安，保宁。

威胜军，同下州。太平兴国三年，于潞州铜鞮县乱柳石围中建为军。崇宁户一万九千九百六十二，口三万七千七百二十六。贡土绵。县四：铜鞮，中。太平兴国初，兴武乡自潞州来隶。武乡，上。熙宁七年废辽州，以榆社县为镇入焉。元丰八年，复置辽州，以榆社往隶。沁源。中下。太平兴国六年废沁州，以县来隶。绵上。中下。宝元二年，自大通监来隶。庆历六年，徙治军西北大觉寺地。

平定军，同下州。太平兴国二年，以镇州广阳寨建为军。四年，以并州平定、乐平二县来属。崇宁户九千三百六，口二万八千六百七。贡绢。县二：平定，中。唐广阳县，太平兴国四年改。有故井陉关、百井寨。乐平。中。有静阳寨。

岢岚军，同下州。太平兴国五年，以岚州岚谷县建为军。崇宁户二千九百一十七，口六千七百二十。贡绢。县一：岚谷。下。熙宁三年废，元丰六年复置。有永和、洪谷等六寨。

宁化军，同下州。崇宁户一千七百一十八，口三千八百二十一。贡绢。县一：宁化。熙宁三年废，元祐元年复；崇宁三年又废为镇。有西阳、脑子、细腰、窟谷四寨。

火山军，同下州。本岚州之地。太平兴国七年，建为军。治平四年，置火山县，四年，废之。崇宁户五千四十五，口九千四百八十

四。贡柴胡。寨一：下镇。火山军旧领雄勇、偏头、董家、横谷、桔槔、护水
六寨。庆历初，置下镇寨。嘉祐六年，废偏头寨。熙宁元年，废桔槔寨。《元丰
九域志》：领寨一。

保德军，同下州。淳化四年，析岚州地置定羌。景德元年改。崇
宁户九百六十三，口四千五十。贡绢。津二。大堡、沙谷。

晋宁军，本西界葭芦寨。元丰五年，收复，六月并吴堡寨并隶石
州。元祐四年，以葭芦寨赐西人。绍圣四年收复。元符二年以葭芦
寨为晋宁军，割石州之临泉隶焉。知军领岚石路沿边安抚使，兼岚、
石、隰州都巡检使。大观三年，复以石州定胡县来隶。东至克胡寨
隔河五里，南至吴堡寨一百七十里，西至神泉寨二十五里，北至通
秦寨二十里。领县二：定胡，中。旧领定胡、天浑津、吴堡三寨。按吴堡寨
元丰四年收复，东至黄河，南至绥德军白草寨九十里，西至绥德军义合寨六十
里，北至晋宁军一百七十里。临泉。中下。旧领克胡、葭芦二寨。按葭芦寨乃
元丰五年收复，后为晋宁军。神泉寨，地名榆木川，在废葭芦寨北。元符元年
赐今名。东至晋宁军二十五里，南至乌龙寨二十五里，西至隔祚岭界壕五十
里，北至通秦寨四十里。三交堡，地名三交川岭。元符元年，神泉寨筑保毕工
赐名。乌龙寨，元符二年，进筑赐名。东至神泉寨二十五里，南至暖
泉寨二十里，西至暖泉寨三十里，北至女萌烽一十七里，通秦寨，地
名升啰岭，元符二年赐今名。东至黄河二十九里，南至神泉寨四十二里，西至
女萌骨堆界壕五十里，北至通秦堡一十七里。宁河寨，地名窟薛岭，元符二
年赐名。东至黄河三十里，南至通秦堡一十七里，西至尹遇合一十三里，北至
章保二十五里。弥川寨，地名弥勒川，元符二年赐名。东至黄河六十里，南至
弥川堡十五里，西至寨浪骨堆界堆七十里，北至麟州大和寨三十里。通秦
堡，地名精移堡，元符二年，同寨赐名。东至黄河一十七里一百二十步，南至
通秦寨一十七里，西至龙移川界壕五十里，北至宁河寨一十一里。宁河堡，
地名哥崖岭，元符二年同寨赐名。弥川堡，地名小红崖，元符二年南寨赐名。
东至黄河四十里，南至宁河寨一十五里，西至祖平四十里，北至秦平堡一十
里。靖川堡。东至黄河三十里，南至宁河寨十四里，西至界首立子谷四十五
里，北至弥川堡一十三里。

河东路,盖《禹贡》冀、雍二州之域,而冀州为多。当觜、参之分。其地东际常山,西控党项,南尽晋、绛,北控云、朔,当太行之险地,有盐、铁之饶。其俗刚悍而朴直,勤农织之事业,寡桑柘而富麻苎。善治生,多藏蓄,其靳啬尤甚。朔方、楼烦,马之所出,岁增贸市以充监牧之用。太宗平太原,虑其恃险,徙州治焉。然犹为重镇,屯精兵以控边部云。

宋史卷八七

志第四〇

地理三

陕　西

陕西路。庆历元年,分陕西沿边为秦凤、泾原、环庆、鄜延四路。熙宁五年,以熙河洮岷州、通远军为一路,置马步军都总管、经略安抚使。又以熙、河五州军为一路,通旧鄜延等五路,共三十四州军,后分永兴保安军、河中、陕府、商解同华耀虢鄜延丹坊环庆邠宁州为永兴军等路,转运使于永兴军、提点刑狱于河中府置司;凤翔府、秦阶陇凤成泾原渭熙河洮岷州、镇戎德顺通远军为秦凤等路,转运使于秦州、提点刑狱于凤翔府置司;仍以永兴、鄜延、环庆、秦凤、泾原、熙河分六路,各置经略、安抚司。

永兴军路。府二:京兆,河中。州十五:陕,延,同,华,耀,邠,鄜,解,庆,虢,商,宁,坊,丹,环。军一:保安。县八十三。其后延州、庆州改为府,又增银州、醴州及定边、绥德、清平、庆成四军。凡府四,州十五,军五,县九十。

京兆府,京兆郡,永兴军节度。本次府,大观元年升都督府。旧领永兴军路安抚使。宣和二年,诏永兴军守臣等衔不用军额,称京兆府。崇宁户二十三万四千六百九十九,口五十三万七千二百八十八,贡靴毡、蜡、席、酸枣仁、地骨皮。县十三:长安,次赤。樊川,次赤。

旧万年县,宣和七年改。零,次畿。蓝田,次畿。咸阳,次畿。泾阳,次畿。栎阳,次畿。高阳,次畿。兴平,次畿。临潼,次畿。唐昭应县,大中祥符改。醴泉,次畿。武功,次畿。政和八年,同醴泉拨入醴州。乾祐。次畿。监二。熙宁四年置,铸铜钱;八年置,铸铁钱。

河中府,次府,河东郡,护国军节度。旧兼提举解州、庆成军兵马巡检事。大中祥符中。以荣河为庆成军。崇宁户七万千九百六十四,口二十二万七千三十。贡五味子、龙骨。县七:河东,次赤。隋县。熙宁三年,省西河县,六年,省永乐县为镇入焉。临晋,次畿。猗氏,次畿。虞乡,次畿。万泉,次畿。龙门,次畿。元祐二年,置铸钱监二。荣河。次畿。旧隶庆成军,熙宁元年废,以荣河隶府,即县治置军使。

庆成军。见上。

解州,中,防御。崇宁户三万二千三百五十六,口一十一万三千三百二十一。贡盐花。县三:解,中。闻喜,望。安邑。紧。

陕州,大都督府,陕郡。太平兴国初,改保平军,旧兼提举商、虢州兵马巡检事。崇宁户四万七千八百六,口一十三万五千七百一。贡绸、绝、括篓根、柏子仁。县七:陕,中。熙宁六年,省硖石县为石壕镇入焉。平陆,上。夏,上。灵宝,上。熙宁四年,省湖城县入焉。芮城,中下。湖城,中下。元丰元年,复置县。阌乡。中下。太平兴国三年,自虢州与湖城二县来隶。监二。熙宁三年置,铸铜钱;八年置,铸铁钱。

商州,望,上洛郡,军事。崇宁户七万三千一百二十九,口一十六万二千五百三十四。贡麝香、枳壳实。县五:上洛,中。商洛,中下。洛南,中下。丰阳,中。上津。中下。

虢州,雄,虢郡,军事。崇宁户二万二千四百九十,口四万七千五百六十三。贡麝香、地骨皮、砚。县四:庐氏,中。熙宁二年,以西京伊阳县栾川治镇隶焉。虢略,中。唐弘农县。建隆初,改常农。至道三年,改今名。熙宁四年,省玉城县镇入焉。朱阳,中。乾德六年,废入常农,太平兴国七年,复置。栾川。元祐二年,以栾川冶为镇,崇宁三年,改为县。

同州,望,冯翊郡,定国军节度。崇宁户八万一千一十一,口二十三万三千九百六十五。贡白疾藜、生熟乾地黄。县六:冯翊,紧。澄城，紧。朝邑，紧。郃阳，上。熙宁四年，省夏阳县为镇入焉。白水，中。韩城。中。元祐二年，置铸钱监。监一：沙苑。

华州，望，华阴郡。建隆初，为镇国军节度。皇祐五年，改镇潼军节度。崇宁户九万四千七百五十，口二十六万九千三百八十四。贡茯苓、细辛、茯神。县五：郑，上。下邽，望。蒲城，望。唐奉先县。开宝四年改。建隆中，自京兆隶同州。天禧四年，自同州来隶。华阴，紧。渭南。上。熙宁六年，省为镇入郑。元丰元年，复为县。旧自京兆府来隶。监二。熙宁四年置，铸铜钱；八年置，铸铁钱。

耀州，紧，华原郡。开宝五年，为感义军节度。太平兴国初，改感德军。崇宁户一十万二千六百六十七，口三十四万七千五百三十五。贡瓷器。县六：华原，上。富平，望。三原，望。云阳，上。同官，上。美原。中。

清平军。本凤翔府周至县清平镇。大观元年，升为军，复置终南县，隶京兆府。清平军使兼和终南县，专管勾上清太平宫。县一：终南。

延安府，中，都督府，延安郡，彰武军节度。本延州。元祐四年，升为府。旧置鄜延路经略、安抚使，统延州鄜州丹州坊州、保安军，四州一军；其后增置绥德军，又置银州，凡五州二军。银州寻废。崇宁户五万九百二十六，口一十六万九千二百一十六。贡黄蜡、麝香。县七：肤施，中。熙宁五年，省丰林县为镇、金明县为寨并入焉。有金明龙安二寨、安塞一堡。元丰四年，又收复塞门寨。宣和二年，改龙安曰德安寨。延川，中。熙宁八年，省延水县为镇入焉。有丹头、绥平、怀宁、顺安、白草、永平六寨，安定、黑水二堡及永宁关。元丰四年收复，置细浮图、义合、米脂三寨。七年，以米脂、义合、浮图、怀宁、顺安、绥平六城寨隶德城。元符二年，废顺安、白草、丹头三头寨。延长，中。门山，中。临真，中。敷政，中。有招安、万安二寨。元符二年，废招安寨为驿。甘泉。中下。城二：治平四年，收复绥州。熙宁中，改为绥德城。四年，置罗兀城、抚宁宾草二堡，寻废。元丰五年，置永乐城，赐名银川寨，寻废。青涧城，元符二年，隶绥德城。绥德城。元符二年，改为军。监一。熙宁八年置，铸铁钱。塞门寨，延州北蕃部旧寨,至道后与芦关、石堡,安远寨俱废。元丰四年收复,仍隶延州肤施县。东至殄羌寨五十里,西至平戎寨六十里,南至安塞堡四十里,北至乌延口九十里。**平羌寨**,地本克胡山寨,绍圣四年赐名。东至安定堡六十里,西至安塞堡三十五里,南至龙安寨五十四里,北至殄羌寨六十里。**威戎城**,地本升平塔,绍圣四年赐名。东至临夏寨四十里,西至威羌寨七十里,南至黑水堡六十里,北至界台七十里。**平戎寨**,地本杏子河东山,绍圣年赐名。东至塞门寨六十里,西至顺宁寨七十里,南至园林堡五十一里,北至杏子堡四十里。**开光堡**,绍圣四年修筑。元符元年赐名,二年,隶绥德城。**殄羌寨**,地名那娘山,元符元年进筑,赐名。东至威羌寨四十里,西至塞门寨五十里,南至平羌寨六十里,北至御谋城三十五里。**威羌寨**,地名白洛觜,元符元年进筑,赐名。东至威戎城七十里。西至殄羌寨四十里,南至安定堡七十里,北至芦移堡七十里。**御谋城**,崇宁三年进筑,赐名。东至芦移堡三十五里,西至界台三十五里,南至殄羌寨三十五里,北至界台二十里。**石堡寨**,崇宁三年进筑,赐名威德军,五年复为寨。国初尝置城,至道后废之,地在延州北。**制戎城**,政和八年,赐鄜延路天降山新城改今名。**新寨**,**芦移堡**,东至屈丁堡五十里,西至御谋城三十五里,南至威羌寨七十里,北至界台一十三里,**屈丁堡**,**万安堡**,东至威戎城六十里,西至芦移堡四十里,南至威羌寨四十里,北至屈丁堡五十一里。**丹头堡**,**青石崖堡**,**窟罗堡**。

鄜州,上,洛交郡,保大军节度。崇宁户三万五千四百一,口九万二千四百一十五。贡麝香,今改贡蜡烛。县一:宜川,上。后魏义川县。太平兴国中改名,以鄜州废咸宁县入焉。熙宁三年省汾川县、七年省云岩县为镇、八年析同州韩城县新封乡并入焉。

坊州,上,中部军,州事。崇宁户一万三千四百八,口四万一百九十一。贡弓弦麻、席。县二:中部,紧。宜君。中。熙宁元年,省升平县为镇入焉。有矾场。

保安军,同下州。崇宁户二千四十二,口六千九百三十一。贡毛段、苁蓉。寨二:德靖,东至保安军八十里,西至庆州荔原堡六十里,南至庆州平戎镇五十里,北至金汤城六十里。顺宁。东至平戎寨七十里,西至金汤城九十里,南至保安军四十里,北至万全寨四十里,堡一:园林。东至安塞堡七十里,西至保安军四十里,南至招安驿七里,北至平戎堡五十一里。**金汤**

城，旧金汤寨，在德靖寨西南，元符二年进筑。东至顺宁寨九十里，西至庆州白豹城四十里，南至德靖寨六十里，北至通庆城六十里。**威德军**。保安军之北，两界上有伏流名藏底河，夏人近是筑城，为要害必争之地。政和三年，贾炎乞进筑，不果。七年，知庆州姚古克之，即威德军。

绥德军。唐绥州。熙宁三年，收复废为城，隶延州，在州东北三十里。元丰七年，以延州米脂、义合、浮图、怀宁、顺安、绥平六城寨隶绥德城。元符二年，改为军，并将暖泉米脂开光义合怀宁克戎临夏绥平寨、青涧城、永宁关、白草顺安寨并隶军。**暖泉寨**，元符二年进筑，赐名。东至河东乌龙寨二十里，西至米脂寨四十五里，南至义合寨八十里，北至清边寨七十里。**米脂寨**，本西夏寨，元丰四年收复，为米脂城，后复为寨，隶延州延川县。七年，改隶绥德城。元祐四年，给赐夏人。元符元年收复，仍赐旧名。东至暖泉寨四十五里，西至克戎城六十里，南至开光堡三十里，北至嗣武城二十里。**开光堡**，绍圣四年修筑。元符元年赐名。二年，自延安府来属。东到暖泉寨六十里。西至克戎寨五十里，南至绥德军三十里，北至米脂寨三十里。**义合寨**，本夏人寨，元丰四年收复，隶延州延川县。七年，改隶绥德城。东至晋宁军六十里，西至绥德军四十里，南至顺安驿六十里，北至暖泉寨八十里。**怀宁寨**，延州延川县旧寨。东至绥德军四十里，西至绥平寨四十里，南至青涧城七十里，北至克戎寨六十里。**克戎城**，本西人细浮图寨，元丰四年收复，隶延州延川县。七年，改隶绥德城。元祐四年，给赐夏人，绍圣四年收复，赐名。东至绥德军六十里，西至临夏寨三十里，南至怀宁寨六十里，北至镇边寨六十五里。**临夏城**，地名罗岩谷岭，元符元年筑城，赐今名。东至克戎寨三十里，西至威戎城四十里，南至绥平寨六十里，北至界壕八十二里。**绥平寨**，延州延川县旧寨，元符二年，割隶绥德军。东至怀宁寨四十里，南至黑水堡四十里，西至丹头驿四十里，北至临夏寨六十里。**青涧城**，延州旧城。东至永宁县七十里，西至来平寨七十里，南至延川县四十里，北至怀宁军七十里。**永宁关**，延州延川县旧关。**白草寨**，延州延川县旧寨，元符二年废，后复置。**顺安寨**，延州延川县旧寨，元符二年废，后复置。**嗣武寨**，旧罗兀城，属延州，元丰四年置，寻废。崇宁三年修复，赐名。东到清边寨二十里，西至镇边寨二十里南至米脂寨三十里，北至龙泉寨二十里。**龙泉寨**，宣和二年，改名通泉，寻复故。东至清边寨二十里，西至镇边寨四十里，南至嗣武城二十地，北至中山堡八里。**清边寨**,东至河东界五十里,西至龙泉寨二十里,南至暖泉寨七十里,北至生界堠一十三里。以下寨堡,凡不书年月者,皆未详建置本末。**镇边寨**,东至龙泉寨四十里,西至大虫坑二十五里,南至克戎城六十五里,北至生界堠二十五里。**龙安寨**,本属延安府肤施县,不详何年来属。东至安定堡八十里,西至招安驿四十里,南至金明驿三十五里,北至安御安堡四十里。**海末堡**,海末至柏林十六堡。黑水、安定,安塞本延安旧堡。**窟儿堡**,大厩堡,花佛岭堡,临川堡,定远堡,马栏堡,中山堡,黑水堡,安定堡,佛堂堡,唐推堡,双林堡,安塞堡,浮图堡,柏林堡。

银州,银川郡。领儒林、抚宁、真乡、开光四县。五代以来为西夏所有,熙宁三年收复,寻弃不守。元丰四年收复。五年,即永乐小川筑新城,距故银州二十五里,前据银州大川,赐名银川寨,旋被西人陷没。崇宁四年收复,仍为银州。五年,废为银川城。

庆阳府,中,安化郡,庆阳军节度。本庆州。建隆元年,升团练,乾德元年,复为军事。政和七年,升为节度,军额曰庆阳。宣和七年,改庆州为府。旧置环庆路经略、安抚使,统庆州、环州、邠州、宁州、乾州,凡五州。其后废乾州,置定边军,已而复置醴州,凡统三州一军。崇宁户二万七千八百五十三,口九万六千四百三十三。贡紫茸白花毡、麝香、黄蜡。县三:**安化**,中。有大顺一城,府城,东谷、柔远、人顺四寨。元丰四年,废府城寨、金村堡、平戎镇。五年,改复疆诈寨,赐名安疆寨。元祐元年,复平戎镇。**合水**,望。熙宁四年始置,省华池乐虫二县为镇。七年改华池镇为华池寨。有东华池、西华池二寨,荔原一堡。**彭原**。熙宁三年,自宁州来隶。**安疆寨**,本西人疆诈寨,元丰五年收复,赐名。元祐四年,给赐夏人。绍圣四年修复。东至德靖寨九十里,西至东谷寨六十里,南至大顺城四十里,北至白豹城四十里。又隶定边军。**横山寨**,地名西撵移,元符元年进筑,赐名。东至东谷寨界撵哆四十五里,西至宁羌寨七十里,南至通塞堡三十里,北至定边军三十里。**通塞堡**,元符元年进筑。东至东谷寨二十里,西至西谷口寨二十里,南至怀安镇四十里,北至横山寨三十里。**定边城**,元符二年修筑,后别为定边军。**白豹城**,旧属西界,元符二年修复,赐旧名。东至安疆寨四十里,西至东谷寨二十里,南至柔远寨五十里,北至胜羌堡五十里,别见定边军。**绥远寨**,地本骆驼巷,元符二年进筑,赐名。东至定边军二十里,西至宁羌寨六十里,南至横山寨五十里,北至神堂寨约五十里。**宁羌寨**,地本萌门三岔,元符元年进筑,赐名。东至绥远寨六十里,西至安塞寨五十里,南至西谷寨三十里,北至王尚原界壕五十里。**镇安城**,政和六年进筑。东至鄜延路通庆城三十里,西至九阳堡二十里。南至威边寨三十里。北至西界地名苍鸡二十里。**麦川堡**,本名麦经岭,政和六年赐名。系环庆路,未详属何州军,姑附于此。东至怀威寨二十里,西至矜戎堡二十里,南至威边寨一十五里,北至镇安城一十里,**威宁堡**,本名衡家堡,政和六年赐名。系环庆路,未详属何州军,姑附于此。东至九阳堡一十五里,西至定边军一十五里,南至矜戎堡一十五里,北至七遭哆移塔五里。**矜戎堡**,东至怀威堡四十里,西至定边军约二十里,南至胡博川二十里,北至通祖庐门城寨五十里。**府城寨**,元丰二年已废,不知何年修复。**金村堡**,同上。**胜羌堡**,东至洛河川二十里,西至通塞堡约五十里,南至白豹城五十里,北至威边寨二十里。**定戎堡**,东至启祖峰二十里,西至那丁原五里,南至兴平城二十里,北至清平关一十里。**威边寨**,东至洛河川二十里。西至横山寨三十五里,南至胜羌堡二十里,北至镇安城三十里。**怀威堡**,东至鄜延路通庆城十五里,西至矜戎堡约四十里,南至威宁寨约二十里,北至西界罗轻觜约五十里。

环州,下,军事。旧降为通远军,淳化五年复为州。崇宁户七千一百八十三,口一万五千五百三十二。贡甘草。县一:**通远**。上。有乌仑、肃远、洪德、永和、平远、定边团堡、安塞八寨。**兴平城**,地名灰家觜,元符元年筑,赐名。东至贺子儿一十里,西至流井堡四十里,南至洪德寨二十里,北至清平关三十里。**清平关**,地名之字平,元符二年进筑,赐名。东至鬼通寨二十五里,西至安边城四十里,南至兴平城三十里,北至陷道口铺二十七里。**安边城**,地名徐丁台,崇宁五年筑,赐名。东至清平关四十里,西至折姜和市贼寨八十里,南至废肃远寨一百余里,北至牛圈界壕二十里。**罗沟堡**,朱灰台至绥远寨中路,地名火罗沟及阿原烽,政和三年建筑,赐名。东南至绥远寨约二十里,西南至宁羌约寨六十里,南至阿原堡约四十里,西至朱台堡约一十五里。**阿原堡**,地名见"罗沟堡",政和三年,赐名。东至绥远寨三十里,西至宁羌寨三十里,南至西谷寨四十里,北至罗沟堡约四十里。**朱台堡**,本朱灰台,政和三年,建筑、赐名。东至鸡觜堡约一十八里,西至木瓜堡约五十里,南至原约四十里。北至蕤毛觜约二百步。**安边寨**,大拔寨,元丰二年已废,不知何年复修。**方渠寨**,流井堡,东至兴平城四十里,西至安边城三十里,南至党罗原五里,北至萌井约五十余里。**归德堡**,东至木瓜堡五十里,西至定戎戍堡约三十里南至洪德寨四十里,北至虾蟆和市贼寨约四十里。**木瓜堡**,东至宁羌寨二十五里,西至归德堡五十里,南至惠丁堡四十里,北至界堠里罗节砚五里。**麝香堡**,东至龙札谷五里,西至打米谷八里,南至木瓜原一十五里,北至乌丁原二十里。**通归堡**,东至归德堡二十里,西至兴平城约三十余里,南至洪德寨二十里,北至堡子谷约一十里。**惠丁堡**。东至宁羌寨约四十里,西至麝香堡约三十里,南至安塞寨约三十五里,北至木瓜堡四十里。

邠州,紧,新平郡,静难军节度。崇宁户五万八千二百五十五,口一十六万二千一百六十一。贡火箸、荜豆、剪刀。县五:**新平**,望。**宜禄**,望。**三水**,上。**定平**,紧。熙宁五年,隶宁州。政和七年,自宁州来隶。**淳化**。中。淳化四年,升耀州云阳黎国镇为县。熙宁八年,置铸钱监,元丰三年废。宣和元年,自耀州来隶。

宁州,望,彭原郡,兴宁军节度。本军事州,宣和元年赐军额。崇宁户三万七千五百五十八,口一十二万二千四十一。贡奄闾、荆芥、砚、席。县三:**定安**,紧。**襄乐**,上。**真宁**。下。

醴州。本京兆府奉天县。旧置乾州,熙宁五年废,以奉天还隶府。政和七年,复以县为州,更名醴。八年,割属环庆路。县五:**奉天**,次畿。**永寿**,下。乾德三年,自邠州来隶。熙宁五年,废乾州,永寿及麻亭、常宁二寨,俱隶邠州。政和八年复来隶。**武功**,**醴泉**,二县本京兆府,政和八年三月,割属醴州。**好畤**。本属凤翔府,政和八年三月,割属醴州。

定边军。元符二年,环庆路进筑定边城,后改为军。东至九阳堡三十五里,西至绥远寨二十里,南至横山寨三十里,北至通化堡二十里。县一:**定边**。政和六年,陕西、河东路宣抚使童贯奏:"环庆路已进筑勒㪯台等处新城,正据控扼,包占边面,乞依姚古所请,于定边军置倚郭一县。"诏赐今名。**白豹城**,元符二年进筑,赐旧名。已见"庆阳府"。**东谷寨**,旧寨,已见"庆阳府安化县"。**绥远寨**,地名骆驼巷,元符二年进筑,赐名。东至定边军二十里,西至宁羌寨六十里,南至横山寨五十里,北至神堂堡约五十里。**神堂堡**,大观二年进筑,赐名。东至观化堡三十里,西至绥远寨多移岑界堠十三里,南至绥远寨三十里,北至勒崖原卓望处三里。**观化堡**,东至遄祖岭界堠约一十五里,西至鸡觜堡约三十里。南至通化堡二十里,北至甜井觜约一十里。**通化堡**，东至逋祖岭平界壕约三十里，西至绥远寨二十余里，南至定边军二十里，北至观化堡二十里。**九阳堡**，东至镇安城二十里，西至定边军三十五里，南至东谷寨九十里，北至界壕裹乾谷三里。**鸡觜堡**。东至通化堡约二十里，西至多移岭界壕约一十里，南至绥远寨一十六里，北至神堂堡约一十四里。

秦凤路。府一：凤翔。州十二：秦，泾，熙，陇，成，凤，岷，渭，原，阶，河，兰。军三：镇戎，德顺，通远。县三十八。其后增积石、震武、怀德三军，西宁、乐、廓、西安、洮、会六州，又改通远军为巩州。凡府一，州十九，军五，县四十八。

秦州，下府，天水郡，雄武军节度。旧置秦凤路经略、安抚使，统秦州陇州阶州成州凤州、通远军，凡五州一军，其后割通远军属熙河，凡统州五。崇宁户四万八千六百四十八，口一十二万三千二十二。贡席、芎藭。县四：成纪，上。有渭水、三阳、上蜗牛、下蜗牛、堡子、伏归、小三阳、照川、土门、四顾、平戎、赤崖湫、西青、远近湫、定西、小定西、下硖、注鹿原、上硖、圆川、伏羌、得胜、榆林、大像、菜园、探长、新水谷、旧水谷、栖林、丙龙、石人铺、驼项、永宁、盐泉、小永宁、冷水泉、双泉、新土、旧土三十九寨。**陇城**，中。有静戎、永固、定平、长山、白榆林、郭马、安塞七寨。**清水**，中。有弓门。铁窟、斫鞍、堡子、小弓门、坐交、得铁、冶坊、桥子、李子、古道、永安、四顾、威塞、床穰、镇边、和戎、安远、挟河、定川、中城、东城、西城、静边、临川、德威、广武、宁远、长樵二十九寨。**天水**。上监一：太平。城二：**伏羌**，熙宁三年，废丹山、纳述、乾川三堡，增伏羌寨为城，有得胜、榆林、大像、菜园、探长、新水、栖林、两龙、石人、驼项、旧水一十一堡。**甘谷**，熙宁元年置，有吹藏、大甘、陇诺三堡。四年，置尖竿、陇阳二堡。寨七：治平四年，置鸡川。熙宁元年，改搋珠堡为通渭堡。五年，改古渭寨为通远军，废者达、本当、七麻三堡，改通渭堡为寨，割永宁、宁远、威远、熟羊、来远并隶军。寻改绥远、定边二寨为镇，隶陇州。**定西**，领宁西、牛鞍、上硖、下硖、注鹿原、圆川六堡。**三阳**，领渭滨、武安、上下蜗牛、闻喜、伏归、硖口、照川、土门、四顾、平戎、赤崖湫、西青、远近湫十四堡。**弓门**，领东鞍、安人、斫鞍、上下铁窟、坐交、得铁、冶坊七堡。**静戎**，领白榆林、长山、郭马、静塞、定平、永固、邦蹉、宁塞、长焦九堡。**安远**，陇城，鸡川。堡三：熙宁三年，改床穰为镇。五年，改冶坊寨为冶坊堡。八年，改床穰镇为堡。**禾穰**，领白石、古道、中城、东城、西城、定戎、定安、雄边、临川、德威、广武、定川、挟河、镇边一十四堡。**冶坊**，领桥子、古道、永安、博望、威塞、李子六堡。**达隆。堡川城**，政和六年，于秦凤东西川口进筑，赐名。东至甘泉堡一十八里，西至熙河路西安城管下龟儿镇一十二里，南至甘谷城一百一十里，北至会川城一百二十里，**甘泉堡**，东至泾原路第十七堡五十里，西至堡川城一十八里，南至泾原路治平寨一百五十里，北至泾原路通安寨一百五十里。别见"渭州"。**安远寨**，《吏部通用酬赏格》：秦州又有安远等五寨，定边、绥远二寨。熙宁八年，废为镇，属陇州，其后，复为寨。**定边寨，绥远寨，小落门寨，保安寨，弓钟寨，董哥平堡，**

凤翔府，次府，扶风郡，凤翔军节度。乾德初，置崇信县。淳化中，割崇信属仪州。熙宁五年，废乾州，以好畤县来隶。政和八年，又以好畤隶醴州。崇宁户一十四万三千三百七十四，口三十二万二千三百七十八。贡蜡烛、榛实、席。县九：**天兴**，次赤。**岐山**，次畿。**扶风**，次畿。**周至**，次畿。大观元年，以县清平镇置军。**郿**，次畿。有铁冶务。**宝鸡**，次畿。**虢**，次畿。**麟游**，次畿。**普润**。次畿。监一：司竹。

陇州，上，汧阳郡，防御。崇宁户二万八千三百七十，口八万九千七百五十。贡席。县四：**汧源**，望。有古道银场。熙宁八年，改秦州定边寨为陇西镇，隶县。**汧阳**，紧。**吴山**，中。**陇安**。中。开宝二年，析汧阳县四乡置县。

成州，中下，同谷郡。开宝六年，升为团练。崇宁户一万二千九百六十四，口三万三千九百九十五。贡蜡烛、鹿茸。县二：**同谷**，上。有骨鹿、马邑、赤土 平泉、滔山、胡桃六寨。**栗亭**。中。

凤州，下，河池郡，团练。本防御，乾德元年，降为团练。崇宁户三万七千七百九十六，口六万一千一百四十五。贡蜜、蜡烛。县三：**梁泉**，上。**河池**，紧。开宝五年，移治固镇。有水银务。**两当**。上。至道元年，移治唐乡镇。监一：开宝。建隆二年，于两当县置银冶。开宝五年，升为监。治平元年罢置官，以监隶两当县，元丰六年废。

阶州，中下，武都郡，军事。本唐武州。陷西戎，后复其地改置焉。崇宁户二万六百七十四,口四万九千五百二十。贡羚羊角、蜡烛。县二:福津,中下。领贴峰硖武平沙滩三寨、团城堡、平定关。将利。中下。寨一:故城。本故城镇,不知何年建为寨。

渭州,下,陇西郡,平凉军节度。本军事,政和七年,升为节度。旧置泾原路经略、安抚使,泾州原州渭州仪州、德顺军镇戎军皆属。熙宁五年,废仪州。元符二年,增置西安州。崇宁三年,又以熙河路会州来属。大观三年,又增置怀德军。凡统五州三军。崇宁户二万六千五百八十四,口六万三千五百一十二。贡绢、苁蓉。县五:平凉,中。有瓦亭寨。潘原,中。安化,中。熙宁七年,废制胜关,移县于关地,以旧地为镇。崇信,中。华亭中下。熙宁五年,废仪州,与安化、崇信同来隶。靖夏城,政和六年,赐泾原路席苇平新城名曰靖夏。未详属何军州,姑附此。甘泉堡。崇宁五年,泾原路经略司于甜井子修筑守御,赐名。未详属何州军,姑附此。别见"秦州"。

泾州,上,安定郡。太平兴国元年,改彰化军节度。崇宁户二万八千四百一十一,口八万八千六百九十九。贡紫茸、毛毻段。县四:保定,望。有长武寨。灵台,上。良原,上。长武。望。咸平四年升长武镇为县。五年,省为寨,属保定县。大观二年复以寨为县。

原州,望,平凉郡,军事。崇宁户二万三千三十六,口六万三千四百九十九。贡甘草。县二:临泾,中。彭阳。中。唐丰业县,太平兴国初改。至道三年,自宁州来隶。镇二:新城,熙宁三年,废截原寨入焉。柳泉。领耳朵城一寨。寨五:开边,熙宁三年,废新门寨入焉。西壕,平安,绥宁,领羌城、南山、颠倒三堡。靖安。领中普、吃啰岱、中岭、张岩、常理、新勒、鸡川、立马城、杀獐川九堡。安羌堡,新城堡。

德顺军,同下州。庆历三年,即渭州陇干城建为军。崇宁户二万九千二百六十九,口一十二万六千二百四十一。贡甘草。县一:陇干。元祐八年,以外底堡置。城一:水洛。领王家城、石门堡。寨五:静边,别见"镇戎军"。得胜,领开边堡。隆德,通远,治平。治平四年置,领牧龙堡。怀远寨,东至镇戎寨六十里,西至得胜寨三十里,南至张义堡四十里,北至镇羌寨二十七里。中安堡,威戎堡。东至章川堡三十里,西至同家堡二十五里,南至治平寨四十里,北至静边寨三十里。

镇戎军,同下州。本原州高县之地。至道三年,建为军。崇宁户一千九百六十一,口八千五十七。贡白毡。城一:彭阳。寨七:治平四年,置信岔堡、凉棚堡。熙宁元年,置熙宁寨、硝坑堡、东西水口堡。元丰四年,废东水口堡。六年,置故寨堡。东山,乾兴,天圣,有信岔、凉棚二堡。三川,高平,有故寨堡。定川,熙宁,有硝坑堡。堡二:开远,张义。熙宁四年,废安边堡入开远。五年,置张义。平夏城,旧石门城,绍圣四年赐名。大观二年,千为怀德军。灵平寨,旧好水寨,绍圣四年赐名。大观二年,割属怀德军。镇羌寨,绍圣四年赐名。东至三川堡二十一里,西至寺子岔堡二十五里,南至怀远寨二十七里,北至九羊寨二十五里。高平堡,元符元年修复,赐旧寨名。威川寨,政和七年赐名,本密多台。飞泉寨,政和七年赐名,本飞井坞。飞井堡,乾兴寨管下。狼井堡,熙宁寨管下狼井、安远、窦信、梅谷、开疆,凡五堡。安远堡,窦信岔堡,梅谷堡,开疆堡,李家堡,肃远堡,塝地平堡,镇西堡,水口堡,怀远城,别见“德顺军”。德靖寨,保安军旧有德靖寨,自属鄜延路。静边寨。天禧旧寨,属德顺军。东至德顺军七十里,西至第十七堡三十五里,南至威戎堡三十里,北至隆德寨五十里。

会州。元丰五年,熙河路加“兰会”二字,时未得会州。元符二年,始进筑,割西安城以北六寨隶州。崇宁三年,置倚郭县曰敷文,又以会州隶泾原路。县一:敷文。安西城,旧名汝遮,绍圣三年进筑,赐名,属熙河路。东至秦凤路界六十二里,西至原川子一百里,南至定西寨二十七里,北至平西寨三十三里。平西寨,绍圣四年赐名,地本青石峡,属熙河路。东至秦凤路界三十余里,西至胜如堡一百一十里,南至安西城三十三里,北至会宁关四十四里。会宁关,旧名颠耳关,元符元年建筑,赐名通会,未几改今名,属秦凤路。东至泾原路。元和市七里,西至熙河路定远城分界五十里,南至熙河路平西寨四十里,北至黄河南岸古烽台一百余里。会川城,旧名青南讷心,元符二年建筑,赐名,属秦凤路。东至泾原路通安寨六十里,西至熙河路定远城一百五十里,南至会宁关六十里,北至新泉寨四十里。新泉寨,旧名东北冷牟,元符元年赐名,属秦凤路。东至怀戎堡界白草原三十里,西至会川城界粗儿原三十五里,南至会川城三十里,北至会州四十里,怀戎堡,崇宁二年筑,属秦凤路。东至泾原路分界定戎寨地二十二里半,西至本堡管下水泉堡二十时，由香谷至会州共六十里，南至会川城分界三十五里，北至柔狼山界壕四十里，系与夏国西寿监军地对境，经由枯柴谷至柔狼山，有险临去处。**德威城**，政和六年，筑清水河新城，赐名，属秦凤路。东至麻累山二十五里，西至黄河四里，河北倚卓啰监军地分，水贼作过去处，南至啰迷口新移正堡二十五里，北至北浪口至马练贼城约二十余里。**静胜堡**，政和六年，赐清水河新城接应堡名静胜，会川城管下。新修筑静胜堡，不系守御处，在黄河南石觜上，至本城一百二十里，河北岸与夏国卓啰监军地分相对。**通泉堡**，属秦凤路新泉寨管下，不系守御处，在黄河南岭上至本寨四十里，与河北岸夏国卓啰监军地分相对。**水泉堡**，系怀戎堡管下，距本堡二十里，不系守御处。**正川堡**。系德威城管下。啰迷谷口新移正川堡距本处二十五里，不系守御处。

　　怀德军。本平夏城。绍圣四年建筑。大观二年，展城作军，名曰怀德，以荡羌、灵平、通峡、镇羌、九羊、通远、胜羌、萧关隶之，增置将兵，与西安、镇戎互为声援应接。萧关初名威德，又改今名。东至结沟堡一十五里，西至石门堡一十八里，南至灵平寨一十二里，北至通峡寨一十八里。**荡羌寨**，故没烟后峡，元符元年进筑，赐名。东至通峡寨一十八里，西至正原堡四十里，南至石门堡三十里，北至萧关一百三十五里。**通峡寨**，故没烟前峡，元符元年建筑，赐名。东至东弯堡七里，西至荡羌寨一十八里，南至怀德军一十八里，北至胜羌寨八十里。**灵平寨**，故好水寨，绍圣四年赐名。大观二年，自镇戎军来属。东至古高平堡一十五里，西至九羊寨三十二里，南至熙宁寨二十八里，北至怀德军一十二里。**硖口堡，东河湾堡，古高平堡，惠民堡，结沟堡**，系通峡寨管下五堡。**镇羌堡**，东至三川堡二十八里，西至寺子岔堡二十五里；南至怀远寨二十七里，北至九羊寨二十五里。**九羊寨**，故九羊谷，元符元年建筑，赐名。东至灵平寨三十里，西至宁安寨六十六里，南至三川寨五十里，北至临羌寨寨八十里。**石门堡**，故石门峡东塔子觜，元符元年建筑，赐名。**通远寨**，东至龙泉谷三十五里，西至临羌六十五里，南至通峡寨五十里，北至胜羌寨三十三里。**龙泉堡**，通远寨管下。**胜羌寨**，东至漫移口七里，西至甯韦堡四十里，南至通峡寨八十里，北至萧关六十里，**萧关**，崇宁四年建筑。东至葫芦河一十五里，西至绥宁堡三十里，南至胜羌寨六十里，北至临川堡一十八里。**临川堡，通关堡，山西堡**。系萧关管下。

　　西安州。元符二年，以南牟会新城建为西安州。东至天都寨二十六里,西至通会堡五十五里,南至宁安寨一百里,北至啰没宁堡三十五里。**荡羌寨**,地名没烟峡,元符元年进筑,赐名,后属怀德军。**通会堡**,元符元年赐名,系熙河兰会路修筑,地名祭厮坚谷口,不知何年拨属泾原路西安州。**天都寨**,元符二年,洒水平新寨赐名天都。东至临羌寨二十里,西至西安州二十六里,南至天都山一十里,北至绥戎堡六十五。**临羌寨**,元符二年,秋苇平新寨赐名临羌。东至通远寨六十五里,西至天都寨二十里,南至定戎寨八十里,北至绥戎寨七十里。**横岭堡**,系天都寨管下。**宁韦堡,定戎堡**,元符二年赐名,地本碱隈川。东至山前堡三十里,西至秦凤路分界墩一十二里,南至通安寨一百里,北至劈通流界墩五十里。**劈通川堡,啰没宁堡,北岭上堡,山前堡,高峰堡,宁安寨**,崇宁五年,武延川峣朱龙山下新寨赐名宁安。东至九羊寨六十六里,西至通安寨六十一里,南至得胜寨九十里,北至西安州一百里。**那罗牟堡,寺子岔堡,石棚泉堡,通安寨**,崇宁五年,乌鸡三岔新寨赐名通安。东至宁安寨六十一里,西至同安堡三十五里,南至甘泉堡一百五十里,北至定戎寨一百里。**同安堡**,系通安寨管下。**绥戎堡**,管下秋苇川口堡、锹镬川中路堡、征通谷中路东水泉堡,皆不详建置始末。东至萧关三十里,西至山前堡三十五里,南至临羌寨七十里,北至枡栀岭界墩五十里。**秋苇川堡,锹镬川中路堡,征通谷中路东水泉堡**。

熙州,上,临洮郡,镇洮军节度。本武胜军。熙宁五年收复,始改焉。寻为州。初置熙河路经略、安抚使,熙州河州洮州岷州、通远军五州属焉。后得兰州,因加“兰会”字。元祐改熙河兰会路为熙河兰岷路,元符复故。会州既割属泾原,又改为熙河兰廓路,宣和又改为熙河湟廓路,又改湟州,为乐州,又改为熙河兰乐路,寻复改为熙河兰廓路。旧统五州军,兰廓西宁、震武积石六州军相继来属,又改通远军为巩州,凡统九州、三军。崇宁户一千八百九十三,口五千二百五十四。贡毛毼段、麝香。县一:狄道。中下。熙宁六年置,九年省。元丰二年复置。寨一:康乐。熙宁六年,置康乐城为寨,省马鲸寨旧属秦州长道县。堡九:熙宁五年,置庆平、通谷、渭源、北关。六年,改刘家川为当川,置南关、南川。七年,置结河。元丰七年,置临洮。**通谷,庆平,渭源,结河,南川,当川,南关,北关,临洮**。东至定远城四十里,西至定羌城界三十五里,南至熙州六十五里,北至阿千堡七十里。**安羌城**,宣和六年,赐熙河兰廓路新建溢机堡名为安羌城,不知属何州军,姑附于此。广平堡。

河州,上,安乡郡,军事。熙宁六年收复。崇宁户一千六十一,口三千八百九十五。贡麝香。县一:宁河。熙宁六年,置枪竿县,九年省。崇宁四年,升宁河寨为县。旧香子城。城一:定羌。熙宁七年,改河诺城为定羌城。寨一:南川。熙宁七年,置南山堡,寻改为南川寨。堡四:熙宁七年,置东谷。八年。置阁精。元丰三年,置西原、北河二堡。东谷,阁精,西原,北河。关一:通会。熙宁七年置。循化城,旧一公城,崇宁二年收复,改今名。别见"乐州。"东于怀羌城四十五里,西至积石军界一百余里,南至下桥家族地分一百余里,北至同来堡六十五里。大通城,旧达南城,崇宁二年收复,改今名。别见"乐州"。东至通津堡界十五里,西至菊花河六十里,南至扑水原二十一里,北至宁塞堡界十五里。安疆寨,旧名当标城,崇宁二年收复,改今名。别见"乐州"。东至来同堡三十三里,西至通津堡五十里,南至循化城一百一十里,北至黄河二十里。怀羌城,崇宁三年,王厚收复。东至南川寨六十里,西至循化城六十五里,南至洮州界一百七十余里,北至安疆寨一百一十七里。来羌城,崇宁三年,王厚收复。东至安乡关七十里,西至大通城界三十八里,南至南川界四十八里,北至黄河二十里。讲朱城,元符二年,洮西安抚司收复河南讲朱、一公、错凿、当标、彤撒、东迎六城,寻弃之。崇宁二年,再收复。除一公改循化城,当标改安疆寨,余四城皆未详。按:讲朱、错凿、一公、当标皆在河州之南,元符二年,边厮波结先以此四城来降,未几,王赡乃进据之。错凿城,彤撒城,东迎城,宁河寨,崇宁四年,已升宁河寨为县,别有宁河寨。东至定羌城三十里,西至河州四十五里,南至通会关三十里,北至河州界二十里。来同堡,旧名甘扑堡,崇宁三年筑,赐今名。东至南川寨九十里,西至安疆寨三十五里,南至怀羌城三十五里,北至来羌城三十里。通津堡,旧名南达堡,崇宁三年赐今名。东至安疆寨四十五里,西至大通城界二十五里,南至循化城一百三十里,北至大通城界二十里。南山堡,《元丰九域志》属原州绥宁县。安乡关,旧城桥关,元符三年赐名。东至京玉关界四十里,西至临滩堡四十里,南至河州界三十五里,北至安川堡界一十五里。临滩堡。东至安乡关四十里,西至古鸡山二十里,南至南川寨界二十里,北至黄河四十里。

巩州,下。本通远军。熙宁五年,以秦州古渭寨为军。崇宁三年,升为州。崇宁户四千八百七十八,口一万一千八百五十七。贡麝香。县三：陇西，元祐五年增置。永宁、宁远。崇宁三年，升永宁寨为县，又升宁远寨为县。城一：定西。元丰四年，以兰州西使城为定西城。五年，改定西城为通远军，以汝遮堡为定西城，属通远军。崇宁二年，废定西城管下熨斗平堡，通西寨管下榆木岔堡，并安西城。别见"兰州"。东至龟儿觜镇六十五里，西至兔谷堡一百一十五里，南至通西寨四十六里，北至安西城二十七里。寨六：熙宁五年，割秦州永宁、宁远、威远、通渭、熟羊、来远六寨隶军。六年，置盐川寨。八年，废威远寨为镇。元丰五年，收通西寨。七年，废来远寨为镇，属永宁。崇宁五年，通渭县复为寨，未详何年以寨为县。永宁，宁远，崇宁三年，与永宁同升为县。通渭，东至甘泉城五十五里，西至巩州六十四里，南至来远镇一百里，北至甘泉城六十里。熟羊、盐川。熙宁六年九月，置寨后改为镇。通西，东至甘泉城一百二十里，西于熟羊寨七十里，南至三岔堡四十八里，北至定西寨四十八里。堡七：熙宁五年，割秦州三岔、乜羊、广吴、渭川、哑儿五堡隶军。七年，以岷州遮羊堡来隶。元丰元年，遮羊复隶岷州。五年，置榆木岔、熨斗平二寨堡。七年，乜羊废。广吴、渭川、哑儿四堡。三岔，旧堡。熙宁四年置。榆木岔，崇宁二年置。熨斗平，崇宁二年置。者达堡，秦州，熙宁五年改古渭寨为通远军，废者达、本当、七麻堡。今通渭乃领七麻堡，不知何年复置者达、本当堡。七麻堡，本当堡，扑麻龙堡。

岷州，下，和政郡，团练。熙宁六年收复。崇宁户四万五百七十，口六万七千百三十一。贡甘草。县三：祐川，唐县。崇宁三年复。大潭，中。建隆三年，合良恭、大潭两镇置县，隶秦州。熙宁七年，自秦州来隶。长道。紧。熙宁七年，自秦州来隶。寨五：秦州临江寨，熙宁六年，割隶州。七年，置荔川、床川、闾川，又置宕昌。临江，荔川，床川，闾川，宕昌。堡三：熙宁六年，以秦州马务堡来隶。七年，置遮羊堡，寻改为镇。十年，置铁城堡。元丰元年，遮羊堡复隶于州。遮羊，谷藏，并熙宁七年置。铁城。熙宁十年置。监一：滔山。熙宁九年置，铸铁钱。

兰州，下，金城郡，军事。元丰四年改复。崇宁户三百九十五，口九百八十一。贡甘草。县一：兰泉。崇宁三年置，倚郭。寨一：元丰四年，置兔谷、吹龙二寨。七年割吹龙属阿干堡。兔谷。元祐七年废。绍圣三年，复修为堡。东至定元寨一百里，西至阿千堡七十里，南至通谷堡一百二十里，北至定边城三十里。堡二：元丰四年，置皋兰堡、巩哥关。五年，置西关、胜如、质孤堡。六年,改巩哥关作东关堡,废西关、胜如、质孤堡,置阿千堡。七年,废皋兰堡。元祐五年,复修胜如、质孤二堡,寻废。东关,东至质孤堡三十六里,西到至兰州一十八里,南至屈金支山三十里,北至黄河不及里。阿千。有阿千水。东至屈金支山二十五里,西至西关堡界二十里,南至临洮堡七十里,北至兰州界三十七里。定西城,元丰四年,以兰州西使城为定西城。五年,改定西城为通远军,以汝遮堡为定西城,属通远军。别见"巩州"。定远城,元祐七年筑,旧名李诺平,本龛谷寨,因地窄及无水,故废之,改筑为定远军城。东至安西城八十里,西至东关堡五十里,南至龛谷堡三十里,北至黄河一百七里。金城关,绍圣四年进筑,南距兰州约二里。崇宁三年,王厚乞移置斫龙谷口,不行。京玉关,元符三年赐名,本号把拶桥。东至西关堡四十里,西至通川堡四十里,南至临洮堡一百三十九里北至乢六岭分界三十里。通川堡。元符三年,自京玉关至啰叽抹通城中路镏厮狐川新筑堡,赐名,寻弃之。崇宁二年,再收复。东至京玉关四十里,西至通湟寨四十里,南至圆子堡约九里,北至乢六岭分界八十里。别见"乐州"。

洮州。唐末陷于吐蕃,号临洮城。熙宁五年,诏以熙河洮岷、通远军为一路,时未得洮州。元符二年得之,寻弃不守。大观二年收复,改临洮城仍旧为洮州。三年,升团练。东至岷州界一百一十三里,西至乔家族生界二百里,南至鲁黎族生界一百五里,北至河州界一百二十里。通岷寨。东至铎龙桥六十七里,西至洮州四十里,南至洮河二十里,北至熙州界五十五里。

廓州,元符二年,以廓州为宁塞城。崇宁三年弃之,是年收复,仍为廓州。城下置一县,五年罢。大观三年,为防御。东至宁塞寨一十七里,西至同波北堡不及里,南至黄河不及里,北至肤公城界十五里。肤公城,旧名结罗城,崇宁三年收复,后改今名。王厚云:结罗城至廓州约三十余里。东至来宾城界一百三里,西至怀和寨界五十七里,南至同波北堡界一十三里,北至绥平堡界二十五里。绥平堡,旧名保敦谷,崇宁三年兴筑,赐名。东至保塞寨界二十里,西至清平寨界二十里,南至肤公城界二十里,北至保塞寨界一十七里。米川城,旧米川县,崇宁三年修筑。王厚云:米川沿河西至廓州约六十里,过河取正路至结罗城约三程,本城至廓州约三十余里。宁塞寨,东至河北堡界四十五里,西至廓州巡检界一十三里,南至黄河一十五里,北至龙支城界五十里。**同波堡**。东至廓州巡检界二十里,西至肤公城界一十五里,南至黄河不及里,北至肤公城一十五里。

　　乐州。旧邈川城,元符二年收复,建为湟州,建中靖国元年弃之。崇宁二年又复。三年,置倚郭县,五年罢。大观三年,加向德军节度。宣和元年,改为乐州。东至把拶宗六十里,西至龙支城界六十里,南至来羌城界一百四十里,北至界首赊吼岭一百一十里。**通湟寨**,故啰吼抹通城,元符二年收复,三年赐名。东至通川堡四十里,西至湟州三十五里,南至安陇寨二十五里,北至临宗寨界六十里。别见“兰州”。**宁洮寨**,故瓦吹寨,元符二年收复,三年赐名。东至通湟寨四十五里,西至来宾城一十七里,南至来宾城界二十里,北至安陇寨界一十七里。**安陇寨**,故陇朱黑城,元符二年收复,三年赐名。东至赤沙岭三十里,西至麻宗山脚二十五里,南至巩藏岭三十五里,北至湟州四十五里。**安川堡**,故膘哥堡,在巴金岭上,元符二年收复,三年赐名。东到湟州界七十里,西至来宾城界四十里,南至安乡关三十里,北至宁川堡四十里。**宁川堡**,元符二年改复,三年赐名,寻弃之。崇宁二年,再收复。**绥远关**,旧名洒金平,崇宁二年进筑,赐今名。东至湟州二十里,西至胜宗谷口三十里,南至麻宗山脚五十五里,北至丁星原四十里。**来宾城**,旧名釓当川,崇宁三年赐名。东至安川堡分界七十里,西至青丹谷三十里,南至黄河一十里,北至安陇寨七十里。**大通城**,旧名达南城,东至通津堡界十五里,西至菊花河六十里,南至扑水原二十一里,北至宁川堡界一十五里。**循化城**,旧名一公城,别见“河州”。东至怀羌城四十五里,西至积石军界一百余里,南至下乔家族地分一百余里,北至来同堡六十五里。**安疆寨**,旧名当标寨,与大通、循化皆崇宁二年改。别见“河州”。东至来同堡三十三里,西至通津堡五十里,南到循化城一百一十里,北至黄河二十里。**德固寨**,旧名胜铎谷,崇宁三年筑五百步城,后赐名德固寨。东至绥远关界一十里,西至龙支城界二十里,南至渴驴岭一十里,北至清江山脚二十里。**临宗寨**,崇宁三年赐名。南宗堡稍南一十五里乳骆河之西。东至三诺巩哥岭五十余里,西至丁星原约三十余里,南至湟州分界二十一里,北至界首抹牟岭七十里。**通川堡**,崇宁二年,王厚收复,系湟州管下。别见“兰州”。东至京玉关四十里,西至通湟寨四十里,南至圆子堡约九里,北至釓六岭分界八十里。**南宗堡**,元符二年,与啰吼抹通城同收复,寻弃之。后再收复。**峡口堡**。与通川、南宗堡皆崇宁二年王厚收复。

西宁州。旧青唐城。元符二年，陇拶降，建为鄯州，仍为陇右节度，三年弃之。崇宁三年收复，建陇右都护府，改鄯州为西宁州，又置倚郭县。县郡名曰西平，升中都督府。三年，加宾德军节度。五年，罢倚郭县。东至保塞寨五十七里，西至宁西城四十里，南至清平寨五十里，北至宣威城五十里。龙支城，旧宗哥城，元符二年改今名，寻弃之。崇宁三年收复。东至德固寨界一十八里，西至保塞寨药邦峡二十二里，南至廓州界分水岭四十里，北至习令波族分界八十五里。宁西城，旧名林金城，改今名。东至汤斯甘二十里，西至厮哥罗川一百里，南至京雕岭二十里，北至金谷岭四十里。清平寨，旧名溪兰宗堡，后改赐寨名。东至廓州绥平堡界三十五里，西到赤岭铁堠子一百二十里，南至怀和寨二十五里，北至西宁州界二十五里。保塞寨，旧名安儿城。以上城寨皆崇宁三年收复，赐名。东至龙支城界二十二时，西至西宁州界三十里，南至廓州界二十里，北至青归族一十五里。宣威城，旧名犛牛城，崇宁三年，改今名。东至绥边寨四十里，西至宁西城界三十五里，南至西宁州界二十五里，北至南宗岭九十里。绥边寨，旧名宗谷，崇宁三年建筑，后改名。东至龙支城界六十里，西至宣威城界三十里，南至西宁州界三十二里，北于乳骆河界南一里。怀和寨，旧名丁令谷，崇宁三年置寨，赐名，又隶积石军。东至廓州界八十五里，西至青海一百三十余里，南至顺通堡界一十三里，北至清平寨界二十五里。制羌寨。政和八年赐名。地名乱毡岭，属西宁州。

震武军。政和六年，进筑古骨龙城，赐名震武城。未几，改为震武军。不见四至，据童贯奏，古骨龙元属湟州。通济桥，震武城浮桥，政和六年赐名。善治堡，政和六年，震武城通济桥堡赐名。大同堡，本名古骨龙城应接堡，政和六年赐名。德通城，本瞎令古城，政和七年，刘法既解震武军围，进筑，赐名。石门堡。瞎令古城北，地名石门子，政和七年赐名。

积石军本溪哥城。元符间，为吐蕃溪巴温所据。大观二年，臧征扑哥以城降，即其地建军。东至廓州界八十里，西至青海一百余里，南至盖龙崍八十里，北至西宁州界八十里。怀和寨，已见“西宁州”。东至廓州界八十五里，西至青海一百三十余里，南至顺通堡界一十二里，北至清平寨界二十五里。顺通堡，东至临松堡一十二里，西至本军一十八里,南至临松堡二十五里,北至怀和寨界一十二里。**临松堡**。东至廓州界五十里,西至顺通堡界一十二里,南至把捞公原界约六十里,北至黄河一十五里。

陕西路盖《禹贡》雍、梁、冀、豫四州之域,而雍州全得焉。当东井、舆鬼之分,西接羌戎,东界潼、陕,南抵蜀、汉,北际朔方。有铜、盐、金铁之产,丝、枲、林木之饶,其民慕农桑,好稼穑。鄠、杜、南山,土地膏沃,二渠灌溉,兼有其利。大抵夸尚气势,多游侠轻薄之风,甚者好斗轻死。蒲、解本隶河东,故其俗颇纯厚。被边之地,以鞍马、射猎为事,其人劲悍而质木。梁泉少桑麻之利,布泉、盐酪资于他郡。上洛多淫祀,申以科禁,故其俗稍变。秦、陇、仪、渭、泾、原、邠、宁、鄜、延、环、庆等皆分兵屯守,以备不虞云。

宋史卷八八

志第四一

地理四

两浙路　　淮南东路　　淮南西路
江南东路　　江南西路　　荆湖北路
荆湖南路

　　两浙路。熙宁七年,分为两路,寻合为一;九年,复分;十年,复合。府二:平江,镇江。州十二:杭,越,湖,婺,明,常,温,台,处,衢,严,秀。县七十九。南渡后,复分临安平江镇江嘉兴四府、安吉常严三州、江阴一军,为西路;绍兴庆元瑞安三府、婺台衢处四州,为东路。绍兴三十二年,户二百二十四万三千五百四十八,口四百三十二万七千三百二十二。

　　临安府,大都督府,本杭州,余杭郡。淳化五年,改宁海军节度。大观元年,升为帅府。旧领两浙西路兵马钤辖。建炎元年,带本路安抚使,领杭、湖、严、秀四州。三年,升为府,带兵马钤辖。绍兴五年,兼浙西安抚使。崇宁户二十万三千五百七十四,口二十九六千六百一十五。贡绫、藤纸。县九:钱塘,望。有盐监。仁和,望。梁钱江县。太平兴国四年改。绍兴中,与钱塘并升赤。余杭,望。临安,望。钱镠奏改衣锦军。太平兴国四年,改顺化军,县复旧名。五年,军废。富阳,紧。于潜,紧。新城,上。梁改新登。太平兴国四年复。淳化五年,升南新场为县、

熙宁五年，省南新县为镇入焉。盐官，上。昌化。中。唐唐山县。太平兴国
四年改。有紫溪盐场。绍兴中，七县并升畿。

绍兴府，本越州，大都督府，会稽郡，镇东军节度。大观元年，升
为帅府。旧领两浙东路兵马钤辖。绍兴元年，升为府。崇宁户二十
七万九千三百六，口三十六万七千三百九十。贡越绫、轻庸纱、纸。
县八：公稽，望。山阴，望。嵊，望旧剡县，宣和八年改。诸暨，望。有龙泉
一银坑。余姚，望。上虞，望。萧山，紧。新昌。紧。乾道八年，以枫桥镇
置义安县，淳熙元年省。

平江府，望，吴郡。太平兴国三年，改平江军节度。本苏州，政
和三年，升为府。绍兴初，节制许浦军。崇宁户一十五万二千八百
二十一，口四十四万八千三百一十二。贡葛、蛇床子、白石脂、花席。
县六：吴，望。长州，望。昆山，望。常熟，望。吴江，紧。嘉定。上。嘉
定十五年，析昆山县置，以年为名。

镇江府，望，丹阳郡，镇江军节度，开宝八年改。本润州，政和三
年，升为府。建炎三年，置帅。四年，加大使兼沿江安抚，以浙西安
抚复还临安。崇宁户六万三千六百五十七，口一十六万四千五百六
十六。贡罗、绫。县三：丹徒，紧。有环山寨。丹阳，紧。熙宁五年，省延
陵县为镇入焉。金坛。紧。

湖州，上，吴兴郡，景祐元年，升昭庆军节度。宝庆元年，改安吉
州。崇宁户一十六万二千三百三十五，口三十六万一千六百九十
八。贡白纻、漆器。县六：乌程，望。归安，望。太平兴国七年，析乌程地
置县。安吉，望。长兴，望。德清紧。武康。上。太平兴国三年，自杭州来
隶。

婺州，上，东阳郡，淳化元年，改保宁军节度。崇宁户一十三万
四千八十，口二十六万一千六百七十八。贡绵、藤纸。县七：金华，
望。义乌，望。永康，紧。武义，上。浦江，上。唐浦阳县，梁钱镠奏改。兰
溪，望。东阳。望。

庆元府，本明州，奉化郡，建隆元年，升奉国军节度。本上州，大
观元年，升为望。绍兴初，置沿海制置使。八年，以浙东安抚使兼制

司;十一年,罢、隆兴元年,复置。淳熙元年,魏惠宪王自宣州移镇,置长史、司马。绍熙五年,以宁宗潜邸,升为府。崇宁户一十一万六千一百四十,口二十二万二十七。贡绫、乾山蒵、乌贼鱼骨。县六:鄞,望。奉化,望。慈溪,上。定海,上。象山,下。昌国。下。熙宁六年,析鄞县地置。有盐监。绍兴间,升望。

常州,望,毗陵郡,军事。崇宁户一十六万五千一百一十六,口二十四万六千九百九。贡白纻、纱、席。县四:晋陵,望。武进,望。宜兴。望。唐义兴县。太平兴国初改。无锡。望。

江阴军,同下州。熙宁四年,废江阴军为县,隶常州。建炎初,以江阴县复置军;绍兴二十七年废,三十一年,复置。县一:江阴。下。

瑞安府,本温州,永嘉郡,太平兴国三年,降为军。政和七年,升应道军节度。建炎三年,罢军额。咸淳元年,以度宗潜邸,升府。崇宁户一十一万九千六百四十,口二十六万二千七百一十。贡鲛鱼皮、蠲糨纸。县四:永嘉,紧。有永嘉盐场。平阳,望。有天富盐场。瑞安,紧。有双穗盐场。乐清。上。唐乐成县,梁钱镠改。

台州,上,临海郡,军事。崇宁户一十五万六千七百九十二,口三十五万一千九百五十五。贡甲香、金漆、鲛鱼皮。县五:临海,望。黄岩,望。有于浦、杜渎二盐场。宁海,紧。天台,上。仙居。上。唐乐安县,梁钱镠改永安。景德四年改今名。

处州,上,缙云郡,军事。崇宁户一十万八千五百二十三,口一十六万五百三十六。贡绵、黄连。县六:丽水,望。龙泉,望。宣和三年,改为剑川县。绍兴元年复故。有高亭一盐场。松阳,上。梁钱镠奏改长松,钱元瓘奏改白龙。咸平二年复故。遂昌,上。有永丰银场。缙云,上。青田。中。南渡后,增县一:庆元。中。庆元三年,分龙泉松源乡置县,因以年纪名。

衢州,上,信安郡,军事。崇宁户一十万七千九百三,口二十八万八千八百五十八。贡绵、藤纸。县五:西安,望。礼贤,紧。本江山县,南渡后改。龙游,上。唐龙丘县。宣和三年,改为盈川县。绍兴初复改。信安，中。本常山县，咸淳三年改。开化。中。太平兴国六年，升开化场为县。

建德府，本严州，新定郡，遂安军节度。本睦州，军事。宣和元年，升建德军节度；三年，改州名、军额。咸淳元年，升府。崇宁户八万二千三百四十一，口一十万七千五百二十一。贡白纻、簟。县六：建德，望。淳安，望。旧青溪县。宣和初，改淳化，南渡改今名。桐庐，上。太平兴国三年，自杭州来隶。分水，中。遂安，中。寿昌。中。监一：神泉。熙宁七年置，铸铜钱，寻罢。庆元三年复。

嘉兴府，本秀州，军事。政和七年，赐郡名曰嘉禾。庆元元年，以孝宗所生之地，升府。嘉定元年，长嘉兴军节度。崇宁户一十二万二千八百一十三，口二十二万八千六百七十六。贡绫。县四：嘉兴，望。华亭，紧。海盐，上。有盐监，沙腰、芦沥二盐场。崇德。中。

两浙路，盖《禹贡》扬州之域，当南斗、须女之分。东西际海，西控震泽，北又滨于海。有鱼盐、布帛、粳稻之产。人性柔慧，尚浮屠之教。俗奢靡而无积聚，厚于滋味。善进取，急图利，而奇技之巧出焉。余杭、四明，通蕃互市，珠贝外国之物，颇充于中藏云。

淮南路。旧为一路，熙宁五年，分为东西两路。

东路。州十：扬，亳，宿，楚，海，泰，泗，滁，真，通。军二：高邮，涟水。县三十八。南渡后，州九：扬、楚、海、泰、泗、滁、淮安、真、通，军四：高邮、招信、淮安、清河，为淮东路，宿、亳不与焉。绍兴三十二年，户一十一万八百九十七，口二十七万八千九百五十四。

扬州，大都督府，广陵郡，淮南节度。熙宁五年，废高邮军，并以县隶州。元祐元年，复高邮军。旧领淮南东路兵马钤辖。建炎元年，升帅府。二年，高宗驻跸。四年，为真、扬镇抚使，寻罢。嘉定中，淮东制置开幕府楚州，仍兼安抚。崇宁户五万六千四百八十五，口十万七千五百七十九。贡白苎布、莞席、铜镜。县一：江都。紧。熙宁五

年,省广陵县入焉。**南渡后**,增县二:**广陵**,紧。**泰兴**。中。旧隶泰州,绍兴
五年来属。十年,又属泰州。十二年,又来隶,以柴墟镇延冷村隶海陵。二十九
年,尽仍旧。

亳州,望,谯郡,本防御。大中祥符七年,建为集庆军节度。南
渡后,没于金。崇宁户一十三万一百一十九,口一十八万三千五百
八十一。贡绉纱、绢。县七:谯,望。城父,望。酇,望。永城,望。卫
真,望。唐真源县。大中祥符七年改。鹿邑,紧。蒙城。

宿州,上,符离郡,建隆元年,升防御。开宝五年,建为保静军节
度。元领五县,绍兴中,割虹县隶楚州,后没于金。崇宁户九万一千
四百八十三,口一十六万七千三百七十九。贡绢。县四:符离,望。
蕲,望。临涣,紧。大中符七年,割隶亳州,天禧七年来隶。灵璧。元祐元年,
以虹之零璧镇为县,七月,复为镇。七年二月,零璧复为县。政和七年,改零璧
为灵璧。

楚州,紧,山阳郡,团练。乾德初,以盱眙属泗州。开宝七年盐
城还隶。太平兴国二年,又以盐城监来隶。熙宁五年,废涟水军,以
涟水县隶州;元祐二年,复为涟水军。建炎四年,置楚泗承州涟水军
镇抚使、淮东安抚制置使、京东河北镇抚大使。绍兴五年,权废承州
两县,和、卢、濠、黄、滁、楚州各一县,置镇官。三十二年,涟水复来
属。嘉定初,节制本路沿边军马。十年,制置安抚司公事。宝庆三
年,升宝应县为州。绍定元年,升山阳县为淮安军。端平元年,改军
为淮安州。崇宁户七万八千五百四十九,口二十万七千二百二。贡
苎布。县四:山阳,望。建炎间没于金,绍兴元年收复。绍定元年,升淮安军,
改县为淮安。盐城,上。有九盐场。建炎间入于金,绍兴元年隶涟水,三年,又
来属。淮阴,中。绍兴五年,废为镇,六年,复。嘉定七年,徙治八里庄。宝应。
紧。宝庆三年,升为宝应州,而县如故。

海州,上,东海郡,团练。建炎间,入于金,绍兴七年复。隆兴初,
割以畀金,隶山东路,以涟水县来属。嘉定十二年复。宝庆末,李全
据之。绍定四年,全死又复。端平二年,徙治东海县。淳祐十二年,
全子瓃又据之,治朐山。景定二年,瓃降,置西海州。崇宁户五万四

千八百三十，口九万九千七百五十。贡绢、獐皮、鹿皮。县四：朐山。紧。怀仁，中。沭阳，中。东海。中。

泰州，上，海陵郡。本团练，乾德五年，降为军事。建炎三年，入于金，寻复。四年，置通泰镇抚使。绍兴十年，移治泰兴沙上，时泰兴隶海陵，复旧治。元领四县，绍兴十二年，割泰兴隶扬州。建炎四年，又以兴化隶高邮军。崇宁户五万六千九百七十二，口一十一万七千二百七十四。贡隔织。县二：海陵，望。如皋。中下。开宝七年，以海陵监移治。

泗州，上，临淮郡。建隆二年，废徐城县。乾德元年，以楚州之盱眙、濠州之招信来属；建炎四年，复属濠州。绍兴十二年入金，后复。崇宁户六万三千六百三十二，口一十五万七千三百五十一。贡绢。县三：临淮，上。虹，中。绍兴九年，自宿州来隶。淮平。上。绍兴二十一年，地入于金，析临淮地置今县。南渡后，有淮平无盱眙，盖盱眙县即招信军也。

滁州，上，永阳是郡，军事。建炎间，置滁、濠镇抚使，寻废。嘉熙中，移治王家沙。景定五年，复旧治。崇宁户四万二十六，口九万七千八十九。贡绢。县三：清流，望。全椒，紧。来安。望。唐永阳县，南唐改。绍兴五年，废入清流。十八年，复。乾道九年废为镇。淳熙二年复。

真州，望，军事。本上州。乾德三年，升为建安军。至道二年，以扬州之六合来属。大中祥符六年，为真州。大观元年，升为望。政和七年，赐郡名曰仪真。建炎三年，入于金，寻复。崇宁户二万四千二百四十二，口八万二千四十三。贡麻纸。县二：扬子，中。本扬州永正县之白沙镇，南唐改为迎銮镇。建炎元年升军，四年，废为县。绍兴十一年复升军，十二年，复为县。六合。望。

通州，中，军事。政和七年，赐郡名曰静海。建炎四年，入于金，寻复。崇宁户二万七千五百二十七，口四万三千一百八十九。贡獐皮、鹿皮、鳔胶。县二：静海，望。周属扬州，析其地为县，与海门同来隶。海门。望。监一：利丰。掌煎盐。太平兴国八年，移治于州西南四里。

高邮军，同下州，高沙，军事。开宝四年，以扬州高邮县为军。熙宁五年,废为县,隶扬州。元祐元年,复为军。建炎四年,升承州,割泰州兴化县来属;置镇抚使。绍兴五年,废为县,复隶扬州,以知县兼军事使。三十一年,复为军,仍以兴化来属。崇宁户二万八百一十三,口三万八千七百五十一。县一;今县二:高邮,望。兴化。紧。旧隶扬州,改隶泰州。建炎四年来隶。绍兴五年废为镇,十九年,复县,隶泰州。乾道二年还隶,寻又隶泰州,淳熙四年复旧。

安东州,本涟水军。太平兴国三年,以泗州涟水县置军。熙宁五年,废为县,隶楚州。元祐二年,复为军。绍兴五年,废为县;三十二年,复为军。绍定元年,属宝应州。端平元年,复为军。景定初,升安东州。崇宁户一万九千五百七十九,口四万七百八十五。县一:涟水。望。

招信军,本泗州盱眙县,建炎三年,升军,四年为县隶濠州。绍兴二年,复隶泗州。七年,仍旧隶京东。十一年,隶天长军。十二年,复升军,以天长来属。宝庆三年,入于金。绍定四年复,仍为招信军。县二:天长,望。旧天长军。至道二年军废,复为县,隶扬州。建炎元年升军,绍兴元年为县。十一年,复升军;十三年,复为县,隶。招信。建炎四年,隶濠州。绍兴四年复;十一年,隶天长军;十二年,复来隶。

淮安军,本泗州五河口。端平二年,金亡,遗民来归,置临使屯田。咸淳七年六月,置军。县一:五河。咸淳七年置,浍、泾、沱、崇、淮五河,故名。

清河军,咸淳九年置。县一:清河。

西路。府:寿春。州七:庐,蕲,和,舒,濠,光,黄。军二:六安,无为。县三十三。南渡后,府二:安庆、寿春;州六:庐、蕲、和、濠、光、黄,军四:安丰、镇巢、怀远、六安,为淮西路。

寿春府,寿春郡,紧,忠正军节度。本寿州。开宝中,废霍山、盛唐二县。政和六年,升为府。八年,以府之六安县为六安军。绍兴十二年,升安丰为军,以六安、霍丘、寿春三县来隶。三十二年,升寿春为府,以安丰军隶焉。隆兴二年,军使兼知安丰县事。乾道三年,罢寿春,复为安丰军。崇宁户一十二万六千三百八十三,口二十四万六千三百八十二。贡葛布、石斛。县四:下蔡,紧。安丰,望。霍丘,望。寿春。紧。绍兴初,隶安丰,三十二年为府,乾道三年为倚郭。

六安军,政和八年,升县为军。绍兴十三年,废为县。景定五年,复为军。端平元年,又为县,后复为军。县一:六安。中。

庐州,望,保信军节度。大观二年,升为望。旧领淮南西路兵马钤辖。建炎二年,兼本路安抚使。绍兴初,寄治巢县。乾道二年,置司于和州。五年,复旧。崇宁户八万三千五十六,口一十七万八千三百五十九。贡纱、绢、蜡、石斛。县三:合肥,上。舒城,下。梁。中。本慎县。绍兴三十二年,避孝宗讳,改今名。

蕲州,望,蕲春郡,防御。建炎初,为盗所据,绍兴五年收复。景定元年,移治龙矶。崇宁户一十一万四千九十七,口一十九万三千一百一十六。贡苎布、簟。县五:蕲春,望。嘉熙元年治宿,景定二年,随州治泰和门外。蕲水,望。广济,望。黄梅,上。罗田。元祐八年,以蕲水县石桥为罗田县。

和州,上,历阳郡,防御。南渡后,为姑熟、金陵藩蔽也。淳熙二年,兼管内安抚。崇宁户三万四千一百四,口六万六千三百七十一。贡苎布、练布。县三:历阳,紧。有梁山、棚江二寨。含山,中。有东关寨。乌江。中。绍兴五年废为镇,七年,复。

安庆府,本舒州,同安郡,德庆军节度。本团练州。建隆元年,升为防御。政和五年,赐军额。建炎间,置舒、蕲镇抚使。绍兴三年,舒、黄、蕲三州仍听江南西路安抚司节制。十七年,改安庆军。庆元元年,以宁宗潜邸,升为府。端平三年,移治罗刹洲,又移杨槎州景定元年,改筑宜城。旧属沿江制置使司。崇宁户一十二万八千三百五十,口三十四万一千八百六十六。贡白术。县五:怀宁上。桐城,上。宿松,上。望江,上。太湖。上。监一:同安。熙宁八年置,铸铜钱。

濠州,上,钟离郡,团练。乾道初,移戍藕塘,嘉定四年,始城定远县,复旧。崇宁户六万四千五百七十,口一十五万三千四百五十七。贡绢、糟鱼。县二:钟离,望。定远。望。

光州，上，弋阳郡，光山军节度。本军事州。宣和元年，赐军额。绍兴二十八年，避金太子光瑛讳，改蒋州，嘉熙元年，兵乱，徙治金刚台，寻复故。崇宁户一万二千二百六十八，口一十五万六千四百六十。贡石斛、葛布。县四：定城，上。固始，望。光山，中下。同上避讳，改期思，寻复故。仙居。中下。南渡无。

黄州，下，齐安郡，军事。建炎隶沿江制置副使司。崇宁户八万六千九百五十三，口一十三万五千九百一十六。贡苎布、连翘。县三：黄冈，望。黄陂，上。端平三年，寓治青山矶。麻城。中。端平三年治什子山。

无为军，同下州。太平兴国三年，以庐州巢县无为镇建为军，以巢、庐江二县来属。建炎二年，入于金，寻复。景定三年，升巢县为镇巢军。崇宁户六万一百三十八，口一十一万二千一百九十九。贡绢。县三：无为，望。熙宁三年，析巢庐江二县地置县。巢，望。至道二年，移治郭中下。绍兴五年废，六年，复。十一，隶庐州，十二年，复来属。景定三年升军，属沿江制置使司。庐江。望。有昆山矾场。

怀远军，宝祐五年五月置。县一：荆山。

淮南东、西路，本淮南路，盖《禹贡》荆、徐、扬、豫四州之域。而扬州为多。当南斗、须女之分。东至于海，西抵濉、涣，南滨大江，北界清、淮。土壤膏沃。有茶、盐、丝、帛之利。人性轻扬，善商贾，廛里饶富，多高赀之家。扬、寿皆为巨镇，而真州当运路之要，符离、谯、亳、临淮、朐山皆便水运，而隶淮服。其俗与京东、西略同。

江南东、西路。建炎元年，以江宁府、洪州并升帅府，四年，合江东、西为江南路，以鄂、岳来属。又置三帅：鄂州路，统鄂岳筠袁虔吉州、南安军；江西路，统江洪抚信州、兴国南康临江建昌军；建康府路，统建康府、池饶宣徽太平州、广德军。绍兴初，复分东西，以建康府、池饶徽宣信抚太平州、广德建昌军为江南东路；以江洪筠袁虔吉州、兴国南康临江南安军为江南西路。寻以抚州、建昌军还隶西路,南康还隶东路。置帅于池、江二州。未几,以二州地僻隘,复还建康府、洪州。

东路。府一:江宁。州七:宣,徽,江,池,饶,信,太平。军二:南康,广德。县四十三。南渡后,府二:建康,宁国。州五:徽,池,饶,信,太平。军二:南康,广德,为东路。绍兴三十二年,户九十六万六千四百二十八,口一百七十二万四千一百三十七。

江宁府上,开宝八年,平江南复为升州节度。天禧二年,升为建康军节度。旧领江南东路兵马钤辖。建炎元年,为帅府。三年,复为建康府,统太平宣徽广德。五月,高宗即府治行宫。绍兴八年,置主管行宫留守司公事;三十一年,为行宫留守。乾道三年,兼沿江军,寻省。崇宁户一十二万七百一十三,口二十万二百七十六。贡笔。县五。上元,_{次赤。}江宁,_{次赤。}句容,_{次畿。天禧四年,改名常宁。}溧水,_{次畿。}溧阳。_{次畿。}

宁国府,本宣州,宣城郡,宁国军节度。乾道二年,以孝宗潜邸,升为府。七年,魏惠宪王出镇,置长史、司马。崇宁户一十四万七千四十,口四十七万七百四十九。贡苎布、黄连、笔。县六:宣城,_{望。}南陵,_{望。}宁国,_{紧。}旌德,_{紧。}太平,_{中。}泾。_{紧。}

徽州,上,新安郡,军事。宣和三年,改歙州为徽州。崇宁户一十万八千三百一十六,口一十六万七千八百九十六。贡白苎、纸。县六:歙,_{望。}休宁,_{望。}祁门,_{望。}婺源,_{望。}绩溪,_{望。}黟。_{紧。}

池州,上,池阳郡,军事。建炎四年,分江东、西置安抚使,领建康、太平宣徽饶、广德。后以建康路安抚使兼知池州。崇宁户一十三万五千五十九,口二十万六千九百三十二。贡纸、红白姜。县六:贵池,_{望。}青阳,_{上。开宝末,自升州与铜陵并来隶。}铜陵,_{上。}建德上。_{唐至德县,吴改。}石埭,_{上。}东流。_{中下。太平兴国三年,自江州来隶。}监一:永丰。_{铸铜钱。}

饶州,上,鄱阳郡,军事。崇宁户一十八万一千三百,口三十三万六千八百四十五。贡麸金、竹簟。县六:鄱阳,_{望。}余干,_{望。}浮梁,望。乐平，望。德兴，紧。安仁。中。开宝八年，以余干县地置安仁场，端拱元年，升为县。监一：永平。铸铜钱。

信州，上，上饶郡，军事。崇宁户一十五万四千三百六十四，口三十三万四千九十七。贡蜜、葛粉、水晶器。县六：上饶，望。玉山。望。弋阳，望。淳化五年，升弋阳之宝丰场为县；景德元年，废宝丰县为镇，康定中复，庆历三年又废。贵溪，望。铅山，中。开宝八年平江南，以铅山直属京，后还隶。永丰。中。旧永丰镇，隶上饶，熙宁七年为县。

太平州，上，军事。开宝八年，改南平军。太平兴国二年，升为州。崇宁户五万三千二百六十一，口八万一百三十七。贡纱。县三：当涂，上。芜湖，中。开宝末，自建康军与繁昌同隶宣州。太平兴国三年，与繁昌复来隶。繁昌。中。

南康军，同下州。太平兴国七年，以江州星子县建为军。本隶西路，绍兴初，来属。崇宁户七万六百一十五，口一十一万二千三百四十三。贡茶芽。县三：星子，上。太平兴国三年，升星子镇为县。七年，与都昌同来隶。建昌，望。太平兴国七年，自洪州来隶。都昌，上。以县有都村，南接南昌，西望建昌，故名。绍兴七年，自江州来隶。

广德军，同下州。太平兴国四年，以宣州广德县为军。崇宁户四万一千五百，口一十万七百二十二。贡茶芽。县二：广德，望。开宝末，自江宁府隶宣州。建平。望。端拱元年，以郎步镇为县，来隶。

西路。州六：洪，虔，吉，袁，抚，筠。军四：兴国，南安，临江，建昌。县四十九。南渡后，府一：隆兴，州六：江，赣，吉，袁，抚，筠。军四：兴国，建昌，临江，南安，为西路。绍兴三十二年，户一百八十九万一千三百九十二，口三百二十二万一千五百三十八。

隆兴府，本洪州，都督府，豫章郡，镇南军节度。旧领江南西路兵马钤辖。绍兴三年，以淮西屯兵听江西节制，兼宣抚舒、蕲、光、黄、安、复州，寻罢。四年，止称安抚、制置使。八年，复兼安抚、制置大使。隆兴三年，以孝宗潜藩，升为府。崇宁户二十六万一千一百五，口五十三万二千四百四十六。贡葛。县八：南昌，望。新建，望。太平兴国六年置县。奉新，望。唐新吴县，南唐改。丰城，望。分宁，望。建炎间，升义宁军，寻复。武宁，紧。靖安，中。南唐改。进贤。崇宁二年，以南昌县进贤镇升为县。

江州，上，寻阳郡，开宝八年，降为军事。大观三年，升为望郡。旧隶江南东路。建炎元年，升定江军节度。二年，置安抚、制置使，以江、池、饶、信为江州路。绍兴元年，复为二路，本路安抚大使。嘉熙四年，为制置副使司治所。咸淳四年，移制置司黄州；十年，还旧治。崇宁户八万四千五百六十九，口一十三万八千五百九十。贡云母、石斛。县五：德化，望。唐浔阳县，南唐改。德安，紧。瑞昌，中。湖口，中。彭泽。中。监一：广宁。铸铜钱。

赣州，上。本虔州，南康郡，昭信军节度。大观元年，升为望郡。建炎间，置管内安抚使；绍兴十五年罢，复置江西兵马钤辖，兼提举南安军、南雄州兵甲司公事。二十二年改今名。崇宁户二十七万二千四百三十二，口七十万二千一百二十七。贡白纻。县十：赣，望。有蛤湖银场。虔化，望。绍兴二十三年，改行都。有宝积铅场。兴国，望。太平兴国中，析赣县之七乡置。信丰，望。雩都，望。会昌，望。太平兴国中，析雩都六乡于九州镇置。有锡场。瑞金，望。有九龙银场。石城，紧。安远上。龙南。中。南唐县，本名龙南。宣和三年，改虔南。绍兴二十三年，改龙南，取百丈龙滩之南为义。

吉州，上，庐陵郡，军事。崇宁户三十三万五千七百一十，口九十五万七千二百五十六。贡纻布、葛。县八：庐陵，望。吉水，望。雍熙元年，析庐陵地置县。安福，望。太和，望。龙泉，望。宣和三年改泉江，绍兴复旧。永新，望。至和元年，徙吉水县地置永新县。永丰，望。万安。望。熙宁四年，以龙泉县万安镇置。

袁州，上，宜春郡，军事。崇宁户一十三万二千二百九十九，口三十二万四千三百五十三。贡纻布。县四：宜春，望。分宜，望。雍熙元年置，有贵山铁务。萍乡，望。万载。紧。开宝末，自筠州来属。宣和三年，改名建城。绍兴元年，复今名。

抚州，上，临川郡，军事。建炎四年，隶江南东路。绍兴四年，复来隶。崇宁户一十六万一千四百八十,口三十七万三千六百五十二。贡葛。县五:临川,望。绍兴十九年,析惠安、颖秀二乡入崇仁。崇仁,望。宜黄,望。开宝三年,升宜黄场为县。金溪,紧。开宝五年,升金溪四场为县。乐安。绍兴十九年置,割崇仁、吉水四乡隶之。二十四年,以云盖乡还隶永丰。

瑞州,上,本筠州,军事。绍兴十三年,改高安郡。宝庆元年,避理宗讳,改今名。崇宁户一十一万一千四百二十一,口二十万四千五百六十中。贡绖。县三:高安,望。上高,望。新昌。望。太平兴国六年,析高安地置县。

兴国军,同下州。太平兴国二年,以鄂州永兴县置永兴军。三年,改兴国。崇宁户六万三千四百二十二,口一十万五千三百五十六。贡绖。县三:永兴,望,望。大冶,紧。南唐县,自鄂州与通山并来隶。有富民签钱监及铜场、磁湖铁务。通山。中。太平兴国二年,升羊头镇为县。绍兴四年,又为镇,五年复。

南安军,同下州。淳化元年,以虔州大庾县建为军。崇宁户三万七千七百二十一,口五万五千五百八十二。贡绖。县三:南康,望。《元丰九域志》南安军领县二,《崇宁地理》不载南康县。据《元丰志》,南康系望县,有瑞阳锡务,不知并于何时。大庾,中。淳化元年,自虔州与上犹、南康并来隶。上犹。上。有上田铁务。嘉定四年,改南安。

临江军,同下州。淳化三年,以筠州之清江建军。崇宁户九万一千六百九十九,口二十万二千六百五十六。贡绢。县三:清江,望。新淦,望。淳化三年,自吉州来隶。新喻。望。淳化三年,自袁州来隶。

建昌军,同下州。旧建武军,太平兴国四年改。崇宁户一十一万二千八百八十七,口一十八万五千三十六。贡绢。县二:南城,望。淳化二年,自抚州来隶。有太平等四银场。南丰。望。南渡后,增县二:新城,绍兴八年,析南城五乡置。广昌。绍兴八年,析南丰南境三乡置。

江南东、西路,盖《禹贡》扬州之域,当牵牛、须女之分。东限七闽,西略夏口,南抵大庾,北际大江。川泽沃衍,有水物之饶。永嘉东迁，衣冠多所萃止，其后文物颇盛。而茗苑、冶铸、金帛、粳稻之利，岁给县官用度，盖半天下之入焉。其俗性悍而急，丧葬或不中礼，尤好争讼，其气尚使然也。

荆湖南、北路。绍兴元年，以鄂岳潭衡永郴道州、桂阳军为东路，鄂州置安抚司；鼎沣辰沅靖邵全州、武冈军为西路，鼎州置安抚司。二年，罢东、西路，仍分南、北路安抚司，南路治潭州；北路治鄂，寻治江陵。

北路。府二：江陵，德安；州十：鄂，复，鼎，沣，峡，岳，归，辰，沅，靖。军二：荆门，汉阳。县五十六。南渡后，府三：江陵，常德，德安。州九：鄂，岳，归，峡，复，沣，辰，沅，靖。军三：汉阳，荆门，寿昌。绍兴三十二年，户二十五万四千一百一，口四十四万五万八百四十四。

江陵府，次府，江陵郡，荆南节度。旧领荆湖北路兵马钤辖，兼提举本路及施、夔州兵马巡检事。建炎二年，升帅府。四年，置荆南府、归峡州、荆门公安军镇抚使，绍兴五年罢。始制，安抚使兼营田使；六年，为经略、安抚使；七年罢经略，止除安抚使。淳熙元年，还为荆南府。未几，复为江陵府制置使。景定元年，移治于鄂。咸淳十年，荆湖、四川宣抚使兼江陵府事。崇宁户八万五千八百一，口二十二万三千二百八十中。贡绫、纻、碧涧茶芽、柑橘。县八：江陵，次赤。公安，次畿。潜江，次畿。乾德三年，升白伏巡为县。监利，次畿。至道三年，以玉沙隶复州。熙宁六年，废复州，以玉沙县入监利县，寻复其旧。松滋，次畿。石首，次畿。枝江，次畿。熙宁六年，省入松滋元祐元年复。建炎四年，江陵寄治，绍兴五年还旧。嘉熙元年，移渐、涅洲。咸淳六年，移江南白水镇下沱市。建宁。次畿。乾德三年，升白旧巡为县，并置万庚县；万庚寻废。熙宁六年，省建宁入石首。元祐元年复。南渡后，省。

鄂州，紧，江夏郡，武昌军节度。初为武清军，至道二年，始改。建炎二年，兼鄂、岳制置使。四年，兼江南鄂州路安抚，寻改鄂州路安抚。绍兴二年,改兼荆湖北路安抚。六年,管内安抚;十一年,罢。嘉定十一年,置沿江制置副使。淳祐五年,兼荆湖北路安抚使;九年,罢。景定元年,改荆湖制置使;咸淳七年,罢。崇宁户九万六千七百六十九,口二十四万七百六十七。贡银。县七:江夏,紧。崇阳,望。唐县。开宝八年,又改今名。武昌,上。蒲圻,中。咸宁,中。通城,中。熙宁五年,升崇阳县通城镇为县。绍兴五年,废为镇。十七年,复。嘉鱼。下。熙宁六年,析复州地入焉。监一:宝泉。熙宁七年置,铸铜钱。南渡后,升武昌县为寿昌军。

德安府,中,安陆郡,安远军节度。本安州。天圣六年,隶京西路,庆历元年还本路。宣和元年,升为府。开宝中,废吉阳县。建炎四年,为安陆、汉阳镇抚使。绍兴三年,复来属。咸淳四,徙治汉阳城头山。崇宁户五万九千一百八十六,口一十四三万三千八百九十二。贡青纻。县五:安陆,中。熙宁二年,省云梦县为镇入焉,元祐元年复。应城,中。孝感,中。建炎间,移治紫资寨。应山,中下。云梦。中。绍兴七年,移治仵落市;十八年复旧。南渡后,无应山。

复州,上,景陵郡,防御。建炎四年,置德安、复州、汉阳军镇抚使。绍兴三年,置荆湖北路安抚使。端平三年,移治沔阳镇。贡银。县二:景陵,紧。晋县。熙宁六年废州,以景陵属安州。元祐元年复。玉沙。中下。至道二年,自江陵来隶。宝元二年,废沔阳入焉。熙宁六年,又隶江陵府。元祐元年,与景陵皆复。

常德府,本鼎州,武陵郡,常德军节度乾德二年,降为团练。本朗州。大中祥符五年,改今名。熙宁七年,废桃源、汤口、白崖三寨。元丰三年,废白砖、黄石二寨。政和七年,升为军。建炎四年,升鼎、澧州镇抚使。绍兴元年,置荆湖北路安抚使,治鼎州,领鼎、澧、辰、沅、靖州;三十二年,罢。乾道元年,以孝宗潜藩,升府。八年,依旧提举五州。崇宁户五万八千二百九十七,口一十三万八百六十五。贡纻,布,练布。县三:武陵,望。桃源,望。乾德中,析武陵地置县。龙阳。中。大观中,改辰阳。绍兴三年复旧。五年,升军使,移治黄城寨。三十年,复县。南渡后,增县一:沅江。中下。自岳州来隶。乾道中,割隶岳州,今复来隶。

澧州，上，澧阳郡，军事。建炎四年，寓治陶家市山寨，随复旧。崇宁户八万一千六百七十三，口二十三万六千九百二十一。贡绫、竹簟。县四：澧阳望。安乡，中下。石门，中下。有台宜寨。慈利。中下。有索口、安福、西牛、武口、澧州五寨。

峡州，中，"峡"字旧从"硖"，今从"山"。夷陵郡，军事。建炎中，移治石鼻山；绍兴五年，复旧。端平元年，徙治于江南县。崇宁户四万九百八十，口一十一万六千四百。贡五加皮、芒硝、杜若。县四：夷陵，中。有汉流、巴山、麻溪、鱼阳、长乐、梅子六寨，及铅锡场。宜都，中。长杨，中下。有汉流、飞鱼二盐井。元丰五年，废新安、长杨二寨。远安。中下。

岳州，下，巴陵郡，岳阳军节度。本军事州。宣和元年赐军额。建炎间，岳、鄂二州各带沿江管内安抚司公事。绍兴二十五年，改州曰纯，改军曰华容；三十一年，复旧。崇宁户九万七千七百九十一，口一十二万八千四百五十。贡纻。县四：巴陵，上。华容，望。有占楼寨。平江，上。临湘。淳化元年，升王朝场为县，寻改。

归州，下，巴东郡，军事。建炎四年，隶夔路；绍兴五年，复。三十一年，又隶夔；淳熙十四年，复。明年，又隶夔。端平三年，徙郡治于南浦县。崇宁户二万一千五十八，口五万二千一百四十七。贡纻。县三：秭归，下。熙宁五年，省兴山县为镇入焉；元祐元年复。有拨礼寨、青林盐井。巴东，下。有折叠寨。兴山。下。开宝元年，移治昭君院。端拱二年，又徙香溪北。

辰州，下，庐溪郡，军事。太平兴国七年，置招谕县。熙宁七年，以麻阳、招谕二县隶沅州；废慢水寨、龙门、水浦；铜安、龚溪木寨。九年，废明溪、丰溪、余溪、新兴、凤伊、铁炉、竹平、木楼、乌速、骡、子、酉溪寨堡。崇宁户一万七百三十，口二万三千三百五十。贡朱砂、水银。县四：沅陵，中。溆浦，中下。有悬鼓寨。元丰二年，置龙潭堡。辰溪，中下。有龙门；铜安二寨。庐溪。下。城一：会溪。熙宁八年十二月置。寨三：池蓬、镇溪、黔安。嘉祐三年，置池蓬；熙宁三年，置镇溪；八年，置黔安。

沅州，下，潭阳郡，军事。本懿州。熙宁七年收复，以潭阳县地置庐阳县，以辰州麻阳、招谕二县隶州。八年，并锦州寨人户及废招谕县入麻阳，为一县。元丰三年，并镇江寨人户入黔江城，为黔阳县，寻废镇江寨为铺。五年，升旧渠阳寨为县，元祐六年，省为寨，崇宁二年，复为县，崇宁户九千六百五十九，口一万九千一百五十七。贡朱砂、水银。县四：庐阳，下。有蒋州、西县、八洲、长宜、迥溪、镇江、龙门、怀化八铺。麻阳，下。有锦州寨，龚溪、龙家、竹寨、虎踵、齐天、又溪六铺。龚溪寨，熙宁六年赐名，其后为铺，未详。黔阳，下。有竹寨、烟溪、无状、木州、洪江五铺。渠阳。寨八：熙宁间，复硖中腾云鹤绣胜五州、富锦圆三州。六年，以硖州新城为安江寨，富州新城为镇江寨。七年，废慢水寨、龙家堡，以辰州龙门、镇安二寨隶州，寻废为铺。宣和元年，复置铜安寨。元丰三年，置托口寨。四年，以古诚州贯保新寨为贯保寨，奉爱、丰山新堡为丰山新堡，小由、长渡村堡为小由寨。安江，有洪江、铜安二铺。托口，有竹滩一铺，元丰八年罢。贯保，元丰三年置，六年，隶诚州。元祐六年废，崇宁二年复置。渠阳，元祐三年，以渠阳军改，来隶。竹滩、洪江，并元祐五年置，隶黔阳县。若溪，崇宁三年置。便溪。崇宁三年，以蒋州改。

靖州，下，军事。熙宁九年，收复唐溪洞诚州。元丰四年，仍建为诚州。五年，沅州贯保寨改为县，总治本寨并托口、小由、丰山四堡寨户口，以渠阳县为名，隶州。六年，移托口、小由两寨却属沅州，析邵州莳竹县隶州，移渠阳县为州治。七年，沅州小由寨复隶州，寻废小由寨、丰山堡。元祐二年，废为渠阳军。三年，废军为寨，属沅州。元祐五年，复以渠阳寨为诚州。崇宁二年，改为靖州。大观元年为望郡。崇宁户一万八千六百九十二，口阙。贡白绢。县三：永平，下。本渠阳县，崇宁二年，改名，绍兴八年，移入州。会同，下。本三江县，崇宁二年改。通道。下。本罗蒙县，崇宁二年改。寨四：狼江，收溪，贯保，罗蒙。元丰六年，置收溪，复以沅州贯保来隶。七年，置罗蒙。元祐三年，废收溪、罗蒙。崇宁二年，又置若水、丰山二寨。堡五：石家，泸村，多星，大由，天村。元丰四年，置石家、产村；六年，置多星；七年，置大由、天村。元祐三年，废多星、大由、天村等堡，崇宁三年复置；又置羊镇堡、木寨堡。大观二年，又置飞山堡。政和三年,又置零溪堡。八年,又置通平堡。

荆门军,开宝五年,长林、当阳二县自江陵来隶。熙宁六年,废军,县复隶江陵府。元祐三年,复为军。端平三年,移治当阳县。县二:长林,次畿。当阳。次畿。绍兴十四年,废入长林;十六年,复。

汉阳军,同下州。熙宁四年,废为县,以汉川县为镇,属鄂州。元祐元年,复置。绍兴五年,又废为县;七年,复为军。县二:汉阳,紧。汉川。下。太平兴国二年,自德安来隶。绍兴五年废,七年复。

寿昌军,下,本鄂州武昌县。嘉定十五年,升寿昌军使,续升军。端平元年,以武昌县还隶鄂州。县一:武昌。上。以武昌山为名。孙权所都。南渡后,为江州治所,后复故。

南路。州七:潭,衡,道,永,邵,郴,全。军一:武冈。监一:桂阳。县三十九。南渡后,增茶陵军。绍兴三十二年,户九十六万八千九百三十,口二百一十三万六千七百六十七。

潭州,上,长沙郡,武安军节度。乾德元年,平湖南,降为防御。端拱元年,复为军。旧领荆湖南路安抚使。大观元年,升为帅府。建炎元年,复为总管安抚司。绍兴元年,兼东路兵马钤辖;二年,复为安抚司。崇宁户四十三万九千九百八十八,口九十六万二千八百五十三。贡葛、茶、县十二:长沙,望。开宝中,废长丰县入焉。衡山,望。淳化四年,以衡山、岳州湘阴并来隶。有黄干银场。安化,望。熙宁六年置,改七星寨为镇入焉,废首溪寨。元祐三年,置博易场。醴陵,紧。攸,上。湘乡,中。湘潭,中。益阳,中。浏阳,中。有永兴及旧溪银场。湘阴,中。乾德二年,自鼎州隶岳州,俄而来隶。宁乡,中。善化。元符元年,以长沙县五乡、湘潭县两乡为善化县。

衡州,上,衡阳郡,军事。崇宁户一十六万八千八十九十五,口三十万八千二百五十三。贡麸金、犀。县五:衡阳,紧。有熙宁钱监。耒阳,中。常宁,中下。熙宁六年,废常宁县奖中寨。有茭源银场。安仁。中下。乾德二年,升安仁场为县。南渡后,升茶陵为军。

道州,中,江华郡,军事。乾德三年,废大历县。熙宁六年,废杨梅、胜冈、绵田三寨。绍兴元年,隶荆湖东路;二年,复旧。崇宁户四万一千五百三十五,口八万六千五百五十三。贡白纻、零陵香。县四:营道,紧。熙宁五年,省永明县为镇入焉,元祐元年复。江华,紧。有黄富铁场。宁远,紧。唐延唐县。乾德三年改。永明。上。

永州,中,零陵郡,军事。熙宁六年,废福田、乐山二寨。八年,废零陵寨。崇宁户八万九千三百八十七,口二十四万三升三百二十二。贡葛、石燕、县三:零陵,望。祁阳,中。东安。中。雍熙元年,升东安场为县,有东安寨。

郴州,中,桂阳郡,军事。绍兴初,改隶荆湖东路,二年,仍来属。崇宁户三万九千三百九十三,口一十三万八千五百九十九。贡纻。县四:郴,紧。有新塘、浦溪二银坑。桂阳,中,唐义昌县,后唐改郴义。太平兴国初,又改。延寿银坑。宜章,中。唐义章县。大平兴国初改。永兴中。旧高亭县。熙宁六年改。南渡后,增县二:兴宁,嘉定二年,析郴县资兴、程水二乡置资兴县,后改今名。桂东。本郴县地。嘉定四年,析桂阳之零陵、宜城二乡置今县于上犹寨。

宝庆府,本邵州,邵阳郡,军事。大观九年,升为望郡。宝庆元年,以理宗潜藩,升府。淳祐六年,升宝庆军节度。崇宁户九万八千八百六十一,口二十一万八千一百六十。贡犀角、银。县二:邵阳,望。新化。望。熙宁五年收复梅山,以其地置县。有惜溪、柘溪、藤溪、深溪、云溪五寨。

全州,下,军事。绍兴元年,听广西路经略安抚司节制。崇宁户四万四千六百六十三,口一十万六千四百三十二。贡葛、零陵香。县二:清湘,望。有香烟、禄塘、长鸟、羊状、硖石、磨石、获源七寨。灌阳。中。有洮水、灌水、吉宁寨。

茶陵军,绍兴九年,升县为军,仍隶衡州。嘉定四年,析康乐、云阳、常平三乡置酃县,亦尝隶衡州。县一:酃。下。因酃湖为名。

桂阳军,本桂阳监,同下州。绍兴元年,隶荆湖东路,二年,复故。三年,升军,崇宁户四万四百七十六,口一十一万五千九百。贡银。县二:平阳,上。隋县,晋废。天禧三年置。有大富等九银坑,熙宁七年

复。蓝山。中。景德三年，自郴州来隶。南渡后，增县一：临武。中。自
石晋废，绍兴十一年复。

　　武冈军，崇宁五年，以邵州武冈县升为军。县三：武冈。中。有
山塘一寨。熙宁六年，废白沙寨。置关硖、武阳、城步三寨。元祐四年置赤木寨。
绍圣元年，置神山寨。崇宁二年。置通硖。大观元年，置神山寨。崇宁二年置
通硖。大观元年，置峡口寨。绥宁，中。本邵州莳竹县地。熙宁九年废，崇宁
九年复。绍兴十一年，移治武阳寨，二十五年，还旧。后废临冈来入。临冈。本
莳竹县。元丰四年，以溪洞徽州为县，隶邵州。八年，建临口寨。崇宁五年，改
寨为县，隶武冈军。南渡后，废临冈，增新宁。下。汉夷地。绍兴二十五年，
于水头江北立今县。

　　荆湖南、北路，盖《禹贡》荆州之域。当张、翼、轸之分。东界鄂
渚，西接溪洞。南抵五岭，北连襄汉。唐末藩臣分据，宋初下之。鄂、
岳本属河南，安、复中土旧地，今以壤制而分隶焉。江陵国南巨镇，
当荆江上游，西控巴蜀。澧、鼎、辰三州，皆旁通溪洞，置兵戍守。潭
州为湘、岭要剧，鄂、岳处江、湖之都会，全、邵屯兵，以扼蛮獠。大率
有材木、茗苑之饶，金铁、羽毛之利。其土宜谷稻，赋入稍多。而南
路有袁、吉壤接者，其民往往迁徙自占，深耕溉种，率致富饶，自是
好讼者亦多矣。北路农作稍惰，多旷土，俗薄而质。归、峡信巫鬼，
重淫祀，故尝下令禁之。

宋史卷八九
志第四二

地理五

福建路　成都府路　潼川府路
利州路　夔州路

福建路。州六：福，建，泉，南剑，漳，汀。军二：邵武，兴化。县四十七。南渡后，升建州为府。绍兴三十二年，户一百三十九万五百六十五，口二百八十二万八千八百五十二。

福州，大都督府，长乐郡，威武军节度。旧领福建路钤辖，建炎三年升帅府。崇宁户二十一万一千五百五十二。贡荔枝、鹿角菜、紫菜。元丰贡红花蕉布。县十二：闽，望。候官，望。福清，望。古田，望。唐县。有宝兴银场、古田金坑。永福，望。有黄洋、保德二银场。长溪，望。有王林银场及盐场。长乐，紧。有海坛山盐场。罗源，中。旧永正县。闽清，中。宁德，中。王番知时置。怀安，望。太平兴国五年，析闽县置。连江。望。

建宁府，上，本建州，建安郡。旧军事，端拱元年，升为建宁军节度；绍兴三十二年，以孝宗旧邸，升府。崇宁户一十九万六千五百六十六。贡火箭、石乳、龙茶。元丰贡龙凤等茶、练。县七：建安，望。汉县。有北苑茶焙、龙焙监库及石舍、永兴、丁地三银场。浦城，望。有余生、蕉溪、筋竹三银场。嘉禾，望。本建阳县。有瞿岭四银场。景定元年，改今名。松溪，紧。崇安，望淳化五年，升崇安场为县。政和，紧。咸平三年，升关隶镇为县。政和五年，改关隶为政和县。有天受银场。**瓯宁**。望。熙宁三年废，元祐四年复。**监一：丰国**。咸平二年置，铸铜钱。

泉州，望，清源郡。太平兴国初，改平海军节度。本上郡，大观元年，升为望郡。崇宁户二十万一千四百六。贡松子。元丰贡绵、蕉、葛。县七：**晋江**，望。有盐亭一百六十一。**南安**，中。**同安**，中。有安仁、上下马栏庄坂四盐场。**惠安**，望。太平兴国六年，析晋江置县。有盐亭一百二十九。**永春**，中。闽桃源县。有倚洋一铁场。**安溪**，下。有青阳铁场。**德化**。下。有赤水铁场。

南剑州，上，剑浦郡，军事。太平兴国四年，加"南"字。崇宁户一十一万九千五百六十一。贡土茴香。元丰贡茶。县五：**剑浦**，紧。旧龙津县，南唐改。有大演、石城二银场，雷、大等五茶焙。**将乐**，上。太平兴国四年，自建州来隶。有石牌、安福二银场。**顺昌**，上。南唐升永顺场为县。**沙**，中。有龙泉银场。**尤溪**。上。有尤溪，宝应等九银场。

漳州，下，漳浦郡，军事，崇宁户一十万四百六十九。贡甲香、鲛鱼皮。县四：**龙溪**，望。有吴慣、沐渎、中栅三盐场。**漳浦**，望。有黄敦盐场。**龙岩**，望。有大济、宝兴二银场。**长泰**。望。太平兴国五年，自泉来隶。

汀州，下。临汀郡，军事。淳化五年，以上杭、武平二场并为县，元符元年，析长汀、宁化置清流县。崇宁户八万一千四百五十四。贡蜡烛。县五：**长汀**，望。有上宝锡场，归禾、拔口二银务，莒溪铁务。**宁化**，望。有龙门新旧二银坑。**上杭**，上。有钟寮金场。天圣二年，徙治钟寮场东，乾道四年徙治郭下。**武平**，上。清流，南渡后，增县一：**莲城**，本长汀莲城堡，绍兴三年升县。

邵武军，同下州。太平兴国五年，以建州邵武县建为军，仍以归化、建宁二县来属。崇宁户八万七千五百九十四。贡纻。县四：**邵武**，望。有黄土等三盐场，龙须铜场，宝积等三铁场。**光泽**，望。太平兴国六年，析邵武置县。有太平银场、新安铁场。**泰宁**，望。南唐归化县。元祐元年，改为泰宁。有螺蠊金场、江源银场。**建宁**，望。有龙门等三银场。

兴化军，同下州。太平兴国四年，以泉州游洋、百丈二镇地置太平军，寻改。户六万三千一百五十七。贡绵、葛布。县三：**莆田**，望。

自泉州与仙游同来隶。**仙游**,望。**兴化**。中。太平兴国四年,析莆田置县。

福建路,盖古闽越之地。其地东南际海,西北多峻岭抵江。王氏窃据垂五十年,三分其地。宋初,尽复之。有银、铜、葛越之产,茶、盐、海物之饶。民安土乐业,川源浸灌,田畴膏沃,无凶年之忧。而土地迫狭,生籍繁伙;虽硗确之地,耕耨殆尽,亩直浸贵,故多田讼。其俗信鬼尚祀,重浮屠之教,与江南、二制略同;然多乡学,喜讲诵,好为文为辞,登科第者尤多。

成都府路。府一:成都。州十二:眉,蜀,彭,绵,汉,嘉,邛,简,黎,雅,茂,威。军二:永康,石泉。监一:仙井。县五十八。南渡后,府三:成都,崇庆,嘉定。州十一:眉,彭,绵,汉,邛,黎,雅,茂,简,威,隆。军二:永康,石泉。淳熙二年,户二百五十八万,口七百四十二万。

成都府,次府,本益州,蜀郡,剑南西川节度。太平兴国六年,降为州。端拱元年,复为剑南西川成都府,淳化五年,降为节度。嘉祐五年,复为府。六年,复节度。旧领成都府路兵马钤辖。建炎三年,罢兼利州路。绍兴元年,领成都路安抚使。五年,兼西路安抚、制置大使。十年置宣抚,罢制置司,知府带本路安抚使。十八年,罢宣抚,复制置司;乾道六年,又罢,并归安抚司,知府仍带本路安抚使。淳熙二年,复制置司,罢宣抚司。开禧元年,置宣抚,罢制置司。未几,两司并置;后罢宣抚,仍置制置大使。禧定七年,去"大"字。崇宁户一十八万二千九十,口五十八万九千九百三十。贡花罗、锦、高纻布、笺纸。县九:**成都**,次赤。**华阳**,次赤。**新都**,次畿。**郫**,次畿。熙宁五年,省犀浦为镇入焉。**双流**,次畿。**温江**,次畿。**新繁**,次畿。汉繁县,前蜀改。**广都**,次畿。熙宁五年,废陵州,以贵平、籍二县为镇入。**灵泉**。次畿。旧名灵池,天圣四年改。

眉州,上,通义郡,至道二年,升为防御。崇宁户七万二千八百九,口一十九万二千三百八十四。贡麸金、巴豆。县四:**眉山**,望。隋通义县。太平兴国初改。**彭山**,望。**丹棱**,望。**青神**。紧。

崇庆府，紧，本蜀州，唐安郡，军事。绍兴十四年，以高宗潜藩，升崇庆军节度。淳熙四年，升府，崇宁户六万七千八百三十五，口二十七万三千五十。贡春罗、单丝罗。县四：晋源，望。新津，望。江原，望。唐唐安县。开宝四年改。永康。望蜀析青城地置县。

彭州，紧，濛阳郡，军事。崇宁户五万七千五百二十四。贡罗。县三：九陇，望。唐县。熙宁二年置堋口县，四年，省为镇入焉。有鹿角寨，堋口、木头二茶场。崇宁，望。唐昌县。崇宁元年改。濛阳。望。

绵州，上、巴西郡，军事。绍兴三年，以知州事兼绵威茂州、石泉军沿边安抚使，节制屯戍军马。五年，川、峡宣抚副使移司绵州。六年罢。二十一年，罢沿边安抚使。嘉熙元年，为四川制置副使治所。崇宁户一十二万二千九百一十五，口二十三万四百九。贡绫、纻布。县五：巴西，望。彰明，望。魏城，紧。罗江，紧。盐泉。中。

汉州，上，德阳郡，军事。户一十二万九百，口五十二万七千二百五十二。贡纻布。县四：雒，望。什邡，望。绵竹，望。德阳。望。

嘉定府，上，本嘉州，犍为郡，军事。乾德四年，废绥山、罗目、玉津三县。庆元二年，以宁宗潜邸，升府。开禧元年，升嘉庆军节度。崇宁户七万一千六百五十二，口二十一万四百七十二。贡麸金。县五：龙游，上。宣和元年，改曰嘉祥，后复故。熙宁五年，省平羌县入焉。洪雅，上。淳化四年，自眉州来隶。夹江，中。峨眉，中。犍为。下。大中祥符四年，移治惩非镇。监一：丰远。铸铁钱。

邛州，上，临邛郡，军事。崇宁户七万九千二百七十九，口一十九万三千三十二。贡丝布。县六：临邛，望。熙宁五年，省临溪县为镇入焉，并入依政、浦江、火井。依政，望。安仁，望。有延贡寨。大邑，望。有思安寨。蒲江，上。有盐井监、盐井寨。火井。中。开宝三年，移治平乐镇，至道三年复旧。监一：惠民。铸铁钱。建炎三年罢。

简州，下，阳安郡，军事。崇宁户四万一千八百八十八，口九万五千六百一十九。贡绵绸、麸金。县二：阳安，上。平泉。中。

黎州，上，汉源郡，军事。崇宁户二千七百二十二，口九千八十。贡红椒。县一：汉源。下。庆历六年，废通望县入焉。旧废飞越县有博易务。

领羁縻州五十四。罗岩州、索古州、泰上州、合钦州、剧川州、辄荣州、蓬口州、柏坡州、博庐州、明川州、胞肢州、蓬矢州、大渡州、米川州、木属州,河东州、诺祚州、甫岚州、昌化州、归化州、粟川州、丛夏州、和良州、和都州、附木州、东川州、上贵州、滑川州、北川州、吉川州、甫萼州、北地州、苍荣州、野川州、邛陈州、贵林州、护川州、牒琼州、浪泑州、郎郭州、上钦州、时蓬州、偯马州、橛查州、邛川州、护邛州、脚川州、开望州、上蓬州、比蓬州、剥重州、久护州、瑶剑州、明昌州。

　　雅州,上,庐山郡,军事。崇宁户二万七千四百六十四,口六万二千三百七十八。贡麸金。县五:严道,中。有碉门寨。庐山,上。有灵关寨。名山,中。熙宁五年,省百丈县为镇入焉,元祐二年复。荣经,中下。百丈。中下。州城内一茶场。熙宁九年置。领羁縻州四十四。当马州、三井州、来锋州、名配州、钳泰州、隶恭州、画重州,罗林州、笼羊州、林波州,林烧州、龙蓬州、敢川州、惊川州、祸眉州、木烛州、百坡州、当品州、严城州、中川州、钳矢州、昌磊州、钳并州、百颇州、会野州、当仁州、推梅州、作重州,祸林州、金林州、诺祚州、三恭州、布岚州、欠马州、罗蓬州、论川州、让川州、远南州、卑庐州、夔龙州、辉川州、金川州、东嘉梁州、西嘉梁州。

　　茂州,上,通化郡,军事。熙宁九·年,即汶川县置威戎军使,以石泉县隶绵州。崇宁户五百六十八,口一千三百七十七。贡麝香。县一:汶山。下。寨一:镇羌。熙宁九年置。关一:鸡宗。熙宁九年置。南渡后,增县一:汶川。下。有博马场。领羁縻州十。珣州、直州、时州、涂州、远州、飞州、乾州、可州、向州、居州、春祺城,本羁縻堡州,政和四年,建为祺州,县曰春祺,宣和三年,废为城,隶茂州。寿宁寨,本羁縻直州,政和六年,建寿宁军,在大皂江外,距茂州五里,八年,废为寨,宣和三年,废寨为堡,又废敷文关为敷文堡。延宁寨,本威戎军,熙宁间所建,政和六年,汤延俊等纳土,重筑军城,改名延宁,宣和三年,废为寨,隶茂州,四年,又废寨及寿宁堡入汶川县。

　　威州,下,维川郡,军事。本维州。景德三年,以与潍州声相乱,改今名。崇宁户二千二十,口三千一十三。贡当归、羌活。县二:保宁,下。唐薛城县,南唐改。通化。下。天圣元年,改途川。景祐四年复。治平三年,省通化军隶县。有博易场。领羁縻州二。保州、霸州。嘉会寨,本霸縻羁州,政和四年,建为亨州,县曰嘉会,宣和三年,废州,以县为寨,隶威州。通化军,熙宁间所建,在保、霸二州之间。政和三年,董舜咨纳土,因旧名重筑军城,宣和三年,省军使为监押,隶威州。

永康军,同下州。本彭州导江县灌口镇。唐置镇静军。乾德中年,改为永康军,以蜀川之青城及导江县来隶。太平兴国三年,改为永康军。熙宁五年,废为寨;九年,复即导江军治置永康军使,隶彭城。元祐初,复故。县二:导江,望。乾德中。自彭州来隶。熙宁五年,军废,复隶彭州,后复于此置军。有博马场。青城。望。乾德中,自蜀州来隶。熙宁五年军废,还隶蜀州,不知何年复来隶。

仙井监,同下州。本陵州。至道三年,升为团练。咸平四年,废始建县。熙宁五年,废为陵井监。宣和四年,改为仙井监。隆兴元年,改为隆州。崇宁户三万二千八百五十三,口一十万四千五百四十五。贡苦药子、续随子。县二:仁寿,中。井研。中下。南渡后,增县二:贵平,中下。熙宁五年,废入广都。乾道六年复。籍。中下。废复同上。镇一:大安。旧永安镇。崇宁二年改。盐井一。

石泉军,本绵州石泉县。政和七年,建为军,割蜀之永康、绵之龙安神泉来隶。宣和三年,降为军使,县皆还旧隶。宣和七年,复为军额。县三:石泉下。神泉,上。有石关寨。龙安。上。有三盘寨及茶场。宣和元年改龙安曰安昌,后复故。宝祐后,为军治所。堡九。重和元年置。会同、靖安、嘉平、通津、横望、平陇、凌霄、从翠、连云。

潼川府路。府二:潼川,遂宁。州九:果,资,普,昌,叙,泸,合,荣,渠。军三:长宁,怀安,广安。监一:富顺。绍兴三十二年,户八十万五千三百六十四,口二百六十三万六千四百七十六。

潼川府,紧,梓潼郡,剑南东川节度。本梓州。乾德四年,改静戎军,置东关县。太平兴国中,改安静军。端拱二年,为东川;元丰三年,复加"剑南"二字。重和元年,升为府。旧兼提举梓州果渠、怀安广安军兵马巡检盗贼公事。乾道六年,升泸南为潼川府路安抚使。崇宁户一十万九千六百九，口四十四万七千五百六十五。贡绫、曾青、空青。县十：**郪**，有三十四盐井。**中江**，望。隋玄武县。大中祥符五年改。有盐井。**涪城**，望。有四镇、二十七盐井。**射洪**，紧。有盐井。**盐亭**，紧。熙宁五年，省永泰县为镇入焉。有六盐井。**通泉**，上。有三铁冶。**飞乌**，中。有五盐井。**铜山**，中。有铜冶。**东关**，中下。有四盐井。**永泰**。中下。本尉司，南渡后为县。

遂宁府，都督府，遂宁郡，武信军节度。本遂州。政和五年，升为府。宣和五年，升大藩。端平三年，兵乱，权治蓬溪寨。崇宁户四万九千一百三十二，口一十万二千五百五十五。贡樗蒲绫。县五：**小溪**，望。隋方义县。太平兴国初改。**蓬溪**，望。**长江**，紧。端平三年，以下三县俱废。**青石**，紧。**遂宁**。中。唐县。熙宁六年，省青石县入焉。七年，复置。

顺庆府，中，本果州，南充郡，团练。宝庆三年，以理宗初潜之地，升府，隶剑南东路。端平三年，兵乱。淳祐九年，徙治青居山。崇宁户五万五千四百九十三，口一十三万三百一十三。贡丝布、天门冬。县三：**南充**，望。熙宁六年，省流溪县为镇入焉；绍兴二十七年，复为县。**西充**，望。**流溪**。望。

资州，上，资阳郡，军事。乾德五年，废月山、丹山、银山、清溪四县。宣和二年，改龙水为资川，后复故。淳祐三年，废。崇宁户三万二千二百八十七，口四万七千二百一十九。贡麸金。县四：**盘石**，紧。有一十八盐井、一铁冶。**资阳**，紧。**龙水**。下。**内江**。中下。有六十六盐井。

普州，上，安岳郡，军事。乾德五年，废崇龛、普慈二县。端平三年，兵乱。淳祐三年，据险置治。宝祐以后废。崇宁户三万二千一百一十八，口七万三千一百二十一。贡葛、天门冬。县三：**安岳**，中下。熙宁五年，废普康县入焉。**安居**，中。**乐至**。中下。

昌州，上，昌元郡，军事。崇宁户三万六千四百五十六，口九万三千五十五。贡麸金、绢。县三：**大足**，上。**昌元**，上。咸平四年，移治罗市。**永川**。上。

叙州，上。南溪郡，军事。乾德中。废开边、归顺二县。本戎州，政和四年改。咸淳三年，徙治登高山。崇宁户一万六千四百四十八，口三万六千六百六十八。贡葛。县四：宜宾，中。唐义宾县。太平兴国元年改。熙宁四年，省旧奋入僰道为镇。政和四年，改僰道为宜宾。南溪，中。乾德中，移治旧奋城。有盐井。宣化，唐义宾县。太平兴国元年改。熙宁四年改为镇，隶僰道。宣和元年，复以镇为县改今名。庆符。本叙州徼外地。政和三年，建为祥州，置庆符、来附二县。宣和三年，州废，并来附县，入庆符县，隶叙州。寨五：柔远、乐从、清平，石门、怀远。靖康元年，废柔远、乐从二寨隶怀远。羁縻州三十。建州、照州、献州、南州，洛州、盈州、德州、为州、移州、扶德州、播浪州、筠州、武昌州、志州，以上皆在南广溪洞；商州、驯州、浪川州、骋州，以上皆在马湖江；协州、切骑州、靖州、曲江州、哥陵州、品州牱违州、碾卫州、滈州、从州、播陵州、钳州，以上皆在石门路。

泸州，上，泸川郡，泸川军节度。本军事州。宣和元年，赐军额。乾道六年，升本路安抚使。嘉熙三年，筑合江之榕山，再筑江安之三江碛，四年，又筑合江之安乐山为城。淳祐三年，又城神臂崖以守。景定二年，刘整以城归大元，后复取之，改江安州。崇宁户四万四千六百一十一，口九万五千四百一十。贡葛。县三：乾德五年，废绵水，富义置上监州。治平四年，废羊瓶寨。元丰二年，废白茗寨。三年，废平夷堡，于罗池改筑安远寨；废大硐，武宁二寨，五年复置武宁不寨，录长宁军。泸川，中。江安，中。有宁远、安夷、西宁远，南田、武宁、安远等寨。合江。中。有遥坝；青山、安溪、小溪、带头、使君六寨。大观三年，以安溪寨为县，隶纯州；后废纯州，复为寨。宣和三年，废遥坝；四年，复。南渡后，增县一：纳溪。皇祐三年，纳溪口置寨。绍定五年，升为县。监一：南井。城三：乐共城，元丰四年置。堡寨四：江门寨、镇溪堡、梅岭堡、大洲堡九。支城，大观三年，建纯州，置九支、安溪两县及美利城。宣和三年，废纯州及九支县为九支城，以安溪、美利城为寨，改慈竹寨为堡。武都城。大观三年，建滋州，置承流、仁怀两县。宣和三年，废州为武都城，以仁怀为堡，承流县并入仁怀。安远寨，元丰三年置。大观四年废。政和五年复。博望寨，政和七年置。板桥堡，政和堡，政和六年置。绥远寨。前隶武都城，宣和三年隶州。领羁縻州十八。纳州、薛州、晏州、巩州、奉州、悦州；思峨州、长宁州、能州、淯州、浙州、定州、宋州、顺州、蓝州、溱州、高州、姚州、长宁军,本羁縻州。熙宁八年,徙治夷人得个祥献长宁、晏、奉、高、薛、巩、淯、思峨等十州,因置淯井监隶泸州。政和四年,建为长宁军。领寨堡六:梅洞寨,政和五年置。清平寨,旧隶祥州,政和二年建筑,赐今名。宣和三年废祥州,以寨隶军,武宁寨,熙宁七年置,旧名小溪口。十年,改今名,元丰四年废。五年复置。政和四年,建长宁军,以武宁为倚郭县。宣和三年,废县为堡。四年,复为寨。宁远寨,皇祐元年,置三江寨。三年,改今名。宣和三年,以寨为堡。四年,复为寨。安夷寨,熙宁六年置,旧名婆娑。大观四年废。政和六年复置。石笋堡。政和五年置。初名梅赖,后赐今名。南渡后,县一:安宁。嘉定四年,升安夷寨为县。有武宁、宁远二寨。

合州,中,巴川郡,军事。淳祐三年,移州治于钓鱼山。崇宁户四万八千二百七十七,口八万四千四百八十四。贡牡丹皮、白药子。县五:石照,中。魏石镜县。乾德三年改。汉初,中。巴川,中。赤水,中下。铜梁。中下。熙宁四年,省赤水入焉,七年,复置。

荣州,下,和义郡,军事。乾德五年,废和义县。端平三年,择地侨治。宝祐后废。崇宁户一万六千六百六十七,口五万二千八十七。贡斑布。县四:荣德,中下。旧名旭州。治平四年改。熙宁四年,省公井县为镇入焉。有盐监一,端平三年废。威远,中。资官,中。有盐井。应灵。中下。有盐井。

渠州,下,邻山郡,军事。宝祐三年,徙治礼义山。崇宁户三万二千八百七十七,口六万三千八百三十。贡绵绸、买子木。县三:流江,紧。西魏县。景祐三年,废大竹县入焉;绍兴三年,复分置。邻水,下。唐县。乾德四年,移治昆楼镇。邻山。下。梁县。乾德三年,移治故邻州城。南渡后,增县一:大竹。

怀安军,同下州。乾德五年,以简州金水县建为军。崇宁户二万九千六百二十五,口一十七万四千九百八十五。贡绸。县二:金水,望。金堂。望。乾德五年,自汉州来隶。

宁西军,本广安军,同下州。开宝二年,以合州侬洄、新明二镇建为军。淳祐三年,城大良平为治所。宝祐末,归大元。景定初,复取之。咸淳二年,改军名。崇宁户四万七千五十七,口一十一万一千七百五十四。贡绢。县三：渠江，中。开宝二年，自渠州来隶。岳池，紧。开宝二年，自果州来隶。新明。中，开宝二年，自合州来属。六年，移治单溪镇。南渡后，增县一：和溪。开禧三年，升镇为县。

富顺监，同下州。本沪州之富义县。掌煎盐。乾德四年，升为富义监。太平兴国元年改。治平元年，置富顺县；熙宁元年，省嘉熙元年，蜀乱监废。咸淳元年，徙治虎头山。崇宁户一万一千二百四十一，口二万三千七百一十六。贡葛。领镇十三，盐井一。

利州路。府一：兴元。州九：利，洋，阆，剑，文，兴，蓬，政，巴。县三十八。关一：剑门。南渡，后，府三：兴元，隆庆，同庆。州十二：利，金，洋，阆，巴，沔，文，蓬，龙，阶，西和，凤。军二：大安，天水。绍兴三十二年，户三十七万一千九十七，口七十六万九千八百五十二。

兴元府，次府，梁州，汉中郡，山南西道节度。旧兼提举利州路兵马巡检事。建炎二年，升本路钤辖。四年，兼本路经略、安抚使。后分利州路为东、西路：兴元、剑利阆金洋巴蓬、大安为东路，治兴元；阶、成、和、凤、文、龙、兴为西路，治兴州。又置利州路阶、成、西和、凤州制置使，泾原、秦凤路经略、安抚使。乾道四年，合为一路，兴元帅兼领之；淳熙二年，复分；三年，又合；五年，复分；绍熙五年，再合；庆元二年，又分；嘉定三年，复合。崇宁户六万二百八十四，口一十二万三千五百四十。贡胭脂、红花。县四：南郑，次赤。城固，次畿。褒城，次畿。西。次畿。至道二年，割隶大安军；三年，还隶。有锡冶一务。茶场一。熙宁八年置。南渡后，增县一：廉水。次畿。绍兴四年，析南郑县置，以廉水为名。

利州，都督府，益川郡，宁武军节度。旧昭武军，景祐四年改。绍兴十四年，分东、西两路；绍熙五年，复合为一；庆元二年，复分；嘉定三年，复合；十一年，又分。端平三年，兵乱废。崇宁户二万五千三百七十三，口五万一千五百三十九。贡金、钢铁。县四：绵谷，中葭萌，中。嘉川，中下。咸平五年，自镇州来隶。熙宁三年，省平蜀县入焉。昭化。下。后周益昌县。开宝五年改。

洋州,望,洋川郡,武康军节度。旧武定军,景祐四年改。建炎以后尝置蓬、巴、洋州安抚使,寻罢。崇宁四万五千四百九十,口九万八千五百六十七。贡隔织。县三:兴道,望。西乡,上。真符。中。

阆州,上,阆中郡。乾德四年,改安德军节度。绍兴十四年,隶东路。端平三年,兵乱。淳祐三年,移治大获山。崇宁户四万三千九百三十六,口一十万九百七。贡莲绫。县七:阆中,望。阆水迂曲,绕县三面,故名。绍兴十八年,省玉井镇入焉。苍溪,紧。南部,紧。新井,紧。奉国,中。熙宁四年,省岐平县为镇入焉。新政,中。西水。中下。熙宁四年,省晋安县为镇入焉。

隆庆府,本剑州,上,普安郡,军事。乾德五年,废永归县。隆兴二年,以孝宗潜邸,升普安军节度。绍熙元年,升府。端平三年,兵乱。崇宁户三万五千二十三,口一十万七千五百七十三。贡巴戟。县六:普安,中。熙宁五年,省临津县为镇入焉。梓潼,上。阴平,中。武连,中。普成,中下。剑门。中下。熙宁五年,以剑门关剑门县复隶州。有小剑、白绵、砭砍、粮谷、龙聚、托溪六寨。

巴州,中,清化郡,军事。乾德四年,废盘道、归仁、始宁三县。咸平五年,以清化属集州。熙宁五年,废集州,又废壁州,以其县来隶。建炎三年,兼管内安抚。嘉熙四年,兵乱民散。崇宁户二万三千三百三十七,口四万一千五百一十六。贡绵绸。县五:化城,中下。省集州清化县为镇入焉。难江,上。旧隶集州。思阳,中下。熙宁三年,省七盘县为镇入焉。曾口,下。熙宁五年,省其章县为镇入焉。通江,下。省壁州白石、符阳二县入焉。

文州,中下,阴平郡,军事。建炎后,带沿边管内安抚,寻罢,隶利西路。绍定末,置司成都。端平后,兵乱州废。崇宁户一万二千五百三十一,口二万二千七十八。贡麝香。县一:曲水。中下。西魏县。有重石、毗谷、张添、磨蓬、留券、罗移、思村、戎门、披波、绥南十寨,水银务一。

沔州,下,顺政郡,军事。本兴州。绍兴十四年,为利西路治所。开禧三年,吴曦僭改开德府。曦诛,改沔州。崇宁户一万二千四百三十,口一万九千六百七十三。贡蜜、蜡。县二:顺政,中。开禧三年,改为略阳。长举。中下。监一:济众。铸铁钱。

蓬州,下,咸安郡,军事。乾德三年,废宕渠县。淳祐三年,置司古渝县。崇宁户二万七千八百二十七,口五万一千四百七十二。贡纻丝绫、绵绸。县四:蓬池,中。仪陇,中。营山,中。唐朗池县。大中祥符五年改。熙宁三年,省蓬山为镇入焉。伏虞。中下。熙宁五年,省良山县为镇入焉。南渡后,增县二:良山,中下。建炎三年复。相如。望。以南有司马相如故宅而名。嘉熙间,兵乱。宝祐六年,自兴州来属。

政州,下,江油郡,军事。本龙州。政和五年,改为政州。绍兴元年,复为龙州。端平三年,兵乱。宝祐六年,徙治雍村。崇宁户三千五百二十三,口九千二百九十四。贡麸金、羚羊角、天雄。县二:江油,中。有乾坡寨。清川。下。本马盘,唐改今名。康定初,增戍兵。端平三年,兵乱地废。

大安军,中,本三泉县。旧属兴元府。乾德三年,平蜀,以县直属京。至道二年,建为大安军。三年,军废,县仍旧属京。绍兴三年,复升军。崇宁户六千七十五,口一万八百九十一。领镇二:金牛,青乌。南渡后,复置三泉县,隶军。

金州,上,安康郡,昭化军节度。前宋隶京西南路,惟此一州未没于金。建炎四年,属利州。绍兴元年,置金、均、房州镇抚使。六年,复隶京西南路。九年,隶西川宣抚司。十年,置金、房、开达安抚使。十三年,隶利州路,又以商州上津、丰阳两县来属。乾道四年,兼管内安抚。县六:西城,下。汉阴,下。绍兴二年,迁治新店,以旧县为镇。嘉定三年,升漱口镇为县。有饶风镇。洵阳,中。石泉,下。平利。中下。南渡后,增县一:上津。中下。本平利县地。绍兴十六年,以鹘岭关卓驮平为界。

阶州,中下,武都郡,军事。本隶秦凤路。绍兴初,陕西地尽入没于金,惟阶成岷凤洮五郡、凤翔府和尚原、陇州方山原存。绍兴初,以杨家崖为家计寨。县二:福津,中下。将利。中下。

同庆府,中下,同谷郡,军事。本成州。隶秦凤路。绍兴十四年,来属。宝庆元年，以理宗潜邸，升同庆府。县二：同谷，中。栗亭。中。

西和州，下，和政郡，团练。本隶秦凤路。绍兴元年，入于金，改祐州。旧名岷州。十二年，与金人和。以岷犯金太祖嫌名，改西和州，因郡名和政云。以淮西有和州，故加"西"字。开禧二年，又入于金。县三：长道紧。大潭，中。祐川。

凤州，下，河池郡，团练。旧属秦凤路。绍兴十四年，来隶。县三：梁泉，上。两当，上。河池。紧。

天水军，同下州。绍兴初，秦州入于金，分置南、北天水县。十三年，隶成州。后以成纪之太平社、陇城之东阿社来属。嘉定元年，升军。九年，移于天水县旧沼。仍置县一：天水。绍兴十五年，废成纪、陇西二县来入。

夔州路。州十：夔、黔、施、忠、万、开、达、涪、恭、珍。军三：云安、梁山、南平。监一：大宁。县三十二。南渡后，府三：重庆，咸淳，绍庆。州八：夔、达、涪、万、开、施、播、思。军三：云安，梁山，南平。监一：大宁。绍兴三十二年，户三十八万六千九百七十八，口一百一十三万四千三百九十八。

夔州，都督府，云安郡，宁江军节度。州初置在白帝城，景德三年，徙城东。建炎三年，升夔、利兵马钤辖。淳熙十五年，帅臣带归、峡州兵马司。元丰户一万一千二百一十三。贡蜜、蜡。县二：奉节，中。巫山。中下。

绍庆府，下，本黔州，黔中郡，军事。武泰军节度。绍定元年，升府。绍熙三年，移巡检治增潭。元丰户二千八百四十八。贡朱砂、蜡。县二：彭水，中。嘉祐八年，废洪杜、洋水、都濡、信孚四县入焉。有洪杜、小洞、界山、难溪四寨。绍兴二年，以元隶珍州户四十九还隶。黔江。下。有白石、门兰、佐水、永安、安乐、双洪、射笤、右水、蛮冢、浴水、潜平、鹿角、万就、六堡、白水、土溪、小溪、石柱、高望、木孔、东流、李昌、仆射、相阳、小村、石门、茆田、木栅、虎眼二十九寨。羁縻州四十九。南宁州、远州、犍州、清州、蒋州、知州、蛮州、袤州、峨州、邦州、鹤州、劳州、义州、福州、儒州、令州、郝州、普宁州、缘州、那州、鸾州、丝州、邛州、敷州、晃州、侯州、焚州、添州、瑶州、双城州、训州、乡州、茂龙州、整州、乐善州、抚水州、思元州、逸州、思州、南平州、勋州、姜州、棱州、鸿州、和武州、晖州、亳州、鼓州、悬州。**南渡后，羁縻州五十六。**

施州，下，清江郡，军事。元丰户一万九千八百四。贡黄连、木药子。县二：清江，中下。有歌罗、永宁、细沙、宁边、尖木、夷平六寨。熙宁六年五月，省施州永兴寨，置夷平寨。元丰三年七月，废永宁寨，置行廊、安确二寨。建始。中下。有连天一寨。监一：广积。绍圣三年置，铸铁钱。

咸淳府，下，本忠州，南宾郡，军事。咸淳元年，以度宗潜邸升府。元丰户三万五千九百五十。贡绵绸。县三：临江中，下。垫江，中下。熙宁五年，省桂溪县入焉。南宾。下。南渡后，增县二：丰都，下。龙渠。下。

万州，下，南浦郡，军事。开宝三年，以梁山为军。元丰户二万五百五十五。贡金、木药子。县二：南浦，中下。有平云寨。武宁。中下。

开州，下，盛山郡，军事。崇宁户二万五千。贡白纻、车前子。县二：开江，上。庆历四年，废新浦县入焉。清水。中。旧名万岁县，后改。

达州，上，通川郡，军事。本通州。乾德三年改。乾德五年，废阆英、宣汉二县。熙宁六年，省山冈县；七年，省石鼓县，分隶通川、新宁、永睦三县。元丰户四万六百四十。贡绸。县五：通川，中。巴渠，中。永睦，下。隋永穆县。今改。新宁，下。东乡。下。南渡后，增县一：通明。下。旧通明院。

涪州，下，涪陵郡，军事。熙宁三年，废温山县为镇。大观四年，废白马寨。咸淳二年，移治三台山。元丰户一万八千四百四十八。贡绢。县三：涪陵，下。有白马盐场。乐温，下。武龙。下，宣和元年，改武龙县为枳县。绍兴元年依旧。

重庆府，下，本恭州，巴郡，军事。旧为渝州。崇宁元年，改恭州，后以高宗潜藩，升为府。旧领万寿县，乾德五年，废。雍熙中，又废南平县。庆历八年，以黔州羁縻南、溱二州来隶。皇祐五年，以南州置南川县。熙宁七年，以南川县隶南平军。元丰户四万二千八十。

贡葛布、牡丹皮。县三：巴，中。有石英、峰玉、蓝溪、新兴四镇。江津，中下。乾德五年，移治马骏镇。璧山。下。羁縻州一。溱州，领荣懿、扶欢二县。以酋首领之，后隶南平军。

云安军，同下州。开宝六年，以夔州云安县建为军。建炎三年为军使。元丰，户一万一千七十五。贡绢。县一：云安。望。有思问、捍技、平南三砦，玉井盐场、团云盐井。监一；云安。熙宁四年，以云安监户口析置安义县。八年，户还隶云安县，复为监。

梁山军，同下州，高梁郡。开宝二年，以万州丕氏屯田务置军，拨梁山县来隶。熙宁五年，又析忠州桂溪地益军。元祐元年，还隶万州，寻复故。元丰户一万二千二百七十七。贡绵。县一：梁山。中下。

南平军，同下州。熙宁八年，收西番部，以恭州南川县铜佛坝地置军。领县二：南川，中下。熙宁八年，省入隆化。元丰元年复置。有荣懿、开边、通安、安稳，归正五寨，溱川堡。隆化。下。熙宁八年，自涪州来隶。有七渡水寨，大观四年寨废。溱溪寨，本羁縻溱州，领荣懿、扶欢二县；熙宁七年，招纳，置荣懿等寨，隶恭州，后隶南平军。大观二年，别置溱州及溱溪、夜郎两县；宣和二年，废州及县，以溱溪寨为名，隶南平军。

大宁监，同下州。开宝六年，以夔州大昌县盐泉年建为监。元丰户六千六百三十一。贡蜡。县一：大昌。中下。端拱元年，自夔州来隶。旧在监南六十里，嘉定八年，徙治水口监。

珍州，唐贞观中开山洞置，唐末没于夷。大观二年，大骆解上下族帅献其地，复建为珍州。宣和三年，承州废，以绥阳县来隶：县二：乐源、绥阳，本羁縻夷州，大观三年，酋长献其地，建为承州，领绥阳、都上、义泉、宁夷、洋川五县；宣和三年，废州及都上等县，以绥阳隶珍州。遵义寨，大观二年，播州杨文贵献其地，建遵义军及遵义县；宣和三年，废州及县，以遵义寨为名，隶珍州。

思州，政和八年建，领务川、邛水、安夷三县。宣和四年，废州为城及务川县，以务川城为名；邛水、安夷二县皆作堡，并隶黔州。绍兴元年,复为思州。县三：务川,安夷,邛水。宣和四年并废,隶黔州。绍兴二年复。

播州,乐源郡。大观二年,南平夷人杨文贵等献其地,建为州,领播川、琅川、带水三县。宣和三年,废为城,隶南平军。端平三年,复以白绵堡为播州,三县仍废。嘉熙三年,复设播州,充安抚使。咸淳末,以珍州来属。县一,乐源。中。有遵义寨,开禧三年升军,嘉定十一复为寨。

川峡四路,盖《禹贡》梁、雍、荆三州之地,而梁州为多。天文与秦同分。南至荆、峡,北控剑栈,西南接蛮夷。土植宜柘,茧丝织文纤丽者穷于天下。地狭而腴,民勤耕作,无寸土之旷,岁三四收,其所获多为遨游之费。踏青、药市之集尤盛焉。动至连月。好音乐,少愁苦,尚奢靡,性轻扬,喜虚称。庠塾聚学者众,然怀土罕趋仕进。涪陵之民尤尚鬼俗,有父母疾病,多不省视医药,及亲在多别籍异财。汉中、巴东,俗尚颇同,沦于偏方,殆将百年。孟氏既平,声教攸暨,文学之士,彬彬辈出焉。

宋史卷九〇

志第四三

地理六

广南东路　广南西路　燕山府路

广南东路。府一：肇庆。州十四：广，韶，循，潮，连，梅，南雄，英，贺，封，新，康，南恩，惠。县四十三。南渡后，府三：肇庆，德庆，英德。州十一：广，韶，循，潮，连，封，新，南恩，梅，雄，惠。绍兴三十二年，户五十一万三千七百一十一，口七十八万四千七百七十四。

广州，中，都督府，南海郡清海军节度。开宝五年，废咸宁、番禺、蒙化、游水四县。大观元年，升为帅府。旧领广南东路兵马钤辖，兼本路经略、安抚使。元丰户一十四万三千二百六十一。贡胡椒、石发、糖霜、檀香、肉豆蔻、丁香母子、零陵香、补骨脂、舶上茴香、没药、没石子。元丰贡沉香、甲香、詹糖香、石斛、龟壳、水马、鳖皮、藤箪。县八：南海，望。隋县。后改常康，开宝五年复。番禺，上。开宝中，废入南海。皇祐三年复置。有银炉铁场。增城，中。清远，中。有大富银场、静定铁场、钱纠铅场。怀集，中有大利银场。东管，下。开宝五年，废入增城。六年复置。有桂角等二银场，静康等三盐场，海南、黄田等三盐栅。新会，下。有千岁锡场、海晏等六盐场。信安。下。本义宁县，开宝五年，废入新会。六年，复置。太平兴国初，改信安。熙宁五年，省为镇，入新州新兴县。元祐元年复为县。绍圣元年，复省为镇，后复为县，还隶广州。南渡后，无信安，增县一：香山。绍兴三十二年，以东管香山镇为县。

韶州，中，始兴郡，军事。元丰户五万七千四百三十八。贡绢、钟乳。县五：曲江，望。有永通钱监、灵源等三银场，中子铜场。翁源，望。有大湖银场、大富铅场。乐昌，中。有黄坑等二银场、太平铅场。仁化，中。开宝五年，废入乐昌。咸平三年，复置。有大众多田二铁场、多宝铅场。建福。宣和三年，以岑水场析曲江、翁源地置县。南渡后，无建福，增县一：乳源。乾道二年，析曲江之乐昌依化乡于洲头津置。监一：永通。

循州，下，海丰郡，军事。元丰户四万七千一百九十二。贡绢、藤盘。县三：龙川，望。有大有铅场。宣和三年，改龙川曰雷江。绍兴元年复旧。兴宁，望。晋县。天禧三年，移治长乐。有夜明银场。长乐。上。熙宁四年，析兴宁县置。有罗翊等四锡场。

潮州，下，潮阳郡，军事。元丰户七万四千六百八十二。贡蕉布、甲香、鲛鱼皮。县三：海阳，望。有海门等三寨、三河口盐场、丰济银场、横卫等二锡场。潮阳，中下。本海阳县地。绍兴二年，废入海阳。八年复。揭阳。宣和三年，割海阳三乡置揭阳县。绍兴二年，废入海阳。八年复，仍移治吉帛村。是谓"三阳"

连州，下，连山郡，军事。元丰户三万六千九百四十三。贡苧布、官桂。元丰贡钟乳。县三：桂阳，望。有同官银场。阳山，中。有铜坑锡场。连山。中。绍兴六年废为镇。十八年复。

梅州，下，军事。本潮州程乡县。南汉置恭州，开宝四年改，熙宁六年废，元丰五年复。宣和二年，赐郡名义安。绍兴六年，废州为程乡县，仍带程江军事。十四年，复为州。元丰户一万二千三百七十。贡银、布。县一：程乡，中。有乐口银场、石坑铅场、龙坑铁场。

南雄州，下，本雄州，军事。开宝四年，加"南"字。宣和二年，赐郡名保昌。元丰户二万三百三十九。贡绢、县二：保昌，望。始兴。中。旧隶韶州，开宝四年来隶。

英德府，下，本英州，军事。宣和二年，赐郡名曰真阳。庆元元年，以宁宗潜邸，升府。元丰户三千一十九。贡纻布。县二：真阳，望。有钟峒银场、礼平铜场。浛光。上。开宝四年，自广州隶连州。六年，自连州来隶。有贤德等三银场。

贺州，下，临贺郡，军事。开宝四年，废荡山、封阳、冯乘三县。本属东路，大观二年五月，割属西路，户四万二百五。贡银。县三：临贺，紧。有太平银场。富川，上。桂岭。中。南渡后，属广西路。

封州，望，临封郡，军事。本下郡，大观元年，升为望郡。绍兴七年，省州，以二县隶德庆府。十年，复旧。元丰户二千七百七十九。贡银。县二：封川，下。开建。下。开宝五年，废入封川。六年，复置。

肇庆府，望，高要郡，肇庆军节度。本端州，军事。元符三年，升兴庆军节度。大观元年，升下为望，重和元年，赐肇庆府名，仍改军额。元丰户二万五千一百三。贡银、石砚。县二：高要，中。有沙利银场、浮芦铁场。四会。中。旧隶广州，熙宁六年来属。有金场、银场。

新州，下，新兴郡，军事。开宝五年，废平兴县。元丰户一万三千六百四十一。贡银。县一：新兴。中。咸平六年，移治州城西。

德庆府，望。本康州，晋康郡，军事。开宝五年，废州及悦城、晋康、都城并入端溪，以隶端州，寻复为州。大观四年，升望郡。绍兴元年，以高宗潜邸，升为府。十四年，置永庆军节度。元丰户八千九百七十九。贡银。县二：端溪下。有云烈锡场。泷水。下。旧隶泷州，州废，以县来隶。有罗磨、护峒二银场。

南恩州，下，恩平郡，军事，旧恩州。开宝三年，废恩平、杜陵二县。庆历八年，以河北路有恩州，乃加“南”字。元丰户二万七千二百一十四。贡银。县二：阳江，中。有海口、海陵、博腊、遂训等四寨，有铅场。阳春。下。熙宁六年废春州，并铜陵县入阳春来隶。有榄径铁场。

惠州，下，军事。宣和二年，赐郡名博罗。元丰户六万一千一百二十一。贡甲香、藤箱。县四：归善，中。有阜民钱监，酉平、流坑二银场，永吉、信上、永安三锡场，三丰铁场，淡水盐场。海丰，下。有云溪、杨安、劳谢三锡场，古龙、石桥二盐场。河源，紧。有立溪、和溪、永安三锡场。博罗。中。有铁场。

广南西路。大观元年，割融、柳、宜及平、允、从、庭、孚、观九州为黔南路，融州为帅府，宜州为望郡。三年，以黔南路并入广西，以广西黔南路为名。四年,依旧称广南西路。州二十五:桂,容,邕,融,象,昭,梧,藤,龚,浔,柳,贵,宜,宾,横,化,高,雷,钦,白,郁林,廉,琼,平,观。军三:昌化,万安,朱崖。县六十五。南渡后,府二:静江,庆远。州二十:容,邕,象,融,昭,梧,藤,浔,贵,柳,宾,横,化,高,雷,钦,廉,贺,郁林。军三:南宁,万安,吉阳。绍兴二十二年,户四十八万八升六百五十五,口一百三十四万一千五百七十二。

静江府。本桂州,始安郡,静江军节度。大观元年,为大都督府,又升为帅府。旧领广南西路兵马钤辖,兼本路经略、安抚使。绍兴三年,以高宗潜邸,千府。宝祐六年,改广西制置大使,后四年废,复为广西路经略、安抚使。元丰户四万六千三百四十三。贡银、桂心。县十一:临桂,紧。嘉祐六年,废慕化县入焉。兴安,望。唐全义县。晋置溥州。乾德元年,州废。太平兴国初,改今名。灵川,望。荔浦,望。永福,中下。修仁,中。熙宁四年,废修仁县为镇入荔浦。元丰元年复。义宁,下。本义宁镇,马氏奏置。开宝五年,废入广州新会。六年复置。理定,下。古,下。永宁。中。唐丰水县。熙宁四年,废为镇入荔浦。元祐元年复。南渡后,无永宁县。

容州,下,都督府,普宁郡,宁远军节度。开宝五年,废欣道、渭龙、陵城三县。元丰户一万三千七百七十六。贡银、珠砂。县三:普宁,上。开宝五年,废绣州,以常林、阿林、罗绣三县并入焉。陆川,中。开宝五年,废顺州,省龙豪、温水、龙水、南河四县入焉。九年,移治公平;淳化五年,又徙治于旧温水县。北流。中。开宝五年废高禺州,以峨石,扶莱、罗辨、陵城四县地入焉。

邕州,下,都督府,永宁郡,建武军节度。开宝五年,废朗宁、封陵、思龙三县。大观元年,升为望郡。绍兴三年,置司市马于横山寨,以本路经略、安抚总州事,同提点买马,专任武臣;隆兴后文武通差。宝祐元年,兼邕、宜、钦、融镇抚使。元丰户五千二百八十八。贡银。县二:宣化,下。景祐二年,废如化县入焉。武缘。下。景祐二年,废乐昌县入焉。寨一:太平。旧领永平、太平、古万、横山四寨,《元丰九域志》止存太平一寨。金场一:镇乃。熙宁六年置。羁縻州四十四,县五,洞十一。

忠州、冻州、江州、万丞州、思陵州、左州、思诚州、谭州、渡州、龙州、七源州、思明州、西平州、上思州、禄州、石西州、思浪州、思同州、安平州、员州、广源州、勤州、南源州、西农州、万崖州、覆利州、温弄州及武黎县、罗阳、陀陵县、永康县，武盈洞、古甑洞、恁祥洞、尊峒、卓峒、龙英洞、龙耸洞、徊洞、武德洞、古佛洞、八觚洞：并属左江道。思恩州、鹅州、思城州、勘州、归乐州、武峨州、伦州、万德州、蕃州、昆明州、娄凤州、侯唐州、归恩州、田州、功饶州、归城州、武笼州及龙川县：并属右江道。初，安平州曰波州，皇祐元年改。元祐三年，又改怀化洞为州。

融州，融水郡，清远军节度。本军事州，大观二年，升为帅府。三年，罢帅府，赐军额，又升为下都督府。崇宁元年，置武功寨、罗城堡。二年，置乐善寨，废罗城堡。四年，即融水县王口寨置平州。政和元年，废平州，仍为王口寨，与融江、文村、浔江、临溪四堡寨来隶，寻复故。绍兴四年，复废平州为王口寨，观州为高峰寨。元丰户五升六百五十八。贡金、桂心。县一：融水。中。开宝五年，置罗城县。熙宁七年，废武功，罗城二县为镇来隶。寨一：融江。南渡后，增县一：怀远。下。绍兴四年州废，复为寨来隶；十四年，复为县。有临溪、文村，浔江三堡，高峰寨。羁縻州一：乐善州。

象州，下，象郡，景德四年，升防御。景定三年，徙治来宾县之蓬莱。元丰户八千七百一十七。贡金、藤器、榠子。县四：阳寿，中下。来宾，中下。旧隶严州，州废来属。开宝七年，又以废严州之归化入焉。武化，下。熙宁七年，废武化县入来宾。元祐元年复。武仙。下。南渡后，无武化县。

昭州，下，平乐郡，军事。开宝五年，废永平县。元丰户一万五千八百八十。贡银。县四：平乐，中。大中祥符元年，移治州城东。立山，中。熙宁五年废蒙州，以东区、蒙山二县入焉。龙平，中。开宝五年废富州，以县来隶，又以思勤、马江入焉。熙宁八年，又隶梧州。元丰八年复来隶。宣和中改昭平。淳熙六年复今名。恭城。下。太平兴国元年，徙治于北乡渌市。景定五年复旧。

梧州，下，苍梧郡，军事。元丰户五千七百二十。贡银、白石英。县一：苍梧。下。熙宁四年，省戎城县为镇，入苍梧。

藤州，下，感义郡，军事。开宝三年，废宁风、感义、义昌三县。元丰户六千四百二十二。贡银。县二：镡津，中。岑溪。下。熙宁四年，废南仪州为县，隶州。

龚州，下，临江郡，军事。开宝五年，废阳川、武陵、随建、大同四县。政和元年，州废，隶浔州；三年，复。绍兴六年，复废，仍隶浔州。元丰户八千三十九。贡银。县一：平南。中。开宝五年，以思明州之武郎来属。嘉祐二年，废武郎县入焉。

浔州，下，浔江郡，军事。开宝五年，废皇化县，俄又废州，以桂平隶贵州。六年，复置。元丰户六千一百四十一。贡银。县一：桂平。下。

柳州，下，龙城郡，军事。咸淳元年，徙治柳城县之龙江。元丰户八千七百三十。贡银。县三：马平，中。洛容，中。嘉祐四年，废象县入洛容。柳城。中。梁龙城县。景德三年改。

贵州，下，怀泽郡，军事。元丰户七千四百六十。贡银。县一：郁林。中下。隋郁平县。开宝四年改。

庆远府，下。本宜州，龙水郡，庆远军节度。旧军事州。景祐三年，废崖山县。宣和元年，赐军额。河池县，不详何年并省。咸淳元年，以度宗潜邸，升庆远府，元丰户一万五千八百二十三。贡生豆蔻、草豆蔻。元丰贡银。县四：龙水，上。淳化五年，以柳州洛曹来隶；嘉祐七年，废入龙水。熙宁八年二月，废羁縻远军古阳县为怀远寨，迷昆县为镇，并思立寨并入焉。有怀远、思立二寨。后改宜山。天河，下。大观元年六月，以天河县并德谨寨、堰江堡隶融州。靖康元年九月，复来隶。有德谨一寨。忻城，中下。庆历三年，以羁縻芝忻、归恩、纡等州地置县。思恩。下。熙宁八年，自环州来隶，徙治带溪寨，省镇宁州礼丹县入焉。元丰六年，复徙旧治，有普义、带溪、镇宁三寨。南渡后，增县一：河池。下。有银场。羁縻州十，军一，监二。温泉州、环州、镇宁州，领县二。蕃州、金城州、文州、兰州、领县三。安化州，领县四。迷昆州、智州，领县五。怀远军，领县一。又有富仁、富安二监。旧领思顺、归化二州，庆历四年，并入柳州马平县。

宾州，下，安城郡，军事。开宝五年，废州、琅琊石城二县，以领方隶邕州。六年，以领方复置州。元丰户七千六百二十。贡银、藤器。县三：领方，下。迁江，中。本邕州羁縻州，天禧四年置。上林。中下。开宝五年，自邕州来属，废澄州止戈、贺水、无虞入焉。

横州，下，宁浦郡，军事，开宝五年，废乐山、从化二县，又以废峦州永定来属。元丰户三千四百五十二。贡银。县二：宁浦，下。永定。下。开宝六年废峦州武灵、罗竹二县入焉。熙宁四年，省入灵浦。元祐三年复置，后更名永淳。

化州，下，陵水郡，军事。本辩州，太平兴国五年改。开宝中，废陵罗县。元丰户九千三百七十三。贡银、高良姜。县二：石龙，下。吴川。下。本属罗州，州废，开宝五年来隶。南渡后，增县一：石城。乾道三年，析吴川西乡置，因石城冈为名。

高州，下，高凉郡，军事。开宝五年，废良德县。景德元年，并入窦州，移治茂名。三年，复置，以二县还隶。元丰户一万一千七百六十六。贡银。县三：电白，下。信宜，中下。唐信仪县。太平兴国初，改信宜。熙宁四年废宝州，以信宜县来隶。有银场。茂名。下。开宝五年，自潘州来隶。

雷州，下，海康郡，军事。开宝五年，废徐闻、遂溪二县。元丰户一万三千七百八十四。贡良姜。元丰贡斑竹。县一：海康。下。有冠头寨，南渡后，复二县：遂溪，绍兴十九年复置。徐闻。乾道七年复置。

钦州，下，宁越郡，军事。开宝五年，废遵化、钦江、内亭三县。天圣元年，徙州治南宾寨。元丰户一万五百五十二。贡高良姜、翡翠毛。县二：灵山，望。有咄步寨。安远。下。唐保京县。宋初改安京，景德中，改今名。有如洪、如昔二寨。

白州，下，南昌郡，军事。开宝五年，废南昌、建宁、周罗三县。政和元年废州，以其地隶郁林，三年复。南渡后，复废入郁林。元丰户四千五百八十九。贡银、缩砂。县一：博白。中。南渡后，隶郁林州。

郁林州，下，郁林郡，军事州。开宝中，废郁平、兴德二县。州初治兴业，至道二年，徙今治。政和元年，废白州，博白来隶。三年复置白州，以博白来还旧隶。南渡后，废白州，以博白来隶元丰户三千

五百六十四。贡缩砂。元丰贡银。县二：**南流**，中下。旧隶牢州，州废来
隶，又以废牢州之定川、岩川，党川、客山、怀义、抚康、善牢入焉。**兴业**。下。以
废郁平、兴德入焉。

廉州，下，合浦郡，军事。开宝五年，废封山、蔡龙、大廉三县，移
州治于长沙场，置石康县。太平兴国八年，改太平军，移治海门镇。
咸平元年复。元丰户七千五百。贡银。县二：**合浦**，上。有二寨。**石
康**。下。本常乐州，宋并为县。

琼州，下，琼山郡，靖海军节度。本军事州。大观元年，以黎母
山夷峒建镇州，赐军额为靖海。政和元年，镇州废，以其地及军额来
归。元丰户八千九百六十三。贡银、槟榔。县四：**琼山**，中。熙宁四年，
省舍城入焉。有感恩、英田场二栅。**澄迈**，下。开宝五年废崖州，与舍城，文昌
并来隶。**文昌**，下。**临高**，下。绍兴初，移于莫村。**乐会**。下。唐置，环以黎
洞，寄治南管。大观三年，割隶万安军，后复来属。

南宁军，旧昌化军，同下州。本儋州，熙宁六年，废州为军。绍
兴六年，废昌化、万安、吉阳三军为县，隶琼州。十三年，为军使；十
四年复为军，以属县还隶本军。后改今名。元丰户八百三十三。贡
高良姜。元丰贡银。县三：**宜伦**，下。隋义伦县。太平兴国初改。**昌化**，
下。熙宁六年省，元丰三年复。有昌化寨。**感恩**。下。熙宁六年省，元丰四年
复。

万安军，同下州。旧万安州，万安郡。熙宁七年，废为军。绍兴
六年，废军为万宁县，以军使兼知县事，隶琼州。十三年，复为军。元
丰户二百七十。贡银。县二：**万宁**，下。后复名万安。**陵水**。下。熙宁
七年为镇，元丰三年复。绍兴六年隶琼州。十三年，复来隶。

吉阳军，同下州。本朱崖军，即崖州。熙宁六年，废为军。绍兴
六年，废军为宁远县。十三年复。后改名吉阳军。元丰户二百五十
一。贡高良姜。镇二：**临川，藤桥**。熙宁六年，省宁远、吉阳二县为临川、
藤桥二镇。宁远即临川。**南渡后，县二：宁远**，下。绍兴六年复县，隶琼州。
十三年，复来属。**吉阳**。下。熙宁六年，废为藤桥镇，隶琼州。绍兴六年复。

平州。崇宁四年三月，王江古州蛮户纳土，于王口寨建军，以怀

远为名割融州融江、文村、浔江、临溪四堡寨并隶军。寻改怀远军为平州，仍置倚郭怀远县。又置百万寨及万安寨，又于安口隘置允州及安口县，又于中古州置格州及乐古县。五年，改格州为从州。政和元年，废平州，依旧为王口寨；并融江、文村、浔江、临溪四堡寨并依旧隶融州，废怀远县。又废从州为乐古寨，并通靖、镇安、百万寨并拨隶允州。又废允州，权留平州，又权置百万寨。宣和二年，赐平州郡名曰怀远。绍兴四年，废平州仍为王口寨，隶融州。十四年，复以王口寨为怀远县。

从州。废置具平州。

允州。废置同上。

庭州。大观元年，以宜州河池县置庭州，倚郭县曰怀德。又于南丹州中平县置寨曰靖南，寻拨隶庭州。大观二年，置安远寨。大观四年，废庭州，移靖南寨于废孚州。宣和五年，移安远寨于平安山置。

孚州。大观元年，以地州建隆县置孚州，倚郭县曰归仁。四年，废孚州及归仁县为靖南寨。先于南丹州四平县置靖南寨，今移置此。政和七年，复置孚州及绥仁县，仍移靖南寨归旧处。宣和三年，复废孚州及归仁县，置靖南寨。大观四年，隶观州。绍兴四年，废靖南寨。

溪州。大观元年，以宜州思恩县带溪寨置溪州。四年，废。

镇州。大观元年，置镇州于黎母山心，倚郭县以镇宁为名，升镇州为都督府，赐静海军额。政和元年，废镇州，以静海军额为琼州。

延德军。崇宁五年，初置延德县于朱崖军黄流、白沙、侧浪之间。大观元年改为军，又置倚郭县曰通远。政和元年。废延德军为感恩县，昌化军通远县为通远镇，隶朱崖军。政和六年，置延德寨，又以通远镇为寨。

地州。崇宁五年，纳土。大观元年，以地州建隆县置孚州。

文州。崇宁五年，纳土。大观元年，置绥南寨。绍兴四年废。

兰州。崇宁五年，纳土。

那州。崇宁五年,纳土。

观州。大观元年,克南丹州,以南丹州为观州,置倚郭县。大观四年,以南丹州还莫公晟,复于高峰寨置观州。绍兴四年,废观州为高峰寨,存留木门、马台、平洞、黄泥、中村等堡寨。

隆州。

兑州。政和四年,置隆州、兑州并兴隆县、万松县。宜和三年,废隆州及兴隆县为威远寨,兑州及万松县为靖远寨。二州先置思忠、安江、凤怜、金斗、朝天等五寨并废,升隶新寨,仍并隶邕州。

广南东、西路,盖《禹贡》荆、扬二州之域,当牵牛、婺女之分。南滨大海,西控夷洞,北限五岭。有犀象玳瑁、珠玑、银铜、果布之产。民性轻悍。宋初,以人稀土旷,并省州县。然岁有海舶贸易,商贾交凑。桂林邕、宜接夷獠,置守戍。大率民婚嫁、丧葬、衣服多不合礼。尚淫祀,杀人祭鬼。山林茂密。多瘴毒,凡命官吏,优其秩奉。春、梅诸州,炎疠颇甚,许土人领任。景德中,令秋冬赴治,使职巡行,皆令避盛夏瘴雾之患。人病不呼医服药。儋、崖、万安三州,地狭户少,常以琼州牙校典治。安南数郡,土壤遐僻,但羁縻不绝而已。

燕山府路。府一:燕山。州九:涿、檀、平、易、营、顺、蓟、景、经。县二十。宣和四年,诏山前收复州县,合置监司,以燕山府路为名,山后别名云中府路。

燕山府。唐幽州,范阳郡,庐龙军节度。石晋以赂契丹建为南京,又改号燕京及。金人灭契丹,以燕京及涿、易、檀、顺、景、蓟六州二十四县来归。宣和四年,改燕京为燕山府,又改郡曰广阳,节度曰永清军,领十二县。五年,童贯、蔡攸入燕山。七年,郭药师以燕山叛,金人复取之。析津,广平,都市,赐名广宁。昌平,良乡,潞,武清,安次,永清,三河,香河,赐名清化。潀阴。

涿州。唐置,石晋以赂契丹。宣和四年,金将郭药师以州降,赐郡名曰涿水,升威行军节度。县四:范阳,归义,同安,新城。赐名威城。

檀州。隋置，石晋以赂契丹。宣和四年，金人以州来归，赐郡名曰横山，升镇远军节度。七年，金人复破之。县二：密云，行唐。赐名威塞。

平州。隋置，后唐时为契丹所陷，改辽兴府，以营、滦二州隶之。宣和四年，赐郡名渔阳，升抚宁军节度。五年，辽将张觉据州来降，寻为金所破。县三：庐龙，赐名庐城。石城，赐名临关。马城。赐名安城。

易州。唐置，雍熙四年，陷于契丹。宣和四年，金人以州来归，赐郡名曰遂武，防御。县三：易水，涞水，容城。

营州。隋置，后唐时为契丹所陷。宣和四年，赐郡名曰平庐，防御。县一：柳城。赐名镇山。

顺州。唐置，石晋以赂契丹。宣和四年，金人以州来归，赐郡名曰顺兴，团练。县一：怀柔。

蓟州。唐置，石晋以赂契丹。宣和四年，金人以州来归，赐郡名曰广川，团练。七年，金人破之。县三：渔阳赐名平庐。三河，玉田。

景州。契丹置。宣和四年，金人以州来归，赐郡名曰滦川，军事。县一：遵化。

经州。本蓟州玉田县。宣和六年，建为州。七年，陷于金。

云中府路。

云中府，唐云州，大同军节度。石晋以赂契丹，契丹号为西京。宣和三年，始得云中府、武应朔蔚奉圣归化儒妫等州，所谓山后九州也。

武州。唐置，石晋以赂契丹。宣和五年，金人以州来归。六年，筑固疆堡，寻复为金人所取。

应州。故属大同军节度，后唐置彰国军，石晋以赂契丹。宣和五年，契丹将苏京以州来降。金人寻逐京，复取之。

朔州。唐置，后唐为振武军，石晋以赂契丹。宣和五年，守将韩正以州来降。金人寻逐正，复取之。

蔚州。唐置，石晋以赂契丹。宣和五年，守将陈翊以州来降。六年,翊为金人所杀,复取之。

奉圣州。唐新州,后唐置威塞军节度,石晋以赂契丹。在云中府之东,契丹改为奉圣州。

归化州。旧毅州,后唐改为武州,石晋以赂契丹,契丹改为归化州。

儒州。唐置,石晋以赂契丹。

妫州。唐置,石晋以赂契丹,契丹改为可汗州。

宋史卷九一
志第四四

河渠一

黄河上

黄河自昔为中国患,《河渠书》述之详矣。探厥本源,则博望之说,犹为未也。大元至元二十七年,我世祖皇帝命学士蒲察笃实西穷河源,始得其详。今西蕃朵甘思南鄙曰星宿海者,其源也。四山之间,有泉近百泓,汇而为海,登高望之,若星宿布列,故名。流出复渚,曰哈剌海,东出曰赤宾河,合忽阑、也里术二河,东北流为九渡河,其水犹清,骑可涉也。贯山中行,出西戎之都会,曰阔即、曰阔提者,合纳邻河,所谓“细黄河”也,水流已浊。绕昆仑之南,折而东注,合乞里马出河,复绕昆仑之北,自贵德、西宁之境,至积石,经河州,过临洮,合洮河,东北流至兰州,始入中国。北绕朔方、北地、上郡而东,经三受降城、丰东胜州,折而南,出龙门,过河中,抵潼关。东出三门、集津为孟津,过虎牢,而后奔放平壤。吞纳小水以百数,势益雄放,无崇山巨矶以防闲之,旁激奔溃,不遵禹迹。故虎牢迤东距海口三二千里,恒被其害,宋为特甚。始自滑台、大伾,尝两经汛溢,复禹迹矣。一时奸臣建议,必欲回之,俾复故流,竭天下之力以塞之。屡塞屡决,至南渡之后,贻其祸于金源氏,由不能顺其就下之性以导之故也。

若江,若淮,若洛、汴、衡漳,暨江、淮以南诸水,皆有舟楫溉灌之利者,历叙其事而分纪之。为《河渠志》。

河入中国,行太行西,曲折山间,不能为大患。既出大伾,东走赴海,更平地二千余里,禹迹既湮,河并为一,特以堤防为之限。夏秋霖潦,百川众流所会,不免决溢之忧,然有司所以备河者,亦益工矣。

自周显德初,大决东平之杨刘,宰相李谷监治堤,自杨谷抵张秋口以遏之,水患少息。然决河不复故道,离而为赤河。

太祖乾德二年,遣使案行,将治古堤。议者以旧河不可卒复,力役且大,遂止;但诏民治遥堤,以御冲注之患。其后赤河决东平之竹村,七州之地复罹水灾。三年秋,大雨霖,开封府河决阳武,又孟州水涨,坏中潬桥梁,澶、郓亦言河决,诏发州兵治之。四年八月,滑州河决,坏灵河县大堤,诏殿前都指挥使韩重斌、马步军都军头王廷义等督士卒丁夫数万人治之,被泛者蠲其秋租。

五年正月,帝以河堤屡决,分遣使行视,发畿甸丁夫缮治。自是岁以为常,皆以正月首事,季春而毕。是月,诏开封大名府、郓澶滑孟濮齐淄沧棣德博怀卫郑等州长吏,并兼本州河堤使,盖以谨力役而重水患也。

开宝四年十一月,河决澶渊,泛数州。官守不时上言,通判、司封郎中姚恕弃市,知州杜审肇坐免。五年正月,诏曰:"应缘黄、汴、清、御等河州县,除准旧制种艺桑枣外,委长吏课民别树榆柳及土地所宜之木。仍案户籍高下,定为五等:第一等岁树五十本,第二等以下递减十本。民欲广树艺者听,其孤、寡、惸、独者免。"是月,澶州修河赐卒以钱、鞋,役夫给以茶。三月,诏曰:"朕每念河渠溃决,颇为民患,故署使职以总领焉,宜委官联佐治其事。自今开封等十七州府,各置河堤判官一员,以本州通判充;如通判缺员。即以本州判官充。"

五月,河大决濮阳,又决阳武。诏发诸州兵及丁夫凡五万人,遣颍州团练曹翰护其役。翰辞，太祖谓曰："霖雨不止，又闻河决。朕信宿以来，焚香上祷于天，若天灾流行，顾在朕躬，勿延于民也。"翰顿首对曰："昔宋景公诸侯耳，一发善言，灾星退舍。今陛下忧及兆庶，恳祷如是，固当上感天心，必不为灾。"

六月，下诏曰："近者澶、濮等数州，霖雨荐降，洪河为患。朕以屡经决溢，重困黎元，每阅前书，详究经渎。至若夏后所载，但言导河至海，随山浚川，未闻力制湍流，广营高岸。自战国专利，埋塞故道，小以妨大，私而害公，九河之制遂堕，历代之患弗弭。凡缙绅多士、草泽之伦，有素习河渠之书，深知疏导之策，若为经久，可免重劳，并许诣阙上书，附驿条奏。朕当亲览，用其所长，勉副询求，当示甄奖。"时东鲁逸人田告者，纂《禹元经》十二篇，帝闻之，召至阙下，询以治水之道，善其言，将授以官，以亲老固辞归养，从之。翰至河上，亲督工徒，未几，决河皆塞。

太宗太平兴国二年秋七月，河决孟州之温县、郑州之荥泽、澶州之顿丘，皆发缘河诸州丁夫塞之。又遣左卫大将军李崇矩骑置自陕西至沧、隶，案行水势。视堤岸之缺，亟缮治之；民被水灾者，悉蠲其租。三年正月，命使十七人分治黄河堤，以备水患。滑州灵河县河塞复决，命西上阁门使郭守文率卒塞之。七年，河大涨蹙清河，凌郓州，城将陷，塞其门，急奏以闻。诏殿前承旨刘吉驰往固之。

八年五月，河大决滑州韩村，泛澶、濮、曹、济诸州民田，坏居人庐舍，东南流至彭城界入于淮。诏发丁夫塞之。堤久不成，乃命使者按视遥堤旧址。使回条奏，以为"治遥堤不如分水势。自孟抵郓，虽有堤防，唯滑与澶最为隘狭。于此二州之地，可立分水之制。宜于南北岸各开其一，北入王莽河以通于海，南入灵河以通于淮，节减暴流，一如汴口之法。其分水河，量其远迩，作为斗门，启闭随时，务乎均济。通舟运，溉农田，此富庶之资也。"不报。时多阴雨，河久未塞，帝扰之，遣枢密直学士张齐贤乘传诣白马津，用太牢加璧以祭。十二月，滑州言决河塞，群臣称贺。

　　九年春，滑州复言房村河决，帝曰："近以河决韩村，发民治堤不成，安可重困吾民，当以诸军代之。"乃发卒五万，以侍卫步军都指挥使田重进领其役，又命翰林学士宋白祭白马津，沈以太牢加璧，未几役成。

　　淳化二年三月，诏："长吏以下及巡河主埽使臣，经度行视河堤，勿至坏隳，违者当置于法。"四年十月，河决澶州，陷北城，坏庐舍七千余区，诏发卒代民治之。是岁，巡河供奉官梁睿上言："滑州土脉疏，岸善溃，每岁河决南岸，害民田。请于迎阳凿渠引水。凡四十里，至黎阳合大河，以防暴涨。"帝许之。五年正月，滑州言新渠成，帝又按图，命昭宣使罗州刺史杜彦钧率兵夫，计功十七万，凿河开渠，自韩村埽至州西铁狗庙，凡十五余里，复合于河，以分水势。

　　真宗咸平三年五月，河决郓州王陵埽，浮钜野，入淮、泗，水势悍激，侵迫州城。命使率诸州丁男二万人塞之，逾月而毕。始，赤河决、雍济、泗，郓州城中常苦水患。至是，霖雨弥月，积潦益甚，乃遣节部郎中陈若拙经度徙城。若拙请徙于东南十五里阳乡之高原，诏可。是年诏："缘河官吏，虽秩满，须水落受代。知州、通判两月一巡堤，县令、佐迭巡堤防，转运使勿委以他职。"又申严盗伐河上榆柳之禁。

　　景德元年九月，澶州言河决横垅埽；四年，又坏王八埽，并诏发兵夫完治之。大中祥符三年十月，判河中府陈尧叟言："白浮图村河水决溢，为南风激还故道。"明年，遣使滑州，经度西岸，开减水河。九月，隶州河决聂家口，五年正月，本州请徙城，帝曰："城去决河尚十数里，居民重迁。"命使完塞。既成，又决于州东南李民湾，环城数十里，民舍多坏，又请徙于商河。役兴逾年，虽捍护完筑，才免决溢，而湍流益暴，墙地益削，河势高民屋殆逾丈矣，民苦久役，而终忧水患；八年，乃诏徙州于阳信之八方寺。

　　著作佐郎李垂上《导河形胜书》三篇并图，其略曰：

　　　　臣请自汲郡东推禹故道，挟御河，较其水势，出大伾、上

阳、太行三山之间，复西河故渎，北注大名西、馆陶南，东北合
赤河而至于海。因于魏县北析一渠，正北稍西迳遥衡漳直北，
下出邢、洺，如《夏书》过洚水，稍东注易水、合百济会朝河而至
于海。大伾而下，黄、御混流，薄山障堤，势不能远。如是则载
之高地而北行，百姓获利，而契丹不能南侵矣。《禹贡》所谓"夹
右碣石入于海"，孔安国曰："河逆上此州界。"

　　其始作自大伾西八十里，曹公所开运渠东五里，引河水正
北稍东十里，破伯禹古堤，迳牧马陂，从禹故道，又东三十城转
大伾西、通利军北，挟白沟，复四大河，北迳清丰、大名西，历洹
水、魏县东，暨馆陶南，入屯氏故渎，合赤河而北至于海。既而
自大伾西新发故渎西岸析一渠，正北稍西五里，广深与汴等，
合御河道，逼大伾北，即坚壤析一渠，东西二十里，广深与汴
等，复东大河。两渠分流，则三四分水，犹得注澶渊旧渠矣。大
都河水从西大河故渎东北，合赤河而达于海，然后于魏县北发
御河西岸析一渠，正北稍西六十里，广深与御河等，合衡漳水；
又冀州北界、深州西南三十里决衡漳西岸，限水为门，西北注
滹沱，潦则塞之，使东渐渤海，旱则决之，使西灌屯田，此中国
御边之利也。

　　两汉而下，言水利者，屡欲求九河故道而疏之。今考图志，
九河并在平原而北，且河坏澶、滑，未至平原而上已决矣，则九
河奚利哉。汉武舍大伾之故道，发顿丘之暴冲，则滥兖泛齐，流
患中土，使河朔平田，膏腴千里，纵容边寇劫掠其间。今大河尽
东，全燕陷北，而御边之计，莫大于河。不然，则赵、魏百城，富
庶万亿，所谓海盗而招寇矣。一日伺我饥馑，乘虚入寇，临时用
计者实难；不如因人足财丰之时，成之为易。

诏枢密直学士任中正、龙图阁直学士陈彭年、知制诰王曾详定。中
正等上言："详垂所述，颇为周悉。所言起滑台而下，派之为六，则缘
流就下，湍急难制，恐水势聚而为一，不能各依所导。设或必成六
派，则是更增六处河口，悠久难于堤防；亦虑入滹沱、漳河，渐至二

水淤塞,益为民患。又筑堤七百里,役夫二十一万七千,工至四十日,侵占民田,颇为烦费。"其议遂寝。

七年,诏罢葺遥堤,以养民力。八月,河决澶州大吴埽,役徒数千,筑新堤,亘二百四十步,水乃顺道。八年,京西转运使陈尧佐议开滑州小河分水势,遣使视利害以闻。及还,请规度自三迎杨村北治之,复开汊河于上游,以泄其壅溢。诏可。

天禧三年六月乙未夜,滑州河溢城西北天台山旁,俄复溃于城西南,岸摧七百步,漫溢州城,历澶、濮、曹、郓,注梁山泊;又合清水、古汴渠东入于淮,州邑罹患者三十二。即遣使赋诸州薪石、楗橛、芟竹之数千六百万,发兵夫九万人治之。四年二月,河塞,群臣入贺。上亲为文,刻石纪功。

是年,祠部员外郎李垂又言疏河利害,命垂至大名府、滑卫德贝州、通利军与长吏计度。垂上言:

臣所至,并称黄河水入王莽沙河与西河故渎,注金、赤河,必虑水势浩大,荡浸民田,难于堤备。臣亦以为河水所经,不无为害。今者决河而南,为害既多,而阳武埽东、石堰埽西,地形水污下,东河泄水又艰。或者云:"今决处漕底坑深,旧渠逆上,若塞之,旁必复坏。"如是,则议塞河者诚以为难。若决河而北,为害虽少,一旦河水注御河,荡易水,迳乾宁军,入独流口,遂及契丹之境。或者云"因此摇动边鄙。"如是,则议疏河者又益为难。臣于两难之间,辄画一计:请自上流引北载之高地,东至大伾,泻复于澶渊旧道,使南不至滑州,北不出通利军界。

何以计之?臣请自卫州东界曹公所开运渠东五里,河北岸凸处,就岸实土坚引之,正北稍东十三里,破伯禹古堤,注裴家潭,迳牧马陂,又正东稍北四十里,凿大伾西山,酾为二渠:一遍大伾南足,决古堤正东八里,复澶渊旧道;一遍通利军城北曲河口,至大禹所导西河故渎,正北稍东五里,开南北大堤,又东七里,入澶渊旧道,与南渠合。夫如是,则北载之高地,大伾二山雁股之间分酌其势,浚泻两渠,汇注东北,不远三十里,复合于澶渊旧道，而滑州不治自涸矣。

臣请以兵夫二万，自来岁二月兴作，除三伏半功外，至十月而成。其均厚埤薄，俟次年可也。

疏奏，朝议虑其烦扰，罢之。

初，滑州以天台决口去水稍远，聊兴葺之，及西南堤成，乃于天台口旁筑月堤。六月望，河复决天台下，走卫南，浮徐、济，害如三年而益甚。帝以新经赋率，虑殚困民力，即诏京东西、河北路经水灾州军，勿复科调丁夫，其守捍堤防役兵，仍令长吏存恤而番休之。五年正月，知滑州陈尧佐以西北水坏，城无外御，筑大堤，又民埽于城北，护州中居民；复就凿横木，下垂木数条，置水旁以护岸，谓之“木龙”，当时赖焉；复并旧河开枝流，以分导水势，有诏嘉奖。

说者以黄河随时涨落，故举物候为水势之名：自立春之后，东风解冻，河边人候水，初至凡一寸，则夏秋当至一尺，颇为信验，故谓之：“信水”。二月、三月桃花始开，冰泮雨积，川流猥集，波澜盛长，谓之“桃花水。”春末芜菁花开，谓之“菜花水。”四月末垄麦结秀擢芒变色谓之“麦黄水”。五月瓜实延蔓，谓之“瓜蔓水”。朔野之地，深山穷谷，固阴互寒，冰坚晚泮，逮乎盛夏，消释方尽，而沃荡山石，水带樊腥，并流于河，故六月四旬后，谓之“矾山水。”七月菽豆方秀，谓之“豆花水”。八月，菼乱花，谓之“荻苗水”九月以重阳纪节谓之“登高水”。十月水落安流，复其故道谓之“复槽水”十一月、十二月，断水杂流，乘寒复结，谓之“蹙凌水。”水信有常，率以为准；非时暴涨，谓之“客水”。

其水势：凡移徙横注，岸如刺毁，谓之“扎岸”。涨溢逾防，谓之：抹岸。埽岸故朽，潜流漱其下，谓之“塌岸”。浪势旋激，岸土上溃，谓之“沦卷”。水侵岸逆涨，谓之：“上展”；顺涨，谓之“下展”。或水乍落，直流之中，忽屈曲横射，谓之“径胶”。水猛骤移，其将澄处，望之明白，谓之“拽白”。亦谓之“明滩”。湍怒略停，势稍洄起，行舟值之多溺，谓之“荐浪水。”水退淤淀，夏则胶土肥腴，初秋则黄灭土，颇为疏壤，深秋则白灭土，霜降后皆沙也。

旧制，岁虞河决，有司常以孟秋预调塞治之物，梢芟、薪柴、楗橛、竹石、茭索、竹索凡千余万，谓之"春料"。诏下濒河诸州所产之地，仍遣使会河渠官吏，乘农隙率丁夫水工，收采备用。凡伐芦荻谓之"芟"，伐山木榆柳枝叶谓之"梢"，辫竹纠芟为索。以竹为巨索，长十尺至百尺，有数等。先择宽平之所为埽场。埽之制，密布芟索，铺梢，梢芟相重，压之以土，杂以碎石，以巨竹索横贯其中，谓之"心索"。卷而束之，复以大芟索系其两端，别以竹索自内旁出，其高至数丈，其长倍之。凡用丁夫数百或千人，杂唱齐挽，积置于卑薄之处，谓之"埽岸"。既下，以橛臬阂之，复以长木贯之，其竹索皆埋巨木于岸以维之，遇河之横决，则复增之，以补其缺。凡埽下非积数叠，亦不能遏其迅湍，又有马头、锯牙、木岸者，以蹙水势护堤焉。

凡缘河诸州，孟州有河南北凡二埽，开封府有阳武埽，滑州有韩房二村、凭管、石堰、州西、鱼池、迎阳凡七埽，旧有七里曲埽，后废。通利军有齐贾、苏村凡二埽，澶州有濮阳、大韩、大吴、商胡、王楚、横陇、曹村、依仁、大北、冈孙、陈固、明公、王八凡十三埽，大名府有孙杜、侯村二埽，濮州有任村、东西、北凡四埽，郓州有博陵、张秋、关山、子路、王陵、竹口凡六埽，齐州有采金山、史家涡二埽，滨州有平河、安定二埽，棣州有聂家、梭堤、锯牙、阳成四埽，所费皆有司岁计而无缺焉。

仁宗天圣元年，以滑州决河未塞，诏募京东、河北、陕西、淮南民输薪刍，调兵伐濒河榆柳，赒溺死之家。二年，遣使诣滑、卫行视河势。五年，发丁夫三万八千，卒二万一千，缗钱五十万塞决河，转运使五日一奏河事。十月丙申，塞河成，以其近天台山麓，名曰天台埽。宰臣王曾率百官入贺。十二，浚鱼池埽减水河。

六年八月，河决于澶州之王楚埽，凡三十步。八年，始诏河北转运司计塞河之备，良山令陈曜请疏郓、滑界糜丘河以分水势，遂遣使行视遥堤。明道二年，徙大名之朝城县于杜婆村，废郓州之王桥渡、淄州之临河镇以避水。

景祐元年七月，河决澶州横陇埽。庆历元年，诏权停修决河。自此久不复塞,而议开分水以杀其暴。未兴工而河流自分,有司以闻,遣使特祠之。三月,命筑堤于澶以捍城。八年六月癸酉,河决商胡埽,决口广五百五十七步乃命使行视河堤。

皇祐元年三月,河合永济渠注乾宁军。二年七月辛酉,河复决大名府馆陶县之郭固。四年正月乙亥,塞郭固而河势犹壅,议者请开六塔以披其势。至和元年,遣使行度故道,且诣铜城镇海口,约古道高下之势。二年,翰林学士欧阳修奏疏曰:

朝廷欲俟秋兴大役,塞商胡,开横陇,回大河于古道。夫动大众必顺天时、量人力,谋于其始而审于其终,然后必行,计其所利者多,乃可无悔。比年以来,兴役动众,劳民费财,不精谋虑于厥初,轻信利害之偏说,举事之始,既已苍皇,群议一摇,寻复悔罢。不敢远引他事,且如河决商胡,是时执政之臣,不慎计虑,遽谋修塞。凡科配梢芟一千八百万,骚动六路一百余军州,官吏催驱,急若星火,民庶愁苦,盈于道途。或物已输官,或人方在路,未及兴役,寻已罢修,虚费民财,为国敛怨,举事轻脱,为害若斯。今又闻复有修河之役,三十万人之众,开一千余里之长河,计其所用物力,数倍往年。当此天灾岁旱、民困国贫之际,不量人力,不顺天时,知其有大不可者五:

盖自去秋至春半,天下苦旱,京东尤甚,河北次之。国家常务安静振恤之,犹恐民起为盗,况于两路聚大众、兴大役乎?此其必不可者一也。

河北自恩州用兵之后,继以凶年,人户流亡,十失八九。数年以来,人稍归复,然死亡之余,所存者几,疮痍未敛,物力未完。又京东自去冬无雨雪,麦不生苗,将逾暮春,粟未布种,农心焦劳,所向无望。若别路差夫,又远者难为赴役;一出诸路,则两路力所不任。此其必不可者二也。

往年议塞滑州决河,时公私之力,未若今日之贫虚;然犹储积物料,诱率民财,数年之间,始能兴役。今国用方乏,民力方疲,且合商胡塞大决之洪流,此一大役也。凿横陇开久废之故道，又一大役也。自陇横至海千余里，埽岸久已废，顿须兴缉，又一大役也。往年公私有力之时，兴一大役，尚须数年，今猝兴三大役于灾旱贫虚之际。此其必不可者三也。

就令商胡可塞，故道未必可开。鲧障洪水，九年无功，禹得《洪范》五行之书，知水润下之性，乃因水之流，疏而就下，水患乃息。然则以大禹之功，不能障塞，但能因势而疏决尔。今欲逆水之性，障而塞之，夺洪河之正流，使人力幹而回注，此大禹之所不能。此其必不可者四也。

横陇湮塞已二十年，商胡决又数岁，故道已平而难凿，安流已久而难回。此其必不可者五也。

臣伏思国家累岁灾谴甚多，其于京东，变异尤大。地贵安静而有声，巨嵎山摧，海水摇荡，如此不止者仅十年，天地警戒，宜不虚发。臣谓变异所起之方，尤当过虑防惧，今乃欲于凶艰之年，聚三十万之大众于变异最大之方，臣恐灾祸自兹而发也。况东京赤地千里，饥馑之民，正苦天灾。又闻河役将动，往往伐桑毁屋，无复生计。流亡盗贼之患，不可不虞。宜速止罢，用安人心。

九月，诏："自商胡之决，大河注蚀堤，浸为河北。患其故道又以河北、京东饥，故未兴役。今河渠司李仲昌议欲纳水入六塔河，使归横陇旧河，舒一时之急。其令两制至待制以上、台谏官，与河渠司同详定。"

修又上疏曰：

伏见学士院集议修河，未有定论。岂由贾昌朝欲复故道，李仲昌请开六塔，互执一说，莫知孰是。臣愚皆谓不然。言故道者，未详利害之原；述六塔者，近乎欺罔之谬。今谓故道可复者，但见河北水患，而欲还之京东。然不思天禧以来河水屡决之因，所以未知故道有不可复之势，臣故谓未详利害之原也。若言六塔之利者，则不待攻而自破矣。今六塔既已开，而恩、冀之患，何为尚告奔腾之急？此则减水未见其利也。又开六塔者云,可以全回大河,使复横陇故道。今六塔只是别河下流,已为滨、隶、德、博之患,若全回大河,顾其害如何?此臣故谓近乎欺罔之谬也。

且河本泥沙,无不淤之理。淤常先下流,下流淤高,水行渐壅,乃决上流之低处,此势之常也。然避高就下,水之本性,故河流已弃之道,自古难复。臣不敢广述河源,且以今所欲复之故道,言天禧以来屡决之因。

初,天禧中河出京东,水行于今所谓故道者。水既淤涩,乃决天台埽,寻塞而复故道;未几,又决于滑州南铁狗庙,今所谓龙门埽者。其后数年,又塞而复故道。已而又决王楚埽,所决差小,与故道分流,然而故道之水终以壅淤,故又于横陇大决。是则决河非不能力塞,故道非不能力复,所复不久终必决于上流者,由故道淤而水不能行故也。及横陇既决,水流就下,所以十余年间,河未为患。至庆历三、四年,横陇之水,又自海口先淤,凡一百四十余里;其后游、金赤三河相次又淤。下流既梗,乃决于上流之商胡口。然则京东、横陇两河故道,皆下流淤塞,河水已弃之高地。京东故道,屡复屡决,理不可复,不待言而易知也。

昨议者度京东故道功料,但云铜城以上乃特高尔,其东北铜城以上则稍低,比商胡以上则实高也。若云铜城以东地斗下,则当日水流宜决铜城以上,何缘而顿淤横陇之口,亦何缘而大决也?然则两河故道,既皆不可,则河北水患何为而可去?臣闻智者之于事,有所不能必,则较其利害之轻重,择其害少者而为之,犹愈害多而利少,何况有害而无利,此三者可较而择也。

又商胡初决之时,欲议修塞,计用梢芟一千八百万,科配六路一百余州军。今欲塞者乃往年之商胡,则必用往年之物数。至于开凿故道,张奎所计工费甚大,其后李参减损,犹用三十万人。然欲以五十步之狭,容大河之水,此可笑者;又欲增一夫所开三尺之方,倍为六尺,且阔厚三尺而长六尺,自一倍之功,在于人力,已为劳苦。云六尺之方,以开方法算之,乃八倍之功,此岂人力之所胜?是则前功既大而难兴,后功虽小而不实。

大抵塞商胡、开故道,凡二大役,皆困国劳人,所举如此,而欲开难复屡决已验之故道,使其虚费,而商胡不可塞,故道不可复,此所谓有害而无利者也。就使幸而暂塞,以纾目前之患,而终于上流必决,如龙门、横陇之比,此所谓利少而害多也。

若六塔者,于大河有减水之名而无减患之实。今下流所散,为患已多,若全回大河以注之,则滨、隶、德、博河北所仰之州,不胜其患,而又故道淤涩,上流必有他决之虞,此只有害而无利耳,是皆智者之不为也。今若因水所在,增治堤防,疏其下流,浚以入海,则可无决溢散漫之虞。

今河所历数州之地,诚为患矣;堤防岁用之夫,诚为劳矣。与其虚费天下之财,虚举大众之役,而不能成功,终不免为数州之患,劳岁用之夫,则此所谓害少者,乃智者之所宜择也。

大约今河之势,负三决之虞:复故道,上流必决;开六塔,上流亦决;河之下流,若不浚使入海,则上流亦决。臣请选知水利之臣,就其下流,求入海路而浚之;不然,下流梗涩,则终虞上决,为患无涯。臣非知水者,但以今事可验者较之耳。愿下臣议,裁取其当焉。

预议官翰林学士承旨孙抃等言:开故道,诚久利,然功大难成;六塔下流,可导而东去,以纾恩、冀金堤之患。

十二月,中书上奏曰:"自商胡决,为大名、恩冀患。先议开铜城道,塞商胡,以功大难卒就,缓之,而忧金堤泛溢不能捍也。愿备工费,因六塔水势入横陇,宜令河北、京东预完堤埽,上河水所居民田数。"诏下中书奏,以知澶州事李璋为总管,转运使周沆权同知潭州,内侍都知邓保吉为钤辖,殿中丞李仲昌提举河渠,内殿承制张

怀恩为都监。而保吉不行,以内侍押班王从善代之。以龙图阁直学
士施昌言总领其事,提点开封府界县镇事蔡挺、勾当河渠事杨纬同
修河决。修又奏请罢六塔之役,是宰相富弼尤主仲昌议,疏奏亦不
省。

嘉祐元年四月壬子朔,塞商胡北流、入六塔河,不能容,是夕复
决,溺兵夫、漂刍藁不可胜计。命三司盐铁判官沈立往行视,而修河
官皆谪。宦者刘恢奏:"六塔之役,水死者数千万人、穿土干禁忌;且
河口乃赵征村,于国姓、御名有嫌,而大兴锸断,非便。"诏御史吴中
复、内侍邓守恭置狱于澶,劾仲昌等违诏旨,不俟秋冬塞北流而擅
进约,以致决溃。怀恩、仲昌仍坐取河材为器,怀恩流潭州,仲昌流
英州,施昌言、李璋以下再谪,蔡挺夺官勒停。仲昌,垂子也。由是
议者久不复论河事。

五年,河流派别于魏之第六埽,曰二股河,其广二百尺。自二股
河行一百三十里,至魏、恩、德、博之境,曰四界首河。七月,都转运
使韩贽言:"四界首古大河所经,即《沟洫志》所谓'平原、金堤,开通
大河,入笃马河,至海五百余里'者也。自春以丁壮三千浚之,可一
月而毕。支分河流入金、赤河,使其深六尺,为利可必。商胡决河自
魏至于恩冀、乾宁入于海,今二股河自魏、恩东至于德、沧入于海,
分而为二,则上流不壅,可以无决溢之患。"乃上《四界首二股河
图》。七年七月戊辰,河决大名第五埽。

英宗治平元年,始命都水监浚二股、五股河,以纾恩、冀之患。
初,都水监言:"商胡埋塞,冀州界河浅,房家、武邑二埽由此溃,虑
一旦大决,则甚于商胡之患。"乃遣判都水监张巩、户部副使张焘等
行视,遂兴工役,卒塞之。

神宗熙宁元年六月,河溢恩州乌栏堤,又决冀州枣强埽,北注
瀛。七月,又溢瀛州乐寿埽。帝忧之,顾问近臣司马光等。都水监
丞李立之请于恩、冀、深、瀛等州,创生堤三百六十七里以御河,而

河北都转运司言："当用夫八万三千余人，役一月成。今方灾伤，愿徐之。"都水监丞宋昌言谓：今二股河门变移，请迎河港进约，签入河身，以纾四州水患。"遂与屯田都监内侍程昉献议，开二股以导东流。于是都水监奏："庆历八年，商胡北流，于今二十余年，自澶州下至乾宁军，创堤千有余里，公私劳扰。近岁冀州而下河道梗涩，致上下埽岸屡危。今枣强抹岸，冲夺故道，虽创新堤，终非久计。愿相六塔旧口，并二股河导使东流，徐塞北流。"而提举河渠王亚等谓："黄、御河带北行入独流东砦，经乾宁军、沧州等八砦边界，直入大海。其近海口阔六七百步，深八九丈，三女砦以西阔三四百步，深五六丈。其势愈深，其流愈猛，天所以限契丹。议者欲再开二股，渐闭北流，此乃未尝睹黄河在界河内东流之利也。"

十一月，诏翰林学士司马光、入内内侍省副都知张茂则，乘传相度四州生堤，回日兼视六塔、二股利害，二年正月，光入对："请如宋昌言策，于二股之西置上约，擗水令东。俟东流渐深，北流淤浅，即塞北流，放出御河、胡庐河，下纾恩、冀、深、瀛以西之患。"初，商胡决河自魏之北，至恩、冀、乾宁入于海，是谓北流。嘉佑八年，河流派于魏之第六埽，遂为二股，自魏、恩东至于德、沧，入于海，是谓东流。时议者多不同，李立之力主生堤，帝不听，卒用昌言说，置上约。

三月，光奏："治河当因地形水势，若强用人力，引使就高，横立堤防，则逆激旁溃，不惟无成，仍败旧绩。臣虑官吏见东流已及四分，急于见功，遽塞北流。而不知二股分流，十里之内，相去尚近，地势复东高西下。若河流并东，一遇盛涨，水势西合入北流，则东流遂绝；或于沧、德堤埽未成之处，决溢横流。虽除西路之患，而害及东路，非策也。宜专护上约及二股堤岸。若今岁东流只添二分，则此去河势自东，近者二三年，远者四五年，候及八分以上，河流冲刷已阔，沧、德堤埽已固，自然北流日减，可以闭塞，两路俱无害矣。"

会北京留守韩琦言："今岁兵夫数少，而金堤两埽，修上、下约甚急，深进马头，欲夺大河。缘二股及嫩滩旧阔千一百步，是以可容涨水。今截去八百步有余，则将束大河于二百余步之间，下流既壅，上流蹙遏湍怒，又无兵夫修护堤岸，其冲决必矣。况自德至沧，皆二股下流，既无堤防，必侵民田。设若河门束狭，不能容纳涨水，上、下约随流而脱，则二股与北流为一，其患愈大。又恩、深州所创生堤，其东则大河西来，其西则西山诸水东注，腹背受水，两难捍御。望选近臣速至河所，与在外官合议。"帝在经筵以琦奏谕光，命同茂则再往。

四月，光与张巩、李立之、宋昌言、张问、吕大防、程昉行视上约及方锯牙，济河集议于下约。光等奏："二股河上约并在滩上，不碍河行。但所进方锯牙已深，致北流河门稍狭，乞减折二十步，令近后，仍作蛾眉埽裹护。其沧、德界有古遥堤，当加葺治。所修二股，本欲疏导河水东去，生堤本欲捍御河水西来，相为表里，未可偏废。"帝因谓二府曰："韩琦颇疑修二股。"赵抃曰："人多以六塔为戒。"王安石曰："异议者，皆不考事实故也。"帝又问：程昉、宋昌言同修二股如何？"安石以为可治。帝曰："欲作签河甚善。"安石曰："诚然。若及时作之，往往河可东，北流可闭。"因言："李立之所筑生堤，去河远者至八九十里，本计以御漫水，而不可御河南之向著，臣恐漫水亦不可御也。"帝以为然。五月丙寅，乃诏立之乘驿赴阙议之。

六月戊申，命司马光都大提举修二股工役。吕公著言："朝廷遣光相视董役，非所以褒崇近职、待遇儒臣也。"乃罢光行。

七月，二股河通快，北流稍自闭。戊子，张巩奏："上约累经泛涨，并下约各已无虞，东流势渐顺快，宜塞北流，除恩冀深瀛、永静乾宁等州军水患。又使御河、胡庐河下流各还故道，则漕运无壅遏，邮传无滞留，塘泊无淤浅。复于边防大计，不失南北之限，岁减费不可胜数，亦使流移归复，实无穷之利。且黄河所至，古今未尝无患，较利害轻重而取舍之可也。惟是东流南北堤防未立，闭口修堤，工费甚伙，所当预备。望选习知河事者，与臣等讲求，具图以闻。"乃复诏光、茂则及都水监官、河北转运同相度闭塞北流利害，有所不同，各以议上。

八月己亥，光入辞，言："巩等欲塞二股河北流，臣恐劳费未易。或幸而可塞，则东流浅狭，堤防未全，必致决溢，是移恩、冀、深、瀛之患于沧、德等州也。不若俟三二年，东流益深阔，堤防稍固，北流渐浅，薪刍有备，塞之便。"帝曰："东流、北流之患孰轻重？"光曰："两地皆王民，无轻重；然北流已残破，东流尚全。"帝曰："今不俟东流顺快而塞北流，他日河势改移，奈何？"光曰："上约固则东流日增，北流日减，何忧改移。若上约流失，其事不可知，惟当并力护上约耳。"帝曰："上约安可保？"光曰："今岁创修，诚为难保，然昨经大水而无虞，来岁地脚已牢，复何虑。且上约居河之侧，听河北流，犹惧不保；今欲横截使不行，庸可保乎？"帝曰："若河水常分二流，何保时当有成功？"光曰："上约苟存，东流必增，北流必减；借使分为二流，于张巩等不见成功，于国家亦无所害。何则？西北之水，并于山东，故为害大，分则害小矣。巩等亟欲塞北流，皆为身谋，不顾国力与民患也。"帝曰："防捍两河，何以供亿？"光曰："并为一则劳费自倍，分二流则劳费减半。今减北流财力之半，以备东流，不亦可乎？"帝曰："卿等至彼视之。"

时二股河东流及六分，巩等因欲闭断北流，帝意向之。光以为须及八分乃可，仍待其自然，不可施功。王安石曰："光议事屡不合，今令视河，后必不从其议，是重使不安职也。"。庚子，乃独遣茂则。茂则奏："二股河东倾已及八分，北流只二分。"张巩等亦奏："丙午，大河东徙，北流浅小。戊申，北流闭。"诏奖谕司马光等，仍赐衣、带、马。

时北流既塞，而河自其南四十里许家港东决，泛滥大名、恩德沧、永静五州军境。三年二月，命茂则、巩相度澶、滑州以下至东流河势、堤防利害。时方浚御河，韩琦言："事有缓急，工有后先，今御河漕运通驶，未至有害，不宜减大河之役。"乃诏辍河夫卒三万三千专治东流。

宋史卷九二

志第四五

河渠二

黄河中

　　熙宁四年七月辛卯,北京新堤第四、第五埽决,漂溺馆陶、永济、清阳以北,遣茂则乘驿相视。八月,河溢澶州曹村,十月,溢卫州王供。时新堤凡六埽,而决者二,下属恩、冀,贯御河奔冲为一。帝忧之,自秋迄冬,数遣使经营。是时,人争言导河之利,茂则等谓:"二股河地最下,而旧防可因,今堙塞者才三十余里,若度河之湍,浚而逆之,又存清水镇河以析其势,则悍者可回,决者可塞。"帝然之。

　　十二月,令河北转运司开修二股河上流,并修塞第五埽决口。五年二月甲寅,兴役,四月丁卯,二股河成,深十一尺,广四百尺。方浚河则稍障其决水,至是,水入于河,而决口亦塞。

　　六月,河溢北京夏津。闰七月辛卯,帝语执政:"闻京东调夫修河,有坏产者,河北调急夫尤多;若河复决,奈何?且河决不过占一河之地,或西或东,若利害无所校,听其所趋,如何?"王安石曰:"北流不塞,占公私田至多,又水散漫,久复淀塞。昨修二股,费至少而公私田皆出,向之洿卤,俱为沃壤,庸非利乎。况急夫已减于去岁,若复葺理堤防,则河北岁夫愈减矣。"

　　六年四月,始置疏浚黄河司。先是,有选人李公义者,献铁龙爪扬泥车法以浚河。其法：用铁数斤为爪形，以绳系舟尾而沈之水，篙工急擢，乘流相继而下，一再过，水已深数尺。宦官黄怀信以为可用，而患其太轻。王安石请令怀信、公义同议增损，乃别制浚川杷。其法：以巨木长八尺，齿长二尺，列于木下如杷状，以石压之；两旁击大绳，两端碇大船，相距八十步，各用滑车绞之，去来挠荡泥沙，已又移船而浚。或谓水深则杷不能及底，虽数往来无益；水浅则齿碍泥沙，拽之不动，卒乃反齿向上而拽之。人皆知不可用，惟安石善其法，使怀信先试之以浚二股，又谋凿直河数里以观其效。且言于帝曰："开直河则水势分。其不可开者，以近河，每开数尺即见水，不容施功尔。今第见水即以杷浚之，水当随杷改趋直河，苟置数千杷，则诸浅淀，皆非所患，岁可省开浚之费几百千万。"帝曰："果尔，甚善。闻河北小军垒当起夫五千，计合境之丁，仅及此数，一夫至用钱八缗。故欧阳修尝谓开河如放火，不开如失火，与其劳人，不如勿开。"安石曰："劳人以除害，所谓毒天下之民而从之者。"帝乃许春首兴工，而赏怀信以度僧牒十五道，公义与堂除，以杷法下北京，令虞部员外郎、都大提举大名府界金堤范子渊与通判、知县共试验之，皆言不可用。会子渊以事至京师，安石问其故，子渊意附会，遽曰："法诚善，第同官议不合耳。"安石大悦。至是，乃置浚河司，将自卫州浚至海口，差子渊都大提举，公义为之属。许不拘常制，举使臣等；人船、木铁、工匠，皆取之诸埽；官吏奉给视都水监丞司；行移与监司敌体。

　　当是时，北流闭已数年，水或黄决散漫，常虞壅遏。十月，外监丞王令图献议，于北京第四、第五埽等处开修直河，使大河还二股故道，乃命范子渊及朱仲立领其事。开直河，深八尺，又用杷疏浚二股及清水镇河，凡退背鱼肋河则塞之。王安石乃盛言用杷之功，若不辍工，虽二股河上流，可使行地中。

　　七年，都水监丞刘琎言："自开直河，闭鱼肋，水势增涨，行流湍急，渐塌河岸，而许家港、清水镇河极浅漫，几于不流。虽二股深快，而蒲泊已东，下至四界首，退出之田，略无固护，设遇漫水出岸，牵回河头,将复成水患。宜候霜降水落,闭清水镇河,筑缕河堤一道以遏涨水,使大河复循故道。又退出良田数万顷,俾民耕种,而博州界堂邑等退背七埽。岁减修护之费,公私两济。"从之。是秋,判大名文彦博言:"河溢坏民田,多者六十村,户至万七千,少者九村,户至四千六百,愿蠲租税。"从之。又命都水诘官吏不以水灾闻者。外都水监丞程昉以忧死。

十月,安石去位,吴充为相。十年五月,荥泽河堤急,诏判都水监俞光往治之。是岁七月,河复溢卫州王供及汲县上下埽、怀州黄沁、滑州韩村;已丑,遂大决于澶州曹村,澶渊北流断绝,河道南徙,东汇于梁山、张泽泺,分为二派,一合南清河入于淮,一合北清河入于海,凡灌郡县四十五,而濮、齐、郓、徐尤甚,坏田逾三十万顷。遣使修闭。

八月,又决郑州荥泽。于是文彦博言:"臣正月尝奏:德州河底淤淀,泄水稽滞,上流必至壅遏。又河势变移,四散漫流,两岸俱被水患,若不预为经制,必溢魏、博、恩、澶等州之境。而都水略无施设,止固护东流北岸而已。适累年河流低下,官吏希省费之赏。未尝增修堤岸,大名诸埽,皆可忧虞。谓如曹村一埽,自熙宁八年至今三年,虽每计春料当培低怯,而有司未尝如约,其埽兵又皆给他役,实在者十又七八。今者果大决溢,此非天灾,实人力不至也。臣前论此,并乞审择水官。今河朔、京东州县,人被患者莫知其数,嗷嗷吁天,上轸圣念,而水官不能自讼,犹汲汲希赏。臣前论所陈,出于至诚,本图补报,非敢激讦也。"

元丰元年四月丙寅,决口塞,诏改曹村埽曰灵平。五月甲戌,新堤成,闭口断流,河复归北。初议塞河也,故道堙而高,水不得下,议者欲自夏津县东开签河入董固以护旧河,袤七十里九十步;又自张村埽直东筑堤至庞家庄古堤,袤五十里二百步。诏枢密都承旨韩缜相视。缜言:"涨水冲刷新河,已成河道。河势变移无常,虽开河就堤,及于河身创立生堤,枉费功力。惟增修新河,乃能经久。"诏可。

十一月,都水监言:"自曹村决溢,诸埽无复储蓄,乞给钱二十万缗下诸路,以时,市梢草封桩。"诏给十万缗,非朝旨及埽岸危急,毋得擅用。

二年七月戊子,范子渊言:"因护黄河岸毕工,乞中分为两埽。"诏以广武上、下埽为名。

三年七月,澶州孙村、陈埽及大吴、小吴埽决,诏外监丞司速修闭。初,河决澶州也,北外监丞陈祐甫谓:"商胡决三十余年,所行河道,填淤渐高,堤防岁增,未免泛监。今当修者有三:商胡一也,横垅二也,禹旧迹三也。然商胡、横垅故道,地势高平,土性疏恶,皆不可复,复亦不能持久。惟禹故渎尚存,在大伾、太行之间,地卑而势固。故秘阁校理李垂与今知深州孙民先皆有修复之议。望召民先同河北漕臣一员,自卫州王供埽按视,讫于海口。"从之。

四年四月,小吴埽复大决,自澶注入御河,恩州危甚。六月戊午,诏:"东流已填淤不可复,将来更不修闭小吴决口,候见大河归纳,应合修立堤防,令李立之经划以闻。"帝谓辅臣曰:"河之为患久矣,后世以事治水,故常有碍。夫水之趋下,乃其性也,以道治水,则无违其性也。如能顺水所向,迁徙城邑以避之,复有何患?虽神禹复生,不过如此。"辅臣皆曰:"诚如圣训。"河北东路提点刑狱刘定言:"王莽河一径水,自大名界下合大流注冀州,及临清徐曲御河决口、恩州赵村坝子决口两径水,亦注冀州城东。若遂成河道,即大流难以西倾,全与李垂、孙民先所论违背,望早经制。"诏送李立之。

八月壬午,立之言:"臣自决口相视河流,至乾宁军分入东西两塘,次入界河,于劈地口入海,通流无阻,宜修立东西堤。"诏复计之。而言者又请:"自王供埽上添修南岸,于小吴口北创修堤,候将来矾山水下,决王供埽,使直河注东北,于沧州界或南或北,从故道入海。"不从。

九月庚子,立之又言:"北京南乐、馆陶、宗城、魏县,浅口、永济、延安镇,瀛州景城镇,在大河两堤之间,乞相度迁于堤外。"于是用其说,分立东西两堤五十九埽。定三等向著:河势正著堤身为第一,河势顺流堤下为第二,河离堤一里内为第三。退背亦三等:堤去河最远为第一,次远者为第二,次近一里以上为第三。立之在熙宁初已主立堤,今竟行其言。

五年正月己丑,诏立之:"凡为小吴决口所立堤防,可按视河势向背应置埽处,毋虚设巡河官,毋横费工料。"六月,河溢北京内黄埽。七月,决大吴埽堤,以纾灵平下埽危急。八月,河决郑州原武埽,溢入利津、阳武沟、刀马河,归纳梁山泺。诏曰:"原武决口已引夺大河四分以上,不大治之,将贻朝廷巨忧。其辍修汴河堤岸司兵五千,并力筑堤修闭。"都水复言:"两马头垫落,水面阔二十五步,天寒,乞候来春施工。"至腊月竟塞云。九月,河溢沧州南皮上、下埽,又溢清池埽,又溢永静军阜城下埽。十月辛亥,提举汴河堤岸司言:"洛口广武埽大河水涨,塌岸,坏下闸斗门,万一入汴,人力无以枝梧。密迩都城,可不深虑。"诏都水监官速往护之。丙辰,广武上、下埽危急,诏救护,寻获安定。

七年七月,河溢元城埽,决横堤,破北京。帅臣王拱辰言:"河水暴至,数十万众号叫求救,而钱谷禀转运,常平归提举,军器工匠隶提刑,埽岸物料兵卒即属都水监,逐司在远,无一得专,仓卒何以济民?望许不拘常制。"诏:"事干机速,奏复牒禀所属不及者,如所请。"戊申,命拯护阳武埽。

十月,冀州王令图奏:"大河行流散漫,河内殊无紧流,旋生潍碛。宜近澶州相视水势,使还复故道。"会明年春,宫车晏驾。

大抵熙宁初,专欲导东流,闭北流。元丰以后,因河决而北,议者始欲复禹故迹。神宗爱惜民力,思顺水性,而水官难其人。王安石力主程昉、范子渊,故二人尤以河事自任;帝虽藉其才,然每抑之。其后,元祐元年,子渊已改司农少卿,御史吕陶劾其"修堤开河,縻费巨万,护堤压埽之人,溺死无数。元丰六年兴役,至七年功用不成。乞行废放。"于是黜知兖州,寻降知峡州。其制略曰:"汝以有限之材,兴必不可成之役,驱无辜之民,置之必死之地。"中书舍人苏轼词也。

八年三月，哲宗即位，宣仁圣烈皇后垂帘。河流虽北，而孙村低下，夏、秋霖雨，涨水往往东出。小吴之决既未塞，十月，又决大名小张口，河北诸郡皆被水灾。知澶州王令图建议浚迎阳埽旧河，又于孙村金堤置约，复故道。本路转运使范子奇仍请于大吴北岸修进锯牙，擗约河势。于是回河东流之议起。

元祐元年二月乙丑，诏："未得雨泽，权罢修河，放诸路兵夫。"九月丁丑，诏秘书监张问相度河北水事。十月庚寅，又以王令图领都水，同问行河。

十一月丙子，问言："臣至滑州决口相视，迎阳埽至大、小吴，水势低下，旧河淤仰，故道难复。请于南乐大名埽开直河并签河，分引水势入孙村口，以解北京向下水患。"令图亦以为然，于是减水河之议复起。既从之矣。会北京留守韩绛奏引河近府非是、诏问别相视。二年二月，令图，问欲必行前说，朝廷又从之。三月，令图死，以王孝先代领都水，亦请如今图议。

右司谏王觌言："河北人户转徙者多，朝廷责郡县以安集，空仓廪以赈济，又遣专使察视之，恩德厚矣。然耕耘是时，而流转于道路者不已；二麦将熟，而寓食于四方者未还。其故何也，盖亦治其本矣。今河之为患三：泛滥停蓄，漫无涯矣，吞食民田，未见穷已，一也；缘边漕运独赖御河，今御河淤淀，转输艰梗，二也；塘泊之设，以限南北，浊水所经，即为平陆，三也。欲治三患，在遴择都水、转运而责成耳。今转运使范子奇反复求合，都水使者王孝先暗缪，望别择人。"

时知枢密院事安焘深以东流为是，两疏言："朝廷久议回河，独惮劳费，不顾大患。盖自小吴未决以前，河入海之地虽屡变移，而尽在中国；故京师恃以北限强敌，景德澶渊之事可验也。且河决每西，则河尾每北，河流既益西决，固已北抵境上。若复不止，则南岸遂属辽界，彼必为桥梁，守以州郡；如庆历中因取河南熟户之地，遂筑军以窥河外，已然之效如此。盖自河而南，地势平衍，直抵京师，长虑却顾，可为寒心。又朝廷捐东南之利，半以宿河北重兵，备预之意深矣。使敌能至河南,则邈不相及。今欲便于治河而缓于设险,非计也。”

王岩叟亦言:“朝廷知河流为北道之患日深,故遣使命水官相视便利,欲顺而导之,以拯一路生灵于垫溺,甚大惠也。然昔者专使未还,不知何疑而先罢议;专使反命,不知何所取信而议复兴。既救都水使者总护役事,调兵起工,有定日矣,已而复罢。数十日间变议者再三,何以示四方?今有大害七,不可不早为计。北塞之所恃以为险者在塘泊,黄河埋之,猝不可浚,浸失北塞险固之利,一也。横遏西山之水,不得顺流而下,蹙溢于千里,便百万生齿,居无庐耕无田,流散而不复,二也。乾宁孤垒,危绝不足道,而大名、深、冀腹心郡县,皆有终不自保之势,三也。沧州扼北敌海道,自河不东流,沧州在河之南,直抵京师,无有限隔,四也。并吞御河,边城失转输之便,五也。河北转运司岁耗财用,陷租赋以百万计,六也。六七月之间,河流交涨,占没西路,阻绝辽使,进退不能,两朝以为忧,七也。非此七害,委之可,缓而未治也。且去岁之患,已甚前岁,今岁又甚焉,则奈何?望深诏执政大臣,早决河议而责成之。”太师文彦博、中书侍郎吕大防皆主其说。

中书舍人苏辙谓右仆射吕公著曰:“河决而北,先帝不能回,而诸公欲回之,是自谓智勇势力过先帝也。盍因其旧而修其未备乎?”公著唯唯。于是三省奏:“自河北决,恩、冀以下数州被患,至今未见开修的确利害,致妨兴工。”乃诏河北转运使、副,限两月同水官讲议闻奏。

十一月,讲议官皆言:“今图、问相度开河,取水入孙村口还复故道处,测量得流分尺寸,取引不过,其说难行。”十二月,张景先复以问说为善,果欲回河,惟北京已上、滑州而下为宜,仍于孙村浚治横河旧堤,只用逐埽人兵、物料,并年例客军,春天渐为之可也。朝廷是其说。

三年六月戊戌,乃诏:“黄河未复故道,终为河北之患。王孝先等所议,已尝兴役,不可中罢,宜接续工料,向去决要回复故道。三省、枢密院速与商议施行。"右相范纯仁言："圣人有三宝：曰慈，曰俭，曰不敢为天下先。盖天下大势惟人君所向，群下竞趋如川流山摧，小失其道，非一言一力可回，故居上者不可不谨也。今圣意已有所向而为天下先矣。乞谕执政：'前日降出文字，却且进入。'免希合之臣，妄测圣意，轻举大役。"尚书王存等亦言：使大河决可东回，而北流遂断，何惜劳民费财，以成经久之利。今孝先等自未有必然之论，但侥幸万一，以冀成功，又预求免责，若遂听之，将有噬脐之悔。乞望选公正近臣及忠实内侍，复行按视，审度可否。兴工未晚。"

庚子，三省、枢密院奏事延和殿，文彦博、吕大防、安焘等谓："河不东，则失中国之险，为契丹之利。"范纯仁、王存、胡宗愈则以虚费劳民为忧。存谓："今公私财力匮，惟朝廷未甚知者，赖先帝时封桩钱物可用耳。外路往往空乏，奈何起数千万物料、兵夫、图不可必成之功？且御契丹得其道，则自景德至今八九十年，通好如一家，设险何与焉？不然，如石晋末耶律德光犯阙，岂无黄河为阻，况今河流未必便冲过北界耶"，太后曰：且熟议，明日，纯仁又划四不可之说，且曰："北流数年未为大患，而议者恐失中国之利，先事回改；正如顷西夏本不为边患，而好事者以为不取恐失机会，遂兴灵武之师也。臣闻孔子论为政曰'先有司'。今水官未尝保明，而先示决欲回河之旨，他日败事，是使之得以藉口也。"

存、宗愈亦奏："昨亲闻德音，更令熟议。然累日犹有未同。或令建议者结罪任责。臣等本谓建议之人，思虑有所未逮，故乞差官复按。若但使之结罪，彼所见不过如此，后或误事，加罪何益。臣非不知河决北流，为患非一。淤沿边塘泊，断御河漕运，失中国之险，遏西山之流。若能全回大河，使由孙村故道，岂非上下通愿？但恐不能成功，为患甚于今曰。故欲选近臣按视：若孝先之说决可成，则积聚物料，接续兴役；如不可为，则令沿河踏行，自恩、魏以北，塘泊以南，别求可以疏导归海去处，不必专主孙村。此亦三省共曾商量，望赐详酌。"存又奏："自古惟有导河并塞河。导河者顺水势，自高导令就下；塞河者为河堤决溢，修塞令入河身。不闻斡引大河令就高行流也。”于是收回戊戌诏书。

户部侍郎苏辙、中书舍人曾肇各三上疏。辙大略言：

黄河西流，议复故道。事之经岁，役兵二万，聚梢桩等物三十余万。方河朔灾伤困弊，而兴必不可成之功，吏民窃叹。今回河大议虽寝，然闻议者固执来岁开河分水之策。今小吴决口，入地已深，而孙村所开，丈尺有限，不独不能回河，亦必不能分水。况黄河之性，急则通流，缓则淤淀，既无东西皆急之势，安有两河并行之理？纵使两河并行，未免各立堤防，其费又倍矣。

今建议者其说有三，臣请折之：一曰御河湮灭，失馈运之利。昔大河在东，御河自怀、卫经北京，渐历边郡，馈运既便，商贾通行。自河西流，御河湮灭失此大利，天实使然。今河自小吴北行，占压御河故地，虽使自北京以南折而东行，则御河湮灭已一二百里，何由复见？此御河之说不足听也。二曰恩、冀以北，涨水为害，公私损耗。臣闻河之所行，利害相半，盖水来虽有败田破税之害，其去亦有淤厚宿麦之利。况故道已退之地，桑麻千里赋役全复，此涨水之说不足听也。三曰河徙无常，万一自契丹界入海，边防失备。按河昔在东，自河以西郡县，与契丹接境，无山河之限，边臣建为塘水，以捍契丹之冲。今河既西，则西山一带，契丹可行之地无几，边防之利，不言可知。然议者尚恐河复北徙，则海口出契丹界中，造舟为梁，便于南牧。臣闻契丹之河，自北南注以入于海。盖地形北高，河无北徙之道，而海口深浚，势无徙移，此边防之说不足听也。

臣又闻谢卿材到阙，昌言：“黄河自小吴决口乘高注北，水势奔决，上流堤防无复决怒之患。朝廷若以河事付臣，不役一夫，不费一金，十年保无河患。”大臣以其异己罢归，而使王孝先、俞瑾、张景先三人重划回河之计。盖由元老大臣重于改过，故假契丹不测之忧，以取必于朝廷。虽已遣百禄等出按利害，然未敢保其不观望风旨也。愿亟回收买梢划草指挥，来岁勿调开河役兵，使百禄等明知圣意无所偏系，不至阿附以误国计。

肇之言曰："数年以来，河北、京东、淮南灾伤，今岁河北并边稍熟，而近南州军皆旱，京东西、淮南饥殍疮痍。若来年虽未大兴河役，只令修治旧堤，开减水河，亦须调发丁夫。本路不足，则及邻路，邻路不足，则及淮南，民力果何以堪？民力未堪，则虽有回河之策，及梢草先具，将安施乎？"

会百禄等行视东西二河，亦以为东流高仰，北流须下，决不可回。即奏曰：

往者王令图、张问欲开引水签河，导水入孙村口还复故道。议者疑焉，故置官设属，使之讲议。既开撅井筒，折量地形水面尺寸高下，顾临、王孝先、张景先、唐义问、陈佑之皆谓故道难复。而孝先独叛其说，初乞先开减水河，俟行流通快，新河势缓，人工物料丰备，徐议闭塞北流。已而召赴都堂，则又请以二年为期。及朝廷诘其成功，遽云："来年取水入孙村口，若河流顺快，工料有备，便可闭塞，回复故道。"是又不俟新河势缓矣。回河事大，宁容异同如此！盖孝先、俞瑾等知合用物料五千余万，未有指拟，见买数计，经岁未及毫厘，度事理终不可为，故为大言。

又云："若失此时，或河势移背，岂独不可减水，即永无回河之理。"臣等窃谓河流转徙，乃其常事；水性就下。固无一定。若假以五年，休养数路民力，沿河积材渐浚故道，葺旧堤，一旦流势改变，审议事理，酾为二渠，分派行流，均减涨水之害，则劳费不大，功力易施，安得谓之一失此时，永无回河之理也？

四年正月癸未，百禄等使回入对，复言："修减水河，役过兵夫六万三千余人，计五百三十万工，费钱粮三十九万二千九百余贯、石、匹、两，收买物料钱七十五万三百余缗，用过物料二百九十余万条、束，官员、使臣、军大将凡一百一十余员，请给不预焉。愿罢有害无利之役，挪移工料，缮筑西堤，以护南决口。"未报。己亥，乃诏罢回河及修减水河。

四月戊午，尚书省言："大河东流，为中国之要险。自大吴决后，由界河入海，不惟淤坏塘泺，兼浊水入界河，向去浅淀，则河必北流。若河尾直注北界入海，则中国全失险阻之限，不可不为深虑。"诏范百禄、赵君锡条划以闻。

百禄等言：

臣等昨按行黄河独流口至界河，又东至海口，熟观河流形势；并缘界河至海口铺砦地分使臣各称：界河未经黄河行流已前，阔一百五十步下至五十步，深一丈五尺下至一丈；自黄河行流之后，今阔至五百四十步，次亦三二百步，深者三丈五尺，次亦二丈。乃知水性就下，行疾则自刮除成空而稍深，与《前汉书》大司马史张戎之论正合。

自元丰四年河出大吴，一向就下，冲入界河，行流势如倾建。经今八年，不舍昼夜，冲刷界河，两岸日渐开阔，连底成空，趋海之势甚迅。虽遇元丰七年八年、元祐元年泛涨非常，而大吴以上数百里，终无决溢之害，此乃下流归纳处河流深快之验也。

塘泺有限辽之名，无御辽实。今之塘水，又异昔时，浅足以褰裳而涉，深足以维舟而济，冬寒冰坚，尤为坦途。如沧州等处，商胡之决即已淀淤，今四十二年，迄无边警，亦无人言以为深忧。自回河之议起，首以此动烦圣听。殊不思大吴初决，水未有归，犹不北去；今入海湍迅，界河益深，尚复何虑？藉令有此，则中国据上游，契丹岂不虑乘流扰之乎？

自古朝那、萧关、云中、朔方、定襄、雁门、上郡、太原、右北平之间，南北往来之冲，岂塘泺界河之足限哉。臣等窃谓本朝以来，未有大河安流，合于禹迹，如此之利便者。其界河向去只有深阔，加以朝夕海潮往来渲荡，必无浅淀，河尾安得直注北界，中国亦无全失险阻之理。且河遇平壤滩慢，行流稍迟，则泥沙留淤；若趋深走下，湍激奔腾，惟有刮除，无由淤积，不至上烦圣虑。

　　七月己巳朔，冀州南宫等五埽危急，诏拨提举修河司物料百万与之。甲午，都水监言："河为中国患久矣，自小吴决后，泛滥未著河槽，前后遣官相度非一，终未有定论。以为北流无患，则前二年河决南宫下埽，去三年决上埽，今四年决宗城中埽，岂是北流可保无虞？以为大河卧东，则南宫、宗城皆在西岸；以为卧西，则冀州信都、恩州清河、武邑或决，皆在东岸。要是大河千里，未见归纳经久之计，所以昨相度第三、第四铺分决涨水，少纾目前之急。继又宗城决溢，向下包蓄不定，虽欲不为东流之计，不可得也。河势未可全夺，故为二股之策。今相视新开第一口，水势湍猛，发泄不及，已不候工毕，更拨沙河堤第二口泄减涨水，因而二股分行，以纾下流之患。虽未保冬夏常流，已见有可为之势。必欲经久，遂作二股，仍较今所修利害孰为轻重，有司具析保明以闻。"

　　八月丁未，翰林学士苏辙言：

　　　　夏秋之交，暑雨频并。河流暴涨出岸，由孙村东行，盖每岁常事。而李伟与河埽使臣因此张皇，以分水为名，欲发回河之议，都水监从而和之。河事一兴，求无不可，况大臣以其符合己说而乐闻乎。

　　　　臣闻河道西行孙村侧左，大约入地二丈以来，今所报涨水出岸，由新开口地东入孙村，不过六七尺。欲因六七尺涨水，而夺入地二丈河身，虽三尺童子，知其难矣。然朝廷遂为之遣都水使者，兴兵功，开河道，进锯牙，欲约之使东。方河水盛涨，其西行河道若不断流，则遏之东行，实同儿戏。

　　　　臣愿急命有司，徐观水势所向，依累年涨水旧例，因其东溢，引入故道，以纾北京朝夕之忧。故道堤防坏决者，第略加修茸，免其决溢而已。至于开河、进约等事，一切毋得兴功，俟河势稍定然后议。不过一月，涨水既落，则西流之势，决无移理。兼闻孙村出岸涨水，今已断流，河上官吏未肯奏知耳。

　　是时，吴安持与李伟力主东流，而谢卿材谓"近岁河流稍行地中，无可回之理"，上《河议》一编。召赴政事堂会议，大臣不以为然。

癸丑,三省、枢密院言:"继日霖雨,河上之役,恐烦圣虑。"太后曰:"访之外议,河水已东复故道矣。"

乙丑,李伟言:"已开拨北京南沙直堤第三铺,放水入孙村口故道通行。"又言:"大河已分流,即更不须开淘。因昨来一决之后,东流自是须快,渲刷渐成港道。见今已为二股,约夺大河三分以来,若得夫二万,于九月兴工,至十月寒冻时可毕。因引导河势,岂只为二股通行而已,亦将遂为回夺大河之计。今来既因擗东流,修全锯牙,当迤逦增进一埽,而取一埽之利,比至来年春、夏之交,遂可全复故道。朝廷今日当极力必闭北流,乃为上策。若不明诏有司,即令回河,深恐上下迁延,议终不决,观望之间,遂失机会。乞复置修河司。"从之。

五年正月丁亥,梁焘言:"朝廷治河东流北流,本无一偏之私。今东流未成,边北之州县未至受患,其役可缓;北流方悍,边西之州县,日夕可忧,其备宜急。今倾半天下之力,专事东流,而不加一夫一草于北流之上,得不误国计乎!去年屡决之害,全由堤防无备。臣愿严责水官,修治北流埽岸,使二方均披恻隐之恩。"

二月己亥,诏开修减水河。辛丑,乃诏三省、枢密院:"去冬衍雪,今未得雨,外路旱暵阔远,宜权罢修河。"

戊申,苏辙言:"臣去年使契丹,过河北,见州县官,访以河事,皆相视不敢正言。及今年正月,还自契丹,所过吏民,方举手相庆,皆言近有朝旨罢回河大役,命下之日,北京之人,欢呼鼓舞。惟减水河役迁延不止,耗蠹之事,十存四五,民间窃议,意大臣业已为此,势难遽回。既为圣鉴所临,要当迤逦尽罢。今月六日,果蒙圣旨,以旱灾为名,权罢修黄河,候今秋取旨。大臣复奏尽罢黄河东、北流及诸河功役,民方忧旱,闻命踊跃,实荷圣恩。然臣窃详圣旨,上合天意,下合民心。因水之性,功力易就,天语激切,中外闻者或至泣下,而大臣奉行,不得其平。由此观之,则是大臣所欲,虽害物而必行;陛下所为,虽利民而不听。至于委曲回避,巧为之说,仅乃得行,君权已夺,国势倒植。臣所谓君臣之间,逆顺之际,大为不便者,此事是也。黄河既不可复回，则先罢修河司，只令河北转运司尽将一道兵功，修贴北流堤岸；罢吴安持、李伟都水监差遣，正其欺罔之罪，使天下晓然知圣意所在。如此施行，不独河事就绪，天下臣庶，自此不敢以虚诳欺朝廷，弊事庶几渐去矣。"

八月甲辰，提举东流故道李伟言："大河自五月后日益暴涨，始由北京南沙堤第七铺决口，水出于第三、第四铺并清丰口一并东流。故道河槽深三丈至一丈以上，比去年尤为深快，颇减北流横溢之患。然今已秋深，水当减落，若不稍加措置，虑致断绝，即东流遂成淤淀。望下所属官事，经划沙堤等口分水利害，免淤故道，上误国事。"诏吴安持与本路监司、北外丞司及李伟按视，具合措置事连书以闻。

九月，中丞苏辙言："修河司若不罢，李伟若不去，河水终不得顺流，河朔生灵终不得安居。乞速罢修河司，及检举六年四月庚子敕，窜责李伟。"

七年三月，以吏部郎中赵偁权河北转运使。偁素与安持等议不协，尝上《河议》，其略曰："自顷有司回河几三年，功费骚动半天下，复为分水又四年矣。故所谓分水者，因河流、相地势导而分之。今乃横截河流，置埽约以扼之，开浚河门，徒为渊潭，其状可见。况故道千里，其间又有高处，故累岁涨落辄复自断。夫河流有逆顺，地势有高下，非朝廷可得而见，职在有司，朝廷任之亦信矣，患有司不自信耳。臣谓当缮大河北流两堤，复修宗城弃堤，闭宗城口，废上、下约，开阐村河门，使河流湍直，以成深道。聚三河工费以治一河，一二年可以就绪，而河患庶几息矣。愿以河事并都条例一付转运司，而总以工部，罢外丞司使，措置归一，则职事可举，弊事可去。"

四月，诏："南北外两丞司管下河埽，今后令河北京西转运使、副、判官、府界提点分认界至，内河北仍于衔内带'兼管南北外都水公事。'"

十月辛酉，以大河东流，赐都水使者吴安持三品服，北都水监丞李伟再任。

宋史卷九三

志第四六

河渠三

黄河下　汴河上

　　元祐八年二月乙卯,三省奉旨:"北流软堰,并依都水监所奏。"门下侍郎苏辙奏:"臣尝以谓软堰不可施于北流,利害甚明。盖东流本人力所开,阔只百余步,冬月河流断绝,故软堰可为。今北流是大河正溜,比之东流,何止数倍,见今河水行流不绝,软堰何由能立?盖水官之意,欲以软堰为名,实作硬堰,阴为回河之计耳。朝廷既已觉其意,则软堰之请,不宜复从。"赵偁亦上议曰:"臣窃谓河事大利害有三,而言者互进其说,或见近忘远,侥幸盗功,或取此舍彼,诪张眛理。遂使大利不明,大害不去,上惑朝听,下滋民患,横役枉费,殆无穷已,臣切痛之。所谓大利害者:北流全河,患水不能分也;东流分水,患水不能行也;宗城河决,患水不能闭也。是三者,去其患则为利,未能去则为害。今不谋此,而议欲专闭北流,只知一日可闭之利,而不知异日既塞之患,只知北流伏槽之水易为力,而不知阚村方涨之势,未可并以入东流也。夫欲合河以为利,而不恤上下壅溃之害,是皆见近忘远,侥幸盗功之事也。有司欲断北流而不执其咎,乃引分水为说,姑为软堰;知河冲之不可以软堰御,则又为决堰之计。臣恐枉有工费,而以河为戏也。请俟涨水伏槽,观大河之势,以治东流、北流。"

　　五月，水官卒请进梁村上、下约，束狭河门。既涉涨水，遂壅而溃。南犯德清，西决内黄，东淤梁村，北出阚村，宗城决口复行魏店，北流因淤遂断，河水四出，坏东郡浮梁。十二月丙寅，监察御史郭知章言：“臣比缘使事至河北，自澶州入北京，渡孙村口，见水趋东者，河甚阔而深；又自北京往洺州，过杨家浅口复渡，见水之趋北者，才十之二三，然后知大河宜闭北行东。乞下都水监相度。”于是吴安持复兼领都水，即建言：“近准朝旨，已堰断魏店刺子，向下北流一枝断绝，然东西未有堤岸，若涨稍大。必披滩漫出，则平流在北京，恩州界，为害愈甚。乞塞梁村口，缕张包口，开青丰口以东鸡爪河，分杀水势。”吕大防以其与己意合，向之。诏同北京留守相视。

　　时范纯仁复为右相，与苏辙力以为不可。遂降旨：“令都水监与本路安抚、转运、提刑司共议，可则行之，有异议速以闻。”绍圣元年正月也。是时，转运使赵偁深不以为然，提刑上官均颇助之。偁之言曰：“河自孟津初行平地，必须全流，乃成河道。禹之治水，自冀北抵沧、棣，始播为九河，以其近海无患也。今河自横垅、六塔、商胡、小吴，百年之间，皆从西决，盖河徙之常势。而有司置埽创约，横截河流，回河不成，因为分水。初决南宫，再决宗城，三决内黄，亦皆西决，则地势西下，较然可见。今欲弭息河患，而逆地势，戾水性，臣未见其能就功也。请开阚村河门，修平乡钜鹿埽、焦家等堤，浚澶渊故道，以备涨水。”大名安抚使许将言：“度今之利，若舍故道，只从北流，则虑河下已湮，而上流横溃，为害益广。若直闭北流，东徙故道，则复虑受水不尽，而被堤为患。窃谓宜因梁村之口以行东，因内黄之口以行北，而尽闭诸口，以绝大名诸州之患。俟春夏水大至，乃观故道，足以受之，则内黄之口可塞；不足以受之，则梁村之役可止。定其成议，则民心固而河之顺复有时，可以保其无害。”诏：“令吴安持同都水监丞郑佑，与本路安抚、转运、提刑司官，具图、状保明闻奏，即有未便，亦具利害来上。”

　　三月癸酉，监察御史郭知章言：“河复故道，水之趋东，已不可遏。近日遣使按视，逐司议论未一。臣谓水官朝夕从事河上，望专委之。"乙亥，吕大防罢相。六月，右正言张商英奏言："元丰间河决南宫口，讲议累年，先帝叹曰："神禹复生，不能回此河矣。"乃敕自今后不得复议回河闭口，盖采用汉人之论，俟其泛滥自定也。元祐初，文彦博、吕大防以前敕非是，拔吴安持为都水使者，委以东流之事。京东、河北五百里内差夫，五百里外出钱雇夫，及支借常平仓司钱买梢草，斩伐榆柳。凡八年而无尺寸之效，乃迁安持太仆卿，王宗望代之。宗望至，则刘奉世犹以彦博、大防余意，力主东流，以梁村口吞纳大河。今则梁村口淤淀，而开沙堤两处决口以泄水矣。前议累七十里堤以障北流，今则云俟霜降水落兴工矣。朝廷咫尺，不应九年为水官蔽欺如此。九年之内，年年矾山水涨，霜降水落，岂独今年始有涨水，而待水落乃可以兴工耶？乞遣使按验虚实，取索回河以来公私费钱粮、梢草，依仁宗朝六塔河施行。"

会七月辛丑，广武埽危急，诏王宗望亟往救护。壬寅，帝谓辅臣曰："广武去洛河不远，须防涨溢下灌京师，已遣中使视之。"辅臣出图、状以奏曰："此由黄河北岸生滩，水趋南岸。今雨止，河必减落，已下水官，与洛口官同行按视，为签堤及去北岸嫩滩，今河顺直，则无患矣。"

八月丙子，权工部侍郎吴安持等言："广武埽危急，刷塌堤身二千余步处，地形稍高。自巩县东七里店至见今洛口，约不满十里，可以别开新河，引导河水近南行流，地步至少，用功甚微。王宗望行视并开井筒，各称利便外，其南筑大堤，工力浩大，乞下合属官司，躬往相度保明。"从之。

十月丁酉，王守望言：大河自元丰溃决以来，东、北两流，利害极大，频年纷争，国论不决，水官无所适从。伏自奉诏凡九月，上禀成算，自阚村下至栲栳堤七节河门，并皆闭塞。筑金堤七十里，尽障北流，使全河东还故道，以除河患。又自阚村下至海口，补筑新旧堤防，增修疏浚河道之淤浅者，虽盛夏涨潦，不至壅决。望付史官，纪绍圣以来圣明独断，致此成绩。"诏宗望等具析修闭北流部役官等功力等第以闻。然是时东流堤防未及缮固，濒河多被水患，流民入京师,往往泊御廊及僧舍。诏给券,谕令还本土以就赈济。

己酉,安持又言:"准朝旨相度开浚澶州故道,分减涨水。按澶州本是河行旧道,顷年曾乞开修,时以东西地形高仰,未可兴工。欲乞且行疏导燕家河,仍令所属先次计度合增修一十一埽所用工料。"诏:"令都水监候来年将及涨水月分,先具利害以闻。"

癸丑,三省、枢密院言:"元丰八年,知澶州王令图议,乞修复大河故道。元祐四年,都水使者吴安持,因纾南宫等埽危急,遂就孙村口为回河之策。及梁村进约东流,孙村口窄狭,德清军等处皆被水患。今春,王琼望等虽于内黄下埽闭断北流,然至涨水之时,犹有三分水势,而上流诸埽已多危急,下至将陵埽决坏民田。近又据宗望等奏,大河自闭塞阚村而下,及创筑新堤七十余里,尽闭北流,全河之水,东还故道。今访闻东流向下,地形已高,水行不快。既闭断北流,将来盛夏,大河涨水全归故道,不惟旧堤损缺怯薄,而阚村新堤,亦恐未易枝梧。兼京城上流诸处埽岸,虑有壅滞冲决之患,不可不豫为经划。"诏:"权工部侍郎吴安持,都水使者王宗望、监丞郑祐同北外监丞司,自阚村而下直至海口,逐一相视,增修疏浚,不致壅滞冲决。"

丙辰,张商英又言:"今年已闭北流,都水监长贰交章称贺,或乞付史官,则是河水已归故道,只宜修葺堤埽,防将来冲决而已。近闻王宗望、李仲却欲开澶州故道以分水,吴安持乞候涨水前相度。缘开澶州故道,若不与今东流底平,则才经水落,立见淤塞。若与底平,则从初自合闭口回河,何用九年费财动众?安持称候涨水相度,乃是悠悠之谈。前来涨水并今来涨水,各至澶州、德清军界,安持首尾九年,岂得不见。更欲延至明年,乃是狡兔三穴,自为潜身之计,非公心为国事也。况立春渐近调夫,如是时不早定议,又留后说,邦财民力,何以支持?访闻先朝水官孙民先、元祐六年水官贾种民各有《河议》,乞取索照会。召前后本路监司及经历河事之人,与水官诣都堂反复诘难,务取至当,经久可行,定议归一,庶免以有限之财,事无涯之功。"二年七月戊午,诏:"沿黄河州军,河防决溢,并即申奏。"

元符二年二月乙亥，北外都水丞李伟言："相度大小河门，乘此水势衰弱，并先修闭，各立蛾眉埽镇压。乞次于河北、京东两路差正夫三万人，其他夫数，令修河官和雇。"三月丁巳，伟又乞于澶州之南大河身内，开小河一道，以待涨水，纾解大吴口注北京一带向著之患。"并从之。

六月末，河决内黄口，东流遂断绝。八月甲戌，诏："大河水势十分北流，其以河事付转运司，责州县共力救护堤岸。"辛丑，左司谏王祖道请正吴安持、郑祐、李仲、李伟之罪，投之远方，以明先帝北流之志。诏可。

三年正月己卯，徽宗即位。郑祐、吴安持辈皆用登极大赦，次第牵复。中书舍人张商英缴奏："祐等昨主回河，皆违神宗北流之意。"不听。商英又尝论水官非其人，治河当行其所无事，一用堤障，犹塞儿口止其啼也。三月，乃以商英为龙图阁待制、河北都转运使兼专功提举河事。商英复陈五事：一曰行古沙河口；二曰复平恩四埽；三曰引大河自古漳河、浮河入海；四曰筑御河西堤，而开东堤之积；五曰开木门口，泄徒骇河东流。大要欲随地势疏浚入海。会四月，河决苏村。七月，诏："商英毋治河，止厘本职，其因河事差辟官吏并罢。"复置北外都水丞司。建中靖国元年春，尚书省言："自去夏苏村涨水，后来全河漫流，今已淤高三四尺，宜立西堤。"诏都水使者鲁君贶同北外丞司经度之。于是左正言任伯雨奏：

河为国中患，二千岁矣。自古竭天下之力以事河者，莫如本朝。而徇众人偏见，欲屈大河之势以从人者，莫甚于近世。臣不敢远引，抵如元祐末年，小吴决溢，议者乃谲谋异计，欲立奇功，以邀厚赏。不顾地势，不念民力，不惜国用，力建东流之议。当洪流中，立马头，设锯齿，梢刍材木，耗费百倍。力遏水势，使之东注，陵虚驾空，非特行地上而已。增堤益防，惴惴恐决，澄沙淤泥，久益高仰，一旦决溃，又复北流。此非堤防之不固，亦理势之必至也。

昔禹之治水，不独行其所无事，亦未尝不因其变以导之。盖河流混浊，泥沙相半，流行既久，逦迤淤淀则久而必决者，势不能变也。或北而东，或东而北，亦安可以人力制哉！

为今之策，正宜因其所向。宽立堤防，约栏水势，使不至大段漫流。若恐北流淤淀塘泊。亦只宜因塘泊之岸，增设堤防，乃为长策。风闻近日，又有议者献东流之计。不独比年灾伤，居民流散，公私匮竭，百无一有，事势窘急，固不可为；抑亦自高注下，湍流奔猛，溃决未久，势不可改。设若兴工，公私徒耗，殆非利民之举，实自困之道也。

崇宁三年十月，臣僚言：“昨奉诏措置大河，即由西路历沿边州军，回至武强县，循河堤至深州，又北下衡水县，及达于冀。又北渡河过远来镇，乃分遣属僚相视恩州之北河流次第。大抵水性无有不下，引之就高，决不可得。况西山积水，势必欲下，各因其势而顺导之，则无壅遏之患。”诏开修直河，以杀水势。

四年二月，工部言：“乞修苏村等处运粮河堤为正堤，以支涨水。较修弃堤直堤，可减工四十四万、料七十一万有奇。”从之。闰二月，尚书省言：“大河北流，合西山诸水，在深州武强、瀛州乐寿埽，俯瞰雄、霸、莫州及沿边塘泺，万一决溢，为害甚大。”诏增二埽堤及储蓄，以备涨水。是岁，大河安流。

五年二月，诏滑州系浮桥于北岸，仍筑城垒，置官兵守护之。八月，葺阳武副堤。

大观元年二月，诏于阳武上埽第五铺开修直河至第十五铺，以分减水势。有司言：“河身当长三千四百四十步，面阔八十尺，底阔五丈，深七尺，计役十万七千余工，用人夫三千五百八十二，凡一月毕。”从之。十二月，工部员外郎赵霆言：“南北两丞司合开直河者，凡为里八十又七，用缗钱八九万。异时成功，可免河防之忧，而省久远之费。”诏从之。

二年五月，霆上免夫之议，大略谓：“黄河调发人夫修筑埽岸，每岁春首,骚动数路,常至败家破产。今春滑州鱼池埽合起夫役,尝令送免夫之直,用以买土,增贴埽岸,比之调夫,反有赢余。乞诏有司,应堤埽合调春夫,并依此例,立为永法。"诏曰:"河防夫工,岁役十万,滨河之民,困于调发。可上户出钱免夫,下户出力充役,其相度条划以闻。"丙申,邢州言河决,陷钜鹿县。诏迁县于高地。又以赵州隆平下湿,亦迁之。

六月己卯,都水使者吴玠言:"自元丰间小吴口决,北流入御河,下合西山诸水,至青州独流砦三叉口入海。虽深得保固形胜之策,而岁月寝久,侵犯塘堤,冲坏道路,啮损城砦。臣奉诏修治堤防,御捍涨溢。然筑八尺之堤,当九河之尾,恐不能敌。若不遇有损缺,逐旋增修,即又至隳坏,使与塘水相通,于边防非计也。乞降旨修葺。"从之。庚寅,冀州河溢,坏信都、南宫两县。

三年八月,诏沈纯诚开撩兔源河。兔源在广武埽对岸分减埽下涨水也。

政和四年十一月,都水使者孟昌龄言:"今岁夏秋涨水,河流上下并行中道,滑州浮桥不劳解拆,大省岁费。"诏许称贺,官吏推恩有差。昌龄又献议导河大伾,可置永远浮桥,谓:"河流自大伾之东而来,直大伾山西,而只数里,方回南,东转而过,复折北而东,则又直至大伾山之东,亦只不过十里耳。视地形水势,东西相直径易,曾不十余里间,且地势低下,可以成河,倚山可为马头;又有中潬,正如河阳。若引使穿大伾大山及东北二小山,分为两股而过,合于下流,因是三山为趾,以系浮梁,省费数十百倍,可宽河朔诸路之役。"朝廷喜而从之。

五年,置提举修系永桥所。六月癸丑,降德音于河北、京东、京西路,其略曰:"凿山酾渠,循九河既道之迹,为梁跨趾,成万世永赖之功。役不逾时,虑无怨素。人绝往来之阻,地无南北之殊。灵祇怀柔,黎庶呼舞。眷言朔野,爰暨近畿,畚锸繁兴,薪刍转徙,民亦劳止,朕甚悯之。宜推在宥之恩,仍广蠲除之惠。应开河官吏,令提举所具功力等第闻奏。"又诏:"居山至大伾山浮桥属浚州者,赐名天成桥；大伾山至汶子山浮桥属滑州者,赐名荣光桥。"俄改荣光曰圣功,七月庚辰,御制桥名,磨崖以刻之。方河之开也,水流虽通,然湍激猛暴,遇山稍隘,往往泛溢,近砦民夫多被漂溺,因亦及通利军,其后遂注成巨浸云。是月,昌龄迁工部侍郎。

八月己亥,都水监言："大河以就三山通流,正在通利之东,虑水溢为患。乞移军城于大伾山、居山之间,以就高仰。"从之。中书省言冀州枣强埽决,知州辛昌宗武臣,不谙河事,诏以王仲元代之。

十一月丙寅,都水使者孟揆言："大河连经涨淤,滩面已高,致河流倾侧东岸。今若修闭枣强上埽决口,其费不赀,兼冬深难施人力；纵使极力修闭,东堤上下二百余里,必须尽行增筑,与水争力未能全免决溢之患。今漫水行流,多碱卤及积水之地,又不犯州军,止经数县地分,迤逦缠御河归纳黄河。欲自决口上恩州之地水堤为始,增补旧堤,接续御河东岸,签合大河。"从之。乙亥,臣僚言："禹迹湮没于数千载之远,陛下神智独运,一旦兴复,导河三山。长堤盘固,横截巨浸,依山为梁,天造地设。威示南北,度越前古,岁无解系之费,人无病涉之患。大功既成,愿申饬有司,以日继月,视水向著,随为堤防,益加增固,每遇涨水,水官、漕臣不辍巡视。"诏付昌龄。

六年四月辛卯,高阳关路安抚使吴玠言冀州枣强县黄河清,诏许称贺。七月戊午,太师蔡京请名三山桥铭阁曰缵禹继文之阁,门曰铭功之门。十月辛卯,蔡京等言："冀州河清,乞拜表称贺。"

七年五月丁巳,臣僚言："恩州宁化镇大河之侧,地势低下,正当湾流冲激之处。岁久堤岸流怯薄,沁水透甚多,近镇居民例皆移避。方秋夏之交,时雨沛然,一失堤防。则不惟东流莫测所向,一隅生灵所系甚大,亦恐妨阻大名、河间诸州往来边路。乞付有司,贴筑固护。"从之。六月癸酉,都水使者孟扬言："旧河阳南北两河分流,立中潬,系浮梁。顷缘北河淤淀,水不通行,只于南河修系一桥。因此河项窄狭,水势冲激,每遇涨水,多致损坏。欲措置开修北河,如旧修系南北两桥。"从之。九月丁未,诏扬专一措置,而令河阳守臣王序营办钱粮,督其工料。

重和元年三月己亥,诏:"滑州、浚州界万年堤,全藉林木固护堤岸,其广行种植,以壮地势。五月甲辰,诏:"孟州河阳县第一埽,自春以来,河势湍猛,侵啮民田,迫近州城只二三里。其令都水使者同漕臣、河阳守臣措置固护。"是秋雨,广武埽危急,诏内侍王仍相度措置。

宣和元年九月辛未,蔡京等言:"南丞管下三十五埽,今岁涨水之后,岸下一例生滩,河行中道,实由圣德昭格,神只顺助。望宣付史馆。"诏送秘书省。十二月,开修兔源河并直河毕工,降诏奖谕。

二年九月己卯,王黼言:"昨孟昌龄计议河事,至滑州韩村埽检视,河流冲至寸金潭,其势就下,未易御遏。近降诏旨,令就划定港湾,对开直河。方议开凿,忽自成直河一道,寸金潭下,水即安流,在役之人,聚首仰叹。乞付史馆,仍帅百官表贺。"从之。

三年六月,河溢冀州信都。十一月,河决清河埽。是岁,水坏天成、圣功桥,官吏行罚有差。四年四月壬子,都水使者孟扬言:"奉诏修系三东桥。凡役工十五万七千八百,今累经涨水无虞。"诏因桥坏失职降秩者,俱复之,扬自正议大夫转正奉大夫。

七年,钦宗即位。靖康元年二月乙卯,御史中丞许翰言:"保和殿大学士孟昌龄、延康殿学士孟扬、龙固阁直学士孟揆,父子相继领职二十年,过恶山积。妄设堤防之功,多张梢桩之数,穷竭民力,聚敛金帛。交结权要,内侍王仍为之奥主,超付名位,不知纪极。大河浮桥,岁一造舟,京西之民,犹惮其役。而昌龄首建三山之策,回大河之势,顿取百年浮桥之费,董为数岁行路之观。漂没生灵,无虑万计,近辅郡县,萧然破残。所辟官吏,计金叙绩,富商大贾,争注名牒,身不在公,遥分爵赏。每兴一役,乾没无数,省部御史,莫能钩考。陛下方将澄清朝著,建立事功,不先诛窜昌龄父子,无以昭示天下,望籍其奸赃,以正典刑。"诏并落职:"昌龄在外宫观,扬依旧权领都水监职事,揆候措置桥船毕取旨。翰复请钩考簿书,发其奸赃。乃诏:昌龄与中大夫,扬、揆与中奉大夫。三月丁丑,京西转运司言:

"本路岁科河防夫三万,沟河夫一万八千。缘连年不稔,群盗劫掠,民力困弊,乞量数减放。"诏减八千人。

汴河,自隋大业初,疏通济渠,引黄河通淮,至唐,改名广济。宋都大梁,以孟州河阴县南为汴首受黄河之口,属于淮、泗。每岁自春及冬,常于河口均调水势,只深六尺,以通行重载为准。岁漕江、淮、湖、浙米数百万,及至东南之产,百物众宝,不可胜计。又下西山之薪炭,以输京师之粟,以赈河北之急,内外仰给焉。故于诸水,莫此为重。其浅深有度,置官以司之,都水监总察之。然大河向背不常,故河口岁易;易则度地形,相水势,为口以逆之。遇春首辄调数州之民,劳费不赀,役者多溺死。吏又并缘侵渔,而京师常有决溢之虞。

太祖建隆二年春,导索水自旃然,与须水合于汴。三年十月,诏:"缘汴河州县长吏,常以春首课民夹岸植榆柳,以固堤防。"

太宗太平兴国二年七月,开封府言:"汴水溢坏开封大宁堤,浸民田,害稼。"诏发淮、孟丁夫三千五百人塞之。三年正月,发军士千人复汴口。六月,宋州言:"宁陵县河溢,堤决。"诏发宋、亳丁夫四千五百人,分遣使臣护役。四年八月,又决于宋城县,以本州诸县人夫三千五百人塞之。

淳化二年六月,汴水决浚仪县。帝乘步辇出乾元门,宰相、枢密迎谒。帝曰:"东京养甲兵数十万,居人百万家,天下转漕,仰给在此一渠水,朕安得不顾。"车驾入泥淖中,行百余步,从臣震恐。殿前都指挥使戴兴叩头恳请回驭,遂捧辇出泥淖中。诏兴督步卒数千塞之。日未旰,水势遂定。帝始就次,太官进膳。亲王近臣皆泥泞沾衣,知县宋炎亡匿不敢出,特赦其罪。是月,汴又决于宋城县,发近县丁夫二千人塞之。

至道元年九月,帝以汴河岁运江、淮米五七百万斛,以济京师,问侍臣汴水疏凿之由,令参知政事张洎讲求其事以闻。其言曰:

禹导河自积石至龙门,南至华阴,东至砥柱;又东至于孟津，东过洛汭，至于大伾，即今成皋是也，或云黎阳山也。禹以大河流泛中国为害最甚，乃于贝丘疏二渠，以分水势：一渠自舞阳县东，引入漯水，其水东北流，至千乘县入海，即今黄河是也；一渠疏畎引傍西山，以东北形高敝坏堤，水势不便流溢，夹右碣石入于渤海。《书》所谓"北过降水，至于大陆"，降水即浊漳，大陆则邢州钜鹿泽。"播为九河，同为逆河，入于海。"河自魏郡贵乡县界分为九道，下至沧州，今为一河。言逆河者，谓与河水往复相承受也。齐桓公塞以广田居，唯一河存焉，今其东界至莽梧河是也。禹又于荥泽下分大河为阴沟，引注东南，以通淮、泗。至大梁浚仪县西北，复分为二渠：一渠经阳武县中牟台下为官渡水；一渠始皇疏凿以灌魏郡，谓之鸿沟，莨菪渠自荥阳五出池口来注之，其鸿沟即出河之沟，亦曰莨菪渠。

　　汉明帝时，乐浪人王景、谒者王吴始作浚仪渠，盖循河沟故渎也。渠成流注浚仪，故以浚仪县为名。灵帝建宁四年，于敖城西北垒石为门，以遏渠口，故世谓之石门。渠外东合济水，济与河、渠浑涛东注，至敖山北，渠水至此又兼邲之水，即《春秋》晋、楚战于邲。邲又音汳，即"汴"字，古人避"反"字，改从"汴"字。渠水又东经荥阳北，旃然水自县东流入汴水。郑州荥阳县西二十里三皇山上，有二广武城，二城相去百余步，汴水自两城间小涧中东流而出，而济流自兹乃绝。唯汴渠首受旃然水，谓之鸿渠。东晋太和中，桓温北伐前燕，将通之，不果。义熙十三年，刘裕西征姚秦，复浚此渠，始有湍流奔注，而岸善溃塞，裕更疏凿而漕运焉。隋炀帝大业三年，诏尚书左丞相皇甫谊发河南男女百万开汴水，起荥泽入淮千余里，乃为通济渠。又发淮南兵夫十余万开邗沟，自山阳淮至于扬子江三百余里，水面阔四十步，而后行幸焉。自后天下利于转输。昔孝文时，贾谊言"汉以江、淮为奉地"，谓鱼、盐、谷、帛，多出东南。至五凤中，耿寿昌奏："故事，岁增关东谷四百万斛以给京师。"亦多自此渠漕运。

　　唐初，改通济渠为广济渠。开元中，黄门侍郎、平章事裴耀卿言：江、淮租船，自长淮西北溯鸿沟，转相输纳于河阴、含嘉、太原等仓。凡三年，运米七百万石，实利涉于此。开元末，河南采访使、汴州刺使齐浣，以江、淮漕运经淮水波涛有沉损，遂浚广济渠下流，自泗州虹县至楚州淮阴县北八十里合于淮，逾时毕功。既而水流迅急，行旅艰险，寻乃废停，却由旧河。

　　德宗朝，岁漕运江、淮米四十万石，以益关中。时叛将李正己、田悦皆分军守徐州，临涡口，梁崇义阻兵襄、邓，南北漕引皆绝。于是水陆运使杜佑请改漕路，自浚仪西十里，疏其南涯，引流入琵琶沟，经蔡河至陈州合颍水，是秦，汉故道，以官漕久不由此，故填淤不通，若畎流培岸，则功用甚寡；又卢、寿之间有水道，而平冈亘其中，曰鸡鸣山，佑请疏其两端，皆可通舟，其间登陆四十里而已，则江、湖、黔、岭、蜀、汉之粟，可方舟而下。由是白沙趋东关，经卢、寿，浮颍步蔡，历琵琶沟入汴河，不复经溯淮之险，径于旧路二千里，功寡利博。朝议将行，而徐州顺命，淮路乃通。至国家膺图受命，以大梁四方所凑，天下之枢，可以临制四海，故卜京邑而定都。

　　汉高帝云："吾以羽檄召天下兵未至。"孝文又云："吾初即位，不欲出虎符召郡国兵，"即知兵甲在外也，唯有南北军，期门郎，羽林孤儿，以备天子扈从藩卫之用。唐承隋制，置十二卫府兵，皆农夫也。及罢府兵，始置神武、神策为禁军，不过三数万人，亦以备扈从藩卫而已。故禄山犯关，驱市人而战；德宗蒙尘，扈驾四百余骑，兵甲皆在郡国。额军存而可举者，除河朔三镇外，太原、青社各十万人，邠宁、宣武各六万人，潞、徐、荆、扬各五万人，襄、宣、寿、镇海各二万人，自余观察、团练据要害之地者，不下万人。今天下甲卒数十万众，战马数十万匹，并萃京师，悉集七亡国之士民于辇下，比汉、唐京邑，民庶十倍。甸服时有水旱，不到艰歉者，有惠民、金水、五丈、汴水等四渠，派引脉分，咸会天邑，舳舻相接，赡给公私，所以无匮乏。唯汴水横

亘中国，首承大河，漕引江、湖，利尽南海，半天下之财赋，并山
泽之百货，悉由此路而进。然则禹力疏凿以分水势，炀帝开眲
以奉巡游，虽数湮废，而通流不绝于百代之下，终为国家之用
者，其上天之意乎。

真宗景德元年九月，宋州言汴河决，浸民田，坏庐舍。遗使致护
塞，逾月功就。三年六月，京城汴水暴涨，诏觇候水势，并工修补，增
起堤岸。工毕，复遣使祭。

大中祥符二年八月，汴水涨溢，自京至郑浸道路。诏选使乘传
减汴口水势。既而水减，阻滞漕运，复遣浚汴口。八年六月，诏：“自
今后汴水添涨及七尺五寸，即遣禁兵三千，沿河防护。八月，太常少
卿马元方请浚汴河中流，阔五丈，深五尺，可省修堤之费。即诏遣使
计度修浚。使还，上言：“泗州西至开封府界，岸阔底平，水势薄，不
假开浚。请只自泗州夹冈，用功八十六万五千四百三十八，以宿、亳
丁夫充，计减功七百三十一万，仍请于沿河作头踏道僻岸，其浅处
为锯牙，以束水势，使其后成河道，只用河清、下卸卒，就未放春水
前，令逐州长吏、令佐督役。自今汴河淤淀，可三五年一浚。又于中
牟、荥泽县各置开减水河。”并从之。

天禧三年十二月，都官员外郎郑希甫言：“汴河两岸皆是陂水，
广浸民田，堤脚并无流泄之处。今汴河南省自明河接澳入淮，望诏
转运使规度以闻。”

仁宗天圣三年，汴流浅，特遣使疏河注口。四年，大涨堤危，众
情汹汹忧京城，诏度京城西贾陂冈地，泄之于护龙河。六年，勾当汴
口康德舆言：“行视阳武桥万胜镇，宜存斗门。其梁固斗门三宜废
去，祥符界北岸请为别窦，分减溢流。”而勾当汴口王中庸欲增置孙
村之石限，悉从其请。七年，德舆言，修河芰地为并滩农户所侵。诏
限一月使自实，检括以还县官。

皇祐二年，命使诣中牟治堤。明年八月，河涸，舟不通，令河渠

司自口浚治，岁以为常。旧制，水增七尺五寸，则京师集楚兵、八作、排岸兵，负土列河上以防河。满五日，赐钱以劳之，曰："特支"；而或数涨数防，又不及五日而罢，则军土屡疲，而赐予不及。是岁七月，始制防河兵日给钱，薄其数，才比特支十分之一，军士便之，明年，遣使行河相利害。

嘉祐六年，汴水浅涩，常稽运漕。都水奏："河自应天府抵泗州，直流湍驶无所阻。惟应天府上至汴口，或岸阔浅漫，宜限以六十步阔，于此则为木岸狭河，扼束水势令深驶。梢，伐岸木可足民。"遂下诏兴役，而众议以为未便。宰相蔡京奏："祖宗时已尝狭河矣，俗好沮败事，宜勿听。"役既半，岸木不足，募民出杂梢。岸成而言者始息。旧曲滩漫流，多稽留复溺处，悉为驶直平夷，操舟往来便之。

神宗熙宁四年，创开訾家口，日役夫四万，饶一月而成。才三月已浅淀，乃复开旧口，役万工，四日而水稍顺。有应舜臣者，独谓新口在孤柏岭下，当河流之冲，其便利可常用勿易，水大则泄以斗门，水小则为辅渠于下流以益之。安石善其议。

五年，先是宣徽北院使、中太一宫使张方平尝论汴河曰："国家漕运，以河渠为主。国初浚河渠三道，通京城漕运，自后定立上供年额：汴河斛斗六百万石，广济河六十二万石，惠民河六十万石。广济河所运，只给太康；咸平、尉氏等县军粮而已。惟汴河专运粳米，兼以小麦，此乃大仓蓄积之实。今仰食于官廪者，不惟三军，至于京师士庶以亿万计，太半待饱于军稍之余，故国家于漕事，至急至重。然则汴河乃建国之本，非可与区区沟洫水利同言也。近岁已罢广济河，而惠民河斛斗不入太仓，大众之命，惟汴河是赖。今陈说利害，以汴河为议者多矣。臣恐议者不已，屡作改更，必致汴河日失其旧。国家大计，殊非小事。愿陛下特回圣鉴，深赐省察，留神远虑，以固基本。"方平之言，为王安石发也。

六年夏，都水监丞侯叔献乞引汴水淤府界闲田，安石力主之。水既数放，或至绝流，公私重舟不可荡，有阁折者。帝以人情不安，尝下都水分析，并诏三司同府界提点官往视。十一月，范子奇建议：
冬不闭汴口，以外江纲运直入汴至京，废运般。安石以为然。诏汴
口官吏相视，卒用其说。是后高丽入贡，令沂赴阙。

七年春，河水壅溢，积潦败堤。八月御史盛陶渭汴河开两口非
便，命同判都水监宋昌言视两口水势，檄同提举汴口官王琉琉言訾
家口水三分，辅渠七分。昌言请塞訾家口，而留辅渠。时韩绛，吕惠
卿当国，许之，

八年，安石再相，叔献言："昨疏浚汴河，自南京至泗州，概深三
尺至五尺。惟虹县以东，有礓石三十里余，不可疏浚，乞募民开修。"
诏检计工粮以闻。七月，叔献又言："岁开汴口作生河，侵民田，调夫
役。今惟用訾家口，减人夫、物料各以万计，乞减河清一指挥。"从
之。未几，汴水大涨，至深一丈二尺，于是复请权闭汴口。

九年十月，诏都水度量疏浚汴河浅深，仍记其地分。十年，范子
渊请用浚川杷，以六月兴工，自谓功利灼然，请"候今冬疏浚毕，将
杷具、舟船等分给逐地分。使臣于闭口之后，检量河道淤淀去处，至
春水接续疏导。"大抵皆无甚利。已而清汴之役兴。

宋史卷九四
志第四七

河渠四

汴河下　洛河　蔡河　广济河
金水河　白沟河　京畿沟渠　白河
三白渠　邓许诸渠附

元丰元年五月,西头供奉官张从惠复言:"汴口岁开闭,修堤防,通漕才二百余日。往时数有建议引洛水入汴,患黄河啮广武山,须凿山岭十数丈,以通汴渠,功大不可为,去年七月,黄河暴涨,水落而稍北,距广武山麓七里,退滩高阔,可凿为渠,引洛入汴。"范子渊知都水监丞,划十利以献。又言:"汜水出玉仙山,索水出嵩渚山,合洛水,积其广深,得二千一百三十六尺,视今汴流尚赢九百七十四尺。以河、洛湍缓不同,得其赢余,可以相补。犹虑不足,则旁堤为塘,添取河水,每百里置木闸一,以限水势。两旁沟、湖、陂、淀,皆可引以为助,禁伊、洛上源私引水者。大约汴舟重载,入水不过四尺,今深五尺,可济漕运。起巩县神尾山,至士家堤,筑大堤四十七里,以捍大河。起沙谷至河阴县十里店,穿渠五十二里,引洛水属于汴渠。"疏奏,上重其事,遣使行视

二年正月,使还,以为工费浩大,不可为。上复遣入内供奉宋用臣,还奏可为,请"自任村沙谷口至汴口开河五十里,引伊、洛水入

汴河，每二十里置束水一，以刍楗为之，以节湍急之势，取水深一丈，以通漕运。引古索河为源，注房家、黄家、孟家三陂及三十六陂，高仰处潴水为塘，以备洛水不足，则决以入河。又自汜水关北开河五百五十步，属于黄河，上下置闸启闭，以通黄、汴二河船筏。即洛河旧口置水㳎，通黄河，以泄伊、洛暴涨。古索河等暴涨，即以魏楼、荥泽、孔固三斗门泄之。计工九十万七千有余。仍乞修护黄河南堤埽，以防侵夺新河。"从之。

三月庚寅，以用臣都大提举导洛通汴。四月甲子兴工，遣礼官祭告。河道侵民冢墓，给钱徙之，无主者，官为瘗藏。六月戊申，清汴成，凡用民用工四十五日。自任村沙口至河阴县瓦亭子；并汜水关北通黄河：接运河，长五十一里。两岸为堤，总长一百三里，引洛水入汴。七月甲子，闭汴口，徙官吏、河清卒于新洛口。戊辰，遣礼官致祭。十一月辛未，诏差七千人，赴汴口开修河道。

三年二月，宋用臣言："洛水入汴至淮，河道漫阔，多浅涩，乞狭河六十里，为二十一万六千步。"诏四月兴役。五月癸亥，罢草屯浮堰。五年三月，宋用臣言："金水河透水槽阻碍上下汴舟，宜废撤。"从之。十月，狭河毕工。

六年八月，范子渊又请"于武济山麓至河岸并嫩滩上修堤及压埽堤，又新河南岸筑新堤，计役兵六千人，二百日成。开展直河，长六十三里，广一百尺，深一丈，役兵四万七千有奇，一月成。"从之。十月，都提举司言："汴水增涨，京西四斗门不能分减，致开决堤岸。今近京惟孔固斗门可以泄水下入黄河；若孙贾斗门虽可泄入广济，然下尾窄狭，不能尽吞。宜于万胜镇旧减水河、汴河北岸修立斗门，开淘旧河，创开生河一道，下合入刁马河，役夫一万三千六百四十三人，一月毕工。"诏从其请，仍作二年开修。七年四月，武济河溃。八月，诏罢营闭，纵其分流，止护广武三埽。

哲宗元祐元年闰二月辛亥，右司谏苏辙言："近岁京城外创置水磨，因此汴水浅涩，阻隔官私舟船。其东门外水磨，下流汗漫无归，浸损民田一二百里几败汉高祖坟。赖陛下仁圣恻怛，亲发德音，令执政共议营救。寻诏畿县于黄河春夫外，更调夫四万，开自盟河，以疏泄水患，计一月毕工。然以水磨供给京城内外食茶等，其水只重五日闭断，以此工役重大，民间每夫日顾二百钱，一月之费计二百四十万贯。而汴水浑浊，易至填淤，明年又须开淘，民间岁岁不免此费。闻水磨岁入不过四十万贯，前户部侍郎李定以此课利，惑误朝听，依旧存留。且水磨兴置未久，自前未有此钱，国计何阙？而小人浅陋，妄有靳惜，伤民辱国，不以为愧。况今水患近在国门，而恬不为怪，甚非陛下勤恤民物之意。而又减耗汴水，行船不便。乞废罢官磨，任民磨茶。"

三月，辙又乞："令汴口以东州县，各具水匮所占顷亩，每岁有无除放二税，仍具水匮可与不可废罢，如决不可废，当如何给还民田，以免怨望，"八月辛亥，辙又言："昨朝旨令都水监差官，具括中牟、管城等县水匮，元浸压者几何，见今积水所占几何，退出顷亩几何，凡退出之地，皆还本主；水占者，以官地还之；无田可还，即给元直。圣恩深厚，弃利与民，所存甚远。然臣闻水所占地，至今无可对还，而退出之田，亦以迫近水匮，为雨水浸淫，未得耕凿。知郑州岑象求近奏称：'自宋用臣兴置水匮以来，元未曾取以灌注，清汴水流自足，不废漕运。'乞尽废水匮，以便失业之民。"十月，遂罢水匮。

四年冬，御史中丞汪梁焘言：

尝求世务之急，得导洛通汴之实，始闻其说则可喜，及考其事则可惧。窃以广武山之北，即大河故道，河常往来其间，夏秋涨溢，每抵山下。旧来洛水至此，流入于河。后欲导以趋汴渠，乃乘河未涨，就嫩滩之上，峻起东西堤，辟大河于堤北，攘其地以引洛水，中间缺为斗门，名通舟楫，其实盗河以助洛之浅涸也。洛水本清，而今汴常黄流，是洛不足以行汴，而所以能行者，附大河之余波也。增广武三埽之备，竭京西所有，不足以为支费，其失无虑数百万计。从来上下习为欺罔，朝廷惑于安流之说，税屋之利，恬不为虑。而不知新沙疏弱，力不能制悍河，水势一薄，则烂漫溃散，将使怒流循洛而下，直冒京师。是甘以数百万日增之费，养异时万一之患，亦已误矣。夫岁倾重费以坐待其患，何若折其奔冲，以终除其害哉。

为今之计，宜复为汴口，仍引大河一支，启闭以时，还祖宗百年以来润国养民之赐，诚为得策。汴口复成：则免广武倾注，以长为京师之安；省数百万之费，以纾京西生灵之困；牵大河水势，以解河北决溢之灾；便东南漕运，以蠲重载留滞之弊；时节启闭，以除蹙凌打凌之苦；通江、淮八路商贾大舶，以供京师之饶。为甚大之利者六，此不可忽也。惟拆去两岸舍屋，尽废僦钱，为害者一而甚小，所谓损小费以成大利也。臣之所言，特其大略尔。至于考究本末，措置纤悉，在朝廷择通习之臣付之，无牵浮议，责其成功。

又言：

臣闻开汴之时，大河旷岁不决，盖汴口析其三分之水，河流常行七分也。自导洛而后，频年屡决，虽洛口窃取其水，率不过一分上下，是河流常九分也。犹幸流势卧北，故溃溢北出。自去岁以来，稍稍卧南，此其可忧，而洛口之作，理须早计。窃以开洛之役，其功甚小，不比大河之上，但辟百余步，即可以通水三分，既永为京师之福，又减河北屡决之害；兼水势既已牵动，在于回河尤为顺便，非独孙村之功可成，澶州故道，亦有自然可复之理。望出臣前章，面诏大臣，与本监及知水事者，按地形水势，具图以闻。

不报。至五年十月癸巳，乃诏导河水入汴。

绍圣元年，帝亲政，复召宋用臣赴阙。七月辛丑，广武埽危急。壬寅，帝语辅臣：“埽去洛河不远，须防涨溢下灌京师。”明日，乃诏都水监丞冯忱之相度筑栏水签堤。丁巳，帝谕执政曰：“河埽久不修，昨日报洛水大溢，注于河，若广武埽坏，河、洛为一，则清汴不通矣，京都漕运殊可忧。宜亟命吴安持、王宗望同力督作，苟得不坏，过此须图久计。”丙寅，吴安持言：“广武第一埽危急，决口与清汴绝近,缘洛河之南,去广武山千余步,地形稍高。自巩县东七里店至今洛口不满十里,可以别开新河,导洛水近南行流,地里至少,用功甚微。"诏安持等再按视之。

十一月,李伟言:"清汴导温洛贯京都,下通淮、泗,为万世利。自元祐以来屡危急,而今岁特甚。臣相视武济山以下二十里名神尾山,乃广武埽首所起,约置刺堰三里余,就武济河下尾废堤、枯河基址,增修疏导,回截河势东北行,留旧埽作遥堤,可以纾清汴下注京城之患。"诏宋用臣、陈祐甫复按以闻。

十二月甲午,户部尚书蔡京言:"本部岁计,皆藉东南漕运。今年上供物,至者十无二三,而汴口已闭。臣责问提举汴河堤岸司杨琰,乃称自元丰二年至元祐初,八年之间,未尝塞也。诏依元丰条例。明年正月庚戌,用臣亦言:元丰间,四月导洛通汴,六月放水,四时行流不绝。遇冬有冻,即督沿河官吏,伐冰通流。自元祐二年,冬深辄闭塞,致河流涸竭,殊失开道清汴本意。今欲卜日伐冰,放水归河,永不闭塞,及冻解,只将京西五斗门减放,以节水势,如惠民河行流,自无壅遏之患。"从之。

三年正月戊申,诏提举河北西路常平李仲罢归吏部。仲在元祐中提举汜水辇运,建言:"西京、巩县、河阳、汜水、河阴县界,乃沿黄河地分,北有太行、南有广武二山,自古河流两山之间,乃缘禹迹。昨自宋用臣创置导洛清汴,于黄河沙滩上,节次创置广、雄武等堤埽,到今十余年间,屡经危急。况诸埽在京城上之若不别为之计,患起不测,思之寒心。今如弃去诸埽,开展河道,讲究兴复元丰二年以前防河事,不惟省岁贵,宽民力,河流且无壅遏决溢之患。望遣谙河事官相视施行。"又乞复置汴口,依旧以黄河水为节约之限,罢去清汴闸口。

四年闰二月杨琰乞依元丰例,减放洛水入京西界大白龙南坑及三十六陂,充水匮以助汴河行运。诏贾种民同琰相度合占顷亩,及所用功力以闻。五月乙亥,都提举汴河提岸贾种民言:"元丰改汴口为洛口,名汴河为清汴者,凡以取水于洛也。复匮清水,以备浅涩而助行流。元祐间，却于黄河拨口，分引浑水，令自挞上流入洛口，比之清洛，难以调节。乞依元丰已修狭河身丈尺深浅，检计物力，以复清汴，立限修浚，通放西河洛水。及依旧置洛斗门，通放西河官私舟船。”从之。帝尝谓知枢密院事曾布曰：“先帝作清汴，又为天源河，盖有深意。元祐中，几废。近贾种民奏：‘若尽复清汴，不用浊流，乃当世灵长之庆。”布对曰：“先帝以天源河为国姓福地，此众人所知，何可废也。”十二月，诏：“京城内汴河两岸，各留堤面丈又五尺，禁公私侵牟。”

元符三年，徽宗即位，无大改作，汴渠稍湮则浚之。大观中，言者论：“胡师文昨为发运使，创开泗州直河，及筑签堤阻遏汴水，寻复淤淀，遂行废拆。然后并役数郡兵夫，其间疾苦审殁，无虑数千，费钱谷累百万计。狂妄生事，诬奏罔功，官员冒赏至四十五人。”师文由是自知州降充宫观。

宣和元年五月，都城无故大水，浸城外官寺、民居，遂破汴堤，汴渠将溢，诸门皆城守。起居郎李纲奏：“国家都汴，百又六十余载，未尝少有变故。今事起仓猝，遑迩惊骇，诚大异也。臣尝躬诣郊外，窃见积水之来，自都城以西，漫为巨浸。东拒汴堤，停蓄深广，湍悍浚激，东南而流，其势未艾。或淹浸旬时，因以风雨，不可不虑。夫变不虚发，必有感召之因。愿诏廷臣各具所见，择其可采者施行之。”诏：“都城外积水，缘有司失职，堤防不修，非灾异也。”罢纲送吏部，而募人决水下流，由城北注五丈河，下通梁山泺，乃已。

七月壬子，都提举司言：“近因野水冲荡沿汴堤岸，及河道淤浅，若只役河清，功力不胜，望俟农隙顾夫开修。”从之。五年十二月庚寅，诏：“沿汴州县创添栏河锁栅岁额。公私不以为便，其遵元丰旧制。”

靖康而后，汴河上流为盗所决者数处，决口有至百步者，塞久不合，乾涸月余，纲运不通，南京及京师皆乏粮。责都水使者措置，凡二十余日而水复旧，纲运沓来，两京粮始足。又择使臣八员为沿汴巡检,每两员各将兵五百人,自洛口至西水门,分地防察决溢云。

洛水贯西京,多暴涨,漂坏桥梁。建隆二年,留守向拱重修天津桥成。甃巨石为脚,高数丈,锐其前以疏水势。石纵缝以铁鼓络之,其制甚固。四月,具图来上,降诏褒美。开宝九年,郊祀西京,诏发卒五千,自洛地菜市桥凿渠抵漕口三十五里,馈运便之。其后导以通汴。

蔡河贯京师,为都人所仰,兼闵水、洧水、潩水以通舟。闵水自尉氏历祥符、开封合于蔡,是为惠民河。洧水自许田注鄢陵东南,历扶沟合于蔡。潩水出郑之大隗山,注临颍,历鄢陵、扶沟合于蔡。凡许郑诸水合坚白雁、丈八沟,京、索合西河、裓河、湖河、双河、栾霸河皆会焉。犹以其浅涸,故植木横栈、栈为水之节,启闭以时。

太祖建隆二年四月,命中使浚蔡河,设斗门节水,自京距通许镇。二年,诏发畿甸、陈、许丁夫数万浚蔡水,南入颍川。乾德三年二月,令陈承昭率丁夫数千凿渠,自长社引潩水至京师。合闵水。潩水本出密县大隗山,历许田。会春夏霖雨,则泛溢民田。至是渠成,无水患,闵河益通漕焉。

太宗淳化二年,以汜水泛溢,浸许州民田,诏自长葛县开小河,导潩水分流二十里,合于惠民河。

真宗咸平五年七月,京师霖雨,沟洫壅,惠也河溢,泛道路,坏卢舍,知开封府寇准治丁冈古河泄导之。大中祥符元年六月,开封府言:"尉氏县惠民河决。"遗使督视完塞。二年四月,陈州言:"州地洿下,苦积潦,岁有水患,请自许州长葛县浚减水河及补枣村旧河,以入蔡河。"从之。九年,知许州石普请于大流堰穿渠,置二斗门,引沙河以曹京师。遣使按视。四月,诏遣中使至惠民河,规划置坝子,以通舟运。

仁宗天圣二年二月,崇仪副使、巡护惠民河田承说献议:重修许州合流镇大河堰斗门,创开减水河通漕,省迂路五百里。诏遣使按视以闻。五年八月，都大巡护惠民河王克基言："先准宣惠也、京、索河水浅小，缘出源西京、郑、许州界，惠民河下合横沟、白雁沟，京、索河下合西河、湖河、双河、栾霸河、丈八沟，各为民间截水莳稻灌园，宜令州县巡察。"七年，王克基言："按旧制，蔡河斗门栈板须依时启闭，调停水势。"嘉佑三年正月，开京城西葛家冈新河，以有司言："至和中，大水入京城，请自祥符县界葛家冈开生河，直城南好草陂，北入惠民河，分注鲁沟，以纾京城之患。"

神宗熙宁四年七月，程昉请开宋家等堤，畎水以助漕运。八月，三班借职杨琰请增置上下坝闸，蓄水以备浅涸。诏琰掌其事。六年九月戊辰，将作监尚宗儒言："议者请置蔡河木岸，计功颇大。"诏修固土岸。八年，诏京西运米于河北，于是侯叔献请因丁字河故道凿堤置闸，引汴水入于蔡，以通舟运。河成，舟不可行，寻废。十月，诏都水监展惠民河，欲便修城也。九年七月，提辖修京城所请引务泽陂水至咸丰门，合京、索河，由京、索签入副堤河，下合惠民。都水监谓："不若于顺天门外签直河身，及于染院后签入护龙河。至咸丰门南复入京、索河，实为长利。"从之。

徽宗崇宁元年二月，都水监言：惠民河修签河次下硬堰毕工。诏立捕获盗泄赏。大观元年十二月，开溛河入蔡河，从京畿都转运使吴择仁之请也。政和元年十月己酉，诏差水官同京畿监司视蔡河堤防及淤浅者，来春并工治之。

广济河导菏水，自开封历陈留、曹、济、郓，其广五丈，岁漕上供米六十二万石。

太祖建隆二年正月，遣使往定陶规度，发曹、单丁夫数万浚之。三月，幸新水门观放水入河。先是，五丈河泥淤，不利行舟。遂诏左监门卫将军陈承昭于京城之西，夹汴水造斗门，引京、索、蔡河水通城濠入斗门，俾架流汴水之上，东进于五丈河，以便东北漕运。公私咸利。三年正月，遣右龙武统军陈承昭护修五丈河役，车驾临视，赐承昭钱二十万。乾德三年，京师引五丈河造西水硙。

太宗太平兴国三年正月，命发近县丁夫浚广济河。

真宗景德二年六月，开封府言：“西京沿汴万胜镇，先置斗门，以减河水，今汴河分注浊水入广济河，埋塞不利。”帝曰：“此斗门本李继源所造，屡询利害，以为始因京、索河遇雨即泛流入汴，遂置半门，以便通泄。若遽壅塞，复虑决溢。”因令多用巨石，高置斗门，水虽甚大，而余波亦可减去。三年，内侍赵守伦建议：自京东分广济河由定陶至徐州入清河，以达江、湖漕路。役既成，遣使复视，绘图来上。帝以地有隆阜，而水势极浅，虽置堰埭，又历吕梁滩碛之险，非可漕运，罢之。

仁宗天圣六年七月，尚书驾部员外郎阎贻庆言：“五丈河下接济州之合蔡镇，通利梁山泺。近者天河决荡，溺民田，坏道路，合蔡而下，漫散不通舟，请治五丈河入夹黄河。”因诏贻庆与水官李守忠规度，计功料以闻。

神宗熙宁七年，赵济言：“河浅废运，自此物贱伤农，宜议兴复，以便公私。”诏张士澄、杨琰修治。八月，都提举汴河堤岸司言：“欲于通津门汴河岸东城里三十步内开河，下通广济以便行运。”从之。八年，又遣琰同陈佑甫因汴河置渗水塘，又自孙贾斗门置虚堤八，渗水入西贾陂，由减水河注雾泽陂，皆为河之上源。九年，诏依元额漕粟京东，仍修坝闸，为启闭之节。九年三月，诏遣官修广济河坝闸。元丰五年三月癸亥，罢广济辇运司，移上供物自淮阳军界入汴，以清河辇运司为名，命张士澄都大提举。七月，御史王植言：“广济安流而上，与清河流入汴，远近险易较然，废之非是。”诏监司详议。七年八月，都大提举汴河堤岸司言：“京东地富，谷粟可漕，独患河涩。若因修京城，令役兵近汴穴土，使之成渠，就引河水注之广济，则漕舟可通，是一举而两利也。”从之。

哲宗元祐元年，诏斥祥符雾泽陂募民承佃，增置水匮。又即宣泽门外仍旧引京、索源河，置槽架水，流入咸丰门。皆以为广济浅涩之备。三月，三省言：“广济河辇运，近因言者废罢，改置清河辇运，迂远不便。”诏知棣州王谔措置兴复。都水监亦言：“广济河以京、索河为源,转漕京东岁计。今欲依旧,即令于宣泽门外置槽架水,流入咸丰门里,由旧河道复广泽河源,以通漕运。"从之。

金水河一名天源,本京水,导自荥阳黄堆山,其源曰祝龙泉。

太祖建隆二年春,命左领军卫上将军陈承昭率水工凿渠,引水过中牟,名曰金水河,凡百余里,抵都城西,架其水横绝于汴,设斗门,入浚沟,通城濠,东汇于五丈河。公私利焉。乾德三年,又引贯皇城,历后苑,内庭池沼,水皆至焉。开宝九年帝步自左掖,按地势,命水工引金水由承天门凿渠,为大轮激之,南注晋王第。真宗大中祥符二年九月,诏供备库使谢德权决金水,自天波门并皇城至乾元门,历天街东转,缭太庙入后庙,皆瓷以硊礨,植以芳木,车马所经,又累石为间梁。作方井,官寺、民舍皆得汲用。复引东,由城下水窦入于濠。京师便之。

神宗元丰五年,金水河透水槽阻碍上下汴舟,遣宋用臣按视。请自板桥别为一河,引水北入于汴,后卒不行,乃由副堤河入于蔡。以源流深远,与永安青龙河相合,故赐名曰天源。先是,舟至启槽,颇滞舟行,既导洛通汴,遂自城西超字坊引洛水,由咸丰门立堤,凡三千三十步,水遂入禁中,而槽废,然旧惟供洒扫,至徽宗政和间,容佐请于七里河开月河一道,分减此水,灌溉内中花竹。命宋升措置导引,四年十一月,毕工。重和元年六月,复命蓝从熙、孟揆等增堤岸,置桥、槽、坝、闸,浚澄水,道水入内,内庭池御既多,患水不给,又于西南水磨引索河一派,架以石渠绝汴,南北筑堤,导入天源河以助之。

白沟无山源,每岁水潦甚则通流,才胜百斛船,逾月不雨即竭。

至道二年三月,内殿崇班阁光泽、国子博士邢用之上言:"请开白沟,自京师抵彭城吕梁口,凡六百里,以通长淮之漕。"诏发诸州丁夫数万治之,以光泽护其役。议者非之。会宋州通判王矩上表,极陈其不可,且言:"用之田园在襄邑,岁苦水潦,私幸渠成。"遂罢其役。咸平六年,用之为度支员外郎,又令自襄邑下流治白沟河,导京师积水,而民田无害。

神宗熙宁六年,都水监丞侯叔献请储三十六陂及京、索二水为源,仿真、楚州开平河置闸,则四时可行舟,因废汴渠。帝曰:"白沟功料易耳,第汴渠岁运甚广,河北、陕西资焉。又京畿公私所用良材,皆自汴口而至,何可遽壅废。"王安石曰:"此役苟成,亦无穷之利也。当别为漕河,引黄河一支,乃为经久。"冯京曰:"若白沟成,与汴、蔡皆通漕,为利诚大,恐汴终不可废。"帝然之,诏刘玠同叔献复视。八月,都水监言:"白沟自灉河至于淮八百里,乞分三年兴修。其废汴河,俟白沟毕功,别相视。仍请发谷熟淤田司并京东汴河所隶河清兵赴役。"从之。七年正月,都水监言:"自盟河畎导汴南诸水,近者失于疏浚,为害甚大。"于是辍夫修治,而白沟之役废。

初,王安石欲罢白沟、修汴南水利,帝曰:"人多以白沟不可为,而卿独见可为?"安石曰:"果不可为,罢之诚宜;若可为,即俟时为之,何必计校人言也。"

徽宗政和二年十月,都水监丞孟昌龄言开浚含晖门外白沟河,开堰放水,仍旧通流。

京畿沟洫:汴都地广平,赖沟渠以行水潦。真宗景德二年五月,诏开京城濠以通舟楫,毁官水硙三所。三年,分遣入内内侍八人,督京城内外坊里开浚沟渠。先是,京都每岁春浚沟渎,而势家豪族,有不即施工者。帝闻之,遣使分视,自是不复有稽迟者,以至雨潦暴集,无所壅遏,都人赖之。大中祥符三年,遣供备库使谢德权治沟洫,导太一宫积水抵陈留界,入亳州涡河。五年三月,帝宣示宰臣曰:"京师所开沟渠,虽屡钤辖,仍令内侍分察吏扰。"

仁宗天圣元年八月,东西八作司与内殿承制、阁门祗候刘永崇等言:"内外八厢创置八字水口。通流两水入渠甚利,虑所置处豪富及势要阻抑,乞下令巡察。"从之。二、年七月,内殿崇班、阁门祗候张君平等言:准敕按视开封府界至南京、宿亳诸州沟河形势,疏决利害凡八事：一、商度地形，高下连属，开治水势，依寻古沟洫浚之，州县计力役均定，置籍以主之。二施工开治后，按视不如元计状及水壅不行有害民田者，按官吏之罪，令偿其费。三、约束官吏，毋敛取夫众财货入己。四、县令佐、州守卒，有能劝课部民自用工开治不致水害者，叙为劳绩，替日与家便官；功绩尤多，别议旌赏。五、民或于古河渠中修筑堰塌，截水取鱼，渐至淀淤，水潦暴集，河流不通，则致深害，乞严禁之。六、开治工毕，按行新旧广深丈尺，以校工力。以所出土，于沟河岸一步外筑为堤埒。七、凡沟洫上广一丈，则底广八尺，其深四尺，地形高处或至五六尺，以此为率。有广狭不等处，折计之，则毕工之日，易于复视。八、古沟洫在民田中，久已淤平，今为赋籍而须开治者，据所占地步，为除其赋。"诏令颁行。

神宗熙宁元年三月，都水监言："畿内沟河至多，而诸县各役人夫开淘，十才二三，须二三年方可毕工。请令府界提点司选官，与县官同定紧慢功料，据合差夫数，以五分夫，役十分工，依年分开淘，提点司通行点校。"从之。二年闰十一月，诏以府界道路积水，妨民输纳，命都水监差官沟畎。元丰五年，诏开在京城濠，阔五十步，深一丈五尺，地脉不及者，至泉止。

徽宗大观元年七月，以京城霖雨，水浸居也，道路不通，遣官分督疏导。是月又诏："自京至八角镇，积水妨行旅。转运司选官疏导，修治桥梁，毋使病涉。"

白河在唐州，南流入汉。太平兴国三年正月，西京转运使程能献议，请自南阳下向口置堰，回水入石塘、沙河，合蔡河达于京师，以通湘潭之漕。诏发唐、邓、汝、颍、许、蔡、陈、郑丁夫及诸州兵，凡数万人，以弓箭库使王文宝、六宅使李继隆、内作坊副使李神祐、刘承圭等护其役。堑山堙谷，历博望、罗渠、少柘山，凡百余里，月余抵方城，地势高，水不能至。能献复多役人以致水，然不可通漕运。会山水暴涨，石堰坏，河不克就，卒堙废焉。

端拱元年，供奉官阁门祗候阎文逊、苗忠俱上言："开荆南城东漕河,至师子口入汉江,可通荆、峡漕路至襄州;又开古白河,可通襄、汉漕路至京。"诏八作使石全振往视之,遂发丁夫治荆南漕河至汉江,可胜二百斛重载,行旅者颇便,而古白河终不可开。

三白渠在京兆泾阳县。淳化二年秋,县民杜思渊上书言:"泾河内旧有石𥐻以堰水入白渠,溉雍、耀田,岁收三万斛。其后多历年所,石𥐻坏,三白渠水少,溉田不足,民颇艰食。乾德中,节度判官施继业率民用梢穰、笆篱、栈木,截河为堰,壅水入渠。缘渠之民,颇获其得利。然凡迂暑雨,山水暴至,则堰辄坏。至秋治堰所用复取于民,民烦数役,终不能固。乞依古制,调丁夫修叠石𥐻,可得数十年不挠。所谓暂劳永逸矣。"诏从之,遣将作监丞周约已等董其役,以用功尤大,不能就而止。

至道元年正月,度支判官梁鼎、陈尧叟上《郑白渠利害》:"按旧史,郑渠元引泾水,自仲山西抵瓠口,并北山东注洛,三百余里,溉田四万顷,亩收一钟。白渠亦引泾水,起谷口,入栎阳,注渭水长二百余里。溉田四千五百顷。两渠溉田凡四万四千五百顷,今所存者不及二千顷,皆近代改修渠堰,浸隳旧防,由是灌溉之利,绝少于古矣。郑渠难为兴工,今请遣使先诣三白渠行视,复修旧迹。"于是诏大理寺丞皇甫选、光禄寺丞何亮乘传经度。

选等使还,言:

周觉郑渠之制,用功最大。并仲山而东,凿断冈阜,首尾三百余里,连亘山足,岸壁颓坏,堙废已久。度其制置之始,泾河平浅,直入渠口。暨年代浸远,泾河陡深,水势渐下,与渠口相悬,水不能至。峻崖之处,渠岸摧毁,荒废岁久,实难致力。其三白渠溉泾阳、栎阳、高陵、云阳三原、富平六县田三千八百五十余顷,此渠衣食之源也,望令增筑堤堰,以固护之。旧设节水斗门一百七十有六,皆坏,请悉缮完。渠口旧有六石门,谓之"洪门",今亦溃圮,若复议兴置,则其功甚大,且欲就近度其岸势,别开渠口,以通水道。岁令渠官行视,岸之缺薄,水之淤填,即时浚治。严豪民盗水之禁。

泾河中旧有石堰，修广皆百步，捍水雄壮，谓之"将军翼"，废坏已久。杜思渊尝请兴修，而功不克就。其后只造木堰，凡用梢桩万一千三百余数，岁出于缘渠之民。涉夏水潦，木堰遽坏，漂流散失，至秋，复率民以葺之，数敛重困，无有止息。欲令自今溉田既毕，命水工拆堰木置于岸侧，可充二三岁修堰之用。所役缘渠之民，计田出丁，凡调万三千人。疏渠造堰，各获其利，固不惮其劳也。选能吏司其事，置署于泾阳县侧，以时行视，往复甚便。

又言：

邓、许、陈、颍、蔡、宿、亳七州之地，有公私闲田，凡三百五十一处，合二十二万余顷，民力不能尽耕。皆汉、魏以来，召信臣、杜诗、杜预、任峻、司马宣王、邓艾等立制垦辟之地。内南阳界凿山开道，疏通河水，散入唐、邓、襄三州以溉田。又诸处陂塘防埭，大者长三十里至五十里，阔五丈至八丈高至一丈，五尺至二丈。其沟渠，大者长五十里至百里，阔三丈至五丈，深一丈至一丈五尺，可行小舟。臣等周行历览，若皆增筑陂堰，劳费颇甚，欲堤防未坏可兴水利者，先耕二万余顷，他处渐图建置。

时著作佐郎孙冕总监三白渠，诏冕依选等奏行之。后自仲山之南，移治泾阳县。其七州之田，令选于邓州募民耕垦，皆免赋入。复令选等举一人，与邓州通判同掌其事。选与亮分路按察，未几而罢。

景德三年，盐铁副使林特、度支副使马景盛陈关中河渠之利，请遣官行郑、白渠，兴修古制。乃诏太常博士尚宾乘传经度，率丁夫治之。宾言："郑渠久废不可复，今自介公庙回白渠洪口直东南，合旧渠以畎泾河，灌富平、栎阳、高陵等县，经久可以不竭。"工既毕而水利饶足，民获数倍。

宋史卷九五
志第四八

河渠五

漳河　滹沱河　御河
塘泺缘边诸水　河北诸水　岷江

漳河源于西山,由磁、洺州南入冀州新河镇,与胡卢河合流,其后变徙,入于大河。

神宗熙宁三年,诏程昉同河北提点刑狱王广廉相视。四年,开修,役兵万人,袤一百六十里。帝因与大臣论财用,文彦博曰:"足财用在乎安百姓,安百姓在乎省力役。且河久不开,不出于东,则出于西,利害一也。今发夫开治,徙东从西,何利之有?"王安石曰:"使漳河不由地中行,则或东或西,为害一也。治之使行地中,则有利而无害。劳民,先王所谨,然以佚道使民,虽劳不可不勉。"会京东、河北大风,三月,诏曰:"风变异常,当安静以应天灾。漳河之役妨农,来岁为之未晚。"中书格诏不下。寻有旨权令罢役,程昉愤恚,遂请休退。朝廷令以都水丞领淤田事于河上。

五月,御史刘挚言:"昉等开修漳河,凡用九万夫。物料本不预备,官私应急,劳费百倍,逼人夫夜役,践踏田苗,发掘坟墓,残坏桑柘,不知其数。愁怨之声,流播道路,而昉等妄奏民间乐于工役。河北厢军,划刷都尽,而昉等仍乞于昉州调急夫,又欲令役兵不分番次,其急切扰攘,至于如此。乞重行贬窜,以谢疲民。"中丞杨绘亦以为言。王安石为昉辨说甚力,后卒开之。五年,工毕,昉与大理寺丞李宜之、知洺州黄秉推恩有差。

七年六月,知冀州王庆民言:"州有小漳河,向为黄河北流所壅,今河已东,乞开浚。诏外都水监相度而已。

漳沱河源于西山,由真定、深州、乾宁,与御河合流。

神宗熙宁元年,河水涨溢,诏都水监、河北转运司疏治。六年,深州祁州、永宁军修新河。八年正月,发夫五千人,并胡卢河增治之。

元丰四年正月,北外都水丞陈祐甫言:"漳沱自熙宁八年以后,泛滥深州诸邑,为患甚大。诸司累相度不决,谓其下流旧入边吴、宜子淀,最为便顺。而屯田司惧填淤塘泺,烦文往复,无所适从。昨差官计之,若障入胡卢河,约用工千六百万,若治程昉新河,约用工六百万,若依旧入边吴等淀,约用工二十九万,其工费固已相远。乞严立期会,定归一策。"诏河北屯田转运司同北外都水丞司相视。

五年八月癸酉,前河北转运副使周革言:"熙宁中,程昉于真定府中渡创系浮梁,增费数倍,既非形势控扼,请岁八九月易以版桥,至四五月防河即拆去,权用船渡。"从之。

御河源出卫州共城县百门泉,自通利、乾宁入界河,达于海。

神宗熙宁二年九月,刘彝、程昉言:"二股河北流今已闭塞,然御河水由冀州下流,尚当疏导,以绝河患。"先是,议者欲于恩州武城县开御河约二十里,入黄河北流故道,下五股河,故命彝、昉相度。而通判冀州王庠谓,第开见行流处,下接胡卢河,尤便近。彝等又奏:"如庠言,虽于河流为顺,然其间漫浅沮洳,费工犹多,不若开乌栏堤东北至大、小流港,横截黄河,入五股河,复故道,尤便。"遂命河北提举籴便粮草皮公弼、提举常平王广廉按视,二人议协,诏调镇、赵、邢、洺、磁、相州兵夫六万浚之,以寒食后入役。

三年正月,韩琦言:"河朔累经灾伤,虽得去年夏秋一稔,疮痍未复。而六州之人，奔走河役，远者十一二程，近者不下七八程，比常岁劳贯过倍。兼镇、赵两州，旧以次边，未尝差夫，一旦调发，人心不安。又于寒食后入役，比满一月，正妨农务。”诏河北都转运使刘庠相度，如可就寒食前入役，即亟兴工，仍相度最远州县，量减差夫，而辍修塘堤兵千人代其役。二月，琦又奏：“御河漕运通流，不宜减大河夫役。”于是止令枢密院调兵三千，并都水监卒二千。三月，又益发壮城兵三千，仍诏提举官程昉等促迫功限。六月，河成，诏昉赴阙，迁宫苑副使。四年，命昉为都大提举黄、御等河。

八年，昉与刘珵言：“卫州沙河湮没，宜自王供埽开浚，引大河水注之御河，以通江、淮漕运。仍置斗门，以时启闭。其利有五：王供危急，免河势变移而别开口地，一也。漕舟出汴，横绝沙河，免大河风涛之患，二也。沙河引水入于御河，大河涨溢，沙河自有限节，三也。御河涨溢，有斗门启闭，无冲注淤塞之弊，四也。德、博舟运，免数百里大河之险，五也。一举而五利附焉。请发卒万人，一月可成。”从之。

九年秋，昉奏毕功。中书欲论赏，帝令河北监司案视保明，大名安抚使文彦博复实。十月，彦博言：

去秋开旧沙河，取黄河行运，欲通江、淮舟楫，彻于河北极边。自今春开口放水，后来涨落不定，所行舟筏皆轻载，有害无利，枉费功料极多。今御河上源，只是百门泉水，其势壮猛，至卫州以下，可胜三四百斛之舟，四时行运，未尝阻滞。堤防不至高厚，亦无水患。今乃取黄河水以益之，大即不能吞纳，必决溢；小则缓漫浅涩，必致淤淀。凡上下千余里，必难岁岁开浚。况此河穿北京城中，利害易睹。今始初冬，已见阻滞，恐年岁间，反坏久来行运。傥谓通江、淮之漕，即尤不然。自江、浙、淮、汴入黄河，顺流而下，又合于御河，大约岁不过一百万斛。若自汴顺流径入黄河，达于北京，自北京和雇车乘，陆行入仓，约用钱五六千缗，却于御河装载赴边城，其省工役、物料及河清衣粮之费，不可胜计。

又去冬，外监丞欲于北京黄河新堤开置水口，以通行运，其策尤疏。此乃熙宁四年秋黄河下注御河之处，当时朝廷选差近臣，督役修塞，所费不赀。大名、恩冀之人，至疮痍未平，今奈何反欲开口导水耶？都水监虽令所属相视，而官吏恐忤建谋之官，只作迁延，回报谓俟修固御河堤防，方议开置河口。况御河堤道，仅如蔡河之类，若欲吞纳河水，须如汴岸增修，犹恐不能制蓄。乞别委清强官相视利害，并议可否。

又言：“今之水官，尤为不职，容易建言，侥幸恩赏。朝廷便为主张，中外莫敢异议，事若不效，都无谴罚。臣谓更当选择其人，不宜令狂妄辈横费生民膏血。”

已而都水监言，运河乞置双闸，例放舟船实便，与彦博所言不同。十二月，命知制诰熊本与都水监、河北转运司官相视。本奏：

河北州军赏给茶货，以至应接沿边榷场要用之物，并自黄河运至黎阳出卸，转入御河，费用只于客军数百人添支而已。向者，朝廷曾赐米河北，亦于黎阳或马陵道口下卸，倒装转致，费亦不多。昨因程昉等擘画，于卫州西南，循沙河故迹决口置闸，凿堤引河，以通江、淮舟楫，而实边郡仓廪。自兴役至毕，凡用钱米、功料二百万有奇。今后每岁用物料一百一十六万，厢军一千七百余人，约费钱五万七千余缗。开河行水，才百余日，所过船筏六百二十五，而卫州界御河淤浅，已及三万八千余步；沙河左右民田，淹浸者几千顷，所免租二千贯石有余。有费无利，诚如议者所论。

然尚有大者，卫州居御河上游，而西南当王供向著之会，所以捍黄河之患者，一堤而已。今穴堤引河，而置闸之地，才及堤身之半。询之土人云，自庆历八年后，大水七至，方其盛时，游波有平堤者。今河流安顺三年矣，设复矾水暴涨，则河身乃在闸口之上。以湍悍之势而无堤防之阻，泛滥冲溢，下合御河，臣巩垫溺之祸，不特在乎卫州，而濒御河郡县，皆罹其患矣。

夫此河之兴，一岁所济船筏，其数止此，而萌每岁不测之患，积无穷不赀之费，岂陛下所以垂世裕民之意哉！臣博采众论，究极利病，咸以谓葺故堤堰新口，存新闸而勿治，庶可以销淤淀决溢之患，而省无穷之费。万一他日欲由此河转粟塞下，则暂开疏止，或可纾飞挽之劳。

未几，河果决卫州。

元丰五年，提举河北黄河堤防司言："御河狭隘，堤防不固，不足容大河分水，乞令纲运转入大河，而闭截徐曲。"既从之矣。明年，户部侍郎蹇周辅复请开拨，以通漕运，及令商旅舟船至边。是时，每有一议，朝廷辄下水官相度，或作或辍，迄莫能定。大抵自小吴埽决，大河北流，御河数为涨水所冒，亦可湮没。哲宗绍圣三年四月，河北都转运使吴安持始奏，大河东流，御河复出。徽宗崇宁元年冬，诏侯临同北外都水丞司开临清县坝子口，增修御河西堤，高三尺，并计度西堤开置斗门，决北京、恩冀沧州、永静军积水入御河枯源。明年秋，黄河涨入御河，行流浸大名府馆陶县，败庐舍，复用夫七千，役二十一万余工修西堤，三月始毕，涨水复坏之。

政和五年闰正月，诏于恩州北增修御河东堤，为治水堤防，令京西路差借来年分沟河夫千人赴役。于是都水使者孟揆移拨十八埽官兵，分地步修筑，又取枣强上埽水口以下旧堤所管榆柳为桩木。

塘泺，缘边诸水所聚，因以限辽。河北屯田司、缘边安抚司皆掌之，而以河北转运使兼都大制置。凡水之浅深，屯田司季申工部。其水东起沧州界，拒海岸黑龙港，西至乾宁军，沿永济河合破船淀、灰淀方淀为一水，衡广一百二十里，纵九十里至一百三十里，其深五尺，东起乾宁军、西信安军永济渠为一水，西合鹅巢淀、陈人淀、燕丹淀，大光淀，孟宗淀为一水，衡广一百二十里，纵三十里或五十里，其深丈余或六尺。东起信安军永济渠，西至霸州莫金口，合水汶淀、得胜淀、下光淀、小兰淀、李子淀、大兰淀为一水，衡广七十里，或十五里或六里，其深六尺或七尺。东北起霸州莫金口，西南保定军父母砦,合粮料淀,回淀为一水衡广二十七里,纵八里,其深六尺。霸州至保定军并塘岸水最浅,故咸平、景德中,契丹南牧,以霸州、信安军为归路。东南起保安军,西北雄州合百世淀、黑羊淀、小莲花淀为一水,衡广六十里,纵二十五里或十里,其深八尺或九尺。东起雄州,西至顺安军,合大莲花淀、洛阳淀、牛横淀、康池淀、畴淀、白羊淀为一水,衡广七十里,纵三十里或四十五里,其深一丈或六尺或七尺。东起顺安军,西边吴淀至保州,合齐女淀、劳淀为一水,衡广三十余里,纵百五十里,其深一丈三尺或一丈。起安肃、广信军之南,保州西北,畜沈苑河为塘,衡广二十里,纵十里,其深五尺,浅或三尺,曰沈苑泊。自保州西合鸡距泉、尚泉为稻田、方田,衡广十里,其深五尺至三尺,曰西塘泊。自何承矩以黄懋为判官,始开置屯田,筑堤储水为阻固,其后益增广之。凡并边诸河,若滹沱、胡卢、永济等河,皆汇于塘。

天圣以后,相循而不废,仍领于沿边屯田司。而当职之吏,各从其所见,或曰:“有兵将在,契丹来,云无所事塘。自边吴淀西望长城口,尚百余里,皆山阜高仰,水不能至,契丹骑驰突,得此路足矣,塘虽距海,亦无所用。夫以无用之塘,而废可耕之田,则边谷贵,自困之道也。不如勿广,以息民为根本。”或者则曰:“河朔幅员二千里,地平夷无险阻。契丹从西方入,放兵大掠,由东方而归,我婴城之不暇,其何以御之? 自边吴淀至泥姑海口,绵亘七州军,屈曲九百里,深不可以舟行,浅不可以徒涉,虽有劲兵,不能度也。东有所阻,则甲兵之备,可以专力于其西矣。孰谓无益?”论者自是分为两歧,而朝廷以契丹出没无常,阻固终不可以废也。

仁宗明道二年,刘平自雄州徙知成德军,奏曰:“臣向为沿边安抚使,与安抚都监刘志尝陈备边之略。臣今徙真定路,由顺安安肃、保定州界,自边吴淀望赵旷川、长城口,乃契丹出入要害之地,东西不及一百五十里,臣窃恨圣朝七十余年,守边之臣,何可胜数,皆不能为朝廷预设深沟高垒,以为扼塞。臣闻太宗朝,尝有建请置方田者。今契丹国多事,兵荒相继,我乘此以引水植稻为名,开方田,随田塍四面穿沟渠,纵广一丈,深二丈,鳞次交错,两沟间屈曲为径路,才令通步兵。引曹河、鲍河、徐河、鸡距泉分注沟中,地高则用水车汲引,灌溉甚便。愿以刘志知广信军,与杨怀敏共主其事,数年之后,必有成绩。"帝遂密敕平与怀敏渐建方田。侍禁刘宗言又奏请种木于西山之麓,以法榆塞,云可以限契丹也。后刘平去真定,怀敏犹领屯田司。塘日益广,至吞没民田,荡溺丘墓,百姓始告病,乃有盗决以免水患者,怀敏奏立法依盗决堤防律。

景祐二年,怀敏知雄州,又请立木为水则,以限盈缩。宝元元年十一月己未,河北屯田司言:"欲于石䜣口导永济河水,以注缘边塘泊,请免所经民田税。"从之。时岁旱,塘水涸,怀敏虑契丹使至,测知其广深,乃壅界河不注之,塘复如故。

庆历二年三月己巳,契丹遣使致书,求关南十县。且曰:"营筑长堤,填塞隘路,开决塘水,添置边军,既潜稔于猜嫌,虑难敦于信睦。"四月庚辰,复书曰:"营筑堤堠,开决陂塘,昨缘霖潦之余,大为衍溢之患,既非疏导,当稍缮防,岂蕴猜嫌,以亏信睦。"辽使刘六符尝谓贾昌朝曰:"南朝塘泺何为者哉?一苇可杭,投箠可平。不然,决其堤,十万土囊,遂可逾矣。"时议者亦请涸其地以养兵。帝问王拱辰,对曰:"兵事尚诡,彼诚有谋,不应以语敌,此六符夸言尔。设险守国,先王不废,且祖宗所以限辽骑也。"帝深然之。

七月,契丹复议和好,约两界河淀已前开畎者并依旧外,自今以后,各不添展。其见堤堰水口,逐时决泄壅塞,量差兵夫,取便修叠疏导。非时霖潦,别至大段涨溢,并不在关报之限。是岁,刘宗言知顺安军,上言:"屯田司浚塘水,漂招贤乡六千户。"

五年七月,初与契丹约,罢广两界塘淀。约既定,朝廷重生事,自是每边臣言利害,虽听许,必戒之以毋张皇,使契丹有词。而葛怀敏独治塘益急,是月,怀敏密奏曰:"前转运使沈邈开七级口泄塘水,臣已亟塞之。知顺安军刘宗言闭五门幞头港、下赤大涡柳林口漳河水,不使入塘,臣已复通之,令注白羊淀矣,邈、宗言朋党沮事如此,不遣诛无以惩后。"诏从怀敏奏,自今有妄乞改水口者,重责之。

嘉祐中，御史中丞韩绛言："宣祖已上，本籍保州，怀敏广塘水，侵皇朝远祖坟。近闻诏旨以钱二百千，赐本宗使易葬，此亏薄国体尤甚，物论骇叹，愿请州县屏水患而已。"知雄州赵滋言："屯田司当徐河间筑堤断水，塘堤具存，可复视也。宜开水窦六十尺，修石限以节之，咸可其奏。八年河北提点刑狱张问言：视八州军塘，出土为堤，以蓄西山之水，涉夏河谥，而民田无患。"亦施行焉。

神宗熙宁元年正月，复汾州西河泺。泺旧在城东，围四十里，岁旱以溉民田，雨以潴水，又有蒲鱼、蒹葭之利，可给贫民。前转运使王沿废为田，人不以为便。至是，知杂御史刘述请复之。是岁，又遣程昉谕边臣营治诸泺，以备守御。

五年，东头供奉官赵忠政言："界河以南至沧州凡二百里，夏秋可徒涉，遇冬则水冰合，无异平地。请自沧州东接海，西抵西山，植榆柳、桑枣，数年之间，可限契丹。然后施力耕种，益出租赋，以助边储。"诏程昉察视利害以闻。

六年五月，帝与王安石论王公设险守国，安石曰："《周官》亦有掌固之官，但多侵民田，恃以为国，亦非计也。太祖时未有塘泊，然契丹莫敢侵轶。"他日，枢密院官言："程昉放滹沱水，大惧填淤塘泺，失险固之利。"安石谓："滹沱旧入边吴淀，新入洪城淀，均塘泺也。何昔不言而今言乎？"盖安石方主昉等，故其论如此。

六年十二月癸酉，命河北同提点制置屯田使阎士良专兴修朴桩口，增灌东塘淀泺。先是，沧州北三堂等塘泺，为黄河所注，其后河改而泺塞。程昉尝请开琵琶湾引河水，而功不成。至是，士良请堰水绝御河，引西塘水灌之，故有是命。

七年六月丁丑，河北沿边安抚司上《制置沿边浚陂塘筑堤道条式图》，请付边郡屯田司。又言于沿边军城植柳莳麻，以备边用。并从之。

九年六月，高阳关言："信安、乾宁塘泺，昨因不收独流决口，至今干涸。"于是命河北东、西路分遣监司，视广狭浅深，具图本上。十年正月甲子，诏："比修筑河北破缺塘堤，收匮水势。其信安军等处因塘水减涸，退出田土，已召人耕佃者复取之。"

元丰三年，诏谕边臣曰："比者契丹出没不常，不可全恃信约以为万世之安。况河朔地势坦平，略无险阻，殆非前世之比。惟是塘水实为碍塞，卿等当体朕意，协力增修，自非地势高仰，人力所不可施者，皆在滋广，用谨边防。盖功利近在目前而不为，良可惜也。"六年十二月，定州路安抚使韩绛言："定州界西自山麓，东接塘淀，绵地百余里，可潴水设险。"诏以引水灌田陂为名。哲宗元祐中，大臣欲回河东流者，皆以北流坏塘泺为言，事见前篇。

徽宗大观二年十二月，诏曰："潴水为塘，以备泛滥，留屯营田，以实塞下，国家设官置史，专总其事。州县习玩，岁久隳坏。其令屯田司循祖宗以来塘堤故迹修治之，毋得增益生事。"大抵河北塘泺，东距海，西抵广信、安肃，深不可涉，浅不可舟，故指为险固之地。其后淤淀干涸，不复开浚，官司利于稻田，往往泄去积水，自是堤防坏矣。

河北诸水，有通转饷者，有为方田限辽人者。太宗太平兴国六年正月，遣八作使郝守浚分行河道，抵于辽境者，皆疏导之。又于清苑界开徐河、鸡距河五十里入白河。自是关南之漕，悉通济焉。端拱二年，以左谏议大夫陈恕为河北东路招置营田使，魏羽为副使；右谏议大夫樊知古为河北西路招置营田使，索湘为副使，欲大兴营田也。

先是，自雄州东际于海，多积水，契丹患之，未尝敢由此路入，每岁，数扰顺安军。议者以为宜度地形高下，因水陆之便，建阡陌，浚沟洫，益树五稼，所以实边廪而限契丹。雍熙后，数用兵，歧沟、君子馆败衄之后，河朔之民，农桑失业，多闲田，且戍兵增倍，故遣恕等经营之。恕密奏："戍卒皆惰游，仰食县官，一旦使冬披甲兵，春执耒耜，恐变生不测。"乃诏止令葺营堡，营田之议遂寝。

淳化二年，从河北转运使请，自深州新砦镇开新河，导胡卢河，分为一派，凡二百里抵常山，以通漕运。胡卢河源于西山，始自冀州新河镇入深州武强县，与滹沱河合流，其后变徙，入大河。至神宗熙宁中，内侍程昉请开决引水入新河故道，诏本路遣官按视。永静军判官林伸、东光县令张言举言："新河地形高仰，恐害民田。"昉言："地势最顺，宜无不便。"乃复遣刘瑝、李直躬考实，而瑝等卒如昉言，伸等坐贬官。

四年春，诏六宅使何承矩等督戍兵万八千人，自霸州界引滹沱水灌稻为屯田，用实军廪，且为备御焉。初，临津令黄懋上封事，盛称水田之利，乃以承矩泊内供奉官阎承翰、殿直张从古同制置河北缘边屯田事，仍以懋为大理寺丞，充屯田判官，其所经划，悉如懋奏。

真宗咸平四年，知静戎军王能请自姜女庙东决鲍河水，北入阎台淀，又自静戎之东，引北注三台、小李村，其水溢入长城口而南，又壅使北流而东入于雄州。五年，顺安军兵马都监马济复请自静戎军东，拥鲍河开渠入顺安军，又自顺安军之西引威虏军，置水陆营田于渠侧。济等言："役成，可以达粮漕，隔辽骑。"帝许之，独盐台淀稍高，恐决引非便，不从其议。因诏莫州部署石普并护其役。逾年功毕，帝曰："普引军壁马村以西，开凿深广，足以张大军势。若边城壕沟悉如此，则辽人仓卒难驰突而易追袭矣。"其年，河北转运使耿望开镇州常山镇南河水入浽河至赵州，有诏褒之。三月，西京左藏库使舒知白请于泥姑海口、章口复置海作务造舟，令民入海捕鱼，因侦平州机事；异日王师征讨，亦可由此进兵，以分敌势。先是，置船务，以近海之民与辽人往还，辽人尝泛舟直入千乘县，亦疑有乡导之者，故废务。至是，令转运使条上利害。既而以为非便，罢之。

景德元年，北面都钤辖阎承翰，自嘉山东引唐河三十二里至定州，酾而为渠，直蒲阴县东六十二里会沙河，径边吴泊，遂入于界河，以达方舟之漕。又引保州赵彬堰徐河入鸡距泉，以息挽舟之役。自是朔方之民，灌溉饶益，大蒙其利矣。八月，诏沧州、乾宁军谨视斗门水口，壅潮水入御河东塘堰，以广溉阴。四年五月，知雄州李允则决渠为水田,帝以渠接界河,罢之。因下诏曰:"顷修国好,听其盟约,不欲生事,姑务息民。自今边城只可修葺城壕,其余河道,不得辄有浚治。"

大中祥符七年四月,泾原都钤辖曹玮言:"渭北有古池,连带山麓,今浚为渠,令民导以溉田。"六月,知永兴军陈尧咨导龙首渠入城,民庶便之。并诏嘉奖。天禧末,诸州屯田总四千二百余顷,而河北屯田岁收二万九千四百余石,保州最多,逾其半焉。江、淮、两浙承伪制,皆有屯田,克复后,多赋与民输租,第存其名。在河北者虽有其实,而岁入无几,利在蓄水以限辽骑而已。

仁宗天圣四年闰五月,陕西转运使王博文等言:"准敕相度开治解州安邑县至白家场永丰渠,行舟运盐,经久不至劳民。按此渠自后魏正始二年,都水校尉元清引平坑水西入黄河以运盐,故号永丰渠。周、齐之间,渠遂废绝。隋大业中,都水监姚暹决堰浚渠,自陕郊西入解县,民赖其利,及唐末至五代乱离,迄今湮没,水甚浅涸,舟楫不行。"诏三司相度以闻。

神宗即位,志在富国,故以劝农为先。熙宁元年六月,诏诸路监司:"比岁所在陂塘埋没,濒江圩埠浸坏,沃壤不得耕,宜访其可兴者,劝民兴之,具所增田亩税赋以闻。"二年十月,权三司使吴充言:"前宜城令朱纮,治平间修复木渠,不费公家束薪斗粟,而民乐趋之。渠成,溉田六千余顷,数邑蒙其利。"诏迁纮大理寺丞,知比阳县。或云纮之木渠,绕山度溪以行水,数勤民而终无功。

十一月,制置三司条例司具《农田利害条约》,诏颁诸路:"凡有能知土地所宜种植之法,及修复陂湖河港,或元无陂塘、圩埠、堤堰、沟洫而可以创修,或水利可及众而为人所擅有,或田去河港不远,为地界所隔,可以均济流通者;县有废田旷土,可纠合兴修,大川沟渎浅塞荒秽,合行浚导,及陂塘堰埭可以取水灌溉,若废坏可兴治者:各述所见,编为图籍,上之有司。其土田迫大川,数经水害,或地势污下,雨潦所钟,要在修筑圩埠、堤防之类,以障水涝,或疏导沟洫、畎浍,以泄积水。县不能办,州为遣官,事关数州,具奏取旨。民修水利，许贷常平钱谷给用。"初，条例司奏遣刘彝等八人行天下，相视农田水利，又下诸路转运司各条上利害，又诏诸路各置相度农田水利官。至是，以《条约》颁焉。

秘书丞侯叔献言："汴岸沃壤千里，而夹河公私废田，略计二万顷，多用牧马。计马而牧，不过用地之半，则是万有余顷常为不耕之地。观其地势，利于行水。欲于汴河两岸置斗门，泄其余水，分为支渠，及引京、索河并三十六陂，以灌溉田。"诏叔献提举开封府界常平，使行之，而以著作佐郎杨汲同提举。叔献又引汴水淤田，而祥符、中牟之民大被水患，都水监或以为非。

三年三月，帝谓王安石、韩绛曰："都水沮坏淤田者，以侵其职事尔。"安石曰："必欲任属，当以杨汲为都水监。今每事禀于沈立、张巩，何能办集。"七月，帝闻淤田多浸民田稼、屋宇，令内侍冯宗道往视，宗道以说者为妄。八月，叔献、汲并权都水监丞、提举沿汴淤田。

九月戊申，遣殿中丞陈世修乘驿经度陈、颍州八丈沟故迹。初，世修言："陈州项城县界蔡河东岸有八丈沟或断或续，迤逦东去，由颍及寿，绵亘三百五十余里，乞因其故道，量加浚治。兴复大江、次河、射虎、流龙、百尺等陂塘，导水行沟中，棋布灌溉，俾数百城复为稻田，则其利百倍。"绘图来上，帝意向之。王安石曰："世修言引水事即可试，八丈沟新河则不然。昔邓艾不赖蔡河漕运，故能并水东下，大兴水田。厥后既分水以注蔡河，又有新修闸以限之，与昔不同。惟无所用水，即水可并而沟可复矣。"故先命世修相度。

四年三月，帝语侍臣："中人视麦者，言淤田甚佳，有未淤不可耕之地，一望数百里。独枢密院以淤田无益，谓其薄如饼。"安石曰："就令薄，固可再淤，厚而后止。"是月，帝以庆州军乱，召执政对资政殿。冯京曰："府界既淤田，又行免役，作保甲，人极劳弊。"帝曰："淤田于百姓何苦？闻土细如面。"王安石曰："庆卒之变，陛下旰食。大臣宜于此时共图消弭，乃合为浮议，归咎淤田、保甲，了不相关，此非待至明而后察也。"十月，前知襄州光禄卿史照言："开修古淳河一百六里，灌田六千六百余顷，修治陂堰，民已获利，虑州县遽欲增税。"诏三司应兴修水利，垦开荒梗，毋增税。

五年二月，侯叔献等言："民愿买贾官淤田者七十余户，已分赤淤、花淤等，及定其值各有差，仍于次年起税。若愿增钱者，不以投状先后给之。"五月，御史张商英言："尝闻献议者请开邓州穰县永国渠，引湍河水灌溉民田，失邵信臣故道，凿焦家庄，地势偏仰，水不通流。"诏京西路复实，遣程昉领其事。昉刳河去疏土，筑为巨堰。水行再岁，会霖雨，鸡谷合流大涨，堰下土疏恶，莫能御，由此废不复治。闰七月，程昉奏引漳、洛河淤地，凡二千四百余顷。帝曰："灌溉之利，农事大本，但陕西、河东民素不习此，苟享其利，后必乐趋。三白渠为利尤大，有旧迹，可极力修治。凡疏积水，须自下流开导，则畎浍易治。《书》所谓'浚畎浍距川'是也。"

时人人争言水利。提举京西常平陈世修乞于唐州引淮水入东西邵渠，灌注九子等十五陂，溉田二百里。提举陕西常平沈披乞复京兆府武功县古迹六门堰，于石渠南二百步傍为土洞，以木为门，回改河流，溉田三百四十里。大抵迂阔少效。披坐前为两浙提举，开常州五泻堰不当，法寺论之，至是，降一官。十一月，陕西提举常平杨蟠议修郑、白渠，诏都水丞周良孺相视。乃自石门堰泾水开新渠，至三限口以合白渠。王安石请捐常平息钱，助民兴作，帝曰："纵用内帑钱，亦何惜也。"

六年三月，程昉言："得共城县旧河槽，若疏导入三渡河，可灌西垙稻田。"从之。五月，诏："诸创置水硙碾硙妨灌溉民田者，以违制论。"命赞善大夫蔡蒙修永兴军白渠。八月，程昉欲引水淤漳旁地，王安石以为长利，须及冬乃可以划。九月丙辰，赐侯叔献、杨汲府界淤田各十顷。十月，命叔献理提点刑狱资序，周良孺与升一任，皆赏淤田之劳也。阳武县民邢晏等三百六十四户言："田沙碱瘠薄，乞淤溉候淤深一尺，计亩输钱，以助兴修。"诏与淤溉，勿输钱。

十二月，河北提举常平韩宗师论程昉十六罪，盛陶亦言昉。帝以问安石，安石请令昉、宗师及京东转运司各差官同考实以闻。还

奏得良田万顷,又淤四千余顷。于是进呈。宗师疏至言:"昉奏百姓
乞淤田。实未尝乞。"帝曰:"此小失,何罪,但不知淤田如何尔?"安
石曰:"今检到好田万顷,又淤田四千余顷,陛下以为不知,臣实未
喻。"帝曰:"昉修漳河,漳河岁决;修滹沱,又无下尾。"安石力为辨
说。已而宗师与昉皆放罪。他日,帝论唐太宗能受谏,安石因言:
"陛下判功罪不及太宗。如程昉开闭四河,除漳河、黄河外,尚有溉
淤及退出田四万余顷。自秦以来,水利之功,未有及此。只转一官,
又令与韩宗师同放罪,臣恐后世有以议圣德"安石佑昉,大率类此。

是时,原武等县民因淤田坏庐舍坟墓,妨秋稼,相率诣阙诉。使
者闻之,急责县令追呼,将杖之。民谬云:"诣阙谢耳。"使者因为民
谢表,遣二吏诣鼓院投之,安石大喜。久之,帝始知雍丘等县淤田清
水颇害民田,诏提举常平官视民耕地,蠲税一料。枢密院奏:"淤田
役兵多死,每一指挥,仅存军员数人。"下提点司密究其事,提点司
言:"死事者数不及三厘。"

七年正月,程昉言:"沧州增修西流河堤,引黄河水淤田种稻,
增灌塘泊,并深州开引滹沱水淤田,及开回胡卢河,并回滹沱河下
尾。"六月,金州西城县民葛德出私财修长乐堰,引水灌溉乡户土
田,授本州司土参军。八月甲戌,诏司农寺具所兴修农田水利次第。
九月,又诏:"籍所兴水利,自今遣使体访,其不实不当者,案验以
闻。"从侍御史张琥请也。十一月壬寅,知谏院邓润甫言:"淤田司引
河水淤酸枣、阳武县田,已役夫四五十万,后以地下难淤而止。相度
官吏初不审议,妄兴夫役,乞加细罚。诏开封劾元检主按复官。丁
未,同知谏院范百禄言:"向者都水监丞王孝先献议,于同州朝邑县
界畎黄河,淤安昌等处碱地。及放河水,而碱地高原不能及,乃灌注
朝邑县长丰乡永丰等十社千九百户秋苗田三百六十余顷。"诏蠲被
水户夏税。是岁,知耀州阎充国募流民治漆水堤。

八年正月,程昉言:"开滹沱、胡卢河直河淤田等部役礼吏劳
绩,别为三等,乞推恩。"从之,三月庚戌,发京都常平米,募饥民修
水利。四月管辖京淤田李孝宽言:矾山涨水甚浊,乞开四斗门,引以

淤田,权罢漕运再旬。"从之。深州静安令任迪,乞俟来年刈麦毕,全
放滹沱、胡卢两河,又引永静军双陵口河水,淤溉南北岸田二万七
千余顷;河北安抚副使沈披,请治保州东南沿边陆地为水田:皆从
之。闰四月丁未,提点秦凤等路刑狱郑民宪,请于熙州南关以南开
渠堰,堰引洮水并东山直北通下至北关,并自通远军熟羊砦导渭河
到军溉田。诏民宪经度,如可作陂,即募京西、江南陂匠以往。

五月乙酉,右班殿直、干当修内司杨琰言:"开封、陈留、咸平三
县种稻,乞于陈留界旧汴河下口,因新旧二堤之间修筑水塘,用碎
甓筑虚堤五步以来,取汴河清水入塘灌溉。"从之。七月,江宁府上
元县主簿韩宗厚,引水溉田二千七百余顷,迁光禄寺丞。太原府草
泽史守一,修晋祠水利,溉田六百余顷。八月,知河中府陆经奏,管
下淤官私田约二千余顷,下司农复实。九月癸未,提举出卖解盐张
景温言:"陈留等八县碱地,可引黄、汴河水淤溉。"诏次年差夫。十
二月癸丑,侯叔献言:"刘瑾相度淮南合兴修水利,仅十万余顷,皆
并运河,乞候开河毕工,以水利司钱募民修筑圩埠。

九年八月程师孟言:"河东多土山高下,旁有川谷,每春夏大
雨,众水合流,浊如黄河矾山水,俗谓之天河水,可以淤田。绛州正
平县南董村旁有马璧谷水,尝诱民置地开渠,淤瘠田五百余顷。其
余州县有天河水及泉源处,亦开渠筑堰。凡九州二十六县,新旧之
田,皆为沃壤。嘉祐五年毕功,缵成《水利图经》二卷,迨今十七年
矣。闻南董村田亩旧值三两千,收谷五七斗。自灌淤后,其值三倍,
所收至三两石。今臣权领都水淤田,窃见累岁淤京东、西碱卤之地
尽成膏腴,为利极大。尚虑河东犹有荒瘠之田,可引大河淤溉者。"
于是遣都水监丞耿琬淤河东路田。

十年六月,师孟、琬引河水淤京东、西沿汴田九千余顷;七月,
前权提点开封府界刘淑奏淤田八千七百余顷;三人皆减磨勘年以
赏之。九月,入内内侍省都知张茂则言:"河北东、西路夏秋霖雨,诸
河决溢,占压民田。"诏委官开畎。

元丰元年二月,都大提举淤田司言:"京东、西淤官私瘠地五千

八百余顷,乞差使臣管干。"许之。四月,诏:"辟废田、兴水利、建立堤坊、修贴圩埠之类,民力不给者,许贷常平钱谷。"六月,京东路体量安抚黄廉言:"梁山、张泽两泺,十数年来淤淀每岁泥浸近城民田,乞自张泽泺下流浚至滨州,可泄壅滞。"从之。十二月壬申,二府奏事,语及淤田之利。帝曰:"大河源深流长,皆山川膏腴渗漉,故灌溉民田,可以变斥卤而为肥沃。朕取淤土亲尝,极为润腻。"二年,导洛通汴。六月,罢沿汴淤田司。十二月辛酉,置提举定州路水利司。三年,知潍州杨采开白浪河。

哲宗元祐以后,朝廷方务省事,水利亦浸缓矣。四年二月甲辰,诏:"瀕河州县,积水占田,在任官能为民沟畎疏导,退出良田百顷至千顷以上者,递赏之,功利大者以特旨。"四年六月乙丑,知陈州胡宗愈言:"本州地势卑下,秋夏之间,许蔡汝邓、西京及开封诸处大雨,则诸河之水,并由陈州沙河、蔡河同入颍河,不能容受,故境内潴为陂泽。今沙河合入颍河处,有古八丈沟,可以开浚,分决蔡河之水,自为一支,由颍、寿界直入于淮,则沙河之水虽甚汹涌,不能壅遏。"诏可。

徽宗建中靖国元年十一月庚辰,敕书略曰:"熙宗、元丰中,诸路专置提举官,兼领农田水利,应民田堤防灌溉之利,莫不修举。近多因循废弛,虑岁久日更隳,命典者以时检举推行。"

崇宁二年三月,宰臣蔡京言:"熙宁初,修水土之政,元祐例多废弛。绍复先烈,当在今日。如荒闲可耕,瘠卤可腴,陆可为水,水可为陆,陂塘可修,灌溉可复,积潦可泄,圩埠可兴,许民具陈利害。或官为借贷,或自备工力,或从官办集。如能兴修,依格酬奖,事功显著,优与推恩。"从之。

三年十月,臣僚言:"元丰官制,水之政令,详立法之意,非徒为穿塞开导、修举目前而已,凡天下水利,皆在所掌。在今尤急者,如浙右积水,比连震泽,未有归宿,此最宜讲明而未之及者也。愿推广元丰修明水政,条具以闻。"从之。

岷江水发源处古导江,今为永康军,《汉史》所谓秦蜀守李冰始凿离堆,辟沫水之害,是也。

沫水出蜀西徼外,今阳山江、大皂江皆为沫水,入于西川。始,嘉、眉、蜀、益间,夏潦洋溢,必有溃暴衡决可畏之患。自凿离堆以分其势一派南流于成都以合岷江,一派由永康至泸州以合大江,一派入东川,而后西川沫水之害减,而耕桑之利博矣。

皂江支流迤北曰都江口,置大堰,疏北流为三:曰外应,溉永康之导江、成都之新繁,而达于怀安之金堂;东北曰三石洞,溉导江与彭之九陇、崇宁、濛阳,而达于汉之雒;东南曰马骑,溉导江与彭之崇宁、成都之郫温江新都新繁成都华阳。三流而下,派别支分,不可悉纪,其大者十又四:自外应而分,曰保堂,曰仓门;自三石洞曰将军桥,曰灌田,曰雒源;自马骑曰石址,曰跛虁,曰道溪,曰东穴,曰投龙,曰北,曰樽下,曰玉徙。而石渠之水,则自离堆别而东,与上下马骑、乾溪合:凡为堰九:曰李光,曰胙村,曰百丈,曰石门,曰广济,曰颜上,曰弱水,曰济,曰导,皆以堤摄北流,注之东而防其决。离堆之南,实支流故道,以竹笼石为大堤,凡七垒,如象鼻状以捍之。离堆之趾,旧镵石为水则,则盈一尺,至十而止。水及六则,流始足用,过则从侍郎堰减水河泄而归于江。岁作侍郎堰,必以竹为绳,自北引而南,准水则第四以为高下之度。江道既分,水复湍暴,沙石填委,多成滩碛。岁暮水落,筑堤壅水上流,春正月则役工浚治,谓之"穿淘"。

元祐间,差宪臣提举,守臣提督,通判提辖。县各置籍,凡堰高下、阔狭、浅深,以至灌溉顷亩、夫役工料及监临官吏,皆于籍,岁终计效,赏如格,政和四年,又因臣僚之请,检计修作不能如式以致决坏者,罚亦如之。大观二年七月,诏曰:"蜀江之利,置堰溉田,旱则引灌,潦则疏导,故无水旱。然岁计修堰之费,敷调于民,工作之人,并缘为奸,滨江之民,困于骚动。自今如敢妄有检计,大为工费,所剩坐赃论,入己准自盗法,许人告。"

兴元府褒斜谷口,古有六堰,浇溉民田,顷亩浩瀚。每春首,随食水户田亩多寡,均出夫力修葺。后经靖康之乱,民力不足,夏月暴水,冲损堰身。绍兴二十二年,利州东路帅臣杨庚奏谓:"若全资水户修理,农忙之时,恐致重困。欲过夏月,于见屯将兵内差不入队人,并力修治,庶几便民。"从之。

　　兴元府山河堰灌溉甚广,世传为汉萧何所作。嘉祐中,提举常平史照奏上堰法,获降敕书,刻石堰上。诏中兴以来,户口凋疏,堰事荒废,累曾修葺,旋即决坏。乾道七年,遂委御前诸军统制吴珙经理,发卒万人助役,尽修六堰,浚大小渠六十五,复见古迹,并用水工准法修定。凡溉南郑、褒城田二十三万余亩昔之瘠薄,今为膏腴。四川宣抚王炎,表称珙宣力最多,诏书褒美焉。

宋史卷九六
志第四九

河渠六

东南诸水上

开宝间,议征江南。诏用京西转运使李符之策,发和州丁夫及乡兵凡数万人,凿横江渠于历阳,令符督其役。渠成,以通漕运,而军用无阙。

八年,知琼州李易上言:"州南五里有度灵塘,开修渠堰,溉水田三百余顷,居民赖之。"

初,楚州北山阳湾尤迅急,多有沉溺之患。雍熙中,转运使刘蟠议开沙河,以避淮水之险,未克而受代。乔维岳继之,开河自楚州至淮阴,凡六十里,舟行便之。

天禧元年,知升州丁谓言:"城北有后湖,往时岁旱水竭,给为民田,凡七十六顷,出租钱数百万,荫溉之利遂废。今欲改田除租,迹旧制,复治岸畔,疏为塘陂以畜水,使负郭无旱岁,广植蒲芡,养鱼鳖,纵贫民渔采。"又明州请免濠池及慈溪、鄞县陂湖年课,许民射利。诏并从之。

二年,江、淮发运使贾宗言:"诸路岁漕,自真、扬入淮、汴,历堰者五,粮载烦于剥卸,民力罢于牵挽,官私船舰,由此速坏。今议开扬州古河,缭城南接运渠,毁龙舟、新兴、朱曦三堰,凿近堰漕路,以均水势。岁省官费十数万,功利甚厚。"诏屯田郎中梁楚、阁门祗候李居中按视，以为当然。明年役既成，而水注新河，与三堰平，漕船无阻，公私大便。

四年，淮南劝农使王贯之导海州石闼堰水入涟水军，溉民田；知定远县江泽、知江阴军崔立率民修废塘，浚古港，以灌高仰之地。并赐诏奖焉。

神宗熙宁元年十月，诏："杭之长安、秀之杉青、常之望亭三堰，监护使臣并以'管干河塘'系御，常同所属令佐，巡视修固，以时启闭。"从提举两浙开修河渠胡淮之请也。

二年三月甲申，先是，凌民瞻建议废吕城堰，又即望亭堰置闸而不用。及因浚河，隳败古泾函、石闸、石硙，河流益阻，百姓劳弊。至是，民瞻等贬降有差。

六年五月，杭州于潜县令郏亶言："苏州环湖地卑多水，沿海地高多旱，故古人治水之迹，纵则有浦，横则有塘，又有门堰、泾沥而棋布之。今总二百六十余所。欲略循古人之法，七里为一纵浦，十里为一横塘，又因出土，以为堤岸，度用夫二十万。水治高田，旱治下泽，不过三年，苏之田毕治矣。"十一月，命置兴修水利。然措置乖方，民多愁怨，仅及一年，遂罢两浙工役。又数月，中书检正沈括复言："制西泾浜浅涸，当浚，制东堤防川渎堙没，当修。请下司农贷缗募役。"从之，仍命括相度两浙水利。

九年正月壬午，刘瑾言："扬州江都县古盐河、高邮县陈公塘等湖、天长县白马塘沛塘、楚州宝应县泥港射马港、山阳县渡塘沟龙兴浦、淮阴县青州涧、宿州虹县万安湖小河、寿州安丰县芍陂等，可兴置，欲令逐路转运司选官复按。"从之。

元丰五年九月，淮南监司言："舒州近城有大泽，出潜山，注北门外。比者，暴水漂居民，知州杨希元筑捍水堤千一百五十丈，置泄水斗门二，遂免淫潦入城之患。"并玺书奖谕。

六年正月戊辰，开龟山运河，二月乙未告成，长五十七里，阔十五丈，深一丈五尺。初，发运使许元自淮阴开新河，属之洪泽，避长淮之险,凡四十九里。久而浅涩,熙宁四年,皮公弼请复浚治,起十一月壬寅,尽明年正月丁酉而毕,人便之。至是,发运使罗拯复欲自洪泽而上,凿龟山里河以达于淮,帝深然之。会发运使蒋之奇入对,建言:"上有清汴,下有洪泽,而风浪之险只百里淮,迩岁溺公私之载不可计。凡诸道转输,涉湖行江,已数千里而覆败于此百里间,良为可惜。宜自龟山蛇浦下属洪泽,凿左肋为复河,取淮为源,不置堰闸,可免风涛覆溺之患。"帝遣都水监丞陈祐甫经度。祐甫言:"往年田滂任淮南提刑,尝言开河之利。其后淮阴至洪泽,竟开新河,独洪泽以上,未克兴役。今既不用闸蓄水,惟随淮面高下,开深河底,引淮通流,形势为便。但工费浩大。"帝曰:"费虽大,利亦博矣。"祐甫曰:"异时,淮中岁失百七十艘。若捐数年所损之费,足济此役。"帝曰:"损费尚小,如人命何。"乃调夫十万开治,既成,命之奇撰记,刻石龟山。后至建中靖国初,之奇同知枢密院,奏:"淮水浸淫,冲刷堤岸,渐成垫缺,请下发运司及时修筑。"自是,岁以为常。

是年,将作监主簿李湜言:"鼎、澧等州,宜开沟洫,置斗门,以便民田。"诏措置以闻。七年十月,浚真、楚运河。

哲宗元祐四年,知润州林希奏复吕城堰,置上下闸以时启闭。其后,京口、瓜洲、奔牛皆置闸。是岁,知杭州苏轼浚茆山、盐桥二河,分受江潮及西湖水,造堰闸,以时启闭。初,杭近海,患水泉碱苦,唐刺史李泌始导西湖,作六井,民以足用。及白居易复浚西湖引水入运河,复引溉田千顷。湖水多葑,自唐及钱氏后废而不理。至是,葑积二十五万余丈,而水无几。运河失湖水之利,取给于江潮,潮水淤河,泛溢阛阓,三年一浚,为市井大患,故六井亦几废。轼既浚二河,复以余力全六井,民获其利。

十二月京东转运司言:"清河与江、浙、淮南诸路相通,困徐州吕梁、百步两洪湍浅险恶,多坏舟楫,由是水手、牛驴、牵户、盘剥人等,邀阻百端,商贾不行。朝廷已委齐州通判滕希请、知常州晋陵县赵竦度地势穿凿。今若开修月河石堤,上下置闸,以时开闭,通放舟船，实为长利。乞遣使监督兴修。”从之。

绍圣二年，诏“武进、丹阳、丹徒县界沿河堤岸及石磁、石木沟，并委令佐检察修护，劝诱食利人户修葺。任满，稽其勤惰而赏罚之。”从工部之请也。

四年四月，水部员外郎赵竦请浚十八里河，令贾种民相度吕梁、百步洪，添移水磨。诏发运并转运司同视利害以闻。

元符元年正月，知润州王悆建言：“吕城闸常宜车水入澳，灌注闸身以济舟。若舟沓至而力不给，许量差牵驾兵卒，并力为之察。监官任满，水无走泄者赏，水未应而辄开闸者罚，守贰、令佐，常觉察之。”诏可。

三月甲寅，工部言：“淮南开河所开修楚州支家河，导涟水与淮通。”赐名通涟河。

二年闰九月，润州京口、常州奔牛澳闸毕工。先是，两浙转运判官曾孝蕴献澳闸利害，因命孝蕴提举兴修，仍相度立启闭日限之法。

三年二月，诏：“苏、湖、秀州，凡开治运河港浦、沟渎，修叠堤岸，开置斗门、水堰等，许役开江兵卒”。

徽宗崇宁元年十二月，置提举淮、浙、澳闸司官一员，掌杭州至扬州瓜洲澳闸，凡常、润、杭、秀、扬州新旧等闸，通治之。

崇宁二年初，通直郎仲方别议浚吴松江，自大通浦入海，计工二百二十二万七千有奇，为缗钱粮斛十八万三千六百，乞置干当官十员。朝廷下两浙监司详议，监司以为可行。时又开青龙江，役夫不胜其劳，而提举常平徐确谓：“三州开江兵卒千四百人，使臣二人，请就令护察已开之江，遇潮沙淤淀，随即开淘；若他役者，以违制论。”确与监司往往被赏，人以为滥。

十二月，诏淮南开修遇明河，自真州宣化镇江口至泗州淮河口，五年毕工。

明年三月，诏曰：“昨二浙水灾，委官调夫开江，而总领无法，役人暴露,饮食失所,疾病死亡者众。水仍为害,未尝究实按罪,反蒙推赏,何以压塞百姓怨咨。"乃下本路提刑司体量。提刑司言:"开浚吴松、青龙江,役夫五万,死者千一百六十二人,费钱米十六万九千三百四十一贯石,积水至今未退"。于是元相度官转运副使刘何等皆坐贬降。

四年正月,以仓部员外郎沈延嗣提举开修青草、洞庭直河。

大观元年五月,中书舍人许光凝奏:"臣向在姑苏,遍询民吏,皆谓欲去水患,莫若开江浚浦。盖太湖在诸郡间,必导之海,然后水有所归。自太湖距海,有三江,有诸浦,能疏涤江、浦,除水患犹反掌耳。今境内积水,视去岁损二尺,视前岁损四尺,良由初开吴松江,继浚八浦之力也。吴人谓开一江有一江之利,浚一浦有一浦之利。愿委本路监司,与谙晓水势精强之吏,遍诣江、浦,详究利害,假以岁月,先为备。然后兴夫调役,可使公无费财而岁共常足;人不告劳,而民食不匮,是一举而获万世之利也。"诏吴择仁相度以闻,开江之议复兴矣。

十一月,诏曰:"《禹贡》:'三江既导,震泽底定。'今三江之名,既失其所,水不趋海,故苏湖被患。其委本路监司,选择能臣,检按古迹,循导使之趋下,并相度圩岸以闻。"于是复诏陈仲方为发运司属官,再相度苏州积水。

二年八月,诏:"常、润岁旱河浅,留滞运船,监司督责浚治。"三年,两浙监司言:"承诏按古迹,导积水,今请开淘吴松江,复置十二闸。其余浦闸、沟港、运河之类,以次增修。若田被水围,劝民自行修治。"章下工部,工部谓:"今所具三江,或非禹迹;又吴松江散漫,不可开淘泄水。"遂命诸司再相度以闻。

四年八月,臣僚言:"有司以练湖赐茅山道观,缘润州田多高仰,及运渠,夹冈水浅易涸赖湖以济,请别用天荒江涨沙田赐之,仍令提举常平官考求前人规划修筑。"从之。十月,户部言:"乞如两浙常平司奏,专委守、令籍古潴水之地,立堤防之限,俾公私毋得侵占。凡民田不近水者,略仿《周官》遂人、稻人沟防之制,使合众力而为之。"诏可。

政和元年,知陈州霍端友言:"陈地污下,久雨则积潦害稼。比疏新河八百里,而去尚远,水不时泄。请益开二百里,起西华,循宛丘,入项城,以达于淮。"从之。

政和元年十月,诏苏、湖、秀三州治水,创立圩岸,其工费许给越州鉴湖租赋。已而升苏州为平江府,润州为镇江府。

二年七月,兵部尚书张阁言:"臣守杭州,闻钱塘江自元丰六年泛溢之后,潮汛往来,率无宁岁。而比年水势稍改,自海门过赭山,即回薄岩门、白石一带北岩,坏民田及盐亭、监地,东西三十余里,南北二十余里。江东距仁和监只及三里,北趣赤岸瓦同口二十里。运河正出临平下塘,西入苏、秀,若失障御,恐他日数十里膏腴平陆,皆溃于江,下塘田庐,莫能自保,运河中绝,有害漕运。"诏亟修筑之。

四年二月,工部言:"前太平州判官庐宗原请开修自江州至真州古来河道湮塞者凡七处,以成运河,入浙西一百五十里,可避一千六百里大江风涛之患;又可就土兴筑自古江水浸没膏腴田。自三百顷至万顷者凡九所,计四万二千余顷,其三百顷以下者又过之。乞依宗原任太平州判官日已兴政和圩田例,召人户自备财力兴修。"诏沈镣等相度措置。

六年闰正月,知杭州李偃言:"汤村、岩门、白石等处并钱塘江通大海,日受两潮,渐致侵啮。乞依六和寺岸,用石砌叠。"乃命刘既济修治。

八月,诏:"镇江府傍临大江,无港澳以容舟楫,三年间覆溺五百余艘。闻西有旧河,可避风涛,岁久湮废,宜令发运司浚治。"

是年,诏曰:"闻平江三十六浦内,自昔置闸,随潮启闭,岁久埋塞,致积水为患。其令守臣庄徽专委户曹赵霖讲究利害,导归江海,依旧置闸。"于是,发运副使应安道言:"凡港浦非要切者,皆可徐议。惟当先开昆山县界茜泾塘等六所;秀之华亭县,欲并循古法,尽去诸堰,各置小斗门;常州、镇江府、望亭镇,仍旧置闸。"八月,诏户曹赵霖相度役兴，而两制扰甚。七年四月己未，尚书省言："庐宗原浚江，虑成搔扰。"诏权罢其役，赵霖别与差遣。

重和元年二月，前发运副使柳庭俊言："真扬楚泗、高邮运河堤岸，旧有斗门水闸等七十九，限则水势，常得其平，比多损坏。"诏检计修复。六月，诏："两浙霖雨，积水多浸民田，平江尤甚，由未浚港浦故也。其复以赵霖为提举常平，措置救护民田，振恤人户，毋令流移失所。"八月，诏加霖直秘阁。

宣和元年二月，臣僚言："江、淮、荆、汉间，荒瘠弥望，率古人一亩十钟之地，其堤阓、水门、沟浍之迹犹存。近绛州民吕平等诣御史台诉，乞开浚熙宁旧渠，以广浸灌，愿加税一等。则是近世陂池之利功功且废矣，何暇复古哉。愿诏常平官，有兴修水利功郊明白者，亟以名闻，特与褒除，以励能者。"从之。

八月，提举专切措置水利农田所奏："浙西诸县各有陂湖、沟港、泾浜、湖泺，自来蓄水灌溉，及通舟楫，望令打量官按其地名、丈尺、四至，并镵之石。"从之。

三月，赵霖坐增修水利不当，降两官。六月，诏曰："赵霖兴修水利，能募被水艰食之民，凡役工二百七十八万二千四百有奇，开一江、一港、四浦、五十八渎，已见成绩，进直徽猷阁。仍复所降两官。"

宣和二年九月，以真、扬等州运河浅涩，委陈亨伯措置。三年春，诏发运副使赵亿以车畎水运河，限三月中三十纲到京。宦者李琮言："真州乃外江纲运会集要口，以运河浅涩，故不能速发，按南岸有泄水斗门八，去江不满一里，欲开斗门河身去江十丈筑软坝，引江潮入河，然后倍用人工车畎，以助运水。"从之。

四月，诏曰："江、淮漕运尚矣。春秋时，吴穿沟，东北通射阳湖，西北至末口。汉吴王濞开邗沟，通运海陵。隋开邗沟，自山阳至扬子入江。雍熙中，转运使刘蟠以山阳湾迅急，始开沙河以避险阻。天禧中，发运使贾宗始开扬州古河，缭城南接运渠，毁三堰以均水势。今运河岁浅涩，当询访故道，及今河形势与陂塘潴水之地，讲究措置悠久之利，以济不通。可令发运使陈亨伯、内侍谭稹条具措置以闻。”

六月，臣僚言：“比缘淮南运河水涩逾半岁，禁纲舟篙工附载私物，今河水增涨，其令如旧。”

初，淮南连岁旱，漕运不通，扬州尤甚，诏中使按视，欲浚运河与江、淮平。会两浙有方腊之乱，内侍童贯为宣抚使，谭稹为制置使，贯欲海运陆辇，稹欲开一河，自盱眙出宣化。朝廷下发运司相度，陈亨伯遣其属向子諲视之。子諲曰：“运河高江、淮数丈，自江至淮，凡数百里，人力难浚。昔唐李吉甫废闸置堰，治陂塘，泄有余，防不足，漕运通流。发运使曾孝蕴严三日一启之制，复作归水澳，惜水如金。比年行直达之法走茶盐之利，且应奉权幸，朝夕经由，或启或闭，不暇归水。又顷毁朝宗闸，自洪泽至召伯数百里，不为之节，故山阳上下不通。欲救其弊，宜于真州太子港作一贡，以复怀子河故道，于瓜洲河口作一坝，以复龙舟堰，于海陵河口作一坝，以复茱萸、待贤堰，使诸塘水不为瓜洲、真、泰三河所分；于牝神相近作一坝，权闭满浦闸，复朝宗闸，则上下无壅矣。”亨伯用其言，是后滞舟皆通利云。

三年二月，诏：“越之鉴湖，明之广德湖，自措置为田，下流堙塞，有妨灌溉，致失常赋，又多为权势所占，两州被害，民以流徙。宜令陈亨伯究实，如租税过重，即裁为中制；应妨下流灌溉者，并弛以予民。”

五年三月，诏：“吕城至镇江运河浅涩狭隘，监司坐视，无所施设。两浙专委王复，淮南专委向子諲同发运使吕淙措置车水，通济舟运。”

四月，又命王仲闳同廉访刘仲元、漕臣孟庚，专往来措置常、润运河。又诏：“东南六路诸闸，启闭有时。此闻纲舟及命官妄称专承指挥，抑令非时启版，走泄河水，妨滞纲运，误中都岁计，其禁止之。”

五月，诏：“以运河浅涸，官吏互执所见，州县莫知所从。其令发运司提举等官同廉访使者，参订经久利便列奏。”是月，臣僚言：“镇江府练湖,与新丰塘地理相接,八百余顷,灌溉四县民田。又湖水一寸,益漕河一尺,其来久矣。今堤岸损缺,不能贮水,乞候农隙次第补葺。"诏本路漕臣并本州县官详度利害,检计工料以闻。

六年九月,庐宗原复言:"池州大江,乃上流纲运所经,其东岸皆暗石,多至二十余处;西岸则沙洲,广二百余里。谚云'拆船湾',言舟至此必毁拆也。今东岸有车轴河口沙地四百余里,若开通入杜湖,使舟经平水,径池口,可避二百里风涛拆船之险,请措置开修。"从之。

七年九月丙子,又诏宗原措置开浚江东古河,自芜湖由宣溪、溧水至镇江,渡扬子,趋淮、汴,免六百里江行之险,并从之。

靖康元年三月丁卯,臣僚言:"东南濒江海,水易泄而多旱,历代皆有陂湖蓄水。祥符、庆历间,民始盗陂湖为田,后复田为湖。近年以来,复废为田,雨则涝,旱则涸。民久承佃,所收租税,无计可脱,悉归御前,而漕司之常赋有亏,民之失业无算。可乞尽括东南废湖为田者,复以为湖,庶几凋瘵之民,稍复故业。"诏相度利害闻奏。

八月辛丑,户部言:"命官在任兴修农田水利,依元丰赏格。千顷以上,该第一等,转一官,下到百顷,皆等第酬奖;绍圣亦如之。缘政和续附常平格,千顷增立转两官,减磨勘三年,实为太优。"诏依元丰、绍圣旧格。

宋史卷九七

志第五〇

河渠七

东南诸水下

　　淮郡诸水：绍兴初，以金兵蹂践淮南，犹未退师，四年，诏烧毁扬州湾头港口闸、泰州姜堰、通州白莆堰，其余诸堰，并令守臣开决焚毁，务要不通敌船；又诏宣抚司毁拆真、扬闸及真州陈公塘，无令走入运河，以资敌用。五年正月，诏淮南宣抚司，募民开浚瓜注洲至淮口运河浅涩之处。

　　乾道二年，以和州守臣言，开凿姥下河，东接大江防捍敌人，检制盗贼。六年，淮东提举徐子寅言：“淮东盐课，全仰河流通快。近运河浅涩，自扬州湾头港口至镇西山光寺前桥垛头，计四百八十五丈，乞发五千余卒开浚。”从之。七年二月，诏令淮南漕臣，自洪泽于龟山浅涩之处，如法开撩。

　　淳熙三年四月，诏筑泰州月堰，以遏潮水。从守臣张子正请也。八年，提举淮南东路常平茶盐赵伯昌言：“通州、楚州沿海，旧有捍海堰，东距大海，北接盐城，袤一百四十二里。始自唐黜陟使李承实所建，遮护民田，屏蔽盐灶，其功甚大。历时既久，颓圮不存。至本朝天圣改元，范仲淹为泰州西溪盐官，日风潮泛溢，淹没田产，毁坏亭灶，有请于朝，调四万余失修渠，三旬毕工。遂使海濒沮洳泻卤之地，化为良田，民得奠居，至今赖之。自后浸失修治，才遇风潮怒盛，即有冲决之患。自宣和、绍兴以来，屡被其害。阡陌洗荡，庐舍漂流，人畜丧亡，不可胜数。每一修筑，必请朝廷大兴工役，然后可办。望令淮东常平茶盐司：今后捍海堰如有塌损，随时修葺，务要坚固，可以经久。"从之。

九年，淮南漕臣钱冲之言："真州之东二十里，有陈公塘，乃汉陈登浚源为塘，用救旱饥。大中祥符间，江、淮制置发运置司真州，岁藉此塘灌注长河，流通漕运。其塘周回面里，东、西、北三面，倚山为岸，其南带东，则系前人筑叠成堤，以受启闭。废坏岁久，见有古来基址，可以修筑，为旱干溉田之备。凡诸场盐纲、粮食漕运、使命往还，舟舰皆仰之以通济，其利甚博。本司自发卒贴筑周回塘岩，建置斗门、石硪各一所。乞于扬子县尉阶衔内带'兼主管陈公塘'六字，或有损坏，随时补筑，庶几久远，责有所归。"

十二年，和州守臣请于千秋涧置斗门，以记麻澧湖水泄入大江，遇岁旱灌溉田畴，实为民利。十四年，扬州守臣熊飞言："扬州运河，惟藉瓜洲，真州两闸潴积。今河水走泄，缘瓜洲上、中二闸久不修治，独湖闸一坐，转运、提盐及三州共行修整，然迫近江潮，水势冲激，易致损坏；真州二闸，亦复损漏。令有司葺理上、下二闸，以防走泄。"从之。

绍熙五年，淮东提举陈损之言："高邮、楚州之间，陂湖渺漫，茭弥满，宜创立堤堰，以为潴泄，庶几水不至于泛溢，旱不至于干涸，乞兴筑自扬州江都县至楚州淮阴县三百六十里，又自高邮兴化至盐城县二百四十里，其堤岸傍开一新河，以通舟船。仍存旧堤以捍风浪，栽柳十余万株，数年后堤岸亦牢，其木亦可备修补之用。兼扬州墟镇旧有堤闸，乃泰州泄水之处，其闸坏久，亦于此创立斗门。西引盱眙、天长以来众湖之水，起自扬州江都，以由高邮及楚州宝应、山阳，北至淮阴，西达于淮；又自高邮入兴化，东至盐城而极于海；又泰州海陵南至扬州泰兴而彻于江：共为石硪十三，斗门七。乞以绍熙堰为名，镌诸坚石。"淮田多沮洳，因损之筑堤捍之，得良田数百万顷。奏闻，除直秘阁、淮东转运判官。

浙江通大海，日受两潮。梁开平中，钱武肃王始筑捍海塘，在候潮门外。潮水昼夜冲激，版筑不就，因命强弩数百以射潮头，又致祷胥山祠。既而潮避钱塘，东击西陵，遂造竹器，积巨石，植以大木。堤岸既固，民居乃奠。

逮宋大中祥符五年，杭州言浙江击西北岸益坏，稍逼州城，居民危之。即遣使者同知杭州戚纶、转运使陈尧佐划防捍之策。纶等因率兵力，籍梢楗以护其冲。七年，纶等既罢去，发运使李溥、内供奉官庐守勤经度，以为非便。请复用钱氏旧法，实石于竹笼，倚叠为岸，固以椿木，环亘可七里。斩材役工，凡数百万，逾年乃成、而钩末壁立，以捍潮势，虽湍涌数丈，不能为害。

至景祐中，以浙江石塘积久不治，人患垫溺，工部郎中张夏出使，因置捍江兵士五指挥专采石修塘，随损随治，众赖以安。邦人为之立祠，朝廷嘉其功，封宁江侯。

及高宗绍兴末，以钱塘石岸毁裂，潮水漂涨，民不安居，令转运司同临安府修筑。孝宗乾道九年，钱塘庙子湾一带石岸，复毁于怒潮。诏令临安府筑填江岸，增砌石塘。淳熙改元，复令有司："自今江岸冲损，以乾道修治为法。"理宗宝祐二年十二月，监察御史崇政殿说书陈大方言："江潮侵啮堤岸，乞戒饬殿、步两司帅臣，同天府守臣措置修筑，留心任责，或有溃决，咎有攸归。"

三年十一月，监察御史兼兼崇政殿说书李衢言："国家驻跸钱塘，今逾十纪。惟是浙江东接海门，胥涛澎湃，稍越故道，则冲啮堤岸，荡析民居，前后不知其向。庆历中，造捍江五指挥，兵士每指挥以四百人为额。今所管才三百人，乞下临安府拘收，不许占破。及从本府收买桩石，沿江置场桩管，不得移易他用。仍选武臣一人习于修江者，随其资格，或以副将，或以路分钤辖系，衔，专一钤束修江军兵，值不摧损，随即修补；或不胜任，以致江潮冲损堤岸，即与责罚。

临安西湖周回三十里,源出于武林泉。钱氏有国,始置撩湖兵士千人,专一开浚。至宋以来,稍废不治,水涸草生,渐成葑田。

元祐中,知杭州苏轼奏谓:"杭之为州,本江海故地,水泉碱苦,居民零落。自唐李泌始引湖水作六井,然后民足于水,井邑日富,百万生聚,待此而食,今湖狭水浅,六井尽坏,若二十年后,尽为葑田,则举城之人,复饮碱水,其势必耗散。又放水溉田,濒湖千顷,可无凶岁。今虽不及千顷,而下湖数十里间,菱菱谷米,所获不赀。又西湖深阔,则运河可以取足于湖水,若湖水不足,则必取足于江湖。潮之所过,泥沙浑浊,一石五斗,不出三载,辄调兵夫十余万开浚。又天下酒官之盛,如杭岁课二十余万缗,而水泉之用,仰给于湖。若湖渐浅狭,少不应沟,则当劳人远取山泉,岁不下二十万工。"因请降度牒减价出卖,募民开治。禁自今不得请射、侵占、种植及裔葑为界。以新旧菱荡课利钱送钱塘县收掌,谓之开湖司公使库,以备逐年雇人开葑撩浅。县尉以"管勾开湖司公事"系衔。轼既开湖,因积葑草为堤,相去数里,横跨南、北两山,夹道植柳,林希榜曰:"苏公堤",行人便之,因为轼立祠堤上。

绍兴九年,以张澄奏请,命临安府招置厢军兵士二百人,委钱塘县尉兼领其事,专一浚湖;若包占种田,沃以粪土,重置于法。十九年,守臣汤鹏举奏请重开。乾道五年,守臣周淙言:"西湖水面唯务深阔,不容填溢,并引入城内诸井,一城汲用,尤在涓洁。旧招军士只有三十余人,今宜增置撩湖军兵,以百人为额,专一开撩。或有种植菱菱,因而包占,增叠堤岸,坐以违制。"

二十九年,临安守臣言:"西湖冒佃侵多,葑菱蔓延,西南一带,已成平陆。而濒湖之民,每以葑草围裹,种植荷花,骎骎不已。恐数十年后,西湖遂废,将如越之鉴湖,不可复矣。乞一切芟除,务令净尽,禁约居民,不得再有围裹。"从之。

临安运河在城中者,日纳潮水,沙泥浑浊,一汛一淤,比屋之民,委弃草壤,因循填塞。元祐中,守臣苏轼奏谓:"熙宁中,通判杭州时,父老皆云苦运河淤塞,率三五年常一开浚。不独劳役兵民,而运河自州前至北郭,穿阛阓中盖十四五里,每将兴工,市肆汹动,公私骚然。自胥吏、壕寨兵级等,皆能恐喝人户,或云当于某处置土、某处过泥水,则居者皆有失业之忧。既得重赂,又转而之他。及工役既毕,则房廊、邸舍,作践狼藉,园圃隙地,例成丘阜,积雨荡濯,复入河中,居民患厌,未易悉数。若三五年失开,则公私壅滞,以尺寸水行数百斛舟,人牛力尽,跬步千里,虽监司使命,有数日不能出郭者。询其所以频开屡塞之由,皆云龙山浙江两间,泥沙浑浊,积日稍久,便及四五尺,其势当然,不足怪也。寻划刷捍江兵士及诸色厢军,得一千人,七月之间,开浚茆山、盐桥二河,各十余里,皆有水八尺。自是公私舟船通利,三十年以来,开河未有若此深快者。然潮水日至,淤塞犹昔,则三五年间,前功复弃。今于钤辖司前置一闸,每遇潮上,则暂闭此闸,候潮平水清复开,则河过阛阓中者,永无潮水淤塞、开淘骚扰之患。"诏从其请,民甚便之。

绍兴三年十一月,宰臣奏开修运河浅涩,帝曰:"可发旁郡厢军、壮城、捍江之兵,至于廪给之费,则不当吝。"宰臣朱胜非等曰:"开河非今急务,而馈饷艰难,为害甚大。时方万盛寒,役者良若;临流居人,侵塞河道者,悉当迁避;至于畚闸所经,沙泥所积,当预空其处,则居人及富家以僦屋取赀者皆非便,恐议者以为言。"帝曰:"禹卑宫室而尽力于沟洫,浮言何恤焉!"八年,又命守臣张澄发厢军、壮城兵千人,开浚运河堙塞,以通往来舟楫。

隆兴二年,守臣吴芾言:"城里运河,先已措置北梅家桥、仁和仓、斜桥三所作坝,取西湖六处水口通流灌入。府河积水,至望仙桥以南至都亭驿一带,河道地势,自昔高峻。今欲先于望仙桥城外保安闸两头作坝,却于竹车门河南开掘水道,车戽运水,引入保安门通流入城,遂自望仙桥以南开至都亭驿桥,可以通彻积水,以备缓急。计用工四万。"从之。

乾道三年六月,知荆南府王炎言:"临安居民伙繁,河港堙塞,虽屡开导,缘裁减工费,不能迄功。臣尝措置开河钱十万缗,乞候农暇,特诏有司,用此专充开河支费,庶几河渠复通,公私为利。"上俞其请。四年，守臣周淙出公帑钱招集游民，开浚城内外河，疏通淤塞，人以治办称之。

淳熙二年，两浙漕臣赵磻老言："临安府长安闸至许村巡检司一带，漕河浅涩，请出钱米，发两岸人户出力开浚。"又言："欲于通江桥置板闸，遇城中河水浅涸，启板纳潮，继即下板，固护水势，不得通舟；若河水不乏，即收闸板，听舟楫往还为便。"

七年，守臣吴渊言："万松岭两旁古渠，多被权势及百司公吏之家造屋侵占，及内寨前石桥、都亭驿桥南北河道，居民多抛粪土瓦砾，以致填塞，流水不通。今欲分委两通判监督，地分厢巡，逐时点检，勿令侵占并抛扬粪土。秩满，若不淤塞，各减一年磨勘；违，展一年：以示劝惩。"

十四年七月，不雨，臣僚言："窃见奉口至北新桥三十六里，断港绝潢，莫此为甚。今宜开浚，使通客船，以平谷直。"从之。

盐官海水：嘉定十二年，臣僚言："盐官去海三十余里，旧无海患，县以盐灶颇盛，课利易登。去岁海水泛涨，湍激横冲，沙岸每一溃裂，常数十丈。日复一日，浸入卤地，芦洲港溇，荡为一壑。今闻潮势深入。逼近居民。万一春水骤涨，怒涛奔涌，海风佐之，则呼吸荡出，百里之民，宁不俱葬鱼腹乎？况京几赤县，密迩都城。内有二十五里塘，直通长安闸，上彻临平，下接崇德，漕运往来，客船络绎，两岸田亩，无非决坏。若海水径入于塘，不惟民田有碱水淹没之患，而里河堤岸，亦将有溃裂之忧。乞下浙西诸司，条具筑捺之策，务使捍堤坚壮，土脉充实，不为怒潮所冲。"从之。

十五年，都省言："盐官县海塘冲决，命不折西提举刘垕专任其事。既而垕言：

县东接海盐，西距仁和，北抵崇德、德清，境运平江、嘉兴、湖州；南濒大海，元与县治相去四十余里。数年以来，水失故道，早晚两潮，奔冲向北，遂致县南四十余里尽沦为海。近县之南，元有捍海古塘亘二十里。今东西两段，并已沦毁，侵入县两旁又各三四里,止存四间古塘十余里。万一水势冲激不已,不惟盐官一县不可复存,而向北地势卑下,所虑碱流入苏、秀、湖三州等处,则田亩不可种植,大为利害。

详今日之患,大概有二:一曰陆地沦毁,二曰碱潮泛溢。陆地沦毁者,固无力可施;碱潮泛溢者,乃因捍海古塘冲损,遇大潮必盘越流注北向,宜筑土塘以捍碱潮。所筑塘基址,南北各有两处:在县东近南则为六十里碱塘,近北则为袁花塘;在县西近南亦曰碱塘近北则为淡塘。

亦尝验两处土色虚实,则袁花塘、淡塘差胜碱塘,且各近里,未至与海潮为敌。势当东就袁花塘、西就淡塘修筑,则可以御县东碱潮盘溢之患。其县西一带淡塘,连县治左右,共五十余里,合先修筑。兼县南去海一里余,幸而古塘尚存,县治民居,尽在其中,未可弃之度外。今将见管椿石,就古塘稍加工筑叠一里许,为防护县治之计。其县东民户,日筑六十里碱塘,万一又为海潮冲损,当计用桩木修筑袁花塘以捍之。

上以为然。

明州水:绍兴五年,明州守臣李光奏:“明、越陂湖,专溉农田。自庆历中,始有盗湖为田者,三司使切责漕臣,严立法禁。宣和以来,王仲嶷守越,楼异守明,创为应奉,始废湖为田,自是岁有水旱之患。乞行废罢,尽复为湖。如江东、西之圩田,苏、秀之围田,皆当讲究兴复。”诏逐路转运司相度闻奏。

乾道五年,守臣张津言:“东钱湖容受七十二溪,方圆广阔八百顷,傍山为固,叠石为塘八十里。自唐天宝三年,县令陆南金开广之。国朝天禧元年,郡守李夷庚重修之。中有四闸七堰,凡遇旱涸,开闸放水,溉田五十万亩。比因豪民于湖塘浅岸渐次包占,种植菱荷,障塞湖水。绍兴十八年,虽曾检举约束,尽罢请佃。岁久菱根蔓迁,渗塞水脉,致妨蓄水;兼塘岸间有低塌处,若不淘浚修筑,不惟浸失水利,兼恐塘埂相继摧毁。乞候农隙趁时开凿,因得土修治埂岸,实为两便。"从之。

鄞县水:嘉定十四年,庆元府言:"鄞县水自四明诸山溪涧会至他山,置堰小泾,下江入河。所入上河之水,专溉民田,其利甚博。比因淤塞,堰上山觜少有溪水流入上河。自春徂夏不雨,令官吏发卒开淘沙觜及浚港汊,又于堰上垒叠沙石,逼使溪流尽入上河。其它山水入府城南门一带,有楔闸三所:曰乌金,曰积渎,曰行春。乌金楔又名上水楔,昔因倒损,遂捺为坝,以淤沙在河,或遇溪流聚涌,时复冲倒所捺坝,走泄水源。行春桥又名南石楔,楔面石板之下,岁久损坏空虚,每受潮水,演溢奔突,出于石缝,以碱潮衮入上河。其县东管有道士堰至白鹤桥一常,河港埋塞;又有朱赖堰与行春等楔相连,堰下江流通彻大海。今春缺雨,上河干浅,堰身塌损,以致咸潮透入上河,使农民不敢车注溉田。乞修砌上水、乌金诸处坝堰,仍选精强能干职官,专一提督。"

润州水:绍兴七年,两浙转运使向子諲言:"镇江府吕城、夹冈,形势高仰,因春夏不雨,官漕艰勤。寻遣官属李涧询究练湖本末,始知此湖在唐永泰间已废而复兴。今堤岸弛禁致有侵佃冒决,故湖水不能潴蓄,舟楫不通,公私告病,若夏秋霖潦,则丹阳、金坛、延陵一带良田,亦被淹没。臣已令丹阳知县朱穆等增置二斗门、一石硐及修补堤防,尽复旧迹,庶为永久之利。"

乾道七年,以臣僚言:"丹阳练湖幅员四十里,纳长山诸水,漕渠资之。故古语云:'湖水寸、渠水尺。'在唐之禁甚严,盗决者罪比杀人。本朝寝缓其禁以惠民,然修筑严甚。春夏多雨之际,潴蓄盈满,虽秋无雨,漕渠或浅,但泄湖水一寸,则为河一尺矣。兵变以后,多废不治,堤岸圮缺不能贮水。强家因而专利,耕以为田,遂至于淀。岁月既久,其害滋广。望责长吏浚治埋塞,立为盗决侵耕之法,著于令。庶几练湖渐复其旧,民田获灌溉之利,漕渠无浅涸之患。"诏两浙漕臣沈度专一措置修筑。

庆元五年,两浙转运、浙西提举言:"以镇江府守臣重修吕城两闸毕,再造一新闸以固堤防,庶为便利。"从之。

浙西运河,自临安府北郭务至镇江江口闸,六百四十一里。淳熙七年,帝因辅臣奏金使往来事,曰:"运河有浅狭处,可令守臣以渐开浚,庶不扰民。"至十一年冬,臣僚言:"运河之浚,自北关至秀州杉青,各有闸堰,自可潴水。惟沿河上塘有小堰数处。积久低陷,无以防遏水势,当以时加修治。兼沿河下岸泾港极多,其水入长水塘、海盐塘、华亭塘,由六里堰下,私港散漫,悉入江湖,以私港深、运河浅也。若修固运河下岸一带泾港,自无走泄。又自秀州杉青至平江府盘门,在太湖之际,与湖水相连;而平江阊门至常州,有枫桥、许墅、乌角溪、新安溪、将军堰,亦各通太湖。如遇西风,湖水由港而入,皆不必浚。惟无锡五泻闸损坏累年,常是开堰,彻底放舟;更江阴军河港势低,水易走泄。若从旧修筑,不独潴水可以通舟,而无锡,晋陵间所有杨湖,亦当积水,而四傍田亩,皆无旱暵之患。独自常州至丹阳县,地势高仰,虽有奔牛、吕城二闸,别无湖港潴水;自丹阳至镇江,地形尤高,虽有练湖,缘湖水日浅,不能济远,雨晴未几,便觉干涸。运河浅狭,莫此为甚,所当先浚。"上以为然。

至嘉定间,臣僚又言:"国家驻跸钱塘,纲运粮饷,仰给诸道,所系不轻。水运之程,自大江而下至镇江则入闸,经行运河,如履平地,川、广巨舰直抵都城,盖甚便也。比年以来,镇江闸口河道淤塞,不复通舟,乞令漕臣同淮东总领及本府守臣,公共措置开撩。"

越州水:鉴湖之广,周回三百五十八里,环山三十六源。自汉永和五年,会稽太守马臻始筑塘,溉田九千余顷,至宋初八百年间,民受其利。岁月浸远,浚治不时,日久堙废。濒湖之民,侵耕为田,熙宁中,盗为田九百余顷。尝遣庐州观察推官江衍以度其宜,凡为湖田者两存之,立碑石为界,内者为田,外者为湖。政和末,为郡守者务为进奉之计,遂废湖为田,赋输京师。自时奸民私占,为田益众,湖之存者无几矣。绍兴二十九年十月,帝谕枢密院事王纶曰:"往年宰执尝欲尽干鉴湖，云可得十万斛米。朕谓若遇岁旱，无湖水引灌，则所损未必不过之。凡事须远虑可也。"

隆兴元年，绍兴府守臣吴鉴言："是鉴湖自江衍所立碑石之外，今为民田者，又一百六十五顷，湖尽埋废。今欲发四百九十万工，于农隙接续开凿。又移壮城百人，以备撩漉浚治，差强干使臣一人，以'巡辖鉴湖堤岸'为名。"

二年，芾又言："修鉴湖全藉斗门、堰闸蓄水，都泗堰闸尤为要害。凡遇纲运及监司使命舟船经过，堰兵避免车拽，必欲开闸通放，以致启闭无时，失泄湖水。且都泗堰因高丽使往来，宣和间方置闸，今乞废罢。"其后芾为刑部侍郎，复奏："自开鉴湖，溉废田二百七十顷，复湖之旧。又修治斗门、堰闸十三所。夏秋以来，时雨虽多，亦无泛溢之患，民田九千余顷，悉获倍收，其为利较然可见。乞将江衍原立禁牌，别定界至，则堤岸自然牢固，永无盗决之虞。"

绍兴初，高宗次越，以上虞县梁湖堰东运河浅涩，令发六千五百余工，委本县令、佐监督浚治。既而都省言，余姚县境内运河浅涩，坝闸隳坏，阻滞纲运，遂命漕臣发一万七千余卒，自都泗堰至曹娥塔桥，开撩河身、夹塘，诏漕司给钱米。

萧山县西兴兴通江两闸，近为江沙壅塞，舟楫不通。乾道三年，守臣言："募人自西兴至大江，疏沙河二十里，并浚闸里运河十三里，通便纲运，民旅皆利。复恐潮水不定，复乃填淤，且通江六堰，纲运至多，宜差注指使一人，专以'开撩西兴沙河'系衔，及发捍江兵士五十名，专充开撩沙浦，不得杂役，乃从本府起立营屋居之。"

常州水：隆兴二年，常州守臣刘唐稽言："申、利二港，上自运河发流，经营回复，至下流析为二道，一自利港，一自申港，以达于江。缘江口每日潮汐带沙填塞，上流游泥淤积，流泄不通；而申港又以江阴军钉立标揭，拘拦税船，每潮来，则沙泥为木标所壅，淤塞益甚。今若相度开此二河，但下流申、利二港，并隶江阴军，若议定深阔丈尺，各于本界开淘，庶协力皆办。又孟渎一港在奔牛镇西，唐孟简所开,并宜兴县界沿湖旧百渎,皆通宜兴之水,藉以疏泄。近岁阻于吴江石塘。流行不快,而沿湖河港所谓百渎,存者无几。今若开通,委为公私之便。"至乾道二年,以漕臣姜诜等请,造蔡泾闸及开申港上流横石,次浚利港以泄水势。

六年三月,又命两浙运副刘敏士,浙西提举芮辉于新泾塘置闸堰,以捍海潮;杨家港东开河置闸,通行盐船,仍差闸官一人,兵级十五人,以时启闭挑撩。五月,又以两浙转运司并常州守臣言,填筑五写上,下两闸,及修筑闸里堤岸。仍于郭渎港口舜郎庙侧水聚会处,筑捺硬坝,以防走泄运水。委无锡知县主掌钥匣,遇水深六尺,方许开闸,通放客舟。淳熙五年,以漕臣陈岘言,于十月募工开浚无锡县以西横林,小井及奔牛,吕城一带地高水浅之处,以通漕舟。

九年,知常州章冲奏:

常州东北曰深港、利港、黄田港、夏港、五斗港,其西曰灶子港、孟渎、泰伯渎、烈塘,江阴之东曰赵港、白沙港、石头港、陈港、蔡港、私港、令节港,皆古人开导以为溉田无穷之利者也;今所在埋塞,不能灌溉。

臣尝讲求其说,抑欲不劳民,不费财,而漕渠旱不干,水不溢,用力省而见功速,可以为悠久之利者:在州之西南曰白鹤溪,自金坛县洮湖而下,今浅狭特七十余里,若用工浚治,则漕渠一带,无干涸之患;其南曰西蠡河,自宜兴太湖而下,只开浚二十余里,若更令深远,则太湖水来,漕渠一百七十余里,可免浚治之扰。至若望亭堰闸,置于唐之至德,而彻于本朝之嘉祐;至元祐七年复置,未几又毁之。臣谓设此堰闸,有三利焉:阳羡诸渎之水奔趋而下,有以节之,则当潦岁,平江三邑必无下流淫溢之患,一也。自常州至望亭一百三十五里,运河一有所节,则沿河之田,旱岁资以灌溉,二也。每岁冬春之交,重纲及使命往来,多苦浅涸;今启闭以时,足通舟楫,后免车亩灌注之劳,三也。

诏令相度开浚。

嘉泰元年，守臣李珏言：

州境北边扬子大江，南并太湖，东连震泽，西据滆湖，而漕渠界乎其间。漕渠两旁，曰白鹤溪、西蠡河，南戚氏、北戚氏、直湖州港，通于二湖；曰利浦、孟渎、烈塘、横河、五泻诸港，通于大江，而中间又各自为支沟断汊，曲绕参错，不以数计。水利之源，多于他郡，而常苦易旱之患，何哉？

臣尝询访其故："漕渠东起望亭，西上吕城，一百八十余里，形势西高东下。加以岁久浅淤，自河岸至底，其深不满四五尺。常年其雨连绵、江湖泛涨之时，河流忽盈骤减；连岁雨泽衍缺，江湖退缩，渠形尤亢。间虽得雨，水无所受，旋即走泄，南入于湖，北归大江，东径注于吴江；晴未旬日，又复干涸，此其易旱一也。至若两旁诸港，如白鹤溪、西蠡河、直湖、烈塘、五泻堰，日为沙土淤涨，遇潮高水泛水时，尚可通行舟楫；若值小汐久晴，则俱不能通。应自余支沟别港，皆已堙塞，故虽有江湖之浸，不见其利，此其易旱二也。况漕渠一带，纲运于是经由，便客于此往返。每遇水涩，纲运使阻；一入冬月，津送使客，作坝车水，科役百姓，不堪其扰；岂特溉田缺事而已。

望委转运、提举常平官同本州相视漕渠，并彻江湖之处，如支浚治，尽还昔人遗迹，及于望亭修建上、下二闸，固护水源。

从之。

升州水：乾道五年，建康守臣张孝祥言："秦淮之水流入府城，别为两派：正河自镇淮新桥直注大江；其为青溪，自天津桥出栅寨门，亦入于江，缘栅寨门地，近为有力者所得，遂筑断青溪水口，创为花圃。每水流暴至，则泛溢浸荡，城内居民，尤被其害。若访古而求，使青溪直道大江，则建康永无水患矣。"既而汪澈奏于西园依异时河道开浚，便水通栅门入。"从之。

先是，孝祥又言："秦淮水三源，一自华山由句容，一自庐山由溧水，一自溧水由赤山湖，至府城东南，合而为一，萦回绵亘三百余里，溪、港、沟、浍之水尽归焉。流上水门，由府城入大江。旧上、下门展阔，自兵变后，砌叠稍狭，虽便于一时防守，实遏水源，流通不快。兼两岸居民填筑河岸，添造屋宇。若禁民不许侵占，秦淮既复故道，则水不泛溢矣。又府东门号陈二渡，有顺圣河正分秦淮之水，每遇春夏天雨连绵，上源奔涌，则分一派之水，自南门外直入于江，故秦淮无泛滥之患。今一半淤塞为田，水流不通，若不惜数亩之田，疏导之以复古迹，则其利尤倍。"

其后汪澈言："水潦之害，大抵缘建康地势稍低，秦淮既泛，又大江湍涨，其势溢溢，非由水门窄狭、居民侵筑所致。且上水门砌叠处正不可阔，阔则春水入城益多。自今指定上、下水门砌叠处不动，夹河居民之屋亦不毁除，只去两岸积坏，使河流通快。况城中系行宫东南王方，不宜开凿。"从之。

嘉定五年，守臣黄度言："府境北据大江，是为天险。上自采石，下达瓜步，千又余里，共置六渡：一曰烈山渡，籍于常平司，岁有河渡钱额；五曰南浦渡、龙湾渡、东阳渡、大城堙渡、冈沙渡，籍于府司，亦有河渡钱额。六渡岁为钱万余缗。历时最久，舟楫废坏，官吏、篙工，初无廪给，民始病济，而官漫不省。遂至奸豪冒法，别置私渡，左右旁午。由是官渡济者绝少，乃听吏卒苛取以充课。徒手者犹惮往来，而车檐牛马几不敢行，甚者扼之中流，以邀索钱物。窃以为南北津渡，务在利涉，不容简忽而但求征课。臣已为之缮治舟舰，选募篙梢，使远处巡检兼监渡官。于诸渡月解钱则例，量江面阔狭，计物货重轻，斟酌裁减，率三之一或四之一；自人车牛马，皆有定数，雕榜约束，不得过收邀阻。乞觅衷一岁之入，除烈山渡常平钱如额解送，其余诸渡，以二分充修船之费，而以其余给官吏、篙梢、水手食钱。令监渡官逐月照数支散，有余则解送府司，然后尽绝私渡，不使奸民逾禁。"从之。

秀州水：秀州境内有四湖；一曰柘湖，二曰淀山湖，三曰当湖，四曰陈湖。东南则柘湖，自金山浦、小官浦入于海。西南则淀山湖，自芦历浦入于海。西北则陈湖，自大姚港、朱里浦入于吴松江。其南则当湖，自月河、南浦口、潋浦口亦达于海。支港相贯。

乾道二年，守臣孙大雅奏请，于诸港浦分作闸或斗门，及涨泾堰两创筑月河，置一闸，其两柱金口基址，并以石为之，启闭以时，民赖其利。

十三年，两浙转运副使张叔献言："华亭东南枕海，西连太湖北接松江，江北复控大海。地形东南最高，西北稍下。柘湖十有八港，正在其南，故古来筑堰以御碱潮。元祐中，于新泾塘置闸，后因沙淤废毁。今除十五处筑堰及置石碇外，独有新泾塘、招贤港、徐浦浦塘三处，见有碱潮奔冲，淹塞民田。今依新泾塘置闸一所，又于两旁贴筑咸塘，以防海潮透入民田。其相近徐浦塘，元系小派，自合筑堰。又欲于招贤港更置一石碇。兼杨湖岁久，今稍浅淀，自当开浚。"上曰："此闸须当为之。方今边事宁息，惟当以民事为急。民事以农为重，朕观汉文帝诏书，多为农而下。今置闸，其利久远，不可惮一时之劳。"

十五年，以两浙路转运判官吴坰奏请，命浙西常平司措置钱谷，劝谕人户，于农隙并力开浚华亭等处沿海三十六浦堙塞，决泄水势，为永久利。

乾道七年，秀州守臣丘崇奏："华亭县东南大海，古有十八堰，捍御碱潮。其十七久皆捺断，不通里河；独有新泾塘一所不曾筑捺，海水往来，遂害一县民田。缘新泾旧堰迫近大海，潮势湍急，其港面阔难以施工，设或筑捺，决不经久。运港在泾塘向里二十里，比之新泾水势稍缓。若就此筑堰，决可永久，堰外凡管民田，皆无碱潮之害。其运港只可捺堰，不可置闸。不惟濒海土性虚燥，难以建置；兼一日两潮，通放盐运，不减数十百艘，先后不齐，以至通放尽绝，势必昼夜启而不闭，则碱潮无缘断绝。运港堰外别有港汊大小十六，亦合兴修。"从之。

八年，崇又言："兴筑捍海塘堰，今已毕工，地理阔远，全藉人力固护。乞令本县知、佐兼带‘主管塘堰职事’系御，秩满，视有无损坏以为殿最。仍令巡尉据地分巡察。”诏特转丘崇左承议郎，令所筑华亭捍海塘堰，趁时栽种芦苇，不许樵采。

九年，又命华亭县作监闸官，招收土军五十人，巡逻堤堰，专一禁戢，将卑薄处时加修捺。令知县、县尉并带“主管堰事”，则上下协心，不致废坏。

淳熙九年，又命守臣赵善悉发一万工，修治海盐县常丰闸及十一堰坝，务令高牢，以固护水势，遇旱可以潴积。十年，以浙西提举司言，命秀州发卒浚治华亭乡鱼祈塘，使接松江太湖之水；遇旱，即开西闸堰放水入泖湖，为一县之利。

苏州水：乾道初，平江守臣沈度、两塞漕臣陈弥作言：“疏浚昆山、常熟县界白茆等十浦，约用三百万余工。其所开港浦，并通彻大海。遇潮，则海内细沙，随泛以入；潮退，则沙泥沉坠，浙致淤塞。今依旧招置缺额开江兵卒，次第开浚，不数月诸浦可以浙次通彻又用兵卒驾船，遇潮退，摇荡随之，常使沙泥随潮退落，不致停积，实为久利。”从之。

淳熙元年，诏平江府守臣与许浦驻守戚世明，同置措开浚许浦港。三旬讫工。

黄岩县水：淳熙十二年，浙东提举勾昌泰言：“黄岩县旧有官河，自县前至温岭，凡九十里。其支流九百三十六处，皆以溉田。原有五闸，久废不修。今欲建一闸，约费二万余缗，乞诏两浙淀运司于窠名钱内支拨。”明年六月，昌泰复言：“黄岩县东地名东浦，绍兴四开凿，置常丰闸。名为决水入江，其实县道欲令舟取径通过，每船纳钱，以充官费。一日两潮，一潮一淤，才遇旱干，更无灌溉之备。已将此闸筑为平陆，乞戒自今永不得开凿放入江湖，庶绝后患。”

荆、襄诸水：绍兴二十八年，监察御史都民望言：“荆南江陵县东三十里,沿江北岸古堤一处,地名黄潭。建炎间,邑官开决,放入江水,设以为险阻以御盗。既而夏潦涨溢,荆南、复州千余里,皆被其害。去年因民诉,始塞之,乞今知且遇农隙随力修补,勿致损坏。"从之。

淳熙八年,襄阳府守臣郭杲言:"本府有木渠,在中庐县界,拥河水东流四十五里,入宜城县。后汉南郡太守王宠,尝凿之以引蛮水,谓之木里沟,可溉田六千余顷。岁久埋塞,乞行修治。"既而杲又修护城堤以捍江流,继筑救生堤为二闸,一通于江,一达于濠。当水涸时,导之入濠;水涨时,放之于江。自是水虽至堤,无湍悍泛滥之患焉。十年五月,诏疏木渠以渠傍地为屯田。寻诏民间侵耕者就给之,毋复取。

庆元二年,襄阳守臣程九万言:"募工修作邓城永丰堰,可防金兵冲突之患,且为农田灌溉之利。"三年,臣僚言:"江陵府去城十余里,有沙市镇,据水陆之冲,熙宁中,郑獬作守,始筑长堤捍水。缘地本沙渚,当蜀江下流,每遇涨潦奔冲,沙水相荡,摧圮动辄数十丈,现存民屋,岌岌危惧。乞下江陵府同驻扎副都统制司发卒修筑,庶几远民安堵,免被垫溺。"从之。

广西水:灵渠源即离水,在桂州兴安县之北经县郭而南。其初乃秦史禄所凿,以下兵于南越者。至汉,归义侯严出零陵离水,即此渠也;马伏波南征之师,行道亦出于此。唐宝历初,以察使李渤斗门以通漕舟。宋初,计使边诩始修之。嘉祐中年,提刑李师四领河渠事重辟,发近县夫千四百人,作三十四日,乃成。

绍兴二十九年,臣僚言:"广西旧有灵渠,抵接全州大江其渠近百余里,自静江府经灵川、兴安两县。昔年并令两知县系衔'兼管灵渠',遇埋塞以时疏导,秩满无缺,例减举员。兵兴以来,县道苟且,不加之意;吏部差注,亦不复系衔,渠日浅涩,不胜得载。乞令广西转运司措置修复,俾通漕运,仍俾两邑令系御兼管,务要修治。"从之。

宋史卷九八

志第五一

礼一 　吉礼一

　　五代之衰乱甚矣，其礼文仪注往往多草创，不能备一代之典。宋太祖兴兵间，受周禅，收揽权纲，一以法度振起故弊。即位之明年，因太常博士聂崇义上《重集三礼图》，诏太子詹事尹拙集儒学之士详定之。开宝中，四方渐平，民稍休息，乃命御史中丞刘温叟、中书舍人李昉、兵部员外郎知制诰卢多逊、左司员外郎知制诰扈蒙、太子詹事杨昭俭、左补阙贾黄中、司勋员外郎和岘、太子中舍陈鄂撰《开宝通礼》二百卷，本唐《开元礼》而损益之。既又定《通礼义纂》一百卷。

　　太宗尚儒雅，勤于治政，修明典章，大抵旷废举矣。真宗承重熙之后，契丹既通好，天下无事，于是封泰山，祀汾阴，天书、圣祖崇奉迭兴，专置详定所，命执政、翰林、礼官参领之。寻改为礼仪院，仍岁增修，纤微委曲，缘情称宜，盖一时弥文之制也。

　　自《通礼》之后，其制度仪注传于有司者，殆数百篇。先是，天禧中，陈宽编次礼院所承新旧诏敕，不就。天圣初，王皞始类成书，尽乾兴，为《礼阁新编》，大率吏文，无著述体，而本末完具，有司便之。景祐四年，贾昌朝撰《太常新礼》及《祀仪》，止于庆历三年。皇祐中，文彦博又撰《大享明堂记》二十卷。至嘉祐中，欧阳修纂集散失，命官设局，主《通礼》而记其变，及《新礼》以类相从，为一百卷，赐名《太常因革礼》，异于旧者盖十三四焉。

　　熙宁十年，礼院取庆历以后奉祀制度，别定《祀仪》，其一留中，其二付有司。知谏院黄履言："郊祀礼乐，未合古制，请命有司考正群祀。"诏履与礼官讲求以闻。元丰元年，始命太常寺置局，以枢密直学士陈襄等为详定官，太常博士杨完等为检讨官。襄等言："国朝大率皆循唐故，至于坛壝神位、法驾舆辇、仗卫仪物，亦兼用历代之制。其间情文讹舛，多戾于古。盖有规摹苟略，因仍既久，而重于改作者；有出于一时之仪，而不足以为法者。请先条奏，候训敕以为礼式。"

　　未几，又命龙图直学士宋敏求同御史台、阁门、礼院详定《朝会仪注》，总四十六卷：曰《阁门仪》，曰《朝会礼文》，曰《仪注》，曰《徽号宝册仪》；《祭祀》总百九十一卷：曰《祀仪》，曰《南郊式》，曰《大礼式》，曰《郊庙奉祀礼文》，曰《明堂祫享令式》，曰《天兴殿仪》，曰《四孟朝献仪》，曰《景灵宫供奉敕令格式》，曰《仪礼敕令格式》；《祈禳》总四十卷：曰《祀赛式》，曰《斋醮式》，曰《金录仪》；《蕃国》总七十一卷：曰《大辽令式》，曰《高丽入贡仪》，曰《女真排办仪》，曰《诸蕃进贡令式》；《丧葬》总百六十三卷：曰《葬式》，曰《宗室外臣葬敕令格式》，曰《孝赠式》。其损益之制，视前多矣。

　　绍圣而后，累诏续编，起治平，迄政和，凡五十一年，为书三百卷，今皆不传。而大观初，置仪礼局于尚书省，命详仪、检讨官具礼制本末，议定请旨，三年书成，为《吉礼》二百三十一卷、《祭服制度》十六卷，颁焉。议礼局请分秩五礼，诏依《开宝通礼》之序。政和元年，续修成四百七十七卷，且命仿是修定仪注。三年，《五礼新仪》成，凡二百二十卷，增置礼直官，许士庶就问新仪，而诏开封尹王革编类通行者，刊本给天下，使悉知礼意，其不奉行者论罪。宣和初，有言其烦扰者，遂罢之。

　　初，议礼局之置也，诏求天下古器，更制尊、爵、鼎、彝之属。其后，又置礼制局于编类御笔所。于是郊庙裸祀之器，多更其旧。既有诏讨论冠服，遂废靴用履，其他无所改议，而礼制局亦罢。

　　大抵累朝典礼，讲议最详。祀礼修于元丰，而成于元祐，至崇宁复有所增损。其存于有司者,惟《元丰郊庙礼文》及《政和五礼新仪》而已。乃若圜丘之罢合祭天地;明堂专以英宗配帝,悉罢从祀群臣;大蜡分四郊;寿星改祀老人;禧祖已祧而复,遂为始祖;即景灵宫建诸神御殿,以四孟荐享;虚禘祭;去牙盘食;却尊号;罢入阁仪并常朝及正衙横行。此熙宁、元丰变礼之最大者也。

元祐册后,政和冠皇子,元符创景灵西宫,崇宁亲祀方泽、作明堂、立九庙、铸九鼎、祀荧惑,大观受八宝、大祀皆前期十日而戒。凡此盖治平以前所未尝行者。

钦宗即位,尝诏春秋释奠改从《元丰仪》,罢《新仪》不用而未暇也。靖康之厄,荡析无余。

南渡中兴,锐意修复,高宗尝谓辅臣曰:"晋武平吴之后,上下不知有礼,旋致祸乱。周礼不秉,其何能国?"孝宗继志,典章文物,有可称述。治平日久,经学大明诸儒如王普、董弅等多以礼名家。当时尝续编《太常因革礼》矣,淳熙复有编辑之旨。其后朱熹讲明详备,尝欲取《仪礼》、《周官》、《二戴记》为本,编次朝廷公卿大夫士民之礼,尽取汉、晋而下及唐诸儒之说,考订辨正,以为当代之典,未及成书而没。

理宗四十年间,屡有意乎礼文之事,虽曰崇尚理学,所谓"礼云礼云,玉帛云乎哉",盖可三叹。咸淳以降,无足言者。

今因前史之旧,芟其繁乱,汇为五礼,以备一代之制,使后之观者有足征焉。

五礼之序,以吉礼为首,主邦国神祇祭祀之事。凡祀典皆领于太常。岁之大祀三十:正月上辛祈谷,孟夏雩祀,季秋大享明堂,冬至圜丘祭昊天上帝,正月上辛又祀感生帝,四立及土王日祀五方帝,春分朝日,秋分夕月,东西太一,腊日大蜡祭百神,夏至祭皇地祇,孟冬祭神州地祇,四孟、季冬荐享太庙、后庙,春秋二仲及腊日祭太社、太稷,二仲九宫贵神,中祀九:仲春祭五龙,立春后丑日祀风师、亥日享先农,季春巳日享先蚕,立夏后申日祀雨师,春秋二仲上丁释奠文宣王、上戊释奠武成王。小祀九:仲春祀马祖,仲夏享先牧,仲秋祭马社,仲冬祭马步,季夏土王日祀中雷,立秋后辰日祀灵星,秋分享寿星,立冬后亥日祠司中、司命、司人、司禄,孟冬祭司寒。

其诸州奉祀,则五郊迎气日祭岳、镇、海、渎,春秋二仲享先代帝王及周六庙,并如中祀。州县祭社稷,奠文宣王,祀风雨,并如小祀。凡有大赦,则令诸州祭岳、渎、名山、大川在境内者,及历代帝王、忠臣、烈士载祀典者,仍禁近祠庙咸加祭。有不克定时日者,太卜署预择一季祠祭之日,谓之"画日"。凡坛壝、牲器、玉帛、馔具、斋戒之制,皆具《通礼》。后复有高禖、大小酺神之属,增大祀为四十二焉。

其后,神宗诏改定大祀:太一,东以春,西以秋,中以夏冬;增大蜡为四,东西蜡主日配月;太庙月祭朔。而中祀:四望,南北蜡。小祀:以四立祭司命、户、灶、中雷、门、厉、行,以藏冰、出冰祭司寒,及月荐新太庙。岁通旧祀凡九十二惟五享后庙焉。政和中,定《五礼新仪》,以荧惑、阳德观、帝鼐、坊州朝献圣祖、应天府祀大火为大祀;雷神、历代帝王、宝鼎、牡鼎、苍鼎、冈鼎、彤鼎、阜鼎、晶鼎、魁鼎会应庙、庆成军祭后土为中祀;山林川泽之属,州县祭社稷、祀风伯雨师雷神为小祀。余悉如故。

建炎四年十一月,权工部尚书韩肖胄言:"祖宗以来,每岁大、中、小祀百有余所,罔敢废阙。自车驾巡幸,惟存宗庙之祭,至天地诸神之祀,则废而不举。今国步尚艰,天未悔祸,正宜斋明恭肃,通于神明,而忽大事、弃重礼,恐非所以消弥天灾,导迎景贶。虽小祀未可遍举,如天地、五帝、日月星辰、社稷,欲诏有司以时举行。所有器服并牲牢礼料,恐国用未充,难如旧制,乞下太常寺相度裁定,省繁就简,庶几神不乏祀,仰副陛下昭事怀柔、为民求福之意。"寻命礼部太常裁定:每岁以立春上辛祈谷,孟夏雩祀,季秋及冬至日四祀天,夏至日一祀地,立春上辛日祀感生帝,立冬后祀神州地祇,春秋二社及腊前一日祭太社、太稷。免牲、玉,权用酒脯,仍依方色奠币。以辅臣为初献，礼官为亚、终献。

绍兴三年，复大火祀，配以阏伯，以辰、戌出纳之月祀之。二十七年，礼部太常寺言：“每岁大祀三十六，除天地、宗庙、社稷、感生帝、九宫贵神、高禖、文宣王等已行外，其余并乞寓祠斋宫。”自绍兴以来，大祀所行二十有三而已，至是乃悉复之。

旧制，郊庙祝文称嗣皇帝，诸祭称皇帝。著作局准《开元礼》全称帝号。真宗以兼秘书监李至请，改从旧制。又诸祭祝辞皆临事撰进，多违典礼，乃命至增撰旧辞八十四首，为《正辞录》三卷。既复命知制诰李宗谔、杨亿、直史馆陈彭年详定之，以为永式。祝版当进署者，并命秘阁吏书，上亲署讫，御宝封给之。凡先代帝王。祝文止称庙号。凡亲行大祀，则皇子弟为亚献、终献。

五代以来，宰相为大礼使，太常卿为礼仪使，御史中丞为仪仗使，兵部尚书为卤簿使，京府尹为桥道顿递使。至是大礼使或用亲王，礼仪使专命翰林学士，仪仗、卤簿使亦或以他官。太平兴国九年，始铸五使印。太宗将封泰山，以仪仗使兼判桥道顿递事。大中祥符后，凡有大礼，以中书、枢密分为五使，仍特铸印。

景祐二年，诏有司：“皇地祇、神州，旧常参官摄事，非所以尊神，自今命两省。岁九大祠，宰臣摄事者，参知政事、尚书丞郎、学士奉祠。”于是参知政事盛度，享太庙已受誓戒，除知枢密院，乃不奉祠。又故事，三岁一亲郊，不郊辄代以他礼，庆赏与郊同，而五使皆以辅臣，不以官之高下。天圣中，乃以翰林学士领仪仗，御史中丞领卤簿，始用官次。又每岁大祀，皆遣台省近臣摄太尉，其后或委他官，大中祥符始复旧制。又国朝沿唐制，以太尉掌誓戒；今议太尉三公，非其所任，请以吏部尚书掌誓戒。诏用左仆射，阙则用右仆射、刑部尚书一员莅之。

熙宁四年，参知政事王珪言：“南郊，乘舆所过，必勘箭然后出入，此师行之法，不可施于郊祀。”礼院亦言。于是，凡车驾出入门皆罢之。六年，以详定所请，又罢太庙及宣德、朱雀、南薰诸门勘契。又皇帝自大次至版位，内臣二人执翟羽前导，号曰“拂翟”，失礼尤甚，请除之。

凡郊坛，值雨雪，即斋宫门望祭殿望拜，祭日不设登歌，祀官以公服行事，中祀以上皆给明衣。

开宝元年十一月郊，以燎坛稍远，不闻告燎之声，始用爝火，令光明远照，通于祀所。

又太庙初献，依开宝例，以玉斝、玉瓒，亚献以金斝，终献以瓢斝。外坛器亦如之。庆历中，太常请皇帝献天地、配帝以匏爵，亚献以木爵；亲祠太庙，酌以玉斝，亚献以金斝；郊庙饮福，皇帝皆以玉斝。诏饮福，唯用金斝；亚、终献，酌以银斝。至饮福，尚食奉御酌上尊酒，投温器以进。

凡常祀，天地宗庙，皆内降御封香，仍制漆匣，付光禄、司农寺；每祠祭，命判寺官缄署礼料送祀所；凡祈告，亦内出香。遂为定制。嘉祐中，裴煜请："大祠悉降御封香，中小祠供太府香，中祠减大祠之半，小祠减中祠之半。东、西太一宫系大祠，岁太府供香，非时祈请。降御封香准大祠例。及皇地祇、五方帝、百神、文宣、武成从配神位，牲牢寡薄。"吕公著亦论庙牲未备，悉加其数。元符元年，左司员外郎曾旼言："周人以气臭事神，近世易之以香。按何佟之议，以为南郊、明堂用沉香，本天之质，阳所宜也；北郊用上和香，以地于人亲，宜加杂馥，今令文北极天皇而下皆用湿香，至于众星之位，香不复设，恐于义未尽。"于是每陛各设香。又言："先儒以为实柴所祀者无玉，槱燎所祀者无币，今太常令式，众星皆不用币，盖出于此。然考《典瑞》、《玉人》之官，皆曰'圭璧以祀日月星辰'。则实柴所祀非无玉矣。槱燎无币，恐或未然。"至是遂命众星随其方色用币。

庆历三年，礼官余靖言："祈谷、祀感生帝同日，其礼当异，不可皆用四圭有邸，色尚赤。"乃定祈谷、明堂苍璧尺二寸，感生帝四圭有邸，朝日日圭、夕月月圭皆五寸，从祀神州无玉，报社稷两圭有邸，祈不用玉。明年，《祀仪》成，比《通礼》多所更定云。嘉祐中，集贤校理江休复言："《六典》大祀养牲，在涤三月，祫享日近，已逾其期，而牲牢未供。乞依汉、唐置廪牺局。"下礼院议："岁大小祀几百数,而牲盛之事,储养无素,宜如休复言。乃置廪牺局。设牢预养,籍田旧地,种植粢盛,纳于神仓,以待祭祀之用。

元丰六年,祥定礼文所言:"本朝昊天上帝、皇地祇、太祖位各设三牲,非尚质贵诚之义。请亲祠圜丘、方泽正配位皆用犊,不设羊豕俎及鼎匕,有司摄事亦如之。又簠、簋、尊、皆非陶器,及用龙杓。请改用陶,以樿为杓。又请南北郊先行升烟瘗血之礼,至荐奠毕,即如旧仪,于坛坎燔瘗牲币。又北郊皇地祇及神州地祇,当为坎瘗,今乃建坛燔燎,非是。请今祭地祝版、牲币并瘗于坎。又《祀仪》:惟昊天上帝、皇地祇、高禖燔瘗犊首,自感生帝,神州地祇而下皆不燔瘗牲体,殊不应典礼。请自今昊天上帝、感生帝皆燔牲首以报阳;皇地祇、神州、太社、太稷,凡地之祭,皆瘗牲之左髀以报阴。荐享太庙亦皆升首于室。"

又言:"古者祭祀用牲,有豚解,有体解,荐腥则解为十一体。今亲祠南郊,正配位之俎,不殊左右胖,不分贵贱,无豚解、体解之别。请郊庙荐腥,解其牲两体、两肩、两肋并脊为七体,左右胖俱用。其载于俎,以两体左端,两肩、两肋次之,脊居中,皆进末。至荐熟,沉肉为汤,止用右胖。髀不升俎,前后肱骨离为三,曰肩、臂、臑。后髀股骨去体离为二。曰肫、胳。前脊谓之正脊,次直谓之脡脊,阔于脡脊,谓之横脊,皆二骨。肋骨最后二为短肋,旁中二为正肋,最前二为代肋。若升俎,遇肩、臂、臑在上端,膊、胳在下端,脊、肋在中央。其俎之序,则肩、臂、臂、正脊、脡脊、代肋、短肋、膊、胳凡十一体,而骨体升俎,进神坐前如少牢礼,皆进下。其牲体各预以半为腥俎,半为熟俎,肠胃肤俎亦然。"

又请:"亲祠饮福酒讫,仿《仪礼》‘佐食搏黍’之说,命太官取黍于簋,搏以授祝,祝受以豆,以嘏乎皇帝而无嘏辞。又本朝亲祠南郊,习仪于坛所,明堂习仪于大庆殿,皆近于渎。伏请南郊习仪于青城,明堂习仪于尚书省,以远神为恭。又赐作:三师,三公,侍中,中书令,门下、中书侍郎,尚书左、右丞,知枢密、同知院事,礼仪、仪仗、卤簿、顿递使,牛羊豕肩、臂、臑各五;太子三师、三少,特进,观文大学士、学士,御史大夫,六尚书,金紫、银青光禄大夫,节度使,资政殿大学士,观文翰林资政端明龙图天章宝文承旨、侍讲、侍读、学士,左右散骑常侍,尚书列曹侍郎,龙图、天章宝文直学士,光禄、正议、通议大夫,御史中丞,太子宾客,詹事,给事中,中书舍人,节度观察留后,左右谏议,龙图、天章、宝文待制,太中、中大夫,秘书、殿中丞,太常、宗正卿,牛豕肩、臂、各三;入内内侍省押班、副都知,光禄卿,监礼官,博士,牛羊脊、肋各三;太祝,奉礼,司尊彝,郊社、太庙、宫闱令,监牲牢、供应祠事内官,羊髀、膊、胳三;应执事、职掌、乐工、门干、宰手、驭马、驭车人,并均给脾、肫、胳、臡及肠、胃、肤之类。”

庆历元年,判太常寺吕公绰言:“旧礼,郊庙尊罍数皆准古,而不实三酒、五齐、明水、明酒,有司相承,名为‘看器’。郊庙配位惟用祠祭酒,分大、中祠位二升,小祠位一升,止一尊酌献、一尊饮福。宜诏酒官依法制齐、酒,分实之坛殿上下尊罍,有司毋设空器;并如唐制以井水代明水、明酒;正配位酌献、饮福酒,用酒二升者各增二升,从祀神位用旧升数。”

宋史卷九九
志第五二

礼二　吉礼二

南　郊

南郊坛制。梁及后唐郊坛皆在洛阳。宋初始作坛于东都南薰门外，四成、十二陛、三壝。设燎坛于内坛之外丙地，高一丈二尺。设皇帝更衣大次于东壝东门之内道北，南向。仁宗天圣六年，始筑外壝，周以短垣，置灵星门。亲郊则立表于青城，表三壝。神宗熙宁七年，诏中书、门下参定青城殿宇门名。先是，每郊撰进，至是始定名，前门曰泰禋，东偏门曰迎禧，正东门曰祥曦，正西门曰景曜，后三门曰拱极，内东侧门曰寅明，西侧门曰肃成，殿曰端诚，殿前东、西门曰左右嘉德，便殿曰熙成，后园门曰宝华，著为定式。元丰元年二月，诏内壝之外，众星位周环，每二步植一杙，缭以青绳，以为限域。既而，详定奉祀礼文所言：“《周官》外祀皆有兆域，后世因之，稍增其制。国朝郊坛率循唐旧，虽仪注具载圜丘三壝，每壝二十五步，而有司乃以青绳代内壝，诚不足以等神位、序祀事、严内外之限也。伏请除去青绳为三壝之制。”从之。

徽宗政和三年，诏有司讨论坛壝之制。十月，礼制局言：“坛旧制四成，一成二十丈，再成十五丈，三成，十丈，四成五丈，成高八尺一寸；十有二陛，陛十有二级；三壝，二十五步。古所谓地上圜丘、泽中方丘，皆因地形之自然。王者建国，或无自然之丘，则于郊泽吉土以兆坛位。为坛之制,当用阳数,今定为坛三成一成用九九之数,广八十一丈,再成用六九之数,广五十四丈,三成用三九之数,广二十七丈;每成高二十七尺,三成总二百七十有六,《乾》之策也。为三壝,壝三十六步,亦乾之策也。成与壝俱三,参天地之数也。"诏行之。

建炎二年,高宗至扬州,庶事草创,筑坛于州南门内江都县之东南,诏东京所属官吏奉祭器、大乐、仪仗、法物赴行在所。绍兴十三年,太常寺言:"国朝圆坛在国之东南,坛侧建青城斋宫,以备郊宿。今宜于临安府行宫东南修建。"于是,遂诏临安府及殿前司修建圆坛,第一成纵广七丈,第二成纵广一十二丈,第三成纵广一十七丈,第四成纵广二十二丈;一十二陛,每陛七十二级,每成一十二级;三壝,第一壝去坛二十五步,中壝去内壝、外壝去中壝各半之。燎坛方一丈,高一丈二尺,开上南出户,方六尺,三出陛,在坛南二十步丙地。其青城及望祭殿与行事陪祠官宿斋幕次,并令绞缚,更不修盖。先是,张澄为京尹,议筑斋宫,可一劳永逸,宇文价曰:"陛下方经略河南,今筑青城,是无中原也。"遂罢役。

神位。元丰元年十一月,详定郊庙奉祀礼文所言:"按东汉坛位,天神从祀者至千五百一十四,故外设重营,以为等限。日月在中营内南道,而北斗在北道之西,至于五星中宫宿之属,则其位皆中营,二十八宿外宫星之属,则其位皆外营。然则为重营者所以等神位也。唐因隋制,设为三壝,天神列位不出内壝,而御位特设于坛下之东南。若夫公卿分献、文武从祀,与夫乐架馔幔,则皆在中壝之内,而大次之设乃在外壝。然则为三壝者,所以序祀事也。"

景德三年,卤簿使王钦若言:"汉以五帝为天神之佐,今在第一龛;天皇大帝在第二龛,与六甲、岳、渎之类接席;帝座,天市之尊,今与二十八宿、积薪、腾蛇、杵臼之类同在第三龛。卑主尊臣,甚未便也。若以北极、帝坐本非天帝,盖是天帝所居,则北极在第二,帝坐在第三,亦高下未等。又太微之次少左右执法,子星之次少孙星,望令司天监参验。"乃诏礼仪使、太常礼院、司天监检定之。

礼仪使赵安仁言:"按《开宝通礼》,元气广大则称昊天,据远视之苍然,则称苍天。人之所尊,莫过于帝,托之于天,故称上帝。天皇大帝即北辰耀魄宝也,自是星中之尊。《易》曰:'日月丽乎天,百谷草木丽乎土。'又曰:'在天成象,在地成形。'盖明辰象非天,草木非地,是则天以苍昊为体,不入星辰之列。又《郊祀录》:'坛第二等祀天皇大帝、北斗、天一、太一、紫微、五帝坐,差在行位前,余内官诸位及五星、十二辰、河汉,都四十九坐齐列,俱在十二陛之间。'唐建中间,司天冬官正郭献之奏:'天皇、北极、天一、太一、准《天宝敕》并合升第一等。'贞元二年亲郊,以太常议,诏复从《开元礼》,仍为定制。《郊祀录》又云:'坛第三等有中宫、天市垣、帝坐等十七坐,并在前,《开元礼义罗》云:'帝有五坐,一在紫微宫,一在大角,一在太微宫一在心,在一天市垣。即帝坐者非直指天帝也。又得判司天监史序状;'天皇大帝一星。在紫微勾陈中,其神曰耀魄宝,即天皇是星,五帝乃天帝也。北极五星在紫微垣内,居中一星曰北辰,第一主月为太子,第二主日为帝王,第三为庶子,第四为嫡子,第五为天子之枢,盖北辰所主非一,又非帝坐之比。太微垣十星有左右执法、上将、次将之名,不可备陈,故总名太微垣。《星经》旧载孙星,而《坛图》止有子星,辨其尊卑,不可同位,窃惟《坛图》旧制,悉有明据,天神定位,难以跻升,望依《星经》,悉以旧礼为定。"

钦若复言:"旧史《天文志》并云:北极,北辰最尊者。又勾陈口中一星曰天皇大帝,郑玄注《周礼》谓:'礼天者,冬至祭天皇于北极也。'后魏孝文禋六宗,亦升天皇五帝上。按《晋天文志》:'帝坐光而润,则天子吉,威令行。'既名帝坐,则为天子所占,列于下位,未见其可。又安仁议,以子、孙二星不可同位。陛下方洽高禖之庆,以广维城之基,苟因前代阙文,便为得礼,实恕圣朝茂典,尤未适中。"诏天皇、北板特升第一龛,又设孙星于子星位次,帝坐如故。

钦若又言:"帝坐止三,紫微、太微者已列第二等,唯天市一坐在第三等。按《晋志》,大角及心中星但云天王坐,实与帝坐不类。"

诏特升第二龛。

旧郊丘,神位板皆有司题署,命钦若改造之。至是,钦若奉极便殿,坛上四位,涂以朱漆金字,余皆黑漆,第一等金字,第二等黄字,第三等以降朱字,悉贮漆匣,覆以黄缣帊。帝降阶观之,即付有司。又以新定《坛图》,五帝、五岳、中镇,河汉合在第三等。

四年,判太常礼院孙奭言:"准礼,冬至祀圜丘,有司摄事,以天神六百九十位从祀。今惟有五方上帝及五人神十七位,天皇大帝以下并不设位。且太昊、勾芒,惟孟夏雩祀、季秋大享及之,今乃祀于冬至,恐未协宜。"翰林学士晁迥等言:"按《开宝通礼》:圜丘,有司摄事,祀昊天、配帝、五方帝、日月、五星、中官、外官、众星总六百八十七位;雩祀、大享,昊天、配帝、五天帝、五人帝、五官总十七位;方丘,祭皇地祇、配帝、神州、岳镇、海渎七十一位。今司天监所设圜丘、雩祀、明堂、方丘并七十位,即是方丘有岳、渎从祀,圜丘无星辰,而反以人帝从祀。望如奭请,以《通礼》及神位为定,其有增益者如后敕。"从之。

政和三年,议礼局上《五礼新仪》:皇帝祀昊天上帝,太史设神位版,昊天上帝位于坛上北方南向,席以槁秸;太祖位于坛上东方南向,席以蒲越;天皇大帝、五帝、大明、夜明、北极九位于第一龛;北斗、太一、帝坐、五帝内坐、五星、十二辰、河汉等内官神位五十有四于第二龛;二十八宿等中官神位百五十有九于第三龛;外宫神位一百有六于内壝之内;众星三百六十于内壝之外。第一龛席以槁秸,余以莞席,皆内向配位。

太祖乾德元年,始有事于南郊。自五代以来,丧乱相继,典章制度,多所散逸。至是,诏有司讲求遗逸,遵行典故,以副寅恭之意。是岁十一月十六日,合祭天地于圜丘。初,有司议配享,请以禧祖升配,张昭献议曰:"隋、唐以前,虽追立四庙或六七庙,而无篇加帝号之文。梁、陈南郊祀天皇,配以皇考;北齐圜丘,祀昊天,以神武升配;隋祀昊天于圜丘,以皇考配;唐贞观初,以高祖配圜丘;梁太祖郊天。以皇考烈祖配。恭惟宣祖皇帝,积累勋伐,肇基王业,伏请奉以配享。"从之。

九年正月，诏以四月幸西京，有事于南郊。自国初以来，南郊四祭及感生帝、皇地祇、神州凡七祭，并以四祖迭配。太祖亲郊者四，并以宣祖配。太宗即位，其七祭但以宣祖、太祖更配。是岁亲享天地，始奉太祖升侑。雍熙元年冬至亲郊，从礼仪使扈蒙之议，复以宣祖配。四年正月，礼仪使苏易简言："亲祀圜丘，以宣祖配，此则符圣人大孝之道，成严父配天之仪。太祖皇帝光启丕图，恭临大宝，以圣授圣，传于无穷，按唐永徽中，以高祖、太宗同配上帝。欲望将来亲祀郊丘，奉宣祖、太祖同配；其常祀祈谷、神州、明堂，以宣祖崇配；圜丘、北郊雩祀，以太祖崇配。"奏可。

真宗至道三年十一月，有司言："冬至圜丘、孟夏雩祀、夏至方丘，请奉太宗配；上辛祈谷、季秋明堂，奉太祖配；上辛祀感生帝、孟冬祭神州地祇，奉宣祖配；其亲郊，奉太祖、太宗并配。"诏可。乾兴元年，真宗崩，诏礼官定迁郊祀配帝，乃请："祈谷及祭神州地祇，以太祖配；雩祀及昊天上帝及皇地祇，以太宗配；感生帝，以宣祖配；明堂，以真宗配；亲祀郊丘，以太祖、太宗配。"奏可。

景祐二年郊，诏以太祖、太宗、真宗三庙万世不迁。南郊以太祖定配，二宗迭配，亲祀皆侑。常祀圜丘、皇地祇配以太祖，祈谷、雩祀、神州配以太宗，感生帝、明堂以宣祖、真宗配，如旧。庆历元年，判太常寺吕公绰言："历代郊祀，配位无侧向，真宗示辅臣《封禅图》曰：'尝见郊祀昊天上帝，不以正坐，盖皇地祇次之。今修登封，上帝宜当子位，太祖、太宗配位，宜比郊祀而斜置之。'其后，有司不谕先帝以告成报功、酌宜从变之意，每郊仪范，既引祥符侧置之文，又载西向北上之礼，临时择一，未尝考定。"乃诏南郊祖宗之配，并以东方西向为定。皇祐五年郊，诏自今圜丘，三圣并侑。嘉祐六年，谏官杨畋论水灾由郊庙未顺。礼院亦言："对越天地，神无二主。唐始用三祖同配，后遂罢之。皇祐初，诏三圣并侑，后复迭配，未几复并侑，以为定制。虽出孝思，然颇违经典，当时有司失于讲求。"下两制议，翰林学士王珪等曰："推尊以享帝，义之至也。然尊尊不可以渎，故郊无二主。今三后并侑,欲以致孝也,而适所以渎乎享帝,非无以宁神也,请如礼官议。"七年正月,诏南郊以太祖定配。

高宗建炎二年,车驾至扬州,筑坛于江都县之东南。是岁冬至,祀昊天上帝,以太祖配。度宗咸淳二年,将举郊祀,时复议以高宗参配。吏部侍郎兼中书门下省检正洪焘等议,以为:"物无二本,事无二初,舜之郊喾,商之郊契,周郊后稷,皆所以推原其始也。礼者,所以别等差,视仪则,远而尊者配于郊,近而亲者配于明堂,明有等也。臣等谓宜如绍兴故事,奉太宗配,将来明堂遵用先皇帝彝典,以高宗参侑,庶于报本之礼、奉先之孝,为两尽其至。"诏恭依。

仪注。乾德元年八月,礼仪使陶谷言:"飨庙、郊天,两日行礼,从祀官前七日皆合于尚书省受誓戒,自来一日之内受两处誓戒,有亏处洁。今拟十一月十六日行郊礼,望依礼文于八日先受从享太庙誓戒,九日别受郊天誓戒,其日请放朝参。"从之。自后百官受誓戒于朝堂,宗室受于太庙。

祭之日均用丑时,秋夏以一刻,春冬以七刻,前二日遣官奏告。配帝之室,仪鸾司设大次、小次及文武侍臣、蕃客之次,太常设乐位、神位、版位等事。前一日司尊彝帅其属以法陈祭器于堂东,仆射、礼部尚书涤濯告洁,礼部尚书、侍郎省牲,光禄卿奉牲,告充、告备,礼部尚书视鼎镬,礼部侍郎视腥熟之节。祭之旦,光禄卿率其属取笾、豆、簠、簋实之。及荐腥,礼部尚书帅其属荐笾、豆、簠、簋,户部、兵部、工部尚书荐三牲之腥熟俎。礼毕,各彻,而有司受之以出。晡后,郊社令帅其属扫除,御史按视之。奏中严外办以礼部侍郎,请解严以礼部郎中,赞者设亚、终献位于小次之南,宗室位于其后;设公卿位于亚、终献之南,分献官位于公卿之后,执事者署又在其后,俱重行,西向北上。其致福也,太牢以牛左肩、臂、臑折九个,少牢以羊左肩七个、牲豕以左肩五个。有司摄事,进胙皆如礼。太尉展视以受使者,再拜稽首。既享,大宴,号曰饮福,自宰臣而下至应执事及乐工、驭车马人等,并均给有差,以为定式。是岁十一月日至,皇帝服衮冕,执圭,合祭天地于圜丘,还御明德门楼,肆赦。

仁宗天圣二年,诏加真宗谥,上谓辅臣曰:“郊祀重事,朕欲就禁中习仪,其令礼官草具以闻。”先郊三日,奉谥册宝于太庙。次日,荐享玉清昭应、景灵宫,宿太庙。既享,赴青城,至大次,就更衣坛改服衮冕行事。五年,郊后择日恭谢,大礼使王曾请节庙乐,帝曰:“三年一享,不敢惮劳也。”三献终,增礼生七人,各引本室太祝升殿,彻豆。三日,又斋长春殿,谢玉清昭应宫。礼毕,贺皇太后,比籍田;劳酒仪,略如元会。其恭谢云:“臣某虔遵旧典,郊祀礼成,中外协心,不胜欢忭。”宣答曰:“皇帝德备孝恭,礼成严配,万国称颂,欢豫增深。”帝再拜还内。枢密密使以下称贺,阁门使宣答,枢副使升殿侍立,百官称贺。酒三行,还内殿,受命妇贺,司宾自殿侧幕次引内命妇于殿庭,北向立,尚仪奏:“请皇太后即御坐。”司宾赞:“再拜。”引班首升自西阶,称封号姜某氏等言:“郊祀再举,福祚咸均,凡在照临,不胜忻忭。”降,再拜。尚宫承旨,降自东阶,称“皇太后圣旨”,又再拜。司宾宣答曰:“已成钜礼,欢豫良深。”皆再拜。次外命妇贺如内命妇仪,退,皆赴别殿贺皇帝,惟不致词,不宣答。

神宗元丰六年十一月二日,帝将亲郊,奉仁宗、英宗徽号册宝于太庙。是日晚,斋于大庆殿。三日,荐享于景灵宫,斋于太庙。四日,朝享七室,齐于南郊之青城。五日冬至,祀昊天上帝于圜丘,以太祖配。是日,帝服靴袍,乘辇至大次。有司请行礼。服大裘,被衮冕以出,至坛中壝门外,殿中监进大圭,帝执以入,宫架乐作,至午皆下版位,西向立,乐止。礼仪使赞曰:“有司谨具,请行事。”宫架奏《景安之乐》,文舞作六成,止,帝再拜,诣罍洗,宫架乐作,至洗南北向,乐止。帝搢圭,盥帨讫,乐作,至坛下,乐止。升午皆,登歌乐作,至坛上,乐止。殿中监进镇圭,《嘉安乐》作,诣上帝神坐前,北向跪,奠镇圭于缫藉,执大圭,俯伏、兴、搢圭跪,三上香,奠玉币,执圭,俯伏,兴,再拜。内侍举镇圭授殿中监,乐止。《广安乐》作,诣太祖神坐前,东向,奠圭币如上帝仪。登歌乐作,帝降坛,乐止。宫架乐作,还位,西向立,乐止。礼部尚书、户部尚书以下奉馔俎,宫架《丰安

乐》作，奉奠讫，乐止。再诣罍洗，帝搢大圭，盥帨，洗爵拭爵讫，执大
圭，宫架乐作，至坛下，乐止。升自午阶，登歌乐作，至坛上，乐止。登
歌《禧安乐》作，诣上帝神坐前，搢圭跪，执爵祭酒，三奠讫，执圭，俯
伏，兴，乐止。太祝读册，帝再拜讫，乐作。次诣太祖神坐前，如前仪。
登歌乐作，帝降自午阶，乐止。宫架乐作，还位，西向立，乐止。文舞
退，武舞进，宫架《正安之乐》作，乐止。亚献盥帨讫，《正安乐》作，礼
毕，乐止。终献行礼并如上仪，献毕，宫架乐作，帝升自午阶，乐止。
登歌乐作，至饮福位，乐止。《禧安乐》作，帝再拜，搢圭跪，受爵，祭
酒三，啐酒，奠爵，受俎，奠俎，受抟黍豆，再受爵，饮福讫，奠爵，执
圭，俯伏，兴，再拜，乐作。帝降，还位如前仪。礼部、户部尚书彻俎
豆，礼直官曰：“赐胙行事。”陪祀官再拜，宫架《宴安乐》作，一成止。
宫架乐作，帝诣望燎位，南向立，乐止。礼直官曰：“可燎。”俟火燎半
柴，礼仪使跪奏：“礼毕。”宫架乐作，帝出中壝门，殿中监受大圭，归
大次，乐止。有司奏解严。

　　帝乘舆还青城，百官称贺于端诚殿。有伺转仗卫，奏中严外办。
帝服通天冠、绛纱袍，乘舆以出。至玉辂所，侍中跪请降舆升辂。门
下侍郎奏请进行，又奏请少驻，宣侍臣乘马。将至宣德门，奏《采
齐》一曲，入门，乐止。侍中请降辂赴幄次，有司奏解严。帝常服，乘
舆御宣德门肆赦，群臣称贺如常仪。

　　初，淳化三年，将以冬至郊，前十日，皇子许王薨，有司言：“王
薨在未受誓戒之前，准礼，天地、社稷之祀不废。”诏下尚书省议。吏
部尚书宋琪等奏：“以许王薨谢，去郊礼裁十日，又诏辍十一日以后
五日朝参，且至尊成服，百僚皆当入慰。有司又以十二、十三日受誓
戒，按令式，受誓戒后不得吊丧问疾。今若皇帝既辍朝而未成服，则
全爽礼文；百僚既受誓而入奉慰，又违令式。况许王地居藩戚，望著
亲贤，于昆仲为大宗，于朝廷为冢嗣，遽兹薨逝，朝野同哀，伏想圣
情，岂胜追念。当愁惨之际，行对越之仪，臣等虑实上帝之弗歆，下
民之斯惑。况祭天之礼，岁有四焉，载于《礼经》，非有差降，请以来
年正月上辛合祭天地。”从之。

神宗之嗣位也，英宗之丧未除。是岁当郊，帝以为疑，以问讲读官王珪、司马光、王安石，皆对以不当废。王珪又谓："丧三年不祭，惟天地、社稷，为越绋而行事。《传》谓：'不敢以卑废尊也。'景德二年，真宗居明德太后之丧，即易月而服除。明年遂享太庙，而合祀天地于圜丘。请冬至行郊庙之礼，其服冕、车辂、仪物、音乐缘神事者皆不可废。"诏用景德故事，惟郊庙及景灵宫礼神用乐，卤簿鼓吹及楼前宫架、诸军音乐，皆备而不作，警场止鸣金钲、鼓角，仍罢诸军呈阅骑队。故事，斋宿必御楼警严，幸后苑观花，作水戏，至是悉罢之。有司言："故事，当谒谢于祖宗神御殿，献享月吉礼，以礼官摄。"诏遣辅臣，仍罢诣佛寺。是后国有故，皆遣辅臣。

高宗绍兴十二年，臣僚言："自南巡以来，三岁之祀，独于明堂，而郊天之礼未举，来岁乞行大礼。"诏建圜坛于临安府行宫东城之外，自是凡六郊焉。

孝宗隆兴二年，诏曰："朕恭览国史，太祖乾德诏书有云：'务从省约，无至劳烦。'仰见事天之诚，爱民之仁，所以垂万世之统者在是。今岁郊见，可令有司，除礼物、军赏，其余并从省约。"初降诏以十一月行事，以冬至适在晦日，以至道典故，改用献岁上辛，遂改来年元为乾道。乃以正月一日有事南郊，礼成，进胙于德寿宫，以牛腥体肩三、臂上臑二。导驾官自端诚殿簪花从驾至德寿宫上寿，饮福称贺，陈设仪注，并同上寿礼。皇帝致词曰："皇帝臣某言：享帝合宫，受天纯嘏，臣某与百僚不胜大庆，谨上千万岁寿。"自后郊祀、明堂进胙饮福，并如上仪。

光宗绍熙二年十一月郊，以值雨，行礼于望祭殿。帝遂感疾。理宗四十一年，一郊而已。度宗咸淳二年，权工部尚书赵汝楳等奏："今岁大礼，正在先帝大祥之后，臣等窃惟帝王受命，郊见天地，不可缓也。古者有改元即郊，不用前郊三年为计。况今适在当郊之岁，暨逾大祥之期，圜丘之祀，岂容不举。"于是降礼，以十一月十七日款谒南郊，适太史院言："十六日太阴交蚀。"遂改来年正月一日南郊行礼。太常寺言："皇帝既已从吉，请依仪用乐。其十二月二十九日朝献景灵宫,三十日朝享太庙,尚在禫制之内,所有迎神、奠币、酌献、送神作乐外,其盥洗升降行步等乐,备而不作。"

宋史卷一○○

志第五三

礼三　吉礼三

北郊　祈谷　五方帝　感生帝

北郊。宋初，方丘在宫城之北十四里，以夏至祭皇地祇；别为坛于北郊，以孟冬祭神州地祇。建隆以来，迭奉四祖崇配二坛。太平兴国以后，但以宣祖、太祖更配。真宗乃以太宗配方丘，宣祖配神州地祇。皇祐初，礼官言："皇地祇坛各再成，面广四丈九尺，东西四丈六尺。上成高四尺五寸，下成高五尺，方五丈三尺，陛广三尺五寸，卑陋不应典礼。请如唐制增广之。"五年，诸坛皆改，嘉祐配位七十一，加羊、豕各五。庆历用犊、羊、豕各一。既而谏官司马光奏："大行请谥于南郊，而皇地祇止于望告，失尊卑之序。"下礼院，定非次祭告皇地祇，请差官诣北郊行事。其神州之坛，方三丈一尺，皇祐增高三尺，广四十八步，内壝四面以青绳代之。仍遣内臣降香，有司摄事如仪。

神宗元丰元年二月，郊庙奉祀礼文所言："古者祀天于地上之圜丘，在国之南，祭地于泽中之方丘，在国之北，其牲币礼乐亦皆不同，所以顺阴阳、因高下而事之以其类也。由汉以来，乃有夫妇共牢，合祭天地之说，殆非所谓求神以类之意。本朝亲祀上帝，即设皇地祇位，稽之典礼，有所未合。"遂诏详定更改以闻。于是陈襄、王存，李清臣、张璪、黄履、陆佃、何洵直、杨完等议，或以当郊之岁，冬夏至日分祭南北郊，各一日而祀遍；或于圜丘之旁，别营方丘而望祭；或以夏至盛暑，天子不可亲祭，改用十月；或欲亲郊圜丘之岁，夏至日遣上公摄事于方丘，议久未决。

三年，翰林学士张璪言："先王顺阴阳之义，以冬至祀天，夏至祀地，此万世不可易之理。议者乃欲改用他月，无所据依。必不得已，宜即郊祀之岁，于夏至之日，盛礼容，具乐舞，遣冢宰摄事。虽未能皆当于礼，庶几先王之遗意犹存焉。"于是礼官请如璪议，设宫架乐、文武二舞，改制乐章，用竹册匏爵，增配帝犆及捧俎分献官，广坛墠斋宫，修定仪注上之。既而曾肇言："今冬至若罢合祭，而夏至又以有司摄事，则不复有亲祭地祇之时，于父天母地之义若有隆杀。请遇亲祀南郊之岁，以夏至日备礼躬款北郊，以存事地之义。"四年四月，乃诏："亲祀北郊，并依南郊之仪，有故不行，即以上公摄事。"六年，礼部、太常寺上亲祀仪并如南郊；其摄事唯改舞名及不备官，其笾豆、乐架、玉币之数，尽如亲祠。是岁十一月甲辰冬至，祀昊天上帝，以太祖配，始罢合祭，不设皇地祇位。

哲宗初立，未遑亲祀，有司摄事如元丰仪。元祐五年夏至，祭皇地祇，命尚书右丞许将摄事。将言："王者父天母地，三岁冬至，天子亲祠，偏享宗庙，祀天圜丘，而夏至方泽之祭，乃止遣上公，则皇地祇遂永不在亲祠之典，此大阙礼也。望博诏儒臣，讲求典故，明正祀典，为万世法。"礼部尚书赵彦若请依元丰所定，郊祀之岁，亲祀方丘及摄事，已合礼之正，更不须聚议。礼部郎中崔公度请用陈荐议，仍合祭天地，从祀百神。复诏尚书、侍郎、两省及侍从、台谏、礼官集议。于是翰林学士顾临等八人，请合祭如故事，俟将来亲祠北郊，则合祭可罢。宋兴，一祖六宗，皆合祭天地，其不合祭者，惟元丰六年一郊尔。去所易而就所难，虚地祇之大祭，失今不定，后必悔之。吏部侍郎范纯礼等二十二人，皆主北郊之义。中书舍人孔武仲又请以孟冬纯阴之月，诣北郊亲祠，如神州地祇之祭。彭汝砺、曾肇复上疏论合祭之非。文多不载。

九月，三省上顾临等议。太皇太后曰："宜依仁宗皇帝故事。"吕大防言："诸儒献议，欲南郊不设皇地祇位，于祖宗之制未睹其可。"
范百禄以"圜丘无祭地之礼，《记》曰：'有其废之，莫可举也。'先帝
所废，稽古据经，未可轻改。"大防又言："先帝因礼文所建议，遂令
诸儒定北郊祀地之礼，然未经亲行。今皇帝临御之始，当亲见天地，
而独不设地祇位，恐亦未安。况祖宗以恩霈四方，庆一赉将士，非三
岁一行，则国力有限。今日宜为勉行权制，俟北郊议定及太庙享礼，
行之未晚。"太皇太后以大防之言为是。而苏颂、郑雍皆以"古者人
君嗣位之初，必郊见天地。今皇帝初郊而不祀地，恐未合古。"乃下
诏曰："国家郊庙特祀，祖宗以来命官摄事，惟三岁一亲郊，则先享
清庙，冬至合祭天地于圜丘。元丰间，有司援周制，以合祭不应古
义，先帝乃诏定亲祀北郊之仪，未之及行。是岁，郊祀不设皇地祇
位，而宗庙之享率如权制。朕方修郊见天地之始，其冬至日南郊，宜
依熙宁十年故事，设皇地祇位以严并况之仪。厥后躬行方泽之祀，
则修元丰六年五月之制。俟郊礼毕，集官详议典礼以闻。"十一月冬
至，亲祠南郊，遂合祭天地，而诏罢饮福宴。

　　八年，礼部尚书苏轼复陈合祭六议，令礼官集议以闻。已而下
诏依元祐七年故事，合祭天地于南郊，仍罢集议。绍圣元年，以右正
言张商英言："先帝制详定礼文所，谓合祭非古，据经而正之。元祐
之臣，乃复行合祭，请再下礼官议。"御史中丞黄履谓："南郊合祭，
因王莽谄事元后，遂跻地位，同席共牢。迨先帝亲郊，大臣以宣仁同
政，复用莽意合祀，渎乱典礼。"帝以询辅臣，章惇曰："北郊止可谓
之社。"黄履曰："郊者交于神明之义，所以天地皆称郊。者土之神
尔，岂有祭大祇亦可谓之社乎？"乃以履奏送礼部、太常寺。权礼部
侍郎盛陶、太常丞王谊等言："宜用先帝北郊仪注，以时躬行，罢合
祭礼。"已而三省言："合祭既非礼典，但盛夏祭地祇，必难亲行。"诏
令两省、台谏、礼官同议，可亲祀北郊，然后罢合祭之礼。曾布、钱
勰、范纯礼、韩宗师、王古、井亮采、常安民、李琮、虞策、刘定、傅楫、
黄裳、丰稷、叶祖洽等言，互有是否。蔡京、林希、蔡卞、黄履、吴安
持、晁端彦、翟思、郭知章、刘拯、黄庆基、董敦逸等请罢合祭。诏从

之。然北郊亲祀,终帝之世未克举云。

建中靖国元年,命礼部,太常寺详定北郊仪制。殿中侍御史彭汝霖又请改合祭之礼,韩忠彦以为不可。曾布力主北郊之说,帝亦然之,遂罢合祭。

政和三年,诏礼制局议方坛制度。是岁,新坛成。初,元丰三年七月,诏改北郊圜坛为方丘。六年,命礼部,太常定北郊坛制。哲宗绍圣三年,权尚书侍郎黄裳等言:"南郊青城至坛所五百一十八步,自瑞圣园至皇地祇坛之东坛五百五十六步,相去不远。其坛系国初所建,神灵顾享已久。元丰间,有司请地祇、神州并为方坛,坛之外为坎,诏止改圜坛为方。请下有司,比类南郊增饰制度,除治四面稍令低下,以应泽中之制。"诏礼部再为详定,指画兴筑。至是,礼制局言:"方坛旧制三成,第一成高三尺,第二成、第三成皆高二尺五寸,上广八丈,下广十有六丈。夫圜坛既则象于乾,则方坛当效法于坤。今议方坛定为再成,一成广三十六丈,再成广二十四丈,每成崇十有八尺,积三十六尺,其广与崇皆得六六之数,以坤用六故也。为四陛,陛为级一百四十有四,所谓坤之策百四十有四者也。为再壝,壝二十有四步,取坤之策二十有四也。成与壝俱再,则两地之义也。"斋宫大内门曰广裡,东偏门曰东秩,西偏门曰西平,正东门曰含光,正西门曰咸亨,正北门曰至顺,南内大殿门曰厚德,东曰左景华,西曰右景华,正殿曰厚德,便殿曰受福、曰坤珍、曰道光,亭曰承休,后又增四角楼为定式。

其神位,崇宁初,礼部员外郎陈旸言:"五行于四时,有帝以为之主,必有神以为之佐。今五行之帝既从享于南郊第一成,则五行之神亦当列于北郊第一成。天莫尊于上帝,而五帝次之;地莫尊于大祇,而岳帝次之,今尚与四镇、海、渎并列,请升之于第一成。"至是,议礼局上《新仪》:皇地祇位于坛上北方南向,席以槀秸;太祖皇帝位于坛上东方西向,席以蒲越。木神勾芒、东岳于坛第一龛,东镇、海、渎于第二龛,东山、林、川、泽于坛下,东丘、陵、坟、衍、原、隰于内壝之内,皆在卯阶之北,以南为上。神州地祇、火神祝融、南岳于坛第一龛，南镇、海、渎于第二龛，南山、林、川、泽于坛下，南丘、陵、坟、衍、原、隰于内壝之内，所在午皆之东，以西为上。土神后土、中岳于坛第一龛，中镇于第二龛，中山、林、川、泽于坛下，中丘、陵、坟、衍、原、隰于内壝之内，皆在午阶之西，以西为上。金神蓐收、西岳于坛第一龛，西镇、海、渎于第二龛，昆仑、西山、林、川、泽于坛下，西丘、陵、坟、衍、原、隰于内壝之内，皆在酉阶之南，以北为上。水神玄冥，北岳于坛第一龛，北镇、海、渎于第二龛，北山、林、川、泽于坛下，北丘、陵、坟、衍、原、隰于内壝之内，皆在子皆之西，以东为上。神州地祇席以槁秸，余以莞席，皆内向。其余并如元丰仪坛壝之制。其位板之制：上帝位板长三尺，取参天之数；厚九寸，取乾元用九之数；广尺二寸，取天之备数；书徽号以苍色，取苍璧之义。皇地祇位板长二尺，取两地之数；厚六寸，取坤元用六之数；广一尺，取地之成数；书徽号以黄色，取黄琮之义。皆以金饰。配位板各如天地之制。”

又言：“《大礼格》，皇地祇玉用黄琮，神州地祇、五岳以两圭有邸。今请二者并施于皇地祇，求神以黄琮，荐献以两圭有邸。神州惟用圭邸，余不用。玉琮之制，当用坤数，宜广六寸，为八方而不剡；两圭之长宜共五寸，并宿一邸，色与琮同。牲币如之。”又言：“常祭，地祇、配位各用冰鉴一；今亲祀，盛暑，请增正配及从祀位冰鉴四十一。”并从之。

四年五月夏至，亲祭地于方泽，以皇弟燕王俣为亚献，越王偲为终献。皇帝散斋七日于别殿，致斋七日于内殿，一日于斋宫。前一日告配太祖室，其有司陈设及皇帝行事，并如郊祀之仪。是后七年，至宣和二年、五年，亲祀者凡四。

高宗绍兴初，惟用酒脯鹿臡，行一献礼。二年，太常少卿程瑀言：“皇地祇，当一依祀天仪式。”诏从之。又言：“国朝祀皇地祇，设位于坛之北方南向。政和四年，设于南方北向。今北面望祭，北向为难，且于经典无据。请仍南向。”

淳熙中，朱熹为先朝南北郊之辩曰：“《礼》‘郊特牲而社稷太

牢’。《书》‘用牲于郊，牛二’及‘社于新邑，’此明验也。本朝初分南
北郊，后复合而为一。《周礼》亦只说祀昊天上帝，不说祀后土，故先
儒言无北郊，祭社即是祭地。古者天地未必合祭，日月、山川、百神
亦无一时合祭共享之礼。古之时，礼数简而仪从省，必是天子躬亲
行事，岂有祭天却将上下百神重叠累积并作一祭耶？且郊坛陛级两
边上下，皆是神位，中间恐不可行。或问：“郊祀后稷以配天，宗祀文
王以配上帝，帝即是天，天即是帝，却分祭何也？曰为坛而祭，故谓
之天，祭于屋下而以神祇祭之，故谓之帝。”

祈谷、雩祀。宋之祀天者凡四：孟春祈谷，孟夏大雩，皆于圜丘
或别立坛；季秋大飨明堂；惟冬至之郊，则三岁一举，合祭天地焉。
开宝中，太祖幸西京，以四月有事南郊，躬行大雩之礼。淳化、至道，
太宗亦以正月躬行祈谷之祀，悉，如圜丘之礼。

景德三年，龙图阁待制陈彭年言：“伏睹画日，来年正月三日上
辛祈谷，至十日始立春。按《月令》，正月元日注为祈谷，郊祀昊天上
帝。《春秋传》曰：‘启蛰而郊，郊而后耕。’盖春气初至，农事方兴，郊
祀昊天，以祈嘉谷，当在建寅之月，迎春之后。自晋泰始二年，始用
上辛，不择立春之先后。斋永明元年，立春前郊，议欲迁日，王俭曰：
‘宋景平元年、元嘉六年，并立春前郊。’遂不迁日。吴操之云：‘应在
立春前。’然则左氏所记，乃三代彝章；王俭所言，乃后世变礼。来年
正月十日立春，三日祈谷，斯则袭王俭之末议，违左氏之明文。望以
立春后上辛行祈谷礼。”因诏有司详定诸祠祭祀。有司言：“今年四
月五日，雩祀上帝，十三日立夏祀赤帝。按《月令》：‘立夏之日，天子
迎夏于南郊。’《注》云：‘为祀赤帝于南郊。’又云：‘是月也，大雩。’
《注》云：‘《春秋传》曰：龙见而雩。’龙星谓角、亢也，立夏后，昏见于
东方。按《五礼精义》云：‘自周以来，岁星差度，今之龙见或在五月，
以祈甘雨，于时已晚，但四月上旬卜日。’今则惟用改朔，不待得节，
祭于立夏之前，殊违旧礼之意。苟或龙见于仲夏，雩祀于季春，相去
辽阔，于礼未周。欲请并于立夏后卜日，如立夏在三月，则待改朔。”

　　天禧元年十二月，礼仪院言："准画日，来年正月十七日祈谷，前二日奏告太祖室，缘岁以正月十五日朝拜玉清昭应宫，景德四年以前，祈谷止用上辛，其后用立春后辛日，盖当时未有朝拜宫观礼。王俭启云：'近代明例，不以先郊后春为嫌。'又宋武朝有司奏'魏代郊天值雨，更用后辛'，或正月上辛，事有相妨，并许互用，在于礼典，固亦无嫌。"

　　初，祈谷、大雩，皆亲祀上帝。由熙宁迄靖康，惟有司摄事而已。元丰中，礼官言："庆历大雩宗祀之仪，皆用犊、羊、豕各一，唯祈谷均祀昊天上帝止用犊一。请依雩祀、大享明堂牲牢仪，用犊、羊、豕各一。"

　　四年十月，详定郊庙奉祀礼文所言："近诏宗祀明堂以配上帝，其余从祀群神悉罢。今祈谷、大雩犹循旧制，皆群神从祀，恐与诏旨相戾。请孟春祈谷、孟夏大雩，惟祀上帝，以太宗皇帝配，余从祀群神悉罢。又请改筑雩坛于国南门，以严祀事。"并从之。

　　五年七月，礼部言："雩坛当立于圜丘之左巳地，其高一丈，广轮四丈，周十二丈，四出陛，为三壝各二十五步，周垣四门，一如郊坛之制。"从之。大观四年二月，礼局议以立春后上辛祈谷，诏以"今岁孟春上辛在丑，次辛在亥，遇丑不祈而祈于亥，非礼也。"乃不果行。

　　政和《祈谷仪》：前期降御札，以来年正月上辛祈谷，祀上帝。前祀十日，太宰读誓于朝堂，刑部尚书莅之；少宰读誓于太庙斋房，刑部侍郎莅之。皇帝散斋七日，致斋三日。前祀一日，用通天冠、绛纱袍，乘玉辂，诣青城。祀日，自斋殿服通天冠、绛纱袍，乘舆至大次，服衮冕，执圭，入正门，宫架《仪安之乐》作。礼仪使奏请行事，宫架作《景安之乐》，《帝临降康之舞》六成，止。太常升烟，礼仪使奏请再拜。盥洗，升坛上，登歌《嘉安之乐》作。皇帝搢大圭，执镇圭，诣上帝神位前，北向，奠镇圭于缫藉，执大圭，俯伏，兴。又奏请搢大圭，跪，受玉币。奠讫，诣太宗神位前，东向，奠币如上仪，登歌作《仁安之乐》。皇帝降阶，有司进熟，礼仪使奏请执大圭，升坛，登歌《歆安之乐》作。皇帝诣上帝神位前酌献，执爵祭酒，读册文讫，奏请皇帝再拜。诣太宗神位前酌献，并如上仪，登歌作《绍安之乐》。皇帝降阶，入小次，文舞退，武舞进，宫架《容安之乐》作。亚献酌献，宫架作《隆安之乐》，《神保锡羡之舞》。终献如之。礼仪使奏请皇帝诣饮福位，宫架《禧安之乐》作。皇帝受爵。又请再拜。有司彻俎，登歌《成安之乐》作。送神，宫架《景安之乐》作。皇帝诣望燎位。礼毕，还大次。雩祀上帝仪亦如之。惟太宗神位奠币作《献安之乐》，酌献作《感安之乐》。

南渡后，以四祀二在南郊圜坛，二在城西惠照院斋宫。绍兴十四年始具乐舞，用政和仪，增笾豆之数。乾道五年，太常少卿林栗乞四祭并即圜坛，礼部侍郎郑闻谓："明堂当从屋祭，不当在坛。有司摄事，当于望祭殿行礼。"从之。淳熙十六年，光宗受禅，始奉高宗配焉。

五方帝。宋因前代之制，冬至祀昊天上帝于圜丘，以五方帝、日、月、五星以下诸神从祀，又以四郊迎气及土王日专祀五方帝，以五人帝配，五官、三辰、七宿从祀。各建坛于国门之外：青帝之坛，其崇七尺，方六步四尺；赤帝之坛，其崇六尺，东西六步三尺，南北六步二尺；黄帝之坛，其崇四尺，方七步；白帝之坛，其崇七尺，方七步；黑帝之坛，其崇五尺，方三步七尺。天圣中，诏太常葺四郊宫，少府监遣吏斋祭服就给祠官，光禄进胙，监祭封题。庆历用羊、豕各一正位大尊、著尊各二，不用牺尊，增山罍为二，坛上、簋、俎各增为二。皇祐定坛如唐《郊祀录》，各广四丈，其崇用五行八七五九六为尺数。嘉祐加羊、豕各二。

元祐六年，知开封府范百禄言："每岁迎气于四郊，祀五帝，配以五神，国之大祠也。古者天子皆亲帅三公、九卿、诸侯、大夫以虔恭重事，而导四时之和气焉。今吏所差三献皆常参官，其余执事赞相之人皆班品卑下，不得视中祠行事者之例。请下礼部与太常议，宜以公卿摄事。"从之。

　　景德中，南郊卤簿使王钦若言：“五方帝位板如灵威仰、赤熛怒，含枢纽、白招拒、叶光纪，恐是五帝之名，理当恭避。”礼官言：“《开宝通礼义纂》，五者皆是帝号。《汉书注》自有名，即苍帝灵符，赤帝文祖，白帝显纪，黑帝玄矩，黄帝神斗是也。既为美称，不烦回避。”嘉祐元年，以集贤校理丁讽言，按《春秋文耀勾》为五帝之名，始下太常去之。

　　其祀仪：皇帝服衮冕，祀黑帝则服裘被衮。配位，登歌作《承安之乐》。余并如祈谷礼。立春祀青帝，以帝太昊氏配，勾芒氏、岁星、三辰、七宿从祀。勾芒位坛下卯阶之南，岁星、析木、大火、寿星位坛下子阶之东，西上。角、亢、氐、房、心、尾、箕、宿，位于坛下子阶之西，东上。立夏祀赤帝，以帝神农氏配，祸融氏、荧惑、三辰、七宿从祀。祝融位坛下卯阶之南，荧惑、鹑首、鹑火、鹑尾位子阶之东，西上。井、鬼、柳、星、张、翼、轸宿，位于坛下子阶之西，东上。季夏祀黄帝，以黄帝氏配，后土、镇星从祀。后土位坛下卯阶之南，镇星位坛下子阶之东。立秋祀白帝，以帝少昊氏配，蓐收、太白、三辰、七宿从祀。蓐收位坛下卯阶之南，太白、大梁、降娄、实沉位坛下子阶之东，西上。奎、娄、胃、昴、毕、觜、参宿，位于子阶之西，东上。立冬祀黑帝，以帝高阳氏配，玄冥、辰星、三辰、七宿从祀。玄冥位坛下卯阶之南，辰星、诹訾、玄枵、星纪位子阶之东，西上。斗、牛、女、虚、危、室、璧宿，位子阶之西，东上。绍兴仍旧制，祀五帝于郊。

　　感生帝，即五帝之一也。帝王之兴，必感其一。北斋、隋、唐皆祀之，而隋、唐以祖考升配，宋因其制。乾德元年，太常博士聂崇义言：“皇帝以火德上承正统，请奉赤帝为感生帝。每岁正月，别坛而祭，以符火德。”事下尚书省集议，请如崇义奏。乃酌隋制，为坛于南郊，高七尺，广四丈，日用上辛，配以宣祖。牲用骍犊二，玉用四圭有邸，币如方色。明年正月，有司言：“上辛祀昊天上帝，五方帝从祀。今既奉赤帝为感生帝，一日之内，两处俱祀，似为烦数。况同时并祀，在礼非宜。昊天从祀，请不设赤帝坐。”从之。

　　乾兴元年九月，太常丞同制礼院谢绛言：“伏睹本院与崇文院检讨官详定，以宣祖配感生帝。窃寻宣祖非受命开统，义或未安。唐武德初，圜丘、方丘、雩祀并以景帝配，祈谷、大享并以元帝配。太宗初，奉高祖配圜丘、明堂、北郊，元帝配感生帝。高宗永徽二年，祀高祖于圜丘，祀太宗于明堂，兼感生帝作主。又以景帝、元帝称祖，万代不迁，停配以符古义。臣以为景帝厥初受封为唐始祖，盖与宣帝不侔，宣祖于唐，是为元帝之比。唐有天下，裁越三世，而景、元二祖已停配典。有宋受命，既自太祖，于今四圣，而宣祖侑祀未停，恐非往典之意。请依永徽故事，停宣祖配，仍用太宗故事，宗祀真宗于明堂，兼感生帝作主。若据郑氏说，则曰五帝迭王，王者因所感别祭，尊于南郊，以祖配之。今若不用武德、永徽故事，请以太祖兼配，正符郑说。详郑之意，非受命始封之祖不得配，故引周后稷配灵威仰之义为证。惟太祖始造基业，躬受符命，配侑感帝，处理甚明。如恐祠日相妨，当以太宗配祈谷，太祖配雩祀，亦不失尊严之旨。臣以为宣庙非惟不迁，而迭用配帝，于古为疑。《礼》：'祖有功，宗有德'。但非受命之祖，亲尽必毁，况配享乎？"

翰林承旨李维等议："按《礼祭法正义》曰'郊，谓夏正建寅之月，祭感生帝于南郊。'此则崇配之文也。穷惟感帝比祈谷，礼秩差轻；宣祖比太祖配，功业有异。今以太祖祈谷，宣祖配感帝，称情立文，于礼斯协。"诏从所定。

其祀仪：皇帝散斋七日，致斋三日。太史设帝位于坛上，北方南向，席以槁秸。配帝位于坛上，东方西向，席以蒲越。配位，奠币作《皇安之乐》，酌献作《肃安之乐》，余如祈谷祀上帝仪。

绍兴十八年，臣僚言："我朝祀赤帝为感生帝，世以僖祖配之。祖宗以来，奉事尤谨，故子孙众多，与天无极。中兴浸久，祀秩咸修。惟感生帝，有司因循，尚淹小祀，寓于招提，酒脯而已。宜诏有司，升为大祀，庶几天意潜孚，永锡蕃衍。"诏礼官议之，遂跻大祀。礼行三献，用笾豆十二，设登歌乐舞，望祭于斋宫。

宋史卷一〇一

志第五四

礼四 吉礼四

明　堂

　　明堂。宋初，虽有季秋大享之文，然未尝亲祠，命有司摄事而已。真宗始议行之，属封岱宗，祀汾阴，故亦未遑。皇祐二年三月，仁宗谓辅臣："今年冬至日，当亲祀圜丘，欲以季秋行大享明堂礼。然自汉以来，诸儒各为论议，驳而不同。夫明堂者，布政之宫，朝诸侯之位，天子之路寝，乃今之大庆殿也。况明道初合祀天地于此，今之亲祀，不当因循，尚于郊墰寓祭也。其以大庆殿为明堂，分五室于内。"仍诏所司详定仪注以闻。礼院请依《周礼》，设五室于大庆殿。旧礼，明堂五帝位皆为幔室，今旁帷上幕，宜用青缯朱一里，四户八牖，赤缀户，白缀牖，宜饰以朱白缯。

　　诏曰："祖宗亲郊，合祭天地，祖宗并配，百神从祀。今祀明堂，正当亲郊之期，而礼官所定，祭天不及地祇，配坐不及祖宗，未合三朝之制。且移郊为大享，盖亦为民祈福，宜合祭皇地祇，奉太祖、太宗真宗并配，而五帝、神州亦亲献之。日、月、河、海诸神，悉如圜丘从祀之数。"礼官议诸神位未决，帝谕文彦博等曰："郊坛第一龛者在堂，第二、第三龛设于左右夹庑及龙墀上，在墰内外者，列于堂东西厢及后庑，以象坛墰之制。仍先绘图。"

　　令辅臣、礼官视设神位。昊天上帝，堂下山罍各四。皇地祇，大

尊、著尊、牺尊、山罍各二,在堂上室外神坐左;象尊二,壶尊二,山
罍四,在堂下中陛东。三配帝,五方帝,山罍各二,于室外神坐左。神
州,大尊著尊、山罍各二,在堂上神坐牲各用一犊,毛不能如其方,
以纯色代。笾豆,数用大祠。日、月、天皇大帝、北极,大尊各二,在殿
上神坐左。笾豆,数用中祠。五官,数用小祠。内官,象尊各二,每
方岳、镇、海、渎,山尊各二,在堂左右。中官,壶尊各二,在丹墀、龙
墀上。外官,每方丘、陵、坟、衍、原、隰概尊各二,众星,散尊各二,在
东西厢神坐左右。配帝席蒲越,五人帝莞,北极以上蒿秸加褥,五
官、五星以下莞不加褥,余如南郊。景灵宫升降,置黄道褥位。致斋
日,陈法驾卤簿仪仗,墙门大次之后设小次。知庙卿酌奠七祠,文臣
分享奉慈。后庙,近侍宿朝堂,行事及从升堂、百官分宿升龙门外,
内庭省司宿本所,诸方客宿公馆。设宿燎火于望燎位东南,牲增四
犊,羊豕依郊各十六,以荐从祀。帝谓前代礼有祭玉、燔玉,今独有
燔玉,命择良玉为琮、璧。皇地祇黄琮、黄币,神州两圭有邸、黑币日
月圭、璧,皆置神坐前,燔玉加币上。五人帝、五官白币,日月、内官
以下,币从方色。

　　九月二十四日未漏上水一刻,百官朝服,斋于文德殿。明日二
刻,鼓三严,帝服通天冠、绛纱袍,玉辂,警跸,赴景灵宫,即斋殿易
衮圭,荐享天未明兴殿毕,诣太庙宿斋,其礼具太庙。未明三刻,帝
靴袍,小辇殿门契勘门下省奉宝舆先入。及大次,易衮圭入,至版
位,乐舞作,沃盥,自大阶升。礼仪使导入太室,诣上帝位,奠玉币于
神坐,次皇地祇、五方帝、神州,次祖宗。奠币酌献之叙亦然。皇帝
降自中阶还版位,乐止。礼生引分献官奉玉币,祝史、斋郎助奠诸神
坐,乃进熟。诸太祝迎上帝、皇地祇馔,升自中阶;青帝、赤帝、神州、
配帝、大明、北极、太昊、神农氏馔,升自东阶;黄帝、白帝、黑帝夜
明、天皇大帝、轩辕、少昊、高阳氏馔,升自西皆;内中官、五官外官、
五星诸馔,随便升设。亚献将升,礼生分引献官俱诣罍洗,各由其阶
酌献五人帝、日、月、天皇、北极、下及左右夹庑、丹墀、龙墀、庭中五
官、东西厢外官众星坐。礼毕,帝还大次,解严,改服乘辇,御紫宸

殿，百官称贺，乃常服，御宣德门肆赦，文武内外官递进官有差。宣制毕，宰臣百僚贺于楼下，赐百官福胙及内外致仕文武升朝官以上粟帛羊酒。

嘉祐七年七月，诏复有事于明堂，有司言："皇祐参用南郊百神之位，不应祭法。宜如隋、唐旧制，设昊天上帝、五方帝位，以真宗配，而五人帝、五官神从祀。皆罢。又前一日，亲享太庙，尝停孟冬之荐，考详典礼，宗庙时祭，未有因严配而辍者，今明堂去孟冬画日尚远，请复荐庙。前者祖宗并侑，今用典礼独配；前者地祇、神州并享，今以配天而罢。是皆变于礼中之大者也。《开元》、《开宝》二礼，五帝无亲献仪。旧礼，先诣昊天奠献，五帝并行分献，以侍臣奠币，皇帝再拜，次诣真宗神坐，于礼为允。"而帝欲尽恭于祀事，五方帝位并亲献焉。朝庙用犊一，羊七，豕七；昊天上帝、配帝犊各一，羊豕各二；五方、五人帝共犊五，豕五，羊五；五官从祀共羊豕十。

英宗即位，礼官议仁宗配明堂，知制诰钱公辅等言："《孝经》曰：'昔者周公郊祀后稷以配天，宗祀文王于明堂以配上帝。'又曰：'孝莫大于严父，严父莫大于配天，则周公其人也。'以周公言之则严父，以成王言之则严祖。方是时，政则周公，祭则成王，亦安在必严其父哉？《我将》之诗是也。真宗则周之武王，仁宗则周之成王，虽有配天之业，而无配天之祭，未闻成、康以严父之故，废文王配天之祭而移之。以孔子之心推周公之祭，则严父也；以周公之心摄成王之祭，则严祖也，严祖、严父，其义一也，汉明始建明堂，以光武配，当始配之代，适符严父之说，章、安二帝亦弗之变，最为近古而合乎礼。唐中宗时，则以高宗配；在玄宗时，则以睿宗配；在永泰时，则以肃宗配。礼官不能推明经训，务合古初，反雷同其论以惑时主，延及于今，牢不可破。真宗嗣位之初，傥有建是论者，则配天之祭常在乎太宗矣。愿诏有司博议，使配天之祭不缪于严父，而严父之道不专乎配天。"

观文殿学士孙抃等曰："《易》称'先王作乐崇德荐之上帝，以配祖考'盖祖、考并可配天，符于《孝经》之说，不可谓必严其父也。祖、考皆可配郊与明堂而不同位,不可谓严祖、严父其义一也。虽周家不闻废文配而移于武,废武配而移于成,然《易》之配考,《孝经》之严父,历代循守,不为无说,魏明帝祀文帝于明堂以配上帝,史官谓是时二汉之制具存,则魏所损益可知,亦不可谓章、安之后配祭无传,遂以为未尝严父也。唐至本朝讲求不为少,所以不敢异者,舍周、孔之言无所本也。今以为《我将》之诗,祀文王于明堂而歌者,安知非孔子删《诗》,存周全盛之《颂》被于管弦者,独取之也?仁宗断体守成,置天下于泰安四十二年,功德可谓极矣。今祔庙之始,抑而不得配帝,甚非所以宣章严父之大孝。"

谏官司马光、吕海曰:"孝子之心,孰不欲尊其父?圣人制礼以为之极,不敢逾也。《诗》曰:"思文后稷,克配彼天。"又《我将》:"祀文王于明堂。"下此,皆不见于经,前汉以高祖配天,后汉以光武配明堂,以是观之,自非建邦启土、造有区夏者,皆无配天之文。故虽周之成、康、汉之文、景、明、章,德业非不美也,然而不敢推以配天,避祖宗也。孔子以周公有圣人之德,成太平之业,制礼作乐,而文王适其父,故引以证:"圣人之德莫大于孝"答曾子,非谓凡有天下者皆当尊其父以配天,然后为孝也。近代祀明堂者,皆以其父配上帝,此乃误释《孝经》之义,而违先王之礼也。景祐中,以太祖为帝者之祖,比周之后稷,太宗、真宗为帝者之宗,比周之文、武,然则祀真宗于明堂以配上帝,亦未失古礼。仁宗虽丰功美德洽于四海,而不在二祧之位,仪者乃欲舍真宗而以仁宗配,恐于祭法不合。"诏从抃议。

御史赵鼎请递迁真宗配雩祭,太宗配祈谷、神州,用唐故事。学士王珪等以为:"天地大祭有七,皆以始封受命创业之君配神作主,明堂用古严父道配以近考,故在真宗时以太宗配,在仁宗时以真宗配,今则以仁宗配。仁宗始罢太宗明堂之配,太宗先已配雩祀、祈谷及神州之祭,本非递迁。今明堂既用严父之道,则真宗配天之祭于礼当罢。不当复分雩祭之配也。"治平四年九月,大享明堂,以英宗配。

　　元丰,详定礼文所言:"祀帝南郊,以天道事之,则虽配帝用犊,《礼》所谓:"帝牛不吉,以为稷牛,"是也。享帝明堂,以人道事之,则虽天帝用太牢,《诗》所谓:"我将我享,维羊维牛"是也。自梁用特牛,隋、唐因之,用特牲,非所谓以人道享上帝之意也。皇祐、熙宁所用犊与羊、豕,皆未应礼。今亲祠上帝、配帝、五方帝、五人帝,请用牛、羊、豕各一。"太常礼院言:"今岁明堂,尚在慈圣光献皇后三年之内,请如熙宁元年南郊故事,惟祀事用乐,卤簿鼓吹、宫架、诸军音乐皆备而不作,警场鸣金钲、鼓角而已。自是,凡国有故皆用此制。

　　六月诏曰:"历代以来,合宫所配,杂以先儒六天之说,朕甚不取。将来祀英宗皇帝于明堂,惟以配上帝,余从祀群神悉罢。详定所言:"按《周祀》有称昊天上帝,有称上帝,有称五帝者,一帝而已。将来祀英守于明堂,合配昊天上帝及五帝,欲以此修入仪注。"并据知太常礼院赵君锡等状:"按《周官》掌次职曰:"王大旅上帝,则张毡案;祀五帝,则设大次、小次。"又司服职曰:"祀昊天上帝则服大裘而冕,祀五帝亦如之。"明上帝与五帝异。则宗祀文王以配上帝者,非可兼五帝也。自郑氏之学兴,乃有六天之说,而事非经见。晋泰始初,论者始以为非,遂于明堂惟设昊天上帝一坐而已。唐《显庆礼》亦然。请如诏祀英宗于明堂,惟配上帝,以称严父之意。"又请:"以莞席代高秸、蒲越,以玉爵代匏爵,其豆、登、簋、俎、尊、垒并用宗庙之器,第以不裸,不用彝瓒。罢燎火及设褥,上帝席以高秸,配帝席以蒲越,皆加褥其上。饮福受胙,俟终三献。并从之。

　　监察御史里行王祖道言:"前诏以六天之说非古,今复欲兼祀五帝,是亦六天也。礼官欲去四圭而废祀神之玉,殊失事天之礼。望复举前诏,以正万世之失。"仍并诏详定合用圭、璧。详定所言:"宋朝祀天礼以苍璧,则燎玉亦用苍璧;礼神以四圭有邸,则燎玉亦用四圭有邸。而议者欲以苍璧礼神,以四圭有邸,从燎,义无所主。《开宝》、《开元礼》,祀昊天上帝及五帝于明堂,礼神燔燎皆用四圭有邸。今诏唯祀上帝,则四圭有邸,宜不当设。宜如南郊,礼神燔燎皆用苍璧。”又请“宿斋于文德殿,祭之旦,服通天冠、绛纱袍,至大次,改祭服行事,如郊庙之礼。”

先是,三省言:“按天圣五年南郊故事,礼毕行劳酒之礼,如元会仪。今明堂礼毕,请太皇太后御会庆殿,皇帝于帘内行恭谢礼,百僚称贺讫,升殿赐酒。”太皇太后不许,诏将来明堂礼毕,更不受贺,百官并于内东门拜表。九月辛巳,大享于明堂,礼毕,诣景灵宫及诸寺观行恭谢礼。元符元年,尚书左丞蔡卞言:“每岁大享明堂,即南郊望祭殿行礼,制度隘窄,未足以仰称严事之意。今新作南郊斋宫端诚殿,实天子杰斋奉祠及见群臣之所,高明邃深,可以享神,即此行礼,于义为合。”

初,元丰礼官以明堂寓大庆路寝,别请建立以尽严奉,而未暇讲求。至是,蔡京为相,始以库部员外郎姚舜仁《明堂图议》上,诏依所定营建,明年正月,以慧出东方罢。大观元年九月辛亥,大享于明堂,犹寓大庆殿。

政和五年,诏:“宗祀明堂以配上帝,寓于寝殿,礼盖云阙,崇宁之初,尝诏建立,去古既远,历代之模无足循袭,朕刺经稽古,度以九筵,分其五室,通以八风,上圆下方,参合先王之制。相方视址,于寝之南,傺工鸠材,自我作古,以称朕昭事上帝率见昭考之心。”既又以言者:“明堂,基宜正临丙方近东,以据福德之地”,乃徙秘书省宣德门东,以其地为明堂。

又诏:“明堂之制,朕取《考工》互见之文,得其制作之本。夏后氏曰世室,修二七,广四修一,五室三四步四三尺,九阶,四旁两夹窗。考夏后氏之制,名曰世室,又曰堂者,则世室非庙堂,修二七广四修一,则度以六尺之步,其堂修十四步,广十七步之半。又曰五室三四步四三尺者,四步益四尺中央土室也,三步益三尺,木、火、金、水四室也。每室四户,户两夹窗,此夏制也。商人重屋,堂修七寻,崇一三尺,四阿重屋,而又曰堂者,非寝也。度以八尺之寻,其堂修七寻。又曰四阿重屋,阿者屋之曲也,重者屋之复也,则商人有四隅之阿,四柱复屋,则知下方也。周人明堂,度以九尺筵。三代之制不相袭，夏曰世室，商曰重屋，周曰明堂则知皆室也。东西九筵，南北七筵，堂崇筵，五室，凡室二筵者，九筵则东西长，七筵则南北狭，所以象天，则知上圜也。名不相袭，其制则一，唯步、寻、筵广狭不同而已。朕益世室之度，兼四阿重屋之制，度以九尺之筵，上圜象天，下方法地，四户以合四序，八窗以应八节，五室以象五行，十二堂以听十二朔。九阶、四阿，每室四户，夹以八窗，享帝严父，听朔布政于一堂使司之上，于古皆合，其制大备。宜令明堂遵图建立。"

于是内出图式，宣示于崇政殿，命蔡京为明堂使，开局兴工，日役万人。京言："三代之制，修广不相袭，夏度以六尺之步，商度以八尺之寻，而周以九尺之筵，世每近，制每广。今若以二筵为太室，方一丈八尺，则室中设版位、礼器已不可容，理当增广。今从周制，以九尺之筵为度，太室修四筵，三丈六尺。广五筵，四丈五尺。共为九筵。木、火、金、水四室各修三筵，益四五，三丈一尺五寸。广四延三丈六尺。共七筵，益四尺五寸。十二堂古无修广之数，亦广以九尺之筵。明堂、玄堂各修四筵。三丈六尺。广五筵，四丈五尺。左右个各修广四筵。三丈六尺。青阳。总章各修广四筵，三丈六尺。左右个各修四筵，在丈六尺，广三筵，益四五。三丈一尺五寸。四阿各四筵，三丈六尺。堂柱外基各一筵，九尺。堂总修一十九筵，一十七丈一尺。广二十一筵。一十八丈九尺。

蔡攸言："明堂五门，诸廊结瓦，古无制度，汉、唐或盖以茅，或盖以瓦，或以木为瓦，以夹纻漆之。今酌古之制，适今之宜，盖以素瓦，而用硫璃缘里及顶盖鸱尾缀饰，上施铜云龙，其地则随所向甃以五色之石。栏楯柱端以铜为文鹿或群邪象。明堂设饰，杂以五色，而各以其方所尚之色。八窗、八柱则以青、黄、绿相间，堂室柱门栏楯，并涂以朱。堂阶为三级，级崇三尺，共为一筵。庭树松、梓、桧、门不设干，殿角皆垂铃。诏以"玄堂"犯祖讳，取"平在朔易"之义，改为平朔，门亦如之。仍改敷祐门曰左敷佑，左承天门曰右敷佑，右承天门曰平秩，更衣大次曰斋明殿。七年四月，明堂成，有司请颁常视朔听朝。诏："明堂专以配帝严父，余悉移于大庆、文德殿。"群臣五表陈请,乃从之。

礼制局言:"祀天神于冬至,祀地祇于夏至,乃有常日,无所事卜。季秋享帝,以先王配,则有常月而未有常日。礼不卜常祀而卜其日,所谓卜日者,卜其辛尔,盖月有上辛、次辛,请以吉辛为正。"

又言:"《周礼》:'祀昊天上帝,则大裘而冕,祀五帝亦如之。享先王则衮冕。'盖于大裘举正位以见配位,于衮冕举配位以见正位,以天道事之,则举卑明尊;大裘象道,衮冕象德,明堂以人道享上帝,请服衮冕。郊祀正位设蒲越,明堂正配位以莞,盖取《礼记》所谓"莞簟之安"。请明堂正配位并用莞簟。又《周礼》:'以苍璧礼天。'又曰:'四圭有邸,以祀天旅,上帝。'然说者谓礼神在求神之前,祀神在礼神之后。盖一祭而并用也。夏祭方泽,两圭有邸与黄琮并用,明堂大享,苍璧及四圭有邸亦宜并用。圜丘、方泽,执玄圭则指大圭,执大圭则奠玄圭。《礼经》,祀大神祇,享先王。一如明堂亲祠。宜如上仪。其正配二位,请各用笾二十六,豆二十六,簠八,簋八,登三,铏三,椇盘、神位席、币筐、祝筐、玉爵反坫、瑶爵、牛羊豕鼎各一,并局七,毕茅,纂俎六,太尊、山尊、著尊、牺尊、象尊各二,壶尊六,皆设而弗酌,尊加幂。牺尊、象尊、壶尊、牺罍、象罍、壶罍各五、加构、幂。御盘匜一,并筐,杓、巾,饮福受黍豆一,以玉饰。饮福受胙俎一。亚献终献盥洗罍、爵洗爵并筐、杓巾、各一,神厨鸾刀一。"

又言:"明堂用牲而不设庶羞之鼎。按元丰礼,明堂牲牢正配,各用牛一、羊一、豕一。宗祀止用三鼎而不设庶羞之鼎,其俎亦止合用六。宗庙祭祀五齐三酒,有设而弗酌者,若酒正所谓'以法共五齐三酒,以实八尊'是也。有设而酌者,若司尊彝所谓'醴齐缩酌,盎齐涗酌,凡酒修酌'是也。今太庙、明堂之用,请太尊实泛齐,山尊实醴齐,著尊实盎齐,牺尊实缇齐,象尊实沉齐,壶尊实三酒,皆为弗酌之尊。又以牺尊实醴齐为初献,象尊实盎为亚献,并陈于阼阶之上,牺在西,象在东。壶尊实清酒为终献,陈于阼皆之下,皆为酌尊。尊三,其贰以备乏匮。明堂虽严父,然配天与上帝,所以求天神而礼之,宜同郊祀,用礼天神六变之乐,以天帝为尊焉。皇祐以来,以大庆殿为明堂,奏请致斋于文德殿,礼成受贺于紫宸殿。今堂肇建,宜于大庆殿奏请致斋,于文德殿礼成受贺。宿斋奏严,本以警备,仁宗诏明堂直端门,故斋夕权罢。今明堂在寝东南,不与端门直,将来宗祀,大庆殿斋宿,皇城外不设卤簿仪仗,其警场请列于大庆殿门之外。王者祀上帝于郊,配以祖,祀于明堂,配以祢。今有司行事,乃寓端诚殿,未尽礼意。请非亲祀岁,有司行事,亦于明堂。改仪仗使曰礼卫,卤簿使曰礼器,桥道顿递使曰礼顿,大礼、礼仪二使仍旧制。又设季秋大享登歌,并用方士。”

初,礼部尚书许光凝等议:“明堂五室祀五帝,而王安石以五帝为五精之君,昊天之佐,故分位于五室,与享于明堂。神宗诏唯以英宗配帝,悉去从祀群神。陛下肇新宏规,得其时制,位五帝于五室,既无以祢既配之嫌,止祀五帝,又无群神从祀之渎,则神考绌六天于前,陛下正五室于后,其揆一也。”至是诏罢从祀,而亲祠五室焉。寻诏每岁季秋大享,亲祠明堂如孟月朝献礼,罢有司摄事,及五使仪仗等。

已而太常寺上《明堂仪》:皇帝散斋七日于别殿,致斋三日于内殿,有司设大次于斋明殿,设小次于明堂东东下。祀日,行事、报废事、陪祠官立班殿下,东西相向。皇帝服衮冕,太常卿奏、乐上阁门官、太常博士前导。礼部侍郎奏中严外办,太常卿奏请行礼。’太常卿奏礼毕,礼部郎中奏解严。其礼器、牲牢、酒馔、奠献、玉币、升烟、燔首、祭酒、读册、饮福、受胙并乐舞等,并如宗祀明实堂仪,其行事执事陪祠官,并前十日受誓戒于明堂。行事、执事官致斋三日,前一日并服朝服立班省馔,祀日并祭服。陪位官致斋一日。祀前二日仍奏告神宗配侑。自是迄宣和七年,岁皆亲祀明堂。

高宗绍兴元年,礼部尚书秦桧等言:“国朝冬祀大礼,神位六百九十,行事官六百七十余员,今卤簿、仪仗、祭器、法物散失殆尽,不可悉行。宗庙行礼,又不可及天地。明堂之礼,可举而行,乞诏有司讨论以闻。”礼部、御史、太常寺言:“仁宗明常以大庆殿为之,今乞于常御殿设位行礼。”乃下诏曰:“肇称吉礼,已见于三岁之郊;载考彝章;尝间以九筵之祀。因秋成物,辑古上仪,会天地以同禋,升祖宗而并配。"乃以九月十八日行事。

四年,太常寺看详、国子监丞王普言明堂有未合礼者十一事:其一,谓陶匏用于郊丘,玉爵用于明堂,今兹明堂实兼郊礼,宜用陶匏,他日正宗祀之礼,当奉玉爵。其二,《礼经》,太牢当以牛、羊、豕为序,今用《我将》之诗,遂以羊、豕、牛为序,所谓以辞害意,岂有用大牲元祀而反在羊、豕之后者。其三、陈设尊罍,宜仿《周官》司尊彝秋尝之制。其四,泛斋醴斋,宜代以今酒而不易其名。其五、其六,祭器、冕服,当从古制,其七,皇帝未后诣斋室,则是致斋二日有半,乞用质明以成三日之礼。其作八,斋不饮酒,茹荤,乞罢官给酒馔,俾得专心致志,交于神明。其九,设神位版及升烟、奠册,不当委之散吏。其十、十一,皆论乐。并从之。

三十一年,以钦宗之丧,用元祐故事,前期朝献景灵宫、朝享太庙,皆遣大臣摄事;唯亲行大享之礼,礼毕宣赦,乐备不作。附庙毕如故事。享罢合祭,奉徽宗配。祀五天帝、五人帝于堂上,五官神于东厢,仍罢从祀诸神位,用熙宁礼也。

孝宗淳熙六年,以群臣议,复合祭天地,并侑祖宗、从祀百神,如南郊。十五年九月,有事于明堂,上问宰执配位。周必大奏:"昨已申请,高宗几筵未除,用徽宗故事未应配坐,且当以太祖、太宗并配。"留正亦言之。上曰:"有绍兴间典故,可参照无疑。"

嘉定十七年闰八月,理宗即位,大享当用九月八日,在宁宗梓宫未发之前,下礼官及台谏、两省详议。吏部尚书罗点等言:"本朝每三岁一行郊祀,皇祐以来始讲明堂之礼,至今遵行。稽之《礼经》,有"越绋行事"之文,"既殡而祭"之说,则虽未葬以前,可以行事。且绍熙五年九月,在孝宗以日易月释服之后,未发引之前;庆元六年九月,亦在光宗以日易月释服后,未发引之前。今来九月八日,前祀十日,皇帝散斋别殿,百官各受誓戒,系在闰八月二十七日,即当在以日易月未释服之内。乞下太史局于九月内择次辛日行礼,则在释服之后,正与前史相同。"乃用九月二十八日辛卯。前二日,朝献景灵宫，前一日，享太庙，遣官摄事，皇帝亲行太享，礼成不贺。

淳祐三年，将作少监、权枢密都承旨韩祥言："窃以明堂之礼，累圣不废严父之祀，以父在故也。及绍兴末，乃以徽庙配，考宗在位二十八年，娱奉尧父，故无祀父之典配侑之典。南渡以来，事颇不同。高庙中兴，徽宗北狩，当时合祭天地于明堂，以太祖、太宗配，非废严父，南郊、明堂，惟以太祖、太宗配，沿袭至今，遂使陛下追孝宁考之心有所未尽，"时朝用散大夫康熙亦援倪思所著合宫严父为言。上曰："三后并侑之说，最当。是后明堂以太祖、太宗、宁宗并侑。"宝祐五年九月辛酉，复奉高宗升侑，于是明堂之礼，一祖三宗并配。度宗咸淳五年，明堂大享，又去宁宗，奉理宗与祖宗并配。

先是，绍兴初，权礼部尚书胡直孺等言："国朝配祀，自英宗始配以近考，司马光、吕海争之，以为拙祖进父，然卒不能夺王圭、孙抃之诏辞。其后，神宗谓周公宗祀在成王之世，成王以文王为祖，则明堂非以考配明矣。王安石亦对以误引《孝经》严父之说，惜乎当时无有辨正之者，今或者曰：后稷为周之祖，文王、武王是为二桃。高祖为汉之祖，孝文、孝武特崇两庙。皆子孙世世所奉承者，太祖为帝者祖，太宗、真宗宜为帝者宗。皇佑以一祖二宗并配，议出于此。直孺等闻前汉以高祖配天，后汉以光武配明堂，盖古之帝王非建邦启土者，皆无配天之天，故虽周之成、康、汉之文、景、明、章，其德业非不美也。然而子孙不敢推以配祭者，避祖宗也。有宋肇基创业之君，太祖是已。太祖则周之后稷，配祭于郊者也；太宗则周之文王，配祭于明堂者也。此二祭者，万世不迁之法。皇佑宗祀，合祭天地，固宜以太祖、太宗配。当时盖拘于严父，故配帝并及于真宗。今主上绍膺大统，自真宗至于神宗均为祖庙，独跻则患在于无名，并配则几同于祫享。今参酌皇佑诏书，请合祭昊天上帝、皇地祇于明堂，奉太祖、太宗以配，惟礼专而事简，庶几可以致力于神，万世行之可也。"

七年，徽宗哀闻，是岁九月，中书舍人傅崧卿援严父之说，不幸太上讳问奄至，而太享不及，理实未安。吏部尚书孙近专言："元年以来，祖、宗并配，今论者乃欲祖、宗并配之外增道君皇帝一位，不合典礼。"权礼部侍郎陈公辅言："今梓宫未还,庙社未定,疆土未复,臣窃意祖宗,上皇神灵所望于陛下者,必欲兴衰拨乱,恢复中原,迎还梓宫,归藏陵寝,以隆我宋无疆之业,若如议者之言,以陛下贵为天子,上皇北狩十有一年,未获天下之养,今不幸而崩,且欲因明堂之礼,追配上帝,谓是足以尽人子之孝,则于陛下之志,恐亦小矣。宜依故事合祭天地,祖、宗并侑。太上升配,似未可行。"至嘉定四年,遂以太祖、太宗、高宗、宁宗并侑,至度宗复以太祖、太宗、高宗、理宗并配焉。

宋史卷一○二

志第五五

礼五 <small>吉礼五</small>

社稷　岳渎　籍田　先蚕　奏告
祈崇

社稷,自京师至州县,皆有其祀。岁以春秋二仲月及腊日祭太
社、太稷。州县则春秋二祭,刺史、县令初献,上佐、县丞亚献,州博
士、县簿尉终献。如有故,以次官摄,若长吏职官或少,即许通摄,或
别差官代之。牲用少牢,礼行三献,致斋三日。其礼器数:正配坐尊
各二,笾、豆各八,簠、簋各二,俎三。从祀笾、豆各二,簠、簋、俎各
一。太社坛广五丈,高五尺,五色土为之。稷坛在西,如其制。社以
石为主,形如钟,长五尺,方二尺,剡其上,培其半。四面宫垣饰以方
色,面各一屋,三门,每门二十四戟,四隅连饰罘罳,如庙之制,中植
以槐其坛三分宫之一,在南,无屋。庆历用羊、豕各二,正配位笾、豆
十二,山罍、簠、簋、俎二,祈报象尊一。

元丰三年,详定所言:“社稷祝版、牲币、馔物,请并瘗于坎,更
不设燔燎。又《周礼·大宗伯》“以血祭社稷”,社为阴祀,血者幽阴
之物,是以类求神之意。郊天先荐血,次荐腥,次荐爓,次荐熟,社
稷、五祀,先荐爓,次荐熟。至于群小祀,荐熟而已。今社稷不用血
祭,又不荐爓,皆违经礼。请以埋血为始,先荐爓,次荐熟”。古者祭
社,君南向于北墉下,所以答阴也,今社稷墙内,不设北墉,而有司

摄事,乃设东向之位,非是。请设北墉以备亲祠南向答阴之位,有司摄事,则立北墉下少西。《王制》曰:'天子社稷皆太牢,诸侯社稷皆少牢。'今一用少牢,殊不应礼,夫为一郡邑报功者,当用少牢,为天下报功者,当用在太牢。所有春秋祈报太社、太稷,请于羊豕外加角握二牛。"又言:社稷之祭,有瘗玉而礼玉,《开元礼》:奠太社、太稷,并以两圭有邸。请下有司造两圭有邸二,以为礼神之器,仍诏于坛侧建斋厅三楹,以备望祭。"

先是,州县社主不以石。礼部以谓社稷不屋而坛,当受霜露风雨,以达天地之气,故用石主,取其坚久。又礼,诸侯之坛半天子之制,请令州县社主用石,尺寸广长亦半太社之制。遂下太常,修入祀仪,元祐中,又从博士孙谔言:祭太社、太稷,皆设登歌乐。大观,议礼局言:"太社献官、太祝、奉礼,皆以法服;至于郡邑,则用常服。请下祭服制度于郡县,俾其自制,币则听改造之。"

绍兴元年,以春秋二仲及腊前祭太社、太稷于天庆观,又望祭于临安天宁观。十四年,始筑坛�于观桥之东,立石主,置太社令一员,备牲牢器币,进熟、望燎如仪。

岳镇海渎之祀。太祖平湖南,命给事中李昉祭南岳,继令有司制诸岳神衣、冠、剑、履,遣使易之。广南平,遣司农少卿李继芳祭南海,除去刘鋹所封伪号及宫名,易以一品服。又诏:"岳、渎并东海庙,各以本县令兼庙令,尉兼庙丞,专掌祀事。"又命李昉、虞多逊、王祐、扈蒙等分撰岳、渎祠及历代帝王碑,遣翰林待诏孙崇望等分诣庙书于石。六年,遣使奉衣、冠、剑履,送西镇吴岳庙。

太平兴国八年,河决滑州,遣枢密直学士张斋贤诣白马津,以一太牢沈祠加璧。自是,凡河决溢、修塞皆致祭。秘书监李至言:"按五郊迎气之日,皆祭逐方岳镇、海渎。自兵乱后,有不在封域者,遂阙其祭。国家克复四方,间虽奉诏特祭,未著常祀。望遵旧礼,就迎气日各祭于所隶之州,长吏以次为献官。"其后,立春日祀东岳岱山于兖州,东镇沂山于沂州,东海于莱州,淮渎于唐州。立夏日祀南岳衡山于衡州,南镇会稽山于越州,南海于广州,江渎于成都府。立秋日祀西岳华山于华州,西镇吴山于陇州,西海、河渎并于河中府,西海就河渎庙望祭。立冬祀北岳恒山、北镇医巫闾山于定州,北镇就北岳庙望祭,北海、济渎并于孟州,北海就济渎庙望祭。土王日祀中岳嵩山于河南府,中镇霍山于晋州。

真宗封禅毕,加号泰山为仁圣天斋王,遣职方郎中沈维宗致告。又封威雄将军为炳灵公,通泉庙为灵派侯,亭山神庙为广禅侯,峄山神庙为灵严侯,各遣官致告。诏泰山四面七里禁樵采,给近山二十户以奉神祠,社首、祖徕山并禁樵采,车驾次澶州,祭河渎庙,诏进号显圣灵源公,遣左谏议大夫薛映诣河中府,比部员外郎丁顾言诣澶州祭告。秘书丞董温其言:"汉以霍山为南岳,望令寿州长吏春秋致祭。"礼官言:"虽前汉尝以霍山为南岳,缘今岳庙已在衡山,难于改制。其霍山如遇水旱祈求及非时,准别敕致祭,即委州县奉行。"诏封江州马当上水府,福善安江王。太平州采石中水府,顺圣平江王;润州金山水府,昭信泰江王。

及祀汾阴,命陈尧叟祭西海,曹利用祭汾河。车驾至潼关,遣官祠西岳及河渎,并用太牢,备三献礼。庚午,亲谒华阴西岳庙群臣陪位,垣内外列黄麾仗,遣官分奠庙内诸神,加号岳神为顺圣金天王。还至河中,亲谒奠河渎庙及西海望祭坛。五月乙未,加上东岳曰天斋仁圣帝,南岳曰司天昭圣帝,西岳曰金天顺圣帝,北岳曰安天元圣帝,中岳曰中天崇圣帝。命翰林、礼官详定仪注及冕服制度、崇饰神象之礼。其玉册制,如宗庙谥册。帝自作《奉神述》,备纪崇奉意,俾撰册文。有司设五岳册使一品卤簿及授册黄麾仗、载册辂、衮冕与于乾元门外,各依方所。群臣朝服序班、仗卫如元会仪。改服衮冕,御乾元殿。中书侍郎引五岳玉册,尚衣奉衮冕升殿,上为之兴。奉册使副班于香案前,侍中宣制曰:"今加上五岳帝号,遣卿等持节奉册展礼。"咸承制再拜。奉册使以次升自东阶,受册御坐前,降西阶,副使受衮冕与丹墀,随册使降立丹墀西,玉册发至于朝元门外,帝复坐。册升奉册使辂,鼓吹振作而行。东岳、北岳册次于瑞圣园,南岳册次于玉津园;西岳、中岳册次于琼林苑,及庙,内外列黄麾仗,设登歌。奉册于车,奉衮冕于舆,使副袴褶骑从,遣官三十员前导。及门,奉置幄次,以州长吏以下充祀官,致祭毕,奉玉册、衮冕置殿内。又加上五岳帝后号:东曰淑明,南曰景明,西曰肃明,北曰靖明,中曰正明。遣官祭告。诏岳、渎、四海诸庙,迁设醮,除青词外,增正神位祝文。又改唐州上源桐柏庙为淮渎长源公。加守护者。帝自制五岳醮告文。遣使醮告。即建坛之地构亭立石柱,刻文其上。

天禧四年,从灵台郎皇甫融请,凡修河致祭,增龙神及尾宿、天江、天记、天社等诸星在天河内者,凡五十位。

仁宗康定元年,诏封江渎为广源王,河渎为显圣灵源王,淮渎为长源王,济渎为清源王,加东海为渊圣广德王,南海为洪圣广利王,西海为通圣广润王,北海为冲圣广泽王。皇祐四年,又以灵台郎王大明言,汴口祭河,兼祠箕、斗、奎、与东井、天津、天江、咸、池、积水、天渊、天潢、水位、水府、四渎、九坎、天船、王良、罗堰等十七星在天河内者。五年,以侬智高遁,益封南海洪圣广利昭顺王。其五镇,沂山旧封东安公,政和三年封王;会稽旧封永兴公,政和封永济王;吴五山旧封成德公,元丰八年封王;医巫闾旧封广宁公,政和封王;霍山旧封应圣公,政和封应灵王。东海,大观四年,加号助顺广德王。

绍兴七年,太常博士黄积厚言:"岳镇海渎,请以每岁四立日词分祭东西南北,如祭五方帝礼。"诏从之。

乾道五年,太常少卿林栗言:"国家驻跸东南,东海、南海,实在封域之内。自渡江以后,惟南海王庙,岁时降御书祝文,加封至八字王爵。如东海之祠,但以莱州隔绝,未耳致祭,殊不知通、泰、明、越、温、台、泉、福、皆东海分界也。绍兴中金人入寇,李宝以舟师大捷于胶西,神之助顺,为有功矣。且元丰间尝建庙于明州定海县,请依南海特封八字王爵,遣官诣明州行礼。"诏可。

籍田之礼,岁不常讲。雍熙四年,始诏以来年正月择日有事于东郊,行籍田礼。所司详定仪注:"依南郊置五使。除耕地朝阳门七里外为先农坛,高九尺,四陛,周四十步,饰以青;二壝,宽博取足容御耕位。观耕台大次设乐县、二舞。御耕位在壝门东南,诸侯耕位次之,庶人又次之。观耕台高五尺,周四十步,四陛,如坛色。其青城设于千亩之外。"又言隋以青箱奉穜稑,唐废其礼青箱旧无其制,请用竹木为之而无盖,两端设襻,饰以青"中分九隔,隔盛一种,覆以青帊。种穜稑即早晚之种,不定谷名,请用黍、稷、秫、稻、粱、大小豆、大小麦,陈于箱中。"大礼使李昉言:"按《通礼》,乘耕根车,今请改乘玉辂,载耒据于耕根车,又前典不载告庙及称贺之制,今请前二日告南郊、太庙。耕礼毕,百官称贺于青城。礼有劳酒,合设会于还宫之翼日,望如亲祀南郊之制,择日大宴。"详定所言:"御耒耜二具,并盛以青绦,准唐乾元故事,不加雕饰,礼毕,收于禁中,以示稼穑艰难之意。其祭先农,用纯色犊一,如郊祀例进胙,余并权用大祠之制。皇帝散斋三日,致斋二日,百官不受誓戒。神农、后稷册,学士院撰文进书。"以卤簿使贾黄中言,复用象辂载耒耜,以重其事。五年正月乙亥,帝服衮冕,执镇圭,亲享神农,以后稷配,备三献,遂行三推之礼。毕事,解严,还行宫,百官称贺。帝改御大辇,服通天冠、纱袍,鼓吹振作而还。御乾元门大赦,改元瑞拱,文武递进官有差,二月七日,宴群臣于大明殿,行劳酒礼。

景德七年,判太常礼院孙奭言:"来年画日,正月一日享先农,九日上辛祈谷,祀上帝。《春秋传》曰:'启蛰而郊,郊而后耕。'《月令》曰:'天子以元日祈谷于上帝。乃择元辰,亲载耒耜,躬耕帝籍。'先儒皆云元日,谓上幸郊天也,元辰,谓郊后吉亥享先农而耕籍也。《六典》、《礼阁新仪》并云上辛祀昊天,次云吉亥享先农。望改用上辛后亥日,用符礼文。"

明道元年,诏以来年二月丁未行籍田礼,而罢冬至亲郊。遣官奏告天地、宗庙、诸陵、景灵宫,州都就告岳、渎、宫、庙。其礼一如瑞拱之制,而损益之。礼成,遣官奏谢如告礼。

元丰二年,诏于京城东南度田千亩为籍田,置令一员隶先农坛于中,神仓于东南,取卒之知田事者为籍田兵。乃以郊社令辛公佑兼令。公佑请因旧镂麦殿规地为田,引蔡河水灌其中,并植果蔬,冬则藏冰凡一岁祠祭之用取具焉。先荐献而后进御,有余,则贸钱以给杂费,输其余于内藏库,著为令。权管干籍田王存等议,以南郊镂麦殿前地及玉津园东南菱地并民田共千一百亩充籍田外,以百亩建先农坛兆,开阡陌沟洫,置神仓、斋宫并耕作人牛庐舍之属,绘图以进。已而殿成,诏以思文为名。

政和元年,有司议:享先农为中祠,命有司摄事,帝止行耕籍之礼;罢命五使及称贺、肆赦之类;太史局择日不必专用吉亥;耕籍所乘,改用耕根车,罢乘玉辂;躬耕之服,止用通天冠、绛纱袍,百官并朝服;仿雍熙仪注,九卿以左右仆射、六尚书、御史大夫摄,诸侯以正员三品官及上将军摄;设庶人耕位于诸侯耕位之南,以成终亩之礼;备青箱,设九谷,如隋之制。寻复以耕籍为大祠,依四孟朝享例行礼,又命礼制局修定仪注。

孟春之月,太史择上辛后吉日,皇帝亲耕籍田,命有司以是日享先农、后稷于本坛,如常仪。前期,殿中监设御坐于思文殿,仪鸾司设文武官次殿门外之左右。其日早,奉礼郎设御耕褥位于耕籍所,尚舍设观耕御坐于坛上,南向。典仪设侍耕群臣位于御耕之东西,设从耕群臣位于御耕之东南,西向,北上。奉礼郎设御耒席于三公之北,稍西,南向。太仆设御耕牛于御坛之西,稍北;太仆卿位于耕牛之东,稍前,南向。太常设左辅位于御耕之东,稍南,西向;设司农位二,一成左辅之后,一在其南,并西向。籍田令三,皆位司农卿南少退,北上。奉青箱官位于后。诸执耒耜者位公卿耕者后,侍耕者前。西向。三公、三少、宰臣、亲王等每员三人,执政二人,从耕,群官一名助耕,并服绛衣、介帻。三公以次群官耒耜各一具,每一具正副牛二,随牛二人。庶人耕位在从耕官位之南,西向。庶人百人,并青衣,耕牛二百。每两牛用随牛一人,耒耜百具畚五十具,锸二十五具,以木为刃。耆老百人,常服陪位于庶人位南,西向。司农少卿位二于庶人位前,太社令位司农少卿之西,少退俱北向。凡内诸令

位庶人之东,西向。尚辇局设玉辂于仗内,前期三日,司农以青箱奉
九谷种籽之种进内。前二日,皇后率六宫献于皇帝,受于内殿。前
一日,降出付司农。

其日质明,左辅奉耒耜于玉辂乞,耕籍使朝服乘车,用本品卤
簿,以仪仗二千人卫耒耜先诣坛所。尚辇奉御设平辇于祥曦殿,皇
帝靴袍出自内东门,从驾臣僚禁卫并起居如常仪,将至耕所,文武
侍耕、从耕以下及耆老、庶人俱诣籍田西门外立班,再拜奉迎讫,各
就次。从耕、陪耕等官服朝服以俟耕。车驾至思文殿,进膳讫,左辅
以御耒耜授籍田令,横执之,诣耕籍所,置于席,遂守之。凡执耒耜
者横执之,受则先其耒后其耜,诸县令率终亩庶人,陪耕耆老先就
位,司农卿、籍田令、太社令、奉青箱官、诸执耒耜者以次就位。御史
台引殿中侍御史一员先入就位,次礼直官、宣赞舍人等分引侍耕、
从耕群官各就位。尚辇奉御进辇思文殿。左辅奏请中严;少顷,奏
外办。皇帝通天冠、绛纱袍,乘辇出。将至御耕位,尚舍先设黄道,
太常请降辇就位。即降辇太常卿前导至褥位南向立,奏请行礼。礼
直官请籍田令进诣御耒席南向,引司农卿诣籍田令东西向,籍田令
免伏跪,执事者以遥受之,籍田令解缲出耒,执耒兴,东向立,以授
司农卿,司农卿西向立,以授左辅,左辅诣御耕位前少东,北向。太
常卿奏请受耒耜,左辅执以进,执耒者助执之。皇帝受以三推,左辅
前受耒耜,授司农卿,以授籍田令,各复位。籍田令跪而纳于缲,执
耒兴,以授执事者,退复位。

皇帝初耕,诸执耜者以耒耜各授从耕者,礼直官引引太常卿诣
御位前北向,奏请皇帝升坛观耕,复位立。前导官导皇帝升坛,即御
坐南向。礼直官、太常博士、太常卿近东,西向北上立,礼直官三公、
三少、宰臣亲王各推余从耕官各九推讫,执耒耜者前受耒耜。礼直
官引司农少卿帅庶人以次耕于千亩,俟耕少顷,礼直官引左辅诣御
坐前跪奏礼毕。降坛,乘辇还思文殿,左辅奏解严,侍耕、从耕官皆
退。次籍田令以青箱授司农卿,诣耕所,出种籽播之。次司农少卿
帅太社令检校终亩。次司农卿诣御前北向俯伏跪奏省功毕,退。所

司放仗以俟,皇帝常服还内,侍卫如常仪。绍兴七年,始举享先农之礼,以立春后亥日行一献礼。十六年,皇帝亲耕籍田,并如旧制。

先蚕之礼久废,真宗从王钦若请,诏有司检讨故事以闻。按《开宝通礼》:"季春吉巳,享先蚕于公桑。前享五日,诸与享官散斋三日,致斋二日。享日未明五刻,设先蚕氏神坐于坛上北方,南向。尚宫初献,尚义亚献尚食终献。女相引三献之礼,女祝读文,饮福、受胙如常仪。"又按《唐会要》:"皇帝遣有司享先蚕如先农可也。"乃诏:"自今依先农例,遣官摄事。"礼院又言:"《周礼》,'蚕于北郊'以纯阴也。汉蚕于东郊,以春桑生也。请约附故事,筑坛东郊,从桑生之义。坛高五尺,方二丈,四陛,陛各五尺;一壝,二十五步。祀礼如中祠。"

庆历用羊、豕各一,摄事献官太尉、太常、光禄卿,不用乐。元丰详定所言:"季春吉巳,享先蚕氏。唐《月令注》:'以先蚕为天驷。'按先蚕之义,当是始蚕之人,与先农、先牧、先炊一也。《开元享礼》:为瘗坎于坛之壬地。而《郊祀录》载《先蚕祀》文,有'肇兴蚕织'之语,《礼仪罗》又以享先蚕无燔柴之仪,则先蚕非天驷星,明矣。今请就北郊为坛,不设燎坛,但瘗埋以祭,余如故事。"

政和礼局言:"《礼》:天子必有公桑蚕室,以兴蚕事。岁既毕,则奉茧而缫,遂朱绿之,玄黄之,以为郊庙之祭服。今既开籍田以供粢盛,而未有公桑蚕室以供祭服,尚为阙礼。请仿古制,于先蚕坛侧筑蚕室,度地为宫,四面为墙,高仞有三尺,上被棘,中起蚕室二十七,别构殿一区为亲蚕之所。仿汉制,置茧馆,立织室于宫中,养蚕于薄以上。度所用之数,为桑林。筑采桑坛于先蚕坛南,相距二十步,方三丈,高五尺,四陛。凡七事。置蚕官令、丞,以供郊庙之祭服。又《周官内宰》:'诏后帅内外命妇蚕于北郊。'郑氏谓:'妇人以纯阴为尊。'则蚕为阴事可知。《开元礼》:享先蚕,币以黑,盖以阴祀之礼祀之也。请用黑币,以合至阴之义。"诏从其仪,命亲蚕殿以无敌为名。又诏:"亲蚕所供,不独衮服,凡施于祭祀者皆用之。"

宣和元年三月，皇后亲蚕，即延福宫行礼。其仪：季春之月，太史择日，皇后亲蚕，命有司享先蚕氏于本坛。前期，殿中监帅尚舍设坐殿于上，南向，前楹施廉，设东西阁殿后之左右。又设内命妇妃嫔以下次于殿之左右，外命妇以下次于殿门内外之左右。随地之宜，量施帷幄，于采桑坛外，四面开门，设皇后幄次于坛墙东门之内道北，南向。

其日，有司设褥位坛上少东，东向。设内命妇位坛下东北，南向；设外命妇位坛下东南北向，俱异位重行西上。内外命妇，一品各二人；二品、三品各一人。又设从采桑内命妇等位于外命妇之东，南向；以内命妇一员充诣蚕室，授蚕母桑以食蚕。设从采桑外命妇等位于外命妇东，北向，俱异位重行西上。设执皇后钩箱者位于内命妇之西，少南，西上。尚功执钩，司制执箱；内外命妇钩箱者，各位于后，典制执钩，女史执箱。又于坛上设执皇后钩箱位于皇后采桑位之北，稍东，南向，西上。

前出宫一日，兵部率其属陈小驾卤簿于宣德门外，太仆陈厌翟车东偏门内，南向。其日未明，外命妇应采桑及从采桑者，先诣亲蚕所幕次，以俟起居，各令其女侍者进钩箱，载至亲蚕所，授内谒者监以授执钩箱者。前一刻，内命妇各服其服，内侍引内命妇妃嫔以下，俱诣殿庭起居讫，内侍奏请中严；少顷，又奏外辨。皇后首饰、鞠衣，乘龙饰肩与如常仪，障以行帷，出内东门至左升龙门。内侍跪奏："具官臣某言，请降肩舆升翟车。"讫，俯伏，兴，少退。御者执绥升厌翟车，内侍诣车前奏请车进发，出宣德东偏门，执事者进钩箱，载之车。至亲蚕所殿门，降车，乘肩舆入殿后西阁门，侍卫如常仪。内侍先引内外命妇及从采桑者俱就坛下位，诸执钩箱者各就位。内侍奏请中严；少顷，奏外办。皇后首饰、鞠衣，乘肩舆，内侍前导至坛东门，华盖、仗卫止于门外，近侍者从之入。内侍奏请降肩舆，至幄次内，下帘。又内侍至幄次，请行礼，导皇后诣坛，升自南陛，东向立。执钩箱者自北陛以次升坛就位次，内侍引尚功诣采桑位前西向，奉钩以进，皇后受钩采桑，司制奉箱进以受桑，皇后采桑三条，止，以钩授尚功,尚功受钩,司制奉箱俱退,复位。

初,皇后采桑,典制各以钩授内外命女,皇后采桑讫,内外命妇以次采桑,女使执箱者受之,内外命妇一品各采五条,二品、三品各采九条,止,典制受钩,与执箱者退,复位。内侍各引内外命妇退,复位。内侍诣皇后前奏礼毕,退,复位。内侍引皇后降自南陛,归幄次。少顷,奏请乘肩舆如初。内侍前导,皇后归殿后阁,内侍奏解严。初,皇后降坛,内侍引内命妇诣蚕室,尚功帅执钩箱者以次从至蚕室,尚功以桑母,授蚕母,蚕母受桑缕切之,授内命妇蚕礼,洒一薄讫,内侍引内外命妇各还次,皇后还宫。

宣和重定亲蚕,外命妇、宰执并一品夫人升坛侍立,余品列于坛下。六年闰二月,皇后复行亲蚕之礼焉。绍兴七年,始以季春吉巳日享先蚕,视风师之义。乾道中,升为中祀。

告礼。古者,天子将出,类于上帝,命史告社稷及圻内山川。又天子有事,必告宗庙。历代因之。宋制:凡行幸及封泰山,祠后土,谒太清宫,皆亲告太庙。三岁郊祀,每岁祈谷上帝,祀感生帝,雩祀,祭方丘,明堂、神州地祇、圜丘,并遣官告祖宗配侑之意。他大事:即位、改元、更御名、上尊号、尊太后、立皇后太子、皇子生、籍田、亲征、纳降、献俘、朝陵、肆赦,河平及大丧,上谥、山陵,园陵,祔庙,奉迁神主,皆遣官奏告天地,宗庙、社稷、诸陵、岳、渎、山川、宫观、在京十里内神祠。其仪用牲尊、笾、豆各一,实以酒、脯、醢。宫寺以素馔、时果代,用祝币,行一献礼。若车驾出京,则有軷祭,用羝羊一。所过州郡桥梁、山川、帝王名臣陵庙去路十里内者,各令本州以香、酒、脯祭告。建隆元年,太祖平泽、潞,仍祭祆庙、泰山、城隍,征扬州、河东,并用此礼。四年,修葺太庙,遣官奏告四室及祭本庙土神。凡修葺同。如迁神主,修毕奉安。是岁十一月,诏以郊祀前一日,遣官奏告东岳、城隍、浚沟庙、五龙庙及子张、子夏庙,他如仪。

太平兴国五年十一月,车驾北征。前一日,遣官祭告天地于圜丘,用特牲;太庙、社稷用太牢;望祭岳渎、名山、大川于四郊,磔风于风伯坛,祀雨师于本坛,祷马于马祖坛,祭蚩尤、祃牙于北郊,并用少牢;祭北方王天于北郊迎气坛,用香、柳枝、灯油、乳粥、酥蜜饼、果。仍遣内侍一人监祭。咸平中北征,礼同。八年,滑州合河口毕工,遣官告天地、岳渎,后天禧中,又遣射玉清昭应景灵上清太一宫、会灵,祥源观及诸陵。雍熙四年,诏以亲耕籍田,遣官奏告外,又祭九龙、黄沟、扁鹊、吴起、信陵、张耳、单雄信七庙,后又增祭德安公、岳台诸神庙,为定式。

淳化三年十二月将郊,常奏告外,又告太社、太稷及文宣、武成等庙。景德二年,契丹及遣使修好,遣官奏告诸陵。五年二月次西京,遣告汾阴、中岳、太行、河、洛,启母少姨庙,东还奏告如常仪。大中祥符元年,天书降,及封禅,告天地、宗庙、社稷及诸祠、庙、宫、观;其在外者,乘传以往,澶郓兖州高阳、帝喾、帝尧,亦皆告之。四年,加五岳帝号,告天地、宗庙、社稷,五年,圣祖降,告如封禅礼。六年,宫廷嘉禾生,遣官告庙及玉皇、圣祖天尊大帝。天禧元年,奉迎太祖圣容赴西京,遣官奏告如常仪及经由五里内并西京城内外神祠。天圣七年,玉清昭应宫火,遣告诸陵。十年,大内火,遣告天地、庙社。明道二年,诏以腊为祫,减尊号四字告天地、宗庙。熙宁七年,南郊雅饰,奏告太庙、后庙。八年,以韩琦配享,告英宗庙。元符三年四月朔,太阳亏,遣官告太社。大观元年十二月,以恭受八宝,告天地、宗庙、社稷。政和二年冬至,受元圭,礼同。三年二月,以本平告成,册告诸陵四年二月,皇长子冠,告开地、宗庙、社稷、诸陵。五年建明堂,告如上礼,及宫观、岳渎。

高宗建炎已后,事有关于国体者,皆告。绍兴九年,金人遣使仪和割地;十一年诏撰讲和誓文;二十四年,进《徽宗御集》;二十六年,进《太后回銮事实》;二十七年,进《玉牒仙源类谱》;明年,进《神宗宝训》,进祖宗《仙源积庆图》,进《徽宗实录》,进《佑陵迎奉录》;三十一年,金人叛盟兴师;开禧二年,吴义伏诛;嘉定七年,进《高宗中兴经武要略》;十三年,进《宗藩庆系录》,刊正《宪圣慈烈皇后圣德事迹》,进《光宗玉牒》;十四年,进《孝宗宝训》,十五年,得玉玺;

明年,上玉玺;端平元年,获完颜守绪函骨;淳祐五年,进《光宗宁宗两朝宝训》、《武经要略》、《玉牒》、《日历》、《会要》、宝祐,元年,皇女延昌公主进封瑞国公主,又封升国;五年,进《中兴四朝史》;景定二年,进《孝宗》、《光宗实录》,皇女周国公主下降;咸淳四年,安奉《宁宗理宗实录》《御集》、《会要》,《经武要略》:皆告天地、宗庙、社稷、欑陵。其余即位、改元、受禅、册宝,皇子生、冠及巡幸、纳降、献俘之属,并仍旧制。

祈报。《周官》:"太祝掌六祝之辞,以事鬼神,示其福祥。"于是历代皆有会荣之事。宋因之,有祈、有报。祈,用酒、脯、醢,郊庙、社稷,或用少牢;其报,如常祀。或亲祷诸寺观或再幸,或彻乐、减膳、进蔬馔,或分遣官告天地、太庙、社稷、岳镇、海渎,或望祭于南北郊。或五龙堂、城隍庙、九龙堂、浚沟庙,诸祠如子张、子夏、信陵君、段干木、扁鹊、张仪、吴起、单雄信等庙,亦祀之。或启建道场于诸寺观,或遣内臣分诣州郡,如河中之后土庙、太宁宫,亳之太清、明道宫,兖之会真景灵宫、太极观,凤翔之太平宫,舒州之灵迁观,江州之太平观,泗州之延祥观,皆亟香奉祝,驿往祷之。凡旱、蝗、水潦、无雪、皆荣祷焉。

咸平二年旱,诏有司祠雷师、雨师。内出李邕《祈雨法》:以甲乙日择东方地作坛,取土造青龙,长吏斋三日,诣龙所,汲流水设香案、名果瓷饵,率群吏、乡老日再至祝酹,不得用音乐、巫觋。雨足,送龙水中。余四方皆如之,饰以方色。大凡日干及建坛取土之里数,器之大小及龙之修广,皆以五行成数焉。诏颁诸路。

景德三年五月旱,又以《画龙祈雨法》,付有司刊行。其法择潭洞或湫泺林木深邃之所,以庚、辛、壬、癸日,刺史、守令帅耆老斋洁,先以酒脯告社令讫,筑方坛三级,高二尺,阔一丈三尺,坛外二十步,界以白绳。坛上植竹枝,张画龙。其图以缣素,上画黑鱼左顾,环以天龟十星;中为白龙,吐云黑色;下画水波,有龟左顾,吐黑气如线,和金银朱丹饰龙形。又设皂幡,刎鹅颈血置盘中,杨枝酒水龙上,俟雨足三日,祭以一羖,取画龙投水中。大中祥符二年旱,遣司天少监史序祀玄冥五星于北郊,除地为坛,望告。已而雨足,遣官报谢及社稷。

初,学士院不设配位,及是问礼官,言"祭必有配,报如常祀。当设配坐。"又诸神祠、天斋、五龙用中祠,祆祠、城隍用羊一,八笾、八豆。旧制,不祈四海,帝曰:"百谷之长,润泽及物,安可阙礼?"特命祭之。

天禧四年四月,大风飞沙折木,画晦数刻,命中使诣宫观,建醮禳之。天圣三年九月,帝宣谕:"近内臣南中勾当回,言诸处名山洞府,投送金龙玉简,开启道场,破有烦扰,速令分析,设龙处不得开建道场。康定二年三月,以黄河水势甚浅,致分流入汴未能通济,遣祭河渎及灵津庙。又澶州曹村埽方开减水直河,而水自流通,遣使祭谢;后修塞,礼同。治平四年十二月,诏以来岁正旦日食,命翰林学士承旨王珪祭社。

熙宁元年正月,帝亲幸寺观祈雨,仍令在京差官分祷,各就本司先致斋三日,然后行事。诸路择端诚修洁之士,分祷海镇、岳渎、名山、大川、洁斋行事,毋得出谒宴饮、贾贩及诸烦扰,令监司察访以闻,诸路神祠、灵迹、寺观,虽不系祀典,祈求有应者,并委州县差官洁斋致祷。已而雨足,复幸西太一宫报谢。九年十一月,以安南行营将士疾病者众,遣同知太常礼仪院王存洁南岳处洁致祷,仍建祈福道场一月。又以西江运粮获应,命本州长吏往祭龙祠。十年四月,以夏旱内出《晰蜴祈雨法》:捕晰蜴数十纳瓮中,渍之以杂木叶,择童男十三岁下,十岁上者二十八人,分两番,衣青衣,以青饰面及手足,人持柳枝占水散洒,画夜环绕,诵咒曰:"晰蜴晰蜴,兴云吐雾,雨令滂沱,令汝归去!"雨足。

元丰元年十月,太皇太后违豫,命辅臣以下分祷天地、宗庙、社稷,及都内诸神祠。又作祈福道场于寺观及五岳、四渎凡灵迹所在。八年,帝疾,分祷亦如之。又以京城火灾,建醮于集禧观且为民祈福。元祐元年十二月,以华州郑县山摧,命太常博士颜复往祭西岳。

七年,诏:"太皇太后本命岁,正月一日京师及天下州军,各斋僧尼、道士、女冠一日,在京宫观寺院,开建道场七昼夜,内外岳囚并设食三日。"八年,太皇太后违豫,祈祷如元丰仍致祷诸陵。又令南京等处长吏,诣祖宗神御所在建置道场。绍兴二年三月苦雨,命往天竺山祈晴,即日雨止。四年,知枢密院张浚言:"四川自七月以来霖雨地震,乞制祝文,名山大川祈祷。"上曰:"霖雨地震之灾,岂非兵久在蜀,调发供饭,民怨所致,当修德以应之,又可祷乎?"

七年正月一日,诏:"朕痛两宫北狩,道君皇帝春秋益高,念无以见勤诚之意,可遣官往建康府元符万岁宫修建祈福道场三昼夜,务令严洁,庶称朕心。"又谓辅臣曰:"宣和皇后春秋浸高,朕朝夕思之,不遑安处。已遣人于三茅山设黄箓醮,仰祝圣寿。"是岁七月,张浚等言:"雨泽稍愆,乞祷。"上曰:"朕患不知四方水旱之实,宫中种稻两区,其一地下,其一地高,高者其苗有槁意矣,须精加祈祷,以救旱暵。"八年,宰臣奏积雨伤蚕,上曰:"朕宫中自蚕一薄,欲知农桑之候,久雨叶湿,岂不有损。"乃命往天竺祈晴。

三十二年,太常少卿王普言:"逆亮诛夷,虏骑遁去,两淮无警,旧疆浸归。兹者,回銮临安,当行报谢之礼。"从之。嘉定八年八月,蝗,祷于霍山。九年六月蝗,祷群祀。淳祐七年六月大旱,命侍从祷于天竺观音及霍山祠。

宋史卷一〇三
志第五六

礼六　吉礼六

朝日夕月　　九宫贵神　　高禖　　大火
寿星灵星　　风伯雨师　　司寒　　蜡
七祀　　马祖　　酺神

　　朝日、夕月。庆历,用羊豕各二,笾豆十二,簠簋俎二。天禧初,太常礼院以监察御史王博文言、详定:"准礼,春分朝日于东郊,秋分夕月于西郊。《国语》:'太采朝日,少采夕月。'又曰:'春朝朝日,秋夕夕月。'唐柳宗元论云:'夕之名者,朝拜之偶也。古者旦见曰朝,暮见曰夕。'按礼,秋分夕月。盖其时画夜平分,太阳当午而阴魄已生,遂行夕拜之祭以祀日。未前十刻,太官令率宰人割牲,未后三刻行礼。盖是古礼以夕行朝祭之仪。又按礼云:从子至巳为阳,从午至亥为阴。参详典礼,合于未后三刻行礼。"皇祐五年,定朝日坛,旧高七尺,东西六步一尺五寸;增为八尺,广四丈,如唐《郊祀录》。夕月坛与隋、唐制度不合,从旧则坛小,如唐则坎深。今定坎深三尺;广四丈,坛高一尺,广二丈,四方为陛,降入坎深,然后升坛。坛皆两壝,壝皆二十五步。增大明、夜明坛垒山二,笾豆十二。礼生引司天监官分献,上香,奠币、爵,再拜,嘉祐加羊豕各五。《五礼新仪》定二坛高广、坎深如皇祐,无所改。中兴同。

　　太一九宫神位，在国门之东郊。坛之制，四陛外，西南又为一陛曰坤道，俾行事者升降由之。其九宫神坛再成，第一成东西南北各百二十尺，再成东西南北各一百尺，俱高三尺。坛上置小坛九，每坛高一尺五寸，从广八尺，各相去一丈六尺。初用中祀，咸平中改为大祀，坛增两壝，玉用两圭有邸，藉用台秸加褥如币色，其御书祝，礼如社稷。寻以封禅，别建九宫坛泰山下行宫之东，坛二成，成一尺，面各长五丈二尺，四陛及坤道各广五丈。上九小坛。相去各八尺，四隅各留五尺。坛下两壝，依大祠礼。及祀汾阴，亦遣使祀焉。自后亲郊恭谢，皆遣官于本坛别祭。

　　景佑二年，学士章得象等定司天监生于渊、役人单训所请祀九宫太一依逐年飞移位次之法："案郗良遇《九宫法》，有《飞棋立成图》，每岁一移，推九州所主灾福事。又唐术士苏嘉庆始置九宫神坛，一成，高三尺，四陛。上依位次置九坛：东南曰招摇，正东曰轩辕，东北曰太阴，正南曰天一，中央曰天符，北曰太一，西南曰摄提，正西曰咸池，西北曰青龙。五数为中，戴九履一，左三右七，二四为上，六八为下，符于遁甲，此则九宫定位。岁祭以四孟，随岁改位行棋，谓之飞位。自乾元以后，止依本位祭之，遂不飞易，仍减冬、夏二祭。国朝因之。今于渊等所请，合天宝初祭之理，又合良遇《飞棋之图》。然其法本术家，时祭之文经理不载。议者或谓不必飞宫，若日月星辰躔次周流而祭有常所，此则定位之祀所当从也。若其推数于回复，候神于恍忽，因方弭沴随气考神，则飞位之文固可遵用。请依唐礼，遇祭九宫之时遣司天监一员诣祠所，随每年贵神飞棋之方，旋定祭位，仍自天圣己巳入历，太一在一宫，岁进一位，飞棋巡行，周而复始。"诏可。庆历仪，每坐笾豆十二，簠簋俎二。皇祐，增坛三成。又礼官言："岁雩祀外，水旱稍久，皆遣官告天地、宗庙、社稷及诸寺观、宫庙，九宫贵神今列大祀，亦宜准此。"

　　熙宁四年，司天中官正周琮言："《太一经》推算，七年甲寅岁，太一阳九、百六之数，复元之初。故《经》言"太岁有阳九之灾，太一有百六之厄，皆在入元之初终。"今阳九、百六当癸丑、甲寅岁，为灾厄之会。然五福太一移入中都，可以消异为祥。窃祥五福太一，自国朝雍熙元年甲申岁，入东南异宫时，修东太一宫。天圣七年己巳岁，五福太一入西南坤位，修西太一宫。请稽详故事，崇建祠宇，迎之京师。"诏建中太一宫于集禧观。十太一神，并用通天冠、绛纱袍。元丰中，太常博士何洵直言："熙宁祀议，九宫贵神祝文称"嗣天子臣某"，以礼秩论之，当与社稷为比，请依祀仪为大祠。其祝版即依会昌故事及《开宝通礼》，书御名不称为大祠，而共用二少牢，于腥熟之俎，骨体不备。谓宜每位一牢，凡九少牢。"诏下太常，修入祀仪。

　　元祐七年，监察御史安鼎言："按汉武帝始祠太一一位，唐天宝初兼祀八宫，谓之九宫贵神。汉祀太一，日用一犊，凡七日而止；唐祀类于天地。今春秋祀九宫太一，用羊、豕，其四立祭太一宫十神，皆无牲，以素馔加酒焉。载详《星经》：太一一星在紫宫门右，天一之南，号曰天之贵神。其佐曰五帝，飞行诸方，蹑三能以上下，以天极星其一明者为常居。主使十六神，知风雨、水旱、兵革、饥馑、疫疾、灾害之事。《唐书》曰："九宫贵神，实司水旱。太一掌十六神之法度，以辅人极。"《国朝会要》亦云："天之尊神及十精、十六度，并主风雨。"由是观之，十神太一、九宫太一与汉所祀太一共是一神。今十神皆用素馔，而九宫并荐羊豕，似非礼意。"诏礼官详定：十神、九宫太一各有所主，即非一神，故自唐迄今皆用牲牢，别无祠坛用素食礼。遂依旧制。

　　崇宁三年，太常博士罗畸言："九宫诸神位，无礼神玉，惟有燔玉。窃谓宜用礼神玉，少仿其币之色荐于神坐。"议礼局言："先王制礼，用圭璧以祀日月星辰，所谓圭璧者，圭，其邸为璧，以取杀于上帝也。今九宫神皆星名，而其玉用两圭有邸。夫两圭有邸，祀地之玉，以祀星辰，非周礼也。乞改用圭璧以应古制。"

　　《政和新仪》："立春日祀东太一宫；立夏、季夏土王祀中太一宫；立秋日祀西太一宫；立冬日祀中太一宫，宫之真室殿，五福太一在中，君基太一在东，太游太一在西，俱南向。延休殿，四神太一。承厘殿,臣基太一在东,西向,北上,凝祐殿,直符太一。臻福殿,民基太一在西,东向,北上。应庆殿,小游太一在中,天一太一在东,地一太一在西。灵贶殿,太岁在中,太阴在西,俱南向。三皇、五方帝、日月、五星、二十八宿、十日、十二辰、天地水三官、五行、九宫、八卦、五岳、四海、四渎、十二山神等,并为从祀。东西太一宫准此。东太一宫大殿,五福太一在东,君基太一在西,俱南向。大游太一殿在大殿之北,南向。臣基太一殿在南,北向。小游太一、直符太一、四神太一殿在大殿之东,西向,北上。天一太一、民基太一、地一太一在大殿之西,东向,北上。西太一宫黄庭殿,五福在中,君基在东,大游在西;均福殿小游在中,俱南向。延贶殿,天一在中,四神在南,臣基在北,俱西向。资祐殿,地一在中,四神在南,臣基在北,俱西向。资祐殿,地一在中,民基在南,直符在东北,俱东向。"九宫贵神坛三成,成纵广十四丈,再成纵广十二丈,三成纵广十丈,各高三尺。上依方位置小坛九,各高一丈五寸,纵广八尺。四陛,坤道,两壝,每壝二十五步,如旧制。

绍兴十一年,太常丞朱辂言:"九宫贵神所主风、雨、霜、雪、雹、疫,所系甚重,请举行祀典。"太常寺主簿林大鼐亦言:"十神太一,九宫太一,皆天之贵神,国朝分为二,并为大祀。"比一新太一宫,而九宫贵神尚寓屋而不坛"乃诏临安府于国城之东,建筑九宫壝,其仪如祀上帝。其太一宫,初议者请即行宫之北隅建祠,后命礼官考典故,择地建宫,十八年,宫成,御书其榜。十太一位于殿上,南面,西上。从祀,东庑九十有八,西庑九十有七,皆北上。孝宗受禅,又建本命殿,名曰崇禧。光宗又迁介福殿像于挟室,而名新殿曰崇福。

高禖。初,仁宗未有嗣,景祐四年二月,以殿中侍御史张奎言,诏有司详定。礼官以为:"《月令》虽可据,然《周官》阙其文,《汉志》郊祀不及禖祠,独《枚皋传》言:"皇子禖祝"而已。后汉至江左既见其事,而仪典委曲,不可周知。惟高斋禖祀最显,妃嫔参享,黩而不蠲,恐不足为后世法。唐明皇因旧《月令》,特存其事。开元定礼,已复不著，朝延必欲行之，当筑坛于南郊，春分之日以祀青帝，本《诗》"克禋以祓"之义也。配以伏羲、帝喾'、伏羲"本始，喾著祥也。以禖从祀，报古为禖之先也。以石为主，牲用太牢，乐以升歌，仪视先蚕，有司摄事，祝版所载，具言天子求嗣之意。及以弓矢、弓韣授致神前，祀已，与胙酒进内，以礼所御，使斋戒受之。仍岁令有司申请俟旨，命曰特祀。"即用其年春分，遣官致祭。为圜坛高九尺，广二丈六尺，四陛，三壝，陛广五尺，壝各二十五步。主用青石，长三尺八寸，用木生成之数，形准庙社主，植坛上稍北，露其首三寸。青玉、青币，牲用牛一、羊一、豕一，如卢植之说。乐章、祀仪并准青帝，尊器、神坐如勾芒，唯受福不饮，回授中人为异。祀前一日，内侍请皇后宿斋于别寝，内臣引近侍宫嫔从。是日，量地设香案、褥位各二，重行，南向，于所斋之庭以望壝坛。又设褥位于香案北，重行。皇后服袆衣，褥位以绯。宫嫔服朝贺衣服，褥位以紫。祀日有司行礼，以福酒、胙肉、弓矢、弓韣授内臣，奉至斋所，置弓矢等于箱，在香案东；福酒于坫，胙肉于俎，在香案西。内臣引宫嫔诣褥位，东上南向。乃请皇后行礼，导至褥位，皆再拜。导皇后诣香案位，上香三，请带弓韣，受弓矢，转授内臣置于箱，又再拜，内臣进胙，皇后受讫，转授内臣，次进福酒，内臣曰"请饮福。"饮讫，请再拜。乃解弓韣，内臣跪受置于箱。导皇后归东向褥位。又引宫嫔最高一人诣香案，上香二，带弓韣，受弓矢，转授左右，及饮福，解弓韣，如皇后仪，唯不进胙，又引以次宫嫔行礼，亦然。俟俱复位，内侍请皇后诣南向褥位，皆再拜退。是岁，宫中又置赤帝像以祈皇嗣。

宝元二年皇子生，遣参知政事王鬷以太牢报祠，准春分仪，惟不设弓矢、弓韣，著为常祀。遣两制官摄事。庆历三年，太常博士余靖言："皇帝嗣续未广，不设弓矢、弓韣，非是。"诏仍如景祐之制。

熙宁二年，皇子生，以太牢报祀高禖，惟不设弓矢、弓韣。既又从礼官言："按祀仪，青帝坛广四丈，高八尺。今祠高禖以青帝为主，其坛高广，请如青帝之制。又祀天以高禖配，今郊禖坛祀青帝于南郊，以伏羲、高辛配，复于坛下设高禖位，殊为爽误，请准古郊禖，改祀上帝,以高禖配,改伏义、高辛位为高禖,而彻坛下位。"诏:"高禖典礼仍旧,支制如所仪,改犊为角握牛,高禖祝版与配位并进书焉。"又言:"伏羲、高辛配,祝文并云"作主配神"。神无二主,伏羲即为主,其高辛祝文请改云"配食于神。"

元佑三年,太常寺言:祀仪,高禖坛上正位设青帝席,配位设伏义、高辛氏席,坛下东南设高禖,从祀席正配位各六俎,实以羊豕腥熟。高谋位四俎,实以牛腥熟。祀日,兵部、工部郎中奉羊、豕俎升坛,诸正配位。高禖位俎,则执事人奉焉。窃以青帝为所祀之主,而牲用羊豕,禖神因其嘉祥从祀,而牲反用牛,又牛俎执事者陈之,而羊、豕俎皆奉以郎官,轻重失当。请以三牲通行解割,正、配、从祀位并用,皆以六曹郎官奉俎。今羊俎以兵部,豕俎以工部,牛俎请以户部郎官。"

《政和新仪》:春分祀高禖,以简狄、姜嫄从配,皇帝亲祠,并如祈谷祀上帝仪。惟配位作《承安之乐》,而增简狄、姜嫄位牛羊豕各一。绍兴元年,太常少卿赵子画言:"自车驾南巡,虽多故之余,礼文难备,至于祓无子,祝多男,所以系万方之心,盖不可阙。乞自来岁之春,复行高禖之祀。"十七年,车驾亲祀高禖,如政和之仪。

大火之祀。康定初,南京鸿庆宫灾,集贤校理胡宿修其祀,而以阏伯配焉。礼官议:"阏伯为高辛火正。实居商丘,主祀大火。后世因之,祀为贵神,配火有食,如周弃配稷、后土配社之比,下历千载,遂为重祀。祖宗以来,郊祀上帝,而大辰已在从祀,阏伯之庙,每因赦文及春秋。委京司长吏致奠,咸秩之典,未始云阙。然国家有天下之号实本于宋,五运之次,又感火德,宜因兴王之地,商丘之旧。为坛兆祀大火,以阏伯配建辰、建戌出内之月,内降祝版,留司长吏奉祭行事。"乃上坛制:高五尺,广二丈,四陛,陛广五尺,一壝,四面距坛各二十五步。位牌以黑漆朱书曰大火位,配位曰阏伯位,牲用羊、豕一,器准中祠。岁以三月、九月择日,令南京长吏以下分三献,州、县官摄太祝、奉礼。庆历,献官有祭服。

建中靖国元年，又建阳德观以祀灾感。因翰林学士张康国言，天下崇宁观并建火德真君殿，仍诏正殿以离明为名。太常博士罗畸请宜仿太一宫，遣官荐献，或立坛于南郊，如祀灵星、寿星之仪。有司请以阏伯从祀离明殿，又请增阏伯位，按《春秋传》曰：“五行之官封为上公，祀为贵神。祝融，高辛氏之火正也；阏伯、陶唐氏之火正也。祝融既为上公，则阏伯亦当服上公衮九章之服，即又建荧惑坛于南郊赤帝坛壝外，令有司以时致祭，增用圭璧，火德、荧惑以阏伯配，俱南向。五方火精、神等为从祀。坛广四丈，高七尺，四陛，两壝，壝二十五步，从《新仪》所定。

绍兴三年，诏祀大火。太常寺言：“应天府祀大火，今道路未通，宜于行在春秋设位。”乾道五年，太常少卿林栗等言：“本寺已择九月十四日，依旨设位，望祭应天府大火，以商丘宣明王配。二十一日内火，祀大辰，以阏伯配。大辰即大火，阏伯即商丘宣明王也。缘国朝以宋建号，以火纪德，推原发祥之所自，崇建商丘之祠，府曰应天，庙曰光德，加封王爵，锡谥宣明，所以追严者备矣。今有司旬日之间举行二祭，一称其号，一斥其名，义所未安。乞自今祀灾感、大辰，其配位称阏伯，祝文、位板并依应天府大火礼例，改称宣明王，以称国家崇奉火正之意。”

诸星祠，有寿星、周伯、灵星之祭。大中祥符二年，翰林天文邢中和言：“景德中，周伯星出亢宿出下。按《天文志》，角、亢为太山之根，果符上封之应。望于亲郊日特置周伯星位于亢宿间。”诏礼官与司天监定议。且言：“周伯星出氐三度，然亢、氐相去不远，并郑分。兖州，寿星之次，宜如中和奏，设位氐宿之间，以为永式。”景德三年，诏定寿星之祀。太常礼院言：“按《月令》八月命有司享寿星于南郊。”《注》云秋分日，祭寿星于南、寿星、南极老人星也。”《尔雅》云：“寿星，角、亢也。”《注》云：“数起角、亢，列宿之长，故云寿星。”唐开元中，特置寿星坛，常以千秋节日祭老人星及角、亢七宿。请用祀灵星小祠礼，其坛亦如灵星坛制，筑于南郊，以秋冬日祭之。”

　　元丰中，礼文所言："时令秋分，享寿星于南郊。熙宁祀仪：于坛上设寿星一位，南向。又于坛下卯陛之南设角、亢、氐、房心、尾、箕七位，东向。按《尔雅》所谓'寿星角、亢'，非如所谓秋分所享寿星也。今于坛下设角、亢位，以氐、房、心、尾、箕同祀，尤为无名，又按《晋天文志》：'老人一星在弧南，一曰南极，常以秋分之旦见于丙，春分之夕没于丁，见则治平，主寿昌，常以秋分候之南郊。'后汉于国都南郊立老人星庙，常以仲秋祀之，则寿星谓老人矣。请依后汉，于坛上设寿星一位，南向，祀老人星。其坛下七宿位不宜复设。"

　　庆历以立秋后辰日祀灵星，其坛东西丈三尺，南北袤二尺，寿星坛方丈八尺。皇祐定如唐制，二坛皆周八步四尺。其享礼，笾八，豆八，在神位前左右，重三行。俎二，在笾、豆外。簠、簋一，在二俎间。象尊二，在坛上东南隅，北向西上。七宿位，各设笾一，豆一在神位前左右。俎一，在笾、豆外，中设簠一，簋一，在俎左右。爵一，在神位正前。壶尊二，在神位右。光禄实以法酒。

　　《政和新仪》改定：坛高三尺，东西袤丈三尺，南北袤丈二尺四出陛，一壝，二十五步。初乾兴祀灵星，值屠牲有禁，乃屠于城外，至是，敕有司：凡祭祀牲牢，无避禁日，著为令。"南渡后，灵星、寿星、风师、雨师雷师及七祀、司寒、马祖，并仍旧制。

　　风伯、雨师，诸州亦致祭。大中祥符初，诏惟笾地要剧者，令通判致祭，余皆长吏亲享。未几，泽州请立风伯、雨师庙，乃令礼官考仪式颁之。有司言："唐制，诸郡置风伯坛社坛之东，雨师坛于西，各稍北数十步，卑下于社坛。祠用羊一，笾、豆各八，簠、簋各二。"元丰祥定局言《周礼》："小宗伯之职，兆五帝于四郊，四类亦如之。"郑氏曰："兆为坛之营城。四类日、月、星、辰，运行无常，以气类为之位，兆日于东郊，兆月与风师于西郊，兆司中、司命于南郊，兆雨师于北郊。"各以气类祭之，谓之四类。汉仪，县邑常以丙戌日祠风伯于戌地，以己丑日祀雨师于丑地，亦从其类故也。熙宁祀仪：兆日东郊，兆月西郊，是以气类为之位。至于兆风师于国城东北，兆雨师于国城西北,司中、司命于国城西北亥地,则是各从其星位,而不以气类也。请稽旧礼,兆风师于西郊,祠以立春后丑日;兆雨师于北郊,祠以立夏后申日;兆司中、司命、司录于南郊,祠以立冬后亥日。其坛兆则从其气类,其祭辰则从其星位,仍依熙宁仪,以雷师从雨师之位,以司民从司中、司命、司录之位。”

旧制,风师坛高四尺,东西四步三尺,南北减一尺。皇祐定高三尺,周三十三步;雨师坛、雷师坛高三尺。方一丈九尺。皇祐定周六步。政和之制,风坛广二十三步,雨、雷坛广十五步,皆高三尺,四陛,并一壝,二十五步。其雨师、雷师二坛同壝。司中、司命、司录为四坛。各广二十五步同壝。

又言:“《周礼》‘大宗伯以槱燎祀司中、司命、风师、雨师。’所谓周人尚臭,升烟以报阳也。今天神之祀皆燔牲首,风师、雨师请用柏柴升阳,以为歆神之始。”又言:“《周礼》乐师之职曰:‘凡国之小事用乐者,令奏钟鼓。’说者曰:‘小祀也。’小师职《注》:‘小祭祀司中、司命、风师’是也。既已有钟鼓,则是有乐明矣。请有司祀司中、司命、风师、雨师用乐,仍制乐章以为降神之节。”又言:《周礼》小司徒之职:“凡小奉祀祭牛牲羞其肆。”又《肆师》云:“小祭祀用牲。”所谓小祭祀,即司中、司命、司民、司禄、宫中七祀之类是也。后世以有司摄事,难于纯用太牢,犹宜下同大夫礼,用羊、豕可也。今祀仪,马祖、先牧、司中、司命、司民、司禄、司寒,岁用羊、豕一。《祠令》:小祠,牲入涤一月,所以备洁养之法,今每位肉以豕,又取诸市,与令文相戾。请诸小祠祭以少牢,仍用体解。”又言:“社稷五祀,先荐焰,次荐熟;至于郡小祀,荐熟而已。请四方百物、宫中七祀、司中、司命、风师、雨师止荐熟。”并从之。

司寒之祭,常以四月,命官率太祝,用牲、币及黑牡、秬黍祭玄冥之神,乃开冰以荐太庙。建隆二年,置藏冰署而修其祀焉。秘书监李至言:“案《诗豳七月》:‘四之日献羔祭韭。’盖谓周以十一月为正,其四月即今之二月也。《春秋传》曰:‘日在北陆而藏冰。’谓夏十二月，日在危也。'献羔而启之'，谓二月春分，献羔祭韭，始开冰室也。'火出而毕赋'，火星昏见，谓四月中也。又案《月令》：'天子献羔开冰，先荐寝庙。'详其开冰之祭，当在春分，乃有司之失也。"帝览奏曰："今四月，韭可苦屋矣，何谓荐新？"遂正其礼。天圣新令："春分开冰，祭司寒于冰井务，卜日荐冰于太庙；季冬藏冰，设祭亦如之。"元丰，详定所言："熙宁祀仪，孟冬选吉日祀司寒。按古享司寒，惟以藏冰启冰之日，孟冬非有事于冰，则不应祭享。今请惟季冬藏冰则享司寒，牲用黑牡羊，谷用黑秬黍；仲春开冰，则但用羔。孔颖达注《月令》曰："藏冰则用牡黍，启唯告而已。"祭礼大、告礼小故也。且开冰将以御至尊，当有桃弧、棘矢以禳除凶邪。设于神坐，则非礼也。当从孔氏说，出冰之时，置弓矢于凌室之户。"

大观，礼局言："《春秋左氏传》，以少昊有四叔，其二为玄冥。杜预、郑玄皆以玄冥为水宫，故历代祀为司寒，则玄冥非天神矣。今仪注，礼毕有司取祝币瘗坎，赞者赞币燔燎，是以祀天神之礼享人鬼也。请罢燔燎而埋祝币。"诏从其请。

大蜡之礼，自魏以来始定议。王者各随其行，社以其盛，以其终。建隆初，以有司言："周木德，木生火，宜以火德王，色尚赤。"遂以戌日为腊。三年，戊戌腊，有司画日，以七日辛卯。和岘奏议曰："按蜡始于伊耆，后历三代及汉，其名虽改而其实一也。汉火行，用戌腊，腊者接也。新故相接，畋猎禽兽以享百神，报终成之功也。王者因之，上享宗庙，旁及五祀，展其孝心，尽物示恭也。魏、晋以降，悉沿其制。唐乘土德，贞观之享，以前寅日蜡百神，卯日祭社宫，辰日享宗庙。开元定礼，三祭皆于腊辰，以应土德。今以戌日为腊，而以前七日辛卯行蜡礼，恐未为宜，况宗庙社稷并遵腊际，独蜡不以腊，请下礼官议。"议如岘言，今后蜡百神、祀社稷、享宗庙皆用戌腊一日。天圣三年，同知礼院陈诂言："蜡祭一百九十二位，祝文内载一百八十二位，唯五方田峻、五方垂表一十位不载祝文。又《郊礼录》、《正辞录》、《司天监神位图》皆以虎为於菟，乃避唐讳，请仍为虎。五方祝文,众族之下增入田畯、邮表畷云。"

元丰,详定所言:"记曰:'八蜡以祀四方,年不顺成,八蜡不通。'历代蜡祭,独在南郊为一坛,惟周、隋四郊之兆,乃合礼意。又《礼记月令》以蜡与息民为二祭,故隋、唐息民祭在蜡之后日。请蜡祭,四郊各为一坛,以祀其方之神,有不顺成之方则不修报。其息民祭仍在蜡祭之后。"先是,太常寺言:"四郊蜡祭,宜依百神制度筑坛,其东西有不顺成之方,即祭日月。其神农以下,更不设祭。又旧仪,神农、后稷并设位坛下。当移坛上。按《礼记正义》,伊耆氏,神农也。今坛下更设伊耆氏位,合除去之。"

《政和新仪》:腊前一日蜡百神。四方蜡坛广四丈,高八尺,四出陛,两壝,每壝二十五。东方设大明位,西方设夜明位,以神农氏、后稷氏配,配位以北为上。南北坛设神农位,以后稷配,五星、五镇、二十八宿、十二辰、五官、五岳、四海、四渎及五方山林、川泽、丘陵、坟衍、原隰、井泉、田畯,仓龙、朱鸟、麒麟、白虎、玄武,五水庸、五坊、五虎、五鳞、五羽、五介、五毛、五邮表畷、五蠃、五猫、五昆虫从祀,各依其方设位。中方镇星,"后土、田畯设于南方蜡坛酉阶之西,中方岳镇以下设于南方蜡坛午阶之西。伊耆设于北方蜡坛卯阶之南,其位次于辰星。

绍兴十九年,有司检会《五礼新仪》,腊前一日蜡东方、西方为大祀,蜡南方、北方为中祀,并用牲牢。乾道四年,太常少卿王瀹又请于四郊各为一坛,以祀其方之神,东西以日月为主,各以神农、后稷配;南北皆以神农为主,以后稷配。自五帝、星辰、岳镇、海渎以至猫虎、昆虫,各随其方,分为从祀。其后南蜡仍于圆坛望祭殿,北蜡于余杭门外精进寺行礼。

太庙司命、户、灶、中留、门、厉、行七祀,熙宁八年,始置位版。太常礼院请帝享偏祭七祀。详定所言:"《周礼》:天子六服,自鷩而下,各随所祭而服。今既不亲祀,则诸臣摄事日,当从王所祭之服,其摄事之臣不系其官。"又言:"《礼祭法》曰:'王自为立七祀:曰司命曰中雷，曰国行，曰泰厉，曰门，曰户，曰灶。'孟春祀户，祭先脾；孟夏祀灶，祭先；中央土祀中雷，祭先心肺；孟秋祀门，祭先肝；孟冬祀行，祭先肾。又《传》曰：'春祀司命，秋祠厉。'此所祀之位，所祀之时，所用之俎也。《周礼》：'司服掌王之吉服，祭群小祀则服玄冕。'《注》谓宫中七祀之属。《礼记》曰：'一献熟。'《注》谓宫中群小神七祀之等。《周礼》大宗伯：'若王不与祭祀则摄位。'此所祀之服，有献之礼，所摄之官也。近世因祫则偏祭七祀，其四时则随时享分祭，摄事以庙卿行礼而服七旒之冕，分太庙牲以为俎，一献而不荐熟，皆非礼制。请以立春祭户于庙室户外之西，祭司命于庙门之西，制脾于俎，立夏祭灶于庙门之东，制肺于俎；季夏土王日祭中留于庙庭之中，制心于俎；立秋祭门及厉于庙门外之西，制肝于俎；立冬祭司命及行于庙门外之西，制肾于俎，皆用特牲，更不随时享分祭。有司摄事，以太庙令摄礼官，服必玄冕，献必荐熟。亲祀及腊享，即依旧礼遍祭之。"《政和新仪》定太庙七祀，四时分祭，如元丰仪，腊享祫享则偏祭，设位于殿下横街之北，道西，东向，北上。

马祖。《祀典》，仲春祀马祖，仲夏享先牧，仲秋祭马社，仲冬祭马步，并择日。坛壝之制，三坛各广九步，高三尺，四陛，一壝。

又有酺神之祀。庆历中上封事者言："螟蝗为害，乞内外并修祭酺。"礼院言：'按《周礼》："族师，春秋祭酺。"酺为人物灾害之神。郑玄云："校人职有冬祭马步。则未知此酺者，螟之酺欤，人鬼之步欤？盖亦为坛位如雩禜云。"然则校人职有冬步，是与马为害者，此酺盖人物之害也。汉有蝝螟之神，又有人鬼之步神。历代书史，悉无祭仪式。欲准祭马步仪，坛在国城西北，差官就马坛致祭，称为酺神。

若外州者即略依禜礼。其仪注，先择便方除地，设营缵为位，营织谓立表施绳以代坛。其致斋、行礼、器物，并如小祠。先祭一日致斋，祭日神坐内向，用尊及笾一、豆一，实以酒醢，设于神坐左。又设罍洗及篚于酒尊之左，俱内向。执事者位于其后，皆以近神为上。荐神用白币一丈八尺在筐。将祭赞祀官拜，就盥洗讫，进至神坐前，上香、奠币。退诣罍盥洗，实以酒，再诣神坐前奠爵，读祝，再拜，退而瘗币。其酺神祝文曰："维年岁次月朔某日，州县具官某，敢昭告于酺神：蝗蝝荐生，害于嘉谷，惟神降祐，应时消殄。谨以清酒，制币嘉荐，昭告于神，尚享。"

　　绍兴祀令：虫蝗为害，则祭酺神。嘉定八年六月，以飞蝗入临安界，诏差官祭告。又诏两浙、淮东西路州县，遇有蝗入境，守臣祭告酺神。

宋史卷一〇四
志第五七

礼七 吉礼七

封禅　汾阴后土　朝谒太清宫
天书九鼎

封禅。太宗即位之八年，泰山父老千余人诣阙，请东封。帝谦
让未遑，厚赐以遣之。明年，宰臣宋琪率文武官、僧道、耆寿三上表
以请，乃诏以十一月二十一日有事于泰山，命翰林学士扈蒙等详定
仪注。既而乾元、文明二殿灾，诏停封禅，而以是日有事于南郊。

真宗大中祥符元年，兖州父老吕良等千二百八十七人及诸道
贡举之士八百四十六人诣阙陈请，而宰臣王旦等又率百官、诸军将
校、州县官吏、蕃夷、僧道、父老二万四千三百七十人五上表请，始
诏今年十月有事于泰山。遣官告天地、宗庙、社稷、太一宫及在京祠
庙、岳渎，命翰林、太常礼院详定仪注，知枢密院王钦若、参知政事
赵安仁为封禅经度制置使并判兖州，三司使丁谓计度粮草，引进使
曹利用、宣政使李神福修行宫道路，皇城使刘承珪等计度发运。诏
禁缘路采捕及车骑蹂践田稼，以行宫侧官舍、佛寺为百官宿顿之
所，调衮郓兵充山下丁役。行宫除前后殿外，并张幕为屋，覆以油
帊。仍增自京至泰山驿马，令三司沿汴、蔡、御河入广济河运仪仗什
物赴衮州，发上供木，由黄河浮筏至郓州，给置顿费用，省輂送之
役。以王旦为大礼使，王钦若为礼仪使，参知政事冯拯为仪仗使，知

枢密院陈尧叟为卤簿使,赵安仁为桥道顿递使,仍铸五使印及经度制置使印给之。遣使诣岳州,采三脊茅三十束,有老人黄皓识之,补州助教,赐以粟帛。

初,太平兴国中,有得唐玄宗社首玉册,苍璧,至是令瘞于旧所。其前代封禅坛址摧圮者,命修完之。山上置圜台,径五丈,高九尺,四陛,上饰以青,四面如其方色;一壝,广一丈,围以青绳三周。燎坛在其东南,高丈二尺,方一丈,开上南出户,方六尺。山下封祀坛,四成,十二陛,如圜丘制,上饰以玄,四面如方色;外为三壝,燎坛如山上坛制。社首坛,八角;三成,每等高四尺上阔十六步;八陛,上待广八尺,中等广一丈,下等广一丈二尺;三壝四门;如方丘制。又为瘞坎于壬地外壝之内,以玉为五牒,牒各长尺二寸,广五寸,厚一寸,刻字而填以金,联以金绳,缄以玉匮,置石礥中。金脆难用,以金涂绳代之。正坐、配坐,用玉册六副,每简长一尺二寸,广一寸二分,厚三分,简数量文多少。匮长一尺三寸。检长如匮,厚二寸,阔五寸,缠金绳五周,当缠绳处刻为五道,而封以金泥,泥和金粉、乳香为之。印以受命宝。封匮当宝处,刻深二分,用石礥藏之。其礥用石再累,各方五尺,厚一尺,凿中广深,令容玉匮。累旁施检处,皆刻深七寸,阔一尺,南北各三,东西各二,去隅皆七寸,缠绳处皆刻三道,广一寸五分,深三分。为石检十以揪礥,皆长三尺,阔一尺,厚七寸,刻三道,广深如缠绳。其当封处,刻深二寸,取足容宝,皆有小石盖,与封刻相应。其检立礥旁,当刻处又为金绳三以缠礥,皆五周,径三分,为石泥封礥。泥用石末和方色土为之。用金铸宝,曰"天下同文",如御前宝,以封礥际。距石十二分,距四隅皆阔二尺,厚一尺,长一丈,斜刻其道,与礥隅相应,皆再累,为五色土圜封礥,上径一丈二尺,下径三丈九尺。命直史馆刘锴,内侍张承素领徒封圜台石礥,直集贤院宋皋、内侍郝昭信封社首石礥,并先往规度之。

祥定所言:"朝觐坛在行宫南,方九丈六尺,高九尺,四陛。陛,南面两陛,余三面各一陛一壝,二分在南,一分在北,又按唐封禅,备法驾。准故事,乘舆出京,并用法驾,所过州县不备仪仗。其圜台上设登歌、钟、磬各一具，封祀坛宫架二十虡，四隅立建鼓、二舞。社首坛设登歌如圜台，坛下宫架、二舞如封祀坛。朝觐坛宫架二十虡，不用熊罴十二案。又按《六典》，南郊合祀天地，服衮冕，垂白珠十有二，觐裳十二章。欲望封禅日依南郊例。泊礼毕，御朝觐坛。诸州所贡方物，陈列如元正仪。令尚书户部告示，并先集泰山下。"仍诏出京日，具小驾仪仗：太常寺三百二十五人。兵部五百六十六人，殿中省九十一人，太仆寺二百九十九人，六军诸卫四百六十八人，左右金吾仗各一百七十六人，司天监三十七人。

有司言："南郊惟昊天皇地祇、配帝、日月、五方、神州各用币，内官而下别设六十六段分充。按《开宝通礼》，岳镇、海渎币从方色。即明皆有制币。今请封祀坛内官至外官三百一十八位，社首坛岳镇以下一十八位，并用方色币。又南郊牲，正坐、配坐用犊，五方帝、日月、神州共用羊豕二十二。从祀七百三十七位，仍以前数分充。今请神州而上十二位用犊，其旧供羊豕，改充从祀牲。又景德中，升天皇、北极在第一等，今请亦于从祀牲内体荐。"

旧制，郊礼正坐、配坐褥以黄，皇帝拜褥以绯。至是，诏配坐以绯，拜褥以紫。又以灵山清洁，命祀官差减其数，或令兼摄，有期丧未满、余服未卒哭者，不得预祭。内侍诸司官，除掌事宿卫外，从升者裁二十四人，诸司职掌九十三人。其文武官升山者，皆公服。

详定所言："《汉书》八神与历代封禅帝王及所禅山，并于前祀七日遣官致祭，以太牢祀泰山，少牢祀社首。"九月，诏审刑院、开封府毋奏大辟案。帝习仪于崇德殿。初，礼官言无帝王亲习之文，帝曰："朕以达寅恭之意，岂惮劳也。"既毕，帝见礼文有未便，谕宰臣与礼官再议。于是详定所言："按《开宝礼》，则燔燎毕封册；开元故事，则封磒后燔燎。今如不对神封册，则未称寅恭，或封磒后送神，则并为宣读。欲望俟终献毕，皇帝升坛，封玉匮，置磒中，泥印讫，复位，饮福，送神，乐止，举燎火。次天书降，次金匮降。礼仪使奏礼毕，皇帝还大次，俟封磒毕，皇帝再升坛省视。缘祀礼已毕，更不举乐。省讫，降坛。"仍诏山上亚献、终献，登歌作乐。

十月戊子朔，禁天下屠杀一月。帝自告庙，即屏荤蔬食，自进发
至行礼前，并禁音乐。有司请登封日圜台立黄麾杖，至山下坛设权
火。将行礼，然炬相属，又出朱字漆牌，遣执仗者传付山下。牌至，
公卿就位，皇帝就望燎位，山上传呼万岁，下即举燎。皇帝还大次，
解严，又传呼而下，祀官始退。社首瘗坎，亦设权火三为准。遣司天
设漏壶山之上下，命中官覆校日景，复于坛侧击板相应。自太平顶、
天门、黄岘岭、岱岳观，各竖长竿，揭笼灯下照，以相参候。

辛卯，发京师，以玉辂载天书先行。次日如之。至郓州，令从官、
卫士蔬食。丁未，次奉高宫。戊申，斋于穆清殿，诸升山者官给衣，
令祀日沐浴服之。庚戌，帝服通天冠、绛纱袍、乘金辂，备法驾，至山
门幄次，改服靴袍，乘步辇登山，卤簿、仪卫列山下，天书仗不上山，
与法驾仗间立。知制诰朱异奉玉册牒及圜台行事官先升，且以回马
岭至天门路峻绝，人给横板二，长三尺许，系彩两端，施于背，应选
从卒，推引而上。卫士皆给钉鞋，供奉马止于中路。自山趾盘道至
太平顶，凡两步一人，彩绣相间，树当道者不伐，止荣以缯。帝每经
陜险，必降辇徒步。亚献宁王元偓，终献舒王元偁，卤簿使陈尧叟
从。祀官、黜馔习仪于圜坛。是夕，山下罢警场。

辛亥，设昊天上帝位于圜台，奉天书于坐左，太祖、太宗并配西
北侧向，帝服衮冕，升台奠献，悉去侍卫，拂翟止于墙门，笼灯前导
亦彻之。玉册文曰："嗣天子臣某，敢昭告于昊天上帝：臣嗣膺景命，
昭事上穹。昔太祖揖让开基，太宗尤勤致治，廓清寰宇，混一车书，
固抑升中，以延积庆。元符锡祉，众宝效祥，异域咸怀，丰年屡应。虔
修封祀，祈福黎元。谨以玉帛、牺牲、粢盛、庶品，备兹烟燎，式荐至
诚。皇伯考太祖皇帝、皇考太宗皇帝配神作主。尚飨。"玉牒文曰：
"有宋嗣天子臣某，敢昭告于昊天上帝：启运大同，惟宋受命，太祖
肇基，功成治定；太宗膺图，重熙累盛。粤惟冲人，丕承列圣，寅恭奉
天，尤勤听政。一纪于兹，四隩来既，丕觌殊尤，元符章示，储庆发
祥，清净可致，时和年丰，群生咸遂。仰倚顾怀，敢忘继志，金议大
封，聿申昭事，躬陟乔岳，对越上天，率礼祗肃，备物吉蠲，以仁守

位,以孝奉先。祈福逮下,有神昭德,惠绥黎元,懋建皇极,天禄无疆,灵休允迪,万忘其昌,永保纯锡。"命群官享五方帝及诸神于山下封祀坛。上饮福酒,摄中书令王旦跪称曰:"天赐皇帝太一神策,周而复始,永绥兆人。"三献毕,封金、玉匮。王旦奉玉匮,置于石磩,摄太尉冯拯奉金匮以降,将作监领徒封磩。帝登圜台阅视讫,还御幄。宰臣率从官称贺,山下传呼万岁,声动山谷。即日仗还奉高宫,百官奉迎于谷口。帝复斋于穆清殿。

壬子,禅祭皇地祇于社首山,奉天书升坛,以祖宗配。玉册文曰:"嗣天子臣某,敢昭告于皇地祇:无私垂祐,有宋肇基,命惟天启,庆赖坤仪。太祖神武,威震万寓;太宗圣文,德绥九土。臣恭膺宝命,纂承丕绪,穹昊降祥,灵符下付,景祚延鸿,秘文昭著。八表以宁,五兵不试,九谷丰穰,百姓亲比,方与所资,凉德是愧。溥率同祠,缙绅协义,因以时巡。亦既肆类。躬陈内礼,祇事厚载,致孝祖宗,洁诚严配。以伸大报,聿修明祀,本支百世,黎元受祉。谨以玉帛、牺牲、粢盛、庶品、备兹烟痊,式荐至诚。皇位考太祖皇帝、皇考太宗皇帝配神作主。尚飨。"帝至山下,服靴袍,步出大次。

癸丑,有司设仗卫、宫县于坛下,帝服衮冕,御封禅坛上之寿昌殿受朝贺,大赦天下,文武递进官,减免赋税、工役各有差,改乾封县曰奉符县,宴百官卿监以上于穆清殿、泰山父老于殿门。甲寅,发奉符,始进常膳。

帝之巡祭也,往还四十七日,未当遇雨雪,严冬之候,景气恬和,祥应纷委。前祀之夕,阴雾见劲,不可以烛,及行事,风顿止,天宇澄斋,烛焰凝然,封磩讫,紫气蒙坛,黄光如帛,绕天书匣。悉从四方所献珍鸟异兽山下。法驾还奉高宫,日重轮,五色云见。鼓吹振作,观者塞路,欢呼动天地。改奉高宫曰会真宫。九天司命上卿加号保生天尊,青帝加号广生帝君,天斋王加号仁圣,各遣使祭告。诏王旦撰《封祀坛》颂,王钦若撰《社首坛》颂,陈尧叟撰《朝觐坛颂》。圜台奉祀官并于山上刻名,封祀、九宫、社首坛奉祀官并于《社首颂》碑阴刻名,扈从升朝官及内殿崇班、军校领刺史以上与蕃夷酋长并于《朝觐颂》碑阴刻名。

　　明年二月,诏知兖州李迪、京东转运使马元方等同修圜封,以吕良首请,命摄兖州助教。

　　政和三年,兖、郓耆寿、道释等及知开德府张为等五十二人表请东封,优诏不允。六年,知兖州宋康年请下秘阁检寻祥符东封典故付臣经书。时蔡京当国,将讲封禅以文太平,预具金绳、玉检及他物甚备,造舟四千艘,雨具亦千万计,迄不能行。

　　汾阴后土。真宗东封之又明年,河中府言:"进士薛南及父老、僧道千二百人列状乞赴阙,请亲祠后土。"诏不允。已而,南又请,河南尹宁王元偓亦表请,文武百僚诣东上阁门三表以请。诏明年春有事于汾阴后土,命知枢密院陈尧叟为祀汾阴经度制置使,翰林学士李宗谔副之,枢密直学士戚纶、昭宣使刘承珪计度发运,河北转运使李士衡、盐铁副使林特计度粮草,龙图阁待制王曙、西京左藏库使张景宗、供备库使蓝继宗修治行宫、道路,宰臣王旦为大礼使,知枢密院王钦若为礼仪使,参知政事冯承为仪仗使,赵安仁卤为簿使,陈尧叟为桥道顿递使。又以旦为天书仪卫使,钦若、安仁副之,丁谓为扶侍使,蓝继宗为扶侍都监,内侍周怀政、皇甫继明为夹侍。发陕西、河东兵五千人赴汾阴给役,出既马,增传置,命翰林、礼院详定仪注,造玉册、祭器。先令尧叟诣后土祠祭告,分遣常参官告天地、庙社、岳镇、海渎。

　　详定所言:"祀阴后土,请如封禅,以太祖、太宗并配。其方丘之制。八角,三成,每等高四尺,上阔十六步。八陛,上陛广八尺。中广一丈,下广一丈二尺。三重墠,四面开门。为瘗坎于坛之壬地外墠之内,方深取足容物。其后土坛别无方色。正坐玉册,玉匮一副;配坐玉册,金匮二副;金泥,金绳。所用石匮并盖三层,方广五尺,下层高二尺,上开牙缝一周,阔四寸深五寸,中容玉匮,其阔一尺长一尺六寸。匮刻金绳道三周,各相去五寸,每缠绳处,阔一寸,深五分。上层厚一尺,仍于上四角更刻牙缝,长八寸,深四寸。每缠金绳处深四寸,方三寸五分,取容封宝。先即庙庭规地为坎,深五尺,阔容石匮及封固者。先以金绳三道南北络石匮,候祀毕封匮讫,中书侍郎奉匮至庙,与太尉同置石匮中,将作监加盖,系钩金绳毕,各填以石泥,印以"天下同文"之宝,如社首封磴制。帝省视后,将作监率执事更加录顶石盖,然后封固如法。上为小坛,如方丘状,广厚毕五尺。

经度制置使诣脽上筑坛如方丘,庙北古变柏帝有堆阜,即其地为之。有司请祭前七日遣祀河中府境内伏羲、神农、帝舜、成汤、周文武、汉文帝、周公庙及于脽下祭汉,唐六帝。

四年正月,帝习仪于崇德殿。丁酉,法驾发京师。二月丙辰,至宝鼎县奉祇宫。戊午,致斋。己未,遣入内都知邓永迁诣祠上衣服、供具。庚申,百官宿祀所。是夜一鼓,扶侍使奉天书升辂略,先至脽上。二鼓,帝乘金辂,法驾诣坛,夹路设燎火,盘道回曲,周以黄麾仗。初,路出庙南,帝以未修谒,不欲乘与辇过其前,令鉴路由庙后至坛次。翼日,帝服衮冕登坛,祀后土地祇,备三献,奉天书于神坐之左次,以太祖、太宗配侑。

册文曰:"维大中祥符四年,岁次辛亥,二月乙巳朔,十七日辛酉,嗣天子臣某,敢昭告于后土地祇,恭惟位配穹旻,化敷品汇。瞻言分壤,是宅景灵。备礼亲祠,仰惟令典。肇启,皇宋,混一方舆,祖祢绍隆,承平兹久。眇躬缵嗣,历翼靡遑,厚德资生,绵区允穆,请宁孚祐,戴履蒙休。申锡宝符,震以珍物,虔遵时迈,已建天封。明察礼均,有所未答,栉沐祇事,用至其恭。夷夏骏奔,瑄牲以荐,肃然邓上,对越坤元。式祈年丰,树木昭政本,兆民乐育,百福蕃滋,介止无疆,敢忘祇畏,恭以琮币、牺牲、粢盛、庶品、备兹痊礼。皇伯考太祖皇帝、皇考太宗皇帝侑神作主。尚飨。"亲封玉册,正坐于匮,配坐于金匮,摄太尉奉之以降,置于石匮,将作监封固之。

帝还次,改服通天冠、绛纱袍,乘辇谒后土庙,设登歌奠献,遣官分奠诸神。至庭中,视所封石匮。还奉祇宫,钧容乐、太常鼓吹始振作。是日,诏改奉祇曰太宁宫。壬戌,御朝觐坛受朝贺,肆赦,宴群臣于穆清殿、父老于宫门。穆清殿,奉祗宫之前殿也。诏五使、从臣刻名碑阴。谒西岳庙,从官皆刻名庙中,仗卫仪物大略如东封之制。命薛南试将作监主簿,以首请祠汾阴故也。

太清宫。大中祥符六年,亳州父老,道释、举人三千三百十六人诣阙,请车驾朝谒太清宫,宰臣帅百官表请。诏以明年春亲行朝谒礼。命参知政事丁谓为奉祀经度制置使、判亳州,翰林学士陈彭年副之。权三司使林特计度粮草。礼仪院言:“按唐太清宫令,奠献用碧币,同人灵,故不用玉。令详太上老君,宜同天神用玉,昨荐献圣祖大帝用四圭有邸。”诏用苍璧,太清宫用竹册一副。丁谓言:“太清宫封藏太上老君宝册,请用玉匮各一副,长广一尺,高如之。检厚一寸二分,长广如匮。刻金绳道五,封处深二分,方取容受命宝。石匮三层。各长五尺三寸,阔四尺二寸,下层高二尺,中容玉匮,鉴深尺二寸,长二尺五寸,阔尺三寸,中层高一尺,南北刻金绳道三,相距各五寸,阔一寸,深五分。系金绳处各深四分,方取容‘天下同文’宝,上层为录顶盖。”以王旦为奉祀大礼使,向敏中为仪仗使,王钦若为礼仪使,陈尧叟为卤簿使,丁谓为桥道顿递使,又以王旦为天书仪卫使,王钦若同仪卫使,丁谓副之。兵部侍郎赵安仁为扶侍使,入内副都知张继能为扶侍都监。帝朝谒玉清昭应宫,赐亳州真源县行宫名曰奉元,殿曰迎禧。

七年正月十五日,发京师。十九日,至奉元宫,斋于迎禧殿。二十一日,帝服通天冠、绛纱袍,奉上太上老郡混元上德皇帝加号册宝。夜漏上五刻,天书扶侍命使奉天书赴太清宫。二鼓,帝乘玉辂,驻大次。三鼓,奉天书升殿,改服衮冕,行朝谒之礼,相王元偓为亚献,荣王元俨为终献。帝还大次,太尉奉册宝于玉匮,缠以金绳,封以金泥,印以受命之宝,纳于醮坛石匮,将作监加石盖其上。群臣称贺于大次。分命辅臣荐献诸殿,改奉元宫曰明道宫,奉安玉皇大帝像,改真源曰卫真县。车驾次亳州城西,诣新立圣祖殿朝拜。至应天府朝拜圣祖殿，诏号曰鸿庆宫，仍奉安太祖、太宗像。驾至自亳州，百官迎对于太一宫西幄殿，有司以卫真灵芝二百舆泊白鹿前导天书而入。帝服靴袍，乘大辇，备仪卫还宫。

先是，大中祥符元年正月乙丑，帝谓辅臣曰："朕去年十一月二十七日夜将半，方就寝，忽室中光曜，见神人星冠、绛衣，告曰：'来月三日，宜于正殿建黄录道场一月，将降天书《大中祥符》三篇。'朕竦然起对，已复无见，命笔识之。自十二月朔，即斋戒于朝元殿，建道场以伫神贶。适皇城司奏，左承天门屋南角有黄帛曳鸱尾上，帛长二丈许，缄物如书卷，缠以青缕三道，封处有字隐隐，盖神人所谓天降之书也。"王旦等皆再拜称贺。帝即步至承天门，瞻望再拜，遣二内臣升屋，奉之下。旦跪奉而进，帝再拜受之，亲奉安舆，导至道场，付陈尧叟启封。帛上有文曰："赵受命，兴于宋，付于恒。居其器，守于正。世七百，九九定。"缄书甚密，抉以利刀方起，帝跪受，复授尧叟读之。其书黄字三幅，词类《书洪范》、老子《道德经》，始言帝能以至孝至道绍世，次谕以请净简俭，终述世祚延永之意。读讫，帝复跪奉，蕴以所缄帛，盛以金匮。旦等称贺于殿之北庑，丙寅，群臣入贺，于崇政殿赐宴，帝与辅臣皆蔬食。遣官奏告天地、宗庙，社稷及京城祠庙。丁卯，有司设大次朝元殿之西廊，黄麾仗宫县、登歌，文武官陪列，帝服靴袍升殿，酌献三清天书。礼毕，步导入内。戊辰，大赦，改元，百官并加恩，改左承天门为左承天祥符。

四月辛卯朔，天书再降内中功德阁。六月八日，封祀制置使王钦若言："泰山西南垂刀山上，有红紫云气，渐成华盖，至地而散。其日，木工董祚于灵液亭北，见黄素书曳林木之上，有字不能识言于皇城使王居正，居正睹上有御名，驰告钦若，遂迎至官舍，授中使捧诣阙。"帝御崇正殿，趣召辅臣曰："朕五月丙子夜，复梦乡者神人言：'来月上旬，当赐天书于泰山，宜斋戒祗受。'朕虽荷降告，未敢宣露，惟密谕王钦若等，凡有祥异即上闻。朕今得其奏，果与梦协。上天眷佑，惟惧不称。"王旦等曰："陛下至德动天，感应昭著，臣等不胜大庆，再拜称贺。己亥，迎导天书，安于含芳圆之正殿。辛丑，帝致斋。翼日,备法驾诣殿再拜受,受陈尧叟启封。其文曰:"汝崇孝奉吾,育民广福。锡尔嘉瑞,黎庶咸知,秘守斯言,善解吾意。国祚延永,寿历遐岁。"读讫,复奉以升殿。

九月甲子,告太庙,奉安天书朝元殿,建道场,扶侍使上香,庭中奏法曲,将行礼,诣幄殿酌献讫,奉以玉辂,中设几褥,夹侍立旁,周以黄麾仗,前后部鼓吹,道门威仪,扶侍使以下前导,封禅日皆奉以升坛,置正位之东。自是凡举大礼,皆如此制。于是制行殿供物,定仪仗千六百人。每岁元日,召宰臣、宗室至禁中朝拜。前一日,欲去荤茹。帝自制誓文,刻石,置玉清昭应宫宝符阁下,摹刻天书奉安昭应宫刻玉殿,行酌献礼,令刻玉使日赴殿行香,副使已下,日莅事焉。

天禧元年正月,诏以十五日行宣读天书之礼。前二日,斋于长春殿,以王钦若为宣读天书礼仪使。有司设次天安殿,中位玉皇像,置录本天书于东,圣祖板位于西,建金录道场三昼夜。其日三鼓,帝服通天冠、绛纱袍,诣道场焚香再拜,西向立,百官朝服升殿。摄中书令任中正跪奏:"嗣天子臣某,谨与宰臣等宣读天书,请求圣意,虔思睿训,抚育生民。"仪卫使王旦跪取左承天门天书置案上,摄殿中监张、张继能捧案,摄司徒王曾,摄司空张知白跪展天书,摄太尉向敏中宣读,每句已,即详绎其旨,言上天训谕之意,摄中书王钦若录之。宣读毕,摄侍中张旻跪奏:"嗣天子臣某,敢不虔遵天命。"仪卫使受天书,跪纳匣中,又取功德阁天书、泰山天书宣读如上仪。王钦若跪进所录天书帝跪受之,登歌酌献。礼毕,奉天书还内。帝自作《钦承宝训述》以示中外。是月之朔,又奉天书升太初殿,恭上玉皇大天帝圣号宝册、衮服焉。

帝于大中祥符五年十月,语辅臣曰:"朕梦先降神人传玉皇之命云'先令授汝祖赵某授汝天书,令再见汝,如唐朝恭奉玄元皇帝。'翼日,复梦神人传天尊言:'吾坐西,斜设六位以候。'是日,即于延恩殿设道场。五鼓一筹,先闻异香,顷之,黄光满殿,蔽灯烛,睹灵仙仪卫天尊至,朕再拜殿下。俄黄雾起,须臾雾散,由西陛升,见侍从在东陛。天尊就坐,有六人揖天尊而后坐。朕欲拜六人。天尊止令揖,命朕前,曰:'吾人皇九人中一人也,是赵之始祖,再降,乃轩辕皇帝,凡世所知少典之子,非也。母感电梦天人,生于寿丘。后唐时,奉玉帝命,七月一日下降,总治下方,主赵氏之族,今已百年,皇帝善为抚育苍生,无怠前志。'即离坐,乘云而去。"王旦等皆再拜称贺。即召旦等至延恩殿,历观临降之所,并布告天下,命参知政事丁谓、翰林学士李宗谔,龙图阁待制陈彭年与礼官修崇奉仪注。闰十月,制九天司命保生天尊号曰圣祖上灵高道九天司命保生天尊大帝,圣祖母号曰元天大圣后,遣官就南郊设昊天及四位告之。

七年九月,即滋福殿设玉皇像,奉圣号匣,安于朝元殿后天书刻玉幄次。诏以来年正月上玉帝圣号,帝亲撰文,及天书下,亦以此日奏告,仍定仪式班之。以王旦为奏告大礼使,向敏中为仪仗使,寇准为卤簿使,丁谓为礼仪使,王嗣宗为桥道顿递使。

八年正月朔,驾诣玉清昭应宫奉表奏告,上玉皇大帝圣号曰太上开天执符御历含真体道玉皇大天帝,奉刻玉天书安于宝符阁,以帝御容侍立于侧,升阁酌献。复朝拜明庆二圣殿。礼毕还宫,易常服,御崇德殿,百官称贺。

九年,诏以来年正月朔诣玉清昭应宫上玉皇圣号宝册,二日诣景灵宫上圣祖天尊大帝徽号。十二月己亥,奉宝册、仙衣安于文德殿,乃斋于天安殿后室。四鼓,帝诣天安殿酌献天书毕,大驾赴玉清昭应宫,衮冕升太初殿,奉册讫,奠玉币,荐馔三献,饮福,登歌,二舞,望燎,如祀昊天上帝仪。毕二圣殿,奉上绛纱袍,奉币进酒,分遣摄殿中监上紫微大帝绛纱袍、七元辅弼真君红绡衣、翊圣保德真君皂袍。帝改服靴袍,诣紫微殿、宝符阁焚香,群臣诣集禧殿门表贺。是日,天书赴景灵宫,大驾次至,斋于明福殿,二日,帝服衮冕,诣天兴殿奉上圣祖天尊大帝册宝,仙衣,荐献如上仪。乃改服诣保宁阁焚香,还宫,群臣入贺于崇德殿。命诸州设罗天大醮,先建道场二十七日。命王旦为兖州太极观奉上宝册使,赵安仁副之。遣官摄中书侍郎、殿中监,押当册宝,仙衣。二月丁亥,帝斋于长春殿。翼日,有司设圣母板位文德殿,行酌献礼,拜授册宝于王旦、仙衣于赵安仁,以升金辂,具卤簿仪卫,所过禁屠宰。三月乙巳,旦等诣观奉册上懿号曰圣祖母元天大圣后。其日,帝不视朝。礼毕,群臣入贺,赐饮崇德殿。

微宗政和六年九月朔,复奉玉册、玉宝,上玉帝尊号曰太上开天执符御历含真体道昊天玉皇上帝,盖以论者析玉皇大天帝、昊天上帝言之,不能致一故也。又诏以王者父天母地,乃者祇率万帮黎庶,强为之名,以玉册、玉宝昭告上帝,而地祇未有称谓,谨上徽号曰承天效法厚德光大后土皇地祇。

明年五月,诣玉清和阳宫奉上宝册,所用之礼,以瘗坎易燎柴,设望瘗位,玉以黄琮及两圭有邸,币以黄,舞以八成,其余并如奉上玉皇尊号之仪。徽宗崇尚道教,制郊祀大礼以方士百人执威仪前引,分列两序,立于坛下。

政和三年十一月五日,恭上神宗、哲宗徽号于太庙。翌日,祀昊天上帝于圜丘。太师蔡京奏:“天神降格,实为大庆,乞付史馆。”帝出手诏,播告天下。群臣诣东上阁门拜表称贺,御制《天真示现记》,寻以天神降日为天应节,即其地建迎真宫。明年夏至,躬祀方丘,又制《神应记》,略云:“羽卫多士,奉辇武夫,与陪祝官,顾瞻中天,有形有象,若人若鬼,持矛执战,列于空际,见者骇愕。”仍遣使奏告陵庙,诏天下。

又用方士魏汉津之说,备百物之象,铸鼎九,于中太一宫南为殿奉安之,各周以垣,上施埤堄,墁如方色,外筑垣环之,曰九成宫。中央曰帝鼐,其色黄,祭以土王日,为大祠,币用黄,乐用宫架。北方曰宝鼐,其色黑,祭以冬至,币用皂,东北方曰牡鼐,其色青,祭以立春,币用皂。东方曰苍鼐,其色碧,祭以春分,币用青,东南曰阜鼐,其色绿,祭以立夏币用绯。南方曰彤鼐,其色紫,祭以夏至,币用绯,西南曰阜鼐,其黑,祭以立秋,币用白。西方曰晶鼐,其色赤,会以秋分,币用白,西北曰魁鼐,其色白,祭以立冬,币用皂。八鼐皆诣为中祠,乐用登歌,享用素馔,复于帝鼎之宫立大角鼎星祠。

崇宁四年八月,奉安九鼎,以蔡京为定鼎礼仪使。帝幸九成宫酌献。九月朔,百官称贺于大庆殿,如大朝会仪。郑居中言:"亳州太清宫道士王与之进《黄帝崇天祀鼎仪诀》,皆本于天元玉册,九宫太一,合于汉津所授上帝锡夏禹隐文。同修为《祭鼎仪范》,修《成鼎》书十七卷,《祭鼎仪范六卷》。"先是,诏曰:"九鼎以奠九州,以御神奸,其用有法,后失其传。阅王与之所上《祀仪》,推鼎之意,施于有用,盖非今人所能作。去古绵邈,文字杂糅,可择其当理合经,修为定制,班付有司。"至是书成,并以每岁祀鼎常典,付有司行之。

又诏以铸鼎之地作宝成宫,总屋七十一区,中置殿曰神灵,以祠黄帝,东庑殿曰成功,祀夏后氏;西庑殿曰持盈,祠周成王及周公、召公;后置堂曰昭应,祀唐李良及隐土嘉成侯魏汉津。太常礼部言:"每岁欲于大乐告成崇政殿元进乐日,秋八月二十七日举祀事,祀黄帝依感生帝、神州地祇为大祠,币用黄,乐用宫架,祝文依祀圣祖称嗣皇帝臣名。其成功、持盈二殿,礼用中祀,币各用白。昭应堂礼用小祀,并以素馔。"从之。

政和六年,用方士王仔昔议,定鼎阁于天章阁,自九成宫徙九鼎奉安之。又诏改帝鼎为隆鼎,正南彤鼎为明鼎,西南阜鼎为顺鼎,正西晶鼎为蕴鼎,西北魁鼎为健鼎,正北宝鼎如旧,东北牡鼎为和鼎,正东苍鼎为育鼎,东南冈鼎为洁鼎,鼎角为圜象徽调之阁。阁上神像,左周鼎星君,中帝席星君,右大角星君;阁下鼎鼎神像,各守逐鼎布列,亦用仔昔议也。驾诣鼎阁奉安神像,明日复诣阁行香,百僚陪位,其后,又诏九鼎新名乃狂人妄改,皆无依据,宜复旧名,惟圜象徽调阁仍旧。

八年,用方士言,铸神霄九鼎成,曰太极飞云洞劫之鼎、苍壶祀天贮醇酒之鼎、山岳五神之鼎、精明洞渊之鼎、天地阴阳之鼎、混沌之鼎、浮光洞天这鼎、灵光晃耀炼神之鼎、苍龟火蛇虫鱼金轮之鼎,奉安于上清宝录宫神霄殿,与魏汉津所铸,凡十八鼎焉。

宋史卷一〇五
志第五八

礼八 吉礼八

文宣王庙　　武成王庙　　先代陵庙
诸神祠

　　至圣文宣王。唐开元末升为中祀,设从祀,礼令摄三公行事。朱梁丧乱,从祀遂废。后唐长兴二年,仍复从祀。周显德二年,别营国子监,置学舍。宋因增修之,塑先圣、亚圣、十哲像,画七十二贤及先儒二十一人像于东西庑之木壁,太祖亲撰《先圣》、《亚圣赞》,十哲以下命文臣分赞之。建隆中,凡三幸国子监,谒文宣王庙,太宗亦三谒庙。诏绘三礼器物、制度于国学讲论堂木壁。又命河南府建国子监文宣王庙置官讲说法及赐《九经》书。

　　真宗大中祥符元年,封泰山诏以十一月一日幸曲阜,备礼谒文宣王庙。内外设黄麾仗,孔氏宗属并陪位,帝服靴袍,行酌献礼。又幸叔梁纥堂,命官分奠七十二弟子,先儒泊叔梁纥、颜氏。初有司定仪肃揖,帝特展拜,以表严师崇儒之意,亲制赞,刻石庙中。复幸孔林,以树拥道,降舆乘马,至文宣王墓设奠再拜。诏追谥曰玄圣文宣王,祝文进署,祭以太牢,修饰祠宇,给便近十户奉茔庙,仍追封叔梁纥为齐国公,颜氏鲁国太夫人,伯鱼母开官氏,郓国夫人。

　　二年五月乙卯,诏追封十哲为公,七十二弟子为侯,先儒为伯或赠官。亲制《玄圣文宣王赞》命宰相等撰颜子以下赞,留亲奠祭器于庙中,从官立石刻名。既以国讳,改谥至圣文宣王。赐孔氏钱帛,录亲属五人并赐出身,又赐太宗御制、御书一百五十卷,银器八百两。诏太常礼院定州县释奠器数;先圣先师每坐酒尊二笾豆八、簠二、簋二、俎三、垒一、洗一。篚一,尊皆加勺、幂各置于坫,巾共二,烛二,爵共四,坫。有从祀之处,诸坐各笾二、豆二、簠一、簋一、俎一、烛一、爵一。仁宗再幸国子监,谒文宣王庙,皆再拜焉。

熙宁七年,判国子监常秩等请立,孟轲扬雄像于庙廷,仍赐爵号;又请追尊孔子以帝号,下两制礼官详定,以为非是而止。

京兆府学教授蒋夔请以颜回为兖国公,毋称先师,而祭不读祝,仪物一氏降杀,而进闵子骞九人亦在祀典。礼官以孔子、颜子称号,历代各有据依,难辄更改,仪物祝献,亦难降杀,所请九人,已在祀典。熙宁祀仪,十哲皆为从祀,惟州县释奠未载。请自今三京及诸州春秋释奠,并准熙宁祀仪。

诏封孟轲邹国公。晋州州学教授陆长愈请春秋释奠,孟子宜与颜子并配。议者以谓凡配享从祀,皆孔子同时之人,今孟轲并配非是。礼官言:唐贞观以汉伏胜高堂生,晋杜预范宁之徒与颜子俱配享,至今从祀,岂必同时。孟子于孔门当在颜子之列,至于荀况、扬雄、韩愈皆发明先圣之道,有益学者,久未配食,诚阙典也。请自今春秋释奠,以孟子配食,荀况,扬雄、韩愈并加封爵,以世次先后,从祀于左丘明二十一贤之间。自国子监及天下学庙,皆朔邹国公像,冠服同兖国公。仍绘荀况等像于从祀:荀况,左丘明下;扬雄,刘向下;韩愈,范宁下,冠服各从封爵。"诏如礼部议,荀况封兰陵伯,雄封成都伯,韩愈封昌黎伯,令学士院撰赞文。又诏太常寺四孟释菜仪。

元祐六年,幸太学,先诣国子监至圣文宣王殿行释奠礼,一献再拜。

崇宁初,封孔鲤为四水侯,孔伋为沂水侯。诏:"古者,学必祭先师,况都城近郊,大辟黉舍,聚四方之士,多且数千,宜建文宣王庙,以便荐献。"又诏:"王安石可配享孔子庙,位于邹国公之次。"国子监丞赵子栎言："唐封孔子为文宣王，其庙像，内出王者衮冕衣之。今乃循五代故制，服上公之服。七十二子皆周人，而衣冠率用汉制，非是。"诏孔子仍旧，七十二子易以周之冕服。又诏辟雍文宣王殿以"大成"为名。帝幸国子监，谒文宣王殿，皆再拜行酌献礼，遣官分奠兖国公而下。国子司业蒋静言："先圣与门人通被冕服，无别。配享、从祀之人，当从所封之爵，服周之服，公之衮冕九章，侯伯之衮冕七章。衮，公服也，达于上，郑氏谓公衮无升龙，误矣。考《周官》司服所掌，则公之冕与王同；弁师所掌，则公之冕与王异。今既考正配享、从祀之服，亦宜考正先圣之冕服。"于是增文宣王冕为十有二旒。

大观二年，从通仕郎侯孟请，绘子思像，从祀于左丘明二十四贤之间。议礼局言："建隆三年，诏国子监庙门立戟十六，用正一品礼。大中祥符二年，赐曲阜庙桓圭，从上公之制。又《史记·弟子传》曰，受业身通六艺品者七十有七人，自颜回至公孙龙三十五人颇有年名及受业见于书传。四十二人姓名反存。《家语》曰，七十二弟子皆升堂入室者。按《唐会要》七十七人，而《开元礼》止七十二人，又复去取不一。本朝议臣，断以七十二子之说，取琴张等五人，而去公夏首等十人。今以《家语》、《史记》参定，公夏首、后处、公肩定、颜祖、邽单、罕父黑、秦商、原抗、乐亥、廉杰，《唐会要》、《开元礼》亦互见之，皆有伯爵，载于祀典。请追赠侯爵，使预祭享。"诏封公夏首钜平侯，后处胶东侯，公肩定梁父侯，颜祖富阳侯，邽单卿城侯，罕父黑祈乡侯，秦商冯翊侯，原抗乐平侯，乐亥建成侯，廉杰胙城侯。又诏改封曾参武城侯，颛孙师颍川侯，南宫绦文阳侯，司马耕睢阳侯，琴张阳平侯，左丘天明中都伯，谷梁赤睢陵伯，戴圣考城伯，以所封犯先圣讳也。

政和三年，诏封王安石舒王，配享；安石子雱临川伯，从祀。《新仪》成，以孟春元日释菜，仲春、仲秋上丁日释奠，以兖国公颜回、邹国公孟轲，舒王王安石配享殿上；琅邪公闵损、东平公冉耕、下邳公毋雍、临淄公宰予、黎阳公端木赐并西向、彭城公冉求、河内公仲

由、丹阳公言偃、河东公卜商、武城侯曾参并东向；东庑，颖川侯颛
孙师以下至成都伯扬雄四十九人并西向。西庑，长山侯林放以下至
临川伯王雱四十八人并东向。颁辟雍大成殿名于诸路州学。

五年，太常寺言："兖州邹县孟子庙，诏以乐正子配享，公孙丑
以下从祀，皆拟定其封爵，乐正子克利国侯，公孙丑寿光伯，万章博
兴伯，告子不害东阿伯，孟仲子新泰伯，陈臻蓬莱伯，充虞昌乐伯，
屋卢连奉符伯，徐辟仙源伯，陈代沂水伯，彭更雷泽伯，公都子平阴
伯，咸丘蒙须城伯，高子泗水伯，桃应胶水伯，盆成括莱阳伯，季孙
丰城伯，子叔承阳伯。大晟乐成，诏下国子学选诸生肄习，上丁释
奠，奏于堂上，以祀先圣。

靖康元年，右谏义大夫杨时言王安石学术之谬，请追夺王爵，
明诏中外，毁去配享之像，使邪说淫辞不为学者之惑。诏降安石从
祀庙廷，尚书传墨卿言："释奠礼馔，宜依元丰祀仪陈设，其《五礼新
仪》勿复尊用。"

时又有算学，大观三年，礼部、太常寺请以文宣王为先师，兖、
邹荆三国公配享，十哲从祀；自昔著名算数者画像两庑，请加赐五
等爵，随所封以定其服。于是中书舍人张邦昌定算学：封风后上谷
公，箕子辽东公，周大夫商高郁夷公，大挠涿鹿公，隶首阳周公，容
成平都公，常仪原都公，鬼俞区宜都公，商巫咸河东公，晋史苏晋阳
伯，秦卜徒父陆阳伯，晋卜偃平阳伯，鲁梓慎汝阳伯，晋史赵高都
伯，鲁卜楚丘昌衍伯，郑禅窥荥阳伯，赵史墨易阳伯，周荣方美阳
伯，齐甘德留川伯，魏石申隆虑伯，汉鲜于妄人清泉伯，耿寿昌安定
伯，夏侯胜任城伯，京房乐平伯，翼奉良成伯，李寻平陵伯，张衡西
鄂伯，周兴慎阳伯，单飏湖陆伯，樊英鲁阳伯，晋郭璞闻喜伯，宋何
承天昌卢伯，北齐宋景业广宗伯，隋萧吉临湘伯，临孝恭新丰伯，张
胄玄东光伯，周王朴东平伯，汉邓平新野子，刘洪蒙阴子，魏管辂平
原子，吴赵逵谷城子，宋祖冲之范阳子，后魏商绍长乐子，北齐信都
芳乐城子，北齐许遵高阳子，隋耿询湖熟子，刘焯昌亭子，刘炫景城
子，唐传仁均博平子，王孝通介休子，瞿昙罗居延子，李淳风昌乐

子,王希明瑯琊子,李鼎祚赞皇子,箢冈成安子,汉郎颛观阳子,襄楷隰阴子,司马季主夏阳男,落下闳阆中男,严君平广都男,魏刘徽淄乡男,晋姜岌成纪男,张丘建信成男,夏侯阳平陆男,后周甄鸾无极男,隋卢大翼成平男。寻诏以黄帝为先师。

礼部员外郎吴时言:"书画之学,教养生徒,使知以孔子为师,此道德之所以一也。若每学建立殿宇,则配食、从祀,难于其人。请春秋释奠。止令书画博士量率职事生员,陪预执事,庶使知所宗师。医学亦准此。"诏皆从之。

其释奠之礼:景德四年,同判太常礼院李维言:"按《开宝通礼》,诸州释奠,并刺史致斋三日,从祭之官,斋于公馆。祭日,刺史为初献,上佐为亚献,博士为终献。今诸州长吏不亲行祀,非尊师重教之道。"诏太常礼院检讨以闻。按《五礼精义》,州县释奠刺史、县令初献,上佐、县丞亚献,州博士、县主簿终献;有故,以次官摄之。大中祥符三年,判国子监孙奭言:"上丁释奠,旧礼以祭酒、司业、博士充三献官,新礼以三公行事,近岁止命献官两员临时通摄,未副崇祀向学之意。望自今备差太尉、太常、光录卿以充三献。"又命崇文院刊《释奠仪注》及《祭器图》颁之诸路。熙宁五年,国子监言:"旧例遇贡举岁,礼部贡院集诸州府所贡第一人谒奠先圣,如春秋释奠仪。况春秋自有释奠礼,请罢贡举人谒奠。"崇宁,议礼局言:"太学献官、太祝、奉礼,皆以法服,至于郡邑,则用常服。望命有司降祭服于州县,凡献官、祝礼,各服其服,以尽事神之仪。"诏以衣服制度颁使州县自造焉。

其谒先师之礼:建隆二年,礼院准礼部贡院移,按《礼阁新仪》云:"旧仪无贡举人谒先师之文。开元二十六年,诏诸州贡举人见讫,就国子监谒先师,官为开讲,质问疑义,所司设食。昭文、崇文两馆学士及监内诸举人,亦准此。"自后诸州府贡举人,十一月朔日正衙见讫,择日谒先师,遂为常礼。大观初,大司成强渊明言:"考之礼经,士始入学,有释菜之仪。八员,以博士、正录;大祝一员以正录。应祀官前释菜一日赴学,各宿其次。至日,诣文宣王殿常服行礼,贡士初入学者陪位于庭，其他亦略仿释奠之仪。绍兴十年，诏与大社、大稷并为大祀。淳熙四年，去王雱画像。淳祐元年正月，理宗幸太学，诏以周惇颐、张载、程颢、程颐、朱熹从祀，黜王安石。景定二年，皇太子诣学，请以张试、吕祖谦从祀。从之。

咸淳三年，诏封曾参郕国公，孔伋沂国公，配享先圣；封颛孙师陈国公，升十哲位；复以邵雍、司成光列从祀。其序：兖国公、郕国公、沂国公、邹国公，居正位之东面，西向北上，为配位，费公闵损、薛公冉雍、黎公端木赐、卫公仲由、魏公卜商居殿上东面，西向北上郓公冉耕。斋公宰予、徐公冉求、吴公言偃、陈公颛孙师，居殿上西面，东向北上，为从祀；东庑，金乡侯台灭明、任城侯原宪、汝阳侯南宫适、莱芜侯曾点、须昌侯商瞿、平舆侯漆雕开、睢阳侯司马耕、平阴侯有若、东阿侯巫马施、阳谷侯颜辛、上蔡侯曹恤、枝江侯公孙龙、冯翊侯秦祖、雷泽侯颜高、上邽侯壤驷赤、成邑侯石作蜀、钜平侯公夏首、胶东侯后处、济阳侯奚容点、富阳侯颜祖、滏阳侯句井疆、鄄城侯秦商、即墨侯公祖句兹、武城侯县成、汧源侯燕伋、宛句侯颜之璞、建成侯乐欬、堂邑侯颜何、林虑狄墨、郓城侯孔忠、徐城侯公西点、临濮侯施之常、毕亭侯秦非、文登侯申枨、济阴侯颜哙、泗水侯孔鲤、兰陵伯荀况、睢陵伯谷梁赤、莱芜伯高堂生、乐寿伯毛长、彭城伯刘向。中牟伯郑众、缑氏伯杜子春、良乡伯卢植、宽荥阳伯服处、司空王肃、司徒杜预、昌黎伯韩愈、河南伯程颢、新安伯邵雍、温国公司马光、毕阳伯张栻，凡五十二人，并西向；西庑，单父侯宓不斋、高密侯公冶长、北海侯公晳哀、曲阜侯颜无繇、共城侯高柴、寿张侯公伯寮、益都侯樊须、钜野侯公西赤、千乘侯梁鳣、临沂侯冉孺、沐阳侯伯虔、诸城侯冉季、濮阳侯漆雕哆、高苑侯漆雕徒父、邹平侯商泽、当阳侯任不济、牟平侯公良孺、新息侯秦冉、梁父侯公肩定、卿城侯邽单、祁乡侯罕父黑淄川侯申党、厌次侯荣旂南华侯左人郢、朐山侯郑国、乐平侯原亢胙城侯廉洁、博平侯叔仲会、高堂侯邽巽、临朐侯公西舆如、内黄侯蘧瑗、长山侯林放、南顿侯陈亢、博昌侯步叔乘、中都伯左丘明、临淄伯会羊高、氏伯伏胜、考城

伯戴圣、曲阜伯孔安国、成都伯杨雄、岐阳伯贾逵、扶风伯马融、高
宁伯郑玄、任城伯何休、偃师们王弼、新野伯范密、汝阳伯周惇颐、
伊阳伯程颐、眉伯张载、徽周公朱熹、开封伯吕祖谦,凡五十二人,
并东向。

　　昭烈武成王。自唐立太公庙,春秋仲月上戊日行祭礼,上元初,
封为武成王,始置亚圣,十哲等,后又加七十二弟子。梁废从祀之
祭,后唐复之。太祖建隆三年,诏修武成王庙,与国学相对,命左谏
议大夫崔颂董其役,仍令颂检阅唐末以来谋臣、名将功绩尤著者以
闻。四年四月,帝幸庙,历观图壁,指白起曰:"此人杀已降,不武之
甚,何受享于此?"命去之。景德四年,诏西京择地建庙,如东京制。
大中祥符元年,加谥昭烈。

　　初,建隆议升历代功臣二十三人,旧配享者退二十二人。庆历
仪,自张良、管仲而下依旧配享,不用建隆升降之次。元丰中,国子
司业朱服言:"释奠文宣王,以国子祭酒、司业为初献,丞为亚献、博
士为终献,大祝,奉礼并以监学官充。及上戊释奠武成王,以祭酒,
司业为初献,其亚献、终献,及读祝、捧弊,令三班院差使臣充之。官
制未行,武学隶枢密院,学官员数少,故差右选。今武学隶国子监,
长、贰、丞、簿、官属已多,请并以本监官充摄行事,仍令太常寺修入
《祀仪》。"

　　政和二年,武学论张滋言:"《诗》云'赫赫南仲'、'维师尚父'、
'文武吉甫'、'显允方叔'、'王命召虎'、'程伯休父',是均为周将,
功著声诗,今昔所尊惟一尚父,而南仲、吉甫之徒不预配食,余如谷
之阅礼乐,敦诗书,尉缭以言为学者师法,不当弃而不录,请并配
食。"博士孙宗鉴亦请以黄石公配。后有司讨论不定,国子监丞赵子
崧复言之。

　　宣和五年,礼部言:"武成王庙从祀,除本传已有封爵者,其未
经封爵之人,斋相管仲拟封涿水侯,大司马田穰苴横山侯,吴大将
军孙武渎侯,越相范蠡遂武侯,燕将乐毅平房侯,蜀相诸葛亮顺兴

侯，魏西河守吴起封广宗伯，斋将孙膑武清伯，田单昌平伯，赵将廉颇临城伯，秦将王翦镇山伯，汉前将军李广怀柔伯，吴将军周瑜平房伯。"于是释奠日，以张良配享殿上，管仲、孙武、乐毅、诸葛亮、李勣并西向，田穰苴、范蠡、韩信、李靖、郭子仪、并东向。东庑，白起、孙膑、廉颇、李牧、曹参、周勃、李广、霍去病、邓禹、冯异、吴汉、马援、皇甫高、邓艾、张飞、吕蒙、陆抗、杜预、陶侃、慕容恪、宇文宪、韦孝宽、杨素、贺若弼、李孝恭、苏定方、王孝杰、王晙、李光弼、并西向；西庑，吴起、田单、赵奢、王翦、彭越、周亚夫、卫青、赵充国、寇恂、贾复、耿龠、段颎、张辽、关羽、周瑜、陆逊、羊祜、王浚、谢玄、王猛、王镇恶、斛律光、王僧辩、于谨、吴明彻、韩擒虎、史万岁、尉迟敬德、斐行俭、张仁亶、郭元振、李晟、并东向。凡七十二将云。

绍兴七年五月，太常博士黄积厚乞以种春、仲秋上戊日行礼。十一年五月，国子监丞林保秦："窃见昭烈武成王享以酒脯而不用牲牢，虽曰时方多事，礼用绵蕝，然非所以右武而励将士也。乞今后上戊释奠用牲牢，以管仲至主郭子仪十八人祀于殿上。"从之。

乾道六年，诏武成王庙升李晟于堂上，降李勣于李晟位次，仍以曹彬从祀。先是，绍兴间，右正言都民望言："李勣邪说误国，唐祀几灭，李晟有再造王室之勋；宜升李晟于堂上，置李勣于河间王孝恭之下。"至是，著作郎传伯寿言："武成庙从祀，出于唐开元间，一时铨次，失于太杂。如尹吉甫之伐猃狁，如虎之平准夷，实亚鹰扬之烈；陈汤、傅介子、冯奉世、班超之流，皆为有汉之隽功；在晋则谢安、祖逖，在唐则王忠嗣、张巡辈，皆不得预从祀之列。窃闻迩日议臣请以本朝名将从祀，谓宜并诏有司，讨论历代诸将，为之去取，然后兴本朝名钜，绘于殿庑，亦乞取建隆、建炎以来骁俊忠杰之臣，功烈暴于天下者，参陪庙祀。"故有是命。

先代陵庙及录名臣后。建隆元后年，诏："前代帝王陵寝、忠臣贤士丘垅，或樵采不禁、风雨不芘，宜以郡国置户以守，隳毁者修葺之。"

　　乾德初,诏:"历代帝王,国有常享,著于甲令,可举而行。自五代乱离,百司废坠,匪神乏祀,阙孰甚焉。按《祠令》,先代帝王,每三年一享,以仲春之月,牲用太牢,祀官以本州长官,有故则上佐行事。官造祭器,送诸陵庙。"又诏:"先代帝王,载在祀典,或庙貌犹在,久废牲牢,或陵墓虽存,不禁樵采。其太昊、炎帝、黄帝、高辛、唐尧、虞舜、夏禹、成汤、周文王、武王、汉高帝光武、唐高祖太宗、各置守陵五户,岁春秋祠以太牢;商中宗太戊高宗武丁、周成王康王、汉文帝宣帝、魏太祖、晋武帝、后周太祖、隋高祖、各置三户,岁一享以太牢;秦始皇帝、汉景帝武帝明帝章帝、魏文帝、后魏孝文帝、唐玄宗宪宗肃宗宣宗、梁太祖、后唐庄宗明宗、晋高祖、各置守陵两户,三年一祭以太牢;周桓王景王威烈王、汉元帝成帝哀帝平帝和帝伤帝安帝顺帝冲帝质帝献帝、魏明帝高贵乡公陈留王、晋惠帝怀帝愍帝、西魏文帝、东魏孝静帝、唐高宗中宗睿宗德宗顺宗穆宗代宗敬宗文宗武宗懿宗喜宗昭宗、梁少帝、后唐末帝诸陵,常禁樵采。"寻又禁河南府民耕晋、汉庙壖地。凡诸陵有经开发者,有司造衮冕服、常服各一袭,具棺椁以葬,掩次日,所在长吏致祭。又诏,前代功臣、烈士,详其勋业优劣以闻。有司言:"斋孙膑晏婴,晋程婴公孙杵臼、燕乐毅,汉曹参、陈平、韩信、周亚夫、卫青、霍去病、霍光,蜀昭烈帝关羽、张飞、诸葛亮,唐房玄龄、长孙无忌、魏徵、李靖、李勣、尉迟恭、浑瑊、段秀实等,皆勋德高迈,为当时之冠;晋赵简子、斋孟尝君、赵赵奢,汉邴吉,唐高士廉、唐俭、岑文本、马周为之次;南燕慕容德,唐斐寂,元稹又次之。"诏孙膑等各置守冢三户,赵简子等各二户,慕容德等禁樵采;其有开毁者,皆具棺椁、朝服以葬,掩次日致祭,长吏奉行其事。

　　景德元年,诏:"前代帝王陵寝,名臣贤士,义夫节妇坟垄,并禁樵采,摧毁者官为修筑;无主者碑碣、石兽之类,敢有坏者论如律。仍每岁首所在举行此令。"郑州给唐相裴守三户,赐秦国忠懿王钱椒守坟三户。加谥太公望昭烈武成王,建庙青州,周公旦追封文宪王,建庙兖州,春秋委长吏致祭。

熙宁元年，从知濮州韩铎请："尧陵在雷泽县东谷林山，陵南有尧母庆都灵台庙，请敕本州春秋致祭，置守陵五户，免其租，奉洒扫。"又以中丞邓润甫言，唐诸陵除已定顷亩外，其余许耕佃为守陵户，余并禁止。先是，仁宗尝录唐张九令九代孙锡，狄仁杰裔孙国宝，郭子仪孙元享，长孙无忌孙宏，皆命以官，神宗以录魏微孙道严，段秀实十二世孙昊、八世孙文酉，仍复其家。

元祐六年，诏相州商王河亶甲冢、沂州费县颜真卿墓并载祀典。先是，乾德中，定先代帝王配享仪，下诸州以时荐祭，牲用羊豕，政和议礼局遂为定制。

绍兴元年，命祠禹于越州，及祠越王句践，以范蠡配。淳熙四年，静江守臣张栻奏初领州，有唐帝祠。其山曰尧山；有虞帝祠，其山曰虞山；请著之祀典。十四年，衡州守臣刘清之奏："史载炎帝陵在长沙茶陵，祖宗时给近陵七户守视，禁其樵牧，宜复建庙，给户如故事。"淳祐八年，湖南安抚大使、知潭州陈铧再言，从之。

初绍兴二年，驾部员外郎李愿奏："程婴、公孙杵臼于赵最为功臣，神宗皇嗣未建，封婴为成信侯，杵臼为忠智侯，命绛州立庙，岁时奉祀，其后皇嗣众多。今庙宇隔绝，祭亦弗举，宜于行在所设位望祭。"从之。十一年，中书舍人朱翌言："谨按晋国屠岸贾之乱，韩厥正言以拒之，而婴、杵臼皆以死匿其孤，卒立赵武，而赵祀不绝，厥之功也。宜载之祀典，与婴、杵臼并享春秋之祀，亦足为忠义无穷之劝。"礼寺亦言："崇宁间已封婴厥义成侯，今宜依旧立祚德庙致祭。"十六年，加婴忠节成信侯，杵臼通勇忠智侯，厥忠定义成侯。后改封疆济公，杵臼英略公，厥启侑公，升为中祀。

诸祠庙。自开宝、皇祐以来，凡天下名在地志，功及生民，宫观陵庙，名山大川能兴云雨者，并加崇饰，增入祀典。熙宁复诏应祠庙祈祷灵验，而未有爵号，并以名闻。于是太常博士王右请："自今诸神祠无爵号者赐庙额，已赐额者加封爵，初封侯，再封公，次封王，生有爵位者从其本封。妇人之神封夫人，再封妃。其封号，者初二字,再加四字。如此,则锡命驭神,恩礼有序。欲更增神仙封号初真人,次真君。"大观中,尚书省言,神祠加封爵等,未有定制,乃并给告、赐额、降敕。已而诏开封府毁神祠,一千三十八区,迁其像入寺观及本庙,仍禁军民擅立大小祠。秘书监何志同言:"诸州祠庙多有封爵未正之处,如屈原庙,在归州者封清烈公,在潭州者封忠杰侯。永康军李冰庙,已封广济王,近乃封灵应公。如此之类,皆未有祀典,致前后差误。宜加稽考,取一高爵为定,悉改正之。他皆仿此。"故凡祠庙赐额、封号,多在熙宁、元祐、崇宁、宣和之时。

其新立庙:"若何承矩、李允则守雄州,曹玮帅秦州,李继和节度镇戎军,则以有功一方者也;韩琦在中山,范仲淹在庆州,孙冕在海州,则以政有威惠者也;王承伟筑祁州河堤,工部员外郎张夏筑钱塘江岸,则以为人除患也,封州曹觐,德庆府赵师旦,邕州苏缄,恩州通判董元亨,指挥使马遂,则死于乱贼者也;若王韶于熙河,李宪于兰州,刘阒于水洛城,郭成于怀庆军,折御卿于岚州,作坊使王吉于麟州神堂砦,各以功业建庙。寇准死雷州,人怜其忠,而赵普祠中山、韩琦祠相州,则以乡里,皆载祀典焉。其他州县岳渎、城隍、仙佛、山神、龙神水泉江河之神及诸小祠,皆由祷祈感应,而封赐之多,不能尽录云。

宋史卷一〇六
志第五九

礼九　吉礼九

宗庙之制

　　宗庙之制。建隆元年，有司请立宗庙，诏下其议。兵部尚书张昭等奏："谨案尧、舜、禹、皆立五庙，盖二昭二穆与其始祖也。有商建国，改立六庙，盖昭穆之外，祀契与汤也。周立七庙，盖亲庙之外，祀太祖与文王、武王也。汉初立庙，悉不如礼，魏、晋始复七庙之制，江左相承不改。然七庙之室，隋文但立高、曾、祖、祢四庙而已。唐因立亲庙，梁氏而下，不易其法。稽古之道，斯为折衷。伏请追尊高、曾四代，崇建庙室。"于是判太常寺窦俨奏上皇高祖文安府君曰文献皇帝。庙号僖祖；皇曾祖中丞府君曰惠元皇帝，庙号顺祖；皇祖骁卫府君曰简恭皇帝，庙号翼祖；皇考武清府君曰昭武皇帝，庙号宣祖；皇高祖妣崔氏曰文懿皇后；皇曾祖妣桑氏曰惠明皇后；皇祖妣京兆郡太夫人刘氏曰简穆皇后。太祖御崇元殿，备礼册四亲庙，奉安神主，行上谥之礼。二年十月，祔明宪皇后杜氏于宣祖室。

　　太平兴国二年，有司言："唐制，长安太庙，凡九庙，同殿异室。其制：二十一间皆四柱，东西夹室各一，前后面各三阶，东西各二侧阶。本朝太庙四室，室三间。今太祖升祔，共矶五室请依长安之制，东西留夹室外，余十间分为五室，室二间。"从之。四月己卯，奉神主祔庙，以孝明皇后王氏配。

至道三年十一月甲子,奉太宗神主祔庙。以懿德皇后符氏配。咸平元年,判太常礼院李宗讷等言:"僖祖称曾高祖,太祖称伯;文懿、惠明、简穆、昭宪皇后并称祖妣,孝明、孝惠、孝章皇后,并称伯妣。按《尔雅》有考妣、王父母、曾祖王父母、高祖王父母及世父之别。以此观之。唯父母得称考妣。今请僖祖止称庙号,顺祖而下,即依《尔雅》之文"事下尚书省议,户部尚书张斋贤等言:"《王制》'天子七'庙谓三昭三穆,与太祖之庙面七。前代或有兄弟继及,亦移昭穆之列,是以《汉书》'为人后者为之子'所以尊本祖而重正统也。又云:'天子绝基丧。'。安得宗庙中有伯氏之称乎?其唐及五代有所称者,盖礼官之失,非正典也。请自今有事于太庙,则太祖并诸祖室,称孝孙、孝曾孙嗣皇帝;太宗室,称孝子嗣皇帝。其《尔雅》'考妣'、'王父'之文,本不为宗庙言也。历代既无所取,于今亦不可行。"

诏下礼官议。议曰:"按《春秋正义》'跻鲁僖公'云:'礼父子异昭穆,兄弟昭穆同。'此明兄弟继统,同为一代。又鲁隐、桓继及,皆当穆位。又《尚书》盘庚有商及王,《史记》云阳甲至小乙兄弟四人相承,故不称嗣子而曰及王,明不继兄之统也。又唐中、睿皆处昭位,敬、文、武昭穆同为一世。伏请僖祖室止称庙号,后曰祖妣顺祖室曰高祖,后曰高祖妣,翼祖室曰曾祖,后曰曾祖妣,祝文皆称孝曾孙。宣祖室曰皇祖考,后曰祖妣,祝文称孝孙。太祖室曰皇伯考妣,太宗室曰皇考妣。每大祭,太祖、太宗昭穆同位,祝文并称孝子。其别庙称谓。亦请依此。"

诏都省复集议,曰:"古者,祖有功,宗有德,皆先有其实而后正其名。今太祖受命开基,太宗继承大宝,则百世不祧之庙矣。岂有祖宗之庙已分二世,昭穆之位翻为一代?如臣等议,礼'为人后者为之子',以正父子之道,以定昭、穆之义,则无疑也;必若同为一代则太宗不得自为世数,而何以得为宗乎?不得为宗,又何以得为百世不祧之主乎?《春秋正羲》亦不言昭穆不可异,此又不可以为证也。今若序为六世,以一昭一穆言之,则上无毁庙之嫌,下有善继之美,于礼为大顺，于时为合宜，何嫌而谓不可乎？"翰林学士宋湜言：三代而下，兄弟相继则多，昭穆异位未之见也。今详都省所议，皇帝于太祖室称孙，窃有疑焉。"

诏令礼官再议。礼官言："按《祭统》曰：'祭有昭穆者，所以别父子远近长幼亲疏之序而无乱也。'《公羊传》，公孙婴斋为兄归父之后，《春秋》谓之仲婴斋。何休云：'弟无后兄之义，为乱昭穆之序，失父子之亲，故不言仲孙，明不以子为父孙。'晋贺循议兄弟不合继位昭穆云：'商人六庙，亲庙四并契、汤而六，比有兄弟四人相袭为君者，便当上毁四庙乎？如此，四世之亲尽，无复祖祢之神矣。'温峤议兄弟相继、藏主夹室事云：'若以一帝为一世，则当不得祭于祢，乃不及庶人之祭也。'夫兄弟同世，于恩既顺，于义无否。玄宗朝禘祫，皇伯考中宗，皇考睿宗，同列于穆位，德宗亦以中宗为高伯祖。晋王道、荀崧议'大宗无子，则立支子'，又曰：'为人后者为之子'殊不知弟不为兄后，子不为父孙，《春秋》之深旨。父谓之昭，子谓之穆。《礼记》之明文也。又按太宗享祀太祖二十有二载，称曰：'孝弟'，此不易之制，又安可追改乎？唐玄宗谓中宗为皇伯考，德宗谓中宗为高伯祖，则伯氏之称复何不可。臣等参议：自今合祭日，太祖、太宗依典礼同位异坐，皇帝于太祖仍称孝子，余并遵旧制。"

景德元年，有司祥定明德皇太后李氏升祔之礼："按唐睿宗昭成、肃明二后，先天初，以昭成配；开元末，以肃明祔。此时儒官名臣，步武相接，宗庙重事，必有据依。推之闺门，亦可拟议。晋骠骑将军温峤有三夫人，峤薨，诏问学官陈舒。舒谓秦、汉之后，废一娶九女之制，妻卒更娶，无复继室，生既加礼，亡不应贬。朝旨以李氏卒于峤之微时，不沾赠典；王、何二氏追加章绶。唐太子少傅郑余庆将立家庙，祖有二夫人。礼官韦肃，与兴舒同。略稽礼文，参诸故事，二夫人并祔，于理为宜。恭惟懿德皇后久从升祔，虽先后有殊，在尊亲则一，请同列太宗室，以先后次之。"诏尚书省集议，咸如礼官之请，祔神主于太庙。

乾兴五年十月，奉真宗神主附庙，以章穆皇后郭氏配。康定元年，直秘阁赵希言奏："太庙自来有寝无庙，因堂为室，东西十六间，内十四间为七室，两首各一夹室。按礼，天子七庙，亲庙五、祧庙二。据古则僖、顺二祖当迁。国家道观佛寺，并建别殿，奉安神御，岂若每主为一庙一寝。或前立一庙，以今十六间为寝，更立一祧庙，遂室各题庙号。扣宝神御物，宜销毁之。"同判太常寺宋祁言："周制有庙有寝，以象人君前有朝后有寝也。庙藏木主，寝藏衣冠。至秦乃出寝墓侧，故陵上称寝殿，后世因之。今宗庙无寝，盖本于兹。郑康成谓周制立二昭二穆，与太祖、文、武共为七庙，此一家之说，未足援正。自荀卿、王肃等皆云天子七庙，诸侯五，大夫三，士一，降杀以两。则国家七世之数，不用康成之说也。僖祖至真宗方及六世，不应便立祧庙。自周，汉每帝各立庙，晋宋以来多同殿异室，国朝以七室代七庙，相承已久，不可轻改《周礼》天府掌祖庙之守藏。宝物世傅者皆在焉。其祖御法物，宝录扣床，请别为库藏之。自是室题庙号，而建神御库焉。

嘉祐年，仁宗将祔庙，修奉太庙使蔡襄上八室图，为十八间初，礼院请增庙室孙卞等以为：七世之庙，据父子而言，兄弟则昭穆同，不得以世数之，庙有始祖，有太祖，有太宗，有中宗，若以一君为一世，则小乙之祭不及其父，故晋之庙十一而六世，唐之庙十一室，而九室，国朝太祖之室，太宗称孝弟，真宗称孝子，大行称孝孙。而《帝祔图》太祖、太宗同居昭位，南向；真宗居穆位，北向。盖先朝稽古礼，著之祀典，大行神主祔庙，请增为八宝，以备天子事七世之礼。卢士宗、司马光以为：太祖已上之主，虽属尊于太祖，亲尽则迁。故汉元之世，太上庙主痤于寝园，魏明之世，处土庙主迁于园邑；晋武祔庙，迁征西府君；惠帝祔庙，迁豫章府君。自是以下，大抵过六世则迁。盖太祖未正东向，故上祀三昭三穆；已正东向。则并照穆为七世。唐初祀四世，太宗增祀六世，及太宗祔庙，则迁弘农府君。高祖祔庙又迁宣帝，兹皆祀六世，前世成法也。玄宗立九世祀八世，事不经见。若以太祖、太宗为一世，则大行祔庙，僖祖亲尽，当迁夹室，祀三昭三穆于先王典礼及近世之制，无不符合，抃等复议曰：自，庙至周唐制不同，而皆七世。自周以上，所谓太祖，非始受命之主，特始封之君而已。今僖祖虽非始封之君，要为立庙之祖，方庙数未过七世，遂毁其庙，迁其主，考之三代，礼未有此。汉、魏及唐一时之议，恐未合先王制礼之意。"乃存僖祖室以备七室。

治平四年，英宗将祔庙，太常礼院请以神主祔第八室，祧藏僖祖，及文懿皇后神主于西夹室。自仁宗而上，以次递迁适。翰林承旨张方平等议："同堂八室，庙制已定，僖祖当祧，合于典礼。"乃于九月安奉八室神主，祧僖祖及后，附英宗，罢僖祖讳及文懿皇后忌日。

熙宁五年，中书门下言："僖祖以上世次，不可得而知，则僖祖有庙，与商周契、稷疑无以异。今毁其庙而藏主夹室，替祖考之尊而下祔于子孙，殆非所以顺祖宗孝心、事亡如存之义。请以所奏付两制议，取其当者。"时王安石为相，不主祧迁之说，故复有是请。

翰林学士元绛等上议曰："自古受命之王，既以功德享有天下，皆推其本统以尊事其祖。故商、周以契、稷有功于唐、虞之际，故谓之祖有功，若必以有功而为祖，则夏后氏不郊鲧矣。今太祖受命之初，立亲庙，自僖祖以上世次，即不可知，则僖祖之为始祖无疑矣。傥谓僖祖不当比契、稷为始祖，是使天下之人不复知尊祖，而子孙得以有功加其祖考也。《传》曰：'毁庙之主，陈于太祖；未毁庙之主，皆升，合食于太祖。'今迁僖祖之主，藏于太祖之室，则是四祖祫祭之日，皆降而合食也。请以僖祖之庙为太祖，则合于先王礼意。"翰林学士韩维议曰："昔先王有天下，迹其基业之所起，奉以为太祖。故子夏序《诗》称文、武之功起于后稷。后世有天下者，特起无所因，故遂为一代太祖。太祖皇帝功德卓然，为宋太祖，无少议者，僖祖虽为高祖，然仰迹功业，未见所因，上寻世系，又不知所以始，若以所事契、稷奉之，窃恐于古无考，而于今亦所未安。今之庙室与古殊制，古者每庙异宫，今祖宗同处一室，而西夹室在顺祖之右，考之尊卑之次，似亦无嫌。"

天章阁侍制孙固请："特为僖祖立室，由太祖而上，亲尽迭毁之主皆藏之。当禘祫时以僖祖权居东向之位,太祖顺昭穆之列而从之,取毁庙之主而合食,则僖祖之尊自有所申。以僖祖立庙为非,则周人别庙妆姜原,不可谓非礼。”秘阁校理王介请:“依《周官》守祧之制,创祧庙以奉僖祖,庶不下祔子孙夹室,以替远祖之尊。”

帝以维之说近是;而安石以维言夹室在右为尊为非理,帝亦然之。又安石以尊僖祖为始祖,则郊祀当以配天,若宗祀明堂,则太祖、太宗当迭配帝;又疑明堂以英宗配天,与僖祖为非始祖之说。遂下礼官详定。

同判太常寺兼礼仪事张师颜等议:“昔商、周之兴,本于契、稷,故奉之为太祖。后世受命之君,功业特起,不因先代,则亲庙迭毁,身自为祖。郑玄云‘夏五庙无太祖,禹兴二昭二穆而已’,张荐云‘夏后以禹始封,遂为不迁之祖。是也。若始封世近,上有亲庙,则拟祖上迁’,而太祖不毁。魏祖武帝则处士迭毁,唐祖景帝则弘农迭毁,此前世祖其始封之君,以法契、稷之明例也。唐韩愈有言:‘事异商、周,礼从而变。’晋琅邪王德文曰:‘七庙之义,自由德厚流光,享祀及远,非是为太祖申尊祖之祀。’其说是也。礼,天子七庙,而太祖之远近不可以必,但云三昭三穆与太祖之庙而七,未常言亲庙之首,必为始祖也。国家以僖祖亲尽而祧之,奉景祐之诏,以太祖为帝者之祖,是合于礼矣。张昭、任彻之徒,不能远推隆极之制,因缘近比,请建四庙,遂使天子之礼下同诸侯。若使庙数备六,则更当上推两世,而僖祖次在第三,亦未可谓之始祖也。谨按建隆四年,亲郊崇配不及僖祖。开国以来,大祭虚其东向,斯乃祖宗已行之意。请略仿《周官》守祧之制,筑别庙以藏僖祖神主,大祭之岁,祀于其室,太庙则一依旧制,虚东向之位。郊配之礼,则仍其旧。”

同知太常礼院苏税请:“即景灵宫附僖祖,即与唐祔献、懿二祖于兴圣、明德庙,礼意无异。”同判礼院周孟阳等言:“自僖祖而上,世次莫知,则僖祖始为祖无疑,宜以僖祖配感生帝。”章衡请:“尊僖祖为始祖,而次祧顺祖,以合子为父屈之义。推僖祖侑感生之祀,而罢宣祖配位,以合祖以孙尊之义,余且如旧制。”而冯京欲以太祖正东向之位，安石力主元降初议，遂从之。帝问："配天孰始？"安石曰："宣祖见配感生帝，欲改以僖祖配。"帝然之。于是请奉僖祖神主为从祖，迁顺祖神主夹室，以僖祖配感生帝祀。诏下太常礼院详定仪注。安石本议以僖祖配天，帝不许，故更以配感生帝焉。

　　元丰元年，详定郊庙礼文所图上八庙异宫之制，以始祖居中，分昭穆为左右。自北而南，僖祖为始祖；翼祖、太祖、太宗、仁宗为穆，在右；宣祖、真宗、英宗为昭，在左。皆南面北上。陆佃言："太祖之庙百世不迁，三昭三穆，亲尽则迭毁。如周以后稷为太祖，王季为昭，文王为穆，武王为昭，成王为穆，康王为昭，昭王为穆，其后穆王入庙，王季亲尽而迁，则文王宜居昭位，武王宜居穆位，成王、昭王宜居昭位康王、穆王宜居穆位，所谓父昭子穆是也。说者以昭常为昭，穆常为穆，则尊卑失序。"复图上八庙昭穆之制。以翼祖、太宗，仁宗为昭，在左；宣祖、真宗、英宗为穆，在右。皆南面北上。

　　何洵直图上八庙异宫，引熙宁仪：僖祖正东向之位，顺祖、宣祖、真宗、英宗南面为昭，翼祖、太祖，太宗、仁宗北面为穆，正得祖宗继序、德厚流光之本意。又以晋孙毓、唐贾公彦言：始祖居中，三昭在左，南面西上；三穆在右，南面东上，为两图上之。又援《祭法》，言："翼祖、宣祖在二祧之位，犹同祖祢之庙，皆月祭之，与亲庙一等，无亲疏远近之杀。顺祖实去祧之主，若有四时祈祷，犹当就坛受祭。请自今二祧神主，杀于亲庙，四时之祭，享尝乃止，不及大丞，不荐新物。去祧神主，有祷则为坛而祭，庶合典礼。"又请建新庙于始祖之西，略如古方明坛制。有诏，俟庙制成日取旨。

　　三年，礼文所言："古者宗庙为石室以藏主，谓之宗祐。夫妇一体，同几共牢。一室之中，有左主、右主之别，正庙之主，各藏庙室西壁之中；迁庙之主，藏于太祖太室北壁之中，其埳去地六尽一寸。今太庙藏主之室，帝后异处，迁主仍藏西夹室，求之于礼，有所未合。请新庙成，并遵古制。"从之。二月，慈圣光献皇后附庙，前二日，告天地、社稷，太庙，皇后庙如故事。至日。奉神主先诣僖祖室，次翼祖室，次宣祖室，次太祖室，次太宗室。次太宗与懿德皇后，明德皇后同一祝,次享元德皇后。慈圣光献皇后,异馔位,异祝,行祔谒礼。次真宗室,次仁宗室,次英宗室。礼毕,奉神主归仁宗室。

元丰六年六月,孝惠、孝章、淑德,章怀四后升祔,准章献明肃、章懿二后,升祔礼毕,遍享太庙,止行升祔享礼及祭七祀,权罢孟冬荐享,仍以配继先后为序。八年,礼部太常寺言:"诏书定七世八室之制。今神宗皇帝崇祔,翼祖在七世之外,与简穆皇后祧藏于西夹室。置石室中"十一月丁酉,祔神宗神主于第八室。自英宗上至宣祖以次升迁。绍圣元年二月,祔宣仁圣烈皇后于太庙。

元符三年,礼部太常寺言:"哲宗升祔,宜如晋成帝故事,于太庙殿增一室,侯祔庙日,神主祔第九室,"诏下侍从官议,皆如所言。蔡京议:"以哲宗嗣神宗大统,父子相承,自当为世。今若不祧远祖,不以哲宗为世,则三昭四穆与太祖之庙而八。宜深考载籍,迁祔如礼。"陆佃、曾肇等议:"国朝自僖祖而下始备七庙,故英宗祔庙,则迁顺祖,神宗祔庙,则迁翼祖,今哲宗于神宗父子也,如礼官议,则庙中当有八世。况唐文宗即位则迁肃宗,以敬宗为一世。故事不远。哲宗祔庙,当以神宗为昭,上迁宣祖,以合古三昭三穆之义。先是,李清臣为礼部尚书,首建增室之议,侍郎赵挺之等和之。会清臣为门下侍郎,论者多从其议,惟京、佃等议异。二议即上,清臣辩说甚力,帝迄从焉。

六月,礼部请用太庙东夹室奉安哲宗神主。太常少卿孙杰言:"先帝神主,错之夹室,即是不得祔于正庙,与前诏增建一室之议不同。昨用嘉祐故事,专置使侑奉,请以夹室奉安神主,亦与元置使之意相违。请如太常前议,增建一室。尚书省以庙室未备,行礼有期,权宜升祔,随即增修,比之前代设幄行事者,不为不至。诏依初旨行之,乃祔哲宗神主于夹室。

崇宁二年,祧宣祖与昭宪皇后神主藏西夹室,居翼祖、简穆皇后石室之次。五年,诏曰:"去古既远,诸儒之说不同。郑氏谓:'太祖及文、武不祧之庙与亲庙四。为七。'是不祧之宗,左七庙之内。王氏谓:'非太祖而不毁,不为常数。'是不祧之宗,在七庙之外。本朝今已五宗,则七庙当祧者,二宗而已,迁毁之礼,近及祖考,殆非先王尊祖之意,宜令有司复议。"礼官言:"先王之制,庙止于七,后王以义起礼,乃有增置九庙者。"礼部尚书徐铎又言:"唐之献祖、中宗、代宗与本朝僖祖,皆尝祧而复。今存宣祖于当祧之际,复翼祖于已祧之后,以备九庙,礼无不称。乃命铎为修奉使,增太庙殿为十室。四年十二月。复翼祖、宣祖庙,行奉安礼,惟不用前期誓戒及亚、终献之乐舞焉。

高宗建炎二年,奉太庙神主于扬州寿宁寺。三年,幸杭州,奉安于温州。绍兴五年,司封郎中林待聘言:"太庙神主,宜在国都。今新邑未奠,当如古行师载主之义,迁之行阙,以彰圣孝。"于是始建太庙于临安,奉迎安置。

宋史卷一〇七
志第六〇

礼十　吉礼十

禘　祫

宗庙之礼。每岁以四孟月及季冬,凡五享,朔望则上食,荐新。三年一祫,以孟冬;五年一禘,以孟夏,唯亲郊、封祀。又有朝享、告谢及新主祔谒,皆大祀也。二荐,则行一献礼。其附祭,春祀司命及户,夏祀窔,季夏祀中留秋祀门及厉,冬祀行,惟腊享、禘祫则偏祀焉。

禘祫之礼。真宗咸平二年八月,太常礼院言:"今年冬祭画日,以十月六日荐享太庙。按《礼》,三年一祫以孟冬。又《疑义》云:三年丧毕,遭禘则禘,遭祫则祫。宜改孟冬荐享为祫享。"仁宗天圣元年,礼官言:"真宗神主祔庙,已行吉祭,三年之制,又从易月之文,自天禧二年四月禘享,至今已及五年,合行禘礼。"遂以孟夏荐享为禘享。八年九月,太常礼院言:自天圣六年夏行禘享之礼,至此年十月,请以孟冬荐享为祫享。"诏恭依。

嘉祐四年十月,仁宗亲诣太庙行祫享礼,以宰臣富弼为祫享大礼使,韩琦为礼仪使,枢密使宋庠为仪仗使,参知政事曾公亮为桥道顿递使,枢密副使程戡为卤簿使。同判宗正寺赵良规请正太祖东向位,礼官不敢决。观文殿学士王举正等议曰:"大祫之礼所以合昭穆,辩尊卑,必以受命之祖居东向之位。本朝以太祖为受命之君,然僖祖以降,四庙在上,故每遇大祫,止列昭穆而虚东向。魏、晋以来,亦用此礼。今亲享之盛,宜如旧便。"

礼官张洞、韩维言:"国朝每遇禘祫,奉别庙四后之主合食太庙。唐《郊祀》志载禘祫祝文,自献祖至肃宗所配皆一后,惟睿宗二后,盖昭成明皇母也。《续曲台礼》有别庙皇后合食之文,盖未有本室,遇祫享即祔祖姑下。所以大顺中,三太后配列禘祭,议者议其非礼。臣谓每室既有定配,则余后不当参列,义当革正。"

学士孙抃等议:"《春秋传》曰:'大祫者何,合祭也。未毁庙之主皆升合食于太祖。'是以国朝事宗庙百有余年,至祫之日,别庙后主皆升合食,非无典据。大中祥符中已曾定议,礼官著酌中之论,先帝有'恭依'之诏。他年有司摄事,四后皆预。今甫欲亲祫而四后见黜,不亦疑于以礼之烦故邪?宗庙之礼,至尊至重,苟未能尽祖宗之意,则莫若守旧礼,臣等愚以谓如故便。"

学士欧阳修等曰:"古者宗庙之制,皆一帝一后。后世有以子贵者,始著并祔之文,其不当祔者,则有别庙之祭,本朝禘祫,乃以别庙之后列于配后之下,非惟于古无文,于今又四不可。淑德,太宗之元配,列于元德之下;章怀,真宗之元配,列于章懿之下,一也。升祔之后,统以帝乐;别庙之后,则以本室乐章自随,二也。升祔之后,同牢而祭,牲器祝册亦统于帝;别庙诸后,乃从专享,三也。升祔之后,联席而坐;别庙之后,位乃相绝,四也。章献、章懿在奉慈庙,每遇禘祫,本庙致享,最为得礼。若四后各祭于庙,则其尊自申,而于礼无失。以为行之已久,重于改作,则是失礼之举,无复是正也。请从礼官。"

诏:"四后祫享依旧,须大礼毕,别加讨论。"仍诏:"祫享前一日,皇帝诣景灵宫,如南郊礼,卫士毋得迎驾呼万岁。"有司言:"诸司奉礼,摄廪牲令省牲,依《通礼》改正祀仪。散斋四日于别殿,致斋二日于大庆殿,一日于太庙。尚舍直殿下,设小次,御坐不设黄道褥位。七室各用一太牢,每坐笾簋二,甒铏三,笾豆为后,无黼扆,席几。出三阁瑞石、篆书玉玺印、青玉环、金山陈于庭。别庙四后合食,牲乐奠拜无异仪,故事,七祀,功臣无牲,止于庙牲肉分割,知庙卿行事。请依《续曲台礼》,共料一羊,而献官三员,功臣单席,如大中祥符加褥。"

十月二日,命枢密副使张昪望告昊天上帝、皇地祇。帝斋大庆殿,十一日,服通天冠、绛纱袍,执圭,乘舆,至大庆殿门外降舆,乘大辇,至天兴殿,荐享毕,斋于太庙。明日,帝常服至大次,改衮冕,行礼毕,质明乘大辇还宫,更服靴袍,御紫宸殿,宰臣百官贺,升宣德门肆赦。二十一日,诣诸观寺行恭谢礼。二十六日,御集英殿为饮福宴。

治平元年,有司"准昼日,孟冬荐享改为祫祭,按《春秋》,闵公丧未除而行吉禘,《三传》讥之。真宗以咸平二年六月丧除,至十月乃祫祭,天圣元年在京阴,有司误通天禧旧禘之数,在再期内按行禘祭,以理推之,是二年冬应祫,而误禘于元年夏,故四十九年间九禘八祫,例皆太速。事失于始,则岁月相乘,不得而正。今在大祥内,礼未应祫明年未禫,亦未应禘,至六月即吉,十月合行祫祭,乞依旧时享,庶合典礼。"

二年二月,翰林学士王珪等上议曰:"同知太常礼院吕夏卿状:古者新君践阼之三年,先君之丧二十七月为禫祭,然后新主祔庙,特行禘祭,谓之始禘。是冬十月行祫祭,明年又行禘祭,自此五年,再为禘祫。丧除必有禘祫者,为再大祭之本也。今当祫祭,缘陛下未终三年之制,纳有司之说,十月依旧时享。然享庙、祫祭,其礼不同。故事,郊享之年迁祫未尝权罢,唯罢腊祭,是则孟享与享庙尝并行于季冬矣。其禘祫年数,乞一依太常礼院请,今年十月行祫祭,明年四月行禘祫。仍如夏卿议,权罢今年腊享。"

熙宁八年,有司言:"已尊僖祖为太庙始祖,孟夏禘祭,当正东向之位。"又言:"太庙禘祭神位,已尊始祖居东向之位,自顺祖而下,昭穆各以南北为序。自今禘祫,著为定礼。"

元丰元年,详定郊庙礼文所言:"禘祫之义,存于《周礼》《春秋》,而不著其名,行礼之年,经皆无文,唯《公羊传》曰:'五年而再盛祭。'《礼纬》曰：'三年一祫，五年一禘。'而又分为二说：郑氏则曰：'前三后二'，谓禘后四十二月而祫，祫后十八月而禘。徐邈则曰：'前二后三'。谓二祭相去各三月月。以二说考之，惟郑氏曰：'鲁礼，三年丧毕，祫于太庙，明年禘于群庙，自后五年而再盛祭，一祫，一禘。'实为有据。本朝庆历初用徐邈说，每三十一祭，熙宁八年，既禘而祫此有司之失也。请今十八月而禘，四十二月而祫，庶几举礼不烦，事神不渎。"太常礼院言："本朝自庆历以来皆三十月而一祭，至熙宁五年后，始不通计，遂至八年禘祫并在一岁。昨元丰三年四月已行禘礼，今年若依旧例，十月行祫享，即此年频祫，复蹈前失。请依庆历以来之制，通计年数，皆三十月而祭。"诏如见行典礼。

详定所又言："古者祼献、馈食、禴、祠、烝、尝，并为先王之享，未尝废一时之祭。故《孔氏正义》以为：'天子夏为大祭之禘，不废时祭之初；秋为大祭之祫，不废时祭之尝。'则王礼三年一祫与禘享，更为时祭。本朝沿袭故常，久未厘正，请每禘祫之月虽已大祭，仍行时享，以严天子备礼，所以丕崇祖宗之义。其郊礼、亲祠准此。"

又言："礼，不王不禘。虞、夏、商、周四代所禘，皆以帝有天下，其世系所出者明，故追祭所及者远也。太祖受命，祭四亲庙，推僖祖而上所自出者，谱失其传，有司因仍旧说，禘祫皆为群庙之主，缀食于始祖，失礼莫甚。今国家世系与四代不同，既求其祖之所自出而不得，则禘礼当阙，必推见祖系乃可以行。"神宗谓辅臣曰："禘者，本以审禘祖之所自出，故礼，不王不禘。秦、汉以后，谱牒不明，莫知其祖之所自出，则禘礼可废也。"

已而详定所言："古者天子祭宗庙，有堂事焉。有室事焉。按《礼》，祝延尸入奥，灌后乃出延牲，延尸主出于室，坐于堂上，始祖南面昭在东、穆在西，乃行朝践之礼，是堂事也。设馔于堂，复延主入室，始祖东面，昭南穆北，徙堂上之馔于室中，乃行馈食之礼，是室事也。请每行大祫，堂上设南面之位，室中设东面之位。"礼部言："合食之礼，始祖东面、昭南穆北者，本室中之位也。今设位户外，祖宗昭穆别为幄次，殆非合食之义，请自今祫享，即前楹通设帐幕，以应室中之位。”

大观四年，议礼局请：“每大祫堂上设南面之位，室中设东面之位，始祖南面则昭穆东西相向，始祖东面则昭穆南北相向，以应古义。”又请：“陈瑞物及代国之宝与贡物可出而陈者，并令有司依嘉祐、元丰诏旨，凡亲祠太庙准此。”从之。

南渡之后，有祫而无禘。高宗建炎二年，祫享于洪州。绍兴二年，祫享于温州。时仪文草创，奉迁祖宗及祧庙神主、别庙神主，各设幄合食于太庙。始祖东向。昭穆以次南北相向。

五年，吏部员外郎董弅言：“臣闻戎、祀，国之大事，而宗庙之祭，又礼之大者也。大祀，禘祫为重，祫大禘小，则祫为莫大焉。今戎事方殷，祭祀之礼未暇遍举，然事有违经戾古，上不当天地神祇之意，下未合亿兆黎庶之心，特出于一时大臣好胜之臆说，而行之六十年未有知其非者。顾虽治兵御戎之际，正厥违误，宜不可缓。仰惟太祖受天明命，混一区宇，即其功德所起，宜祫享以正东向之尊。逮至仁宗，亲行祫享，常议太祖东向，用昭正统之绪。当时在廷之臣，佥谓自古必以受命之祖乃居东向之位，本朝太祖乃受命之君，若论七庙之次，有僖祖以降四庙在上，当时大祫，上列昭穆而虚东向，盖终不敢以非受命之祖而居之也。既熙宁之初，僖祖以世次当祧，礼官韩维等据经有请，适王安石用事，奋其臆说，乃俾章衡建议，尊僖祖为始祖，肇居东向。冯京奏谓士大夫以太祖不得东向为恨，安石肆言以折之。已而又欲罢太祖郊配，神宗以太祖开基受命，不许，安石终不以然。元祐之初，翼祖既祧，正合典礼。至于崇宁，宣祖当祧，适蔡京用事，一遵安石之术，乃建言请立九庙，自我作古，其已祧翼祖、宣祖并即依旧，循沿至今，太祖尚居第四室，遇大祫处昭穆之列。今若正太祖东向之尊，委合《礼经》。”

太常寺丞王普又言：“弅所奏深得礼意，而其言尚有未尽。臣窃以古者庙制异宫，则太祖居中，而群庙列其左右；后世朝制同堂，则太祖居右。而诸室皆列其左。右者祫享，庙践于堂，则太祖南向，而昭穆位于东西；馈食于室，则太祖东向，而昭穆位于南北。后世祫享一于堂上，而用室中之位，故唯以东向为太祖之尊焉。若夫群庙迭毁，而太祖不迁，则其礼尚矣。臣故知太祖即庙之始祖，是为庙号，非谥号也。惟我太宗嗣服之初，太祖庙号已定，虽更累朝，世次犹近，每于祫享，必虚东向之位，以其非太祖必不可居也。迨至熙宁，又尊僖祖为庙之始祖，百世不迁，祫享东向，而太祖常居穆位，则名实舛矣。傥以熙宁之礼为是，僖祖当称太祖，而太祖当改庙号，然则太祖之名不正，前日之失大矣。今宜奉太祖神主居第一室，永为庙之始祖。每岁五享，告朔荐新，止于七庙，三年一祫则太祖正东向之位。太宗、仁宗、神宗南向为昭，真宗、英宗哲宗北向为穆。五年一禘，则迎宣祖神主享于太庙，而以太祖配焉。如是，则宗庙之事尽合《礼经》，无复前日之失矣。"上曰："太祖皇帝开其阳业，始受天命，祫享宜居东向之位。"宰相赵鼎等奏曰："三昭三穆，与太祖之庙而七，载在《礼经》，无可疑者。"

绍熙五年九月，太常少卿曾三复亦言：请祧宣祖，就正太祖东向之位，其言甚切。既而吏部尚书郑侨等亦乞因大行祔庙之祭，定宗庙万世之礼，慰太祖在天之灵，破熙宁不经之论。今太祖为始祖，则太宗为昭，真宗为穆，自是而下以至孝宗，四昭四穆与太祖之庙而九。上参古礼，而不废崇宁九庙之制，于义为允。又言："治平四年，僖祖祧迁，藏在西夹室。至熙宁五年，王安石以私意使章衡等议，乃复祔僖祖以为始祖，又将推以配天，欲罢太祖郊配。韩维、司马光等力争，而安石主其说愈坚。孙固虑其罢太祖配天，建议以僖祖权居东向之位。既曰权居，则当厘正明矣。"诏从之。

闰十月，权礼部侍郎许及之言："僖、顺、翼、宣四祖，为太祖之祖考，所迁之主，恐不得藏于子孙之庙。今顺、翼二祖藏于西夹室，实居太庙太祖之右。遇祫享，则于夹室之前，设位以昭穆焉。"于是诏有司集议，吏部尚书兼侍读郑侨等言："僖祖当用唐兴圣之制，立为别庙，顺祖、翼祖、宣祖之主皆祔藏焉。如此，则僖祖自居别庙之尊，三祖不祔子孙之庙。自汉、魏以来，太祖而上，毁庙之主皆不合食，今迁祫，则即庙而享，于礼尤称。"诸儒如楼钥陈傅良皆以为可，诏从之。

时朱熹在讲筵,独入议状,条其不可者四,大略云:"准尚书吏部牒,集议四祖祧主宜有所归。今详群议虽多,而皆有可疑。若曰藏之夹室,则是以祖宗之主不藏于子孙之夹室。至于袷祭,设幄于夹室之前,则亦不得谓之袷。欲别立一庙,则丧事即远,有毁无立。欲藏之天兴殿,则宗庙、原庙不可相杂。议者皆知其不安,特以其心欲尊奉太祖三年一袷时暂东向之故,其实无益于太祖之尊,而徒使僖祖、太祖两朝威灵,相与校强弱于冥冥之中,今但以太祖当日追尊帝号之令而默推之,则知今日太祖在天之灵,必有所不忍而不敢当矣。又况僖祖祧主迁于治平,不过数年,神宗复奉以为始祖,已为得礼之正而合于人心,所谓'有其举之,莫敢废者。'"又言:"当以僖祖为始祖,如周之后稷,太祖如周之文王,太宗如周之武王,与仁宗之庙,皆万世不祧;昭穆而次,以至高宗之庙亦万世不祧。"又言:"元祐大儒程颐以为王安石言:'僖祖不当祧',复立庙为得礼。窃详颐之议论与安石不同,至论此事则深服之,足以见义理人心之所同,固有不约而合者,特以司马光、韩维之徒皆是大贤,人所敬信,其议偶不出此,而安石乃以变乱穿鉴得罪于公议,故欲坚守二贤之说,并安石所当取者而尽废之。今以程颐之说考之,则是非可判矣。"

议既上,召对,令细陈其说。熹先以所论画为图本,贴说详尽,至是出以奏陈久之,上再三称善,且曰:"僖祖自不当祧,高宗即位时不曾祧,寿皇即位,太上即位,亦不曾祧,今日岂不容易?可于榻前撰数语,径自批出。"熹方惩内批之弊,因乞降出札子,再令臣僚集议,上亦然之。熹既退,即进拟诏意,以上意扎庙堂,则闻已毁四祖庙而迁之矣。

时宰臣赵汝愚既以安石之论为非,异议者惧其轧已,藉以求胜,事竟不行。熹时以得罪,遗汝愚书曰:"相公以宗子入辅王室,而无故轻纳妄议拆祖宗之庙以快共私,欲望神灵降歆,垂休锡羡,以求国祚于无穷,其可得乎?"时太庙殿已为十二室,故孝宗升祔,而东室尚虚，熹以为非所以祝延寿康之意，深不然之，因自劾不堪言语侍从之选，乞追寻待制，不许。及光宗祔庙，遂复为九世十二室。盖自昌陵祔庙，逾二百年而后正太祖之位。庆元二年四月，礼部太常寺言："已于太庙之西，别建僖祖庙，及告迁僖、顺、翼、宣帝后神主诣僖祖庙奉安。所有今年孟冬袷享，先诣四祖庙室行礼，次诣太庙，逐幄次行礼。"

理宗绍定四年九月丙戌，京师大火，延及太庙。太常少卿度正言："伏见近世大儒侍讲朱熹详考古礼，尚论宗庙之制，画而为图，其说甚备。然其为制，务仿于古而颇更本朝之制，故学士大夫皆有异论，遂不能行。今天降灾异，火发民家，延及宗庙举而行之，莫此时为宜。臣于向来备闻其说，今备员礼寺，适当此变，若遂隐默，则为有负，谨为二说以献。其一，纯用朱熹之说，谓本朝庙制未合于古，因画为图，谓僖祖如周后稷当为本朝始祖。夫尊僖祖以为始祖，是乃顺太祖皇帝之孝心也。始祖之庙居于中，左昭右穆各为一庙，门皆南向，位皆东向。祧庙之主藏于始祖之庙夹室，昭常为昭，穆常为穆，自不相乱。三年合食，则并出祧庙之主，合享于始祖之庙，始祖东向，群昭之主皆位北而南向，群穆之主皆位南而北向。昭穆既分，尊卑以定，其说合于古而宜于今，尽美尽善，举而行之，祖宗在天之灵必歆享于此，而垂祐于无穷也。其一说，则因本朝之制，而参以朱熹之说，盖本朝庙制。神宗尝命礼官陆佃讨论，欲复古制，未及施行。渡江以来，稽古礼文之事，多所未暇。今欲骤行更革，恐未足以成其事，而徒为纷纷。或且仍遵本朝之制，自西祖东并为一列，惟于每室之后，量展一间，以藏祧庙之主。每室之前，量展二间，遇三年袷享，则以帷幄幕之，通为一室，尽出诸庙主及祧庙主并为一列，合食其上。前乎此庙为一室，凡遇袷享，合祭于其室，名为袷享，而实未尝合。今量展此三间，后有藏祧主之所，前有祖宗合食之地，于本朝之制，初无大段更革，而颇已得三年大袷之义。今来朝廷若能举行朱熹前议，固无以加；如其不然，姑从后说，亦为允当，不失礼意。然宗庙之礼，傥无其故无，何敢妄议。今因大火之后，若加损益，亦惟其时，乞赐详议。"有旨，令侍从、礼部、太常集议，后竟不行。

宋史卷一〇八

志第六一

礼十一　吉礼十一

时享　荐新　加上祖宗谥号　庙讳

时享。太祖乾德六年十月，判太常寺和岘上言："按《礼阁新仪》，唐天宝五年，诏享太庙宜祭料外，每室加常食一牙盘。将来享庙，欲每室加牙盘食，禘祫，时享亦准此制。"

太宗太平兴国六年十二月，太常礼院言："今月二十三日，腊享太庙。缘孟冬已行时享，冬至又尝亲祀。按礼每岁五享，其禘祫之月即不行时享，虑成烦数，有爽恭虔。今请罢腊日荐享之礼，其孝惠别庙即如式。"从之。

淳化三年十月八日，太常礼院言："今年冬至，亲祀南郊，前期朝享太庙，及奏告宣祖、太祖室。常例，每遇亲祀，设朔望两祭，乃是十一月内三祭，太庙两室又行奏告之礼，烦则不恭。又十一月二十日，皇帝朝享，去腊享日月相隔，未为烦数。欲望权停是月朔望之祭，其腊享如常仪。"从之。

真宗景德三年正月，画日乙卯孟享太庙。其日以郓王外攒，改用辛酉。十月十日，孟冬荐享。其月，明德皇后园陵，有司言："故事，大祠与国忌日同日者，其乐备而不作，今请如例。"从之。四年七月，以庄穆皇后祔享，权停孟享。

大中祥符三年十二月，帝谓王旦等言："来年正月十一日孟享太庙，而有司择八日宴，已在享庙致斋中，又七日上辛，祀昊天上帝。”王钦若言：“若移宴日避祀事，即自天庆节以来皆有所妨。”冯拯言：“上辛不可移，荐享宗庙是有司择日，于礼无嫌。”帝曰：“当询礼官。”终以契丹使发有常期，又将西巡，故不及改。

八年，兼宗正卿赵安仁言：“准诏以太庙朔望上食品味，令臣详定。望自今委御厨取亲享庙日所上牙盘例，参以四时珍膳，选上局食手十人，赴庙馔造，上副圣心，式表精悫。诏：“所上食味，委宫闱令监造讫，安仁省视之。”

神宗元丰三年十月，详定郊庙奉祀礼文所言：“祠禴当蒸之名，春夏则物未成而祭薄，秋冬则物成而祭备。今太庙四时虽有荐新，而孟享礼料无祠禴蒸尝之别，伏请春加韭、卵，夏加麦、鱼，秋加黍、豚，冬加稻、雁，当馈熟之节，荐于神主。其笾豆于常数之外，别加时物之荐，丰约各因其时，以应古礼。”从之。

六年十一月，帝亲祠南郊。前期三日，奉仁宗、英宗徽号册宝于太庙。是日，斋于大庆殿。翌日，荐享于景灵宫。礼毕，帝服通天冠、绛纱袍，乘玉辂至太庙，宰臣、百官班迎于庙门。侍中跪请降辂，帝却乘舆，步入庙，趋至斋宫。翌日，帝服靴袍至大次。有司奏中严外办，礼仪使跪奏请行事。帝服衮冕以出，至东门外，殿中监进大圭，帝执以入，宫架乐作，升东阶，乐止。登歌乐作。至位，乐止。太祝、宫闱令奉诸室神主于坐，礼仪使赞曰：“有司谨具，请行事。”帝再拜，诣罍洗，登歌乐作，降阶，乐止。宫架乐作，至洗南，北向，乐止。帝搢圭，盥帨，洗瓒，拭瓒讫，执圭。宫架乐作，升堂，乐止，登歌乐作殿中监进镇，帝执大圭，执镇圭，诣僖祖室，乐止。登歌奏《瑞安之曲》。至神坐前，北向跪，奠镇圭于缫藉，执大圭跪，三上香，执瓒祼地，奠瓒，奉帛。奠讫，执圭，免伏，兴，出户外，北向再拜。内侍举镇圭以授殿中监。至次室行事，皆如前仪。帝还位，登歌乐作，至位，乐止。宫架《兴安之乐》作，文舞九成，止。礼部、户部尚书以次室俎豆，宫架《丰安乐》作，奠讫，乐止。帝再诣罍洗，登歌乐作，降阶，乐止。宫架乐作，至洗南，北向立，乐止。帝搢圭，盥帨，洗爵、拭爵讫，执圭。宫架乐作,帝升东阶,乐止。登歌乐作,至僖祖室,乐止。宫架乐作,帝执圭跪,受爵,祭酒,三奠爵,执圭,俯伏,兴,出户外,北向立,乐止。太祝读册文,帝再拜。诣次室皆如前仪。帝还位,登歌乐作,至位,乐止。文舞退,武舞进,宫架《正安之乐》作,亚献以次行事如前仪,乐止。帝诣饮福位,登歌乐作,至位,乐止。宫架《僖安乐》作,帝再拜,执圭跪,受爵,祭酒,三啐酒,奠爵,受俎,受搏黍,奠黍豆,再受爵饮福酒讫,奠爵,执圭,伏,兴,再拜,乐止。帝还位,登歌乐作,至位,乐止。太常博士篇祭七祀、配享功臣。户部、礼部尚书彻俎豆,登歌《丰安乐》作,彻讫,乐止。礼直官曰:"赐胙",行事、陪祠官皆再拜,宫架安乐作。一成,止。太祝、宫闱令奉神主入诸祐室。礼仪使跪奏礼毕,登歌乐作,帝降阶,乐止。宫架乐作,出东门,殿中监受大圭,归大次,乐止。有司奏解严,转仗赴南郊。

　　初,国朝亲享太庙,仪物有制。熙宁以来,率循旧典,元丰命官详定,始多损益。元年,详定郊庙礼文所言:"古者纳牲之时,王亲鸾刀,启其毛,而祝以血毛诏于室。今请改正仪注,诸太祝以毛血荐于神坐讫,彻之而退。唐崔沔仪曰:'毛血盛于盘'《开元》、《开宝通礼》及今仪注皆盛以豆。礼以豆盛俎醢,其荐毛血当盛以盘。"又言:"三牲骨体俎外,当加牛羊肠胃、豕肤俎各一。又古者祭祀无迎神、送神之礼,其初祭及末,皆不当拜。又宜令户部陈岁贡以充庭实,如古礼,仍以龟为前,金次之,玉帛又次之,余居后。又《周礼》大宗伯之职,凡享,涖玉鬯。今以门下侍郎以瓒进皇帝,侍中以闱进瓒,皆未合礼。请命礼部尚书奉瓒临鬯,礼部侍郎奉盘,以次进,皇帝酌鬯裸地讫,侍郎受瓒并盘而退。"又言:"皇帝至阼阶,乃令太祝、宫闱令始奉神主置于坐,行礼毕,皇帝俟纳神主,然后降阶。"并从之。

　　又言:"神坐当陈于室之奥东面。当行事时,皇帝立于户内西向,即拜于户内。有司摄事,晨裸馈食,亦立于户内西向,更不出户而拜。其堂上荐腥,则设神坐于扆前南向,皇帝立于中堂北向。有司摄事同此。"诏俟庙制成取旨。

　　又请:"诸庙各设莞筵纷纯,加缫席画纯,于户内之东西面,皇帝行三献礼毕,于此受嘏。"又言:"每室所用几席,当如《周礼》,改用莞筵纷纯,加缫席画纯,加次席黼纯,左右玉几。凡祭祀,皆缫次各加一重,并莞筵一重为五重。"又言:"古者宗庙九献,皇及后各四,诸臣一。自汉以来为三献,后无入庙之事,沿袭至今,若时享则有事于室,而无事于堂;禘祫则有事于堂,而无事于室。室中神位不在奥,堂上神位不当,有馈食而无朝践。度今之宜,以备古九献之意,请室中设神位于奥东面,堂上设神位于户外之西南面,皇帝立于户内西面,裸鬯为一献;出户立于戺前,北向,行朝践荐腥之礼为再献;皇帝立于户内西面,行馈食荐熟之礼为三献。"诏并候庙制成取旨。

又请:"三年亲祠,并祫享及有司摄事,每室并用太牢及制弊。宗庙堂上炳萧以求阳,而有司行事炳茅香,宜用萧。灌鬯于地以求阴,宜束茅沃酒以象神之饮。凡弊皆埋于西阶陛东,册则藏有司之匮。又请:"除去殿下板位及小次,而设皇帝板位于东陛之上,西向。"又请:"凡奏告、祈祷、报谢,用牲牢祭馔,并出帝后神主,以明天地一体之义。又古者祭祀,兼荐上古、中古及当世之食,唐天宝中,始诏荐享每室加常食一牙盘,议者以为宴私之馔可荐寝宫,而不可渎于太庙,宜罢之。古者吉祭必以其妃配,不特拜,请奠副爵无特拜。《议礼》曰:"嗣举奠。"请皇帝祭太庙,既裸之后,太祝以斝酌奠于铏之南,俟正祭嘏讫,命皇子举奠而饮。

又请:"命刑部尚书一员以奉太牲,兵部尚书一员奉鱼十有五。仍令腥熟之荐,朝享及四孟、腊享,皆设神位于户内南向。其裸将于室,朝践于堂,馈熟于室,则于奥设莞筵纷纯,加缫席画纯,加次席黼纯,左右玉几,当筵前,设馈食之豆八,加豆八,以南为上。铏三,设于豆之南,南陈牛铏居北,羊铏在牛铏之南,豕铏在羊铏之南。羞豆二,曰酏食,糁食设于荐豆之北。大羹湆盛以登,设于羞豆之北。九俎设于逗之东,三三为列,以南为上。肵俎一,当腊俎之北,纵设之。牲首俎在北牖下,簠簋设于俎南,西土。笾十有八,设于簠簋之南,北上。户外之东设尊彝,西上,南肆。胙阶之东设六垒,其三在西，以盛玄酒，其三在东，以盛三酒。堂下陈鼎之位，在东序这南，居洗之西，皆西面北上。七皆加于鼎之东，俎皆设于鼎之西，西肆。肵俎在北，亦西肆。若庙门外，则陈鼎东方，各当其镬，而在其镬之西，皆北面北上。"

又请："既晨裸，诸太祝入，以血毛奠神坐。太官令取肝，以鸾刀制之，洗于郁鬯，贯以脊，燎于炉炭。祝以肝脊入，诏神于室，又出以隋祭于户外之左，三祭于茅俎。当馈熟之时，祝取菹炉于醢，祭于神坐前，豆间三。又黍稷肺祭，祭如初，藉以白茅。既祭，宫闱令束而痤之于西取黍东。若郊祀天地，则当进熟之时，祝取沮及黍稷肺，祭于正配神坐前，各三祭，毕，郊社令束茅菹而燔痤之，祀天燔，祭地痤，缩酒之茅。或燔或痤，当与隋祭之沮同。"又言："古者吉祭有配，皆一尸。其始祝洗酌奠，奠于铏南，止有一爵。及主人献尸，主妇亚献，宾长三献，亦止一爵。请罢诸室奠副爵。其祫享别庙，皇后自如常礼，应祠告天地、宗庙、社稷，并用牲弊。如唐置太庙局令，以宗正丞充，罢摄知庙少卿，而宫闱令不预祠事。"又言："晨裸之时，皇帝先搢大圭，上香、裸鬯、复位，候作乐馈食毕，再执大圭，执镇圭，奠于缫藉。次奠弊、执爵，庶礼神并在降神之后。"从之。

八年，太常寺言："故事，山陵前，宗庙辍祭享，朔望以内臣行荐食之礼，俟祔庙毕仍旧。令景灵宫神御殿已行上食，太庙朔望荐食自当请罢。"从之。

元祐七年，诏复用牙盘食。旧制，并于礼馔外设，元丰中罢之，礼官吕希纯建议曰："先王之祭，皆备上古、中古及今世之食。所设礼馔，即上古、中古之食，牙盘常食，即今世之食。议者乃以为宗庙牙盘原于奏、汉陵寝上食，殊不知三代以来，自备古今之食。请依祖宗旧制，荐一牙盘。"从之，乃更其名曰荐羞。希纯又请："帝后各奠一爵，后爵谓之副爵。今帝后惟奠一爵共享，渎礼莫甚，请设副爵，亦如其仪。

大观四年，议礼局言："太庙每享。各设大尊二，则是以追享、朝享之尊，施之于禘祠蒸尝失礼尤甚。请今四时之享不设太尊。"又言：“圭瓒之制，亲祀以涂金银瓒，有司行事以铜瓒，其大小长短之制皆不如礼，请改以应古制。”又言：“太庙圭瓒、别庙璋瓒旧用珉石，请改用玉。”又言：“新定太庙陈设之仪，尽依周制，笾豆各用二十有六。簠簋各八。以笾二十有六为四行，以右为上，羞笾二为第一行，朝事笾八次之，馈食笾八又次之，加笾八又次之。豆二十有六为四行，以左为上，羞豆二为第一行，朝事豆八次之馈食豆八又次之，加豆八又次之。簋八为二行，在笾之外簠八为二行，在豆之外。笾豆所实之物，悉如《周礼》笾人、醢人之制，簠以稻粱，簋以黍稷，而茅菹以莼，蚳醢以蜂子代之。”又言：“宗庙之祭用太牢而三铏，实牛羊豕之羹，固无可论者。至于大羹止设一登，以《少牢馈食礼》考之，则少牢者羊豕之牲也。佐食羞两铏，司士是滔二豆。三牲之祭，铏既设三，则登亦如其数。请太庙设三登，实牛羊豕之湆以为太羹，明堂亦如之。

高宗建炎三年，奉安神主于温州，权用酒脯。绍兴五年，临安府建太庙，始用特羊，十年入用少牢。其庙享之礼，七年祀明堂于建康，以徽宗之丧，太常少卿吴表臣援熙宁故事，谓当时英宗丧未除，不废景灵宫、太庙之礼。翰林学士朱震以为不然，谓：“《王制》，‘丧三年不惟天地、社稷越绋行事。’孰谓三年之丧，而可以见宗庙行吉礼乎？”吏部尚书孙近等言：“按《春秋》，‘君薨，卒哭而祔，祔而作主，特祀于寝，烝当尝禘于庙。杜预谓：新主既特祀于寝，则宗庙常祀，自当如旧。”又熙宁元年，神宗谅阴，用景德故事，躬行郊庙之礼。今明堂大礼，已在以日易月服除之后，皇帝合享太庙，所有卤簿、鼓吹及楼前宫架、诸军音乐皆备而不作。”

三十二年，孝宗即位，择日朝享太庙。礼部曰：“牲牢、礼料、酒、斋等物，并如五享行之。”绍熙五年，宁宗即位，时有孝宗之丧。闰十月，浙东提举李大牲言：“自汉文帝以来。皆即位面谒庙。陛下龙飞已阅三月，未尝一至宗庙行礼。銮舆屡出，过太庙门而不入，揆之人情，似为阙典，乞早择日谒太庙。诏乃遵用三年之制，吏部员外郎李谦请以来年正月上日躬行告庙之礼。礼寺以为俟皇帝从吉，讨论施行。理宗即位，行三年之丧，初行明堂朝享，以大臣摄事，即吉后，始行亲享之礼。

荐新。太宗雍熙二年十一月，宗正寺言："准诏，送兔十头充享太庙。按《开宝通礼》，荐新之仪，诣僖祖室户前，盥洗酌献讫，再拜，次献诸室如上礼。"遂诏曰："夫顺时搜狩，礼有旧章，非乐畋游，将荐宗庙，久隳前制，阙孰甚焉。爰遵时令，暂狩近郊，既躬获禽，用以荐俎。其今月十一日畋猎，亲射所获田禽，并付所司，以备太庙四时荐享，著为令。"

景祐二年，宗正丞赵良规言："《通礼》著荐新凡五十余物，今太庙祭享之外唯荐冰，其余荐新之礼，皆寝不行。宜以品物时新，所司送宗正，令尚食简择滋味与新物相宜者，配以卯荐之。"于是礼官、宗正条定："逐室时荐，以京都新物，略依时训，协用典章。请每岁春孟月荐蔬，以韭以菘，配以卯，仲月荐冰，季月荐蔬以笋，果以含桃；夏孟月尝麦，配以彘，仲月荐果，以瓜以来禽，季月荐果，以次尝以菱，秋孟月尝粟尝穄，配以鸡，果以枣以梨，促月尝酒尝稻，蔬以菱笋，季月尝豆尝乔麦；冬孟月羞以兔，果以栗，蔬以蕏荑，仲月羞以雁以麑，季月羞以鱼。凡二十八种，所司烹治。自彘以下，令御厨于四时牙盘令烹馔，卜日荐献，一如《开宝通礼》。又太常礼院言："自来荐冰，惟荐太庙逐室帝主，后主皆阙。谨按朔望每室牙盘食，帝后同荐。又按《礼》，：'有荐新如朔奠。'详此献祀，帝后主别无异等之义。今后前庙逐室后主，欲乞四时荐新，并如朔望牙盘例，后庙、奉慈庙如太庙之礼。

皇祐三年，太常寺王洙言："每内降新物，有司皆择吉日，至涉三四日，而物已损败。自今令礼部预为关报，于次日荐之，更不择日。"

元丰元年，宗正寺奏："据太常寺报，选日荐新兔、蕏荑、栗黄。今三物久粥于市，而庙犹示荐，颇违礼意。盖节序有蚤晏，品物有后先，自当变通，安能斋一。又唐《开元礼》，荐新不出神主。今两朝荐新，及朔望上食，并出神主。请下礼官参定所宜。

详定所言："古者荐新于庙之寝，无尸，不卜日，不出神主，奠而不祭。近时择日而荐，非也。天子诸侯，物熟则荐，不以孟仲季为限。《吕氏月令》，一岁之间八荐新物，《开元礼》加以五十余。景祐中，礼官议以品《吕纪》简而近薄，唐令杂而不经，于是更定四时所荐，凡二十八物，除依时《礼》《月令》外又增多十有七品。虽出一时之议，然岁时登荐，行之已久。依于古则太略，违于经则无法。今欲稍加刊定，取其间先王所尝享用膳羞之物，见于经者存之，不经者去之。请自今孟春荐韭以卵，羞以酳，仲春荐冰，季春荐冰，羞以含桃；孟夏尝麦以彘，仲夏尝雏以黍，羞以瓜，季夏羞以芡以菱；孟秋尝栗与稷，羞以枣以梨，仲尝麻尝稻，羞以蒲，季秋尝椒，羞以兔以栗；孟冬羞以雁，仲冬羞以鹿，季冬羞以鱼。今春秋不荐尝，诚为阙典。请季春荐鲔，无则阙之。旧有林檎，乔麦，藷藇之类，及季秋尝酒，并合删去。凡新物及时出者，即日登献，既非正祭，则不当卜日。《汉仪》尝韭之属，皆于庙而不在寝，故《韦玄成传》以为庙岁二十五祠，而荐新在焉。自汉至于隋、唐，因仍其失，荐新虽在庙，然皆不出神主。今出神主。失礼尤甚。请依《五礼精义》。但设神座，仍候庙成，荐新于寝。"诏依所定，如鲔阙，即以鲂鲤代之。既而知宗正丞赵彦若言："礼院以尝秋葵萌不经，易以蒲白。今仲秋蒲无白，改从春献。"

大观，礼局亦言："荐新虽击以月，如樱、笋三月当进，或萌实未成，转至孟夏之类，自当随时之宜，取新以荐。"政和四年，比部员郎何天衢言："祭不欲数，数则烦；祭不欲疏，疏则怠。先王建祭祀之礼，必得疏数之中，未闻一日之间，遂行两祭者也。今太庙荐新，有与朔祭同日者。夫朔祭行于一月首，不可易也。若夫荐新，则未尝卜日，一月之内，皆可荐也。新物未备，犹许次月荐之，亦何必同朔日哉。"自是荐新偶与朔祭同日，诏用次日焉。中兴仍旧制。

加上祖宗谥号。太祖建隆元年九月，太常礼院言："谨按唐大中初，追尊顺宗、宪宗谥号，皇帝于宣政殿授玉册，遣宰臣以下持节奉册出赴太庙。授册日,帝即御殿,百僚拜讫,降阶跪授册于太尉,候太尉奉册宣政门,然后升殿。凡皇帝行礼,皆太常卿赞导奉引。"奏可。是月二十七日,帝御崇元殿,备礼遣使奉册上四庙谥号。皇帝高祖府君册曰:"孝曾孙嗣皇帝臣某,再拜稽首上言:"伏以昊天有命,皇宋勃兴,括厚载以开阶,宅中区而抚运,夷夏蛮貊,罔不献诚,山川鬼神,罔不受职。非臣否德,肇此丕图,实赖正储休,上玄降鉴,既虔膺于大宝,乃眇觌于遐源,敢遵历代之规,式荐配天之号。谨遣使司空兼门下侍即同中书门下平章事王溥、副使兵部尚书李涛奉宝册,上尊谥曰文献皇帝,庙号僖祖,皇帝高祖母崔氏曰懿文皇后。"皇曾祖府君册曰:"伏以天命匪忱,惟归于有德,人文设教,必始于贻谋,乘时既肇于兴王。报本敢稽于尊祖。非隆徽称,则大享何以配神,非镂良珉,则洪烈何由垂世。方作猗那之颂,永严昭穆之容。谨遣使王溥、副使李涛奉册宝,上尊谥曰惠元皇帝。庙号顺祖,皇曾祖母桑氏曰惠明皇后。"皇祖骁卫府君册曰:"伏以人瞻鸟止,运叶龙飞。非发源之长,析派不能通上汉;非积基之厚,嗣孙不能中区。今人纪肇修,孝思罔极,酌百王之损益,荐四庙之蒸尝。谨遣使王溥,副使李涛奉宝册,上尊谥曰简恭皇帝。庙号翼祖,皇祖母京兆郡太夫人刘氏曰简穆皇后。"圣考太尉府君册曰:"昔者火流开祥,周发荐文王之号。黄星应运,曹丕扬魏祖之功。咸因致孝之诚,式展尊亲之义。爰遵大典,亟上是尊称。谨遣使王溥、副使李涛奉册宝,上尊谥曰昭武皇帝,庙号宣祖。"礼毕,群臣进表奉慰。

　　太宗太平兴国二年正月甲戌,上太祖英武圣文神德皇帝。真宗大中祥符元年十一月二十七日,帝于朝元殿备礼,奉祖宗尊谥册宝,再拜授摄太尉王王旦奉之以出,安太祖册宝于玉辂,太宗册宝于金辂,诣太庙,奉上太祖曰启运立极英武圣文神德玄功大孝皇帝,太宗曰至仁应道神功圣德文武大明广孝皇帝。礼毕,亲行朝享之礼。天禧元年正月九日,加上六室尊谥二字;僖祖曰文献睿和皇帝,顺祖曰惠元睿明皇帝,翼祖曰简恭德皇帝,宣祖曰昭武睿圣皇帝,太祖曰启运立极英武睿文神德圣功至明大孝皇帝,太宗曰至仁

应道神功圣德睿烈大明广孝皇帝。礼毕。群臣拜表称贺。十一日，
帝行朝享之礼。

　　仁宗天圣二年十一月二十五日，加上真宗谥曰文明武定章圣
元孝皇帝。庆历七年十一月二十五日，加上真宗谥曰膺符稽古成功
让德文明武定章圣元孝皇帝。

　　神宗元丰六年五月，改加上尊谥作奉上徽号。十一月二日，奉
上仁宗徽号曰体天法道极功全德神文圣武睿哲明孝皇帝，又上英
宗徽号曰体乾膺历隆功圣德宪文肃武睿神宣孝皇帝。

　　哲宗绍圣二年正月，帝谓辅臣曰："祖宗谥号，各加至十六字。
神宗皇帝今止初谥，尚未增加，宜考求典故以闻。"宰臣章惇等对
曰："祖宗加谥，岁月不定。真庙初加八字，是天圣二年。今神宗祔
庙已十年，故事加徽号必在南郊前，谨如圣旨讨阅以闻。"四月二十
七日，诏加上神宗皇帝徽号，于大礼前三日行礼，九月十六日，奉上
册宝曰神宗绍天法古运德建功英文烈武钦仁圣孝皇帝。

　　徽宗崇宁三年十一月二十三日。更定神宗徽号曰体元显道帝
德王功英文烈武钦仁圣孝皇帝，又奉哲宗徽号曰宪元继道显德定
功钦文睿武斋圣昭孝皇帝。大观元年九月，加上僖祖徽号为十六
字，曰立道肇基积德起功懿文宪武睿和至孝皇帝。政和三年十一月
五日，加上神宗、哲宗徽号。前二日，皇帝御大庆殿，奉神宗册宝授
太师、鲁国公蔡京，载以玉辂，奉哲宗册宝授少师、太宰何执中，载
以金辂，并诣太庙幄殿，奉安以俟。四日，皇帝诣景灵宫行礼，赴太
庙宿斋。五日，服衮冕，恭上神宗册宝于本室，曰体元显道法古立宪
帝德王功英文烈武钦仁圣孝皇帝，又上哲宗册宝于本室，曰宪元继
道世德扬功钦文睿武斋圣昭孝皇帝。次行朝享，礼毕，赴南郊青城
宫。

　　绍兴十二年十一月，诏议上徽宗徽号曰体仁合道骏烈逊功圣
文仁德宪慈显孝皇帝。十三年正月九日，皇帝御文德殿，命宰臣秦
桧奏请太庙。十日，内殿宿斋，文武百僚集于发册宝殿门幕次，次礼
仪使、阁门官、太常博士、礼直官分立御幄前，次分引百僚入就殿

下，东西相向立定，礼直官引奉册宝使、侍中、中书令、举宝举册官诣殿下西阶西东向立。俟斋室廉降，皇帝服通天冠、降纱袍，礼部侍郎奏中严外办。次礼直官、太常博士引礼仪使当幄前俯伏跪奏："礼仪使臣某言，请皇帝行奉上徽宗皇帝发册宝之礼。"奏讫，俯伏，兴。帘卷，前导官前导皇帝出幄，执大圭，诣册宝幄东褥位西向立。礼仪使奏请再拜，皇帝再拜，三上香，再拜，在位官皆再拜。前导还褥位西向立，侍中、中书令、举册举宝官升殿，入册宝幄。举册宝官俱指笏跪，举册宝与侍中、中书令奉册宝进行，皇帝后从，降自西阶，至殿下褥位南向立。礼仪使奏皇帝再拜。举册官奉册，举宝官奉宝，皇帝执大圭，跪奉受册宝使，皇帝执大圭再拜，在位官皆再拜。持节者持节导册宝进行，出殿正门。礼仪使奏礼毕，皇帝释大圭，升自东阶，入斋室，礼部郎中奏解严。次册宝出北宫门，奉册宝使以下骑从，至太庙灵星门外下马，步从至太庙南神门外。次日，文武百僚集于太庙幕次，分引诣殿下再拜，册宝使诣各室行奠献礼。次赞者引举册官举册，举宝官举宝，礼直官引侍中、中书书令前导册宝入自南正门，至殿西阶下权置定，各再拜。次诣徽宗室册宝使俯伏跪奏称："嗣皇帝臣某，谨遣臣等奉徽号册宝。"奏讫，俯伏，兴。举册官举册进，中书令跪读册文，举宝官举宝进侍中跪读宝文，册宝使以下各再拜，至册宝幄安奉。礼毕，以次退。次文武百僚，奉表称贺。

绍熙二年八月，诏上高宗徽号曰受命中兴全功至德圣神武文昭仁宪孝皇帝。庆元三年，上孝宗徽曰绍统同道冠德昭功哲文神武明圣成孝皇帝。嘉泰三年，上光宗徽号曰循道宪仁明功茂德温文顺武圣哲慈孝皇帝。宝庆三年，上宁宗徽号曰法天备道统德茂功仁文哲武圣睿恭孝皇帝。咸淳二年，上理宗徽号曰建道备德大功复兴烈文仁武圣明安孝皇帝。并如绍兴十三年仪注。

庙讳。绍兴二年十一月，礼部、太常寺言："渊圣皇帝御名，见于经传义训者，或以威武为义，或以回旋为义，又为植立之象，又为亭邮表名，又为圭名，又为姓氏，又为木名，当各以其义类求之。以威武为义者,今欲读曰"威";以回旋为义者,今欲读曰"旋";以植立为义者,今欲读曰"植";若姓氏之类欲去"木"为"亘"。又缘汉法,'帮'之字曰'国','盈'之字曰:'浦',止是读曰:'国'、曰'满',其本字见于经传者未常改易。司马迁汉人也,作《史记》,曰:'先王之制,帮内几服,帮外侯服。'又曰:'盈而不持则倾。'于'帮'字、'盈'字亦不必改易。今来渊圣皇帝御名,欲定读如前外,其经传本字,即不当改易,庶几万世之下,有所考证,推求义类,别无未尽。"三十二年正月,礼部、太常寺言:"钦宗祔庙,翼祖当迁。于正月九日,告迁翼祖皇帝、简穆皇后神主奉藏于夹室。所有以后翼祖皇帝讳,依礼不讳。"诏恭依。

绍熙元年四月,诏:"今后臣庶命名,并不许犯祧庙正讳。如名字见有犯祧庙正讳者,并命改易。"

嘉定十三十月,司农寺丞岳珂言:"孝宗旧讳从'伯'从'玉'从'宗'。考国朝之制,祖宗旧讳二字者,皆著令不许并用。"又言:"钦宗旧讳二字,其一从'宙'从'旦',其一从'火'从'亘',皆合回避。乞并下礼,寺讨论,颁降施行。"即而礼、寺讨论:"所有钦宗、孝宗旧讳,若二字连用,并合回避,宜从本官所请,刊入施行。"从之。

宋史卷一〇九

志第六二

礼十二 <small>吉礼十二</small>

后庙　景灵宫　神御殿
功臣配侑　群臣家庙

后庙之制，建隆三年，追册会稽郡夫人贺氏曰孝惠皇后，止就
陵所置祠殿奉安神主，荐常馔，不设牙盘祭器。乾德元年，孝明皇后
王氏崩，始议置庙及二后先后之次。太常博士和岘请共殿别室，以
孝明正位内朝，请居上室；孝惠缘改葬，不造虞主，与孝明同祔，宜
居次室。礼院又言："后庙祀事，一准太庙，亦当立戟。"及太祖祔庙，
有司言："合奉一后配食。按唐睿宗追谥肃明、昭成二后，至睿宗崩，
独昭成以帝母之重升配，肃明止享于仪坤庙。近周世宗正惠、宣懿
二后并先崩，正惠无位号，宣懿居正位，遂以配食。今请以孝明皇后
配，忌日行香废务，其孝惠皇后享于别庙。"从之。

太平兴国元年，追册越国夫人符氏为懿德皇后，尹氏为淑德皇
后，并祔后庙。

至道三年，孝章皇后宋氏祔享，有司言："孝章正位中壸，宜居
上室，懿德追崇后号，宜居其次。"诏孝章殿室居懿德下。六月，礼官
议："按太平兴国中追册定谥，皆以懿德在上。淳化初，宗正少卿赵
安易言，别庙祭享，懿德在淑德之上，未测升降之由。其时敕旨依旧
懿德在上。按《江都集礼》，晋景帝即位，夏侯夫人应合追尊。散骑

常侍任茂、传玄等议云："夏侯夫人初归景帝，未有王基之道，不及景帝统百揆而亡，后妃之化未著远迩，追尊无经义可处。"今之所议，正与此同。且淑德配合之初，潜跃之符未兆；懿德辅佐之始，藩郡之位已隆，然未尝正位中宫，母临天下。岂可生无尊极之位，没升配享之崇，于人情不安，于典籍无据，唐顺宗祔庙后十一年，始以庄宪皇后升配，宪宗祔庙后二十五年，始以懿安皇后升配。今请虚位，允协旧仪。"再诏尚书省集议及礼官同详定。上议曰："淑德皇后生无位号，没始追崇，况在初潜，早已薨谢，懿德皇后享封大国，作配先朝，虽不及临御之期，且贤懿之美，若以升祔，当归懿德。又详周世宗正惠、宣懿配食故事。当时议以正惠追尊位号，请以宣懿为配。是时以太后在位，疑宣懿祔庙之后，立忌非便。议者引晋哀帝时何太后丧行服、尚不厌降，即其日废务，于理无嫌，今礼官引唐顺、宪二宗庙享虚位之文，夫即追册二后，即虚室亦为非便，请奉懿德神主升配。又按议者以周世宗神主祔庙，必若宣懿同祔，即正惠神主请加'太'字。今升祔懿德，请即加淑德'太'字，仍旧别庙。"诏："以懿德配享。至于'太'者尊极之称，加于母后，施之宗庙礼所未安。"乃不加"太"字，仍别庙配。十二月，追尊贤妃李氏为元德皇太后，有司言："按《周礼》春官大司乐之职，'奏《夷则》，歌《仲吕》，以享先妣'，谓姜原也。是帝喾之妃，后稷之母，特立庙曰閟宫。晋简文宣后以不配食，筑室于外，岁时享祭。唐先天元年，始祔昭成肃明二后于仪坤庙。又玄宗元献杨后立庙于太庙之西。稽于前文，咸有明据。望令宗正寺于后庙内修奉庙室，为殿三间，设神门、斋房、神厨以备荐享。"

　　咸平元年，判太常礼院李宗讷等言："元德皇太后别建庙室，淑德皇后亦在别庙，同是帝母而无'太'字，按唐穆守三后除宣懿二后并立另庙，各有'太'字。又开元初，太常议昭成皇大后请不除'太'字云'入庙称后，义击于夫，在朝称太后，义击于子。如谥册入庙，则当去太字。'按神主入庙之说，盖为附享太庙，以厌降故，不加'太'字，则本朝文懿诸后是也。如别建庙室，不可便称皇后，则唐正献，恭僖二太后是。淑德皇后亦请加'太'字,既加之后,望迁就元德新庙,居第一室,以元德次之,仍迁庄怀又次之。"诏下中书集议。兵部尚书张斋贤等奏:"宗庙神灵,务乎安静。况懿德作合之始,逮事舅姑,躬执妇道,祔享之礼,宜从后先,伏请仍旧。又汉因秦制,帝母称皇太后。检详去岁议状,请加淑德'太'字,而诏不加之者,缘当时元德皇太后未行追册。今册命已毕,望依礼官所言。三年四月己卯。祔葬元德皇太后于永熙陵。有司言:"元德神主祔庙,准礼当行祔谒,载稽前典,有未安者。伏以追荐尊称,奉加'太'字,崇建别庙,以备蒸尝。况当禘祫之时,不预合食之列,庙享之制与诸后不同。俟神主还京,即附庙室,荐献安神,更不行附谒之礼,每岁五享、禘祫如太庙仪。"

景德四年,奉庄穆皇后郭氏神主谒太庙,祔享于昭宪皇后。享毕,祔别庙,殿室在庄怀之上。帝祀汾阴,谒庙毕,亲诣元德皇太后庙躬谢,自门降辇步入,酌献如太庙,设登歌,两省、御史、宗室防御使以上班庙内,余班庙外,遣官分告孝惠诸后庙。诏:"太庙、元德皇后庙享用犊,诸后庙亲享用犊,摄事用羊豕。"

五年,龙图直学士陈彭年言:"禘祫日,孝惠、淑德二后神主自别庙赴太庙,祔简穆皇后神主之下、太祖神主之上,此盖用《曲台礼》别庙皇后禘祫祔太庙之说。窃虑明灵合享,神礼未安,望诏礼官再加详定。"有司言:"按《曲台礼》载禘祫之义,则如皇后先祔别庙,遇禘祫祔享于太庙,如是昭后,即坐于祖姑之下,南间;如是穆后,即坐于祖姑之,北间。又按博士殷盈孙仪云:"别庙皇后禘祫于太庙,祔于祖姑之下者,此乃皇后先没,已造神主。如昭成、肃明之没也,玄宗在位;元献之没也,玄宗在位;昭德之没也。德宗在位。四后于太庙未有本室,故创别庙,当为太庙合食之主,故禘祫乃奉以入享,此明其后太庙有本室,即当迁祔,帝方在位,故皇后暂立别庙,礼本合食,故禘祫升太庙,以未有位,故列祖姑之下。据《开宝通礼》与《曲台礼》同。今有司不达礼意,遇禘祫岁,尚以孝惠、孝章、淑德三后神主祔享祖姑之下,乃在太祖、太宗之上。按《礼》称'妇祔祖姑’，谓既卒哭之明日，此正礼也；称‘祖姑有三人，则祔于亲者’，注，玄谓‘舅之母死，而又有继室二人，亲者谓舅所生。然则祖姑有三人同在祖室，明妇有数人亦当同在夫之本室，不可久祔于祖姑也。故《开元礼》但载肃明皇后别庙时享之仪，而无禘祫之礼，即知别庙时享及禘祫皆于本庙也。孝惠、孝章、淑德禘祫既祔太庙，则自今禘祫祔享本室，次于正主，庶协典礼。”二年，升祔元德皇后太宗庙室，诏以祔庙岁时为合享次序。而位明德皇之次。

明道二年，判河南府钱惟演请以章献、章懿二后并祔真宗之室，太常礼院议：“夏、商以来，父昭子穆，皆有配坐，每室一帝一后，礼之正仪。唐开元中，昭成、肃明二后始并祔于睿宗。今惟演引唐武宗母韦太后升祔穆宗，本朝孝明、懿德附太祖故事。按穆宗惟韦后祔，太祖未尝以懿德配，伏寻先帝以孝章配享太宗，及明德园陵礼毕，遂得升祔。元德太皇自追尊后，凡十七年始克升配。今章穆皇后著位长秋，祔食真宗，斯为正礼。章献太后母仪天下，与明德例同，若从古礼，止应礼后庙，若便升祔，似非先帝慎重之意，又况前代无同日并祔之比，惟上裁之。”乃诏有司更议，皆谓：“章穆位崇中壸，与懿德有异，已祔庙室，自协一帝一后之文，章献辅政十年，章懿诞育帝躬，功德莫与为比，退就后庙，未厌众心。按《周官》大司乐职，‘奏《夷则》，歌《小吕》，以享先妣’者，姜嫄也，帝喾之妃，后稷之母，特立庙曰閟宫。宜别立新庙，奉安二太后神主，同殿异室，岁时荐享用太庙仪。别立庙名，自为乐曲，以崇世享。忌前一日，不御正殿，百官奉慰，著之令甲。”乃作新庙两庙间，名曰奉慈。

庆历四年，从吕公绰言：“先帝特谥二后庄怀、状穆，及上真宗文明武定章圣元孝之谥，郭后升附，当正徽号，于郊礼前遣官先上宝、册，改‘庄’为‘章’，止告太庙，更不改题。”遂如故事。将郊，所司导五后宝、册赴三庙，各于神门外幄次以待。奏告毕，皆纳于室。俄又诏中书门下令礼官考故事，升祔章懿神主。礼院言：“章献、章懿宜序章穆之次，章惠先朝遣制尝践太妃，至明道中始加懿号，与章怀颇同，请序章怀之次，太者生事之礼，不当施于宗庙。章献以顾献明托之重，临御之劳，欲称别庙，义无的嫌，属之配室，礼或未顺。"学士王尧臣等言："章献明肃盛烈丕功，非一惠可举，谥告于庙，册藏于陵，无容追减。章惠拥祐帝躬并，均顾复，故景祐中膺保庆之册，义专系子，礼须别祠。章穆升祔，岁月已深。奉慈三室，先后已定，若再仪升降，则情有重轻，请如旧制。中书门下覆仪："成宪在前，文考之意；配食一体二慈之宜；奉承无私，陛下之孝。请如礼官及学士议。案祥符诏系章圣特旨，位叙先后，乞圣制定数，昭示无穷。"诏依所义。十月，文德殿奉安宝、册，帝服通天冠、绛纱袍，执圭。太常奏乐，百官宿庙堂。次日，有司荐享诸庙。寅时，复诣正衙，宰臣、行事官赞导册、宝至大庆殿庭发册。出宣德门，摄太尉贾昌朝、陈执中受以赴奉慈庙上宝、册，告迁二主，皆涂"太"字，祔于太庙。

至和元年，七月，有司奉诏立温成皇后庙，享祭器数视皇后庙，后以谏官言，改为祠殿，岁时令官臣，荐以常馔。

治平元年，同判太常寺吕公著言："按《丧服小记》'慈母不世祭'。章惠太后，仁宗常以母称，故加宝庆之号。盖生有慈保之勤，故没有庙享之报。今于陛下恩有所止，礼难承祀，其奉慈庙，乞依祀废罢。"

熙宁二年，命摄太常卿张掞奉章惠太后神主瘗陵园。

元丰六年，详定所言："按《礼》，夫妇一体，故昏则同牢、合卺，终则同穴，祭则同几、同祝馔，未常有异庙者也。惟周人以姜嫄为媒神，而帝喾无庙，又不可下入子孙之庙，乃以别庙而祭，故《鲁颂》谓之祔宫，《周礼》谓之先妣，可也。自汉以来，不祔不配者，皆援姜嫄为比，或以共徽或以其继而已。盖其间有天下者，起于侧徽，而其后不及正位中宫，或以常正位矣，有所不幸，则当立继以奉宗庙，故有'祖姑三人则祔于亲者'之说。立继之礼，其来尚矣。始徽终显，皆嫡也，前娶后继，皆嫡也。后世乃以始徽后继真之别庙，不得伸同几之义，则非礼意。恭惟太祖孝惠皇后、太宗淑德皇后、真宗章怀皇后实皆无妃，而孝章则太宗继后，乃皆祭以别庙，在礼未安，请升祔太庙,增四室,以时配享。"七月,遂自别庙升祔焉。

政和四年,有司言:"政和元年孟冬祫享,奉惠恭神主人太庙,祔于祖姑之下。今岁当祫,而明达皇后神主奉安陵祠,缘在城外。三代之制,未有即陵以为庙者。今明达皇后追正典册,岁时荐享,并同诸后,宜就惠恭别庙增建殿室,迎奉神主以附。"又言:"明达神主祔谒日,于英宗室增设宣仁圣烈皇后、明达皇后二位,及偏祭七祀、配享功臣,并别庙祔享惠恭、明达二位。"

绍兴七年,惠恭改谥为显恭,以上徽宗圣文仁德显孝之谥故也。十二年五月,礼部侍郎施坰言:"懿节皇后神主,候至卒哭择日祔庙,合依显恭皇后礼,于太庙内修建殿室,以为别庙安奉。"又言:"将来祔庙,其虞主合于本室后痊埋。缘别系行在祔庙,欲于本室册宝殿收奉,候回京日依别庙故事。"从之。七月,有司行九虞之祭奉安。三十二年,礼部、太常言:"故妃郭氏追册为皇后,合依懿节皇后祭于别斋。所有庙殿,见安懿节皇后神主,行礼狭隘。乞分为二室,以西为上,各置户牖,及擗截本庙斋宫,权安懿节神主,工毕还殿。"王普又请各置祐室。并从之。

乾道三年闰七月,安恭皇后神主祔于别庙,为三室。

景灵宫创于于大中祥符五年,圣祖临降,为宫以奉之。天圣元年,诏修宫之万寿殿以奉真宗,署曰奉真。明道二年,又建广孝殿,奉安章懿皇后。治平元年,又诏就宫之西园建殿,以奉仁宗,署曰孝严,奉安御容,亲行酌献,命大臣分诣诸神代御行礼。翼日,太后酌献,皇后,大长公主以下内外命妇陪位于廷。诏每岁下朝谒如奉真殿仪,有期以上丧或灾异则命辅臣摄事。名斋殿曰迎厘,宫西门曰广祐。四年,建英德殿,奉英宗神御。凡七十年间,神御在宫者四,寓寺观者十有一。

元丰五年,始就宫作十一殿,悉迎在京寺观神御入内,尽合帝后,奉以时王之礼。十一月,百官班于集英殿廷,帝诣蕊珠、凝祥等殿,行告迁庙礼,礼仪使奉神御升彩舆出殿。明日,复行荐享如礼,礼仪使奉神舆行,帝出幄导至宣德门外,亲王、使相、宗室正任以上前引,望参官及诸军都虞候、宗室副率以上陪位,内侍省押班整仪卫以从,奉安神御于十一殿,明日,帝诣宫朝献,先谒天兴殿,以次行礼,并如四孟仪。诏自今朝献孟春用十一日,孟夏择日,孟秋用中元日,孟冬用下元日,天子常服行事。荐圣祖殿以素馔,神御殿以膳羞,器服仪物,悉从今制。天兴殿门以奉天神不立戟,诸神御门置亲事官五百人,立戟二十四。累朝文武执政官、武臣节度使以上,并图形于两庑。凡执政官除拜,赴宫恭谢。其后南郊先诣宫行荐享礼,并如太庙仪。

元祐元年,太常寺言:"季秋有事于明堂,其朝享景灵宫、亲享太庙,当用三不祭之礼,遣大臣摄事。"礼部言:"景灵宫天兴殿,用天地之礼,即非庙享,于典礼无违。"诏明堂前二日朝享景灵宫天兴殿。明年,奉安神宗神御于景灵宫,如十一殿奉安之礼。旧制,车驾上元节以十一日诣兴国寺、启圣院,朝谒太祖、太宗、神宗神御,下元节诣景灵宫朝拜天兴殿,朝谒真宗、仁宗、英宗神御。至是诏分每岁四孟月拜谒之所,自孟秋始,其不当亲献,则遣官分诣。初诣天兴殿、保宁阁、天元殿、太始殿,次诣皇武殿、俪极殿、大定殿、辉德殿,次诣熙文殿、衍庆殿、美成殿,次诣治隆殿、宣光殿,<small>宣光后改曰显承,徽宗又改大明殿。</small>仍自来年孟春为始。皇太后崩,三省请奉安神御于治隆殿,以遵元祐初诏。复以御史刘极之言,特建原庙,庙成,名神御殿曰徽音,山殿曰宁真。

绍圣二年,奉安神宗神御于显承殿。元丰中,每岁四孟月,天子遍诣诸殿朝献。元祐初,议者请以四孟分献,一岁而遍,至是复用旧仪。诏自今四孟献分二日,先日诣天兴殿、保宁阁、天元、太始、皇武、俪极、大定、德辉诸殿,次日诣熙文、衍庆、美成、继仁、治隆、徽音、显承七殿。三年十月,帝诣天兴诸殿朝献。翼日,大雨,诏差已致斋官分献熙文七殿,自是雨雪用为例云。

徽宗即位,宰臣请特建景灵西宫,奉安神宗于显承殿,为馆御之首,昭示万世尊异之意。建哲宗神御殿于西,以东偏为斋殿,乃给度僧牒、紫衣牒千道为营造费,户牖工巧之物并置于荆湖北路。已而右正言陈瓘言五不可,且论蔡京矫诬。不从。

建中靖国元年,诏建钦圣宪肃皇后,钦慈皇后神御殿于大明殿北,名曰柔明。寻改钦仪,又改坤元。又名哲宗神御殿曰观成。寻改重光。诏自今景灵宫并分三日朝献。

崇宁三年,奉安钦成皇后神御坤元殿钦圣宪肃皇后之次,钦慈皇后又次之。

政和三年,奉安哲宗神御于重光殿。昭怀皇后神御殿成,诏名正殿曰柔仪,山殿曰灵娸。于是两宫合为前殿九,后殿八,山殿十六,阁一,钟楼一,碑楼四,经阁一,斋殿三,神厨二,道院一,及斋宫廊庑共为二千三百二十区。

初,东京以来奉先之制,太庙以奉神主,岁五享,宗室诸王行事;朔祭而月荐新,则太常卿行事。景灵宫以奉塑像,岁四孟皇帝亲享,帝后大忌则宰相率百官行香,后妃继之。遇郊祀、明堂大礼,则先期二日,亲诣景灵宫行朝享礼。

绍兴十三年二月,臣僚言:"窃见元丰五年,神宗始广景灵宫以奉祖宗衣冠之游,即汉之原庙也。自艰难以来,庶事草创,始建宗庙,而原庙神游犹寄永嘉。乃者权时之宜,四孟荐献,旋即便朝设位以享,未副广孝之意。乞命有司择夹垤之地,仿景灵宫旧规,随宜建置。俟告成有日,迎还晬容,奉安新庙,庶几四孟躬行献礼,用副罔极之恩。"从之。初筑三殿,圣祖居前,宣祖至祖宗诸帝居中殿,元天大圣后与祖宗诸后居后。掌宫内侍七人,道士十人,吏卒二百七十六人。上元结灯楼,寒食设秋千,七夕设摩睺罗。帘幕岁时一易,岁用酌献二百四十羊。凡帝后忌辰,用道、释作法事。十八年,增建道院,初本刘光世赐第,后以韩世忠第增筑之。天兴殿五盈,中殿七盈,后殿十有七盈,斋殿、进食殿皆备焉。

神御殿,古原庙也,以奉安先朝之御容。宣祖昭宪皇后于资福寺庆基殿。太祖神御之殿七:太平兴国寺开先殿、景灵宫、应天禅院西院、南京鸿庆宫、永安县会圣宫、扬州建隆寺章武殿、滁州大庆寺端命殿。太宗神御之殿七：启圣禅院、寿宁堂、景福殿、凤翔上清太平宫、并州崇圣寺统平殿及西院、鸿庆宫、会圣宫。真宗神御之殿十有四：灵宫奉真殿、玉清昭应宫安圣殿、洪福院、寿宁堂、福圣殿、崇先观永崇殿、万寿观延圣殿、澶州信武殿、西京崇福宫保祥殿，华州云台观集真殿及西院、鸿庆宫、会圣宫、凤翔太平宫。仁宗、英宗、神宗、哲宗四朝神御于景灵宫、应天院，章献明肃皇后于慈孝寺彰德殿，章懿皇后于景灵宫广孝殿，明德、章穆二后于普安院重徽殿，章惠太后于万寿观广庆殿。

景德四年，奉安太祖御容应天禅院，以宰臣向敏中为奉安圣容礼仪使，权安于文德殿，百官班列，帝行酌献礼，卤簿导引，升彩舆进发，帝辞于正阳门外，百官辞于环林苑门外。遣官奏告昌陵，群臣称贺。

皇祐中，以滁州通判王靖请，滁、并、澶三州建殿奉神御，乃宣谕曰："太祖擒皇甫晖于滁州，是受命之端也，大庆寺殿名曰端命，以奉太祖。太宗取刘继元于并州，是太平之统也，即崇圣寺殿名曰统平，以奉太宗。真宗归契丹于澶州，是偃武信也，即旧寺殿名曰信武，以奉真宗。既而统平殿灾，谏官范镇言："并州素无火灾，自建神御殿未几而辄焚，天意若曰祖宗御容非郡国所宜奉安者。近闻下并州复加崇建，是徒事土木，重困民力，非所以答天意也。自并州平七十七年，故城父老不入新城，宜宽其赋输，缓其徭役，以除其患，使河东之民不忘太宗之德，则陛下孝思，岂特建一神御殿比哉？"先是，睦亲、广亲二宅并建神御殿，翰林学士欧阳修言神御非人臣私家之礼，下两制，台谏、礼官议，以为"汉用《春秋》之义，罢郡国庙，今睦亲宅。广亲宅所建神御殿，不合典礼，宜悉罢。"诏以广亲宅置已久，唯罢修睦亲宅。

熙宁二年，奉安英宗御容于景灵宫，帝亲行酌献，仍诏岁以十月望朝享，有期以上丧或灾异，则命辅臣摄事。知大宗正丞事李德多言："礼法诸侯不得祖天子，公庙不设于私家。今宗室邸第并有帝

后神御,非所以明尊卑崇正统也,望一切废罢。"下礼官详定,请如
所奏。诏诸宗室宫院祖宗神御迎藏天章阁。自是,臣庶之家凡有御
容,悉取藏禁中。

元丰五年,作景灵宫十一殿,而在京宫观寺院神御,皆迎入禁
中,所存惟万寿观延圣、广爱、宁华三殿而已。

宣和元年,礼部奏:"太常寺参酌立到诸州府有祖宗御容所在
朔日诸节序降到御封香表及下降香表行礼仪注:

　　　　朔日诸节序奉香表礼仪注。斋戒,朝拜前一日,朝拜官及
　　　读表文官早赴斋所。俟礼备,礼生引读表文官、赍香表官集朝
　　　拜官所听,执事者以香表呈视。礼生请读表,文官稍前习读表,
　　　或密词即读封题,讫,礼生赞复位。次以御封香,礼馔等呈视
　　　讫,各复斋所。朝拜官用长吏,阙以次官充,读表文亦以次官
　　　充,执事者以有服色者充。有司设香案、时果、牙盘食神御前,
　　　又设奠醊茗之器于香案前之左,置御香表案上;设朝拜官位于
　　　殿下,西向,读表文官位于殿之南,北向,陪位官位于其后;设
　　　焚表文位于殿庭东,南向。朝拜日,质明前,香火官先诣殿下,
　　　北向,拜讫,升殿东向侍立。有司陈设讫,礼生先引陪位官入就
　　　位,北向,次引读表文官入就位,次引朝拜官就位,西向立定。
　　　礼生赞有司谨具,请行事。礼生赞再拜,拜讫,引读表文官先升
　　　殿,于香案之右东向立,次引朝拜官诣香案前,赞执笏,上香、
　　　奠酒茗,拜,兴,少立。礼生赞执笏,跪、读、表文,或密词即读封
　　　题,执笏兴,降复位,朝拜官再拜,降复位。礼生赞再拜讫,引朝
　　　拜官、读表文官诣焚表文位南向立,焚讫,退。

　　　　一遇旦望诸节序下降香表荐献行礼仪注。一如上仪。惟
　　　礼生引献官上香讫跪,执事者以所荐之物授荐献官,受献讫,
　　　复授执事者,置于神御前,兴、拜、退一如上仪。

诏颁行之。

东京神御殿在宫中,旧号钦先孝思殿,建炎二年闰四月,诏迎
温州神御赴阙。先是,神御于温州开元寺暂行奉安,章圣皇帝与后

像皆以金铸,置外方弗便,因愀然谓宰辅曰:"朕播迁至此,不能以时荐享,祖宗神御越在海隅,念之坐不安席。"故有是命。三年二月,上览禁中神御荐享礼物,谓宰臣曰:"朕自省阅神御,每位各用羊胃一,须二十五羊。祖宗仁厚,岂欲多害物命,谨以别味代之,在天之灵亦必歆享。"吕颐浩曰:"陛下寅奉宗庙,闵不尽礼,而又仁爱及物,天下幸甚。"

绍兴十五年秋,复营建神御殿于崇政殿之东,朔望节序、帝后生辰,皇帝皆亲酌献行香,用家人礼。其殿名:徽宗曰承元,钦宗曰端庆,高宗曰皇德,孝宗曰系隆,光宗曰美明,宁宗曰垂光。理宗曰章熙,度宗曰昭光。

功臣配享。真宗咸平二年,始诏以太师、赠侍尚书令、韩王赵普配享太祖庙庭。继以翰林承旨宋白等议,又以故枢使,赠中书令。济阳郡王曹彬配享太祖,以司空赠太尉中书令薛居正,忠武军节度使赠中书令潘美,尚书右业射赠中石熙载配享太宗庙庭,仍奏告本室,禘祫皆配之。祀日,有司先事设幄次,布褥位于庙庭东门内道南,当所配室西向,设位板,方七寸,厚一寸半,笾、豆各二,簠、簋、俎各一。知庙卿奠爵,再拜。

乾兴元年,诏从翰林、礼官参仪,以右仆射赠太尉中书令李沆、赠太师尚书令王旦、忠武军节度使赠中书令李继隆配享真宗。

嘉祐八年,诏以尚书右仆射赠尚书令王曾,太尉赠尚书令吕夷简、彰武军节度使赠侍中曹玮配享仁宗。

熙宁八年,诏以司徒兼侍中赠尚书令韩琦配享英宗;元丰元年,又以赠太师中书令曾公亮配焉。熙宁末,常诏太常礼院讲求亲祠太庙不及功臣礼例。至是,禘祫外,亲享太庙并以功臣与。又从太常礼院请,配享功臣以见赠官书板位。

元祐初,从吏部尚书孙永等议,以故司徒赠太尉富弼配享神宗;绍圣初,又以守司空赠太傅王安石配。三年,罢富弼配,富弼得罪于先帝也。

崇宁元年，诏以观文殿大学士赠太师蔡确配享哲宗。

《五礼新仪》，配享功臣之位，设于殿庭之次：赵普、曹彬位于横街之南道西，东向，第一次，薛居正石熙载、潘美位于第二次，李沆、王旦、李继隆位于第三次，俱北上；王曾、吕夷简、曹玮位于横街之南道东，西向，第一次，韩琦、曾公亮位于第二次，王安石位于第三次，蔡确位于第四次，俱北上，惟冬享、祫享遍设祭位。

迨建炎初，诏夺蔡确所赠太师、汝南郡王，追贬武泰军节度副使，更以左仆射赠太师司马光配享哲宗。即又罢王安石，复以富弼配享神宗。

绍兴八年，以尚书左仆射赠太师韩忠彦配享徽宗。十八年二月，监登闻鼓院徐璉言："国家原庙佐命配享，当时辅弼勋劳之臣绘象庙庭，以示不忘，累朝不过一十余人。今之臣僚与其家之子孙必有存其绘像者，望诏有司寻访，复摹于景灵宫庭之壁，非独假宠诸臣之子孙，所以增重祖宗之德业为臣子劝。"遂下诸路转运司，委所管州军寻访各家，韩王赵普、周王曹彬、太师薛居正、石熙载、郑王潘美、大师李沆、王旦、李继隆、王曾、吕夷简、侍中曹玮、司徒韩琦、太师曾公亮、富弼、司马光、韩忠彦，各令摹写貌投象纳，绘于景灵宫之壁。

乾道五年九月，太常少卿林粟等言："钦宗皇帝庙庭尚虚配享，当时遭值艰难，沦胥莫救，罕可称述，而以身徇国，名节暴著，不无其人。虽生前官品不应配享之科，事变非常，难拘定制，乞特诏集议。"吏部尚书汪应辰奏："当时死事之臣，皆有次第褒赠。若今配享钦庙，典故所无，如创行之，又当访究本末，差次轻重，有所取舍，尤不可轻易，窃谓配享功臣，若依唐制，各庙既无其人，则当缺之，"乃罢集议，钦宗一庙遂无配享。

淳熙中，高宗附庙，翰林学士洪迈言："配食功臣，先期议定。臣两蒙宣谕，欲用文武臣各两人，文臣故宰相赠太师秦国公谥忠穆吕颐浩、特进观文殿大学士谥忠简赵鼎，武臣蕲王谥忠武韩世忠，太师鲁王谥忠烈张俊。此四人皆一时名将相，合于天下公论。"议者皆以为宜,遂从之。秘书少监杨万里独谓相张浚不得配食为非,争之不得,因去位焉。

绍熙五年十二月,以左丞相赠太师鲁国公陈康伯配享孝宗庙庭。

嘉泰元年正月,以右丞相赠太师葛邲配享光宗庙庭。

嘉定十四年八月,追封右相史浩为越王,改谥忠定,配享孝宗庙庭。

端平二年八月,以太师赵汝愚配享宁宗庙庭。

初,仁宗天圣中郊祀,诏录故相李昉、宋琪、吕端、张斋贤、毕士安、李旦、执政李至、王沔、温仲舒及陈洪进等子孙以官。元丰中,诏:景灵宫绘象旧臣推恩本支下两房以上取下,取不食录者,均有无,取齿长者;若子孙亦绘像,本房不食录,更不取别房。绍圣初,林希请稽考庆历以后未经编次臣僚,其子孙应录用者以次编定。寻诏:“赵普社稷殊勋,其诸孤有无食禄者,各官其一子,以长幼为序,毋过三人。”崇宁初,诏:“哲宗绘像文武臣僚,并与子若孙一人初品官,若子孙众多,无过家一人。”又录艺祖功臣吕余庆族孙伟及司徒富弼孙直柔,直道以官,使奉其祀,靖康初,臣僚言:“司马光之后再绝,复立族子稹,稹亦卒。今虽有子,而光遣表恩泽已五十年,不可复奏,请许移奏见存曾孙,使之世禄。”从之。

群臣家庙,本于周制,适士以上祭于庙,庶士以下祭于寝。唐原周制,崇尚私庙。五季之乱,礼文大坏,士大夫无袭爵,故不建庙,而四时寓祭室屋。庆历元年,南郊赦书,应中外文武官并许依旧式立家庙。已而宋庠又为之言。乃下两制、礼官详定其制度:“官正一品平章事以上立四庙;枢密使、知枢密院事、参知政事、枢密副使、同知枢密院事,签书院事,见任,前任同,宣徽使,尚书、节度使,东宫少保以上,皆立三庙;余官祭于寝。凡得立庙者,许适子袭爵以主祭,其袭爵世降一等,死即不得作主祔庙,别祭于寝,自当立庙者,即附其主,其子孙承代,不计庙祭、寝祭,并以世数疏数迁祧;始得立庙者不祧,以比始封。有不祧者,通祭四庙、五庙。庙因众子立而适长子在,则祭以适长子主之;嫡长子死,即不传其子,而传立庙者之长。凡立庙,听于京师或所居州县;其在京师者,不得于里城及南郊御路之侧。"仍别议袭爵之制。既以有庙者之子孙或官徽不可以承祭,而朝廷又难尽推袭爵之恩,事竟不行。

大观二年,议礼局言:"所有臣庶祭礼,请参酌古今,讨论条上,断自圣衷。"于是议礼局议:"执政以上祭四庙,余通祭三庙。""古无祭四世者,又侍从官以至士庶,通祭三世,无等差多寡之别,岂礼意乎? 古者天子七世,今太庙已增为九室,则执政视古诸侯,以事五世,不为过矣。先王制礼,以斋有万不同之情,贱者不得替,贵者不得逾,故事二世者,虽有孝思追远之心,无得而越,事五世者,亦当跂以及焉。今恐夺人之恩,而使通祭三世,徇流俗之情,非先王制礼等差之义。可文臣执政官、武臣节度使以上祭五世,文武升朝官祭三世,余祭二世。""应有私第者,立庙于门内之左,如狭隘,听于私第之侧。力所不及,仍许随宜。"又诏:"古者寝不逾庙,礼之废失久诶。士庶堂寝,逾度替礼,有七盈九盈者,若一旦使就五世、三世之数,则当彻毁居宇,以应礼制,岂得为易行? 可自今立庙,其间数视所祭世数,寝间数不得逾庙。事二世者,寝听用三间。"议礼局言:"《礼记王制》,"诸侯五庙,二昭二穆,与太祖之庙而五。"所谓"太"者,盖始封之祖,不必五世,又非臣下所可通称。今高祖以上一祖未有名称,欲乞称五世祖。其家庙祭器:正一品每室笾,豆各十有二,簠,簋,各四,壶尊,垒铏鼎,俎,筐各二,尊、垒加勺,罇各一,爵各一,诸室诸共用胙俎、垒洗一。从一品笾、豆、簠、簋降杀以两。正二品笾、豆各八,簠、簋各二。余皆如正一品之数。"诏礼制局制造,仍取旨以给赐之。

绍兴十一年二月癸丑,诏太师、左仆射、魏国公秦桧合建家庙,命临安守臣营之。太常请建于其私第中门之左,一堂五室,五世祖居中,东二昭,西二穆。堂饰以黝垩。神板长一尺,博四寸五分,厚五寸八分,大书某官某大夫之神坐,贮以帛囊,藏以漆函。岁四享用孟月柔月柔日行之，具三献。有司言时享用常器常馔，帝仿政和故事，命制祭器赐之。其后，太傅昭庆节度平乐郡王韦渊、太尉保庆节度吴益、少傅宁远节度杨存中并请建家庙，赐以祭器。

隆兴二年四月庚辰，少卿、四川宣抚使吴璘，请用存中例，从之。

乾道八年九月，诏有司赐少保、武安节度、四川宣抚使虞允文家庙祭器如故事。

淳熙五年七月，户部尚书韩彦古请以赐第进父世忠家庙如存中。十二月，少傅保宁节度卫国公史浩请建家庙，量赐祭器。

嘉泰元年，太傅，永兴、平原郡王韩侂胄奏："曾祖琦效忠先朝，奕世侑食，家庙犹阙，请下礼官考其制建之。"二年，循忠烈王张俊，开禧三年，鄜武僖王刘安世，子孙相继有请，皆从之。

嘉定十四年八月，诏右丞相史弥远赐第，遵淳熙故事赐家庙，命临安守臣营之，礼官讨论祭器，并如侂胄之制。弥远请并生母斋国夫人周氏及妻鲁国夫人潘氏于生母别庙，皆下有司赐器。

景定三年，诏丞相贾似道赐家庙，命临安守、漕营度，礼官讨论赐祭器，并如仪。

宋史卷一一〇

志第六三

礼十三 嘉礼一

上尊号仪　高宗内禅仪
上皇太后太妃册宝仪

　　旧史以饮食、婚冠、宾射、乡宴、脤膰、庆贺之礼为嘉礼，又以岁时朝会、养老、宣赦、拜表、临轩命官附之，今依《政和礼》分朝会为宾礼，余如其旧云。

　　尊号之典，唐始载于礼官。宋每大祀，群臣诣东上阁门，拜表请上尊号，或三上，或五上，多谦抑弗许；如允所请，即奏命大臣撰册文及书册宝诣。其受册多用祀礼毕日，御正殿行礼，礼毕，有司以册宝阁门奉进入内。建隆四年，群臣三上表上尊号，诏俟郊毕受册。前三日，遣官奏告天地、宗庙、社稷，遂为定制。

　　其仪：有司宿设崇元殿仗卫，文武百官并集朝堂之次，摄太尉奉册于案，吏部侍郎员一员押，司徒奉宝于案，礼部侍即一员押，以五品、六品清资官充举册，举宝官，皆承之以匣，覆之以帊，俱诣殿门外之东，太尉之前，大乐师令帅工人入就位，诸侍卫官有宰执、两制、供奉官等立于殿阶下香案前左右，如常入阁仪。侍中奏中严外办，所司承旨索扇，扇上，皇帝衮冕，御舆出自西房，乐作，即御坐，扇开，乐止。符宝郎奉宝如常仪，礼直官、通事舍人分引太尉以下文武群官应北面位者，各就横行位，太常卿于册案前导至丹墀西阶上少东，北向置讫，太尉，司徒，吏部礼部侍郎各入本班立定，典仪赞百官再拜，舞蹈，三称万岁，又再拜起居讫，又再拜，分班序立。礼直官引太常卿随行，吏部侍郎押册案以次序行，太尉从之，礼部侍郎次押宝案行，司徒从之，诣西阶，至解剑褥位，其读册中书令、读宝侍中，候册案将至，先升于前盈间第一柱北对立，太尉解剑，脱舄讫，吏部侍郎押册案先升，太尉从升，当御坐前。太尉执笏，北面奉册案稍前跪置讫，俯伏，兴，少退，东向立；中书令进当册案前，读册讫，俯伏，兴，对搢笏奉册于褥，东向册函，北向进跪置御坐前，与册官降还侍立位，太尉亦降，纳舄、带剑。礼部侍即押实案升，司徒随升，北面跪置，侍中读实讫，置册之南，俱复位，其纳舄、带剑、俯伏，一如上仪。典仪赞在位官皆再拜，礼直官、通事舍人引太尉至西阶下，解剑，舄升，当御坐前跪贺，其词中书门下撰。贺讫复位，皆再拜，如读册宝仪，侍中升至御坐前承旨，退临阶西向称“有制”，典仪赞再拜讫，宣曰：“朕以鸿仪昭举，保命会昌，迫于群情，祗膺显号，退循寡昧，惕惧增深。所贺知。”宣讫复位，典仪赞再拜，舞蹈，三称万岁，又再拜讫。侍中升阶奏礼毕，降复位，扇上，乐作，帝降坐，御舆入自东房，扇开，乐止。侍中版奉解严，中书侍郎帅奉案官升殿，跪册置于案，次门下侍郎奏宝如奉册礼，通事舍人赞引诣东上阁门状进，所司承旨放仗，百官再拜讫，退如常仪。自后受册皆如之。礼毕，赐百官食于朝堂。

　　熙宁元年，宰臣曾公亮等上表请加尊号，诏不允。先是，翰林学士司马光言：“尊号起唐武后、中宗之世，遂为故事。先帝治平二年，辞尊号不受。天下莫不称颂圣德。其后妄臣建言，国家与契丹常有往来书，彼有尊号而中国独无，足为深耻。于是群臣复以非时，上尊号，论者甚为朝廷惜之。今群臣以故事上尊号，臣愚以为陛下聪明睿知，虽宜享有鸿名，然践祚未久，又在亮阴之中，考之事似未宜受。陛下诚能断以圣意，推而不居，仍令更不得上表请，则颂叹之声将洋溢四海矣。"诏赐光曰:"览卿来奏,深忠谅诚。朕方以频日淫雨,甲申地震,天威彰著,日虞倾祸,被此鸿名,有惭面目,况在亮阴,亦难当是盛典。今已批降指挥,可善为答辞,使中外知朕至诚惭惧,非欺众邀名。"其后,宰臣数上表请,终不允。

　　徽宗内禅,钦宗上尊号曰教主道君太上皇帝,居龙德宫。靖康元年正月朔,朝驾毕,车驾诣龙德宫贺,百官班门外,宰执进见如仪。

　　高宗内禅。绍兴三十二年六月十日御札:"皇太子可即皇帝位,朕称太上皇帝,退处德寿宫,皇后称太上皇后。应军国事并听嗣君处分。"

　　十一日行内禅之礼。有司设仗紫宸殿,宰臣、文武百僚立班,皇帝出宫,鸣鞭,禁卫诸班直、亲从仪仗并内侍省执骨朵使臣等并迎贺,自赞常起居。皇帝升御坐,知阁门官以下并内侍都知、御带以下一班起居,次管军一班起居,次宰执以下常起居讫,左仆射陈康伯、知枢密院事叶义问、参知政事汪澈、同知枢密院事黄祖舜升殿奏曰:"臣等不才,辅政累年,罪戾山积,乃蒙容贷,不赐诛责。今陛下超然独断,高蹈尧舜之举心实钦仰。但自此不获日望清光,犬马之情,不胜依恋。"因再拜辞,相与泣下,几至号恸。帝亦为之流涕曰:"朕在位三十六年,今老且病,久欲闲退,此事断自朕心,非由臣下开陈,卿等当和以辅嗣君。"康伯等复奏曰:"皇太子仁圣,天下所共知,似闻谦逊太过,未肯便御正殿。"帝曰:"朕前此固常与之言,早来禁中又面逾之,即步行径趋侧殿门,欲还东宫,已再三敦勉邀留,今在殿后矣。"宰执降阶,皇帝降坐,鸣鞭还内。宰臣文武百僚并退,立班,听宣诏讫,再拜,舞蹈,三称万岁,再拜讫,班权退,复追班入,诣殿下立班。

　　少顷,新皇帝服履袍,涕泣出宫,禁卫诸班直、亲从仪仗等迎驾,起居,鸣鞭。内侍扶掖皇帝至御榻,涕泣再三,不坐,内侍傅太上皇帝圣旨,请皇帝升御坐,皇帝升御坐。东侧坐知阁门官以下一班起居、称贺,次管军官一班起居、称贺,次文武面僚横行北向立,舍人当殿称文武百僚宰臣陈康伯以下起居、称贺,皇帝降御坐,侧身西向不坐。俟宰臣以下再拜、舞蹈、三称万岁。起居、称贺毕,康伯待升殿奏:"臣等言:愿陛下即御坐,以正南面,上副太上皇帝传授之意。"帝愀然曰:"君父之命出于独断,此大位,惧不敢当,尚容辞避。"康伯等再奏:"兹者伏遇皇帝陛下应天顺人,龙飞宝位,第以驽下之材,巩不足以仰辅新政,然依乘风云千载之遇,实与四海苍生不胜幸庆。"再拜贺毕,奏事而退。宰执下殿,皇帝还内,鸣鞭。宰执文武百僚赴祥曦殿,候太上皇帝登辇,扈从至德寿宫而退。

翌日,诣德寿宫朝见。前期,仪鸾司设大次于德寿宫门内,小次于殿东廊西向。其日,俟皇帝出即御坐,从驾臣僚、禁卫等起居如常仪。皇帝降御坐,乘辇至德寿宫,文武百僚诣宫门外迎驾,起居讫,前导官太常卿、阁门官、太常博士、礼直官先入,诣大次前分左右立定,俟皇帝降辇入,次御史台、阁门,太常寺报文武百僚入,诣殿庭北向立定。前导官导皇帝入小次,帘降,俟太上皇帝即御坐,小次帘卷,前导官导皇帝升殿东阶,诣殿上折槛前,奏请拜,皇帝再拜讫,前导官导皇帝稍前,躬奏圣躬万福讫,复位,再拜讫,导皇帝诣太上皇帝御坐之东,西向立。殿下在位官皆再拜,搢笏,三舞蹈,三叩头,出笏就拜,又再拜,班首不离位,奏圣躬万福,又再拜,班退,前导官以次退,从驾官归幕次,以俟从驾。太上皇帝驾兴,皇帝从,入见太上皇后,如宫中之仪。皇帝还内,如来仪。每遇正旦、冬至及朔望,并依上仪。

十二日,帝诣德寿宫,以雨,百僚免入见,上就宫中行礼。自后诣宫,若行宫礼,即不集百官陪位。十三日,诏令宰臣率百官于初二日、十六日诣德寿宫起居,又诏:"朕欲每日一朝德寿宫,修晨昏之礼。面奉慈训,恐废万机,劳烦群下,不蒙赐许。礼官宜重定其期,如前代朝朔望,其为疏阔,朕不敢取。"于是礼部、太常寺言:"《汉书》高皇帝五日一朝太上皇,乞依此故事,每五日一次诣德寿宫朝见,如宫中礼。"

帝始御后殿，宰臣陈康伯等奏："臣等朝德寿宫，太上皇宣谕，车驾每至宫，必于门外降辇，已再三勉谕，即行家人之礼，自宜至殿上降辇。"帝曰："太上有旨不须五日一朝，只朝朔望，朕心未安，宜令有司详议。如宫门降辇，臣子礼所当然。"于是礼部，太常言："除朝朔望外，乞于每月初八、二十三日诣德寿宫起居，如宫中仪。"自后遵此制，如值雨、盛暑、祁寒，临期承太上特旨乃免。

十一月冬至，上诣德寿宫称贺上寿，礼毕，入见太后，如宫中礼。自后冬至并同。隆兴元年正月朔，帝率百官诣德寿宫，如冬至仪。自后正旦并同。

乾道元年二月朔，帝诣德寿宫恭请太上、太后至延祥观烧香，太上与帝乘马，太后于后乘舆；次幸聚景园，次幸玉津园。自后帝诣德寿宫恭请太上、太后至南内，或幸延祥观灵隐寺天竺寺、恭进太上圣政、册命皇太子，起居称谢。遇游幸，则宰执以下从驾至游幸所，除管军、环卫官等官等俟驾还护从还内，宰执以下并免护从，先退。

淳熙十六年，孝宗内禅，皇太子即皇帝位；绍熙五年，光宗内禅，皇子嘉王即皇帝位，并如绍兴三十二年故事。

太皇太后，皇太后、皇太妃册礼。建隆元年，诏尊母南阳郡太夫人为皇太后，仍令所司追册四亲庙。后不果行。至道三年四月，尊太宗皇后李氏为皇太后，宰臣等诣崇政殿门表贺皇帝，又诣内东门表贺皇太后。乾兴元年，真宗遗制尊皇后刘氏为皇太后。淑妃杨氏为皇太妃，亦不果行册礼。

天圣二年，宰臣王钦若等五表请上皇太后尊号。十一月，郊祀毕，帝御天安殿受册，百官称贺毕，再序班。侍中奏中严外办，礼仪使奏发册宝，帝服通天冠、绛纱袍，秉圭以出。礼仪使、阁门使导帝随册宝降自西阶，内臣奉至殿庭，置横街南东向褥位，册在北，宝在南，帝立殿庭北向褥位，奉册宝官奉册宝案，太常卿。吏部礼部侍郎引置当中褥位。礼仪使奏请皇帝再拜,在位官皆再拜。太尉、司徒就册宝位。帝执圭跪,奉册受太尉,又奉宝授司徒,皆执笏东向跪受舆,奉册宝案置于近东西向褥位。礼仪使奏请皇帝归御幄,易常服,乘兴退赴文德殿后幄,百官班退赴朝堂,太尉、司徒奉册宝至文德殿外幄,太尉以下各就次以俟。

侍中奏中严外办,太后服仪天冠、衮衣以出,奏《隆安之乐》,行障、步障、方团扇,侍卫垂帘即御坐,南向,乐止。太常卿导册案至殿西阶下,各归班,在位者皆再拜。太尉押册,司徒奉册,中书令读册讫,侍中押宝案,司徒奉宝,侍中读宝毕,太尉、司徒诣香案前,分班东西序立。尚宫赞引皇帝诣皇太后坐前,帝服靴袍,帘内行称贺礼,跪曰:"嗣皇帝臣某言:皇太后陛下显崇徽号,昭焕寰瀛,伏惟与天同寿,率土不胜欣抃。"俯伏,兴,又再拜,尚宫诣御坐承旨,退,西向称:"皇太后答曰:皇帝孝思至诚,贯于天地,受兹徽号,感慰良深。"帝再拜,尚宫引归御幄,太尉率百官称贺,奏《隆安之乐》,太后降坐还幄,乐止。侍中奏解严,所司放仗,百官再拜退。太后还内,内外命妇称贺太后、皇帝于内殿,在外命妇及两京留司官并奉表称贺。自是,上皇太后尊号礼皆如之。

熙宁二年,神宗尊皇太后曹氏为太皇太后,诣文德殿跪奉玉册授摄太尉曾公亮、金宝授摄司徒韩绛,又跪奉皇太后高氏玉册授摄太尉文彦博、金宝授司徒赵抃,礼毕,百官称贺。

哲宗即位,诏尊太后高氏为太皇太后,皇后向氏为皇太后,德妃朱氏为皇太妃。礼部议:"皇太妃生日节序物色,其冠服之属如皇后例,称慈旨,庆贺用笺。太皇太后、皇太后于皇太妃称赐,皇帝称奉,百官不称臣,皇帝问皇太妃起居用笺,皇太妃答皇帝用书。"宰臣请特建太皇太后宫曰崇庆、殿曰崇庆曰寿康;皇太后宫曰隆祐,殿曰隆祐、曰慈徽。

元祐二年,诏太皇太后受册依章献明肃皇后故事,皇太后受册依熙宁二年故事，皇太妃与皇太后同日受册，令太常礼官详定仪注。右谏大夫梁焘请对文德殿，太皇太后曰："大臣欲行此礼，序意谓必难行，"焘对曰："诚如圣虑，愿坚执勿许。且母后权同听政，盖出一时不得已之事，乞速罢之。"中书舍人曾肇亦言："太皇太后所政以来，止于延和殿，受辽使朝见，亦止于御崇政殿，未常践外朝。今皇帝述仁祖故事，以极崇奉之礼，太皇太后傥以此时特下明诏，发扬皇帝孝敬之诚，而固执谦德，止于崇政殿受册，则皇帝之孝愈显，太皇太后之德愈尊，两义俱得，顾不美欢欤？"太皇太后欣然纳之，乃诏将来受册止于崇政殿。寻以天旱权罢。未几，太师文彦博等以时雨溥泽，秋稼有望，请举行册礼，凡三请乃从。九月六日，发太皇太后册宝于大庆殿，发皇太后、太妃册宝于文德殿，行礼如仪。

绍圣元年，诏："奉太皇太后旨，皇太妃特与立宫殿名，坐六龙舆，张伞，出入由宣德正门。"有司请应宫中并依称臣妾，外命妇入内准此；百官拜笺称贺，称殿下。

徽宗即位，加哲宗太妃号曰圣瑞，既又御文德殿册命元符皇后刘氏为太后，并依皇后礼制。

建炎元年五月，册元祐皇后为隆祐太后，令所司择日奉上册宝，时方巡幸，不克行礼；遥尊韦贤妃为宣和皇后。绍兴七年三月，诏略曰："宣和皇后凤拥庆羡，是生眇冲，乃骨肉之至亲，偕父兄而时迈。十年地阻，怀《陟岵》、《凯风》之思；万里使还，奉上皇、宁德之讳。宜尊为皇太后，令所司择日奉上册宝。"太常寺言："请依祖宗故事，俟三年之丧终制，然后行礼。时翰林学士朱震言："唐德宗建中上太后沈氏尊号时，沈太后莫知所在，犹供张含元殿，具衮冕，出左序，立东方，再拜奉册，今太后圣体无恙，信使相望，岂可不举扬前宪？臣又闻三年之制，惟天地、社稷越绋行事。德宗以大历四年即位，明年改元建中，时行易月之制，故以冕服行事。今陛下退朝之服，尽如礼制，谓当供张别殿，遣三公奉册，册藏于有司，恭俟来归。愿下礼官讲明。"诏从之。礼部、太常言："宝文欲乞以'皇太后宝'四字为文,合差撰册文官一员,书册文官一员书篆宝文官一员,并差执政。"十年,营建皇太后宫,以慈宁为名。十二月,帝自常御殿诣慈宁殿遥贺皇太后,奉上册宝。

十二年八月,皇太后还慈宁宫,十月十八日,奉进册宝,其日张设慈宁殿,设坐殿中,皇太后服袆衣即御坐,本殿官设册宝于殿下,慈宁宫事务官并本殿官并朝服诣殿下,再拜,执笏,举册宝奉进;先进册,次进宝,进毕,降坐,易袆衣,服常服。皇帝诣慈宁殿贺,如宫中仪,次宰臣率百僚拜表称贺。

三十二年六月,诏上太上皇帝、太上皇后尊号,集议以闻。左仆射陈康伯等言:"五帝之寿,惟尧最高,百王之圣,惟尧独冠。今兹高世之举,视尧有光,恭请上太上皇帝尊号曰光尧寿圣太上皇帝,太上皇后尊号曰寿圣太上皇后。"诏恭依,仍令礼部。太常讨论礼仪以闻。左仆射陈康伯撰太上皇帝册文,兼礼仪使、参政汪澈书册文并篆宝,知枢密院叶义问撰太上皇后册文,同知枢密院事黄祖舜书册文。

八月十四日,奉上册宝,是日陪位文武百僚、太傅以下行事官,并朝服入诣大庆殿下立班。皇帝自内服履袍入御幄,服通天冠、降纱袍出至大庆殿,诣册宝褥位前再拜,在位官皆再拜讫,皇帝行发册宝授太傅之礼如仪。礼毕,皇帝还幄,服履袍还内,文武百僚退。

仪仗鼓吹备而不作,护卫册宝,太傅以下行事官导从册宝至德寿宫,皇帝自祥曦殿服履袍乘辇,至德寿宫大次降辇陪位文武官入殿庭立班定,太傅以下行事官从册宝入殿,皇帝服通天冠、降纱袍升殿,诣西向褥位立,太上皇帝自宫服履袍即坐,皇帝北向四拜起居讫,次太傅以下皆四拜起居。

次行奉册之礼,中书令、参知事史浩读册,摄侍中叶义问读宝,读讫,退复位。皇帝再拜称贺曰:"皇帝臣某稽首言:伏惟光尧寿圣太上皇帝陛下册宝告成,鸿名肇正,与天同寿,率土均权。皇帝再拜,次侍中承旨宣答曰:"皇帝孝通天地,礼备古今,勉受鸿名,良深感慰。"皇帝再拜讫,西向立,次太傅以下再拜称贺至词曰:"摄太傅、尚书左仆射臣康伯等稽首言:伏惟光尧寿圣太上皇帝陛下肃临宝位,诞受丕称,独推天父之尊,普慰帝臣之愿。"奏讫,再拜,舞蹈。次侍中承旨宣答曰:"光尧寿圣太上皇帝圣旨:倦勤滋久,佚老是图,勉受嘉名,但增感慰。"又再拜,舞蹈。次太上皇帝降坐入宫,皇帝后从寿圣太上皇后册宝入宫。

皇帝诣太上皇后坐前北向立,太上皇后升坐,皇帝四拜起居,行奉上册宝之礼,读册官陈子常读册,读宝官梁康民读宝,读讫复位,皇帝再拜称贺致词曰:"皇帝臣某稽首言:伏惟寿圣太上皇后殿下德茂坤元,礼崇大号,宝书翕受,欢抃无疆。"皇帝再拜,次宣答官承旨宣答曰:"寿圣太上皇后教旨皇帝禄容载葳,显号来膺,诚孝通天,但深感惕。"皇帝再拜讫,太上皇后降坐入宫。次太傅以下文武百僚就德寿殿下拜笺称贺以俟,皇帝服履袍乘辇还内。十六日,宰臣率文武百僚诣文德殿拜表称贺。

宋史卷一一一
志第六四

礼十四 嘉礼二

册立皇后仪　　册命皇太子仪
册皇太子妃仪　　公主受封仪
册命亲王大臣仪

册立皇后。建隆元年,立瑯邪郡夫人王氏为皇后,命所司择日备礼册命。自后,凡制书云册命者,多不行册礼。后妃皆写册命告身,以金花龙凤罗纸、金涂褾袋,有司进入,学士院草制,宣于正殿。近臣、牧守、宗室皆修贡礼,群臣拜表称贺,又诣内东门奉笺贺皇后。

真宗册德妃刘氏为皇后,不欲令藩臣贡贺,不降制于外廷,止命学士草词付中书。

仁宗册皇后曹氏,其册制如皇太子,玉用珉玉五十简,匣依册之长短;宝用金,方一寸五分,高一寸,其文曰"皇后之宝",盘螭纽,绶并缘册宝法物约旧制为之,匣、录并朱漆金涂银装。其礼与《通礼》异,不立仗,不设县。

前一日,守宫设次于明堂,设册宝使、副次于东门外,命妇次于受册宝殿门外,设皇后册宝位于殿庭阶下北向。奉礼设册宝使位于内东门外,副使、内侍位于其南,差退,东向北上,册宝案位于使前南向,又设内给事位于北奇厢南向。

其日,百官常服早入次,礼直官、通事舍人先引中书令、侍中、门下、侍郎、中书侍郎及奉册宝官、执事入降衣介帻,诣拱殿门就次,以俟册降。礼直官、通事舍人分引宰臣、枢密、册宝使副、百官诣文德殿立班,东西相向。内侍二员自内丞旨降皇后册宝出垂拱殿,奉册宝官俱执笏率执事人,礼直官导中书侍郎押册,中书令后从,门下侍郎押宝,侍中后从,由东上阁门出,至文德殿庭权置。礼直官、通事舍人引使、副就位,次引侍中于使前,西向称:“有制”,典仪曰“再拜”,赞者承傅,使、副、在位官皆再拜,宣曰:“赠尚书令、冀王曹彬孙女册为皇后,命公等持节展礼。”使、副再拜,侍中还位,门下侍郎帅主节者诣使东北,主节以节授门下侍郎,门下侍郎执节授册使,册使跪受,兴,付主节,幡随节立于使左。次引中书令、侍中诣册宝东北,西向立,中书侍郎引册案立于中书令右,中书令取册授册宝使,使跪受,兴,置于案,中书令、中书侍郎退复班。门下侍郎引宝案于侍中之右,取宝授册宝使如上仪,退复位,典仪赞拜讫,礼直官、通事舍人引使、副押册宝,持节者前导,奉册宝官奉升,援卫如式,以次出朝堂门,诣内东门附内臣入进。

内臣引内外命妇人就位,内侍诣阁请皇后服袆衣。册宝至,使、副俱东向内给事前,北向跪称:“册宝使李迪、副使王随奉制授皇后册宝。”俯伏,兴,退复位。内给事入诣受册宝殿门皇后前跪受奏讫,内侍进诣使前,西面跪册宝,以授内谒者监,使退复位。内谒者监、主当内臣持册宝入内东门,内侍从之,以次入诣殿庭。内侍赞引皇后降立庭中北向位,内侍跪取册次内侍跪取宝,兴,立皇后右少前西向,内侍二员进立皇后左少前东向,内侍称“有制”,内侍赞皇后再拜,内侍奉册进授皇后,皇后受以授内侍,次内侍奉宝亦然。复赞再拜讫,导皇后升坐,内臣引内外命妇称贺如常仪。礼毕,内侍导皇后降坐还阁,内外命妇班退,皇后易常服,谢皇帝、皇太后,用常礼。百官诣东上阁门表贺。

元祐五年八月，太皇太后诏：以皇帝纳后，令翰林学士、御史中丞、两省与太常礼官检详古今六礼沿革，参考《通礼》典故，具为成式。群臣又议勘昏，御史中丞郑雍等请不用阴阳之说，吕大防亦言不可，太后纳之。

六年八月，三省枢密院言："六礼，命使纳采、问名、纳吉成、告期，差执政官摄太尉充使，侍从官或判宗正官摄宗正卿充副使。以旧尚书省权为皇后行第。纳采、问名同日，次日纳吉、纳成、告期。纳成用谷圭为赞，不用雁。"请期"依《开宝礼》改为"告期"，"亲迎"为"命使奉迎"。纳采前，择日告天地、宗庙。皇帝临轩发册，同日，先遣册礼使、副，次遣奉迎使，令文武百官诣行第班迎。"又言："据《开元礼》，纳采、问名合用一使，纳吉、纳成各别日遣使。今未委三礼共遣一使，或各遣使，又合依发册例立仗。"诏：各遣使，文德殿发制依发册立仗。"

七年正月，诏尚书左丞苏颂撰册文并书。学士院上六礼辞语，其纳采制文略曰："太皇太后曰：咨某官封姓名，浑元资如，肇经人伦，爰及夫妇，以奉天地、宗庙、社稷。谋于公卿，咸以为宜。率由旧典，今遣使持节太尉某、宗正卿某以礼纳采。"其答文曰："太皇太后嘉命，访婚陋族，备数采择，臣之女未闲教训，衣履若而人。钦承旧章，肃奉典制。某官封粪土臣姓某稽首再拜承制诏。"问名制曰："两仪合德，万物之统，以听内治，必咨令族。重宣旧典，今遣使持节某官以礼问名。"答曰："使者重宣中制，问臣名族。臣女，夫妇所生，先臣故某官之遗微孙，先臣故某官之遗曾孙，先臣故某官之遗孙，先臣故某官之外孙女，年若干，钦承旧章，肃奉典制。"纳吉制曰："人谋龟筮，同符元吉，恭顺典礼，今使某官以礼纳吉。"答曰："使者重宣中制，臣陋族卑鄙，尤惧不堪。钦承旧章，肃奉典制。"纳成制曰："咨某官某之女，孝友恭俭，实维母仪，宜奉宗庙，永承天祚。以黝纁、谷圭、六马以章典礼，今使某官以礼纳成。"答曰："使者重宣中制，降婚卑陋，崇以上公，宠以丰礼，备物典策。钦承旧章，肃奉典制。"告期制曰:"谋于公卿,大筮元龟,罔有不臧,吉日惟某月、某甲子可迎。率遵典礼,今遣某官以礼告期。"答曰:"使者重宣中制,以某月、某甲子吉日告期。臣钦承旧章,肃奉典制。奉迎制曰:"礼之大体,钦顺重正,其期维吉,典图是若,今遣某官以礼奉迎。"答曰:"使者重宣中制,今日吉辰,备礼以迎。蝼蚁之族,猥承大礼,尤惧战悸。钦率旧章,肃奉典制。"余如式。

三月,礼部、太常寺上纳后仪注:

发六礼制书。太后太皇御崇庆殿,内外命妇立班行礼毕,内给事出殿门,置六礼制书案上,出内东门;礼直官、通事舍人引由宣右门至文德殿后门入,权置案于东上阁门。

命使纳采、问名。文德殿,宰臣、亲王、执政官、宗室、百僚、大小使臣易朝服,乐备而不作。班定,内给事奉制书案置横街北稍东,西向北上,礼直官、通事舍人引门下、中书侍郎,次引使、副就横街南承制位,北向东上,内给事诣使者东,北面称"太皇太后有制",典仪曰"再拜",在位官皆再拜。宣制曰:"皇帝纳后,命公等持节行礼。"典仪曰"再拜",使、副皆"再拜"授制书讫,典仪曰:"再拜",在位官皆再拜。礼直官、通事舍人、太常博士引使、副从制案出,载于油络网辂车,出宣德门,鼓吹备而不作。至皇后行第大门外,令史二人对奉制案立,主人立大门内,傧者立主人之左,北面,进受命,出曰:"敢请事。"使者曰:"某奉制纳采。"傧者入告,主人曰:"臣某之女若而人,既蒙访,臣某不敢辞。"傧者出告,入引主人大门外,再拜。使者先入,使者曰:"太皇太后制。"主人再拜。宣制书毕,主人再拜受讫,主人进表讫,再拜。使者出。问名同上仪。使者曰:"将加卜筮,奉制问我。"主人曰:"某之女若而入,既蒙制命,臣某不敢辞。"

命使纳吉、纳成、告期并同命使纳采、问名仪。纳吉,使者曰:"加请卜筮,占曰从制,使某纳吉。"主人曰:"臣某之女若而人,龟筮云吉,臣预有焉。臣某谨奉典制。"告期,使者曰:"某奉制告期。"主人曰:"臣某谨奉典制。"以上纳吉、纳成、告期。请见、授制、接表并如纳采仪。

临轩命使册后及奉迎于文德殿。百官朝服,皇帝常服乘辇至殿从阁,侍中奏中严外办,乃服通天寇、绛纱袍,乘辇出自西房,降辇即御坐。两省官及待制、权侍郎、观察使以上,分东西入殿门,各就位,东西相向立。奉宝置御坐前,奉宣后册由东上阁门出,至文德殿庭横行,典仪曰"拜",在位官皆再拜。使、副受册,宣制曰:"册某氏为皇后,命公等持节展礼。"典仪曰:"拜",使、副再拜受册宝讫,典仪赞百官再拜。宣制曰:"太皇太后制:命公等持节奉迎皇后。"典仪赞使、副再拜受节,又赞百官再拜。侍中奏礼毕解严,百官再拜出,皇帝常服还内。册宝至皇后行第,如纳采仪,使者曰:"某奉制授皇后备物典册。"皇后受册宝,内外命妇序立如仪,主人以书奉使者。

奉迎。百官常服班宣德门外行第,傧者请,使者曰:"某奉制以礼奉迎。"傧者入告,主人曰:"臣某谨奉典制。"宝者出告,入引主人出大门外再拜。使者先入,曰"有制",主人再拜,使者宣制毕,主人再拜受制,答表又再拜。姆道皇后,尚宅前引,升堂出立房外,典仪赞使、副再拜。使者曰:"今月吉日,某等承制以礼奉迎。"内侍受以入,使、副退,主人以书授使者,奉于司言,受以奏闻。皇后降立堂下再拜讫,升堂,主人升自东阶西向曰:"戒之戒之,夙夜无违命!"主人退,母进西阶上东向,施衿,结帨曰:"勉之戒之,夙夜无违命!"皇后升与至中门,长车出大门,使、副及群臣前引。将至宣德门,百官、宗室班迎,再拜讫,分班。皇后入门,鸣钟鼓,班迎官退,乃降车入,次升舆入端礼门、文德殿,东上阁门,出文德殿后门,入至内东门内降与,司与前导,诣福宁殿门大次以俟。晡后,皇后车入宣德门,侍中版奏请中严,内侍转奏,皇帝服通天冠、绛纱袍,御福宁殿,尚官引皇后出次,诣殿庭之东,西向立。尚仪跪奏外办,请皇帝降坐礼迎,尚宫前引,诣庭中之西,东面揖皇后以入,导升西阶入室,各就榻前立。尚食跪奏具,皇帝揖皇后皆巽,尚食进馔,食三饭,尚食进酒,受爵饮,尚食以馔从;再饮如初,三饮用卺如再饮。尚仪跪奏礼毕,俱兴,尚宫请皇帝御常服,尚寝请皇后释礼服入幄。次日,以礼朝见、皇太后,参皇太妃,如宫中之仪。

诏从之。

四月，太皇太后手书曰："皇帝年长，中宫未建，历选诸臣之家，以故侍卫亲军马都虞候、赠太尉孟元孙女为皇后。"制诏："六礼：尚书左仆射兼门下侍郎吕大防摄太尉，充奉迎使，同知枢密院事韩忠彦摄司徒，副之；尚书左丞苏颂摄太尉，充发册使，签书枢密院事王严叟摄司徒，副之；尚书左丞苏辙摄太尉，充告期使，皇叔祖、同知大宗正事宗景摄大宗正卿，副之；皇伯祖、判大宗正事、高密郡王宗晟摄太尉，充纳成使，翰林学士范百录摄宗正卿，副之。吏部尚书王存摄太尉，充纳吉使，权户部尚书刘奉世摄宗正卿，副之；翰林学士梁焘摄太尉，充纳采、问名使、御史中丞郑雍摄宗正卿，副之。

五月甲午，行纳采，问各礼；丁酉，行纳吉、纳成、告期礼；戊戌，帝御文德殿发册及命使奉迎皇后。己亥，百官表贺于东上阁门，次诣内东门贺太皇太后，又上笺贺皇后，上笺贺皇太妃。皇后择日诣景灵宫行庙见礼。

大观四年，册贵妃郑氏为皇后，议礼局重定仪注：临轩册使，皇帝御文德殿，服通天冠、绛纱袍，百官朝服，陈黄麾细仗，依古用宫架。册使出殿门，依近仪不乘辂。权以穆清殿为受册殿。其日，皇后服袆衣，其奉册宝授皇后，皆用内侍。受册讫，皇后上表谢皇帝，内外命妇立班称贺，群臣入殿贺皇帝，于内东门上片贺皇后，其上礼仪注，乞依进马条令施行；其会群臣及皇后会外命妇仪注，并依《开元礼》。受册之殿陈宫架，用女工，升降行止并以乐节，而别定乐名、乐章。

皇后上表乞免受册排黄麾仗及乘重翟车、陈小驾卤簿等，而于延福宫受册。其朝谒景灵宫，亦止依近例云。

绍兴十三年闰四月十七日，册贵妃吴氏为皇后。前期，于文德殿内设东西房、东西阁，凡香案、宫架、册宝幄次，举麾位、押案位，权置册宝褥位，受制承制宣制位、奉节位、赞者位、奉册宝位、举册举宝官位及文武百僚、应行事官、执事官位，皆仪鸾司、太常典仪分设之，以俟临轩发册。

其日质明，皇帝服通天冠、绛纱袍出西阁，协律郎举麾奏《乾安之乐》，皇帝降辇即御坐，乐止，册使、副以下应在位官皆再拜。侍中宣制曰："册贵妃吴氏为皇后，命公等持节展礼。"册使、副再拜，参知政事以节授册使，册使跪受，以授掌节者。中书令以册授册使，侍中以宝授副使，并权置于案，册使、副以下应在位官皆再拜。册使押册，副使押宝，持节者前导，《正安之乐》作，出文德殿门，乐止，至穆清殿门外幄次，权置以俟。

皇后首饰、袆衣出阁，协律郎举麾，《坤安之乐》作，皇后至殿上中间南向立定，乐止。册使、副就内给事前东向跪称："册使副姓某奉制授皇后备礼典册。"内给事入诣皇后前，北向奏讫，册使举册授内侍，内侍转授内谒者监；副使举宝授内侍，内侍转授内谒者监；掌节者以节授掌节内侍，内侍持节前导，册宝并案进行入诣殿庭。册宝初入门，《宜安之乐》作，至位，乐止。皇后降自东阶，至庭中北向位，初行，《承安之乐》作，至位，乐止。皇后再拜，举册官执笏跪举册，读册官执笏跪宣册，内谒者监奉册进授皇后，皇后受以授司言，又奉宝进授皇后，皇后受以授司宝。司言、司宝置册宝于案，举册宝官并举案官俱执笏举册宝并案兴，诣东阶之东，西向位置定。皇后初受册宝，《成安之乐》作，受讫，乐止。皇后再拜，礼毕。

册皇太子。至道元年八月壬辰，诏立皇太子，命有司草具册礼，以翰林学士宋白为册皇太子礼仪使。有司言："前代无太子执圭之文，请如王公之制执桓圭，余如旧制。"

九月丁卯，太宗御朝元殿，陈列如元会仪，帝衮冕，设黄麾仗及宫县之乐于庭，百官就位。太子常服乘马，就朝元门外幄次，易远游冠、朱明衣，所司赞引三师、三少导从至殿庭位，再拜起居毕，分班立。

太常博士引摄中书令就西阶解剑、履，外殿诣御坐前，俯伏，

兴,奏宣制,降就剑、履位,由东阶至太子位东,南向称"有制",太子
再拜。中书侍郎引册案就太子东,中书令北面跪读册毕,太子再拜
受册,以授右庶子;门下侍郎进宝授中书令、中书令授太子,太子,
以授右庶子;各置于案。由黄道出,太子随案南行,乐奏《正安之
曲》,至殿门,乐止,太尉升殿称贺,侍中宣制,答如仪。

皇太子易服乘马还宫,百官赐食于朝堂。中书、门下、枢密院、
师、保而下诣太子参贺,皆序立于宫门之外。庶子版奏外备,内臣褰
帘,太子常服出次坐,中书、门下、文武百官、枢密、师、保、宾客而下
再拜,并答拜;四品以下官参贺,升坐受之。越三日,具卤簿,谒太
庙,常服乘马,出东华门升辂,仪仗内行事官乘车者,并服礼衣,余
皆袴褶乘马导从。

有司言:"《唐礼》,宫臣参贺皆舞蹈,开元始罢之。故事,百官及
东宫接见祗呼皇太子,上笺启称皇太子殿下,百官称名,宫官称臣;
常行用左春坊印,宫中行令。又按唐制,凡东宫处分论事之书,太子
并画令,左右庶子以下署名姓,宣奉行书按画书日;其与亲友、师傅
不用此制。今请如开元之制,宫臣止称臣,不行舞蹈之礼。今皇太
子兼判开封府,其所上表状即署太子之位,其当申中书、枢密院,祗
判官等署,余断案及处分公事并画诺。"诏惟改"诺"为"准",余并从
之。其朝皇后仪,止用宫中常礼,时真宗以寿王为皇太子,兼判开
封,请见僚属,称名而免称臣。

神宗未及受册礼而即位,乃以册宝送天章阁,遂为故事。

绍兴三十二年五月,诏曰:"朕以不德,躬履艰难,三十有六年,
忧劳万机,宵旰靡怠。属时多故,未能雍容释负,退养寿康,今筐篚
粗宁,可遂如志。皇子毓德允成,神器有托,朕心庶几,可立为皇太
子,仍改名,所司择日备礼册命。"未及行礼,六月十一日内禅。

乾道元年八月十日,制立皇子邓王愭为皇太子,十月,诏以知

枢密院洪适为礼仪使，撰册文，签书枢密院事叶颙书册，工部侍郎王弗篆宝。

十六日，皇帝御大庆殿行册礼，皇太子服远游冠、朱明衣，执桓圭。前期，习仪礼官及有司并先一日入宿卫，展宫架乐，设太子次、册宝幄次、百官次，又设皇太子受册位、典宝褥位，应行礼等皆有位，列黄麾半仗于殿门外。质明，百官就次，皇太子常服诣幕次，符宝郎陈八宝于御位之左右，有司奉册宝至幄次，百官朝服入班殿庭。

有司自幄次奉册宝至褥位，参知政事、中书令导从，退各就位，侍中升殿俟宣制，皇太子易服执圭俟于殿门外。乐正撞黄钟之钟，《乾安之乐》作，皇帝即御坐，殿上侍臣起居，乐止。行礼官赞引皇太子入就殿庭，东宫官从，初入殿门，《明安之乐》作，乐止，皇太子起居，次百官起居，各拜舞如仪。

皇太子诣受册位，侍中前承旨，降阶宣制曰："册邓王愭为皇太子。"皇太子拜舞如仪，侍中升殿复位。中书令诣读册位，捧册官奉册至，中书令跪读毕，兴，皇太子再拜，有司奉册至皇太子位，中书令跪以册授皇太子，皇太子跪受，以授右庶子，置于案；次侍中以宝授皇太子，皇太子跪受，以授左庶子，如上仪。皇太子再拜。中书舍人押册、中允押宝以出，次皇太子出，如来仪。初行乐作，出殿门乐止。次百官称贺，乐正撞蕤宾之钟，《乾安之乐》作，皇帝降坐，乐止，放仗，在位官再拜以出。

礼毕，百官易常服，赴内东门司拜笺贺皇后，次赴德寿宫拜表笺贺，诸路监司、守臣等并奉表称贺。明日，车驾诣德寿宫谢。又明日，上御紫宸殿，引皇太子称谢，还东宫，百官赴东宫参贺。

皇太子择日先朝谒景灵宫，次日朝谒太庙、别庙，又择日诣德寿宫称谢。先是，礼官言："皇太子朝谒景灵宫无所服典故，乞止用常服。次朝谒太庙、别庙，当衮冕，乘金辂，设仗。"从之。皇太子言："乘辂、设仗，虽有至道、天禧故事，非臣子所安。"诏免。

册皇太子妃。政和五年三月,诏选皇太子妃。六年六月,诏选少傅、思平郡王朱伯材女为皇太子妃,令所司备礼册命。庚辰,帝服通天冠、绛纱袍,御文德殿发册。先是,议礼局上《五礼新仪》:"皇太子纳妃,乘金辂亲迎。"皇太子三奏辞乘辂及临轩册命,诏免乘辂,而发册如礼焉。

公主受封,降制有册命之文,多不行礼,惟以纶告进内,至嘉祐二年,封福康公主为兖国公主,始备礼册命。

前一日,百官班文德殿,内降册印,宣制,册案,援卫一如册皇后仪。有司先设册使等幕内东门外,命妇次公主本位门之外,公主受册印位于本位庭阶下北向,册使位于内东门、副使及内给事于其南差退并东向,设册印案位于使前南向,内给事位于册使北南向。

自文德殿奉册印将至内东门,内给事诣本位,请公主服首饰、褕翟。册印至内东门外褥位置讫,内臣引内命妇入就位,礼直官引册使、副等具就东向位,内给事就南向位。

通事舍人、博士引册使就内给事前东向,躬称"册使某、副使某奉制授公主册印",退复位,内给事入诣所设受册印位公主前,言讫退。内给事进诣册使前西向,册使跪以册印授内给事,内给事跪授内谒者,内谒者及主当内臣等持入内东门,内给事从入诣本位,赞公主降诣庭中北向立,跪取册,兴,立公主右少前西向。又内给事立公主左少前东向,称"有制",赞者曰:"拜",公主再拜,右给事奉册跪授之,公主受以授左给事,祐给事又奉印授公主,如仪。赞者曰"拜",公主再拜毕,引公主升位。次内臣引内命妇贺毕,遂引公主谢皇帝、皇后,一如内中之仪。群臣进名贺。其册印如贵妃,有匣,文曰"兖国公主之印"遂为定制。

神宗进封邠国大长公主、鲁国公主皆请免册礼,止进告入内云。

册命亲王大臣之制,具《开宝通事礼》,虽制书有备礼册命之文,多上表辞免,而未常行。每命亲王、宰臣、使相、枢密使、西京留守,节度使,并翰林草制,夜中进入,翼日自内置于箱,黄门二人昇之,立御坐东。内朝退,乃奉箱出殿门外,宣付阁门,降置于案,俟文德殿立班,阁门使引制案置于庭,宣付中书、门下,宰相跪受,复位,以授通舍人,赴宣制位唱名讫,奉诣宰相,宰相受之,付所司。

若立后妃,封亲王、公主,即先称有制,百官再拜,宣制讫,复再拜舞蹈称贺。若宰相加恩制书,即宣付通事舍人,引宰相于宣制石东,北向再拜立,听讫,拜舞复位。若百官受制,即自班中引出听麻,文班于宣制石东,武班于西,并如宰相仪,听讫,出赴朝堂。其罢相者,即引出赴朝堂金吾仗舍。

诸王、宰相朝谢,前一日,内降官告,从内出东上阁门外宣词以赐,授节者,仍交旌节。授者俯伏,执旌节交于颈上者三。参知政事、宣徽使、枢密使、大两省、两制、秘书监、上将军、观宗使以上授官告敕牒者,皆拜敕舞蹈,若止授敕或宣头者止再拜,余官悉不拜敕,不舞蹈,惟御史大夫、中丞拜授东上阁门使,又引至殿门外中笼门再拜。

亲王、节度、使相官告,并载以彩舆迎归第。亲王舆中,设银师子香合,辇官十二人,并幞头,绯季宽衣;旌节各二,马四,襻稍官十六人,执旌节扰马对引,由者元门西偏门出至门外;马技骑士五十人,枪牌步兵六十人,教坊乐工六十五人,及百戏、蹴鞠、斗鸡,角觝次第迎引,左右军巡使具军容前导至本宫。使相舆中用银香卢,辇官十二人,金鹅帽、锦络缝紫绅宽衣;旌节各一,马二,襻稍官八人,马技骑士二十人,枪牌步兵二十四人,军巡使不前导,余如亲王制。有故则罢。

凡谏、舍、刺史以上在外任加思者,悉令其亲属乘传斋诏,就以告牒赐之。

政和礼局上册命亲王、大臣仪,迄不果行。

宋史卷一一二

志第六五

礼十五　嘉礼三

圣节　诸庆节

圣节。建隆元年，群臣请以二月十六日为长春节。正月十七日，于大相国寺建道场以祝寿，至日，上寿退，百僚诣寺行香。寻诏："今后长春节有诸庆节，常参官、致仕官、僧道、百姓等毋得进奉。"

太宗以十月七日为乾明节，复改为寿宁节。

真宗以十二月二日为承天节。其仪：帝先御长春殿，诸王上寿，次枢密使副、宣徽、三司使，次使相，次管军节度使、两使留后，观察使，次节度使至观察使，次皇亲任观察使以下，各上寿，仍以金酒器、银马、袖表为献。既毕，咸赴崇德殿叙班，宰相率百官上寿，赐酒三行，皆用教坊乐，赐衣一袭，文武群臣、方镇州军皆有贡礼。前一月，百官、内职、牧伯各就佛寺修斋祝寿，罢日以香赐之，仍各设会，赐上尊酒及诸果，百官兼赐教坊乐。

景德二年，始令枢密三司使副、学士复赴百官斋会，少卿、监、刺史以上及近职一了子赐恩，僧道则赐紫衣、师号，禁屠，辍刑。

仁宗以四月十四日为乾元节，正月八日皇太后为长宁节。诏定长宁节寿仪：太后垂帘崇政殿，百官及契丹使班庭下，宰臣以下进奉上寿，阁门使于殿上帘外立侍，百官再拜，宰臣升殿，跪进酒帘外，内臣跪承以入，宰臣奏曰："长宁节，臣等不胜欢抃，谨上千万岁寿。"复降，再拜，三称万岁。内臣承旨宣曰："得公等寿酒，与公等同喜。"咸再拜。宰臣升殿，内侍出帝外跪授虚盏，宰臣跪受，降，再拜，舞蹈，三称万岁。内侍承旨宣群臣升殿，再拜，升，陈进奉物当殿庭，通事舍人称"宰臣以下进奉"，客省使殿上喝"进奉出"内谒者监进第二盏，赐酒三行，侍中奏礼毕，皆再拜，舞蹈。太后还内，百官诣内东门拜表称贺。其外命妇旧入内者即入内上寿，不入内者进表。内侍引内命妇上寿，次引外命妇，如百官仪。次日大宴。

英宗以正月三日为寿圣节。礼官奏："故事，圣节上寿，亲王、枢密于长春殿，宰臣、百官于崇德殿，天圣谅闇皆于崇政殿。"于是紫宸上寿，群臣升殿间，饮献一觞而退；又一日，赐宴于锡庆院。

神宗以熙宁元年四月十日为同天节，以宅忧罢上寿，惟拜表称贺。明年，亲王、枢密使、管军、驸马、诸司使副诣垂拱殿，宰臣、百官、大国使诣紫宸殿上寿，命坐，赐酒三行，不举乐。明年，以大旱罢同天节上寿，群臣赴东上阁门表贺。

中书门下言："同天节上寿班，自今枢密使副、宣徽、三司使、殿前马步军副都指挥使以上共作一班，进酒一盏；亲王、宗室、使相至观察、驸马、管军观察使以上，皆赴紫宸殿，依本班序立上寿，更不赴垂拱殿。"盖以管军观察使以上及亲王、驸马并于垂拱殿以官序高下各班进酒毕而日晏，外朝有班者仍诣紫宸殿，议者以为近渎，改焉。而诏祖免以上宗妇听班贺于禁中。

哲宗即位，诏以太皇太后七月十六日为坤成节。宰臣请以十二月八日为兴龙节。哲宗本七日生，以避僖祖忌，故后一日。

徽宗以十月十日为天宁节，定上寿仪：皇帝御垂拱殿，群臣通班起居毕，分班，从义郎以下医官、待诏等先退。知引进司官一员读奏目，知东上阁门官一员奏进寿酒，由东阶升，舍人通教坊使以上赞再拜，奏圣躬万福，又再拜，复位。次看盏人稍前，舍人赞再拜，赞上殿祗候，分东西两阶立，俟进酒升殿。次舍人引亲王入殿庭，北向立，赞再拜，班首奏万福。舍人引进奉西入，列于亲王后，酒器檐床置马前,揖天武奏万福,进奉马先出。内侍进御茶床,殿中监酌酒讫,知东上阁门官殿上躬奏"亲王某以下进寿酒。"舍人揖亲王以下躬赞再拜,乃引亲王二员升殿,知东上阁门官引诣御坐前,舍人东阶下西向立后准此。倘醖典御奉盘,盏授班首,执笏受盘,西向立,奉御启盏,亲王一员,执笏注酒,班首奉诣御坐东进讫,少退,虚跪,兴,以盘授典御,退阁门引降阶,舍人引当殿北向立,东上赞拜,兴,执笏跪奉表,舍人接表,一员在东,余诣亲王西,置表笏上,授引进。知引进司官殿上读奏自,退,亲王以下俯伏,兴,躬,舍人赞再拜,引班首升东阶,余殿下分立,阁门引诣御坐东,北向执笏,尚醖典御如前奉盘立,乐作,皇帝饮讫,受盏,复位,再拜如上仪。知引进司官诣折槛东,西向宣曰"进奉收"。赞拜,舞蹈,又再拜,西出。亲王以下赴紫宸殿立班。引进官宣"进奉出",天武奉进奉以出。阁门复立殿上,教坊使赞送御酒,又再拜,教坊致语讫,赞再拜,退。次枢密官上寿,次管军观察以上上寿、进奉并如仪。内侍举御茶庄,舍人赞教坊使以下谢祗应,再拜讫,阁门侧奏无公事。

皇帝赴紫宸殿后阁受群臣上寿。质明,三公以下百僚并于殿门外就次,东上阁门、御史台、太常寺分引入诣殿庭东西立。阁门附内侍进班斋牌,皇帝出阁,禁卫诸班亲从迎驾,自赞常起居。皇帝升坐,鸣鞭,礼直官、通事舍人引三化至执政官,御史台,东上阁门分引百官,并横行北向立,典仪赞再拜,舞蹈,班首奏万福,又再拜讫,分东西立。礼直官引殿中监少监、升东阶,诣酒尊所稍西,南向西上立,舍人揖教坊以下通班大起居,次看盏人谢升殿,赞再拜。内侍进御茶床,殿侍酌酒讫,礼直官、通事舍人分引三公至执政官,御史台、东上阁门分引百僚,并横行北向立,典仪赞再拜,赞者承传,在位官皆再拜。礼直官、通事舍人引上公升东阶,东上阁门官接引升殿,授盏、伏如上仪。上公诣御坐俯伏跪奏:"文武百僚,上公具官臣某等稽首言:天宁令节,臣等不胜大庆,谨上千万岁寿。"俯伏,兴,退,降阶,舍人接引复位,典仪赞再拜讫,礼直官引知枢密院官诣御坐前承旨,退诣折槛稍东,西向宣曰:"得公等寿酒,与公等内外同庆。"典仪赞拜如仪,百官分东西立。礼直官、通事舍人引上公升东阶,东上阁门官接引诣御坐东,执笏,殿中监授盘,上公奉进御坐东,北向,乐作,皇帝饮讫,阁门引接盏,降,复位,典仪赞拜如上仪。宗室遥郡以下先退。礼直官引枢密院官诣御坐前承旨,退诣折槛稍东,宣曰:"宣群官升殿。"典仪赞拜讫,礼直官,通事舍人分引三公以下升东阶,亲王、使相以下升西陛;御史台、东上阁门分引秘书监以下升两朵殿,并东西廊席后立。尚醖典御以盏授殿中监,奉御'启盏,殿中监西向立,殿中少监以酒注于盏,第二、第三准此。奉诣御坐前,躬进讫,少退,奉盘西向立。乐作,皇帝饮讫,殿中监接盏退,授奉御,出笏复位。通事舍人分引殿上官行北向,舍人赞再拜,典仪曰:"再拜",赞者承传,皆再拜。舍人赞就坐,各立席后,复赞就坐,群官皆坐,酒初行,先宰臣,次百官皆作乐。尚食典御、奉御进食,太官设群官食,皇帝再举酒,群官兴,立席后,乐作,饮讫,舍人赞就坐,再行群官酒,皇帝三举酒,并如第二之仪。酒三行,舍人曰"可起",群官兴,立席后。若宣示盏,即随东上阁门官以下揖,称"宣示盏",躬,赞就坐。若宣劝,即立席后,躬饮,讫,赞再拜。内侍举御茶床,礼直官引左辅诣御坐前北向俯伏跪奏:"左辅具官臣某言礼毕。"俯伏,兴,退,复位。礼直官,通事舍人分引三公以下文武百僚降阶横行北向立,枢密院官在亲王后。典仪赞再拜,皆舞蹈再拜退。

靖康元年四月十三日,太宰徐处仁等表请为乾龙节。至日,皇帝帅百官诣龙德宫上寿毕,即本宫赐侍从官以上宴。

建炎元年五月,宰臣等上言,请以五月二十一日为天申节。诏曰:"朕承祖宗遗泽,获托士民之上,求所以扶危持颠之道,未知攸济。念二圣銮舆在远,万民失业,将士暴露,凤夜痛悼,寝食几废,况以眇躬之故,闻东饮酒,以自为乐乎?非惟深拂朕志,实增感于朕心。所有将来天申节百官上寿常礼,可令寝罢。"至是止就佛寺启散祝寿道场,诣阁门或后殿拜表称贺。

绍兴三十年二月,臣僚奏:"臣闻孝理天下者帝王之盛德,归美报上者臣子之至诚,是皆因性自然,发于观感,必各尽其至,然后为称。恭惟陛下抚艰难之运，尤勤在御，兢兢业业，图济中兴，孝德通于神明，皇天为之悔祸，长乐还阙，适当诞节之前，陛下以天下养，获伸宫闱上寿之仪，臣民得于观听，天下无不欣庆，所以崇大养而成孝理之功者，既已尽善尽美矣。陛下诞圣佳辰，乃臣子所愿奉觞上寿，以尽归美之意，其可不举而行之乎？臣愚欲望将来天申节许令有司举行旧典，至日，百官得以奉万年之觞，仰祝圣寿，天下幸甚。"太常、礼部讨论："每遇圣节，枢密院以下先诣垂拱殿上寿毕，宰臣率百僚于紫宸殿上寿；前一月，分日启建道场，至前一日，枢密院满散依例作斋筵；至日，三省官上寿立班讫，次赴满散作斋筵；后二日，大宴于集英殿。时命御史台、太常寺修立仪注。

孝宗隆兴元年，太上皇帝天申节，皇帝及宰臣，文武百僚诣德寿宫上寿。是日，以钦宗大祥，前一日，皇帝起居如宫中仪，百僚拜表称贺。

乾道八年，立皇太子，皇帝率皇太子及文武百僚诣德寿宫上寿。前期，仪鸾司陈设德寿宫殿门之内外，设御坐于殿上当中南向，设大次于德寿宫门内南向，小次于殿东廊西向，设皇帝褥位二：一于御坐东南，西向，一于御坐之南，北向。尚酝设御酒尊、酒器于御坐之东，有司又设御茶床于御坐之西，俱稍北，其日，文武百僚内不系从驾者，并先赴德寿宫门外以俟迎驾起居。质明，皇帝服靴袍出即御坐，从驾臣僚，禁卫起居如常仪。皇帝降坐，乘辇将至德寿宫，文武百僚迎驾再拜起居讫，前导官、太常卿、阁门官、太常博士、礼直官先入，诣大次前分左右立定。皇帝降辇入次，御史台、阁门、太常寺分引皇太子并文武百僚入诣殿廷，东西相向立定，前导官导皇帝入小次，帘降。皇主子并文武百僚并横行北向立。太上皇帝出宫升御坐，鸣鞭，小次帘卷。前导官导皇帝升殿东阶，诣殿折槛前北向褥位再拜，躬奏圣躬万福，再拜，皇帝诣太上皇帝御坐之东褥位西向立，前导官于殿上随地之宜立，次舍人揖皇太子并文武百僚躬，典仪曰"再拜"，赞者承传，在位官皆再拜，执笏舞蹈，又再拜，皇太子不离位，奏圣躬万福，各再拜，直身，分东西相向立。礼直官引奉盘盏官,受盘盏官、承旨宣答官、奏礼毕官、殿中监、少监升殿。内侍进御茶床,尚醞典御以盘盏,注授殿中监,少监,次礼直官引奉盘盏官诣酒尊所北向,殿中监启盏,殿中少监注酒,奉盘盏官奉酒诣皇帝前北向,礼直官引受盘盏官诣太上皇帝御坐前,西向立,皇太子并文武百僚横行北向立。奉盘盏官躬进皇帝,皇帝奉酒,前导官导皇帝诣太上皇帝御坐前躬进讫,少后,以盘授受盘盏官,前导官导皇帝诣太上御坐前褥位北向俯伏跪,殿下皇太子并百僚皆躬身。皇帝奏:"臣某谨率文武百僚稽首言:"天申令节,臣某与百僚等不胜大庆,谨上千万岁寿。"奏讫,伏,兴,再拜,在位官皆再拜。承旨宣答官宣曰:"得皇帝寿酒,与皇帝并百僚内外同庆。"皇帝再拜,在位官皆再拜讫,分东西相向立。皇帝诣御坐东,西向立,奉盘盏官以盘盏北向恭进,皇帝奉盘,乐作,俟太上皇帝饮酒,皇帝躬接盏讫,皇帝少后,以盘盏授受盘盏官,以授殿中监,各复位立。皇太子并文武百僚横行北向,皇帝诣褥位北向再拜,在位官皆再拜。皇帝诣太上御坐东褥位西向立,皇太子、文武百僚再拜,执笏舞蹈,又再拜讫,内侍举茶床,奏礼毕官北向俯伏跪奏:"具官臣某言礼毕。"在位官再拜。太上皇帝驾兴,皇帝从入,文武百僚以次退。

淳熙二年十一月,诏:"太上皇帝圣寿无疆,新岁七十,以十一日冬至加上尊号册宝,十二月十七日立春行庆寿礼。"是日早,文武百僚并簪花赴文德殿立班,听宣庆寿赦。宣赦讫,从驾至德寿宫行庆寿礼,致词曰:"皇帝臣某言:天祐君亲,锡兹难老,维春之吉,年德加新。臣某与群臣等不胜大庆,谨上千万岁寿。"余与前上寿仪注同。礼毕,从驾官、应奏官、禁卫等并簪花从驾还内,文武百僚文德殿拜表称贺。

十年十二月,以太上皇后新年七十,诏以立春日行庆贺之礼。十三年春正月朔,以太上皇帝圣寿八十,帝率群臣诣德寿宫行礼,其仪注、恩赦并如淳熙二年典故。

孝宗以十月二十二日为会庆节,光宗以九月四日为重明节,宁宗以十月十九日为天祐节、寻改为瑞庆节,理宗以正月五日为天基节,度宗以四月九日为乾会节,瀛国公以九月二十八日为天瑞节。其上寿称贺之礼,大略皆如天申节仪。

诸庆节,古无是也,真宗以后始有之。大中祥符元年,诏以正月三日天书降日为天庆节,休假五日,两京诸路州、府、军、监前七日建道场设醮,断屠宰;节日,士庶特令宴乐,京师然灯。又以六月六日为天贶节,京师断屠宰,百官行香上清宫。又以七月一日圣祖降日为先天节,十月二十四日降延恩殿日为降圣节,休假、宴乐并如天庆节。中书、亲王、节度、枢密、三司以下至驸马都尉,诣长春殿进金楼延寿带、金丝续命缕,上保生寿酒;改御崇德殿,赐百官饮,如圣节仪。前一日,以金楼延寿带、金涂银结续命缕、绯彩罗延寿带、采丝续命缕分赐百官,节日戴以入。礼毕,宴百官于锡庆院。天禧初,诏以大中祥符元年四月一日天书再降内中功德阁为天祯节,一如天贶节。寻以仁宗嫌名,改为天祺节。

政和三年十一月五日,以修祀事,天真示见,诏为天应节。又以五月十二日祭方丘日为宁贶节,既又为二月十五日太上混元上德皇帝降圣日为真元节,八月九日青华帝君生辰为元成节,正月四日有太祖神御之州府宫殿行香为开基节,十月二十五日为天符节,皆如天庆节,著为令。

高宗建炎元年十一月五日,诏:"政和以来添置诸节,除开基节外,余并依祖宗法。"

宋史卷一一三
志第六六

礼十六 嘉礼四

宴飨　游观　赐酺

宴飨之设，所以训恭俭、示惠慈也。宋制尝以春秋之季仲及圣
节、郊祀、籍田礼毕，巡幸还京，凡国有大庆皆大宴，遇大灾、大札则
罢。天圣后，大宴率于集英殿，次宴紫宸殿，小宴垂拱殿，若特旨则
不拘常制。凡大宴，有司预于庭设山楼排场，为群仙队仗、六番进
贡、九龙五凤之状，司天鸡唱楼于其侧。殿上陈锦绣帷帘，垂香毬，
设银香兽前槛内，藉以文茵，设御茶床、酒器于殿东北楹间，群臣盏
斝于殿下幕屋。设宰相、使相、枢密使、知枢院，参知政事、枢密副
使，同知枢密院、宣徽使、三师、三公、仆射、尚书丞郎、学士、直学
士、御史大夫、中丞、三司使、给、谏、舍人、节度使、两使留后、观察、
团练使、待制、宗室、遥郡团练使、刺史、上将军、统军、军厢指挥使
坐于庑上，文武四品以上，知杂御使、郎中、郎将、禁军都虞侯虞侯
坐于朵殿，自余升朝官，诸军副都头以上，诸蕃进奏使，诸道进奉将
军，以上分于两庑，宰臣。使相坐以绣墩；曲宴行幸用杌子参知政事
以下用二蒲墩加罽毯，曲宴，枢密使、副并同。军都指挥使以上用一蒲
墩，自朵殿而下皆绯缘毡绿席。殿上器用金，余以银。其日，枢密使
以下先起居讫，当侍立者升殿。宰相率百官入，宣徽阁门通唱，致辞
谢，宰相升殿进酒，各就坐，酒九行。每上举酒，群臣立侍，次宰相、

次百官举酒；或传旨命酢，即执笏起饮，再拜。曲宴多令不拜。或上寿朝会，止令满酌，不劝。中饮更衣，赐花有差。宴讫，蹈舞拜谢而退。

建隆元年，大宴于广德殿，酒九行而罢。乾德元年十一月，南郊礼成，大宴广德殿，谓之饮福。是后三年，开宝三年、五年、六年、七年、八年、并设秋宴于大明殿，以长春节在二月故也。太平兴国之后，止设春宴，在大明者十一，在含光者六。宴日，亲王、枢密使副、宣徽、三司使，驸马都尉皆侍立，军校自龙武四厢都指挥使以上，立于庭。其宴契丹使，亦于崇德殿，但近臣及刺史、郎中而上预焉。

淳化四年正月，以南郊礼成，大宴含光殿，直史馆陈靖上言："古之乡宴者，所以省祸福而观威仪也。故宴以礼成，宾以贤序，《风》、《雅》之作，作兹为盛焉。伏见近年内殿赐宴，群臣当坐于朵殿、两郎者，拜舞方毕，趋驰就席，品列之序，纠纷无别。及至尊举爵，群臣起立，先后不整，俯仰失节。欲望自今令有司预依品位告谕，其有逾越班次、拜起失节、喧华过甚者，令纠举。又惟饮赐之典，以宠武夫，大烹之余故为盛馔，计一饭所费，可数人之属厌而将校辈或至终宴之时，尚有欲炙之色，盖执事者失于察视，不及洁丰而使然也。伏望并申严制。"

至道元年三月，御史中丞李昌龄亦言：广宴之设，以均饮赐得齿高会，宜乎尽礼。而有位之士，鲜克致恭，当纠其不恪。又供事禁庭，当定员数，籍姓名以谨其出入。酒肴之司或亏精洁，望分命中使巡察。"并从之。

咸平三年二月，大宴含光殿，自是始备设春秋大宴。五年，御史台言："大宴，起居舍人、司谏、正言、三院使、御史并坐于殿廊望自今移升朵殿，自余依旧。"十二月，诏凡内宴，宗正卿令升殿坐，班次依合班仪。翰林学士梁颢请以春秋大宴、小宴、赏花、行幸次为四图，颁下阁门遵守。从之。

景德二年九月，诏曰："朝会陈仪，衣冠就列，将以训上下、彰文物，宜慎等威，用符纪律。况屡颁于条令，宜自顾于典刑。稍历岁时，渐成懈慢。特申明制，以儆具僚。自今宴会，宜令御史台预定位次，各令端肃，不得喧哗。违者，殿上委大夫、中丞，朵殿委知杂御史、侍御史，廊下委左右巡使，察视弹奏；内职殿直以上赴起居、入殿庭行私礼者，委阁门弹奏；其军员，令殿前侍卫司各差都校一人提辖，但亏失礼容，即送所属勘断讫奏。仍令阁门、宣徽使互相察举，敢蔽匿者纠之。"

大中祥符元年十二月，诏宣徽院、御史台、阁门、殿前马步军司，凡内宴臣僚、军员并祇侯使臣等，并以前后仪制晓谕，务令遵禀，违者密具名闻。其军员有因酒言词失次及醉仆者，即先扶出，或遣殿前司量添巡检军士户送归营。又诏臣僚有托故请假不赴宴者，御使台纠奏，天禧四年，直集贤院祖士衡言：大宴将更衣，群臣下殿然后更衣，更衣后再坐，群臣班于殿庭，候上升坐，起居谢赐花，再拜升殿。

仁宗天圣三年，监察御史朱谏言："伏见大宴，宗室先退，允为得礼。尚有文武臣僚父子、兄弟者，皆预再坐，欲望自今内宴，百官有父子、兄弟、叔侄同赴，再坐时卑者先退。"庆历七年，御史言："凡预大宴并御筵其所赐花，并须戴归私第，不得更令仆从持戴，违者纠举。"

熙宁二年正月，阁门言："准诏裁定集英殿宴入殿人数：中书二十二人，枢密院三十人，宣徽院八人，亲王八人，昭德军节度使、兼侍中曹修三人，皇亲使相三人，皇亲正刺史已上至节度使并驸马都尉各一人，翰林司一百七十八人，御厨六百人，仪鸾司一百五十人，祇侯库二十人，内衣物库七人，新衣库七人，内弓箭库三人，钤辖教坊所三人，钟鼓楼一十六人，御药院八人，内物料库九人，法酒库一十六人，内酒坊八人，入内内侍省前后行行亲事官共五人，皇城司职员手分二人，御史台知班一十一人，洒扫亲从官人员已下一百人，两廊观步亲从官四十二人，提举司勾押官手分三人，提举火烛安检人员一十人，快行亲从官一十一人，支散两省花后苑造作所工匠等四人，客省承授行首八人，四方馆职掌二人，阁门承受行首已下一十八人。"是岁十一月,以皇子生,宴集英殿。

七年九月,诏:"自今大宴,亲王、皇亲使相、枢密使副使、宣徽使、驸马都尉并于殿门外幕次就赐酒食。"旧制,会食集英西廊之庑下,喧卑为甚,权发遣宣徽院吴充奏其事,故有是命。

元丰七年三月,大宴集英殿,命皇子延安郡王侍立。宰相王圭等率百官廷贺。诏曰:"皇家庆事,与卿等同之。"圭等再拜称谢。久之,王乃退。时王未出阁,帝特令侍宴,以见群臣。九年,阁门言:"大宴不用两军妓女,只用教坊小儿之舞。"王拱辰请以女童代之。八年,昭罢独看。故事,大宴前一日,御殿阅百戏,谓之独看。修国史范祖禹言:"是日进《神宗纪》草,陛下览先帝史册甫毕,即观百戏,理似未安,故请罢之。"

元祐二年九月,经筵讲《论语》彻章,赐宰臣、执政、经筵官宴于东宫,帝亲书唐人诗分赐之。三年六月,罢春宴。"八月,罢秋宴。八月,罢秋宴,以魏王出殡,翰林学士苏轼不进教坊致语故也。是后以时雨未足,集英殿试举人,尚书省火,禁中祈禳,邠国公主未葬,皆罢宴。凡大宴有故而罢,则赐预宴官酒馔于阁门朝堂,升殿官虽假故不从游宴,亦遣中使就第赐焉。亲王、中书、枢密、宣徽、三司使副、学士、步军都虞侯以上,三师、三公、东宫三师三公以下、曾任中书门下致仕者,亦同。

凡外国使预宴者,祥符中宴崇德殿,夏使于西廊南赴坐,交使以次歇空,进奉、押衙次交州,契丹舍利、从人则于东廊南赴坐。四年,又长甘州、交州、于朵殿,夏州押衙于东廊南头空坐。七年,龟兹进奉人使歇空坐于契骨舍利之下。其后又令龟兹使副于西廊南赴坐,进奉、押丹重行于后,瓜州、沙州使副亦于西廊之南赴坐,其余大略以是为准。

大观三年,议礼局上集英殿春秋大宴仪:

其日,预宴文武百僚诣殿庭,东西相向立。皇帝出御需云殿,阁门、内侍、管军等起居。皇帝降坐,御集英殿,鸣鞭,殿中监已下通班起居。殿中监、少监升殿,通唤阁门官升殿。摄左右军巡使靴笏起居讫,系鞚执杖侍立,余非应奉官分出。次钟鼓楼节级就位,四拜起居。

次舍人通唤讫,分引群官横行北向,东上阁门官赞大起居,班首出班俯伏,跪,致辞讫,俯伏,兴,复位。群官再拜,舞蹈,又再拜,赞各就坐,赞再拜,舍人分引升殿,席前相向立,朵殿、两庑官立于席后。有辽使则舍人引大辽舍利西入大起居。赞各就坐,再拜,赞就坐,引升西廊。次舍从传事引从人分入,四拜起居,谢坐,并同舍利仪。教坊使以下通班大起居,看盏人谢,升殿再拜内侍进御茶床,殿侍酹酒讫,次赞天武门外祗候。东上阁门官诣御坐,奏班首姓名以下进酒。

舍人分引殿上臣僚横行北向,赞再拜。舍人引班首稍前,东上阁门官接引御坐,东北向,执笏,殿中监奉盘盘授班首,少监启盏,以酒注之。班首奉诣御前进讫,少退,虚跪,兴,以盘授殿中监,出笏,东上阁门官引退,舍人接引复位,赞再拜。舍人引班首前稍前,殿上臣僚席前相向立,东上阁门官接引诣御坐,东北向,执笏,殿中监授盘,奉诣御前,西向立,乐作,皇帝饮讫。舍人分引殿上臣僚横行北向,东上阁门引班臣首接盏,退虚跪,兴授盏殿中监,出笏,引退,舍人接引复位,赞再拜,赞各赐洒酒群臣再拜,赞各就坐,群官皆立席后,复赞就坐。

酒初行,群官执笏受酒,先宰相,次百官,皆作乐。皇帝再举酒,并殿中监、少监进。群臣俱立席后,乐作,饮讫,赞各就坐。复行群臣酒,饮讫。皇帝三举酒,皆如第一之仪。尚食典、奉御进食,太官设群臣食,乐作。赐祗应臣僚酒食,赞谢拜讫,复位。皇帝四举酒,并典御进酒。乐工致词,群官皆立席后,致语讫,赞百官再拜,就坐,乐作。皇帝五举酒,乐工奏乐,庭下舞队致词,乐作,舞队出。

东上阁门奏再坐时刻。俟放队讫,内侍举御茶床,皇帝降坐,鸣鞭,群臣退。赐花,再坐。前二刻,御史台、东上阁门催班,群官戴花北向立,内侍进班斋牌,皇帝诣集英殿,百官高等花再拜,又再拜就坐。内侍进御茶床,皇帝举酒,殿上奏乐,庭下作乐。皇帝举酒殿上奏乐,庭下舞队前致语,乐作,出。皇帝三举酒,四举酒皆如上仪。若宣示盏,即随所向,阁门官以下揖称宣示盏,躬赞就坐。若宣劝,即立席后躬饮讫,赞再拜。内侍举御茶床,舍人引班首以下降阶再拜,舞蹈,又再拜讫,分班出。阁门官侧奏无公事,皇帝降坐,鸣鞭。

集英殿饮福大安仪。初,大礼毕,皇帝逐顿饮福,余酒封进入内,宴日降出,酒既三行,泛赐预坐臣僚饮福酒各一盏,群臣饮讫,宣劝,各兴立席后,赞再拜谢讫,复坐饮,并如春秋大宴之仪。

绍兴十三年三月三日,诏宴殿陈设止用绯黄二色,不用文绣,令有司遵守,更不制造。五月,阁门修立集英殿大宴仪注。

乾道八年十二月,诏今后前宰相到阙,如遇赴宴赐茶,其合坐墩杌,非特旨,并依官品。又行门、禁卫诸色祗应人,依绍兴例,并赐绢花。自是惟正旦、生辰、郊祀及金使见辞各有宴,然大宴视东京时则亦简矣。

曲宴。凡幸苑囿、池籞、观稼、畋猎、所至设宴,惟从官预,谓之曲宴。或宴大辽使副于紫宸殿,则近臣及刺史、正郎、都虞候以上预。暮春后苑赏花、钓鱼,则三馆,秘阁皆预。

太祖建隆元年七月,亲征泽、潞,宴从臣于河阳行宫,又宴韩令坤已下于礼贤讲武殿,赐袭衣、器弊、鞍马,以赏泽、路之功也。四年四月,宴从臣于玉津园。乾德三年七月六日,诏皇弟开封尹、宰相、枢密使、翰林学士、中书舍人泛舟后苑新池,张乐宴饮,极欢而罢。是岁重阳,宴近臣于长春殿。

太宗太平兴国九年三月十五日,诏宰相、近臣赏花于后苑,帝曰:“春气暄和,万物畅茂,四方无事,朕以天下之乐为乐,宜令侍从词臣各赋诗。”帝习射于水心殿。雍熙二年四月二日,诏辅臣、三司使、翰林、枢密直学士、尚书省四品两省五吕以上、三馆学士宴于后苑,赏花、钓鱼,张乐赐饮,命群臣赋诗习射。赏花曲宴自此始。三年十二月一日，大雨雪，帝喜，御玉华殿，诏宰臣及近臣谓曰："春夏以来，未尝饮酒，今得此嘉雪，思与卿等同醉。"又出御制《雪诗》，令侍臣属和。后凡曲宴不尽载。

真宗咸平元年二月二十二日，宴群臣于崇德殿，不作乐。二年八月七日，再宴，用乐。二月晦，赏花，宴于后苑，帝作《中春赏花钓鱼诗》，儒臣皆赋，遂射于水殿，尽欢而罢。自是逐为定制。四年十一月二十日，御龙图阁曲宴，诏近臣观太宗草、行、飞白、篆、籀、八分书及画。景德二年十二月五日，宴尚书省五品诸军都指挥使以上、契丹使于崇德殿，不举乐以明德太后丧制故也。时契丹初来贺承天节，择膳夫五人赍本国异味，就尚食局造食，诏赐膳夫衣服、银带、器帛。六年七月二十九日，诏辅臣观粟于后苑御山子，观御制文阁御书及《嘉禾图》，赐饮。是日，皇子从游。四年七月十一日，诏近臣及寇准、冯丞观内苑谷，遂宴于玉宸殿。十月二十九日，诏皇太子、宗室、近臣、诸帅赴玉宸殿翠芳亭观稻，赐宴，仍以稻分赐之。

仁宗天圣二年，既禫除，百官五表请听乐，而秋燕用乐之半。诏辅臣曰："昨日宴宫中，朕数四上勉皇太后听乐。"王钦若以闻太后，太后曰："自先帝弃天下，吾终身不欲听乐。皇帝再三为请，其可重违乎！"明年上元节，乃朝谒景灵上清宫、启圣院、相国寺，还御正阳门，宴从官，观灯。次日，太后如命妇临观。及春秋大宴，岁为常。夏观南御庄刈麦，秋瑞圣园刈谷，并宴从官或射，不为常皇祐五年，后苑宝政殿刈麦，谓辅臣曰："朕新作此殿，不欲植花，岁以种麦，庶知稼事不易也。"自是幸观谷、麦，惟就后苑，春夏赏花、钓鱼则岁为之。嘉祐七年十二月，特召两府、近臣、三司副使、台谏官、皇子、宗室、驸马都尉，管军臣僚至龙图、天章阁，观三圣御书，及宝文阁为飞白分赐，下逮馆阁官，制《观书诗》，赐韩琦以下和进，遂宴玉殿，传诏群学士王珪撰持序，刊石于阁。数日，再会天章阁，观三朝瑞物，复宴群玉殿，酒行，上曰："天下久无事，今日之乐，与卿等共之，宜尽醉，勿复辞。"因召韩琦至御榻前，别赐一大卮，出禁中名花，金盘贮香药，令各持归，莫不沾醉，至暮而罢。

熙宁元年四月，御史中丞滕甫言："臣闻君命召，不俟驾，此臣子所以恭其上也。今锡宴而有托词不至者，甚非恭上之节也。请自今宴设，群臣非大故与实有疾病，无得托词，仍令御史台察举。"二年八月，《实录》书成，皆宴垂拱殿。十月，修定阁门仪制所言："垂拱殿曲宴，当直翰林学士与观文、资政、龙图、宝文、枢密、直龙图、天章、宝文阁直学士并赴坐，而翰林学士兼他职者不预，考之官制，似未斋一。请自今曲宴，翰林学士与杂学士并赴"。从之。元丰五年七月，以《两朝国史》书成，宴于垂拱殿。十一月，宴景灵宫祠官于紫宸殿。

元祐二年九月，经筵讲《论语》彻章，赐宰臣、执政、经筵官宴于东宫，帝亲书唐诗赐之。绍圣三年十一月，以进《神宗皇帝实录》毕，曲宴宰臣、执政、文臣试侍郎、武臣观察使以上并修国史官赴坐。元符无年五月，诏受宝毕，宴于紫宸殿，宰臣以下，文臣职事官、六曹员外郎、监察御史以上，武臣郎将、诸军副指挥使以上预坐。

政和二年三月，上已御筵，诏令移用他日，以国有故，宰臣请罢宴故也。大观三年，议礼局上垂拱殿曲宴仪：

皇帝视事毕，东上阁门进呈坐图，舍人奏阁门无公事，皇帝降坐，鸣鞭，入殿后阁。

诸司排设备，东上阁门附内侍奏班斋，皇帝出阁升坐，鸣鞭。三公、直学士以上、亲王、使相至观察使以上，分东西入，诣殿庭，横行北向立定。班首奏圣躬万福，舍人赞各就坐，再拜讫，分引诣东西阶升殿，席前相向立。次教坊使以下常起居，次看盏人谢，升殿，次内侍进御茶床，殿待酹酒讫，阁门诣御坐，躬奏班首姓名以下进酒。舍人分引殿上臣僚，横行北向，赞再拜。班首奉酒躬进，乐作，皇帝饮讫。舍人赞各赐酒，群官俱再拜；赞各就坐，群官皆立席后，复赞就坐。

酒初行，先宰相，次百官，皆作乐。后准此。尚食典、奉御进食，太官令设群官食。酒五行，若宣示盏，即随所向，阁门揖称宣示盏，躬赞就坐。若宣劝，即立席后躬饮，赞再拜。内侍举御茶床,舍人引班首以下降阶横行,北向再拜,分班出。皇帝降坐。

上已、重阳赐宴仪:

其日,预宴官以下并赴宴所就次,诸司排设备,预宴官以下诣庭中望阙位立。次中使诣班首之左,稍前立,中使宣曰"有敕",在位官皆再拜讫。中使宣曰"赐卿等御筵",在位官皆再拜,执笏舞蹈,又再拜。中使退,预宴官分东西升阶就坐。

酒行,乐作,饮讫,食毕,乐止。酒五行,预宴官并兴就次,赐花有差。少顷,戴花毕,与宴官诣望阙位立,谢花再拜讫,复升就坐。酒行,乐作;饮讫、食毕乐止。酒四行而退。

游观。天子岁时游豫,则上元幸集禧观、相国寺,御宣德门观灯;首夏幸金明池观水嬉,琼林苑宴射;大祀礼成,则幸太一宫、集禧观、相国寺恭谢,或诣诸寺观焚香,或至近郊阅武、观稼,其事盖不一焉。

太祖建隆元年四月,幸玉津园。是后凡十三临幸。九月,幸宜春苑。是后观习水战者二十有八,幸大相国寺、封禅寺者各五,龙兴寺及皇弟开封尹园各三,幸太清观、建隆观者再,崇夏寺、广化寺、等觉寺各者一,观水砲者八,阅炮车、观水柜、观稼、幸飞龙院、幸开封府、幸都亭驿、幸礼贤院、幸茶库染院、幸河仓、幸金凤园,皆一再至焉。

太宗太平兴国二年二月,幸新凿池,赐役卒钱布有差。六月,幸飞龙院。是后凡四幸。三年四月,观刈麦。九年正月六日,幸景龙门外水砲,帝临水而坐,如从臣观之,因谓曰:""此水出于山源,清澄甘洁。近河之地,水味皆甘,岂河润所及乎""宋琪等曰:"亦犹人性善恶,染习致然。"帝曰:"卿言是也。"四月,幸金明池习水战,帝御水殿,召近臣观之,谓宰相曰:"水战,南方之事也。今其地已定,不复施用,时习之,示不忘战耳。"因幸讲武台,阅诸军都试,军中之绝技者递加赐来。遂登琼林苑楼,阵百戏,掷金钱,令乐人争之,极

欢而罢。五月二日,出南熏门观稼如召从官列坐田中,令民刈麦,咸
赐以钱帛,回幸玉津园观鱼,张乐、习射,既宴而归。明年五月,幸城
南观麦,赐田夫布帛有差。雍熙四年四月,幸金明池观水嬉,赐从官
饮。帝曰:"雨霁天凉,中外无事,宜勿惜醉。因登苑中楼,尽欢而罢。
淳化三年三月,幸金明池,命为竞渡之戏,掷银瓯于波间,令人泅波
取之。因御船奏教坊乐,岸上都人从观者万计。帝顾视高年皓首者,
就赐白金器皿。九月,幸潜龙园,驻辇池东岸,临水谓近臣曰:"朕不
至此已十年,昔尹京日,无事常痛饮池上,今池筱之木已成林矣。"
因顾教坊,使郭守忠等数人曰:"汝等前日以乐童从我,今亦皓首,
光阴迅速如此。"嗟叹久之。帝亲引满举白,群臣尽醉。

　　真宗咸平元年八月,幸诸王宫。二年九月,幸开宝寺、福圣院。
是后,二寺临幸者凡十有四。三年五月,幸金明池观水戏,扬旗鸣
鼓,分左右翼,植木系采,以为标识,方舟疾进,先至者赐之。移幸琼
林苑,登露台,钧容直奏乐,台下百戏竞集,从臣皆醉。自是凡四临
幸。九月,幸大相国寺。是后再幸者九。幸上清宫者十有二,幸玉
津园者十,幸太一宫、玉清昭应宫各六,余不尽载。大中祥符八年正
月十九日,中书门下言:"伏睹今月十四日,皇帝诣诸宫寺焚香,总
三十余处,过百拜以上。臣等侍从倍增尤灼,昨崇政殿已面奏陈。臣
闻尊事万灵,固先精意;登用百礼,乃贵时中。在经久之从宜,必裁
正而惟允。伏望特命修司,载详定式。自今车驾幸诸宫、观、寺、院。
正殿再拜;及诸殿,令群臣以下分拜。庶垂亿载,允叶通规。"乃诏礼
议院详定差减焉。

　　仁宗景祐三年,诏阁门详定车驾幸宫、观、寺、院支赐茶绢等
第。

　　哲宗绍圣四年三月八日,诏自今遇车驾出新城,令殿前马,步
军司取旨,权差马,步军赴新城外四面巡检下祗应,每壁马军二百
人,步军三百人,并于城外巡警。

　　三元观灯,本起于方外之说。自唐以后,常于正月望夜,开坊市
门然灯。宋因之,上元前后各一日,城中张灯,大内正门结采为山楼

影灯,起露台,教坊阵百戏。天子先幸寺观行香,遂御楼,或御东华门及东西角楼,饮从臣。四夷蕃客各依本国歌舞列于楼下。东华、或祐掖门、东西角楼、城门大道、大宫观寺院,悉起山棚,张乐陈灯,皇城雉堞亦遍设之。其夕,开旧城门达旦,从士民观。后增至十七、十八夜。

太祖建隆二年上元节,御明德门楼观灯,召宰相、枢密、宣徽、三司使、端明、翰林、枢密直学士、两省五品以上官、见任前任节度观察使饮宴,江南、吴越朝贡使预焉。四夷蕃客列坐楼下,赐酒食劳之,夜分而罢。三年正月十三夜然灯,罢内前排场戏乐,以昭宪皇太后丧制故也。

太平兴国二年七月中元节,御东角楼观灯,赐从官宴饮。五年十月下元节,依中元例,张灯三夜。雍熙五年上元节,不观灯,躬耕籍田故也。后凡遇用兵及灾变、诸臣之丧,皆罢。

真宗景德元年正月十四日,赐大食、三佛斋、蒲端诸国进奉使缗钱。令观灯宴饮。大中祥符元年十一月二十五日,诏天庆节听京城然灯一昼夜。六年四月十六日,先天降圣节亦如之。天圣二年六月,罢降圣节然灯。

政和三年正月,诏放灯五日。五年十二月二十九日,诏景龙门预为元夕之具,实欲观民风、察时态、黼饰太平、增光乐国,非徒以游豫为事。特赐公、师、宰执以下宴,及御制诗四韵赐太师蔡京。六年正月七日,御笔:“今岁闰余候晚,犹未春和。韵暑短气寒,于宴集无舒缓之乐。景灵宫朝献,移十四日东宫、十五日西宫,毕,诣上清储祥宫烧香。十六日诣醴泉观等处烧香。上元节移于闰正月十四日为始。”宣和六年十二月二十四日,赐太师蔡京以下应两府赴睿谟殿宴,景龙门观灯。续有旨,宣太传王黼赴宴。七年正月十八日,宴辅臣,观灯。

赐酺。自秦始,秦法,三人以上会饮则罚金,故因事赐酺,吏民会饮,过则禁之。唐常一再举行。

太宗雍熙元年十二月，诏曰："王者赐酺推恩，与众共乐，所以表升平之盛事，契亿兆之欢心。累朝以来，此事久废，盖逢多故，莫举旧章。今四海混同，万民康泰，严烟始毕，庆泽均饮。累朝以来，此事久废，盖逢多故，莫举旧章。今四海混同，万民康泰，严烟始毕，庆泽均行。宜令士庶之情，共庆休明之运。可赐酺三日。"二十一日，御丹凤楼观酺，召侍臣赐饮。自楼前至朱雀门张乐，作山车、旱船，往来御道。又集开封府诸县及诸军乐人列于御街，音乐杂发，观者溢道，从士庶游观，迁市肆百货于道之左右。召几甸耆老列列坐楼下，赐之酒食。明日，赐群臣宴于尚书省，仍作诗以赐。明日，又宴群臣，献歌、诗、赋、颂者数十人。

真宗景德三年九月，诏许群臣、士庶选胜宴乐，御史台、皇城司毋得纠察。四年二月甲申，上御五凤楼观酺，宗室、近臣侍坐。楼前露台奏教坊乐，召父老五百人列坐，赐饮于楼下，后二日，上复御楼，赐宗室，文武百官宴于都亭驿，赐诸班、诸军将校羊酒。大中祥符元年正月，诏应致仕官，并令赴都亭驿酺宴，御楼日合预坐者亦听。又诏朝臣已辞、未见，并听赴会。

凡赐酺，命内诸司使三人主其事，于乾元楼前露台上设教坊乐。又骈系方车四十乘，上起彩楼者二，分载钧容直、开封，复为棚车二十四，每十二乘为之，皆驾以牛，被之锦绣，荣以彩纩，分载诸军、京畿伎乐，又于中衢编木为栏处之。徙坊市邸肆，对列御道。百货骈布，竟以采幄镂版为饰。上御乾元门，召京邑父老分番列坐楼下，传旨问安否，赐以衣服、茶帛。若五日，则第一日近臣侍坐，特召丞、郎、给、谏、上举觞，教坊乐作，二大车自升平桥而北，又有旱船四挟之以进，棚车由东西街交骛，并往复日再焉。东距望春门，西连阊阖门，百戏竞作，歌吹胜沸。宗室至亲王、近列牧伯泊旧臣、宗室官，为设采棚于左右祐廊庑，士庶从观，车骑填溢，欢呼震动。第二日宴群臣百官于都亭驿、宗室于亲王宫。第三日宴宗室内职于都亭驿、近臣于宰相第。第四日宴百官于都亭驿、宗室于外苑。第五日复宴宗室内职于都亭驿、近臣于外苑。上多作诗，赐令属和，及别为劝酒诗。禁军将校日会于殿前、马、步军之廨。

是岁，东封泰山，所过州府，上御子城门楼，设山车、采船载乐，从臣侍坐，本州父老，进奉使，蕃客悉预。兖州驻跸，仍赐群臣会于延寿寺。所在改赐门名，衮州曰"回銮潭庆"，郓州曰"升中延福"，濮州曰"告成延庆"。澶州以行宫迫隘，当衢结采为殿，名曰"延禧"。幸汾阴、亳州，皆如东封路。河中府门名曰"诏毕宣恩"，陕州曰"霈泽惠民"，郑州曰"回銮庆赐"。西京将议改五凤楼名，上曰："此太祖所建，图瑞应，不可更也。"华阴就行宫宴父老，赐驿亭名曰"宣泽"至郑州，以太宗忌日甫过，罢会，赐与如例。亳州曰"奉元均庆"，南京曰："重熙颂庆。"

天禧五年，以几县追集、老人疲劳之故，止召两赤县、坊县父老预会，其不预名亦听，给以赐物。天下赐酺，各令州、府会官嘱父老，笾州或遣中使就赐。又诏开封府：赐酺日，罪人酗酒而不伤人者，咸释之，再犯论如法。"后赐酺皆准此。宋之繁庶，于斯为盛，后遂为定制云。

宋史卷一一四

志第六七

礼十七 嘉礼五

巡幸　养老　视学　赐进士宴
幸秘书省　进书仪　大射仪
乡饮酒礼

　　巡幸之制,唐《开元礼》有告至、肆觐、考制度之仪,《开宝通礼》因之。

　　太祖幸西京,所过赐夏、秋田租之半,真宗朝诸陵及举大礼,涂中皆服折上巾、窄袍,出京、过京城,服靴袍、具鸾驾。群臣公服系鞢,供奉班及内朝官僚前导。凡从官并日赴行宫,合班起居,晚朝视事,群臣不赴。中顿侍食,百官就宿顿迎驾讫,先发,或道涂隘远,则免迎驾。将进发,近臣、诸军赐装钱。出京,留司马、步诸军夹道左右,至新城门外奉辞,过赐巡警兵、守津梁行邮治道卒时服钱履,父老绫袍、茶帛,涂中赐卫士缗钱。所幸寺、观,赐道释茶帛,或加紫衣、师号。吏民有以瓮饩、酒果、方物献者,计直答之。命官籍所过系囚、逋负者,日引封,多原释。仍采访民间疾苦,振恤鳏、寡、孤、独。车服度量,权衡有不如法,则举仪制禁之。有奇材、异德及政事尤异者,孝子、顺孙、义夫、节妇为乡里所称者,其不守廉隅、昧于正理者,并条析以闻。官吏知民间疾苦者,亦许录奏。所过州、府,结采为楼,陈音乐百戏。道、释以威仪奏迎者,悉有赐。东京留守遣官表请还京,优诏答之。驾还京,大陈兵卫以入。

凡行幸,太祖、太宗不常其数。自咸平中,车驾每出,金吾将军帅士二百人,执梃周绕,谓之禁围,春、夏绯衣,秋、冬紫衣。郊祀、省方并增二百,服锦袄,出京师则加执剑。亲王、中书、枢密、宣徽行围内,余官围外。大礼备仪卫,则有司先布土为黄道,自宫至祀所,左右设香台、书瓮、青绳兰干。巡省在涂则不设。凡巡省,翰林进号传诗付枢密院,每夕摘字,令卫士相应为识。东京旧城城门、西京皇城司并契勘,内外城、宫庙门并勘箭,出入皆然。入藩镇外城、子城门亦勘箭。朝陵定扈从官人数,入柏城者,仆射以上三人,丞、郎以上二人,余各一人,东封,定仗内导驾官从人数,亲王、中书、枢密、宣徽三司使四人,学士、尚书丞郎、节度使三人,大两省、大卿监、三司副使、枢密承旨、客省阁门使副、金吾大将军押仗鸣珂、内殿崇班以上二人,余各一人。命诸司巡察之。自后举大礼,皆循此制。

建炎元年七月,诏曰:祖宗都汴,垂二百年,比年以来,图虑弗臧,祸生所忽。肆朕纂承,顾瞻宫室,何以为怀?是用权时之宜,法古巡狩,驻跸近甸,号召军马。朕将亲督六师,以援京城及河北、河东诸路,与之决战,归宅故都,迎还二圣,以称朕夙夜成勤之意。”十月一日,车驾登舟,巡幸淮甸,宰执、侍从、百司、三卫、禁旅五军将佐扈卫以行,驻跸扬州。

三年,幸杭州自杭州幸江宁府,寻幸浙西,自浙西幸浙东。乃下诏曰:“国家遭金人侵逼,无岁无兵。朕纂承以来。深轸念虑,谓父兄在难,而吾民未抚,不欲使之陷于锋镝。故包羞忍耻,为退避之谋,冀其逞志而归,稍得休息。自南京移淮甸,自淮甸移建康而会稽,播适之远极于海隅。卑词厚礼,使介相望。以至愿去尊称,甘心贬屈,请用正朔,比于藩臣,遣使哀祈,无不曲尽,假使金石无情,亦当少动。累年卑屈,卒未见从。生民嗷嗷,何时宁息?今诸路之兵聚于江、浙之间,朕不惮亲行,据其要害。如金人有尚容朕为汝兵民之主,则朕于事大之礼,敢有不恭!或必用兵窥我行在,倾我宗社,涂炭生灵，竭取东西金帛、子女，则朕亦何爱一身，不临行阵，以践前言，以保群生。朕已取十一月二十五日移跸，前去浙西，为迎敌计。惟我将士、人民，念国家涵养之恩，二圣拘縻之辱，悼杀戮焚残之祸，与其束后待弊，曷若并计合谋，同心戮力，奋力而前，以存家国。"乃诏御前应奉官司自合扈从外，内太常寺据实用人数扈从，余接续起发，四年正月，次台州。二月，次温州。三月，幸浙西。

绍兴元年，诏移跸临安府。六年，诏周视军师，车驾进发，遣官奏告天地、社稷、宗庙。自临安幸平江，寻幸建康。八年二月，还临安。三十一年九月，诏："金人背盟失信，今率精兵百万，躬行天讨，用十二月十日车驾进发，应行宫临安府文武百僚城北奉辞。"其日，应文武百僚先诣城北幕次，俟车驾御舟将至，御史台、阁门、太常寺分引文武百僚立班定，两拜讫，俟御舟过，班退。三十二年正月，诏：视师江，北骑退去，两淮无警，已委重臣统率诸将经画进讨。今暂还临安，毕恭文祔庙之礼。宜令有司增修建康百官吏舍、诸军营砦，以备往来巡幸，可择日进发。"车驾还宫。

养老于太学，皇帝服通天冠、绛纱袍，乘金辂，至太学酌献文宣王，三祭酒，再拜，归御幄。比车驾初出，量时刻，遣使迎三老、五更于其第。三老、五更俱服朝服，乘安车，导从至太学就次；国老、庶老，有司预戒之，各服朝服，集于其次。大乐正帅工人、二舞入，立于庭。东上阁门、御避史台、太常寺、客省、四方馆自下分引百官、宗室、客使、学生等，以次入就位，如视学班。太常博士赞三老、五更俱出次，引国老、庶老立于后，重行异位。

礼直官、通事舍人引左辅奏请中严，少顷，又奏外办，皇帝出大次，侍卫如常仪。大乐正令撞黄钟之钟，右五钟皆应，协律郎跪，俯伏，举麾兴，宫架《乾安之乐》作，皇帝即御坐，乐止。曲仪曰"再拜"在位官皆再拜。三老、五更杖而入，各左右二人夹扶，太常博士前引，史臣执笔以从。三老、五更入门，宫架《和安之乐》作，至宫架北，北向立，以东为上。皇帝为兴。次奉礼郎揖国老升堂，博士引三老、五更,奉礼郎引群老随入,位于其后,乐止。博士揖进,三老在前,五更在后,仍杖夹扶,宫架《和安之乐》作,至西阶下,乐。博士揖三老、五更自西阶升堂,国老、庶老立堂下。三老、五更当御坐揖,奉礼郎引国老以下,各于席后立。典仪赞各就坐,赞者承传,宫架《尊安之乐》作,三老、五更就坐。三公授几、九卿正履讫,殿中监、尚食奉御进珍羞及黍稷等,先诣御坐前进呈,遂设于三老前,乐止,尚食奉御诣三老坐前,执酱而馈讫。尚奉御诣酒尊所,取爵酌酒,奉御执爵,奉于三老。次太官、良令以次进珍羞酒食于五更、群老之前,皆食。大乐正引工人升,登歌奏惠安之乐,三终。史臣既录三老所论善言、善行,宫架作《申安之乐》。《宪言成福之舞》毕,文舞退,作《受成告功之舞》。毕,三老以下降筵,博士引三老、五更于堂下,当御坐前,奉礼郎引群老复位,俱揖,皇帝为兴。三老、五更降阶至堂下,宫架《和安之乐》作,出门,乐止。礼直官、通事舍人引左辅前奏礼毕,退,复位。典仪赞拜讫,皇帝降坐,太常卿导还大次,百僚以次退,车驾还宫,三老、五更升安车,导从还,翼日诣阙表谢。

视学。哲宗始视学,遂幸国子监,诣至圣文宣王殿行释奠礼,一献再拜。御敦化堂,召从官赐坐,礼部、太常寺、本监官承事郎以上侍立,承务郎以下、三学生坐于东西庑,侍讲吴安诗执经,祭酒丰稷讲《尚书·无逸》终篇,复命宰臣以下至三学生坐,赐茶,丰稷赐三品服,本监官、学官等赐帛有差。遂幸昭烈武成王庙,酌献肃揖。

徽宗幸太学,遂幸辟雍,奠献如上仪。诏司业吴细等转官改秩,循资赐章服,文武学生授官,免省试、文解,赐帛有差。所司预设次于敦化堂后,又于堂上稍北当中两间设次,南向设御坐。又设从官及讲筵讲书、执经官并太学官坐御坐之南,东西重行异位。太学生坐于两庑,相向并北上。宰臣以下从官之次设于中门外

皇帝酌献文宣王毕,幸太学,降辇入次,帘垂更衣。礼直官、通事舍人引讲官与侍立官入就常下,皆系鞵。讲书、执经官、学生各立堂下,东西相向。俟报班斋,皇帝升坐,班首奏万福,在位者皆应喏

讫,阁门使承旨临阶宣升堂,通事舍人喝拜,应在位者再拜讫,分左右升堂,各就位少立。起居郎、舍人分左右侍立。礼直官、通事舍人引讲书及执经官就北向位,班首奏万福,阁门使宣升堂,舍人喝再拜讫,分东西升堂,立于御坐左右。讲书官在西,东向;执经官在东,西向;学生就北向位。舍人喝拜,在位者皆再拜,立于东西两庑。内侍进书案,以经授执经官,稍前,进于案。舍人喝拜就坐,宰臣以下并堂上坐,如阁门所进坐位图。讲书毕,通事舍人曰"可起"群臣皆起,降阶立。执经官降,讲书官于御坐前致讫,亦降。舍人喝拜,如有宣答,即再喝拜。阁门宣坐赐茶,舍人喝拜讫,宰臣以下升堂,各立于位后,学生各就北向位。舍人喝拜,在位者俱拜讫,各分东西庑,以北为上下。舍人喝就坐,上下皆就坐。赐茶毕,礼直官、通事舍人引堂上官降阶就位,舍人喝拜,在位者俱拜讫,礼直官引之以次出。学生就位,舍人喝拜,学生俱再拜,退。

绍兴十三年七月,国学大成殿告成,奉安庙像。明年二月,国子司业高闶请幸学,上从之。诏略曰:"偃革息民,恢儒建学。声明丕阐,轮换一新,请既方坚,理宜从欲。将款谒于先圣,仍备举于旧章。"三月,上服靴袍,乘辇入监,止辇于大成殿门外。入幄,群臣列班于庭,帝出幄,升东阶,跪上香,执爵三祭酒,再拜,群臣皆再拜,上降入幄,分奠从祀如常仪。尚舍先设次于崇化堂之后,及堂上之中南向设御坐。阁门设君臣班于堂下,如月朔视朝之仪。宰辅、从臣次于中门之外。上乘辇幸太学,降辇于堂,入次更衣。讲官入就堂下讲位,北向;执经官、学生皆立于堂下,东西相向。帝出次,升御坐,群臣起居如仪。乃命三公,宰辅以下升堂,皆就位,左右史侍立。讲书及执经官北面起居再拜,皆命之升立于御坐左右。升,各立于位后学生北再拜,分立两庑北上。内侍进书案牙签,以经授执经官,赐三公、宰辅以下坐。讲毕,群臣皆起,降阶,东西相向立。执经官降,讲官进前致词,乃降,北面再拜,左右史降。乃赐茶,三公以下北面再拜,学生北面再拜,分两庑立,上下就坐,赐茶毕,三公以下降阶,学生自两庑降,皆北面再拜,群臣以次出。上降坐还次,乘辇还

宫。时命礼部侍郎秦火执经、司业高闶讲《易》之《泰》,遂幸养正、持
志二斋,赐闶三品服,学官迁秩,诸生授官免举,赐帛有差。

上既奠拜,注视貌象,翼翼钦慕,览唐明皇及太祖、真宗、徽宗
所制赞文,命有司悉取从祀诸赞,皆录以进。帝遂作先圣及七十二
子赞,冠以序文,亲洒翰墨,以方载之,五月丙辰,登之采殿,备仪卫
作乐,命监学之臣,自行宫北门迎置学宫,揭之大成殿上及二庑。序
曰:"朕自睦邻息兵,首开学校。教养多士,以遂忠良。继幸太学,延
见诸生。济济在庭,意甚嘉之。因作《文宣王赞》。机政余,历取颜
回而下七十二人,亦为制赞。用广列圣崇儒右文之声,复知'师弟子
间缨弁森森、覃精绎思'之训,其于世道人心庶几焉。"二十六年十
二月,言者谓:"陛下崇儒重道,制为赞辞,刻宸翰于琬琰,光昭往
古,寰宇儒绅,孰不顾瞻《云汉》之章?请奉石刻于国子监,以碑本遍
赐郡学。"从之。

淳熙四年,孝宗幸《太学》,如绍兴之仪,命礼部侍郎李焘执经、
祭酒林光朝讲太学。寻幸武学,如太学之仪。帝肃揖武成王,不拜。嘉
泰三年正月,宁宗幸太学,如淳祐之仪。淳熙元年正月,理宗幸太
学,宗、武两学官属、生员并赴太学陪位,候车驾至学,诣先圣文宣
王位,三上香,执爵三祭酒,俯伏,兴,再拜,在位官皆再拜。皇帝至
崇化堂,宰臣,使相、执政并起居。执经官由东阶、讲官由西阶并升
堂,于御前分东西相向立。次引国子监三学学官、学生一班北面再
拜,赞各就坐,赐茶。俟讲书毕,起,立班再拜。礼成,执经官、讲书
官、国子监三学官、生员各推恩转官有差。咸淳三年正月戊辰,度宗
幸太学祇谒,礼部尚书陈宗礼执经,国子祭酒雷宜中讲《中庸》,余
并如仪。

赐贡士宴,名曰"闻喜宴"。《政和新仪》:押宴官以下及释褐贡
士班首初入门,《正安之乐》作,至庭中望阙位立,乐止。预宴官就
位,再拜讫。押宴官西向立,中使宣曰:"有敕",在位者皆再拜讫。中
使宣曰"赐卿等闻喜宴",在位者皆再拜,执笏,舞蹈,又再拜。次引

押宴官稍前谢坐再拜,在位者皆再拜。若赐敕书,即引贡士班首稍前,中使宣曰"有敕",贡士再拜。中使宣曰"赐卿等敕书",班首稍前,执笏,跪,中使授敕书讫,少退,班首以敕书加笏上,俯伏,兴,归位再拜,在位者皆再拜。凡预宴官分东西升阶就坐,贡士以齿,酒初行。《宾兴贤能之乐》作,饮讫、食毕,乐止。酒再行,《于乐辟雍之乐》作。酒三行,《乐育人材之乐》作。酒四行,《乐且有仪之乐》作。酒五行,《正安之乐》作。再坐,酒行、乐作,节次如上仪,皆饮讫、食毕,乐止。押宴官以下俱兴,就次,赐花有差。少顷,戴花毕,次引押宴官以下并释褐贡士诣庭中望阙位立,谢花再拜,复升就坐,酒行、乐作,饮讫、食毕,乐止。酒四行讫,退。次日,预宴官及释褐贡士入谢如常仪。

宁宗庆元五年五月,赐新及第进士曾从龙以下闻喜宴于礼部贡院,上赐七言四韵诗,秘书监杨王休以下继和以进,自后每举并如之。

幸秘书省。绍兴十四年七月,新建秘书省成,秘书少监游操等援宣和故事,请车驾临幸,诏从之。二十七日,幸秘书省,至祐文殿降辇,颁手诏曰:"盖闻周建外史,掌三皇、五帝之书;汉选诸儒,定九流、七略之奏。文德之盛,后世推焉。仰惟祖宗建开册府,凡累朝名世之士,由是以兴,而一代致治之原,盖出于此。朕嘉与学士大夫共宏斯道,乃一新史观,新御榜题,肆从望幸之忱,以示右文之意。呜呼!士习为空言,而不为有用之学久矣。尔其勉修术业,益励猷为,一德一心,以共赴享嘉之会,用丕承我祖宗之大训,顾不善欤!"遂陈累朝御书、御制晋唐、书画三代古器,次宣皇太子、宰臣以下观讫,退。遂赐宴于右文殿,酒五行,群臣再拜退。车驾还内,赐少监游操三品服、御书扇,余官笔墨,馆阁官各转一官。淳熙五年九月十三日,孝宗幸秘书省,如绍兴十四年之仪,帝赋诗,群臣皆属和。

进书仪。绍兴二十年五月八日,进呈《中兴圣统》,太常博士丁屡明言："乞比附进呈玉牒行礼。"二十四年，进呈《徽宗御集》，礼部言："昨绍兴十年，徽宗御制，拟以"敷文"名阁，今乞权安奉天天章阁，续俟崇建。二十六年十月，进呈《太后回銮事实》。二十七年三月，宰臣沈该言："玉牒所官陈康伯等先次编修太祖皇帝玉牒，自诞圣至即位，自建隆元年至开宝九年，通修一十七年开基玉牒，旧制以梅红罗面签金字，今欲题曰《皇宋太祖皇帝平方牒》。又编修今上皇帝玉牒，自诞圣之后圣德祥瑞、建大元帅府事绩，至即帝位二十余年，又自即位后编修至绍兴二年，通修二十六年中兴玉牒，今欲题曰《皇宋今上皇帝玉牒》。宣祖、太祖、太宗、魏王下各宗《仙源类谱》、五世昭穆，今已修写进本，乞择日进呈。"诏从其请。

前期，仪鸾司、临安府于玉牒殿上南向，设权安奉玉牒、类谱并《中兴圣统》幄次；又于玉牒所向外，设骑从官及文武百官等待班幕次；又于景灵宫内外，设骑从官幕次。进呈前一日，俟朝退，玉牒所提领官、都大提举、诸司官、承受官、玉牒所官等赴本所幕次宿卫。俟仪仗乐人等排立，御史台阁门，大常寺分引玉牒所官诣玉牒殿下，北向立。直官引提领官诣玉牒殿下，北向立礼直官揖、躬、拜，提领官拜，在位官皆再拜讫。次引提领官诣香案前执笏，三上香，执笏退，复位，皆再拜讫，班退，归幕次宿卫。仪仗乐人作乐，昼夜更互排立。

其日五更，御史台、阁门、太常寺分引提领官、宰执、使相、侍从、台谏、两省官、知阁、礼官、南班宗室诣玉牒殿，北向立。礼直官揖、躬、拜，提领官拜，在位官皆再拜讫。次引提领官诣玉牒，类谱香案前执笏，三上香执笏，退，复位。礼直官引提领官诣幄前，西向立，次骑从官分左右乘马，俟玉牒所率辇官奉擎玉牒、类谱、腰舆进行乐人作乐，仪卫、仪仗迎引次引提领官、宰执、使相、待从、台谏、两省官、知阁、礼官，南班宗室骑从，至和宁门下马，执笏步从玉牒、类谱至垂拱殿门外幄次，步从官权归幕次，乐止。仪卫、乐人等并于幄次前排立，俟进呈玉牒、类谱，并如阁门仪讫。

俟玉牒、类谱出殿门，御史台、阁门、太常寺分引提领官、宰执、使相、侍从、台谏、两省官、知阁、礼官、南班宗室分左右执笏步从，仪卫乐人前引，迎奉出皇城北宫门，步从等官上马骑从，至和宁门外。前引至玉牒所，御史台、阁门、太常寺分引文武百官于玉牒所门内殿门外立班，内文臣厘务通直郎以上及承务郎见任寺监主簿执事官以上，武臣修武郎以上，迎拜讫。如值雨，地下沾湿，迎拜官吏不迎拜。骑从官至玉牒所，并下马执笏步从，诣玉牒殿下，分东西相向立。礼直官引提领官诣玉牒、类谱幄前，西向立定。

俟玉牒所率辇官奉擎玉牒、类谱入幄，仪仗、仪卫、辇官、乐人更互排立。提领官、宰执、使相、侍从、台谏、两省官、知阁、礼官、南班宗室及玉牒所官、分官赴景灵宫，迎奉《皇帝中兴圣统》赴玉牒殿，同时安奉。

俟安奉时将至，设香案毕，次御史台、阁门、太常寺分引文武百官诣玉牒殿下，并北向立班定。礼直官引提领官诣幄前西立，俟日官报时及。次玉牒所安奉玉牒、类谱讫。次引提领官复位。北向立定。礼直定揖躬拜，提领官拜，在位官皆再拜，讫礼直官引提领官诣香案前，搢笏，三上香，执笏退，复位立定，在位皆再拜讫，退，仪卫乐人等以次退。自是，凡进书并仿此，惟进太上皇圣政，则有诣德寿宫之仪。

淳祐五年二月十二日，进孝宗光宗两朝御集、《宁宗实录》及《理宗玉牒日历》。其日，皇帝御垂拱殿，提举官、礼仪使、宗室、使相、宰执以下，赴实录院、祐文殿、玉牒所、经武阁并行烧香礼毕，奉迎诸书至和宁门，步导至垂拱殿，以俟班齐，各随腰舆入殿下，东西向立。

皇帝服靴袍出宫，殿下鸣鞭，禁卫、诸班直、亲从等牟入内省执骨朵使臣，国史实录院、日历所、编修经武要略所、玉牒所点检文字以下并腰舆下人，并迎驾，自赞常起居。内擎腰舆人不拜，止应喏。皇帝即御坐。先知阁门官以下，各班起居如常仪。

次日内官下殿，各取合进呈书匣升殿，于殿上东壁各置案上，以南为上。知阁门官二员自御坐前导皇帝起诣三朝诸书香案前褥位,东向立。阁门提点奏请上香,三上香讫,又奏请皇帝再拜讫,知阁门官前导皇帝复归御坐。知阁门官归东朵殿上侍立,仪銮司彻香案拜褥,降东朵殿。

次舍人请国史实录院以下提举官、礼仪使、宰执并进读官升殿,于御坐东面西立。国史实录院、国史日历所、编修经武要略所、玉牒所官,殿下依旧立。俟入内官进御案,《孝宗御集》提举官并进读御官稍前立,分进读御集官于御前过,两壁面东立。御集提举诸司官于《孝宗御集》匣前搢笏、启封、开钥讫,出笏,归侍立位。御集承受官搢笏,于御集匣内取册,转授提举官搢笏接讫,承受出笏,提举官奉册置御案上,出笏。皇帝起前立,提举诸司、承爱官分东西相向立,并搢笏揭册讫。各出笏。进读御集官搢笏稍前,取篦子指读,逐版揭册指读,并如上仪。俟进读毕,皇帝复坐,进读御集官置篦子于御案上,出笏,却于御前东壁西面立以俟。提举官搢笏、收册,复授承受官指接讫,提举官出笏,稍后立。承受官奉册入匣讫,出笏,提举诸司官指笏,销匣讫,出笏,归侍立位。次读《光宗御集》、《宁宗实录》、《兴宗经武要略》,并同上仪。

次玉牒提举官并进读玉牒官稍前立,分进读玉牒官于御前过,西壁面东立。玉牒提举诸司官于玉牒匣前指,启封钥讫,出笏,归侍立位。玉牒承官指取册,授提举官置御案上,进读亦如前仪,读毕锁匣,出笏,归侍立位。次日历提举官并进读日历官启封钥,进读亦同。

俱毕,入内官彻案,承受官奉册入匣讫,出笏,提举诸司官搢笏,钥匣讫,出笏,归侍立位。仪銮司彻卓子,降东朵殿。奉书匣下殿,各置腰舆上。国史实录院、日历所、编修经武要略所、玉牒所提举官,礼仪使,宰执并降东阶下殿,东壁面西立。舍人引各官及礼仪使一班当殿面北立定,引各直身出班、敛身称谢讫,归位立,揖,躬身赞拜,两拜讫。赞各祇候直身立宣答,御药下殿宣答,提举官、礼仪使并敛身听宣答讫,御药升殿。揖,躬身赞拜。两拜讫。赞各祇候直身立,舍人引赴东壁面西立。

次引国史宾录院、日历所、编修经武要略所、玉牒所官一班首直身出班、敛身称谢讫,归位立,揖,躬身赞拜。两拜讫,赞各祗候直身立。如传旨后谢恩,知阁门官承旨讫,于折槛东面西立,传与舍人承旨讫,再揖,躬身赞谢恩拜,两拜讫,赞各祗候直身立。不该赐茶官先退。

次引国史实录院、日历所、编修经武要略所、玉牒所提举诸司官并承受官以下一班当殿面北立定,揖,躬身赞谢恩拜,两拜讫,赞各祗候直身立,各归位立。

次引国史实录院、日历所,编修经武要略所、玉牒所点检文字以下一班当殿面北立定,揖,躬身,赞谢恩拜,两拜讫,赞各祗候直身立,各归位立。传旨宣坐赐茶讫,舍人奏阁门无公事,皇帝起还宫,百官导送,奏安两朝御集、宾录于天章阁,经武要略于经武阁、玉牒于玉牒所、日历于秘阁如仪。

大射之礼,废于五季,太宗始命有司草定仪注。其群臣朝谒如元会。酒三行,有司言:"请赐王、公以下射",侍中称制可。皇帝改服武弁,布七埒于殿下,王、公以次射,开乐县东西厢,设熊虎等侯。陈赏物于东阶,以赉能者;设丰爵于西阶,以罚否者。并图其冠冕、仪式、表著、墩埒之位以进。帝览而嘉之,谓宰臣曰:"俟弭兵,当与卿等行之。"

凡游幸池苑,或命宗室、武臣射,每帝射中的,从官再拜奉觞、贡马为贺。预射官中者,帝为之解,赐袭衣、金带、散马,不解则不赐。苑中皆有射棚、书晕的。射则用招箭班三十人,服绯紫绣衣、帕首,分立左右,以唱中否。节序赐宴,则宗室、禁军大校、牧伯、诸司使副皆令习射,遂为定制。外国使入朝,亦令帅臣伴,赐射于园苑。

政和宴射仪:皇帝御射殿,侍宴官公服、系鞶,射官窄衣,奏圣躬万福,再拜升殿。酒三行,引射官降,皆执弓矢,谢恩再拜,三公以下在右。射官在左,不射者依坐次分立。皇帝初射中,舍人赞拜,凡左右祗应臣僚,除内侍外,并阶上下再拜。行门、禁卫、诸班、亲从、诸司祗应人并自赞再拜。诏箭班殿上躬奏讫,跪进椀。射官先传弓箭与殿侍,侧立。内侍接椀讫,就拜,起,降阶再拜。有司进御茶床,天武引进奉马列射垛前,员僚奏圣躬万福,东上阁门官诣御前,躬奏班首姓名以下进酒。班首以下横行立,赞再拜,班首奉酒进。乐作,饮毕,殿上臣僚再拜。舍人赞各赐酒,群官俱再拜。赞各就坐,群官皆立席后,引进司官临阶,宣进奉出,天武奉马出,乐合,复赞就坐,饮讫,揖,兴诸司收坐物等。射官左侧临阶,取弓箭侍立。皇帝再射中或双中,如上仪。进酒临时取旨,得旨进酒,更不进奉中扁椀。及解中,更不贺、不进酒。

　　臣僚射中,引降阶再拜讫,殿下侧立。御箭解中,招箭班进扁椀,如上仪。舍人再引射,中官当殿揖,躬宣“有敕,赐窄衣、金带”。跪受,箱过再拜,过殿侧服所赐讫,再引当殿再拜,更不射。如宣再射,或更赐箭令射,如未退,即就位再拜。如再射中,御箭再解中,赐鞍辔马如上仪。臣僚射中,御箭不解,引降阶再拜。立。招箭班殿上躬奏讫,下殿,舍人宣“有敕,赐银椀”。跪受执宛并箭就拜,起,再拜。如合赐散马,即同宣赐,宣“有敕,赐银椀,兼赐散马若干匹”。射讫,进御茶床。诸司复陈坐物等,群官各立席后,赞就坐,群官俱坐。酒一行,宣示盏,宣劝如仪,皆作乐宴毕,内侍举御茶床,三公以下降阶再拜,退。

　　乾道二年二月四日,车驾幸玉津园,皇帝射讫,次命皇太子,次庆王,次恭王,次管军臣僚等射,如是者三。每射四发,帝前后四中的。

　　淳熙元年九月,车驾幸玉津园,命从驾文武官行宴射之礼,皇太子、宰执以下,酒三行,乐作,皇帝临轩,有司进弓矢,皇帝中的,皇太子进酒,率宰执以下再拜称贺。宣皇太子射,射中,赐。宣预射臣僚射,使相郑藻、起居舍人王卿月、环卫官萧夺里懒射中,各赐袭龙、金带。

　　乡饮之礼有三:《周礼》,乡大夫,三年大比,与贤者、能者,乡老及乡大夫帅其吏,与其众寡,以礼宾之,一也;党正,国索鬼神而祭祀,则礼属民而饮酒于序,以正齿位,二也;州长,春秋习射于序,先行乡饮礼,三也。后世腊蜡百神、春秋习射、序宾饮酒之仪,不行于郡国,唯贡士日设鹿鸣宴,犹古者宾兴贤能,行乡饮之遗礼也。然古礼有宾主,僎介,与今之礼不同。器以尊俎,与今之器不同。宾坐于西北,介坐于西南,主人坐东南,僎坐东北,与今之位不同。主人献,宾酢主人,主人酬宾,次主人献介,介酢主人,次主人献众宾,与今之仪不同。今制,州、军贡士之月,以礼饮酒,且以知州、军事为主人。学事司所在,以提举学事为主人。其次本州官八行,上舍生当贡者,与州之群老为众宾,亦古者序宾,养老之意也。是月也,会凡学之士及武士习射,亦古者习射于序之意也。

唐贞观所颁礼,惟明州独存,淳化中会例行之。政和礼局定饮酒祭降之节,与举酒作乐器用之属,并参用辟雍宴贡士仪,其有古乐处,令用古乐。即又以河北转运判官张孝纯之言:"《周官》以六艺教士,必射而后行。古者诸侯贡士,天子试诸射宫,请诏诸路州郡,每岁宴贡士于学,因讲射礼。"于是礼官参定射仪:乡饮酒前一日,本州于射亭东西序,量地之宜,设提举学事诸监司、知州、通判州学教授,应赴乡饮酒官员贡士幕次,本州兵马教谕备弓矢应用物,设乐,其日初筵提举学事,知州军,通判帅应赴乡饮酒官贡士诣射亭,执弓矢,揖入射,乘矢若中,则守帖者举获唱获,执算者以算设壶毕。多算胜少算。射毕,赞者赞揖,酬酢如仪毕,揖退饮,如乡饮酒。

绍兴七年,郡守仇念置田以供费。十三年,比部郎中林保乞修定乡饮仪制,遍下郡国,于是国子祭酒高闶草具其仪上之,僎介之位,皆与古制不合,诸儒莫解其指意。

庆元中,朱熹以《仪礼》改定,知学者皆尊用之,主宾、僎介之位,始有定说。其主,则州以守、县以令,位于东南;宾,以里居年高及致仕者,位于西北;僎,则州以倅、县以丞或簿,位东北,介以次长,位西南,三宾,以宾之次者,司正众所推服者,相及赞,以士熟于礼仪者。其日质明,主人率宾以下,先释菜于先圣先师,退各就次,以俟肃宾。介与众宾既入,主人序宾祭酒,再拜,诣垒洗洗觯,至酒尊所酌实觯,授执事者,至宾席前跪以献宾,宾酬主人,主人酬介,介酬众宾,宾主以下各就席坐讫。酒再行,次沃洗,赞者请司正扬觯致辞,司正复位,主人以下复坐。主人兴,复至阼阶楣下,儓从宾介复至,西阶下立,三宾至西阶立,并南向。主人拜,宾介以下再拜。宾介与众宾先自西趋出,主人少立,自东出。宾以下立于庠门外之右,东乡;主人立于门外之左,西乡。儓从主人再拜,宾介以下皆再拜。退。

宋史卷一一五

志第六八

礼十八 嘉礼六

皇太子冠礼皇子附　公主笄礼
公主下降仪宗室附　亲王纳妃
品官婚礼　士庶人婚礼

皇太子冠仪,常行于大中祥符之八年。徽宗亲制《冠礼沿革》十一卷,命仪礼局仿以编次。

其仪:前期奏告天地、宗庙、社稷、诸陵、宫观。殿中临帅尚舍张设垂拱、文德殿门之内,设香案殿下螭陛间,又为房于东朵殿。大晟展宫架乐于横街南,太常设太子冠席东阶上、东宫官位于后,设褥位,陈服于席南,东领北上。远游冠簪导、衮冕簪导同箱,在服南。设罍洗阼阶东,罍在洗东,篚在洗西,实巾一,加勺幂。光禄设醴席西阶上。南面。实侧尊在席南。又设馔于席,加幂。执事者并公服,立罍洗酒馔之所。九旒冕、远游冠、折上巾各一匲,奉礼郎三人执以侍于东阶之东、西北上。设典仪位于宫架东北,赞者二人在南,西向。

礼直官、通事舍人、太常博士引太子诣朵殿东房。皇帝乘辇,驻垂拱殿,百官起居,如月朔视朝仪。左辅版奏中严,内外符宾郎奉宝先出;左辅奏外办,皇帝服通天冠、绛纱袍诣文德殿,帘卷。大乐正

令撞黄钟之钟,右五钟皆应。殿上鸣鞭,皇帝出西阁乘辇,协律郎俯
伏,跪,举麾,兴,工鼓柷,奏《乾安之乐》,殿上扇合。礼直官、太常博
士引礼仪使导皇帝出,降辇即坐,帘卷扇开,鞭鸣乐止,炉烟升,符
宝郎奉宝陈于御坐左右,礼直官,通事舍人,太常博士引掌冠、赞冠
者入门,《肃安之乐》作,至位乐止。典仪曰:"再拜",在位者皆再拜。
左辅诣御坐前,承制降东阶阶,掌冠者前西向称有制,典仪赞在位
官再拜讫,宣制曰:"皇太子冠,命卿等行礼。"掌冠、赞冠者再拜讫,
文臣侍从官、宗室、武臣节度使以上升殿,东西立,应行礼官诣东阶
下立。

　　东宫官入,诣太子东房,次礼直官等引太子,内侍二人夹侍,东
宫官后从,《钦安之乐》作,即席西向坐,乐止。引掌冠、赞冠者以次
诣盥洗,乐作,搢笏,盥帨讫,出笏,升,乐止。执折上巾者升,掌冠者
降一等受之,右执项,左执前,进皇太子席前,北向立,祝曰:"咨尔
元子,肇冠于阼。筮日择宾,德成礼具。于万斯年,承天之祜。"乃跪
冠,《顺安之乐》作,掌冠者兴,席南北面立,后准此。赞冠者进席前,
北面跪正冠,兴,立于掌冠者之后。太子兴,内侍跪进服,服讫,乐
止。掌冠者揖太子复坐,礼直官等引掌冠者降诣盥洗,如上仪。赞
冠者进席前,北向跪,脱折上巾置于匦,兴内侍跪受兴,置于席。执
远游冠者升,掌冠者降二等受之,右执项,左执前,进太子席前,北
向立,祝曰:"爰即令辰,申加元服。崇学以让三善皆得。副予一人,
受天百福。"乃跪冠,《懿安之乐》作,掌冠者兴。赞冠者进,跪簪结
纮,兴。太子兴,内侍跪进服,服讫,乐止。

　　掌冠者揖太子复坐,掌冠者降诣盥洗,及赞冠者跪,脱远游冠,
并如上仪。执衮冕者升,掌冠者降三等受之,右执项,左执前,进太
子席前,北向立,祝曰:"三加弥尊,国本以正。无疆惟休,有室大竞,
懋昭厥德,保兹永命。"乃跪冠,《成安之乐》作。掌冠者兴。赞冠者
如上仪,跪簪结纮。内侍进服,服讫,乐止。礼直官等引太子降自东
阶,乐作,上西皆升,即醴席南向坐,乐止。又引掌冠者诣盥洗,乐
作,盥帨讫,升西阶,乐止。赞冠者跪取爵,内侍注酒,掌冠者受爵,

跪进太子席前,北向立,祝曰:"旨酒嘉荐,有铋其香。拜受祭之,以定尔祥,令德寿岂,日进无疆。"太子执圭,跪受爵,《正安之乐》作,饮讫,奠爵执圭。大官令设馔席前,太子执圭,食讫,乐止,执圭兴,大官令彻馔、爵。

礼直官等引自西阶诣东房,易朝服,降立横街,南北向,东宫官复位,西向。太子初行,乐作,至位,乐止。礼直官等引掌冠、赞冠者诣前,西向,掌冠者少进,字之曰:"始生而名,为实之宾。既冠而字,以益厥文。永受保之,承天之庆。奉敕字某。"太常博士请再拜,太子再拜讫,搢笏,舞蹈,再拜,奏圣躬万福又再拜。左辅承旨,降自东阶,诣太子前。西向,宣曰:"有敕,太子再拜,宣敕曰:"事亲以孝,接下以仁。远妄近义,禄贤使能。古训是式大,猷是经。宣讫,太子再拜讫。礼直官等引太子俯伏跪,奏称臣虽不敏,敢不祗奉,奏讫兴,复位,再拜讫,引出殿门,乐作,出门,乐止。侍立官并降复位,典仪曰"拜",赞者承传,在位者皆再拜。礼仪使奏礼毕,鸣鞭。大乐正令撞蕤宾之钟,左五钟皆应,《乾安之乐》作,皇帝降坐,左辅奏解严,放仗,在位官皆再拜,退。

太子入内,朝见皇后,如宫中仪。乃择日谒太庙、别庙,宿斋于本宫。质明,服远游冠、朱明衣,乘金辂。至庙,改服文明衮冕,执圭行礼,群臣称贺,皇帝赐酒三行。

皇子冠,前期择日奏告景灵宫,太常设皇子冠席文德殿东阶上,稍北东向。设褥席,陈服子席南,东领北上。九旒冕服、七梁进贤冠、折上巾公服,七梁冠簪导九旒冕导同箱,在服南。设全洗、酒馔、旒冕、冠、巾及执事者,并如皇太子仪。其日质明,皇帝通天冠、绛纱袍,御文德殿。皇子自东房出,内侍二人夹侍,王府官从,《恭安之乐》作,即席南向坐,乐止。掌冠者进折上巾,北向跪,《修安之乐》作,赞冠者进,北面跪正寇,皇子兴,内侍跪进服讫,乐止,掌冠者揖皇子复坐,以爵跪进祝曰:"酒礼和旨,笾豆静嘉。授尔元服,兄弟具来。永言保之,降福孔皆。"皇子执笏,跪受爵《翼安之乐》作,饮讫,太官令进馔讫,再加七梁冠,《进安之乐》作。掌冠得进爵,祝曰:

"宾赞即成,肴核惟旅。申加厥服,礼仪有序。允观尔成,承天之祜。"
皇子跪受爵,《辅安之乐》作,太官奉馔。三加九旒冕《广安之乐》作,
掌冠者进爵,祝曰:"旨酒嘉粟,甘荐令芳,三加尔服,眉寿无疆。永
承天休,俾炽而昌"皇子跪受爵,《贤安之乐》作,太官奉馔,馔撤。

皇子降,易朝服,立横阶南,北向位,掌冠者字之曰:"岁日云
吉,威仪孔时。昭告厥字,君子攸宜。顺尔成德,永受保之。奉敕字
某。"皇子再拜,舞蹈又再拜,奏圣躬万福,又再拜。左辅宣敕,戒曰:
"好礼乐善,服儒讲艺。蕃我王室,友于兄弟。不溢不骄,惟以守之。"
皇子再拜,进前俯伏,跪称:"臣虽不敏,敢不祗奉!"俯伏,兴,复位,
再拜,出。殿上侍立官并降,复位,再拜,放仗。明日,百僚诣东上阁
门贺。

公主笄礼。年十五,虽未议下嫁,亦笄,笄之日,设香案于殿庭;
设冠席于东房外,坐东向西;设醴席于西阶上,坐西向东;设席位于
冠席南,西向。其裙背、大袖长裙、褕翟帷之衣,各设于榼,陈于庭;
冠笄、冠朵、九翚四凤冠,各置于盘,蒙以帕。首饰随之,陈于服榼之
南,执事者三人掌之。栉总置于东房。内执事宫嫔盛服旁立,俟乐
作,奏请皇帝升御坐,乐止。

提举官奏曰:"公主行笄礼。"乐作,赞者引公主入东房。次行尊
者为之总髻毕,出,即席西向坐。次引掌冠者东房,西向立,执事奏
冠笄以进,掌冠者进前一步受之,进公主席前,北向立,乐止,祝曰:
"令月吉日,始加元服。弃尔幼志,顺尔成德。寿考绵鸿,以介景福。"
祝毕,乐作,东向冠之,冠毕,席南北向立;赞冠者为之正冠,施首饰
毕,揖公主适房,乐止。执事者奉裙背入,服毕,乐作,公主就醴席,
掌冠者揖公主坐。赞冠得执酒器,执事者酌酒,授于掌冠者执酒,北
向立,乐止,祝曰:"酒醴和旨,笾豆静嘉。受尔元服,兄弟具来,与国
同休,降福孔皆。"祝毕,乐作,进酒,公主饮毕,赞冠者受酒器,执
者奉馔,食讫,撤馔。

复引公主至冠席坐,乐止。赞冠者至席前,赞冠者脱冠置于盘,

执事者撤去,乐作。执事者奉冠以进,掌冠者进前二步受之,进公主席前,北向立,乐止,祝曰:"吉月令辰,乃申尔服,饰以威仪,淑谨尔德。眉寿永年,享受遐福。"祝毕,乐作,东向冠之,冠毕,席南北向立。赞冠者为之正冠,施首饰毕,揖公主适房,乐止。执事奉大袖长裙入,服毕,乐作。公主至醴席,掌冠者揖公主坐。赞冠者执酒器,执事者酌酒,授于掌冠者执酒,北向立,乐止,祝曰:"宾赞既戒,殽核惟旅。申加尔服,礼仪有序。允观尔成,永天之祜。"祝毕,乐作,进酒,公主饮毕,赞冠者受酒器,执事者奉馔食讫,撤馔。

　　复引公主至冠席坐,乐作。赞冠者至席前,赞冠者脱冠置于盘,执事者撤去,乐作。执事奉九翚四凤冠以进,掌冠者进前三步受之,进公主席前,向北而立,乐止,祝曰:"以岁之吉,以月之令,三加尔服,何兹永命。以终厥德,受天之庆。"祝毕,乐作,东向冠之,冠毕,席南北向立。赞冠者为之正冠、施首饰毕,揖公主适房,乐止。执事者奉褕翟袆之衣入,服毕,乐作,公主至醴席,掌冠者揖公主坐。赞冠者执酒器,执事者酌酒,授于掌冠者执酒,北向立,乐止,祝曰:"旨酒嘉荐,有飶其香。咸加尔服,眉寿无疆。永承天休,俾炽而昌。"祝毕,乐作,进酒,公主饮毕,赞冠者受酒器。执事者奉馔,食讫,彻馔。

　　复引公主至席位立,乐止,掌冠者诣前相对,致辞曰:"岁日具吉,威仪孔时。昭告厥字,令德攸宜。表尔淑美,永保受之。可字曰某。"辞讫,乐作,掌冠者退。引公主至君父之前,乐止,再拜起居,谢恩再拜。少俟,提举进御坐前承旨讫,公主再拜。提举乃宣训辞曰:"事亲以孝,接下以慈。和柔正顺恭谦俭谦仪。不溢不骄,毋诐毋欺。古训是式,尔其守之。"宣讫,公主再拜,前奏曰:"儿虽不敏,敢不祗承!"归位再拜,见后母之礼如之。

　　礼毕,公主复坐,皇后称贺,次妃嫔称贺,次掌冠、赞冠者谢恩,次提举众内臣称贺,其余班次称贺并依常式。礼毕,乐作;驾兴,乐止。

公主下降。初被选尚者即拜驸马都尉，赐玉带、袭衣、银鞍勒马彩罗百匹，谓之系亲。又赐办财银万两，进财之数，倍于亲王聘礼。出降，赐甲第。余如诸王夫人之制。掌扇加四，引障花、烛笼各加十，皆行舅姑之礼。诸亲递加赐赉，其县主系亲以金带，赐办财银五千两，纳财赐赉，大率三分减其二。宗室女特封郡君者，又差降焉。

嘉祐初，礼官言："礼阁新仪，公主出降前一日，行五礼，古者，结婚始用行人，告以夫家采择之意谓之纳采；问女之名，归卜夫庙，吉，以告女家，谓之问名、纳吉。今选尚一出朝廷，不待纳采；公主封爵已行诞告，不等问名，若纳成则既有进财，请期则有司择日。宜稍依五礼之名，存其物数，俾知婚姻之事重、而夫妇之际严如此，亦不忘古礼之义也。"时兖国公主下嫁李玮，诏赐出降日，令夫家主婚者具合用雁、币、玉、马等物，陈于内东门外以授内谒者，进入内侍掌事者受，唯马不入。

神宗即位，诏以"昔侍先帝，恭闻德音，以旧制士大夫之子有尚帝女者，辄皆升行，以避舅姑之尊。岂可以富贵之故，屈人伦长幼之序。宜诏有司革之，以厉风俗。"于是著为令。仍命陈国长公主行舅姑之礼，驸马都尉王师约更不升行。公主见舅姑行礼自此始。旧例，长公主凡有表章不称妾，礼院议谓："男子、妇人，凡于所尊称臣若妾，义宾相对。今宗室伯叔近臣悉皆称臣，即公主理宜称妾。况家人之礼，难施于朝廷。请自大长公主而下，凡上笺表，各据国封称妾。"从王师约之请也。

康国公主下降，太常寺言："按令，公主出降，申中书省，请皇后帅宫闱掌事人送至第外，命妇从，今请如令。"诏："出降日，婉仪帅宫闱掌事者送至第外，命妇免从。"

徽宗改公主为姬，下诏曰："在熙宁初，有诏厘改公主、郡主、县主名称，当时群臣不克奉承。近命有司稽考前世，周称'王姬'，见于《诗雅》虽周姓，考古立制，宜莫如周。可改公主为帝姬、郡主为宗姬、县主为族姬。其称在长者，为大长帝姬，仍以美名二字易其国号，内两国者以四字。"

其出降日,胥家具五礼,修表如上仪。太史局择日告庙。

亲迎。前一日,所司于内东门外量地之宜,西向设婿次。其婿父醮子如上仪。乃命之曰:"往迎肃雍,以昭惠宗祐"子再拜,曰:"祗率严命!"又再拜,降,出乘马,至东华内下马,礼直官引就次。有司陈帝姬卤簿、仪仗于内东门外,候将升厌翟车,引婿出次于内东门外,躬身西向。掌事者执雁,内谒者奉雁以进,俟帝姬升车,婿再拜,先还第。

同牢。其日初昏,掌事者设巾、洗各二于东阶东南,一于室北,水在洗东,尊于室中,实四爵、两卺于筐。婿至本第,下马以俟。帝姬至,降车,赞者引胥揖之以入,及寝门又揖,导之升阶,入室盥洗。掌事者布对位,又揖帝姬,皆即坐受盏三饮,俱兴,再拜,赞者撤酒。

见舅姑。夙兴,帝姬著花钗、服褕翟惟以俟见。赞者设舅姑位于堂上,舅位于东,姑位于西,各服其服就位,女相者引帝姬升自西阶,诣舅位前再拜,赞者以枣栗授帝姬奉置舅位前,舅即坐,赞者进彻以东,帝姬退,复位,又再拜,女相者引诣姑位前再拜,赞者以股修授帝姬奉置姑位前,姑即坐,赞者亦彻以东,帝姬退,复位,又再拜,次醴妇、盟馈、飨妇如仪。

诸王纳妃。宋朝之制,诸王聘礼,赐女家白金万两。敌门,即古之纳采。用羊二十口、酒二十壶,采四十匹。定礼,羊、酒、采各加十、茗百斤,裓巾段、绫、绢三十匹,黄金钗钏四双,条脱一副,真珠虎魄璎珞、直珠翠毛玉钗朵各二副,销金生色衣各一袭,金涂银合二,锦绣绫罗三百匹,果盘、花粉、花冪、眠羊卧鹿花饼、银胜、小色金银钱等物。纳财,用金器百两,采纳千匹、钱五十万、锦绮、绫、罗绢各三百匹,销金绣画衣十袭,直珠翠毛玉钗朵各三副,函书一架缠束帛,押马函马二十匹,羊五十口,酒五十壶,系羊酒红绢百匹,花粉、花冪、果盘、银胜、罗胜等物。亲迎,用涂金银装肩舆一,行障、坐障各一,方团掌扇四,引障花十树,生色烛笼十,高髻钗插并童子八人骑分左右导扇舆。其宗室子聘礼,赐女家白金五千两。其敌门、定礼、纳财、亲迎礼皆减半,远属族卑者又减之。

政和三年四月,议礼局上皇子纳夫人仪:

采择。使者曰:"奉制,某王之俪,属子懿淑。谨之重之,使某行采择之礼。"傧者入告,主人曰:"臣某之子颛愚,不足以备采择,恭承制命,臣某不敢辞。"

问名。使者曰:"某王之俪,采择既谐。将加官占,奉制问名。"宾者入告,主人曰:"制以臣某之子,可以奉侍某王,臣某不敢辞。"

告吉。使者曰:"官占既吉,奉制以告。"傧者入告,主人曰:"臣某之子,愚弗克堪。占贶之吉,臣与有幸。臣某谨奉典制。"

告成。使者曰:"官占云吉,嘉偶既定,制使某以仪物告成。"宾者入告,主人曰:"奉制赐臣以重礼,臣某谨奉典制。"

告期。使者曰:"涓辰之良,某月某日吉,制使某告期。"傧者入告,主人曰:"臣某谨奉典制。"

前期,太史局择日,奏告景灵宫。

赐告。前一日,主人设使者次,如常仪,使者以内侍为之。又设告箱之次于中门外,北向,随阙所向,设香案于寝庭。其日大昕,使者公服至,主人出迎于大门外,北向再拜,使者不答拜,谒者引使者入门而左,主人入门而右,举告箱者同入,主人立香案左,使者在右,举告箱者以告置于香案。女相者引夫人出,面阙立,使者称有制,女相者赞再拜,使者曰:"赐某国夫人告。"又赞再拜,退,使者出。"

皇帝醮戒于所御之殿,皇子乘象辂亲迎。同牢、夫人朝见、盥馈、皇帝皇后飨夫人如仪,
其诸王以下:

纳采。宾曰:"某官以优丽之重,施于某王,某官谓主人,某王谓婿。某王率循彝典,以某将某,敢请纳采。"某王谓婿父,某谓宾。傧者入告,主人曰:"某之子弗闲于姆训,维是股修、枣栗之馈,未知所以告虔也。某听命于庙,敢不拜嘉。"

问名。宾曰:"合二姓之好,必稽诸龟筮敢请问名。傧者入告,

主人曰：“某王恭谨重正昏礼，将以加诸卜，某敢不以告。

纳吉。宾曰：“某王承嘉命，稽诸卜筮，龟筮协从，使某以告。”傧者入告主人曰：“某王不忘寒素，欲施德于某未教之女，而卜以吉告，其曷敢辞。”

纳成。宾曰：“某王谨重嘉礼将卜诸近日，使某请期。傧者入告，主人再辞，傧者出告宾者曰：“某官以伉丽之重，施于某王，某王上谓胥，下谓胥父。率循彝典，有不典之弊，以某将事，敢请纳成。”傧者入告，主人曰：“某王顺傧典，申之以备物，某敢不重拜嘉。”

请期。宾曰：“某王谨重嘉礼将卜诸近日，使某请期。傧者入告，主人再辞，傧者出告宾者曰：曰：“某既不获受命于某官，某王得吉卜曰某日，敢不以告。”傧者才入告，主人曰：“谨奉命以从。”

亲迎。前一日，主人设宾次，宾谓胥。如常仪。其日大昕，胥之父服其服，告于祢庙，无庙者设神位于厅东，不应设位者不设。子将行，父醮之于厅事。赞者设父位中间，南向设子位父位之西，近南，东向。父即坐，子公服升自西阶。进立位前。赞者注酒于盏，西向授子，子再拜，跪受，赞者又设馔父位前，子举酒兴，即坐饮食讫，降，再拜，进立于父位前。命之曰：“躬迎嘉偶，厘尔内治。”子再拜，曰：“敢不奉命。”又再拜，降出，诣女家。主人服其服，告于祢庙，如请期之仪。宾将至，主人设神位于寝户外之西，设醴女位于户内，南向，具酒馔。宾至，赞者引就次，女盛服于房中，就位南向立，姆位于右，从者陪其后。父公服升自东阶，立于寝户外之东，西向。内赞者设酒馔，女就位坐，饮食讫降，再拜内赞者，彻酒馔，主人降立东阶东南，西面赞者引宾出次，立于门西，东面傧者进受命，出请事，宾曰：“某受命于父，以兹嘉礼，躬听成命。”傧者入告，主人曰：“某固愿从命。傧者出告讫，入引主人迎宾大门外之东，西面揖宾，宾报揖。主人入门而祐，宾入门而左，执雁者从入，陈雁于庭，三分庭，一在南，北向。主人升立于东阶上，西面；宾升西阶进，当寝户前，北面再拜，降出，主人不降送。宾初入门，母出，立于寝户外之西，南面，宾拜讫，母引女出于母左，父命之曰：“往之汝家，以顺为正，无忘肃恭！”

母戒之曰："必恭必戒，无违舅姑之命！"庶母申之曰："尔诚听于训言，无作父母羞！"女出门，婿先还第。

其同牢、庙见、见舅姑诸礼，皆如仪。

凡宗室婚姻，治平中，宗正司言："宗室女舅姑、夫族未立仪制，皆当创法。"诏："胥家有二世食禄，即许娶宗室女，未仕者与判、司簿、尉，已任者随资序推恩。即胥别祖、女别房，旧为婚姻而于今卑尊不顺者，皆许。胥之三代、乡贯、生月、人材书札，止令婚主问验，以告宗正寺、大宗正司，寺、司祥视，如条保明。所进财皆赐胥家，令止于本宫纳财，媒妁、使令之人，非理求丐，许告。宗室女事舅姑及见夫之族亲，皆如臣庶之家。"其后又令宗室女再嫁者，祖、父有二代任殿直若州县官已上，即许为婚姻。

熙宁十年，又诏："应祖免以上亲不得与杂类之家婚嫁，谓舅尝为仆、姑尝为娼者。若父母系化外及见居沿边两属之人，其子孙亦不许为婚。思麻以上亲不得与诸司胥吏出职、粟粟得官及进纳伎术、工商、杂类、恶逆之家子孙通婚。后又禁刑徒人子为婚。应婚嫁者委主婚宗室，择三代有任州县官或殿直以上者，列姓名、家世、州里、岁数奏上，宗正司验实召保，付内侍省宣系，听期而行。嫁女则令其胥召保。其昌妄成婚者，以违制论。主婚宗室与媒保同坐，不以赦降，自首者减罪，告者有赏。非祖免亲者依庶姓法。宗室离婚，委宗正司审察，若于律有可出之实或不相安，方听；若无故捃拾者，劾奏。如许听离，追完赐予物，给还嫁资。再娶者不给赐。非祖免以上亲与夫听离，再嫁者委宗正司审核。其恩泽已追夺而乞与后夫者，降一等。"寻诏："宗女毋得与尝娶人结婚，再适者不用此法。"

品官婚礼。纳采、问名、纳吉、纳成、请期、亲迎、同牢、庙见见舅姑、姑醴妇、盥馈、飨妇、送者，并如诸王以下婚。四品以下不用盥馈、乡妇礼。

土庶人婚礼。并问名于纳采，并请期于纳成。其无雁奠者，三舍生听用羊,庶人听以雉及鸡鹜代。其辞称"吾子"。

亲迎。质明,掌事者设祎位厅事东间,南向。胥之父服其服,北面再拜,祝曰:"某子某,年若干,礼宜有室,聘某氏第几女,以某日亲迎,敢告。"子将行,父坐厅事,南向,子服其服,三舍生及品官子孙假九品服,余并皂衫衣、折上巾。立父位西,少南,东向。赞者注酒于盏授子,子再拜,跪受,赞者又以馔设位前,子举酒兴,即坐饮食讫,降,再拜,进立父位前,命之曰:"厘尔内治,往求尔匹。"子再拜,曰:"敢不奉命。"又再拜,降出。

初婚,掌事者设酒馔室中,置二盏于盘。胥服其服如前服,至女家,赞者引就次,掌事者设祎位主人受礼,如请期之仪。主人谓女父。女盛服立房中,父升阶立房外之东,西向。非南向者,各随其所向。父立于门外之左,余放此。赞者注酒于盏授女,女再拜受盏;赞者又以馔设位前,女即坐饮食讫,降,再拜。父降立东阶下,宾出次,宾谓胥。主人迎于门,揖宾入,宾报揖,从入。主人升东阶,西面;宾升西阶,进当房户前,北面。掌事者陈雁于阶,宾曰:"某受命于父,以兹嘉礼,躬听成命。"主人曰:"某固愿从命。"宾再拜,降出,主人不降送。初,女出,父戒之曰:"往之汝家,无忘肃恭!"母戒之曰:"夙夜以思,无有违命!"诸母申之曰:"无违尔父母之训!"女出,胥先还,俟于门外。妇至,赞者引就北面立,胥南面,揖以入,至于室。掌事者设对位室中,胥妇皆即坐,赞者注酒于盏授胥及妇,胥及妇受盏饮讫。迎设馔,再饮、三饮,并如上仪。胥及妇皆兴,再拜,赞者撤酒馔。

见祖祎、见舅姑、礼妇、飨送者,如仪。

宋史卷一一六
志第六九

礼十九 宾礼一

大朝会仪　常朝仪

《周官》：司仪掌九仪宾客摈相，诏王南乡以朝诸侯；"大行人掌
大宾之礼、大客之仪，以亲诸侯"。盖君臣之际体统虽严，然而接以
仁义，摄以威仪，实有宾主之道焉。是以《小雅·鹿鸣》燕其臣下，皆
以嘉宾称之。宋之朝仪，政和详定五礼，列为宾礼。今修《宋史》，存
其旧云。

大朝会。宋承前代之制，以元日、五月朔、冬至行大朝会之礼。
太祖建隆二年正月朔，始受朝贺于崇元殿，服衮冕，设宫县、仗卫如
仪。仗退，群臣诣皇太后宫门奉贺。帝常服，御广德殿，群臣上寿，
用教坊乐。五月朔，受朝贺于崇元殿，帝服通天冠、绛纱袍，宫县、仪
仗如元会仪。乾德三年冬至，受朝贺于文明殿，四年于明元殿，贺
毕，常服御大明殿，群臣上寿，始用雅乐登歌、二舞，群臣酒五行罢。
太宗淳化三年正月朔，命有司约《开元礼》定上寿仪，皆以法服
行礼，设宫县、万舞，酒三行罢。
真宗咸平三年五月朔，雨，命放仗，百官常服，起居于长春殿，
退诣正衙，立班宣制。
仁宗天圣四年十二月，诏明年正月朔先率百官赴会庆殿，上皇

太后寿，酒毕，乃受朝天安殿，仍令太常礼院修定仪制。

五年正月朔，晓漏未尽三刻，宰臣、百官与辽使、诸军将校，并常服班会庆殿。内侍请皇太后出殿后幄，鸣鞭，升坐，又诣殿后皇帝幄，引皇帝出。帝服靴袍，于帘内北向褥位再拜，跪称："臣某言：元正启祚，万物惟新。伏惟尊号皇太后陛下，应时纳祐，与天同休。"内常侍承旨答曰："履新之祐，与皇帝同之。"帝再拜，诣皇太后御座稍东。内给待酌酒授内谒者监进，帝跪进讫，以盘兴，内谒者监承接之，帝却就褥位，跪奏曰："臣某稽首言：元正令节，不胜大庆，谨上千万岁寿。"再拜，内常侍宣答曰："恭举皇帝寿酒。"帝再拜，执盘侍立，教坊乐止，皇帝受虚盏还幄。通事舍人引百官横行，典仪赞再拜、舞蹈、起居。太尉升自西阶，称贺帘外，降，还位，皆再拜、舞蹈。侍中承旨曰"有制"，皆再拜，宣曰："履新之吉，与公等同之。"皆再拜、舞蹈。阁门使帘外奏："宰臣某以下进寿酒。"皆再拜。太尉升自东阶。翰林使酌御酒盏授太尉，执盏盘跪进帘外，内谒者监跪接以进，太尉跪奏曰："元正令节，臣等不胜庆抃，谨上千万岁寿。"降，还位，皆再拜。宣徽使承旨曰："举公等觞。"皆再拜。太尉升，立帘外，乐止。内谒者监出帘授虚盏。太尉降阶，横行，皆再拜、舞蹈。宣徽使承旨宣群臣升殿，再拜，升及东西厢坐，酒三行，侍中奏礼毕，退。枢密使以下迎乘舆于长春殿，起居称贺。百官就朝堂易朝服，班天安殿朝贺，帝服衮冕受朝。礼官，通侍舍人引中书令、门下侍郎各于案取所奏文，诣褥位，脱剑舄，以次升，分东西立。诸方镇表、祥瑞案先置门外，左右令史绛衣对举，给侍中押祥瑞、中书侍郎押表案入，分诣东西阶下对立。既贺，更服通天冠、绛纱袍，称觞上寿，只举四爵。乘舆还内，恭谢太后如常礼。

神宗元丰元年，诏龙图阁直学士、史馆修撰宋敏求等详定正殿御殿仪注，敏求遂上《朝会仪》二篇、《令式》四十篇，诏颁行之。其制：

　　元正、冬至大朝会，有司设御座大庆殿，东西房于御座之左右稍北，东西阁于殿后，百官、宗室、客使次于朝堂之内外。

五辂先陈于庭，兵部设黄麾仗于殿之内外。大乐令展宫架之乐于横街南。鼓吹令分置十二案于宫架外。协律郎二人，一位殿上西阶之前楹，一位宫架西北，俱东向。陈舆辇、御马于龙墀，伞扇于沙墀，贡物于宫架南，冬至不设贡物。余则列大庆门外。陈布将士于街。左右金吾六军诸卫勒所部，列黄麾大仗于门及殿庭。百僚、客使等俱入朝。文武常参官朝服，陪位官公服，近仗就陈于阁外。大乐令，乐工、协律郎入就位，中书侍郎以诸方镇表案，给事中以祥瑞案俟于大庆门外之左右。冬至不设给事中位、祥瑞案。诸侍卫官各服其器服。

辇出，至西阁降辇，符宝郎奉宝诣阁门奉迎，百官、客使、陪位官俱入就位。侍中版奏中严，又奏外办。殿上鸣鞭，宫县撞黄钟之钟，右五钟皆应。内侍承旨索扇，扇合，帝服通天冠、绛纱袍。御舆出，协律郎举麾奏《乾安乐》，鼓吹振作。帝出自西房，降舆即座，扇开，殿下鸣鞭。协律郎偃麾乐止，炉烟升。符宝郎奉宝置御座前，中书侍郎，给事中押表案、祥瑞案入，诣东西阶下对立，百官宗室及辽使班分东西，以次入，《正安乐》作，就位。乐止，押乐官归本班，起居毕，复案位。三师、亲王以下及御史台、外正任、辽使俱就北向位。典仪赞，在位者皆再拜，起居讫，太尉将升，中书令、门下侍郎俱降至两阶下立。凡太尉行，则乐作，至位乐止。太尉诣西阶下，解剑脱舃升殿。中书令、门下侍郎各于案取所奏之文诣褥位，解剑脱舃以次升，分东西立以俟。太尉诣御座前，北向跪奏："文武百僚，太尉具官臣某等言：元正启祚，万物咸新。冬至易为："晷运推移，日南长至。"伏惟皇帝陛下应乾纳祐，与天同休。"俯伏，兴，降阶，佩剑纳舃，余官准此。还位，在位官俱再拜、舞蹈，三称万岁，再拜。侍中进当御座前承旨，退临阶，西向，称制宣答曰："履新之庆，冬至易曰"履长之庆"。与公等同之。"赞者曰"拜"，舞蹈三称万岁。横行官分班立。中书令、门下侍郎升诣御座前，各奏诸方镇表及祥瑞迄，户部尚书就承制位俯伏跪奏诸州贡物。请付所司。礼部尚书奏诸蕃贡物如之。司天监奏云物祥瑞，请付史馆，皆如上仪。侍中进当御座前奏礼毕，殿上承旨索扇，殿下鸣鞭，宫县撞蕤宾之钟，左五钟皆应，协律郎举麾，宫县奏《乾安乐》，鼓吹振作，帝降座，御舆入自东房，扇开，偃麾乐止。侍郎奏解严，百官退还次。客使、陪位官并退。

有司设食案，大乐令设登歌殿上，二舞入，立于架南。预座当升殿者位御座之前，文武相向，异位重行，以北为上，非升殿者位于东西廊下。尚食奉御设寿尊于殿东楹稍南，设坫于尊南，加爵一。有司设上下群臣酒樽于殿下东西厢。侍卫官及执事者各立其位，仗卫仍立俟，上寿百官立班如朝贺仪。

侍中版奏中严、外办，闻鸣鞭，索扇，帝服通天冠、绛纱袍，御舆出东房，乐作。帝即座，扇开，乐止。赞拜毕，光禄卿诣横街南，跪奏："具官臣某言，请允群臣上寿。"兴，侍中承旨称制可，稍退。舍人曰"拜"，光禄卿再拜讫，复位，三师以下就位，赞者曰"拜"，在位者皆拜舞，三称万岁，太尉升殿，诣寿尊所，北向，尚食奉御酌御酒一爵授太尉，搢笏执爵诣前跪进，帝执爵，太尉出笏，俯伏，兴，稍退，跪奏："文武百僚、太尉具官臣某等稽首言：元正首祚，臣等不胜大庆，谨上千万寿。"俯伏，兴，降，复位。赞者曰"拜"，在位者皆再拜，三称万岁。侍中承旨退，西向宣曰"举公等觞。"赞者曰："拜，"在位者皆再拜，三称万岁，北向，班分东西序立。太尉自东阶侍立，举第一爵，《和安乐》作，饮毕，乐止。太尉受虚爵复于坫，降阶。三师以下赞拜、舞蹈，称万岁如上仪。

侍中进奏："侍中具官臣某言，请延公王等升殿。"俯伏，兴，降，复位，侍中承旨退称有制，赞者曰"拜"，在位者皆再拜。宣曰："延公王等升殿。"赞者曰"拜"，在位者皆再拜。公王等诣东阶，升立于席后。尚食奉御进酒，殿中监省酒以进，帝举第二爵，登歌作《甘露之曲》。饮讫，殿中监受爵，乐止。群臣升殿，就横行位。舍人曰："各赐酒。"赞者曰"拜"。群官皆再拜，三称万岁。舍人曰:"就座",太官令行酒,搢笏受酒,宫县作《正安之乐》,文舞入,立宫架北,觞行一周,凡行酒讫,并太官令奏巡周,乐止。尚食进食,升阶,以次置御座前。又设群官食,讫,太官民令奏食篇。太乐丞引《盛德升闻之舞》入,作三变,止,出。殿中监进第三爵,群官立席后。登歌作《瑞木成文之曲》。饮讫,乐止。殿中丞受虚爵,舍人曰:"就座。"群官皆坐。又行酒、作乐,进食,如上仪。太乐丞引《天下大定之舞》,作三变,止,出。殿中监进第四爵,登歌奏《嘉禾之曲》,如第三爵。太官令行酒又一周,乐止,舍人曰:"可起。"百僚皆立席后,侍中进御座前跪奏礼毕,俯伏,兴,与群官俱降阶复位,赞者曰"拜",皆再拜、舞蹈。三称万岁,起,分班立。殿上索扇,扇合,殿下鸣鞭,太乐令撞蕤宾之钟,左右钟皆应。协律郎俯伏,举麾。太乐令令奏《乾安之乐》,鼓吹振作。帝降座,御舆入自东房,扇开,乐止。侍中奏解严,所司承旨放仗,百僚再拜,相次退。

旧制,朝贺、上寿,帝执镇圭,至是始罢不用。

元祐八年,太常博士陈祥道言:"贵人贱马,古今所同。故觐礼马在庭,而侯氏升堂致命:聘礼马在庭,而宾升堂私觌。今元会仪,御马立于龙墀之上,而特进以下立于庭,是不称尊贤才、体群臣之意。请改仪注以御马在庭,于义为允。"

旧制,五月朔受朝,熙宁二年诏罢之。元符元年四月,得传国受命宝,礼官言:"五月朔于故事当大朝会,乞就是日行受宝之礼,依上尊号宝册仪。前一日,帝斋于殿内;翌日服通天冠、绛纱袍,御大庆殿,降座受宝,群臣上寿称贺"其后,徽宗以元日受八宝及定命宝,冬至日受元圭,皆于大庆殿行朝贺礼。

《新仪》成,改《元丰仪》太尉为上公,侍中为左辅,中书令为右弼,太乐令为大晟府,《盛德升闻》为《天下化成之舞》《天下大定》为《四夷来王之舞》及增刑部尚书奏"天下断绝,请付史馆",余并如旧仪。凡遇恤则废,若无事不视朝,则下敕云"不御殿",群臣进表称贺于阁门。

绍兴十二年十月,臣僚言:"窃以元正一岁之首,冬至一阳之复,圣人重之,制为朝贺之礼焉。自上世以来,未之有改也。汉高祖以五年即位,而七年受朝于长乐宫;我太祖皇帝以建隆元年即位,受朝于崇元殿。主上临御十又六年,正、至朝贺,初未尝讲。艰难之际宜不遑暇。兹者太母还宫,国家大庆,四方来贺,亶惟其时。欲望自今元正、冬至举行朝贺之礼,以明天子之尊庶几旧典不至废坠。"礼部太常寺考定朝会之礼,依国故事,设黄麾、大仗、车辂、法物、乐舞等,百僚服朝服,再拜上寿,宣王公升殿,间饮三周。诏:"自来年举行"。十一月,权礼部侍即王赏等言:"朝会之制,正旦、冬至及大庆受朝受贺系御大庆殿。其文德、紫宸、垂拱殿礼制各有不同,月朔视朝则御文德殿,谓之前殿正衙,仍设黄麾半仗;紫宸、垂拱皆系侧殿,不设仪仗。元正在近,大庆殿之礼事务至多,乞候来年冬至别行取旨。"诏从之。

明年,阁门言:"依汴京故事,遇行大礼,则冬至及次年正旦朝会皆罢。"

十四年九月,有司言:"明年正旦朝会,请权以文德殿为大庆殿,合设黄麾大仗五千二十七人,欲权减三分之一,合设八宝于御座之东西,及登歌、宫架、乐舞、诸州诸蕃贡物。行在致仕官、诸路贡士举首,并令立班。"诏从之。十五年正旦,御大庆殿受朝,文武百官朝贺如仪。

常朝之仪。唐以宣政为前殿,谓之正衙,即古之内朝也。以紫宸为便殿,谓之入阁,即古之燕朝也。而外又有含元殿,含元非正、至大朝会不御。正衙则日见,群臣百官皆在,谓之常参,其后此礼渐废,后唐明宗始诏群臣每五日一随宰相入见,谓之起居,宋因其制。皇帝日御垂拱殿,文武官日赴文德殿正衙曰常参,宰相一人押班。其朝朔望亦于此殿。五日起居则于崇德殿或长春殿。中书、门下为班首。长春即垂拱也。至元丰中官制行,始诏侍从官而上,日朝垂拱,谓之常参官。百司朝官以上,每五日一朝紫宸,为六参官。在京朝官官以上，朔望一朝紫宸，为朔参官、望参官，遂为定制。

正衙常参。国朝之制：两省、台官、文武百官每日赴文德殿立班，宰臣一员押班。常朝官有诏旨免常朝，及勾当更番宿者不赴。遇假并三日以上，即横行参假。宰臣、参知政事及免常朝者悉集。事务急速，赴横行不及者，牒报台。如遇亲王、使相过正衙，则取别旨。群官见、谢、辞者，皆赴正衙。其日，文武班尚书、上将军以下，并先叙立于殿门之外，东西相向。文班一品、二品不叙立。正衙见、谢、辞官立于大班之南，右巡使立正衙位南，北向。台官大夫、中丞、三院御史各就揖，班位再揖。三院不全，即不揖。揖讫，台官与左巡使先入，各就位。左右巡使立钟鼓楼下，左巡使奏武班，右巡使奏文班。如只巡使一员，即就入班南立，单奏。如俱缺，即于台官或员外郎以下差摄。次两班及右巡使入，次见、谢、辞官入，次两省官入，两省官自殿西偏门入，于右勤政门北偏门立，候文武班将至，循午阶就位。次文班一品、二品入。次宰臣出东上阁门，就位。通事舍人一员立于阁门外，北向，四色官立其后。舍人通承旨奉敕不坐，四色官应喏急趋至放班位宣敕，在位官皆再拜而退。其应横行者班定，通事舍人揖群官转班北向，舍人揖再拜复位，如常朝之仪。两省官幕次旧在中书门外，近制就使权就朝堂门南上将军幕次。凡见、谢、辞官，新受、加恩，出使到关者。宰臣亲王、使相，俟班定，引赞引出东上阁门，至押班位，西向立定，先赴午阶南中书门下正衙位再拜，却还押班位。枢密使、副使、知院、同知院、签书院事、参知政事、宣徽使、宗室节度使以下至刺史将军，俟班定，四方馆吏引出东上阁门，至殿庭，由东黄道赴正衙位，北向以西为首，将军以东为首，正衙毕，宰臣、枢密出西便门，亲王宗室入东上阁门。观文殿大学士、资政殿大学士、观文殿学士、三司使、翰林资政侍讲、侍读学士、直学士、知制诰、待制，直学士以上集丞郎幕次，待制集上将军幕次。俟班定，四方馆吏引入殿西便门赴班，于大夫、中丞前出。门下、中书侍郎至正言，四方馆吏引先集勤政门北，俟班定，于一品、二品官未就位前先就位，放班讫，由西便门出。御史大夫至御史，序班如常朝。三师、三公、仆射、东宫三师、三少，班入殿门，朝堂吏引入殿东便门赴班，于两省、台官前出。尚书丞郎、左右金吾上将军至将军，序班如常朝。节度使至刺史、军职两厢都指挥使以上，三司副使、文班京朝官、武官郎将以上，分司官、枢密都承旨、诸使副，医官带正员官者，并文东武西相向，重行序立，余如常朝。其权三司使、开封府，吏部铨，秘书监、修撰、直馆阁校理检讨、三司判官、主判官、开封府判官、推官、官僚、内职军校领郡者，内客省使至通事舍人，节度行军司马至团练副使，幕职上佐州县官，诸司勒留官新受者，京朝官改赐章服者，致仕、责授、降授、并谢。行军副使仍辞。京朝官、贡举发解毕者亦见。准仪制，知贡举官合谢辞。近岁皆即时销宿，故谢辞皆停。

　　垂拱殿起居，则内侍省都知、押班，率内供奉官以下并寄班等先起居；次客省、阁门使以下，呈进目者，次三班使臣，节度、观察、防御、团练、刺史等子弟充供奉官侍禁、殿直，有皆令内朝起居者。次内殿当直诸班，殿前指挥使、左右班都虞候以下、内殿直、散员、散旨为、散都头、金枪班等。次长入祗候、东西班殿侍，次御前忠佐，次殿前都指挥使率军校至副指挥使，次驸马都尉，任刺史以正是者缀本班。次诸王府僚，次殿前诸军使、都头，次皇亲将军以下至殿直，次行门指挥使率行门起居。以上并内侍赞喝。如传宣前殿不坐，即宰相、枢密使、文明殿学士、三司使、翰林枢密直学士、中书舍人、三司副使、知起居注，皇城内监库藏朝官、诸司使副、内殿崇班，供奉官、侍禁，殿直、翰林医官、待诏等同班入；次亲王、侍卫亲军马步军都指挥使率军校至副都指挥使，次使相，次节度使、次统军，次两使留后、观察使，次团练、防御使、刺史，次侍卫马步军使，都头，起居毕，见、谢班入。如御崇德殿，即紫宸殿也。即枢密使以下先就班，候升坐，诸司使副以下至殿直，分东西对立，余皆北面。长春殿阶北面。宰相、参知政事最后入。以下并阁门赞喝。日止再拜。朔望及三日假，枢密使以下皆舞蹈，早朝，则宰相、枢密、宣徽使起居毕，升殿问圣体。宰相奏事，枢密，宣徽使退候，宰相对毕，枢密使复入奏事。次三司、开封府、审刑院及群臣以次登殿。大两省以上领务京师有公事，许即时请对，自余受使出入要切者，欲回奏事，则听先进禀旨。其见、谢、辞官，以次入于庭。凡见者先之，谢次之，辞又次之。出使闲慢或未升朝官，或只拜于门外，自秘书监、上将军、观察使、内以上得拜殿门阶上，及升只止拜御座前，余皆庭中班次。惟宰相、亲王、使相赴崇德殿、即宣徽使通唤，余皆侧立候通，再拜舞蹈；致辞，即不舞蹈；见，即将相升殿问圣体。其赐分物酒食及收进奉物，皆舞蹈称谢，凡收进奉物皆入谢。幕职、州县官谢、辞，即判铨官引对，兼于殿门外宣辞其戒励，凡国有大庆瑞及出师胜捷，枢密使率内职军校入贺致辞，阁门使宣答；宰相致辞，宣徽使宣答。如赐酒，即预坐官后入，作乐送酒，如曲宴之仪。晚朝则宰相、枢密、翰林学士当直者，洎近侍执事之臣皆赴。

乾德六年九月，始以旬假日御讲武殿，又名崇政。近臣但赴早参。宰相以下靴笏，诸司使以下系带。其节假及大祀，并令如式。

开宝九年四月，诏旬休日不视事。及太宗即位，复如旧视朝。退进食讫，则易服，御崇政殿。先群臣告谢，次军头引见司奏事于殿下，次三班、审官院、流内铨、刑部及诸司引见官吏。如假日起居辞见毕，即移御座，临轩视事。既退，复有奏事，或阅器物之式者，谓之后殿再坐。

淳化三年，令有司申举十五条：常参文武官或有朝堂行私礼，跪拜，待漏行立失序，谈笑喧哗，入正衙门执笏不端，行立迟缓，至班列行立不正，趋拜失仪，言语微喧，穿班仗，出阁门不即就班，无故离位，廊下食、行坐失仪，入朝及退朝不从正衙门出入，非公事入中书。犯者夺奉一月；有司振举，拒不伏者录奏贬降。

景德二年，光禄寺丞钱易言："窃睹文德殿常朝班不及三四十人，盖以凡掌职务只赴五日起居，颇违旧章。望令并赴朝参。"乃诏应三馆、秘书阁、尚书省二十四司、诸司寺监朝臣内殿起居外，并赴文德殿常参。其审刑院、大理寺、台直官、开封府判官推官司录两县令、司天监、翰林天文、监仓场库务等仍免。

大中祥符二年，御史知杂赵湘言："伏见常参官每日趋朝，多不整肃，旧制，并早赴待漏院，候开内门齐入。伏缘每日迨辰以朝，以故后时方入。又风雨寒暑，即多称疾，宜令知班驱使官视其入晚者申奏。疾者，遣医亲视。"

天禧四年十月，中书、门下言："唐朝故事：五日一开延英，只日视事，双日不坐。方今中外晏宁，政刑清简，望准旧事，三日、五日一临轩听政，只日视事，双日不坐。至于刑章、钱谷事务，遣差臣僚，除急切大事须面对外，余并令中书、枢密院附奏。"诏礼仪院详定，双日前后殿不坐，只日视事；或于长春殿，或于承明殿，应内殿起居群臣并依常日起居；余如中书、门下之仪。俄又请只日承明殿常朝，依假日便服视事，不鸣鞭。诏可。

康定初，诏中书，枢密，三司，大节、大忌给假一日，小节、旬休并后殿奏事，前后毋得过五班，余听后殿对，御厨给食。假日，崇政殿辰漏，上入内进食，俟再坐复对。

神宗即位，御史中丞王陶以《皇祐编敕》宰臣押班仪制移中书，谓"天子新即位，大臣不应隳废朝仪"，不报。旧制：祖宗以来，日御垂拱殿，待制、诸司使以上俱赴，而百官班文德殿，曰常朝；五日皆入，曰起居。平时，宰相垂拱殿奏事毕，赴文德殿押班，或日昃未退，则阁门传宣放班，多不复赴。王陶以韩琦、曾公亮违故事不押班为不恭，劾之。琦、公亮上表待罪，且言："唐及五代《会要》，月九开延英，则余日宰相当押正衙班。及延英对日，未御内殿前，传宣放班，则宰相不押正衙班明矣。自祖宗继日临朝，宰相奏事。至祥符初，始诏循故事，押文德班。以妨职浸废，乃至今日，请下太常、礼院详定。"陶坐绌。司马光代为中丞，请令宰相遵国朝旧制押班，不须详定。寻诏："宰相春分辰初、秋分辰正，垂拱殿未退，听勿赴文德殿，令御史台放班。"光又言："垂拱奏事毕，春分以后鲜有不过辰初，秋分以鲜有不过辰正，然则自今宰臣常不至文德殿押班。请春分辰正，秋分已初，奏事未毕，即如今诏，庶几此礼不至遂废。"乃诏春秋分率以辰正。

熙宁六年正月，西上阁门副使张诚一言："垂拱殿常朝，先内侍唱内侍都知以下至宿卫行门计一十八班起居，后通事舍人引宰执、枢密使以下大班入，次亲王、次侍卫马步军都指挥以下，次皇亲使相以下十班入，方引见、谢、辞。或遇百官起居日，自行门后，通事舍人引枢密以下,次亲王、使相以下至刺史十班入,方奏两巡使起居。立定,方引两省官入,次阁门引宰臣以下大班入。起居毕,候百官出绝,两省班出,次两巡使出,中书,枢密方奏事,已是日高;况大班本不分别丞郎、给谏、台省及常以官,今独使相以下曲为分别,虚占时刻。请遇垂拱殿百官起居日,将亲王以下十班合为四班,亲王为一班,侍卫马步军都指挥使为一班,皇亲使相以下至刺史重行异位为两班,可减六班。如垂拱殿常朝不系百官起居,或紫宸殿百官起居,其亲王、使相以下班,并依旧仪序入起居。"从之。九月,引进使李端愿言:"近朔望御文德殿视朝,祁寒盛暑数烦清跸,而紫宸之朝岁中罕御。请朔日御文德,既望坐紫宸,庶几正衙、内殿朝仪并举。"从之。

元丰八年二月,诏诸三省、御史台、寺监长贰、开封府推判官六参,职事官、赤县丞以上、寄禄升朝官在京厘务者望参,不厘务者朔参。

哲宗元祐四年十月,以户部尚书吕公孺言,诏朔参官兼赴望参,望参官兼赴六参。五年,诏权侍郎并日参。

绍圣四年十月,御史台言:"外任官到阙朝见讫,并令赴朔、望参。"寻又言"元丰官制,朝参班序有日参,六参、望参、朔参、已著为令,元祐中,改朔参兼赴望参、望参兼赴六参,有失先朝分别等差之意。只依元丰仪令。"从之。

政和详定《五礼新仪》,有《文德殿月朔视朝仪》、《紫宸殿望参仪》、《垂拱殿四参仪》、《紫宸殿日参仪》、《垂拱殿日参仪》、《崇政殿再坐仪》、《崇政殿假日起居仪》,其文不载。中兴仍旧制。

乾道二年九月,阁门奏:垂拱殿四参,四参官谓宰执,侍从、武臣正任、文臣卿监郎监察御史已上。皇帝坐,先读奏目。知阁以下,次御带、环卫官以下,次忠佐、殿前都指挥使以下,次殿前司员僚,次皇太子,次行门已上,逐班并常起居。次枢密,学士、待制、枢密都承旨以下,知阁并祗应武功大夫以下,通班常起居。次亲王,次马步军都指挥使,次使相,次马步军员僚以上,逐班并常起居。次殿中侍御史入侧宣大起居讫,归侍立位。次宰执以下,并两省官、文武百官入,相向立定,通班面北立,大起居讫,凡常居两拜,大起居七拜。三省升殿侍立。次两省官出,次殿中侍御史对揖出,三省、枢密院奏事,次引见、谢、辞,次引臣僚奏事讫,皇帝起。诏:"今后遇四参日,分起居班次,可移殿中侍御史及宰执以下百官班,令次枢密以下班起居。却令亲王并殿前都指挥使以下殿前司员僚,逐班于宰执以下班后起居,余并从之。"

淳熙七年九月,诏:"自今垂拱殿日参,宰臣特免宣名。"

嘉定十二年正月,臣僚奏:"窃见皇帝御正殿,或御后殿,固可间举,四参官亦有定日。近者每日改常朝为后殿,四参之礼亦多不讲,正殿、后殿、四参间免。陛下临朝之日固未尝辍,而外延不知圣意,或谓姑从简便,非所以肃百执事也。常朝之礼只于从臣,后殿之仪从臣不与,四参只及卿郎,而乃累月仅或一举。咫尺天威,疏简至此,非所以尊君上而励百辟也。伏愿陛下严常朝、后殿,四参之礼,起群下肃谨之心,彰明时厉精之治,岂不伟哉。"从之。

初,群臣见、辞、谢,皆赴正衙。淳化二年知杂御史张郁言:"正衙之设谓之外朝,凡群臣辞,见及谢,先诣正衙,见讫,御史台具官位姓名以报,阁门方许入对,此国家旧制也。乾德后,始诏先赴中谢,后诣正衙,而文武官中谢后,次日并赴正衙,内诸司遥领刺史、阁门通事舍人以上新授者亦赴正衙辞谢,出使急速免衙辞者亦具状报台,违者罚奉一月。其内诸司职官并将校至刺史以上新授者,欲望同百官例,赴正衙谢。"从之。元丰既定朝参之制,侍御史知杂事蒲中行上言:"文德正衙之制,尚存常朝之虚名,袭横行之谬例,有司失于申请,未能厘正。两省、台官、文武百官赴文德殿,东西相向对立,宰臣一员押班,闻传不坐,则再拜而退,谓之常朝。遇休假并三日以上,应内殿起居官毕集,谓之横行。自宰臣、亲王以下应见、谢、辞者,皆先赴文德殿,谓之过正衙。然在京厘务之官例以别敕免参,宰臣押班近年已罢。而武班诸衙本朝又不常置。故今之赴常朝者,独御史台官与审官、待次阶官而已。今垂拱内殿宰臣以下既已日参,而文德常朝仍复不废,舛谬倒置,莫此为甚。至于横行参假,与夫见、谢、辞官先过正衙,虽沿唐之故事,然必俟天子御殿之日行之可也。"诏下详官制所言:"今天子日听政于垂拱,以接执政官及内朝之臣,而更于别殿宣敕不坐,实为因习之误。兼有执事升朝官五日一赴起居,而未有执事者反谓之参,疏数之节尤为未当,又辞、见、谢、自已入见天子,则前殿正衙对拜为虚文。其连遇朝假,则百官司赴大起居,不当复有横行参假。宜如中行言。"于是常朝、正衙、横行之仪俱罢。

宋史卷一一七

志第七〇

礼二十　宾礼二

入阁仪　明堂听政仪肆赦仪附
皇太后垂帘仪　皇太子正至受贺仪
皇太子与百官师保相见仪

入阁仪。唐制：天子日御正衙以见群臣，必立仗。朔望荐食陵寝，不能临前殿，则御便殿，乃自正衙唤仗由宣政两门而入，是谓东、西上阁门，群臣俟于正衙者因随以入，故谓之入阁。五代以来，正衙既废，而入阁亦希阔不讲，宋复行之。

建隆元年八月朔，太祖常服御崇元殿，设仗衙，文武百官入阁，始置待制、候对官，乃以工部尚书窦俨待制，太常卿边光范候对。仗退，赐食廊下。

乾德四年四月朔，帝有通天冠、绛纱袍，御崇元殿视朝，设金吾仗卫，群臣入阁。

太宗淳化二年十一月，诏以十二月朔御文德殿入阁，令史馆修撰杨徽之、张洎定为新仪。前一日有司供帐于文德殿。宋初曰文明。是日既明，先列文武官于殿庭之东西，百官、军校，行军副使等序班于正衙门外屏南阶下；次御史中丞、三院御史序立，中丞独穿金吾班过揖两班，一揖归本位；次监察御史两员监阁。于正衙门外屏北阶上北面立;次中书、门下,文明翰林枢密直学士,两省官分班立;次司天奏辰刻;次阁门版奏班齐。皇帝服靴袍乘辇,至长春殿驻辇,枢密使以下奏谒,前导至文德殿。殿上丞旨索扇,卷帘。皇帝升位,扇却,仪鸾使焚香;次文武官等拜;次司天鸡唱;次阁门勘契;次阁门使承旨呼四色官唤仗,南班有辞谢者再拜先退,中书、门下班对揖,序立正衙门外屏北阶上;次翰林学士,两省官、中丞,侍御史序立;次金吾将军押细仗入正衙门后,横行拜讫,分行上黄道,仗随入,金吾将军至龙墀分班揖讫,序立;次吏部,侍郎执文武班簿入,对揖立;次中书、门下、学士、两省、御史台官入,北面拜讫,上黄道,将至午阶,蔽鞾靴急趋赴丹墀,弹奏御史至吏部侍郎南便落黄道,急趋就位。起居郎、舍人至兵部、吏部侍郎后,急趋而进,飞至香案前,皆揖讫序立;次金吾大将军先对揖并鞠躬,蔽鞾靴行至折方石位又对揖,北行至奏事石位鞠躬,一员奏军国内外平安,倒行就位;次引武班就位,揖讫,鞠躬,蔽鞾靴急趋入沙墀;次引侍从班横行,宰相祝月起居毕,分班序立;文武两班出,序立于衙门外。刑法、待制官赴监奏位,中书、门下夹香案侍立,两省御台官、学士、兵部吏部侍郎、金吾将军、监阁御史并相次出,就衙门外立。惟学士立门侧北候宰相。中书、门下诣香案前奏曰:“中书公事,臣等已具奏闻。”讫,乃退,揖殿出。次刑法官,待制官各奏事,并宣徽使答讫,乃出就班。次弹奏官、左右史出。阁内失仪者,弹纪如式,弹奏官失仪,起居郎纠之,起居郎失仪,阁门使纠之;阁门使失仪,宣徽使纠之,凡出者皆蔽鞾靴急趋揖殿。次中书、门下,学士就位。阁门使宣放仗,再拜,赐廊下食,又再拜。次阁门使奏阁内无事,文武官出,殿上索扇,垂帘,辇还宫。其赐廊下食,自左右勤政门北东西两廊,文东武西,以北为上立定中丞至本位,面南一揖,乃就坐食;至台吏,赞乃搢笏食,食讫复赞,食毕而罢。五月朔,命有司增黄麾仗二百五十人,令文武官随中书、门下横行起居,徙翰林学士位于参知政事后,与节度使分东西揖殿出。真宗凡三行之,景德以后其礼不行。仁宗从知制诰李淑议,仍读时令,诏礼官详定仪注,以言者谓未合典礼而罢。

熙宁三年，知制诰宋敏求等言："奉诏重修定阁门仪制内文德殿入阁仪，按今文德殿，唐宣政殿也；紫宸殿，唐紫宸殿也。然祖宗视朝，皆党御文德殿入阁。唐制，常设仗卫于宣政殿，或遇上坐紫宸，即唤仗入阁。如此，则当御紫宸殿入阁，方合旧典。"翰林学士王珪等议："按入阁者，乃唐旧日紫宸殿受常朝之仪也。唐紫宸与今同，宣政殿即今文德殿。唐制，天子坐朝，必立仗于正衙。若只御紫宸即唤正衙仗自宣政殿东西阁门入，故为入阁。五代以来遂废正衙立仗之制。今阁门所载入阁仪者，只是唐常朝之仪，非盛礼也。"自是入阁之礼遂罢。

敏求又言："本朝惟入阁乃御文德殿视朝，今既不用入阁仪，即文德遂阙视朝之礼。请下两制及太常礼院，约唐制御宣政殿，裁定朔望御文德殿仪，以备正衙视朝之制。"学士韩维等以《入阁图》增损裁定上仪曰：

朔日不值假，前五日阁门移诸司排办，前一日，有司供帐文德殿。其日，金吾将军常服押本卫仗，判殿中省官押细仗，先入殿庭，东西对列；文武官东西序立；诸军将校分入，北向立；朝堂引赞引弹奏御史二员入殿门，踏道，当下殿北向立，次催文武班分入，并东西相向立；诸军将校即于殿庭北向立班。皇帝服靴袍御垂拱殿，鸣鞭，内侍、阁门、管军依朔望常例起居；次引枢密、宣徽、三司使副、枢密直学士、内客省使以下至医官、待诏及修起居注官二员并大起居。诸司使以下，退排立。帝辇至文德殿后，阁门奏班齐，帝出，殿上索扇，升榻，鸣鞭；扇开，卷帘，仪鸾使焚香，喝文武官就位，四拜起居，鸡人唱时；舍人于弹奏御史班前西向喝大起居。御史由文武班后至对立位，次引左右金吾将军合班于宣制石南大起居，班首出班躬奏军国内外平安，归位再拜，各归东西押仗位。通喝舍人于宣制石南北向对立。舍人退于西阶，次揖宰臣、亲王以下，躬奏文武百僚、宰臣某姓名以下起居，分引群臣以下横行，诸军将校仍旧

立。阁门使喝大起居，舍人引宰臣至仪石北，俯伏跪致词祝月
讫，其词云："文武百僚、宰臣全衔臣某姓名等言：孟春之吉，伏
惟皇帝陛下膺受时祉，与天无穷，臣等无任欢呼抃蹈之至。"归
位五拜。阁门使揾中书由东阶升殿，枢密使带平间事以上由西
阶升殿侍立；给事中一员归左省位立；转对官立于给事中之
南；如罢转对官，每遇御史台前期牒请；文官二员并依转对官例，先于阁
门投进奏状。吏部侍郎及刑法官立于转对官南；兵部侍郎于右
省班南，与吏部侍郎东南相向立，揩笏，各出班籍置笏上；吏部
兵部侍郎以知审刑官东，西院官充，刑法官以知审刑、大理寺官充。亲
王、使相以下分班出；引转对官于宣制石南，宣徽使殿上承旨
宣答如仪；次吏部、兵部侍郎及刑法官对揩出；次弹奏御史无
弹奏对揩出；如有弹奏，并如仪。引给事中至宣制石南揩，躬奏殿
中无事，喝祗候，揩，西出；次引修起居注官，次引排立供奉官
以下各合班于宣制石南躬；喝祗侯，揩，分班出；喝文武官等门
外祗候，出。索扇、垂帘，皇帝降坐，鸣鞭；舍人当殿承旨放仗四
色官厥辔急趋至宣制石南，称奉敕放仗。金吾将军并判殿中省
官对拜讫，随仗出；亲王、使相、节度使至刺史、学士、台省官、
诸军将校等并序班朝堂，谢赐茶酒。帝复御垂拱殿，中书、枢密
及请对官奏事、不引见、谢、辞班。后殿坐，临时取旨。其日遇
有德音、制书、御札仍候退御垂拱殿坐，制箱出外。应正衙见、
谢、辞文武臣僚，并依御史台仪制唤班，依序分入于文武班后，
以北为首，分东西相向，重行异位。依见、辞、谢班序位。余押
班臣僚于班稍前押班，候刑法官对揩出，分引近前揩躬。舍人
当殿宣班，引转对班见、谢、辞、并如紫宸仪。枢密使不带平章
事、参知政事至同签书枢密院事、宣徽使并立于宣制石稍北，
宰臣、亲王、枢密使带平章事、使相系押班者，立于仪石南，余
官并立于宣制石南，如合通唤，阁门使引并如仪。赞喝讫，系中
书、枢密并揩升殿辞射，揩，西出，其合问圣体者，并如仪；余官
分班出。弹奏御史候见、谢、辞班绝，对揩出。其朝见，如谢都城门外御

筵，及召赴阙谢茶药抚问之类，不可合班者，各依别班中谢对。赐酒食等并门赐。其系正衙见门谢辞，亦门外唱放

应正衙见、谢、辞臣僚，前一日于阁门投诣正衙榜子，阁门上奏目；又投正衙状于御史台、四方馆。应朔日或得旨罢文德殿视朝，止御紫宸殿起居，其已上奏目，正衙见、谢、辞班并放免，依官品随赴紫宸殿引，或值改，依常朝文德殿，自有百官班日，并如旧仪。

应外国番客见、辞、候唤班先引赴殿庭东，依本国职次重行异位立，候见、辞、谢班绝，西向躬。舍人当殿通班转于宣制石南，北向立，赞喝如仪，西出。其酒食分物并门赐，如有进奉，候弹奏御史出，进奉入。唯御马及担床自殿西偏门入，东偏门出。其进奉出入，文武官起居，舍人通某国进奉，宣徽使喝进奉出，节次如紫宸仪。候进奉出，给事中奏殿中无事，出。其后殿再坐，合引出者，从别仪。

其日，赐茶酒，宰臣、枢密于阁子，亲王于本厅，使相、宣徽使、两省官、待制、三司副使、文武百官、皇亲使相以下至率府副率，及四厢都指挥使以下至副都头，并于朝堂。如朝堂位次不足，即于朝堂门外设次。管军节度使至四厢都指挥使、节度使、两使留后至刺史，并于客省厅。

诏从所定

徽宗初建明堂，礼制局列上七议：

一曰：古者朔必告庙，示不敢专。请视朝听朔必先奏告，以见继述之意。

二曰："古者天子负扆南向以朝诸侯，听朔则各随其方。请自今御明堂正南向之位，布政则随月而御堂，其闰月则居门焉。

三曰：《礼记·月令》，天子居青阳、总章，每月异礼。请稽《月令》十二堂之制，修定时令，使有司奉而行之。

　　四曰:《月令》以季秋之月为来岁受朔之日。请以每岁十月于明堂受新历,退而颁之郡国。

　　五曰:古者天子负扆,公、侯、伯、子、男、蛮夷戎狄四塞之国各以内外尊卑为位,请自今元正,冬至及大朝会并御明堂,辽使依宾礼,蕃国各随其方,立于四门之外。

　　六曰:古者以明堂为布政之宫,自今若有御札、手诏并请先于明堂宣示,然后榜之朝堂,颁之天下。

　　七曰:赦书、德音,旧制宣于文德殿,自今非御楼肆赦,并于明堂宣读。

　　政和七年九月一日,诏颁朔、布政自十月为始。是月一日,上御明堂平朔左个,颁天运、政治及八年戊戌岁运、历数于天下。自是每月朔御明堂布是月之政。先是,群臣五上表请负扆听朝,诏不允,至是复再请,始从之。十一月一日上御明堂,南面以朝百辟,退坐于平朔颁政。其礼:百官常服立明堂下,乘舆自内殿出,负斧扆坐明堂。大晟乐作,百官朝于堂下,大臣升阶进呈所颁布时令,左右丞一员跪请付外施行,宰相承制可之,左右丞乃下授颁政官,颁政官受而读之讫,出,阁门奏礼毕。帝降坐,百官乃退。自是以为常。其岁运、历数、天运、政治之辞,文多不载。是后则各随岁月星历气运推移沿改,而易其辞焉。

　　初,尚书左丞薛昂请凡崇宁以来绍述熙、丰政事,各条其节目,系之月令,颁于明堂。寻诏:“月之朔,使民知寒暑燥湿之化,而万里之远,虽驿置日行五百里已不及时。其千里外当前期十日进呈取旨,颁布诸州长吏封掌,俟月朔宣读之。”

　　宣和元年,蔡京言:“周观治象于正月之始和,以十二月颁告朔于邦国,皆不在十月。后世以十月者,祖秦朔故也。秦以十月为岁首,故月令以孟冬颁来岁之朔,今不当用。请以季冬颁岁运于天下。”诏自今以正月旦进呈宣读。四年二月,太常王黼编类《明堂颁朔布政与诏书、条例、气令应验》,凡六十三册,上之。靖康元年,诏罢颁朔布政。

御楼肆赦。每郊祀前一日,有司设百官、亲王、蕃国诸州朝贡使、僧道、耆老位宣德门外,太常设宫县、钲鼓。其日,刑部录诸囚以俟。驾还至宣德门内幄次,改常服,群臣就位,帝登楼御坐,枢密使、宣徽使侍立,仗卫如仪。通事舍人引群官横行再拜讫,复位。侍臣宣曰"承旨",舍人诣楼前,侍臣宣敕立金鸡。舍人退诣班南,宣付所司讫,太常击鼓集囚。少府监立鸡竿于楼东南隅,竿末伎人四面缘绳争上,取鸡口所衔绛幡,获者即与之。楼上以朱丝绳贯木鹤,仙人乘之奉制书循绳而下,至地以书台承鹤,有司取制书置案上。阁门使承旨引案宣付中书、门下、转授通事舍人,北面宣云"有制"百官再拜。宣赦讫,还授中书、门下,付刑部侍郎承旨放囚,百官称贺。阁门使进诣前,承旨宣答讫,百官又再拜,舞蹈,退。若德音、赦书自内出者,并如文德殿宣制之仪。其降御扎,亦阁门使跪授殿门外置箱中,百官班定,阁门授宰臣读讫,传告,百僚皆拜舞称万岁。真宗宣制,有司请用仪仗四千人,自承天殿设细仗导卫,近臣起居讫,则分左右前导之。

皇太后临朝听政。乾兴元年,真宗崩,遗旨以皇帝尚幼,军国事兼权取皇太后处分。宰相率百官称贺,复前奉慰,又慰皇太后于帘前。有司详定仪式:内东门拜表,合差入内都知一员跪授传进;皇太后所降批答,首书"览表具之",末云"所请宜许或不许"。初,丁谓定皇太后称"予",中书与礼院参议,每下制令称"予",便殿处分称"吾"。皇太后诏:"只称'吾',与皇帝并御承明殿垂帘决事。"右官表贺。

英宗即位,辅臣请与皇太后权同听政。礼院议:自四月内东门小殿垂帘,两府合班起居,以次奏事,非时召学士亦许至小殿。时帝以疾权居柔仪殿东阁西室,太后垂帘处分称"吾",唯两府日入候问圣体,因奏政事,退诣小殿帘外,复奏太后。帝疾间,御前后殿听政,两府退朝,犹于小殿复奏。

哲宗即位,太皇太后权同听政。三省、枢密院按仪注:未释服以前,遇只日皇帝御迎阳门,日参官并赴起居,依例奏事。每五日,遇只日于迎阳门垂帘,皇帝坐于帘内之北,宰执奏事则权屏去左右侍卫;事有机速,许非时请对,及赐宣召亦许升殿。礼部、御史台、阁门奏讨论御殿及垂帘仪制,每朔、望、六参,皇帝御前殿,百官起居,三省、枢密院奏事,应见、谢、辞班退,各令诣内东门进榜子。皇帝双日御延和殿垂帘,日参官起居太皇太后,移班少西起居皇帝,并再拜。三省、枢密院奏事,三日以上四拜不舞蹈,候祔庙毕,起居如常仪。帘前通事以内侍,殿下以阁门。吏部磨勘;奉举人,垂帘日引。应见、谢、辞臣僚遇朔、望参日不坐,并先诣殿门,次内东门,应抬赐者并门赐之。于是帝御迎阳门幄殿,同太皇后垂帘,宰臣、亲王以下合班起居。常制分班十六,至是合班,以阁门奏请故也。礼官请如有祥瑞、边捷,宰臣以下紫宸殿称贺皇帝毕,赴内东门贺太皇太后。从之。

徽宗即位,皇太后权同听政。三省、枢密院聚议:故事,嘉祐末,英宗请慈圣同听政,五月同御内东门小殿垂帘,至七月十三日英宗间日御前后殿,辅臣奏事,退诣内东门帘前复奏。又故事,唯慈圣不立生辰节名,不遣使契丹;若天圣、元丰则御殿垂帘,立生辰节名,遣使与契丹往还,及避家讳等。曾布曰:"今上长君,岂可垂帘听政?请如嘉祐故事。"蔡卞曰:"天圣、元丰与今日皆遗制处分,非嘉祐比。"布曰:"今日之事,虽载遗制,实出自德音,又皆长君,正与嘉祐事相似。"有旨:依嘉祐、治平故事。布语同列曰:"奏事先太后,次复奏皇帝,如今日所得旨。"遂为定式矣。寻以哲宗灵驾发引,太后手书罢同听断焉。

皇太子元正、冬至群臣贺仪。《政和新仪》:前一日,有司于东门外量地之宜,设三公以下文武群官等次如常仪;典仪设皇太子答拜褥位于阶下南向,又设文武群官版位于门之外。其日,礼直官、舍人先引三公以下文武群臣以次入,就位立定。礼直官、舍人引左庶子诣皇太子前,跪请内严;少顷,又言外备。内侍褰帘,皇太子常服出次,左右侍卫如常仪。皇太子降阶诣南向褥位。典仪曰"再拜",赞者承传曰"再拜",三公下以皆再拜,皇太子答拜。班首稍前称贺云:"元正首祚,冬至云:"天正长至。"景福维新,伏惟皇太子殿下,与时同休。"贺讫,稍退,复位。左庶子前,承令诣群臣前答云:"元正首祚,冬至云:"天正长至。"与公等均庆。"典仪曰"再拜",班首以下皆再拜,皇太子答拜。讫,礼直官、通事舍人引三公以下文武百官以次出,内侍引皇太子升阶,还次,降帘,侍卫如常仪。

　　少顷,礼直官、舍人引知枢密院官以下入,就位立定,内侍引皇太子降阶,诣南向褥位,枢密以下参贺如上仪。讫,退。次引师、傅、保、宾客以下入,就位,参贺如上仪。师、傅、保以下以次出。

　　内侍引皇太子升坐,礼直官引文武宫官入,就位,重行北向立,典仪曰"再拜",在位官皆再拜。左庶子稍前,跪言:"具官某言:元正首祚,冬至云:"天正长至。"伏惟皇太子殿下,与时同休。"俯伏,兴,复位。典仪曰"再拜",在位者皆再拜,分东西序立。左庶子稍前,跪言礼毕。左右近侍降帘,皇太子降坐,宫官退,左右侍卫以次出。

　　皇太子与百官相见。至道元年,有司言:"百官见皇太子,自两省五品、尚书省御史台四品、诸司三品以下皆答拜,余悉受拜。宫官自左右庶子以下,悉用参见之仪。其宴会位在王公上。"

　　与师、傅、保相见。《政和新仪》:前一日,所司设师、傅、保以下次于宫门外道,西南向;设轩架之乐于殿庭,近南,北向。其日质明,诸卫率各勒所部屯门列仗,典谒设皇太子位于殿东阶下西向,设师、傅、保位于殿西阶之西,三少位于傅、保之南稍却,俱东向北上。师、傅、保以下俱朝服至宫门,通事舍人引就次,左庶子请内严。通事舍人引师、傅、保立于正殿门之西。三少在其南稍却,俱东向北上。左庶子言外备,诸侍奉之官各服其器服,俱诣阁奉迎。皇太子朝服以出,左右侍卫如常仪,轩架作《翼安之乐》,至东阶下西向立,乐止。通事舍人引师、傅、保及三少入,就位,轩架作《正安之乐》,至位乐止。皇太子再拜,师、傅、保以下答拜。若三少特见,则三少先拜。通事舍人引师、傅、保以下出,轩架《正安之乐》作,出门,乐止。左庶子前跪称:"左庶子某言。"礼毕。皇太子入,左右侍卫及乐作如来仪。

宋史卷一一八

志第七一

礼二十一 宾礼三

朝仪班序　百官转对
百官相见仪制

朝仪班序。太祖建隆三年三月，有司上合班仪：太师，太傅，太保，太尉，司徒、司空，太子太师、太傅、太保，嗣王，郡王，左右仆射，太子少师、少傅、少保，三京牧，大都督，大都护，御史大夫，六尚书，常侍，门下、中书侍郎，太子宾客，太常、宗正卿，御史中丞，左右谏议大夫，给事中，中书舍人，左右丞，诸行侍郎，秘书监，光禄、卫尉、太仆、大理、鸿胪、司农、太府卿，国子祭酒，殿中、少府、将作监，前任节度使，开封、河南、太原尹，太子詹事，诸王傅，司天监，五府尹，国公，郡公，中都督，上都护，下都督，太子左右庶子，五大都督府长史，中都护，下都护，太常、宗正少卿，秘书少监，光禄等七寺少卿，司业，三少监，三少尹，少詹事，左右谕德、家令、率更令、仆，诸王府长史、司马，司天少监，起居舍人，侍御史，殿中侍御史，左右补阙、拾遗，监察御史，郎中，员外郎，太常博士，五府少尹，五大都督府司马，通事舍人，国子博士，五经博士，都水使者，四赤令，太常、宗正、秘书丞，著作郎，殿中丞，尚食、尚乐、尚舍、尚乘、尚辇奉御，大理正，太子中允、赞善、中舍、洗马，诸王友、谘议参军，司天五官正，凡杂坐者，以此为准。诏曰："尚书中台，万事之本，而班位率次两省官；节度使出总方面，古诸侯也，又其检校兼守官多至师傅三公，而位居九寺卿监之下，甚无谓也。其给事、谏议、舍人宜降于六曹侍郎之下，补缺次郎中、拾遗、监察次员外郎，节度使升于六曹侍郎之上、中书侍郎之下，余悉如故。"

乾德元年闰十二日，诏："自今一品致仕官曾带平章事者，朝会宜缀中书门下班。"二年二月，诏重定内外官仪制。有司请令上将军在中书侍郎之下，大将军在少卿监之下，诸卫率、副率在东宫五品之下，内客省使视太卿，客省使视太监，引进使视庶子，判四方馆事视少卿，阁门使视少监，诸司使视郎中，客省引进、阁门副使视员外郎，诸司副使视太常博士，通事舍人从本品，供奉官视寺诸卫率，殿直视副率，枢密承旨视四品朝官，兼南班官诸司使者从本品，副承旨视寺监丞，诸房副承旨视南省都事。凡视朝官者本品下，视京官在其上。

开宝六年九月，诏曰："周之宗盟，异姓为后，此先王所以睦九族而和万邦也。晋王亲贤莫二，位望俱崇，方资夹辅之功，俾先三事之列，宜位宰相上。"九年十一月，诏齐王延美、武功郡王德昭位在宰相上。

大中祥符元年正月，有司上醋宴班位。驸马都尉、宫僚、员僚、皇亲大将军以下，行门，宰臣、枢密使以下，颍王、皇亲郡王、侍卫马军都指挥使以下，皇亲使相、皇亲节度使、皇亲观察留后以下，皇亲防御、团练、刺史三班合为一；并重行异位。诏依所定。既而武康军节度使李端愿言："使相亦当合为一班，不当独行尊异"。诏令阁门再定，而阁门引仪制及以前议为是。端愿复伸其仪，自劾妄言。乃诏太常礼院与御史台同详定。礼院言："常朝起居班次，缘祖宗旧制，不宜并合。"从之。

四年闰三月，太常礼院、阁门言："准诏同详定阁门使李端愿所奏阁门仪制，宰臣与亲王立班坐位分左右各为班首，宰臣、枢密使带使相。或带郡王并使相作一行，总为中书门下班。其亲王独行一班者，准封爵令。兄弟皇子皆封国，谓之亲王，所以他官不可参缀。

检会次坐图，直将宗室使相辄缀亲王，盖更张之时未见亲王，遂致失于讲求。近见朝拜景灵宫，东阳郡王颢亦缀亲王班，窃恐未安。今取到阁门仪制，其合班宰臣、使相在东，亲王在西，分班立。又祥符元年宴坐次图，宰臣王旦与使相石保吉在东，宁王元偓、舒王元偁、广陵郡王元俨、节度使惟吉在西，分班坐。其元俨、惟吉是郡王与节度使。许缀亲王班，窃虑当时出自特旨。今来检寻元初文字不见，在先朝只依祥符元年宴坐次图子，亲王及带使相郡王在西为一班，臣等参详，请依阁门仪制，亲王在西，独为一班，宗室郡王带使相许缀亲王立班坐次，即系临时特旨。"从之。

熙宁二年四月，国信所言："大辽贺同天节左番使耶律奭赴文德殿拜表，言南使到北朝缀翰林学士班，今来却在节度使之下。馆伴者谕之，始就班。时下御史台、阁门同详定，奏称人使不知本朝翰林学士班自在节度使之下，如遇合班。即节度使在翰林学士之西，差前，别为一班立，俱不相压，欲且依久来仪制体例。"诏依所定。是月，编修阁门仪制所言：庆历中，改文明殿学士为观文殿学士，又置大学士。按文明殿即今文德殿，乃正衙前殿也，后唐始置学士，序位枢密副使之下，每遇紫宸殿坐朝，则升殿侍立。盖文德、紫宸通谓之前殿，故学士侍立为宜，其观文殿深在禁中，乃与资政、端明殿相类，而资政，端明学士并不侍立。窃详庆历所改职名，虽用旧之班著，而殿之次序与旧义理不同。其观文殿大学士自今遇紫宸殿坐朝，请更不升殿侍立。从之。

元祐元年五月，诏："太师平章军国重事文彦博，已降旨令独班起居；自今赴经筵、都堂同三省、枢密院事，并序在宰臣之上。"

百官转对。自建隆诏内殿起居日，今百官以次转对，限以二人，其封章于阁门通进，复鞠躬自奏，宣徽使承旨宣答，拜舞而出，著为阁门仪制。

淳化二年，诏：自今内殿起居日，复令常参官二人次对，阁门受其章。

大中祥符末,罢不复行。

景德三年,复诏:"群臣转对,其在外京官内殿崇班以上,候得替,先具民间利害实封,于阁门上进,方得朝见。"

治平中,命御史台每遇起居日,令百官转对。御史台言:"旧制,起居日,轮两省及文班秩高者二员转对。若两省官有充学士、待制,则缀枢密班起居,内朝臣僚不与。"寻诏遇转对日,增二员。

熙宁初,阁门言:"旧制,中书省、枢密院奏事退,再引三班,假日则两班,或再御后殿引对,多及午刻,遇开经筵,即至申末,恐久劳圣躬。请遇经筵日,自二府奏事外,只引一班,或有急奏及言事官请对即取旨,俟罢经筵日仍旧。"又言:"假日御崇政殿,每遇辰时,则隔班过延和殿再引,不待进食,至巳隔班取旨,尚许引对。请自今隔班过延和殿,俟已进食再引。遇寒暑、大风雨雪即令次日引对。诏:"自今授外任者许令转对讫朝辞。"监察御史里行张戬、程颢言:"每欲奏事,必俟朝旨,或朝政有阙及闻外事而机速后时,则已无所及;况往复俟报,必由中书,万一事干政府,则或致阻格,请依谏官例,牒阁门求对,或有急奏,即许越次登对,庶几遇事入告,无忧失时。"又以编修阁门仪制所言,三衙有急奏,许于后殿登对,若别有奏陈,则报阁门如常制,或假日御崇政殿,则于已得旨对班后续引且许两制以上同班奏事。

元丰中,诏:"尚书侍郎同郎官一员奏事,郎中、员外郎番次随之,不许独留身。侍郎以下,亦不许独请奏事。其左右选非尚书通领者,听侍郎以上郎官自随。秘书、殿中省、诸寺监长官视尚书,贰丞以下视侍郎。"又诏:"三省、枢密院独班奏事日,无得过三班。若三省俱独班,则枢密院当请奏事。其见任官召对讫,次日即朝辞回任听旨。"

元祐中,宰臣吕大防言:"昨垂帘听政,惟许台谏以二人同对,故不正之言无得以入。今陛下初见群臣,请对者必众。既人人得进,则善恶相杂,故于采纳尤难。"帝曰:"人君以纳谏为上,然邪正则不可不辨。"遂诏上殿班当直牒及帅臣、国信使副,许依元丰八年以前仪制。

绍圣初,臣僚言:"文德殿视朝轮官转对,盖袭唐制,故祖宗以来,每遇转对,侍从之臣亦皆与焉。元祐间因言者免侍从官转对,续诏职事官权侍郎以上并免,自此转对只于卿监郎官而已。请自今视朝转对依元丰以前条制。"又诏:"自今三省、枢密院进拟在京文臣开封府推判官、武官横行使副、在外文臣诸路监司藩郡知州、武臣知州军以下,取旨召对。"臣僚言:"每缘职事请对,待次旬日,遇有急奏,深恐失事。请自今许后许依六曹、开封例,先次挑班上殿,仍不隔班。"又言:"诸路监司,朝廷所选以推行法令,省问风俗,朝辞之日,当令上殿。六曹尚书如有职事奏陈,许独员上殿。其群臣请对,虽遇休假,特御便殿听纳。既又诏:"应节镇郡守往令陛辞,归许登对,不特审观人材,亦所以重外任也,可于监司不许免对条下,增入节镇郡守依此。"

重和元年,臣僚言:"比年以来,二三大臣奏对留身,谗疏善良,请求相继,其非至公之体。"诏:"自今惟蔡京,五日一朝许留身,余非除拜,迁秩,国谢及陈乞免罢,并不许独班奏事,令阁门报御史台弹劾。"又诏:"寺监职事上部,部上省,故得上下维持,纲纪所出。今后虽系两制,职司寺监不许独对。"臣僚言:"祖宗旧制,有五日一转对者,今惟月朔行之,有许朝官转对者,今惟待制以上预焉。自明堂行视朔礼,岁不过一再,则是毕岁而论思者无几。请遇不视朔,即令具章投进,以备览观。"又"诸路监司未经上殿者,虽从外移,先赴阙引对,方得之官。"并从其议。

百官相见仪制。乾德二年,诏曰:"国家职位肇分,轨仪有序,冀等威之斯辨,在品式之惟明,矧著位之庶官及内司之诸使,以至轩墀引籍,州县命官,凡进见于宰相,或参候于长吏,既为总摄,合异礼容,稽于旧仪,且无定法。或传晋天福、周显德中,以廷臣、内职、宾从、将校,比其品数,著为纲条,劲于刑统,未为祥悉。宜令尚书省集台省官、翰林、秘书、国子司业、太常博士等详定内外群臣相见之仪。"

翰林学士承旨陶谷等奏:

两省官除授、假使出入,并参宰相,起居郎以下参同舍人。五品以上官,遇于途,敛马侧立,须其过。常侍以下遇三公、三师、尚书令,引避;其值仆射,敛马侧立。御史大夫、中丞皆分路行。起居郎以下避仆射,遇大夫,敛马侧立;中丞,分路。尚书丞郎。郎中,员外并参三师、三公、令、仆,郎中、员外兼参左右丞、本行尚书、侍郎及本辖左右司郎中、员外。御史大夫以下参三师、三公、尚书令,中丞兼参大夫,知杂事参中丞,三院御史兼知杂及本院之长。大夫避尚书令以上,遇仆射,敛马侧立而避。大夫遇尚书丞郎,两省官诸司三品以上、金吾大将军、统军上将军,皆分路。余官遇中丞,悉引避。知杂兼避中丞,遇左右丞敛马侧立,余皆分路,郎中及少卿监大将军以下,皆避知杂,三院同行,如知杂之例,少卿监并参本司长官,丞参少卿。诸司三品遇仆射于途,皆引避。诸卫大将军参本卫上将军。东宫官参隔品。凡参者若遇于途,皆避。

公参之礼,列拜堂上,位高受参者答焉。四赤县令初见尹,趋庭,受拜后升厅如客礼。内客省使谒宰相、枢密以客礼,阁门使以上列拜,皆答,客省副使至通事舍人、诸司使、枢密承旨不答焉。自枢密使副、宣徽使皆差降其礼,供奉官、殿直、教坊使副、辞令官、伎术官并趋庭,倨受,诸司副使参大使,通事舍人参阁门使,防御、团练,刺史谒本道节帅,节度、防御、团练副使谒本使,并具军客趋庭,延以客礼。少尹,幕府于本院长官悉拜,防御、团练,判官谒本道节帅并趋庭。上佐、州县官见宰相、枢密使及本属长官,并拜于庭;天长、雄武等军使见宰相、枢密亦如之。参本府宾幕官及曹掾。县簿、尉参令,皆拜。王府官见亲王如宾职见使长,府县官兼三馆职者见大尹同。赤县令、六品以下未尝参官,见宰相、枢密及本司长官,并拜阶上。流外见流内品官,并趋庭。

诸司非相统摄,皆称移牒。分路者不得笼街及占中道,依秩序以分左右。遇于驿舍,非相统摄及名位县隔,先至者居之,台省官当通官呵止者,如旧式。文武官不得假借呼称,以紊朝制。当避路者,若被宣召及有所捕逐,许横度焉。

又令:"诸司使、副使、通事舍人见宰相、枢密使,升阶,连姓通名展拜,不答拜。其见枢密副使、参知政事、宣徽使,以客礼展拜。"

太平兴国以后,又制京朝官知令录者,见本州长吏以客礼,三司判官、推官,主判官见本使,如郎中、员外见尚书丞郎之议。

咸平中,又诏:开封府左右军巡使、京官知司录及诸曹参军到畿县见京尹,并趋庭设拜。六年,命翰林学士梁颢等详定阁门仪制,成六卷,因上言:"三司副使序班、朝服比品素无定列,至道中,筵会在知制诰后,郎中前。今请同诸司、少卿监,班位在上。如官至给谏,卿监者,自如本品,朝会大宴随判使赴长春殿起居引驾。其朝会引驾至前殿,与诸司使同退。"

大中祥符五年,复命翰林学士李宗谔等详定仪制:文武百官遇宰相、枢密使、参知政事,并避。起居郎以下遇给舍以上,敛马。御史大夫遇东宫三师、尚书丞郎、两省侍郎,分路而行。中丞遇三师、三少、太常卿、金吾上将军,并分路而行。知杂御史遇尚书侍郎、诸司三品、金吾大将军、统军、诸卫上将军,分路而行。三院同行如知杂例,不同行,遇左右丞,则避。尚书丞郎、郎中、员外遇三师、三公、尚书令,则避。郎中、员外遇丞郎,则避。太常博士以下朝官遇本司长官、三师、三公、仆射、尚书丞郎、大夫、中丞,知杂御史,并避,权知判者不避,遇两省给舍以上,敛马。京官遇丞郎、给舍、大卿监、祭酒以上及本寺少监卿、司业,并避。诸军卫大将军以下遇上将军,统军、亦避。詹事遇上台官,如卿监之例。庶子、少詹事至太子仆遇东宫三师、三少,并避遇上台官,如少卿监例中允以下迁东宫三师、三少,并避;遇宾客、詹事,敛马;遇上台官,如太常博士例。应合避尚书者,并避三司使。其权知开封府如本官品避。其台省官虽不合避,而职在统临者,并避,武班、内职并依此品。

大观二年,定王、嘉王府侍讲沈锡等奏:"二王出就外学,其初见及侍王礼仪、讲说疏数之节,请如故事。"手诏:"按祥符故事,记室、翊善见诸王,皆下拜。真宗特以张士逊为王友,命王答拜,以示宾礼。今讲读辅翊之官,职在训道,亦王友傅也,可如例,令王答拜。"群臣赴台参,谢、辞者,新授、加恩,出使者。尚书侍郎则三院御史各一员,中丞、大夫皆对拜。三院仍班迎,不坐班即不赴。节度使、宾客,太常宗正卿则御史一员、中丞、大夫皆对拜。两使留后至刺史、秘书监至五官正、上将军至郎将、四厢都指挥使及内职军校遥郡以上、枢密都承旨及内职带正员官者,四赤县令、三京司录、节度行军至团练副使、幕职官任宪御者,皆御史一员对拜。中丞、大夫对揖。亦令揖讫进言,得参风宪,再揖而退。若曾任中书、门下及左右承皆不赴。加阶勋、食邑、章服。馆阁三司、开封府职事及内职转使额,军额,亦不赴台谢。仆射过正衙日,台官大夫以下与百官,并诣幕次致贺。文官一品、二品曾任中书、枢密院者,不赴。大夫、中丞则郎中、少卿监、大将军以下亦然。本官约止则不赴,仆射赴上都省者,罢此仪。

宋史卷一一九
志第七二

礼二十二 宾礼四

**录周后　　录先圣后　　群臣朝使宴饯
朝臣时节馈廪　　外国君长来朝
契丹夏国使副见辞仪高丽附
金国使副见辞仪　　诸国朝贡**

　　昔周灭殷,封微子为殷后,俾修其礼物,作宾于王家,与国咸休。宋以柴周之后为二恪,又录孔子之后,亦先王崇德象贤之意也,故皆为宾礼。其余则有朝使之宴饯、岁时之廪馈及外国之使聘、远方之朝贡,著其迓饯宴赉之式,登降揖逊之仪,备一代之制焉。

　　太祖建隆元年正月四日,诏曰:"封二王之后,备三恪之宾,所以示子传孙,兴灭继绝。夏、商之居杞、宋,周、隋之启介、酂,古先哲王,实用兹道。矧予凉德,历试前朝,虽周德下衰,勉从于禅让;而虞宾在位,岂忘于烝尝? 其封周帝为郑王,以奉周嗣,正朔服色,一如旧制。"又诏曰:"矧惟眇躬,逮事周室。讴歌狱讼,虽归新造之邦;庙貌园陵,岂忘旧君之礼?其周朝嵩、庆二陵及六庙,宜令有司以时差官朝拜祭飨,永为定式。仍命周宗正卿郭玘行礼。"乾德六年八月,诏于周太祖,世宗陵寝侧,各设庙宇塑像,命右赞善大人王硕管勾修盖,开宝六年三月,周郑王殂、诏辍朝十日。帝素服发哀于便殿。

十月四日，葬周恭帝于顺陵，诏特辍四日、五日朝参。

仁宗天圣六年，录故虢州防御使柴贵子肃为在三班奉职。七年，录故太子少傅柴守礼孙咏为三班奉职。其后，又录柴氏之后曰熙、曰愈、曰若拙、曰上善并为三班奉职，曰余庆、曰织为州长史，助教、曰贻廓等十一人复其身，仍各赐钱一万。又录世宗曾孙揆、柔，及贵曾孙日宣。守礼曾孙若讷，皆为三班奉职。

嘉祐四年，著作郎何鬲言："昔舜受尧、禹受舜之天下，而封丹朱、商均以为国宾。周汉以降以及于唐，莫不崇奉先代，延及苗裔，本朝受周天下，而近代之盛莫如唐，自梁以下皆不足以崇袭。臣愿考求唐、周之裔，以备二王之后，授以爵命，封县立庙，世世承袭，永为国宾。"事下太常议，曰："古者立二王后，不惟继绝，兼取其明德可法。五代草创，载祀不永，文章制度，一无可考。上取唐室，世数已远，于经不合。惟周则我受禅之所自，义不可废，宜访求子孙，如孔子后衍圣公，授一京官，爵以公号，使专奉庙飨，岁时存问，赐之粟帛、牲器、祭服，每遇时祀，并从官给，其庙宇亦加严饰。如此，则上不失继绝之义，度之于今，亦简而易行。"从之。四月，诏曰："先王推绍天之序，尚尊贤之义，褒其后嗣，宾以殊礼，岂非圣人稽古报功之大典哉。国家受命之元，继周而王，虽民灵欣戴，历数允集，而虞宾将逊，德美丕显，顷者推命本始，褒及支庶，每遇南郊，许奏白身一名充班行，恩则厚矣，而义未称，将上采姚、姒之旧，略循周、汉之典，详其世嫡，优以公爵，异其仕进之路，申以土田之锡，俾庙寝有奉，飨祀不辍，庶几乎《春秋》通三统、厚先代之制矣。宜令有司取柴氏谱系，于诸房中推最长一人，令岁时亲奉周室祀事。如白身、即与京主簿，如为班行者，即比类换文资，仍封崇义公，与河南府、郑州合入差遣，给公田十顷，专管勾陵庙。应缘祭飨礼料所须，皆从官给。如至知州资序，即别与差遣，却取以次近亲，令袭爵授官，永为定式。"八月，太常礼院定到内殿崇班，相州兵马都监柴咏于柴氏诸族最长，诏换殿中丞，封崇义公，签书奉宁军节度判官事，以奉周祀。以又六庙在西京，而岁时祭飨无器服之数，令有司以三品服一、四品服二及所当用祭器给之。

熙宁四年，西京留司御史台司马光言："崇义公柴咏祭祀不以仪式。周本郭姓，世宗后侄，为郭氏后。今存周后，则宜封郭氏子孙以奉周祀。"帝阅奏，问王安石，安石曰："宋受天下于世宗，柴氏也。"帝曰："为人后者为之子。"安石曰："为人后于异姓，非礼也。虽受天下于郭氏，岂可以天下之故而易其姓氏所出？"帝然之。五年正月，柴咏致仕。咏长子早亡嫡孙夷简当袭。太常礼院言夷简有过，合以次子西头供奉官若讷承袭。诏以若讷为卫寺丞，袭封崇义公，签书河南府判官厅公事。

政和八年，徽宗诏曰："昔我艺祖受禅于周，嘉祐中择柴氏旁支一名封崇义公。议者谓不当封周。然禅国者周，而三恪之封不及，礼盖未尽。除崇义公依旧外，择柴氏最长现在者以其祖父为周恭帝后，以其孙世世为宣义郎，监周陵庙，与知县请给，以示继绝之仁，为国二恪，永为定制。"

绍兴五年，诏周宗玄孙柴叔夏为右奉郎，袭封崇义公，奉周后。二十六年，叔夏升知州资序。别与差遣。以子国器袭封，令居衢州，朝廷有大礼，则入侍祠如故事。其柴大有，柴安宅亦各补官。

淳祐九年，又以世宗八世孙柴彦颖特补承务郎，袭封崇义公。

时又求隋、唐及朱氏、李氏、石氏、刘氏、郭氏之后，及吴越、荆南、湖南、蜀汉诸国之子孙，皆命以官，使守其祀。具见《本纪》、《世家》。

录先圣后。仁宗景祐二年，诏以孔子四十六世孙北海尉宗愿为国子监主簿，袭封文宣公。皇祐三年七月，诏曰："国朝以来，世以孔氏子孙知仙源县，使奉承庙祀。近岁废而不行，非所以尊先圣也。宜以孔氏子孙知仙源县事。"

至和初，太常博士祖无择言："按前史，孔子后袭封者，在汉、魏曰襃成、襃尊、宗圣，在晋、宋曰奉圣，后魏曰崇圣，北齐曰恭圣，后周、隋并封邹国，唐初曰襃圣，开元中，始追谥孔子为文宣王。又以其后为文宣公,不可以祖谥而加后嗣。遂诏有司定封宗愿衍圣公,令世袭焉。

治平初,用京东提点王纲言,自今勿以孔氏子弟知仙源县,其袭封人如无亲属在乡里,令常任近便官不得去家庙。

熙宁中,以四十八代孙若蒙为沂州新泰县主簿,袭封。

元祐初,朝议大夫孔宗翰辞司农少卿,请依家世例知兖州以奉祀。又言:"孔子后袭封疏爵,本为侍祠,今乃兼领他官,不在故郡,请自今袭封者,无兼他职,终身使在乡里。"朝议依所请,命官以司其用度,立学以训其子孙,袭封者专主祠事,增赐田百顷,共祭祀之余许均赡族人。其差墓户并如旧法。赐书,置教授一员,教谕其家子弟,乡邻或愿学者听。改衍圣公为奉圣公,及删定家祭冕服等制度颁赐之。其后,通直郎孔宗寿等举若蒙弟若虚袭封,仍请自令众议择承袭之人,不必子继,庶几留意祖庙,惇睦族人。

宣和三年,诏宣议郎孔端友袭封衍圣公,为通直郎、直秘阁,仍许就任关升,以示崇奖。端友言:诏敕文宣王后与亲属一人判司簿尉,今孔若采当承继推恩。诏补迪功郎。

高宗绍兴二年,以四十九代孙孔玠袭封衍圣公;其后,以搢,以文远,以万春,以洙,终宋世,皆袭封主祀事。

群臣朝觐出使宴饯之仪。太祖、太宗朝,藩镇牧伯,沿五代旧制,入觐及被召、使回,客省斋签赐酒食。酒节度使十日,留后七日,观察使五日。代还,节度使五日,留后三日,观察一日,防御使、团练使、刺史并赐生料。节度使以私故到阙下,及步军都虞候以上出使回者,亦赐酒食、熟羊。群臣出使回朝,见日,面赐酒食,中书、枢密、宣徽使、使相并枢密使伴;三司使、学士、东宫三师、仆射、御史大夫,节度使并宣徽使伴;两省五品以上、侍御史、中丞、三司副使、东宫三少、尚书丞郎、卿监、上将军、留后,观察防御团练使、刺史、宣庆宣政昭宣使并客省使伴;少卿监、大将军、诸司使以下任发运转运提点刑狱、知军州、通判、都监、巡检回者即赐,并通事舍人伴;客省、引进、四方馆、阁门使并本厅就食。群臣贺,赐衣;奉慰,并特赐茶酒,或赐食。任遣人进奉,亦赐酒食,或生料。自十月一日,后尽正月,每五日起居。百官皆赐茶酒,诸军分校三日一赐。冬至、二社、重阳、寒食、枢密近臣、禁军大校或赐宴其第及府署中,率以为常。

大中祥符五年,诏自今两省五品、尚书省四品、诸司三品以上官,同列出使,并许醵钱饯饮,仍休假一日。余官有亲属僚友出行,任以休务日饯送。故事,枢密节度使、使相还朝,咸赐宴于外苑。见辞日,长春殿赐酒五行,仍设食,当直翰林龙图阁学士以上,皇亲、观察使预坐。八年四月,侍卫步军副都指挥使王能自镇定来朝,宴于长春殿。阁门言:"旧制,节度使掌兵,无此礼例。既赴坐,则殿前马军都校当侍立,于品秩非便。"遂令皆预位。

中兴,仍旧制。凡宰相、枢密、执政、使相、节度、外国使见辞及来朝,皆赐宴内殿或都亭驿,或赐茶酒,并如仪。

时节馈廪。大中祥符五年十一月,以宰相王旦生日,诏赐羊三十口、酒五十壶、米面各二十斛,令诸司供帐,京府具衔前乐,许宴其亲友,旦遂会近列及丞郎、给谏、修史属官。俄又赐枢密使副、参知政事羊三十口,酒三十壶、米面各三十斛。其后,以废务非便,奏罢会,而赐如故。又制仆射、御史大夫。中丞、节度、留后、观察、内客省使,权知开封,正、至、寒食,并客省赍签赐羊、酒、米、面;立春,赐春盘;寒食,神馂、饧粥;端午,粽子;伏日蜜沙冰;重阳,糕,并有酒;三伏日,又五日一赐冰。四厢及厢都指挥使,中书舍人,统军,防御、团练使刺史,客省使,枢密都承旨,知银台司,审刑院,三司三司勾院,诸司使,禁军校、忠佐,海外诸蕃进奉领刺史以上,至寒食,并赐节料;立春,奉内朝者皆赐幡胜。

元祐二年十一月冬至,诏赐御筵于吕公著私第,遣中使赐上尊酒、香药、果实,缕金花等,以御饮器劝酒,遣教坊乐工,给内帑钱赐之。及暮赐烛,传宣令继烛,皆异恩也。

绍兴十三年十二月二十三日,高宗赐宰臣秦桧诏曰:"省所奏辞免生日赐宴。朕闻贤圣之兴必五百岁，君臣之遇盖亦千载。夫以不世之英，值难逢之会，则其始生之日，可不为天下庆乎！式燕乐衎，所以示庆也。非乔岳之神无以生申、甫，非宣王之能任贤无以致中兴。今日之事，不亦臣主俱荣哉。宜服异恩，毋守冲节，所请宜不允。"

宋朝之制，凡外国使至，及其君长来朝皆宴于内殿，近臣及刺史、正郎、都虞候以下皆预。

太祖建隆元年八月三日，宴近臣于广政殿，江南、吴越朝贡使皆预。乾德三年五月十六日，宴近臣及孟昶于大明殿。开宝四年五月七日，宴近臣及刘铱子于崇德殿。十一月五日，江南李煜、吴越钱俶各遣子弟来朝，宴于崇德殿。八年三月晦，宴契丹使于长春殿。

太平兴国二年二月十一日，宴两浙进奉使、契丹国信使及李煜、刘铱、禁军都指挥使以上于崇德殿，不举乐，酒七行而罢。契丹遣使贺登极也。五月十一日，再宴契丹使于崇德殿，酒九行而罢，以其贡助山陵也。三年正月十六日，宴刘铱、李煜、契丹使、诸国蕃客于崇德殿，以契丹使来贺正故也。三月二十五日，吴越钱俶来朝，宴于长春殿，亲王、宰相、节度使、刘俶、李煜皆预。十月十六日，宴宰相、亲王以下及契丹使、高丽使、诸州进奉使于崇德殿，以乾明节罢大宴故也。是后，宴外国使为常。

其君长来朝，先遣使迎劳于候馆，使者朝服称制曰："奉制劳某主"，国主迎于门外，与使者俱入升阶，使者执束帛，称有制，国主北面再拜稽首受币，又再拜稽首，以土物侯，使者再拜受。国主送使者出，鸿胪引诣朝堂，所司奏闻，通事舍人承敕宣劳，再拜就馆，翌日，遣使戒见日如仪。又次日，奉见于乾元殿，设黄麾仗及宫县大乐。典仪设国主位于县南道西北向，又设其国诸官之位于其后。所司迎引，国主服其国服，至明德门外，通事舍人引就位。侍中奏中严，皇帝服通天冠、绛纱袍，出自西房，即御位。典仪赞拜，国主再拜稽首。侍中承制降劳，皆再拜稽首，敕升坐，又再拜稽首，至坐，俯伏避席。

侍中丞制曰"无下拜",国主复位,次引其国诸官以次入,就位再拜
并如上仪,侍中又承制劳远馆,通事舍人引国主降,复位,再拜稽
首,出。其国诸官,毕再拜以次出。侍中奏礼毕,皇帝降坐。其赐宴
与受诸国使表及币,皆有仪,具载《开宝通礼》。

契丹国使入聘见辞仪。自景德澶渊会盟之后,始有契丹国信使
副元正、圣节朝见。大中祥符九年,有司遂定仪注。

前一日,习仪于驿。见日,皇帝御崇德殿。宰臣、枢密使以下大
班起居讫,至员僚起居后,馆伴使副一班入就位,东面立,次接书匣
阁门使升殿立。次通事入,不通,喝拜,两拜,奏圣躬万福,又喝两
拜,随呼万岁,喝祗候,赴东西接引使副位。舍人引契丹使副自外捧
书匣入,当殿前立。天武官抬礼物分东西面入,列于殿下,以东为
上。舍人喝天武官起居,两拜,随呼万岁,奏圣躬万福,喝各祗候,阁
门从东阶降,至契丹使位,揖使跪进书匣,阁门侧身揸笏,跪接,舍
人受之。契丹使立,阁门执笏捧书匣升殿,当御前进呈讫,授内侍都
知,都知拆书以授宰臣,宰臣、枢密进呈讫,遂抬礼物出。舍人与馆
伴使副引契丹使副至东阶下,阁门使下殿揖引同升,立御前。至国
信大使传国主问圣体、通事传译,舍人当御前鞠躬传奏讫,揖起北
使。皇帝宣阁门回问国主,北使跪奏,舍人当御前鞠躬奏讫,遂揖北
使起,却引降阶至辞见位,面西揖躬。舍人当殿通北朝国信使某官
某祗候见,应喏绝,引当殿,喝拜,大起居,其拜舞并依本国礼。出班谢
面天颜,归位,喝拜舞蹈讫,又出班谢沿路驿馆御筵茶药及传宣抚
问,复归位,喝拜舞蹈讫,舍人宣有敕赐窄衣一对,金蹀躞子一、金
涂银冠一、靴一、两、衣着三百匹,银二百两,鞍辔马一,每句应喏,
跪受,起,拜舞蹈讫,喝祗候,应喏西出。凡传语并奏圣躬万福、致辞,并
通事传译,舍人当殿鞠躬奏闻,后同。次通北朝国信副使某官某祗候见,
其拜舞、谢赐、致词并如上仪,西出。其敕赐衣一对,金腰带一,幞头、靴、
笏、衣着二百匹,银器一百两,鞍辔马一。次通事及舍人引舍利以下分班
入,不通,便引合班,赞喝大起居,拜舞如仪。舍人喝有敕赐衣服、束

带、衣着、银器分物，应唣跪授，抬担床跪，起，舞蹈拜讫，喝各祗候
分班引出。次舍人引差来通事以下从人分班入，不通，便引合班，喝
两拜，奏圣躬万福，又拜，随呼万岁，喝有敕各赐衣服、腰带，衣着、
银器分物，应唣跪授，起，喝两拜，随拜万岁，喝各祗候唱唣分班引
出。次行门、殿直入、起居讫，殿上侍立。文明殿枢密直学士，三司
使、内客省使下殿。舍人合班奏报阁门无事，唱唣讫，卷班西出。客
省，阁门使以下东出，其排立，供奉官以下横行合班。宣徽使殿上喝
供奉官以下各祗候分班出。并如常仪。皇帝降座还内。

　　宴日，契丹使副以下服所赐，承受引赴长春殿门外，并侍归臣
僚宰执、亲王、枢密使以下祗候。俟长春殿诸司排当有备，阁门使附
入内都知奏班齐，皇帝坐，鸣鞭，宰臣、亲王以下并宰执分班，舍人
引入。其契丹使缀亲王班入。舍人通某甲以下，唱唣，班首奏圣躬
万福，喝各就坐、两拜，随呼万岁，喝就坐，分班引上殿。或皇帝抚问
契丹使副，舍人便引下殿，喝两拜。随拜万岁，喝各就坐。次舍人、
通事分引舍利以下东西分班，喝两拜，喝就坐，分引赴两廊下。次舍
人引差来通事，从人东西分班入，合班，喝两拜，随拜万岁，喝就坐，
分引赴两廊。次喝教坊以下两拜。班首奏圣躬万福，又喝拜。两拜，
随拜万岁，喝各祗候。次引看盏二人稍近前，喝拜。两拜，随拜万岁，
喝上殿祗候，分东西上殿立。有司进茶床，内侍酌酒，讫，阁门使殿
上御前鞠躬奏某甲以下进酒，余如常仪。宴起，宰臣以下降阶，舍人
喝两拜，搢笏，舞蹈，喝各祗候，分班出。次舍利合班，喝两拜。舞蹈，
三拜，拜谢讫，喝各祗候分引出。次通事、从人合班，喝两拜，随拜万
岁，喝各祗候，分班引出。次喝教坊使以下两拜，随拜万岁，喝各祗
候，出阁门使殿上近前侧奏无事，皇帝降坐，鸣鞭还内。

　　辞日，皇帝坐，内殿起居班欲绝，诸司排当有备，催合侍宴臣僚
东西相向，班立崇德殿庭。俟奏班齐，舍人喝拜，东西班殿侍两拜，
奏圣躬万福，喝各祗候。次舍人通馆伴使副某甲以下常起居，次通
契丹使某甲常起居，次通副使某甲常起居，俱引赴西面立。次通宰
臣以下横行，通某甲以下，应唣，奏圣躬万福，喝各就座，应唣，两拜

呼万岁,分升殿东西向立。次通事、舍人引契丹舍利以下,次差来通事、从人,俱分班入,当殿两拜,奏圣躬万福,喝各就座,两拜呼万岁,分引赴两廊立,次通教坊使、看盏。及进茶床、酹酒并阁门奏进酒,并如长春宴日之仪。酒五巡,起。宰臣以下降阶班立,两拜,搢笏,舞蹈,三拜,喝各祗候,宰臣以下并三司使,文明殿学士,枢密直学士升殿侍立,其余臣僚并契丹使并出,次引舍利及差来从人,俱两拜万岁讫,分班引出。如传宣赐茶酒,更喝谢拜如前仪。以上班绝,舍人再引契丹使入,西面揖躬。舍人当殿通北朝国信使某祗候辞,通讫,引当殿两拜讫,出班致辞,归位,又两拜,宣有敕赐,跪受拜舞讫,喝好去,遂引出。次引副使致词、受赐、拜舞如前仪,亦出。次引舍利以下,次引差来通事,从人,俱分班入,舍人喝有敕赐衣服、衣着、银器分物,各应喏跪授,候抬担床绝,就拜,起,又两拜万岁,喝好去,分班引出。其使副各服所赐,再引入,当殿两拜万岁讫,喝祗候,引升殿,当御前立。皇帝宣阁门使授旨传语国主,舍人揖国信使跪,阁门使传旨通译讫,揖国信使起立,阁门使御前揖笏,于内侍都知处捧授书匣,舍人揖国信使跪,阁门使跪分付讫,揖起下殿,西出。

政和详定五礼,有《紫宸殿大辽使朝见仪》、《紫宸殿正旦宴大辽使仪》、《紫宸殿大辽使朝辞仪》、《崇政殿假日大辽使朝见仪》、《崇政殿假日大辽使朝辞仪》。其紫宸殿赴宴,辽使副位御座西,诸上将军之南。夏使副在东朵殿,并西向北上。高丽、交阯使副在西朵殿,并东向北上,辽使舍利、从人各在其南。夏使从人在东廊舍利之南,诸蕃使副首领、高丽交阯从人,溪峒衙内指挥使在西廊舍利之南。又至各就位,有分引两廊班首诣御座进酒,乐作,赞各赐酒,群官俱再拜就座。酒五行,皆作乐赐毕,皇帝再坐,赴宴官行谢毕之礼。

夏国进奉使见辞仪。夏国岁以正旦、圣节入贡。元丰八年,使来。诏夏国见辞仪制依嘉祐八年,见于皇仪殿门外,朝辞诣垂拱殿。

政和新仪：夏使见日，俟见班绝、谢班前，使奉表函，引入殿庭，副使随入，西向立，舍人揖躬。舍人当殿躬奏夏国进奉使姓名以下祗候见引当殿前跪进表函，舍人受之，副入内侍省官进呈。使者起，归位四拜起居。舍人宣有敕赐某物，兼赐酒馔。跪授，箱过，俯伏兴，再拜。舍人曰各祗候，揖西出。次从人入，不奏，即当殿四拜起居，舍人宣赐分物，兼赐酒食。跪受，箱过，俯伏兴，再拜。舍人曰各祗候，揖西出。辞日，引使副入殿庭，西向立，舍人揖躬。舍人当殿躬奏夏国进奉使姓名以下祗候辞，引当殿四拜。宣赐某物酒馔，再拜如见仪。凡蕃使见辞，同日者，先夏国，次高丽，次交阯，次海外蕃客，次诸蛮。

高丽进奉使见辞仪。见日，使捧表函，引入殿庭，副使随入，西向立，舍人鞠躬，当殿前通高丽国进奉使姓名以下祗候见，引当殿，使稍前跪进表函，俯伏兴讫，归位大起居。班首出班躬谢起居，归位，再拜，又出班谢面天颜、沿路馆券，都城门外茶酒，归位，再拜，搢笏，舞蹈，俯伏兴，再拜。舍人宣有敕赐某物兼赐酒食，搢笏，跪受，箱过，俯伏兴，再拜。舍人曰祗候，揖西出。次押物以下入，不通，即引当殿四拜起居。宣有敕赐某物兼赐酒食，跪受，箱过，俯伏兴，再拜起居。舍人曰中祗候，揖西出。

辞日，引使副入殿庭，西向立，舍人揖躬。舍人当殿躬通高丽进奉使姓名以下祗候辞，引当殿四拜起居。班首出班致词，归位，再拜。舍人宣有敕赐某物兼赐酒食，搢笏，跪授，箱过，俯伏兴，再拜。舍人曰好去，揖西出。次从人入辞，如见。

政和元年，诏高丽在西北二国之间，自今可依熙宁十年指挥隶枢密院。明年入贡，诏复用熙宁例，以文臣充接伴使副，仍往还许上殿。七年，赐以笾豆各十二，簠簋各四，灯一，铏二，鼎二，罍洗一、樽二。铭曰："惟尔令德孝恭，世称东蕃，有来显相，予一人嘉之。用锡尔宝樽以宁尔祖考。子子孙孙，其永保之。"绍兴二年，高丽遣使副来贡，并赐酒食于同文馆。

金国聘使见辞仪。宣和元年,金使李善庆等来,遣直秘阁赵有开偕善庆等报聘。已而金使复至,用新罗使人礼,引见宣政殿,徽宗临轩受使者书。自后屡遣使来,帝待之甚厚,时引上殿奏事,赐予不赀,礼遇并用契丹故事。

绍兴三年十二月,宰臣进呈金使李永寿等正旦入见。故事,百官俱入,上曰:"全盛之时,神京会同,朝廷之尊,百官之富,所以夸示。今暂驻于此,事从简便,旧日礼数,岂可尽行? 无庸俱入。"使人见辞,并赐食于殿门处。八年,金国遣使副来,就驿议和。诏王伦就驿赐宴。十一年十一月,金国遣审议使来。入见,时殿陛之仪议犹未决。议者谓:兵卫单弱,则非所以隆国体;欲设仗卫,恐骇虏情。"乃设黄麾仗千五百人于殿廊,蔽以帝幕,班定撤帷。十二年,扈从徽宗梓宫、皇太后使副来。十三年十一月,有司言:"贺正旦使初至,于盱眙军赐宴。未审回程合与不合筵待?"诏内侍省差使臣二员沿路赐御筵,一员于平江府,一员于镇江府,一员于盱眙军。寻诏:金国贺正旦人使到阙赴宴等座次,令与宰臣相对稍南。使副上下马于执政官上下马处。三节人从并于宫门外上下马。立班则于西班,与宰臣相对立。仍权移西班使相在东壁宰臣之东,十四年正月一日,宴金国人使于紫宸殿。文臣权侍郎以上、武臣刺史以上赴座。自后正旦赐宴仿此。五月,金国始遣贺天申节使来,有司言合照旧例;北使贺生辰圣节使副随宰臣紫宸殿上寿,进寿酒毕,皇帝、宰臣以下同使副酒三行,教坊作乐,三节人从不赴。既而三节人从有请,乞随班上寿,诏许之,仍赐酒食,遇贺正,人使朝辞在上辛祠官致斋之内,仍用乐。二十九年,以皇太后崩,其贺正使副只就驿赐宴。见辞日,赐茶酒,并不举乐。

大率北使至阙,先遣伴使赐御筵于班荆馆,在赤岸,去府五十里。酒七行。翌日登舟,至北郭税亭,茶酒毕,二马入余杭门,至都宁驿,赐褥被、钞锣等。明日,临安府书送酒食,阁门官位入,具朝见仪,投朝见榜子。又明日,入见。伴使至南宫门外下马,北使至隔门内下马。皇帝御紫宸殿,六参官起居,北使见毕,退赴客省茶酒,遂宴垂拱殿,酒五行,惟从官以上预坐。是日,赐茶器名果。又明日,赐生饩。见之二日,与伴使偕往天笠烧香,上赐沉香、乳糖,斋筵、酒果。次至冷泉亭、呼猿洞而归。翌日,赐内中酒果、风药、花饧、赴守岁夜筵,酒五行,用傀儡。正月朔旦,朝贺礼毕,上遣大臣就驿赐御筵。中使传旨宣劝,酒九行。三日,客省签赐酒食,内中赐酒果。遂赴浙江亭观潮,酒七行。四日,赴玉津园燕射、命诸校善射者假管军观察使伴之,上赐弓矢。酒行乐作,伴射官与大使并射弓,馆伴、副使并射弩。酒九行,退。五日,大宴集英殿,尚书郎、监察御史以上皆预、学士撰致语。六日,朝辞退,赐袭衣,金带、大银器。临安府书送赆仪。复遣执政官就驿赐宴。晚赴解换夜筵,伴使与北使皆亲劝酬,且以衣物为侑。次日,加赐龙凤茶、金镀盒。乘马出北阙门登舟,宿赤岸。又次日,复遣近臣押赐御筵。

自到阙朝见、燕射、朝辞、共赐大使金千四百两,副使金八百八十两,衣各三袭,金带各三条。都管上节各赐银四十两,中下节各三十两,衣一袭,涂金带一条。使人到阙筵宴,凡用乐人三百人,百戏军七十人,筑球军三十二人,起立球门行人三十二人,旗鼓四十人,并下临安府差;相扑一十五人,于御前等子内差,并前期教习之。

诸国朝贡。其交州、宜州、黎州诸国见辞,并如上仪。惟迓劳宴赉之数,则有杀焉。其授书皆令有司付之。又有西番唃氏、西南诸蕃、占城、回鹘、大食、于阗、三佛齐、邛部川蛮及溪峒之属,或比间数岁入贡。层檀、日本、大理、注辇、蒲甘、龟兹、佛泥、拂菻、真腊,罗殿、渤泥、邈黎、阇婆,甘眉流诸国入贡,或一再,或三四,不常至。注辇、三佛齐使者至,以真珠,龙脑、金莲花等登陛跪散之,谓之“撒殿。”

元祐二年,知颍昌府韩缜言:“交阯小国,其使人将及境,臣尝近弼,难以抗礼。按元丰中迓以兵官,饯以通判,使副诣府,其犒设令兵官主之。请如故事。”仍诏所过郡,凡前宰相、执政官知判者亦如之。又诏立回赐于阗国信分物法。岁遣贡使虽多,只一加,则又命于阗国使以表章至,则间岁听一入贡,余令于熙、秦州贸易。

礼部言:"元丰著令,西南五姓蕃,每五年许一贡。今西蕃秦平军入贡,期限未及。"诏特许之。学士院言:"诸蕃初入贡者,请令安抚、钤辖、转运等司体问其国所在远近大小与现今入贡何国为比,保明闻奏,庶待遇之礼不致失当,"宣和诏蕃国入贡,今本路验实保明。如涉诈伪,以上书诈不实论。

建炎三年,占城国王遣使进贡,适遇大礼,遂加恩,特授检校少傅,加食邑,自后明堂郊祀,并仿此。绍兴二年,占城国王遣使贡沉香、犀、象、玳瑁等,答以绫锦银绢。

建炎四年,南平王霓,差广南西路转运副使尹东珣充吊祭使,赐绢布各五百匹,羊、酒、寓钱、寓彩、寓金银等,就钦州授其国迎接人,制赠侍中,进封南越王。封其子为交址郡王,遇大礼,并加恩如占城国王。淳熙元年,赐"安南国王"印,铜铸,涂以金。

绍兴七年,三佛齐国乞进章奏赴阙朝见,诏许之。令广东经略司斟量,只许四十人到阙,进贡南珠、象齿、龙涎、珊瑚、琉璃、香药。诏补保顺慕化大将军、三佛齐国王,给赐鞍马、衣带、银器。赐使人宴于怀远驿。淳熙五年,再入贡。计其值二万五千缗,回赐绫锦罗绢等物、银二千五百两。

绍兴三十一年正月,安南献驯象。帝曰:"蛮夷贡方物乃其职,但朕不欲以异兽劳远人。其令帅臣告谕,自今不必驯象入贡。"三十二年,孝宗登极,诏曰:"比年以来,累有外国入贡,太上皇帝冲谦弗受,况朕凉菲,又何以堪!自今诸国有欲朝贡者,令所在州军以理谕遣,毋得以闻。"淳祐三年,安南国主陈日煚来贡,加赐功臣号。十一年,再来贡,景定三年六月,日煚上表贡献,乞其位于其子陈威晃。咸淳元年二月,加安南大国王陈日煚功臣,增"安善"二字;安南国王陈威晃功臣,增"守义"二字,各赐金带、鞍马、衣服。二年复上表进贡礼物,赐金五百两,赐帛一百匹,降诏嘉奖。

宋史卷一二〇
志第七三

礼二十三 宾礼五附录

群臣上表仪　宰臣赴上仪
朝省集议班位　臣僚上马之制
臣僚呵引之制

　　群臣上表仪。《通礼》，守宫设次于朝堂，文东武西，相对为首；设中书令位于群臣之北。礼曹掾举表案入，引中书令出，就南面立。礼部郎中取表授中书令，令即受表入奏。

　　其礼，凡正、至不受朝，及邦国大庆瑞、上尊号请举行大礼，宰相率文武群臣暨诸军将校、蕃夷酋长、道释。耆老等诣东上阁门拜表，知表官跪授表于宰臣，宰臣跪授于阁门使，乃由通进司奏御。凡有答诏，亦拜受于阁门，获可，奏者奉表称贺。其正、至，枢密使率内班拜表长春殿门外，亦阁门使受之。

　　又西京留守拜表仪制，留司百官每五日一上表起居，质明，并集长寿寺立班，置表于案，再拜以遣其春秋赐服及大庆瑞并如之。或令分司官赍诣行在，或只驿付南京留司，约用此制。若巡幸，东京则留司百官亦五日一上表起居，并集大相国寺。

　　其制，群臣诣阁拜奏者，首云文武百僚具官臣某等言；常奏御者，只云臣某言，并称尊号，已有功臣爵邑者具之；状奏者，前后列衔，不称尊号，亦云功臣爵邑。其外，又有书、疏、奏札、榜子之类。

乾德二年，令司详定表首。太常礼仪院言："仆射南省官品第二，太子三师官品第一，品位虽高，而南省上台为尊，合以仆射充首。若专以品秩为定，则诸行侍郎品第四，列于诸司三品卿监之上，不可以品序为准。按唐贞元六年诏，每有庆贺及诸臣上表，并合为上公为首，如三公阙，以令仆行之。中书、门下列贡章表，则仆射是百僚师长，难同官僚之例。

诏百官集仪。翰林学士陶谷等曰："按唐制上台、东宫并是廷臣，当时左右仆射、侍中、中书令为正宰相。贞观末，带同中书门下三品者方为宰相。今仆射既非宰相，合在太子三师之下。理固不疑。若以官僚非廷臣，即宰相岂当兼领？今若先二品而后一品，升后列而退前班，紊其等威，事恐非顺。请以太子三师为表首。"窦仪等曰："东宫三师为表首，论讨故典，实皆无据。左仆射当为表首者，其事有六：按《六典》，尚书为百官之本，今自一品至六品常参官，皆以尚书省官为首，则仆射合为表首，一也；又唐制，上表无上公，即尚书令仆以下行之，其嗣王合随宗正。若有班位，合依王品，则嗣王虽一品，不得为表首，二也；仆射位次三公，合为表首，三也；况仆射为百僚师长，东宫三师非师长之任，四也；晋天福中诏，谢贺上表，上公行之，如阙，即令仆射行之，五也；立制之班，卑者先入后出，尊者后入先出。今东宫一品立定，仆射乃入，仆射既退，东宫一品乃出，且在两省之后，六也。"

诏从仪等议，以仆射为表首焉。

宰臣赴上仪。《开元礼》有任官初上相见之仪。宋制，凡牧守赴上，多仍州府旧礼。台省之制，宰相、亲王、使相正衙谢讫，出文德殿便门至西廊，堂后官、两省杂事迎参；至中书便门，两省官迎班；升都堂，与送上官对揖；现任侍中、中书令、同平章事者。降阶，又与送上官对拜讫，分东西升坐于床。两省杂事读案，堂后官接案。搢笏顶笔判署，凡三道：一，司天监寿星见；二，开封府嘉禾合穗；三，澶州黄河清。并判准,始谢送上官,讫,三司使、学士、两省官、待制、三司使副升堂展贺。百官先班中书门外,上事官降阶,百官入,直省官通班赞致贺,归后堂与知政事、枢密副使、宣徽使相见,会食讫,退。

建隆三年,中书、门下言:"准唐天成元年诏故事,藩镇带平章事,合于都堂视事,刊石以记官族,输礼钱三千贯。近年颇隳曩制。自今藩镇带平章事者,输礼钱五百千,刻石记岁月。其钱以给两省公用,望举行之。"诏:自今宰相及枢密使兼平章事、侍中、中书令者,输礼钱三百千,藩镇五百千,刻石以记如旧制。增秩者不再输,旧相复入者输如其数。

乾德二年,置参知政事,就宣徽院赴上,则枢密使副只上事于本厅。后以曹彬兼侍中为枢密使,特令赴中书上事。

大中祥符中,诏:自今宰相官至仆射者,并于中书都堂赴上,不带平章事亦令赴上。有司上仪注,宰相用常仪。仆射本省上日,郎中、员外班迎于都堂门内,尚书丞、郎于东廊阶上稍近班迎揖,金吾将军升阶展拜贺,礼生赞引,主事读案。现任中书枢密使相、前任中书门下并不赴,余如宰相之仪。上讫,与本省御史台四品、两省五品、诸司三品以上会食。

右仆射王旦充玉清昭应宫使,有司按故事,宰相凡有吉庆,百官皆班贺。诏以未葺攸司,其班贺权罢。旦赴上修宫所,特赐会,丞、郎、三司副使以下悉预。自是宫观使副上日皆赐会作乐。

天禧初,太保、平章事王旦为太尉。国朝以来,三公不兼宰相,无赴上仪。特诏有司详定,就尚书省赴上,百官班迎,宰相而下悉集。御史大夫中丞知杂、三御史偕僚属送上,判案三道。中丞以上,即京府尹、赤县令、诸曹、节度使、刺史、皇城宫苑使悉集。翰林学士入院日赐设,惟学士、中书舍人赴坐。又资政侍读侍讲、龙图阁学士直学士兼秘书监并赴上。秘阁及两省五品以上任馆学士、判馆、修撰者,皆赐设焉。

朝省集议,前代不载其仪。宋初,刑政典礼之事当集议者,先下诏都省，省吏以告当仪之官，悉集都堂。设左、右丞于堂之东北，南向；御史中丞于堂之西北，南向；尚书、侍郎于堂之东厢，西向；两省侍郎、常侍、给事、谏舍于堂之西厢，东向；知名表郎官于堂之东南，北向；监议御史于堂之西南，北向。又设左右司郎中、员外于左、右丞之后，三院御史于中丞之后，郎中、员外于尚书、侍郎之后，起居、司谏、正言于谏舍之后。如有仆射、御史大夫，即于左右丞、中丞之前。如更有他官，即诸司三品于侍郎之南，东宫一品于尚书之前，武班二品于谏舍之南，皆重行异位。卑者先就席。左、右丞升厅，省吏抗声揖群官就座，知名表郎官以所议事授所司奉诣左、右丞，左、右丞执卷读讫授中丞，中丞授于尚书、侍郎，以次读讫，复授知名表郎官。将毕，左、右丞奏笔叩头揖群官，以一副纸书所议事节署字于下，授四座。监议御史命吏告云："所见不同者请不署字。"以官高者为表首。如只集本省官，座如常仪，其知名表郎官、监议御史座仍北向。惟仆射以上得乘马至都堂，他官虽同平章事亦止屏外。

明道二年，尚书议庄献、庄懿太后升祔，省官带内外制、兼三司副使承例移文不赴。

监议御史段少连以官带近职，一时之选，宜有建明，不当反自高异。乃奏议事不集以违制论。从之。

集贤校理赵良规言："国朝故事，令敕仪制，别有学士、知制诰；待制、三司副使著位，视品与前朝异，固无在朝叙职、入省官之说。若全不论职，则后行员外郎兼学士，在朝立丞、郎上，入省居比、驾下；知制诰、待制，入朝与侍制同列，入省分厕散郎；员外郎任三司副使、郎中任判官，在三司为参左，入本省为正员。所以旧来议事，集尚书省官，带职不赴，别诏三省悉集，则及大小两省；内朝官悉集，则及学士、待制、三司副使。更集他官，则诸司三品、武官二品，各以本司长官，故事。尚书省官带知制诰，中书省奏班簿，是于尚书省、御史台了不著籍，故有绝曹之语。又凡定学士、舍人、两省著位，除先后入外，若有升降，皆特禀朝旨，岂有在朝、入省选为高下？"御史台、礼院详定久不决。

判礼院冯元等曰:"会议之文,由来非一,或出朝廷别旨,或循官司旧规。故集本省者,即南省官;集学士、两省、台官者,容有两制、给舍、中丞;集学士、台省及诸司四品以上者,容有卿、监;集文武百官者,容有诸卫。盖谋事有小大,集官有等差,率系诏文,乃该余职。少连以太常易名之细,考功复议之常,误谓群司普当会席,列为具奏,婴以严科,遂使绝曹清列,还入本行,分局常员,略无异等。请臣僚拟谥,只集南省官属,或事缘体大,临时敕判。兼召三省、台寺,即依旧例。"御史台言:"今尚书省官任两制者,系台省之籍,无坐曹之实。论职官之言,正为绝曹者设,岂可受禄则系官定奉,议事则绝曹为辞?况王旦、王化基、赵安仁、晁迥、杜镐、杨亿,皆尝预议于尚书省。故相李昉为主客郎中,知制诰曰,屡经都省议事。又议大事,仆射、御史大夫入省,唯仆射至厅下马,于今行之,所以重本省也。故都堂会议,列状以品,就坐以官忽此更张,恐非通理。"

礼官吴育曰:"两省各有未安,尚书省制度虽崇,亦天子之有司,在朝廷既殊班列,入有司辄易尊卑,是以朝省为彼我、官职分二事也。两制近职,若有事议而去绝班不赴,非所以求至当。且知制诰中书省奏班簿,是谓绝班。翰林学士亦知制诰,不绝班簿,此因循之制,非确据也。纵绝班有例,而绝官无闻,一人命书,三省连判,而都无所系,只为奉钱,岂命官之礼?今取典故中最明一事,足以质定。祥符五年仆射上事议,绝班之官,别头赞引,不与本省官同在迎班。请凡会议,省官带近职者,别作一行而坐,自为序别,非以相压;若招两制、台省、诸司、诸卫官毕集,则各从其类,自作一行,书议如其位次。"

诏尚书省议事,应带职官三司副使以上并不赴,如遇集议大事,令赴,别设应次。

是岁,紫宸、垂拱殿刊石为百官表位。三司使,内朝,班学士右,独立石位;门外,亦班其上。

熙宁二年,御史台、太常礼院详定臣僚御路上马之制:近上臣僚及北使到阙,并于御路上行马。中书枢密执政官、宣徽院、御史中丞、知杂御史,左右金吾、摄事官清道者,导从呵止依旧式,其三司副使以上亦许出节。正任观察使以上与合出节臣僚,并许自宣德门外至天汉桥北御路上行马,如从驾出入及宗室内庭诸宫院车骑,并不在此限。

御史台又言:"旧制,百官台参、辞谢臣僚于朝堂,先赴三院御史幕次,又赴中丞幕次,得以体按老疾。今只于御史厅一员对拜,不惟有失旧议,兼恐不能公共参验。请如旧制朝堂拜揖,遇放常朝,即诣御史台。

已而,诏宰臣、亲王、使相、两府宣徽使,遇入枢密院门,许至从南第二门外上下马。又诏,宰臣上马,枢密院次之,诸司又次之,左、右丞上下马处并同两省侍郎。

御史台言:"左丞蒲宗孟、右丞王安礼贺仆射上尚书省,于都堂下马。按左、右丞上下马于本厅。请付有司推治。"安礼争论上前,以为今日置左、右丞为执政官,不应有厚薄。左、右丞于都堂上下马自此始。

寻诏执政官退朝上马,宰臣于枢密院,余于隔门外;都堂聚议退,右丞于门下侍郎厅,右丞于中书侍郎厅。品官诣尚书省上下马依杂压,太中大夫以上就第一贮廊,监察御史以上就过道,诸六曹尚书、侍郎即太中大夫以上就本厅,监察御史以上就客位,余并过道门外。

政和朝参臣僚上马次序:俟皇城门门开,枢密入,次三省执政官,次一品二品文臣、六曹侍郎、殿中监、开封尹,大司成、侍从官、两省、次百官,御史台编栏以次入。

其宰相罢政,韩琦以司徒,节度判相州,曾公亮以司空、节度为集禧观使,王安石以观文殿大学士,吏部尚书知江宁府曹佾以中书令,节度使充景灵宫使,韩绛以观文殿大学士,吏部侍郎知大名府,致仕太师文彦博来朝,其大朝会班位仪物如之。吴育以观文殿大学士、吏部尚书为西太一宫使,大朝会缀中书、门下班而已。自是,旧相按例重经以特旨行之。

治平四年，御史台言："庆历中，有诏详定武臣出节呵引之制：
节度使在尚书下，三节。节度观察留后在诸行侍郎下，两节。观察
使在中书舍人下，诸卫大将军、防御团练使在大卿监下，内客省使
比诸司大卿，景福殿使比将作监，引进使比庶子，在防御使下，以上
各二节。诸州刺史诸卫将军在少卿监下、宣庆、四方馆使比少卿，宣
政、昭宣、阁门使比司天监，少监，诸将军上，皇城使以下诸司使比
郎中，客省、引进、阁门副使比员外郎，枢密都承旨在司天少监下，
阁门使上，副都承旨在阁门使下，枢密副承旨、诸房副承旨在诸司
使下，以上并两人呵引。当时已施行矣，而皇祐编敕删去此制，请复
举行。"

宋史卷一二一
志第七四

礼二十四 军礼

祃祭　阅武　受降献俘　田猎
打球　救日伐鼓

祃，师祭也。宜居军礼之首。讲武次之，受降、献俘又次之。田猎以下，亦各以类附焉。

军前大旗曰牙，师出必祭，谓之祃。后魏出师，又建蚩头旗上。太宗征河东，出京前一日，遣右赞善大夫潘慎修出郊，用少牢一祭蚩尤、祃牙；遣著作佐郎李巨源即北郊望气坛，用香、柳枝、灯油、乳粥、酥蜜饼，果，祭北方天王。

咸平中，诏太常礼院定祃仪。所司除地为坛，两士壝绕以青绳，张幄帝，置军牙、六纛位版。版方七寸，厚三分。祭用刚日，具馔，牲用太牢，以羊豕代。其币长一丈八尺。军牙以白，六纛以皂。都部署初献，副都部署亚献，部署三献，皆戎服，清斋一宿。将校陪位。礼毕焚币，衅鼓以一牢。又择日祭马祖、马社。

阅武，仍前代制。太祖、太宗征伐四方，亲讲武事，故不尽用定仪，亦不常其处。凿讲武池朱明门外以习水战。复筑讲武台城西杨村，秋九月大阅，与从臣登台观焉。

真宗诏有司择地含辉门外之东武村为广场，凭高为台，台上设屋,构行宫。其夜三鼓,殿前、侍卫马步诸军分出诸门。诘旦,帝乘马,从官并戎服,赐以窄袍。至行宫,诸军阵台前,左右相向,步骑交属亘二十里,诸班卫士翼从于后。有司奏成列,帝升台,东向,御戎帐,召从臣从坐观之。殿前都指挥使王超执五方旗以节进退,又于两阵中起候台相望,使人执旗如台上之数以相应。初举黄旗,诸军旅拜。举赤旗则骑进,举青旗则步进。每旗动则鼓骇士噪,声震百里外,皆三挑及退。次举白旗,诸军复再拜呼万岁。有司奏阵坚而整,士勇而厉,欲再举,诏止之,遂举黑旗以振旅。军于左者略右阵以还。由台前出西北隅;军于右者略阵以还,由台前出西南隅,并凯旋以退。乃召从臣宴,教坊奏乐。回御东华门阅诸军还营,钧容奏乐于楼下,复召从臣坐,赐饮。明日,又赐近臣饮于中书,诸军将校饮于营中,内职饮于军器库,诸班卫士饮于殿门外。

　　神宗阅左藏库副使开斌所教牌手于崇政殿,乃命殿前步军司择骁健者依法教习。自是,营屯及更戍诸军、畿甸三路民兵皆随伎艺召见亲阅焉。凡阅试禁卫、戍军、民兵,总率第其精粗,赐以金帛;而超等高者至命为吏选官,其典领者优加职秩,泾原经略蔡挺肄习诸将军马,点阅周悉,队伍有法,入为枢密使副,因言于上而引试之。旧以七军营阵校试而分数不齐,前后牴牾,命校试官采掇定为八军法。及军法成,颁行诸路,既又定九军法,以一军营阵,即城南好草坡阅之,皆有赏赉,其按阅炮场连弩及便坐日阅召募新军时,令习战如故事。

　　建炎三年六月,高宗谕辅臣曰:"朕欲亲阅武。"宰臣吕颐浩曰:"方右武之时,理当如此。祖宗时不忘武备,如凿金明池,益欲习水战。"张浚曰:"祖宗每上已游幸,必命卫士驰射,因而激赏,亦所以讲武也。"帝曰:"朕非久命诸将各阅所部人马,当召卿等共观,足以知诸将能否。"后以巡幸不果行。

　　绍兴五年正月,始御射殿,阅诸班直殿前司诸军指教使臣、亲从宿卫亲兵并提辖部押亲兵使臣射射。共一千二百六十人,每六十人作一拨。遂诏户部支金千两,付枢密院激赏库充犒用。三月,御射殿,阅等子赵青等五十人角力,转资,支赐钱银有差。八月,御射殿,阅广东路经略司解发到韶州士庶子弟陈裕试神臂弓,特补进武校尉,赐紫罗窄衫、银束带、差充本路经略司指使。十四年十一月阅殿前马步军将士艺精者,赏有差。自是,岁以冬月行之,号曰冬教。三十年十月,御射殿,引三衙统制、同统制、统领,同统领入内射射,诏余合赴内殿教人。依年例支降例物,令逐司自行按试等第给散。旧例,每岁引三衙官兵教。是日,只引统制,统领,故有是诏。三十二年四月二十五日,御射殿隔门特坐。引呈新旧行门射射。

乾道二年十一月,幸候潮门外大教场,次幸白石教场。应从驾臣僚,自祥曦殿并戎服起居,从驾往回。内管军、御带、环卫官从驾,宰执以下免从。就逐幕次赐食俟进晚膳毕,举免奏万福,并免茶,从驾还内。二十四日,幸候潮门外大教场,进早膳,次幸白石教场阅兵。三衙率将佐等导驾诣白石,皇帝登台,三衙统制、统领官等起居毕,举黄旗,诸军皆三呼万岁拜讫,三衙管军奏报取旨,马军上马打围教场。举白旗,三司马军首尾相接;举红旗,向台合围,听一金止。军马各就围地,作圆形排立。射生官兵随鼓声出马射獐兔,一金止。叠金,射生官兵各归阵队。举黄旗,射生官兵就御台下献所获。帝遂慰劳。赐赍诸将鞍马金带,以及士卒。诸军欢腾。鼓舞就列。百姓观者如山。时久阴曀,暨帝出郊,云雾解驳,风日开霁。帝遣谕主管殿前司王琪等曰:“前日之教,师律整严,人无哗嚣,分合应度,朕甚悦之,皆卿等力也。”琪等曰:“此陛下神武之化,六军恭谨所致。臣愿得以此为陛下剿绝奸宄。”

四年十月,殿前司言:“相视龙王堂北、江岸以东茅滩一带平地,可作教场。已修筑将坛。将来三司马步军并各全装,披带衣甲,执色器械,至日,先赴教场下营排办,俟驾登台,听金鼓起居毕,依资次变阵教阅。所有圣驾出郊,除禁卫外,欲于本司入阵马军内摘差护圣马军八百人骑、弓箭,器械,作十六队,于仪卫前后引从,各分八队,队各五十人,往回沿路,各奏随军鼓笛大乐。及摘差本司入教阵队内诸军步亲随一千人,并统领将官三员,至日,先赴将台下,各分左右,于后壁周围留空地三十步,以容禁卫,外作三重环立。"
十六日,车驾至滩下。诸军人马,前一日于教场东列幕宿营。是日,
三衙管军与各军统领将佐导驾乘马至护圣步军大教场亭,更御甲
胄至滩上。皇帝登台,三衙起居毕,权主管殿前司王逵奏三司人马
齐,举黄旗,诸军呼拜者三。逵请从头教。中军鸣角,倒门角旗出营,
马步军簇队成,收鼓讫。连三鼓,马军上马,步人撮起旗枪。四鼓举
白旗,中军鼓声旗应。变方阵为备敌之形。别高一鼓,步军四向作
御敌之势,且战且前,马军出阵作战斗之势。别高一鼓,各分归地
分。五鼓举黄旗,变圆阵为自环内固之形。如前节次讫。三鼓举赤
旗,变锐阵,诸军相属,鱼贯斜列,前利后张,为冲敌之形。亦依前节
次讫。王逵奏人马教绝,取旨。举青旗,变放教直阵,收鼓讫,一金
止。重鼓三,马军下马,步人龊落旗枪,皆应规矩。帝大悦,犒赏倍
之。士卒欢呼谢恩如仪。鸣角声簇队讫,放教拽队。步人分东西引
拽。马军交头于御台下,随队呈试骁锐大刀武艺。继而进呈车炮、
火炮火、烟枪。及赭山打围射生,马步军统制官萧鹨巴以所获獐鹿
等就御台下进献,人马拽绝。皇帝复御常服,乘马至车子院,宣唤殿
前司拨发官马定远、侯彦昌各赐马一匹,彦昌仍自准备将特升副
将。进御酒,上谓王逵曰:"今日教阅,进止分合,军律整肃,皆卿之
力也。"逵奏:"陛下神武,四海共知,六师军容,孰敢不肃!"时赐酒
俱以十分,逵奏以军马事不敢饮,帝曰:"少饮之。"亲减大半,饮毕,
谢恩退。又宣问主管侍卫马军司李舜举:"今日按阅之兵,比向时所
用之师何如?"舜举奏曰:"今日治之兵。皆陛下平时躬亲训练,抚以
深恩,赐之重赏,忠勇百倍,非昔日可比。其仪:"皇帝至祥曦殿,行门、
禁卫等并戎服迎驾常起居。皇帝至,如阁门官以下并戎服常起居,讫。皇帝乘
马出,从驾官从驾至候潮门外大教场御幄殿下马,入幄更衣讫,皇帝披金甲出
幄,行门、禁卫等迎驾,奏万福。皇帝乘马至教场台下马,升台入幄,从驾官宰
执,亲王、使相、正任、知阁、御带、环卫官升台,于幄殿,分东西相向立。管军并
令全装衣甲,带御器械执骨朵升台。幄于殿指南西立,俟入内官喝排立,皇帝
出幄,行门、禁卫等迎驾奏万福。皇帝出,阁门分引殿前马步三司统制、统领官

常起居讫。次三司将佐以下，听鼓声常起居。次殿帅执骨朵赴御座前，奏教直阵。俟教阅皆。再赴御座前奏教圆阵。俟教阅毕，再赴御座前奏教锐阵。俟教阅毕，再赴御座前奏教阅毕，归侍立。内侍传旨与殿前太尉某，诸军谢恩承旨讫，转与拔发官引三司统制、统领、将佐再拜谢恩讫，各归本军、皇帝起，入幄更衣讫，皇帝出幄，皇帝坐，舍人引宰执墩后立，俟进御茶床。舍人赞就座，宰执躬身应喏讫，直身立，就座。进第一盏酒，起立墩后，俟皇帝饮酒讫，舍人赞就坐，躬身应喏讫，直身立。俟宰执酒至，接盏饮酒讫，盏付殿侍。次舍人赞食，并如仪。至第四盏，传旨宣劝讫，御药传旨不拜。舍人承旨赞不拜。赞就座。第五盏宣劝如第四盏仪。酒食毕，举御茶床，舍人分引宰执于幄殿重行立，御药传旨不拜，舍人承旨讫，揖宰执躬身赞不拜，合祗候直身立，降踏道归幕次。皇帝起，乘马至车子院下马。皇帝出幄，至车子院门楼上，出赐亲王酒。再拜谢讫；次赐使相、正任并管军，知阁，御带、环卫官酒讫；逐班再拜谢，讫，依旧向立，次亲王执盏进皇帝酒，皇帝饮酒讫，一班再拜谢，讫；俟皇帝观毕，起，降车子院门楼归幄，亲王以下退。皇帝乘马出车子院门，行门，禁卫等迎驾奏万福。皇帝乘马至候潮门外大教场，应从驾官并戎服乘马从驾回。皇帝乘马入和宁门，至祥曦殿上下马还宫。余仿此。

淳熙四年十二月，大阅于茅滩。十年十一月，阅于龙山。十六年十月，大阅于城南大教场。并如上仪。庆元元年十月，以在谅暗，令宰执于大教场教阅。二年十月，大阅于茅滩。嘉泰二年十二月，幸候潮门外教场大阅。端平二年四月大阅，以时暑不及行。

受降献俘。太祖平蜀，孟昶降。诏有司约前代仪制为受降礼。昶至前有一日，设御座仗卫于崇元殿，如元会仪。至日，大陈马步诸军于天街左右，设昶及其官属素案席褥于明德门外，表案于横街北。通事舍人引昶及其官属素服纱帽北向序立。昶跪奉表授阁门使，复位待命。表至御前，侍臣读讫，阁门使承旨出。昶等俯伏。通事舍人掖昶起，官属亦起，宣制释罪，昶等再拜呼万岁。衣库使导所赐袭衣冠带陈于前，昶等又再拜跪受，改服乘马，至升龙门下马，官属至运启门下马，就次。帝常服升座，百官先入起居，班立。阁门使承引昶等入舞蹈拜谢。召昶升殿。阁门使引自东阶升，宣抚使旨安抚之。昶至御座前,躬承问讫,还位,与官属舞蹈出。中书率百官称贺,遂宴近臣及昶于大明殿。

岭南平,刘铱就擒,诏有司撰献俘礼,铱至,上御明德门列仗卫,诸军、百官常服班楼前。别设献俘位于东西街之南,北向;其将校位于献俘位前,北上西向。有司率武士系铱等白练,露布前引。至太庙西南门、铱等并下马,入南神门,北向西立,监将校官次南立。俟告礼毕。于西南门出,乘马押至太社,如上仪,乃押至楼南御路之西,下马立俟。献俘将校,戎服带刀。摄侍中版奏中严,百官班定;版奏外办,帝常服御座。百官舞蹈起居毕,通事舍人引铱就献俘位,将校等诣楼前舞蹈讫,次引露布按诣楼前北向,宣付中书、门下如宣制仪。通事舍人跪受露布,转授中书,门下转授摄兵部尚书。次摄刑部尚书诣楼前跪奏以所献俘付有司。上召铱诘责、铱伏地待罪。诏诛其臣龚澄枢等,特释铱缚与其弟保兴等罪,仍赐袭衣、冠带、靴笏,器币、鞍马,各服其服列谢楼下。百官称贺毕,放仗如仪。

南唐平,帝御明德门,露布引李煜及其子弟官属素服待罪。初,有司请如献刘铱。帝以煜奉正朔,非若铱拒命,寝露布不宣,遣阁门使承制释之。

太宗征太原,刘继元降,帝幸城北,陈兵卫,张乐,宴从臣于城台,继元帅官属素服台下。遣阁门使宣制释罪,召继元亲劳之。从臣诣行宫称贺。时以在军中,故不备礼。继元至京师,诏告献太庙。前一日,所司陈设如常告庙仪。告日黎明,博士引太尉就位,通事舍人引继元西阶下东向立,其官属重行立。赞者赞太尉再拜讫,博士引就盥爵如常仪,诣东阶解剑脱舄,升第一室进奠,再拜,太祝跪读祝文讫,又再拜。通事舍人引继元及官属诣室前阶下北向立,舍人赞云:“皇帝亲征,收复河东,伪主刘继元及伪命官见。”赞者曰再拜,拜讫退位。次至第二、第三、第四、第五室,皆如第一室。博士引太尉降阶,佩剑纳履复位,赞者曰再拜,太尉与继元等皆再拜。退。焚祝版于斋坊。继元既命以官,故不称俘焉。

元符二年,西蕃王拢拶、邈川首领瞎征等降,诏具仪注。以受降日御宣德门，设诸班直、上四军仗卫，诸军素服陈列。降者各服蕃服以见，审问讫，有旨放罪，各等第赐首服袍带。百官称贺，而再御紫宸赐宴会。哲宗崩，枢密院留拢拶等西京听旨。诏罢御楼立仗，但引见于后殿。拢拶一班；契丹分主一班，夏国、回鹘公主次之；瞎征一班，边厮波结并族属次之。应族属首领各从其长，以次起居。僧尼公主皆蕃服蕃拜。并赐冠服谢讫，赐酒馔横门外。

政和初，议礼局上《受降仪》，皇帝乘舆升宣德门楼，降舆坐御幄，百官与降王、蕃官各班楼下，如大礼肆赦仪。东上阁门以红条袋班斋牌引升楼，楼上东上阁门官附内侍承旨索扇，扇合，帝即御座，帘卷。内侍又赞扇开，侍卫如常仪。诸班亲从并裹围降王人等迎驾，自赞常起居。次舍人赞执仪将士常起居。次管干降王使臣并随行旧蕃官常起居。次礼直官、舍人引百官横行北向，赞者曰拜。在位官皆再拜舞蹈，三称万岁，又再拜。班首奏圣躬万福，又再拜退，百官各就东西位。舍人引降王服本国衣冠诣楼前北向，女妇稍西立，僧又稍西，尼立于后。入内省官诣御座承旨，传楼上东上阁门官承旨录讫，以红条袋降制楼下，东上阁门官承旨退。降王以下俯伏，东上阁门官至，令通事舍人掖之起，首领以下皆起鞠躬。阁门宣有敕，降王以下再拜，僧尼只躬呼万岁。阁门录敕旨付管干官，降王等躬听诘问。如有复奏，阁门录讫，仍以红条袋引升楼，如无复奏，入内省官诣御座承旨，传楼上阁门官称有敕放罪讫，舍人赞谢恩，降王以下再拜称万岁，复序立。入内省官诣御座承旨，传楼上阁门官称有敕各赐首服袍带。楼下阁门官承旨引所赐檐床陈于西，舍人宣曰有敕，降王以下再拜鞠躬，舍人称各赐某物，赐物毕，又再拜称万岁。若赐官，即赞谢再拜，并归次易所赐服。舍人先引降王以下至授遥郡以上当楼前北向东上立，赞再拜，称万岁，又再拜；次赞服冠帔妇女再拜，僧尼别谢，引还。次赞楼上侍立官称贺再拜，礼直官、舍人分引百官横行北向立，赞拜讫，班首稍前，俯伏跪，称贺其词中书随事撰述，贺讫，复位。在位者又再拜舞蹈，三称万岁，又再拜。东上阁门官进诣楼前承旨就班首宣曰有制，赞者曰拜，在位官皆再拜，宣答其词，学士院随事撰述，又赞再拜，三称万岁，又再拜。楼上枢密院前跪奏，称某官臣某言，礼毕，内侍索扇，扇合帘垂，帝降坐。内侍赞扇开，所司承旨放仗，楼下鞭鸣，百官再拜退。

开禧三年三月，四川宣抚副使安丙函逆臣吴曦首并违制创造法物，所受金国加封蜀王诏及金印来献。四月三日，礼部太常寺条具献馘典故俟逆曦首函至日，临安府差人防守，殿前司差甲士二百人同大理寺官监引赴都堂审验，奏献太庙，别庙差近上宗室南班，奏献太社、太稷差侍从官。各前一日赴祠所致斋，至日行奏献之礼，大理寺、殿前司计会行礼时刻，监引首函设置以俟。奏献礼毕，枭于市三日，付大理寺藏于库。

端平元年，金亡。四月，京湖制置司以完颜守绪函骨来上，差官奏告宗庙社稷如仪。

田猎。太祖建隆二年，始校猎于近郊。先出禁军为围场，五坊以鸷禽细犬从。帝亲射走兔三。从官贡马称贺。其后多以秋冬或正月田于四郊，从官或赐窄袍暖靴，亲王以下射中者赐以马。

太宗将北征，因阅武猎近郊，以多盗猎狐兔者，命禁之。有卫士夺人獐，当死，帝曰："若杀之，后世必谓我重兽而轻人。"特赦其罪。帝常以腊日校猎，谕从臣曰："腊日出狩，以顺时令，缓辔从禽是非荒也。"回幸讲武台，张乐，赐群臣饮。其后，猎西郊，亲射走兔五。诏以古者搜狩，以所获之禽荐享宗庙，而其礼久废，今可复之。遂为定式，帝雅不好弋猎，诏除有司行礼外，罢近甸游畋，五坊所畜鹰犬并放之，诸州不得以鹰犬来献。已而定难军节度使赵保忠献鹘一，号"海东青"，诏还赐之。腊日，但命诸王略畋近郊，而五坊之职废矣。

真宗复诏教驯所养鹰鹘量留十余，以备诸王从时展礼。禁围草地，许民耕牧。

至仁宗时，言者言校猎之制所以顺时令、训戎事，请修此礼。于是诏枢密院奏定制度。猎日五鼓，帝御内东门，赐从官酒三行，奏军容乐，幸琼林苑门，赐从官食。遂猎于杨村，宴于幄殿，奏教坊乐。遣使以所获驰荐太庙。既而召父老临问,赐以饮茶绢,及五坊军士银绢有差。宰相贾昌朝等曰:"陛下暂幸近郊,顺时田猎,取鲜杀而登庙俎,所以昭孝德也;即高原而阅军实,所以讲武事也;问耆老而秩饩,所以养老也;劳田夫而赐惠,所以劝农也。乘舆一出,而四美皆具。伏望宣付史馆。"从之。明年,复猎于城南东韩村。自玉津园去辇乘马,分骑士数千为左右翼,节以鼓旗。合围场径十余里,部队相应。帝按辔中道,亲挟弓矢,屡获禽焉。是时,道旁居人或畜狐兔凫雉驱场中,帝谓田猎以训武事,非专所获也,悉纵之。免围内民田一岁租,仍召父老劳问。其后以谏者多,罢猎近甸。自是,终靖康不复讲。

　　打球,本军中戏。太宗令有司详定其仪。三月,会鞠大明殿。有司除地,竖木东西为球门,高丈余,首刻金龙,下施石莲华座,加以采绘。左右分朋主之,以承旨二人守门,卫士二人持小红旗唱筹,御龙官锦绣衣持哥舒棒,周卫球场,殿阶下,东西建日月旗。教坊设《龟兹部》鼓乐于两廊,鼓各五。又于东西球门旗下各设鼓五。阁门预定分朋状取裁。亲王、近臣、节度观宗防御围练使、刺史,驸马都尉,诸司使副使,供奉官、殿直悉预。其两朋官,宗室,节度以下服异色绣衣,左朋黄襕,右朋紫襕;打球供奉官左朋服紫绣,右朋有绯绣,乌皮靴,冠以华插脚折上巾,天厩院供驯习马并鞍勒。帝乘马出,教坊大合《凉州曲》,诸司使以下前导,从臣奉迎。既御殿,群臣谢,宣召以次上马,马皆结尾,分朋自厢入,序立于西厢。帝乘马当庭西南驻。内侍发金盒,出朱漆球掷殿前。通事舍人奏云御朋打东门。帝击球,教专作乐奏鼓球既度、飐旗、鸣钲、止鼓。帝回马,从臣奉觞上寿,贡物以贺。赐酒,即列拜,饮毕上马。帝再击之,始命诸王大臣驰马争击。旗下搧鼓。将及门,逐厢急鼓。球度,杀鼓三通。球门两旁置绣旗二十四,而设虚架于殿东西阶下。每朋得筹,即插一旗上以识之。帝得筹,乐稍止。从官呼万岁。群臣得筹则唱好,得筹者下称谢。凡三筹毕,用御殿召从臣饮。又有步击者,乘驴骡击者,时令供奉者朋戏以为乐云。

救日伐鼓。建隆元年,司天监言日食五月朔,请掩藏弓兵铠胄。事下有司,有司请皇帝避正殿素服,百官各守本司,遣官用牲太社如故事。景德四年五月朔,日食。上避正殿不视事。

至和元年四月朔日食,既内降德音,改元,易服,避正殿,减膳。百官诣东上阁门拜表请御正殿,复常膳。三表乃从。至日,遣官祀太社,而阴雨以雷,至申,乃见食九分之余。百官称贺。先是皇祐初,以日食三朝不受贺,百官拜表。嘉祐四年,诏正旦日食毋拜表,自十二月二十一日不御前殿,减常膳,宴辽使罢作乐。至日,仍遣官祀太社。百官三表,乃御正殿,复膳。六年六月朔日食,诏礼官验详典故。皇帝素服,不御正殿,毋视事,百官废务守司,合朔前二日,郊社令及门仆守四门,巡门监察鼓吹令率工人如方色执麾旟,分置四门屋下。龙蛇鼓随设于工东门者立北塾南面。南门者立东塾西面,西门者立南塾北面。北门者立西塾东面。队正一人执刀,率卫士五人执五兵之器,立鼓外。矛处东,戟处南,斧钺在西,稍在北。郊社令立穧于坛。四隅縈朱线绳三匝。又于北设黄麾,龙蛇鼓一次之,弓一、矢四次之。诸兵鼓俱静立,俟司天监告日有变,工举麾,乃伐鼓;祭告官行事,太祝读文,其词以责阴助阳之意。司天官称止。乃罢鼓。如雾晦不见,即不伐鼓。自是,日有食之,皆如其制。

治平四年,诏:“古者日食,百司守职,盖所以祗天戒而备非常,今独缺之,甚非王者小心寅畏之道。可令中书议举行。”熙宁六年四月朔日食,诏易服、避殿、减膳如故事。降天下死刑,释流以下罪。

政和上《合朔伐鼓仪》:有一陈设太社玉币笾豆如仪。社之四门,及坛下近北,各置鼓一,并植麾旟,各依其方色。坛下立黄麾,麾杠十尺,旟八尺。祭告日,于时前,太官令帅其属实馔具毕,光禄卿点视;次引监察御史、奉礼郎、太祝、太官令先入就位,次引告官就位,皆再拜;次引御史、奉礼郎、太祝升,就位。太官令就酌樽所,告官盥洗,诣太社三上香,奠币玉,再拜复位。少顷引告官再盥洗,执爵三祭酒,奠爵,俯伏兴。稍立,引太祝诣神位前跪读祝文。告官再拜退,伐鼓。其日时前,太史官一员立坛下视日。鼓吹令率工十人,如色服分立鼓左右以俟。太史称日有变,工齐伐鼓。明复,太史称止,乃罢鼓。其日,废务而百司各守其职如旧仪。

宋史卷一二二
志第七五

礼二十五 凶礼一

山　陵

　　山陵、谥祔、服纪、葬仪与士庶之丧制为凶礼。其上陵忌日，汉仪如吉祭。宋制，是日禁屠杀，设素馔，辍乐举哭，素服行事，因以类附焉。

　　太祖建国，号僖祖曰钦陵，顺祖曰康陵，翼祖曰定陵，宣祖曰安陵。

　　安陵在京城东南隅，乾德初，改卜河南府巩县西南四十里訾乡邓封村。以司徒范质为改卜安陵使，学士窦俨礼仪使，中丞刘温叟仪仗使，枢密直学士薛居正卤簿使，太宗时尹开封，为桥道顿递使，质寻免相，以太宗兼辖五使事，修奉新陵。皇堂下深五十七尺，高三十九尺，陵台三层正方，下层每面长九十尺。南神门至乳台，乳台至，鹊台皆九十五步。乳台高二十五尺，鹊台增四尺。神墙高九尺五寸，环四百六十步，各置神门、角阙。

　　有司言："改卜陵寝，宣祖合用哀册及文班官各撰歌辞二首。吉仗用大驾卤簿。凶杖用大升舆、龙辒、鹅茸纛、魂车、香舆、铭旌、哀谥册宝车、方相、买道车、白幰弩、素信幡、钱山舆、黄白纸帐、暖帐、夏帐、千味台盘、衣舆、拂纛、明器舆、漆梓宫，夷衾、仪椁、素翣、包牲、仓瓶、五谷舆、瓷瓶瓦瓶、辟恶车。进玄宫有铁帐复梓宫，藉以梭椈褥、铁盆、铁山用然漆灯。宣祖衮冕，昭宪皇后花钗、翚衣，赠玉。十二神、当圹当野、祖明、祖缀、地轴及留陵刻漏等，并制如仪。"

有司又言："按《仪礼》改葬缌"注云："臣为君，子为父，妻为夫也，必服缌者，亲见尸柩，不可以无服，缌三月而除之。"又《五礼精义》云："改葬无祖奠，盖祖奠设于枢车之前以为行始，至于改葬，告迁而已。"今请皇帝服缌，皇亲及文武官护选灵驾者亦服缌，即葬而除。不设祖奠，只于陵所行一虞之祭。宣祖谥册、谥宝旧藏庙室。合迁置陵内。改葬之礼，与始葬同。几筵宜新，明器坏者改作。凡敛衣、敛物并易之。其皇堂赠玉，镇圭、剑佩、旒冕、玉宝，并以珉玉、药玉，绶以青锦。安陵中玉圭、剑佩、玉宝皆用于阗玉。孝明、孝惠陵内用珉玉、药玉。启故安陵，奉安宣祖、昭宪孝惠二后梓宫于幄殿。灵驾发引，所过州府县镇，长吏令佐素服出城奉迎并辞。皆哭。自发引至掩皇堂，皆废朝，禁京城音乐。"

顺祖、翼祖皆葬幽州，至真宗始命营奉二陵，遂以一品礼葬河南县。制度比安陵减五分之一，石作减三分之一，寻改上定陵名曰靖陵。

开宝九年十月二十日，太祖崩，遗诏："以日易月，皇帝三日而听政，十三日小祥，二十七日大祥。诸道节度防御团练使、刺史、知州等，不得辄离任赴阙。诸州军府临三日释服。"群臣叙班殿庭，宰臣宣制发哀毕，太宗即位，号哭见群臣。群臣称贺，复奉慰尽哀而退。

礼官言："群臣当服布斜巾；四脚，直领布襕，腰绖。命妇布帕首、裙、帔。皇弟、皇子、文武二品以上，加布冠斜巾、帽，首绖，大袖，裙、帔，竹杖。士民缟素，妇人素缦。诸军就屯营三日哭。"群臣屡请听政，始御长春殿，群臣丧服就列，帝去杖、绖、服斜巾、垂帽，卷帘视事。小祥，改布服四脚、直领布襕，腰绖，布袴，二品以上官亦如之。大祥，帝服素纱软脚折上巾、浅黄衫、缬皮靮黑银带。群臣及军校以上，皆本色惨服、铁带、靴、笏。诸王入内服衰，出则服惨。又成服后，群臣朝晡临三日，大小祥、禫除朔望，皆入临奉慰。内出遗留物颁赐诸臣亲王，遣使赍赐方镇。二十七日，命宰臣撰陵名、哀册文。

明年三月十七日，群臣奉谥号册宝告于南郊，明日读于灵座前。四月十日，启欑宫，帝与群臣皆服如初丧。朝晡临殿中，退易常服出宫城。十三日，发引，帝衰服，启奠哭，群臣入临，升梓宫于龙輴。祖奠撤，设次明德门外，行遣奠礼，读哀册，帝哭尽哀，再拜辞，释衰还宫，百官辞于都城外。二十五日，掩皇堂。二十九日，虞主至，奉安于大明殿。五月十九日，祔庙之第五室，以孝明皇后王氏升配。礼毕，群臣奉慰。共吉凶仗如安陵，惟增辒辌车、神帛肩舆，卤簿三千五百三十九人。陵在巩县，祔宣祖，曰永昌。

至道三年三月二十九日，太宗崩于万岁殿。真宗散发号擗，奉遗诏即位于殿之东楹。制永熙陵，皇堂深百尺，方广八十尺，陵台方二百五十尺。大驾卤簿，用玉辂一、革车五外，凡用九千四百六十八人。有司定散发之礼，皇帝、皇后、诸王、公主、县主、诸王夫人、六宫内人并左披发，皇太后全披发，帝服布斜巾、四脚、大袖、裙、袴、帽、竹杖、腰绖、首绖、直领布襕衫、白绫衬服。诸王皇亲以下如之，加布头冠、绢衬服。皇太后、皇后、内外命妇，布裙、衫、帔、帕头、首绖、绢衬服，官人无帔，文武二品以上布斜巾、四脚、头冠、大袖、襕衫、裙、袴、腰绖、竹杖、绢衬服。自余百官，并布幞头、襕衫、腰绖。省五品、御史台尚台书省四品、诸司三品以上，现任前任防御、团练、刺史，内客省、阁门、入内都知、押班等，布头冠、幞头，大袖、襕衫、裙、袴、腰绖。诸军、庶民白衫纸帽，妇人素缦不花钗，三日哭而止。山陵前，朔望不视事。

六月，诏翰林写先帝常服及绛纱袍、通天冠御容二，奉帐坐，列于大升舆之前，仍以太宗玩好、弓剑、笔砚、琴棋之属，蒙组绣置舆中，陈于仗内。十月三日，灵驾发引，其凶仗法物擎昪牵驾兵士力士，凡用万一千一百九十三人。挽郎服白练宽衫、练裙、勒帛，绢帻。余并如昌陵制。十一月二日，有司奉神主至太庙，近臣题谥号，祔于第六室,以懿德皇后符氏升配。置卫士五百人于陵所,作殿以安御容,朝暮上食,四时致祭焉。

乾兴元年二月十九日,真宗崩,仁宗即位。二十日,礼仪院言:"准礼例,差官奏告天地、社稷、太庙、诸陵,应祠祭惟天地、社稷、五方帝诸大祠,宗庙及诸中小祠并权停,俟祔庙礼毕,仍旧。"是日,命阁门使薛贻廓告哀于契丹,宣庆使韩守英为大内都巡检,内侍分领宫殿门,卫士屯护。阁门使王遵度为皇城四面巡检,新旧城巡检各权添差,益以禁兵器仗,城门亦设器甲,以辨奸诈。

二十一日,群臣入临,见于帝于东序。阁门使宣口敕曰:"先皇帝奄弃万国,凡在臣僚,毕同号幕,及中外将校,并加存抚。"群臣拜舞称万岁,复哭尽哀,退。是日上表请听政,凡三上始允。二十三日,陈先帝服玩及珠襦、玉匣、含、襚应入梓官之物于延庆殿,召辅臣通观。明日,大敛成服。二十五日,有司设御座,垂帘崇政殿之西庑,帘幕皆缟素,群臣叙班殿门外。帝衰服,杖、绖,侍臣扶升坐。通事舍人引群臣入殿庭,西向合班。俟帘卷,群臣再拜,班首奏圣躬万福,随班三呼万岁退。宰臣升殿奏事如仪。三月一日,小祥,帝行奠,释衰服,群臣入临,退赴内东门,进名奉慰。自是每七日皆临,至四十九日止。十三日,大祥,帝释服,服慘。

十四日,司天监言:"山陵斩草,用四月一日丙时吉。"十六日,山陵按行使蓝继宗言:"携司天监定永安县东北六里曰卧龙岗,堪充山陵。"诏雷允恭复按以闻。皇堂之制,深八十一尺,方百四十尺。制陵名曰永定。九月十一日,召辅臣赴会庆殿,观入皇堂物,皆生平服御玩好之具。帝与辅臣议及天书,皆先帝尊道膺受灵贶,殊尤之瑞属于元圣,不可留于人间,宜于永定陵奉安,二十三日,奉导天书至长春殿,帝上香再拜奉辞。二十四日,天书先发,帝启奠梓宫,读哀册、礼华,具吉凶仪仗。百官素服赴顺天门外,至板桥立班奉辞。还诣西上阁门,进名奉慰。十月十三日,掩皇堂。十八日,虞主至京。十九日,群臣诣会庆殿行九虞祭。二十三日,祔太庙第七室。

嘉祐八年三月晦日,仁宗崩,英宗立,丧服制度及修奉永昭陵,并用定陵故事。发诸路卒四万六千七百人治之。宣庆使石全彬提举制梓宫，画样以进，命务坚完，毋过华饰。三司请内藏钱百五十万贯、绸绢二百五十万匹、银五十万两，助山陵及赏赉。遣使告哀辽、夏及赐遣留物，又遣使告谕诸路。又以听政奠告大行，近臣告升祔于天地、社稷、宗庙、宫观，又告嗣位。赐两府、宗室、近臣遣留物。

五月，翰林学士王珪言："天子之谥，当集中书门下御史台五品以上、尚书省四品以上、诸司三品以上、于南郊告天，议定，然后连奏。近制唯词臣撰议，即降诏命，庶僚不得参闻，颇违称天之义。臣拟上先帝尊谥，望诏有司稽详旧典，先之郊，而后下臣之议。"七月，宰臣以下宿尚书省，宗室团练使以上宿都亭驿，请谥于南郊。八月，告于福宁殿、天地、宗社、宫观。

九月二十八日，启菆宫，以初丧服日一临，易常服出。十月六日，灵驾发引，天子启奠，梓宫升龙辒。祖奠彻，与皇太后步出宣德门，群臣辞于板桥。十五日，奉安梓宫陵侧。十七日，开皇堂，十一月二日，虞主至，皇太后奠于琼林苑，天子步出集英殿门奉迎，奠于幄。七日，祭虞主。二十九日，祔太庙。主如汉制，不题谥号，及终虞而行卒哭之祭。

礼院言："故事，大祥变除服制，以三月二十九日祥，至五月二十九日禫，六月二十九日禫除，至七月一日从吉，已蒙降敕。谨按礼学，王肃以二十五月为毕丧，而郑康成以二十七月，《通典》用其说，又加至二十七月终，则是二十八月毕丧，而二十九月始吉，盖失之也。天圣中，《更定五服年月敕》断以二十七月，今士庶所同遵用。夫三年之丧，自天子达，不宜有异。请以三月二十九日为大祥，五月择日而为禫，六月一日而从吉。"于是大祥日不御前后殿，开封府停决大辟及禁屠至四月五日，待制、观察使以上及宗室军官日一奠，二十八日而群臣俱入奠。二十九日禫除，群臣皆奉慰焉。

治平四年正月八日，英宗崩，神宗即位。十一日，大敛。二月三日。殡。四月三日，请谥，十八日，奏告及读谥册于福宁殿。七月二十五日，启菆。八月八日，灵驾发引。二十七日，葬永厚陵。

礼院准礼：群臣成服后，乘布裹鞍鞯。小祥临讫，除头冠，方裙、大袖。大祥临讫，裹素纱软脚幞头，惨公服，乘皂鞍鞯，禫除讫，素纱幞头、常服、黑带。二日，改吉服，去佩鱼。虞主至自掩圹，五虞皆在途。四虞于集英殿。曲赦两京、畿内、郑、孟等州如故事。

元丰八年三月五日，神宗崩。十三日，大敛，帝成服。十七日，小祥。四月一日，禫除。七月五日，请谥于南郊。九月八日，读谥实册于福宁殿。二十三日，启菆。十月一日，灵驾发引。二十一日，葬永裕陵。二十九日，虞主至，十一月一日，虞祭于集英殿。自复土，六虞在途，太常卿摄事，三虞行礼于殿。四日，卒哭，五日，祔庙。

秘书正字范祖禹言："先王制礼，以君服同于父，皆斩衰三年，盖恐为人臣者，不以父事其君，此所以管乎人情也。自汉以来，不惟人臣无服，而人君遂亦不为三年之丧，唯国朝自祖宗以来，外延虽用易月之制，而宫中实行三年之丧。且易月之制，前世所以难改者，以人君自不为服也。今群臣易月，而人主实行三年之丧，故十二日而小祥，而期又小祥，二十四日大祥，再期而又大祥。夫练、祥不可以有二也，既以日为之，又为月为之，此礼之无据者，再期而大祥，中月而禫，禫者祭之名，非服之色也，今乃为之惨服三日然后禫，此礼之不经者也。既除服，至葬而又服之，盖不可以无服也。祔庙而后即吉，财八月矣，而遽纯吉，无所不佩，此又礼之无渐也。易月之制，因袭已久，既不可追，宜令群臣朝服，只如今日而未除衰，至期而服之，渐除其重者，再期而又服之，乃释衰，其余则君服斯服可也。至于禫，不必为之服，惟未纯吉以至于祥，然后无所不佩，则三年之制略如古矣。"诏礼官详议。

礼部尚书韩忠彦等议："朝延典礼，时世异宜，不必循古。若先王之制，不可尽用，则当以祖宗故事为法，今言者欲令群臣服丧三年，民间禁乐如之，虽过山陵，不去衰服，庶协古制，缘先王恤典节文甚多，必欲循古，又非特如所言而已，今既不能尽用，则当循祖宗故事及先帝遗制。"诏从其议。

神主祔庙，是月冬至，百官表贺。崇政殿说书程颐言："神宗丧未除,节序变迁,时思方切,恐失居丧之礼,无以风化天下。乞改贺为慰。"不从。

绍圣四年,太史请迁去永裕陵禁山民冢一千三百余,以便国音。帝曰:"迁墓得无扰乎?若无所害,则令勿迁,果不便国音,当给官钱,以资葬费。"

元符三年正月十二日,哲宗崩,徽宗即位,诏山陵制度,并如元丰。七月十一日,启菆,二十日,灵驾发引。八月八日,葬永泰陵,九月一日,以升祔毕,群臣吉服如故事。

太常寺言:"太宗皇帝上继太祖,兄弟相及,虽行易月之制,实斩衰三年,以重君臣之义。公除以后,庶事相称,具动国史,今皇帝嗣位哲宗,实承神考之世,已用开宝故事,为哲宗服衰重。今神主已祔,百官之服并用纯吉,皇帝服御宜如太平兴国二年故事。

礼部言:"太平兴国中,宰臣薛居正表称:'公除以来,庶事相称,独命撤乐,诚未得宜。'即是公除后。除不举乐外,释衰从吉,事理甚明,今皇帝当御常服,素纱展脚幞头,淡黄衫。黑犀带、请下有司裁制。"宰臣请从礼官议,乃诏候周期服吉。

时诏不由门下,径付有司。给事中龚原言:"丧制乃朝廷大事,今行不由门下,是废法也,臣为君服斩衰三年,古未尝改。且陛下前此议服,礼官持两可之论,陛下既察见其奸,其服遂正。今乃不得已从之,臣窃为陛下惜。开宝时,并汾未下,兵革未弭,祖宗栉风沐雨之不暇,其服制权宜一时,非故事也。"原坐黜知南康军。于是诏依元降服丧三年之制,其元符三年九月"自小详从吉"指挥。改正。

绍兴五年四月甲子,徽宗崩于五国城。七年正月,问安使何薛等还以闻,宰执入见,帝号恸擗踊,终日不食。宰臣张浚等力请,始进糜粥。成服于几筵殿,文武百僚朝晡临于行宫,自闻丧至小祥,百官朝晡临;自小祥至禫祭,朝一临。太常等言:"旧制,沿边州军不许举哀,缘诸大帅皆国家腹心爪牙之臣,休戚一体,至于将佐,皆怀忠愤,宜就所屯,自副将而上成服,日朝晡临,故校哭于本营。"命徽猷阁待制王伦等为奉迎梓宫使。

时知邵州胡寅上疏，略曰："三年之丧，自天子至于庶人，一也，及汉孝文自执谦德，用日易月，至今行之，子以便身忘其亲，臣以便身忘其君，心知其非而不肯改，自常礼言之，犹且不可，况变故特异如今日者，又当如何？恭惟大行太上皇帝、大行宁德皇后，蒙尘北狩，永诀不复，实由粘罕，是有不共戴天之仇。考之于礼，仇不复则服不除，寝苦枕戈，无时而终。所以然者，天下虽大，万事虽众，皆无以加于父子之恩，君臣之义也，伏睹某月某日圣旨，缘国朝故典，以日易月，臣切经为非矣。自常礼言之，犹须大行有遗诏，然后遵承。今也大行诏旨不闻，而陛下降旨行之，是以日易月，出陛下意也。大行幽厄之中，服御饮食，人所不堪，疾病粥药，必无供亿，崩殂之后，衣衾敛藏，岂得备奋？正棺卜兆，知在何所？茫茫沙漠，瞻守为谁？伏惟陛下一念及此，荼毒摧割，备难堪忍，纵未能遵《春秋》复仇之义，俟仇殄而后除服，犹当革汉景之薄，丧纪以三年为断。不然，以终身不可除之服，二十七日而除之，是薄之中又加薄焉，必非圣人之所安也。"

又曰："虽宅忧三祀，而军旅之事，皆当决于圣裁，则谅暗之典，有不可举。盖非枕块无闻之日，是乃枕戈有事之辰，故鲁侯有周公之丧，而徐夷并兴，东郊不开，则是墨衰即戎，孔子取其誓命。今六师戎严，方将北讨，万几之众，孰非军务。陛下听断平决，得礼之变，卒哭之后，以墨衰临朝，合于孔子所取，其可行无疑也。如合圣意，便乞直降诏旨云：'恭惟太上皇帝、宁德皇后，诞育眇躬，大恩难报，欲酬同拯，百未一伸，銮舆远征，遂至大故，讣音所至，痛贯五情。想慕慈颜，杳不复见，怨仇有在，朕敢忘之。虽军国多虞，难以谅暗，然衰麻枕戈，非异人任。以日易月，情所不安，兴自朕躬，致丧三年。即戎衣墨，况有权制，布告中外，昭示至怀。其合行典礼，令有司集议来上，如敢沮格，是使朕为人子而忘孝之道，当以大不恭论其罪'。陛下亲御翰墨，自中降出，一新四方耳目，以化天下，天地神明，亦必有以佑助，臣不胜大愿。"

六月，张浚请谥于南郊。户部尚书章谊等言："梓宫未还，久废谥册之礼。请依景德元年明德皇后故事,行埋重、虞祭、祔庙之礼,及依嘉祐八年、治平四年虞祭毕而后卒哭、卒哭而后祔庙,仍于小祥前卜日行之。异时梓宫之至,宜遵用安陵故事,行改葬之礼,更不立虞主。"从之。九月甲子,上庙号曰徽宗。九年正月,太常寺言:"徽宗及显肃皇后将及大祥,虽皇堂未置,若不先建陵名,则春秋二仲,有妨荐献。请先上陵名。"宰臣秦桧等请上陵曰永固。

徽宗与显肃初葬五国城,十二年,金人以梓宫来还。将至,帝服黄袍乘辇,诣临平奉迎,登舟易缌服,百官皆如之。既至行在,安奉于龙德别宫,帝后异殿。礼官请用安陵故事,梓宫入境,即承之以椁;有司预备衮冕、翚衣以往,至则纳之椁中,不复改敛。秦桧曰令侍从、台谏、礼官集议,灵驾既还,当崇奉陵寝,或称攒宫,礼部员外郎程敦厚希桧意,独上奏言:"仍攒宫之旧称,则莫能求通和之大信,而用因山之正典,则若亡存本之后图。臣以为宜勿徇虚名,当示大信。"于是议者工部尚书莫将等乃言:"太史称岁中不利大葬,请用明德皇后故事,权攒。"从之。以八月奉迎。九月发引,十月掩攒,在昭慈赞宫西北五十步,用地二百五十亩。十三年,改陵名曰永祐。

绍兴三十一年五月,金国使至,以钦宗讣闻。诏:"朕当持斩衰三年之服,以申哀慕。"是日,文武百僚并常服、黑带、去鱼,诣天章阁南空地立班,听诏旨,举哭毕,次赴后殿门外进名奉慰,次诣几筵殿焚香举哭。六月,权礼部侍郎金安节等请依典故,以日易月,自五月二十二日立重,安奉几筵,至六月十七日大祥,所有衰服,权留以待梓宫之还。从之。七月,宰臣陈康伯等率百官诣南郊请谥,庙号钦宗,遥上陵名曰永献。其余并如徽宗典礼。

淳熙十四年十月八日,高宗崩,孝宗号恸擗踊,逾二日不进膳。寻谕宰执王淮,欲不用易月之制,如晋武,魏孝文实行三年之丧,自不妨听政。淮等奏:"《通鉴》载晋武帝虽有此意,后来只是宫中深衣、练冠。"帝曰:"当时群臣不能将顺其美,司马光所以讥之。后来武帝竟欲行之。"淮曰:"记得亦不能行。"帝曰:"自我作古何害?"淮曰:"御殿之时,人主衰绖,群臣吉服,可乎?"帝曰:"自有等降。"乃出内批："朕当衰绖三年，群臣自行易月之令。其合行仪制，令有司讨论。"诏百官于以日易月之内，衰服治事。

二十日丁亥，小祥，帝未改服，王淮等乞俯从礼制。上流涕曰："大恩难报，情所未忍。"二十一日，车驾还内，帝衰绖御辇，设素仗，军民见者，往往感泣。诏："自今五日一诣梓宫前焚香"。帝欲衰服素幄，引辅臣有班次，而礼官奏谓："苴麻三年，难行于外庭。奏入，不出。十一月戊戌朔，礼官颜师鲁、尤袤等奏："乞礼毕改服小祥之服，去杖、绖。禫祭礼毕，改服素纱软脚折上巾、淡黄袍、黑银带。神主祔庙毕，改服幞头、黑鞓犀带。遇过宫烧香，则于宫中衰绖行礼。二十五月而除。"帝批："淡黄袍改服白袍。"二日己亥，大祥。四日辛丑，禫祭礼毕。五日壬寅，百官请听政，不允。八日，百官三上表，引《康诰》"披冕服出应门"等语以证。九日，诏可。

十五年正月十八日甲寅，百日，帝过宫行焚香礼。二十一日丁巳，论辅臣曰："昨内引洪迈，见朕已过百日，犹服衰粗，因奏事应以渐，今宜服如古人墨衰之义，而巾则用缯或罗。朕以罗绢非是，若用细布则可。"王淮等言："寻常士大夫丁忧过百日，巾衫皆用细布，出而见客，则以黲布，今陛下举旷古不能行之礼，足为万世法。"帝又曰："晚间引宿直宿之类如何？"准曰："布巾、布背子便是常服。"上不以为然。自是每御延和殿，只服白布折上巾、布衫，过宫则衰绖而杖。

三月壬，启欑，帝服初丧之服。甲寅，发引。丙寅，掩攒。甲戌，亲行第七虞祭。大臣言："虞祭乃吉礼，合用靴袍。"上曰："只用布折上巾、黑带、布袍可也。"

二十日丙戌，神主祔庙。是日诏曰："朕昨降旨挥，欲衰绖三年，缘群臣屡请御殿易服，故以布素视事内殿。虽有俟过祔庙勉从所请之诏，稽诸典礼，心实未安，行之终制，乃为近古，宜体至意，勿复有请。"于是大臣乃不敢言。盖三年之制，断自帝心，执政近臣皆主易月之说。谏官谢锷、礼官尤袤心知其不可，而不敢尽言。惟敕令所删定官沈清臣再上书："愿坚'主听大事于内殿'之旨，将来祔庙毕日,预降御笔,截然示以终丧之志,杜绝辅臣方来之章,勿令再有奏请,力全圣孝,以示百官,以刑四海。"帝纳用焉。仍诏:"欑宫遵遗诰务从俭约,凡修营百费,并从内库,毋侵有司经常之费。诸路监司、州军府监只进慰表,其余礼并免,不得以进奉欑宫为名,有所贡献。"上陵名曰永思。

绍熙五年六月九日,孝宗崩。太皇太后有旨,皇帝以疾听在内成服,太皇太后代皇帝行礼。

庆元二年六月九日,大祥。八月十六日。禫祭。时光宗不能执丧,宁宗嗣服,欲大祥毕更服两月,曰:"但欲礼制全尽,不较此两月。"于是监察御史胡纮言:"孙为祖服,已过期矣。议者欲更持禫两月,不知用何典礼?若曰嫡孙承重,则太上圣躬亦已康复,于宫中自行二十七月之重服,而陛下又行之,是丧有二孤也。自古孙为祖服,何尝有此礼?"诏侍从、台谏、给舍集议。吏部尚书叶翥等言:"孝宗升遐之初,太上圣体违豫,就宫中行三年之丧。皇帝受禅,正宜仿古方丧之服以为服,昨来有司失于讨论。今胡纮所奏,引古据经,别嫌明微,委为允当。欲从所请,参以典故;六月六日,大祥礼毕,皇帝及百官并纯吉服;七月一日,皇帝御正殿,飨祖庙;将来禫祭,今礼官检照累朝礼例施行。"四月庚戌,诏:"群臣所议虽合礼经,然于朕追慕之意,有所未安,早来奏知太皇太后,面奉圣旨,以太上皇帝虽未康愈,宫中亦行三年之制,宜从所议。朕躬奉慈训,敢不遵依。"

初,高宗之丧,孝宗为三年服。及孝宗之丧,有司请于易月之外,用漆纱浅黄之制,盖循绍兴以前之旧。朱熹初至,不以为然。奏言:"今已往之失,不及追改,惟有将来启欑发引,礼当复用初丧之服,则其变除之节,尚有可议。望明诏礼官稽考礼律,豫行指定。其官吏军民方丧之服,亦宜稍为之制,勿使肆为华靡。"其后诏中外百官,皆以凉衫视事,盖用此也。方朱熹上议时,门人有疑者,未有以折之。后读《礼记正义丧服小记》"为祖后者"条,因自识于本议之末,其略云:"准《五服年月格》,斩衰三年,嫡孙祖,谓承重者,法意甚明,而《礼经》无文,但《传》云:"父没而为祖后者服斩。"然而不见本经,未详何据。但《小记》云:"祖父没而为祖母后者三年。"可以傍照。至"为祖后者"条下疏中所引《郑志》,乃有"诸侯父有废疾不任国致,不任丧事"之问,而郑答以"天子、诸侯之服皆斩"之文,方见父在而承国于祖服。向来上此奏时,无文字可检,又无朋友可问,故大约且以礼律言之。亦有疑父在不当承重者,时无明白证验,但以礼律人情大意答之,心常不安,归来稽考,始见此说,方得无疑。乃学之不讲,其害如此。而《礼经》之文,诚有缺略,不无待于后人。向使无郑康成,则此事终未有所断决,不可直谓古经定制,一字不可增损也。"已而诏于永思陵下宫之西,修奉欑宫,上陵曰永阜。

庆元六年,光宗崩,上陵名曰永崇。

嘉定十七年,宁宗崩,上陵曰永茂。

景定五年,理宗崩,上陵名曰永穆。

咸淳十年,度宗崩,上陵名曰永绍。

自孝宗以降,外庭虽用易月之制,而宫中实行三年之丧云。

宋史卷一二三
志第七六

礼二十六 凶礼二

园陵　濮安懿王园庙
秀安僖王园庙
庄文景献二太子　欑所
上陵　忌日 群臣私忌附

　　皇后园陵。太祖建隆二年六月二日,皇太后杜氏崩于滋德殿。
三日,百官入临,明日大敛,欑于滋福宫,百姓成服,中书、门下、文
武百僚、诸军副兵马使以上并服布斜巾四脚、直领襕衫,外命妇帕
头、帔、裙、衫。九日,帝见百官于紫宸门。太常礼院言:"皇后、燕国
长公主高氏、皇弟泰宁军节度使光义、嘉州防御使光美并服齐衰三
年。准故事,合随皇帝以日易月之制,二十五日释服,二十七日禫除
毕,服吉,心丧终制。"从之。
　　七月,太常礼院言:"准诏议定皇太后谥,按唐宪宗母王太后
崩,有司集议,以谥状读于太庙,然后上之。周宣懿皇后谥即有司撰
定奏闻,未常集议,制下之日,亦不告郊庙,修谥册毕始告庙,还读
于灵座前。"诏从周制,于是,太常少卿冯吉请上尊谥曰明宪皇后。
九月六日,群臣奉册实告天太庙。翌日上于滋福宫,十月十六日,葬
安陵。十一月四日,神主祔太庙宣祖室。

乾德二年，改卜安陵于河南府巩县。三月二十五日，奉宝册，改上尊谥曰昭宪皇太后，读于陵次。二十六日，启故安陵。二十七日，灵驾发引，命摄太尉、开封尹光义遣奠，读哀册。四月九日，掩皇堂。

太祖孝明、孝惠二后。乾德元年十二月七日，皇后王氏崩。二十五日，命枢密承旨王仁赡为园陵使，时议改卜安陵于巩，并以二后陪葬焉。皇堂之制，下深四十五尺，上高三十尺。陵台再成，四面各长七十五尺。神墙高七尺五寸。面各长六十五步。南神门至乳台四十五步，高二尺三尺。吉仗用中宫卤簿，凶仗名物悉如安陵而差减其数，孝惠又减孝明焉。

二年三月二十七日，孝明皇后启欑宫，群臣服初丧之服；明日，孝惠皇后自幄殿发引。皆设遣奠，读哀册。四月九日，葬孝惠于安陵之西北，孝明于安陵之北。二十六日，皆祔于别庙。其后，孝明升祔太祖室。

太祖皇后宋氏，太宗至道元年四月二十八日崩。帝出次，素服举哀，辍朝五日，六月六日，上谥曰孝章皇后。以岁在未，有忌，权欑于赵村沙台，三年正月二十日，祔葬永昌陵之北。皇堂、陵台、神墙、乳台、鹊台并如孝明园陵制度，仍以故许王及夫人李氏、魏王夫人王氏、楚王夫人冯氏、皇太子亡妻莒国夫人潘氏、将军惟正亡妻裴氏陪葬。二月二日，祔神主于别庙。莒国潘氏，至道三年六月追册为庄怀皇后，陵曰保泰，神主祔后庙。

太宗贤妃李氏，真宗至道三年十二月追尊为皇太后，谥曰元德，祔葬永熙陵。大中祥符六年，升祔太宗室。

太宗明德皇后李氏，真宗景德元年三月十五日崩。十七日，群臣上表请听政，凡五上始允。帝去杖、绖，服衰，即御座，哀动左右。太常礼院言："皇后宜准昭宪皇太后礼例，合随皇帝以日易月之制。宗室雍王以上，禫除毕，吉服，心丧终制。"五月，详定园陵，宜在元德皇太后陵西安葬。八月十二日，上谥。九月二十二日，迁座于沙台欑宫。十月七日，祔神主太宗室。二年十月十五日，帝诣欑宫致奠。十六日，发引，二十九日，掩皇堂。

真宗章穆皇后郭氏，景德四年四月十五日崩。皇帝七日释服，后改用十三日。群臣三日释服。诸道、州、府官吏讣到日举哀成服。三日而除。二十一日，司天监详定园陵。帝令祔元德皇太后陵侧，但可安厝，不必宽广，其棺椁等事，无得镂刻花样，务令坚固。二十五日，殡于万安宫之西阶。诏两制、三馆、秘阁各撰挽词。闰五月十三日，上谥曰庄穆。六月二十一日，葬永熙陵之西北。七月，有司奉神明主谒太庙，祔享于昭宪皇后，享毕，祔别庙。大中祥符二年四月十五日，大祥。诏特废朝，群臣奉慰。

真宗宸妃李氏，仁宗明道元年二月二十六日薨。初葬洪福禅院之西北，命晏殊撰墓铭。二年四月六日，追册为庄懿皇太后。十月五日，改葬永定陵之西北隅。十七日，祔神主于奉慈庙。

真宗章献明肃皇后刘氏，明道二年三月二十七日崩于宝慈殿，迁座于皇仪殿。三十日宣遗诰群臣哭临，见帝于殿之东厢奉慰。宗室削杖不散发。中书、枢密、使相比宗室、去斜巾、垂帽、首绖及杖。翰林学士至龙图阁直学士以上、并节度使、文武二品以上又去中单及袴。两省、御史台中丞文武百官以下，四脚幅巾、连裳、腰绖，馆阁读书、翰林待诏、伎术官并给孝服。宰相、百官、朝晡临三日，内外命妇朝临三日。

四月，遣使告哀辽、夏及赐遗留物。十日，司天监详定山陵制度。皇堂深五十七尺。神墙高七尺五寸，四面各长六十五步。乳台高一丈九尺，至南神门四十五步。鹊台高二丈三尺，至乳台四十五步。诏下宫更不修盖，余依，二十七日，以宰臣张士逊为山园使。是日，翰林学士冯元请上尊谥；九月四日，读于灵座。十月五日，葬永定陵之西北隅。十七日，祔神主于奉慈庙。

真宗章惠皇后杨氏。明道三年十一月五日，保庆皇太后崩。太常礼院言："皇帝本服缌麻三月，皇帝、皇后服皆用细布，宗室皆素服、吉带、大长公主以下亦素服，并常服入内，就次易服，三日而除。"诏以"保祐冲人，加服为小功，五日而除。"四年正月十六日，上谥。二月六日，葬永定陵之西北隅。十六日，升祔奉慈庙。

　　仁宗慈圣光献皇后曹氏。神宗元丰二年十月二十日，太皇太后崩于庆寿宫。是日，文武百官入宫，宰臣王圭升西阶，宣遗诰已，内外举哭尽哀而出。二十六日大敛，命韩缜为山陵按行使。二十九日，皇帝成服。十一月，韩缜言："永昭陵北稍西地二百十步内，取方六十五步，可为山陵。"上以迫隘，缜言："若增十步，合徵火相主及中五之数。"诏增十步。

　　十二月，中书言："先是，司天监选年月，迁祔濮安懿王三夫人，今大行太皇太后山陵，三夫人亦当举葬。"于是诏：宗室正任防御使以上许从灵驾，已从濮安王夫人者，免从

　　三年正月十四日，上谥，太常礼院言："大行太皇太后虽已有谥，然山陵未华，俟掩皇堂，去'大行'，称慈圣光献太皇太后；祔庙题神主，仍去二'太'字。"

　　秘阁校理何洵直言："按礼，既葬日中还，虞于正寝。盖古者之葬，近在国城之北，故可以平旦而往，至日中即虞于寝，所谓葬日虞，不忍一旦离也。后世之葬，其地既远，则礼有不能尽如古者。今大行太皇太后葬日至第六虞，自当行之于外，如旧仪；其七虞及九虞、卒哭，谓宜行之于庆寿殿。又按《春秋公羊传》曰：'虞主用桑。'《士虞礼》曰：'桑主不文。'伏请罢题虞主。"太常言："洵直所引，乃士及诸侯之礼。况嘉祐、治平并虞于集英殿，宜如故事，又嘉祐、治平，虞主已不书谥，当依所请。"

　　太常礼院又言："慈圣光献皇后祔庙，前二日，告天地、社稷、太庙、皇后庙如故事。至日，奉神主先诣僖祖室次，翼祖、太祖、太祖后。太宗皇帝、懿德皇后、明德皇后同一祝，次飨元德皇后。慈圣光献皇后，异馔、异祝，行祔庙之礼。次真宗、仁宗、英宗室。礼毕，奉神主归仁宗室，如此，则古者祔谒之礼及近代遍飨故事，并行不废。"从之。三月十日，葬永昭陵。二十二日，祔于太庙。

　　英宗宣仁圣烈皇后高氏，哲宗元祐八年九月三日崩于崇庆宫。遗诰："皇帝成服，三日内听政，群臣十三日，诸州长吏以下三日而除。释服之后，勿禁作乐。园陵制度，务遵俭省。余并如章献明肃

皇太后故事。"十四日,诏园陵依慈圣光献太皇太后之制。绍圣元年正月二十八日,礼部言:"将题神主,谨按章献明肃皇后神主书姓刘氏。"诏依故事。四月一日,葬永厚陵。

神宗钦圣宪肃皇后向氏,建中靖国元年正月十三日崩。二月,太常寺言:"大行皇太后山陵一行法物,宜依元丰二年慈圣光献皇后故事。皇堂之制,下深六十九尺,面方二丈五尺。石地穴深一丈,明高二尺一尺。鹊台二,各高四十一尺。乳台二,各高二丈七尺。神墙高一丈三尺。五月六日,葬永裕陵。二十六日,祔于神宗庙室。

先是,元祐四年,美人陈氏薨,赠充仪,又赠贵仪。徽宗入继大统,诏有司议追崇之典,上尊谥曰钦慈皇后,葬永裕陵,与钦圣同祔神宗室;崇宁元年二月,圣瑞皇太妃朱氏薨,制追尊为皇太后,遂上尊谥曰钦成皇后,五月祔葬永裕陵,祔神主于神宗室皆备礼如故事。

哲宗皇后刘氏,政和三月九日崩。诏:"崇恩太后合行礼仪,可依钦成皇后及开宝皇后故事,参酌裁定。"闰四月,上谥曰昭怀皇后。五月,葬永泰陵,祔神主于哲宗庙室。

徽宗皇后王氏,大观二年九月二十六日崩。尚书省言:"章穆皇后故事,真宗服七日。"从之。十月,太史局言:"大行皇后园陵斩草用十月二十四日,斥土十一月十三日,葬用十二月二十七日,诸宗室合祔葬者,并依大行皇后月日时刻。"十一月宰臣蔡京等请上谥曰靖和皇后。十二月奉安梓宫于永裕陵之下宫,神主附别庙。四年十二月,改谥曰惠恭。其后,高宗复改曰显恭。

哲宗昭慈圣皇后孟氏,绍兴元年四月崩。诏以继体之重,当承重服。以遗诰择近地权殡,俟息兵归葬园陵。梓取周身,勿拘旧制,以为他日迁奉之便。六月,殡于会稽上亭乡。欑宫方百步,下宫深一丈五尺,明器只用铅锡。置都监、巡检各一员,卫卒百人。生日忌辰、旦望节序,排办如天章阁仪。虞主还州行祔庙礼。

徽宗显仁皇后韦氏,绍兴二十九年崩,祔于永祐陵欑宫。

高宗宪圣慈烈皇后吴氏,庆元三年崩。时光宗以太上皇承重,宁宗降服齐衰期。四年三月甲子，权攒于永思陵。

孝宗成肃皇后夏氏，开禧年崩，殡于永阜陵正北。吏部尚书陆峻言："伏睹列圣在御，间有诸后上仙，缘无山陵可祔，是致别葬。若上仙在山陵已卜之后，无有不从葬者。其他诸后，葬在山陵之前，神灵既安，并不迁祔。惟元德、章懿二后，方其葬时，名位未正，续行追册。其成穆皇后，孝宗登极即行追册，改殡所为攒宫，典礼已备，与元德章懿事体不同，所以更不迁祔。窃稽前件典礼，只缘丧有前后，势所当然，其于礼意，却无隆杀。今来从葬阜陵，为合典故。"从之。

宁宗恭圣仁烈皇后杨氏，绍定五年十二月崩，祔葬茂陵。

濮安懿王园庙。治平三年，诏置园令一人，以大使臣为之。募兵二百人，以奉园为额。置柏子户五十人。庙三间二厦，神门屋二所，及斋院、神厨、灵星门。其告祭安懿王及诸神祝文，并本宫教授撰。河南府给香币、酒脯、礼物。太祝、奉礼则命永县尉、主簿摄，如阙官，以本府曹官。凡祭告及四仲飨，并依此制。奉安神主三献，命西京差判官一员亚献，朝臣一员终献，摄。知园令出纳神主。庙制用一品，夫人任氏坟域，亦称为园。

元丰诏曰："濮安懿王，先帝斟酌典礼，即园立庙，诏王子孙岁时奉祀，义协恩称，后世无得议焉。今三夫人名位或未正，茔域或异处，有司置而不讲，曷足以彰明先帝甚盛之德，仰承在天之志乎？三夫人可并称曰'王夫人'，命主司择岁月迁祔濮园，俾子孙以时奉主与王合食，而致孝思焉。"礼官奏请，王夫人迁葬给卤簿全仗，用鼓吹，至国门外减半。丧行与四时告享，并令嗣濮王主之。

南渡后，主奉祠事，以嗣濮王为之；园令一员以宗室为之；祠堂主管兼园庙香火官一员以武臣为之。绍兴二年九月，诏每岁给降福建度牒一十道，充祠堂仲飨、忌祭。五年二月，嗣濮王仲湜言："被旨迎奉濮安懿王神主至行在，今已至绍兴府，欲权就本处奉安从之。先是，神主、神貌在庐州，嗣濮王士从乞奉迁于稳便州郡安奉故也。"

十三年五月，知大宗正事、权主奉濮安懿王祠堂士会言："濮安懿王祠貌、神主权于绍兴府光孝寺,仲享荐祭,其献官、牲牢、料礼并多简略。乞令有司讨论旧制。”行下礼部、太常寺令参酌,欲令士䢔摄初献,仍差士䢔子或从子二人摄亚、终献。其合用牲牢,羊、豕各一;笾、豆各十,设礼料。初献合服八旒冕,亚献、终献合服四旒冕,奉礼郎、太祝、太官令服无旒冕,并以旧制从事。从之。二十六年二月,嗣濮王士伐言:“濮安懿王祠堂,外无门厢,内缺龛帐,别无供具,望下绍兴府置造修奉。”淳熙五年四月诏:“濮安懿王祠堂园庙,自今实及三年,令本堂牒绍兴府检计修葺。”从嗣濮王士辑请也。

　　秀安僖王园庙。绍熙元年三月,诏秀王袭封等典礼。礼部、太常寺乞依濮安懿王典礼避秀安僖王名一字。诏恭依,仍置园庙。四月,诏:“皇伯荣阳郡王伯圭除太保,依前安德军节度使,充万寿观使,嗣秀王,以奉王祀。”

　　六月,礼部太常寺言:“濮安懿王园庙制度,庙堂、神门宜并用兽。所安木主石垎,于室中西壁三分之一近南去地四尺开垎室,以石为之,其中可容神主跃匮。今来秀安僖王及夫人神主,欲乞并依上件典礼。四仲飨庙,三献官并奉礼郎等,系嗣秀王充初献,本位男摄亚、终献,其奉礼郎等,乞湖州差官充摄。行礼合用牲牢羊、豕,湖州排办;祭器、祭服,工部下文思院制造。每遇仲飨,本府前期牒报湖州排办。所有行礼仪注,乞从太常寺参照濮安懿王仪注修定。”并从之。其园庙差御带霍汉臣同湖州通判一员相度闻奏。八月,霍汉臣暨通判湖州朱撰言奉诏相度园庙,以图来上。十月,诏委通判一员,提督修造祠堂,如法修盖。

　　十一月,礼工部、太常寺言:“濮安懿王园庙三间二厦、神门屋二座、斋院、神厨、灵星门,欲令湖州照应建造。”从之。三年正月一日,嗣秀王伯圭奏:“建造秀安僖王园庙,近已毕工,所有修制神主仪式,令所司检照典故修制,委官是题写。”诏差权礼部尚书李巘题写。二月,伯圭又奏:“秀安僖王祠堂园庙,乞从濮安懿王例,每三年一次,从本所移牒所属州府检计修造。"从之。

庄文太子丧礼。乾道三年七月九日,皇太子薨。设至素幄于太子宫正厅之东。皇帝自内常服至幄,俟时至,易服皂幞头、白罗衫、黑银带、丝鞋、就幄发哀。是日,皇后服素诣宫,随时发哀,如宫中之礼。合赴陪位官并常服、吉带入丽正门,诣宫幕次,俟时至,常服、黑带立班。俟发哀毕、易吉服,退。

自发哀至释服日,皇帝不视事,权禁行在音乐,仍命诸寺院声钟。其小敛、大敛合祭告,以本宫主管春坊官一员行礼;其余祭告,以诸司官行礼差护丧葬事一员,左藏库出钱二万贯、银五千两、绢五千匹。

成服日,皇帝服期,次粗布头、襕衫、腰绖、绢衬衫、白罗鞋,以日易月,十三日而除。皇后服次粗布盖首、长衫、裙、帔、绢衬服、白罗鞋。六宫人不从服。皇太子妃及本宫人并斩衰一年,文武百官成服一日而除。其文武合赴官及御史台、阁门、太常寺引班只应人并服布幞头、襕衫,腰系布带。本宫官僚并服齐衰三日服,临七日而除,释衰服后藏其服,至葬日服,葬毕而除。

十二日,诏故皇太子攒所,就安穆皇后攒宫侧近择地。继而都大主管所言:"太史局官等选到宝林院法堂堪充皇太子攒所。"从之。十三日,以皇太子薨告天地、宗庙、社稷、宫观。十八日,赐谥庄文。闰七月一日,遣摄中书令、尚书右仆射魏杞奉谥册、宝于皇太子灵枢前,百官常服入次,易黑带,行礼毕,常服赴后殿门外,进名奉慰。是夕,皇帝诣东宫行烧香之礼,如宫中之仪。

二日,出葬,宰臣叶颙等诣灵枢前行烧香之礼。兴灵讫,行事官陪位,亲王、南班宗室、东宫官僚入班厅下,再拜,宰升诣香案前,上香、酹茶、奠酒讫,举册官举哀册,读册官跪读,读讫宰臣再拜,各降陛立。在位官皆再拜。灵枢进行,文武百僚奉辞于城外,亲王、宗室并骑从至葬所。掩圹毕,辞讫,退。是日,百僚进名奉慰。

四年五月,礼部、太常寺言:"国朝典故,即无皇太子小祥典礼。

今参酌讨论,将来庄文太子小祥日,乞皇帝前后殿特不视事。其日,先命侍从官一员常服诣太子神座前行奠酹礼,令本宫官僚常服陪位,奠酹毕,退。次庆王、恭王常服赴神座前奠酹毕、退。次太子妃并荣国公以下行家人礼。至大祥日,太子妃、荣国公以下及本宫人行礼毕,焚烧神帛,衰服,间月,妃及荣国公行禫祭家人礼。"从之。明年七月九日大祥,是日,皇帝不视事,差签书枢密院事梁克家诣太子宫行奠酹礼,如前仪。

景献太子,嘉定十三年八月六日薨。其发哀制服,并如庄文太子之礼,九日,诏护丧视殡所于庄文太子攒宫之东,并依其制建造。九月十日,赐谥景献。遣摄中书令、知枢密院事郑昭先奉谥册、宝于皇太子灵枢前,读册、读宝如仪讫,班退。至兴灵日,宰臣诣皇太子枢前行礼毕,枢行。其宗室使相、南班官常服、黑带,并赴陪位,骑从至葬所,俟掩攒毕,奉辞讫,退。其日,皇帝不视事,百司赴后殿门外立班,进名奉慰。十四年七月二日小祥。差知枢密院事郑昭先充奠酹官。十五年八月六日大祥。九月十五日,诏景献太子几筵已撤,高平郡夫人传氏可特封信国夫人,仍令主奉祭祀。

上陵之礼。古者无墓祭,秦、汉以降,始有其仪。至唐,复有清明设祭,朔望、时节之祀,进食、荐衣之式。五代,诸陵远者,令本州长吏朝拜。近者遣太常、宗正卿,或因行过亲谒。宋初,春秋命宗正卿朝拜安陵,以太牢春祠,乾德三年,始令宫人诣陵上冬服,岁以为常。开宝九年,太祖幸西京,过巩县,谒安陵奠献。

雍熙二年,宗正少卿赵安易言:"昨朝拜安陵、永昌陵,有司只设酒、脯、香,以未明行事,不设烛燎。又先赴永昌陵,后赴安陵,及帝后二位不遍拜,颇衍于礼。"事下有司,议曰:"按《开元礼》,春秋二仲月,司徒、司空巡陵,不设牲牢之祀,今请如宗庙荐享,稍加裁减,除不设登铏、牙盘食及太常登歌外,余悉如大祠。朝拜日,有司预于陵南百步道东设次,具篲除器以备洒扫,设宗正卿位于兆外之左,西向;陵官位于卿之东南,执事官又于其南,俱西向,北上,设祭器、礼料，酒馔于兆门内。宗正卿以下各就位，再拜，盥手，奠酒，读祝册，再拜。先赴安陵，次永昌陵，次孝明、孝惠、懿德、淑德皇后陵。从之。

景德三年，真宗将朝诸陵，以宰臣王旦为朝拜诸陵大礼使。太常礼院言："朝陵故事，合排小驾卤簿。唐太宗朝献陵，宿设黄麾仗，周卫陵寝。今请周设黄麾仗。又唐制：前一日，陵令以玉册进御亲书，近臣奉出，陵令受之。今请造竹册四副，祝毕焚之。其百官位旧设陵所，从祝官及皇亲、客使分于神道左右，贞观中并陪列司马门内。今望准旧仪施行。又旧仪，诣寝宫至大次之时，设百官位，奏请行礼。望令先入赴寝殿立班。贞观中，皇帝至小次，素服乘马。检会今年正月，车驾朝拜明德欑宫，只服素白衣。当时皇帝在大祥之内，今既服除，望只服淡黄袍。又按贞观、永徽故事，朝陵皆先亲后尊，拜辞讫，出还大次。便进发，今望先朝永熙陵；行事及辞，皇帝皆两次再拜，陪位官每陵亦各两次再拜，今请皇帝诣安陵参辞，四度再拜。永昌、永熙陵各两度设拜。旧仪，逐寝殿上食，备太牢之馔，珍馐庶品，近羊豕代太牢。今请备少牢之祭，设奠、读册毕，复诣寝宫上珍羞庶品，别行致奠之礼。又旧仪，前发二日，太尉告太庙。今请依礼遍告六室。"诏特服素白衣，行事次序如告太庙，余依所请。

四年正月，车驾次巩县，罢鸣鞭及太常奏严、金吾传呼。既至斋于永安镇行宫，太官进蔬膳。是夜，漏未尽三鼓，帝乘马，却舆辇伞扇，至安陵，素服步入司马门行奠献礼，诸陵亦然。又诣下宫。凡上宫用牲牢、祝册，有司奉事；下宫备膳馐，内臣执事，百官陪位。又诣元德太后陵奠献，别于陵西南设幄，殿祭如上宫。礼毕，遍诣孝明、孝惠、孝章、懿德、淑德、明德、庄怀七后陵，遂单骑从内臣巡视陵阙，而亲奠夔、魏、岐、郓、安、周六王及恭孝太子诸坟。其三陵陪葬皇子、皇孙、公主之未出阁者，及诸王夫人之早亡者，各设位次诸陵下宫之东序。安陵百二十一坟，量设三十位，男子、女子共祝版二；昌陵十五坟，量设十位，熙陵八坟，量设五位，并祝版一以致祭焉。辰后，暂诣幄次更衣，复诣诸陵奉辞。有司以朝拜无辞礼，帝不忍，故复往。仍遣官祭一品皇亲诸亲墓。

大中祥符四年正月，祀汾阴，经巩县，有司请于訾村王台设幄殿，置三陵神座，皇帝靴袍就幄，设香酒、时果、牙盘食奠献，而命大臣以香币、酒脯诣诸陵致告。驾还，复行亲谒之礼，帝素服乘马至永安县，斋于行宫，夜漏未尽二鼓，诣三陵及元德太后，明德皇后陵奠献，哀恸。未明，礼毕，复诣四陵奉辞，省视几筵，奠献如初礼。又遍诣诸后陵、诸坟致奠。命中使遍祭皇亲诸亲坟及汝州秦王坟。

是岁，命礼官定春秋二仲遣官朝陵仪注，以祭服行事，专差宗正卿一员朝拜三陵，别遣官二员分拜诸陵。又制长竿檐床二副，置陵表祝版，遣宽衣军士三十二人舁送陵下。其后添差陵庙行礼官四员，选朝官、京官宗姓者充。

翰林学士钱惟演言："春秋朝陵，载于旧式，公卿亲往，盖表至恭。唐显庆中，始诏三公行事，天宝以后，亦遣公卿巡谒，盖取朝廷大臣，不必须同国姓。后参用太常、宗正卿。晋开运中，亦命吏部侍郎。近年以来，只遣宗正寺官，人轻位卑，实亏旧制。望自今于丞、郎、诸司三品内遣官，缺则差两省谏、舍以上。所冀仰副追孝之心，以成稽古之美。"景祐初，沧州观察使守节言："寒食节例遣宗室拜陵，而十月令内司宾往，非所以致恭。"乃诏宗室正刺史以上一员朝拜。四年，减柏子户，安陵、永昌、永熙各留四十户，永定五十户，会圣宫十户。庆历二年寒食、十月朔，宗室刺史以上，听更往朝陵。

皇祐三年，太常博士李寿朋奏："帝后诸陵，荐飨皆有时，独昭宪皇后以合葬安陵，不及时祭。"礼院言："朝拜仪注，牲牢并如太庙常飨例，诸陵只奠一爵，而安陵奠两爵，两赞拜，惟祭馔不兼设，盖有司相承失之。于是诏安陵昭宪皇后祝版，牲币，御封香依太庙同室礼。更造诸陵祭器贮别库。三陵皆置卒五百人，唯定陵以章献太后故，别置一指挥。昭陵使甘昭吉引定陵例，请置守陵奉先两指挥，京西运转运司请减定陵卒半以奉昭陵，诏选募一指挥，额五百人。

初，永安县官月朔朝定陵，望朝三陵。韩琦言："昭陵未有朝日。"乃令县官朔望公朝诸陵，熙宁中，诏文臣大两省、武臣阁门使以上，经过陵下，并许朝拜。又诏："自今臣僚朝拜诸陵，除现任、尝任执政官许进汤，余只奠献、荐新，不特拜。"

初，故事，车驾诣陵，谓之亲谒。南渡之后，此礼不举，故上陵或曰省视，或曰保护，或曰荐献，或曰祭告，或曰致祭，或曰望祭，或曰修奉，悉遣官，不专于行礼也。建炎元年五月一日诏："应永安军祖宗陵寝，可差西京留守及台臣一员躬亲省视，如有合修奉去处，措置奏闻。"仍诏鄜延路副总管刘光世充省视陵寝使。又诏河南府镇抚使翟兴，团结本处义兵，保护祖宗陵寝。四年六月，诏令礼部给降度牒一百道充告诸陵礼料。仍令翟兴所差赍人来祭告表以行。

绍兴元年九月，起居郎陈与义言："陛下躬履艰难之运，驻跸东南，列圣陵邑，远在洛师，顾瞻山川，未得时省。虽欲遣使，道路不通，圣怀日愤。近闻道路稍通，差易前日，愿诏执事每半年择使臣两员，往省诸陵。"诏令枢密院每半年差使臣两员前去。三年正月，礼部、太常寺言："春秋二仲，荐献诸陵，乞于行在法惠寺设位，望祭行礼。"从之。自是每岁荐献，率循此制。五月诏令户部支金一百两付河南府镇抚使司千办公事任直清，充祭告永安军诸陵。

九年正月，上谓辅臣曰："祖宗陵寝，久沦异域，今金国既割故地，便当宗室使相与臣僚前去修奉洒扫。"寻命同判大宗正事士㒟、兵部侍郎张焘前去河南府祗谒修奉。六月太常丞梁仲敏等言："春秋二仲，遣宗室遥郡防御使荐献诸陵，太常少卿荐献永祐陵，权宜于行在设位行礼。今道路既通，望依旧遣官前诣。诏令西京留守司候仲秋就便选官前诣诸陵荐献。士㒟、张焘回言："诸陵下石涧水，自兵兴以来，涸竭几十五年，二使到日，水即大至，父老惊叹，以为中兴之祥。"

十年三月，礼部言："池州铜陵丞吕和问进宫陵仪制，望付太常寺以备检照。永安军等处今已收复，遂委知军旨诸陵逐位检视，除永定、永昭、永厚、永裕、永泰陵园庙并无损动，内永安、永昌、永熙陵神台墨裂，未敢一面擅行补饰。太常寺看详若行补修，合就差所委修饰官奏告行礼。"诏令河南府委官如法补饰，不得灭裂。其后兵部侍郎兼史馆修撰张焘言："伏见宣谕官方庭实有请，乞将来先帝山陵，一依永安陵等制度。臣区区愚忠，愿明诏有司，异时永固陵凡金玉珍宝尽斥不用，播告天下，咸使闻知。如时，自然可保无虞。上嘉纳之。三十二年六月，诏祖宗陵寝，令本处招讨使同本处官吏躬亲朝谒，如法修奉，务在严洁，以称孝思之意。

乾道六年八月，诏承信郎刘湛特转两官，右迪功郎刘师颜特与右承务郎升擢差遣，秦世辅特转一官，升充正将，以湛等归正结义保护陵寝故也。

端平元年正月，京西湖北安抚制置使史嵩之露布以灭金闻。二月，御笔："国家南渡以后，八陵迥隔，常切痛心。今京湖帅臣以图来上，恭览再三，悲喜交集。凡在臣子，谅同此情。可令卿、监、郎官以上，诣尚书省恭视集议。"遂遣太常寺主簿朱扬祖、阁门祗候林拓朝谒入陵。

绍兴元年六月，太常寺言："昭慈献烈皇太后攒宫在越州会稽县，合依四孟朝献例。差宰执一员前一日赴攒宫泰宁寺宿斋，至日，行朝拜之礼。诏同知枢密院事李回行礼。二年三月，知绍兴府张守言："昭慈献烈皇后攒宫，近在府界，望许臣以时朝谒。"从之，自是守臣皆许朝谒。

十七年十一月，殿中侍御史余尧弼言："望举行旧制，于春秋二仲遣官诣永祐陵攒宫荐献。臣僚又言："陵庙之祭，月有荐新，著在令典。方今宗庙久已遵奉，惟是永祐陵阙而未讲，望令有司讨论，举而行之。"太常寺讨论："欲依《政和五礼》依典故，令两攒宫遵依每月检举，差官行礼，其新物令逐宫预行关报绍兴府排办。"从之。

二十七年六月，诏："永祐陵及昭慈圣献皇后攒宫检察承受，以检察宫陵所为名。"三十年九月，吏部言："绍兴府会稽知县依仿陵台令典故，于阶衔内带兼主管攒宫事务，量加优异。"淳熙元年正月，礼部、太常寺言："春秋二仲，差太常少卿荐献永祐陵攒宫，并周视陵域，如遇少卿有缺，乞从本寺前期取指挥，差本寺以次官充摄。

所有今年仲春荐献,即日见缺少卿。”诏差太常丞钱良臣。自后春秋遇少卿缺,率以为例。庆元元年六月,诏:“永阜陵孝宗皇帝欑宫,每岁秋季一就,令所差监察御史恭诣朝拜检察。”从御史台申请。诸陵亦如之。

忌日,唐初始著罢乐、废务及行香、修斋之文。其后,又朔望停朝,令天下上州皆准式行香。天祐初,始令百官诣阁奉慰。宋循其制,惟宣祖、昭宪皇后为大忌。前一日不坐,群臣诣西上阁门奉慰,移班奉慰皇太后,退赴佛寺行香。凡大忌,中书悉集;小忌,差官一员赴寺。如车驾巡幸道遇忌日,皆不进名奉慰。留守自于寺院行香,仍不得在拜表之所。天下州府军监亦如之。

建隆二年,宣祖忌日,时明宪太后在殡,群臣只诣阁奉慰而罢行香。乾德二年,袷于太庙,其日,惠明皇后忌,有司言:“唐开成四年正月二十二日祀先农,与穆宗忌同日;大和七年十二月八日蜡百神,与敬宗忌同日。以近庙忌辰,作乐非便,宜令县而不作。窃以农蜡之祭,犹避庙忌而不作乐,况僖祖同庙连室而在讳辰,讵可辄陈金石之奏?伏望依礼县而不作。”其后,宣祖、昭宪忌日,诏准太祖、太宗奉翼祖礼,前一日更不废务。

咸平中,有司将设春宴,金明池习水戏,开琼林苑,纵都人游赏。帝以是月太宗忌月,命详定故事以闻。史馆检讨杜镐等言:“按晋穆帝纳后月,是康帝忌月,礼官荀讷议:‘有忌日,无忌月;若有忌月,即有忌时、忌岁,益无所据’当时从讷所议。唐武后神功元年,建安王攸宜破契丹,诣阙献捷,军人入城,例有军乐,内史王及善以国家忌月,请备而不奏。凤阁侍郎王方庆奏:‘按《礼经》,有忌日而无忌月。’遂举乐。宪宗时,太常博士韦公肃言:‘《礼》无忌月禁乐,今太常教坊以正月为忌月,停郊庙飨宴之昔,中外,士庶咸罢宴乐,窃恐乖宜。’时依公肃所奏。伏以忌日不乐,尝载《礼经》;忌月撤县,实无典故。况前代鸿儒,议论足据,其春宴及池苑,并合举乐。”

景德元年,北征凯旋京师,是日以懿德皇后忌,诏撤卤簿、鼓吹。礼官议曰:"班师振旅,国之大事,后之忌日,家之私事。今大驾凯旋,军容宜肃。昔武五伐纣在谅暗中,犹前歌后舞。夫谅暗是重,远忌是轻,以此而论,举乐无爽。况《春秋》之义,不以家事辞王事。其还京日,法驾、鼓吹、音乐,并请振作。"

寻诏:"自今宗庙忌日,西京及诸节镇给钱十千,防团御、练州七千,军事州五千,以备斋设。"元德皇后忌日,旧制,枢密使依内诸司例,惟进名,不赴行香,知枢密院王钦若以为言。自是,三司使副、翰林枢密龙图直学士并赴焉。真宗崩,元德、明德皇后忌日在禫制内,乃停进名行香。凡奉慰,宰相、枢密使各帅百官、内职共进名,节度使、留后、观察使各进名。

忌日前后,各禁刑三日如天庆节,释杖以下情轻者,复断屠宰,不视事前后各三日,禁乐各五日,其后,以岁月渐远,禁刑,不视事各二日,禁乐各三日。章宪明肃太后忌辰,礼官请依章懿太后礼例,前后各二日不视事,一日禁屠宰,各三日禁乐。诏:应大忌日,行香,臣僚并素食。复立孝惠、孝章、淑德、章怀、章惠、温成诸后为小忌,未几,罢。神宗即位,太常礼院言:"僖祖及文懿皇后神主既祧,准礼不讳,忌日亦请依唐睿宗祧迁故事废之。"

初,神御殿酌献,设皇帝位于庭下,而忌日两府列于殿上;寺院行香,左右巡使、两赤县令于中门相向分立,俟宰臣至,立位前,直省官赞通揖。于礼无据。乃命行香群臣班殿下,宰相一员升殿跪炉,而罢通揖。又诏:"大忌日不为假。执政官早出。礼部言:"顺祖及惠明皇后既葬迁主,罢行香。忌日,请于永昌院佛殿之东张幄斋荐。"乃诏:"僖祖、翼祖并六位忌日咸如之。先是,翼祖、简穆皇后神主奉藏夹室,依礼不忌。后复诏还本室,而忌日亦如旧焉。

政和新仪:群臣进名奉慰。其日质明,文武朝堂参官入诣朝就次。御史台先引殿中侍御史一员入就位,次西上阁门、御史台分引朝参官及诸军将校,次礼直官引三公以下在西上阁门南阶下,每等重行异位,并北向东上。知西上阁门官于班前西向立,搢笏,执名纸,躬。三公以下文武百僚俱再拜,俟阁门官搢笏、置名纸笏上、入西上阁门讫，退。群臣奉慰诣景灵宫，每等重行异位，并北向东上。礼直官揖班首以下再拜讫，引班首自东阶升殿，舍人接引同升，诣香案前，搢笏，上香，跪奠茶讫，搢笏兴，降阶复位又再拜；次引班首以下分左右搢笏，行香，宰相、执政官分左右行香讫，搢笏俱复位；次引班首升殿诣香案前俯伏，跪，搢笏，执炉，俟读疏毕搢笏俯伏，兴，降阶复位，又再拜，退。

中兴之制：忌日，百僚行香，在外州军亦诣寺院行香，如在以日易月服制之内，并依礼例权停。大祥后次年，于历日内笺注立忌辰，禁音乐一日。绍兴元年二月，太常少卿苏迟徽宗、钦宗留北，有朔望遥拜之礼，乃言："凡遇祖宗帝后忌，前一日并忌日皇帝自内先服红袍遥拜讫，易服行礼。"从之。二年八月，诏："应诸路州、军见屯军马统兵官，每遇国忌免行香。"

十三年正月，御史台言："正月十三日，钦圣宪肃皇后忌，其日立春。准令，诸臣僚及将校立春日赐幡胜，遇称贺等拜表、忌辰奉慰退即戴。欲乞候十三日忌辰行香退，即行戴插。"从之。三十一年六月，礼部侍郎金安节等言："六月二十八日，钦慈皇后忌辰，系在渊圣皇帝以日易月释服之外，百官行香，宜如常制。"诏依。三十二年正月，礼部太常寺言："已降旨：钦宗祔庙，翼祖当迁。于正月九日告迁翼祖皇帝、简穆皇后神主奉藏于夹室，所有以后翼祖皇帝忌及讳、简穆皇后忌，欲乞依礼不讳、不忌。"诏恭依。

淳熙元年十一月诏："文武百僚诣景灵宫国忌立班行香，自今如遇宰执俱致斋不及趁赴，于东班从上引官一员升殿跪炉行香，以次官一员诣西班行香。"先是，阁门得旨：国忌行香，宰执致斋不赴，其西壁武臣缺官押班，已降旨挥，差使相或太尉、节度使等押班，可令文武班内班上一员东壁押班，只令西壁散香，今后准此。至是，礼部、太常寺重别指定来上，故有是命。

四年十月，太常少卿齐庆胄言："每遇国忌，文臣班列莫敢不肃，唯是武臣一班员数绝少，或以疾在告，多不趁赴。"诏阁门、御史台申严行下，如有违戾，弹劾闻奏。九年十月，侍御史张大经奏："比来国忌行香日分,合赴官类多托疾在告,以免夙兴拜跪之劳。乞自今如遇行香日,有称疾托故不赴者,从本台弹奏,乞置典宪。从之。

群臣私忌。开宝敕文:"应常参官及内殿起居职官等,自今刺史、郎中、将军以下遇私忌,请准式假一日,忌前之夕,听还私第。其后有司言:"臣僚忌日恩赐,其间甚有无名者:如刘继元、李煜、刘𬬮之类,皆身为降俘,亡没已久,而尚沾恩赐;及周朝忌日,尚有追荐;本朝亦有追尊皇后生日道场,并诸神祠亦有为生日者。请付礼官详议,不经之物,一切省去。"诏周朝忌日仍旧,余罢之。

宋史卷一二四

志第七七

礼二十七 凶礼三

外国丧礼及入吊仪　诸臣丧葬等仪

凡外国丧，告哀使至，有司择日设次于内东门之北隅，命官摄太常卿及博士赞礼。俟太常卿奏请，即向其国而哭之，五举音而止。皇帝未释素服，人使朝见，不宣班，不舞蹈，不谢面天颜，引当殿，喝"拜"，两拜，奏圣躬万福。又喝"拜"，两拜，随拜万岁。或增赐茶药及传宣抚问，即出班致词讫，归位。又喝"拜。"，两拜，随拜万岁。喝"祗候"，退。

大中祥符二年十二月，北朝皇太后凶讣，遣使来告哀。诏遣官迓之，废朝七日，择日备礼举哀成服，礼官详定仪注以闻。其日，皇帝常服乘舆诣幕殿，俟时释常服，服素服，白罗衫、黑银带、素纱软脚幞头。太常卿跪，奏请皇帝为北朝皇太后凶讣至挂服，又奏请五举音。文武百僚进名奉慰，退幕殿。仍遣使祭奠吊慰。

三年正月，契丹贺正使为本国皇太后成服、所司设幕次、香酒及衰服、绖、杖等，礼直官引使、副以下诸位，北向再拜。班首诣前，执盏跪奠，俯伏，兴归位，皆再拜。俟使以下俱衰服、绖、杖成服讫，礼直官再引各依位北向，举哭尽哀。班首稍前，去杖，跪，奠酒讫，执仗，俯伏，兴，归位，焚纸马皆举哭，再拜毕，各还次，服吉服，归驿。

天圣八年六月，契丹使来告哀，礼官详定：北朝凶讣，宜于西上阁门引来使奏书，令门使一员跪受承进，宰臣、枢密使以下待制以上，并就都亭驿吊慰。七月一日，使者耶律乞石至，帝与皇太后发哀苑中，使者自驿赴左掖门入，至左升龙门下马，入北偏门阶下，行至右升龙北偏门，入朝堂西偏门，至文德殿门上奉书。太常博士二员与礼直官赞引入文德殿西偏门阶下，行至西下阁门外阶下，面北跪，进书。阁门使跪受承进。太常博士、礼直官退。使者入西上阁门殿后偏门，入宣祐西偏门，行赴内东门柱廊中间，过幕次祗候，朝见讫赴，崇政殿门幕次祗候，朝见皇太后讫，出。三日，近臣慰乞石于驿。

嘉祐三年正月，契丹告国母哀。使人到阙入见，皇帝问云："卿离北朝日，侄皇帝悲苦之中，圣躬万福。"朝辞日，即云："皇帝传语北朝侄皇帝，婶太皇太后上仙，远劳人使讣告。春寒，善保圣躬。"中书、枢密，以下待制以上，赴驿吊慰云："窃审北朝太皇太后上仙，伏惟悲苦。"五月，献遗留物。

明道元年十一月二十四日敕：夏王赵德明薨，特辍朝三日，令司天监定举哀挂服日辰。其日，乘舆至幕殿，服素服。太常博士引太常卿当御座前跪，奏请皇帝为夏王赵德明薨举哀，又奏请十五举音，又奏请可止。文武百僚进名奉慰。告哀使、副以下朝见，首领并从人作两班见。先首领见，两拜后，班首奏圣躬万福。又两拜，随拜万岁。喝赐例物酒食，跪受。起，又两拜，随拜万岁。喝"各祗候"，退。从人仪同。是日，皇太后至幕殿，释常服，白罗大袖、白罗大带，举哀如皇帝仪。其遣使致祭吊慰，如契丹。

其入吊奠之仪。乾兴元年，真宗之丧，契丹遣殿前都点检崇义军节度使耶律三隐、翰林学士工部侍郎知制诰马贻谋充大行皇帝祭奠使、副，左林牙左金吾卫将军萧日新、利州观察使冯延休充皇太后吊慰使、副右金吾卫上将军耶律宁、引进使姚居位充皇帝吊慰使副。

所司预于滋福殿设大行皇帝神御座，又于稍东设御座。祭奠吊慰使、副并素服,由西上阁门入,陈礼物于庭。中书、门下、枢密院并立于殿下,再拜讫,升殿,分东西立。礼直官、阁门舍人赞引耶律三隐等诣神御座前阶下,俟殿上帘卷,使、副等并举哭,殿上皆哭。再拜讫,引升殿西阶,诣神御座前上香、奠茶酒。贻谋跪读祭文毕,降阶,复位,又举哭,再拜讫,稍东立,俟皇太后升坐,中书、枢密院起居毕,帘外侍立。舍人引吊慰祭奠使、副朝见。殿上举哭,左右皆哭。吊慰使、副萧日新等升殿进书讫,降坐。俟皇帝升坐,中书、枢密院起居毕,升殿侍立。舍人引吊慰祭奠使、副朝见。皇帝举哭,左右皆哭。吊慰使、副耶律宁等升殿进书讫,赐三隐等袭衣、冠带、器币、鞍马,随行舍利、牙校等衣服、银带、器币有差。吊慰使、副萧日新等复诣承明殿,俟皇太后升坐,中书、枢密侍立如仪。舍人引萧日新等升殿进问圣候书毕,赐银器、衣著有差。仍就客省赐三隐等茶酒,又令枢密副使张士逊别会三隐等伴宴于都亭驿。

英宗即位,契丹使来贺乾元节,命先进书奠梓宫,见于东阶。放夏国使人见,客省以书币入,后吊慰使见殿门外。契丹祭奠使见于皇仪殿东厢,群臣慰于门外。使人辞于紫宸殿,命坐赐茶。故事酒五行,自是,终谅暗,皆赐茶。

神宗之丧,夏国陈慰使丁努嵬名谟铎、副使吕则、陈聿精等进慰表于皇仪门外,退赴紫宸殿门,赐帛有差。

元祐初,高丽入贡,有太皇太后表及进奉物。枢密院请遵故事。惟答以皇帝回谕敕书。已而宣仁圣烈太后崩,礼部、太常、阁门同详定:高丽奉慰使人于小祥前后到阙,令于紫宸殿门见,客省受表以进,赐器物、酒馔,退,并常服、黑带,不佩鱼。候见罢。纯吉服。

淳熙十四年,金国吊祭使到阙,惟皇帝先诣梓宫行烧香礼,及使入门祭讫,皆就幄举哭外,陈设行事并如先朝旧仪。其奉辞日,有司亦先设神御座及设香案,茶酒果盘台于几筵殿上。宰执升殿分东西立,侍从官于殿下西面立。使、副入门,殿上下皆哭,使、副升殿,哭止。使、副诣神座前一拜。上香、奠茶、三奠酒毕,拜,兴,读祭文官跪读祭文,一拜,兴,殿上下皆哭。使、副俱降,归位立,又再拜讫,退。

　　诸臣之丧。国制：诸王、公主、宗室将军以上有疾，皆乘舆临问；如小疾家，或幸其第，有至三四者；其宫邸在禁中，多不时而往；惟宰相、使相、驸马都尉疾亟，幸其第，或赐劳加礼焉。

　　建隆元年七月，宰相范质有疾，太祖亲幸其第，赐黄金、银、绢有差。开宝二年，赵普有疾，帝再往视，赐银器、绢甚厚。太平兴国中，镇宁军节度杨信久病喑，忽能言，帝异之，遂幸其第，加赐赍。大中祥符三年三月，镇安军节度使、驸马都尉石保吉疾亟，帝将临视之，其日大忌，宰相言于礼非便，遂遣内侍以谕保吉，明日始临省焉。六月，幸翰林侍讲学士邢昺第视疾，赐白金千两、衣著千匹、名药一奁。

　　熙宁七年十二月，诏颁新式，凡临幸问疾者赐银、绢，宰臣及枢密使带使相者二千五百两匹、枢密使、使相二千两匹，知枢密院事、参知政事、枢密副使、同知枢密院事一千五百两匹，签书枢密院事、同签书枢密院事、宣徽使七百五十两匹，殿前都指挥使一千五百两匹，驸马都尉任使相以下者二千五百两匹，任节度观察留后以下者一千五百两匹，并入内内侍省取赐。

　　车驾临奠。《太常新礼》：宰相、枢密、宣徽使、参知政事、枢密副使、驸马都尉薨，皆临幸奠酹，及发引，乘舆或再往。咸平二年，工部侍郎、枢密副使杨砺卒，即日冒雨临其丧。大中祥符元年，殿前都虞侯、端州防御使李继和卒，真宗将临其丧，以问宰臣，对曰："继和以品秩实无此礼。陛下敦序外族，先朝亦尝临杜富琼之丧，于礼无嫌。"帝然之，即日幸其第。

　　康定二年，右正言：知制诰吴育奏："臣窃见车驾每有临奠臣僚、宗戚之家，皆即时出幸，道路不戒，羽卫不全，从官奔驰，众目惊异。万乘法驾，岂慎重之意乎？虽震悼方切于皇慈，而举动贵合乎经礼。臣窃详《通礼》旧仪，盖俟丧家成服，然后临奠，于事不迫，在礼亦宜。臣愚欲乞今后车驾如有临奠去处,乞俟本家既敛成服,然后出幸,则恩意容典,详而得中,警跸羽仪,备之有素。"事下礼官议:"遭丧之家,有出殡日乃成服者,恐至时难行临奠。请自今圣驾临奠臣僚、宗戚之家,若奏讣在交未前,即传宣阁门,只于当日令所属候仪卫备,奏请车驾出幸;若奏讣在交未后,即次日临奠。庶使羽卫整肃,于事为宜。"诏可。

其仪:乘舆自内出,千牛将军四人执戈,一人执桃,一人执苅,前导。车驾将至所幸之第,赞礼者引丧主哭于大门内,望见乘舆,止哭,再拜,立于庭。皇帝至幕殿,改素服就临。丧主内外再拜。皇帝哭,十五举音,丧主内外皆哭。皇帝诣祭所三奠酒,丧主以下再拜。皇帝退,止哭。从官进名奉慰。皇帝改常服还内。

《通礼》著:皇帝临诸王、妃、主、外祖父母、以皇后父母、宗戚、贵臣等丧,出宫服常服,至所临外变服。《天圣丧葬令》:皇帝临臣之丧,一品服锡衰,三品以上缌衰,四品以下疑衰。皇太子临吊三师、三少则锡衰,宫臣四品以上缌衰,五品以下疑衰。

辍朝之制。《礼院例册》:文武官一品、二品丧,辍视朝二日,于便殿举哀挂服。文武官三品丧,辍视朝一日,不举哀挂服。然其车驾临问并特辍朝日数,各系圣恩。一品、二品丧皆以翰林学士以下为监护葬事,以内侍都知以下为同监护葬事。葬日辍视朝一日,皆取旨后行。庆历五年四月,礼院奏:"准度支员外郎、集贤校理知院曾公亮奏:"朝廷行辍朝礼,并乞以闻哀之明日辍朝,其假日便以充数,仍为永例。如值其日前殿须座,则礼有重轻,自可略轻而为重,更不行辍朝之礼。"臣今看详公亮所奏,诚于辍朝之间适宜顺变。然虑君臣恩礼之情有所未尽,欲乞除人使见辞、春秋二宴合当举乐,即于次日辍朝,余乞依公亮所奏。"诏可。

太平兴国六年,守司空兼门下侍郎平章事薛居正薨,准礼,一品丧合辍二日,诏特辍三日。其后邓王钱俶、太师赵普、右仆射李沆薨,皆一品,合辍二日,诏并特辍五日。二品、三品者,亦有特辍焉。

太平兴国九年，右谏议大夫、参知政事李穆卒，准礼，谏议大夫不合辍朝，特辍一日。

开宝三年，罗彦环、魏仁浦薨，以郊祀及军事不辍朝。景德四年，同平章事王显薨，以皇帝朝拜诸陵，吉凶难于相干，更不辍朝。康定元年光禄卿郑立卒，礼官举故事辍朝，台官言："卿、监职任疏远，恩礼不称。"自后遂不辍朝。

孝宗乾道三年四月一日，太常寺言："皇伯母秀王夫人薨，辍朝五日，内二日不视事。乞自今月二日为始，辍至六日止，其二日、三日并不视事。"从之。

举哀挂服。尚舍设次于广德殿可讲武殿、大明殿，其后皆于后苑壬地。前一日，所司预设举哀所幕殿，周以帘帷，色用青素。其日，皇帝常服乘舆诣幕殿，侍臣奏请降舆，俟时释常服，服素服，白罗衫、黑银腰带、素纱软脚幞头。太常博士引太常卿当御座前跪，奏请皇帝为某官薨举哀，又请举哭，十五举音，又奏请可止。中书、门下、文武百官进名于崇政殿门外奉慰。皇帝释素服，服常服，乘舆还内。

建隆四年，山南东道节度使慕容延钊卒，太祖素服发哀。其后赵普薨，太宗亦如之。景德四年，李沆薨，礼官言："举哀品秩，虽载礼典，伏缘国朝惟赵普、曹彬曾行兹礼，今望裁自圣恩。"诏特择日举哀。自后宰臣薨，皆用此礼。

真宗乳母秦国延寿保圣夫人卒，以太宗丧始期，疑举哀，礼官言："《通礼》：皇帝为乳母缌麻。按《丧葬令》：皇帝为缌。一举哀止。秦国夫人保傅圣躬，宜备哀荣。况太宗之丧已终易月之制，今为乳母发哀，合于礼典。"从之。

郑国长公主薨，礼官言："降服大功，择日成服。缘居大行皇太后大祥之内，衰服未除，典礼旧章，以轻包重，酌情顺变，礼当厌降，望不成服。皇亲诸亲，亦不制服。"帝曰："宗室诸王皆不制服，情所未忍。至期当遣诸王就其第成服，及令皇后临奠，余如所请。皇从弟右监门卫大将军德钧卒，以皇帝恭谒陵寝，罢举哀成服，天禧元年,太尉王旦薨,时季秋大享明堂,其日发哀,真宗疑之。礼官言:"祠事在质明之前,成服于既祠之后,于礼无嫌。"诏可。

康定二年,皇子寿国公昕薨,年二岁,礼官言:"已有爵命,宜同成人。遂发哀成服。熙宁十年,永国公薨,系无服之殇,诏特举哀成服。

元祐元年,王安石薨,在神宗大祥之内;司马光薨,亦在京谅暗中,皆不举哀成服。高宗于刘光世,张俊、秦桧之丧,皆为临奠,然设幄举哀成服之礼,未之行也。孝宗乾道三年,始为皇伯母秀王夫人薨,设幕殿后苑壬地,举哀成服,复举行焉。

皇太后、皇后为本族之丧。孝明皇后姊太原郡君王氏卒,中书门下据太常礼院状:"准礼例皇后合出就故彰德军节度使王饶第发哀成服,文武百僚诣其第进名奉慰。"从之。章穆太后母楚国太夫人吴氏薨,太常礼院言:"皇帝为外祖母本服小功,详《开宝通礼》,即有举哀成服之文;又缘近仪,大功以上方成服,今请皇太后择日就本宫挂服,雍王以下为外祖母给假,"其后,太后嫡母韩国太夫人薨,亦用此制焉。章献明肃皇后改葬父母,前一日,皇后诣攒所,俟时诣成服所改服缌。尚仪奏:"请诣灵柩发哭奠洒,退,六宫内人立班奉慰。掩圹毕,皇后诣坟奠献,再拜,释服还宫。外命妇进笺奉尉如仪。"

辍乐。太平兴国七年十月,中书言:"今月七日乾明节,选定二十二日大宴。"二十日参知政事窦称卒,明日,皇帝亲幸其第,临丧恸哭,设奠还宫,即令罢宴。有司奏:"伏以百司告备,六乐在庭,睿圣至仁,闻哀而罢,是以显君父爱慈之道,励臣子忠孝之心。伏请宣付史馆,传录美实。"诏可。

天禧二年九月十一日,宴近臣于长春殿,饯河阳三城节度使张旻赴任,以王旦在殡,不举乐。嘉祐六年三月五日,宰臣富弼母秦国太夫人薨,十七日春宴,礼院上言:"君臣父子,家国均同。元首股

肱，相济成体。贵贱虽异，哀乐则同。一人向隅，满堂嗟戚。今宰臣
新在苫块，欲乞罢春宴声乐，以表圣人忧恤大臣之意。"诏下，并春
宴寝罢。

赙赠。凡近臣及带职事官薨，非诏葬者，如有丧讣及迁葬，皆赐
赙赠，鸿胪寺与入内内侍省以旧例取旨。其尝践两府或任近侍者，
多增其数，绢自五百匹至五十匹，钱自五十万至五万，又赐羊酒有
差，其优者仍给米麦香烛。自中书、枢密而下至两省五品、三司三馆
职事、内职、军校并执事禁近亡殁，及父母、近亲丧，皆有赠赐。宗室
期功、袒免、乳母、殇子及女出适者，各有常数。其特恩加赐者，各以
轻重为隆杀焉。

建隆元年十月，诏："有死于矢石者，人给绢三匹，仍复其家三
年，长吏存抚之，"庆历二年，诏："阵亡军校无子孙者，赐其家钱，指
挥使七万，副指挥使六万，军使、都头、副兵马使、副都头五万。"

熙宁七年，参酌旧制著为新式：诸臣丧，两人以上各以该支赐
孝赠，只就数多者给；官与职各该赠赠者，从多给，差遣、权并同，权
发遣并与正同。诸两府、使相、宣徽使并前任宰臣问疾或浇奠已赐
不愿敕葬者，并宗室不经浇奠支赐。虽不系敕葬，并支赙赠。余但
经问疾或浇奠支赐或敕葬者，更不支赙赠。前两府如浇奠只支赙
赠。仍加绢一百，布一百，羊酒米麦各一十。诸支赐孝赠：在京，羊
每口支钱一贯，以折第二等绢充，每匹折钱一贯三百文，余支本色；
在外，米支白粳米、面每石支小麦五斗，酒支细色，余依价钱。诸文
臣卿监以上，武臣元系诸司使以上，分司、致仕身亡者，其赙赠并依
现任官三分中给二，限百日内经所在官司投状，召命官保关申，限
外不给。待制、观察使以上更不召保。

元丰五年，诏："鄜延路没于王事、有家属现今在本路欲归乡者
给赙外，其大使臣以上更支行李钱百千，小使臣五十千，差使、殿侍
三十千，其余比类支给。"

绍兴二十六年，诏："今后命官实因干办公事邂逅非理致死者，

并遵依旧法。所有李光申请于《绍兴条》内添注日限指挥，更不施行。旧法非理致死者，谓焚溺坠压之类，通判以上赐银五百两，余三百两，职司以上取旨。初，绍兴二年五月，吏部侍郎李光申明立定折跌骨五十余日，三十日内身亡之人，并支前项银数。至是，户部侍朗宋贶言："自立定日限，后来多是因他病身故之人，子孙规图赏给，计会所属，旋作差出名目，陈乞保奏，诚为欺罔。"故有是命。

诏葬。《礼院例册》：诸一品、二品丧，敕备本品卤簿送葬者，以少牢赠祭于都城外，加璧，束帛深青三、纁二。诸重：一品柱鬲六，五品以上四，六品以下二。诸铭旌：三品以上长九尺，五品以上八尺，六品以上七尺，皆书某官封姓之枢。诸辒车：三品以上油幰、朱丝络纲施襈，两厢画龙，幰竿诸末垂六旒苏；七品以上油幰、施襈，两画云气，垂四旒苏；九品以上无旒苏；庶人鳖甲车，无幰、襈、画饰。诸引、披、铎、翣、挽歌：三品以上四引、四披、六铎、六翣，挽歌六行三十六人；四品二引、二披、四铎、四翣，挽歌者四行十六人；五品、六品挽歌八人；七品、八品挽歌六人；六品、九品谓非升朝者。挽歌四人。其持引、披者，皆布帻、布深衣；挽歌，白练帻、白练襦衣，皆执铎、绋，并鞋袜。诸四品以上用方相，七品以上用魌头。诸蠹：五品以上，其竿长九尺；以下，五尺以上。诸葬不得以石为棺椁及石室，其棺椁皆不得雕镂彩画、施方牖槛，棺内不得藏金宝珠玉。

又按《会要》：勋戚大臣薨卒，多命诏葬，遣中使监护，官给其费，以表一时之恩，凡凶仪皆有买道、方相、引魂车、香、盖、纸钱、鹅毛、影舆、锦绣虚车，大舆，铭旌；仪棺行幕，各一；挽歌十六。其明器、床帐、衣舆，结彩皆不定数。坟所有石羊虎、望柱各二，三品以上鞋袜加石人二人。入坟有当坟圹、当野、祖思、祖明、地轴、十二时神、志石、券石、铁券各一。殡前一日对灵枢，及至坟所下事时，毕设敕祭，监葬官行礼。熙宁初，又著新式，颁于有司。

乾德三年六月，中书令、秦国公孟昶薨，其母李氏继亡，命鸿胪卿范禹偁监护丧事，仍诏礼官议定吉凶仪仗礼例以闻。太常礼院言:"检详故事,晋天福十二年葬故魏王,周广顺元年葬故枢密使杨邠、侍卫使史弘肇、三司使王章例,并用一品礼。墓方圆九十步,坟高一丈八尺,明器九十事,石作六事,音身队二十人,当圹当野、祖明、祖思、地轴、十二时神、蚊厨帐暖帐各一、辒车一,挽歌三十六人;拂一、蒌一、翣六,辒车、魂车、仪椁车,买道车、志石车各一;方相氏、鹅毛蒌、铭旌、香舆、影舆、盖舆、钱舆,五谷舆、酒醢舆,衣物舆、庖牲舆各一;黄白纸帐,园宅象、象生什物,行幕,并志文、挽歌词,启攒启奠祝文,并请下有司条制。其仪:太仆寺革辂,兵部本品卤簿仪仗。太常寺本品鼓吹仪仗,殿中省伞一、典盖二、朱漆团扇四,自第导引出城,量远近各还。赠玉一、缣二,赠祭少牢礼料。亦请下光禄、太府寺、少府监诸司依礼供应。又楚王母依子官一品例,准令文,外命妇一品侍近二人,青衣六人,偏扇、方扇各十六,行鄣三、坐鄣二,白铜饰犊车驾牛驭人四,从人十六,夹车,从车六、伞一、大扇一、团扇二、戟六十。伏缘久不施用,如特赐施行,即合于孟昶吉凶仗内相参排列。"诏并令排列祗应,仍俟导引至城外,分半导至西京坟下及葬,命供奉官周贻庆押奉义军士二指挥防护至洛阳。又赐子玄喆坟庄一区。

开宝四年,建武军节度使何继筠卒,诏遣中使护葬,仍赐宝剑、甲胄同葬。咸平元年,护国军节度使、驸马都尉王承衍葬,卤簿、鼓吹备而不作,以在太宗大祥忌禁内也。元丰五年,崇信军节度使、华阴郡王宗旦薨,听以旌节、牌印葬。寻又诏:不即随葬者徒二年,因而行用者罪之。绍兴二十四年,太师清河郡王张俊葬,上曰:"张俊极宣力,与他将不同,恩数务从优厚。"仍赐十梁、额花冠貂蝉笼巾朝服一袭、水银二百两、龙脑一百五十两。其后,杨存中薨,孝宗令诸寺院声钟,仍赐水银、龙脑以敛。《熙宁新式》:先是,知制诰曾布言:"窃以朝廷亲睦九族,故于死丧之际,临吊赗恤,至于窆窆之具,皆给于县官,又择近臣专董其事,所以深致其哀荣而尽其送终之礼。近世使臣沿袭故常,过取馈遗,故私家之费,往往倍于公上,祥符中,患其无节,尝诏有司定其数。皇祐中,又著之《编敕》,令使臣所受无过五百，朝臣无过三百，有违之者，御史奏劾。伏见比岁以来，不复循守，其取之者不啻十倍于著令。乞取旧例裁定酌中之数，以为永式。"诏令太常礼院详定，令布裁定以闻。

嘉祐七年，诏大宗正："自今皇亲之丧，五年以上未葬者，不以有无尊亲新丧，并择日葬之。"初，龙图阁直学士向传式言："故事，皇亲系节度使以上方许承凶营葬，其卑幼丧皆随葬之。自庆历八年后，积十二年未葬者几四百余丧，官司难于卒办，致濮王薨百日不及葬。请自今两宅遇有尊属之丧，不以官品为限而葬之。"下判大宗正司、太常礼仪院、司天监议，而有是诏。元祐中，又诏御史台："臣僚父母无故十年不葬，即依条弹奏，及令吏部候限满检察。尚有不葬父母，即未得与关升磨勘。如失检察，亦许弹奏。"

追封册命。《通礼》：策赠贵臣，守宫于主人大门外设使、副位，使人公服从朝堂受策，载于轺车，各备卤簿，至主人之门降车。使者称："有制。"主人降阶稽颡。内外皆哭。读册讫，主人拜送之。

国朝之制：有于私第册之者，有于本道册之者，私第册之者，乾德三年，正衙命使册赠孟昶尚书令，追封楚王是也，本道册者，建隆元年，故特进检校太师，南平王高保融奉敕赠太尉、端拱元年，故守太师、尚书令、邓王钱俶特追封秦王是也。其仪与《通礼》大略相类，不复录。

定谥。王公及职事官三品以上薨，赠官同。本家录行状上尚书省，考功移太常礼院议定，博士撰议，考功审复，判都省集合省官参议，具上中书门下宰臣判准，始录奏闻。敕付所司即考功录牒，以未葬前赐其家。省官有异议者，听具议闻。蕴德丘园，声实明著，虽无官爵，亦奏赐谥曰"先生"。

太平兴国八年，诏增《周公谥法》五十五字，美谥七十一字为一百字，平谥七字为二十字，恶谥十七字为三十字。其沈约、贺琛《续广谥》尽废。后以直史馆胡旦言："旧制，文武官臣僚皆以功行上下，各赐谥法。近朝以来，遂成阙典。建隆以后，臣僚三品以上合赐谥者百余人，望令史馆编录行状，送礼官定谥付馆，修入国史。"诏："今后并令礼官取行状定谥，送考功详复，关送史馆，永为定式。"

直集贤院王皞言："谥者，行之表也。善行有善谥，恶行有恶谥，盖闻谥知行，以为劝戒。《六典》：太常博士掌王公下以拟谥，皆迹其功德为之褒贬。近者臣僚薨卒，虽官该拟谥，其家自知父祖别无善政，虑定谥之际，斥其缪戾，皆不请谥。窃惟谥法自周公以来，垂为不刊之典，盖以彰善瘅恶，激浊扬清，使其身没之后，是非较然，用为劝惩，今若任其迁避，则为恶者肆志而不悛。乞自今后不必候其请谥，并令有司举行，如此，则隐匿无行之人，有所沮劝，若须行状申乞方行拟谥，考诸方册，别无明证。惟卫公叔文子卒，其子戍请谥。臣谓春秋之时，礼坏乐缺，公叔之卒，有司不能明举旧典，故至将葬，始请谥于君。且周制，太史掌大丧赐谥，小史掌卿大夫之家赐谥请诔。以此知有司之职，自当举行，明矣。"诏下有司详定，如皞请焉。

礼院更议赠安远军节度使马怀德已葬请谥，乃言："自古作谥，皆在葬前。唐开元，三品以上将葬，既启殡，告赠谥于柩前；无赠者，设启奠即告谥。既葬加谥；出于唐时，如颜杲卿、庐奕尽忠王室，当时置而不议。至郭知运死五十余年乃始请谥。右司员外郎崔原以为非旌善之礼，而太常博士独孤及谓新制死不必有谥，又谓有故阙礼，追远请谥，顺也。及长于开元之世，亲闻启奠告谥，而为新制不必有谥，岂非诬哉？又有故阙礼，追远请谥，皆违礼经，何顺之有？国家给谥，一用唐令，然请谥之家，例供尚书省官酒食，撰议官又当有所赠遗，故或阙而不请。景祐四年，宋绶建议，令官给酒食。其后，又罢赠遗。自此，既葬请谥者甚众。岁月浸久，官阀行迹，士大夫所不能知，子孙与其门生故吏，志在虚美隐恶，而有司据以加谥，是废圣人之法，而徇唐庸有司之议也。诏："自今行谥者，令葬前奏请；或其家不请，则尚书、太常合议定谥，前葬牒史馆及付其家，即徇私谥不以实，论如选举不以实法。既葬请谥者，不定谥。"

宋史卷一二五

志第七八

礼二十八 凶礼四

士庶人丧礼　服纪

　　士庶人丧礼。开宝三年十月,诏开封府,禁丧之家不得用道、释威仪及装束异色人物前引。太平兴国七年正月,命翰林学士李昉等重定士庶丧葬制度。昉等奏议曰:"唐大历七年,诏丧葬之家送葬祭盘,只得于丧家及茔所置祭,不得于街衢张设。又长庆三年,令百姓丧葬祭奠不得以金银、锦绣为饰及陈设音乐,葬物稍涉僭越,并勒毁除。臣等参详子孙之葬父祖,卑幼之葬尊亲,全尚朴素即有伤孝道。其所用锦绣,伏请不加禁断。其用音乐及栏街设祭,身无官而葬用方相者,望严禁之。其诏葬设祭者,不在此限。又准后唐长兴二年诏:五品、六品常参官,丧舆舁者二十人,挽歌八人,明器三十事,共置八床;七品常参官,舁者十六人,挽歌六人,明器二十事,置六床;六品以下京官及检校、试官等,舁者十二人,拘歌四人,明器十五事,置五床,并许设纱笼二。庶人,舁者八人,明器十二事,置两床。悉用香舆,魂车。其品官葬祖父母、父母,品卑者听以子品,葬妻子者递降一等,其四品以上依令式施行。望令御史台、街司颁行,限百日率从新制;限满违者,以违禁之物给巡司为赏。丧家辄举乐者遣伶人,他不如制者,但罪下里工作。"从之。

　　九年,诏曰:"访闻丧葬之家,有举乐及令章者。盖闻邻里之内,丧不相舂，苴麻之旁，食未尝饱，此圣王教化之道，治世不刊之言。何乃匪人，亲罹衅酷，或则举奠之际歌吹为娱，灵柩之前令章为戏，甚伤风教，实紊人伦。今后有犯此者，并以不孝论，预坐人等第科断。所在官吏常加觉察，如不用心，并当连坐。"

景德二年开封府言："文武官亡殁，诸寺击钟未有定制。欲望自今大卿监、大将军、观察使、命妇郡夫人以上，即据状闻奏，许于天清、开宝二寺击钟，其声数旋俟进止，自余悉禁。"从之。

绍兴二十七年，监登闻鼓院范同言："今民俗有所谓火化者，生则奉养之具唯恐不至，死则燔爇而弃捐之，何独厚于生而薄于死乎？甚者焚而置之水中，识者见之动心。国朝著令，贫无葬地者，许以系官之地安葬。河东地狭人众，虽至亲之丧，悉皆焚弃。韩琦镇并州，以官钱市田数顷，给民安葬，至今为美谈。然则承流宣化使民不畔于礼法，正守臣之职也。方今火之惨，日益炽甚，事关风化，理宜禁止。仍饬守臣措置荒闲之地，使贫民得以收葬，少裨风化之美。"从之。二十八年，户部侍郎荣拟言："此因臣僚陈请禁火葬，令州郡置荒闲之地，使贫民得以收葬，诚为善政。臣闻吴越之俗，葬送费广，必积累而后办。至于贫下之家，送终之具，唯务从简，是以从来率以火化为便，相习成风，势难遽革。况州县休息之久，生聚日繁，所用之地，必须宽广。仍附郭近便处，官司以艰得之故，有未行摽拨者，既葬埋未有处所，而行火化之禁，恐非人情所安。欲乞除豪富士族申严禁止外，贫下之民并客旅远方之人，若有死亡，姑从其便，候将来州县摽拨到荒闲之地，别行取旨。"诏依，仍令诸州依已降指挥，措置摽拨。

服纪。宋天子及诸臣服制，前史皆散记诸礼中，未尝特录之也，后史则表而出之。高宗于外廷以日易月，于内廷则行三年之礼，御朝则浅素、浅黄。孝宗又力持三年之制。皇帝未成服，则素纱软脚幞头、白罗袍、黑银带、丝鞋。成服日，布梁冠、朱熹云：当用十二梁。首绖，直领布大袖衫、朱熹云：不当用衫，盖下已有裙。布裙、袴、腰绖、竹

杖、白绫衬衫，或斜巾、帽子。视事日，去杖、首绖。小祥日，改服布
幞头、襕衫、腰绖、布袴。大祥毕，服素纱软脚幞头、白罗袍、素履、黑
银带、禫祭毕，素纱软脚幞头、浅色黄罗袍、黑银带。附庙日，服覆、
黄袍、红带，御正殿视事，则皂幞头、淡黄袍、黑鞓犀带、素丝鞋。此
中兴后制也。

　　孝宗居忧再定三年之制，其服：布冠、直领大袖衫、布裙、首绖、
腰绖、竹杖。小祥不易服。大拜礼毕，始去杖、去绖。禫祭毕，始服
素纱软脚幞头、白袍、黑银带。祔庙毕，服皂幞头、黑鞋犀带。每遇
过宫庙谒，则衰祔行礼，二十五月而除。三年之内，禁之常服布巾、
布衫、布背子。视事则御内殿，服白布幞头、白布袍、黑银带、殿设素
幄。每五日一次过宫，则衰祔而杖。虞祭则布折上巾、黑带、布袍。
受金使吊则衰祔，御德寿殿东廊之素幄。受贺节使，则御垂拱殿东
楹之素幄。是时，宰执、近臣皆不肯行，惟断自上心，坚不可夺，大臣
乃不敢言。赞其决者惟敕局下僚沈清臣一人而已。

　　臣为君服，宋制有三等：中书门下、枢密使副、尚书、翰林学士、
节度使、金吾上将军、文武二品以上，布梁冠、直领大袖衫、布裙、
袴、腰绖、竹杖，或布幞头、襕衫、布斜巾、绢衬服。文武五品以上并
职事官监察御史以上、内客省、宣政、昭宣、知阁门事、前殿都知、押
班，布梁冠、直领大袖衫、裙、袴、腰绖，或幞头、襕衫。自余文武百
官，布幞头、襕衫、腰祔而已，入局治事，并不易服。宰执奏事去杖，
小祥去冠，余官奏事如之。大祥，素纱软脚折上巾、黪公服、白鞓锡
带。禫除毕，去黪服，常服仍黑带、皂鞍鞯。祔庙毕，始纯吉服。宗
室出则常服，居则衰麻以终制。

　　光宗居孝宗之忧，赵汝愚当国，始令群臣服白凉衫、皂带治事，
逮终制乃止。宁宗居光宗之忧，复令百官以日易月，衬除毕，服紫
衫、皂带以治事，从礼部侍郎陈宗召请也。诸路监司、州军县镇长吏
以下，服布四脚、直领布襕衫、麻腰绖，朝晡临，三日除之。内外命妇
当入临者，布裙、衫、帔、首绖、绢衬衫、帕首。士庶于本家素服。三

日而除。婚嫁，服除外不禁。文武臣僚之家，至山陵袝毕，乃许嫁娶，仍不用花彩及乐。

淳熙十四年十月，以将作监韦璞充金国告哀使，阁门舍人姜特立副之。礼部、太常寺言："告哀使、副并三节人，从礼例，如在大祥内，合服布幞头、襕衫、布绖、腰绖、布凉伞、鞍辔；在禫服内，合服素纱软脚幞头、黪色公服、黑鞓犀带，青伞，皂鞍鞯；俟禫除，即从吉服，仍系黑带、去鱼，凉伞、鞯并从禫制，并去狻座。三节人衣紫衫、黑带，并不听乐，不射弓弩。候过界，听使、副审度，随宜改易服用。"从之。或遣留遗信物使，同上服。

丧服杂议，庆历七年，侍御史吴鼎臣言："武班及诸职司人吏，曾因亲丧出入禁门，甚有裹素纱幞头者，殊失肃下尊上之礼。欲乞文武两班，除以官品起复许裹素纱外，其余臣僚并诸职司人吏，虽有亲丧服未除，并须光纱加首，不得更裹纱。"诏送太常礼院。礼官言"准令文、凶服不入公门。其遭丧被起，在朝参处，常服各依品服，惟色以浅，无金玉饰；在家，依其服制。其被起者，及期丧以下居式假者，衣冠朝集，皆听不预。今鼎臣所奏，有碍令文。"诏依所定，如遇筵宴，其服浅色素纱人，更不令祗应。

丁父母忧。淳化五年八月，诏曰："孝为百行之本，丧有三年之制，著于典礼，以厚人伦。中外文武官子弟，或父兄之沦亡，蒙朝廷之齿叙，未及卒哭，已闻莅官，遽忘哀戚，颇玷风教。自今文武官子弟，有因父亡兄殁特被叙用，未经百日，不得趣赴公参。御史台专加纠察；并有昌哀求仕、释服从吉者，并以名闻。"

咸平元年，诏任三司、馆阁职事者丁忧，并令持服。又诏："川峡、广南、福建路官，丁尤不得离任，既受代而丧制未毕者，许其终制。"寻令川峡，除州军长吏奏裁，余并许解官。

大中祥符中九年，殿中侍御史张廓言："京朝官父母忧者多因陈乞，与免持服。且忠孝恩义，士所执守，一悖于礼，其何能立？今执事盈庭，各务简易，况无金革之事，中外之官不阙，不可习以为例。望自后并依典礼，三年服满，得赴朝请。"

天禧四年，御史台言："文武官并丁忧者，相承服五十四月，别无条例。"下太常，礼官议曰："按《礼丧服小记》云：'父母之丧偕，先葬者不虞、祔，待后事，其葬服斩衰。'注："谓同月若同日死也。先葬者母也，其葬服斩衰者，丧之隆哀宜从重也。假令父死在前月而同月葬，犹服斩衰，不葬不变服也。言其葬服斩衰，则、虞祔各以其服矣。及练、祥皆然。卒事，反服重。'《杂记》云：'有父之丧，如未没丧而母死，其除父之丧也，服其除服，卒事，反丧服。'注云：'没，犹终也。除服谓祥祭之服，卒事既祭，反丧服，服后死者之服。'又杜预云：'若父母同日卒，其葬先母后父，皆服斩衰，其虞、祔先父后母，各服其服，卒事，反服父服。若父已葬而母卒，则服母之服，虞讫，反服父之服。既除练，则服母之服。丧可除，则服父之服以除之，讫则服母之服。'贺循云：'父之丧未终，又遭母丧，当父服应终之月，皆服祥祭之服，如除丧之礼。卒事，反母之服。'臣等参考典故，则是随其先后而除之，无通服五十四月之文。请依旧礼改正。"

庆历三年，太常礼字议："《礼记》：'父母之丧，无贵贱，一也。'又曰：'三年之丧，人道之至大也。'请不以文武品秩高下，并听终丧。"时以武臣入流者杂，难尽解官。诏："自今三司副使以上，非领边寄，并听终制，仍续月奉。武臣非在边而愿解官者，听。"

凡夺情之制，文臣谏舍以上，牧伯刺史以上，皆卒哭后恩制起复；其在切要者，不候卒哭。内职遭丧，但给假而已，愿终丧者亦听。惟京朝、幕职、州县官皆解官行服，亦有特追出者。

凡公除与祭。景祐二年，礼仪使言：天圣五年，太常礼院言：自来宗庙祠祭，皆宰臣、参知政事行事，每有服制，旋复改差，多致妨阙。检会《唐会要》，贞元六年诏，百官有私丧公除者，听赴宗庙之祭，临祭御史以《礼》有"缌麻以上丧不得飨庙"，移牒吏部诘之。吏部奏：准《礼》，"诸侯绝周、大夫绝缌"者，所以杀旁亲，不敢废大宗之祭事，则缌不祭者，谓同宫未葬，欲人吉凶不相黩也。魏晋已降，变而从权，缌以上丧服，假满即吉，谓之公除。既葬公除，则无事不可,故于祭无妨。乞今凡有惨服既葬公除,及闻哀假满,许吉服赴祭。同宫未葬,虽公除依前禁之。诏从。又王泾《郊祀录》:"缌麻以上丧,不行宗庙之祭者,以明吉凶不相干也。贞元,吏部奏请,得许权改吉服,以从宗庙之祭,此一时之事,非旧典也。"今本院看详,律称:"如有缌麻以上丧遣充掌事者,笞五十。"此唐初所定。吏部起请,皆援引典故,奉诏,百官有私丧公除者,听赴宗庙之祭。后虽王泾著《郊祀录》是一时之事,非旧典也。又别无诏敕改更,是以历代只依贞元诏命施行。至大中祥符中,详定官请依《郊祀录》,缌麻以上丧,不预宗庙之祭。今详贞元起请,证据分明,王泾所说,别无典故,望自今后有私丧公除者,听赴宗庙之祭,免致废阙。

庆历七年,礼官邵必言:"古之臣子,未有居父母丧而辄与国家大祭者,今但不许入宗庙,至于南郊坛、景灵宫,皆许行事。按唐吏部所请惨服既葬公除者,谓周以下也,前后相承,误以为三年之丧,得吉服从祭,失之甚也。又据律文:'诸庙享,有缌麻以上丧,不许执事,祭天地、社稷不禁。'此唐之定律者,不详经典意也。《王制》曰:'丧三年不祭,惟天地、社稷为越绋而行事。'注云'不敢以卑废尊。'也,是指王者不敢以私亲之丧,废天地、社稷之祭,非谓臣下有父母丧,而得从天子祭天地、社稷也。兼律文所以不禁者,亦只谓缌麻以上、周以下故也。南郊、太庙,俱为吉祀,奉承之意,无容异礼。今居父母丧不得入太庙,至南郊则为愈重。朝延每因大礼侍祠之官普有沾赏,使居丧之人得预祠事,是不欲庆泽之行,有所不被,奈何以小惠而伤大礼?近岁两制以上,并许终丧,惟于武臣尚仍旧制,是亦取古之墨缞从事,金革无避之义也。然于郊祀吉礼则为不可。"下礼院,议曰:"郊祀大礼,国之重事,百司联职,仅取济集。若居丧被起之官悉不与事,则或有妨阙。但不以惨粗之容接于祭次,则亦可行,请依《太常新礼》,宗室及文武官有遭丧被起及卒哭赴朝参者,遇大朝会,听不入;若缘郊庙大礼,惟不入宗庙,其郊坛、景灵宫得权从吉服陪位,或差摄行事。"诏可。

天圣五年,侍讲学士孙奭言:"伏见礼院及刑法司外州执守服制,词旨俚浅,如外祖卑于舅姨,大功加于嫂叔,颠倒谬妄,难可遽言。臣于《开宝正礼》录出五服年月,并见行丧服制度,编附《假宁令》,请下两制、《礼院详定》。"翰林学士承旨刘筠等言:"奭所上所五服制度,皆应礼经,然其义简奥,世俗不能尽通,今解之以就平易。若'两相为服,无所降杀',旧皆言"服者具载所为服之人;其言'周'者,本避唐讳,合复为'期'。又节《取假宁令》附《五服敕》后,以便有司;仍板印颁行,而丧服亲疏隆杀之纪,始有定制矣。"

子为嫁母。景祐二年,礼官宋祁言:"前祠部员外郎、集贤校理郭积幼孤,母边更嫁,有子,积无伯叔兄弟,独承郭氏之祭。今边不幸,而积解官行服。按《五服制度敕》齐衰杖期降服之条曰"父卒母嫁及出妻之子为母,其左方注:"谓不为父后者,若为父后者,则为嫁母无服。"诏议之。侍御史刘夔曰:

> 按天圣六年敕,《开元五服制度》,《开宝正礼》并载齐衰降服条例,虽与祁言不异,然《假宁令》:"诸丧,斩、齐三年,并解官;齐衰杖期及为人后者为其父母,若庶子为后为其母,亦解官,申心丧;母出及嫁,为父后者虽不服,亦申心丧。"注云:"皆为生己者。"律疏云:"心丧者,为姜子及出妻之子合降其服,二十五月内为心丧。"载详格令:"子为嫁母,虽为父后者不服,亦当申心丧。"又称:"居心丧者,释服从吉及忘哀作乐、冒哀求仕者并同父母正服。"今龙图阁学士王博文、御史中承杜衍尝为出嫁母解官行丧。

若使生为母子,没同路人,则必亏损名教,上玷孝治。

> 且杖期降服之制,本出《开元礼》文,逮乎天宝降敕,俾终三年,然则当时已悟失礼。晋袁准谓:"为人后,犹服嫁母,据外祖异族,犹废祭行服,知父后应服嫁母。刘智释云:"虽为父后,犹为嫁母齐衰。"谯周云:"非父所绝,为之服周可也。"昔孔鲤之妻为子思之母,鲤卒而嫁于卫,故《檀弓》曰:"子思之母死,柳若谓子思曰:'子圣人之后也,四方于子乎观礼,子何慎诸!'

子思曰：'吾何慎哉！'丧之礼，如子。云"子圣人之后"，即父后也，石苞问淳于睿："为父后者，不为出母服。嫁母犹出母也。或者以为嫁与出不异，不达礼意。虽执从重之义，而以废祭见讥君。为详正。"睿引子思之义为答，且言："圣人之后服嫁母，明矣。"穑之行服，是不为过。

诏两制、御史台、礼院再议，曰："按《仪礼》：'父卒继母嫁，为之服期。'谓非生己者。故父卒改嫁，降不为己母。唐上元元年敕，父在为母尚许服三年，今母嫁既是父终，得申本服。唐绍议曰：'为父后者为嫁母杖周，不为父后者请不降服。'至天宝六载敕，五服之纪，所宜企及，三年之数，以报免怀。其嫁母亡，宜终三年，又唐八坐议吉凶加减礼云：'凡父卒，亲母嫁，齐衰杖期，为父后者亦不服，不以私亲废祭祀，惟素服居垩室，心丧三年，免役解官。母亦心服之，母子无绝道也。'按《通礼五服制度》：父卒母嫁，及出妻之子为母，及为祖后，祖在为祖母，虽周除，仍心丧三年。"

侍讲学士冯元言："《仪礼》、《礼记正义》，古之正礼；《开宝通礼》、《五服年月敕》，国朝见行典制，为父后者，为出母无服。惟《通礼义纂》引唐天宝六年制：'出母、嫁母并终服三年。'又引刘智《释议》：'虽为父后，犹为出母、嫁母齐衰，卒哭乃除。'盖天宝之制，言诸子为出母、嫁母，故云'并终服三年'；刘智言为父后者为出母、嫁母，故云'犹为齐衰，卒哭乃除'，各有所谓，固无疑也，况《天圣五服年月敕》：'父卒母嫁及出妻之子为母降杖期。'则天宝之制已不可行。又但言母出及嫁，为父后者虽不服，亦申心丧，即不言解官。若专用礼经，则是全无服式；若俯同诸子杖期，又于条制相戾。请凡子为父后，无人可奉祭祀者，依《通礼义纂》、刘智《释议》，服齐衰卒，哭乃除，逾月乃祭仍申心丧，则与《仪礼》、《礼记正义》、《通典》、《通礼》、《五服年月敕》'为父后，为出母、嫁母无服'之言不远。如诸子非为父后者，为出母、嫁母，依《五服年月敕》，降服齐衰杖期，亦解官申心丧，则与《通礼、五服制度》言：'虽周除，仍心丧三年，'及《刑统》言'出妻之子合降其服，皆二十五月内为心丧'，其义一也。郭穑应得子为父后之条,缘其解官行服已过期年,难于追改,后当依此施行。"

诏:"自今并听解官,以申心丧。"

子为生母。大中祥符八年,枢密使王钦若言:"编修《册府元龟》官太常博士、秘阁校理聂震丁所生母忧,嫡母尚在,望特免持服。"礼官言:"按周制,庶子在父之室,则为其母不禫。晋解遂问蔡谟曰:'庶子丧所生,嫡母尚存,不知制服轻重。'答云:'士之妾子服其母,与凡人丧母同。钟陵胡澹所生母丧,自有嫡兄承统,而嫡母存,疑不得三年,问范宣,答曰:'为慈母且犹三年,况亲所生乎?嫡母虽尊,然厌降之制,父所不及。妇人无专制之事,岂得引父为比而屈降支子也?'南齐褚渊遭公庶母郭氏丧,葬毕,起为中军将军。后嫡母吴郡主薨,葬毕,令摄职。则震当解官行服,心丧三年;若特有夺情之命,望不以追出为名。自今显官有类此者,亦请不称起复,第遣厘职。"

熙宁三年,诏御史台审决秀州军事判官李定追服生母丧。御史台言:"在法,庶子为父后,如嫡母存,为所生母服缌三月,仍解官申心丧;若不为父后,为所生母持齐衰三年,正服而禫。今定所生仇氏亡日,定未尝请解官持心丧,只以父老乞还侍养。宜依礼制追服缌麻,而解官心丧三年。"时王安石庇定,擢为太子中允,而言者俱罢免。

妇为舅姑。乾德三年,判大理寺尹拙言:"按律及《仪礼丧服传》、《开元礼仪纂》、《五礼精义》、《三礼图》等书,所载妇为舅姑服周;近代时俗多为重服,刘岳《书仪》有奏请之文。《礼图》、《刑统》乃邦家之典,岂可守《书仪》小说而为国章耶?"判少卿事薛充中等言:"《户婚律》:'居父母及夫丧而嫁娶者,徒三年,各离之。若居周丧而嫁娶者,杖一百。'又《书仪》:'舅姑之服斩衰三年。'亦准敕行。"用律敕有差,望加裁定。"

右仆射魏仁浦等二十一人奏议曰："谨按《礼内则》云："妇事舅姑，如事父母。"则舅姑与父母一也。而古礼有期年之说，至于后唐始定三年之丧，有理为当。况五服制度，前代增益甚多。按《唐会要》，嫂叔无服，太宗令服小功。曾祖父母旧服三月，增为五月，嫡子妇大功，增为期。众子妇小功，增为大功。父在为母服期，高宗增为三年。妇为夫之姨舅无服，玄宗今从夫服又增姨舅同服缌麻及堂姨舅袒免。至今遵行。况三年之内，几筵尚存，岂可夫处苦之中，妇被绮纨之饰？夫妇齐体，哀乐不同，求之人情，宝伤理本。况妇为夫有三年之服，于舅姑只服期年，乃是尊夫而卑舅姑也。况孝明皇后为昭宪太后服丧三年，足以为万世法。欲望自今妇为舅姑服，并如后唐之制，其三年齐、斩，一从其夫。"

嫡孙承重。天圣四年，大理评事杜杞言："祖母颍川郡君钟殁，并无服重子妇，余孤孙七人，臣最居长，今已服斩衰，即未审解官以否？"礼院言："按《礼.丧服小记》曰：'祖父卒，而后，为祖母后者三年，'《正义》曰：'此论适孙承重之服。祖父卒者，谓适孙无父而为祖后。祖父已卒，今遭祖母丧，故云为祖母后也。父卒为母，故三年。若祖父卒时，父已先亡，亦为祖父三年。若祖卒时父在，己虽为祖期，今父殁，祖母亡时，己亦为祖母三年也。'又按令文：'为祖后者，卒为祖母，祖父殁，嫡孙为祖母承重者，齐衰三年，并解官。'合依《礼》、令。"

宝元二年，度支判官、集贤校理薛绅言："祖母万寿县太君王氏卒，是先臣所生母，服纪之制，罔知所适，乞降条制，庶知遵守。"诏送太常礼院详定。礼官言："《五服年月敕》：'齐衰三年，为祖后者，祖卒则为祖母。'又曰：'齐衰不杖期，为祖父母。'注云：'父之所生庶母亦同，惟为祖后者不服。'又按《通礼义纂》：'为祖后者，父所生庶母亡，合三年否？'《记》云：'为祖母也，为后三年，不言嫡庶。然奉宗庙，当以贵贱为差，庶祖母不祔于皇姑，已受重于祖，当为祭主，不得申于私恩；若受重于父代而养，为后可也。'又曰：'庶祖母合从

何服？礼无服庶祖母之文,有为祖庶母后者之服。晋王翼议曰:受
命为后,则服之嫌。妇人无子,托后族人。犹为之服,况其子孙乎?
人莫敢卑其祖也。且妾子,父殁为母得申三年,孙无由独屈,当服之
也。'看详《五服年月敕》,不载持重之文,于《义纂》即有所据。今薛
绅不为祖后,受重于父,合申三年之制。"

史馆检讨、同知太常礼院王洙言:"《五服年月敕》与新定令文,
及《通礼》正文内五服制度,皆圣朝典法,此三处并无为父所生庶母
服三年之文。唯《义纂》者是唐世萧嵩、王仲丘等撰集,非创修之书,
未可据以决事。且所引两条,皆近世诸儒之说,不出于《六经》,臣已
别状奏驳。今薛绅为映之孙,耀卿为别子始祖,绅继别之后为大宗,
所守至重,非如次庶子等承传其重者也。不可辄服父所生庶母三年
之丧,以废始祖之祭也。臣谨按《礼经》所谓重者皆承后之文。据
《义纂》称重于父,亦有二说:一者嫡长子自为正体,受重可知;二者
或嫡长亡,取嫡或庶次承传父重,亦名为受重也。若继别之后,自
为大宗,所承至重,不得更远系庶祖母为之服三年,惟其父以生己
之故,为之三年可也。详《义纂》所谓:'受重于父者',指嫡长子亡、
次子承传父重者也,但其文不同耳。"

诏太常礼院与御史台详定闻奏。众官参详:"耀卿,王氏子;绅,
王氏孙,尤亲于慈母、庶母、祖母、庶祖母也,耀卿既亡,绅受重代
养,当服之也。又薛绅顷因籍田覃恩,乞将叙封母氏恩泽,回授与故
父所生母王氏,其薛绅官爵未合叙封祖母,盖朝廷以耀卿已亡,绅
是长孙,敦以孝道,特许封邑,岂可王氏生则辄邀国恩,殁则不受重
服?况绅被王氏鞠育之恩,体尊义重,合令解官持齐衰三年之服。"
诏从之。

皇祐元年,大理评事石祖仁奏:"叔从简为祖父中立服后四十
日亡,乞下礼院定承祖父重服。"礼官宋敏求议曰:"自《开元礼》以
前,嫡孙卒则次孙承重,况从简为中子已卒,而祖仁为嫡孙乎?古者
重嫡,正贵所传,其为后者皆服三年,以主虞、练、祥、禫之祭,且三
年之丧,必以日月之久而服之者有变也。今中立未及卒哭,从简已

卒,是日月未久而服未经变也。或谓已服期,不当改服斩,而更为重制。按《仪礼》:'子嫁,反在父之室,为父三年。'郑氏注:'谓遭丧而出者,始服齐衰期,出而虞则以三年之丧,'是服可再制明矣。今祖仁宜解官,因其葬而制斩衰三年。后有如其类而已葬者,用再丧制服。"遂著为定式。

熙宁八年,礼院请为祖承重者,依《封爵令》立嫡孙,以次立嫡子同母弟,无母弟立庶子,无庶子立嫡孙同母弟;如又无之,即立庶长孙,行斩衰服。于是礼房详定:"古者封建国邑而立宗子,故周礼适子死,虽有诸子,犹令嫡孙传重,所以一本统、明尊尊之义也。至于商礼,则嫡子死立众子,然后立孙。今既不立宗子,又未尝封建国邑,则嫡孙丧祖,不宜纯用周礼。若嫡子死无众子,然后嫡孙承重,即嫡孙传袭封爵者,虽有众子犹承重。"时知庐州孙觉以嫡孙解官持祖母服,觉叔父在,有司以新令,乃改知润州。

元丰三年,太常丞刘次庄请祖母亡,有嫡曾孙,次庄为嫡孙同母弟,在法未有庶孙承重之文。诏下礼官立法:"自今承重者,嫡子死无诸子,即嫡孙承重;无嫡孙,嫡孙同母弟承重;无母弟,庶孙长者承重;曾孙以下准此。其传袭封爵,自依礼、令。"

杂议。大中祥符八年,广平公德彝聘王显孙女,将大归而德彝卒,疑其礼制。礼官言:"按《礼》:'曾子问曰:娶女有吉日而女死,如之何? 孔子曰:婿齐衰而吊,既葬而除之。夫死亦如之。'注云:'谓无期三年之恩也,女服斩衰。'又《刑统》云:'依礼,有三月庙见、有未庙见就婚等三种之文,妻并同夫法,其有克吉日及定婚夫等,惟不得违约改嫁,自余相犯,并同凡人。'今详女合服斩衰于室,既葬而除;或未葬,但出榇即除之。"

天圣七年,兴化军进士陈可言:"臣昨与本军进士黄价同保,臣预解送之后,本军言黄价昨赴举时,有叔为僧,丧服未满,臣例当驳放。窃思出家制服,礼律俱无明文,况僧犯大罪,并无缘坐;犯事还俗,准敕不得均分父母田园。又释门仪式,见父母不拜,居父母丧不至，死则法门弟子为之制服，其于本族并无服式。望下礼官详议，许其赴试。"太常礼院言："检会敕文，期周尊长服，不得取应。又礼为叔父齐衰期，外继者降服大功九月。其黄价为叔僧，合比外继，降服大功。"

皇祐四年，吉州司理参军祝绅幼孤，鞠于兄嫂。已尝为嫂持服，兄丧又请解官持丧。有司以为言。仁宗曰："近世盖有匿亲丧而干进者。绅虽所服非礼，然不记鞠养恩，亦可劝也。候服阕日与幕职、知县。"

继绝。熙宁二年，同修起居注、直史馆蔡延庆父褒，故太尉齐之弟也。齐初无子，子延庆。后齐有子，而褒绝，请复本宗。礼官以请，许之。绍圣元年，尚书省言："元祐南郊赦文，户绝之家，近亲不为立继者，官为施行。今户绝家许近亲尊长命继，已有著令，即不当官为施行。"四年，右武卫大将军克务，乞故登州防御使东牟侯克端子叔博为嗣，请赴期朝参起居，而不为克端服。大宗正司以闻。下礼官议，宜终丧三年，遂诏宗室居父母丧者毋得乞为继嗣。

大观四年诏曰："孔子谓兴灭继绝，天下之民归心。王安石子雱无嗣，有族子棣，已尝用安石孙恩例官，可以棣为雱后，以称朕善善之意。"先是，元丰国子博士孟开，请以侄孙宗颜为孙，据晋侍中荀颛无子，以兄之孙为孙；其后王彦林请以弟彦通为叔母宋继绝孙，诏皆如所请。淳熙四年十月二十七日，户部言："知蜀州吴扩申明：乞自今养同宗，照穆相当之子，夫死之后，不许其妻非理遣还。若所养子破荡家产，不能侍养，实有显过，即听所养母，诉官，近亲尊长证验得实。依条遣还，仍公共继嗣。"

宋史卷一二六
志第七九

乐　一

　　有宋之乐，自建隆讫崇宁，凡六改作。始，太祖以雅乐声高，不合中和，乃诏和岘以王朴律准较洛阳铜望臬石尺为新度，以定律吕，故建隆以来有和岘。仁宗留意音律，判太常燕肃言器久不谐，复以朴准考正。时李照以知音闻，谓朴准高五律，与古制殊，请依神瞽法铸编钟。既成，遂请改定雅乐，乃下三律，炼白石为磬，范中金为钟，图三辰、五灵为器之饰，故景祐中有李照乐。未几，谏官、御史交论其非，竟复旧制。其后诏侍从、礼官参定声律，阮逸、胡瑗实预其事，更造钟磬。止下一律，乐名《大安》。乃试考击，钟声异郁震掉，不和滋甚，遂独用之常祀、朝会焉，故皇祐中有阮逸乐。神宗御历，嗣守成宪，未遑制作，间从言者绪正一二。知礼际杨杰上旧乐之失。召范镇、刘几与杰参议。几、杰请遵祖训，一切下王朴乐二律，用仁宗时所制编钟，追考成周分乐之序，辨正二舞容节；而镇欲求一秬二米真黍，以律生尺，改修钟量，废四清声。诏悉从几、杰议。乐成，奏之郊庙，故元丰中有杨杰、刘几乐。范镇言其声杂郑、卫，请太府铜制律造乐。哲宗嗣位，以乐来上，按试于庭，比李照乐下一律，故元祐中有范镇乐，杨杰复议其失，谓出于镇一家之学，卒置不用。徽宗锐意制作，以文太平，于是蔡京主魏汉津之说，破先儒累黍之非，用夏禹以身为度之文，以帝指为律度，铸帝鼐、景钟。乐成，赐名《大晟》，谓之雅乐，颁之天下，播之教坊，故崇宁以来有魏汉津乐。

夫《韶》、《濩》之音，下逮战国，历千数百年，犹能使人感叹作兴。当是时，《桑间》、《濮上》之音已作，而古帝王之乐犹存、岂不以其制作有一定之器，而授受继承亦代有其人欤？由是论之，郑卫、《风雅》不异器也。知此道也，则虽百世不易可也。礼乐道丧久矣，故宋之乐屡变，而卒无一定不易之论。考诸家之说，累黍既各执异论，而身为度之说尤为荒唐。方古制作，欲垂万世，难哉！观其高二律、下一律之说，虽贤者有所未知，直曰乐声高下于歌声，则童子可知矣；八音克谐之说，智者有所未谕，直以歌声齐箫声，以箫声定十六声而齐八器，则愚者可谕矣。审乎此道，以之制作，器定声应，自不夺伦，移宫换羽，特余事耳。去沾滞靡曼而归之和平淡泊，大雅之音，不是过也。

南渡之后，大抵皆用先朝之旧，未尝有所改作，其后诸儒朱熹、蔡元定辈出，乃相与讲明古今制作之本原，以究其归极，著为成书，理明义析，具有条制，粲然使人知礼乐之不难行也。惜乎宋祚告终，天下未一，徒亦空言而已。

今集累朝制作损益因革、议论是非，悉著于编，俾来者有考焉。为《乐志》。

王者致治，有四达之道，其二曰乐，所以和民心而化天下也。历代相因，咸有制作。唐定乐令，惟著器服之名。后唐庄宗起于朔野，所好不过北鄙郑、卫而已，先王雅乐，殆将扫地。晋天福中，始诏定朝会乐章、二舞、鼓吹十二案。周世宗尝观乐县，问工人，不能答。由是患雅乐凌替，思得审音之士以考正之，乃诏翰林学士窦俨兼判太常寺，与枢密使王朴同详定，朴作律准，编古今乐事为《正乐》。

宋初，命俨仍兼太常。建隆元年二月，俨上言曰："三、五之兴，礼乐不相沿袭。洪惟圣宋，肇建皇极。一代之乐，宜乎立名。乐章固当易以新词，式遵旧典。"从之，因诏俨专其事。俨乃改周乐文舞《崇德之舞》为《文德之舞》，武舞《象成之舞》为武功之舞，改乐章十二"顺"为十二'安"，盖取："治世之音安以乐"之义。祭天为《高安》，祭地为《静安》，宗庙为《理安》，天地、宗庙登歌为《嘉安》，皇帝临轩为《隆安》，王公出入为《正安》，皇帝食饮为《和安》，皇帝受朝、皇后入宫为《顺安》皇太子轩县出入为《良安》，正冬朝会为《永安》，效庙俎豆入为《丰安》，祭享、酌献、饮福、受胙为《禧安》，祭文宣王，武成王同用《永安》，籍田、先农用《静安》。

五月，有司上言："僖祖文献皇帝室奏《大善之舞》，顺祖惠元皇帝室奏《大宁之舞》，翼祖简恭皇帝室奏《大顺之舞》，宣祖昭武皇帝室奏《大庆之舞》。"从之。

乾德元年，翰林学士承旨陶谷等奉康撰定祀感生帝之乐章、曲名，降神用《大安》，太尉行用《保安》，奠玉币用《庆安》司徒奉俎用《咸安》，酌献用《崇安》，饮福用《广安》，亚献用《文安》，送神用《普安》。五代以来，乐工未具，是岁秋，行郊享之礼，诏选开封府乐工八百三十人，权隶太常习鼓吹。

四年春，遣拾遗孙吉取成都孟昶伪宫县至京师，太常官属阅视，考其乐器，不协音律，命毁弃之。六月，判太常寺和岘言："大乐署旧制，宫县三十六虡设于庭，登歌两架设于殿上，望诏有司别造，仍令徐州求泗滨石以充磬材。"许之。先是，晋开运末，礼乐之器沦陷，至是，始令有司复二舞、十二案之制。二舞郎及引舞一百五十人，按视教坊，开封乐籍，选乐工子弟以备其列，冠服准旧制。鼓吹十二案，其制：设毯床十二，为熊罴腾倚之状，以承其下；每案设大鼓、羽葆鼓、金镯各一，歌箫、笳各二，凡九人，其冠服同引舞之制。

十月，岘又言："乐器中有叉手笛，乐工考验，皆与雅音相应，按吕才歌《白雪》之琴，马滔进《太一》之乐，当时得与宫县之籍。况此笛足以协十二旋相之宫，亦可通八十四调，其制如雅笛而小，长九寸，与黄钟管等。其窍有六，左四右二，乐人执持，两手相交，有拱揖之状，请名之曰"拱宸管"。望于十二案、十二编磬并登歌两架各设其一，编于令式。"诏可。

太祖每谓雅乐声高，近于哀思，不合中和。又念王朴、窦仪素名知乐，皆已沦没，因诏岘讨论其理。岘言："以朴所定律吕之尺较西京铜望枲古制，石尺短四分，乐声之高，良田于此。乃诏依古法别创新尺，以定律吕。自此雅音和畅，事具《律历志》。

自国初以来，御正殿受朝贺，用宫县，次御别殿，群臣上寿，举教坊乐。是岁冬至，上御乾元殿受贺毕，群臣诣大明殿行上寿礼，始用雅乐、登歌、二舞。是月，和岘又上言：

郊庙殿庭通用《文德》、《武功》之舞，然其缀兆未称《武功》《文德》之形容。又依古义，以揖让得天下者，先奏文舞；以征伐得天下者，先奏武舞。陛下以推让受禅，宜先奏文舞。按《尚书》，舜受尧禅，玄德升闻，乃命以位。请改殿宇所用文舞为《玄德升闻之舞》。其舞人，约唐太宗舞图，用一百二十八人，以倍八佾之数，分为八行，行十六人，皆著履，执拂，服袴褶，冠进贤冠。引舞二人，各执五采纛，其舞状、文容、变数、聊更增改。又陛下以神武平一宇内，即当次奏武舞。按《尚书》，周武王一戎衣而天下大定，请改为《天下大定之舞》，其舞人数，行列，悉同文舞，其人皆披金甲持戟。引舞二人，各执五彩旗。其舞六变：一变象六师初举，二变象上党克平，三变象淮扬底定，四变象荆湖归复，五变象邛蜀纳款，六变象兵还振旅。乃别撰舞曲、乐章。其铙、铎、雅、相、金镎、鼗鼓并引二舞等工人冠服，即依乐令，而文功、武功之舞，请于郊庙仍旧通用。

又按唐贞观十四年，景云见，河水清，张文收采古《朱雁》，《天马》之义，作《景去河清歌》，名燕乐，元会第二奏者是也。伏见今年荆南进甘露，京兆、果州进嘉禾，黄州进紫芝，和州进绿毛龟，黄州进白兔。欲依月律，撰《神龟》、《甘露》、《紫芝》、《嘉禾》、《玉兔》五瑞各一曲，每朝会登歌首奏之。

有诏："二舞人数衣冠悉仍旧制，乐章如所请。"

六年，岘又言："汉朝获天马、赤雁、神鼎、白麟之瑞，并为郊歌。国朝，合州进瑞木成文，驯象由远方自至，秦州获白乌，黄州获白雀，并合播在管弦，荐于郊庙。"诏岘作《瑞文》、《驯象》、《玉乌》、《皓雀》四瑞乐章，以备登歌。未几，岘复言："按《开元礼》，郊祀，车驾还宫入嘉德门,奏《采茨之乐》;入太极门,奏《太和之乐》。今郊祀礼毕,登楼肆赦,然后还宫,宫县但用《隆安》,不用《采茨》。其《隆安》乐章本是御殿之辞,伏详《礼意》,《隆安》之乐自内而出,《采茨之乐》自外而入,若不并用,有失旧典。今大乐署承王光裕育诵得唐日《采茨曲》,望依月律别撰其辞,每郊祀毕车驾初入,奏之。御楼礼毕还宫,即奏《隆安之乐》。"并从之。太常寺又言:"准令,宗庙殿庭宫县三十虡,郊社二十虡,殿庭加鼓吹十二案。开宝四年,郊祀误用宗庙之数,今岁亲郊,欲用旧礼。"有诏,圜丘增十六虡,余依前制。

太宗太平兴国二年,冬至上寿,复用教坊乐,九年,岚州献祥麟;雍熙中,苏州贡白龟;端拱初,澶州河清,广州凤凰集;诸州麦两穗、三穗者,连岁来上。有司请以此五瑞为《祥麟》、《丹凤》、《河清》、《白龟》、《瑞麦》之曲,荐于朝会,从之。

淳化二年,太子中允、直集贤院和峴上言:"兄岘尝于景德中约《唐志》故事,请改殿庭二舞之名,舞有六变之象,每变各有乐章,歌太祖功业。今睹来岁正会之仪,登歌五瑞之曲已从改制,则文武二舞亦当定其名。《周易》有'化成天下'之辞,谓文德也;汉史有'威加海内'之歌,谓武功也。望改殿庭旧用《玄德闻升之舞》为《化成天下之舞》。《天下大定之舞》为《威加海内之舞》。其舞六变,一变象登台讲武,二变象漳、泉奉土,三变象杭、越来朝,四变象克殄并、汾,五象象肃清银、夏,六变象兵还振旅。每变乐章各一首。"诏可。

三年,元日朝贺毕,再御朝元殿,群臣上寿,复用宫县、二舞,登歌五瑞曲,自此遂为定制。峴又请取今朝祥瑞之殊尤者作为四瑞乐章,备郊庙奠献,以代旧曲,诏从之。有司虽承诏,不能奉行,故今缺其曲。

太宗尝谓舜作五弦之琴以歌《南风》,后王因之,复加文武二弦。至道元年,乃增作九弦琴、五弦阮,别造新谱三十七卷。凡造九弦琴宫调、凤吟商调、角调、徵调、羽调、龙仙羽调、侧蜀调、黄钟调、无射商调、瑟调变弦法各一。制宫调《鹤唳天弄》、凤吟商调《凤来仪弄》、龙仙羽调《八仙操》，凡三曲。又以新声被旧曲者，宫调四十三曲，商调十三曲，角调二十三曲，徵调十四曲，羽调二十六曲，侧蜀调四曲，黄钟调十九曲，无射商调七曲，瑟调七曲。造五弦阮宫调商调、凤吟调、徵调、羽调、黄钟调、无射商调、瑟调、碧玉调、慢角调、金羽调变弦法。制宫调《鹤唳天弄》、凤吟商调《凤来仪弄》，凡二。又以新声被旧典者，宫调四十四曲、商调十三曲、角调十一曲、徵调十曲、羽调十曲，黄钟调十九曲、无射商调七曲，瑟调七曲、碧玉调十四曲，慢角调十曲、金羽调三曲。阮成，以示中书门下，因谓曰："雅乐与郑、卫不同，郑声淫，非中和之道。朕常思雅正之音可以治心，原古圣之旨，尚存遗美。琴七弦，朕今增之为九，其名曰君、臣、文、武、礼、乐、正、民、心，则九奏克谐而不乱矣。阮四弦，增之为五，其名曰："水、火、金、木、土，则五材并用而不悖矣。"因命待诏朱文济蔡裔赟琴、阮诣中书弹新声，诏宰相及近侍咸听焉。由是中外献赋颂者数十人。二年，太常音律官田琼以九弦琴、五弦阮均配十二律，旋相为宫，隔八相生，并协律吕，冠于雅乐，仍具图以献。上览而嘉之，迁其职以赏焉。自是遂废拱宸管。

真宗咸平四年，太常寺言："乐工习艺非精，每祭享郊庙，只奏黄钟宫一调，未尝随月转律，望示条约。"乃命翰林侍读学士夏侯、判寺郭贽同按试，择其晓习月律者，悉增奉，自余权停廪给，再俾学习，以奖励之。虽颇振纳纪，然亦未能精备。盖乐工只以年劳次补，而不以艺进，至有抱其器而不能振作者，故难于骤变。

景德二年八月，监察御史艾仲孺上言，请修饰乐器，调正音律，乃诏翰林学士李宗谔权判太常寺，及令内臣监修乐器，后复以龙图阁待制戚纶同判寺事，乃命太常乐，鼓吹两署工校其优劣，黜去滥吹者五十余人。宗谔因编次律吕法度、乐物名数，目曰《乐纂》，又裁定两署工人试补条式及肄习程课。

明年八月，上御崇政殿张宫县阅试，召宰执、亲王临观，宗谔执乐谱立侍。先以钟磬按律准，次令登歌、钟、磬、埙、篪、琴、阮、笙、箫各二色合奏，筝、瑟、筑三色合奏，迭为一曲，复击镈钟为六变、九变。又为朝会上寿之乐及文武二舞、鼓吹、导引、警夜之曲，颇为精习。上甚悦。旧制，巢笙、和笙每变宫之际，必换义管，然难于遽易，乐工单仲辛遂改为一定之制，不复旋易，与诸宫调皆协。又令仲辛诞唱八十四调曲，遂诏补副乐正，赐袍笏、银带，自余皆赐衣带、缗钱，又赐宗谔等器币有差。自是，乐府制度颇有伦理。

先是，惟天地、感生帝、宗庙用乐，亲祀胜宫县，有司摄事，只用登歌，自余大祀，未暇备乐。时既罢兵，垂意典礼，至是诏曰："致恭明神，邦国之重事；升荐备乐，方册之彝章。矧在尊神，固当严奉。举行旧典，用格明灵。自今诸大祠并宜用乐，皆同感生帝，六变、八变如《通礼》所载。"

大中祥符元年四月，详定所言："东封道路稍远，欲依故事，山上园台及山下封祀坛前俱设登歌两架，坛下设二十架并二舞，其朝觐坛前亦设二十架，更不设熊罴十二案。"从之。

九月，都官员外郎、判太常礼院孙奭上言："按礼文，飨太庙终献降阶之后，武舞止，太祝撤豆，《丰安之乐》作，一成止，然后《理安之乐》作，是谓送神。《论语》曰："三家者以雍撤。"又《周礼》乐师职曰："及彻，帅学士而歌彻。"郑玄曰："谓歌雍也。"《郊祀录》载登歌彻豆一章，奏无射羽。然则宗庙之乐，礼有登歌彻豆，今于终献降阶之后即作《理安之乐》诚恐缺失望依旧礼增用。"诏判太常寺李宗谔与检讨详议以闻。宗谔等言："国初撰乐章，有彻豆《丰安》曲辞，乐署因循不作，望如奭所奏。"从之。时以将行封禅，诏改酌献昊天上帝《禧安之乐》为《封安》，皇地祇《禧安之乐》为《禅安》，饮福《禧安之乐》为《祺安》，别制天书乐章《瑞安》、《灵文》二曲，每亲行礼用之。又作《醴泉》、《神芝》、《庆云》、《灵鹤》、《瑞木》五曲，施于朝会、宴享，以纪瑞应。

十月，真宗亲习封禅仪于崇德殿，睹亚献、终献皆不作乐，因令检讨故事以闻，有司按《开宝通礼》，亲郊，坛上设登歌，皇帝升降、奠献、饮福则作乐；坛下设宫县，降神、迎俎、退文舞、引武舞、迎送皇帝则作。亚献、终献、升降在退文舞引武舞之间。有司摄事，不设宫架、二舞，故三献、升降并用登歌。今山上设登歌，山下设宫县、二舞，其山上圜台亚献、终献准亲祠例，无用乐之文。于是特诏亚、终献并用登歌。

五年，圣祖降，有司言："按唐太清宫乐章，皆明皇亲制，其崇奉玉皇、圣祖及祖宗配位乐章，并望圣制。"诏可之。圣制荐献圣祖文舞曰《发祥流庆之舞》，武舞曰《降真观德之舞》。自是玉清昭应宫，景灵宫亲荐皆备乐，用三十六虡。景灵宫以庭狭，只用二十虡。上又取太宗所撰《万国朝天曲》曰《同和之舞》，平晋曲曰《定功之舞》，亲作乐辞，奏于郊庙，自时厥后，仁宗以《大明之曲》尊真英宗以《大仁之曲》尊仁宗，神宗以《大英之曲》尊英宗。

仁宗天圣五年十月，翰林侍讲学士孙奭言："郊庙二舞失序，愿下有司考议。"于是翰林学士承旨刘筠等议曰："周人奏《清庙》以祀文王，《执竞》以祀武王，汉高帝、文帝亦各有舞。至唐有事太庙，每室乐歌异名，盖帝王功德既殊，舞亦随变。属者，有司不详旧制，奠献只登歌而乐舞不作，其失明甚。请如旧制。宗庙酌献复用文舞，皇帝还版位，文舞退，武舞入。亚献酌醴已，武舞作，至三献已奠还位则止。盖庙室各颂功德，故文舞迎神后各奏逐室之舞，郊祀则降神奏《高安之曲》，文舞已作及皇帝酌献，惟登歌奏《禧安之乐》，而县乐舞缀不作，亚献、终献仍用武舞。"诏从之。是时，仁宗始大朝会，群臣上寿，作《甘露》、《瑞木》、《嘉禾之曲》。

明道初，章献皇太后御前殿，见群臣，作《玉芝》、《寿星》、《奇木连理之曲》、《厚德无疆》、《四海会同之舞》。明年，太后躬谢宗庙，帝耕籍田，享先农，率有乐歌，其后亲祀南郊、享太庙、奉慈庙、大享明堂、夹享，帝皆亲制降神、送神、奠币、瓒祼、酌献乐章，余诏诸臣为之。至于常祀、郊庙、社稷诸祠亦多亲制。

景祐元年八月，判太常寺燕肃等上言："大乐制器岁久，金石不调，愿以周王朴所造律准考按修治并阅乐工，罢其不能者。"乃命直史馆宋祁、内侍李随同肃等典其事，又命集贤校理李照预焉。于是，帝御观文殿取律准阅视,亲篆之,以属太常。明年二月,肃等上考定乐器并见工人,帝御延福宫临阅,奏郊庙五十一曲。因问照乐音高,命详陈之。照言:"朴准视古乐高五律,视教坊乐高二律。盖五代之乱,雅乐废坏,朴创意造,不合古法,用之本朝,卒无福应。又编钟、镈、磬无大小,轻重,厚薄,长短之差,铜锡不精,声韶失美,大者陵,小者抑,非中度之器也。昔轩辕氏命伶伦截竹为律,后令神瞽协其中声,然后声应凤鸣,而管之参差亦如凤翅。其乐传之亘古,不刊之法也。愿听臣依神瞽律法。试铸编钟一虡,可使度、量、权、衡、协和。"乃诏于锡庆院铸之。即成,奏御。

　　照遂建议请改制大乐,取京县秬黍累尺成律,铸钟审之,其声犹高。更用太府布帛尺为法,乃下太常制四律。别诏潞州取羊头山秬黍上送于官,照乃自为律管之法,以九十黍之量为四百二十星,率一星占九秒,一黍之量得四星六秒,九十黍得四百二十星,以为十二管定法,仍诏内侍邓保信监视群工,照并引集贤校理聂冠卿为检讨雅乐制度故实官,入内都知阎文应董其事,中书门下总领焉。凡所改制,皆关中书门下详定以闻,别诏翰林侍读学士冯元同祁、冠卿、照讨论乐理,为一代之典。又诏天下有深达钟律者,在所亟以名闻。于是,杭州郑向言阮逸、苏州范仲淹言胡瑗皆通知古乐,诏遣诣阙。其他以乐书献者,悉上有司。

　　五月,照言:"既改制金石,则丝、竹、匏、土、革、木亦当更制,以备献享"奏可。照乃铸铜为龠、合、升、斗四物,以兴钟、镈声量之法,龠之率六百三十黍为黄钟之容,合三倍于龠,升十二倍于合,斗十倍于升。乃改造诸器,以定其法,俄又以镈之容受差大,更增六龠为合,十合为升,十升为斗,铭曰:"乐斗"。后数月,潞州上秬黍,照等择大黍纵累之,检考长短,尺成,与太府尺合,法乃定。

　　先时,太常钟磬每十六枚为虡,而四清声相承不击,照因上言:"十二律声已备,余四清声乃郑、卫之乐,请于编县只留十二中声,去四清声,则哀思邪僻之声无由而起也。"元等驳之曰:"前圣制乐,取法非一,故有十三管之和,十九管之巢,三十六簧之竽,二十五弦之瑟，十三弦之筝，九弦、七弦之琴，十六枚之钟磬，各自取义，宁有一之于律吕为十二数者？且钟磬，八音之首，丝竹以下受之于均，故圣人尤所用心焉。《春秋》号乐，总言金奏；《诗·颂》称美，实依磬声。此二器非可轻改。今照欲损为十二。不得其法，稽诸古制。臣等以为不可。县圣人既以十二律各配一钟，又设黄钟至夹钟四清声以附正声之次，原四清之意，盖为夷则至应钟四宫而设也。夫五音：宫为君，商为臣，角为民，徵为事，羽为物。不相凌谓之正，迭相凌谓之慢，百王所不易也。声重浊者为尊，轻清者为卑，卑者不可加于尊，古今之所同也。故列声之尊卑者，事与物不与焉。何则？事为君治，物为君用，不能尊于君故也。惟君、臣、民三者则自有上下之分，不得相越。故四清声之设，正谓臣民相避，以为尊卑也。今若只用十二钟旋相考击，至夷则以下四管为宫之时，臣民相越，上下交戾，则凌犯之音作矣。此甚不可者也。其钟、磬十六，皆本周、汉诸儒之说及唐家典法所载，欲损为十二，惟照独见，臣以为且如旧制便。"帝令权用十二为一格，且诏曰："俟有知者，能考泗钟协调清浊，有司别议以闻。"钟旧饰旋虫，改为龙。乃遣使采四滨浮石千余段以为县磬。

先是，宋祁上言："县设建鼓，初不考击，又无三鼗，且旧用诸鼓率多陋敝。"于是敕元等详求典故而言曰："建鼓四，今皆具而不击，别设四散鼓于县间击之，以代建鼓，乾德四年，秘书监尹拙上言："散鼓不详所置之由，且于古无文，去之便。"时虽奏可，而散鼓于今仍在。又雷鼓、灵鼓、虽击之皆不成声，故常赖散鼓以为乐节，而雷鼗、灵鼗、路鼗缺而未制。今既修正雅乐，谓宜申敕大匠改作诸鼓，使击考有声。及创为三鼗，如古之制，使先播之，以通三鼓。罢四散鼓，如乾德诏书。"奏可。

时有上言，以为雷鼓八面，前世用以迎神，不载考击之法，而大乐所制，以柱贯中，故击之无声。更令改造，山趺上出云以承鼓，刻龙以饰柱，面各一工击鼓，一工左执鼗以先引。凡园丘降神六变，初八面皆三击，推而左旋，三步则止。三者，取阳数也。又载击以为节，率以此法至六成。灵鼓、路鼓亦如之。植建鼓于四隅,皆有左鼙、右应。乾隅,左鼙应钟,亥之位也;中鼓黄钟,子之位也;右应大吕,中之位也。艮隅,左鼙太簇,寅之位也;中鼓夹钟,卯之位也;右应沽洗,辰之位也。巽隅,右应仲吕,巳之位也;中鼓蕤宾,午之位也;左鼙林钟,未之位也。坤隅,右应夷则,申之位也;中鼓南吕,酉之位也;左鼙无射,戌之位也。宜随月建,依律吕之均击之。后照等复以殿庭备奏,四隅既随月协均,顾无以节乐,而《周官鼓人》"以晋鼓鼓金奏",应以施用,诏依《周官》旧法制焉。于是县内始有晋鼓矣。

古者,镈钟击为节检,而无合曲之义,大射有二钟,皆乱击焉。后周以十二镈钟相生击之。景德中,李宗谔领太常,总考十二镈钟,而乐工相承,殿庭习用三调六曲。三调者,黄钟、太簇、蕤宾也;六曲者,调别有《隆安》、《正安》二曲。郊庙之县则环而击之。宗谔上言曰:"金部之中,镈钟为难和,一声不及,则宫商失序,使十二镈工皆精习,则迟速有伦,随月用律,诸曲无不通矣。"真宗因诏黄钟、太簇二宫更增文舞、武舞、福酒三曲。至是,诏元等询考击之法,元等奏言:"后周尝以相生之法击之,音韵克谐,国朝亦用随均合曲,然但施殿庭,未及郊庙。谓宜使十二钟依辰列位,随均为节,便于合乐,仍得并施郊庙。若轩县以下则不用此制,所以重备乐尊王制也。"诏从焉。

隋制,内宫县二十虡,以大磬代镈钟而去建鼓。唐武后称制,改用钟,因而莫革。及是,乃诏访元等曰:"大磬应何法考击,何礼应用?"元等具言:"古者,特磬以代镈钟,本施内宫,遂及柔祗,隋、唐之代,继有因改。先皇帝东禅梁甫,西瘗汾阴,并仍旧章,陈于县奏。若其所用,吉礼则中宫之县,祀礼则皇地祗、神州地祗先蚕、今之奉慈庙、后庙,皆应陈设。宫县则三十六虡,去四隅建鼓,如古便,若考击之法,谓宜同于镈钟。比缘诏旨,不俾循环互击,而立依均合曲之制,则特磬固应,不出本均,与编磬相应,为乐之节也。"诏可。

九月,翰林学士承旨章得象等言:"宋祁所上《大乐图义》,其论武舞所执九器,经、礼但举其凡而不著言其用后先,故旅进辈作而无终始之别。且鼗者,所谓导舞也;铎者,所谓通鼓也;錞者,所谓和鼓也;铙者,所谓止鼓也;相者,所谓辅乐也;雅者,所谓陔步也。宁有志舞方始而参以止鼓,止鼓既摇而乱以通铎?臣谓当舞入之时,左执干,右执戚,离为八列,别使工人执旌最前,鼗、铎以发之,錞以和之,左执相以相以辅之,右执雅以节之。及舞之将成也,则鸣铙以退行列,筑雅以陔步武,鼗、铎、錞、相皆止而不作。如此则庶协舞仪,请如祁所论。”其冬,帝躬款奉慈庙,乐县罢建鼓,始以磬代镈钟。

礼官又言:“《春秋》隐公五年:‘考仲子之宫,初献六羽。’何休、范宁等咸谓,不言侑者,明佾则干舞在其中,妇人无武事,独奏文乐也。江左宋建平、王宏皆据以为说,故章皇后庙独用文舞。至唐垂拱以来,中宫之县既用镈钟,其后相承,故仪坤等庙献武舞,备钟石之乐,尤为失礼,前诏议奉慈之乐,有司援旧典,已用特磬代镈钟,取阴教尚柔,以静为体,今乐去大钟而舞进干盾,颇戾经旨,请止用《文德之舞》。”奏可。

大乐埙,旧以漆饰,敕令黄其色,以本土音。或奏言:“柷,旧以方画木为之,外图以时卉则可矣,而中设一色,非称也。先儒之说曰:“有柄,连底挏之。”郑康成以为设椎其中撞之。今当创法垂久,用明制作之意有所本焉。柷之中,东方图以青,隐而为青龙。南方图以赤,隐而为丹凤;西方图以白,隐而为驺虞;北方图以黑,隐而为灵龟中央图以黄,隐而为神螾。撞击之法,宜用康成之说,”从之。又诏以新制双凤管付大乐局,其制,合二管以足律声,管端刻饰双凤,施两簧焉。照因自造苇龠、清管、箫管、清笛、大笙、大竽、宫琴、宫瑟、大阮、大嵇,凡十一种,求备雅器。诏许以大竽、大笙二种下大乐用之。

时又出两仪琴及十二弦琴二种,以备雅乐。两仪琴者,施两弦,十二弦琴者,如常琴之制而增其弦,皆以象律吕之数。又敕更造七弦、九弦琴,皆令圆其首者以祀天,方其首者以祀地。

帝乃亲制乐曲,以夹钟之宫,黄钟之角、太簇之徵、姑洗之羽,作《景安之曲》以祀昊天。更以《高安》祀五帝、日月，作《太安》以享景灵宫，罢旧《真安之曲》。以黄钟之宫、大吕之角、太簇之徵、应钟之羽作《兴安》，以献宗庙，罢旧《理安之曲》，《景安》、《兴安》惟乘舆亲行则用之。以姑洗之角、林钟之徵、黄钟之宫，太簇之角、南吕之羽作《祐安之曲》，以酌献五帝，以林钟之宫，太簇之角，姑洗之徵，南宫之羽作《宁安之曲》以祭地及太社、太稷，罢旧《靖安之曲》。

于时制诏有司，以太祖、太宗、真宗三圣并侑，乃以黄钟之宫作《广安之曲》以奠瓒、《彰安之曲》以酌献。又诏，躬谒奉慈庙章献皇后之室作《达安之曲》以奠瓒、《厚安》以酌献；章懿皇后之室，作《报安之曲》以奠瓒、《衍安》以酌献。皇帝入出作《乾安》，罢旧《隆安之曲》，常祀；至日祀园丘，太祖，以黄钟之宫作《定安》以奠币、《英安》以酌献；孟奉祀感生帝，宣祖配以太簇之宫作《皇安》以奠币、《肃安》以酌献；祈谷祀昊天，太祖配作《仁安》以奠币、《绍安》以酌献；孟夏雩上帝，太祖配以仲吕之宫作《献安》以奠币、《感安》以酌献；夏至祭皇地祇，太祖配，以蕤宾之宫作《恭安》以奠币、《英安》以酌献；季秋大飨明堂，真宗配以无射之宫作《诚安》以奠币、《德安》以酌献；孟冬祭神州地祇，太宗配，以应钟之宫作《化安》以奠币、《韶安》以酌献。又造《冲安之曲》以七均为八十四，皆作声谱以授有司，《冲安之曲》独未施行。亲制郊庙乐章二十一曲，才成颂体，告于神明，诏宰臣吕夷简等分造乐章，参施群祀。

又为《景祐乐髓新经》，凡六篇：第一，释十二均；第二，明所主事；第三，辨音声，第四，图律吕相生，并祭天地、宗庙用律及阴阳数配；第五，十二管长短；第六，历代度、量、衡。皆本之于阴阳，配之于四时，建之于日辰，通之于鞉鼗，演之于壬式遁甲之法，以授乐府，以考正声，以赐群臣焉。

初，照等改造金石所用员程凡百十四；攻金之工百五十三，攻木之工二百十六，攻皮之工四十九，刮摩之工九十一，搏埴之工十六，设色之工百八十九。起五月，止九月，成金石具七县。至于鼓吹及十二案，悉修饬之。令冠卿等纂《景祐大乐图》二十篇，以载镕金镈石之法，历世八音诸器异同之状、新旧律管之差。是月，与新乐并献于崇政殿，诏中书、门下、枢密院大臣预观焉。自董监而下至工徒凡七百余人，进秩赏赐各有差。其年十一月，有事南郊，悉以新乐并圣制及诸臣乐章用之。

先是，左司谏姚仲孙言：“照所制乐多诡异，至如炼白石以为磬，范中金以作钟，以欲以三辰、五灵为乐器之饰。臣愚，窃有所疑。自祖宗考正大乐，荐之郊庙，垂七十年，一旦黜废而用新器，臣窃以为不可。”御史曹修睦亦为言。帝既许照制器，且欲究其术之是非，故不听焉。

宋史卷一二七
志第八〇

乐　二

景祐三年七月，冯元等上新修《景祐广乐记》八十一卷，诏翰林学士丁度、知制诰胥偃、直史馆高若讷、直集贤院韩琦取邓保信、阮逸、胡瑗等瑗律，祥定得失可否以闻。

九月，阮逸言："臣等所造钟磬皆禀于冯元、宋祁，其分方定律又出于胡瑗算术，而臣独执《周礼》嘉量声中黄钟之法及《国语》钧钟弦准之制，皆抑而不用。臣前蒙召对，言王朴律高而李照钟下，窃睹御制《乐髓新经历代度量衡》篇，言《隋书》依《汉志》黍尺制管，或不容千二百，或不竟九寸之长，此则明《班志》以后，历代无有符合者，惟蔡邕铜龠本得于《周礼》遗范，邕自知音，所以只传铜龠，积成嘉量，则是声中黄钟而律本定矣。谓管有大小长短者，盖嘉量即成，即以量声定尺，明矣。今议者但争《汉志》黍尺无准之法，殊不知钟有钧，石、量、衡之制。况《周礼》、《国语》，姬代圣经，翻谓无凭，孰为稽古？有唐张文收定乐，亦铸铜瓯，此足验周之嘉量以声定律，明矣。臣所以独执《周礼》铸嘉量者，以其方尺深尺，则度可见也；其容一釜，则量可见也；其重钧，则衡可见也；声中黄钟之宫，则律可见也。既律、度、量、衡如此符合，则制管歌声，其中必矣。臣昧死欲乞将臣见铸成铜瓯，再限半月内更铸嘉量，以其声中黄钟之宫，乃取李照新钟就加修整，务合周制钟量法度。文字已编写次，未敢具进。"诏送度等并定以闻。

十月，度等言："据邓保信黍尺二，其一称用上党秬黍圆者一黍之长，累百成尺，与蔡邕合。臣等检详前代造尺，皆以一黍之广为分，唯后魏公孙崇以一黍之长，为寸法，太常刘芳以秬黍中者一黍之广即为一分，中尉元正以一黍之广度黍二缝以取一分，三家竞不能决。而蔡邕铜龠，本志中亦不明言用黍长广累尺。今将保信黄钟管内秬黍二百粒以黍长为分，再累至尺二条，比保信原尺一长五黍，一长七黍。又律管黄钟龠一枚，容秬黍千二百粒，以原尺比量，分寸略同。复将实龠黍再累者校之，即又不同。其龠、合、升、斗亦皆类此。又阮逸、胡瑗钟律法黍尺，其一称用上党羊头山秬黍中者累广求尺，制黄钟之声。臣等以其大黍百粒累广成尺，复将管内二百粒以黍广为分，再累至二尺，比逸等原尺，一短七黍，一短三黍。盖逸等原尺并用一等大黍，其实管之黍大小不均，遂致差异。又其铜律管十二枚，臣等据楚衍等围九方分之法，与逸等原尺及所实龠秬黍再累成尺者校之，又各不同。又所制铜称二量亦皆类此。臣等看详其钟、磬各一架，虽合典故，而黍尺一差，难以定夺。"又言："太祖皇帝尝诏和岘等用景表尺典修金石，七十年闻，荐之郊庙，稽合唐制，以示诒谋，则可且依景表旧尺，俟天一有妙达钟律之学者，俾考正之，以从周、汉之制。其阮逸、胡瑗、邓保信并李照所用太府寺等尺及阮逸状进《周礼》度量法，其说疏舛，不可依用。"

五年五月，右司谏韩琦言："臣前奉诏详定钟律，尝览《景祐广乐记》，睹照所造乐不依古法，皆率已意别为律度，朝廷因而施用，识者者非之。今将亲祀南郊，不可重以违古之乐上荐天地、宗庙。窃闻太常旧乐，现有存者，郊庙大礼，请复用之。"诏资政殿大学士宋绶、三司使晏殊同两制官详定以闻。七月，绶等言："李照新乐比旧乐下三律，众论以为无所考据。愿如琦请，郊庙复用和岘所定旧乐，钟磬不经镌磨者犹存三县奇七虡，郊庙、殿庭可以更用。"太常亦言："旧乐，宫县用龙凤散鼓四面，以应乐节，李照废而不用，只以晋鼓一面应节。旧乐，建鼓四，并鞞、应共十二面，备而不击，李照以四隅建鼓与镈钟相应击之。旧乐，搏鼓两架各八面，只用一人考击，李照别造搏鼓，每面各用一人椎鼓，顺天左旋，三步一止。又令二人摇鼗以应之。又所造大竽、大笙、双凤管、两仪琴、十二弦琴并行。今既复用旧乐，未审照所作乐器制度，合改与否？"诏："悉仍旧制，其李照所作，勿复施用。"

康定元年，阮逸上《钟律制议》并图三卷。皇祐二年五月，明堂礼信使言："明堂所用乐皆当随月用律，九月以无射为均，五天帝各用本音之乐。"于是内出明堂乐曲及二舞名：迎神曰《诚安》；皇帝升降行止曰《仪安》；昊天上帝、皇地祇、神州地祇位奠玉币曰《镇安》，酌献曰《庆安》；太祖、太宗、真宗位奠币曰《信安》，酌献曰《孝安》，司徒奉俎曰《馆安》；五帝位奠玉币曰《镇安》，酌献曰《精安》，皇帝饮福曰《胙安》；退文舞、迎武舞、亚献、终献皆曰《穆安》，彻豆曰《歆安》，送神曰《诚安》，归大次曰《憩安》；文舞曰《右文化俗》，武舞曰《威功睿德》。又出御撰乐章《镇安》、《庆安》、《信安》、《孝安》四曲，余诏辅臣分撰。庚戌，诏："御所撰乐曲名与常祀同者，更之。"遂更常所用圜丘寓祭明堂《诚安之曲》曰《宗安》，祀感生帝《庆安之曲》曰《光安》，奉慈庙《信安之曲》曰《慈安》。

六月，内出御撰明堂乐八曲，以君、臣、民、事、物、配属五音，凡二十声为一曲；用宫变、徵变者，天、地、人、四时为七音，凡三十声为一曲；以子母相生，凡二十八声为一曲：皆黄钟为均，又明堂月律五十七声为二曲，皆无射为均；又以二十声、二十八声、三十声为三曲，亦无射为均，皆自黄钟宫入无射。如合用四十八或五十七声，即依前谱次第成曲，其彻声自同本律。及御撰鼓吹、警严曲、合宫歌并肄于太常。

是月，翰林学士承旨王尧臣等言：

奉诏与参议阮逸所上编钟四清钟谱法，请用之于明堂者，窃以律吕旋宫之法既定以管，又制十二钟准为十二正声，以律计自倍半。说者云："半者，准正声之半，以为十二子声之钟，故有正声、子声各十二。"子声即清声也。其正管长者为均，自用正声；正管短者为均，则通用子声而成五音。然求声之法，本之于钟,故《国语》所谓"度律均钟"者也。

其编金石之法,则历代不同,或以十九为一虡者,盖取十二钟当一月之辰,又加七律焉;或以二十一为一虡者,以一均声更加浊倍;或以十六为虡者,以均清、正为十四,宫、商各置一,是谓"县八用七"也;或以二十四为一虡,则清、正之声备。故唐制以十六数为小架,二十四为大架,天地、宗庙、朝会各有所施。

今太常钟县十六者,旧传正声之外有黄钟至夹钟四清声,虽于图典未明所出,然考之实有义趣,盖自夷则至应钟四律为均之时,若尽用正声,则宫经而商重,缘宫声以下,不容更有浊声。一均之中,宫弱商强是谓陵僭,故须用子声,乃得长短相叙自角而下,亦循兹法。故夷则为宫,则黄钟为角;南吕为宫,则大吕为角;无射为宫,则黄钟为商、太簇为角;应钟为宫,则大吕为商、夹钟为角。盖黄钟、大吕、太簇、夹钟正律俱长,并当用清钟,如此则音律相谐而无所抗,此四清声,可用之验也。至他律为宫,其长短、尊卑自序者,不当更以清声间之。

自唐末世,乐文坠缺,考击之法久已不传。今若使匏、土、丝、竹诸器尽求清声,即未见其法。又据大乐诸工所陈,自磬、箫、琴、和、巢笙五器本有清声,埙、篪、竽、筑、瑟五器本无清声,五弦阮、九弦琴则有太宗皇帝圣制谱法。至歌工引音极唱,只及黄钟清声。

臣等参议,其清、正二声既有典据,理当施用。自今大乐奏夷则以下四均正律为宫之时,商、角依次并用清声,自余八均尽如常法。至于丝、竹等诸器旧有清声者,令随钟石教习;本无清声者,未可创意求法,且当如旧。惟歌者本用中声,故夏禹以声为律,明人皆可及。若强所不至,足累至和。请只以正声作歌,应合诸器亦自是一音,别无差戾。其阮逸所上声谱,以清浊相应,先后互击,取音靡曼,近于郑声,不可用。

诏可。

七月,御撰明堂无射宫乐曲谱三,皆五十七字,五音一曲,奉俎用之;二变七律一曲,饮福用之七律相生一曲,退文舞、迎武舞及亚献、终献、彻豆用之。

是月,上封事者言:"明堂酌献五帝《精安之曲》,并用黄钟一均声,此乃国朝常祀、五时迎气所用旧法,若于亲行大飨,即所未安。且明堂之位,木室在寅,火室在巳,金室在申,水室在亥,盖木、火、金、水之始也;土室在西南。盖土王之次也。既皆用五行本始所王之次,则献神之乐亦当用五行本始月律,各从其音以为曲。其《精安》五曲,宜以无射之均,太簇为角,献青帝;仲吕为徵,献赤帝;林钟为宫,献黄帝;夷则为商,献白帝;应钟为羽,献黑帝。"诏两制官同太常议,而尧臣等言:"大飨日迫,事难猝更。"诏俟过大礼详定以闻。

九月,帝服靴袍,御崇政殿,召近臣、宗室、馆阁,台谏官阅雅乐,自宫架、登歌、舞佾之奏凡九十一曲遍作之,因出太宗琴、阮谱及御撰明堂乐曲音谱、并按习大乐新录,赐群臣。又出新制颂埙、匏笙、洞箫,仍令登歌以八音诸器各奏一曲,遂召鼓吹局按警场,赐大乐、鼓吹令丞至乐工徒吏缗钱有差。帝既阅雅乐,谓辅臣曰:"作乐崇德,荐之上帝,以配祖考。今将有事于明堂,然世鲜知音,其令太常并加讲求。"时言者以为镈钟、特磬未协音律,诏令邓保信,阮逸、庐昭序同太常检详典礼,别行铸造。太常荐太子中舍致仕胡瑗晓音,诏同定钟磬制度。

闰十一月,诏曰:

朕闻古者作乐,本以荐上帝、配祖考,三、五之盛不相袭沿,然必太平,始克明备。周武受命,至成王时始大合乐;汉初亦沿旧乐,至武帝时始定泰一、后土乐诗;光武中兴,至时帝时始改:"大予"之名;唐高祖造邦,至太宗时孝孙、文收始定钟律,明皇方成唐乐。是知经启善述,礼乐重事,须三四世,声文乃定。

国初亦循用王朴、窦俨所定周乐,太祖患其声高,遂令和岘减一律，真宗始议随月转律之法，屡加按核。然念《乐经》久坠，学者罕专，历古研覃，亦未完绪，顷虽博加访求，终未有知声、知经可信之人。尝为改更，未适兹意。中书门下其集两制及太常礼乐官，以天地、五方、神州、日月、宗庙、社蜡祭享所用登歌、宫县，审定声律是非，按古合今，调谐中和，使经久可用，以发扬祖宗之功德，朕何惮改为？但审声、验书，二学鲜并，互诋胸臆，无所援据，慨然希古，靡忘于怀。

于是中书门下集两制、太常官，置局于秘阁，详定大乐。王尧臣等言："天章阁待制赵师民博通今古，愿同祥定，及乞借参知政事高若讷所校十五等古尺。并从之。

三年正月，诏徐、宿、泗、耀、江、郑、淮阳七州军采磬石，仍令诸路转运司访民间有藏古尺律者上之。二月，诏两制及礼官参稽典制，议定国朝大乐名，中书门下审加详阅以闻。初，胡瑗请太祖庙舞用干戚，太宗庙兼用干羽，真宗用羽龠，以象三圣功德。然议者谓国朝七庙之舞，名虽不同，而干羽并用，又庙制与古异。及瑗建言，只降诏定乐名而已。

七月，尧臣等言："按太常天地、宗庙、四时之祀，乐章凡八十九曲，自《景安》而下七十五章，率以"安"名曲，岂特本道德、政教嘉靖之美，亦缘神灵、祖考安乐之故。臣等谨上议，国朝乐宜名《大安》。"诏曰："朕惟古先格王随代之乐，亦既制作，必有称谓，缘名以讨义，繇义以知德。盖名者，德之所载，有行远垂久之致焉。故《韶》以绍尧，《夏》以承舜，《濩》以救民，《武》以象伐，传之不朽，用此道也。国家举坠正失，曲章交备，独斯体大而有司莫敢易言之。朕悯然念兹，大惧列圣之休未能昭揭于天下之听。是用申敕执事，远求博讲而考定其衷。今礼官、学士追三有事之臣，同寅一辞，以《大安》之议来复。且谓：艺祖之戡暴乱也，安天下之未安，其功大；二宗之致太平也，安天下之既安，其德盛；洎朕之承圣烈也，安祖宗之安，其仁厚。祗览所议，熟复于怀。恭惟神德之造基，神功之戡武，章圣恢清净之治，冲人蒙成定之业，虽因世之迹各异，而靖民之道同归。以之播钟球、文羽龠、用诸郊庙、告于神明，曰"大"且"安"，诚得其正。"

十二月，召两府及侍臣观新乐于紫宸殿，凡镈钟十二：黄钟高二尺二寸半，广一尺二寸，鼓六，钲四，舞六，甬、衡并旋虫高八寸四分，遂径二寸二分，深一寸二厘，篆带每面纵者四，横者四，枚景挟鼓与舞，四处各有九，每面共三十六，两栾间一尺四寸，容九斗九升五合，重一百六斤；大吕以下十一钟并与黄钟同制，而两栾间递减；至应钟容九斗三升五合，而其重加至应钟重一百四十八斤：并中新律本律。特磬十二：黄钟、大吕股长二尺，博一尺，鼓三尺，博六寸九分寸之六，弦三尺七寸五分；太簇以下股长尺八寸，博九寸，鼓二尺七寸，博六寸，弦三尺三寸七分半，其声各中本律。黄钟厚二寸一分，大吕以下递加其厚，至应钟厚三寸五分。诏以其图送中书。议者以为《周礼》："大钟十分其鼓间，以其一为之厚；小钟十分其钲间，以其一为之厚。"则是大钟宜厚小钟宜薄。今大钟重一百六斤，小钟乃重一百四十八斤，则小钟厚，非也。又："磬氏为磬，倨句一矩有半，博为一，股为二，鼓为三。参分其股博，去其二为鼓博；三分其鼓博，以其一为之厚。今磬无博厚、无长短，亦非也。

五年四月，命参知政事刘沆、梁适监议大乐。是月，知制诰王洙奏："黄钟为宫最尊者，但声有尊卑耳，不必在其形体也。言钟磬依律数大小之制者，经典无正文，惟郑康成立意言之，亦自云假设之法。孔颖达作疏。因而述之。据历代史籍，亦无钟磬依数大小之说，其康成、颖达等即非身曾制作乐器。至如言'磬前长三律，二尺七寸；后长二律，一尺八寸，是磬有大小'者，据此以黄钟为律。臣曾依此法造黄钟特磬者，只得林钟律声。若随律长短为钟大小之制，则黄钟长二尺二寸半，减至应钟，则形制大小比黄钟才四分之一，又九月、十月以无射、应钟为宫即黄钟、大吕反为商声，宫小而商大，是君弱臣强之象。今参酌其镈钟特磬制度，欲且各依律数，算定长短、大小、容受之数，仍以皇祐中黍尺为法，铸大吕、应钟钟磬各一，即见形制、声韵所归。"奏可。

五月，翰林学士承旨王拱辰言："奉诏详定大乐，比臣至局，钟磬已成。窃缘律有长短，磬有大小，黄钟九寸最长，其气阳，其象土，其正声为宫，为诸律之首，盖君德之象，不可并也。今十三钟磬，一以黄钟为率，与古为异。臣等亦尝询逸、瑗等，皆言‘依律大小，则声不能谐’。故臣窃有疑，请下详定大乐所，更稽古义参定之。”是月，知谏院李兑言：“曩者紫宸殿阅太常新乐，议者以钟之形制未中律度，遂斥而不用，复诏近臣详定。窃闻崇文院聚议，而王拱辰欲更前史之义，王洙不从，议论喧啧。夫乐之道，广大微妙，非知音入神，岂可轻议？西汉去圣尚近，有制氏世典大乐，但能纪其铿锵，而不能言其义。况今又千余年，而欲求三代之音，不亦难乎？且阮逸罪废之人，安能通圣明述作之事？务为异说，欲规恩赏。朝廷制乐数年，当国财匮乏之时，烦费甚广。器即成矣，又欲改为，虽命两府大臣监议，然未能裁定其当，请以新成钟磬与祖宗旧乐参校其声，但取谐和近雅者合用之。”

六月，帝御紫宸殿奏太常新定《大安之乐》，召辅臣至省府、馆阁预观焉。赐详定官器币有差。八月，诏：“南郊姑用旧乐，其新定《大安之乐》，常祀及朝会用之。”翰林学士胡宿上言：“自古无并用二乐之理，今旧乐高，新乐下，相去一律，难并用，且新乐未施郊庙，先用之朝会，非先王荐上帝、配祖考之意。”帝以为然。九月，御崇政殿，召近臣、宗室、台谏、省府推判官观新乐并新作晋鼓。乃以瑗为大理寺承，逸复尚书屯田员外郎，保信领荣州防御使，入内东头供奉官贾宣吉为内殿承制，并以制钟律成，特迁之。

至和元年，言者多以阴阳不和由大乐未定。帝曰：“乐之不合于古，久矣。水旱之来，系时政得失，岂乐所召哉？”二年，潭州上浏阳县所得古钟，送太常。初，李照斥王朴乐音高，乃作新乐，下其声。太常歌工病其太浊，歌不在声，私赂铸工，使减铜齐。而声稍清，歌乃协。然照卒莫之辨。又朴所制编钟皆侧垂，照、瑗皆非之，及照将铸钟，给铜于铸泻务，得古编钟一，工人不敢毁，乃藏于太常。钟不何代所作，其铭云：“粤朕皇祖宝和钟，粤斯万年，子子孙孙永宝用。”叩其声，与朴钟夷则清声合，而其形侧垂，瑗后改铸，正其钮，使下垂，叩之弇郁而不扬。其镈钟又长甬而震掉，声不和。著作佐郎刘义叟谓人曰："此与周景王无射钟无异，上将有眩惑之疾。"嘉祐元年正月，帝御大庆殿受朝，前一夕，殿庭设仗卫，既具而大雨雪，至压宫架折，帝于禁中跣而告天，遂暴感风眩，人以义叟之言为验。八月，御制恭谢乐章，是月，诏恭谢用旧乐。

四年九月，御制祫享乐舞名：僖祖奏《大基》，顺祖奏《大祚》，翼祖奏《大熙》，宣祖奏《大光》，太祖奏《大统》，太宗奏《大昌》，真宗奏《大治》，孝惠皇后奏《淑安》，孝章皇后奏《静安》，淑德皇后奏《柔安》，章怀皇后奏《和安》，迎神、送神奏《怀安》，皇帝升降奏《肃安》，奠瓒奏《顾安》，奉俎、彻豆奏《充安》，饮福奏《禧安》，亚献、终献奏《祐安》，退文舞、迎武舞奏《显安》，皇帝归大次奏《定安》，登楼礼成奏《圣安》，驾回奏《采茨》；文舞曰《化成治定》，武舞曰《崇功昭德》。帝自制迎神、送神乐章，诏宰臣富弼等撰《大祚》至《采茨》曲词十八。七年八月，御制明堂迎神乐章，皆肄于太常

翰林学士王珪言："昔之作乐，以五声播于八音，调和谐合而与治道通，先王用于天地、宗庙、社稷、事于山川鬼神，使鸟兽尽感，况于人乎？然则乐虽盛而音亏，未知其所以为乐也。今郊庙升歌之乐，有金、石、丝、竹、匏、土、革、而无木音。夫所谓柷、敔者，圣人用以著乐之始终，顾岂容有缺耶？且乐莫隆于《韶》，《书》曰"戛击"是柷、敔之用，既云下而击鼗，知鸣球与敔，敔之在堂，故《传》曰："堂上堂下，各有柷、敔也。"今陛下躬祠明堂，宜诏有司考乐之失而合八音之和，于是下礼官议，而堂上始置柷敔。

又秘阁校理裴煜奏："大祠与国忌同者，有司援旧制，礼乐备而不作，忌曰必哀，志有所至，其不有乐，宜也，然乐所以降格神祇，非以适一已之私也。谨按开元中礼部建言，忌日享庙应用乐。裴宽立议，庙尊忌卑则作乐，庙卑忌尊则备而不奏，中书令张说以宽议为是。宗庙如此，则天地，日月，社稷之祠用乐，明矣。臣以为凡大祠天地、日月、社稷与忌日同者，伏请用乐，其在庙则如宽之议，所冀略轻存重，不失其称。"下其章礼官，议曰："《传》称祭天以烟为歆神

之始，以血为陈馔之始，祭地以埋为歆神之始，以血为陈馔之始；宗庙以灌为歆神之始，以腥为陈馔之始，然则天地，宗庙皆以乐为致神之始，故曰大祭有三始，谓此也。天地之间虚豁而不见其形者，阳也。鬼神居天地之间，不可以人道接也。声属于阳，故乐之音声号呼召于天地之间，庶几神明闻之，因而来格，故祭必求诸阳。商人之祭，先奏乐以求神，先求于阳；次灌地求神于阴，达于渊泉也。周人尚臭，四时之祭，先灌地以求神先求诸阴也。然则天神、地祇、人鬼之祀不可去乐，明矣。今七庙连室，难分庙忌之尊卑，欲依唐制及国朝故事：庙祭与忌同日，并县而不作；其与别庙诸后忌同者，作之。"若祠天地、日月、九宫、太一及蜡百神，并请作乐，社稷以下诸祠既卑于庙则乐可不作。翰林学士王珪等以为："社稷，国之所尊，其祠日若与别庙诸后忌同者，伏请亦不去乐。"诏可。

英宗治平元年六月，太常寺奏，仁宗配飨明堂，奠币《诚安》酌献歌《德安》。二年九月，礼官李育上言："南郊、太庙二舞郎总六十八，文舞罢，舍羽龠，执干戚，就为武舞。臣谨按旧典，文武二舞各用八佾，凡祀圜丘、祀宗庙，太乐令率工人以入，就位，文舞入，陈于架北，武舞立于架南。又文舞出，武舞入，有送迎之曲，名曰《舒和》，亦曰《同和》，凡三十一章，只用一曲，是进退同时，行缀先定，步武容体，各应乐节。夫《至德升闻之舞》象揖，《天下大定之舞》象征伐，柔毅舒急不侔，而所法所习亦异，不当中易也。窃惟天神皆降，地祇皆出，八音克谐，祖考来格，天子亲执圭币，'相维辟公'，'严恭寅畏'，可谓极矣。而舞者纷然纵横于下，进退取舍，蹙迫如是，岂明有德、象有功之谊哉？国家三年而躬一郊，同殿而享八室，而舞者缺如。名曰二舞，实一舞也。且如大朝会所以宴臣下，而舞者，备其数；郊庙断以事天地、祖考，而舞者减其半：殊未为称。事有近而不可迹，礼有繁而不可省，所系者大，而有司之职不敢废也。伏请南郊，太庙文武二舞各用六十四人。以备帝王之礼乐，以明祖宗之功德"奏可。

四年八月，学士院建言："国朝宗庙之乐，各以功德名舞。洪惟英宗，继天遵业，钦明勤俭，不自暇逸。践祚未几，而恩行威立，固已超轶百王之上。今厚陵复土，祔庙有期，而乐名未立，亡以诏万世，请上乐章及名庙所用舞曰《大英之舞》。自后礼官、御史有所建明，而详定朝会及郊庙礼文官于乐节有议论，率以时考正之。”

神宗熙宁九年，礼官以宗庙乐节而有请者三：

其一、今祠太庙《兴安之曲》，举柷而声已过，举敔而声不止，则始终之节未明，请祠祭用乐，一奏将终，则戛敔而声稍止，击柷则光复作，以尽合止之义。

其二、大乐降神之乐，均声未齐，短长不协，故舞行疾徐亦不能一。请以一曲为一变，六变用六，九变用九，则乐舞始终莫不应节。

其三、周人尚臭，盖先灌而后作乐；本朝宗庙之礼多从周，请先灌而后作乐。

元丰二年，详定所以朝会乐而有请者十：

其一、唐元正，冬至大朝会，迎送王公用《舒和》，《开元礼》以初入门《舒和之乐》作，至位，乐止。盖作乐所以待王公，今中书、门下、亲王、使相先于丹墀上东西立，皇帝升御座，乃奏乐引三品以上官，未为得礼，请侍从及应赴官先就立位，中书、门下、亲王、使相、诸司三品、尚书省四品及宗室、将军以上，班分东西入，《正安之乐》作，至位，乐止。

其二、今朝会仪：举第一爵，宫县奏《和安之曲》，第二、第三、第四，登歌作《庆云》、《嘉禾》、《灵芝之曲》。则是合乐在前，登歌在后，有违古义，请：第一爵，登歌奏《和安之曲》，堂上之乐随歌而发；第二爵，笙入奏《庆云之曲》，只吹笙，余乐不作；第三爵，堂上歌《嘉禾之曲》，堂下吹笙，《瑞木成文之曲》，一歌一吹相间；第四爵，合乐奏《灵芝之曲》，堂上下之乐交作。

其三、定文舞、武舞各为四表，表距四步为酂缀，各六十四。舞者服进贤冠，左执籥，右秉翟，分八佾，二工执纛引前，衣冠同。舞者进蹈安徐，进一步则两两相顾揖，三步三揖，四步为三辞之容，是为一成。余成如之。自南第一表至第二表为第一成,至第三表为再成,至北第一表为三成,覆身却行至第三表为四成,至第二表为五成,复至南第一表为六成,而武舞入。今文舞所秉翟羽则集雉尾置于髹添之柄,求之古制,实无所本。聂崇义图,羽舞所执类羽葆幢,析羽四重,以结缓系于柄,此纛翳之谓也。请按图以翟羽为之。

其四、武舞服平巾帻,左执干,右执戈。二工执旌居前;执鼗、执铎各二工;金镯二,四工举;二工执镯、执铙;执相在左,执雅在右,亦各二工;夹引舞者,衣冠同之。分入俟于南表前,先振铎以通鼓,乃击鼓以警戒,舞工闻鼓声,则各依鄹缀总干正立定位,堂上长歌以咏叹之。于是播鼗以导舞,舞者进步,自南而北,至最南表,以见舞渐。然后左右夹振铎,次击鼓,以金镯和之,以金镯节之,以相而辅乐,以雅而陔步。舞者发扬蹈厉,为猛贲趫速之状。每步一进,则两两以戈盾相向,一击一刺为一伐,四伐为一成,成谓之变。至第二表为一变;至第三表为二变;至北第一表为三变;舞者覆身向空却行而南,至第三表为四变;乃击刺史而前,至第二表回易行列,舂、雅节步分左右而跪,以右膝至地,左足仰起,象以文止武为五变;舞蹈而进,为兵还振旅之状,振铎、摇鼗、击鼓,和以金镯,废镯鸣铙,复至南第一表为六变而舞毕。古者,人君自舞《大武》,故服冕执干戚。若用八佾而为击刺之容,则舞者执干戈,说者谓武舞战象,乐六奏,每一奏之中,率以戈矛四击刺戈则击兵,则刺矛兵,玉戚非可施于击刺,今舞执干戚,盖沿袭之误。请左执干,右执戈。

其五、古之乡射礼,三笙一和而成声,谓三人吹笙,一人吹和。今朝会作乐,丹墀之上,巢笙、和笙各二人,其数相敌,非也。盖乡射乃列国大夫、士之礼,请增倍为八人,丹墀东西各三巢一和。

其六、今宫县四隅虽有建鼓、鼙、应、相传不击。乾德中,诏四建鼓并左右鼙、应合十又二,依李照所奏,以月建为均,与镈钟相应。鞞、应在建鼓旁,是亦朔鼙、应鼙之类。请将作乐之时,行击鼙,次击应,然后击建鼓。

其七、今乐县四隅设建鼓,不击,别施散鼓于乐县内代之。乾德中,尹拙奏宜去散鼓,诏可,而乐工积习亦不能废。李照议作晋鼓,以为乐节。请乐县内去散鼓,设晋鼓以鼓金奏。

其八、古者,瞽矇、眡瞭皆掌播鼗,所以节一唱之终。请宫县设鼗,以为乐节

其九、以天子礼求之,凡乐事播鼗,击颂磬、笙磬,以钟鼓奏《九夏》,是皆在庭之乐;戛击则柷、敔,球则玉磬,搏拊所以节乐,琴瑟所以咏诗,皆堂上乐也。磬本在堂下,尊玉磬,故进之使在上,若击石拊石,则当在庭。后世不原于此,以春秋郑人赂晋侯歌钟二肆,遂于堂上设歌钟、歌磬,盖歌钟则堂上歌之,堂下以钟鼓应之耳。歌必金奏相和,名曰歌钟,则以节歌是已,岂堂上有钟耶?歌磬之名,本无所出,晋贺循奏置登歌簴虡,采玉造小磬,盖取舜庙鸣球之制,后周登歌,备录钟磬,隋、唐迄今,因袭行之皆不应礼。请正,至朝会,堂上之乐不设钟磬。

其十、古者歌工之数:大射工六人,四瑟,则鼓以四人,歌以二人;天子八人,则瑟与歌皆四人矣。魏、晋以来,登歌五人隋、唐四人,本朝因之,是循用周制也。《礼》"登歌下管",贵人声也。故《仪礼》瑟与歌工皆席于西阶上。隋、唐相承,庭中磬虡之下,系以偶歌琴瑟,非所谓繁荣昌盛歌贵人声之义。今堂上琴瑟,比之周制,不啻倍蓰,而歌工只四人,音高下不相权。盖乐有八音,所以行八风,是以舞佾与钟磬俱用八为数。请罢庭中歌者,堂上歌为八,琴瑟之数放此。其筝,阮、筑悉废。

太常以谓:"堂上钟磬,去之则歌声与宫县远。汉、唐以来,宫室之制浸广,堂上益远庭中,其上下乐节苟不相应,则繁乱而无序。况朝会之礼,起于西汉,则后世难以纯用三代之制。其堂上钟磬、庭中歌工与筝筑之器,从旧仪便。"遂如太常议。

宋史卷一二八
志第八一

乐　三

元丰三年五月,诏秘书监致仕刘几赴详定所议乐,以礼部侍郎致仕范镇与几参考得失。而几亦请命杨杰同议,且请如景祐故事,择人修制大乐。诏可。

初,杰言大乐七失:

一曰歌不永言,声不依永,律不和声。盖金声舂容,失之则重;石声温润,失之则轻;土声函胡,失之则下;竹声清越,失之则高;丝声纤微,失之则细;革声隆大,失之则洪;匏声丛聚,失之则长;木声无余,失之则短。惟人禀中和之气而有中和之声。八音、律吕皆以人声为度,言虽永,不可以逾其声。今歌者或咏一言而滥及数律,或章句已阕而乐音未终,所谓歌不永言也。请节其烦声,以一声歌一言。且诗言人志,咏以为歌。五声随歌。是谓依咏;律吕协奏,是谓和声。先儒以为依人音而制乐,托乐器为写音,乐本效人,非人效乐者,此也。今祭祀乐章并随月律,声不依咏,以咏依声,律不和声,以声和律,非古制也。

二曰八音不谐,钟磬阙四清声。虞乐九成,以箫为主;商乐和平,以磬为依;周乐合奏,以金为首,钟、磬、箫者,众乐之所宗,则天子之乐用八;钟、磬、箫,众乐之本,乃倍之为十六。且十二者,律之本声;而四者,应声也。本声重大为君父,应声轻清为臣子,故其四声曰清声,或曰子声也。李照议乐,始不用四清声，是有本而无应，八音何从而谐哉？今巢笙、和笙，其管十九以十二管发律吕之本声，以七管为应声用之已久，而声至和，则编钟、磬、箫宜用四子声以谐八音。

三曰金石夺伦，乐奏一声，诸器皆以其声应，既不可以不及，又不可以有余。今琴、瑟、埙、篪、笛、箫、笙、阮、筝、筑奏一声，则镈钟、特磬、编钟、磬击三声；声烦而掩众者，遂至夺伦，则镈钟、特磬、编钟、编磬节奏与众器同，宜勿连击。

四曰舞不象成。国朝郊庙之乐，先奏文舞，次奏武舞，而武舞容节六变：一变象六师初举；二变象上党克平，所向宜北；三变象维扬底定，所向宜东南；四变象荆湖来归，所向宜南；五变象邛蜀纳款，所向宜西；六变象兵还振旅，所向宜北而南。今舞者发扬蹈厉、进退俯仰，既不足以称成功盛德，失其所向，而文舞容节尤无法度，则舞不象成也。

五曰乐失节奏。乐之始，则翕然如从羽之合；纵之，纯如也；节奏明白，纯如也；往来条理，绎如也：然后成。今乐声不一，混淆无叙，则失于节奏，非所谓成也。

六曰祭祀、飨无分乐之序。盖金石众作之谓奏，咏以人声之谓歌。阳律必奏，阴吕必歌，阴阳之合也。顺阴阳之合，所以交神明，致精意。今冬至祀天，不歌大吕；夏至祭地，不奏太簇；春飨祖庙，不奏无射；秋飨后庙，不歌小吕。而四望山川无专祠用乐之制，则何以赞导宣发阴阳之气而生成万物哉？

七曰郑声乱雅。然朱紫有色而易别，雅、郑无象而难知，圣人惧其难知也。故定律吕中正之音，以示万世。今古器尚存，律吕悉备，而学士、大夫不讲考击，奏作委之贱工，则雅、郑不得不杂。愿审条钟琯，用十二律还宫均法，令上下通习，则郑声莫能乱雅。

遂为十二均图，并上之。

其论以为："律各有均，有七声，更相为用。协本均则乐调，非本均则乐悖。今黄钟为宫，则太簇、姑洗、林钟、南吕、应钟、蕤宾七声相应,谓之黄钟之均。余律为宫,同之。宫为君,商为臣,角为民,徵为事,羽为物。君者,法度号令之所出,故宫生徵;法度号令所以授臣而承行之,故徵生商;君臣一德,以康庶事,则万物得所,民遂其生,故商生羽,羽生角。然臣有常职,民有常业,物有常形,而迁则失常,故商、角、羽无变声。君总万化,不可执以一方;事通万务,不可滞于一隅:故宫、徵有变声。凡律吕之调及其宫、乐章,具著于图。

　　帝取所上图,考其说,乃下镇、几参定。而王朴、阮逸之黄钟乃当李照之太簇,其编钟、编磬虽有四清声,而黄钟,大吕正声舛误;照之编钟、编磬虽有黄钟、大吕、而全阙四清声,非古制也。朴之太簇、夹钟,则声失之高,歌者莫能追逐,平时设而不用。圣人作乐以纪中和之声,所以导中和之气,清不可太高,重不可太下,必使八音协谐、歌者从容而能咏其言。镇等因请择李照编钟、编磬十二参于律者,增以王朴无射、应钟及黄钟、大吕清声,以为黄钟、大吕、太簇、夹钟之四清声,俾众乐随之,歌工咏之,中和之声庶可以考。请下朴二律,就太常钟磬择其可用者用之,其不可修者别制之。而太常以为大乐法度旧器,乞留朴钟磬,别制新乐,以验议者之术。诏以朴乐钟为清声,毋得销毁。

　　几等谓:“新乐之成,足以荐郊庙,传万世。其明堂、景灵宫降天神之乐六奏:旧用夹钟之均三奏,谓之夹钟为宫;夷则之均一奏,谓之黄钟为角;林钟之均二奏,谓之太簇为徵;姑洗为羽。而《大司乐》“凡乐,圜钟为宫,黄钟为角,太簇为徵;姑洗为羽”。而:“圜钟者,夹钟也”。用夹钟均之七声,以其宫声为始终,是谓圜钟为宫;用黄钟均之七声,以其角声为始终,是谓黄钟为角;用太簇均之七声,以其徵声为始终,是谓太簇为徵,用姑洗均之七声,以其羽声为始终,是谓姑洗为羽。今用夷则之均一奏,谓之黄钟为角,林钟之均二奏,谓之太簇为徵、姑洗为羽,则祀天之乐无夷则、林钟而用之,有太簇、姑洗而去之矣。唐典、祀天以夹钟宫、黄钟角、太簇徵、姑洗羽,乃周礼也。宜用夹钟为宫。其黄钟为角,则用黄钟均,以其角声为始终;太簇为徵,则用太簇均,以其徵声为始终;姑洗为羽,则用姑洗均,以其羽声为始终。祭地祇,享宗庙,皆视此均法以度曲。"

几等又以太常磬三等,王朴磬厚,李照磬薄,惟阮逸、胡瑗磬形制精密而声太高,以磬氏之法摩其旁,轻重与律吕相应。钟三等,王朴钟所谓"声疾而短闻"者也,阮逸、胡瑗钟所谓"声舒而远闻。"者也,惟李照钟有旋虫之制。钟声皆三十又六架,架各十又六,则正律相应,清声自足。其堂上堂下篪、笛率从新制,而调琴、瑟、阮、筑、埙诸器,随所下律。诏悉从之。乃缉新器用,徙置太常,辟屋以贮藏之。考选乐工,汰其椎钝癃老,而优募能者补其缺员,立为程度,以时习焉。

初,皇祐中,益州进士房庶论尺律之法,以为尝得古本《汉书》,言在《律历志》。范镇以其说为然,请依法作为尺律,然后别求古乐参考,于是庶奉诏造律管二,尺、量、龠各一,而殿中丞胡瑗以为非。诏镇与几等定乐,镇曰:"定乐当先正律。"帝然之,镇作律、尺等,欲图上之。而几之议律主于人声,不以尺度求合。其乐大抵即李照之旧而加四清声,遂奏乐成,第加恩赉,而镇谢曰:"此刘几乐也,臣何预焉!"乃复上奏曰:"太常镈钟皆有大小,轻重之法,非三代莫能为者,禁中又出李照、胡瑗所铸铜律及尺付太常,按照黄钟律合王朴太簇律,仲吕律合王朴黄钟律,比朴乐才下半律,外有损益而内无损益,钟声郁而不发,无足议者。照之律虽是,然与其乐校,三格自相违庆,且以太簇为黄钟,则是商为宫也。方刘几奏上时,臣初无所预,臣顷造律,内外有损益,其声和,又与古乐合。今若将臣所造尺律依大小编次太常镈钟,可以成一代大典。又太常无摇鼓、灵鼓、路鼓,而以散鼓代之。开元中,有以画图献者,一鼓而为八面,六面、四面、明皇用之。国朝郊庙或考或不考,宫架中惟以散鼓,不应经义。又八音无匏,土二音:笙、竽以木斗攒竹而以匏裹之,是无匏音也;埙器以木为之,是无土音也。八音不具,以为备乐,安可得哉!"不报。

四年十一月,详定所言:"'搏拊、琴、瑟以咏,'则堂上之乐,以象朝廷之治:'下管鼗鼓','合止柷、敔','笙、镛以间',则堂下之乐，以象万物之治，后世有司失其传，歌者在堂，兼设钟磬；宫架在庭，兼设琴瑟；堂下匏竹，置之于床；并非其序。请亲祠宗庙及有司摄事，歌者在堂，不设钟磬；宫架在庭，不设琴瑟；堂下匏竹，不置于床。其郊坛上下之乐，亦以此为正，而有司摄事如之，"又言："以《小胥》宫县推之，则天子钟、磬、镈十二虡为宫县，明矣。故或以为配十二辰，或以为配十二次，则虡无过十二。先王之制废，学者不能考其数。隋、唐以来，有谓宫县当二十虡甚者又以为三十六虡。方唐之盛日，有司摄事，乐并用宫县。至德后，太常声音之工散亡。凡郊庙有登歌而无宫县，后世因仍不改。请郊庙有司摄事，改用宫架十二虡。"太常以谓用宫架十二虡，则律吕均声不足，不能成均。请如礼：宫架四面如辰位。设镈钟十二虡，而甲、丙、庚、壬设钟，乙、丁、辛、癸设磬，位各一虡；四隅植建鼓，以象二十四气，宗庙郊丘如之。

　　五年正月，开封布衣叶防上书论乐器，律曲不应古法，复下杨杰议，杰论防增编钟、编磬二十又四为簨制，管箫视钟磬数，登歌用玉磬，去乐曲之近清声者，舞不立表，皆非是其言均律差互，与刘几同。请以晋鼓节金奏。考经、礼、制簨虡教国子，宗子舞，用之郊庙，为何所取？而范镇亦言："自唐以来至国朝，三大祀乐谱并依《周礼》，然其说有黄钟为角，黄钟之角。黄钟为角者，夷则为宫；黄钟之角者，姑洗为角。十二律之于五声，皆如此率。而世俗之说，乃去'之'字，谓太簇曰黄钟商，姑洗曰黄钟角，林钟曰黄钟徵，南吕曰黄钟羽，今叶防但通世俗夷部之说，而不见《周礼》正文，所以称本寺均差互，其说难行。"帝以乐律绝学，防草莱中习之尤难，乃补防为乐正。

　　六年春正月，御大庆殿，初用新乐。二月，太常言："郊庙乐虡，若遇雨雪，望祭即设于殿上。"三月，礼部言："有司摄事，昊天舞名，请初曰《帝临嘉至》，亚、终曰《神娭锡羡》；太庙初献曰《孝熙昭德》、亚、终献曰《礼洽储祥》。"诏可。九月，礼部言："《周礼》，凡大祭祀，王出入则奏《王夏》，明入庙门已用乐矣。今既移祼在作乐之前，皇帝诣垒洗奏《乾安》，则入门亦当奏《乾安》，庶合古制。其入景灵宫及南郊壝门，乞如之。”

七年正月，诏从协律郎荣咨道请，于奉宸库选玉造磬，令太常审定音律。六月，礼部言：“亲郊之岁，夏至祀皇地祇于方丘，遣冢宰摄事，礼容乐舞谓宜加于常祀，而其乐虡二十、乐工百五十又二，舞者六十又四，与常岁南北郊上公摄事无异，未足以称钦崇之意。乞自今准亲祠用二十六虡，工人三百又六，舞人百二十又四。”诏可。

元祐元年，咨道又言：“先帝诏臣制造玉磬，将用于庙堂之上，依旧同编钟以登歌。今年亲祠明堂，请用之，以章明盛典。”从之。三年，范镇乐成，上其所制乐章三、铸律十二、编钟十二、镈钟、衡一、尺一、斛一、响石为编磬十二、特磬一、箫、笛、埙、篪、巢笙、和笙各二，并书及图法。帝与太皇太后御延和殿，诏执政、侍从、台阁、讲读官皆往观焉。赐镇诏曰：“朕惟春秋之后，礼乐先亡；秦、汉以来，《韶》、《武》仅在。散乐工于河、海之上，往而不还；聘先生于齐、鲁之间，有莫能致。魏晋以下，曹、邠无讥。岂徒郑、卫之音，已杂华、戎之器。间有作者，犹存典刑。然铢、黍之一差，或宫、商之易位。惟我四朝之老，独知五降之非。审声知音，以律生尺。览诗书之来上，阅簴虡之在廷。君臣同观。父老太息。方诏学士、大夫论其法，工师、有司考其声。上追先帝移风易俗之心，下尉老臣爱群忧国之志，究观所作，嘉叹不忘。”

镇为《乐论》，其自叙曰：“臣昔为礼官、从诸儒难问乐之差谬，凡十余事。厥初未习，不能不小牴牾。后考《周官》、《王制》、《司马迁书》、《班氏志》，得其法，流通贯穿，悉取旧书，去其牴牾，掇其要，作为八论。”其《论律》、《论黍》、《论尺》、《论量》、《论声器》，言在《律历志》。

《论钟》曰：

夫钟之制，《周官·凫氏》言之甚详，而训解者其误有三：若云：“带，所以介，其名也介，在于、鼓、钲、舞、甬、衡之间。”介于、鼓、钲、舞之间则然，非在甬、衡之上，其误一也。又云：“舞，上下促，以横为修，从为广，舞广四分。”今亦去径之二分以为之间,则舞间之方常居铣之四也。舞间方四,则鼓间六亦其方也。鼓六、钲六、舞四,既言鼓间与舞侪相应,则鼓与舞皆六,所云"钲六、舞四",其误二也。又云:"鼓外二,钲外一。"彼既以钲、鼓皆六,无厚薄之差,故从而穿凿以迁就其说,其误三也。

今臣所铸编钟十二,皆从其律之长,故钟口十者,其长十六以为钟之身。钲者,正也,居钟之中,上下皆八,下去二以为之鼓,上去二为为之舞,则钲居四而鼓与舞皆六。是故于、鼓、钲、舞、篆、景、栾、隧、甬、衡、旋虫,钟之文也,著于外者也;广、长、空径、厚、薄、大、小、钟之数也。起于内者也。若夫金锡之齐与铸金之状率按诸《经》,差之毫厘则声有高下,不可不审。其镈钟亦以此法而四倍之。

今太常钟无大小、无厚薄、无金齐,一以黄钟为率,而磨以取律之合,故黄钟最薄而轻。自大吕以降,迭加重厚,是以卑陵尊,以小加大,其可乎?且清声者不见于《经》,惟《小胥》注云:"钟磬者,编次之,二八十六枚而在一虡谓之堵。"至唐又有十二清声,其声愈高,尤为非是。国朝旧有四清声,置而不用,至刘几用之,与郑、卫无异。

《论磬》曰:

臣所造编磬,皆以《周官·磬氏》为法,若黄钟股之博四寸五分,股九寸,鼓一尺三寸五分;鼓之博三寸,而其厚一寸,共弦一尺三寸五分。十二磬各以其律之长而三分损益之,如此其率也。今之十二磬,长短、厚薄皆不以律,而欲求其声,不亦远乎?钟有齐也,磬,石也,天成之物也。以其律为之长短、厚薄,而其声和,此出于自然,而圣人者能知之,取以为法,后世其可不考正乎?考正而非是,则不足为法矣。

特磬则四倍其法而为之。国朝祀天地、宗庙及大朝会,宫架内只设镈钟,惟后庙乃用特磬,非也。今已升祔后庙,特磬遂为无用之乐。臣欲乞凡宫架内于镈钟后各加特磬,贵乎金石之声小大相应。

《论八音》曰：

匏、土、革、木、金、石、丝竹、是八物者，生天地间，其体性不同而至相戾之物也。圣人制为八器，命之商则商，命之宫则宫，无一物不同者。能使天地之间至相戾之物无不同，此乐所以为和而八音所以为乐也。

乐下太常，而杨杰上言："元丰中，诏范镇、刘几与臣详议郊庙大乐，既成而奏，称其和协。今镇新定乐法，颇与乐局所议不同。且乐经仁宗制作，神考睿断，奏之郊庙、朝廷，盖已久矣，岂可用镇一说而遽改之？"遂著《元祐乐议》，以破镇说。其《议乐章》曰：

国朝大乐所立曲名，各有成宪，不相淆杂，所以重正名也。故庙室之乐皆以"大"名之，如《大善》，《大仁》，《大英》之类是也。今镇以《文明之曲》献祖庙，以《大成之曲》进皇帝，以《万岁之曲》进太皇太后，其名未正，难以施于宗庙、朝廷。

《议宫架加磬》曰：

镇言："国朝祀天地、宗庙及大朝会，宫架内只设镈钟，惟后庙乃用特磬，非也。今已升后庙，特磬遂为无用之乐，欲乞凡宫架内于镈钟后各加特磬，贵乎金石之声小大相应。"按《唐六典》：天子宫架之乐，镈钟十二、编钟十二，编磬十二，凡三十有六虡，宗庙与殿庭同。凡中宫之乐，则以大磬代钟，余如宫架之制。今以镈钟、特磬并设之，则为四十八架，于古无法。皇帝将出，宫架撞黄钟之钟，右五钟皆应；皇帝兴，宫架撞蕤宾之钟，左五钟皆应。未闻皇帝出入，以特磬为节。

《议十六钟磬》曰：镇谓："清声不见于《经》，惟《小胥》注云'钟磬者，编次之，十六枚而在一虡谓之堵。'至唐又有十二清声，其声愈高，尤为非是。国朝旧有四清声，置而弗用，至刘几用之，与郑、卫无异。"按编钟、编磬十六，其来远矣，岂徒见于《周礼·小胥》之注哉？汉成帝时，犍为郡于水滨得古磬十六枚，帝因是陈礼乐、《雅颂》之声，以风化天下。其事载于《礼乐志》，不为不详，岂因刘几然后用哉？且汉承秦，秦未尝制作礼乐，其称古磬十六者，乃二帝、三王之遗法也。其王朴乐内编钟、编磬，以其声律太高，歌者难逐，故四清声置而不用。及神宗朝下三律，则四清声皆用而谐协矣。《周礼》曰：“凫氏为钟，薄厚之所震动，清浊之所由出。”则清声岂不见于《经》哉？今镇以箫、笛、埙、篪、巢笙、和笙献于朝廷，箫必十六管，是四清声要其间矣。自古无十二管之箫，岂《箫韶》九成之乐已有郑、卫之声乎？

礼部、太常亦言“镇乐法自系一家之学，难以参用”，而乐如旧制。

四年十二月始命大乐正叶防撰朝会二舞仪。

武舞曰《威加四海之舞》：

第一变：舞人去南表三步，总干而立，听举乐，三鼓，前行三步，及表而蹲；再鼓，皆舞，进一步，正立；再鼓，皆持干荷戈，相顾作猛贲趍速之状；再鼓，皆转身向里，以干戈相击刺，足不动；再鼓，皆回身向外，击刺如前；再鼓，皆正立举手，蹲；再鼓，皆舞，进一步转面相向立，干戈各置腰；再鼓，各前进，以左足在前，右足在后，左后执干当前，右手执戈在腰为进旅；再鼓，各相击刺；再鼓，各退身复位，整其干为退旅；再鼓，皆正立，蹲；再鼓，皆舞，进一步正立；再鼓，皆转面相面，秉干持戈坐作；再鼓，各相击刺；再鼓，皆起，收其干戈为克捷之象；再鼓，皆正立，遇节乐则蹲。

第二变：听举乐，依前蹲；再鼓。皆舞，进一步正立；再鼓，皆正面，作猛贲趍速之状；再鼓，各转身向里相击刺，足不动；再鼓，各转身向外击刺如前；再鼓，皆正立，蹲；再鼓，皆舞，进一步，陈其干戈，左右相顾为猛贲趍速之状；再鼓，皆并入行，以八为四；再鼓，皆两两对相击刺；再鼓，皆回，易行列，左在右，右在左；再鼓，皆举手，蹲；再鼓，皆舞，进一步正立；再鼓，各分左右；再鼓，各扬其干戈；再鼓，交相击刺；再鼓，皆总干正立，遇节乐则蹲。

第三变：听举乐则蹲；再鼓，皆舞，进一步转面相向；再鼓，整干戈以象登台讲武；再鼓，皆击刺于东南；再鼓，皆按盾举戈，东南向而望，以象漳、泉奉土；再鼓，皆击刺于正南；再鼓，皆按盾举戈，南向而望，以象杭、越来朝；再鼓，皆舞，进一步正立，再鼓，皆击刺于西北；再鼓，皆按盾举戈，西北向而望，以象克珍并、汾，再鼓，皆击刺于正西；再鼓，皆按盾举戈，西向而望，以象肃清银，夏；再鼓，皆舞，进一步正跪，右膝至地，右足微起，再鼓，皆置干戈于地，各拱其手，象其不用；再鼓，皆左右舞蹈，象以文止武之意；再鼓，皆就拜，收其干戈，起而躬立；再鼓，皆舞，退，鼓尽即止，以象兵还振旅。

文舞曰《化成天下之舞》：

第一变：舞人立南表之南，听举乐则蹲；再鼓，皆舞，进一步正立；再鼓，皆稍前而正揖，合手自下而上；再鼓，皆左顾左揖；再鼓，皆右顾右揖；再鼓，皆开手，蹲；再鼓，皆舞进一步正立；再鼓，皆少却身，初辞，合手自上而下；再鼓，皆右顾，以左手在前、左手推出为再辞；再鼓，皆左顾以左手在前、右手推出为固辞；再鼓，皆合手，蹲；再鼓，皆舞，进一步正立；再鼓，皆俯身相顾，初谦，合手当胸；再鼓，皆右侧身、左垂手为再谦；再鼓，皆左侧身、右垂手为地三谦：再鼓，皆躬而授之，遇节乐则蹲。

第二变：听举乐则蹲；再鼓，皆舞，进一步转面相向；再鼓，皆稍前相揖；再鼓，皆左顾左揖；再鼓，开手，蹲，正立；再鼓，皆舞，进一步复相向；再鼓，皆却身为初辞；再鼓，皆舞，辞如上仪；再鼓，皆再辞；再鼓，皆固辞；再鼓，皆合手，蹲，正立；再鼓，皆舞，进一步，再鼓，相向；再鼓，皆顾为初谦；再鼓，皆再谦；再鼓，皆三谦；再鼓，皆躬而授之，正立，遇节乐则蹲。

第三变：听举乐则蹲；再鼓，皆舞，进一举两两相向；再鼓，皆相趋揖；再鼓，皆左揖如上；再鼓，皆右揖；再鼓，皆开手，蹲，正立；再鼓，皆舞，进一步复相向；再鼓，皆却身初辞；再鼓，皆再辞；再鼓，皆固辞；再鼓，皆合手，蹲，正立；再鼓，皆舞，进一步两两相向;再鼓,皆相顾初谦;再鼓,皆再谦;再鼓,皆三谦,躬而授之,正立,节乐则蹲。

凡二舞缀表器及引舞振作,并与大祭祀之舞同。协律郎陈沂按阅,以谓节奏详备,自是朝会则用之。

八年,太常博士孙谔言:"臣尝奉社稷之祠,亲观陈设,实疑其缺略而不备,退而考元祐祀仪,乃与所亲见者合焉。其登歌之乐,虽有钟、磬、簨、虡、搏拊、柷、敔之属,独陈太社坛上,而太稷缺焉。夫宫架不备,非所以重社稷也。《周官》制祭祀之法,则有灵鼓以鼓之,有帗舞以舞之,有太簇、应钟、《咸池》以极其歌舞之节,以乐文之备也。唐社稷用二十架,至于开元,亦循三代之遗法,于坛之北,宫架备陈,别异天神,中建灵鼓,歌钟、歌簨各设二坛,下舞上歌,何其盛也!"臣稽考典礼,凡祭太社、太稷,宜仿《周官》及《开元礼》文,于坛之北,备设宫架,钟、鎛、竹各列二坛,南架之内,更植灵鼓。"于是集侍从、礼官议增稷坛乐,而添用宫架之说不行。

元符元年十一月,诏登歌、钟、磬并依元丰诏旨,复先帝乐制也。

二年正月,诏前信州司法参军吴良辅按协音律,改造琴瑟,教习登歌,以太常少卿张商英荐其知乐故也。初,良辅在元丰中上《乐书》五卷,其书分为四类,以谓:"天地兆分,气数爰定。律厥气数,通之以声。于是撰《释律》,律为经,声为纬,律以声为文,声以律为质。旋相为宫,七音运生。于是撰《释声》。声生于日,律生于辰,故经之以六律,纬之以五声。声律相协,和而无乖。播之八音,八音以生。于是撰《释音》。四物兼采,八器以成。度数施设,象隐于形。考器论义,道德以明。于是撰《释器》。"类各有条,凡四十四篇,大抵考之经传,精以讲思,颇益于乐理,文多,故不著焉。

崇宁元年,诏宰臣置僚属,讲议大政。以大乐之制讹缪残缺,太常乐器弊坏,琴瑟制度参差不同,箫篴之属乐工自备,每大合乐,声韵洧杂,而皆失之太高。筝、筑、阮、秦、晋之乐也,乃列于琴、瑟之间；熊罴按，梁、隋之制也，乃设于宫架之外。笙不用匏，舞不象成，曲不协谱。乐工率农夫、市贾，遇祭祀朝会则追呼于阡陌、闾阎之中，教习无成，瞢不知音，议乐之臣以《乐经》散亡，无所据依；秦、汉当之后，诸儒自相非议，不足取法。乃博求知音之士，而魏汉津之名达于上焉。

汉津至是年九十余矣。本剩员兵士，自云居西蜀，师事唐仙人李良，授鼎乐之法。皇祐中，汉津与房庶以善乐被荐，既至，黍律已成，阮逸始非其说，汉津不得伸其所学。后逸之乐不用，乃退与汉津议指尺，作书二篇，叙述指法。汉津尝陈于太常，乐工惮改作，皆不主其说。或谓汉津旧尝执役于范镇，见其制作乐，略取之，蔡京神其说而托于李良。

二年九月，礼部员外郎陈旸上所撰《乐书》二百卷，命吏部尚书何执中看详，以谓旸欲考定音律，以正中声，愿送讲议司，令知音律者参验行之。旸之论曰："汉津论乐，用京房二变、四清。盖五声十二律，乐之正也；二变、四清，乐之蠹也。二变以变宫为君，四清以黄钟清为君。事以时作，固可变也。而君不可变；太簇、大吕、夹钟、或可分也，而黄钟不可分。岂古人所谓尊无二上之旨哉？"壬辰，诏曰："朕惟隆礼作乐，实治内修外之先务，损益述作，其敢后乎？其令讲议司官详求历代礼乐沿革，酌古今之宜，修为典训，以贻永世，致安上治民之至德，著移风易俗之美化，乃称朕咨诹之意焉。"

三年正月，汉津言曰："臣闻黄帝以三寸之器名为《咸池》，其乐曰《大卷》，三三而九，乃为黄钟之律。禹效黄帝之法，以声为律，以身为度，用左手中指三节三寸，谓之君指，裁为宫声之管；又用第四指三节三寸，谓之臣指，裁为商声之管；又用第五指三节三寸，谓之物指，裁为羽声之管。第二指为民、为角，大指为事、为徵，民与事，君臣治之，以物养之，故不用为裁管之法。得三指合之为九寸，即黄钟之律定矣。黄钟定，余律从而生焉。臣今欲请帝中指、第四指、第五指各三节、先铸九鼎，次铸帝坐大钟，次铸四韵清声钟，次铸二十四气钟，然后均弦裁管，为一代之乐制。

其后十三年，帝一日忽梦人言："乐成而凤凰不至乎！盖非帝指也。"帝寤，大悔叹，谓："崇宁初作乐，请吾指寸，而内侍黄经臣执谓'帝指不可示外人'，但引吾手略比度之，曰'此是也。'盖非人所知。今神告朕如此，且奈何？"于是再出中指寸付蔡京，密命刘昺试之。时昺终匿汉津初说，但以其前议为度，作一长笛上之。帝指寸即长于旧，而长笛殆不可易，以动人观听，于是遂止。盖京之子绦云。

秋七月，景钟成。景钟者，黄钟之所自出也。垂则为钟，仰则为鼎。鼎之大，终于九斛，中声所极。制炼玉屑，入于铜齐，精纯之至，音韵清越。其高九尺，拱以九龙，惟天子亲郊乃用之。立于宫架之中，以为君围。于是命翰林学士承旨张康国为之铭，其文曰："天造我宋，于穆不已。四方来和，十又二纪。乐象厥成，维其时矣。迪惟有夏，度自禹起。我龙受之，天地一指。于论景钟，中声所止。有作于期，无袭于彼。九九以生，律吕根柢。维此景钟，非弇非侈。在宋之庭，屹然中峙。天子万年，既多受祉。维此景钟，上帝命尔。其承伊何，以燕翼子。永言实之，宋乐之始。"

宋史卷一二九
志第八二

乐　四

　　崇宁四年七月，铸帝鼐、八鼎成。八月，大司乐刘昺言："大朝会宫架旧用十二熊罴按，金镯、箫、鼓、鬖篥等与大乐合奏。今所造大乐，远稽古制，不应杂以郑、卫。"诏罢之。又依昺改定二舞，各九成，每三成为一变，执龠秉翟，扬戈持盾，威仪之节，以象治功。庚寅，乐成，列于崇政殿。有旨，先奏旧乐三阕，曲未终，帝曰："旧乐如泣声。"挥止之。既奏新乐，天颜和豫，百僚称颂。九月朔，以鼎乐成，帝御大庆殿受贺。是日，初用新乐，太尉率百僚奉觞称寿，有数鹤从东北来，飞度黄庭，回翔鸣唳。乃下诏曰："礼乐之兴，百年于此。然去圣愈远，遗声不存。乃者，得隐逸之士于草茅之贱，获《英茎》之器于受命之邦。适时之宜，以身为度，铸鼎以起律，因律以制器，按协于庭，八音克谐。昔尧有《大章》，舜有《大韶》。三代之王亦各异名。今追千载而成一代之制，宜赐新乐之名曰《大晟》，朕将荐郊庙、享鬼神和万邦。与天下共之。其旧乐勿用。"

　　先是，端州上古铜器，有乐钟，验其款识，乃宋成公时。帝以端王继大统，故诏言受命之邦，而隐逸之士谓汉津也。朝廷旧以礼乐掌于太常，至是专置大晟府，大司乐一员、典乐二员并为长贰，大乐令一员，协律郎四员，又有制撰官，为制甚备，于是礼乐始分为二。

　　五年九月，诏曰："乐不作久矣！朕承先志，述而作之，以追先王之绪；建官分属，设府庀徒，以成一代之制。二月，尝诏省内外冗官，大晟府亦并之礼官。夫舜命夔典乐,命伯夷典礼,礼乐异道,各分所守,岂可同职?其大晟府名可复仍旧。"

又诏曰:"乐作已久,方荐之郊庙,施于朝廷,而未及颁之天下。宜令大晟府议颁新乐,使雅正之声被于四海,先降三京四辅,次帅府。"

大观二年,诏曰:"自唐以来,正声全失,无徵角之音,五声不备,岂足以道和而化俗哉?刘诜所上徵声,可令大晟府同教坊依谱按习,仍增徵、角二谱,候习熟来上。"初,进士彭几进乐书,论五音,言本朝以火德王,而羽音不禁,徵调尚缺。礼部员外郎吴时善其说,建言乞召几至乐府,朝廷从之。至是,诜亦上徵声,乃降是诏。

三年五月,诏:"今学校所用,不过春秋释奠,如赐宴辟雍,乃用郑、卫之音,杂以俳优之戏,非所以示多士。其自今用雅乐。"

四年四月,议礼局言:"国家崇奉感生帝、神州地祇为大祠,以僖祖、太祖配侑,而有司行事不设宫架、二舞,殊失所以尊祖、侑神作主之意。乞皆用宫架、二舞。"诏可。六月,诏近选国子生教习二舞,以备祠祀先圣,本《周官》教国子之制。然士子肄业上庠,颇闻耻于乐舞与乐工为伍、坐作、进退。盖今古异时,致于古虽有其迹,施于今未适其宜。其罢习二舞,愿习雅乐者听。

八月,帝亲制《大晟乐记》,命太中大夫刘昺编修《乐书》,为八论:

其一曰:乐由阳来,阳之数极于九,圣人摄其数于九鼎,寓其声于九成。阳之数复而为一,则宝鼎之卦为《坎》;极而为九,则彤鼎之卦为《离》。《离》,南方之卦也。圣人以光明盛大之业,如日方中,向明而治,故极九之数则曰景钟,大乐之名则曰《大晟》。日王于午,火明于南,乘火德之运,当丰大之时,恢扩规模,增光前烈,明盛之业,永观厥成。乐名《大晟》,不亦宜乎?

其二曰:后世以黍定律,其失乐之本也远矣。以黍定尺,起于西汉,盖承《六经》散亡之后,闻古人之绪余而执以为法,声既未协,乃屡变其法而求之。此古今之尺所以至于数十等,而至和之声愈求而不可得也。《传》曰："万物皆备于我矣,反身而诚,乐莫大焉!"和黍云乎哉?

其三曰:焦急之声不可用于隆盛之世。昔李照欲下其律,乃曰:"异日听吾乐,当令人物舒长。"照之乐固未足以感动和气如此,然亦不可谓无其意矣。自艺祖御极,和乐之声高,历一百五十余年,而后中正之声乃定。盖奕世修德,和气薰蒸,一代之乐,理若有待。

其四曰:盛古帝王皆以明确堂为先务,后世知为崇配、布政之宫,然要妙之旨,秘而不传,徒区式于形制之末流,而不知帝王之所以用心也。且盛德在木,则居青阳,角声乃作;盛德在火,则居明堂,徵声乃作盛德在金,则居总章,商声乃作;盛德在水,则居玄堂,羽声乃作;盛德在土,则居中央,宫声乃作,其应时之妙,不可胜言。一岁之中,兼总五运,凡丽于五行者,以声召气,无不总摄。鼓宫,宫动,鼓角,角应:彼亦莫知所以使之者。则永膺寿考,历数过期,不亦宜乎?

其五曰:魏汉津以太极元气,函三为一,九寸之律,三数退藏,故八寸七寸,为中声。正声得正气则用之,中声得中气则用之。宫架环列,以应十二辰;中正之声,以应二十四气;加四清声,以应二十八宿。气不顿进,八音乃谐。若立春在岁元之后,则迎其气而用之,余悉随气用律,使无过不及之差,则所以感召阴阳之和,其法不亦密乎?

其六曰:乾坤交于亥,而子生于黄钟之宫,故禀于乾,交于亥,任于壬,生于子。自乾至子凡四位,而清声具焉。汉津以四清为至阳之气,在二十八宿为虚、昂、星、房、四者居四方之正位,以统十二津。每清声皆有三统:申、子、辰属于虚而统于子,巳、酉、丑属于昂而统于丑,寅、午、戌属于星而统于寅,亥、卯、未属于房而统于卯。中正之声分为二十四宿,统于四清焉。

其七曰:"昔人以乐之器有时而弊,故律失则求之于钟,钟失则求之鼎,得一鼎之龠,则权衡度量可考而知。故鼎以全浑沦之体,律吕以达阴阳之情,天地之间,无不统摄机缄运用,万物振作,则乐之感人,岂无所自而然耶?

其八曰:圣上稽帝王之制而成一代之乐,以谓帝舜之乐以教胄子,乃颁之于宗学;成周之乐,掌于成均,乃颁之府学、辟雍、太学;而三京藩邸,凡祭祀之用乐者皆赐之;于是中正之声披天下矣。汉施郑声于朝廷,唐升夷部于堂上,至于房中之乐,唯恐淫哇之声变态之不新也。圣上乐闻平淡之音,而特诏有司制为宫架,施之于禁庭,房中用雅乐,自今朝始云。

又为图十二:一曰五声,二曰八音,三曰十二律应二十八宿,四曰七均应二十八宿,五曰八十四调,六曰十二律所生,七曰十二律应二十四气,八曰十二律钟正声,九曰堂上乐,十曰金钟玉磬,十一曰宫架,十二曰二舞。图虽不能具载,观其所序,亦可以知其旨意矣:

天地相合,五数乃备。不动者为五位,常动者为五行,五行发而为五声。律吕相生,五声乃备,布于十二律之间,犹五纬往还于十又二次,五运斡旋于十又二时。其图五声以此。

两仪既判,八卦肇分。气盈而动,八风行焉。颛帝乃令飞龙效八风之音,命之曰《承云》。方是时,金、石、丝、竹、匏、土、革、木之音未备,后圣有作,以八方之物全五声者,制而为八音,以声召气,八风从律。其图八音以北。

上象著明器形,而下以声召气,吻合元精。其图十二律应二十八宿以北。

斗在天中,周制四方,犹宫声处中为四声之纲。二十八舍列在四方,用之于合乐者,盖东方七角属木,南方七徵属火。西方七商属金,北方七羽属水。四方之宿各有所属,而每方之中,七均备足。中央七宫管摄四气。故二十八舍应中正之声者,制器之法也;二十八舍应七均之声者,和声之术也。其图七均应二十八宿以此。

合阴阳之声而文之以五声,则九六相交,均声乃备。黄钟为宫,是谓天统;林钟为徵,是谓地统;太簇为商,是谓人统。南吕为羽,于时属秋;姑洗为角,于时属春;应钟为变宫,于时属冬;蕤宾为变徵,于时属夏。旋相为宫,而每律皆具七声,而八十四调备焉。其图八十四调以此。

自黄钟至仲吕,则阳数极而为《乾》,故其位在左;蕤宾至应钟,则阴数极而为《坤》,故其位在右。阴穷则归本,故应钟自生阴律;阳穷则归本,故仲吕自归阳位。律吕相生,起于《复》而成于《乾》,终始皆本于阳,故曰:"乐由阳来",六吕则同之而已。相生之位,分则为《乾》、《坤》之爻,合则为《既济》、《未济》之卦。自黄钟至仲吕为《既济》,故属阳而居左;自蕤宾至应钟为《未济》,故属阴而居右。《易》始于《乾》、《坤》而终于《既济》、《未济》,天地辨位而水火之气交际于其中,造化之源皆自此出。其图十二律所生以此。

二十四气差之毫厘,则或先天而太过,或后天而不及。在律为声,在历为气。若气方得节,乃用中声;气已及中,犹用正律。其图十二律应二十四气以此。

汉津曰:"黄帝、夏禹之法,简捷径直,得于自然,故善作乐者以声为本。若得其声,则形数、制度当自我出。今以帝指为律,正声之律十二,中声之律十二,清声凡四,共二十又八"云。其图十二律以此。

堂上之乐,以人声为贵,歌钟居左,歌磬居右。近世之乐,曲不协律,歌不择人,有先制谱而后命辞。奉常旧工,村野癃老者斥之。升歌之工,选择惟艰,故堂上之乐铿然特异焉。其图堂上乐以此。

金玉之精,禀气于乾,故堂上之乐,钟必以金,磬必以玉。《历代乐仪》曰:"歌磬次歌钟之西,以节登歌之句。"即《周官》颂磬也。神考肇造玉磬,圣上绍述先志,而堂上之乐方备,非圣智兼全、金声而玉振之者,安能与于天道哉?其图金钟玉磬以此。

《大晟》之制,天子亲祀圆丘,则用景钟为君围,镈钟、特磬为臣围,编钟、编磬为民围,非亲祀则不用君围。汉津以谓:"宫架总摄四方之气,故《大晟》之制,羽在上而以四方之禽,虡在下而以四方之兽,以象凤仪、兽舞之状。龙簨崇牙,制作华焕。"共图宫架以此。

新乐肇兴,法夏龠九成之数:文舞九成,终于垂衣拱手,无为而治;武舞九成,终于偃武修文,投戈讲艺。每成进退疾徐,抑扬顾揖,皆各象方今之动烈。文舞八佾,左执龠,右秉翟。盖龠为声之中,翟为文之华,秉中怕而昌文德。武舞八佾,执干戈而进,以金鼓为节。其图二舞以此。

又列八音之器,金部有七:曰景钟,曰镈钟,曰编钟,曰金錞,曰金镯,曰金铙,曰金铎。

其说以谓:

景钟乃乐之祖,而非常用之乐也。黄帝五钟,一曰景钟。景,大也。钟,四方之声,以象厥成。惟功大者其钟大,世莫识其义久矣。其声则黄钟之正,而律吕由是生焉。平时不考,风至则鸣。镈钟形声宏大,各司其辰,以管摄四方之气。编钟随月用律,杂比成文,声韵清越。錞、镯、铙、铎,古谓之四金。鼓属乎阳,金属乎阴。阳造始而为之倡,故以金錞和鼓;阳动而不知已,故以金镯节鼓。阳之用事,有时而终,故以金铙止鼓。时止则止,时行则行,天之道也,故以金铎通鼓。金乃《兑》音,《兑》为口舌,故金之属皆象之。

石部有二:曰特磬,曰编磬。其说以谓:

"依我磬声"以石有一定之声,众乐依焉。则钟磬未尝不相须也。往者,国朝祀天地、宗庙及大朝会,宫架内只设镈钟,惟后庙及用特磬,若已升祔后庙,遂置而不用。如此,则金石之声小大不侔。《大晟》之制,金石并用,以谐阴阳,汉津之法,以声为主,必用泗滨之石,故《禹贡》必曰"浮磬"者,远土而近于水,取之实难。昔奉常所用,乃以白石为之,其声沉下,制作简质,理宜改造焉。

丝部有五：曰一弦琴，曰三弦琴，曰五弦琴，曰七弦琴，曰九弦琴，曰瑟。其说以谓：

汉津诵其师之说曰："古者，圣人作五等之琴，琴主阳，一、三、五、七、九，生成之数也，师延拊一弦之琴，昔人作三弦琴，盖阳数成于三。伏羲作琴有五弦，神农氏为琴七弦，琴书以九弦象九星。五等之琴，额长二寸四分，以象二十四气；岳阔三分，以象三才；岳内取声三尺六寸，以象期三百六十日；龙断及折势四分，以象四时；共长三尺九寸一分，成于三，极于九。九者，究也。复变而为一之义也。《大晟》之瑟长七尺二寸，阴爻之数二十又四，极三才之阴数而七十又二，以象一岁之候，既罢筝、筑、阮、丝声稍下，乃增瑟之数为六十又四，则八八之数法乎阴，琴之数则九十又九而法乎阳。"

竹部有三：曰长笛，曰篪，曰箫。其说以谓：

笛以一管而兼律吕，众乐由焉。三窍成龠，三才之和寓焉。六窍为笛，六律之声备焉。篪之制，采竹窍厚均者，用两节，开六孔，以备十二律之声，则篪之乐生于律。乐始于律而成于箫。律准凤鸣，以一管为一声，箫集众律，编而为器；参差其管，以象凤翼；箫然清亮，以象凤鸣。

匏部有六：曰竽笙，曰巢笙，曰和笙，曰闰余匏，曰九星匏，曰七星匏。其说以谓：

列其管为箫，聚其管为笙。凤凰于飞，箫则象之，凤凰戾止，笙则象之。故内皆用簧，皆施匏于下。前古以三十六簧为竽，十九簧为巢，十三簧为和，皆用十九数，而以管之长短、声之大小为别。八音之中，匏音废绝久矣。后世以木代匏，乃更其制，下皆用匏，而并造十三簧者，以象闰余。十者，土之成数；三者，木之生数；木得土而能生也。九簧者，以象九星。物得阳而生，九者，阳数之极也。七簧者，以象七星。笙之形若鸟敛翼，鸟，火禽，火数七也。

土部有一：曰埙。其说以谓：

释《诗》者以埙、篪异器而同声，然八音孰不同声，必以埙、篪为况？尝博询其旨，盖八音取声相同者，惟埙、篪为然。埙、埙皆六孔而以五窍取声。十二律始于黄钟，终于应钟。二者，其窍尽合则为黄钟，其窍尽开则为应钟。余乐不然。故惟埙、篪相应。

革部十又二：曰晋鼓，曰建鼓，曰鼗鼓，曰雷鼓，曰雷鼗，曰灵鼓，曰灵鼗，曰路鼓，曰路鼗，曰雅鼓，曰相鼓，曰搏拊。其说以谓：

凡言乐者，必曰钟鼓，盖钟为秋分之音而属阴，鼓为春分之音而属阳。金奏待鼓而后进者，雷发声而后群物皆鸣也；鼓复用金以节乐者，雷收声而后蛰虫坏歪户也。《周官》以晋鼓鼓金奏，阳为阴唱也。建鼓，少昊氏所造，以节众乐。夏加四足，谓之足鼓；商贯之以柱，谓之楹鼓；周县而击之，谓之县鼓。鼗者，鼓之兆也。天子赐诸侯乐，以柷将之；赐伯、子、男乐，以鼗将之。柷先众乐，鼗则先鼓而已。以雷鼓鼓天神，因天声以祀天也；以灵鼓鼓社祭，以天为神，则地为灵也；以路鼓鼓鬼享，人道之大也。以舞者迅疾，以雅节之，故曰雅鼓。相所以辅相于乐，今用节舞者之步，故曰相鼓。登歌今奏击拊，以革为之，实之以糠，升歌之鼓节也。

木部有二：曰柷，曰敔。其说以谓：

柷之作乐，敔之止乐，汉津尝问于李良，良曰："圣人制作之旨，皆在《易》中，《易》曰："《震》，起也。《艮》，止也。"柷、敔之义，如斯而已。柷以木为底，下实而上虚。《震》一阳在二阴之下，象其卦之形也。击其中，声出虚，为众乐倡。《震》为雷，雷出地奋，为春分之音，故为众乐之倡，而外饰以山林物生之状。《艮》位寅，为虎，虎伏则以象止乐。背有二十七刻，三九阳数之穷，夏之以竹，裂而为十，古或用十寸，或裂而为十二，阴数。十二者，二六之数，阳穷而以阴止之。

又有度、量、权、衡四法，候气、运律、教乐、运谱四议，与律历、运气或相表里，甚精微矣，兹独采其言乐事显明者，凡为书二十卷。

说者以谓蔡京使昺为缘饰之，以布告天下云。

　　政和二年，赐贡士闻喜宴于辟雍，仍用雅乐，罢琼林苑宴。兵部侍郎刘焕言："州郡岁贡士，例有宴设，名曰：'鹿鸣'，乞于斯时许用雅乐，易去倡优淫哇之声。"八月，太常言："宗庙、太社、太稷并为大祠，今太社、太稷登歌而不设宫架乐舞，独为未备，请迎神、送神、诣罍洗、归复位、奉俎、退文舞、迎武舞、亚终献、望燎乐曲，并用宫架乐，设于北壝之北。"诏皆从之。

　　三年四月，议礼局上亲祠登歌之制：大朝会同。

　　　　金钟一，在东；玉磬一，在西：俱北向。柷一，在金钟北，稍西；敔一，在玉磬北，稍东。搏拊二：一在柷北，一在敔北，东西相向。一弦、三弦、五弦、七弦、九弦琴各一，瑟四，在金钟之南，西上；玉磬之南亦如之，东上。又于午阶之东，太庙则于泰阶之东，宗祀则于东阶之西，大朝会则于丹墀香案之东。设笛二、篪一、巢笙二、和笙二、为一列，西上。大朝会，和笙在篪南。埙一，在笛南。大朝会在篪南。闰余匏一，第一，各在巢笙南。又于午阶之西，太庙则于泰阶之西，宗祀则于西阶之东，大朝会则于丹墀香案之西。设笛二、篪一、巢笙二，和笙二，为一列，东上。埙一，在笛南。七星匏一，九星匏一，在巢笙南。箫一，在九星匏西。钟、磬、柷、敔、搏拊、琴、瑟工各坐于坛上，太庙、宗祀大朝会则于殿上。埙、篪、笙、笛、箫匏工并立于午阶之东西，太庙则于泰阶之东西，宗祀则于西阶之间，大朝会则于丹墀香案之东西。乐正二人在钟、磬南，歌工四人在敔东，俱东西相向。执麾挟仗色掌事一名，在乐虡之西，东向。乐正紫公服，大朝会服绛朝服，方心曲领、绯白大带、金铜革带、乌皮履。乐工黑介帻，执麾平巾帻：并绯绣鸾衫，白绢夹袴、抹带。大朝会同。又上亲祠宫架之制：景灵官、宣、德门、大朝会附。

　　　　四方各设编钟三、编磬三。东方，编钟起北，编磬间之，东向。西方，编磬起北，编钟间之，西向。南方，编磬起西，编钟间之；北方，编钟起西，编磬间之：俱北向。设十二镈钟、特磬于编架内,各依月律。四方各镈钟三、特磬三。东方,镈钟起北,特磬间之,东向。西方,特磬起北,镈钟间之,西向。南方,特磬起西,镈钟间之;北方,镈钟起西,特磬间之:皆北向。景灵宫、天兴殿镈钟、编钟、编磬如每岁大祠宫架陈设。

植建鼓、鞞鼓、应鼓于四隅,建鼓在中,鞞鼓在左,应鼓在右。设柷、敔于北架内:柷一,在道东;敔一,在道西。设瑟五十二,朝会五十六,宣德门五十四。列为四行;二行在柷东,二行在敔西。次,一弦琴七,左四右三。次,三弦琴一十又八;宣德门二十。次,五弦琴一十又八:宣德门二十。并分左右。次,七弦琴二十又三;次,九弦琴二十又三:并左各十又二,右各十又一。宣德门七弦,九弦各二十五,并左十又三,右十又二。次,巢笙二十又八,分左右。宣德门三十二。次,匏笙三,在巢笙之间,左二、右一。次,箫二十又八;宣德门、大朝会二十。次,竽二十;次,篪二十又八;宣德门三十六。朝会篪三十三:左十又七,右十又六。次,埙一十又八;宣德门、朝会二十。次,笛二十八:并分左右。宣德门笛三十六。朝会三十三:左十又七,右十又六。雷鼓、雷鼗各一,在左;文雷鼓,雷鼗各一在右:地祇:灵鼓、灵鼗各二。太庙:路、鼗各二。大朝会晋鼓二。宣德门不设。并在三弦、五弦琴之间,东西相向。晋鼓一,在匏笙间,稍南北向。

副乐正二人在柷、敔之前,北向。歌工三十又二,宣德门四十。朝会三十又六。次柷、敔,东西相向,列为四行,左右各二行。乐师四人,在歌工之南北,东西相向。运谱二人,在晋鼓之左右,北向。执麾挟仗色掌事一名,在乐虡之右,东向。副乐正同乐正服,大朝会同乐正朝服。乐师绯公服,运谱缘公服,大朝会介帻、绛褠衣、白绢抹带。乐工执麾人并同登歌执麾人服。朝会同。

又上亲祠二舞之制:大朝会同。

文舞六十四人,执龠翟;武舞六十四人,执干戚:俱为八佾。文舞分立于表之左右,各四佾。引文舞二人,执纛在前,东西相向。舞色二人,在执纛之前,分东西。若武舞则在执旌之前。

引武舞,执旌二人,鼖二人,双铎二人,单铎二人,铙二人,持金镯四人,奏金镯二人,钲二人,相二人,雅二人,各立于宫架之东西,北向,北上,武舞在其后。舞色长幞头、抹额、紫绣袍。引二舞头及二舞郎,并紫平冕、皂绣鸾衫、金铜革带、乌皮履。大朝会引文舞头及文舞郎并进贤冠、黄鸾衫、银褐裙、绿襈裆、革带、乌皮履;引武舞头及武舞郎并平巾帻、绯鸾衫、黄画甲身、紫襈裆、豹文大口袴、起梁带、乌皮靴。引武舞人,武弁、绣绯鸾衫、抹额、红锦臂鞲、白绢靴、金铜革带、乌皮履。大朝会同。

又上大祠、中祠登歌之制:

编钟一,在东;编磬一,在西:俱北向。柷一,在编钟之北,稍西;敔一,在编磬之北,稍东。搏拊二:一在柷北,一在敔北,俱东西相向。一弦、三弦、五弦、七弦、九弦琴各一,瑟一,在编钟之南,西上,编磬之南亦如之,东上。坛下午阶之东,太庙、别庙则于殿下泰阶之东,明堂、祠庙则于东阶之西。设笛一、篪一、埙一,为一列,西上。和笙一,在笛南;巢笙一,在篪南;箫一,在埙南。午阶之西亦如之,东上。太庙、别庙则泰阶之西,明堂、祠庙同于西阶之东。钟、磬、柷、敔、搏拊琴、瑟工各坐于坛上,明堂、太庙、别庙于殿上,祠庙于堂上。埙篪、笙、笛、箫工并立于午阶东西。太庙、别庙于太阶之东西,明堂、祠庙于两阶之间,若不用宫架,即登歌工人并坐。乐正二人在钟、磬南,歌工四人在敔东,俱东西相向。执麾挟仗色掌事一名,在乐虡之西,东向。乐正公服,执麾挟仗色掌事平巾帻,乐工黑介帻,并绯绣鸾衫,白绢抹带。三京帅府等每岁祭社稷,祀风师、雨师、雷神,释奠文宣王,用登歌乐,陈设乐器并同。每岁大、中祠登歌。

又上大祠宫架、二舞之制。

四方各设镈钟三。各依月律。编钟一,编磬一。北方,应钟起西,编钟次之,黄钟次之,编磬次之,大吕次之,皆北向。东方,太簇起北,编钟次之,夹钟次之,编磬次之,姑洗次之,皆东向。南方,仲吕起东,编钟次之,蕤宾次之,编磬次之,林钟次之，皆北向。西方，夷则起南，编钟次之，南吕次之，编磬次之，无射次之，皆西向。设十二特磬，各在镈钟之内。

　　植建鼓、鞞鼓、应鼓于四隅。设柷、敔于北架内，柷在左、敔在右。雷鼓、雷鼗各二，地祇以灵鼓、灵鼗，太庙、别庙以路鼓、路鼗。分东西，在歌工之侧。瑟二，在柷东。次，一弦、三弦、五弦、七弦，九弦琴各一，各为一列。敔西亦如之。巢笙、箫、竽、篪、埙、笛各四，为四列，在雷鼓之后；若地祇即在灵鼓后，太庙、别庙在路鼓后。晋鼓一，在笛之后：俱北向。副乐正二人在柷、敔之北。歌工八人，左右各四，在柷、敔之南，东西相向。执麾挟仗色掌事一名，在宫架西，北向。副乐正本色公服。执麾挟仗色掌事及乐正平巾帻，服同登歌乐工。凡轩架之架，三面，其制，支宫架之南面；判架之乐二面，其制，又去轩架之北向；特架之乐一面，文武二舞并同亲祠，惟二舞郎并紫平冕、皂绣袍、银褐裙、白绢抹带，与亲祠稍异。

诏并颁行。

　　五月，帝御崇政殿，亲按宴乐，召侍从以上待立。诏曰："《大晟之乐》已荐之郊庙，而未施于宴飨。比诏有司，以《大晟乐》播之教坊，试于殿庭，五声既具，无沾滞焦急之声，嘉与天下共之，可以所进乐颁之天下，其旧乐悉禁。"于是令尚书省立法，新徵、角二调曲谱已经按试者，并令大晟府刊行，后续有谱。依此。其宫、商羽调曲谱自从旧，新乐器五声、八音方全。埙、篪、匏、笙、石磬之类已经按试者，大晟府画图疏说颁行，教坊、钧容直、开封府各颁降二副。开封府用所颁乐器，明示依式造粥，教坊、钧容直及中外不得违。令辄高下其声，或别为他声，或移改增损乐器，旧来淫哇之声，如打断、哨笛、呀鼓、十般舞、小鼓腔、小笛之类与其曲名，悉行禁止，违者与听者悉坐罪。

　　八月，大晟府奏，以雅乐中声播于宴乐，旧阙徵、角二调，及无土、石、匏三音，今乐并已增入。诏颁降天下。九月，诏："《大晟乐》颁于太学、辟雍、诸生习学，所服冠以异，袍以素纱、皂缘，绅带，佩玉。"从刘昺制也。

昺又上言曰："五行之气,有生有克,四时之禁,不可不颁示天下。盛德在木,角声乃作,得羽而生,以徵为相;若用商则刑,用宫则战,故春禁宫、商。盛德在火,徵声乃作,得角而生,以宫为相;若用羽则刑,用商则战,故夏禁商、羽。盛德在土,宫声乃作,得徵而生,以商为相;若用角则刑,用羽则战,故季夏土王。宜禁角、羽。盛德在金,商声乃作,得宫而生,以羽为相;若用徵则刑,用角则战,用秋禁徵、角。盛德在水,羽声乃作,得商而生,以角为相;若用宫则刑,用徵则战,故冬禁宫、徵。此三代之所共行,《月令》所载,深切著明者也。作乐本以导和,用失其宜,则反伤和气。夫淫哇淆杂,干犯四时之气久矣。陛下亲洒宸翰,发为诏旨,淫哇之声转为雅正,四时之禁亦有所颁,协气则粹美,绎如以成。"诏令大晟府置图颁降。

四年正月,大晟府言:"宴乐诸宫调多不正,如以无射为黄钟宫,以夹钟为中吕宫,以夷则为仙吕宫之类。又加越调、双调、大食、小食,皆俚俗所传,今依月律改定。"诏可。

六年,诏:"先帝尝命儒臣肇造玉磬,藏之乐府,久不施用,其令略加磨砻,俾与律合。并造金钟,专用于明堂。"又诏:"《大晟》雅乐,顷岁已命儒臣著乐书,独宴乐未有纪述。其令大晟府编集八十四调并图谱,令刘昺撰以为《宴乐新书》。"十月,臣僚乞以崇宁、大观、政和所行珍瑞名数,分命儒臣作为颂诗,协以新律,荐之郊庙,以告成功。诏送礼制局。

七年二月,典乐裴宗元言:"乞按习《虞书》赓载之歌,夏《五子之歌》,商之《那》,周之《关雎》、《麟趾》、《驺虞》、《鹊巢》、《鹿鸣》、《文王》、《清庙》之诗。"诏可。中书省言:"高丽,赐雅乐,乞习教声律、大晟府撰乐谱辞。"诏许教习,仍赐乐谱。

三月,议礼局言:"先王之制,舞有小大:文舞之大,用羽、龠;文舞之小,则有羽无龠,谓之羽舞。武舞之大,用干、戚;武舞之小,则有干无戚,谓之干舞。武舞又有戈舞焉。而戈不用于大舞。近世武舞以戈配干,未尝用戚,乞武舞以戚配干,置戈不用,庶协古制。"

又言："伶州鸠曰：'大钧有镈无钟，鸣其细也；细钧有钟无镈。昭其大也。'然则钟，大器也；镈，小钟也。以宫、商为钧，则谓之大钧，其声大，故用镈以鸣其细，而不用钟；以角、徵、羽为钧，则谓之小钧，其声细，故用钟以昭其大，而不用镈。然后细大不逾，声应相保，和平出焉。是镈。钟两器，其用不同，故周人各立其官，后世之镈钟，非特不分大小，又混为一器，复于乐架编钟、编磬之外，设镈钟十二，配十二辰，皆非是，盖镈钟犹之特磬，与编钟、编磬相须为用者也。编钟、编磬，其阳声六，以应律吕，既应十二辰矣。复为镈钟十二以配之，则于义重复，乞宫架乐去十二镈钟，只设一大钟为钟、一小钟为镈、一大磬为特磬，以为众声所依。"诏可。

四月，礼制局言："尊祖配天者，郊祀也；严父配天者，明堂也。所以来天神而礼之，其义一也。则明堂宜同郊祀，用礼天神六变之乐，其宫架赤紫，用雷鼓、雷鼗。又圜丘方泽，各有大乐宫架，自来明堂就用大庆殿大朝会宫架。今明堂肇建，欲行创置。"

十月，皇帝御明堂平朔左个，始以天运政治颁于天下。是月也，凡乐之声，以应钟为宫，南吕为商、林钟为角、仲吕为闰徵、姑洗为徵、太簇为羽、黄钟为闰宫。既而中书省言："五声、六律、十二管还相为宫，若以左旋取之，如十月以应钟为宫，则南吕为商、林钟为角、仲吕为闰徵、姑洗为徵、太簇为羽、黄钟为闰宫；若以右旋七均之法，如十月以应钟为宫，则当用大吕为商、夹钟为角，仲吕为闰徵、蕤宾为徵、夷则为羽、无射为闰宫。明堂颁朔，用左旋取之，非是。欲以本月律为宫，右旋取七均之法。"从之。仍改正诏书行下。

自是而后，乐律随月右旋。

仲冬之月，皇帝御明堂，南面以朝百辟，退坐于平朔，授民时。乐以黄钟为宫，太簇为商、姑洗为角、蕤宾为闰徵、林钟为徵、南吕为羽、应钟为闰宫。调以羽，使气适平。

季冬之月，御明堂平朔右个。乐以大吕为宫、夹钟为商，仲吕为角、林钟为闰徵、夷则为徵、无射为羽、夹钟为闰宫。客气少阴火，调以羽，尚羽而抑徵。

孟春之月，御明堂青阳左个。乐以太簇为宫、姑洗为商、蕤宾为角、夷则为闰徵、南吕为徵、应钟为羽、大吕为闰宫。客气少阳相火，与岁运同，火气太过，调宜羽，致其和。

仲春之月，御明堂青阳。乐以夹钟为宫、仲吕为商、林钟为角、南吕为闰徵、无射为徵、黄钟为羽、太簇为闰宫。调以羽。

季春之月，御明堂青阳左个。乐以姑洗为宫、蕤宾为商、夷则为角、无射为闰徵、应钟为徵、大吕为羽、夹钟为闰宫。客气阳明，尚徵以抑金。

孟夏之月，御明堂左个，乐以仲吕为宫、林钟为商、南吕为角、应钟为闰徵、黄钟为徵、太簇为羽、姑洗为闰宫。调宜尚徵。

仲夏之月，御明堂。乐以蕤宾为宫、夷则为商、无射为角、黄钟为闰徵、大吕为徵、夹钟为羽、仲吕为闰宫。客气寒水，调宜尚宫以抑之。

季夏之月，御明堂右个。乐以林钟为宫、南吕为商、应钟为角、大吕为闰徵、太簇为徵、姑洗为羽、蕤宾为闰宫。调宜尚宫，以致其和。'

孟秋之月，御明堂总章左个，乐以夷则为宫、无射为商、黄钟为角、太簇为闰徵、夹钟为徵、仲吕为羽、林钟为闰宫。调宜尚商。

仲秋之月，御明堂总章。乐以南吕为宫、应钟为商、大吕为角、夹钟为闰徵、姑洗为徵、蕤宾为羽、夷则为闰宫。调宜尚商。

季秋之月，御明堂总章右个。乐以无射为宫、黄钟为商、太簇为角、姑洗为闰徵、仲吕为徵、林钟为羽、南吕为闰宫。调宜尚羽，以致其平。

闰月，御明堂，阖左扉。乐以其月之律。

十一月，知永兴军席旦言："太学、辟雍士人作乐，皆服士服，而外路诸生尚衣襕幞，望下有司考议，为图式以颁外郡。"

八年八月，宣和殿大学士蔡攸言：'九月二日，皇帝躬祀明堂，合用大乐。按《乐书》：'正声得正气则用之，中声得中气则用之'。自八月二十八日。已得秋分中气。大飨之日当用中声乐。今看详古之神瞽考中声以定律，中声谓黄钟也，黄钟即中声，非别有一中气之中声也。考阅前古，初无中、正两乐。若以一黄钟为正声。又以一黄钟为中声，则黄钟君声，不当有二。况帝指起律，均法一定。大吕居黄钟之次，阴吕也，臣声也。今减黄钟三分，则入大吕律大矣。易其名为黄钟中声，不唯纷更帝律，又以阴吕臣声僭窃黄钟之名。若依《乐书》‘正声得正气则用之，中声得中气则用之’，是冬至祀天、夏至祭地、常不用正声而用中声也。以黄钟为正声，易大吕为中声之黄钟，是帝律所起，黄钟常不用而大吕常用也。抑阳扶阴，退律进吕，为害斯大，无甚于此。今来宗祀明堂，缘八月中气未过，而用中声乐南吕为宫，则本律正声皆不得预。欲乞废中声之乐，一遵帝律，只用正声，协和天人，刊正讹谬，著于《乐书》。”诏可，攸又乞取已颁中声乐在天下者。

宣和元年四月，攸上书：

奉诏制造太、少二音登歌宫架，用于明堂，渐见就绪，乞报大晟府者凡八条：

一、太、正、少钟三等。旧制，编钟、编磬各一十六枚，应钟之外，增黄钟、大吕、太簇、夹钟四清声。今既分太、少，则四清声不当兼用，只以十二律正声各为一架。

其二，太、正、少琴三等。旧制，一、三、五、七、九弦凡五等。今来讨论，并依《律书》所载，只用五弦。弦大者为宫而居中央，君也。商张右傍，其余大小相次，不失其序，以为太、正、少之制，而十二律举无遗音。其一、三、五、七、九弦，太、少乐内更不制造。

其三，太、正、少龠三等。谨按《周官》龠章之职，和以迎寒暑。王安石曰：“龠，三孔，律吕于是乎生，而其器不行于世久矣。近得古龠，尝以颁行。”今如《尔雅》所载，制造太、正、少三等，用为乐本，设于众管之前。

其四，太正少笛、埙、篪箫各三等。旧制，第一十六管，如钟磬之制,有四清声。今既分太、少,其四清声亦不合兼用,只用十二管。

其五,大晟匏有三色:一曰七星,二曰九星,三曰闰余,莫见古制,匏备八音,不可缺数,今已分太、正、少三等,而闰余尤无经见,唯《大晟乐书》称"匏造十三簧者,以象闰余。十者,土之成数;三者,木之生数:木得土而能生也。"故独用黄钟一清声。黄钟清声无应闰之理,今去闰余一匏,只用两色,仍改避七星、九星之名,只曰七管、九管。

其六,旧制有巢笙、竽笙、和笙。巢笙自黄钟而下十九管,非古制度。其竽笙、和笙并以正律林钟为宫,三笙合奏,曲用两调,和笙奏黄钟曲,则巢笙奏林钟曲以应之,宫、徵相杂。器本宴乐,今依钟磬法,裁十二管以应十二律,为太、正、少三等,其旧笙更不用。

其七,柷、敔、晋鼓、镈钟、特磬,虽无太、少,系作止和乐,合行备设。

其八,登歌宫架有搏拊二器,按《虞书》"戛击鸣球,搏拊琴瑟。"王安石解曰:"或戛或击,或搏或拊。"与《虞书》所载乖戾。今欲乞罢而不用。

诏悉从之。攸之弟条曰:

初,汉津献说,请帝三指之三寸,三合而为九,为黄钟之律。又以中指之径围为容盛,度量权衡皆自是而出。又谓:"有太声、有少声。太者,清声,阳也,天道也;少者,浊声,阴也,地道也;中声,其间,人道也。合三才之道,备阴阳之奇偶,然后四序可得而调,万物可得而理。"当时以为迂怪。

刘昺之兄炜以晓乐律进,未几而卒。昺始主乐事,乃建白谓:太、少不合儒书。以《太史公书》黄钟八寸七分管为中声,奏之于初气;《班固书》黄钟九寸管为正声,奏之于中气。因请帝指时只用中指又不得径围为容盛,故后凡制器,不能成剂量,工人但随律调之,大率有非汉津之本说者。

及政和末，明堂成，议欲为布政调前事，乃召武臣前知宪州任宗尧换朝奉大夫为大晟府典乐。宗尧至，则言太、少之说本出于古人，虽王朴犹知之，而刘昺不用，乃自创黄钟为两律。黄钟，君也，不宜有两。

蔡攸方提举大晟府，不喜佗人预乐。有士人田为者，善琵琶，无行，攸乃奏为大晟府典乐，遂不用中声八寸七分管，而但用九寸管。又为一律，长尺有八寸，曰太声；一律长四寸又半，曰少声；是为三黄钟律矣。律与容盛又不翅数倍。黄钟既四寸又半，则圜钟几不及二寸。诸器大小皆随律，盖但以器大者为太，小者为少。乐始成，试之于政事堂，执政心知其非，然不敢言，因用之于明堂布政，望鹤愈不至。

倏又曰："宴乐本杂用唐声调，乐器多夷部，亦唐律，徵、角二调其均自隋、唐间已亡。政和初，命大晟府改用大晟律，其声下唐乐已两律。然刘昺只用所谓中声八寸七分管为之，又作匏、笙、埙、篪、皆入夷部。至于《徵招》、《角招》，终不得其本均，大率皆假之以见徵音。然其曲谱颇和美，故一时盛行于天下，然教坊乐工嫉之如仇。其后蔡攸复与教坊用事乐工附会，又上唐谱徵、角二声，遂再命教坊制曲谱，既成，亦不克行而止。然政和《徵招》、《角招》遂传于世矣。"

二年八月，罢大晟府制造所并协律官，四年十月，洪州奏丰城县民锄地得古钟，大小九具，状制奇异，各有篆文。验之《考工记》，其制正与古合，令乐工击之，其声中律之无射。绘图以闻。

七年十二月，金人败盟，分兵两道入，诏革弊事，废诸局，于大晟府及教乐所、教坊额外人并罢。靖康二年，金人取汴，凡大乐轩架、乐舞图、舜文二琴、教坊乐器、乐书、乐章、明堂布政闰月体式、景阳钟并虡、九鼎皆亡矣。

宋史卷一三○
志第八三

乐　五

　　高宗南渡,经营多难,其于稽古饰治之事,时靡遑暇。建炎元
年,首诏有司曰:"朕承祖宗遗泽,获托臣民之上,扶颠持危,夙夜痛
悼。况于闻乐以自为乐,实增感于朕心。"二年,复下诏曰:"朕方日
极忧念,屏远声乐,不令过耳。承平典故,虽实废名存,亦所不忍,悉
从减罢。"是岁,如据光武旧礼,以建武二载创立郊祀,乃十一月壬
寅祀天配祖,敕东京起奉大乐登歌物等赴行在所,就维扬江都筑坛
行事。凡卤簿、乐舞之类,率多未备,严更警场,至就取中军金鼓,权
一时之用。

　　绍兴元年,始飨明堂。时初驻会稽,而渡江旧乐复皆毁散。太
常卿苏迟等言:"国朝大礼作乐,依仪合于坛殿上设登歌,坛殿下设
宫架。今亲祠登歌乐器尚阙,宣和添用龠色,未及颁降,州郡无从可
以创制,宜权用望祭礼例,止设登歌,用乐工四十有七人。"乃访旧
工,以备其数。

　　四年,再飨,国子丞王普言:"按《书舜典》,命夔曰:'诗言志,歌
永言,声依永,律和声。'盖古者既作诗,从而歌之,然后以声律协和
而成曲。自历代至于本朝,雅乐皆先制乐章而后成谱。崇宁以后,
乃先制谱,后命词,于是词律不相谐协。且与俗乐无异。乞复用古
制。又按《周礼》,奏黄钟、歌大吕以祀天神。黄钟,堂下之乐;大吕,
堂上之乐也。郊祀之礼,皇帝版位在午阶下,故还位之乐当奏黄钟;

明堂版位在阼阶上,则还位当歌大吕。今明堂礼不下堂,而袭郊祀还位例,并奏黄钟之乐,于义未当。"寻皆如普议。

先是,帝尝以时难备物,礼有从宜,敕戒有司参酌损益,务崇简俭,仍权依元年例,今登歌通作宫架,其押乐、举麾官及乐工器服等,蠲省甚多。既而国步渐安,始以保境息民为务,而礼乐之事浸以兴矣。

十年,太常卿苏携言:"将来明堂行礼,除登歌大乐已备,见阙宫架、乐舞,诸路州军先有颁降登歌大乐,乞行搜访应用。"丞周执羔言:"大乐兼用文武二舞,今殿前司将下任道,系前大晟二舞色长,深知舞仪,宜令赴寺教习"卿陈桷言:"前期五使,例合按阅,仍诏应侍祠执事朝臣,并作乐教习。"礼仪博士周林复言:"神位席地陈设,至尊亲行酌献,堂上下皆地坐作乐,而钟磬工乃设木小榻,当教习日,使立以考击,庶革循习简陋之弊。"

初,上京谅暗,臣撩有请罢明堂行礼奏乐、受胙等事,上谕礼官详定。太常寺检照景德、熙礼亲郊典故,除郊庙、景灵宫并合用乐,其卤簿,鼓吹及楼前宫架、诸军音乐,皆备而不作。每处警场,止鸣金钲、鼓角而已,即无去奏乐、受胙之文。大飨为民祈福,为上帝、宗庙而作乐,礼不敢以卑废尊。《书》"敛五福,锡庶民"况熙宁礼尤可考,其赦文有曰:"六乐备舞,祥祉来臻",是也。于是诏遵行之。

其后,礼部侍郎施坰奏:"礼经蕃乐出于荒政,盖一时以示贬抑。昨内外暂止用乐,今徽考大事既毕,慈宁又已就养,其时节上寿,理宜举乐,一如旧制。"礼部寻言:"太母还宫,国家大庆,四方来贺。自今冬至、元正举行朝贺之礼,依国朝故事,合设大仗及用乐舞等,庶几明天子之尊,旧典不至废坠。"有诏,俟来年举行。

十有三年,郊祀,诏以祐陵深弓剑之藏,长乐遂晨昏之养,昭答神天,就临安行在所修建圆坛。于是有司言:"大礼排设备乐,宫架乐办一料外,登歌乐依在京夏祭例,合用两料。其乐器,登歌则用编钟、磬各一架;柷、敔二;搏拊、鼓二;琴五色,自一、二、三、五、七至九弦各二;瑟四;篪四;埙、篪、箫并二;巢笙、和笙各四;并七星、九曜、闰余匏笙各一;麾幡一。宫架则用编钟、编磬各十二架、柷、敔二;琴五色,各十;瑟二十六;巢笙及箫并一十四;七星、九曜、闰余匏笙各一;竽笙十;埙一十二;篪一十八;篴二十;晋鼓一;建鼓四;麾幡一。"乃从太常下之两浙、江南、福建州郡,又下之广东西、荆湖南北,括取旧管大乐,上于行都,有阙则下军器所制造,增修雅饰,而乐器浸备矣。其乐工,诏仪太常寺所请,选择行止畏谨之人,合登歌、宫架凡用四百四十人,同日分诣太社、太稷、九宫贵神。每祭各用乐正二人,执色乐工、掌事、掌器三十六人,三祭共一百一十四人。文舞、武舞计用一百二十八人,就以文舞番充。其二舞引头二十四人,皆召募补之。乐工、舞师照在京例,分三等廪给。其乐正、掌事、掌器,自六月一日教习;引舞,色长、文武舞头、舞师及乐工等,自八月一日教习。于是乐工渐集。

十四年,太常寺言:"将来大礼,见阙玉磬十六枚。其所定声律,系于玉分厚薄,取声高下。正声凡十有二,黄钟厚八分,进而为大吕、太簇、夹钟、姑洗、仲吕、蕤宾,林钟、夷则、南吕、无射、应钟、每律增一分,至应钟一寸九分而止;清声夹钟厚二寸三分,退而为太簇、大吕、黄钟,共四清声,各减一分,至黄钟二寸而止。"乃下之四川茶马司,宽数增分,市易以供用。太常博士张晟又言:"大乐所用武舞之饰,以干配刀,《周礼·司兵》'祭祀,授舞者兵',先儒谓'授以朱干,玉戚',《郊特牲》'朱干、玉戚,冕而舞大武'"。乃从所请,仿《三礼图》,令造玉戚,以配舞干。

是岁,始上徽宗徽号,特制《显安之乐》。至于奉皇太后册宝于慈宁宫,乐用《圣安》;皇后受册于穆清殿,乐用《坤安》:亦皆先后参次而举。《显安》以无射、夹钟为宫,《周大司乐》飨先王,奏无射而歌夹钟,"夹钟之六五,上生无射之上九。夹钟,卯之气。二月建焉,而辰在降娄;无射,戌之气,九月建焉,而辰在大火"无射,阳律之终,夹钟实为之合,盖取其相亲合而萃祖考之精神于假庙也。《圣安》纯用大吕,《坤安》纯用中吕。大吕,阴律之首,崇母仪也;中吕,阴律之次,明妇顺也。

明年,正旦朝会,始陈乐舞,公卿奉觞献寿。据元丰朝会乐:第一爵,登歌奏《和安之曲》,堂上之乐随歌而发;第二爵,笙入,乃奏瑞曲,惟吹笙而余乐不作;第三爵,奏瑞曲,堂上歌,堂下笙,一歌一吹相间;第四爵,合乐仍奏瑞曲,而上下之乐交作。今悉仿旧典,首奏《和安》,次奏《嘉木成文》、《沧海澄清》、《瑞粟呈祥》三曲,其乐专以太簇为宫。太簇之律,生气凑达万物,于三统为人正,于四时为孟春,故元会用之。

时级事中段拂等讨论景钟制度,按《大晟乐书》:"黄钟者,乐所自出,而景钟又黄钟之本,故为乐之祖,惟天子郊祀上帝则用之,自斋宫诣坛则击之,以召至阳之气。既至,声阒,众乐乃作。祀事既毕,升辇又击之。盖天者,群物之祖,今以乐之,祖感之,则天之百神可得而礼。音韵清越,拱以九龙,立于宫架之中,以为君围;环以四清声钟、磬、镈钟、特磬,以为臣围;编钟、编磬以为民围。内设宝钟球玉,外为龙虡凤琴。景钟之高九尺,其数九九,实高八尺一寸。垂则为钟,仰则为鼎。鼎之大,中于九斛,退藏实八斛有一焉。"内出皇祐大乐中黍尺,参以太常旧藏黄钟律编钟,高适九寸,正相吻合,遂遵用黍尺制造。

钟成,命左仆射秦桧为之铭。其文曰:"皇宋绍兴十六年,中兴天子以好生大德,既定寰宇,乃作乐以畅天地之化,以和神人。维兹景钟,首出众乐,天子专用禋祀,谨拜手稽首而献铭。其铭曰:'德纯懿兮舜、文继跻寿域兮孰内外?荐上帝兮伟兹器。声气应兮同久视。贻子孙兮弥万世。'旋又命礼局造镈钟四十有八、编磬一百八十七、特磬四十八及添制编钟等,命军器所造建鼓八、雷鼓二、晋鼓一、雷鼗二、柷敔各四。寻制金钟、玉磬二架。

初,元丰本虞庭鸣球及晋贺循采玉造磬之义,命荣咨道肇造玉磬。元祐亲祠,尝一用之,久藏乐府。至政和加以磨砻,俾协音律,并造金钟,专用于明堂。盖堂上之乐,歌钟居左,歌磬居右。金玉禀气于乾,纯精至贵,故钟必以金,磬必以玉,始备金声玉振之全,此中兴所以继作也。于是帝谕辅臣,以钟磬音律,其余皆和,惟黄钟、大吕犹未应律,宜熟加考究。诏礼官以铸造镈钟,更须详审,令声和而律应,乃可奉祀。命太常前期按阅,仍用皇祐进呈雅乐礼例。皇帝御射殿,召宰执、侍从、台谏、寺监、馆阁及武臣刺史以上,阅视新造景钟及礼器。皇帝即御坐,撞景钟,用正旦朝会三曲,奏宫架之乐,其制造官推恩有差。添置景钟乐正一,镈钟乐工十有二,特磬乐工亦如之。次降下古制铜一錞,增造其二;古铜铙一,增造其六。改造登歌夷则律玉磬,降到长箎二十有四,并付太常寺掌之,专俟大礼施用。

既而刑部郎官许兴古奏:"比岁休祥协应,灵芝产于庙楹,瑞麦秀于留都。昔乾德六年,尝诏和岘作《瑞木》、《驯象》及《玉鸟》、《皓雀》四瑞乐章,以备登歌。愿依典故,制为乐章,登诸郊庙。"诏从其请,命学士沈虚中作歌曲,以荐于太庙、圜丘、明堂。寻又内出御制郊祀大礼天地、宗庙乐章,及诏实执、学士院、两省官删修郊祀大礼乐章,付太常肄习。

天子亲祀南郊,圜钟为宫,三奏,乐凡六成,歌《景安》,用《文德武功之舞》;飨明堂,夹钟为宫,三奏,乐凡九成,歌《诚安》,用《佑文化俗》、《威功睿德之舞》。前二日,朝献景灵宫,圜钟为宫,三奏,凡六成,所奏乐与南郊同,歌《兴安》,用《发祥流庆》、《降真观德之舞》。前一日,朝飨太庙,黄钟为宫,三奏,乐凡九成,歌《兴安》,所用文武二舞与南郊同。僖祖庙用《基命之乐舞》,翼祖庙用《大顺之乐舞》,宣祖庙用《天元之乐舞》,太祖庙用《皇武之乐舞》,太宗庙用《大定之乐舞》。真宗、仁宗庙乐舞曰《熙文》、曰《美成》,英宗、神庙乐舞曰《治隆》、曰《大明》,哲宗,徽宗,钦宗庙乐舞曰《重光》、曰《承元》、曰《端庆》,皆以无射宫奏之。

每岁祀昊天上帝者凡四:正月上辛祈谷,孟夏雩祀,季秋飨明堂,冬至圜丘是也。圜钟为宫,乐奏六成,与南郊同,乃用《景安之歌》、《帝临嘉至神姝锡羡之舞》。祀地祇者:夏至祀皇祇,乐奏八成,乃用《宁安之歌》、《储灵锡庆严恭将事之舞》;立冬后祀神州地祇,乐奏八成,歌《宁安》,与祀皇地祇同名而异曲:《广生储祐》、《厚载凝福之舞》。孟春上生帝,其歌《大安》;其乐舞则于岁祀昊天同。三年一袷及时祫太庙,九成之乐,《兴安之歌》,与大礼前事朝祫同,而用《孝熙昭德》、《礼祫储祥之舞》。太社、太稷、用《宁安》,八成之乐,与岁奠祇同。到于亲制赞宣圣及七十二弟子,以广崇儒右文之声;亲视学,行酌献,定释奠为大祀,用《凝安》,九成之乐。郡邑行事,则乐止三成。他如亲飨先农、亲祀高禖,则敞坛壝、奏乐舞,按习于同文馆、法惠寺。亲耕籍田,则据宣和旧制,陈设大道,而引呈耒耜、护卫耕根车、仪仗鼓吹至以二千人为率。先农乐用《静安》;高禖乐用《景安》;皇帝亲行三推礼,乐用《乾安》。其补苴轶典、搜构弥文者至矣。先朝凡雅乐皆以"安"名,中兴一遵用之。

南郊乐,其宫圜钟即夹钟;明堂乐,其宫夹钟。圜钟即夹钟也。夹钟生于房、心之气,实为天帝之堂,故为天宫。祭地祇,其宫函钟,即林钟也。林钟生于未之气,未为坤位,而天社、地神实在东井、鬼舆之外,故为地宫。飨宗庙,其宫用黄钟。黄钟生于虚、危之气,虚、危为宗庙,故为人宫。此三者,各用其声类求之。然天宫取律之相次:圜钟为阴声第五,阴将极而阳生,故取黄钟为角。黄钟,阳声之首也。太簇,阳声之第二,故太簇为徵。姑洗,阳声之第三,故姑洗为羽。天道有自然之秩序,乃取其相次者以为声。地宫取律之相生:函钟上生太簇,故太簇为角;太簇下生南吕,南吕上生姑洗,故南吕为徵,姑洗为羽。地道资生而不穷,乃取其相生者以为声。人宫取律之相合:黄钟子,大吕丑,故黄钟为宫、大吕为角,子合丑也;太簇寅,应钟亥,故太簇为徵、应钟为羽,寅合亥也。人道以合而相亲,乃取其合者以为声。周之降天神、出地示、礼人鬼,乐之纲要实在于此。独商声置而不用,盖商声刚而主杀,实鬼神之所畏也。乐奏六成者,即仿周之六变,八成、九成亦如之。

文武二舞皆用八佾。国初,始改《崇德之舞》曰《文德》,改《象成之舞》曰《武功》。其《发祥流庆》、《降真观德》则祥符所制,以荐献圣祖;其《佑文化俗》、《威功睿德》则皇祐抽制,以奉明禋。其祀帝,有司行事,以《帝临嘉至》、《神娭锡羡》,与夫献太庙以《孝熙昭德》、礼洽储祥，则制于元丰。其《广生储祐》、《厚载凝福》以祀方泽，则制于宣和。至绍兴祀皇地祇，易以《储灵锡庆》、《严恭将事》，而用宣和所制舞以分祀神州地祇，转相缉熙，乐舞浸备。至中兴赓续裁定，实集其成。中祀而下，多有乐而无舞，则在《礼》"凡小祭祀不兴舞"之义也。

绍兴三十一年，有诏："教坊日下蠲罢，各令自便。"盖建炎以来，畏天敬祖，虔恭祀事，虽礼乐焕然一新，然其始终常以天下为忧，而未尝以位为乐，有足称者。

孝宗初践大位，立班设仗于紫宸殿，备陈雅乐。礼官寻请车驾亲行朝飨，用登歌、金玉大乐及彩绘宫架、乐舞；仗内鼓吹，以钦宗丧制不用。迨安穆皇后祔庙，礼部侍郎黄中首言："国朝故事，神主升祔，系用鼓吹导引，前至太庙，乃用乐舞行事。宗庙荐享虽可用乐，鼓吹施于道路，情所未安，请备而不作。"续下给、舍详仪，谓："荐享宗庙，为祖宗也，故以大包小，则别庙不嫌于用乐。今祔庙之礼为安穆而行，岂可与荐享同日语？将来祔礼，谒祖宗诸室，当用乐舞；至别庙奉安，宜停而不用。盖用乐于前殿，是不以钦宗而废祖宗之礼；停乐于别庙，是安穆为钦宗丧礼而屈也。如此，则于礼顺，于义允。"遂俞其请。既而右正言周操上言："祖宗前殿，尊无二上，其于用乐，无复有嫌。然用之享庙行礼之日则可，而用于今日之祔则不可。盖祔礼为安穆而设，则其所用乐是为安穆而用，虽曰停于别庙，而为祔后用乐之名犹在也。孰若前后殿乐俱不作为无可议哉？"诏从之。

隆兴元年天申节，率群臣诣德寿宫上寿，议者以钦宗除服，当举乐。事下礼曹，黄中复奏曰："臣事君，犹子事父也。《春秋》，贼未讨，不书葬，以明臣子之责。况钦宗实未葬，而可遽作乐乎？"事遂寝。

乾道改元，始郊见天地。太常洪适奏："圣上践阼，务崇乾德，郊丘讲礼，专以诚意交于神明。窃谓古今之不相沿乐，金石八音不入俗耳，通国鲜习其艺，而听之则倦且寐，独以古乐尝用之郊庙尔。昔

者,筝工、鼓员不应经法,孔光、何武尝奏罢于汉代,前史是之。今乐
工为数甚移,其卤簿六引、前后鼓吹,有司已奏明,诏三分减一,惟
昌肄习尚逾三月之淹。夫驱游手之人枞金击石,安能尽中音律,使
凤仪而兽舞? 而日给虚费,总为缗钱,近二钜万。若从裁酌,用一月
教习,自可应声合节,不至阙事。"于是诏郊祀乐工,令肄习一月。

太常寺复言:"郊祀合用节奏乐工、登歌宫架乐工、引舞舞工,
其分诣社稷及别庙,并番轮应奉,更不添置。"寻以礼官裁减坛下宫
架二百七人,省十之一;琴二十人,瑟十二人,各省其半;笙、箫、篪
可省者十有八人;篪、埙可省者十人。其分诣给祠凡一百十四,止用
八十人。钟、磬凡四十八架,止设三十有二人,其宫架钟、磬仍旧。排
殿门慢乐色量省人数,悉报如章。

礼部郎官萧国梁又言:"议礼者尝援绍兴指挥,时飨亚献既入
太室,即引终献行事,虽便于有司侍祠,免至跋倚,而其流将至于
简。宗庙用之郊飨,尤为非宜。盖有献必有乐,卒爵而后乐阙。今
亚、终献乐舞虽同,而其作有始,其成有终,不可乱也。若使之相继
行事,杂然于酌献之间,则其为乐舞者,不知亚献之乐耶,终献之乐
耶?"诏从其请订定。

淳熙六年,始举明堂禋礼,命五使按雅乐并严更、警场于贡院,
奉诏将乐器仪堂上、堂下仪制排设,五使及应赴官僚从旁立观按
阅,仍听往来察视。时大礼使赵雄言:"前例,阅乐至皇帝诣饮福位
一曲,即五使以下皆立,而每阅奠玉币及酌献等乐,皆坐自如,于礼
未尽,不当袭用前例。"故有是诏。

既而礼官讨论,自绍兴以来,凡五飨明堂,礼毕还辇,并未经用
乐,即无作乐节次可考。乃参酌礼例,成礼称贺及肆赦用乐导驾,并
用皇祐大飨典故施行。其南郊、明堂仪注,实述绍兴成宪,又命有司
兼酌元丰、大观旧典,为后世法程。其用乐作止之节,粲然可观:

前三日,太常设登歌乐于坛上,稍南,北向,设宫架于坛南
内壝之外,立舞表于缀缀之间。明堂登歌设于堂上前楹间宫架设于
庭中。前一日,设协律郎位二:一于坛上乐虡西北,一于宫架西

北。押乐宫二：太常丞于登歌乐虡北，太常卿于宫架北。省牲
之夕，押乐太常卿及丞入行乐架，协律郎展视乐器。

祀之日，乐正师工人、二舞以次入。皇帝乘舆，自青城斋殿
出，乐正撞景钟，降舆入大次，景钟止。明堂不用景钟。服大裘衮
冕，自正门入，协律郎跪，俯伏，举麾，兴。工鼓柷，宫架《乾安之
乐》作，凡升降、行止皆奏之。明堂奏《仪安》。至午阶版位，西向
立，协律郎偃麾戛敔，乐止。明堂至阼阶下，乐止。凡乐，皆协律郎
举麾而后作，偃麾击后止。礼仪使奏请行事，宫架作《景安之
乐》。明堂作《诚安》。

文舞进，左丞相等升，诣神位前，乐作，六成止。皇帝执大
圭再拜，内侍进御匜帨，宫架乐作，帨手毕，乐止。礼仪使前导
升坛，宫架乐作，至坛下，乐止。升自午阶，明堂并升自阼阶。登
歌乐作，至坛上，乐止。登歌《嘉安之乐》作，明堂至堂上作《镇
安》。奠镇圭、奠玉币于上帝，乐止。诣皇地祇、太祖太宗神位
前，如上仪。礼仪使导还版位，登歌乐作，降阶，乐止。明堂降自
阼阶。宫架乐作，至版位，乐止。奉俎官入正门，宫架《丰安之
乐》作，明常作《禧安》。跪，奠俎讫，乐止。内侍以御匜帨进，宫架
乐作，帨手拭爵，乐止。礼仪使导升坛，宫架乐作，至午阶，乐
止。升自午阶，登歌乐作，至坛上，乐止。明堂无升坛。登歌《禧
安之乐》作，明堂作《庆安》。诣神位前，三祭酒，少立，乐止。读
册，皇帝再拜。每诣神位并如之。礼仪使导还版位，登歌乐作，
降阶，乐止。宫架乐作，至版位，乐止。奏请还小次，宫架乐作，
入小次，乐止。

武舞进，宫架《正安之乐》作，明堂作《穆安》。舞者立定，乐
止。亚献，升，诣酌尊所，西向立，宫架《正安之乐》作。明堂皇太
子为亚献，作《穆安》。三祭酒，以次酌献如上仪，乐止。终献亦如
之。奏请诣饮福位，宫架乐作，至午阶，乐止。升自午阶，登歌
乐作，将至位，乐止。登歌《禧安之乐》作，明堂作《胙安》。饮福，
礼毕，乐止。礼仪使导还版位，登歌乐作，降阶，乐止。宫架乐

作，至版位，乐止，明堂不降阶。撤豆，合歌《熙安之乐》作，明堂作
《歆安》。送神，宫架《景安之乐》作，一成止。明堂作《诚安》。诣望
燎、望瘗位，宫架乐作，至位，乐止。明堂有燎无瘗。燎、瘗毕，还
大次，宫架《乾安之乐作》，明堂作《憩安》。至大次，乐止。皇帝乘
大辇出大次，乐正撞景钟，明堂不用景钟。鼓吹振作，降辇还斋
殿，景钟止。百官、宗室班贺于端诚殿，奏请圣驾进发，军乐导
引，至丽正门，大乐正令奏《采茨之乐》，入门，乐止。明堂就贺于
紫宸殿，不奏《采茨》。

　　乃御丽正门肆赦。前期，太常设宫架乐于门之前，设钲鼓
于其西，皇帝升门至御阁，大乐正撞黄钟之钟，右五钟皆应，
《乾安之乐》作，升御坐，乐止。金鸡立，太常击鼓，囚集，鼓声
止。宣制毕，大乐正令撞蕤宾之钟，左右钟皆应，皇帝还御幄，
乐止。乘辇降门，作乐，导引至文德殿，降辇，乐止。

　　按大礼用乐，凡三十有四色：歌色一，篪色二，埙色三，篴
色四，笙色五，箫色六，编钟七，编磬八，镈钟九，特磬十，琴十
一，瑟十二，柷、敔十三，搏拊十四，晋鼓十五，建鼓十六，鞞、应
鼓十七，雷鼓祀天神用。十八，雷鼗鼓同上。一十九，灵鼓祭地祇
用。二十，灵鼗鼓同上。二十一，露鼓飨宗庙用。二十二，露鼗鼓
同上。二十三，雅鼓二十四，相鼓二十五，单鼗鼓二十六，旌纛
二十七，金钲二十八，金錞二十九，单铎三十，双铎三十一，铙
铎三十二，奏坐三十三，麾幡三十四。此国乐之用尤大者，故具
载于篇。

初，绍兴崇建皇储，诏有司备礼册命，然在钦宗恤制，未及制
乐。乾道初元，诏立皇太子，命礼部、太常侍讨论旧礼以闻。受册日，
陈黄麾仗于大庆殿，设宫架乐于殿庭，皇帝升御坐，作《乾安之乐》，
升，用黄钟宫，降，用蕤宾宫。皇太子入殿门，作《明安之乐》，受册出
殿门亦如之，皆用应钟宫。至七年，易应钟而奏以姑洗。古者，太子
生则太师吹管以度其声，观所协之律。有虞典乐教胄子，自天子之
元子皆以乐为教，所以养其性情之正，荡涤邪秽，消融查滓而和顺

于道德,则陈金石雅奏,以重元良。册拜宜仿古谊,式昭盛礼。繇唐李世,储贰罕定,国家益多故而礼废乐阙。至于建隆定乐,虽诏皇太子出入奏《良安》,至道始册皇太子,有司言:"太子受册,宜奏《正安之乐》。"百年旷典,至是举行,中外胥悦。至天禧册命,礼仪院复奏改《正安之乐》。乾道之用《明安》,实祖述天禧,而以姑洗为宫,则唐东宫轩垂奏乐旧贯云。

孝宗素恭俭,每贺正使赴宴作乐,多遇上辛斋禁,有司条治平用乐典故以进。及生辰使上寿,适亲郊散斋,枢密副使陈俊卿请以礼谕北使,毋用乐。不得已,则上寿之日设乐,而宣旨罢之,及宴使人,然后用之,庶存事天之诚。上可其奏。且曰:"宴殿虽进御酒,亦勿用。"宰相叶颙、魏杞方主用乐之议,以为乐奏于紫宸,乃使客之礼。俊卿独奏曰:"适奉诏旨,仰见圣学高明,过古帝王远甚。彼初未尝必欲用乐,而我乃望风希意,自为失礼以徇之,他日轻侮,何所不至?"寻诏:"垂拱上寿止乐,正殿独为北使权用。"后三年,贺使当朝辞,复值散斋,上乃谕馆伴以决意去乐及议所以处之者,如使人必以作乐为言,则移茶酒就驿管领,遂有更不用乐之诏。

其后因雨泽愆期,分祷天地、宗庙,精修雩祀。按礼,大雩,帝用盛乐,而唐开元祈雨雩坛,谓之特祀,乃不以乐荐。于是太常朱时敏言:"《通典》载雩礼用舞僮歌《云汉》,晋蔡谟议谓:'《云汉》之诗,兴于宣王,歌之者取其修德禳灾,以和阴阳之义。'乞用舞僮六十四人,衣玄衣,歌《云汉》之诗。"诏亟从之。

淳熙二年,诏以上皇加上尊号,立春日行庆寿礼。有司寻言:"乾道加尊号,用宫架三十六,乐工共一百一十三人。今来加号庆寿,事体尤重,合依大礼例,用四十八架,乐正、乐工用一百八十八人,庶得礼乐明备。"仍令分就太常寺、贡院前五日教习。前期,太常设宫架之乐于大庆殿,协律郎位于宫架西北,东向;押乐太常卿位于宫架之北,北向;皇太子及文武百僚,并位于宫架之北,东西相向,又设宫架于德寿殿门外,协律郎、太常卿位如之。及发册宝日,仪仗、鼓吹列于大庆殿门,乐正、师二人以次入。赞者引押乐太常卿、协律郎入，就位，奏中严外办讫，礼仪使奏请皇帝恭行发册宝之礼，太常卿导册宝，《正安之乐》作。中书令奉宝、侍中奉册进行，《礼安之乐》作。发宝册毕，鼓吹振作，仪卫等以次从行。皇帝自祥曦殿辇至德寿宫行礼，册宝入殿门，作《正安之乐》。上皇出宫，作《乾安之乐》；升御坐，奉上册宝，作《圣安之乐》；降御坐，作《乾安之乐》。太后册宝进行，用《正安》；出阁升坐，用《坤安》；降坐入阁，复作《坤安之乐》。礼部尚书赵雄等言："国朝旧制，车驾出，奏乐。今庆殿典之行，亘古未有，自非礼仪详备，无以副中外欢愉之心。请庆寿行礼日，圣驾往还并用乐及簪花。"诏从之。既而太常又言："郊禋礼成，宜进胙慈闱，行上寿饮酒礼，所有上寿合办仙楼仍用乐，其乐人照天申节礼例。"凡上诣德寿宫，或恭请上皇游幸，或至南内，或上皇命同宴游，或时序赏适、过宫侍宴，或圣节张乐、珥花、奉玉卮为上皇寿，率从容竟日，隆养至乐，备极情文。

及高宗之丧，孝宗力行三年之制，有司虽未尝别设乐禁，而过期不忍闻乐。金使以会庆节来贺，稽之旧典，引对使人或许上寿，惟辍乐不举。孝宗断以礼典，却其书币，就馆遣行。次年再至，始用绍兴故事，移宴于馆而不作乐。高宗升祔，太常言："祔祫行礼，当设登歌、宫架、乐舞，晨裸馈食，其用乐如朝祫之制。"于是，高宗庙舫奏《大德之乐》舞。礼部言："今虞祔之行，纯用古礼，导引神主，自有卫仗及太常鼓吹，而杂用道、释，于礼非经，乞行蠲免。"诏从其请。

既而大享明堂，起居舍人郑侨奏："祭祀于事为大，礼乐于用为急，然先王处此，有常变之不同，各务当其礼而已。昔舜居尧丧，三载遏密，后世既用汉文以日易月之文，又用汉儒越绋行事之制，循习既久，不特用礼而又用乐，去古愈远。圣主躬服通丧，有司请举大礼，屈意从之。且大祫之礼，祭天地也，圣主身亲行之，行礼作乐，似不可废。其他官分献与夫先期奏告例用乐者，权宜蠲寝，不亦可乎？今若因明堂损益而裁定之，亦足为将来法。"乃命太常讨论，始诏除降神、奠玉币、奉俎、酌献、换舞、撤豆、送神仪典礼作乐外，所有皇帝及献官盥洗、登降等乐皆备而不作云。

宋史卷一三一

志第八四

乐　六

　　光宗受禅，崇上寿皇圣帝、寿成皇后暨寿圣皇太后尊号，寿皇乐用《乾安》，寿圣、寿成乐用《坤安》，三殿庆礼，在当时侈为盛仪。寻以礼部、太常寺言：“国朝岁飨上帝，太祖肇造王业，则配冬飨于圜丘；太宗混一区宇，则春祈谷、夏大雩、秋明堂俱配焉。高宗身济大业，功德茂盛，所宜奉侑，仰继祖宗，以协先儒严祖之议，以彰文祖配天之烈。”乃季秋升侑于明堂，奠币用《宗安之乐》，酌献用《德安之乐》，并登歌作大吕宫，及加上高宗徽号，奉册宝以告，用《显安之乐》。

　　绍熙元年，始行中宫册礼，发册于文德殿：皇帝升降御坐，用《乾安之乐》；持节展礼官出入殿门，用《正安之乐》。受册于穆清殿：皇后出就褥位，用《坤安》；至位，用《承安》；受册宝，用《成安》；受内外命妇贺，就坐，用《和安》；内命妇进行贺礼，用《惠安》；外命妇进行贺礼，用《咸安》；皇后降坐，用《徽安》；归阁，用《泰安》；册宝入殿门，用《宜安》。宋初立后，自景祐始行册命之礼；元祐纳后，典章弥盛，而六礼发制书日，乐备不作，惟皇后入宣德门，朝臣班迎，鸣钟鼓而已。崇宁中，乃陈宫架，用女工，皇后升降行止，并以乐为节。至绍兴复制乐，以重祎翟，诏执色勿用女工，令太常止于门外设乐。隆兴册礼时，则国乐未举，淳熙始遵用之，而绍熙敷贲旧典，于此特加详备。绍兴乐奏仲吕宫，仲吕为阴；绍熙乐奏太簇宫，太簇为阳：用乐同而揆律异焉。

明年郊祀,太常耿秉奏:"致敬鬼神,以礼乐为本,乐欲其备,音欲其和。今所用雷鼓之属,正所以祀天致神,而皮革虚缓,声不能振应;登歌、大乐乐器及乐舞工人冠服,有积岁久而损弊者,宜葺新之。太常在籍乐工,不给于役,召募百姓,罕能习熟。郊祀重事,其乐工亲扈乘舆,和乐雅奏,期以接天地、享祖宗,请优其日廪,以籍田司钱给之,乐艺稍精,仍加赏劝。其缘托权要、送名充数者,严戢绝之。"又言:"大礼前期,皇帝朝飨太庙,别庙内安穆、安恭皇后二室,前此系大臣分诣行事。今既亲诣室裸,其酌献、升殿所奏乐曲,恐不相协,宜命有司更制。"皆从之。

宁宗即立,孝宗升祔,祧僖祖,立别庙,礼官言:"僖祖既仿唐兴圣立为别庙,遇祫则即庙以飨,孟冬祫飨日,合先诣僖祖庙室行礼。其乐乐舞欲依每岁别庙五飨设乐礼例。于僖祖添设登歌乐,如僖庙行礼,就庙殿依次作登歌乐,其宫架乐则于太庙殿上通作。"诏从之。

既而臣僚言:"皇帝因重明圣节,诣寿康宫上寿举乐,仰体圣主事亲尽孝之志,俯遂臣子尊君亲上之忱,此国家典礼之大者也。检照典故,天申节赐御筵,在上寿次日。今乃于前一日赐文武百僚宴,重明上寿,用乐攸始,而臣下听乐乃在君父之先,义有未安。"遂命改用次日。凡奉上册宝于慈福、寿康宫者,再备乐行礼,一用乾道旧制。寻御文德殿制册皇后,有司请设宫架之乐,依仪施行。庆元六年瑞庆节,金使至,以执光宗、慈懿皇后丧,诏就驿赐御筵,并不作乐。

嘉定二年,明堂大飨,礼部尚书章颖奏:"太常工籍阙少,率差借执役。当亲行荐飨,或容不根游手出入殿庭,非所以肃仪卫、严禁防也。乞申绍兴、开禧已行禁令,不许用市井替名,显示惩戒,庶俾骏奔之人小大严洁,以称精禋。"臣僚又奏:"郊祀登歌列于坛上,籥于上瓮,盖在天地祖宗之侧也。宫架列于午阶下,则百神所同听也。夫乐音莫尚于和,今丝、竹、管、弦类有阙断、拊搏、佾舞,贱工、婪人往垢玩犹杂,宜申严以肃祀事。"皆俞其请。至十四年,诏:"山东、河北连城慕义,殊俗效顺,奉玉宝来献,其文曰:'皇帝恭膺天命之宝。'实惟我祖宗之旧。"乃明年元日,上御大庆殿受宝,用鼓吹导引,备陈宫架大乐,奏诗三章:一曰《恭膺天命》,二曰《旧疆来归》,三曰《永清四海》,并奏以太簇宫。

理宗享国四十余年,凡礼乐之事,式遵旧章,未尝有所改作。先是,孝宗庙用《大伦之乐》,光宗庙用《大和之乐》;至是,宁宗祔庙,用《大安之乐》。绍定三年,行中宫册礼,并用绍熙元年之典。及奉上寿明仁福慈睿皇太后册宝,始新制乐曲行事。当时中兴六七十载之间,士多叹乐典之久坠,类欲搜讲古制,以补遗轶。于是,姜夔乃进《大乐议》于朝。夔言:

绍兴大乐,多用大晟所造,有编钟、镈钟、景钟,有特磬、玉磬、编磬,三钟三磬未必相应。埙有大小,箫、篪、篴有长短,笙、竽之簧有厚薄,未必能合度。琴、瑟弦有缓急燥湿,轸有旋复,柱有进退,未必能合调。总众音而言之,金欲应石,石欲应丝,丝欲应竹,竹欲应匏,匏欲应土,而四金之音又欲应黄钟,不知其果应否。乐曲知以七律为一调,而未知度曲之义;知以一律配一字,而未知永言之旨。黄钟奏而声或林钟,林钟奏而声或太簇。七音之协四声,各有自然之理。今以平、入配重浊,以上、去配轻清,奏之多不谐协。

八音之中,琴瑟尤难。琴瑟必每调而改弦,瑟必每调而退柱,上下相生,其理至妙,知之者鲜。又琴、瑟声微,常见蔽于钟、磬、鼓、箫、之声;匏、竹、土声长,而金石常不能以相待,往往考击失宜,消息未尽。至于歌诗,则一句而钟四击,一字而竽一吹,未协古人槁木贯珠之意。况乐工苟焉占籍,击钟磬者不知声,吹匏竹者不知穴,操琴瑟者不知弦,同奏则动手不均,迭奏则发声不属。比年人事不和,天时多忒,由大乐未有以格神人、召和气也。

宫为君、为父,商为臣、为子,宫商和则君臣父子和。徵为火，羽为水，南方火之位，北方水之宅，常使水声衰、火声盛，则可助南而抑北。宫为夫，徵为妇，商虽父宫，实徵之子，常以妇助夫、子助母，而后声成文。徵盛则宫唱而有和，商盛则徵有子而生生不穷，休祥不召而自至，灾害不祓而自消，圣主方将讲礼郊见，愿诏求知音之士，考正太常之器，取所用乐曲，条理五音，檃括四声，而使协和。然后品择乐工，其上者教以金、石、丝、竹、匏、土、诗歌之事，其次者教以戞、击、干、羽四金之事，其下不可教者汰之。虽古乐未易遽复，而追还祖宗盛典，实在兹举。

其议雅俗高下不一，宜正权衡度量：

　　　自尺律之法亡于汉、魏，而十五等尺杂出于隋、唐正律之外，有所谓倍四之器，银字、中管之号。今大乐外有所谓下宫调，下宫调又有中管倍五者。有曰羌笛、孤笛，曰双韵、十四弦，以意裁声，不合正律，繁数悲哀，弃其本根，失之太清；有曰夏笛、鹧鸪，曰胡卢琴，沉滞抑郁，腔调含糊，失之太浊。故闻其声者，性情荡于内，手足乱于外，《礼》所谓"慢易以犯节，流湎以忘本，广则容奸，狭则思欲"者也。家自为权衡，乡自为尺度，乃至于此。谓宜在上明示以好恶，凡作乐制器者，一以太常所用及文思所颁为准。其他私为高下多寡者悉禁之，则斯民"顺帝之则"，而风俗可正。

其议古乐止用十二宫：

　　　周六乐奏六律、歌六吕，惟十二宫也。"王大食，三侑"。注云："朔日、月半。"随月用律，亦十二宫也。十二管各备五声，合六十声；五声成一调，故十二调。古人于十二宫又特重黄钟一宫而已。齐景公作《徵招》、《角招》之乐，师涓、师旷有清商、清角、清徵之操。汉、魏以来，燕乐或用之，雅乐未闻有以商、角、徵、羽为调者，惟迎气有五引而已，《隋书》云："梁、陈雅乐，并用宫声"，是也。若郑译之八十四调，出于苏祗婆之琵琶。大食、小食、般涉者，胡语；《伊州》、《石州》、《甘州》、《婆罗门》者，胡曲;《缘腰》、《诞黄龙》、《新水调》者,华声而用胡之节奏。惟《瀛府》、《献仙音》谓之法曲,即唐之法部也。凡有催衮者,皆胡曲耳,法曲无是也。且其名八十调者,其实则有黄钟、太簇、夹钟、仲吕、林钟、夷则、无射七律之宫、商、羽而已,于其中又阙太簇之商、羽焉。

国朝大乐诸曲,多袭唐旧。窃谓以十二宫为雅乐,周制可举;以八十四调为宴乐,胡部不可杂。郊庙用乐,咸当以宫为曲,其间皇帝升降、盥洗之类,用黄钟者,群臣以太簇易之,此周人王用《王夏》、公用《骜夏》之义也。

其议登歌当与奏乐相合:

《周官》歌奏,取阴阳相合之义。歌者,登歌、彻歌是也;奏者,金奏、下管是也。奏六律主乎阳、歌六吕主乎阴,声不同而德相合也,自唐以来始失之。故赵慎言云:"祭祀有下奏太簇、上歌黄钟,俱是阳律,既违礼经,抑乖会合。"今太常乐曲,奏夹钟者奏阳歌阴,其合宜歌无射,乃或歌大吕;奏函钟者奏阴歌阳,其合宜歌蕤宾,乃或歌应钟;奏黄钟者奏阳歌阴,其合宜歌大吕,乃杂歌夷则、夹钟、仲吕,无射矣。苟欲合天人之和,此所当改。

其议祀享惟登歌、撤豆当歌诗:

古之乐,或奏以金,或吹以管,或吹以笙,不必皆歌诗。周有《九夏》,钟师以钟鼓奏之,此所谓奏以金也。大祭祀登歌既毕,下管《象》、《武》。管者,箫、篪、箎之属。《象》、《武》皆诗而吹其声,此所谓吹以管者也。周六笙诗,自《南陔》皆有声而无其诗,笙师掌之以供祀飨,此所谓吹以笙者也。周升歌《清庙》,彻而歌《雍》诗,一大祀惟两歌诗。汉初,此制未改,迎神曰《嘉至》,皇帝入曰《永至》;皆有声无诗。至晋始失古制,既登歌有诗,夕牲有诗,飨神有诗,迎神、送神又有诗。隋、唐至今,诗歌愈富,乐无虚作。谓宜仿周制,除登歌、彻歌外,繁文当删,以合乎古。

其议作鼓吹曲以歌祖宗功德：

　　古者，祖宗有功德，必有诗歌，《七月》之陈王业是也。歌于军中，周之恺乐、恺歌是也。汉有短歌箫铙歌之曲，凡二十二篇；晋亦制为《征辽东》等曲二十篇；唐柳宗元亦尝作为铙歌十有二篇，述高祖、太宗功烈。我朝太祖、太宗平僭伪，一区宇；真宗一戎衣而却契丹；仁宗海涵春育，德如尧、舜；高宗再造大功，上俪祖宗。愿诏文学之臣，追述功业之盛，作为歌诗，使知乐者协以音律，领之太常，以播于天下。

　　夔乃自作《圣宋铙歌曲》：宋受命曰《上帝命》，平上党曰《河之表》，定维扬曰《淮海清》，取湖南曰《沅之上》，得荆州曰《皇威畅》，取蜀曰《蜀土邃》，取广南曰《时雨霈》，下江南曰《望钟山》，吴越献国曰《大哉仁》，漳、泉献土曰《讴歌归》，克河东曰《伐功继》，征澶渊曰《帝临墉》，美仁治曰《维四叶》，歌中兴《炎精复》：凡十有四篇，上于尚书省。书奏，诏付太常。然夔言为乐必定黄钟，迄无成说。其议今之乐极为详明，而终谓古乐难复，则于乐律之原有未及讲。

　　其后朱熹深悼先王制作之烟泯，与其友武夷蔡元定相与讲明，反复参订，以究其归极。熹在庆元经筵，尝草奏曰："自秦灭学，礼乐先坏，而乐之为教，绝无师授。律尺短长，声音清浊，学士大夫莫知其说，而不知其为阙也。望明诏许臣招致学徒，聚礼乐诸书，编辑别为一书，以补六艺之阙。"后修礼书，定为《钟律》、《乐制》等篇，垂宪言以贻后人。

　　盖宋之乐议，因时迭出，其乐律高下不齐，俱有原委。建隆初用王朴乐，艺祖一听，嫌其太高，近于哀思，诏和岘考西京表尺，令下一律，比旧乐始和畅。至景祐、皇祐间，访乐、议乐之诏屡颁，于是命李照改定雅乐，比朴下三律。照以纵黍累尺，虽律应古乐，而所造钟磬，才中太簇，乐与顺自相矛盾。阮逸、胡瑗复定议，止下一律，以尺生律，而黄钟律短，所奏乐声复高。元丰中，以杨杰条乐之疵，召范镇、刘几参定。几、杰所奏，下旧乐三律，荡镇以为声杂郑、卫，且律有四厘六毫之差，太簇为黄钟，宫商易位，欲求真黍以正尺律，造乐来献，复下李照一律。至元祐廷奏，而诏奖之。初，镇以房庶所得《汉书》，其言黍律异于他本，以大府尺为黄帝时尺，司马光力辨其不然。镇以周鬴、汉斛为据，光谓鬴本《考工》所记，斛本刘歆所作，非经不足法。镇以所收开元中笛及方响合于仲吕，校太常乐下五律，教坊乐下三律，光谓此特开元之仲吕，未必合于后夔，力止镇勿奏所为乐。光与镇平生大节不谋而同，惟钟律之论往返争议，凡三十余年，终不能以相一。

　　是时，濂、洛、关辅诸儒继起，远派圣传，义理精究。周惇颐之言乐，有曰："古者圣王制礼法、修教化，三纲正，九畴叙，百姓大和，万物咸若，乃作乐以宣八风之气。乐声淡而不伤，和而不淫。淡则欲心平，和则躁心释。德盛治至，道配天地，古之极也。后世礼法不修，刑政苛紊，代变新声，导欲增悲，故有轻生败伦不可禁者矣。乐者，古以平心，今以助欲；古以宣化，今以长怨。不复古礼，不变今乐，而欲至治者，远哉！"

　　程颐有曰："律者，自然之数。先五之乐，必须律以考其声。尺度权衡之正，皆起于律。律管定尺，以天地之气为准，非秬黍之比也。律取黄钟，黄钟之声亦不难定，有知音者，参上下声考之，自得其正。"

　　张载有曰："声音之道与天地通，蚕吐丝而商弦绝，木气盛则金气衰，乃此理自相应。今人求古乐太深，始以古乐为不可知，律吕有可求之理，惟德性深厚者能知之。"此三臣之学，可谓穷本知变，达乐之要者矣。

　　熹与元定盖深讲于其学者，而研覃真积，述为成书。元定先究律吕本原，分其篇目，又从而澄辨之。
其《黄钟篇》曰：

　　　　天地之数始于一，终于十：其一、三、五、七、九为阳，九者，
　　　　阳之成也；其二、四、六、八、十为阴，十者，阴之成也。黄钟者，
　　　　阳声之始，阳气之动也，故其数九。分寸之数，具于声气之先，

不可得而见。及断竹为管，吹之而声和，候之而气应，而后数始形焉。均其长，得九寸；审其围，得九分；积其实，得八百一十分。长九寸，围九分，积八百一十分，是为律本，度量权衡于是而受法，十一律由是损益焉。其《证辨》曰："古者考声候气，皆以声之清浊、气之先后求黄钟也。夫律长则声浊而气先至，律短则声清而气后至，极长极短则不成声而气不应。今欲求声气之中，而莫适为准，莫若且多截竹以拟黄钟之管，或极其短，或极其长，长短之内，每差一分而为一管，皆即以其长权为分寸，而度围径如黄钟之法焉。更迭以吹，则中声可得；浅深以列，则中气可验。苟声和气应，则黄钟之为黄钟者，信矣。黄钟信，则十一律与度量权衡得矣。后世不知出此，而惟尺之求。晋氏而下，多求之金石；梁、隋以来，又参之秬黍；至王朴专恃累黍，金石亦不复考。夫金石真伪固难尽信，而秬黍长短小大不同，尤不可恃。古人谓'子谷秬黍，中者实其龠'，是先得黄钟而后度之以黍，以见周径之度，以生度量权衡之数而已，非律生于黍也。百世之下，欲求百世之前之律者，亦求之声气之元而毋必之于秬黍，斯得之矣。"

《黄钟生十一律篇》曰：

　　子、寅、辰、午、申、戌六阳辰皆下生，丑、卯、巳、未、酉、亥六阴辰皆上生。阳数以倍者，三分本律而损其一也；阴数以四者，三分半律而增其一也。六阳辰当位，自得六阴位以居其冲。其林钟、南吕、应钟三吕在阴，无所增损；其大吕、夹钟、仲吕三吕在阳，则用倍数，方与十二月之气相应，盖阴阳自然之理也。其《证辨》曰："按《吕氏》、《淮南子》，上下相生，与司马氏《律书》、《汉前志》不同，虽大吕、夹钟、仲吕用倍数则一，然《吕氏》、《淮南》不过以数之多寡为生之上下，律吕阴阳错乱而无伦，非其本法也。"

《十二律篇》曰：

　　按十二律之实，约以寸法，则黄钟、林钟、太簇得全寸；约以分法，则南吕、姑洗得全分；约以厘法，则应钟、蕤宾得全厘；约以毫法，则大吕、夷则得全毫；约以丝法，则夹钟、无射得全丝。约至仲吕之实十三万一千七十二，以三分之，不尽二算，其数不行，此律之所以止于十二也。其《证辨》曰："黄钟为十二律之首,他律无大于黄钟,故其正声不为他律役。至于大吕之变宫、夹钟之羽、仲吕之徵、蕤宾之变徵、夷则之角、无射之商,自用变律半声,非复黄钟矣。此其所以最尊而为君之象,然亦非人所能为,乃数之自然,他律虽役之而不可得也。此一节最为律吕旋吕用声之纲领也。”

《变律篇》曰:

十二律各自为宫,以生五声二变。其黄钟、林钟、太簇、南吕、姑洗、应钟六律,则能具足。至蕤宾、大吕、夷则、夹钟、无射、仲吕六律,则取黄钟、林钟、太簇、南吕、姑洗、应钟六律之声,少下,不和,故有变律。律之当变者有六:黄钟、林钟、太簇、南吕、姑洗、应钟。变律者,其声近正律而少高于正律,然后洪纤、高下不相夺伦。变律非正律,故不为宫。其《证辨》曰:“十二律循环相生,而世俗不知三分损益之数,往而不返。仲吕再生黄钟,止得八寸七分有奇,不成黄钟正声。京房觉其如此,故仲吕再生,别名执始,转生四十八律。不知变律之数止于六者,出于自然,不可复加,虽强加之,亦无所用也。房之所传出于焦氏,焦氏卦气之学,亦去四而为六十,故其推律必求合此数。不知数之自然,在律不可增,于卦不可减也。何承天、刘焯讥房之病,乃欲增林钟已下十一律之分,使至仲吕反生黄钟,还得十七万七千一百四十之数,则是惟黄钟一律成律,他十一律皆不应三分损益之数,其失又甚于房。”

《律生五声篇》曰:

宫声八十一,商声七十二,角声六十四,徵声五十四,羽声四十八。按黄钟之数九九八十一,是为五声之原,三分损一以下生徵,徵三分益一以上生商,商三分损一以下生羽,羽三分益一以上生角。至角声之类六十四,以三分之,不尽一算,数不可行,此声之数所以止于五也。其《证辨》曰:“《通典》曰‘黄钟为均,用五声之法以下十一辰,辰各有五声,其为宫商之法亦如之。辰各有五声,合为六十声,是十二律之正声也。’夫黄钟一均之数,而十一律于此取法焉。以十二律之宫长短不同,而其臣、民、事、物、尊卑,莫不有序而不相乱,良以是耳。沈括不知此理,乃以为五十四在黄钟为徵,在夹钟为角、在仲吕为商者,其亦误矣。俗乐之有清声,略知此意。但不知仲吕反生黄钟，黄钟又次林钟再生太簇，皆为变律，已非黄钟、太簇之清声耳。胡瑗于四清声皆小其围径，则黄钟、太簇二声虽合，而大吕、夹钟二声又非半律之半。且自夷则至应钟四律，皆以次而小其径围以就之，遂使十二律、五声皆有不得其正者。李照、范镇止用十二律，则又未知此理。盖乐之知者，在于三分损益；乐之辨者，在于上下相生。若李照、范镇之法，其合于三分损益者则和矣，自夷则已降，其臣、民、事、物，岂能尊卑有辨而不相凌犯乎？晋荀勖之笛，梁武帝之通，皆不知而作者也。"

《变声篇》曰：

变宫声四十二，变徵声五十六。五声宫与商、商与角、徵与羽相去各一律，至角与徵、羽与宫相去乃二律。相去一律则音节和，相去二律则音节达。故角、徵之间，近徵收一声，比徵少下，故谓之变徵；羽、宫之间，近宫妆一声，少高于宫，故谓之变宫。角声之实六十有四，以三分之，不尽一算，既不可行，当有以通之。声之变者二，故置一而两，三之得九，以九因角声之实六十有四，得五百七十六。三分损益，再生变徵、变宫二声，以九归之，以从五声之数，存其余数，以为强弱。至变徵之数五百一十二，以三分之，又不尽二算，其数又不行，此变声所以止于二也。变宫、变徵，宫不成宫，徵不成徵，《淮南子》谓之"和谬"，所以济五声之不及也。变声非正声，故不为调。其《证辨》曰："宫、羽之间有变宫，角、徵之间有变徵，此亦出于自然，《左氏》所谓'七音'，《汉前志》所谓'七始'，是也。然五声者，正声，故以起调、毕曲，为诸声之纲。至二变声，则不比于正音，但可济其所不及而已。然有五声而无二变，亦不可以成乐也。"

《八十四声篇》曰：

黄钟不为他律役，所用七声皆正律，无空、积、忽、微。自林钟而下，则有半声：大吕、太簇一半声、夹钟、姑洗二半声，蕤宾、林钟四半声，夷则、南吕五半声，无射、应钟为六半声。中吕为十二律之穷，三变声也。自蕤宾而下则有变律：蕤宾一变律，大吕二变律，夷则三变律，夹钟四变律，无射五变律，中吕六变律也。皆有空、积、忽、微，不得其正，故黄钟独为声气之元。虽

十二律八十四声皆黄钟所生,然黄钟一均,所谓纯粹中之纯粹
者也。八十四声:正律六十三,变律二十一。六十三者,九七之
数也;二十一者,三七之数也。

《六十调篇》曰:

十二律旋相为宫,各有七声,合八十四声。宫声十二,商声
十二,角声十二,徵声十二,羽声十二,凡六十声,为六十调。其
变宫十二,在羽声之后、宫声之前;变徵十二,在角声之后、徵
声之前:宫徵皆不成,凡二十四声,不可为调。黄钟宫至夹钟
羽,并用黄钟起调、黄钟毕曲;大吕宫至姑洗羽,并用大吕起
调、大吕毕曲;太簇宫至仲吕,并用太簇起调、太簇毕曲;夹钟
宫至蕤宾羽,并用夹钟起调、夹钟毕曲;姑洗宫至林钟羽,并用
姑洗起调、姑洗毕曲;仲吕宫至夷则羽,并用仲吕起调、仲吕毕
曲;蕤宾宫至南吕羽,并用蕤宾起调、蕤宾毕曲;林钟宫至无射
羽,并用林钟起调、林钟毕曲;夷则宫至应钟羽,并用夷则起
调、夷则毕曲;南宫至黄钟羽,并用南吕起调、南吕毕曲;无射
宫至大吕羽,并用无射起调、无射毕曲;应钟宫至太簇羽,并用
应钟起调、应钟毕曲,是为六十调。六十调即十二律也,十二律
即一黄钟也。黄钟生十二律,十二律生五声二变。五声各有纪
纲,以成六十调,六十调皆黄钟损益之变也。宫、商、角三十六
调,老阳也;其徵、羽十二调,老阴也。调成而阴阳备也。

或曰:“日辰之数由天五、地六错综而生,律吕之数由黄钟
九寸损益而生,二者不同。至数之成,则日有六甲、辰有五子为
六十日;律吕有六律、五声为六十调,若合符节,何也?”曰:“即
所谓调成而阴阳备也。”夫理必有对待,数之自然也。以天五、
地六合阴与阳言之,则六甲、五子究于六十,其三十六为阳,二
十四为阴。以黄钟九寸纪阳不纪阴言之,则六律、五声究于六
十,亦三十六为阳,二十四为阴。盖一阳之中,又自有阴阳也。
非知天地之化育者,不能与于此。其《证辨》曰:“《礼运》:‘五声、六
律、十二管还相为宫。’孔氏疏曰:‘黄钟为第一宫,至中吕为第十二宫,

各有五声,凡六十声。'声者,所以起调、毕曲,为诸声之纲领,正《礼运》所谓'还相为宫'也。《周礼·大司乐》,祭祀不用商,惟宫、角、徵、羽四声。古人变宫、变徵不为调,《左氏传》曰:'中声以降,五降之后,不容弹矣。'以二变声之不可为调也。后世以变宫、变徵参而为八十四调,其亦不可考矣。"

《候气篇》曰:

以十二律分配节气,按历而候之。其气之升,分、毫、丝、忽,随节各异。夫阳生于《复》,阴生于《姤》,如环无端。今律吕之数,三分损益,终不复始,何也?曰:"阳之升,始于子,午虽阴生,而阳之升于上者未已,至亥而后穷上反下;阴之升,始于午,子虽阳生,而阴升于上亦未已,至巳而后穷上反下,律于阴则不书,故终不复始也。是以升,阳之数,自子至巳差强,在律为尤强,在吕为差弱;自午至亥渐弱,在律为尤弱,在吕为差强。分数多寡,虽若不齐,然而丝分毫别,各有条理,此气之所以飞灰,声之所以中律也。"

或曰:"《易》以道阴阳,而律不书阴,何也?"曰:"《易》尽天下之变,善恶无不备,律致中和之用,止于至善者也。以声言之,大而至于雷霆,细而至于蠛蠓,无非声也。《易》则无不备也,律则写其所谓黄钟一声而已。虽有十二律六十调,然实一黄钟也。是理也,在声为中声,在气为中气,在人则喜怒哀乐未发与发而中节,此圣人所以一天人、赞化育之道也。"其《证辨》曰:"律者,阳气之动,阳声之始,必声和气应,然后可以见天地之心。今不此之务,乃区区于秬黍之纵横、古钱之大小,其亦难矣。然非精于历数,则气节亦未易正。"

至于审度量,谨权衡,会粹古今,辨析尤详,皆所以参伍而定黄钟为中声之符验也。朱熹深好其书,谓国家行且平定,中原必将审音协律,以谐神人。受诏典领之臣,宜得此书奏之,以备东都郊庙之乐。

熹定《钟律》、《诗乐》、《乐制》、《乐舞》等篇,汇分于所修礼书中,皆聚古乐之根源,简约可观。而《钟律》分前后篇,其前篇为条凡七：一曰十二律阴阳、辰位相生次第之图，二曰十二律寸、分、厘、毫、丝、忽之数，三曰五声五行之象、清浊高下之次，四曰五声相生、损益、先后之次，五曰变宫、变徵二变相生之法，六曰十二律正变、倍半之法，七曰旋宫八十四声、六十调之图。其后篇为条凡六：一曰明五声之义，二曰明十二律之义，三曰律寸旧法，四曰律寸新法，五曰黄钟分寸数法，六曰黄钟生十一律数。大率采元定所著，更互演绎，尤为明邃。其《乐制》汇于王朝礼，其《乐舞》汇于祭礼，上下千载，旁搜远绍，昭示前圣礼乐之非迂，而将期古乐之复见于今，熹盖深致意焉。其《诗乐篇》别系于后。

宋史卷一三二
志第八五

乐七 乐章一

郊祀　祈谷　雩祀　五方帝
感生帝

建隆郊祀八曲

降神，《高安》　　在国南方，时维就阳。以祈帝祉，式致民康。豆边鼎俎，金石丝簧。礼行乐奏，皇祚无疆。

皇帝升降，《隆安》　　步武舒迟，升坛肃祗。其容允若，于礼攸宜。

奠玉币，《嘉安》　　嘉玉制币，以通神明。神不享物，享于克诚。

奉俎，《丰安》　　笙镛备乐，茧栗陈牲。乃迎芳俎，以荐高明。

酌献，《禧安》　　丹云之爵，金龙之杓。挹于尊罍，是曰清酌。

饮福，《禧安》　　洁兹五齐，酌彼六尊。致诚斯至，率礼弥敦。以介景福，永隆后昆。重熙累洽，帝道攸尊。

亚献、终献，《正安》　　谓天盖高，其听孔卑。闻乐歆德，介以福禧。

送神，《高安》　　倏兮而来，忽兮而回。云驭杳邈，天门洞开。

咸平亲郊八首

降神，《高安》　　圜丘何方？在国之阳。礼神合祭，运启无疆。

祖考来格，笾豆成行。其仪肃肃，降福穰穰。

皇帝升降，《隆安》　　礼备乐成，乾健天行。帝容有穆，佩玉锵鸣。

奠玉币，《嘉安》　　定位毖祀，告于神明。嘉玉量币，享于克诚。

奉俎，《丰安》　　有牲斯纯，有俎斯陈。进于上帝，昭报深仁。

酌献，《禧安》　　大报于帝，盛德升闻。醴齐良洁，粢盛苾芬。

饮福，《禧安》　　祀帝圜丘，九州献力。礼行于郊，百神受职。灵祇格思，享我明德。天鉴孔章，玄祉昭锡。

亚献、终献，《正安》　　羽龠云罢，干戚载扬。接神有恪，锡羡无疆。

送神，《高安》　　神驾来思，风举云飞。神驭归止，天空露晞。

景祐亲郊，三圣并侑二首

奠币，《广安》　　千龄启运，三后在天。嘉坛并侑，亿万斯年。

酌献，《彰安》　　皇基缔绝，帝系灵长。躬荐郁鬯，子孙保昌。

常祀二首

太祖配位奠币，《定安》　　翕受骏命，震迭群方。侑祀上帝，德厚流光。

酌献，《英安》　　诞受灵符，肇基丕业。配享洁尊，永隆万叶。

亲郊五首余同咸平，凡阙者皆用旧词。

降神，《景安》，六变辞同。　　无为瘝远，深厚广圻。祭神恭在，弁冕衮衣。粢盛丰美，明德馨辉。以祥以佑，非眇专祈。

升降，《乾安》盥洗、饮福并奏。　　神灵拥卫，景从云随。玉色温粹，天步舒迟。周旋陟降，皇心肃祇。千灵是保，百福攸宜。

退文舞、迎武舞，《正安》　　左手执龠，右手秉翟。进旅退旅，万舞有奕。

彻豆《熙安》　　陟彼郊丘，大祀是承。其豆孔庶，其香始升。上帝时歆，以我齐明。卒事而彻，福禄来成。

送神，《景安》

　　馨遗八尊,器空二簋。至祝于虔,穹祇觊祉。

　　政和亲郊三首

　　皇帝升降,《乾安》　　因山为高,爰陟其首。玉趾躩如,在帝左右。帝谓我王,予怀仁厚。眷言顾之,永绥九有。

　　配位酌献《大宁》　　于穆文祖,妙道九德。默契灵心,肇基王迹。启佑后人,垂裕罔极。合食昭荐,孝思维则。于皇顺祖,积德累祥。发源深厚,不耀其光。基天明命,厥厚克昌。是孝是享,申锡无疆。

　　高宗建炎初,国步尚艰,乃诏有司,天帝、地祇及他大祀,先以时举。太常寻奏,近已增募乐工,干、羽、簴、虡亦备,始循旧礼,用登歌乐舞。其祀昊天上帝:

　　降神用《景安》

　　圜钟为宫,三奏　　搜讲上仪,式修毖祀,日吉辰良,礼成乐备。内驭云旗,聿来歆止。嘉我馨德,介兹繁祉。

　　黄钟为角,一奏　　我将我享,涓选休成。执事有恪,惟寅惟清。乐既六变,肃雍和鸣。高高在上,庶几是听。

　　太簇为徵,一奏　　礼崇禋祀。备物荐诚。昭格穹昊,明德惟馨。风马云车,肸蚃居歆。申锡无疆,赉我思成。

　　姑洗为羽,一奏　　惟天为大,物始攸资。恭承禋祀,以报以祈。神不可度,日监在兹。有馨明德,庶其格思。

　　皇帝盥洗,《正安》　　灵承上帝,厉意专精。设先于祚,酆水以清。盥以致洁,感通神明。无远弗届,其飨兹诚。

　　升坛,《正安》　　皇矣上帝,神格无方!一阳肇复,典祀有常。豆登丰洁,荐德馨香。棐忱居歆,降福穰穰。

　　上帝位奠玉币,《嘉安》　　治极发闻,不瑕有芬。嘉玉陈币,神届欣欣。诚心昭著,钦恭无文。以妥以侑,笃祐何垠。

　　太祖位奠币,《定安》　　茫茫苍穹,孰知其纪!精意潜通,虽远而迩。量币荐诚,有实斯篚。睠然顾之,永锡繁祉。

　　皇帝还位,《正安》　　典祀有常,昭事上帝。奉以告虔,逮兹奠币。钟鼓既设,礼仪即备。神之格思,恭承贶赐。

捧俎,《丰安》　　祀事孔明,礼文惟祑。爰洁牺牲,载登俎豆。或肆或将,无声无臭。精禋潜通,永绥我后。

上帝酌献,《嘉安》　　气萌黄钟,万物资始。钦若高穹,吉蠲时祀,神笑泰元,增授无已。群生熙熙,函蒙繁祉。

太祖位酌献,《英安》　　赫赫翼祖,受命于天。德迈三代,威加八埏。陟配上帝,明禋告虔。流光垂裕,于万斯年。

文武退、武舞进,《正安》　　大德曰生,阴阳寒暑。乐舞形容,干戚龠羽。一弛一张,退旅进旅。神安乐之,祉锡绵宇。

亚、终献,《文安》　　惟圣普临,顺皇之德。典礼有彝,享祀不忒。笾豆静嘉,降登肸饬。神具醉止,景贶咸集。

撤豆,《肃安》　　内心齐诚,外物蠲洁。神来迪尝,俎豆既彻。燕及群生,靡或夭阏。降福穰穰,时万时亿。

送神,《景安》　　於赫上帝,乘龙御天。惟圣克事,明飨斯虔。荐豆云彻,灵森且旋。载锡休祉,其惟有年。

望燎,《正安》　　灵承上帝,精意感通。馨香旁达,粢盛既丰。登降有仪,礼备乐终。神之听之,福禄来崇。

绍兴十三年,初举郊祀,命学士院制宫庙朝献及圜坛行礼、登门肆赦乐章,凡五十有八。至二十八年,以臣僚有请改定,于是御制乐章十有三及徽宗元御制仁宗庙乐章一,共十有四篇。余则分命大臣与两制儒馆之士,一新撰述,并懿节别庙乐曲,凡七十有四,俱汇见焉。其祀圜丘:

皇帝入中壝,《乾安》　　帝出于震,巽惟齐明。律曰姑洗,以示洁清。我交于神,蠲意必精。既盥而往,祈鉴斯诚

降神,《景安》　　阳动黄宫,日旋南极。天门荡荡,百神受职。爰熙紫坛,焜黄殊色。神哉沛来,盖亲有德。

盥洗,《乾安》　　帝顾明德,监于克诚。齐戒涤濯,式示洁清。郊丘合祛,享意必精。既盥而荐,熙事备成。

升坛,《乾安》　　帝临崇坛,媪神其从。稽古合祛,并侑神宗。

升阶奠玉,诚意感通。觊施鼎来,受福无穷。

昊天上帝位奠玉币,《嘉安》御制。　　上穹昊天,日星垂曜。照临下土,王国是保。维玉与帛,寅恭昭报。永左右之,钦若至道。

皇地祇位奠玉币,《嘉安》御制。　　至哉坤厚,隤然止静!柔载动植,资始成性。玉光币色,璨若其映。式恭禋祀,有邦之庆。

太祖皇帝位奠币,《广安》御制。　　明明翼祖,并侑泰坛。肇造绵宇,王业孔艰。表正封略,上际下蟠。躬以大报,亦止于燔。

太宗皇帝位奠玉币,《化安》御制。　　赫赫巍巍,及时纯熙。昊天成命,后则受之。登迈邃古,光被声诗。有币陟配,孙谋所贻。

降坛《乾安》　　躬展盛仪,天步逡巡。乐备礼交,嘉玉既陈。神方安坐,荐祉纷纶。陟降有容,皇心载勤。

还位,《乾安》　　克昭王业,命成昊天。泰畤禋燎,八陛惟圆。肃然威仪,登降周旋。是谓精享,神监吉蠲。

奉俎《丰安》　　至大惟天,云何称德!展诚致荐,牲用博硕。诚以牲寓,帝由诚格。居歆降祥,时万时亿。

再诣盥洗,《乾安》　　帝出于震,巽惟洁齐。神明其德,乃称禋柴。惟兹吉蠲,昭事聿怀。重盥而祀,敷锡孔皆。

再升坛与初升同,惟易奠玉作奠酌。

昊天上帝位酌献,《禧安》御制。　　谒款坛陛,祗祀泰禋,丘圜自然,可格至神。桂尊登酌,嘉荐芳新。靡福菲眇,敷佑下民。

皇地祇位酌献,《光安》御制。　　厚德光大,承元之明。兹潜荐吹,升于昭清。冰天桂海,咸资化成。恭酌彝醑,报本惟精。

太祖皇帝位酌献,《彰安》御制。　　于赫皇祖,创业立极。肃肃灵命,荡荡休德。嘉觞精洁,雅奏金石。丕显神谟,惟后之则。

太宗皇帝位酌献《韶安》御制。丕铄帝宗,复受天命。群阴犹黩,一戎大定。奠鬯斯馨,功歌在咏。佑启后人,文轨甾正。

还位,《乾安》　　肆类上帝,怀柔百神。稿秸既设,圭币既陈。精诚潜交,已事而竣。佑我亿载,基图日新。

入小次,《乾安》　　恭展美报,聿修上仪。礼乐和节,登降适宜。德焉斯亲，神靡不娭。海内承福，式固邦基。

文舞退、武舞进，《正安》　　泰元尊临，富媪繁祉。於皇祖宗，既昭格止。奏舞象功，灵其有喜。永言孝思。尽善尽美。

亚献，《正安》　　阳丘其高，神祇并位。既奠厥玉，既奉厥醴。亦有嘉德，克相毖祀。旨酒载爵，以成熙事。终献同，止易再酌为三酌。

出小次位，《乾安》　　爰熙紫坛，天地并觊。来燕来宁，毕陈郁邑。承神至尊，精意所乡。告灵飨矣，祉福其畅。

诣饮福位，《乾安》，　　帝临崇坛，媪神其从。祖宗并歆，福禄攸同。兵寝刑措，时和岁丰。其膺受之，将施无穷。降坛，同。止易"将"作"以"。

饮福，《禧安》　　八音克谐，降神出祇。风马云车，陟降在兹。锡我纯嘏，我应受之。一人有庆，燕及群黎。

还位，《乾安》　　帝出于震，孝奏上仪。燔燎羶芗，神徕燕娭。肃若旧典，罔或不祇。既右飨之，翕受蕃厘。

撤豆，《熙安》　　燎芗既升，炳苔以洁。于豆于登，饎饎有馨。紫幄烟黄，神其安悦。将以庆成，薄言盍彻。

送神，《景安》　　九霄眇邈，神不可求。何以降之？监德之修。三献备成，神不可留。何以送之？保天之休。

望燎，《乾安》　　谓天盖高，阳嘘而生。日月列宿，皆天之神。肆求厥类，与阳俱升。视燎于坛，以终其勤。

望瘗《乾安》　　谓地盖厚，阴翕而成。社稷群望，皆地之灵。肆求厥类，与阴俱凝。视瘗于坎，以终其勤。

还大次，《乾安》　　舞具八佾，乐备六成。大矣孝熙，厉意专精。已事而竣，回轸还衡。我应受之，以莫不增。

还内，《采茨》　　五辂鸣銮，八神警跸。天官景从，莫不祇栗。褉威盛容，昭哉祖述。祚我无疆，叶气充溢。

宁宗郊祀二十九首

皇帝入中壝，《乾安》　　合祀丘泽，登侑祖宗。顾諟惟精，灵承惟恭。有严皇仪，有庄帝容。监于克诚，肃肃雍雍。

降神,《景安》

圜钟为宫　　天门荡荡,云车阴阴。百神咸秩,三灵顾歆。神哉来娭,神哉溥临。飨时宋德,翼翼小心。

黄钟为角　　华盖既动,紫微洞开。星枢周旋,日车徘徊。灵兮顾佑,灵兮沛来。载燕载娭,式时坛垓。

太簇为徵　　泰尊媪厘,祖功宗德。辰躔陪营,岳渎受职。神哉来下,神哉来格。飨德惟馨,留虞嘉席。

姑洗为羽　　金石宣昭,羽旄纷纶。洁火夕照,明水夜陈。娭哉惟灵,娭哉惟神。风马招摇,惟德之亲。

皇帝盥洗,《乾安》　　皇帝俭勤,盥用陶瓦。礼神颂祗,奠币献斝。月鉴阴肃,礼液融冶。挹彼注兹,礼无违者。

升坛,《乾安》　　崇台穹窿,高灵下堕。庆阴仿佛,从坐嵯峨。宵升于丘,时通权火。维天之命,百禄是荷。

降坛　　帝飨于郊,一精二纯。紫觥陟降,嘉玉妥陈。神方留娭,瑞贶纷纶。申锡无疆,螽斯振振。

还位　　肃肃礼度,锵锵宫奏。一行徐谧,皇仪昭懋。光连重璧,物备笾豆。於皇以飨,无声无臭。

尚书奉俎　　列俎孔陈,嘉笾维实。鼎燂阳燧,玉流星液。我牲既硕,我荐既苾。神监下昭,安坐翔吉。

再诣盥洗　　帝登初觞,礼严再盥。精明显昭,齐颙洞贯。灵娭留俞,神光炳焕。我宋受福,永寿于万。

再升坛　　紫坛岳立,神光夜烛。有俨旒采,有鸾佩玉。霄垠顾佑,祖宗熙穆。对越不忘,俾尔戬谷。

降坛,《乾安》　　天容澄谧,景气晏和。瓒斝荐醇,锵璆叶歌。帝降庭止,夜其如何？神助之休,宜尔众多。

还位,《乾安》　　甘露流英,卿云舒采。灵俞有喜,神光晻暧。穆穆来苣,洋洋如在。帝用居歆,泽及四海。

入小次,《乾安》　　听惟飨德,监惟棐忱。顾谔思明,灵承思钦。永言端苣,肃对下临。上帝是皇,毋贰尔心。

文舞退、武舞进,正安　　羽龠陈容,干戚按节。德闲而泰,功劳而决。虞我神祇,扬我谟烈。尽美尽善,福流有截。

亚献,《正安》　　帝临中坛,神从八陛。华玉展瑞,明馨荐礼。亦有嘉德,克相盛礼。献兹重觞,降福濊濊。

终献,《正安》　　敬事天地,升侑祖宗。陈盥于三,介觞之重。秉德翼翼,有来雍雍。相予祀事,福胾日溶。

出小次,《乾安》　　孝奏展成,熙仪毕荐。光流桂俎,祥衍椒奠。风管晨凝,云容天转。拜觊于郊,右序诒燕。

诣饮福位,《乾安》　　所飨惟清,所钦惟馨。灵喜留俞,天景窈冥。福禄来成,福禄来宁。皇用时敛,寿我慈庭。

饮福,《禧安》　　瓒斝献觳,觖罍氤氲。有醴惟香,有酒惟欣。肸蚃丰融,懿懿芬芬。我龙受之,如川如云。

降坛,《乾安》　　天锡多祉,皇受五福。言瞻瑶坛,迄奉瑄玉。昭星炳耀,元气回复。帝仪载旋,有嘉穆穆。

还位,《乾安》　　璇图天深,鼎文日辉。庆流皇家,象炳紫微。乾回冕旒,云焕衮衣。何千万年,式于九围。

尚书彻豆,《熙安》　　兰豆既升,簋簋既登。礼备俎实,飨贵牲脀。时乃告彻,器用毕兴。祚我皇基,介福是膺。

送神,《景安》　　神辅有德,来燕来娭。礼荐熙成,三灵逆厘,神飨有道,言旋言归。福祉咸蒙,百世本支。

诣望燎位,《乾安》　莫神乎天,阳嘘而生。日月星辰,皆乾之精。肆求厥类,与阳俱升。视燎于坛,展也大成。

诣望瘗位,《乾安》　　地载万物,阴翕而成。山岳河渎,皆坤之灵。克肖其象,与阴俱凝。视瘗于坎,思求厥成。

还大次。《乾安》　　福方流胙,祈方钦柴。卤簿载肃,球架允谐。帝祉具临,皇灵允怀。遄御于次,降福孔皆。

还内,《乾安》　　八神呵跸,千官景从。回轸还衡,褆威盛容。妥饰芝凤,御朝云龙。归寿慈闱,敷时民雍。

景祐上辛祈谷,仁宗御制二首

太宗配位奠币,《仁安》　　天祚有开,文德来远。祈谷日辛,侑神礼展。

酌献,《绍安》　　於穆神宗,惟皇永命。荐醴六尊,声歌千咏。

绍兴祈谷三首

降神、盥洗、升坛、还位及上帝奠玉币、奉俎,并同圜丘。

太宗位奠币,《宗安》　　於穆思文,克配上帝。涓选休成,遵扬严卫。祗荐明诚,肃陈量币。享兹吉蠲,申锡来裔。

上帝位酌献,《嘉安》　　三阳肇新,万物资始。精诚祈天,其听斯迩。顾均雨旸,田畴之喜。如坻如京,以备百礼。

太宗位酌献,《德安》　　天锡勇智,允惟太宗。功隆德盛,与帝比崇。礼严陟配,诚达精衷。尚其锡祉,岁以屡丰。

孟夏雩祀,仁宗御制二首

太祖配坐奠币,《献安》　　昊天盖高,祀事为大。严配皇灵,亿福来介。

酌献,《感安》　　龙见而雩,神之来格。牺象精良,威娄赫奕。

绍兴雩祀一首

上帝位酌献,《嘉安》　　苍苍昊穹,覆临下土。钦惟岁事,民所依怙。爰竭精虔,礼典斯举。甘泽以时,介我稷黍。

冬至、孟春、孟夏、孟秋四祀,上公摄事七首

降神,《景安》二章　　天何言哉,至清而健!默定幽赞,降祥福善。凤设圜坛,恭陈嘉荐。贞驭下临,储休锡羡。生物之祖,兴益之宗。于国之阳,以禋昊穹。六变降神,於论鼓钟。亲德享道,锡羡无穷。

太尉行,《正安》　　礼经之重,祭典为宗。上公摄事,登降弥恭。庶品丰洁,令仪肃雍。百神萃止,惟吉之从。

司徒奉俎,《丰安》　　礼崇禋祀,神鉴孔明。牲牷博腯,以煮以烹。馨香蠲洁,品物惟精。锡以纯嘏,享兹至诚。

饮福,《广安》　　簋篚既陈,吉蠲登荐。洗心防邪,肃祗祭典。陟降惟寅,笾豆有践。百福咸宜,淳耀丕显。

亚、终献,《文安》　　秩秩礼文,肃肃严祀。仰洽神休,式协民纪。灌献有容,叙其俎篚。明德惟馨,以介丕祉。

送神,《景安》　　帝临中坛,肃恭禋祀。灵景舒光,飞龙旋轨。送神有章,神心具醉。辅德惟仁,永锡元祉。

景德以后祀五方帝十六首

青帝降神,《高安》六变。　　四序伊始,三阳肇新。气迎东郊,蛰户咸春。功宣播殖,泽被生民。祝史正辞,昭事惟寅。

奠玉币、酌献,并用《嘉安》　　条风始至,盛德在木。平秩东作,种献穜穋。律应青阳,气和玉烛。惠彼兆民,以介景福。

送神,《高安》　　备物致用,荐羞神明。礼成乐举,克享克禋。

酌献,《祐安》　　条风斯应,候历维新。阳和启蛰,品物皆春。簴簨协奏,簋篚毕陈。精羞丰荐,景福攸臻。

赤帝降神,《高安》　　长嬴戒序,候正南讹。功资蕃育。气应清和。鼎实嘉俎,乐备登歌。神其来享,降福孔多。

奠玉币、酌献,《嘉安》景祐用《祐安》,辞亦不同。象分离位,德配炎精。景风协律,化神含生。百嘉茂育,乃顺高明。神无常享,享于克诚。

送神,《高安》　　笾豆有践,黍稷惟馨。礼终三献,神归杳冥。

黄帝降神,《高安》　　坤舆厚载,黄裳元吉,宅中居正,含章抱质。分王四季,其功靡秩。育此群生、首兹六律。

奠玉币、酌献,《嘉安》景祐用祐安,辞亦不同。中央定位,厚德惟新。五行攸正,四气爰均。笙镛以间,簋篚斯陈。为民祈福,肃奉明禋。

送神,《高安》　　土德居中,方舆配位。乐以送神,式申诏事。

白帝降神,《高安》　　西颢腾晶,天地始肃。盛德在金,百嘉茂育。弞弩射牲,筑场登谷。明灵格思,旌罕纷属。

奠玉币、酌献，《嘉安》景祐用《祐安》，辞亦不同。博硕肥腯。以为以烹。嘉栗旨酒，有漋斯盈。肴核惟旅，肃肃烝烝。吉蠲备物，享于克诚。

送神，《高安》　　　飚轮戾止，景烛灵坛。金奏绎如，白露溥溥。

黑帝降神，《高安》　　　隆冬戒序，岁历顺成。一人有庆，万物由庚。有旨斯酒，有硕斯牲。报功崇德，正直聪明。

奠玉币、酌献，《嘉安》景祐用《祐安》，辞亦不同。大仪斡运，星纪环周。三时不害，黍稷盈畴。克诚致享，品物咸羞。礼成乐变，锡祚贻休。

送神，《高安》　　　管磬咸和，礼献斯毕。灵驭言旋，焉神降之吉。

绍兴以后祀五方帝六十首

青帝降神，《高安》

圜钟宫三奏　　　於神何司，而德于木？肃然顾歆，则我斯福。我祀孔时，我心载祗。匪我之私，神来不来。

黄钟为角，一奏　　　神兮焉居？神在震方。仁以为宅，秉天之阳。神之来矣，道修以阻。望神未来，使我心苦。

太簇，一奏　　　神在途矣，习习以风。百灵后先，敢一不恭！奔走疠疫，被除灾凶。顾瞻下方，逍遥从容。

姑洗羽一奏　　　温然仁矣，熙然春矣。龙驾帝服，穆将临矣。我酒清矣，我肴烝矣。我乐备矣，我神顾矣。

升殿，《正安》　　　在国之乐，有坛崇成。节以和乐，式降式登。洁我珮服，璆琳锵鸣。匪坛斯高，曷妥厥灵？

青帝奠玉币，《嘉安》　　　物之熙熙，胡为其然。蒙神之休，乃敢报祝。有邸斯圭，有量斯币。于以奠之，格此精意。

太昊氏位奠币，《嘉安》　　　卜岁之初，我迎春祗。执克侑飨，曰古宓戏，于皇宓戏，万世之德。再拜稽首，敢爱斯璧。

奉俎，《丰安》　　　灵兮安留，烟燎既升。有硕其牲，有俎斯承。匪牲则硕，我德惟馨。缓节安歌，庶几是听。

青帝酌献，《祐安》　　百末布兰，我酒伊旨。酌以匏爵，洽我百礼。帝居青阳，顾予嘉觞。右我天子，宜君且王。

太昊酌献，《祐安》　　五德之王，谁实始之？功括造化，与天无期。酌我清酤，盥献载饬。神鉴孔飨，天子之德。

亚、终献，《文安》　　贰觞具举，承神嘉虞。神具醉止，眷焉此都。我岁方新，我庙伊殖。时旸时雨，繄神之力。

送神，《高安》　　忽而来兮，格神鸿休。忽而往兮，神不予留。神在天兮，福我寿我。千万春兮，高灵下堕。

赤帝降神，《高安》

圜钟为宫　　离明御正，德协于火。有感其生，维帝是何。帝图炎炎，贻福锡我。鉴于妥虞，高灵下堕。

黄钟为角　　赤精之君，位于朱明。茂育万物，假然长嬴。我洁我盛，我蠲我诚。神其下来，云车是承。

太簇为徵　　八卦相荡，一气散施。隆炽恢台，职神尸之。肃肃飚御，神戾于天。於昭神休，天子万年。

姑洗为羽　　烨烨其光，炳炳其灵。睿其如容，歆其如声。扇以景风，导以朱斿。我德匪类，神其安留。

升殿，《正安》　　除地国南，有基崇崇。载陟载降，式虔式恭。燎烟既燔，黻冕斯容。神如在焉。肆予幽通。

赤帝奠玉币，《嘉安》　　太微呈祥，炎德克彰。佑我基命，格于明昌。一纯二精，有严典祀。于以奠之，以介繁祉。

神农氏奠币，《嘉安》　　练以纁黄，有筐将之。肸蚃斯答，有神召之。维神于民。实始货食。归德报功，敢怠王国。

奉俎，《丰安》　　有牲在涤，从以骍牡。或肆或将，有洁其俎。神嗜饮食，柲柲芬芬。莫腆于诚，神其顾歆！

赤帝酌献，《祐安》　　四月维夏，兆于重离。帝执其衡，物无疹疵。於皇帝功，思乐旨酒。奠爵既成，垂福则有。

神农氏酌献，《祐安》　　猗欤先农，肇兹黍稷！既殖既播，有此粒食。柜鬯洁清，彝樽疏罍。竭我瑶斝，莫报嘉绩。

亚、终献,《文安》　　盥爵奠斝,载虔载恭。笾豆静嘉,於乐鼓钟。礼备三献,神具醉止。孰显神德?扬光纷委。

送神,《高安》　　神来何从?驶然灵风。神去何之?杳然幽踪。伊神去来,雾散云炙。独遗休祥,山崇川增。

黄帝降神,《高安》

圜钟为宫　　维帝奠位,乃咸于时。孰主张是,而枢纽之?谷我腹我,比予于儿。告我冠服,追其委蛇。

黄钟角　　苏无不在,日与我居。孰不可来?肸蚃斯须。象服龙驾,渊渊鼓桴。苏不汝多,多汝意乎。

太簇徵　　乐哉帝居,逝留无常!尔信我宅,尔中我乡。乃眷兹土,於赫君王。翩然下来,去未遽央。

姑洗羽　　澹兮抚琴,啾兮吹笙。神之未来,肃穆以听。缤纷羽旄,姣服在中。神既来止,亦无惰容。

升殿,《正安》　　民生地中,动作食息。与我周旋,莫匪尔极。捕鲽东海,搴茅南山。彼劳如何,矧升降间!

黄帝奠玉币,《嘉安》　　万楅之宝,一绹之丝。孕之育之,谁为此施。归之后神,神曰何为?不宰之功,荡然四垂。

有熊氏位奠币,《嘉安》　　维有熊氏,以土胜王。其后皆沿,兹德用壮。黼黻何爲,裳衣是创。币之元缥,对此昭亮。

奉俎,《丰安》　　王曰钦哉,无爱斯牲!登我元祀,亦有皇灵。以将以享,或肃或烹。大夫之俎,天子之诚。

黄帝酌献,《祐安》　　黍以为翁,郁以为妇。以侑元功,以酌大斗。伊谁歆之?皇皇帝后。伊谁嘏之?天子万寿。

有熊氏酌献,《祐安》　　昔在绵邈,有人公孙。登政抚辰,节用良勤。所蓄既大,所行宜远。载其华蹲,从以箫管。

亚、载终献,《文安》　　羽觞更陈,厥味清凉。饮之不烦,又有蔗浆。夜未艾止,明星浮浮。愿言妥灵,灵兮淹留。

送神,《高安》　　灵不肯留,沛兮将归。玉节森逝,翠旗并驰。顾瞻伫立,怅然佳期。骞千万年,无致人斯。

白帝降神，《高安》　　圜钟为宫　　白臧启序，庶汇向成。有严禋祀，风马云车，来燕来宁。洋洋在上，休福是承。

黄钟角　　素精肇节，金行固藏。气冲炎伏，明河翻霜。功收有年，礼荐有章。祇越眇冥，鸿基永昌。

太簇徵　　昊天之气，挚敛万汇。涓日洁齐，有严厥祀。有牲维肥，有酒维旨。神之燕　，锡兹福祉。

姑洗羽　　执矩斯兑，实惟素灵。受职储休，万宝以成。飨于西郊，奠玉陈牲。侑以雅乐，来歆克诚。

升殿，《正安》　　素焱谐律，西颢堕灵。肇复元祀，晨炀肃清。下土层陔，嘉荐芳馨。以御蕃祉，介我西成。

白帝奠玉币，《口安》　　惟时素秋，肇举元祀。礼备乐作，降登有数。洋洋在上，神既来止。神之格思，锡我繁祉。

少昊氏位奠币，《嘉安》　　西颢肃清，群生茂遂。有严报典，孔明祀事。圭币告虔，神灵燕喜。赉我丰年，以锡民祉。

奉俎，《丰安》　　洽礼既陈，谐音具举。有涤斯牲，孔硕为俎。维帝居歆，介我稷黍。乐哉有秋，繄神之祜！

白帝酌献，《祐安》　　徂商肇祀，灵盖孔飨。恭承嘉禧，湛澹秬鬯。监此馨香，灵其安留。畴惠上民，匪灵之休。

少昊氏位酌献，《祐安》　　沉砀西颢，功载万世。乘金宅兑，侑我明祀，嘉觞布兰，牲玉洁精。神之燕虞，肃用有成。

亚、终献，《文安》　　肃成万物，沉寥其秋。惟兹祀事，戾止灵斿。酌献具举，典礼是求。冀福斯民，黍稷盈畴。

送神，《高安》　　沉砀白臧，顺成万宝。有来德馨，於昭神妥。露华晨晞，飚驭聿还。介我嗣岁，泽均幅员。

黑帝降神，《高安》

圜钟为宫　　吉日壬癸，律中应钟。国有故常，北郊迎冬。乃藏祀事，必祇必恭。明默虽异，感而遂通。

黄钟为角　　良月盈数，四气推迁。帝于是时，典司其权。高灵下堕，降祉幅员。神之听之，祀事罔愆。

太簇为徵　北方之神，执权司冬。三时务农，於焉告功。礼备乐作，归功于神。风马来游，永锡斯民。

姑洗为羽　天地闭塞，盛德在水。黑精之君，降福羡祉。洋洋在上，若或见之。齐庄承祀，其敢致思。

升殿，《正安》。　昧爽昭事，煌煌露光。涤溉蠲洁，容仪肃庄。牲肥酒旨，荐此芬芳。降陟有序，礼无越常。

黑帝奠玉币，《嘉安》　晨曦未升，天宇肃穆。祗若元祀，将以币玉。神之格思，三献茅缩。明灵怿豫，下土是福。

高阳氏位奠币，《嘉安》　飚驭云盖，神之顾歆。丕昭礼容，发扬乐音。祀事既举，仰当神心。申以嘉币，式荐诚谌。

奉俎，《丰安》　辰牡孔硕，奉牲以告。泌祝非祈，丰年宜报。至意昭彻，交乎神明。降福穰穰，用燕群生。

黑帝酌献，《祐安》　赫赫神游，周流八极。德馨上闻，於焉来格。不腆酒醴，用伸悃愊。神其歆之！民用向德。

高阳氏酌献，《祐安》　十月纳禾，民务藏盖。不有神休，民罔攸赖。孟冬之吉，礼行不昧。神降百祥，昭著菁蔡。

亚、终献，《文安》　万汇挚敛，时惟冬序。蠢尔黎氓，入此室处。酌献告神，礼以时举。赖此阴骘，民有所怙。

送神，《高安》　神之庡止，天门夜开。礼备告成，云辂旤回。旗纛晻霭，万灵喧豗。独遗祉福，用泽九垓。

乾德以后祀感生帝十首

降神，《大安》　和均玉管，政协璿衡。四序资始，万物含生。皇猷允洽，至德惟明。为民祈福，克致精诚。

太保行，《保安》　衣冠俨若，步武有容。公卿济济，率礼惟恭。

盥洗，《正安》　昊天降康，云何以报？斯谋斯惟，雍雍灌鬯。身之洁兮，神斯来止。神之享兮，民斯福矣。

奠玉币，《庆安》　笾豆有践，玉帛斯陈。神无常享，享于精纯。

奉俎,《咸安》　　俎实具列,明德惟馨。肃容祗荐,神其降灵。

酌献,《崇安》　　乐调凤律,酒湑牺尊。至灵斯御,盛德弥敦。

饮福。《广安》　　三阳戒律,万汇腾精。既苏昆虫,毕达勾萌。具陈牺象,式荐诚明。锡以蕃祉,永保咸平。

亚、终献,《文安》　　大君有命,祀典咸修。荐献式叙,淑慎优柔。

撤豆,《肃安》以下二首,政和中制。奉承明祀,惟羊惟牛。卬盛于豆,备陈庶羞。钟鼓喤喤,神具醉止。其彻嘉笾,永绥福祉。

送神,《普安》　　既临下土,复归于天。神之报贶,受福无边。

景祐祀感生帝二首

宣祖配位奠币,《皇安》　　浚发长源,粤惟始祖。五运协图,万灵来护。

酌献,《肃安》　　龙德而隐,源流则长。宜乎亿祀,侑享弥昌。

元符祀感生帝五首

降神,《大安》六变　　二仪交泰,七政顺行。四序资始,万物含生。皇朝创业,盛德致平。为民祈福,洁此精诚。

初献升降,《保安》　　冕旒俨若,步武有容。公卿济济,《韶》、《濩》邕邕。

帝位酌献　　乐和凤律,酒奠牺尊。神明斯享,礼盛难论。

亚、终献,《文安》　　大君有命,阙典咸修。帝歆明祀,佑圣千秋。

送神,《普安》　　俯临下土,回复上天。触类而长,荷福无边。

帝位奠玉币同前《庆安》,禧祖奠币同景祐《皇安》,酌献同景祐宣祖《肃安》,奉俎同熙宁《咸安》。

绍兴以后祀感生帝十六首

降神,《大安》

圜钟为宫　　炎精之神,飞辀碧落。驾以浮云,丹书赤雀。礼备豆笾,乐谐箫勺。神具醉止,佑我景铄。

黄钟为角　　宋德惟火，神实司之。上仪申虔，迎方重离。瑶币告洁，秀华金支。啾啾神龙，来介繁禧。

太簇为徵　　於物司火，於方峙南。璇霄来下，羽卫辇辇。祠官祝厘，联珮合簪。本支有衍，则百斯男。

姑洗为羽　　惟神之安，方解羽銮。赤旗霞曳，从以炎官。居歆嘉荐，胏兪灵坛。神之格矣，民讫多盘。

盥洗，《保安》　　冲牙锵鸣，肃容专精。交神之义，罔敢弗诚。设洗于阼，罍水惟清。盥以致洁，感通神明。

升殿，《保安》　　三阳交泰，日新惟良。大建厥祀，兹报兴王。礼严陟降，德荐馨香。聿怀嘉庆，降福穰穰。

感生帝位奠玉币，《光安》　　肃肃严祀，神幽必闻。骈驾临飨，将歆毖芬。嘉玉陈币，钦恭无文。永绥多祜，国祚何垠。

僖祖位奠币，《皇安》　　於穆文献，景炎发祥。启兹皇运，垂庆无疆。筐币有陈，式昭肃庄。神之格思，如在洋洋。

奉俎，《咸安》　　笾豆大房，秩秩在列。奉牲以告，既全既洁。乐均无爽，牲醴攸设。神兮燕娭，霓旌子子。

感生帝位酌献，《崇安》　　盛德在火，相我炎祚。典礼有常，牲玉维具。风马云车，翩翩来顾。式蕃帝祉，后昆有裕。

僖祖位酌献，《肃安》　　皇矣文献，开国有先。德配感生，对越在天。练日得辛，来止灵坛。神其锡羡，瑞应猗兰。

文舞退、武舞进，《正安》　　苾苾芬芬，神具醉止。笙磬铿锵，干旄旖旎。爱假无言，神灵惟喜，申锡蕃厘，暨我孙子。

亚、终献，《文安》　　伟炎厥初，缘感而系。庆衍式崇，昭融有契。乐功既谐，觞献斯继。歆类不违，克昌百世。

撤豆，《肃安》　　洁陈斯备，昭格惟禋。神歆经饫，宰彻其馂。清歌振晓，叶气流春。永锡祚嗣，以殖烝民。

送神，《大安》　　丰祀孔饰，肃来自天。兰尊既彻，飚驭载迁。骑云缥缈，聆乐流连。惟迈惟顾，降福绵绵。

望燎，《普安》　　礼文既洽，熏燎聿升。嘉庆四塞，丹诚上腾。

惟类之应,惟福之兴。永炽天统,亿载灵承。

宋史卷一三三

志第八六

乐八 乐章二

明堂大飨　皇地祇　神州地祇
朝日夕月　高禖　九宫贵神

景祐大享明堂二首

真宗配位奠币，《诚安》　　思文圣考，对越在天。侑神作主，奉币申虔。

酌献，《德安》　　偃革兴文，封峦考瑞。威烈巍巍，允膺宗祀。

皇祐亲享明堂六首

降神，《诚安》　　维圣享帝，维孝严亲。肇图世室，躬展精禋。镛鼓既设，笾豆既陈。至诚攸感，保格上神。

奠玉币，《镇安》　　乾亨坤庆育函生，路寝明堂致洁诚。玉帛非馨期感格，降康亿载保登平。

酌献，《庆安》　　肃肃路寝，相维明堂，二仪鉴止，三圣侑旁。灵期诉合，祠节齐庄。至诚并贶，降福无疆。

三圣配位奠币，《信安》　　祖功宗德启隆熙，严配交修太室祠。圭币荐诚知顾享，本支锡羡固邦基。

酌献，《孝安》　　艺祖造邦，二宗绍德。肃雍孝享，登配圜极。先训有开，菲躬何力！歆馨锡羡，保民丽亿。

送神，《诚安》　　我将我享，辟公显助，献终豆彻，礼成乐具。

饰驾上游,升烟高鹜。神保聿归,介兹景祚。

嘉祐亲享明堂二首

降神,《诚安》　　烨烨房心,下照重屋。我严帝亲,匪配之渎。西颢沉砀,夕景已肃。灵其来娭,嘉荐芳郁。

送神,《诚安》　　明明合宫,莫尊享帝。礼乐熙成,精与神契。桂尊初兰,羽驾倏逝。遗我嘉祥,於显万世。

熙宁享明堂二首

英宗奠币,《诚安》　　於皇圣考,克配上帝。永言孝思,昭荐嘉币。

酌献,《德安》　　英声迈古,德施在民。允秩宗祀,宾延上神。

元符亲享明堂十一首

皇帝升降,《仪安》　　严父配天,孝乎明堂。与奠升阶,降音以将。天步有节,帝容必庄。辟公宪之,礼无不臧。

上帝位奠玉币,《镇安》　　圣能享帝,孝克事亲。於皇宗祀,盛节此陈。何以荐虔?二精有炜。何以致祥?上天鉴止。

神宗奠币,《信安》　　合宫礼备,时维哲王。堂筵四敞,明德馨香,圣考来格,降福穰穰。承承继继,万祀其昌。

奉俎,《禧安》　　奕奕明堂,天子即事。奠我圣考,配于上帝。凡百有职,畴敢不祗!俎洁牲肥,其登有仪。

上帝位酌献,《庆安》　　惟礼不渎,所以严亲。惟孝不匮,所以教民。陟配文考,享于大神。重禧累福,祚裔无垠。

配位酌献,《德安》　　隆功骏德,两有烈光。陟配宗祀,惠我无疆。

退文舞、迎武舞,《穆安》　　舞以象功,乐惟崇德。文经万邦,武靖四国。一张一弛,其仪不忒。神鉴孔昭,孝思维则。

亚献《穆安》　　於昭盛礼,严父配天。盖物尽诚,莫匪吉蠲。重觞既荐,九奏相宣。神介景福,亿万斯年。

饮福,《胙安》　　莫尊乎天,莫亲乎父。既享既侑,诚申礼举。戞击堂上,八音始具。天子亿龄,饮神之胙。

彻豆，《钦安》　　穆穆在堂，肃肃在庭。於显辟公，来相思成。神既歆止，有闻无声。锡我休嘉，燕及群生。

归大次，《憩安》　　有奕明堂，万方时会。宗子圣考，作帝之配。乐酌虞典，礼从周志。厘事既成，於皇来暨。

大观宗祀明堂五首

奠玉币，《镇安》　　交于神明，内心为贵。外致其文，亦效精意。嘉玉既陈，将以量币。肃肃雝雝，惟帝之对。有邦事神，享帝为尊。内心致德，外示弥文。嘉玉效珍，荐以量币。恭钦伊何？惟以宗祀。

配位奠币，《信安》　　肇祀明堂，告成大报。颙颙祇祇，率见昭考。涓选休辰，齐明朝夕。於惟皇王，孝思罔极。

酌献，《孝安》　　若昔大猷，孝思维则。永言孝思，丕承其德。於昭明威，侑天上帝。赉我思成，永绥福祉。

配位酌献，《大明》　　於昭皇考，大明体神。宪章文思，宜民宜人。严父之道，陟配于天。躬行孝告，有孚于先。

绍兴亲享明堂二十六首

皇帝入门，《仪安》　　惟我有宋，昊天子之。三年卜祀，百世承基。施及冲眇，奉牲以祠。敢忘斋栗，偏举上仪。

升堂，《仪安》　　於赫明堂，肇称禋祀。祖宗来游，亦侑于帝。九州骏奔，百辟咸事。敛时纯休，锡我万世。

降神，《诚安》　　噫神何亲？惟德是辅。玉牲具陈，诚则来顾。我开明堂，遵国之故。尚蒙居歆，以笃守祜。

盥洗，《仪安》　　肇开九筵，维古之仿。皇皇大神，来顾来享。庶仪交修，百辟显相。微诚自中，交际天壤。

上帝位奠玉币，《镇安》　　皇皇后帝，周览四方。眷我前烈，燕娭此堂。金支秀发。黼帐高张。世歆明祀，曰宋是常。

皇地祇位奠玉币，《嘉安》　　至哉坤元，持载万物！继天神圣，观世治忽。颂祇之堂，荐以圭黼。孰为邦休，四海无拂。

太祖位奠币，《广安》　　推尊太元，重屋为盛。谁其配之？我祖齐圣。开基握符,正位凝命。於万斯年,孝孙有庆。

太宗位奠币,《化安》　帝神来格,靡祀不从。侑坐而食,独升祖宗。在庭祗肃,展采错重,三献之礼,百年之容。

徽宗位奠币,《泰安》　於穆帝临,至矣元造!克配其仪,惟我文考。仁恩广曼,奕叶永保。宗祀惟初,以扬孝道。

皇帝还位,《仪安》　耳听镈玉,目瞻煜珠。乐备周奏,仪参汉图。神人并况,天地同符。亦既见帝,王心则愉。

尚书捧俎,《禧安》　展牲登俎,《箫韶》在庭。羞陈五室,意彻三灵。匪物斯享,惟诚则馨。永作祭主,神其亿宁。

昊天上帝位酌献,《庆安》　日在东陆,维时上辛。肇开阳馆,恭礼尊神。苍玉辉夜,紫烟炀晨。祖宗并配,天地同禋。

皇地祗位酌献,《彰安》　地祀泰圻,歌同我将。黝牲纯洁,丝竹发扬。博厚而久,含洪以光。扶持宗社,曰笃不忘。

太祖位酌献,《孝安》　一德开基,百年垂统。中天禘郊,薄海朝贡。宝龟相承,器鼎加重。泽深庆绵,帝复命宋。

太宗位酌献,《韶安》　绍天承业,继世立功。帷幄屡胜,车书始同。武扫氛雾,文垂日虹。遗泽所及,孰知其终!

徽宗位酌献,《成安》　钦惟合宫,承神至尊。祗戒专精,俨然若存。奠兹嘉觞,苾兰其芬。发祉隤祥,以子以孙。

皇帝还小次,《仪安》　匏尊既举,鞗席未移。有德斯顾,靡神不娭。物情肃穆,天宇清夷。宅中受命,永复邦基。

文舞退、武舞进,《穆安》　神之欷至,庆阴杳冥。风马云车,恍若有承。备形声容,於昭文明。庶几嘉虞,来享来宁。

亚献,《穆安》　四阿有严,神既庚止。备物虽仪,洁诚惟己。有来振振,相我熙事。载酌陶匏,以成毖祀。

终献,《穆安》　诚一为专,礼三而称。孰陪邦祠?惟我同姓。金丝屡调,圭玉交映。是谓熙成,福来神听。

皇帝饮福,《祚安》　孰谓天远,至诚则通。孰谓地厚,与天则同。惠我纯嘏,克成大功。握图而治。如日之中。

撤豆，《歆安》　　工祝告休，笙镛云阕。酒茅既除，牲俎斯彻。幽明罔恫，中外咸悦。礼成伊何？天地同节。

送神，《诚安》　　奕奕宗祀，煌煌礼文。高灵下堕，精诚升闻。熙事既毕，忽乘青云。敢拜明贶，永清世氛。

望燎，《仪安》　　载酌载献，以纯以精。歌传夜诵，物备秋成。报本斯极，听卑则明。愿储景贶，福我群生。

望瘗，《仪安》　　礼协丰融，诚交仿佛。辟公受脤，宗祀临瘗。贻我来牟，以兴嗣岁。山川出云，天地同气。

还大次，《憩安》　　应天以实，已事而竣。毡案朝帝，竹宫拜神。灵光下烛，协气斯陈。福禄时万，基图日新。

绍兴、淳熙分命馆职定撰十七首

降神，《景安》

圜钟为宫　　上直房、心，时惟明堂。配天享亲，宗祀有常。盛德在金，日吉辰良。享我克诚，来格来康。

黄钟为角　　合宫盛礼，金商令时。备成熙事，搜扬上仪。骏奔在庭，精意肃祗。来享嘉荐，神灵燕娭。

太簇为徵　　休德孔昭，灵承上帝。孝极尊亲，严配于位。嘉荐芬芳，礼无不备。神其格思，享兹诚至。

姑洗为羽　　霜露既降，孝思奉先。陟降上帝，礼隆九筵。有馨黍稷，有肥牲牷。神来燕娭，想像肃然。

盥先，《正安》　　礼经之重，祭典为宗。上公摄事，进退弥恭。庶品丰洁，令仪肃雍。百祥萃止，惟吉之从。

升殿，《正安》　　皇祖配帝，岁祀明堂。冕服陟降，玉佩玱玱。疾徐有节，进止克庄。维时右享，日靖四方。

上帝位奠玉币，《嘉安》　　大享季秋，百执扬厉。明明太宗，赫赫上帝。祗荐忱诚，式严圭币。祚我明德，锡兹来裔。

太宗位奠币，《宗安》　　穆穆皇祖，丕昭圣功。声律身度，乐备礼隆。祗荐量币，祀于合宫。玉帛万国，骊心载同。

捧俎，《丰安》　　备物昭陈，工祝告具。维羊维牛，孔硕孔庶。

有嘉维馨，加食宜饫。敛时五福，永膺丰祚。

上帝位酌献，《嘉安》　　烨彼房、心，明明有融。维圣享帝，礼行合宫。祀事时止，粢盛洁丰。昭受申命，万福攸同。

太宗位酌献，《德安》　　受命溥将，勋高百王。寰宇大定，圣治平康。有严陟配，宗祀明堂。神保是格，申锡无疆。

文舞退、武舞进，《正安》　　温厚严凝，於皇上帝。文德武功，列圣并配。舞缀象成，肃雍进退。秉翟蹲蹲，总干蹈厉。

亚、终献，《文安》　　总章灵承，维国之常。礼乐宣昭，降升齐庄。竭诚尽志，荐兹累觞。於昭在上，申锡无疆。

彻豆，《文安》　　於皇上帝，肃然来临。恭荐芳俎，以达高明。烹饪既事，享于克诚。以介景福，惟德之馨。

送神，《景安》　　帝在合宫，鉴观盛礼。黍稷惟馨，神心则喜。礼备乐成，亦既归止。亿万斯年，以赒多祉。

高宗位奠币，《宗安》　　赫赫高庙，于尧有光。覆被万祀，冠冕百王。有量斯币，蠲洁是将。在帝左右，维时降康。

酌献，《德安》　　炎运中兴，苍生载宁。九秩燕豫，三纪丰凝。精祀上帝，陟配威灵。锡羡祚祉，万世承承。

孝宗亲享明堂乐曲并同，惟天地位奠币、酌献及太祖酌献、皇帝入小次、还大次、亚献、送神等篇，各有删润。又以太祖奠币曲改名《广安》，酌献改名《恭安》，太宗奠币改名《化安》，酌献改名《英安》。

景德祀皇地祇三首
降神，《静安》　　至哉厚德，陟配天长！沈潜刚克，广大无疆。资生万物，神化含章。同和八变，神灵效祥。

奠玉币，酌献，《嘉安》　　於昭祀典，致享坤仪。备物咸秩，柔祇格思。功宣敏树，日益鸿禧。持载品汇，率土攸宜。

送神，《静安》　　妙用无方，倏来忽逝。蠲洁寅恭，式终禋瘗。
景祐夏至祀皇地祇二首仁宗御制。

太祖奠币，《恭安》　　赫矣淳耀，俶载帝基！一戎以定，万国来仪。寅恭洁祀，博厚皇祇。威灵攸在，福禄如茨。

酌献，《英安》　　丕命惟皇，万物咸睹。卜年迈周，崇功冠禹。有烨炎精，大昌圣祚。酌鬯祈年，永锡繁祜。

熙宁祀皇地祇十二首

迎神，《导安》　　昭灵积厚，混混坤舆。配天作极，阴惨阳舒。齐明荐享，百福其储。庶几来止，风马云车。

升降，《靖安》　　有来穆穆，临此方丘。其行风动，其止霆收。躬事匪懈，丰盛洁羞。百昌咸殖，允矣神休！

奠币，《厘安》　　纯诚诚融，芳美嘉荐。肃将二精，以享以奠。休光四充，灵祇来燕。其祥伊何？永世锡羡。

太祖，《肇安》　　於皇烈祖，维帝所兴。光辉宗祀，如日之升。告灵作配，孝享烝烝。锡兹祉福，百世其承。

司徒奉俎，《承安》　　我修祀事，於何致诚？罔敢怠佚，视兹硕牲。纳烹荐俎，侑以和声。格哉休应，世济皇明。

酌献，《和安》　　猗嗟富媪，博厚含弘。发荣敷秀，动植兹丰。爰酌兹酒，胗虬交通。众祥萃止，垂祜无穷。

太祖，《佑安》　　光大含弘，坤元之力。海宇咸宁，烈祖之德。作配方坛，不僭不忒。子孙其承，毋替厥则。

饮福，《禔安》　　载登坛阼，载酌尊彝。牲酒嘉旨，福禄纯熙。其福维何？万物咸宜。其禄维何？永承神禧。

退文舞、迎武舞，《威安》　　雍雍肃肃，建我采旄。舞以玉戚，不吴不敖。其将其肆，脾臄嘉肴。何以侑乐？钟鼓管箫。

亚、终献，《仪安》　　折俎在筵，菹羹在豆。何以酌之？酒醴是侑。何以锡之？贻尔眉寿。何以格之？永尔康阜。

撤豆，《丰安》　　曳我黼黻，履舄接武。锵我珩璜，降升圉圉。其将肆兮，既曰不侮。其终彻兮，恭钦惟主。

送神，《阜安》　　神兮来下，享此苾芬。酌献雍雍，执事孔勤。神之还矣，忽乘飞云。遗我祺祥，物象忻忻。

常祀皇地祇五首

迎神，《宁安》八变。　　　坤元之德，光大无疆。一气交感，百物阜昌。吉蠲致享，精明是将。介兹景福，鼎祚灵长。

升降，《正安》　　　礼经之重，祭典为宗。上公摄事，登降弥恭。庶品丰洁，令仪肃雍。百祥萃止，维吉之从。

奉俎，《丰安》　　　礼崇禋祀，神鉴孔明。牲牷博腯，以焄以烹。馨香蠲洁，品物惟精。锡以纯嘏，享兹至诚。

退文舞、迎武舞，《威安》　　　进旅退旅，载扬干扬。不愆于仪，容服有章。式绥式侑，神保是听。鼓之舞之，神永安宁。

送神，《宁安》　　　物备百嘉，乐周八变。克诚是享，明德斯荐。神鉴孔昭，蕃禧锡羡。回驭飘然，邈不可见。

绍兴祀皇地祇十五首

迎神，《宁安》

函钟为宫　　　至哉厚德，物生是资！直方维则，翕辟攸宜。於昭祀典，致享坤仪。礼罔不答，神之格思。

太簇为角　　　葳事方丘，旧典时式。至诚感神，馨非黍稷。肸蚃来临，鉴兹明德。永锡坤珍，时万时亿。

姑洗为徵　　　至哉坤元，乃顺承天！厚德载物，含洪八埏。日北多暑，祀仪吉蠲。式昭毋事，敢告恭虔。

南吕为羽　　　葳事方丘，情文孔时。名山大泽，侑祭无遗。牲陈黝犊，乐备《咸池》。柔祇皆出，介我繁禧。

盥洗，《正安》　　　於穆盛礼，肃肃在宫。葳事有初，直于东荣。涤濯是谨，惟寅惟清。祇荐柔嘉，享兹克诚。

升殿，《正安》　　　景风应时，聿严祋祀。用事方丘，锵锵济济。登降有节，三献成礼。神其格思，锡我繁祉！

正位奠玉币，《嘉安》　　　坤元博厚，对越天明。展事方泽，亶惟顾歆。嘉玉量币，祇荐纯精。锡我繁祉，燕及函生。

太祖位奠币，《定安》　　　愍祀泰坼，柔祇是承。於赫艺祖，道格三灵。式严配侑，厚德惟宁。爰昭荐币，享于克诚。

捧俎，《丰安》　　丕答灵贶，歳事方丘。豆登在列，鼎俎斯俜。牲牷告具，寅畏弥周。柔祇昭格，飚至云流。

正位酌献，《光安》　　祇事坤元，饬躬敢惮！爰洁粢盛，载严圭瓒。清明内融，嘉旨外粲。介我繁厘，时亿时万。

太祖位酌献，《英安》　　皇矣艺祖，九围是式！至哉柔祇，万汇允殖！保兹嘉邦，介我黍稷。酌鬯告虔，作配无极。

文舞退、武舞进，《正安》　　於穆媪神，媲德彼天。我修瘗祀，以莫不虔。肆陈时夏，干羽相宣。灵其来游，降福绵绵。

亚、终献，《文安》　　礼有祈报，国惟典常。笾豆丰洁，降升齐庄。备物致志，式荐累觞。昭格来享，自天降康。

彻豆，《娱安》　　承天效法，其道贵诚。牲羞黄犊，荐德之馨。芳俎告毕，礼备乐盈。既静即安，庶物沾生。

送神，《宁安》　　至厚至深，其动也刚。精诚默通，或出其藏。神之言归，化斯有光。相我炎图，万世无疆。

宋初祀神州地祇三首

降神，《静安》　　肮肮郊原，茫茫宇县。画野分疆，禹功疏奠。灵祇是臻，豆笾祇荐。幽赞皇图，视之不见。

奠玉币，酌献，《嘉安》　　胏蚃储灵，肃恭用币。锵洋导和，洪休允契。嘉气云蒸，浃于华裔。式荐坤珍，聿符明世。

送神，《静安》　　献奠云毕，纯嘏祁祁。威灵藏用，邈矣何之？

景祐孟冬祭神州地祇二首

太宗位奠币，《化安》　　削平伪邦，嗣兴鸿业。礼乐交修，仁德该洽。柔祇荐享，量币攸摄。侑坐延灵，神休允答。

酌献，《韶安》　　有炜弥文，克隆宏构。贻此燕谋，具膺多祐。嶰律吹葭，彝尊奠酒。佐乃沈潜，永祈丰楙。

元符祭神州地祇二首

迎神，《宁安》八变。　　肮肮浚邦，皇天是宅。必有幽赞，聪明正直。布列笾豆，考击金石。中外谧宁，繄神之力。

送神,《宁安》　　都邑浩穰,民物富盛。主以灵祇,昭乃丕应。玉帛牲牷,鼓钟管磬。祇荐攸歆,归于至静。

绍兴祀神州地祇十六首

迎神,《宁安》

函钟为宫　　芒芒下土,恢恢方仪。富媪统摄,潜运八维。爰称元祀,告备吉时。揭兹虔恭,俟其格思。

太簇为角　　洪惟坤元,道著品物。上配紫旻,厚载其德。良月肇蕆,祭器布列。必先皇祇,以迓景福。

姑洗为徵　　块圠无垠,磅礴罔测。山盈川冲,自生自殖。其报惟何?率礼靡忒。亿万斯年,功被无极。

南吕为羽　　翕辟以时,协气陶蒸。播之金石,锵厥和声。冥冥呦呦,孔享纯诚。是听是娭,邦其永宁。

盥洗,《正安》　　晨炀致烟,浡然四施。飘飘风马,仿佛来斯。祀事维清,沃之盥之。载湆载肃,罔有愧辞。

升殿,《正安》　　崇崇其坛,屹矣层级。佩约步趋,降登中节。左瞻右睨,祥风蔼集。胙旃羽分,昭鉴翊翊。

神州地祇位奠玉币,《嘉发》　　璇璇谐序,籍敛荐嘉。昭答柔祇,迭奏雅歌。币琮以侑,仪腆气和。灵其溥临,容与燕嘉。

太宗位奠币,《嘉安》　　穆穆令闻,溥博有容。泽被万宇,靡不率从。恭陈量币,明荐其衷。礼亦宜之,享德攸同。

奉俎,《丰安》　　肃肃嘉承,唯德其物。工祝以告,繄民之力。神哉广生,孔蕃且硕!奠于嘉坛,吐之则弗。

神州地祇位酌献,《嘉安》　　恭承明祀,嘉荐令芳。亦有桂酒,诚悫是将。瑟瓒以酌,效欢厥觞。庶乎燕享,永怀不忘。

太宗位酌献,《化安》　　宗德含洪,方祇可儗。辟土开疆,八埏同轨。是用作配,有永无纪。祼献以享,茂格蕃祉。

文舞退、武舞进,《文安》　　奕奕缀兆,《咸池》孔彰。丕阐文德,靡忘发扬。进退有节,乃容之常。乐备尔奏,烨烨荣光。

亚、终献,《文安》　　缩酌以祼,既旨且多。三献有序,情文愈加。黄祇临享，锡以休嘉。广兹灵祲，覃及迩遐。

　　撒豆，《成安》　　展牲告全，乃登于俎。竣事而彻，侑以乐语。
奉厘宣室，祚我神主。敛敷庶民，并受其祜。

　　送神，《宁安》　　云驭洋洋，既歆既顾。悠然聿归，曷求厥路。
钦想颂堂，跂立以慕。赉我胕𫘝，莫不怿豫。

　　望瘗，《正安》　　神罔怨恫，燕其有喜。嵗事告成，爰修瘗礼。
乐阕仪备，休气四起。尚谨不愆，念终如始。

　　景德朝日三首

　　降神，《高安》六变。　　　阳德之母，羲御寅宾。得天久照，首兹
三辰。正辞备物，肃肃振振。沦精降监，克享明禋。

　　奠玉币酌献，《嘉安》　　醴齐良洁，有牲斯纯。大采玄冕，乃昭
其文。王宫定位，粢盛苾芬。民事以叙，盛德升闻。

　　送神，《高安》　　县象著明，照临下土。降福穰穰，德施周普。

　　夕月三首

　　降神，《高安》六变。　　　凝阴禀粹，照临八埏。丽天垂象，继日
代明。一气资始，四时运行。灵祇昭格，备物荐诚。

　　奠玉币、酌献，《嘉安》　　夕耀乘秋，功存宇县。金奏在县，以
时致荐。祀事孔寅，明灵降眷。洁粢丰盛，仓箱流衍。

　　送神，《高安》　　凤陈笾豆，洁诚致祈。垂休保佑，景祚巍巍。

　　大观秋分夕月四首

　　降神，《高安》　　至阴之精，亏而复盈。轮高仙桂，阶应祥蓂。
玉兔影孤，金茎露溢。其驾星车，顾于兹夕。

　　奠玉币　　玉钩初弯，冰盘乍圆。扇掩秋后，乌飞枝边。精凝
蝉蜍，辉光婵娟。歆于明祀，弭芳节焉。

　　酌献　　名稽《汉仪》，歌参唐宗。往于卿少，乘秋气中，周天而
行，如姊之崇。可飞霞佩，下琉璃宫。

　　送神　　四扉大开，五云车立。霓裳娣从，风翱童执。摇曳胥
来，锵洋爰集。歆我严禋，西面以揖。

绍兴朝日十首

降神,《高安》

圜钟为宫　玄鸟既至,序属春分。朝于太阳,厥典备存。载严大采,示民有尊。扬光下烛,煜爚东门。

黄钟为角　升晖丽天,阳德之母。率无颇偏,兼烛下土。恭事崇坛,礼乐具举。顿御六龙,裴回容与。

太簇为徵　周祀及暗,汉制中营。肸蚃是届,礼神以兄。我洁斯璧,我肥斯牲。神兮燕享,鉴观孔明。

姑洗为羽　屹尔王宫,泛临翊翊。惠此万方,岂惟五色。以修阳政,以习地德。云景杳冥,政祥无极。

初献升殿,《正安》　天宇四霁,嘉坛聿崇。肃祗严祀,登降有容。仰瞻曜灵,位居其中。既安既妥,沛哉丰融!

奠玉币,《嘉安》　物之备矣,以交于神。时惟炎精,不忘顾歆。经纬之文,璆琳之质。灿然相辉,其仪秩秩。

奉俎《丰安》　扶桑朝暾,和气肸饬。奉此牲牢,为俎孔硕。芬馨进闻。介我黍稷。所将以诚,兹用享德。

酌献,《嘉安》　匏爵斯陈,百味旨酒。勺以献之,再拜稽首。钟鼓在列,灵方安留。眷然加荐,惟时之休。

亚、终献,《文安》　礼罄沃盥,诚意肃将。包茅是缩,冀毕重觞。焕矣情文,既具醉止。熙事备成,灵其有喜。

送神,《礼安》　羲和驾兮,其容杲杲。将安之兮?言归黄道。光赫万物,无古无今。人君之表,咸仰照临。

夕月十首

降神,《高安》

圜钟为宫　金行告遒,玉律分秋。礼葳西郊,毖祀聿修。精意潜达,永孚于休。神之听之,爰格飚斿。

黄钟为角　时维秋仲,夜寂天清。实严姊事,用答阴灵。坛壝斯设,黍稷惟馨。云车来下,庶歆厥诚。

太簇为徵　遡日著明,丽天作配。洁诚以祠,礼行肃拜。光凝冕服,气肃环珮。庶几昭格,祗而不懈。

姑洗为羽　　穆穆流辉,太阴之精。盈亏靡忒,寒暑以均。克禋克祀,揆日涓辰。牲硕酒旨,来燕来宁。

升殿,《正安》　　猗欤崇基,右平左墄!祗率典常,屈兹秋夕。陟降惟寅,威仪抑抑。神其鉴观,穰简是集。

奠玉币,《嘉安》　　少采陈仪,实曰坎祭。礼备乐举,严恭将事。于以奠之,嘉玉量币。神兮昭受,阴骘万汇。

奉俎《丰安》　　谷旦其差,有牲在涤。工祝致告,为俎孔硕。胦虫是期,祚我明德。备兹孝钦,式和民则。

酌献,《嘉安》　　白藏在序,享惟其时。躬即明坛,礼惟载祗。斟以瑶爵,神灵燕娭。歆馨顾德,锡我蕃厘。

亚、终献,《文安》　　肃雍严祀,圣治昭彰。清酒既载,或肆或将。礼匜三献,终然允臧。神具醉止,其乐且康。

送神,《理安》　　歌奏云阕,式礼莫愆。以我齐明,馨其吉蠲。神保聿归,降康自天。萝图永固,亿万斯年。

熙宁以后祀高禖六首

降神,《高安》六变。　　容台讲礼,禖宫立祠。司分届後,带𩨹陈仪。嘉祥萃止,灵驭来思。皇支蕃衍,永固邦基。

升降,《正安》　　郊禖之应,肇自生商。诞膺宝命,浚发其祥,天材蕃衍,德称君王。本支万世,与天无疆。

奠玉币,《嘉安》　　昔帝高辛,先禖肇祀。爰揆仲阳,式祈嘉祉。陈之牺牲,授以弓矢。敷祐皇宗,施于孙子。

酌献,《祐安》　　昭荐衷,灵承端命。青帝顾怀,神禖储庆。祚以蕃昌,协于熙盛。螽斯众多,流于雅咏。

亚、终献,《文安》　　赫赫高禖,万世所祀。其德不回,锡兹福祉。蕃衍椒聊,和平荼苢。传类降康,世济其美。

送神,《理安》　　礼奠蠲衷,祭仪竣事,丕拥灵休,蕃衍皇嗣。

绍兴祀高禖十首

降神,《高安》

圜钟为宫　聿分春气,施生在时。禖宫肇启,精意以祠。礼仪告备,神其格思！厥灵有赫,锡我繁厘。

黄钟为角　眷此尊祀,实惟钟春。青圭束帛,克祀克禋。庶蒙嘉惠,嗣续诜诜。神之降鉴,云车来臻。

太簇为徵　猗欤禖宫,祀典所贵！粤自艰难,礼或弗备。以迄于今,始建坛墠。愿戒云车,歆此诚意。

姑洗为羽　春气肇分,万类滋荣。惟此祀事,皆象发生。求神以类,式昭至诚。庶几来格,子孙绳绳。

升坛,《正安》　有奕禖宫,在国之南。坛墠既设,威仪孔严。登祀济济,神兮顾瞻。佑我皇祚,宜百斯男。

奠玉币,《嘉安》　青律载阳,有觉颉颃。祈我繁祉,立子生商。三牲既荐,玉帛是将。克禋克祀,有嘉其祥。

奉俎,《丰安》　祇祓禖坛,洁蠲羊豕。博硕肥腯,爰具牲醴。执事骏奔,肃将俎几。神其顾歆,永锡多子。

青帝位酌献,《祐安》仪羲、高辛酌献并同。　瑞觉至止,祀事孔时。酌以清酒,祼献载祇。神具醉止,介我蕃禧。乃占吉梦,维熊维罴。

亚、终献,《文安》　中春涓吉,蒇事禖祠。礼备乐作,笾豆孔时。贰觞毕举,英献无违。庶几神惠,祥启熊罴。

送神,《理安》　嘉荐令芳,有严禋祀。神来燕娭,亦既醉止。风驭言还,栗然歆起。以祓以除,锡我蕃祉。

景德祀九宫贵神三首

降神,《高安》　倬彼垂象,照临下土。躔次运行,功德周普。九宫既位,惟德是辅。神之至上,皇皇斯赌。

奠玉币,酌献,《嘉安》　灵禋既肃,明神既秩。在国之夂,协日之吉。升歌有仪,六变中律。怀和万灵,降兹阴骘。

送神,《高安》　祇荐有常,惟神无方。回飚整驭,垂休降祥。

元祐祀九宫贵神二首

降神，《景安》六变。　　　上天贵神，九宫设位。功德及物，乃秩明祀。望拜紫坛，赫然灵气。奠玉荐币，歆之无愧。

送神，《景安》　　天之贵神，推移九宫。厥位靡常，降康则同。来集于坛，顾歆恪恭。歌以送之，飚静旋穹。

绍兴祀九宫贵神十首

降神，《景安》

圜钟为宫　　紫阙幽宏，惟神灵尊。辅成泰元，赞役乃坤。曰雨曰旸，缊豫调纷。享荐阴光，蒙祉如屯。

黄钟为角　　载阳愆德，农祥孔昭。赉兹元蝝，穰穰黍苗。象舆眇冥，金奏远姚。无閟厥灵，丹衷匪逃。

太簇为徵　　於赫九宫，天神之贵。煌煌彪列，下土是莅。幽赞高穹，阴骘万类。肃若旧典，有严祇事。

姑洗为羽　　练时吉良，聿崇明祀。粢盛洁丰，牲硕酒旨。肃唱和声，来燕来止。嘉承天休，贲及含齿。

初献升坛，《正安》　　於昭逮祀，周旋有容。历阶将事，趋进鞠躬。改步如初，没阶弥恭。左城右平，陟降雍雍。

太一位奠玉币，《嘉安》　　煌煌九宫，照临下土。阴骘庶类，功施周普。恪修祀典，礼备乐举。嘉玉量币，馨非稷黍。摄提、权星、招摇、天符、青龙、咸池，太阴、天乙位，乐曲并同。

奉俎，《丰安》　　灵鉴匪远，诚心肃祇。是烝是享，俎实孔时。礼行乐奏，胂蚃是期。云车风马，神其燕娭。

太一位酌献，《嘉安》　　惟天丕冒，彪列九神。财成元化，阴骘下民。有酒斯旨，登荐苾芬。昭哉降鉴，弗禄来臻。九位并同。

亚、终献，《文安》　　均调大化，阴骘下民。骏功有赫，诞举明禋。嘉觞中贰，执事惟寅。清明鬯矣，福禄攸臻。

送神，《景安》　　荐献有序，降登无违。礼乐备举，昭格燕娭。云车缥缈，神曰还归。报以景观，翊我昌期。

宋史卷一三四
志第八七

乐九 乐章三

太庙常享　禘祫　加上徽号
郊前朝享　皇后别庙

建隆以来祀享太庙一十六首

迎神,《礼安》　　肃肃清庙,奉祠来诣。格思之灵,如在之祭。克谨威仪,载严容卫。降福孔皆,以克永世。

皇帝行,《隆安》　　工祝升阶,宾尸在位。祗达孝思,允修毖祀。显相有仪,克恭乃事。俨恪其容,通此精意。

奠瓒用《瑞木》　　木符启瑞,著象成文。於昭大号,协应明君。灵命有属,鸿禧洞分。歌以升荐,休嘉洽闻。

又驯象　　嘉彼驯象,来归帝乡。南州毓质,中区效祥。仁格巨兽,德柔遐荒。有感斯应,神化无方。

又玉鸟素鸟爰止,淳精允臧。名符瑞牒,色应金方。洁白容与,翘英奋扬。孝思攸感,皇德逾张。

奉俎,《丰安》　　维牺维牲,以炰以烹。植其鞉鼓,洁彼铏羹。孔硕兹俎,於穆厥声。肃雍显相,福禄来成。

酌献僖祖室,《大善》　　汤汤洪河,经启长源。郁郁嘉木,挺生本根。大哉崇基,出乎庆门。发祥垂裕,永世贻孙。

顺祖室,《大宁》　　元钟九千,生于仲吕。崇台九层,起于累土。赫日之升,明夷为主。孝孙作帝,式由祖武。

　　翼祖室,《大顺》　　明明我祖,积德攸宜。肇继瓜瓞,将隆本支。爰资庆绪,式昭帝基。於穆清庙,永洽重熙。

　　宣祖室,《大庆》　　艰难积行,帛长钟庆。同人之时,得主乃定。既叙宗祧,乃修舞咏。经武开先,永昭丕命。

　　太祖室,《大定》　　猗欤太祖,受命于天!化行区宇,功溢简编。武威震耀,文德昭宣。开基垂统,亿万斯年。

　　太宗室,《大盛》　　赫赫皇运,明明太宗。四隩咸暨,一变时雍。睿文炳焕,圣德温恭。千龄万祀,永播笙镛。

　　饮福,《禧安》　　嘉粟旨酒,博脯牲牷。神鉴孔昭,享兹吉蠲。夙夜虔祀,孝以奉先。永锡纯嘏,功格于天。

　　亚献,《正安》　　已象文治,乃观武成。进退可度,威仪克明。

　　终献,《正安》　　《常武》祖征,诗人所称。总干山立,厥象伊凝。

　　撤豆,《丰安》　　肥脤之牲,既析既荐。郁鬯之酒,已酌已献。祝辞亦陈,和奉斯遍。享礼具举,彻其有践。

　　摄事十三首

　　降神,《理安》　　肃肃清庙,昭事祖祢。粢盛苾芬,四海来祭。皇灵格思,令容有晬。降福孔皆,以克永世。

　　太尉行,《正安》　　祼鬯溥将,宾尸在位。帝德升闻,孝思光被。公卿庶正,傅御师氏。至诚感神,福禄来暨。

　　奠瓒,《瑞安》　　淳清育物,瑞木成文。元气陶冶,非烟郁氛。玄貌昭格,至和所熏,登歌祼献,肸蚃如闻。

　　奉俎,《丰安》　　丽碑割牲,以炰以烹。博硕肥脤,荐羞神明。祖考来格,享于克诚。如闻謦欬,式燕以宁。

　　酌献禧祖室,《大善》　　肃肃艺祖,肇基鸿源。权舆光大,燕翼贻孙。载祀惟永,庆流後昆。威灵在天,顾我思存。

　　顺祖室,《大宁》　　思文圣祖,长发其祥。锡羡蕃衍,德厚流光。眷命自天,卜世聿昌。祗肃孝享,降福无疆。

翼祖室,《大顺》　　明明我祖,积德累仁。居晦匿曜,迈钟惟勤。帝图天锡,辉光日新。寝庙绎绎,昭事同寅。

宣祖室,《大庆》　　洸洸我祖,时惟鹰扬。潜德弗耀,发源灵长。肆类配天,永思不忘。来顾来享,百福是将。

太祖室《大定》　　赫赫太祖,受命于天。赤符启运,威加八埏。神武戡难,功无间然。翼翼丕承,亿万斯年。

太宗室,《大盛》　　穆穆太宗,与天合德。昧旦丕显,乾乾翼翼。敷佑下民,时帝之力。永怀圣神,孝思罔极。

真宗室,《大明》　　煌煌真宗,善继善承。经武耀德,臻于治平。封祀礼乐,丕昭鸿名。陟配文庙。皇图永宁。

彻豆,《丰安》　　鼎俎既陈,豆笾既设。金石在庭,工师就列。备物有严,著诚致洁。孝惟时思,礼以雍彻。

送神,《理安》　　神之来兮风肃然,神之去兮升九天。排凌兢兮还恍惚,羽旄纷兮萧燔烟。

真宗御制二首

奠瓒用《万国朝天》　　鸿源浚发,睿图诞彰。高明锡羡,累洽延祥。巍巍艺祖,溥率宾王。煌煌文考,区宇大康,珍符昭显,宝历绵长。物性茂遂,民俗阜昌。甫田多稼,禾黍穰穰。含生嘉育,鸟兽跄跄。八纮统域,九服要荒。沐浴惠泽,祗畏典常。隔谷分壤,望斗辨方。并袭冠带,来奉圭璋。峨峨双阙,济济明堂。诸侯执帛,天后当阳。何以辨等?衮衣绣裳。何以褒德?辂车乘黄。声明焕赫,雅颂汪洋。启兹丕绪,佑我无疆。大统斯集,大乐斯扬。俯隆宗祐,仰继穹苍。

亚献、终献用《平晋乐》　　五代衰替,六合携离。封疆窃据,兵甲竞驰。天顾黎献,涂炭可悲。帝启灵命,浚哲应期。皇祖丕变,金钺俄麾。率土执贽,犷俗来仪。瞻彼大卤,窃此余基。独迷文告,莫畏天威。神宗继统,璿图有辉。尚安蠢尔,罔怀格思。六飞凤驾,万旅奉辞。徯来发咏,不阵行师。云旗先路,壶浆塞岐。天临日照,宸虑通微。前歌后舞,人心悦随。要领自得,智力何施。风移僭冒。政治淳熙。书文混一,盛德咸宜。干戈倒载,振振言归。诞昭七德,永定九围。

真宗告飨六首

告受天书,《瑞安》宝命自天,鸿禧锡祚。昭晰绿文,氤氲黄素。玄感荐彰,灵休诞布。寅奉珍符,聿怀永慕。

太祖、太宗加上尊谥,《显安》　　报觊陟封,聿昭典礼。让德穹厚,归功祖祢。丕显尊称,尽善尽美。寅威孝思,以介蕃祉。

东封毕,躬谢酌献,《封安》　　奕奕清庙,锡羡诒谋。升中神岳,显允皇猷。归格艺祖,昭报灵休。奉先追远,盛德益修。

祀汾阴毕,躬谢酌献,《显安》　　於昭列圣,休德清明。威灵如在,享于克诚。报功厚载,馨荐惟精,归格饮至,礼备乐成。

圣祖降,亲告,《瑞安》　　於赫圣祖,景灵在天。神游来暨,睟容穆然。诲言昭示,帝胄开先。齐明钦若,延鸿亿年。

六室加谥,《显安》　　钦崇太霄,肃奉徽册。大礼克诚,鸿猷有赫。令芳爰荐,明灵斯格。昭谢垂祥,永怀何极。

景祐亲享太庙二首

迎神,《兴安》　　追养奉先,纳孝练主。金奏凤鸣,《关雎》乐舞。奠鬯恭神,肥腯展俎。积庆聪明,降景寰宇。

酌献真宗室《大明》　　于穆真皇,宅心道粹。和戎偃革,焕乎文治。操瑞拜图,封天祀地。盛德为宗,烝尝万世。

至和祫享三首

迎神《兴安》　　濡露降霜,永怀孝思。祫食谛叙,再闰之期。歌德咏功,八音播之。歆神惟始,灵其格兹。

奠瓒,《嘉安》　　昭穆亲祖,自室徂堂。礼备乐成,肃然祼将。瑟瓒黄流,条烝芬芳。气达渊泉,神孚来享。

送神,《兴安》　　四祖基庆,三后在天。荐侑备成,灵娭其旋。孝孙应嘏,受福永年。送之怀之,明发恻然。

嘉祐祫享二首

迎神，《怀安》　　躬兹孝享，礼备乐成。神登于俎，祝导于祊。殿牲肥腯，奏格和平。灵其昭格，肃俟凝情。

送神，《怀安》　　灵神归止，交景肃然。福祥裕世，明威在天。孝孙有庆，骏烈推先。佑兹基绪，弥万斯年。

熙宁以后享庙五首

酌献英宗室，《大英》　　在宋五世，天子嗣昌。躬发英断，若乾之刚。声容沄沄，被于八荒。垂千万年，永烈有光。

送神，《兴安》　　钟鼓惟旅，笾豆孔时。衍我祖宗，既右享之。神亟来止，孝孙之喜。神保聿归，孝孙之思。

禘祫孟享、腊享，宗正卿升殿，《正安》　　进退有容，服章有仪。匪亟匪迟，降登孔时。

祫享仁宗，《大和》　　於穆仁庙，圣泽滂流。华夷用乂，动植蒙休。徽名冠古，奕世垂谋。帝躬裸献，盛典昭修。

英宗，《大康》　　赫赫英皇，总提邦纪。浚发神功，恢张圣理。仙驭虽遥，鸿徽不弭。永言孝思，竭诚躬祀。

常祀五享三首

迎神，《兴安》九变。　　奕奕清庙，昭穆定位。霜露增感，粢盛洁祭。神灵来格，福祉攸暨。追孝奉先，本支百世。

太尉奠瓒，《嘉安》　　有秩时祀，匪怠匪渎。有来宗工，载祗载肃。厥作裸将，流黄瓒玉。是享是宜，永绥多福。

送神，《兴安》　　皇祖皇考，配帝配天。骏奔显相，神保言旋。祝以孝告，嘏以慈宣。去来永慕，宗事惟虔。

绍兴以后时享二十五首

迎神，《兴安》

黄钟为宫　　奉先严祀，率礼大经。时思致享，肃荐芳馨。竭诚备物，乐奏和声。真驭来止，熙事克成。

大吕为角　　圣灵在天，九关崇深。风马云车，纷其顾临。拥祥储休，昭答孝心。孝孙受祉，万福是膺。

太簇为徵　　嘉承和平，秩祀为先。乃练休辰，祝史告虔。内心齐明,祀具吉蠲。交际恍惚,如在後前。

应钟为羽　　道信于神,神灵燕娭。酒有嘉德,物惟其时。缓节安歌,乐奏具宜。欣欣乐康,福禄绥之。

奉俎,《丰安》　　王假有庙,子孙保光。奉牲以告,玉俎膏香。专精厉意,神其迪尝。休承灵意,申锡无疆。

初献盥洗,《正安》　　恪恭礼典,涓选休成。设洗致洁。直于东荣。嘉肴祗荐,明德惟馨。祖考来格,享兹孝诚。

升殿,《正安》　　冠佩雍容,时惟上公。享于清庙,陟降弥恭。笾豆静嘉,粢盛洁丰。孝孙有庆,万福来同。

僖祖室酌献,《基命》　　於穆文献,自天发祥。肇基明命,锡羡无疆。子孙千亿。宗社灵长。神之格思,如在洋洋。

宣祖室酌献,《天元》　　天启炎历,集我大命。长发其祥,笃生上圣。夷乱芟荒,乾坤以定。时祀聿修,孝孙有庆。

太祖室酌献,《皇武》　　赫赫艺祖,受天明命。威加八纮,德垂累圣。祀事孔明,有严笙磬。对越在天,延休锡庆。

太宗室酌献,《大定》　　明明在上,时维太宗。允武允文,丕基绍隆。於肃清庙,昭报是丰。皇灵格思,福禄来同。

真宗室酌献,《熙文》　　於穆真皇,维烈有光。丕承二后,奄奠万方。威加戎狄,道格穹苍。歆时禋祀,降福无疆。

仁宗室酌献,《美成》　　至哉帝德,乃圣乃神!恭己南面,天下归仁。历年长久,垂裕後人。祀修旧典,宝命维新。

英宗室酌献,《治隆》　　炎基克巩,赫赫英宗。绍休前烈,仁化弥隆。笃生圣子,尧、汤比踪。烝尝万世,福禄来崇。

神宗室酌献,《大明》　　於昭神祖,运抚明昌。肇新百度,克配三王。遐荒底绩,圣武维扬。永言《执竞》,上帝是皇。

哲宗室酌献,《重光》　　於皇浚哲,逷骏有声。率时昭考,丕显仪刑。功光大业,道协三灵。永绥厥後,来燕来宁。

徽宗室酌献,《承元》　　天锡神圣,徽柔懿恭。垂衣拱手,遵制扬功。配天立极,体道居中。佑我烈考,万福攸同。

　　钦宗室,《端庆》　　於皇钦宗,道备德宏。允恭允俭,克类克明。孝遵前烈,仁翊函生。歆兹肆祀,永燕宗祊。

　　高宗室,《大德》　　於皇时宋,自天保定。高宗受之,再仆景命。绍开中兴,翼善传圣。何千万年,永绥厥庆。

　　孝宗室,《大伦》　　圣人之德,无加于孝。思皇孝宗,履行立教。始终纯诚,非曰笑貌。於万斯年,是则是效。

　　光宗室,《大和》　　维宋洽熙,帝继于理,万姓厚生,三辰顺轨,对时天休,以燕翼子。肃唱和声,神其有喜。

　　文舞退,武舞进,《正安》　　肃肃清庙,於显维德。我祀孔时,我奏有翼。秉翟载骏,有来干戚。神之燕娭,休祥允格。

　　亚、终献,《文安》　　观德宗祏,奕世烈光。有严祀典,粤循旧章。乐谐九变,献举重觞。燕娭如在,戬谷穰穰。

　　撤豆,《恭安》　　礼备乐成,物称诚竭。相维辟公,神人以说。歌《雍》一章,诸宰斯彻。天子万年,无竞维烈。

　　送神,《兴安》　　霜露既降,时思展禋。在天之御,睠然顾歆。乐成礼备,言归摩停。既安既乐,福禄来成。

　　祫享八首
　　迎神,《兴安》

　　黄钟宫　　时维孟冬,霜露既零。合食盛礼,以时以行,孝心翼翼,惟神来宁。肃倡斯举,神具是听。

　　大吕角　　於穆孝思,嘉荐维时。诚通兹格,咸来燕娭。神之听之,申锡蕃厘。於万斯年,永保丕基。

　　太簇徵　　於昭孝治,通乎神明。寒暑不忒,熙事备成。牲牷孔硕,黍稷惟馨,以享以祀,来燕来宁。

　　应钟羽　　苾芬孝祀,荐灌肃雍。致力于神,明信咸通。灵之妥留,惠我庞鸿。广被万宇,福禄攸同。

　　初献顺祖,酌献,《大宁》　　於赫皇祖,浚发其祥。德盛流远,奕世弥昌。孝孙有庆,嘉荐令芳。神保是享,锡羡无疆。

　　翼祖酌献,《兴安》　　上天眷命,佑我丕基。翼翼皇祖,不耀其辉。积厚流长，福禄攸宜。祀事孔时，曾孙笃之。

光宗室酌献，《大承》　　於皇光宗，握符御极。昭哉嗣服，惟仁与德！勤施于民，靡有暇逸。万年之思，永奠宗祏。

送神，《兴安》　　合祭大事，因时发天。翼翼孝思，三献礼虔。神兮乐康，飚驭言旋。永福後人，於千万年。

上仁宗、英宗徽号一首

入门升殿，《显安》　　於穆仁祖，宠绥万方。执竞英考，迄用成、康。图徽宝册，有烈其光。庶几亿载，与天无疆。

上英宗尊号一首

入门，《正安》　　在宋五世，天子神明。群公奉册，乃扬鸿名。金书煌煌，遹昭厥成。思皇多祜，与天同声。

增上神宗徽号一首哲宗朝制。

升殿，《显安》　　於惟弥庙，乃圣乃神。秉文之士，作起惟新。建宫稽古，一视同仁。庶几备号，以享天人。

绍兴十四年奉上徽宗册宝三首

册宝入门，《显安》　　於铄徽考，如天莫名。迨兹不扬，拟纯粹精。温玉镂文，来至于祊。有严奕奕，礼备乐成。

册宝升殿，《显安》　　金字煌煌，瑶光灿灿。群工奉之，登此宝殿。对越祖宗，式遵成宪。威灵在天，来止来燕。

上徽号，《显安》　　惟精惟一，乃圣乃神。鸿名克扬，茂实斯宾。如禹之功，如尧之仁。孝思永慕，用诏无垠。

淳熙十五年上高宗徽号三首

册宝入门，《显安》　　於穆高皇，功德兼隆。称天以诔，初谥未崇。载稽礼典，扬徽垂鸿。涓日之良，登进庙宫。

册宝升殿，《显安》　　有璓斯宝，有编斯册。导以麾仗，奏以金石。祲威盛容，煌煌赫赫。臣工奉之，高灵来格。

上徽号，《显安》　　中兴之烈，高掩商宗。揖逊之美，放勋比隆。字十有六，拟诸形容。威灵在天，裕後无穷。

庆元三年奉上孝宗徽号三首

册宝入门,《显安》　巍巍孝庙,圣德天通。同符艺祖,克绍高宗。有仪有册,载推载崇。镂玉绳金,登奉祏宫。

册宝升殿,《显安》　文金晶荧,册玉辉润。统绍乎尧,德全于舜。勤崇推高,子孝孙顺。冠德百王,万年垂训。

上徽号,《显安》　金石充庭,珩璜在列。绘画乾坤,形容日月。巍巍功德,显显谟烈。垂亿万年,鸿徽昭揭。

高宗郊祀前朝享太庙三十首

皇帝入门,《乾安》後还前殿并同。　於皇我后,祇戒专精。假于有庙,祖考是承。趋进惟肃,僾思惟诚。神之听之,来燕来宁。

皇帝升殿,《乾安》诣室、降殿并同。　皇皇大宫,丕显于穆。休德昭清,元气回复。芝叶蔓茂,桂华冯翼。孝孙假斯,受兹介福。

盥洗,《乾安》　维皇齐精,豋假于庙。观盥之初,惟以洁告。衍承祖宗,恤祀昭孝。诚心有孚,介福斯报。

迎神,《兴安》　秬鬯既将,黄钟具奏。肃我祖考,祇栗以俟。监观于兹,云车来下。

尚书奉俎,《丰安》有硕其牲,登于大房。肃展以享,庶几迪尝。匪腯是告,我民其康。保艾尔后,垂休无疆。

皇帝再盥洗,《乾安》　盥至于再,洁诚愈孚。帝用祇荐,灵咸嘉虞。腾歌胪欢,会于轩朱。观厥颙若,受福之符。

僖宗室酌献,《基命》　思文僖祖,基德之元。皇武大之,受命于天。积厚流光,不已其传。曾孙笃之,於万斯年。

翼祖室酌献,《大顺》　天命有开,维仁是依。乃睠冀邦,于以顾之。其顾伊何?发祥肇基。施于孙子,虔奉孝思。

宣祖室,《天元》　昭哉皇祖,源深流长!雕戈圭瓒,休有烈光。天　祐潜德,继世其昌。永怀积累,嘉荐令芳。

太祖室,《皇武》　为民请命,皇祖赫临。天地并觋,亿万同心。造邦以德,介福宜深。挹彼惟旨,真游居歆。

太宗室,《大定》　　皇矣太宗,嗣服平成！益奋神旅,再征不庭。文武秉德,仁孝克明。以圣传圣,对越紫清。

真宗室,《熙文》　　思文真宗,体道之崇。憯威赫灵,遵制场功。真符鼎来,告成登对。盛德百世,於昭无穷。

仁宗室,《美成》徽宗御制。　　仁德如天,遍覆无偏。功济九有,恩涵八埏。齐民受康,朝野晏然。击壤歌谣,四十二年。

英宗室,《治隆》　　穆穆荐宗,持盈守成。世德作求,是缵是承。齐家睦族,偃武恢文。於荐清酤,酌之欣欣。

神宗室,《大明》　　烝哉维后,继明体神！稽古行道,文物一新。润色鸿业,垂裕后人。灵斿沛然,来燕来宁。

哲宗室,《重光》　　明哲煌煌,照临无疆。绍述先志,实宣重光。诒谋燕翼,率由旧章。苾芬孝祀,降福穰穰。

徽宗室,《承光》御制。　　於皇烈考,道化圣神。尧聪舜孝,文恬武忻。命子出震,遗骏上宾。罔极之哀,有古莫伦。

降殿,《乾安》　　明德惟馨,进止回复。袯襐安恭,严若惟谷。诚意昭融,群工袂属。成此祣容,生乎齐肃。

入小次,《乾安》　　於皇我后,祗戒专精。躬制声诗,文思聪明。雍容庶止,玉立端诚。神听如在,福禄来宁。

文舞退、武舞进,《正安》　　八音谐律,缀兆充庭。进旅退旅,肃恭和平。盛荐祖宗。灵监昭升。象功崇德,遹观厥成。

亚献,《正安》　　威神在天,享于克诚。申以贰觞,式昭德馨。笾豆孔嘉,乐舞具陈。庶几是听,福禄来成。

终献,《正安》　　疏幕三举,诚意一纯。夙陪予祀,公族振振。神具醉止,燕娭窈冥。於万斯年,绥我思成。

皇帝出小次,《乾安》　　凤戒告备,礼节俯成。妥侑惟乾,氛氲夜澄。有严有翼,列圣灵承。於穆清闷,肃肃无声。

皇帝再升殿诣饮福位,《乾安》　　维皇亲享,至再至三。礼备乐奏,层陛森严。粢盛芳洁,酒醴蕴甘。云车风马,从卫观瞻。

饮福,《禧安》　　赫赫明明,维祖维宗。鉴于文孙,维德之同。

日靖四方,亦同其功。亿万斯年,以承家邦。

还位,《乾安》　帝既临享,步武鸣鸾。陟降规矩,颙昂周旋。登歌一再,典礼莫愆。神之听之,祉福绵绵。

尚书彻豆,《丰安》　熙事既成,嘉荐告彻。洋洋来临,蔼蔼布列。配帝其功,在天对越。允集丛厘。万邦和悦。

送神,《兴安》　神之来游,风马云车。淹留仿佛,顾瞻欷歔。神之还归,钧天帝居。监观于下,何福不除!

降殿,《乾安》　於皇上天,钦哉成命。集于冲人,丕承列圣。爰熙紫坛,于庙告庆。肸蚃潜通,休祥荐应。

还大次,《乾安》　盛德丰功,一祖六宗。钦翼燕诒,禋享是崇。厉意齐精,假庙惟恭。率礼周旋,福禄来同。

宁宗朝享三十五首

皇帝入门,《乾安》　王假有庙,四极骏奔。鼎俎宵严,虡簴云屯。积厚流广,德隆庆蕃。是则是绳,保我子孙。

升殿,《乾安》　於穆清宫,奕奕孔硕。芝茎蔓秀,桂华冯翼。八簋登列,六瑚贲室。皇代拥庆,启佑千亿。

盥洗,《乾安》　天一以清,地一以宁。维皇精专,承明神灵。娥御堕津,渎祇杨溟。盥事允严,先祖是听。

诣室《乾安》　丹楹云深,芒勺宵奠。乐华淳邕,礼文炳绚。有容有仪,载肃载见。维时缉熙,世世以燕。

还位,《乾安》　旅楹有闲,人神允叶。福以德昭,飨以诚接。六乐宣扬,百礼炜烨。对越在天,流祚万叶。

迎神,《兴安》九变。

黄钟为宫　咸、英备乐,簋席列罤。诗歌安世,声叶皇雅。翠旗羽盖,云车风马。神其来兮,以燕以下。

大吕为角　勾陈旦辟,闾阖夜分。轸风挟月,车驷凌云。瑞景晻霭,神光耀煴。神其来兮,以留以忻。

太簇为徵　穆穆紫幄,璜璜清宫。《旱麓》流咏,《凫鹥》叶工。道阂诒燕,业绵垂鸿。神基来兮,以康以崇。

应钟为羽，　　文以谟显，武以烈承。圣训之保，祖武之绳。有肃孝假，式严衎烝。神其来兮，以宜以宁。

捧俎，《丰安》　　笾豆荐牲，铏笾实馈。其俎孔庶，吉蠲为馂。惟德达馨，以忱以贵。神既佑享，祉贶来暨。

再诣盥洗，《乾安》　　精粹象天，明清鉴月。再御兹盥，益致其洁。齐容颙若，诚意洞彻。百礼允洽。率礼不越。

真宗室，《熙文》　　天地熙泰，跻时升平。阐符建坛，声容文明。君臣赓载，夷夏肃清。本支百世，持盈守成。

仁宗室，《美成》　　在宋四世，天子圣神。用贤致治，约己裕民。海内富庶，裔夷肃宾。四十二年，尧、舜之仁。

英宗室，《治隆》，　　明明英后，仁孝俭恭。丕显丕承，增光祖宗。继志述事，遵制扬功。万邦作孚，盛德形容。

神宗室，《大明》　　厉精基治，大载乾刚！信赏必罚，内修外攘。礼乐法理，号令文章。作新之功，度越百王。

哲宗室，《重光》　　於皇我宋，世有哲明。元祐用人，遹骏有声。绍述先志，思监于成。受天之祐，王配天京。

徽宗室，《承元》　　帝抚熙运，晏粲协期。礼明乐备，文恬武嬉。道光授受，谋沈燕诒。骏命不易，子孙保之。

钦宗室，《端庆》　　显显令主，辉光日新。奉亲以孝，绥下以仁。兢兢业业，诞保庶民。於穆不已，之德之纯。

高宗室，《大德》　　昊天有命，中兴复古。治定功成，修文偃武。德隆商宗，业闳汉祖。付托得人，系尧之绪。

孝宗室，《大伦》　　艺祖有孙，聪睿神武。绍兴受禅，归尊于父。行道袭爵，百度修举。圣德曰孝，光于千古。

光宗室，《大和》　　维宋洽熙，帝继于理。万姓厚生，三辰顺轨。对时天休，以燕翼子。肃唱和声，神其有喜。

还位《乾安》　　在周之庭，设业设虡。酒醴惟醹，尔殽伊脯。帝觞毕勺，天步旋举。丕显丕承，念兹皇祖。

降殿，《乾安》　　黼帷蝉蜎，飚斿宁燕。尊彝献祼，瑚簋陈荐。

视仪天旋,淳音《韶变》。遹求厥宁,福禄流羡。

入小次,《乾安》　　皇容肃祇,天步舒迟。对越惟恭,敬事不遗,陟降茇止,永言孝思。上帝临女,日临于兹。

文舞退、武舞进,《正安》　　明庭承神,鞉磬柷敔。玉梢饰歌。俏缀维旅。既肖厥文,复象乃武。祖德宗功,惟帝时举。

亚献,《正安》　　尊罍星陈,罍幂云舒。来贰鸾觞,玉佩琼琚。相予严祀,秉德有初。对扬王休,何福不除!

终献,《正安》　　秉德翼翼,显相肃雝。疏幂三举,诚意益恭。光烛黼绣,和流笙镛。子孙众多,福禄来从。

出小次,《乾安》　　庙楹邃严,夜景藻清。文物炳彪,礼仪熙成。帷宫载敞,珮珩有声。帝复对越,将受厥明。

再升殿,《乾安》　　明明维后,诒厥孙谋。系隆我汉,陈锡哉周。以孝以飨,世德作求。介以繁祉,万邦咸休。

饮福,《乾安》　　玉瓒黄流,有飶其香。来假来享,降福穰穰。我应受之,汤孙之将。有百斯男,福禄无疆。

还位,《乾安》　　圣图广大,宗祊光辉。假于有庙,帝命不违。偯若有慕,夙夜畏威。嘉乐君子,福禄祁祁。

彻豆,《丰安》　　升馈有章,卒食攸序。庭锵金奏,凯收铙笆。其献惟成,其馂维旅。礼洽庆流,皇祖之祜。

送神,《兴安》　　珠幄煴黄,神既燕娭。监观于下,福禄来且。云车风马,神保聿归。启佑我后,福禄来为。

降殿,《乾安》　　圣有谟训,诒谋燕翼。奉天酌祖,万世维则。维皇孝熙,乾乾夕惕。礼既式旋,惟福之锡。

还大次,《乾安》　　王假有庙,对越在天。帷宫旋御,率礼不愆。泰时殿祠,云阳奉瑄。齐居精明,益用告虔。

理宗朝享三首

皇帝升降,《乾安》　　於皇祖宗,清庙奕奕。威灵在天,不显惟德。垂裕鸿延,诒谋燕翼。孝孙格斯,受祉罔极。

迎神,《兴安》,九奏　　秬鬯既将,黄钟具奏。瞻望真游,偯若有慕。於皇列圣,在帝左右。云车具来,以妥以侑。

宁宗室,《大安》　　帝德之休,恭俭渊懿。三十一年,谨终如始。升祔在宫,祖功并美。民怀有仁,何千万世。

高宗祀明堂前朝享太庙二十一首

皇帝入门,《乾安》　　於皇我后,祗戒专精。齐肃有容,祖考是承。造次匪懈,孝思纯诚。神听有格,福禄来宁。

升殿,《乾安》　　肃哉清宫,煜珠照緯。神之来思,八音振作。赤舄龙章,奉玉惟恪。匪今斯今,先民时若。

盥洗,《乾安》　　於皇维后,观盥之初。精意昭著,既顺既愉。圭瓒承祀,卿士咸趋。目视心化,四方其孚。

迎神,《兴安》　　涓选休成,祖考是享。夙夜专精,求诸惚恍。洋洋在上,惟神之仰。瓒矣清明,应之如响。

捧俎,《丰安》　　来相于庭,鸣铜锵锵。奉牲而告,登彼雕房。非牲之备。民庶是康。神依民听,上帝斯皇。

僖祖室酌献,《基命》　　何庆之长?实兆于商。由商太戊,子孙其昌。皇基成命,宋道用光。诒厥孙谋,膺受四方。

翼祖室,《大顺》　　上帝监观,维仁是依。继世修德,皇心顾之。其顾伊何,在彼冀方。施于子孙,降福穰穰。

宣祖室酌献,《天元》　　昭哉皇祖,骏发其祥!雕戈圭瓒,盛烈载扬。天锡宝符,俾炽而昌。神圣应期,赫然垂光。

太祖室,《皇武》　　倚欤皇祖,下民攸归。膺帝之命,龙翔太微。戎车雷动,天地清夷。峨峨奉璋,万世无违。

太宗室,《大定》　　煌煌神武,再御戎轩。时惠南土,旋定太原。车书混同,声教布宣。维天佑之,亿万斯年。

真宗室,《熙文》於皇真宗,体道之崇。游心物外,应迹寰中。四方既同,化民以躬。清净无为,盛德之容。

仁宗室曲同郊祀。送神亦同。

英宗室,《治隆》　　噫我大君,嗣世修文!维文维武,谌继虞勋。天锡丕祚,施于後昆。於荐清酤,酌之欣欣。

神宗室,《大明》　　烝哉惟后,继明体神。宪章文、武,宜民宜人。经世之道,功格于天。子孙严祀,无穷之传。

哲宗室,《重安》　　明哲煌煌,照临无疆。丕承先志,嘉靖多方。朝廷尊荣,民庶乐康。珍符来应,锡兹重光。

徽宗室,《承元》　　圣考巍巍,光绍丕基。礼隆乐备,时维纯熙。天仁兼覆,皇化无为。功成弗处,凡潜希夷。

文舞退、武舞进,《正安》　　作乐合祖,簨簴在庭。众奏具举,肃雝和鸣。宰灵来格,庶几是听。皦绎以终,永观厥成。

亚献,《正安》　　威神在天,来格于诚。既载清酤,有闻无声。相予熙事,时赖宗英。肃肃雝雝,允协思成。

终献,《正安》　　疏觱三举,诚意一纯。孰陪予祀,公族振振。明灵来娭,乐舞具陈。奉神所佑,昭孝息民。

饮福,《禧安》　　赫赫明明,德与天通。施于孙子,福禄攸同。日靖四方,民和年丰。有秩斯祐,申锡无穷。

撤豆,《丰安》　　歆我齐明,威德如存。牲牷是享,圭玉其温。群公执事,亦既骏奔。礼成告彻,咸福黎元。

还大次,《乾安》　　神明既交,恍若有承。钦翼齐庄,福禄其膺。王业是兴,祖武是绳。佑我亿年,以莫不增。

孝宗明堂前享太庙三首

徽宗室酌献,《承元》　　明明徽祖,抚世升平。制礼作乐,发政施仁。圣灵在天,德泽在民。亿万斯年,保佑后人。

高宗室,《大德》　　於皇时宋,自天保定。高宗受之,再仆景命。绍闻中兴,翼善传圣。何千万年,永绥厥庆。

还大次,《乾安》　　礼既行矣,乐既成矣。维祖是妣,安且宁矣。皇举玉趾,佩锵鸣矣。拜觐总章,于厥明矣。

理宗明堂前朝享二首

宁宗室奠币,《定安》　　皇矣昭考,圣灵在天!称秩宗祀,有严恭先。奉币以荐,见之优然。仁深泽厚。厥光以延。

酌献,《考安》　　假哉皇考,必世後仁!嘉靖我邦,与物皆春。

之纯之德，克配穹旻。余庆渊如，佑我後人。

皇后庙十五首

迎神，《肃安》　　閟宫翼翼，雅乐洋洋。牲器肃设，几筵用张。饰以明备，秩其令芳。神兮来格，风动云翔。

太尉行，《舒安》　　服章观象，山龙是则。容止跄跄，威仪翼翼。

司徒捧俎，《丰安》，撤同。　　恪恭奉祀，祗荐牺牲。九成爰奏，有俎斯盈。

酌献孝明皇后室，《惠安》　　祀事孙明。庙室惟肃。铏登笾豆，金石丝竹。既灌既荐，允恭允穆。奉神如在，以介景福。

孝惠皇后室，《奉安》　　初阳作配，内助惟贤。柔顺中积，英徽外宣。神宫有侐，明祀惟虔。歆诚降祐，於万斯年。

孝章皇后室，《懿安》　　猗那淑圣，象应资生。配天作合，与日齐明。椒宫垂范，彤史扬名。聿修祕祀，永奉粢盛。

懿德皇后室，《顺安》　　王门禀庆，帝族惟贤。功存内治，德协静专。流芳图史，垂范纮綖。新庙有侐，祀礼昭然。

淑德皇后室，《嘉安》　　明明荐媛，德备椒庭。笾豆有践，黍稷匪馨。静嘉致荐，容与昭灵。精意以达，顾享来宁。

庄穆皇后室，《理安》　　曾孙袭庆，柔祗育德。正位居体，其仪不忒。教被宫壶，化行邦国。祝史正辞，垂裕无极。

庄怀皇后室，《永安》　　淑德昭著，至乐和平。登豆在列，苾香荐诚。六变合礼，八音谐声。穰穰景福，佑我休明。

元德皇后庙，《兴安》　　为太宗后，为天下母。诞圣继明，膺乾作主。玉振金相，兰芬桂芳。於万斯年，永奉烝尝。

饮福，《禧安》　　彝尊鬯酒，庆祐遂行。介以纯嘏，允答明诚。

亚献，《恭安》　　宗臣率礼，步玉锵锵。吉蠲斯献，百禄是将。

终献，《顺安》　　荐献有终，礼容斯穆。以夺嘉觞，以膺多福。

送神，《归安》　　明禋告毕，灵辂难留。升云杳邈，整驭优游。

诚深嘉栗,礼馨钦修。丰融垂佑,以永洪休。

景祐以後乐章六首

章献明肃皇太后室奠瓒,《达安》　　肃肃闳宫,顺时荐事。郁邑馨香,如见于位。

酌献,《厚安》　　祥标曾麓,德合方仪。万邦展养,九御蒙慈。孝恭祊祐,美播声诗。淑灵顾享,申锡维棋。

章懿皇太后室奠瓒,《报安》　　青金玉瓒,祼将于京。永怀闳极,夙夜齐明。

酌献,《衍安》　　翊佐先朝,章明壶教。淑顺谦勤,徽音在劬。树风不止,劬劳匪报。黍稷令芳,覭兹乃告。

奉慈庙章惠皇太后室奠瓒《翕安》　　祼圭既陈,酌邑斯醇。音容仿佛,奠献为寅。

酌献,《昌安》　　内辅先猷,夙昭壶则。保祐之劳,慈惠其德。荣养有终,芳风无极。享献闳宫,载怀悽恻。

真宗汾礼毕,亲谢元德皇后室三首

迎神,《肃安》　　闳宫奕奕,《韶乐》洋洋。牲币虔布,几筵肃张。醴泉淳美,嘉肴洁香。俟宰来格,降彼帝乡。

奉俎,《丰安》　　乐铿金石,俎奉牺牲。九成斯奏,五教爰行。

送神,《理安》　　鸾骖复整,鹤驾难留。白云缥缈,紫府深幽。庙虽载止,神无不游。垂佑皇宋,以永鸿休。

元德皇后升祔一首

《显安》之曲　　显矣皇妣,德侔柔祇。升祔太室,协礼之宜。耀彼宝册,列之尊彝。惟诚是厚,永佑庆基。

崇恩太后升祔十四首

入门,《显安》　　俔天生德,作配元符。仪刑壶则,辅佐帝图。登崇庙祐,勒号璠玙。烝尝亿载,皇极之扶。

神主升殿,《显安》　　曰嫔于京,天作之配。进贤审官,克勤其志。於穆清庙,本仁祖义。亿万斯年,宰灵攸暨。

迎神,《兴安》四章

黄钟宫二奏　　　閟宫有侐,堂筵屹崇。灵徽匪遐,精诚感通。苾芬维时,登兹明祀。泠然云车,有来其驭。

大吕角二奏　　　羽旌风翔,翠蕤飘举。俨其音徽,登兹位处。笙镛始奏,合止柷敔。是享是宜,永求伊祜。

太簇徵二奏　　　枚枚閟宫,鼎俎肆陈。悉界明灵,登其嘉新。鼓钟既戒,旨酒既醇。攸介攸止,纯禧荐臻。

应钟羽二奏　　　旨酒嘉肴,于登于豆。是享是宜,乐既合奏,衎我懿德,执事温恭。灵兮允格,有翼其从。

盥洗,《嘉安》　　　列爵陈俎,芬芳和羹。拟金击石,洋洋和声。礼行伊始,我德惟明。既盥而往,於昭斯诚。

升降殿,《熙安》　　　笙箫纷如,陟彼庙庭。锵锵佩玉,怀兹先灵,神保聿止,音容杳冥。繁禧是介,万年惟宁。

酌献,《兹安》　　　雝雝玉佩,清酤惟良。粢盛具列,有飶其香。怀其徽范,德洽无疆。於兹燕止,降福穰穰。

亚献,《神安》　　　嫔于潜邸,爰正坤仪。《关雎》化被,《思齐》名垂。柔德益茂,家邦以熙。皇心追崇,永羞牲粢。

退文舞、进武舞,《昭安》　　　翩然干戚,扬庭陈阶。文以经纬,武以威怀。其张其弛。节与音谐。迄兹献享,妥灵绥来。

终献,《仪安》　　　珩璜之贵,袆褕之尊。天作之合,内治慈温。元良钟庆,祉福乾坤。以享以祀,事亡如存。

撤豆,《成安》　　　锵洋纯绎,於论鼓钟。周旋陟降,齐庄肃容。维罍既旨,维筥伊丰。歌彻以雍,介福来崇。

送神,《兴安》　　　黍稷维馨,虡业充庭。既钦既戒,灵心是承。顾予烝尝,言从之迈。申锡无疆,是用大介。

上册宝十三首

册宝入门,《隆安》　　　威仪皇止,庶尹在庭。爰举徽章,遹观厥成。勒崇扬休,写之琼瑛。迄于万祀,发闻惟馨。

册宝升殿,《崇安》　　　有犹有言,顺承天则。聿崇号名,再扬典册。朱英宝函,左右翼翼。千秋万岁,保兹无极。

迎神,《歆安》

黄钟宫　笾豆大房,牺尊将将。馨香既登,明灵迪尝。其乐伊何？吹笙鼓簧。灵来燕娭,降福无疆。

大吕角二奏　吉蠲惟时,礼仪既备。奉璋峨峨,群公在位。神之格思,永锡尔类。展彼令德,於焉来暨。

太簇徵二奏　雍雍在宫,翼翼在庭。显相休嘉,肃雍和鸣。神嗜饮食,明德惟馨。绥我思成,式燕以宁。

应钟羽二奏　牺牲既成,笾豆有楚。拊金击石,式歌且舞。追怀懿德。令闻令仪。灵兮来格,是享是宜。

馂洗,《嘉安》　嘉肴旨酒,洁粢丰盛。既盥而往,以我齐明。有孚颙若,黍稷非馨。神之格思,享于克诚。

升降,《熙安》　佩玉锵锵,其来雝雝。陟降孔时,步武有容。恪兹祀事,神罔时恫。绥我邦家,福禄来崇。

酌献,《明安》　旨酒嘉栗,有馂其香。衎我涉灵,歆此令芳。德贻彤管,号正椒房。神具醉止,降福穰穰。

退文舞、进武舞,《昭安》　龠翟既陈,干戚斯扬。进旅退旅,一弛一张。其仪不忒,容服有光。以宴以娭,德音不忘。

亚、终献,《和安》　望高六宫,位应四星。辅佐君子,警戒相成。祎衣褒崇,琛册追荣。于以奠之,有椒其馨。

彻豆,《成安》　濯濯其英,殖殖其庭。有来群工,贲我思成。嘉肴既将,旨酒既清。《雍》彻不迟,福禄来宁。

送神,《歆安》　礼仪既备,神保聿归。洋洋在上,不可度思。神之来兮,肸蚃之随。神之去兮,休嘉是贻。

上钦成皇后册宝六首

入门升殿,《显安》　上帝锡羡,实生婉淑。辅佐神皇,宠膺天禄。诞充泰陵,劬劳顾复。於昭徽音,久而弥郁。

迎神,《歆安》　於显惟德,徽柔懿明。嫔于初载,有闻惟馨。肆我鼓钟,万舞在庭。神保是格,来止来宁。

盥洗,《嘉安》　有炜柔仪,率履不越。惠于初终,既明且达。

我将我享。相盥乃登。胡臭亶时，攸介攸宁！

升降，《熙安》　　苾苾其芳，殽核维旅。陟降孔时，有秩斯所。雍容内化，维神之明。明则不渝，绥我思成。

酌献，《明安》　　天维显思，有相于内。右贤去邪，夙夜徽戒。猗欤追册，重翟袆衣。既右享之，百世是仪。

亚、终献，《和安》　　酌彼玉瓒，有椒其馨，纍假无言，雍容在庭。生莫与崇，於赫厥声。祀事孔明，神格是听。

上明达皇后册宝五首

迎神，《歆安》　　恭俭宜家，柔顺承天。德昭彤管，忧在进贤。宝册袆翟，追荣寿原。四时祼享，何千万年。

酌献，《明安》　　清宫有严，广乐在庭。钟鼓管磬，九变既成。缩茅以献，洁秬惟馨。灵游可想，来燕来宁。

退文舞，进武舞，《昭安》　　秉翟竣事，万舞拟金。总干挥戚，节以鼓音。礼容有炜，胏爵来歆。淑灵是听，雅奏愔愔。

彻豆，《成安》　　登献罔愆，俎豆斯彻。神具醉止，礼终乐阕。御事既退，珊珊佩玦。介我繁祉，歆此蠲洁。

送神，《歆安》　　备成熙事，虚徐翠楹。神保聿归，云车凤征。鉴我休德，神交惚恍。留祉降祥，千秋是享。

绍兴别庙乐歌五首

升殿，《崇安》　　新庙肃肃，葳事以时。陟降阶墄，雍容有仪。鞠躬周旋，罔敢不祗。祝史正辞，灵其格思。

奉俎，《肃安》　　肇严庙祀，爰图遗芳。物必称德，或陈或将。有缛其仪，有苾其香。灵兮来下，割烹是尝。

懿节皇后室酌献，《明安》　　曾沙表庆，正位椒庭。徽音杳邈，宫壸仪刑。虔修祀事，清酌惟馨，缩以包茅，昭格明灵。

亚、终献，《嘉安》　　霄汉月堕，郊原露晞。徽音如在，延伫来归。有酒既清，累觞载祗。神具醉止，燕衎怡怡。

彻豆，《宁安》　　仙驭弗返，眇邈清都。荐此嘉殽，既丰既腴。奠享有成，鼓乐愉愉。彻我豆笾，率礼无逾。

乾道别庙乐歌三首

诣庙,《乾安》　　涓选休辰,于秋之杪。既齐既戒,爰假祖庙。有俪仪坤,旧章是效。享祀奚为,天子纯孝。

升殿,《乾安》　　宗祀九筵,先荐闷宫。陟自东阶,煌煌衮龙。於穆圣善,监兹礼容。是享是宜,介福无穷。

懿节皇后室酌献,《歆安》　　丕显文母,厚德维坤。仙驭虽邈,徽音固存。瑟彼玉瓒,酌此郁尊。简简穰穰,裕我後昆。

绍熙别庙二首

安穆皇后室酌献,《歆安》　　祥发倪天,符彰梦日。有怀慈容,孝享庙室。泰尊是酌,旨酒嘉栗。灵其格思,祚以元吉。

安恭皇后室酌献,《歆安》　　美咏河洲,德嫔妫汭。徽音如存,肇修祀事。缩以包茅,酌以醴齐。灵来顾歆,降福攸备。

绍兴二十九年显仁皇后祔庙一首

酌献,《歆安》　　恭惟圣母,跻祔孔时。陈羞宗祏,徽福坤仪。钟鼓惟序,牲玉载祗。於皇来格,永介丕基。

开禧三年成肃皇后祔庙一首

酌献,《歆安》　　天合重华,内治昭融。承承继继,保佑恩隆。归从阜陵,登祔太宫。燕我后人,福禄来崇。

宋史卷一三五

志第八八

乐十 <small>乐章四</small>

朝谒玉清昭应宫　太清宫
朝享景灵宫　封禅　祀汾阴
奉天书　祭九鼎

真宗奉圣祖玉清昭应宫御制十一首

降圣，《真安》　　巍巍真宇，奕奕殊庭。规模太紫，炳焕丹青。
元命祇答，大猷是经。多仪有践，丕应无形。肆设金石，声闻杳冥。
停回飚驭，永祐基扃。

奉香，《灵安》　　芳气上浃，飚驭下临。绍承丕绪，永励精明。
氤氲成雾，葱郁垂阴。虔恭对越，介祉攸钦。

奉撰，《吉安》　　发祥有自，介福无疆。纷纶丕应，保佑下方。
嘉荐斯备，雅奏具扬。寅威洞达，监昈昭章。

玉皇位酌献，《庆安》　　无体之体，强名之名。监观万寓，统治
九清。真期保祐，瑞命昭明。乾乾翼翼，祇答财成。

圣祖位酌献，《庆安》　　於昭灵贶，诞启鸿源。功济庶汇，庆流
後昆。兰肴登俎，桂酒盈尊。俯回飚驾，永庇云孙。

太祖位酌献，《庆安》　　赫赫艺祖，受命高穹。威加海外，化浃
区中。发祥宗祐，锡祐眇冲。钦承积德，励翼精衷。

太宗位酌献,《庆安》　明明文考,储精上苍。礼乐明备,溥率宾王。功德累洽,历数会昌。孝思罔极,丕祐无疆。

亚、终献,《冲安》　太初非有体,至道本无声。降迹临下土。成功陟上清。至仁敦动植,丕绪启宗祊。紫禁承来格,鸿基保永宁。发祥垂诞告,致孝荐崇名。广乐伸钦奉,储休固太平。

饮福,《庆安》　明明始祖,诞启庆基。翼翼後嗣,虔奉孝思。精洁斯达,祉福咸宜。于以报贶,于以受厘。

彻馔,《吉安》　雕俎在御,飚驾闻声。真游斯降,旨酒斯盈。大乐云阕,大礼云成。彻彼常荐,馨此明诚。

送圣,《真安》,精心既达,真游允臻。礼容斯举,福应惟醇。将整仙驭,言还上旻。永存嘉贶,用泰烝民。

迎奉圣像四首并用庆安。

玉皇位　玉虚上帝,金像睟容。宅真云构,练日龟从。维皇对越,率礼寅恭。灵心丕应,福禄来崇。

圣祖位　总化在天,保昌厥绪。降格皇闱,琼轮载御。藻仗星陈,睟容金铸。佑我庆基,宅兹灵宇。

太祖位　烝哉大君,聿怀帝祖！镕范真仪,奉尊灵宇。至感祥开,洪辉物睹。瞻谒尽恭,飞英率土。

太宗位　於显神宗,德洽区中。祥金烁冶,范兹睟容。殊庭胥宇,备物致恭。明威有赫,降福来同。

玉清昭应宫上尊号三首

奉告,《隆安》　登隆妙号,钦翼渊宗。茂宣德礼,有恪其容。奉璋升荐,垂佩弥恭。扬休咏美,以间笙镛。

太初殿奉册宝,《登安》　皇灵垂祐,洪福弥隆。祗率绵宇,洁祀真容。严恭奉册,对越清躬。睟容肃穆,懿号尊崇。礼成乐举,福禄来同。

二圣殿奉绛纱袍,《登安》赫赫列圣,盛德巍然。彤彤灵宇,睟仪在焉。奉以龙衮,被之象天。重庆宗稷,亿万斯年。

太尉奉圣号册宝,《真安》　　上旻降监,介神实繁。邦家修报,妙道归尊。增名霄极,奉册灵轩。茂宣圣典,永祐黎元。

宝册升殿,《大安》　　图书昭锡,典礼绍成。烝民何幸,教父储灵。钦承景觊,祇奉崇名。致虔宝册,垂祐基扃。

降神,《真安》　　犹龙之圣,降生厉乡。教流清净,道符混茫。大君肃谒,盛仪允臧。森罗羽卫,躬英萧艻。簪绂济济,钟石洋洋。高真至止,介福诞祥。

奉玉币,《灵安》　　琳宫奕奕,黼坐煌煌。玉帛成礼,飚驭延祥。鸿仪有则,景福无疆。嘉应昭协,丕犹诞场。

奉馔,《吉安》　　金奏以谐,飚游斯格。灵监章明,皇心励翼。肃奉雕俎,来升彩席。享德有孚,凝禧无致。

酌献,《大安》　　钦崇至道,肃谒殊庭。顺风而拜,明德惟馨。飚驭来格,尊酒斯盈。是酌是献,心通杳冥。

饮福,《大安》　　彼涡之壤,指李之区。千乘万骑,来朝密都。躬陈芳荐,款接仙舆。饮酒受福,永耀鸿图。

亚、终献,《正安》　　邈矣道祖,冥几惚恍。常德不离,至真无象。引位清穹,降祥神壤。酌醴荐诚,控飚来享。

送神,《真安》　　醴盏在户,金奏在庭。笾豆有践,黍稷非馨。义尽蠲洁,诚通杳冥。言旋风驷,祚我修龄。

太极观奉册宝一首

《登安》之曲　　荐号穹冥,登名祖祢。陟配阳郊,协宣典礼。感电灵区,诞圣鸿懿。册宝斯陈,福禄来暨。

景灵宫奉册宝一首

《登安》之曲　　穆穆真宗,锡羡蕃昌。飚轮临觊,谆诲洞彰。虔崇懿号,祇答景祥。至诚致享,降福无疆。

景祐元年亲享景灵宫二首

降真,《太安》　　真馆奉币,洁齐致馨。灵因斯格,社稷庆宁。

送真,《太安》　　椒浆尊享,珍馔精祈。睟容杳邈,瑶辂霞飞。

大观三年朝献景灵宫二首

奉馔,《吉安》　　威灵洋洋,靡有常向。于惟钦承,来假来飨。博硕芳香,是烝是享。奉器有虔,载德无爽。尔牲既充,是烹是肆。尔肴既具,是羞是馈。非物之重,惟德之备。神之格思,歆我精意。

高宗郊前朝献景灵宫二十一首

皇帝入门,《乾安》　　维皇齐居,承神其初。颙颙昂昂,龙步云趋。景钟铿如,肃觐清都。肸蚃之交,神人用孚。

升殿,《乾安》　　帝既临飨,整兹精意。对越在天,爰升紫陛。孔容翼翼,保承不绪。孝奉天仪,永锡尔类。

降圣,《太安》　　惟德馨香,升闻八方。粤神临之,来从帝乡。万灵景卫,有烨其光。监我精纯,降福穰穰。

盥洗,《乾安》　　斋居皇皇,琼琚锵锵。承祭之初,其如在旁。挹彼注兹,储禧迎祥。神之听之,欣欣乐康。

圣祖位,《乾安》　　涓选休良,有事嘉荐。琅琅琼珮,陟降岩殿。其陟伊何,币玉斯奠。周旋中礼,千亿储羡。

圣祖位奉玉币,《灵安》　　上灵始祖,云景元尊。严祀凤展,六乐朱轩。明玉之洁,丰帛之温。畅乃继序,承德不惓。

还位,《乾安》　　我后临飨,奠币攸毕。式旋其趋,榘度有式。礼容斋庄,孝思纯实。天休滋至,时万时亿。

奉馔,《吉安》　　百职骏奔,来相于庭。奉盛以告,登兹芳馨。际天蟠地,默运三灵。神亏来歆,祚我休平。

再盥洗,《乾安》　　有严大礼,对时休明。情文则粲,蠲洁必清。再临观盥,以专以精。真游来格,永观厥成。

再诣圣祖位,《乾安》　　于赫炎宋,十叶华耀。属兹郊报,陟降在庙。其降伊何?椒浆桂酒。再拜斟酌,永御九有。圣祖位酌献,《祖安》御制。瑶源诞启,玉牒肇荣。覆育群有,监观圆清。酒醴既洽,登荐惟诚。无有后艰,骏惠云仍。

还位,《乾安》　　奠鬯告成,式旋厥位。天步雍容,神人燕喜。九庙观德,百灵荐祉。子孙其昌,垂千万祀。

文舞退、武舞进,《正安》　　于皇乐舞,进旅退旅。一弛一张,笙磬具举。岂惟玩声,象德是似。神鉴孔昭,福禄来予。

亚、终献,《冲安》　　五音饬奏,神既亿康。澹其容与,荐此嘉觞。有来显相,销玉锵锵。奉承若宥,罔不斋庄。

饮福,《报安》　　嘉荐既终,神贶斯复。赉我思成,灵光下烛。孝孙承之,载祗载肃。敷锡庶民,函蒙祉福

还位,《乾安》　　帝临闶庭。逆厘上灵。神羍安坐,肃若有承。嘉觞既申,德闻惟馨。灵光留俞,祚我亿龄。

彻馔,《吉安》　　普淖既荐,苾芬孔时。神嗜而顾,有来燕娭。飨矣将彻,地钦载祗。展诗以侑,益臻厥熙。

送真,《太安》　　雍歌既彻,熙事备成。神夕奄虞,忽乘青冥。灵心回睠,监我精禋。诞降嘉祉,休德昭清。

降殿,《乾安》　　我秩元祀,上谁灵源。展事有俯,裸威肃然。丹墄既降,秉心益虔。荷天之休,于千万年。

望燎,《乾安》　　奕奕灵宫,有严毖祀。燔燎具扬,礼仪既备。帝心肃祗,天步旋止。对越在天,永膺蕃祉。

还大次,《乾安》　　帝将于郊,昭事上祀。爰兹毕觞,复即于此。飚游载旋,容旌沓骑。维皇嘉承,锡祚昌炽。

高宗明堂前朝献景灵宫十首

降圣,《大安》　　德惟馨香,升闻八方。粤神之从,灿然有光。骖飞乘苍,啾啾跄跄,消摇从容,顾予不忘。

升殿,《乾安》　　帝既临享,龙驭华耀。孝孙乘之,陟、降在庙。诚意上交,庆阴下冒。天休骈至,千亿克绍。

圣祖位奠玉币,《灵安》　　玉气如虹,丰缛充笥。既奉既将,亦奠在位。有永群后,实相祀事。何以临下?心意不贰。

奉馔,《吉安》　　琼琚锵锵,玄衣绣裳。荐嘉升香,粢盛芬芳。礼仪莫愆,鼓钟喤喤。曾孙之常,绥福无疆。

圣祖位酌献,《祖安》　　裴回若留,灵其有喜。荐我馨香,挹兹酒醴。我祖在天,执道之纪。申佑无疆,奏神称礼。

文舞退，武舞进，《正安》 进旅退旅，载执干戚。不愆于仪，容服有赫。式妥式侑，神保是格。灵鉴孔昭，孝思维则。

亚、终献《冲安》。用旧辞。

饮福，《报安》 於赫大神，总司元化。监我纯精，威光来下。延昌之贶，千亿冯藉。曾孙保之，丕平是迓。

彻馔，《吉安》 洋洋降临，肃肃布列。熙事备成，嘉笾告彻。九天储庆，垂佑无缺。浸明浸昌，绵绵瓜瓞。

送真，《太安》 高飞安翔，持御阴阳。幽赞圆穹，监观四方。元精回复，奄虞孔良。毕觞降嘏，偃蹇于骧。

望燎，《乾安》 奕奕原祠，有严毖祀。礼仪孔宣，燔燎斯暨。帝心肃祗，天步旋止。熙事既成，永膺蕃祉。

孝宗明堂前献景灵宫八首

盥洗，《乾安》 合宫之飨，报本奉先。钦惟道祖，浚发璿源。驾言谒款，其盥惟虔。尚监精衷，锡祚绵绵。

圣祖，《乾安》 骏命有开，庆基无穷。祗率百辟，仰瞻睟容。鼓钟斯和，黍稷斯丰。灵其居歆，福禄来崇。

还位，《乾安》 嘉玉既设，量币既陈。仿佛灵游，来顾来宁。对越伊何？厥惟一纯。佑我熙事，以迄于成。

奉馔，《吉安》 发祥仙源，流泽万世。曷其报之？亲飨三岁。相维列卿，洁粢是馈。匪物之尚，诚之为至。

再诣盥洗，《乾安》 华灯荧煌，瑞烟氤氲。威神如在，蠲洁必亲。再盥于罍，再帨于巾。皇心肃祗，其敢惮勤。

再诣圣祖位，《乾安》 岁逢有年，月旅无射。我将我飨，如几如式。肃尔臣工，谐尔金石。本原休功，垂裕罔极。

还位，《乾安》 旨酒思柔，神具醉止。工祝既告，孝孙旋位。何以酢之？纯嘏来备。燕及云来，蕃衍无已。

文舞退，武舞进，《正安》 象德之成，有奕其舞。一弛一张，进旅退旅。嘒以管箫，和以镛鼓。神其乐康，永锡多祜。

宁宗郊前朝献景灵宫二十四首

皇帝入门，《乾安》　　闶阆邃深，云景杳冥。天清日晬，展容玉庭。缔基发祥，希夷降灵。神其来燕，是飨是听。

升殿，《乾安》　　帝居瑶图，璇题玉京。日月经振，列宿上荧。桂籍馝芬，瑚器华晶。贲承禋祀，用戒昭明。

降神，太安六变。

圜钟为宫　　四灵晨耀，五纬夕明。风云晏和，天地粹清。灵兮来迎，灵兮来宁。启我子孙，飨于纯精。

黄钟为角　　芬枝扬烈，焜珠叶陶。闻珍阐符，展诗舞箭。神哉来下，神哉来翔。肃若有承，灵心招摇。

太簇为徵　　龙车既奏，凤驭载翔。帝闱仵灵，天衢腾芳。神来留俞，神来蹇骧。礼豳乐明，奏假孔将。

姑洗为羽　　虹旌蜿旋，鸾旗翠盖。星枢扶轮，月御叶卫。灵至阴阴，灵般裔裔。来格来飨。福流万世。

盥洗，《乾安》　　礼文有俶，祀事孔明。将以洁告，允惟齐精。自盥而往，聿观厥成。灵监下临，天德其清。

诣圣祖位，《乾安》　　维宋肖德，钦天顾右。於皇道祖，丕厘灵祐。葛藟殖繁，瓜瓞孕茂。克昌厥后，世世孝奏。

圣祖位奉玉币，《灵安》高宗御制，见前。

皇帝还位，《乾安》　　桂宫耽耽，藻仪穆穆。天回衮彩，风韶璜玉。咸、英皦亮，容典炳煜。假我上灵，景命有仆。

奉馔，《吉安》　　我籑斯盈，我簋斯实。或剥或烹，或燔或炙。有殽既将，为俎孔硕。礼仪卒度，永锡尔极。

再盥洗，《乾安》　　觞潀初勺，礼戒重盥。假庙以《萃》，取象于《观》。清明外畅，精肃中贯。我仪图之，三灵攸赞。

再诣圣祖位，《乾安》　　肇基骏命，巩右鸿业。鼎玉龟符，垂固万叶。灵贶具臻，神光烨烨。晖祚无疆，规生矩叠。

圣祖位酌献，《祖安》高宗御制，见前。

还位，《乾安》　　皇帝瑞庆，长发其祥。纂系悠远，溯源灵长。德之克明，休烈有光。配天作极，孝飨是将。

　　文舞退、武舞进,《正安》　　持翟成象,秉朱就列。旄乘整溢,凤仪谐节。挥舒皇文,歌蹈先烈。合好效欢,福流有截。

　　亚献,《冲安》　　光煐紫幄,神流玉房。秉文侑仪,嘉虞贰觞。震澹醉喜,仿佛迪尝。璇源之休,地久天长。

　　终献,《冲安》　　灵舆塞骧,毕觞泰筵。贰飨允穆,谭将克竣。垂恩储祉,锡羡永年。将以庆成,燕及皇天。

　　诣饮福位,《乾安》　　若木露英,清云流霞。蔓蔓芝秀,冯冯桂华。绵瑞无疆,产瘕孔奢。皇则受之,巩我帝家。

　　饮福酒,《报安》　　旨酒惟兰,勺浆惟椒。福流瓒斝,光烛琨瑶。拜贶清宫,凝辉庆霄。神其如在,徘徊招摇。

　　还位,《乾安》　　悉哉我皇,继天毓圣。逆厘元都,对越灵庆。如天斯久,如日斯盛。瑶图浚邈,永隆骏命。

　　彻馔,《吉安》　　房铡陈列,室簋登奉。告飨具歆,展彻惟拱。祥光奕奕,嘉气懞懞。受瘕不訾,燕天之宠。

　　送真,《太安》　　云车风马,灵其来游。天门轶荡,神其莫留。遗庆阴阴,祉发祥流。康我有宋,与天匹休。

　　降殿,《乾安》　　璇庭烂景,紫殿流光。礼洽乾回,福应日昌。圣系庞鸿,景命溥将。德茂功成,率祀无疆。

　　诣望燎位,《乾安》　　厥初生民,渊浚唯祖。芳荐既辍,明燎具举。德馨升闻,灵贶蕃诩。怀濡上灵,佑周之祜。

　　还大次,《乾安》　　帝假于宫,彝承清祀,天晖临幄,宸卫森峙。行由大室,旋趋紫墀。率礼不违,式奰灵神。

　　理宗明堂前朝献景灵宫二首余用旧辞。

　　升殿,登歌《乾安》　　我享我将,馨兹精意。陟降左右,维天与契。斋明乃心,祗肃在位。於万斯年,百福来备。

　　亚献,宫架《冲安》　　庆云郁郁,鸣璆琅琅。澹其容与,申荐贰觞。奉承若宥,神其乐康。锡以多祉,源源流长。

　　大中祥符封禅十首余同南、北郊。

山上圜台降神，《高安》　　岩岩泰山，配德于天。奉符展采，翼翼乾乾。涤濯静嘉，罔有弗虔。上帝顾諟，冷风肃然。

昊天上帝坐酌献，《奉安》　　皇天上帝，阴骘下民。道崇广覆，化洽鸿钧。灵文诞锡，定命惟新。增高钦事，式奉严禋。

太祖配坐酌献，《封安》　　於穆圣祖，肇开鸿业。我武惟扬，皇威有晔。四隩混同，百灵震叠。陟配高穹，明灵是接。

太宗配坐酌献，《封安》　　祗若封祀，神宗配天。礼乐明备，奠献精虔。景灵来格，休祥蔼然，於昭垂庆，亿万斯年。

亚献，《恭安》　　因高定位，礼修物备。荐圭卜牲，虔恭寅畏。八音克谐，天神咸暨。降福穰穰，永锡尔类。

终献，《顺安》　　浩浩元精，无臭无声。临下有赫，得一以清。备物致享，荐兹至诚，泰尊奠献，夙夜齐明。

社首坛降神，《靖安》　　至哉坤元，资生伊始。博厚称德，沈潜柔止。降神方位，聿修明祀。寅恭吉蠲，永锡蕃祉。

皇地祇坐酌献，《禅安》　　坤德直方，博厚无疆。秉阴得一，静而有常。宝藏以发，乃育百昌。肃祗禅祭，锡祉穰穰。

太祖配坐酌献，《禅安》　　皇矣圣祖，丕赫神武。秉运宅中，威加九土。德厚功崇，颂声载路，陟配方祇，对天之祜。

太宗配坐酌献，《禅安》　　毖祀柔祇，报功厚载。思文太宗，侑神严配。钟石斯和，笾豆咸在。永锡坤珍，资生为大。

汾阴十首

降神，《靖安》　　茫茫坤载，粤惟太宁。资生光大，品物流形。瞻言汾曲，允宅神灵。圣皇躬享，明德惟馨。

奠玉币，登歌《嘉安》　　至诚旁达，柔祇格思。奉以琼币，致诚在兹。

奉俎，《丰安》　　博硕者牲，载纯其色。体荐登俎，聿崇坤德。

后土地祇坐酌献，《博安》　　秉阴成德，敏树宣功。应变审啼，神力无穷。沈潜刚克，流谦示中。洁兹奠献，妙物玄通。

太祖配坐酌献，《博安》　　坤元茂育，植物成形。於穆圣祖，功齐三灵。严恭配侑，厚德攸宁。永怀锡羡，歆此惟馨。

太宗配坐酌献，《博安》　　报功厚载，祀事惟明。思文烈考，道济群生。侑神定位，协德安平。馨洁并荐，享于克诚。

饮福《博安》　　寅威宝命，明祀惟虔。协神备物，罔不吉蠲。后祇格思，灵飙肃然。诞受景福，遐哉亿年！

亚、终献，《正安》　　至哉柔祇，滋生蕃锡！涤濯静嘉，寅恭夕惕。金奏纯如，万舞有奕。立我烝民，莫匪尔极。

后土庙降神，《靖安》　　博厚流形，秉阴成德。柔顺利正，直方维明。明祇格思，素汾之侧。祇载吉蠲，宸心翼翼。

酌献，《博安》　　至哉物祖，设象隆雕！动静之德，翕辟攸宜。嘉栗以荐，精祷洪厘。茂宣阴贶，五谷蕃滋。

祗奉天书六首

朝元殿酌献，《瑞文》，妙道非常，神变无方。惟天辅德，灵贶诞章。玄文昭锡，宝历弥昌。礼崇明祀，式荐馨香。

含芳园，《瑞文》　　运格熙盛，将封介丘。礼神之域，瑞命殊尤。灵文荐降，丕显皇猷。圣心肃奉，永洽鸿休。

泰山社首坛升降，《瑞文》　　玄穹眷怀，宝符申锡。垂露腾文，粲然灵迹。发祥吉图，纯熙写奕。登荐钦崇，式昭天历。

奉香酌献，《瑞安》　　谓天盖高，惟皇合德。倬彼灵章，图书是锡。眷命谆谆，被以遐历。膺箓告成，虔恭钦翼。地届兴王，祥开图箓。典礼昭成，祺祥交属。大辂逶迤，卿云纷郁。祐我含灵，锡兹介福。祥符七年奉祀毕，天书回至天应府，有云物之瑞，命制是曲，以纪休应。

升降，《灵文》　　旻穹无声，惟德是辅。降监锡符，垂文篆素。孝瑞纪封，英声载路。既寿而昌，笃天之祐。

祭九鼎十二首

帝鼎土王日祀降神，《景安》　　日号丙丁，方号中央。德惟其时，蠲吉是将。夫休饮之？黄流玉瓒。夫何食之？有陈伊馔。

奉馔，《丰安》　　粢盛既丰，牲牢既充。展兹熙事，温温其恭。惟明欣欣，燔炙芬芬。保乎天子，繁祉荐臻。

亚、终献，《文安》　　工祝致辞，黄流协埒。爰登清歌，载斯神享。噫予诚心，精禋是虔。嘉予陈祀，丰盈豆笾。

春分，苍鼎亚、终献，《成安》　　法乾刚兮，铸鼎奠方。涓嘉旦兮，齐明迎祥。胡为持币？维箱及筥，胡为和羹？有锜维釜。

立夏，罔鼎迎神，《凝安》　　我方东南，我日朱明。爰因其时，鼎以罔名。粢盛既馨，牲牷既盈。佑我皇家，巽令风行。

亚、终献，《成安》　　黄流在中，惟馨香祀。於荐于神，爰祗厥事。礼从多仪，以进为文。尊罍三献，昭示孔勤。

夏至，肜鼎酌献，《成安》　　牺尊将将，徂基自堂。牲牷肥腯，鼓钟喤喤。肆予醴齐，椒馨馥香。聿来歆顾，天祚永昌。

立秋，阜鼎酌献，《成安》　　明德崇享，磬管锵锵。铿兮佩举，峨冠齐庄。肆陈有序，承箱是将。其牲伊何？笾豆大房。

秋分，晶鼎亚、终献，《成安》　　神宫巍巍，庭燎有辉。声谐备乐，物陈丰仪。清酤既载，酌言献之，惟神醉止，聿来蕃厘。

立冬，魁鼎迎神，《凝安》　　时运而冬，乃神玄冥。阴阳相推，丰年以成。越陈嘉肃，牲牢粢盛。来享来依。监于明诚。

酌献，《成安》　　罍之初登，其仪昭陈。罍之既裸，其香升闻。神心嘉止，於焉欣欣。贻我有年，穰穰其仁。

冬至，实鼎奠币，《明安》　　秉心齐明，奉牲博硕。匏丝铿陈，冠佩俨饰。其肆其将，明神来格。执奠维何？猗犊币帛！

宋史卷一三六
志第八九

乐十一 乐章五

祀岳镇海渎　祀大火　祀大辰

大中祥符五岳加帝号祭告八首

迎神,《静安》　　钟石既作,俎豆在前。云旗飞扬,神光肃然。当驾飚欻,来乎青圆。言备缛礼,享兹吉蠲。

册入门,《正安》　　节彼乔岳,神明之府。秩秩威仪,肃肃灵宇。懿号克崇,庶物咸睹。帝籍升名,式绥九土。

酌献东岳,《嘉安》　　节彼岱宗,有严庙貌。惟辟奉天,依神设教。帝典焜煌,嘉荐普淖。至灵格思,殊祥是效。

南岳　　作镇炎夏,畜兹灵光。敷与万物,既阜既昌。爰刻温玉,式荐徽章。昭晲神意,福熙穰穰。

西岳　　瞻言太华,奠方作镇。典册是膺,等威以峻。上公奉仪,祀宗荐信。介芷万邦,永配坤顺。

北岳　　仰止灵岳,镇于朔方。增崇懿号,度越彝章。祗荐嘉乐,式陈令芳。永资纯佑,国祚蕃昌。

中岳　　严严神岳,作镇中央。肃奉徽册,尊名孔章。聿降飚驾,载献兰觞。熙事允洽,宝祚弥昌。

送神《静安》　　祗荐鸿名,寅威明礼。有楚之仪,如在之祭。奠献既终,礼容克备。神鉴孔昭,福禧来暨。

天安殿册封五岳帝一首

册出入,《正安》　　名岳奠方,帝仪克举。吉日惟良,九宾咸旅。温玉镂文,缫裳正宁。礼备乐成,笃神之祜。

熙宁望祭岳镇海渎十七首

东望迎神,《凝安》　　盛德惟木,勾芒御神。沂、岱、淮、海,厥功在民。爰熙坛次,袅对庶神。于以歆格,灵贶具臻。

升降,《同安》　　绅韠襜兮,玉珮榮兮。于我将事,神燕喜兮。帝命望祀,敢有不共。往返于位,肃肃雍雍。

奠玉币,《明安》　　祀以崇德,币则有仪。肃我将事,登降孔时。精明纯洁,罔有弗祗。史辞无愧,神用来娭。

酌献,《成安》　　肇兹东土,含润无疆。维时发春,嘉荐令芳。祭用蒍沈,顺性含藏。不涸不童,诞降祺祥。

送神,《凝安》　　神之至止,熙坛为春。神之将归,旗服振振。猷兮回飚,窅兮旋云。佑于东方,永施厥仁。

南望迎神,《凝安》　　嵩、嵇、衡、霍,暨厥海江。时维长养,惠我南邦。肆严牲币,神式来降。以侑以妥,百神是庞。

酌献,《成安》　　景风应律,朱鸟开辰,肃肃明祀,嘉笾列陈,牲用牷物,乐奏蕤宾。克绥永福,佑此下民。

送神,《凝安》　　鼓钟云云,簥管伊伊。神既醉饱,曰送言归。山有厚藏,水有灵德。物其永依,往奠炎宅。

中望迎神,《凝安》　　维土作德,维帝御行。含养载育,万物以成。有严祀典,荐我德馨。神其歆止,永用亿宁。

酌献,《成安》　　高广融结,实维中央。宣气报功,利彼一方。坎坛以祀,六乐锵锵。灵其有喜,酌以大璋。

送神,《凝安》　　言旋其处,以奠中域。无替厥灵,四方是则。神永不息,祀永不愆。以享以报,于万斯年。

西望迎神,《凝安》　　品物顺说,时司金行。于郊迎气,以望庶灵。雅歌维乐,圭荐惟牲。作民之祉,永相厥成。

酌献,《成安》　　西颢沉砀,执矩司秋。谌言协灵,时祀孔修。

礼有荐献,爰视公侯。秩而祭之,百福是遒。

送神,《凝安》　　我乐我神,簋俎腥饔。曰神之还,西土是宫。于蕃禽鱼,于衍草木。富我薮隰,滋我高陆。

北望迎神,《凝安》　　帝德乘坎,时御闭藏。爰洁牲醴,兆兹北方。海山攸宅,神施无疆。具享蠲吉,降福孔穰。

酌献,《成安》　　凄寒凝阴,陨箨涤场。百物顺成,黍稷馨香。款于北郊,爰因其方。何以侑神?荐此嘉觞。

送神,《凝安》　　维山及川,奠宅幽方。我度其灵,降止靡常。肃肃坎坛,既迎既将。促乐彻俎,是送是望。

绍兴祀岳镇海渎四十三首

东方迎神,《凝安》　　帝奠九壝,孰匪我疆。医我东土,山川相望。祀事孔时,肃雍不忘。峚峨濛鸿,郁哉洋洋!

初献盥洗,《同安》　　青阳肇开,祀事孔饬。郁人赞溉,其馨苾苾。敬尔威仪,亦孔之则。神之格思,无我有斁。

奠玉币,《明安》　　司历告时,惟孟之春。爰举时祀,旅于有神。鼓钟既设,圭帛具陈。阜蕃庶物,以福我民。

东岳位酌献,《成安》　　岩岩天齐,自古在昔。肤寸之云,四方其泽。惟时东作,祀事乃饬。惠我无疆。恩沾动植。

东镇位　　惟山有镇,雄于其方。东孰为雄?于沂之疆。祀事有时,爰举旧章。我望匪遥,庶几燕飨。

东海位　　颎洞鸿濛,天与无极。导纳江、汉,节宣南北。顺助其功,善下惟德。我祀孔时,以介景福。

东渎位　　我祀伊何?于彼长淮。导源桐柏,委注蓬莱。捍齐护楚,宣威示怀。豆笾列陈,亦孔之偕。

亚、终献,酌献四位并同。　　我祀孔肃,神其安留。容与裴回,若止若浮。洽此重觞,申以百羞。无我致遗,万邦之休。

送神,《凝安》　　骞兮纷纷,神实戾止,以饮以食,以享以祀。蚴兮冥冥,神亦归止。以醉以饱,以锡尔祉。

南方迎神,《凝安》　　朱明盛长,我祀用饬。厥祀伊何?山川咸秩。如将见之,绳绳齐栗。神哉沛兮,消摇来格!

初献盥洗、升降,《同安》　爰熙嘉坛,揭虔崇祀。郁人沃盥,赞我祼事。于降于登,以作以止。莫不肃雍,告灵飨矣。

奠玉币,《明安》　我祀我享,仪物孔周。一纯斯举,二精聿修。璞兮其温,丝兮其纤。是荐洁蠲,神兮安留。

东岳位酌献,《成安》　宰曰司天,居南之衡。位焉则帝,于以奠方。南讹秩事,望礼有常。庶几嘉虞,介福无疆。

南镇位　维南有山,于彼会稽。作镇在昔,神则司之。厥有旧典,以祀以时。百味维旨,灵其燕娭。

南海位　维水善下,利物曰功。逶迤百川,谁欤朝宗。荡荡大受,于焉会同。肴萧列陈,以答鸿濛。

南渎位　四渎之利,经营中国。南曰大江,险兮天设。维尔有神,俾其庙食。望秩孔时,我心翼翼。

亚、终献,酌献　神之游兮,洋洋对越。澹乎容与,胪斚斯答。乃奏既备,八音攸节,重觞申陈,百礼以洽。

送神曲同迎神。　荐彻豆笾,熙事备成。灵兮将归,羽旄纷纭。飘其逝矣,浮空茶云。怅然顾瞻,有抚怀心。

中央迎神,《凝安》　天作高山,屹然中峙。经营厥宇,万亿咸遂。火熙土王,爰举时祀。绳绳宣延,仿佛来止。

初献盥洗,升降,《同安》　思来感格,肃雍不忘。礼仪既备,济济跄跄。洁蠲致敬,往荐其芳,交若有承,神兮孔飨。

奠玉币,《明安》　练日有望,高灵来下。何以告诚?心惟物假。有筐斯实,有宝斯籍。于以奠之,神光烛夜。

中岳位酌献,《成安》　与天齐极,伊嵩之高。显灵效异,神休孔昭。饬我祀事,实俎鸾背。以侑旨酒,其馨有椒。

中镇位　禹画九州,河内曰冀。霍山崇崇,作镇积势。我祀如何?百末旨味。承神燕娭,诸神毕至。

亚、终献,酌献　礼乐既成,肃容有常。奄留消摇,申毕重觞。仰胪所求,降福滂洋。师象山则,以况皇章。

送神，曲同迎神。　　　虞至旦兮，灵亦有喜。骞欲骧兮，象舆已轪。粥音送兮，灵聿归矣。长无极兮，锡我以祉。

西方送神，《凝安》　　有岌斯安，有涵斯洽。聿相厥成，允祀是答。爰饬乃奏，乃奏既协。於昭降止，是遵是接。

初献盥洗、升降，《同安》　　靡实不新，靡陈不濯。人之弗蠲，矧敢将酌。载晞之帨，载濡之勺。洗仪告备，陟降时若。

奠玉币，《明安》　　彼林有庪，彼泽有沈。猗与西望，弗菲弗淫。乃追斯邸，乃幖斯寻。卬礼既卒，是用是歆。

西岳位酌献，成安　　屹削厥方，风云斯所。阴邑有宫，俋俋俣俣。清酤在尊，灵脊在下。于俎献兮，则莫我吐。

西镇位　　维吴崇崇，于汧之西。瞻彼有陇，赫赫不迷。克神于岳，我酌俶齐。於凡有旅，视公维跻。

西海位　　奄浸坤轴，滋殖其秽。而典斯稽，有陛有墙，弗替时举，元羍斯爵。胡先于河？实委之会。

西渎位　　自彼昆虚，于以潜流。念兹诞润。岂侯不犹。在昔中府，暨海聿修。迄既望止，神保先贠。

亚、终献　　肃肃其义，既旨既溢。迨其毕酌，偏兹博硕。祀事既遂，不敢谇射。神或醉止，我心斯怪。

送神曲同迎神。　　　乃羞既彻，乃奏及阕。无馂斯俎，式听致谒，不寋不蹶，不沸不决。厉魃其祛，永庇有截。

北方迎神，《凝安》　　我土绵绵，孰匪疆理。维时幽都，匪曰隃只。涤哉艮月，朔风其同！曷阻曷深，其亦来降。

初献盥洗、升降，《同安》　　寿宫辉煌，聿修时祀。缤其临矣，吉蠲以娭。居乎昂昂，行乎遂遂。敬尔攸司，展采错事。

奠玉币，《明安》　　相予阴威，厥功浩浩。一岁之功，何以为报？府有圭币，我其敢私！肃肃孔怀，于以将之。

北岳位酌献，《成安》　　瞻彼芒芒，曰北之常。既高既厚，乃纪乃纲。荐鬯伊始，灵示孔将。玄服铁驾，览此下方。

北镇位　　赫赫作镇，幽、朔之垂。兼福我民，食哉具宜。克配彼岳,有严等衰。蠲我灌礼,其敢不祗!

　　北海位　　八裔皆水,此一会同。汒汒天墟,洞荡洪濛。至哉维坎,不有斯功! 所秩伊何? 黄流在中。

　　北渎位　　水星之精,播液发灵,不胁于河,既介以清。翼翼盥荐,椒糈芬馨。载止载留,爰弭翠旌。

　　亚、终献　　俎豆纷披,金石繁会。侑以贰尊,匪渎匪怠。我仪既周,我心孔戒。憺兮容与,仿佛如在。

　　送神,曲同迎神。　　灵既醉饱,礼斯彻兮,灵亦乐康,乐斯阕兮。云征飚举,不可尼兮。荐福锡祉,曷有极兮!

　　淳佑祭海神十六首

　　迎神,延安

　　宫一曲　　堪舆之间,最钜惟瀛。包乾括坤,吐日滔星。礼典载新,礼乐孔明。鉴吾嘉赖,来燕来宁。

　　角一曲　　四溟广矣,八纮是纪。我宅东南,回复万里。洪涛飘风,安危所倚。礼事特隆,神其庆止!

　　徵一曲　　若稽有唐,克致崇极。祝号既升,爰增祭式。从享于郊,神斯受职。我祀肇新,式祈阴骘。

　　羽一曲　　猗与祀礼,四海会同。灵之来沛,鞭霆驭风。胅矞仿佛,在位肃雍。佑我烝民,式徼神功。

　　升降,《钦安》　　灵之来至,垂庆阴阴。灵之已坐,饬兹五音。坛殿聿严,陟降孔钦。灵宜安留,鉴我德心。

　　东海位奠玉币,《德安》　　百川所归,天地之左,颍洞鸿濛,功高善下。行都攸依,百禄是荷。制币嘉玉,以侑以妥。

　　南海位奠玉币,《瀛安》　　祝融之位,贵乎三神。吞纳江、汉,广大无垠。长为委输,佑我黎民。敬陈明享,允鉴恭勤。

　　西海位奠玉币,《润安》　　蒲昌之泽,派引天潢。羲娥出入,浩渺微茫。盖高斯覆,犹隔封疆。我思六合,肇正吉昌。

　　北海位奠玉币,《瀚安》　　瀚海重润,地纪亦归。吞受百渎,限制北陲。一视同仁,我心则怡。嘉荐玉币,神其格思。

捧俎,《丰安》　　昭格灵貺,礼典肇升。牲牷告充,雕俎是承。荐虔效物,省德惟馨。灵其有喜,万宇肃澄。

东海位奠酌献,《熙安》　　沧溟之德,东南具依。熬波出素,国计攸资。石臼却敌,济我王师。神其享锡,益畀燕绥。

南海位酌献,《贵安》　　南溟浮天,旁通百蛮。风樯迅疾,琛舶来还。民商永赖,坐消寇奸。荐兹嘉觞,弭矣惊澜。

西海位酌献,《类安》　　积流疏派,被于流沙。布润施泽,功均迩遐。我秩祀典,四海一家。祇荐令芳,灵其享嘉!

北海位酌献,《溥安》　　倏忽会同,裴回安留,牲肥酒香,晨事聿修,惟德之凉,曷奄九洲?帝命是祇,多福自求。

亚、终献,《飨安》　　笾豆有楚,貳觞斯旅。神其醉饱,式燕以序。百灵祕怪,蜿蜒飞舞。锡我祺祥,有永终古。

送神,《成安》　　告灵飨矣,锡我嘉祚。乾端坤倪,开豁呈露。玄云聿收,群龙咸骛。灭除凶灾,六幕清豫。

绍兴祀大火十二首

降神,《高安》

圜钟为宫　　五纬相天,各率其职。司礼与视,则维荧惑。至阳之表,届我长赢。于以求之,祀事孔明。

黄钟为角　　有出有藏,伏见靡常,相我国家,鉴观四方。视罔不正,终然允藏。神其来格,明德馨香。

太簇为徵　　大小率礼,不愆于仪。展采错事,秩祀孔时。维今之故。阅我数度。修厥典常,神其来顾。

姑洗为羽　　於赫我宋,以火德王。永永丕图,繄神之相。神之来矣,维其时矣。礼备乐奏,神其知矣。

升殿,《正安》　　有俨其容,有洁其衷。屹屹崇坛,伊神与通。神肯降格,嘉神之休。虔恭降登,神乎安留。

荧惑位奠玉币,《嘉安》　　馨香接神,肸蚃恍惚。求神以诚,荐诚以物。有藉斯玉,有筐斯币。是用荐陈,昭兹精意。

商丘宣明王位奠币，《嘉安》　　荧惑在天，惟火与合。繄神主火，纯一不杂。作配荧惑，祀功则然。不腆之币，于以告虔。

捧俎，《丰安》　　火遵其令，无物不长。视此牲牢，务得其养。鬃以祀神，有脂其肥。非神之宜，其将曷归？

荧惑位酌献，《佑安》　　皇念有神，介我戬谷。登时休明，有此美禄。酌言献之，有珌其香。神兮燕娭，醉此嘉觞。

宣明王位酌献，《佑安》　　谁其祀神？知神嗜好。阏伯祀火，为神所劳。睠言配食，既与火俱，於乐旨酒，承神嘉虞。

亚、终献，《文安》　　神既覭施，嗜我饮食。申以累献，以天灵亿。神方常羊，咸毕我觞。于再于三，于诚之将。

送神用《理安》　　登降上下，奠璧献斝。音送粥粥，礼无违者。已虞至旦，神其将归。顾我国家，贵以繁厘。

出火祀大辰十二首

降神，高安

圜钟为宫　　烨烨我宋，火德所界。用火纪时，允惟象类，神以类歆，诚繇类至。有感斯通，孚我阳燧。

黄钟为角　　乐音上达，粤惟出虚。火性炎上，亦生于无。我镛我磬，我笙我竽。气同声应，昭哉合符！

太簇为徵　　火在六气，独处其两。感生维君，繄辰克相。何以验之？占兹垂象。腾驾苍蚪，歆其来飨。

姑洗为羽　　星入于戌，与火俱诎。火出于辰，与星俱伸。一伸一诎，孰操纵之？利用出入，民咸用之。

升殿，《正安》　　屹彼嘉坛，赤伏始届。挨光耀明，洋乎如在。俯仰重离，默与精会。随我降升，肃听环珮

大辰位奠玉币，《嘉安》　　维莫之春，五阳发舒。日之夕矣。三星在隅。莫量匪币，莫嘉匪玉。明荐孔明，神光下瞩。

商丘宣蝗王奠币，《嘉安》　　二七储神，与天地并。孰俪厥德？聿惟南正。功茂陶唐，泽流亿姓。作配严禋，贽列惟称。

捧俎，《丰安》 有严在涤，陈彼牲牢。孔硕其俎，荐此血毛。厥初生民，饮茹则然。以燔以炙，伊谁云先？

大辰位酌献，《佑安》 孰为大辰？维北有斗。曾是彗星，斯名孔有。幽荣报功，洁齐敢後。容与嘉觞，式歆旨酒。

宣明王酌献，《佑安》 周设司爟，虽列夏官。仍袭孔易，阍端实难。相彼商丘，永怀初造。不腆桂椒，匪以为报。

亚、终献，《文安》 潜之伏矣，柞栩既休。有俶其来，榆柳是求。灵驾纷羽，尚其安留。饮我三爵，言言油油。

送神，《理安》 五运惟火，实宗众阳。宿壮用明，千载愈光。神保聿归，安处火房。郁攸不作，炎图永昌。

纳火祀大辰十二首

降神，《高安》

圜钟为宫 赫赫皇图，炎炎火德，侈神之赐，奄有方国。粢盛既丰，俎豆有馠。於万斯年，报祀无斁。

黄钟为角 火星之躔，有烨其光。表于辰位，伏于戌方。时和岁稔，仁显用藏。告尔万民，出纳有常。

太簇为徵 季秋来之月，律中无射。农事备收，火功告毕。克禋克祀，有严有翼。风马云车，尚其来格！

姑洗为羽 明明我后，重祭钦祠。有司肃事，式荐晨仪。礼惟其称，物惟其时。神之听之，福禄来为。

升殿，《正安》 猗与明坛，右平左城！冕服斯皇，玉珮有节。陟降惟寅，匪徐匪疾。式崇大祀，礼文咸秩。

大辰位奠玉币，《嘉安》 金行序晚，玉露晨清。齐戒丰洁，肃恭神明。嘉币惟量，嘉玉惟精。于以奠之，庶几来听。

商丘宣王位奠币，《嘉安》 恭惟火正，自陶唐氏。邑于商丘，配食辰祀。有功在民，有德在位。敢替典常，惟恭奉币。

捧俎，《丰安》 万汇攸成，四方宁谧。工祝致告，普存民力。乃荐斯牲，为俎孔硕。介以繁祉，式和民则。

大辰位酌献，《佑安》 庶功备矣，休德昭明。天地酿和，郁鬯斯清，玉瓒以酌，瑶觯载盈。周流常羊，来燕来宁。

宣明王位酌献，《佑安》　　广大建祀，式崇其配。馨香在兹，清酒既载。穆穆有晖，洋洋如在。聿怀嘉庆，綮神之赉。

亚、终献，《文安》　　币玉肃陈，笙簧具举。桂醑浮觯，琼羞溢俎。礼有三献，式和且序。神具醉止，庆流寰宇。

送神，《理安》　　神灵降鉴，天地回旋。惟馨荐矣，既醉歆焉。诸宰斯彻，式礼莫愆。聩祉降祥，天子万年。

宋史卷一三七
志第九〇

乐十二　乐章六

祭太社太稷　祭风雨雷师
祭先农先蚕　亲耕藉田　蜡祭
释奠文宣王武成王　祭祚德庙
祭司中司命

景德祭社稷三首

降神，《静安》　　百谷蕃滋，丽乎下土。聿崇明祀，垂之千古。育物惟茂，粒民斯普。报本攸宜，国章咸睹。

奠玉币酌献，《嘉安》　　於穆大祀，功利相宣。灵坛美报，历代昭然。介以蕃祉，祚以丰年。土爰稼穑，允协民天。

送神，《静安》　　制币牺齐，正辞无愧。乐以送之，毕其精意。

景祐祀社稷三首

迎神，《宁安》　　五礼之本，百货何极？道著开辟，惠周动植。国崇美谷，民资力穑。奠献惟寅，神灵来格。

初献升降，《正安》；太社、后土、太稷、后稷奠玉币，《并嘉安》；奉俎，《丰安》。同前。

亚、终献，《文安》；送神，《宁安》　　神之来兮，降兹下土，神之去兮，杳无处所。坛壝肃然，瘗币彻俎。乃粒之功，冠于万古。

奉俎，《丰安》神州地祇、皇地祇与社稷通用。礼崇明禋，维馨斯酒。洁粢丰盛，杀时犉牡。齐庄严祗，升燎于樌。其报伊何？如山如阜。

大观祀社稷九首

迎神，《宁安》

黄钟二奏　　惟土之尊，民食资焉。阴祀昭格，牲牢腥膟。有功于民，告其吉蠲。宰之来享，云车翩翩。

太簇角二奏　　惟谷之神，函育无穷。百嘉蕃殖，民依厥功。严饬坛墠，威仪肃雍。神之来享，祈于登丰。

姑洗徵二奏　　猗欤那欤，生养斯民！家给人足，时底熙纯。祗严明禋，於荐苾芬。粢盛丰洁，神乃有闻。

南吕羽二奏　　笾豆斯陈，三牲告幽。报本之礼，答神之休。来歆芬香，丰登于秋。苍箱千万，治符成周。

初献升降，《正安》　　崇崇广坛，严恭祀事。威仪孔时，周旋进止。锵若环佩，诚通于幽。相于农植，邦其咸休。

奠币，《嘉安》　　於嘻阴祀，封土惟崇。于时之进，歆予鼓钟，柔静化光，人赖其功。陈兹量币，百货是隆。

酌献，《嘉安》　　坤元生物，功利相宣。蠲兹祀事，美报致虔。清酤芬如，灵坛岿然。酌尊奠觞，神其格焉！

亚、终献，《文安》　　荐嘉覃时，洋洋来格。载登兹坛，齐明维敕。神用居歆，顺成农穑。其崇若墉，其比如栉。

送神，《宁安》　　尊罍芬香，威仪肃雍。灵心嘉止，洋洋交通。宰归降禧，年斯屡丰，苍箱千万，慰予三农。

绍兴祀太社太稷十七首

迎神用《宁安》

函钟为宫春社用。　　五祀之本，社稷有严。芟作伊始，夫敢不虔。吉日惟茂，式荐豆笾。神其来格，用介有年！

函钟为宫秋社、腊用。　　功烈在民，诞受露雨。《良耜》既歌，乃扬帗舞。是奉是尊，厚礼斯举。相其丰年，多稌多黍。

太簇为角　　是尊是奉，兹率旧章。乐音纯绎，荐溢圆方。情文备矣,神其迪尝! 永观锡羡,多稼穰穰。

姑洗为徵　　谷资土养,民赖谷生。功利之博,莫之与京。式严祠坛,因物荐诚。礼具乐奏,惟神顾歆。

南吕为羽　　国主社稷,时祀有常。肃若旧典,报本不忘。粢盛丰洁,歌吟青黄。尊神倏来,百物宾将。

盥洗,《正安》　　祭重齐肃,神格专精。沃洗于阼,涓洁著诚。清明郁矣,熙事备成。以似以续,如坻如京。

升坛,《正安》　　神地之道,粒食有先。岁谨祈报,礼严豆笾。降登裸荐,罔或不虔。以似以续,宜屡丰年。

太社位奠玉币,《嘉安》春秋太稷、土正、后稷通用。　　土发而祭,农祥是祈。笾豆加筐,典礼有彝。惟兹圭币,用告肃祇。神灵降鉴,锡我繁厘。

太社位奠玉币,《嘉安》秋腊太稷、土正、后稷通用。　　赫赫媪神,稼穑是司。方是藉敛,报本攸宜。嘉坛建祀,玉帛陈仪。明灵昭格,以介蕃厘。

还位,《正安》　　国主太祀,地道聿神。稷司丰谷,利毓惟均。练日新吉,粢盛馝芬。神燕娭矣,福此下民。

捧俎,《丰安》　　嘉承天和,黍稷翼翼。默相农功,繄神之德。俎实牺牲,旧章是式。嗣有丰年,我庾维亿。

太社位酌献,《嘉安》春社太稷,土正、后稷通用。　　封土崇祀,有烈在民。千载不昧,福此人群。洗爵奠斝,有酒其芬。神具醉止,恺乐欣欣。

太社位酌献,《嘉安》秋社腊太稷、土正、后稷通用。　　叶气嘉生,年谷顺成。成亿及秭,如坻如京。奉时犉牡,告于神明。歌此良耜,於昭德馨。

亚、终献,《文安》　　风雨时若,自天降康。稼穑滋殖,自神发祥。谷我妇子,丰年穰穰。报本严祀,齐明允臧。

彻豆,《娭安》　　报本之礼,载于甲令。灵坛昭告。神既来听。彻彼豆笾,精诚斯馨。实惟丰年,农夫之庆。

送神,《宁安》　　乃粒烝民,功昭万古。国有常祀,荐献式叙。
肃肃雍雍,旧章咸举。神保聿归,介我稷黍。

望瘗,《正安》　　地载万物,民资乃功。报本称祀,太稷攸同。
礼乐既备,讫埋愈恭。宰其降嘏,时和岁丰。

熙宁祭风师五首

迎神,《欣安》　　飘飘而来,淅沥而下。爰张其旗,爰整其驾。
有豆有登,有兆有坛。弭旌枙辀,降止且安

升降,《钦安》　　盥帨于下,有盘有匜;馈酌于上,有登有彝。
服容柔止,进退优止,即事寅恭,神其休止。

奠币,《容安》　　育我喜生,神惠是仰。载致斯币,庶几用享。
鼓之舞之,式繄尔神。锡福无疆,佑此下民。

亚、终献,《雍安》　　栗栗坛坫,载是豆觞。醇烈氤氲,普荐芬
芳。酌之维宜,献之维时。民有报侑,灵用安之。

送神,《欣安》　　奠献纷纷,灵心欣欣。超然而返,众御如云。
其施伊何?多黍多稌。其祥伊何?不愆厥叙。

大观祭风师六首

降神,《欣安》　　羽旗云车,飘摇自天。猗欤南箕,歆嘉升烟!
牲饩粢盛,俎篚铏笾。维神庡止,从空冷然。

初献升降,《钦安》　　明昭惟馨,威仪孔时。锵锵鸣佩,钦荐牲
牺。惟恭惟祗,无愆无违。周旋中礼,肃恭委蛇。

奠币,《容安》　　吹嘘于喁,披拂氤氲。众窍咸作,潜运化钧。
恩大功丰,酬宰维恭。嘉赠盈箱,于物有容。

酌献,《雍安》　　牺尊斯陈,清酤盈中。芬芬苾苾,馨香交通。
明灵来思,歆我精衷。维千万礼,品物芃芃。

亚、终献,《雍安》　　清酤洋洋,虔恭注兹。条畅敷宣,神用歆
之。尊罍静嘉,金奏谐熙。於皇肆祀,休我群黎。

送神,《欣安》　　窈冥无穷,肸蚃斯融。来终嘉荐,归返遥空。
惟神之归,欣安导和。惟神之泽,于彼滂沱。

雨师五首

迎神，《欣安》　　神之无象，亦可思索。维云阴阴，维风莫莫。
降止坛宇，来顾芳馨。侑以鼓歌，荐此明诚。

升降，《钦安》　　佩玉璪如，黼黻襜如。承神不懈，讫获嘉虞。
圣皇命祀，臣敢弗恭。凡尔在位，翼翼雍雍。

奠币，《容安》　　崇崇坛阶，灵既降止，有严执奠，承祀兹始。
明灵在天，式顾庶察。泽润以时，永拂荒札。

酌献，亚、终献，《雍安》　　寅恭我神，惟上之使。俾成康年，民
徯休祉。折俎既登，斟酒既盈。匪荐是专，配以明诚。

送神，《欣安》　　牲俎告彻，嘉乐休成。卒事有严，燕虞高灵。
蕃我民人，育我稷黍。万有千祀，承神之祜。

绍兴祭风师六首

迎神，《欣安》　　夫物细缊，神气挠之。谁欤其司？维南之箕。
俶哉明庶，我祀维时。我心孔劳，宰其下来！

初献升降、盥洗，《钦安》　　神哉沛矣，厥灵载扬！扬灵如何？
剡剡皇皇。我其承之，绳绳齐庄，往从郁人，爰侠斯芳。

奠币，《容安》　　物之流形，甚畏瘥疠。八风平矣，嘉生以遂。
丝缕之积，有量斯币，惟本之报，匪物之贵。

酌献，《雍安》　　我求于神，无臭无声。神之燕飨，惟时专精。
大磬在列，櫹燎在庭。侑我桂酒，娱其以听。

亚、终献　　礼有三祀，仪物视帝。神临消摇，畴敢跛倚！重觞
载申，百味孔旨。神兮乐康，答我以祉。

送神曲同迎神。　　荃其止乎？禩禩其容。奄横四海，蹇莫之穷。
时不骤得，礼焉有终。荃其行乎？余心忡忡。

雨师雷神七首

迎神，《欣安》　　众万之托，动之润之。昭格孔时。维神之依。
冷然後先，肆我肯顾。是耶非耶？纷其来下。

初献盥洗、升降，《钦安》　　　言言祠宫，爰考我礼。维西有罍，维东有洗。爰洁爰涤，载荐其醴。神在何斯？匪远具迩。

奠币，《容安》　　　沚兮隐兮，蹶其阴威。相我有终，胡宁不知！我币有陈，我邸斯圭。岂维有陈，于以奠之。

雨师位酌献，《雍安》　　　山川出云，裔裔而缕。载霡载濛，其德乃溥。自古有年，胡然莫祖！无简我觞，无怠我俎。

雷神位酌献曲同雨师。　　　瞻彼南山，有灿其出。维蛰之奋，维疠之息。眷焉顾飨，在夏之日，觞豆匪报，皇忍忘德。

亚、终献曲同初献。　　　作解之德，形声一兮。爰展献侑，酌则三兮，我兴有假，云胡有私！下土是冒，庶其远而。

送神曲同迎神。　　　阴旆载旋，鼓车其鞭。问神安归？冥然而天。皇有正命，祀事孔蠲。其临其归，亿万斯年。

雍熙享先农六首余同祈谷

降神，《静安》　　　先农播钟，九谷务滋。灵坛致享，《良耜》陈仪。吉日惟亥，运属纯熙。乐之作矣，神其格思。

奠玉币，《敷安》　　　亲耕展祀，明灵来格。九有骏奔，百司庶职。献奠肃肃，登降翼翼。祈彼丰穰，福流万国。

奉俎，《丰安》　　　肃陈韶舞，祗英牺牲。乃逆黄俎，以率躬耕。

亚献，《正安》　　　祀惟古典，食乃民天。歆兹洁祀，以应祈年。

终献，《正安》　　　式陈芳荐，爰致虔诚。神其降鉴，永福黎氓。

送神，《静安》　　　明禋绀坛，灵风肃然。登歌巳阕，神驭将旋。道光帝籍，礼备公田。鉴兹躬稼，永赐丰年。

明道亲享先农十首

迎神，静安　　　稼政之本，民食惟天。甫田兆岁，后稷其先。灵坛既祀，黛耜攸虔。乃圣能享，亿万斯年。

皇帝升降，《隆安》　　　冕服在御，坛壝有仪。陟降左右，天惟显思。

奠玉币，《嘉安》　　　将躬黛耜，先陟灵坛。嘉玉量币，乐举礼殚。神既至止，福亦和安。千斯积咏，万国多欢。

　　奉俎，《丰安》　　将迎景福，乃荐嘉牲。籍于千亩，用此精诚。

　　皇帝初献，《禧安》　　云罍已实，玉爵有舟。荐于灵籍，仁乃神休。

　　饮福，《禧安》　　神既至飨，福亦来酬。申锡纯嘏，旨酒惟柔。思文后稷，贻我来牟。子孙千亿，丕荷天休。

　　退文舞、进武舞，《正安》　　羽葆有奕，文武交相。周旋合度，福禄无疆。

　　亚献，《正安》　　豆笾虽荐，黍稷非馨，惠我丰岁，歆兹至诚。

　　终献，《正安》　　歆我嘉荐，锡我蕃禧。多黍多稌，如京如坻。

　　送神，《静安》　　献终豆彻，礼备乐成。祠容肃肃，风驭冥冥。三时务本，一坡躬耕。人祇胥悦，祉福是膺。

　　景祐飨先农五首

　　迎神，《凝安》　　在昔神农，首兹播殖。无有污莱，尽为稼穑。乃粒斯民，实惟帝力。嘉荐令芳，仁瞻来格。

　　升降，《同安》　　居德之厚，厥祀攸陈。土膏初脉，农事先春。铿然金奏，俨若华绅。陟降于阼，福禄惟神。

　　奠币，《明安》　　农为政本，食乃民天。芯芬明祀，蘸蒘良田。陈兹量币，望彼丰年。茂介福祉，来钦吉蠲。

　　酌献，《成安》　　农祥晨正，平秩东作。倬彼大田，庤乃钱镈。酒醴盈尊，金璆合乐。期兹万年，充于六幕。

　　送神，《凝安》　　务啬之本，恤礼惟馨。神斯至止，降福攸宁。崇兹箜政，合于礼经。俎彻乐阕，邈仰回灵。

　　先蚕六首

　　迎神，《明安》　　生民之朔，衣皮而群。惟圣有作，被冒以文。礼乐以成，贵贱以分。欲报之德，金石谐均。

　　升降，《翊安》　　掩抑笙箫，铿锵金石，神来宴媄，嘉我休德。奉祀之臣，洗心翊翊。锡兹福禧，以惠四国。

奠币,《娱安》　　皇天降物,屡化若神。圣实先识,躬以教民。功被天下,为万世文。币以达志,庶几彻闻。

酌献,《美安》　　复哉圣神,成功微妙! 乃衮乃裳,以供郊庙。百末旨酒,嘉觞自照。灵徕宴飨,不啻以笑。

亚、终献,《惠安》　　神之徕,驾跉跉。紫坛熙,烛夜光。会竽瑟,鸣球琅。荐旨酒,杂兰芳。佑明德,锡百祥。

送神,《祥安》　　神之功兮,四海所宗,占五帝兮,莫与比崇。倏往来兮。旌骑容容。恭明祀兮,万世无穷。

绍兴享先农十一首

皇帝入内壝盥洗,《隆安》　　大事在祀,齐洁为先。既盥而升,奉以周旋。下观而化,无敢不蠲。惟神降格,监厥精虔。

迎神,《静安》　　猗欤田祖,粒食之宗! 世世仰德,青坛载崇。时惟后稷,躬稼同功。作配并祀,以诏无穷。

神农、后稷位奠币,《嘉安》　　制为量币,厚意是将。求之以类,各因其方。于以奠之,精诚允彰。神其享止,惠我无疆。

尚书奉俎,《丰安》　　柔毛刚鬣,或剥或烹。为俎孔硕,登荐厥诚。

酌献,《禧安》　　蠲涤盏斝,巾帨而升。挹彼注兹,酒醴维清。洋洋在上,享于克诚。神其孚佑以厚民生。

文舞退、武舞进,《正安》　　羽毛干戚,张弛则殊,进旅退旅,匪棘匪舒。

亚献,《正安》　　显相祀事,济济锵锵。举斝酌醴,神其允臧。

终献,《正安》　　肴核维旅,酒醴维馨。于再于三,礼则有成。

饮福,《禧安》　　幽明位异,施报理同。克恭明神,降福乃丰。我膺受之,来燕来崇。岂伊专飨,于彼三农。

彻豆,《歆安》　　莫重于祭,非礼不成。笾豆有践,尔肴既馨。神具醉止,荐以齐明。赞彻孔时,厘事斯成。

送神,《静安》　　神之来止,风驶云翔。神之旋归。有迎将将。歌以送之,磬管锵锵。何以惠民? 丰年穰穰。

亲耕藉田七首

皇帝出大次，《乾安》　　勤劳稼穑，必躬必亲。为藉千亩，以教导民。帝出乎震，时惟上春。天颜咫尺，望之如云。

亲耕　　元辰既择，礼备乐成。洪廛在手，祗饰专精。三推一拨，端冕朱纮。靡辞染履，以示黎氓。

升坛　　方坛屹立，陛级而登。玉色下照，临观耦耕。万目咸睹，如日之升。成规成矩，百禄是膺。

公卿耕藉　　群公显相，奉事斋庄。率时农夫，举耜载扬。播厥百谷，以佑我皇。多黍多稌，丕应农祥。

群官耕藉　　畟畟良耜，我田既臧。土膏其动，春日载阳。执事有恪，于此中邦。农夫之庆，栖亩余粮。

降坛　　肇新帝藉，率我农人。三推终亩，祗事咸均。陟降孔时，粲然有文。受天之祜，多稼如云。

归大次　　教民稼穑，不令而行。进退有度，琚瑀锵鸣。言旋，礼则告成。帝命率育，明德惟馨。

绍兴祀先农摄事七首

迎神，《凝安》　　青阳开动，土膏脉起。日练吉亥，为农祈祉。典秩增峻，仪物具美。幄光焜黄，庶几戾止。

初献升殿，《同安》盥洗同。　　率职咸莅，礼容睟然。澡身端意，陟降靡愆。神心嘉虞。飨兹洁蠲。敷锡纯佑，屡登丰年。

奠币，《明安》　　灵旗载临，见先陈赞。有严筐实，式将纯意。既接，礼行有次。宰兮安留，歆我禋祀。

神农位酌献，《成安》　　耒耜之教，帝实开先。致养垂利，古今民天。嘉荐报本，于以祈年。诚格和应。神娭福延。

后稷位酌献，《成安》　　有周膴历，实起后稷。相时丰功，率由稼穑。振古称祀，先农并食。阜我昌我，时万时亿。

亚、终献，《同安》　　旨具百味，酌备三畴。贰觞既毕，礼洽意周。庶几嘉飨，格神之幽。相我穑事，锡以有秋。

送神，《凝安》　　熙事成兮，始终洁齐，笾豆彻兮，搏节靡垂。

灵有嘉兮,降福孔皆。票然逝兮,我心孔怀。

祀先蚕六首

迎神,《明安》　　功被寰宇,儦虫之灵。有神司之,以生以成。典礼有初,祀事讲明。孔盖翠旌,降集于庭。

初献盥洗、升殿,《翊安》降同。　　灵修戾止,诏以毛血。既盥而悦,尊爵蠲洁。金石谐宛,登降有节。宜顾宜飨,情文不越。

奠币,《娱安》　　化日初长,时当暮春。蚕事方兴,惟后惟嫔。丝纩御冬,残生济人。敢忘报本,筐币是陈。

酌献,《美安》　　盛服承祀,出自公桑。衣不羽皮,利及万方。百味旨酒,有飶其香。神其歆止,洋洋在傍。

亚、终献,《惠安》　　日吉辰良,礼备乐作。精诚内孚,俎豆交错。长歌清越,侑此三爵。黎民不寒,幽显同乐。

送神,《祥安》　　神之来矣,灵风肃然。云胡不留?归旂有翻。乃举旧典,岁以告虔。降福我邦,於万斯年。

景德蜡祭百神三首

降神,《高安》　　百物蕃阜,四方顺成。通其八蜡,合乃嘉平。旨酒斯醇,大庖孔盈。万灵来格。威仪以成。

奠玉币酌献,《嘉安》　　肃肃灵坛,昭昭上天,洁粢丰盛,以享以虔。百神咸萃,六乐斯悬。介兹景福,期于有年。

送神,《高安》　　来顾来享,礼成乐备。灵驭翩翩,云行雨施。

熙宁蜡祭十三首

东西郊降神,《熙安》　　天锡康年,四方顺成。乃通蜡祭,索享于明。金石四作,羽旄翠旌。神来宴娭,泽被群生。

升降,《肃安》　　惟蜡有祭,报神之功,合聚万物,来享来宗。承诏摄事,不忘肃雍。灵之格思,福禄来崇。

奠币,《钦安》　　穰穰丰年,繄侯休德。帅承天和,钦象古则。嘉玉量币,奠容翼翼。灵施暨民,罔有终极。

奉俎,《承安》　　礼崇明祀,必先成民。奉牲以告,备腯其均。

炮炙芬芬,俎豆莘莘。锡之纯嘏,以佑斯人。

酌献,《怿安》　秩秩礼文。为坛四方。嘉栗旨酒,百神迪尝。敷与万物,既阜既昌。伊乐厥福,传世无疆。

亚、终献,《庆安》　礼文备矣,肃肃无哗。金石谐节,圭璧光华。粢以告丰,醴以告嘉。锡兹福祉,以泽幽遐。

送神,《宣安》　灵之来下,扩景乘光。灵之回御,景龙以骧。鉴我休德,降嘏产祥。大田多稼,以惠无疆。

南北方迎神,《简安》　美若休德,民和岁丰。稼穑云施,其积如墉。惠我四国,先啬之功。祭之百种,来享来崇。

升降,《穆安》　皇皇灵德,经纬万方。承诏摄事,陟降以庄。高冠岌峨,长佩锵洋。嘉承神贶,令闻不忘。

奠币,《吉安》　於穆明祀,莫如报功。灵之利泽,惠我无穷。斋以涤志,币以达衷。抚宁四极,永锡登丰。

酌献,《禔安》　英英礼文,既备而全。严严四郊,屹屹紫坛。百末旨酒,其敷若兰。何以畀民?既寿而安。

亚、终献,《曼安》　林林生民,含哺而嘻。教之稼穑,实神之为。图报厚德,万祀无期。以假以享,锡我繁禧。

送神,《成安》　嘉荐芳美,灵来宴娱。游车结云,若风马驰。既至而喜,锡我蕃禧。嘉承天贶,曼寿无期。

大观蜡祭二首

东郊亚、终献,《庆安》　震乘春阳,仁司生殖。锡我岁丰,襄我民力。谁其尸之?宗子先啬。亿万斯年,怀神罔极。

南郊升降,《穆安》　穆如薰风,敷舒文藻。气蒸消除,丰予黍稻。神之听之,钟鼓咸考。於万斯年,惟皇之报。

绍兴以後蜡祭四十二首

东方百神降神,熙安

圜钟为宫　玄冥凌厉,岁聿其周。天地闭藏,农且息休。古大蜡礼,伊耆肇修。爰荐馥馨,以迓飚游。

黄钟为角　惟大明尊,实首三辰。功赫庶物,光被广轮。岁方索飨，咸秩群神。灵游来下，尸此明禋。

太簇为徵　　三时不害，四方顺成。酬功报始，以我齐明。幽颂土鼓，乐此嘉平。降祥幅员，惠于函生。

姑洗为羽　　日昱乎昼，容光必照。肸蚃之交，惟人所召。有监在下，视兹升燎。肃若其承，云骈星曜。

初献升降，《肃安》　　礼仪告具，心俨容庄。工歌屡奏，声和义章。崇坛陟降，济济跄跄。灵光共仰，嘉曲芬芳。

大明位奠玉币，《钦安》　　晨曦未融，天宇澄穆。有虔秉诚，将以币玉。如在左右，罔不祗肃。神兮安留，锡以祉福。

帝神农氏位奠币曲同大明。　　农为政本，食乃民天。神农氏作，民始力田。先啬之配，礼报则然。有币将之，维以告虔。

后稷氏位奠币曲同大明。　　播钟之功，时惟后稷。推以配天，莫匪尔极。崇侑清祀，是为司啬。陈币奠将，永祚王国。

奉俎，《承安》　　享以精禋，馨非稷黍。工祝致告，孔硕为俎。报事骏奔，绳绳具举。神之嘉虞，介福是与。

大明位酌献，《择安》　　肇禋备祀，教民美报。时和岁丰，奉醴以告。惟昭临功，等于载熹。酌献云初，明神所劳。

神农位酌献曲同大明。　　惟酒欣欣，惟神冥冥。是顾是飨，来燕来宁。耒耜之利，神所肇兴。万世永赖，无斁其承。

后稷位酌献曲同大明。　　释之蒸之，为酒为醴。推本所由，於焉洽礼。周邦开基，邰家是启。献兹嘉觞，拜下首稽。

亚、终献，《庆安》　　申以贰觞。百味且旨。礼告三终，神具醉止。旌容骑沓，扬光纷委。降福穰穰，被大丰美。

送神，《宣安》　　礼乐既成，神保聿归。言归何所？地纪天维。岂惟屡丰，嗣岁所祈。亿万斯年，神来燕娭。

西方百神降神，《熙安》

圜钟为宫　　玄冬肇祀，始于伊耆。岁事聿成，庸答蕃厘。眷言西顾，匪神司之。归功尔神，翩其下来。

黄钟为角　　魄生自西，照望太阳。下暨诸神，觇施适风雨，富我囷箱。共承嘉祀,惟以迪尝。

太簇为徵　　神罔小大,奠方兹土。祭列坊庸,礼迨猫虎。有功斯民,祀乃其所。非稷馨香,厥福周溥。

姑洗为羽　　丰年穰穰,美芳职职。笾豆方圆,其仪孔硕。风马在御,云车载饬。来顾来飨,惟俟休德。

初献升降,《肃安》　　盥献恭庄,燎烟花酷。载陟革降,礼容可度。钦惟尔神,上下肃肃。成我稷黍,鉴此牲玉。

夜明位奠玉币,《钦安》　　穆穆太阴,礼严姊事,璧玉华光,推以哀对。十二周天,岁乃有终。尽我备物,莫报元功。

神农位奠币曲同夜明。　　耒耜肇兴,自神农氏。稼穑滋殖,为农者始。作配明祀,奠以靠虔。万世佃渔,帝功卓然。

后稷位奠币曲同夜明。　　明明周祖,惟民之恤。播钟为教,下民乃粒。曾是索飨,而匪先公。万物难报,阡陌之功。

奉俎,《承安》　　时和岁登,物亡疾瘵。实俎间膏,报神之福。匪神福之,曷成且丰!肥腯咸有,惟神之功!

夜明位酌献,《择安》　　除坛西郊,坎其击鼓。百灵至止,结璘作主。秬鬯湛淡,玉斝献醪。是谓嘉德,神其安留。

神农位酌献曲同夜明。　　荡荡鸿明,称秩群祀。配以昔帝,式重农事。洁我圭瓒,黄流在中。灵其监兹,胙兹丰融。

后稷位酌献曲同夜明。　　岁十二月,祀有常典。祭列司啬,言反其本。酌彼泰尊,百末兰生。承神嘉虞,緊此德馨。

亚、终献,《庆安》　　歌磬胪欢,苄萧激午。飚御奄留,申以贰觞。相与震澹,告灵其醉。庶几听之,成我熙事。

送神,《宣安》　　礼成乐备,澹然将归。其留消摇,象舆已轪。偓蹇欲骧,羽毛纷委。忽乘杳冥,遗此福祉。

南方百神迎神,《简安》　　维物之精,散乎太空。维索之飨,合聚而同。乃击土鼓,于岁之终。格彼幽矣,胙兹其通。

初献盥洗、升降,《穆安》　　有帨其新,有匜其洁。言念清祀,弗简弗亵。诚意既交,品物斯列。是用告虔,靡神不说。

奠币,《吉安》　　百室机杼,衣褐具宜。民以卒岁,神实惠之。言举祀典,答神之厘。有筐斯陈,振古如兹。

神农位酌献,《穆安》　　肇降生民,有不粒食。维时神农,乃为先啬。尔耒尔耨,云谁之因。酌以污尊,我思古人。

后稷位酌献,《穆安》　　维后之功,配天其大。祀而稷之,万世如在。黄冠野服,骏奔皇皇。自古有年,神其降康。

亚、终献,《曼安》　　丰年孔多,百礼以洽。匪极神欢,何以昭答!载酌之酒,用申其勤。神具醉止,与物交欣。

送神,《成安》　　卒爵乐阕,礼仪告备。神保聿归,敢以辞致。顺成之方,其蜡乃通。自今以始,八方攸同。

北方百神迎神,《简安》　　荡荡阊决,气清沈寥。仿佛象舆,丽于穹霄。塞其来下,肃然风票。神乎安留,於焉消摇。

初献盥洗、升降,《穆安》　　齐诚揭虔,敬恭祀事。维俨之容,维洁之器。雍雍乐成,肃肃礼备。神其燕娭,锡神庶类。

奠币,《吉安》配位同。　　神宅于幽,呦呦沈沈。至和塞明,考我德音。神听静嘉,俨乎若临。币以荐诚,敢有弗钦。

神农氏位酌献,《禔安》　　先啬之功,神实称首。以秬以秠,俶载南亩。列籍皇坟,亿世是守。何以为报?爰洁兹酒。

后稷氏位酌献,《禔安》　　煌煌后稷,实配于天。司啬作稼,民以有年。匪神之私,岁以醴告,酌彼泰尊,于德之报。

亚、终献,《曼安》　　兰生百末,申以贰觞。神具醉止,烂其容光。遗我丰年,万亿及秭。俾民欢康,以洽百礼。

送神,《成安》　　灵之来兮,蚪龙沓沓。下土光景,凭陵阊阖。灵之旋兮,羽卫委蛇。偃塞高骧,遗此蕃厘。

景祐祭文宣王庙六首

迎神,《凝安》　　大哉至圣,文教之宗!纪纲王化,丕变民风。常祀有秩,备物有容。神其格思,是仰是崇。

初献,升降,《同安》　　右文兴化,宪古师今。明祀有典,吉日惟丁。丰牺在俎,雅奏来庭。周旋陟降,福祉是膺。

奠币,《明安》　　一王垂法,千古作程。有仪可仰,无德而名。
齐以涤志,币以达诚。礼容合度,黍稷非馨。

酌献,《成安》　　自天生圣,垂范百王,恪恭明祀,陟降上庠。
酌彼醇旨,荐此令芳。三献成礼,率由旧章。

饮福,《绥安》　　牺象在前,豆笾在列。以享以荐,既芬既洁。
礼成乐备,人和神悦。祭则受福,率遵无越。

兖国公配位酌献,《成安》哲宗朝增此一曲。　　　无疆之祀,配
侑可宗。事举以类,与享其从。嘉栗旨酒,登荐惟恭。降此遐福,令
仪肃雍。

送神,《凝安》　　肃肃庠序,祀事惟明。大哉宣父,将圣多能!
歆馨胖殽,回驭凌竞。祭容斯毕,百福是膺。

大观三年释奠六首

迎神,《凝安》　　仰之弥高,钻之弥坚。於昭斯文,被于万年。
峨峨胶庠,神其来止。思欵无穷,敢忘于始。

升降,《同安》　　生民以来,道莫与京。温良恭俭,惟神惟明。
我洁尊罍,陈兹芹藻。言升言旋,式崇斯教。

奠币,《明安》　　於论鼓钟,于兹西雍,粢盛肥硕,有显其容。
其容洋洋,咸瞻像设。币以达诚,歆我明洁。

酌献,《成安》　　道德渊源,斯文之宗,功名糠粃,素王之风。
硕兮斯牲,芬兮斯酒。绥我无疆,与天为久。

配位酌献,《成安》　　俨然冠缨,崇然庙庭。百王承祀,涓辰惟
丁。于牲于醑,其从予享。与圣为徒,其德不爽。

送神,《凝安》　　肃庄绅绶,吉蠲牲牺。於皇明祀,荐登惟时。
神之来兮,胖殽之随。神之去兮,休嘉之贻。

大晟府拟撰释奠十四首

迎神,《凝安》

黄钟为宫　　大哉宣圣,道德尊崇!维持王化,斯民是崇。典
祀有常,精纯并隆。神其来格,於昭盛容。

　　大吕为角　　　生而知之，有教无私。成均之祀，威仪孔时。维兹初丁，洁我盛粢。永适其道，万世之师。

　　太簇为徵　　　巍巍堂堂，其道如天。清明之象，应物而然。时维上丁，备物荐诚。维新礼典，乐谐中声。

　　应钟为羽　　　圣王生知，阐乃儒规。诗、书文教，万世昭垂。良日惟丁，灵承不爽。揭此精虔，神其来飨。

　　初献盥洗，《同安》　　　右文兴化，宪古师经。明祀有典，吉日惟丁。丰牺在俎，雅奏在庭。周旋陟降，福祉是膺。

　　升殿，《同安》　　　诞兴斯文，经天纬地。功加于民，实千万世。笙镛和鸣，粢盛丰备。肃肃降登，歆兹秩祀。

　　奠币，《明安》　　　自生民来，谁底其盛！惟王神明，度越前圣。粢币具成，礼容斯称。黍稷非馨，惟神之听。

　　奉俎，《丰安》　　　道首同天，人伦之至。有飨无穷，其兴万世。既洁斯牲，粢明醑旨。不懈以忱，神之来暨。

　　文宣王位酌献，《成安》　　　大哉圣王，实天生德！作乐以崇，时祀无致。清酤惟馨，嘉牲孔硕。荐羞神明，庶几昭格。

　　兖国公位酌献，《成安》　　　道之由兴，於皇宣圣。惟公之传，人知趋正。与飨在堂，情文实称。万年承休，假哉天命。

　　亚、终献用《文安》　　　百王宗师，生民物轨。瞻之洋洋，神其宁止。酌彼金罍，惟清且旨。登献惟三，於嘻成礼。

　　彻豆，《娱安》　　　牺象在前，豆笾在列。以乡以英，既芬既洁。礼成乐备，人和神悦。祭则受福，率遵无越。

　　送神，《凝安》　　　有严学官，四方来宗。恪恭祀事，威仪雍雍。歆兹惟馨，飚驭旋复。明禋斯毕，咸膺百福。

　　景祐释奠武成王六首

　　迎神，《凝安》　　　维师尚父，四履分封。灵神骏密，祀事寅恭。萧芗祇荐，飚驭排空。如几如式，福禄来崇。

　　太尉升降，《同安》　　　上公摄事，衮服斯皇。礼容济济，佩响锵锵。灵游惚悦，嘉英令芳。神具醉止，降福穰穰。

奠币，《明安》　　四岳之裔，凉彼武王。发扬蹈厉，周室用昌。追封庙食，简册增芳。升币以奠，磬管锵锵。

酌献，《成安》　　猎渭之阳，理冥嘉应。非龙非彪，聿求元圣。平易近民，五月报政。祀典之崇，於斯为盛。

饮福，《绥安》　　神机经武，隆周之寓，表海分封，迈燕超鲁。耽耽庙貌，俎豆有序。荐福邦家，维师尚父。

送神，《凝安》　　圣朝稽古，崇兹武经。礼交乐举，于神之庭。嘉栗旨酒，既飨芳馨。永严列象，剑舄簪缨。

熙宁祀武成王一首

初献升降，《同安》　　武德洸洸，日靖四方。百王所祀，休有烈光。命官摄事，佩玉锵锵。思皇多祐，以惠无疆。

太观祀武成王一首

酌献，《成安》　　凉彼周王，君臣相遇。终谋其成，诸侯来许。洋洋神灵，尊载酒醑。新声为侑，笙箫备举。

绍熙释奠武成王七首

迎神，《凝安》姑洗为宫　　於赫烈武，光昭古今。载严祀事，敕备惟钦。既洁其牲，既谐其音。神之格思，来顾来歆。

初献升殿，《同安》　　肃肃庙中，有严阶城。匪棘匪徐，进退可则。冕服是仪，环珮有节。神之鉴观，率履不越。

奠币，《明安》　　祀率旧章，礼崇骏功。齐明衷正，胖盆丰融，量币肃备，周旋鞠躬。神其昭受，幽赞无穷。

正位酌献，《成安》　　赫赫尚父，时维鹰扬。神潜韬略，襟抱帝王。谈笑致主，竹帛流芳。国有严祀，载稽典常。

留侯位酌献　　眷彼留侯，奇筹赞汉。依乘风云，勒成功旦。克配明禋，仪刑有焕。英气如生，来格来衎。

亚、终献，《正安》　　道助文德，言为世师。功名不泯，礼事无遗。旨酒惟馨，具醉在兹。有嘉累献，神其燕娭。

送神　　日惟上戊，神顾精纯。礼备三献，乐成七均。奄留洋洋，流福无垠。言还恍惚，空想如存。

绍兴祀祚德庙八首

迎神,《凝安》,姑洗为宫　　匿孤立後,惟义惟忠。昔者神考,追录乃功。祀典载加,进爵锡公。神兮降格,尚鉴褒崇。

初献升降,《同安》　　庙宇更新,轮奂丰敞。神灵如在,英姿飒爽。执事进趋,降升俯仰。威仪翼翼,虔祈歆飨。

奠币,《明安》　　牲荐硕大,币致精纯。聿升祀事,兹用兼陈。箱筐既实,奠献惟寅。飨我至意,福禄来成。

强济公位酌献,《成安》　　以身托孤,实惟死友。抚妪长之,若父若母,潜授于韩。克兴厥後。崇庙以献,德侈报厚。

英佑公位酌献,《成安》　　立孤固难,死亦匪易。义轻一身,开先赵嗣。肃穆庙貌,烈有余气。式旋嘉荐,昭哉祀事。

启佑公位酌献,《成安》　　於皇时宋,永祚有基。始繄覆护,扶而立之。敢忘昭答,牲分酒酾。灵其燕飨,益相本支。

亚、终献用《正安》　　呦呦灵宇,神安且翔。三哲鼎峙,中荐嘉觞。凛若义气,千载弥光。猗其祐之,锡羡无疆。

送神,《凝安》　　礼乐云备,毕觞尔神。翊翊音送,轪与若闻。驾言归兮,灵游结云。祚我千亿,介福来臻。

司中司命五首

迎神,《欣安》　　冠峨峨兮,服章蕤蕤。灵来下兮,进止委蛇。我涓我坛,我洁我俎。降舆却旌,於兹享御。

升降,《钦安》　　绅绥舒舒,佩环铿铿。陟降上下,坛燎光明。有盥于罍,有帨于巾。不吴不敖,庶以安神。

奠币,《容安》　　我诚既洁,我豆既丰。神来降斯,有俨其容。荐此嘉币,肃肃雍雍。何以侑之?於乐鼓钟。

酌献,《雍安》　　酌兹旨酒,既盈且芬。式用来歆,衎衎薰薰。何以宁神?荐有嘉笾。何以锡民?曰惟丰年。

送神,《欣安》　　云兮飘飘,风兮棱棱,飚驭返空,杲日来升。

归　扬扬，众乐锵锵。我神式欢，惠我嘉祥。

　　五龙六首

　　迎神，《禧安》　　灵之智兮，跃汉潜幽。欲豢扰兮，无董与刘。陈金石兮，佐侑牢羞。庶燕享兮，泽应民求。

　　升降，《雅安》　　灵之至兮，逸驾腾骧。嘘云吸气，承祀日光。展诗鸣律，肃庄琳琅。何以膺神？贶惠无疆。

　　奠币，《文安》　　维灵德兮，变化不常。沛天泽兮，周流八荒。奠嘉币兮，肃雍不忘。永佑民兮，锡以丰穰。

　　酌献，《恺安》　　练吉日兮，进神之堂。牲既陈兮，粢盛既香。歆桂酒兮，容与嘉觞。灵安留兮，锡我福祥。

　　亚、终献，《嘉安》　　明明天子，礼文咸秩。矧神之功，横被九域。云施称民，物产滋殖。嘉承惠和，罔有终极。

　　送神，《登安》　　灵之来下，以雨先驱。灵之旋驭，五云结车，操环应夏，发匣瑞虞。真人在御，来献珍符。

宋史卷一三八
志第九一

乐十三 _{乐章七}

朝会　御楼肆赦
恭上皇帝皇太后尊号上

建隆乾德朝会乐章二十八首

皇帝升坐，《隆安》　　天临有赫，上法乾元。铿锵六乐，严恪千官。皇仪允肃，玉坐居尊。文明在秆，礼备诚存。

公卿入门，《正安》　　尧天协纪，舜日扬光。淑慎尔止，率由旧章。佩环济济。金石锵锵。威仪炳焕，至德昭彰。

上寿，《禧安》　　乾健为君，坤柔曰臣。惟其臣子，克奉君亲。永御皇极，以绥兆民。称觞献寿，山岳嶙岣。　　舜韶更奏，尧酒浮觞。皇情载怿，洪算无疆。基隆郏鄏，德茂陶唐。山巍日焕，地久天长。

皇帝举酒，第一盏用《白龟》　　圣德昭宣，神龟出焉。载白其色，或游于川。名符在治，瑞应巢莲。登歌丹陛，纪异灵篇。

第二盏，《甘露》　　天德冥应，仁泽载濡。其甘如醴，其凝若珠。云表潜结，颢英允敷。降于竹柏，永昭瑞图。

第三盏，《紫芝》　　煌煌茂英，不根而生。蒲茸奋色，铜池著名。晨敷表异，三秀分荣。书于瑞典，光我文明。

第四盏，《嘉禾》　　嘉彼合颖，致贡升平。异标南亩，瑞应西成。德至于地。皇祇效灵。和同之象,焕发祥经。

第五盏,《玉兔》　　盛德好生,网开三面。明视标奇,昌辰乃见。育质雪园,沦精月殿。著于乐章,色含江练。

群臣举酒,《正安》　　户牖严丹宸,鹓鸾造紫庭。恳祈南岳寿,势拱北辰星。得土于兹盛,基邦固以宁。诚明一何至,金石与丹青。

簪绂若云屯,晨趋闾阖门。伖伖罗禹会,济济奉尧樽。周礼观明备,天仪仰睟温。高卑陈表著,同拱帝王尊。　　待漏造王庭,威仪盛莫京。纷纶簪组列,清越佩环声。礼饮终三爵,韶音毕九成。永同凫藻乐,千载奉升平。

群臣第一盏毕,作《玄德升闻》　　治定资神武,功成显睿文。贡输庭实旅,朝会羽仪分。偃革千年运,垂衣万乘君。孰知尧、舜力,明德自升闻。　　约法皇纲正,崇文宝历昌。遒人振木铎,农吕铸干将。瑞日含王宇,卿云霭帝乡。万邦成一统,鸿祚与天长。

六变　　宸扆威容盛,声明礼乐宣。九州臻禹会,万国戴尧天。贡职输琛赍,皇猷焕简编。含和均畅茂,鸿庆结非烟。　　朝会俨威仪,司常建九旗。舞容分缀兆,文物辨威蕤。运格桃林牧,祥开洛水龟。帝功潜日用,化俗自登熙。　　螭阶聊载笔,纪瑞轶唐、虞。丹凤仪金奏,黄龙负宝图。群材薪械朴,仁政煦蒲卢。荡荡巍巍德,豚鱼信自孚。　　接圣宅神都,方来五达区。国贤熙帝载,灵命握乾符。至化当纯被,斯文益诞敷。车书今混一,圣治奉三无。圣皇临大宝,八表凑才贤。经纬文天赋,刚柔德日宣。建邦隆柱石,造物运陶甄。共致升平业,绵长保亿年。　　神化妙无方,巍巍迈百王。鹤书搜隐逸,龙陛策贤良。拱揖朝群后,宾筵辟四方。洪图基亿载,淳曜德弥光。

第二盏毕,《天下大定》　　皇猷敷八表,武谊肃三边。兰锜韬兵日,灵台偃伯年。奉珍皆述职,削衽尽朝天。功德超前古,音徽播管弦。　　伐叛天威震,恢疆帝业多。削平侔肃杀,涵煦极阳和。蹈厉观周舞,风云入汉歌。功成推大定,归马偃琱戈。

六变　　惕厉日乾乾,潜蟠或跃渊。伐谋参上策,受钺总中坚。

田讼归周日,民谣戴舜年。风云自冥感,嘉会翼飞天。　　壶关方逆命,投袂起亲征。虎旅聊攻伐,枭巢遽荡平。天威清朔漠,仁泽被黎氓。按节皇舆复,洋洋载颂声。　　蠢兹淮海帅,保据毒黎苗。不悟龙兴汉,犹同犬吠尧。六师方雨施,孤垒自冰消。千载逢嘉运,华夷奉圣朝。　　上游荆楚要,泽国洞庭深。自识同文世,皆迦拱极心。一戎聊杖钺,九土尽输金。大定功成后,薰风入舜琴。　　度卷定巴、邛,西遐尽率从。岷、峨难负阻,江、汉自朝宗。述职方舟集,驱车九折通。粲然书国史,冠古耀丰功。锐旅庆回旋,边防尽晏然。键橐方偃武,飞将亦韬弦。震曜资平垒,文明协丽天。洗洗成大业,赫奕在青编。

淳化中朝会二十三首

上寿,《和安》　　四序伊始,三阳肇开。条风入律,玉琯飞灰。望云肃谒,鸣佩斯来。称觞献寿,瞻拱星回。　　一阳应候,万国同文。天正纪节,太史书云。凝旒在御。列叙爱分。寿觞斯荐,祝庆明君。

皇帝初举酒,用《祥麟》　　圣皇御宇,仁兽诞彰。在郊旅贡,游畤呈祥。星辰是禀,草木无伤。纪异信史,登歌太常。

再举酒,《丹凤》　　九苞荐瑞,戴德膺仁。藻翰爰奋,灵音载振。非时不见,有道则臻。降岐匪匹,仪舜为邻。

三举酒,《河清》　　沔彼泾浍,澄明鉴如。清应宝运,光涵帝居。洞分沈璧,彻见游鱼。圣祚无极,神休伟与。

四举酒,《白龟》　　稽彼灵物,允昭圣皇。浮石可蹑,巢莲益光。金方正色,介族殊祥。信书永耀,帝德无疆。

五举酒,《瑞麦》　　芃芃嘉麦,擢秀分歧。甘露夕洒,惠风晨吹。良农告瑞,循史称奇。归美英主,折而贡之。

群臣初举酒毕,作《化成天下》　　轩昊方同德,成、康粗比肩。素风惟普畅,皇道本无偏。阴魄重轮满,阳精五色圆。要荒咸率服,卓越圣功全。　　圣德比陶唐,千年祚运昌。茂功虽不宰,鸿业自无疆。极塞成清谧,齐民益阜康。文明同日月,遐迩仰辉光。

　　六变　　荡荡无私世，巍巍至圣君。山河分国宝，日月耀人文。厌浥凝甘露，轮囷吐庆云。正声兼《大雅》，洋溢应南薰。　　鸿范合彝伦，调元四序均。岁功天吏正，御苑物华新。底贡陈方物，来宾列远人。奉常呈九奏，嘉贶动穹旻。　　大君隆至化，兴运契千龄。觐礼俄班瑞，夷宝尽实庭。成文调露乐，奉圣拱辰星。舞佾方更进，朝阳上楚萍。　　礼乐昭王业，寰区致太平。革车停北狩，云稼屡西成。国有详延诏，乡闻讲诵声。日华融五色，遐迩仰文明。亭障戢干戈，人心浃太和。务农登宝谷，猎俊设云罗。仪凤书良史，祥麟载雅歌。嘉辰资宴喜，星拱弁峨峨。　　冠古耀鸿徽，深仁及隐微。二南、《江汉》咏，九奏凤凰飞。设虡罗钟律，盈庭列舞衣。文明资厚德，怡怿兆民归。

　　再举酒毕，《威加海内》　　革辂征汾、晋，隳城比燎毛。桓桓勌军旅，将将御英豪。神武诚无敌，天威讵可逃。王师宣利泽，霈若沃春膏。　　振万方明德，疾徐咸可观。铿锵动金奏，蹈厉总朱干。夹进昭威武，申严警宴安。守方推猛士，当用鹖为冠。

　　六变　　宣榭始观兵，桓桓称鼓行。一戎期大定，载缵议徂征。善政从师律，神功冀《武成》。勖哉勤誓众，王业自经营。　　声教方柔远，瓯、闽礼可招。献图连日际，归国象江潮。抚运重熙盛，提封万里遥。还同有虞氏，文德格三苗。　　南暨宣皇化，东吴奉乃神。舞干方耀德，执玉自来宾。巢伯朝丹陛，韩侯觐紫宸。古今归一揆，怀远道弥新。　　遗俗续陶唐。来苏徯圣皇。布昭汤吊伐，恢复汉封疆。金钺申戡剪，朱干示发扬。宜哉七德颂，千载播洋洋。

　　乃眷尝西顾，偏师暂首征。灵旗方直指，犷俗自亡精。禹叙终驯致，尧封渐化成。不须严尉候，於廓海弥清。　　干戚有司传，威容著凯旋。象成王业盛，役辍武功全。兵寝西郊阅，书惟北阙县。圣神膺景命，卜世万斯年。

　　景德中朝会一十四首

　　皇帝升坐，《隆安》　　金奏在庭，群后在位。天威煌煌，响明负扆。高拱穆清，弁冕端委。盛德日新，礼容有炜。

公卿入门,《正安》　　万邦来同,九宾在位。奉璋荐绅,陟降庭止。文思安安,威仪棣棣。臣哉邻哉,介尔蕃祉。

上寿,《和安》　　天威煌煌,山龙采章。庭实旅百。上公奉觞。拱揖群后,端委垂裳。永锡难老,万寿无疆。

皇帝初举酒,《祥麟》　　帝图会昌,二兽效祥。双角共觝,示武不伤。四灵为畜,玄枵耀芒。公族信厚,元元阜康。

再举酒,《丹凤》　　矫矫长离,振羽来仪。和音中律,藻翰扬辉。珍符沓至,吕物攸宜。至德玄感,受天之祺。

三举酒,《河清》　　德水汤汤,发源灵长。皎鉴澄彻,千年效祥。积厚流湿,资生阜昌。朝宗润下,善利无疆。

群臣举酒,《正安》　　思皇多士,靖恭著位。鸣玉飞绥。锵锵济济。宴有折俎,以示慈惠。罔敢不祗,福禄来暨。　　金奏在庭,有酒斯旨。颙颙卬卬,响明负扆。湛湛露斯,式宴以喜。佩玉蕊兮,罔不由礼。　　酒以成礼,乐以侑食。露湛朝阳,星环紫极。淑慎尔容,既饱以德。进退周旋,威仪仰抑。

初举酒毕,《盛德升闻》　　八佾具呈,万舞有奕。既以象功,又以观德。进旅退旅,执籥秉翟。至代怀柔,远人来格。　　闾阖天开,群后在位。设业设虡,庭燎晰晰。斧扆当阳,虎贲夹陛。舞之蹈之,四隩来暨。

再举酒毕,《天下大定》　　武功既成,缀兆有翼。以节八音,以象七德。侯侯蹲蹲,朱干玉戚。发场蹈厉,其仪不忒。　　偃伯灵台,功成作乐。以昭德容,以清戎索。万邦会同,邪慝销铄。尽善尽美,侔彼《韶箾》。

降坐,《隆安》　　被衮当阳,穆穆皇皇。击石拊石,颂声扬扬。和乐优洽,终然允臧。礼成而退,荷天百祥。

大国祥符朝会五首

皇帝举酒,《醴泉》　　翯沸槛泉,寒流清泚。地不爱宝,其旨如醴。上善至柔,灵休所启。利泽无疆,允资岱礼。

再举酒,《神芝》　　彼苗著芝,茂英煌煌。敷秀乔岳,实繁其房。适符修贡，封峦允臧。永言登荐，抑惟旧章。

三举酒，《庆云》　惟帝佑德，卿云发祥。纷纷郁郁。五色成章。奉日逾丽，回风载翔。歌荐郊庙，播厥无疆。

四举酒，《灵鹤》　玄文申锡，嘉说绍至。伟兹胎禽，羽族之异。翻翰来仪，徘徊嘹唳。祚圣储休，聿昭天意。

五举酒《瑞木》　天生五材，木曰曲直。维帝顺天，厚其生植。连理效祥，成文表德。总萃坤珍，永光祕刻。

熙宁中朝会三首

皇帝初举酒，《庆云》　乾坤顺夷，皇有嘉德。爰施庆云，承日五色。轮囷下乘。万物皆饰。惟天祚休，长彼无极。

再举酒，《嘉禾》　彼美嘉禾，一茎九穗。农畴告祥，史牒书瑞。击壤欢歌，如京委积。留献春种，昭锡善类。

三举酒，《灵芝》　皇仁溥博，品物蕃滋。庆祥回复，秀发神芝。灵华双举，连叶四施。披图按牒，永享纯禧。

无符大朝会三首

皇帝初举酒，《灵芝》　嘉瑞降临，应我皇德。烨烨神芝，不根而植。春秋三秀，昼夜一色，物播诗歌，声被金石。

再举酒，《寿星》　倬彼星象，於昭于天。维南有极，离内之躔。既明且大，应圣乘乾。诞受景福，亿万斯年。

三举酒，《甘露》　泫泫零露，云英醴溢，和气凝津，流甘委白。饴泛泮林，珠聊竹柏。天不爱道，圣功允格。

哲宗传受国宝三首与大朝会兼用：

《永昌》　於穆我王，继序不忘。明昭上帝，上帝是皇。长发其祥，惠我无疆。受命于天，既寿永昌。

《神光》　惟皇上德，伊耆我王。将受厥明，载锡之光。於昭于天。晔晔煌煌。缉熙钦止，其永无疆。

《翔鹤》　彼鸣在阴，亦白其羽。声闻于天，来集斯所。勉勉我王，咸遂厥宇。播于异物，受天多祜。

绍兴朝会十三首

皇帝升坐，《乾安》　　　钩陈肃列，金奏充庭，颙卬南面，如日之升。垂衣拱手，治无能名。顺履献岁，大安大荣。

公卿入门，《正安》升降同。　　　天子当阳，臣工率职。流水朝宗，众星拱极。环佩锵锵，威仪抑抑。上下交欣，同心同德。

上公上寿，《和安》　　　八音克谐，万舞有奕。上公奉觞，率兹百祥。声效呼嵩，祝圣人寿。亿载万年，天长地久。

皇帝初举酒，《瑞木成文》　　　厚地效珍，嘉木纪瑞。匪刻匪雕，具文见意。三登太平，允协圣治。诗雅咏歌，有光既醉。

再举酒，《沧海澄清》　　　百谷王，符圣治。不扬波，效殊祉。德沦渊，沧海清，应千秋，叙五行。

三举酒，《瑞粟呈祥》　　　至治发闻惟馨香，播厥百谷臻穰穰。农夫之庆岁其有，禾易长亩盈食箱，时和物阜粟滋茂，嘉生骈穗来呈祥。自今以始大丰美，行旅不用赍餱粮。

群臣酒行，《正安》　　　群公卿士，咸造在庭。式燕以衎，思均露零。穆穆明明，於斯为盛。归美报上，一人有庆。　　　明明天子，万福来同。嘉宾式燕，曷不肃雍。燕以示慈，式礼莫愆。乐胥君子，容止可观。

酒一行，文舞　　　帝德诞敷，销烁群慝。近悦远来，惟圣时克。玉振金声，治功兴起。《韶箾》象之。尽善尽美。　　　文物以纪，藻色以明。礼备乐举，遹观厥成。睿知有临。诞敷文德。教雨化风，洽此四国。

酒载行，武舞　　　用戒不虞，谁能去兵。师出以律，动必有名。拆彼遐冲，布昭圣武。和众安民，明惟多助。　　　止戈曰武，惟圣为能。御得其道。无敢不庭。整我六师，稽诸七德。不吴不扬，有严有翼。

皇帝降坐，《乾安》　　　帝坐荧煌，廷绅肃穆。对扬天休，各恭尔服。颂声洋洋，弥文郁郁。礼备乐成，永膺多福。

建隆御楼三首

南郊回仗,驾至楼前,《采茨》　　高烟升太一,明礼达乾坤。天仗回峣阙,皇舆入应门。簪裳如雾集,车骑若云屯。兆庶皆翘首,巍巍万乘尊。

升坐,《隆安》　　禋祀毕圆丘,嘉辰庆泽流,天仪临观魏,盛礼蔼风猷。洋溢欢声动,氛氲瑞气浮。上穹垂眷佑,邦国拥鸿休。

降坐,《隆安》　　华缨就列,左衽来王。帝仪炳焕,大乐铿锵。礼成　阙,言旋未央。一人有庆,万寿无疆。

咸平御楼四首

《采茨》　　礼成于郊,迎日之至,时乘六龙。天旋象魏。端门九重,虎贲万骑。四夷来王,群后辑瑞。

索扇,《隆安》　　应门有翼,羽卫斯陈。山龙衮冕,律度声身。峨峨奉璋,肃肃九宾。清明在躬,志气如神。

升坐,《隆安》　　圆丘类上帝,六变降天神。禋燔礼云毕,伏卫肃以陈。天颜瞻咫尺,王泽熙阳春。玉帛臻禹会,动植沾尧仁。

降坐,《隆安》　　肆眚云毕,淳熙溥将。雷雨丽泽,云物效祥。礼容济济,天威皇皇。大赉四海,富寿无疆。

咸平籍田回仗御楼二首

《采茨》　　农皇既祀,礼毕躬耕。商辂旋轸。周颂腾声。观魏将陟,服御爰更。舆人瞻仰,如日之明。

升坐,《隆安》　　应门斯御,雉扇爰开。人瞻日月,泽动云雷。同风三代。均禧九垓。欢心允洽,时咏康哉。

乾兴御楼二首

升坐,《隆安》　　夹钟纪月,初吉在辰。眚灾流庆,布德推仁。采章震耀,典礼具陈。茂昭丕觌,永庇斯民。

降坐,《隆安》　　皇衢赫敞,黼坐穹崇。华缨在列,严令发中。王制钜丽,宝瑞丰融。均禧县宇,万寿无穷。

绍兴登门肆赦二首

升坐,《乾安》　　拜况于郊,皇哉唐哉!熙事休成,六辈鼎来。天阊以决,地垠以开。聩祉发祥,如登春台。

降坐，《乾安》　　鸿霈普洽，言归瑞门。荡荡巍巍，旋乾转坤。穆然宣室，储思垂恩。於万斯年，敷锡群元。

宁宗登门肆赦二首

升坐，《乾安》　　帝飨于郊，荷天之休。五福敷锡，皇明烛幽。云行雨施，仁翔德游。圣人多男，歌颂九州。

降坐，《乾安》　　天日清晏，朝野靖安。三灵答祉，万国腾欢。帝命不违，王业艰难。天子万年，永迪监观。

皇帝上尊号一首

册宝入门，《正安》　　於穆元后，天临紫宸。飞绥星拱，建羽林芬。徽册是奉，鸿名愈新。荷兹介祉，永永无垠。

明道元年章献明肃皇太后朝会十五首

皇太后升坐，《圣安》　　圣母有子，重光类禋。圣皇事母，感极天人。百辟在庭。九仪具陈。礼容之盛，万国咸宾。

公卿入门，《礼安》　　帝率四海。承颜尽恭。端闱肃设，群后来同。玉佩锵鸣，衣冠有容。英、韶节步，磬管雍雍。

皇帝上寿酒，《崇安》　　天子之德，形于四方。尊亲立爱，化洽风扬。圣母袆衣，明君黼裳。因时献寿，克盛朝章。

上寿，《福安》　　盛礼煌煌，六衣有光。千官在位，百福称觞，坤德慈仁，邦斯淑祥。如山之寿，佑圣无疆。

皇太后初举酒，《玉芝》　　烨烨灵芝，生于殿闱。昭映华拱，纷敷玉蕤。感召元和，光符圣期。祥篇协吉，百福咸宜。

再举酒，《寿星》　　现彼南极，昭然瑞文，腾光丙位，荐寿中宸。太史骈奏，升歌有闻。轩宫就养。亿万斯春。

三举酒，《奇木连理》　　王化无外，坤珍效灵。旁枝内附，直翰来并。群分非一，祺祥绍登。至诚攸感，海县斯宁。

群臣酒行，《礼安》　　肃肃临下，有威有容。循循事上，惟信惟忠。盛礼兴乐，示慈训恭。君臣协吉，惟道之从。　　　　淇湛零露，晞于载阳。我有旨酒，群臣乐康。既饮以德，亦图尔良。永言修辅，用协天常。　　　礼均孝慈,乐合韶、武。至德光矣,鸿恩亦溥。上下和济,华夷乐湑。盎罍三行,盛仪斯举。

　　酒一行毕,作《厚德无疆》之舞　　　尧母之圣,放勋为子。同心协谋,柔远能迩。以德康俗,以文兴治。斯焉象功,罔不昭济。至矣坤元,道符惟圣! 就养宸极,助隆善政。翟龠纷举,笙镛协应。翱翔有容,表德之盛。

　　酒再行,《四海会同》之舞　　　七德之舞,四朝用康。有如姬、姒,助集周邦。威克厥爱,居安不忘。风旋山立,济济皇皇。　　　左秉朱干,右挥玉戚。以象武缀,以明皇德。天子荣养,群臣述职。四夷宾附,罔不承式。

　　降坐,《圣安》　　　长乐居尊,盛容有炜。文王事亲,万国归美,朝会之则,邦家之纪。受福于天,克昭隆礼。

　　治平皇太后、皇后册宝三首

　　皇帝升坐,《乾安》　　　王化之始,治由内乎。时庸作命,玉简金书。磬管在庭,其纵绎如。天临法宸,礼与诚俱。

　　太尉等册宝入门,《正安》　　　晬仪临拱,丕命明扬。鸾回宝势,鸿贯瑶光。礼成乐备,德裕名芳。肇基王化,永懋天祥。

　　皇帝降坐,《乾安》　　　衮衣绣裳,严威肃庄。入音具张,簨虡龙骧。玉简瑶章,金书煌煌。寿千万年,与天比长。

　　熙宁皇太后册宝三首

　　出入,《正安》　　　煌煌凤字,玉气宛延。天六崛屼,飞骖後先。龙簨四合,奏鼓渊渊。母仪天下,何千万年。

　　升坐,《乾安》　　　峨峨绣扆。旋佩以登。如彼杲日,凌天而升。玉色下照,亹亹绳绳。猗欤大孝,四海其承!

　　降坐,《乾安》　　　皇帝降席,流云四开。尧趋舜步,下蹑天阶。恭授宝册,翠旄裴回。明明纯孝,鸿厘大来。

　　哲宗上太皇后册宝五首

　　皇帝升坐《乾安》　　　大矣孝熙,帅民以躬! 奉承宝册,钦明两宫。万乐具举,一人肃雍。化醨上始。四海来同。

降坐，《乾安》　　皇帝仁孝，总临万方。褒显其亲，日严以庄。龙衮翼翼，玉书煌煌。传之亿世，休有烈光。

太皇太皇后升坐，《乾安》　　总裁庶政，拥佑嗣皇。金书玉简。烂其文章。众歌警作，管磬将将。保安四极，降福无疆。

降坐，《乾安》　　涂山之德，渭涘之祥。图徽宝册，玉色金相。管弦烨煜，钟鼓喤喤。天之所启，既寿而昌。

太尉等奉册宝出入门，《正安》　　玉车临御，凤盖芬丽。奉承宝册，弥文盛仪。抗声极律，助我孝熙。天之所佑，万寿无期。

绍兴十年发皇太后册宝八首

皇帝随册宝降殿，《圣安》　　景祚有开，符天媲昊。诞毓圣神，是崇位号。星拱天随，祗严册宝。还御慈宁，增光舜道。

中书令奉册诣皇帝褥位，《礼安》　　声乐备陈，礼容闳试。相维辟公，虔奉玉册。皇则受之，慕形于色。既寿且康，与天无极。

侍中奉宝诣皇帝褥位，《礼安》　　祖启瑶光，诞生明圣。尊极母仪，帝庸作命。宝章煌煌，导以笙磬。还燕慈宁，邦家禔庆。

太傅奉册宝出门，《圣安》　　肃肃东朝，帝隆孝治。猗欤丕称，宝册斯备！皇扉四辟，导迎庆瑞。德迈太任，有周卜世。

太傅奉册宝入门，《圣安》　　静顺坤仪，圣神是育。懿铄昭陈，镂文华玉。乐奏既备，礼仪不渎。导迎善祥，翟车归毕。

太傅奉册授提点官，《礼安》　　孝奉天仪，信维休德。发越徽音，礼文靡试。永保嘉祥，时万时亿。归于东朝，含饴燕息。

太傅奉册授提点官，《礼安》　　肃雍长乐，克笃其庆。河洲茂德，沙麓启圣。是生睿哲，蕃隆丕运。钦称鸿宝，永膺天命。

册宝升慈宁殿幄，《圣安》　　礼行东朝，乐奏大吕。羽卫森陈，簪绅式序。云幄邃严，宏典是举。天子万年，母仪寰宇。

乾道七年恭上太一皇帝、太上皇后尊号十一首

册宝升殿，《正安》　　元祀介福，孰绥孰将。归于尊亲，孝哉君王！载镂斯牒，载琢斯章。得名得寿，如虞如唐。

中书令、侍中奉册宝诣殿下，《正安》　　宗郊斯成，交举典册。

汝辅汝弼，威仪是力。陈于广庭，迨此上日。巍巍煌煌，乌睹在昔。

　　皇帝奉太上皇帝册宝授太傅，用《礼安》奉太上皇后同。　　仪物陈矣，礼乐明矣，天子戾止，诒乐臣矣。陟降维则，恭且勤矣。茫茫四海，德教形矣。

　　册宝出门，《正安》　　天门九重，荡荡开彻。金支秀华，垂绅佩玦。或导或陪，率履不越。注民耳目。四表胥悦。

　　册宝入德寿宫，《正安》　　礼神颂祗，福禄来下。不有荣名，孰缉伊瑕。千乘万骑，鱼鱼雅雅。皇扉洞开，鞠躬如也。

　　太上皇帝升御坐降同。　　穆穆圣颜，安安天步。有缛者仪，以莫不举。天人和同，恩泽洋普。亿载万年，为众父父。

　　太傅奉太上皇帝册宝升殿，用《圣安》　　大哉尧乎，南向垂裳！君哉舜也，拜而奉觞！缫藉光华，鼓钟铿锵。三事稽首，宋德无疆。

　　太傅奉太上皇后册宝升殿，用《圣安》　　乾元资始，坤元资生。允也圣德。同实异名。春王三朝，典册并行。咨尔上公，相仪以登。

　　皇帝从太上皇后册宝诣宫中，用《正安》　　维册伊何？镂玉垂鸿。维宝伊何？范金钮龙。翊以瞀御，间以笙镛。谁敢不恭，天子实从！

　　太上皇后出阁升御坐，《坤安》降同。　　帝膺永福，功靡专有。既尊圣父，亦燕寿母。怡怡在宫，大典时受。彤管纪之，天长地久。

　　内侍官举太上皇后册诣读册位，用《圣安》　　敛福于郊，逢时之泰。揭名日月，俾德覆载。自我作古，域中有大。永言保之，眉寿无害。

　　淳熙二年发太上皇帝、太上皇后册宝十一首

　　册宝降殿，《正安》　　高明者乾，博厚者坤，以清以宁，资始资生。寿胡可度，德胡可评！愿言从欲，诞受强名。

　　中书令、侍中奉册宝诣殿下，《正安》　　受命既长，福禄既康。如日之升，如月之常。追琢其章，金玉其相。君子万年，保其家邦。

　　皇帝奉太上皇帝册宝授太傅，《礼安》奉太上皇后同。　　　翠华之旗，灵鼍之鼓。陈于广宇，相我盛举。来汝公傅，肃乃仪矩，毋愆于素，以笃多祜。

　　册宝出门，《正安》　　蚴蟉青龙，婉嬗象舆。其载伊何？煌煌金书。乃由端门，乃行康衢。于以荣亲，振古所无。

　　册宝入德寿宫，《正安》　　惟天为大，其德曰诚。惟尧则之，其性曰仁。乃文乃武，得寿得名，於万斯年，以莫不增。

　　太上皇帝升御坐，《乾安》降同，天行惟健，天步惟安。圣子中立，臣工四环。民无能名，威不违颜。宋德宜颂，汉仪可删。

　　太傅奉太上皇帝册升殿，《圣安》奉宝同。天畀遐福，允彰父慈。维昔旷典，我能举之。徐尔陟降，敬尔威仪。申锡无疆，永言保之。

　　太傅奉太上皇后册宝升殿，《圣安》　　乾健坤从，阳刚阴相。迨兹受祉，允也并况。虡业要下，仪物在上。咨时三公，执事无旷。

　　皇帝从上皇后册宝诣宫中，用《正安》　　丕显文王，之德之纯。亦有太姒，式扬徽音。维册维宝，乃玉乃金。伊谁从之？一人事亲。

　　太上皇后出阁升御坐，《坤安》降同。　　重翟出房，袆衣被躬。委委佗佗，河润出容。圣皇临轩，圣母在宫。并受鸿名，与天无穷。

　　内侍官举太上皇后册诣读册位，用《圣安》举宝同。　　珉玉玢豳，袞蹄精良。既刻厥文，亦铸之章。象德维何？至静而方。辅我光尧，万寿无疆。

　　淳熙十二年加上太上皇帝、太上皇后尊号十一首

　　大庆殿发册宝降殿，《正安》　　维天盖高，给地克承。父尊母亲，天地难名。疆名广大，建号安荣，衍登寿嘏，阐绎皇明。

　　中书令、侍中奉太上皇帝册宝、太上皇后册宝诣殿下，用《正安》　　二仪同尊，两耀齐光。巍巍煌煌，不显亦彰。实茂号荣，玉振金相。於万斯年，既寿且昌。

　　皇帝奉太上皇帝册宝授太傅太上皇后同宝同。　　我尊我亲，承天之祉。寿名兼美，家国咸喜。公傅秉礼，宝册有炜。惟千万祀，

令闻不已。

册宝出门，《正安》　　羽卫有严，宝书有辉。昭衍尊名，铺张上仪。出其端闱，由于康逵。比屋延瞻，歌之舞之。

德寿宫册宝入殿门，《正安》　　南山之巩，皇寿无穷。太极之尊，皇名是崇。奉兹宝册，于皇之宫。皇则受之，於昭盛容。

太上皇帝出宫升御坐，《乾安》降坐同。　　圣明太上，天子有尊。玉坐高拱，慈颜睟温。震禁嘉承，朝弁旳分。盛礼缛曲，邃古未闻。

太傅、中书令、侍中奉太上皇帝册宝升殿，用《圣安》　　天锡伊嘏，地效其珍。诞作宝典，奉于尊亲。尔公尔相，尔恭尔寅。协举令仪，遹臻厥成。

太傅、中书令、侍中奉太上皇后册宝升殿，用《圣安》　　坤载有元，乾行是顺。施生万汇，厥德弥盛。翼翼母道，赞我皇训。相维群公，奉典斯敬。

皇帝从太上皇后册宝诣宫中，用《正安》　　大矣母慈，德备用纯！思古齐敬，佐我皇文。明章茂典，金玉其音。帝亲奉之，以翼以钦。

太上皇后出阁升御坐，用《坤安》降坐同。　　天相慈皇，庆臻壶闱。徽柔内修，寿与天齐。既承皇欢，载睹母仪。懿典鸿名，永绥多祺。

内侍举太上皇后册宝诣读册宝位，用《圣安》　　有美英瑶，於昭祥金。为策为章，并著徽音。德圣而尊，备举弥文，亿载万年。永辅尧勋。

宋史卷一三九

志第九二

乐十四　乐章八

恭上皇帝皇太后尊号下　册立皇后
册皇太子　皇子冠　乡饮酒
闻喜宴　鹿鸣宴

　　绍熙元年恭上寿圣皇上后、至尊寿圣皇帝、寿成皇后尊号册宝
十四首

　　大庆殿发册宝降殿,《正安》　　帝受内禅,纪元绍熙。钦崇慈
亲,孝心肃祗。乃建显号,乃葳丕仪。发册广庭,声歌侑之。

　　中书令、侍中奉三宫册宝诣东阶下。用《礼安》　　钟鼓交作,
文物咸备。彤庭玉阶,天子是莅。咨尔辅臣,展采错事。辅臣稽首,
敢不率礼!

　　册宝出门,《正安》　　巍巍天宫,洞开闾阖。旗常葳蕤,剑佩杂
沓。宝册启行,法驾继发。铄哉盛典,快睹胥悦!

　　册宝入重华宫,《正安》　　仰止皇居,九六载辟。丽日重光,非
烟五色,雷动万乘,云从百辟。咫尺重霄,鞠躬屏息。

　　至尊寿圣皇帝升坐,《乾安》降同。　　玉尔瑶编,礼容毕具。穆
穆至尊,华殿是御。德配有虞,绍唐授禹。於万斯年,受天之祐。

　　太傅、中书令奉至尊寿圣皇帝册升殿,用《圣安》　　慈皇天

临，睟表怡怡。钦哉圣子，亲奉玉厄！鳌抃嵩呼，欢浃华夷。迩臣捧册，是恪是祗。

太傅、侍中奉至尊寿圣皇帝宝升殿，用《圣安》　　瑟彼华玉，篆鱼钮龙。与册并登，咨尔上公，咏以歌诗，协之鼓钟。是陟是降，靡有弗恭。

太傅、中书令侍中奉寿圣皇太后册宝升殿，用《圣安》　　天祐皇家，庆集重闱。宝兮扬名，册兮流徽。金支秀华，盛容祾威。诏我近弼，相礼不违。

太傅、中书令、侍中奉寿成皇后册宝升殿，用《圣安》　　大哉乾元，既极形容！坤元德至，宝与比隆。宝册并登，勒崇垂鸿。相我缛仪，肃肃雍雍。

皇帝从寿圣皇太后册宝诣慈福宫，用《正安》　　涓辰协吉，时维春元。上册三殿，旷古无前。思齐重闱，积庆有源。是尊是崇，帝心载虔。

寿圣皇太后出阁升坐，《坤安》降同。　　丕赫有宋，三圣授受。谁其助之？繄我太母。东朝受册，饮此春酒。圣子神孙，密侍左右。

内侍官举寿圣皇太后册宝诣读册宝位，用《圣安》　　坤德益崇，天寿平格。庆流万世，子孙千亿。刻玉范金，铺张赫奕。惟昔姜任，则莫我匹。

皇帝诣寿成殿，寿成皇后出阁升坐，《坤安》降同。　　鞠育保护，母道备矣。密赞亲传，德其至矣。彩服来朝，慈容有喜。既受鸿名，又多受祉。

内侍官举寿成皇后册宝诣读册宝位，用《圣安》　　仰瞻慈闱，登进宝册。惟时瞽御。祗率厥职，曰寿曰名，母兮兼得。俪我尊父，亿载无极。

绍熙四年加上寿圣皇太后尊号八首

大庆殿发册宝降殿，《正安》　　德厚重闱，冲澹粹穆。何以名之？惟慈惟福。宝镂精镠，册镌华玉。物盛礼崇，丕昭群目。

中书令、侍中奉寿圣皇太后册宝诣东阶下，《礼安》　　於皇帝

室,休运贻孙。重熙叠庆,祗进号荣。爰授兹册,必躬必亲。天子圣
孝,万邦仪刑。

　　册宝出门,《正安》　　煌煌册宝,天子受之。言徐其行,肃展乃
仪,其仪维何? 剑佩黄麾。鸾驾清跸,耸瞻九逵。

　　册宝入慈福宫殿门,《正安》　　熙辰礼备,济济雍雍。言奉斯
册,重亲之宫。宫帷既敞,协气感通。皇仪亲展,寿祉无穷。

　　太傅,中书令,侍中奉寿圣皇太后册宝升殿,《圣安》　　既肃
琨庭,载升金卮。乃导乃陪,威仪济济。天步继临,孝诚备矣。声容
孔昭,中外悦喜。

　　册宝诣宫中,《正安》　　珊舆彩仗,祗诣慈宫。宝册前奉,龙挟
云从,言备兹礼,于宫之中。惟天子孝,於昭褆容。

　　寿圣皇太后出阁升御坐,《坤安》降同。　　懿典大册,陈仪邃
深。怡怡愉愉,宝坐是临。重彩俨侍,深展肃心。三宫协庆,永播徽
音。

　　内寺官举寿圣皇太后册宝诣读册宝位,用《圣安》　　宝册既
奉,祗诵乃言。仁深庆衍,益显益尊。和声协气,充溢乾坤。并受伊
嘏,圣子神孙。

　　庆元二年恭上太皇太后、皇太太、太上皇帝、太上皇后尊号二
十四首

　　册宝降殿　　天拥帝家,泽流子孙。三宫燕胥,四海崇尊。声
谐《韶》、《濩》,辉烛瑶琨。维皇缉熙,耀德乾坤。

　　册宝授太傅奉诣东阶下　　祖后重寿,亲闱并崇。骈庆联休,
申景铺鸿。叠璧交辉,多仪焕丛。亿万斯年,福禄攸同。

　　册宝出门　　太任媚姜,涂山翼禹。慈祥曼衍,鸿仪迭举。宝
章奕奕,禔宫俣俣。帝用将之,于彼宫所。

　　慈福宫宝册入门　　东朝层邃,端闱靖深。列仗节鍪,镂玉绳
金,来奉来崇,载祗载钦。曾孙之庆,世世徽音。

　　册宝升殿　　纯佑我宋,母仪四朝。拥翼孙谋。如虞承尧。仁
覃函夏,喜浮庆霄。福禄万年,金玉孔昭。

册宝诣宫中　神人和怿，天日淑清。王母来燕，必寿而名。琨庭璈音，五云佩声。勉勉我皇，遹昭厥成。

太皇太后出阁升坐　曾孙致养，五福骈臻。太极所运，两仪三辰。辉光日新，启佑後人。永翼瑶图，亿万斯尧春。

册宝诣读宝位　徽光宣华，仁声流文。旷仪合沓，泰和细缊。慈颜有喜，祚我圣君。珠宫含饴，坐阅来云。

太皇太后降坐归阁　缛仪既登，宝册既膺。喜洽祥流，云烝川增。天子万年，鸣玉慈庭。惠我无疆，诜诜绳绳。

寿慈宫册宝入门　新庭靖安，祖后燕怡。有开圣谋，累崇天基。典章文明，声容葳蕤。御于邦家，曰寿曰慈。

册宝升殿　三礼崇容，八銮警卫。有来辰仪，阐徽妫汭。璇宫肃雍，藻景澄霁。文子文孙，本支百世。

册宝诣宫门　尧门叠瑞，姒幄齐辉。重坤靖夷，丽册华徽。天子仁圣，礼文弗违。福寿康宁，同燕层闱。

皇太后出阖升坐　文母曼寿，载锡之光。总集瑞命，宜君宜王。惠以仁显，慈以德彰。保佑子孙，受福无疆。

册宝诣读册宝位　华鸾编玉，文螭液金。颂德摛英，扬徽嗣音。紫幄天开，翠华日临。岁岁年年，如周太任。

皇太后降坐归阁　宋有明德，天保佑之。以寿继寿，以慈广慈。声文宣昭，福祉茂绥。神孙之休，燕及华夷。

寿康宫册宝入门，《正安》　大安耽耽，兴庆崇崇。维皇之尊，与天比隆。非心间燕，文命延鸿。欲报之恩，礼缛仪丰。

太上皇帝升御坐，《乾安》　上帝有赫，百灵效祥，储祉垂恩，锡年降康。皇仪睟温，帝躬肃庄。三宫齐欢，地久天长。

太上皇帝册宝升殿，《圣安》　夏典稽瑞，禹玉含淳，追琢有章，温润孔纯。圣底于安，寿绵于仁。太上立德，自天其申。

太上皇后册宝升殿，《圣安》　父尊母亲，天涵地育。燕我翼子，景命有仆。得名得寿。如金如玉。子孙千亿，成其厚福。

太上皇帝降御坐，《乾安》　天地清宁，日月华光。归尊慈极，嵩呼未央。庆函百嘉,寿跻八荒。上皇万岁,俾炽俾昌。

册宝诣宫中,《正安》　　晨趋慈幄,佳气郁葱,受帝之祉,配天其崇。璧华金精,礼敷乐充。天子是若,欢声融融。

太上皇后出阁升坐,《坤安》　　文物流彩,銮辂靖陈。龟瑞荐祉,坤仪效珍。比皇之寿,翼帝以仁。和气致祥,与物为春。

读册宝,《圣安》　　黼黻其文,金玉其相。永寿于万,合德无疆。福绪祥源,厥後克昌。天维格斯,祚我圣皇。

太上皇后降坐归阁,《坤安》　　荣怀之庆,莫盛于斯。三宫四册,五叶时一时。德阜而丰,福大而滋,子子孙孙,于时保之。

嘉泰二年恭上太皇太后尊号八首

册宝降殿　　思齐太任,嫔于周京。至哉坤元,万物资生。不可仪测,剏可强名。镂玉绳金,昭哉号荣。

册宝诣东阶　　鼓钟喤喤,仪物载陈。仪物陈矣,烂其瑶琨。咨尔上公,相予文孙。勿亟勿徐,奉我重亲。

册宝出门　　荡荡天门,金铺玉户。采旄翠旌,流苏葆羽。千官影从,乃导乃辅。都人纵观,填道呼舞。

寿慈宫册宝入门　　煌煌宝书,玉篆金缕。曷为来哉,自天子所。自天子所,以燕文母。婉嬗祥云,日正当千。

册宝升殿　　文物备矣,三事其承。崇牙高张,乐充宫庭。耽耽广殿,左城右平。敬尔威仪,摄齐以登。

册宝诣宫中　　维寿伊何? 圣德日新。维兹伊何? 祐于后人。乃范斯金,乃镂斯珉。皇举玉趾,从于尧门。

太皇太后升御坐,降同。侍中版奏,办外严中。出自玉房,袆褕被躬。我龙受之,祲威盛容。皇帝圣孝,其乐融融。

册宝诣读册宝位　　麟趾袞蹄,我宝斯刻。碈碈采缋,载备斯册。眉寿万年,诒谋燕翼。於赫汤孙,克绵永福。

绍定三年寿明仁福慈睿皇太后册宝九首

文德殿册宝降殿　　思齐圣母,媲于周任。体乾履坤,博厚洪深。七衮既启,万寿自今。昕庭发号,式昭德音。

册宝诣东阶　　煌煌仪物，绎绎鼓钟。奉兹宝册，至于阶东。上公相仪，列辟尽恭。拜手慈宸，福如华、嵩。

册宝出门　　帝阙肃开，天阶坦履。霓旌羽盖，导仪护卫。匪夸雕瑑，匪矜繁丽。兹谓盛仪，亿载千岁。

慈明殿册宝入门　　金坚玉纯，文郁礼缛。来从帝所，作瑞玉国。天开地辟，日熙春燠。兹谓盛事，永燕茀禄。

册宝升殿　　皇仪有炜，彩异次升。沈沈邃殿，穆穆天廷。坤德祢隆，皇图永宁。咨尔廷臣，摄齐以登。

册宝诣宫中　　寿为福先，明烛物表。仁沾动檀，福齐穹昊。日慈与睿，并崇丕号。演而申之，万世永保。

皇太后升御坐　　迩臣跪奏，严办必恭。乃御祎褕，升于殿中。慈颜雍穆，和气冲融。芳流清史，传之无穷。

册宝诣读册宝位　　徽音孔昭，宝传斯刻。金昭玉粹，有烨斯册，载祈载祝，以燕以翼。宝之万年，与宋无极。

皇太后降御坐　　皇文既举，庆礼告虔。肇自宫闱，格于幅员。子称母寿，母谓子贤。陟降在兹，隆名际天。

哲宗发皇后册宝三首

皇帝升坐，《乾安》　　既登乃依，如日之升。有严有翼，丕显丕承。天作之合。家邦其兴。朱芾斯皇，子孙绳绳。

降坐，《乾安》　　我礼嘉成，我驾言旋。降坐而跸，奏鼓渊渊。景命有仆，保佑自天。永锡祚嗣，何千万年。

太尉等奉册宝出入，《正安》　　宣哲维公，就位肃庄。册宝具举，丕显其光。出于宸闱。鼓钟喤喤，母仪天下，万寿无疆。

绍兴十三年发皇后册宝十三首

皇帝升坐，《乾安》　　天地尊位，乾坤以分。夫妇有别，父子相亲。圣王之治，礼重婚姻。端冕从事，是正大伦。

使副入门，《正安》　　天子当阳，群工就列。册宝既陈，钟鼓备设。上公奉事，容庄心协。克相盛礼，光昭玉牒。

册宝出门,《正安》穆穆睟容,如天之临。赫赫明命,如玉之
音。虔恭出门,礼容兢兢。涂出生启。夏道以兴。

皇帝降坐,《乾安》朝阳已升,薰风习至,乐奏既成,礼容亦
备。玉佩锵鸣,帝徐举趾。壶政穆宣,以听内治。

皇后出阁,《乾安》猗欤贤后,德本性成!承天致顺,遹日为
明。作配俪极,王化以行。万有千岁,奉祀宗祊。

册宝入门,《宜安》款承祗事,时惟肃雍。跪奉册宝,陈于法
宫。以俯以仰,有仪有容。明神介之,福禄来崇。

皇后降殿,《承安》温惠之德,袆翟之衣。行中《采荠》。礼
无或违。降于丹陛,有容有仪。委委蛇蛇,谁其似之。

皇后受册宝,《成安》镂苍玉兮,盛德载扬。铸南金兮,作镇
椒房。虔受赐兮,有烨有光。宜室家兮,朱芾斯皇。

皇后升坐,《和安》礼既行兮,厥位孔安。母仪正兮,容止可
观。奉东朝兮,常得其欢。求淑妇兮,岂乐多般。

内命妇入门,《惠安》素月澄辉,众星显列。炳为天文,各有
攸别,椒房既正。阴教斯设。《关雎》、《麟趾》,应如响捷。

外命妇入门,《成安》窈窈其容,淑嬺其姿。烂其如云,瞻我
母仪。曰天之妹,作合惟宜。粲然舞抃,畴不肃祗。

皇后降坐,《徽安》宝字煌煌,册书粲粲。副笄加饬,裖褕有
烂。祗若帝休,委蛇乐衎。亿万斯年,永膺宸翰。

皇帝归阁,《泰安》太任徽音,太姒是嗣。则百斯男,周室以
炽。天子万年,受兹女士。如姒事任,从以孙子。

淳熙三年发皇后册宝十三首

皇帝升坐,《乾安》赫赫惟皇,如日之光。肃肃惟后,如月之
常。礼行一时,明照无疆。天子莅止,畴敢不庄!

册宝入门,《正安》卜月惟良,练辰斯臧。臣工在庭,剑佩瑲
瑲。来汝疑、丞,明命是将。有淑其仪,无或怠遑。

册宝出门,《正安》刻简以珉,铸宝以金。持节伊谁?时惟
四邻。自我文德,达之穆清。委蛇委蛇,往迄于成。

皇帝降坐，《乾安》　　册行何向？于门东偏。礼备乐成，合扇鸣鞭。皇举玉趾，如天之旋。燕及家邦，亿万斯年。

皇后出阁，《坤安》　　椒涂兰驭，河润山容。副笄在首，袆衣被躬。静女其姝，实翼实从。自自西阁，聿来殿中。

册宝入门，《宜安》　　德隆位尊，礼厚文缛。乃篆斯金，乃镂斯玉。群公盈门，执事有肃。愿言保之，永镇坤轴。

皇后降殿，《承安》　　规殿沉沉，叶气旼旼。明章妇顺，表正人伦。蹑是左墄，暨于中庭。尚宫显相，罔有弗钦。

皇后受册宝，《成安》　　备物典册，乐之鼓钟。拜而受之，极其肃雍。司言司宝，各以职从。行地有庆。与天无穷。

皇后升坐，《和安》　　容典既膺，壸仪既正。羽卫外列，扬颜中映。如帝如天。以庄以靓。六宫承式，《二南》流咏。

内命妇入门，《惠安》　　《葛覃》节用，《樛木》逮下。形为嫔则，凤已心化。兹临长秋，遂正诸夏。以庆以祈。百祥来迓。

外命妇人入门，《咸安》　　硕人其颀，公侯之妻。翟茀以朝，象服是宜。如星之共，遒月之辉。母仪既瞻，群心则夷。

皇后降坐，《徽安》　　窈窕淑女，备六服兮。陟降多仪，耸群目兮。内治允备，阴教肃兮。宜君宜王，绥有福兮。

皇后归阁，《泰安》　　天监有周，是生太任。亦有太姒，嗣其徽音。孰如两宫，慈爱相承。思齐之盛，复见于今。

淳熙十六年皇后册宝十三首

皇帝升坐，《乾安》　　乾位既正，坤斯顺承。日丽于天。月斯遒明。惟帝受命，惟帝并登。黼扆尊临，典册是行。

册宝入门，《正安》　　乃协良辰。维春之宜。乃诏近弼，来汝相仪。九门洞开，文物华辉。声诗载歌，于以侑之。

册宝出门，《正安》　　有玺范金，有册镂琼。汝使汝介，持节以行。礼始文德，达于穆清。是恪是虔，依我和声。

皇帝降坐，《乾安》　　鼓钟喤喤，磬管锵锵。剑佩充庭，济济洋洋。礼典告备，皇心乐康。於万斯年，受福无疆。

穆清殿受册宝,皇后出阁,《坤安》　　懿范柔容,如月斯辉。驾厥翟辂,被以袆衣。九御众之,如云祁祁。典册是承,心焉肃祗。

册宝入门,《宜安》　　华榱璧珰,有馨椒殿。备物来陈,多仪式焕。曰册曰宝,是刻是篆。并举以行,皇矣懿典。

皇后降殿,《承安》　　袆褕盛服,有恪其容。是陟是降,相以尚宫,金殿玉阶,聿来于中。展诗应律,载咏肃雍。

皇后受册宝,《成安》　　帝有显命,禀于亲慈。后德克承,拜而受之。人伦既正,王化是基。亿载万年,永祚坤仪。

皇后升坐,《和安》　　帝庆三宫,膺受宝册。御于中闱,载欣载惕。乃孚阴教,乃明内则。翼翼鱼贯,罔不承式。

内命妇人入门,《惠安》　　掖庭颁官,于位有四。嘒彼小星,抚以德惠。熙焉如春,育焉如地。庆礼聿成,靡弗咸喜。

外命妇入门,《咸安》　　鱼轩鼎来,象服是宜。班于内庭,率礼惟祗。化以妇道,时惟母仪。是庆是类,于胥乐兮。

皇后降坐,《徽安》　　正位长秋,容典备矣。王假有家,人伦至矣。俪极侃天,多受祉矣。螽螽蟊斯,宜孙子矣。

皇后归阁,《泰安》　　维天佑宋,盛事相仍。崇号三宫,甫兹浃辰,肇正中闱,缛礼载陈。邦家之庆,旷古无伦。

皇帝升坐,《乾安》　　乾健坤顺,群生首资。日常月升,四时叶熙。帝嗣天历,后崇母仪。黼黻承晖,王化是基。

使副入门,《正安》　　煇阙蟾蜍,璧门云龙。烈文维辅,翊奉有容。典章辉明,彝度肃雍。葳时缛仪,登于璿宫。

册宝出门,《正安》　　金晶丽辉,璧叶含春。赞夏之翼,绎虞之嫔。东序韶亮,礼文藻新。辟公相成,物采彬彬。

皇帝降坐,《乾安》　　帝旒云舒,金秀充庭。璇卫銮华,茜佩垂绖。皇帝熙备,柔仪顺承。三宫齐欢,万福昭膺。

皇后出阁,《坤安》　　骖翟崇容,袆鞠陈衣。庀止兰殿,凤兴椒闱。淑正宣华,粹明腾辉。钦若有承,嗣音之徽。

册宝入门,《宜安》　　袆帝流光,沙祥增衍。编玉镂德,螭金溢篆。粹猷藻黼，徽文华显。《二南》声诗，于时昭阐。

皇后降殿，《承安》　　翚珩焕采。趋节风韶。陟降城陛，奉将荐瑶。辟道承薰，嫔仪扬翘。是敬是祇，德音孔昭。

皇后受册宝，《成安》　　帝奉太室，皇仪成之。帝养三宫，后志承之。德如《关雎》，盛如《螽斯》。宜君宜王，百世本支。

皇后升坐，《和安》　　肃肃壶彝，雍雍阴教。险诐自防，警戒是效。中闱端季，列御胥告。其思辅顺，永翼帝孝。

内命妇入门，《惠安》　　天子九嫔，王宫六寝。有烨令仪，载秩华品。福履绥将，节用躬俭。矢其德音，于以来谂。

外命妇入门，《咸安》　　象服之文，《鹊巢》之风。化以妇道，觐于内宫。采苹涧滨，采藻涧中。夙夜在公，赞彼累功。

皇后降坐，《和安》　　光佑晏宁，惠慈燕喜。寿仁并崇，家邦均祉。懿文交举，壶册嗣美。维亿万年，爱敬惟似。

皇后归阁，《泰安》　　天心仁佑，坤德世昭。灼有慈范，著于累朝。俭以赞虞，勤以承尧。中用则效。共励凤宵。

嘉泰三年皇后册宝十三首

皇帝升坐，《乾安》　　茂建坤极，容典聿新。天命所赞，慈训是遵。肃涓谷旦，躬御紫宸。鸿禧累福，骈赉翕臻。

使副入门，《正安》　　端门晓辟，瑞气云凝。有俨良辅，蹖武造庭。肃肃王命，是将是承。登册穆清，万岁永膺。

册宝出门，《正安》　　瑶册玉宝，烂然瑞辉。旁翼绛节，上承紫微。璆鸣朝佩，徐出兽扉。登进坤极，益彰典徽。

皇帝降坐，《乾安》　　天临黼扆，云集弁缨。金石递奏，典礼备成。玉趾缓步，龙驾翼行。言旋北极，永燕西清。

皇后出阁，《乾安》　　日薰椒屋，云霭璧门。有华瑞节，来自帝阍。统天惟乾，合德者坤。我龙受之，福禄永繁。

册宝入门，《宜安》　　虹辉灿烂，云篆绸缪。绛节前导，瑞光上浮。瑶阶玉扉，既集长秋。钦承天宠，永荷帝休。

皇后降殿，《承安》　　瑶殿清闳，玉堿坦夷。祎衣副珈，陟降不迟。宝册丰至,载肃载祇。礼仪昭备,福履永绥。

皇后受册宝,《成安》　　日月临烛,乾坤覆持,明并二曜,德合两仪。光媲宸极,共恢化基。膺受茂典,亿载永宜。

皇后升坐,《和安》　　宝玺瑶册,既祇既承。绣裯藻席,载跻载升。柔仪肃穆,瑞命端凝。永膺多福,如川方增。

内命妇入门,《惠安》　　服焕盛仪,班分华致。九嫔妇职,六寝内治。参差荇菜,求勤寤寐。乑然来思,相礼赞祭。

外命妇入门,《咸安》　　妇荣于室,通籍禁中。班列有次,车服有容。佐我《关雎》、《鹊巢》之风。被之僮僮,曷不肃雍!

皇后降坐,《徽安》　　金石具举,典礼茂明。淑慎其止,通观厥成。琼琚微动,凤辇翼行。仪光媲极,德迈嫔京。

皇后归阁,《泰安》　　宝坐既兴,凤舆戒行。奏解严办,归燕邃清。问安寿慈,奉窔宗祊。弥千万年,内助圣明。

嘉定十五年皇帝受“恭膺天命之宝”三首

《恭膺天命之曲》,太簇宫　　我祖受命,恭膺于天。爰作玉宝,载祇载虔。申锡无疆,神圣有传。昭兹兴运,於万斯年。

旧疆来归之曲,太簇宫　　於穆我皇,之德之纯。涵濡群生,劼我遗民。连齐跨晋,输贡效珍。土宇日辟,一视同仁。

《永清四海之曲》,太簇宫　　我祖我宗,德厚泽深。於皇继序,益单厥心。天人协扶,一统有临。乾坤清夷,振古斯今。

至道元年册皇太子二首

太子出入,《正安》　　主鬯之重,允属贤明。承华肇启,上嗣腾英。礼修乐举,育德开荣。一人元良,万邦以宁。

君臣称贺,《正安》　　皇储既建,圣祚无疆。鸾旌列叙,鸡戟分行。前星有烂,瑞日重光。际天接圣,温文允臧。

天禧三年册皇太子一首

太子出入,《明安》　　明《离》之象,少阳之位,固邦为本,体天作贰。仪范尧温,礼章斯备。丕宣令猷,恭守宗器。

乾道元年册皇太子四首

皇帝升坐，《乾安》　　宋初天命，圣绪无疆。惟怀永图，乃登元良。涓选休辰，册书是将。翩坐天临，穆穆皇皇。

太子入门，《明安》　　於维皇储，玉润金声。体《震》之澌，重《离》之明。册宝具举，环佩锵鸣。守器承桃，惟邦之荣。

太子入门，《明安》　　乐备既奏，和声冲融。玉简金书，翔鸾戏鸿。下拜登受，旋于青宫。仪辰作贰，垂休无穷。

皇帝降坐，《乾安》　　我礼备成，我驾言旋。降坐而跸，奏鼓渊渊。国本既定，保佑自天。克昌厥後，何千万年。

乾道七年册皇太子四首

皇帝升坐，《乾安》　　建储以贤，辟宫于东。典册既备，筮占既从。济济卿士，锵锵鼓钟。天子戾止，盛哉礼容。

太子入门，《明安》　　珂珉瑳瑳，篆金煌煌。对扬于庭，是承是将。星重其晖，日重其光。观瞻以怿，国有元良。

太子出门，《明安》　　渊中象德，玉裕凝姿。进退周旋，有肃其仪。既定国本，益隆庆基。燕及两宫，福禄如茨。

皇帝降坐，《乾安》　　储副豫定，器之公兮。册授孔时，礼之隆兮。天步迟迟，旋九重兮。寿祉万年，德无穷兮。

嘉定二年册皇太子四首

皇帝升坐　　於皇我宋，受命于天。升储主鬯，衍庆卜年。典册吉备，庭工载虔。万乘苍止，端冕逶延。

太子入门受册宝　　太极端御，少阳肃祇。珉简斯镂，衮服孔宜。式奏备乐，乃陈盛仪。下拜登受，永言保之。

太子受册宝出门　　明两承曜，作贰宣猷。茂德金昭，令誉川流。豫定厥本，永贻乃谋。三朝致养，问寝龙楼。

皇帝降坐　　《震》澌体象，我储明兮。涣扬显册，我礼成兮。大驾言旋，警跸鸣兮。燕祉无疆，邦之荣兮。

宝祐二年皇子冠二十首

皇帝将出文德殿，《隆安》　　於皇帝德，乃圣乃神。本支百世，立爱惟亲。敬共冠事，以明人伦。承天右序，休命用申。

宾赞入门，《祗安》　　丰芑诒谋，建尔元子。揆礼仪年，篚宾敬事。八音克谐，嘉宾至止。于以冠之，成其福履。

宾赞出门，《祗安》　　礼国之本，冠礼之始。宾升自西，维宾之位。于著于阼，维子之义。厥惟钦哉，敬以从事。

皇帝降坐，《隆安》　　路寝辟门，黼坐恭己。群公在庭，所重维礼。正心齐家，以燕翼子。於万斯年，王心载喜。

皇子初行　　有来振振，月重轮兮。瑜玉在佩，綦祖明兮。左徵右羽，德结旌兮。步中采茅。矩矱循兮。

宾赞入门　　我有嘉宾，直大以方。亦既至止，厥德用光。冠而字之，厥义孔彰。表里纯备，黄耇无疆。

皇子诣受制位　　吉圭休成，其日南至。天子有诏，冠尔皇嗣。为国之本，隆邦之礼。拜而受之，式共敬止。

皇子升东阶　　兹惟阼阶，厥义有在。历阶而升，敬谨将冠。经训昭昭，邦仪粲粲。正缅宾筵，寿考未艾。

皇子升筵　　秩秩宾筵，笾豆孔嘉。帝子至止，衿缨振华。周旋陟降，礼行三加。成人有德，匪骄匪奢。

初加　　帝子惟贤，懋昭厥德。跪冠于房，玄冠有特。鼓钟喤喤，威仪抑抑。百礼既洽，祚我王国。

初醮　　有宾在筵，有尊在户。磬管将将，醮礼时举。跪觚祝辞，以永燕誉。宝祚万年，磐石巩固。

再冠　　《复》爻肇祥，《震》维标德。乃共皮弁，其仪不忒。体正色齐，维民之则。璇霄眷佑，国寿箕翼。

再醮　　冠醮之义，匪酬匪酢。于户之西，敬共以恪。金石相宣，冠醮相错。帝祉之受，施及家国。

三加　　善颂善祷，三加弥尊。爵弁峨峨，介圭温温。阳德方长，成德允存。燕及君亲，厥祉孔蕃。

三醮　　度于宾阶，礼义以兴。受爵执爵，多福以膺。匪惟服加,德加愈升。匪惟德加,寿加愈增。

皇子降　　命服煌煌,跬步中度。庆辑皇闱,化行海宇。礼具乐成,惕若戒惧。宝璐厥躬,有秩斯祜。

朝谒皇帝将出　　皇王烝哉,令闻不已!燕翼有谋,冠醮有礼。百僚在庭,通相厥事。颂声所同,嘉受帝祉。

皇子再拜　　青社分封,明星启焰。繁弱绥章,厥光莫掩。容称其德,蓄学之验。芳誉敷华,大圭无玷。

皇子退　　玄衮黼裳,垂徽永世。勉勉成德,是在元子。胙土南宾,厥旨孔懿。充一忠字,作百无愧。

皇帝降坐　　爱始于亲,圣尽伦兮。元子冠字,邦礼成兮。天步舒徐,皇心宁兮。家人之吉,亿万春兮。

淳化乡饮酒三十三章

鹿鸣呦呦,命侣与俦。宴乐嘉宾,既献且酬。献酬有序,休祉无疆。展矣君子,邦家之光。　　鹿鸣呦呦,在彼中林。宴乐嘉宾,式昭德音。德音愔愔,既乐且湛。允矣君子,实慰我心。　　鹿鸣呦呦,在彼高冈。宴乐嘉宾,吹笙鼓簧。币帛戋戋,礼仪蹡蹡。乐只君子,利用宾王。　　鹿鸣相呼,聚泽之蒲。我乐嘉宾,鼓瑟吹竽。我命旨酒,以燕以娱。何以赠之?玄纁粲如。　　鹿鸣相邀,聚场之苗。我美嘉宾,令名孔昭。我命旨酒,以歌以谣。何以置之?大君之朝。鹿鸣相应,聚山之荆。我燕嘉宾,鼓簧吹笙。我命旨酒,以逢以迎。何以荐之?扬于王庭。

右鹿鸣六章,章八句。

瞻彼南陔,时物嘉良。有泉清泚,有兰馨香。晨饮是汲,夕膳是尝。慈颜未悦,我心靡遑。　　嬉嬉南陔,眷眷慈颜,和气怡色,奉甘与鲜。事亲是宜,事君是思。虔勖忠孝,邦家之基。

右南陔二章,章八句。

洋洋嘉鱼,伀以美伀。君子有道,嘉宾式燕以娱。　　洋洋嘉鱼,伀以芳罟。君子有德,嘉宾式歌且舞。　　我有宫沼,龟龙扰之。

君子有礼,嘉宾式贵表之。　　　我有宫薮,麟凤来思。君子有乐,嘉宾式慰勤思。　　　相彼嘉鱼,爰纵之墼。我有旨酒,嘉宾式燕以乐。

相彼嘉鱼,在汉之梁。我有旨酒,嘉宾式燕以康。　　　森森乔木,美蔓萦之。我有旨酒,嘉宾式燕宜之。　　　喈喈黄鸟,载飞载止,我有旨酒,嘉宾式燕且喜。

右嘉鱼八章,章四句。

崇丘峨峨,动植斯属。高既自遂,大亦自足。和风斯扇,膏雨斯沐。我仁如天,以亭以育。　　　崇丘巍巍,动植其依。高大之性,各极尔宜。王道坦坦,皇猷熙熙。仁寿之域。烝民允跻。

右崇丘二章,章八句。

关雎于飞,洲渚之湄。自家刑国,乐且有仪。　　　郁郁芳兰,幽人撷之。温温恭人,哲后求之。　　　求之无致,瘝痹所属。馨尔一心,受天百禄。　　　郁郁芳兰,雨露滋之。温温恭人,圭组縻之。

郁郁芳兰,佩服珍之。温温恭人,福履绥之。

关雎跄跄,集水之央。好求贤辅,同扬德光。　　　苹蘩芳滋,同谁掇之。愿言贤德,靡日不思。　　　偶其贤德,辅成己职。永配玉音,服之无致。　　　洁其粢盛,中民匪宁。荐于宗庙,助君德馨。

贤淑来思,人之表仪。风化天下,何乐如之!

右关雎十章,章四句。

彼鹊成巢,尔类攸处。之子有归,琼瑶是祖。　　　彼鹊成巢,尔类攸匹。之子有行,锦绣是饰。　　　彼鹊成巢,尔类攸共。之子有从,兰荪是奉。　　　伊鹊成巢,珍禽庆止。婉彼佳人,配于君子。

伊鹊营巢,珍禽攸处。内助贤侯,弼于明主。　　　伊鹊营巢,珍禽辑睦。均养嘉雏,致于蕃育。

右鹊巢六章,章四句。

大观闻喜宴六首

状元以下入门,《正安》　　　多士济济,于彼西雍。钦肃威仪,亦有斯容。烝然来思,自西自东。天畀尔禄,惟王其崇。

初举酒,《宾兴贤能》　　明明天子,率由旧章。思乐泮水,光于四方。薄采其芹,用宾于王。我有好爵,置彼周行。

再酌,《於乐辟雍》　　乐只君子,式燕又思。服其命服,摄以威仪。钟鼓既设,一朝酬之。德音是茂,邦家之基。

三酌,《乐育英才》　　圣谟洋洋,纲纪四方。烝我髦士,观国之光。遐不作人,而邦其昌。以燕天子,万寿无疆。

四酌,《乐且有仪》　　我求懿德,烝然来思。笾豆静嘉,式燕绥之。温温其恭,莫不令仪。追琢其章,髦士攸宜。

五酌,《正安》　　思皇多士,场于王庭。钟鼓乐之,肃雝和鸣。威仪抑抑,既安既宁。天子万寿,永观厥成。

政和鹿鸣宴五首

初酌酒,《正安》　　思乐泮水,承流辟雍。思皇多士,贲然来从。　　济济,四方攸同。登于天府,维王是崇。

再酌,《乐育人才》　　钟鼓皇皇,磬管锵锵。登降维时,利用宾王,髦士攸宜,邦家之光。媚于天子,事举言扬。

三酌,《贤贤好德》　　呦鹿呦呦,载弁俅俅。烝然来思,旨酒思柔。之子言迈,泮涣尔游。于彼西雝,对扬王休。

四酌,《烝我髦士》　　首善京师,灼于四方。烝我髦士,金玉其相。饮酒乐曲,吹笙鼓簧。勉戒徒御,观国之光。

五酌,《利用宾王》　　遐不作人,天下喜乐。何以况之? 鸢飞鱼跃。既劝之驾,献酬交错。利用宾王,縻以好爵。

宋史卷一四〇
志第九三

乐十五　鼓吹上

　　鼓吹者，军乐也。昔黄帝涿鹿有功，命岐伯作凯歌，以建威武、扬德风、厉士讽敌。其曲有《灵夔竞》、《雕鹗争》、《石坠崖》、《壮士怒》之名，《周官》所谓"师有功则凯歌"者也。汉有《朱鹭》等十八曲，短箫铙歌序战伐之事，黄门鼓吹为享宴所用，又有骑吹二曲。说者谓列于殿庭者为鼓吹，从行者为骑吹。魏、晋而下，莫不沿尚，始有鼓吹之名。江左太常有鼓吹之乐，梁用十二曲，陈二十四曲，后周亦十五曲。唐制，大驾、法驾、小驾及一品而下皆有焉。

　　宋初因之，车驾前後部用金钲、节鼓、钢鼓、大鼓、小鼓、铙鼓、羽葆鼓、中鸣、大横吹、小横吹、觱栗、桃皮觱栗、箫、笳、笛，歌《导引》一曲。又皇太子及一品至三品，皆有本品鼓吹。凡大驾用一千五百三十八人为五引，司徒六十四人，开封牧，太常卿、御史大夫、兵部尚书各二十三人。法驾三分减一，用七百六十一人为引，开封牧、御史大夫各一十六人。小驾用八百一十六人。太常鼓吹署乐工数少，每大礼皆取之于诸军。一品已下丧葬则给之，亦取于诸军。又大礼，车驾宿斋所止，夜设警场，用一千二百七十五人。奏严用金钲、大角、大鼓，乐用大小横吹、觱栗、箫、笳、笛，角手取于近畿诸州，乐工亦取于军中，或追府县乐工备数。歌《六州》、《十二时》，每更三奏之。大中祥符六年，以其烦扰，诏罢追集，悉以禁兵充，常隶太常阅集。七年，亲享太庙，登歌始作，闻庙外奏严，遂诏：行礼之次，权罢严警；礼毕，仍复故。凡祀前一日，上御青城门观奏严。若车驾巡幸，则夜奏于行宫前，人数减于大礼，凡用八百八十人。真宗崇奉圣祖，亦设仪卫，别作导引曲，今附之。

《两朝志》云："大驾千七百九十三人，法驾千三百五人，小驾千三十四人，人数多于前。銮驾九百二十五人。迎奉祖宗御容或神主祔庙，用小銮驾三百二十五人，上宗庙谥册二百人，其曲即随时更制。"

自天圣已来，帝郊祀、躬耕籍田，皇太后恭谢宗庙，悉用正宫《导引》、《六州》、《十二时》，凡四曲。景祐二年，郊祀减《导引》第二曲，增《奉禋歌》。初，李照等撰警严曲，请以《振容》为名，帝以其义无取，故列曰《奉禋》。其后祫享太庙亦用之。大享明堂用黄钟宫，增《合宫歌》。凡山陵导引灵驾，章献、章懿皇后用正平调，仁宗用黄钟羽，增《昭陵歌》；神主还宫，用大石调，增《虞神歌》。凡迎奉祖宗御容赴宫观、寺院并神主祔庙，悉用正宫，惟仁宗御容赴景灵宫改用道调，皆止一曲。

皇祐中大飨明堂，帝谓辅臣曰："明堂直端门，而致斋于内，奏严于外，恐失靖恭之意。"诏礼官议之，咸言："警场本古之鼖鼓，所谓夜戒守鼓者也。王者师行、吉行皆用之。今乘舆宿斋，本缘祀事，则警场亦因以警众，非徒取观听之盛，恐不可废。若以奏严之音去明堂近，则请列于宣德门百步之外，俟行礼时，罢奏一严，亦足以称虔恭之意。"帝曰："既不可废，则祀前一夕迩于接神，宜罢之。"

熙宁中，亲祠南郊，曲五奏，正宫《导引》、《奉禋》、《降仙台》；祠明堂，曲四奏，黄钟宫《导引》、《合宫歌》：皆以《六州》、《十二时》。永厚陵导引、警场及神主还宫，皆四曲，虞主祔庙、奉安慈圣光献皇后山陵亦如之。诸后告迁、升祔，上仁宗、英宗徽号，迎太一宫神像，亦以一曲导引，率因事随时定所属宫调，以律和之。

元丰中，言者以鼓吹害雅乐，欲调治之，令与正声相得。杨杰言："正乐者，先王之德音，所以感召和气、格降上神、移变风俗，而鼓吹者，军旅之乐耳。盖鼓角横吹，起于西域，圣人存四夷之乐，所以一天下也；存军旅之乐，示不忘武备也。'鞮鞻氏掌夷乐与其声歌，祭祀则龡而歌之，燕亦如之。'今大祀，车驾所在，则鼓吹与武严之乐陈于门而更奏之，以备警严，大朝会则鼓吹列于宫架之外，其器既异先代之器，而施设概与正乐不同。国初以来，奏大乐则鼓吹备而不作，同名为乐，而用实异。虽其音声间有符合，而宫调称谓不可淆混。故大乐以十二律吕名之，鼓吹之乐则曰正宫之类而已。乾德中，设鼓吹十二案，制毡床十二，为熊罴腾倚之状。每案设大鼓、羽葆鼓、金錞各一，歌、箫、笳各二。又有叉手笛，名曰拱宸管，考验皆与雅音相应，列于宫县之籍，编之令式。若以律吕变易夷部宫调，则名混而乐相紊乱矣"遂不复行。

元符三年七月，学士院奏："太常寺鼓吹局应奉大行皇帝陵卤簿、鼓吹、仪仗，并严更、警场歌词乐章，仪例撰成。灵驾发引至陵所，仙吕调《导引》等九首，已令乐工协比声律。"从之。

政和七年三月，议礼局言："古者，铙歌，鼓吹曲各易其名，以纪功烈。今所设鼓吹，唯备警卫而已，未有铙歌之曲，非所以彰休德、扬伟绩也。乞诏儒臣讨论撰述，因事命名，审协声律，播之鼓吹，俾工师习之。凡王师大献则令鼓吹具奏，以耸群听。"从之。十二月，诏《六州》改名《崇明祀》，《十二时》改名《称吉礼》，《导引》改名《熙事备成》，六引内者，设而不作。

绍兴十六年，臣僚言："国家大飨，乘舆斋宿必设警场，肃仪卫而严祀事。乐工隶太常，歌词备三叠，累朝以来皆用之。比者，郊庙行事，率代以钲、鼓，取诸殿司。夫军旅、祭祀，事既异宜；乐声清浊，用以殊尚。钲、鼓、鸣角列于卤簿中，所以示观德之盛，宜诏有司更制，兼籍鼓吹乐工以时阅习，遇熙事出而用之。"有司请下军器所造节鼓一，奏严鼓一百二十，鸣角亦如之，金钲二十有四。太常前后部振作通用一千八百五十七人，而鼓吹益盛。

孝宗隆兴二年，兵部言："奉明诏，大礼乘舆服御，除玉辂、平辇等外，所用人数并从省约，内鼓吹合用八百四十一人，止用五百八十八人；警场合用二百七十五人，止用一百三十人。"淳熙中大阅，帝自祥曦殿戎服而出,皇太子、亲王、执政以下并从,诸将皆介胄乘马导驾,军器分卫前後,奏随宫鼓管大乐。上寻易金甲,乘马升将台,殿帅举黄旗,诸军呼拜,奏发严,中军鸣角。马步簇队,连三鼓。至四鼓,举白旗,中军鼓声旗应,乃变方阵。别高一鼓,马步军出阵。别高一鼓,各归部队。五鼓举黄旗,变员阵,又鼓,举赤旗,变锐阵;青旗变直阵,收鼓讫,一金止,重鼓鸣角,簇队放教。此其凡也。

开宝元年南郊三首

《导引》气和玉烛,睿化著鸿明,缇管一阳生,郊禋盛礼燔柴毕,旋轸凤凰城。森罗仪卫振华缨,载路溢欢声。皇图大业超前古,垂象泰阶平。岁时丰衍,九土乐升平,睹寰海澄清。道高尧、舜垂衣治,日月并文明。《嘉禾》、《甘露》登歌荐,云物焕祥经。兢兢惕惕持谦德,未许禅云、亭。

《六州》严夜警,铜莲漏迟迟。清禁肃,森陛戟,羽卫俨皇闱。角声励,钲鼓攸宜。金管成雅奏,逐吹逶迤。荐苍璧,郊祀神祇,属景运纯禧。京坻丰衍,群材乐育,诸侯述职,盛德服蛮夷。　殊祥萃,九苞丹凤来仪。膏露降,和气洽,三秀焕灵芝。鸿猷播,史册相辉。张四维,卜世永固丕基。敷玄化,荡荡无为,合尧、舜文思。混并寰宇,休牛归马,销金偃革,蹈咏庆昌期。

《十二时》　承宝运,驯致隆平,鸿庆被寰瀛。时清俗阜,治定功成,遐迩咏《由庚》。严郊祀,文物声明。会天正,星拱奏严更,布羽仪簪缨。宸心虔洁,明德播惟馨。动苍冥,神降享精诚。　燔柴毕,万乘移天仗,肃銮辂旋衡。千官云拥,群后葵倾,玉帛旅明庭。《韶》、《濩》荐,金奏谐声,集休亨。皇泽浃黎庶,普率洽恩荣。仰钦元后,睿圣贯三灵。万邦宁,景贶福千龄。

真宗封禅四首

《导引》民康俗阜,万国乐升平,庆海晏河清。唐尧、虞舜垂衣化,讵比我皇明!九天宝命垂丕贶,云物效祥英。星罗羽卫登乔岳,亲告禅云、亭。汾阴云:"星罗羽卫临汾曲,亲享答资生。"我皇垂拱,惠化洽文明，盛礼庆重行。登封、降禅燔柴毕，汾阴云："告虔睟上皇仪毕。"天仗入神京。云雷布泽遍寰瀛，遐迩振欢声。巍巍圣寿南山固，千载贺承平。

《六州》良夜永，玉漏正迟迟。丹禁肃，周卢列，羽卫绕皇闱。严鼓动，画角声齐。金管飘雅韵，远逐轻飔。荐嘉玉，躬祀神祇，祈福为黔黎。升中盛礼，增高益厚，登封检玉，《时迈》合《周诗》。汾阴云："方丘盛礼，精严越古，陈牲检玉，时迈展鸿仪。"　　玄文锡，庆云五色相随。甘露降，醴泉涌，汾阴云："嘉禾合。"三秀发灵芝。皇猷播，史册光辉。受鸿禧，万年永固丕基。吾君德，荡荡巍巍，迈尧、舜文思。从今寰宇，休牛归马，耕田凿井，鼓腹乐昌期。

《十二时》　　圣明代，海县澄清，惠化洽寰瀛。时康岁足，治定武成，遐迩贺升平。嘉坛上，昭事神灵。荐明诚，报本禅云、亭，汾阴云："蠲洁答鸿宁。"俎豆列牺牲。宸心蠲洁，明德荐惟馨。纪鸿名，千载播天声。　　燔柴毕，汾阴云："亲祀毕。"云罕回仙仗，庆銮辂还京。八神扈跸，四隩来庭，嘉气覆重城，殊常礼，旷古难行，遇文明。仁恩苏品汇，沛泽被簪缨。祥符锡祚，武库永销兵。育群生，景运保千龄。

告庙《导引》　　明明我后，至德合高穹，祗翼励精衷。上真紫殿回飚驭，示圣胄延鸿。躬承宝训表钦崇，庆泽布寰中。告虔备物朝清庙，荷景福来同。

奉祀太清宫三首

《导引》穹旻锡祐，盛德日章明，见地平天成。垂衣恭己干戈偃，亿载祐黎氓。羽旄饰驾当春候，款谒届殊庭。精衷昭感膺多福，夷夏保咸宁。　　圣君御宇，祗翼奉三灵，已偃革休兵。区中海外鸿禧浃，恭馆励虔诚。九游七萃著声明，徯后恂舆情。丕图宝绪承繁祉，率土仰隆平。

《六州》千载运，宝业正延昌。钦至道，崇明祀，盛礼迈前王。銮辂动，万骑腾骧。驰道纷彩仗，瑞日煌煌。奉秘检，玉羽群翔，非雾满康庄。躬朝真馆，齐心绎思，顺风俯拜，莫酒热箫芗。　　精衷达，飚轮降格昭彰。回羽旆，驻珠辇，旧地访睢阳。享清庙，孝德辉光，屈灵场，星罗万国圭璋。陈牲币，金石锵洋，景福降穰穰。垂衣法坐，恩覃群品，庆均海宇，圣寿保无疆。

《十二时》乾坤泰，帝寿遐昌，宇县乐平康。真游降格，宝诲昭彰。宸跸造仙乡。崇妙道，精意齐庄。款灵场，洁豆荐芬芳，备乐奏铿锵。犹龙垂裕，千古播休光。极褒扬，明号洽微章。　朝修展，春豫谐民望，睹文物煌煌。言旋羽卫，肃设坛场，报本达萧芗。申严祀，礼备烝尝，答穹苍。纯禧沾品汇，庆赉浃穷荒。封人献寿，德化掩陶唐。保绵长，锡祐永无疆。

亳州回诣玉清昭应宫一首

《导引》秘文镂玉，金阁奉安时，旌盖俨仙仪。珠旒俯拜陈章奏，精意达希夷。卿云郁郁曜晨曦，玉羽拂华枝。灵心报贶垂繁祉，宝祚永隆熙。

亲享太庙一首

《导引》躬朝太室，列圣大功宣，彩仗耀甘泉。祕文升辂空歌发，一路覆祥烟。珠旒荐献极精虔，列侍俨貂蝉。穰穰降福均寰宇，垂拱万斯年。

南郊恭谢三首

《导引》重熙累盛，睿化畅真风，尊祖奉高穹。林梦彩仗明初日，瑞气满晴空。玉銮徐动出环宫，虔巩磬宸衷。礼成均庆人神悦，圣寿保无穷。

《六州》承天统，圣主应昌辰。宝篆降，飚游至，瑞命庆惟新。崇大号，仰奉高真。献岁当初吉，天下皆春。谒祕宇，藻卫星陈，芗蔼极纷纶。琼编焜耀，仙衣绰缛，垂旒俯拜，荐献礼惟寅。　芬芳备，精衷上达穹旻。尊道祖，享清庙。助祭万方臻。升泰時，缛典弥文。侍群臣，汉庭儒雅彬彬，烟飞火举，毕严禋，天地降氤氲。高临华阙，恩覃动植，庆延宗社，圣寿比灵椿。

《十二时》　亨嘉会，万宇欢康，圣化迈陶唐。元符锡命。天鉴昭彰，徽号奉琳房。陈缛礼，献岁惟良。耀旗章翠辇驻仙乡，睿意极齐庄。仙衣渥彩，玉册共荧煌。芬芳，飚驭降灵场。　回云罕，尊祖趋仙宇,金石韵锵洋,聿朝清庙,躬奠瑶觞。报本国之阳,执笾豆,列侍貌跄,对穹苍。洪恩霈夷夏,大庆浃家邦。垂衣紫极,圣寿保遐昌。集祺祥,地久与天长。

天书导引七首

诣泰山　　我皇缵位,覆焘合穹旻,秘篆示灵文。齐居紫殿膺玄贶,降宝命氤氲。奉符让德事严禋,检玉陟天孙。垂鸿纪号光前古,迈八九为君。汾阴云:"后祇坤德宅河、汾,瘗玉考前闻,垂休纪绩超唐、汉,光监格鸿勋。"灵台偃武,书轨庆同文,奄六合居尊。圆穹锡命垂真箓,清晓降金门,升中报本禅云云,汾阴云:"方丘报本务精勤。"严祀事惟寅,无为致治臻清净,见反朴还淳。

诣太清宫　　宝图熙盛,登格圣功全,瑞命集灵篇。钦修祀典成明察,道祖降云轩。赖乡真馆宅真仙,朝谒帝心虔。尊崇教父膺鸿福,绵亘万斯年。　　犹龙胜境,真宇俨灵姿,肃谒展皇仪。宝符先路,嘉祥应,云物焕金枝。纷纭紫节间黄麾,藻卫极葳蕤。高穹报贶延休祉,仁寿协昌期。

诣玉清昭应宫　　紫霄金阙,重叠降元符,亿兆示星图。云章焜耀传温玉,宝阁起清都。奉迎彩仗溢天衢,观者竞欣呼,明君钦翼承鸿荫,亿载御中区。　　宝符锡祚,庆寿命惟新,俄降格飙轮。巍巍帝德增虔奉,懿号荐穹旻。精齐秘馆奏严禋,文物耀昌晨。升烟太一修郊报,鸿祉介烝民。

诣南郊　　圣修缵绪,赫奕帝图昌,宝篆降穹苍。宸心励翼修郊报,彩仗列康庄。祥烟瑞霭杂天香,管磬发声长。升坛礼毕膺繁祉,睿算保无疆。

建安军迎奉圣像《导引》四首

玉皇大帝　　太霄玉帝,总御冠灵真,威德耸天人。宝文瑞命符皇运,绵运远庆维新。洞开霞馆法虚晨,八景降飙轮。含生普洽□鸿福,圣寿比仙椿。

圣祖天尊　　至真降鉴,飙驭下皇闱,清漏正依依。范金肖像申严奉,仙馆壮翚飞。万灵拱卫瑞烟披,岸柳映黄麾。九清祚圣鸿基永，尧德更巍巍。

太祖皇帝　　元符锡命，祗受庆诚明，恭馆法三清。开基盛烈垂无极，金像俨天成。奉迎霞布甘泉仗，箫瑟振和声。灵辰协吉鸿仪毕，万国保隆平。

太宗皇帝　　膺乾抚运，垂庆洽重熙，无圣嗣鸿基。发挥宝绪灵仙降，感吉梦先期。良金璀灿范真仪。精意答蕃厘。闷宫神馆崇严配，万祀播葳蕤。

圣像赴玉清昭应宫《导引》四首

玉皇大帝　　先天气祖，魄宝御中宸，列位冠高真。绿符锡瑞昭元圣，宝历亘千春。琳宫壮丽俯俨闉，璇碧照龙津。珍金铸像灵仪晬，集福庇烝民。

圣祖天尊　　仙宗灵祖，御气降中宸，孚宥庆惟新。国工熔范成金像，仪炳动威神。玉虚圣境绝纤尘，欢拚洽群伦。导迎云驾归琳馆，恭肃奉高真。

太祖皇帝　　石文应瑞，真主御寰瀛，慈俭抚群生。巍巍威德超千古，大业保盈成。神皋福地开恭馆，灵贶日昭明。铸金九牧天仪晬，绀殿矗千楹。

太宗皇帝　　乘云英圣，千载仰皇灵，垂法蔼朝经。禹金熔范肖仪刑，日角焕珠庭。琳宫翠殿凤文屏，迎奉庆安宁。孝思瞻谒荐惟馨，诚悫贯青冥。

奉宝《导引》三首

玉清昭应宫　　太宵垂佑，绵宇洽祺祥，祕检焕云章。宸心虔奉崇徽号，茂典迈前王。霞明藻卫列通庄，宝册奉琳房。都人震忭腾谣颂，亿载保欢康。

景灵宫　　明明道祖，金阙冠仙真，清禁降飚轮。遥源始悟垂鸿庆，亿兆耸群伦。虔崇徽号盛仪陈，宝册奉良辰。邦家亿载蒙繁祉，圣寿保无垠。

太庙　　祖宗垂佑，亨会协重熙，德泽被烝黎。虔崇尊谥陈徽册，藻列葳蕤。宸心致孝极孜孜，展礼如台司。祥烟瑞霭浮清庙，绵宇被纯禧。

治平四年英宗祔庙《导引》一首

寿原初掩,归跸九虞终,仙驭更无踪。思皇攀慕追来孝,作庙继三宗。旌旗居外拥千重,延望想威容。宝舆迎引归新殿,奏享备钦崇。

熙宁二年仁宗、英宗御容赴西京会圣宫、应天禅院奉安《导引》一首

九清三境,飚驭杳难追,功烈并巍巍。洛都不及西巡到,犹识晬容归。三条驰道隐金槌,仙仗共逶迤。珠宫绀宇申严奉,亿载固皇基。

章惠皇太后神主赴西京《导引》一首、

祥符盛际,二鄙正休兵,瑞应满寰瀛。东封西祀鸣銮辂,从幸见升平。仙游一去上三清,庙食享隆名。寝园松柏秋风起,箫吹想平生。

中太一宫奉安神像《导引》一首

九霄仙驭,四纪乐西清,游衍遍黄庭。云骈万里归真室,上应泰阶平。金舆玉像下瑶京,彩仗拥霓旌。天下感会千年运,福祚永昌明。

四年英宗御容赴景灵宫奉安《导引》一首

鼎湖龙去,仙仗隔蓬莱,辇路已苍苔。汉家原庙临清渭,还泣玉衣来。凤箫鸾扇共徘徊,帐殿倚云开。春风不向天袍动,空绕翠舆回。

十年南郊,皇帝归青城《导引》一首

《降仙台》　　　清都未晓,万乘并驾,煌煌拥天行。祥风散瑞霭,华盖耸旗常,建耀层城。四列兵卫,爟火映金支翠旌。众乐警作充宫庭,曒绎成。绀幄掀,衮冕明。妥帖坛陛,霄升振珩璜,神格至诚。云车下冥冥,储祥降艰莫可名。御端阙,肦敷号荣。泽翔施溥,茂祉均被含生。

元丰二年慈圣光献皇后发引四首

仪仗内《导引》一首　　驾斑龙，忽催金母，转仙仗，去瑶宫。绛阙深沉杳无踪，渐尘空。丝网琼林，花似怨东风，垂清露啼红。犹想旧春中，献万寿，宝船空。

警场内三曲

《六州》　　九龙舆，记春暮，幸蓬壶。琼圉散，绣仗趋，年华与逝水俱。瑶京远，信息断无。宝津池面落花铺，愁晚容车来禁涂。风箫鸾翣，西指昭陵去。旧赏蟠桃熟，又见涨海枯。应共灵真母，曳霞裾。　　宴清都，恨满山隅，春城翠满柏藏乌。扃户剑，照灯鱼，人间一梦觉余。泉宫窈窕锁夜龙，银江澄澹浴仙凫，烟冷金炉玉殿虚。绿苔新长，雕辇曾行处。夜夜东朝月，似旧照锦疏，侍女盈盈泪珠。

《十二时》　　治平时，暂垂帘，佑圣子，解危疑。坐安天下，逾岁厌避万机，退处宸闱。殿开庆，养志入希夷，扶皓日，浴咸池。看神孙抚御，千载重雍累熙。四方钦仰洪慈，阴德远，仁功积，欢养馨九域，礼无违。事难期，乘霞去，乍睹升仙，诰下九围。泣血涟如，更鸾车动，春晚雾暗翠旗，路指嵩、伊，雍歌凤吹，悠扬逐风悲。珠殿悄，纲尘垂。空坐湿，罔极吾皇孝思，镂玉写音徽。彤管炜，青编纪，宁更羡周雅播声诗。

《祔陵歌》　　真人地，瑞应待圣时。巩原西，荥、河会，漳、洛与瀍、伊，众水萦回。嵩高映抱，几叠屏帏。秀岭参差，遥山群凤随。共瞻陵寝浮佳气，非烟朝暮飞，龟筮告前期。奠收玉斝，筵卷时衣。銮辂晓驾载龙旗，路逶迟，铃歌怨，画翣引华芝，雾薄风微，真游远，闭宝阁金扉，侍女悲啼。玉阶春草滋，露桃结子灵椿翠，青车何日归！衔恨望西畿。便一房锁，夜台晓无期。

虞主回京四首

仪仗内《导引》一曲　　龙舆春晚，晓日转三川，鼓吹惨寒烟。清明过後花落花天，望池馆依然。东风百宝泛楼船，共荐寿当年。如今又到苑西边，但魂断香辇。

警场内三曲

《六州》　　庆深恩，宝历正乾坤。前帝子，後圣孙，援立两仪轩。西宫大母朝寝门，望椒闼常温，芳时媚景，有三千宫女，相将奉玉辇金根。上林红英繁，缥缈钧天奏梨园。望绝瑶池，影断桃源。恨难论，开禁闼，春风丹旆翩翩。飞翠盖，驾珝辒，容卫入西原。管箫动地清喧，陵上柏烟昏。残霞弄影，孤蟾浮天外，行人触目是清魂。问苍天，尘世光阴去如奔。河、洛潺湲，此恨长存。

《十二时》　　望嵩、邙，永昭陵畔，王气压龙冈。巩、洛灵光，郁郁起嘉祥。虚彩帝，转衰仗，闷幽堂。叹仙乡路长，景霞飞松上。珠襦宵掩。细扇晨归，崑阆茫茫。满目东郊好，红葩斗芳，韶景空骀荡，对春色，倍凄凉，最情伤，从辇嫔嫱，指瑶津路，泪雨泣千行。翠珥明珰，曾忆荐琼觞。春又至，人何往，事难忘，向斜阳断肠。听钧天嘹亮，清都风细，朱栏花满，谁奏清商！紫幄重帘外，时飘宝香。环佩珊珊响，问何日，反珝房！

《虞主歌》　　转紫芝，指东都帝畿。愁雾里，箫声宛转，辇路逶迤。那堪见，郊原芳菲，日迟迟。对列凤翠龙旗，轻阴黯四垂，楼台绿瓦沍琉璃，仙仗归。寿原清夜，寒月掩褕袆。翠幰珝轮，空反灵螭。憩长岐，嵩峰远，伊川渺渺。此时还帝里，旌旟上下，葆羽葳蕤。天街迥，垂杨依依。过端闱，阊阖正辟金扉，觚棱射暖晖。虞神宝篆散轻丝，空涕沛。望陵宫女，嗟物是人非。万古千秋，烟惨风悲。

虞主祔庙仪仗内《导引》一首

轻舆小辇，曾宴玉栏秋，庆赏殿宸游。伤心处，兽香散尽，一夜入丹丘。翠帘人静月光浮，但半卷银钩。谁知道，桂华今夜，却照鹊台幽。

五年景灵神御殿成，奉迎《导引》一首

新宫翼翼，钜丽冠神京，金虬蟠绣楹。都人瞻望洪纷处，陆海涌蓬、瀛。仙舆缥缈下圆清，彩仗拥天行。煳黄珠幄承灵德，锡羡永升平。

慈孝寺彰德殿迁章献明肃皇后御容赴灵台衍庆殿奉安导引一首

九清云杳，飚驭邈难追，功化盛当时。保扶仁圣成嘉靖，彤管载音徽。天都左界抗华榱，仙仗下逶迤。宝楹黼帐承神贶，万寿永无期。

八年神宗灵驾发引四首

《导引》　　金殿晚，注目望宫车，忽听受遗书。白云缥缈帝乡去，抱弓空慕龙湖。瑶津风物胜蓬壶，春色至，望璚舆。花飞人寂寂，凄景一梦清都。

《六州》　　炎图盛，六叶正协重光。膺宝瑞，更法度，智勇轶超成汤。昭回云汉烂文章，震扬威武慑多方，生民帖泰拥殊祥。封人祝颂，万寿与天长。岂知丹鼎就，龙下五云旁。飘然真驭，游衍仙乡。泣彤裳，伊、洛洋洋，嵩峰、少室相望。藏弓剑，游衣冠，隽功盛德难忘。泉台寂，鱼烛荧煌。银海深，凫雁翱翔。想像平居，谩焚香。望陵人散，翠柏忽成行。犹余嵩峰月，夜夜照幽堂，千秋陈迹凄凉。

《十二时》　　珍符锡，佑启真人，储思在斯民。勤劳日升，万物皆入陶钧。收威柄，更法令，鼎从新。东风吹百卉，上苑正青春。流虹节近，衣冠玉帛，交奏严宸，万寿祝尧仁。忽听宫车晚出，但号慕，瞻云路，企龙鳞。穷天英冠古精神。杳然上傃，人空望属车巡。虚仗星陈，画翣环拥龙辒。泉宫掩，帝乡远，邈难亲。反璚轮，飞羽盖，还渡天津。雾迷朱服，风摇细扇，触目悲辛。列嫔嫱，垂红泪，浥行尘。相将问，何日下青旻？

《永裕陵歌》　　升龙德，当位富春秋。受天球，膺骏命，玉帛走诸侯。宝阁珠楼上苑，百卉弄春柔。隐约瀛洲，旦旦想宸游。那知羽驾忽难留，八马入丹丘，哀仗出神州。筲声凝咽，旌旆去悠悠。碧山头，真人地，龟洛奥，凤台幽。绕伊流，嵩峰冈势结蛟虬。皇堂一闭威颜杳，寒雾带天悉。守陵嫔御，想象奉龙辀。牙盘赭案肃神休，何日睹云裘！红泪滴衣襟，那堪风点缀柏城秋。

虞主回京四首

《导引》　　上林寒早，仙仗转郊圻，筲鼓入云悲。逶迤辇路过西池，楼阁锁参差。都人瞻望意如疑，犹想翠华归。玉京传信杳无期，空掩赭黄衣。

《六州》　　承圣绪，垂意在升平。驱貔虎，策豪英，号令肃天兵。四方无复羽书征，德泽浸群生。睿谋雄隽，绌汉高狭陋，慕三皇二帝登闳，缉乐缀文明。将升岱岳告功成，玉牒金绳，腾宝飞声。事难评。轩鼎就，清都一梦俄顷。飞霞佩，乘龙驭，羽卫入高清。祥光浮动五色，迎鸾凤，杂箫笙。因山功就，同轨人至，铭旌画翣，行背重城。楚筊凝咽，汉仪雄盛，攀慕伤情，惟余内传，知向蓬、瀛。

《十二时》　　太平时，御华夷。躬听断，破危疑。春秋鼎盛绌声乐游嬉，日升繁机。长驾远驭，垂意在轩、羲。恢六典，斥三垂。有殊尤绝迹，盛德旁魄周施，方将缀缉声诗。扩皇纲，明帝典，绍累圣重熙，高拱无为。事难知，春色盛，逼千秋嘉节，忽闻凭玉几，颁命彤闱，厌世御云归。翊翠凤，驾文螭，缥缈难追。侍臣宫女，但攀慕号悲，玉轮动，指嵩、伊。龙镳日益远，空游汉庙冠衣。惟盛德巍巍，镂玉册，传青史，昭示无期。

《虞神》　　复土初，明旌下储胥。回虚仗，箫笳互奏，旌旐随驱。岂知飚御在蓬壶，道萦纡。风日惨，六马蹰躇，留恨满山隅。不堪回首，翠柏已扶疏。帝城渐迩，愁雾锁天衢。公卿百辟，鳞集云敷，迓龙舆。端门辟，金碧凌虚，此时还帝都。严清庙，入空时，文物灿烂极嘉娱。配三宗，号称神古所无。帝德协唐、虞，九歌毕奏斐然殊，会轩朱。神具燕喜，锡福集皇居。更千万祀，佑启邦图。

神主祔庙《导引》一首

岁华婉娩，侍宴玉皇宫，珚辇出房中，岂知轩后丹成去，望绝鼎湖龙。寿原初掩九虞终，归跸五云重。惟余宝册书鸿烈，清庙配三宗。

政和三年追册明达皇后《导引》一首

来嫔初载，令德冠层城，柔范蔼徽声。熊罴梦应芳兰郁，佳气拥雕楹。珠宫缥缈泛蓬、瀛，脱屣世缘轻。空余宝册光琼玖，千古仰鸿名。

神主祔别庙《导引》一首

柔容懿范，畚岁蔼层闱，兰梦结芳时。秋风一夜惊罗幕，鸾扇影空回。荣追袆翟盛威仪,遗像掩瑶扉。春来只有芭蕉叶,依旧倚晴晖。

景灵西宫坤元殿奉安钦成皇后御容《导引》一首

云轿芝盖,仙路去难攀,海浪溅三山。重迎遗像临驰道,还似在人间。西宫瑶殿指坤元,璇榜耸飞鸾。移升宝殿从新诏,盛典永流传。

别庙《导引》一首

蓬莱邃馆,金碧照三山,真境胜人间。秋风又见芭蕉长,遗迹在人寰。云轩一去杳难攀,班竹彩舆还。深宫旧监闻箫鼓,怅望惨朱颜。

宋史卷一四一

志第九四

乐十六 鼓吹下

高宗郊祀大礼五首

《导引》　圣皇巡狩,清跸驻三吴,十世嗣瑶图。边尘不动干戈戢,文德溥天敷。灰飞缇室气潜嘘,郊见紫坛初。归来赦令楼前下,喜气溢寰区。

《六州》　双凤落,佳气蔼龙山。澄江左,清湖右,日夜海潮翻。因吉地,卜筑圜坛,宠基隆陛级,神位周环。边陲静,挂起橐鞬,奠枕海隅安。三年亲祀,一阳初动,虔修大报,高处紫烟燔。看鸣銮,钩陈肃,天仗转,朔风寒。孤竹管,云和瑟,乐奏彻天关。嘉笾荐,玉奠玙璠,奉神欢。九霄瑞气起祥烟,来如风马欻然还,留福已滋繁。回龙驭,升丹阙,布皇泽,春色满人间。

《十二时》　日将旦,阴噎潜消,天宇扇祥飚。边陲静谧,夜熄鸣刁,文教普旁昭,兴太学,多士舒翘。奉宗祧,新庙榜宸毫,配侑享于郊。慈宁万寿,四海仰东朝。男女正,中壸致《桃夭》。年屡稔,漕舟衔尾夥,高廪接楹饶。庙堂自有擎天一柱,功比汉庭萧。多少群工同德,俊乂旁招。吉祥诸福集,燮理四时调。三年郊见,六变奏咸、韶。望云霄,降福与唐尧。

《奉禋歌》　苍苍天色是还非,视下应疑亦若斯。统元气,覆无私。四时寒暑推移,物蕃滋,造化有谁知!严大报,反本始,礼重祀神祇。律管灰吹,黄宫动,阳来复,景长时。车阵法驾,仗列黄麾,帝心祗。紫霄霁，霜华薄，星烂明垂。祥烟起，纷敷浮衮冕，六变笙镛迭奏，一诚币玉交持。宫漏声迟，千官显相多仪。百神嬉，风马云车，来止来绥，诞降纯禧。受神策，万年无极，歌颂《昊天成命》周诗。

《降仙台》　　升烟既罢，良夜未晓，天步下神丘。锵锵鸣玉佩，炜炜照金莲，杳霭云裘。采仗初转，回龙驭，旌旆悠悠。星影疏动与天流，漏尽五更筹。大明升，东海头，杲杲灵曜，倒影旗斿。辇路具修，郁葱瑞光浮。归来双阙，看御楼，有仙鹤衔书赦囚。万方喜气，均祉福，播歌讴。

孝宗郊祀大礼五首

《导引》　　重华天子，长至奉神虞，九奏会轩、朱。星晖云润东方晓，拜觌竹宫初。归来千乘护皇舆，瑞景集金铺。鸡竿高唱恩书下，惠露匝中区。

《六州》　　严更永，今夕是何年？玉衡正，钩陈粲，天宇起祥烟。协风应，江海安澜。重规仍叠矩，圣主乘乾。舜授禹，盛事光前，称寿玉卮边。三年亲祀，一阳回律，八乡承宇，觚陛紫为坛。仰天颜，斋居寂，诚心肃，礼容专。鸣钟石，拥舆卫，五辂列骈阗。听金钥，虎旅无眠。俨千官，须斯显相嘉笾。一人俭德动天渊，费减大农钱。神示格，宗祧燕，人民悦，祉福正绵绵。

《十二时》　　庭有燎，叠鼓鸣鼍，更问夜如何？信星彪列，天象森罗。虞旦閟宫，毕觞清庙，浆柏樽牺继猗那，嘉颂可同科。扈圣万肩摩。饬躬三宿，泰畤缛仪多。丘泽合，岳渎从羲、娥。神光烛，云车风马，芝作盖，玉为珂。奉瑄成礼，燔柴竣事，休嘉硎隐，丹阙湛恩波。共愿乾坤联祉。边鄙投戈。覆盂连瀚海，洗甲挽天河。欣欣喜色，长遇六龙过。奏云和，三脊荐嘉禾。

奉禋歌　　吹葭缇龠气潜分，云采宜书壤效珍。长日至，一阳新。四时玉烛和均，物欣欣，化转洪钧。郊之祭，孤竹管，六变舞《云门》。自古严禋，牺牲具，粢盛洁，豆笾陈。衮龙陟降，币玉纷纶，彻高阍。灵之游，神哉沛，排历昆仑。九歌毕，盈郊瞻櫼燎，斗转参横将旦，天开地辟如春。清跸移轮，阗然鼓吹相闻。笮祥云，欢胪八陛，厘逆三神。圣矣吾君！华封祝，慈宫万寿，椒掖多男，六合同文。

《降仙台》　　一漏残柝静，鸡声远到，高燎入层霄。云裘蟠瑞霭，天步下嘉坛，旗斾飘摇。黄麾列仗貔貅整，气压江潮。导前从後盛官僚，玉佩间金貂，望扶桑，日渐高，阴霾霜雪，底处不潜消！辇路祥飚，披拂绛纱袍。云间端阙仰岧嵽，挟春泽，喜浃黎苗。礼成大庆鳌三抃，受昕朝。

宁宗郊祀大礼四首

《六州》　　皇抚极，明德贯乾坤！信星列，卿云烂，辉亘紫微垣。思报贶，明诏祠宫，练时搜旷典，紫塒觚坛。昭孝德，亲御和銮，振鹭玉珊珊。精纯谒款，苾萧炉炀，黄流湛澹，百末布生兰。扣天阍，延飞驾，相仿佛，降云端。神光集，嘉响应，霭霭万衣冠。竣熙事，清晓轻寒。恣荣观，华衣雾縠般般。乾坤并贶庆君欢，翘首圣恩宽。遵皇极，沛天泽，灵心怿，龟鼎永尊安。

《十二时》　　宵景霁，河汉清夷，旷典讲明时。合祛升侑，孝德爰熙。陈祼闷宫，澹篃太室，来奏天仪。驷苍螭，玉辂驭葱绥。觚陛展躬祠。长梢饰玉，翠羽秀金支。华始倡，雅韵出宫垂。神来下，云车风马，缤晻蔼，宴栖迟，毕觞流胙，柴烟竣事，棠梨回谒，宣室受蕃厘。盛德无心专飨，端为民祈。云恩有截，雨泽霈无涯。君王愉乐，和气溢瑶卮。寿天齐，长拥神基。

《奉禋歌》　　葭飞璇龠孕初阳，云绝清台荐景祥。风应律，日重光。岁功顺，底金穰。寿而康，庭壸乐无疆。皇展报，新礼乐，觚陛咏宾乡，珠幄煟煌。登瑞缫，陈俎豆，澹嘉觞。衮衣辉焕，宝珮琳琅，奠椒浆。庆阴阳，神来下，凤翯龙骧。灵燕喜，锡符仍降嘏，镛管琳琅欢亮。神之出，袚兰堂。辇路天香，轻烟半袭旗常，祉滂洋。受厘宣室，返驭斋房，恩与风翔。华封祝，皇来有庆，八荒同寿，宝历无疆。

《降仙台》　　星芒收采，云容放晓，羲驭渐扬明。觚坛竣事霁，风袭衮衣轻，銮路尘清。甘泉卤簿褉威肃，回轸旋衡。千官导从縠簪缨，钧奏间韶、英瞻龙闱，近凤城。都人云会，芬苇夹道欢迎。宸极尊荣，厄玉庆熙成，琼楼天上起和声。布春泽，洪畅寰瀛。嵩呼万岁鳌三忭，颂升平。

明堂大礼四首

《合宫歌》　　圣明朝，旷典乘秋举，大飨本仁祖。九室八牖四户，斋躬齐戒格堪舆。盛牲实俎，并侑总稽古。玉露乍肃天宇，冰轮下照金铺。燎烟嘘，郁尊香，云门舞。仿佛翔坐，灵心咸嘉娱。众星俞，美光属，照煜珠。清晓御丹凤，湛恩遍浃率溥，欢声雷动岳镇呼。徐命法驾，万骑花盈路。万姓齐祝，寿同天地，事超唐、虞。看平燕云，从此兴文偃武，待重会诸侯旧东都。

《六州》　　商秋肃，嘉会协中辛。涓路寝，修禋祀，圣德昭清。端志虑，罄竭斋精，锦绣排天仗，羽卫缤纷。朝太室，返中宸，被衮接神明。时平天地俱清晏，兼金行万宝，物盛蔼清馨。瞻煜座，春容娱燕三灵。奠瑶爵，荐量币，清思窈冥冥。望昆仑，输嘉祥，塞缊蕴。诚殚礼洽庆休成，润泽被生民。端门肆眚，昕庭称贺，俱将戬谷万寿祝明君。

《十二时》　　炎图巩，天祚昌期，圣德茂重离。英明经远，浚哲昭微。宝俭更深慈，观万国累洽重熙。对时报礼秩神祇，玉帛凑华夷。肃雍显相，百辟尽钦祇，奄嘉虞，英璧奠华滋。神安坐，景气澄虚极，光焰烛长丽。展诗应律，万舞逶迟，三献洽皇仪。垂灵祓，庆佑来宜，礼无违。鸣銮临帝阙，飞凤下天倪。清和寰宇，霈泽一朝驰。醇化无为，万祀巩丕基。

《导引》　　合宫亲飨，青女肃长空，精意与天通。后皇临顾谁为侑？文祖暨神功，函蒙祉福岁常丰，声教被华戎。两这眉寿同荣乐，戬谷永来崇。

乾道发太上皇帝、太上皇后册宝《导引》一首

重华真主，是夕奉庭闱，禋祀庆成时。乾元坤载同归美，宝册两光辉。斑衣何以赭黄衣，此事古今稀。都人欢乐高呼震，圣寿总天齐。

淳熙发太上皇后册宝《导引》一首

新阳初应，乐事起彤庭，和气满吴京，帝家来庆东皇寿，西母共长生。金书玉篆粲龙文，前导沸欢声。修龄无极名无尽，一岁一回增。

加太上皇帝太上皇后宝《导引》一首

皇家多庆，亲寿与天长，德业播辉光。焜煌宝册来清禁，玉篆映金相。庭闱尊奉会明昌，佳气溢康庄。洪禧申辑名增衍，亿载颂无疆。

恭上寿圣皇太后、至尊寿皇圣帝、寿成皇后尊号册宝《导引》一首

皇家盛事，三殿庆重重，圣主极推崇。瑶编宝列相辉映，归美意何穷。钧韶九奏度春风，彩仗焕仪容。欢声和气弥寰宇，皇寿与天同。

加上寿圣皇太后尊号册宝《导引》一首

重亲万寿，八帙衍新元，礼典备文孙。温温和气迎长日，宝册焕瑶琨，徽音显号自尧门，德行已该存，更期昌算齐箕翼，愈久愈尊崇。

嘉泰二年加上寿成太皇太后册宝《导引》一首

思齐文母，盛德比姜、任，拥佑极恩深。汤孙归美熙鸿号，镂玉更绳金。虞廷万辟萃华簪，法仗俨天临。层闱庆典年年举，千古播徽音。

亲耕籍田器首

《导引》　　春融日暖，四野瑞烟浮，柳菀更桑柔。土膏脉起条风扇，宿雪润田畴。金根毂转如雷动，羽卫拥豼貅。扶携老稚康衢满，延跂望凝旒。斗移星转，一气又环周，六府要时修。务农重谷人胥劝，耕籍礼殊九。坛墠岳峙文明地，岱耜驾青牛。雍容南亩三推了。玉趾更迟留。

《六州》　　昭圣武，不战屈人兵。干戈戢，烽燧息，海宇清宁。民丰业，歌咏升平。愿咸归畎亩，力穑为甿。经界正，东作西成农务轸皇情，躬亲耒耜，相劝深耕。人心感悦，击坏沸欢声。乘鸾辂，羽

旗彩伐鲜明。传清跸，行黄道，缇骑出重城。仰瞻日表映朱纮，环佩更锵鸣。百执公卿，不辞染屦意专精，准拟奉粢盛。田多稼，风行遐迩，家家给足，胥庆三登。

《十二时》　　临寰宇，恭己岩廊，属意在耕桑。爱民利物，德迈陶唐。跻俗尽淳庞。开千亩，帝籍神仓。举彝章，祗祓坛场，为农事祈祥。涓辰行礼，节物值春阳。馨齐庄，明德英馨香。宫禁邃，宾妃并御侍，種稑献君王。中闱表率，阴教逾光。帐殿霭烟黄，桎桍设，翠幕高张，庆云翔。樽罍陈酒醴，金石奏宫商。神灵感格，岁岁富仓箱。庆明昌，行旅不赍粮。

《奉禋歌》　　吾皇端立太平基，奉祀肃雍格神祇。抚御耒，降嘉种，何辞手揽洪縻。命太史视日，祗告前期。验穹象，天田入望更光辉。掌礼陈仪，搜钜典，迎春令，颁宣温诏，遍九围，人尽熙熙。仰明时，俨垂衣，佳气氤氲表庬禧。丰年屡，大田生异粟，含滋吐秀，九种传图，尽来丹阙，瑞应昌时。亨运正当摄提，仁见咏京坻。躬稼穑，重耘籽。盛礼兴行先百姓，崇本业，忧勤如禹、稷，播在声诗。

显仁皇后上仙发引三首

《导引》　　长乐晚，彩戏莱衣，奄忽梦报仙期。帝乡渺渺乘鸾去，啼红嫔御不胜悲，苍梧烟水杳难追。肠断处，过江时。银涛千万叠，不知何处是瑶池。

《六州》　　中兴运，孝治格升平，回骖驭，驲凤驾，宝初上鸿名。龙楼问寝候鸡鸣，更翻来戏彩衣轻。坤躔夜照老人星，金觞上寿，长愿燕慈宁。乘云何处去！悉断紫箫声。追思金殿，椒壁丹楹。又谁知勤俭仁明，风行化被宫庭。佑圣主，底明时，阴功暗及生灵。离宫晚，花卉娉婷。甲观高，潮海峥嵘。往事回头，忽飘零。空留嫔御，掩泣望霓旌。会稽山翠，永佑陵高，而今便是蓬、瀛。

《十二时》　　炎图景运正延鸿，文思坐深宫。慈宁大养，乐事时奉宸聪。皇龄永，思需下遍寰中，君王垂彩服，嫔御上瑶钟。年年诞节，就盈吉月，交庆流虹。欢洽意方浓，不觉仙游渺邈，但号泣苍穹。追慕念音容，诗书慈俭，配古追踪。躬行四德，谁知继二南风。

移眄俄空，宝鉴脂泽尘封。清都远，帝乡遥，杳难通。想云軿还上瀛、蓬。稽山何在？当年禹宅，万古葱葱。最难堪，潮头定，海波融

显仁皇后神主祔太庙《导引》一首

返虞长乐，独是忆宾天，何事驾仙軿。箫笳仪卫辞宫阙，移仗入云烟。于皇清庙穆敞华筵，昭穆谨承先。千秋长奉烝尝孝，永享中兴年。

钦宗皇帝《导引》一首

鼎湖龙远，九祭毕嘉觞，遥望白云乡。箫笳凄咽离天阙，千仗俨成行。圣神昭穆盛重光，宝室万年藏。皇心追慕思无极，孝飨奉烝尝。

安穆皇后《导引》一首

凤箫声断，缥缈遡丹丘，犹是忆河洲。荧煌宝册来天上，何处访仙游！葱葱郁郁瑞光浮，嘉酌侑芳羞。琱舆绣幰归新庙，百世与千秋。

景灵宫奉安神御三首

徽宗皇帝《导引》 中兴复古，孝治日昭鸿，原庙饰瑰宫。金璧千门磻万碣，楹桷竞穹崇。亭童芝盖拥旌龙，列圣俨相从。共锡神孙千万寿，龟鼎亘衡、嵩。

显仁皇后《导引》 坤仪厚载，遗德满寰中，归御广寒宫。玉容如在飚舆远，长乐起悲风，霓旌绛节下层空，云阙晓曈昽。真游千载安原庙，圣孝与天通。

钦宗皇帝《导引》 深仁厚德，流泽自无穷，仙驭倏宾空。衣冠未返苍梧远，遥望鼎湖龙。人间仿佛诏天容，缥缈五云中。帝城犹有遗民在，垂泪向西风。

安恭皇后上仙发引一首

金殿晚，愁结坤宁。天下母，忽仙升。云山浩浩归何处？但闻空际彩鸾声。紫箫断後无踪迹，烟霭夜澄澄。晓梦到瑶城，当时花木正冥冥。

高宗梓宫发引三首

《导引》　　寒日短，草露朝晞。仙鹤下，梦云归。大椿亭畔苍苍柳，怅无由挽住天衣。昭阳深，暝鸦飞。愁带箭，恋恩栖。箭箫三叠奏，都人悲泪袂成帷。

《六州》　　尧传舜，盛事千古难并。回龙驭，辞凤掖，北内别有蓬、瀛。为天子父，册鸿名，万年千岁福康宁，春秋不说楚冥灵。莱衣彩戏，汉殿玉卮轻。宸游今不见，烟外落霞明。前回丁未，雾塞神京。正同符光武中兴，擎天独力扶倾。定宗庙，保河山，乾坤整顿庚庚。功成了，脱屣遗荣。访崆峒，容与丹庭。笑挹尘寰，不留行，吾皇哀恋，泪血洒神旌。肠断涛江渡，明日稽山，暮云东望元陵。

《十二时》　　璧门双阙转苍龙，德寿俨祗宫。轩屏正坐，天子亲拜天公。仪绅笏，罗鹓鹭，粲庭中。仙家欢不尽，人世寿无穷。谁知云路，玉京成就，催返璇穹，转手万缘空。见说烟霄好处，不与下方同。尘合雾迷濛，笙箫寥亮，楼阁玲珑。中兴大业，巍巍稽古成功，事去孤鸿，忍听宵柝晨钟！灵举驾，素帏低，杳厖茸。浙江潮，万神护，川后滋恭。因山祗事，崔嵬禹穴，此日重逢。柏城封，悉长夜，起悲风。歌《清庙》，千古诵高宗。

虞主赴德寿宫《导引》一首

上皇天大，华旦焕尧文，鸿福浩无垠。羽龙俄驾灵辀去，空锁鼎湖云。稽山翠拥浙江渍，归旐卷缤纷。仙游指日严升祔，万载颂高勋。

祔庙《导引》一首

虞觞奉主，仙驭返皇宫，礼典极钦崇。云旗前导开清庙，龙管咽薰风。巍巍尧父告神功，追慕孝诚通。千秋万岁中兴统，宗祀与天同。

淳熙十六年高宗神御奉安《导引》一首

中兴揖逊，功德仰兼隆，仁泽被华戎。鼎湖俄痛遗弓坠，如日想威容。柔仪懿范与尧同，飚驭俨相从。灵宫真馆偕来燕，垂裕永无穷。

绍熙五年孝宗皇帝虞主还宫《导引》一首

孝宗纯孝,前圣更何加！高蹈处重华。丹成仙去龙辒远,越岸暮山退。波臣先为卷寒沙,来往护灵槎。九虞礼举神祇乐,万世佑皇家。

祔庙《导引》一首

吾皇尽孝,宗庙务崇尊,钜典备弥文。巍巍东向开基主,七世祔神孙。追思九闳整乾坤,寰宇慕洪恩。从今密迩高宗室,千载事如存。

庆元六年光宗皇帝发引一首

箫鼓发,云惨寒空。丹旐去,卷慧风。忧勤六载亲几务,有巍巍圣德仁功,褰裳尊处大安宫,荆鼎就,遽遗弓。仙游攀不及,臣民恸诉苍穹。

神御奉安《导引》一首

龟书畀姒,历数在皇躬,揖逊仰高风。鼎湖龙去遗弓坠,冠剑锁深宫,涂山齐德翊成功,仙魄早宾空。珍台间馆栖神地,献飨永无穷。

宁宗皇帝发引三首

《导引》　　三弄晓,云黯天低,攀六引,转悲凄。俭慈孝哲钟天性,深仁厚泽遍群黎。东西南北侯商霓。功甫就,别宸闱。臣民千古恨,几时羽卫带潮归！

《六州》　　明天子,昔日丕纂鸿图。躬道德,崇学问,稽古训,访群儒。日新广厦论唐、虞,讲求政治想都俞,君臣一德志交孚。外夷效顺,独自选单徒。仁恩沾四国,固结满寰区。千年宗社,万岁规摹。重新天命出乾符,老癃策杖相扶,愿观德化遍方隅。幸无死须臾,谓宜圣寿等篙呼。遽登云舆上龙湖,宸居幽寂紫云孤。宸章宝画,但与日星俱。龙帏凤翣已载涂,忍听箫鼓嗟吁！

《十二时》　　弋绨革舃最仁贤,俭德自躬全。忧勤庶政,三十余年。金风肃,秋渐老,摄调愆。忧恂遍群祀,号泣诉旻天。缀衣将出,神凝玉几,一夜登仙,弓坠隔苍烟。七月有来同轨,引绋动灵轮。凄怆泪潜然,行号巷哭,《薤露》声传。东城去路,惊涛忍见江船！憔悴山川，不禁箫鼓咽。山阴处，茂林修竹芊芊。望陵宫，应弗远，金粟堆前。人徒慕恋，丰神警侍，盘翳驱先。戴鸿恩，空痛慕，泪珠连。千秋岁，功德寄华编。

神主祔庙《导引》一首

中兴四叶，休德继昭清，王度日熙平。气调玉烛金穰应，八表颂声腾。中愿图籍入宸廷，列圣慰真灵。衮龙登庙游仙阙，亿万载尊承。

宝庆三年奉上宁宗徽号《导引》一首

中兴五叶，天子肇明禋，一德格高旻。宁皇至圣功超古，万国慕深仁。徽称显号又还新，功德粲雕珉。乾坤绘画终难尽，遗泽在斯民。

庄文太子薨《导引》一首

秋月冷，秋鹤无声。清禁晓，动皇情。玉笙忽断今何在？不知谁报玉楼成。七星授箓骖鸾种，人不见，恨难平。何以返霓旌？一天风露苦凄清。

景献太子薨《导引》一首

霜月苦，宫鼓咚咚。霓旐启，鹤闱空。洞箫声断知何处，海山依约五云东。玉符龙节参神阆，昭圣眷，惨天容，千古恨无穷，遍山松柏撼悲风。

宋史卷一四二

志第九五

乐十七

诗乐　琴律　燕乐　教坊　云韶部　钧容直　四夷乐

　　诗乐　虞庭言乐,以诗为本。孔门礼乐之教,自兴于诗始。记曰:"十有三年学乐、诵诗。"咏歌以养其性情,舞蹈以养其血脉,此古之成材所以为易也。宋朝湖学之兴,老师宿儒痛正音之寂寥,尝择取《二南》、《小雅》数十篇,寓之埙龠,使学者朝夕咏歌。自尔声诗之学,为儒者稍知所尚。张载尝慨然思欲讲明,作之朝廷,被诸郊庙矣。朱熹述为诗篇,汇于学礼,将使后之学者学焉。

　　《小雅》歌凡六篇:

　　朱熹曰:"传曰'大学始教,宵雅肄三。'谓习《小雅·鹿鸣》、《四牡》、《皇皇者华》之三诗也。此皆君臣宴劳之诗,始学者习之,所以取其上下相和厚也。古乡饮酒及燕礼皆歌此三诗。及笙入,六笙间歌《鱼丽》、《南有嘉鱼》、《南山有台》。六笙诗本无辞,其遗声亦不复传矣。《小雅》为诸侯之乐,《大雅》、《颂》为天子之乐。"

　　《二南国风》歌凡六篇:

　　朱熹曰:"'《周南》、《召南》,正始之道,王化之基。''故用之乡人焉,用之邦国焉。'乡饮酒及乡射礼:'合乐,《周南》:《关雎》、《葛覃》、《卷耳》;《召南》:《鹊巢》、《采蘩》、《采苹》。'燕礼云'遂歌乡乐.'即此六篇也。合乐,谓歌舞与众众声皆作。《周南》、《召南》,古房中之乐歌也。关雎言后妃之志,《鹊巢》言国君夫人之德,《采苹》言卿大夫妻能循法度。夫妇之道,生民之本,王化之端,此六篇者,其教之原也。故国君与其臣下及四方之宾燕,用之合乐也。"

《小雅》诗谱:《鹿鸣》、《四牡》、《皇皇者华》、《鱼丽》、《南有嘉鱼》、《南山有台》皆有黄钟清宫,俗呼为正宫调。

《二南国风》诗谱:《关雎》、《葛覃》、《卷耳》、《鹊巢》、《采蘩》皆用无射清商。俗呼为越调。

朱熹曰:"大戴礼言:《雅》二十六篇,其八可歌,其八废不可歌,本文颇有阙误。汉末杜夔传旧雅乐四曲:一曰《鹿鸣》,二曰《驺虞》,三曰《伐檀》,又加《文王诗》,皆古声辞。其后,新辞作而旧曲遂废。唐开元乡饮酒礼,乃有此十二篇之目,而其声亦莫得闻。此谱,相传即开元遗声也,古声亡灭已久,不知当时工师何所考而为此。窃疑古乐有唱、有叹。唱者,发歌句也;和者继其声也。诗词之外,应更有叠字、散声,以叹发其趣。故汉、晋间旧曲既失其传,则其词虽存,而世莫能补。如此谱直以一声协一字,则古诗篇篇可歌又其以清声为调,似亦非古法。然古声既不可考,姑存此以见声歌之仿佛,俟知乐者考焉。"

琴律　赜天地之和者莫如乐,畅乐之趣者莫如琴。八音丝为君,丝以琴为君。众器之中,琴德最优。《白虎通》曰:"琴者,禁止于邪,以正人心也。"宜众乐皆为琴之臣妾。然八音之中,金、石、竹、匏、土、木六者,皆有一定之声;革为燥湿所薄,丝有弦柱缓急不齐,故二者其声难定。鼓无当于五声,此不复论。惟丝声备五声,而其变无穷。五弦作于虞舜,七弦作于周文、武,此琴制之古者也。厥后增损不一。至宋始制二弦之琴,以象天地,谓之两仪琴,每弦各六柱。又为十二丝以象十二律,其倍应之声靡不毕备。太宗因大乐雅琴加为九弦,按曲转入大乐十二律,清浊互相合应。大晟乐府尝罢一、三、七、九,惟存五弦,谓其得五音之正,最优于诸琴也。今复俱用。太常琴制，其长三尺六寸，三百六十分，象周天之度也。

姜夔《乐议》分琴为三准：自一晖至四晖谓之上准，四寸半，以象黄钟之半律；自四晖至七晖谓之中准，中准九寸，以象黄钟之正律；自七晖至龙龈谓之下准，下准一尺八寸，以象黄钟之倍律。三准各具十二律声，按弦附木而取。然须转弦合本律所用之字，若不转弦，则误触散声，落别律矣。每一弦各具三十六声，皆自然也，分五、七、九弦琴，各述转弦合调图：

《五弦琴图说》曰："琴为古乐，所用者皆宫、商、角、徵、羽正音，故以五弦散声配之。共二变之声，惟用古清商，谓之侧弄，不入雅乐。"

《七弦琴图说》曰："七弦散而扣之，则间一弦于第十晖取应声。假如宫调，五弦十晖应七弦散声，四弦十晖应六弦散声，二弦十晖应四弦散声，大弦十晖应三弦散声，惟三弦独退一晖，于十一晖应五弦散声，古今无知之者。窃谓黄钟、大吕并用慢角调，故于大弦十一晖应三弦散声；太簇、夹钟并用清商调，故于二弦十二晖应四弦散声；姑洗、仲吕、蕤宾并用宫调，故于三弦十一晖应五弦散声；林钟、夷则并用慢宫调，故于四弦十一晖应六弦散声；南吕、无射、应钟并用蕤宾调，故于五弦十一晖应七弦散声。以律长短配弦大小，各有其序。"

《九弦琴图说》曰："弦有七、有九，实即五弦。七弦倍其二，九弦倍其四，所用者五音，亦不以二变为散声也。或欲以七弦配五音二变，以余两弦为倍，若七弦分配七音，则是今之十四弦也。《声律诀》云：'琴瑟觌四者，律法上下相生也。'若加二变，则于律法不谐矣。或曰：'如此则琴无二变之声乎？'曰：'附木取之，二变之声固在也。'合五、七、九弦琴，总述取应声法，分十二律十二均，每声取弦晖之应，皆以次列按。"

古者，大琴则有大瑟，中琴则有中瑟，有雅琴、颂琴，则雅瑟、颂瑟实为之合。夔乃定瑟之制：桐为背，梓为腹，长九尺九寸，首尾各九寸，隐间八尺一寸，广尺有八寸，岳崇寸有八分。中施九梁，皆象黄钟之数。梁下相连，合其声冲融；首尾之下为两穴，使其声条达，是《传》所谓"大瑟达越"也。四隅刻云以缘其武，象其出于云和。漆其壁与首、尾、腹，取椅、桐、梓漆之。全设二十五弦，弦一柱，崇二寸七分。别以五色，五五相次，苍为上，朱次之，黄次之，素与黔又次之，使肄习者便于择弦。弦八十一丝而朱之，是谓朱弦。其尺则用汉尺。凡瑟弦具五声，五声为均，凡五均，其二变之声，则柱后抑角、羽而取之，五均凡三十五声。十二律、六十均、四百二十声，瑟之能事毕矣。夔于琴、瑟之议，其详如此。

朱熹尝与学者共讲琴法：

其定律之法：十二律并用太史公九分寸法为准，损益相生，分十二律及五声，位置各定。按古人以吹管声传于琴上。如吹管起黄钟，则以琴之黄钟声合之；声合无差，然后以次遍合诸声，则五声皆正。唐人纪琴，先以管色合字定宫弦，乃以宫弦下生徵，徵上生商，上下相生，终于少商。下生者隔二弦、上生者隔一弦取之。凡丝声皆当如此。今人苟简，不复以管定声，其高下出于临时，非古法也。

调弦之法：散声四而得二声；中晖亦如之，而得四声；八晖隔三而得六声；九晖按上者隔二而得四声，按下者隔一而得五声；十晖按上者隔一而得五声，按下者隔一而得四声。每疑七弦隔一调之，六弦皆应于第十晖，而第三弦独于第十一晖调之乃应。及思而得之，七弦散声为五声之正，而大弦十二律之位，又众弦散声之所取正也。故逐弦之五声皆自东而西，相为次第。其六弦会于十晖，则一与三者，角与散角应也。二与四者，徵与散徵应也。四与六者，宫与散少宫应也；五与七者，商与散少商应也；其第三、第五弦会于十一晖，则羽与散羽应也。义各有当，初不相须，故不同会于一晖也。

旋宫诸调之法：旋宫古有"随月用律"之说，今乃谓不必转轸促弦，但依旋宫之法而抑按之，恐难如此泛论。当每宫指定，各以何声取何弦为唱，各以何弦取何律为均，乃见详实。又以《礼运正义》推之，则每律各为一宫，每宫各有五调，而其每调用律取声，亦各有法。此为琴之纲领,而说者罕及,乃阙典也。当为一图,以宫统调,以调统声,令其次第、宾主各有条理。仍先作三图:一、各具琴之形体、晖弦、尺寸、散声之位;二、附按声律之位;三、附泛声声律之位,列于宫调图前,则览者晓然,可为万世法矣。

　　观熹之言,其于琴法本融末粲,至疏达而至缜密,盖所谓识其大者欤!

　　燕乐　古者,燕乐自周以来用之。唐贞观增隋九部为十部,以张文收所制歌名燕乐,而被之管弦。厥后至坐伎部琵琶曲,盛流于时,匪直汉氏上林乐府、缦乐不应经法而已。宋初置教坊,得江南乐,已汰其坐部不用。自后因旧曲创新声,转加流丽。政和间,诏以大晟雅乐施于燕飨,御殿按试,补徵、角二调,播之教坊,颁之天下。然当时乐府奏言:"乐之诸宫调多不正,皆俚俗所传。及命刘昺辑《燕乐新书》,亦惟以八十四调为宗,非复雅音,而曲燕昵狎,至有援"君臣相说之乐"以藉口者。末俗渐靡之弊,愈不容言矣。绍兴中,始蠲省教坊乐,凡燕礼,屏坐伎。乾道继志述事,间用杂攒以充教坊之号,取具临时,而廷绅祝颂,务在严恭,亦明以不用女乐,颁旨子孙守之,以为家法。于是中兴燕乐,比前代犹简,而有关乎君德者良多。

　　蔡元定尝为《燕乐》一书,证俗失以存古义,今采其略附于下:

　　黄钟用"合"字,大吕、太簇用"四"字,夹钟、姑洗用"一"字,夷则、南吕用"工"字,无射、应钟用"凡"字,各以上、下分为清浊。其中吕、蕤宾、林钟不可以上、下分,中吕用"上"字蕤宾用"勾"字,林钟用"尺"字,其黄钟清用"六"字,大吕、太簇、夹钟清各用"五"字而以下、上、紧别之。紧"五"者,夹钟清声,俗乐以为宫。此其取律寸、律数,用字纪声之略也。

　　一宫、二商、三角、四变为宫,五徵、六羽、七闰为角。五声之号与雅乐同,惟变徵以于十二律中阴阳易位,故谓之变;变宫以七声所不乃,取闰余之义,故谓之闰。四变居宫声之对,故为宫。俗乐以闰为正声,以闰加变,故闰为角而实非正角。此其七声高下之略也。

　　声由阳来,阳生于子、终于午。燕乐以夹钟收四声:曰宫、曰商、曰羽、曰闰。闰为角,其正角声、变声、徵声皆不收,而独用夹钟为律本。此其夹钟收四声之略也。

　　宫声七调:曰正宫、曰高宫、曰中吕宫、曰道宫、曰南吕宫,曰仙吕宫、曰黄钟宫,皆生于黄钟。商声七调:曰大食调、曰高大食调、曰双调、曰小食调、曰歇指调、曰商调、曰越调,皆生于太簇。羽声七调:曰般涉调、曰高般涉调、曰中吕调、曰正平调、曰南吕调、曰仙吕调、曰黄钟调,皆生于南吕。角声七调:曰大食角、曰高大食角、曰双角、曰小食角、曰歇指角、曰商角、曰越角,皆生于应钟。此其四声二十八调之略也。

　　窃考元定言燕乐大要。其律本出夹钟,以十二律兼四清为十六声,而夹钟为最清,此所谓靡靡之声也。观其律本,则其乐可知。变宫、变徵既非正声,而以变徵为宫,以变宫为角,反紊乱正声。若此夹钟宫谓之中吕宫、林钟宫谓之南吕宫者,燕乐声高,实以夹钟为黄钟也。所收二十八调,本万宝常所谓非治世之音,俗又于七角调各加一声,流荡忘反,而祖调亦不复存矣。声之感人,如风偃草,宜风俗之日衰也! 夫奸声乱色,不留聪明;淫乐慝礼,不接心术。使心知百体,皆由顺正以行其义,此正古君子所以为治天下之本也。绍兴、乾道教坊迄弛不复置云。

　　教坊　自唐武德以来,置署在禁门内。开元后,其人浸多,凡祭祀,大朝会则用太常雅乐,岁时宴享则用教坊诸部乐。前代有宴乐、散乐,本隶太常,后稍归教坊,有立、坐二部。宋初循旧制,置教坊,凡四部。其后平荆南,得乐工三十二人;平西川,得一百三十九有、平江南,得十六人;平太原,得十九人;余藩臣所贡者八十三人;又太宗藩邸有七十一人。由是,四方执艺之精者皆在籍中。

　　每春秋圣节三大宴:其第一、皇帝升坐,宰相进酒,庭中吹觱栗,以众乐和之;赐群臣酒,皆就坐,宰相饮,作《倾杯乐》;百官饮,作《三台》。第二、皇帝再举酒，群臣立于席后，乐以歌起。第三、皇帝举酒，如第二之制，以次进食。第四、百戏皆作。第五、皇帝举酒，如第二之制。第六、乐工致辞，继以诗一章，谓之"口号"，皆述德美及中外蹈咏之情。初致辞，群臣皆起，听辞毕，再拜。第七、合奏大曲。第八、皇帝举酒，殿上独弹琵琶。第九、小儿队舞，亦致辞以述德美。第十、杂剧罢，皇帝起更衣。第十一、皇帝再坐，举酒。殿上独吹笙。第十二蹴踘。第十三、皇帝举酒，殿上独弹筝。第十四、女弟女队舞，亦致辞如小儿队。第十五、杂剧。第十六、皇帝举酒，如第二之制。第十七、奏鼓吹曲，或用法曲，或用《龟兹》。第十八、皇帝举酒，如第二之制，食罢。第十九、用角觝，宴毕。

其御楼赐酺同大宴。崇德殿宴契丹使，惟无后场杂剧及女弟子舞队。每上元观灯，楼前设露台，台上奏教坊乐、舞小儿队。台南设灯山，灯山前陈百戏，山棚上用散乐、女弟子舞。余曲宴会、赏花、习射、观稼，凡游幸但奏乐行酒，惟庆节上寿及将相入辞赐酒，则止奏乐。都知、色长二人摄太官令，升殿参立，逐巡周，大宴则酒、唱遍，曲宴宰相虽各举酒，通用慢曲而舞《三台》。

所奏凡十八调、四十六曲：一曰正宫调，其曲三，曰《梁州》、《瀛府》、《齐天乐》；二曰中吕宫，其曲二，曰《万年欢》、《剑器》；三曰道调宫，其曲三，曰《梁州》、《薄媚》、《大圣乐》；四曰南吕宫，其曲二，曰《瀛府》、《薄媚》；五曰仙吕宫，其曲三，曰《梁州》、《保金枝》、《延寿乐》；六曰黄钟宫，其曲三，曰《梁州》、《中和乐》、《剑器》；七曰越调，其曲二，曰《伊州》、《石州》；八曰大石调，其曲二，曰《清平乐》、《大明乐》；九曰双调，其曲三，曰《降圣乐》、《新水调》、《采莲》；十曰小石调，其曲二，曰《胡渭州》、《嘉庆乐》；十一曰歇指调，其曲三，曰《伊州》、《君臣相遇乐》、《庆云乐》；十二曰林钟商，其贡三，曰《贺皇恩》、《泛清波》、《胡渭州》；十三曰中吕调，其曲二，曰《绿腰》、《道人观》；十四曰南吕调，其曲二，曰《绿腰》、《罢金钲》；十五曰仙吕调，其曲二，曰《绿腰》、《彩云归》；十六曰黄钟羽，其曲一，曰《千春乐》、十七曰般涉调，其曲二，曰《长寿仙》、《满宫春》；十八曰正平调，无大曲,小曲无定数。不用者有十调:一曰高宫,二曰高大石,三曰高般涉,四曰越角,五曰商角,六曰高大石角,七曰双角,八曰小石角,九曰歇指角,十曰林钟角。乐用琵琶、箜篌、五弦琴、筝、笙、觱栗、方响、羯鼓、杖鼓、拍板。

　　法曲部,其曲二一曰调宫《望瀛》,二曰小石调《献仙音》。乐用琵琶、箜篌、五弦、筝、笙、觱栗、方响、拍板。龟兹部,其曲二,皆双调,一曰《宇宙清》,二曰《感皇恩》。乐用觱栗、笛、羯鼓、腰鼓、揩鼓、鸡栖鼓、鼗鼓、拍板。鼓笛部,乐用三色笛、杖鼓、拍板。

　　队舞之制,其名各十。小儿队凡七十二人:一曰柘枝队,衣五色绣罗宽袍,戴胡帽,系银带;二曰剑器队,衣五色绣罗襦,裹交脚幞头,红罗绣抹额,带器仗;三曰婆罗门队,紫罗僧衣,绯裈子,执锡钚拄杖;四曰醉胡腾队,衣红锦襦,系银鞊鞢,戴毡帽;五曰诨臣万岁乐队,衣紫绯绿罗宽衫,诨裹簇花幞头;六曰儿童感圣乐队,衣青罗生色衫,系勒帛,总两角;七曰玉兔浑脱队,四色绣罗襦,系银带,冠玉兔冠;八曰异域朝天队,衣锦袄,系银束带,冠夷冠,执宝盘;九曰儿童解红队,衣紫绯绣襦,系银带,冠花砌凤冠,绶带;十曰射雕回鹘队,衣盘雕锦襦,系银鞊鞢,射雕盘。

　　女弟子队凡一百五十三人:一曰菩萨蛮队,衣绯生色窄砌衣,冠卷云冠;二曰感化乐队,衣青罗生色通衣,背梳髻,系绶带;三曰抛球乐队,衣四色绣罗宽衫,系银带,奉绣球;四曰佳人剪牡丹队,衣红生色砌衣,戴金冠,剪牡丹花;五曰拂霓裳队,衣红仙砌衣,碧霞帔,戴仙冠,红绣抹额;六曰采莲队,衣红罗生色绰子,系晕裙,戴云鬟髻,乘彩船,执莲花;七曰凤迎乐队。前红系砌衣,戴云鬟凤髻;八曰菩萨献花队,衣生色窄彻衣,戴宝冠,执香花盘;九曰彩云仙队,衣黄生色道衣,紫霞帔,冠仙冠,执旌节、鹤扇;十曰打球乐队,衣四色窄绣罗襦,系银带,裹顺风脚簇花幞头,执球杖。大抵若此,而复从宜变易。

　　百戏有蹴球、踏跷、藏挟、杂旋、狮子、弄枪、铃瓶、苍碗、毡觝、碎剑、踏索、上竿、筋斗、擎戴、拗腰、透剑门、打弹丸之类。锡庆院宴会,诸王赐食及宰相筵设时赐乐者,第四部充。

建隆中,教坊都知李德升作《长春乐曲》;乾德元年,又作《万岁升平乐曲》。明年,教坊高班都知郭延美又作《紫云长寿乐》鼓吹曲,以奏御焉。太宗洞晓音律,前后亲制大小曲及因旧曲创新声者,总三百九十。凡制大曲十八:

正宫《平戎破阵乐》,《南宫平晋普天乐》,中吕宫《大宋朝欢乐》,黄钟宫《宇宙荷皇恩》,道调宫《垂衣定八方》,仙吕宫方《甘露降龙庭》,小石调《金枝玉叶春》,林钟商《大惠帝恩宽》,歇指调《大定寰中乐》,双调《惠化乐尧风》,越调《万国朝天乐》,大石调《嘉禾生九穗》,南吕调《文兴礼乐欢》,仙吕调《齐天长寿乐》,般涉调《君臣宴会乐》,中吕调《一斛夜明珠》,黄钟羽《降圣万年春》,平调《金觞祝寿春》。

曲破二十九:

正宫《宴钧台》,南吕宫《七盘乐》,仙吕宫《王母桃》,高宫《静三边》,黄钟宫《采莲回》,中吕宫《杏园春》,《献玉杯》,道调宫《折枝花》,林钟商《宴朝簪》,歇指调《九穗禾》,高大石调《啭春莺》,小石调《舞无裳》,越调《九霞觞》,双调《朝八蛮》,大石调《清夜游》,林钟角《庆云见》,越角《露如珠》,小石角《龙池柳》,高角《阳台云》,歇指角《金步摇》,大石《念边功》,双角《宴新春》,南吕调《凤城春》,仙吕调《梦钧天》,中吕调《采明珠》,平调《万年枝》,黄钟羽《贺回鸾》,般涉调《郁金香》,高般涉调《会天仙》。

琵琶独弹曲破十五:

凤鸾商《庆成功》,应钟调《九曲清》,金石角《凤来仪》,芙蓉调《蕊宫春》,蕤宾调《连理枝》,正仙吕调《朝天乐》,兰陵角《奉宸欢》,孤雁调《贺昌时》,大石调《寰海清》,玉仙商《玉芙蓉》,林钟角《泛仙槎》,无射宫调《帝台春》,龙仙羽《宴蓬莱》,圣德商《美时清》,仙吕调《寿星见》。

小曲二百七十:

正宫十:《一阳生》、《玉片寒》、《念边戍》、《玉如意》、《琼树枝》、《鸂鶒裘》、《塞鸿飞》、《漏丁丁》、《息鼙鼓》、《权流霞》。

南昌宫十一:《仙盘露》、《冰盘果》、《芙蓉园》、《林下风》、《风雨调》、《开月幌》、《凤来宾》、《落梁尘》、《望阳台》、《庆年丰》、《青骏马》。

中昌宫十三:《上林春》、《春波绿》、《百树花》、《寿无疆》、《万年春》、《击珊瑚》、《柳垂丝》、《醉红楼》、《折红杏》、《一园花》、《花下醉》、《游春归》、《千树柳》。

仙吕宫九:《折红蕖》、《鹊填河》、《紫兰香》、《喜尧时》、《猗兰殿》、《步瑶阶》、《千秋乐》、《百和香》、《佩珊瑚》。

黄钟宫十二:《菊花杯》、《翠幕新》、《四塞清》、《满帘霜》、《画屏风》、《折茱萸》、《望春云》、《苑中鹤》、《赐征袍》、《望回戈》、《稻稼成》,《泛金英》。

高宫九:《嘉顺成》、《安边塞》、《猎骑还》、《游兔园》、《锦步帐》、《博山炉》、《暖寒杯》、《云纷纭》、《待春来》。

道调宫九:《会夔龙》、《泛仙杯》、《披风襟》、《孔雀扇》、《百尺楼》、《金尊满》、《奏明庭》、《拾落花》、《声声好》。

越调八:《翡翠帷》、《玉照台》、《香旖旎》、《红楼夜》、《朱顶鹤》、《得贤臣》、《兰堂烛》、《金镝流》。

双调十六:《宴琼林》、《泛龙舟》、《汀洲绿》、《登高楼》、《麦陇雉》、《柳如烟》、《杨花飞》、《王泽新》、《玞瑠簪》、《玉阶晓》、《喜清和》、《人欢乐》、《征戍回》、《一院香》、《一片云》、《千万年》。

小石调七:《满庭香》、《七宝冠》、《玉唾盂》、《璧尘犀》、《喜新晴》、《庆云飞》、《太平时》。

林钟商十:《采秋兰》、《紫丝囊》、《留征骑》、《塞鸿度》、《回鹘朝》、《汀洲雁》、《风入松》、《蓼花红》,《曳珠佩》、《遵渚鸿》。

歇指调九:《榆塞清》、《听秋风》、《紫玉箫》、《碧池鱼》、《鹤盘旋》、《湛恩新》、《听秋蝉》、《月中归》、《千家月》。

高大石调九:《花下宴》、《甘雨足》、《画秋千》、《夹竹桃》、《攀露桃》、《燕初来》、《踏青回》、《抛绣球》、《泼火雨》。

大石调八:《贺元正》、《待花开》、《采红莲》、《出谷莺》、《游月宫》、《望回车》、《塞云平》、《秉烛游》。

小石调九:《月宫春》、《折仙枝》、《春日迟》、《绮筵春》、《登春台》、《紫桃花》、《一林红》、《喜春雨》、《泛春池》。

双角九:《凤楼灯》、《九门开》、《落梅香》、《春冰拆》、《万年安》,《催花发》、《降真香》、《迎新春》、《望蓬岛》。

高角九:《日南至》、《帝道昌》、《文风盛》、《琥珀杯》、《雪花飞》、《皂貂裘》、《征马嘶》、《射飞雁》、《雪飘摇》。

大石角九:《红炉火》、《翠云裘》、《庆成功》、《冬夜长》、《金鹦鹉》、《玉楼寒》、《凤戏雏》、《一罐香》、《云中雁》。

歇指角九:《玉壶冰》、《卷珠箔》、《随风帘》、《树青葱》、《紫桂丛》、《五色云》、《玉楼宴》、《兰堂宴》、《千千岁》。

越角九:《望明堂》、《华池露》、《贮香囊》、《秋气清》、《照秋池》、《晓风度》、《靖边麈》、《闻新雁》、《吟风蝉》。

林钟角九:《庆时康》、《上林果》、《画帘垂》、《水精簟》、《夏木繁》、《暑气清》、《风中琴》、《转轻车》、《清风来》。

仙吕调十五:《喜清和》、《芰荷新》、《清世欢》、《玉钩栏》、《金步摇》、《金错落》、《燕引雏》、《草芊芊》、《步玉砌》、《整华裾》、《海山青》、《旋絮绵》、《风中帆》、《青丝骑》、《喜闻声》。

南吕调七:《春景丽》、《牡丹开》、《展芳茵》、《红桃露》、《啭林莺》、《满林花》、《风飞花》。

中吕调九:《宴嘉宾》、《会群仙》、《集百祥》、《凭朱栏》、《香烟细》、《仙洞开》、《上马杯》、《拂长袂》、《羽觞飞》。

高般涉调九:《喜秋成》、《戏马堂》、《泛秋菊》、《芝殿乐》、《鸂鶒杯》、《玉芙蓉》、《偃干戈》、《听秋砧》、《秋云飞》。

般涉调十:《玉树花》、《望星斗》、《金钱花》、《玉窗深》、《万民康》、《瑶林风》、《随阳雁》、《倒金罍》、《雁来宾》、《看秋月》。

黄钟羽七:《宴邹枚》、《云中树》、《燎金炉》、《涧底松》、《岭头梅》、《玉炉香》、《瑞雪飞》。

平调十:《万国朝》、《献春盘》、《鱼上冰》、《红梅花》、《洞中春》、《春雪飞》、《翻罗袖》、《落梅花》、《夜游乐》、《斗春鸡》。

因旧曲造新声者五十八:

正宫、南吕宫、道调宫、越调、南吕调、并《倾杯乐》、《三台》;仙吕宫、高宫、小石调、大石调、高大石调、小石角、双角、高角、大石角、歇指角、林钟角、越角、高般涉调、黄钟羽、平调、并《倾杯乐》;中吕宫《倾杯乐》、《剑器》、《感皇化》、三台;黄钟宫《倾杯乐》、《朝中措》、三台;双调《倾杯乐》、《摊破抛球乐》、《醉花间》、《小重山》、三台;林钟商《倾杯乐》、《洞中仙》、《望行宫》、三台;歇指调《倾杯乐》、《洞仙歌》、《三台》;仙吕调《倾杯乐》、《月宫仙》、《戴仙花》、《三台》;中吕调《倾杯乐》、《菩萨蛮》、《瑞鹧鸪》、《三台》;般涉调《倾杯乐》、《望征人》、《嘉宴乐》、《引驾回》、《拜新月》、《三台》。

若《宇宙贺皇恩》、《降圣万年春》之类,皆藩邸所作,以述太祖美德,诸曲多祕。而《平晋普天乐》者,平河东回所制,《万国朝天乐》者,又明年所制,每宴享常用之。然帝勤求治道,未尝自逸,故举乐有度。雍熙初,教坊使郭守中求外任,止赐束帛。

真宗不喜郑声,而或为杂词,未尝宣布于外。太平兴国中,伶官蔚茂多侍大宴,闻鸡唱,殿前都虞候崔翰问之曰:"此可被管弦乎?"茂多即法其声,制曲曰鸡叫子。又民间作新声者甚众,而教坊不用也。太宗所制曲,乾兴以来通用之,凡新奏十七调,总四十八曲:黄钟、道调、仙吕、南吕、正宫、小石、歇指、高平、般涉、大石、中吕、双越调,黄钟羽。其急慢诸曲几千数。又法曲、《龟兹》、鼓笛三部,凡二十有四曲。

仁宗洞晓音律,每禁中度曲,以赐教坊,或命教坊使撰进,凡五十有四曲,朝廷多用之。天圣中,帝尝问辅臣以古今乐之异同,王曾对曰:"古乐祀天地、宗庙、社稷、山川、鬼神,而听者莫不和悦。今乐则不然,徒虞人耳目而荡人心志。自昔人君流连荒亡者,莫不由此。"帝曰:"朕于声技固未尝留意,内外宴游皆勉强耳。"张知白曰:

“陛下盛德外人岂知之，愿备书时政记。”

世号太常为雅乐，而未尝施于宴享，岂以正声为不美哉！夫乐者，乐也，其道虽微妙难知，至于奏之而使人悦豫和平，则不待知音而后能也。今太常乐县钟、磬、埙、篪、搏拊之器，与夫舞缀羽、龠、干、戚之制，类皆仿古，逮振作之，则听者不知为乐而观者厌焉，古乐岂真若此哉！孔子曰：“恶郑声”，恐其乱雅。乱之云者，似是而非也。孟子亦曰：“古乐”，而太常与教坊殊绝，何哉？昔李照、胡瑗、阮逸改铸钟磬，处士徐复笑之曰：“今乐犹圣人寓器以声，不先求其声，不先求其声而更其器，其可用乎！”照、瑗、逸制作之久之，卒无所成。蜀人房庶亦深订其非是，因著书论古乐与今乐本末不远，其大略以谓：“上古世质，器与声朴，后世稍变焉。金石，钟磬也，后世易之为方响；丝竹，琴箫也，后世变之为筝笛。匏，笙也，攒之以斗；埙，土也，变而为瓯；革，麻料也，击而为鼓；木，柷敔也，贯之为板。此八音者，于世甚便，而不达者指庙乐镈钟、镈磬、宫轩为正声，而概谓夷部、卤部为淫声。殊不知大辂起于椎轮，龙艘生于落叶，其变则然也。古者食以俎豆，后世易以杯盂；簟席以为安，后世更以榻桉。使圣人复生，不能舍杯盂、榻桉，而复俎豆、簟席之质也。八音之器，岂异此哉！孔子曰：‘郑声淫’者，岂以其器不若古哉！亦疾其声之变尔。试使知乐者，由今之器，寄古之声，去沾滞靡曼而归之中和雅正，则感人心、导和气，不曰治世之音乎！然则世所谓雅乐者，未必如古，而教坊所奏，岂尽为淫声哉，当数子纷纷锐意改制之后，庶之论指意独如此，故存其语，以俟知者。

教坊本隶宣政徽院，有使、副使、判官、都色长、色长、高班、大小都知。天圣五年，以内侍二人为钤辖。嘉祐中，诏乐工每色额止二人，教头止三人，有阙即填。异时或传诏增置，许有司论奏。使、副岁阅杂剧，把色人分三等，遇三殿应奉人阙，即以次补。诸部应奉及二十年，年五十已上，许补庙令或镇将，官制行，以隶太常寺。同天节，宝慈、庆寿宫生辰，皇子、公主生，凡国之庆事，皆进歌乐词。

熙宁九年，教坊副使花日新言："乐声高，歌者难继。方响部器不中度，丝竹从之。宜去噍杀之急，归啴缓之易，请下一律，改造方响，以为乐准。丝竹悉从其声，则音律谐协，以导中和之气。"诏从之。十一月，奏新乐于化成殿，帝谕近臣曰："乐声第降一律，已得宽和之节矣。"增赐方响为架三十，命太常下法驾，卤部乐一律，如教坊云。初，熙宁二年五月，罢宗室正任以上借教坊乐人，至八年，复之，许教乐。

政和三年五月，诏："比以《大晟乐》播之教坊，嘉与天下共之，可以所进乐颁之天下。"八月，尚书省言："大晟府宴乐已拨归教坊，所有诸府从来习学之人，元降指挥令就大晟府教习，今当并就教坊习学。"从之。四年正月，礼部奏："教坊乐，春或用商声，孟或用季律，甚失四时之序。乞以大晟府十二月所定声律，令教坊阅习，仍令秘书省撰词。"

高宗建炎初，省教坊。绍兴十四年复置，凡乐工四百六十人，以内侍充钤辖。绍兴末复省。孝宗隆兴二年天申节，将用乐上寿，上曰："一岁之间，只两宫诞日外，余无所用，不知作何名色。"大臣皆言："临时点集，不必置教坊。"上曰："善。"乾道后，北使每岁两至，亦用乐，但呼市人使之，不置教坊，止令修内司先两旬教习。旧例用乐人三百人，百戏军百人，百禽鸣二人，小儿队七十一人，女童队百三十七人，筑球军三十二人，起立门行人三十二人，旗鼓四十人，以上并临安府差。相扑等子二十一人，御前忠佐司差。命罢小儿及女童队，余用之。

云韶部者，黄门乐也。开宝中平岭表，择广州内臣之聪警者，得八十人，令于教坊习乐艺，赐名箫韶部。雍熙初，改曰云韶，每上元观灯，上巳、端午观水嬉，皆命作乐于宫中。遇南至、元正、清明、春秋分社之节，亲王内中宴射，则亦用之。奏大曲十三：一曰中吕宫《万年欢》；二曰黄钟宫《中和乐》；三曰南吕宫《普天献寿》，此曲亦太宗所制；四曰正宫《梁州》；五曰林钟商《泛清波》；六曰双调《大定乐》；七曰小石调《喜新春》；八曰越调《胡渭州》；九曰大石调《清平乐》；十曰涉调《长寿仙》；十一曰高平调《罢金钲》；十二曰中吕调《绿腰》；十三曰仙吕调《彩云归》。乐用琵琶、筝、笙、觱栗、笛、方响、杖鼓、羯鼓、大鼓、拍板。杂剧用傀儡，后不复补。

钧容直，亦军乐也。太平兴国三年，诏籍军中之善乐者，命曰引龙直。每巡省游幸，则骑导车驾而奏乐；若御楼观灯、赐酺，则载第一山车。端拱二年，又选捧日、天武、拱圣军晓畅音律者，增多其数，以中使监视，藩臣以乐工上贡者亦隶之。淳化四年，改名钧容直，取钧天之义。初用乐工，同云韶部。大中祥符五年，因鼓工温用之请，增龟兹部，如教坊。其奉天书及四宫观皆用之。有指挥使一人、都知二人、副都知二人、押班三人、应奉文字一人、监领内侍二人。嘉佑元年，系籍三百八十三人。六年，增置四百三十四人，诏以为额，阙即补之。七年，诏隶班及二十四年、年五十以上者，听补军职，隶军头司。其乐旧奏十六调，凡三十六大曲，鼓笛二十一曲，并他曲甚众。嘉佑二年，监领内侍言，钧容直与教坊乐并奏，声不谐。诏罢钧容旧十六调，取教坊十七调肄习之，虽间有损益，然其大曲、曲破并急慢诸曲，与教坊颇同矣。

绍兴中，钧容直旧管四百人，杨存中请复收补，权以旧管之半为额，寻闻其召募骚扰，降诏止之。及其以应奉有劳，进呈推赏，又申谕止于支赐一次，庶杜其日后希望。绍兴三十年，复诏钧容班可蠲省，令殿司比拟一等班直收顿，内老弱癃疾者放停。教坊所尝援祖宗旧典，点选入教，虽暂从其请，绍兴三十一年有诏，教坊即日蠲罢，各令自便。

东西班乐，亦太平兴国中选东西班习乐者，乐器独用银字觱栗、小笛、小笙。每骑从车驾而奏乐，或巡方则夜奏于行宫殿庭。

诸军皆有善乐者，每车驾亲祀回，则衣绯绿衣，自青城至朱雀门，列于御道之左右，奏乐迎奉，其声相属，闻十数里。或军宴设亦奏之。

棹刀枪牌翻歌等，不常置。

清卫军习乐者，令钧容直教之，内侍主其事，园苑赐会及馆待契丹使人。

又有亲从亲事乐及开封府衙前乐，园苑又分用诸军乐，诸州皆有衙前乐。

四夷乐者，元丰六年五月，召见米脂砦所降戎乐四十二人，奏乐于崇政殿，以三班借职王恩等六人差监在京闲慢库务门及旧城门敢勇三十六人，与茶酒新任殿侍。《大晟乐书》曰："前此宫架之外，列熊罴案，所奏皆夷乐也，岂容淆杂大乐！乃奏罢之。然古鞮鞻氏掌四夷乐，韎师、旄人各有所掌，以承祭祀，以供宴享。盖中天下而立，得四海之欢心，使鼓舞焉，先王之所不废也。《汉律》曰：'每大朝会宜设于殿门之外。'天子御楼，则宫架之外列于道侧，岂可施于广庭，与大乐并奏哉！"

宋史卷一四三
志第九六

仪卫一

殿庭立仗

　　綦天下之贵,一人而已。是故环拱而居,备物而动,文谓之仪,武谓之卫。一以明制度,示等威;一以慎出入,远危疑也。《书》载弁戈、冕刘、虎贲、车辂。《周官》旅贲,王出入,执盾以夹王车。朝仪之制,固已綮然。降及秦、汉,始有周庐、陛戟、卤簿、金根、大驾、法驾千乘万骑之盛。历代因之,虽或损益,然不过为尊大而已。宋初,因唐、五代之旧,讲究修葺,尤为详备。其殿庭之仪,则有黄麾大仗、黄麾半仗、黄麾角仗、黄麾细仗。凡正旦、冬至及五月一日大朝会,大庆、册、受贺、受朝,则设大仗;月朔视朝,则设半仗;外国使来,则设角仗;发册授宝,则设细仗。其卤簿之等有四:一曰大驾,郊祀大飨用之;二曰法驾,方泽、明堂、宗庙、籍田用之;三曰小驾,朝陵、封祀、奏谢用之;四曰黄麾仗,亲征、省方还京用之。南渡之后,务为简省。此其大较也。若夫临时增损,用置不同,则有国史、会要、礼书具在。今取所载,撮其凡为《仪卫志》。

　　殿庭立仗,本充庭之制。唐礼,殿庭、屯门,皆列诸卫黄麾大仗。宋兴,太祖增创错绣诸旗并幡氅等,著于《通礼》,正、至、五月一日,御正殿则陈之。青龙、白虎旗各一,分左右,五岳旗五在左,五星旗五在右；五方龙旗二十五在左，五方凤旗二十五在右；红门神旗二十八，分左右；朱雀、真武旗各一，分左右；皂纛十二，分左右。以上金吾。天一、太一旗各一，分左右；摄提旗二，分左右；五辰旗五，北斗旗一，分左右；木、火、北斗在左，金、水、土在右。二十八宿各一，角宿至壁宿在左，奎宿至轸宿在右。风伯、雨师旗各一，分左右；白泽驯象、仙鹿、玉兔、驯犀、金鹦鹉、瑞麦、孔雀、野马、犛牛旗各二，分左右；日月合璧旗一在左，五星连珠旗一在右，雷公、电母旗各一分左右；军公旗六，分左右；黄鹿、飞麟、兕、驺牙、白狼、苍乌、辟邪、网子、貔旗各二，分左右；信幡二十二，分左右；传教、告止幡各十二，分左右；黄麾二，分左右。以上兵部。日旗、月旗各一，分左右；君王万岁旗一在左，天下太平旗一在右；狮子旗二，分左右；金鸾、金凤旗各一，分左右；五方龙旗各一。青、赤在左，黄、白、黑在右。以上龙墀。龙君、虎君旗各五，分左右；赤豹、黄熊旗各五，分左右；小黄龙旗一在左，天马旗一在右；吏兵、力士旗各五，分左右；天王旗四，分左右；太岁旗十二，分左右；天马旗六，分左右；排阑旗六十，分左右；左右幡氅各五行，行七十五；大黄龙旗二，分左右；大神旗六，分左右。以上六军。

神宗元丰二年，详定所言："正旦御殿，合用黄麾仗。按唐《开元礼》，冬至朝会及皇太子受册、加元服，册命诸王大臣，朝宴外国，亦皆用之。故事，皇帝受群臣上尊号，诸卫各率其属，勒所部屯门、殿庭列仗卫。今独修正旦仪注，而余皆未及。欲乞冬会等仪，悉加详定。"诏从之。又言："御殿仪仗，有黄麾幡三而无黄麾。请制大麾一，注旄于干首，以取夏制；黄色，以取汉制；用十二幅，以取唐制；用一旒，以取今龙墀旗之制。建于当御厢之前，以为表识。其当御厢之后，则建黄麾幡二。"上谓蔡确等曰："黄麾制度，终有可疑。今凿而为植于大庭，夷夏共瞻，或致博闻多识者讥议，非善，宜姑阙之。"乃止。三年，详定所言："昨定朝会图，于大庆殿横街北止陈大辇、逍遥、平辇，而舆未陈也。当大辇之南，增腰舆一，小舆一。古者扇翣，皆编次雉羽或尾为之，故于文从'羽'。唐《开元》改为孔雀，凡大朝会,陈一百五十有六,分居左右。国朝复雉尾之名,而四面略为羽毛之形,中绣双孔雀,又有双盘龙扇,皆无所本。"遂改制偏扇、团方扇为三等,绣雉。凡朝会,平辇、逍遥并陈于东西龙墀上。

徽宗政和三年,议礼局上大庆殿大朝会仪卫:

黄麾大仗五千二十五人。仗首左右厢各二部,绛引幡十。执各一人。第一部,左右领军卫大将军各一员,第二部,左右领军卫折冲,掌鼓一人,帅兵官一十人。次执仪刀部十二行,每行持各十人:后部并仗同。第一行,黄鸡四角氅;凡氅,皆持以龙头竿。第二,仪锽五色幡;第三,青孔雀五角氅;第四,乌戟;第五,绯凤六角氅;第六,细弓矢;第七,白鹅四角氅;第八,朱縢络盾刀;第九,皂鹅六角氅;第十,细弓矢;第十一,槊;第十二,绿縢络盾刀。揭鼓二,掌鼓二人。后部同。以上排列左右厢。第一部各于军员之南,居次厢第一部稍前。第二部于第一部之后,并相向。

次厢左右各三部:第一,左右屯卫,第二,左右武卫,并大将军;第三,左右卫将军:各一员。第一,果毅;第二、第三,折冲:各一员。于仗首左右厢第一部之南,相向。持黄麾幡二人,在当御厢前分立当。御厢左右各一部,左右卫果毅各一人,于玉辂之前分左右,并北向。

次后厢左右各三部:第一,左右骁卫将军;第二,左右领军卫折冲;第三,左右领军卫果毅;各一员。第一部,分于当御厢之左右差后;第二部,左在金辂之后西偏,右在象辂之后东偏;第三部,左在革辂之后西偏,右在木辂之后东偏,并北向。

次左右厢各三部:第一,左右武卫将军;第二,左右屯卫将军;第三,左右领军卫折冲:各一员。各在网子、鹖鸡、貔旗之前,东西相向。左右厢各步甲十二队:第一队,左右卫果毅;第二,左右卫,第四,左右骁卫,第六,左右武卫,第八,左右屯卫,第十、第十二,左右领军卫,并折冲;第三,左右骁卫,第五,左右武卫,第七,左右屯卫,第九、第十一,左右领军卫,并果毅:

各一员。每队旗一,貔、鹦鸡、仙鹿、金鹦鹉、瑞麦、孔雀、野马、
犘牛、甘露、网子。内第十二队旗同第一队。刀盾、弓矢相间,分十
二队,每队三十人,五重。第一至第六队,在仗首第二部北;第
七至第十二队,在仗首第二部南,东西相向。

左右厢后部各十二队:第一第二,左右卫;第五至第七,左
右武卫;第十至第十二,左右领军卫:并折冲。第三、第四,左右
骁卫;第八、第九,左右屯卫:并果毅。每队旗二,角䚡、赤熊、
兕、太平、驯犀、骏犰、驉骝、驺牙、苍乌、白狼、龙马、金牛。次弩
五人为一列,弓矢十人为二重,槊二十人为四重。以上在大庆
殿门外,第一至第四队在前,第五至第八队在后,第九至第十
二队又在后,东西相向。

真武、队:金吾折冲都尉一员,仙童、真武滕蛇、神龟旗各
一,执各一人。犦矟二人,弩五人为一列,弓矢二十人为四重,槊
二十五人为五重。以上在大庆门外中道,北向排列。

殿中省尚辇陈孔雀扇四十于廉外。执各一人。陈辇舆于龙
墀。大辇在东部,押、执、擎人二百二十有二人;腰舆在南,一十
有七人;小舆又在南,二十有五人,皆西向。平辇在西,逍遥在
南,共三十七人,皆东向。设伞、扇于沙墀:方伞二,分左右;执
伞将校四人。团龙扇四,分左右;执扇都将四人。方雉扇一百,分
伞、扇之后,为五行。执扇长行一百人。押当职掌二人,各立团龙
扇之北。金吾引驾官二人,分立团扇之南。

文德殿入阁之制,唯殿中省细仗,与两省供奉官班于庭。太宗
淳化三年,增黄麾仗二百五十人。神宗熙宁三年,修阁门仪制宋敏
求言:"本朝惟入阁乃御文德殿视朝。今即不用入阁仪,即文德殿遂
阙视朝之礼。乞下两制及太常礼院,约唐御宣政殿制裁定,以备朔
望正衙视朝之礼。"诏学士院详定。学士韩维等上其仪:朔前一日,
有司供张于文德殿庭。东面,左金吾引驾官一人,四色官二人,各带
仪刀。被金甲天武官一人,判殿中省一人,排列官一人,扇二,方伞

一。金吾仗碧襕十二，各执仪刀。兵部仪仗排列职掌一人，押队员
僚二人。黄麾幡一，告止幡、传教幡、信幡各八，龙头竿、戟各五十。
西面，右金吾引驾官以下，皆如东面。天武官东西总百人。门外立
仗：其东，青龙旗一，五岳旗五，五龙旗十；其西，白虎旗一，五星旗
五，五凤旗十。御马，东西皆五匹，每匹人员二人，御龙官四人。设
御幄于殿后阁。其日，左右金吾将军常服押本卫仗，殿中省官押细
仗，东西对列，俟皇帝受朝、降坐、放仗，乃退。

徽宗政和三年，议礼局上文德殿视朝之制：

　　黄麾半仗，共二千二百六十五人。殿内仗首，左右厢各一
部，每部一百二十四人，在金吾仗南，东西相向。绛引幡十，执
各一人。分部之南北，为五重。当御厢左右部同，左部在帅兵官
东，右部在帅兵官西，各为十重。左右领军卫大将军各一员，居
部之中。次厢左右第一、第二、第三部同。掌鼓一人，次大将军后。
次厢左右第一部并当御相左右部，次果毅，次厢左右第二、第三部，次折
冲，次后厢左右部，次将军。帅兵官十人，分部之南北，为五重，北
在绛引幡之南，南在绛引幡之北。次相左右第一、第二、第三部
在部之南北，当御厢、次后厢左部在黄麾东，右部在黄麾西。

　　执仪刀部十行，行十人，每色两行，为五重。次厢左右第一、
第二、第三部同。当御厢、次后厢左右部，每色一行，为十重。左部以东为
首，右部以西为首，并次帅兵官。第一行，龙头竿黄鸡四角麾；凡麾
皆持以龙头竿。第二，仪锽五色幡；第三，青孔雀五角麾；第四，
乌戟；第五，绯凤六角麾；第六，细弓矢；第七，白鹅四角麾；第
八，朱縢络盾刀；第九，皂鹅六角麾；第十，槊。揭鼓二，掌揭鼓
二人。分立绯麾、乌戟后当中，次厢左右第一、第二、第三部同，当御厢、
次后厢并一在仪锽、青麾间，一在弓矢、白麾间，与后行齐。次厢左右
各三部，每部一百一十五人，次左右厢仗首之南，东西相向。第
一部，左右屯卫大将军及果毅各一员；第二部，左右武卫大将
军，第三部左右卫将军各一员，折冲各一员。黄麾幡二，分立当
御左右厢前中间，北向。当御厢左右各一部，每部一百二十四

人，在殿门内中道，分东西，并北向。次后厢左右部同。大庆殿列于乐架之南。左右卫果毅各一员。左在部西，右在部东。次后左右厢将军准此。次后厢左右各一部，每部一百一十四人，次当御厢南，左右骁卫将军各一员。左右厢各步军六队，第一队，每队三十三人，第二至第六队，每队各二十七人。分东西，在仗队后。第一，左右卫；第三，左右武卫；第五，左右领军卫：并果毅各一员。第二，左右骁卫；第四，左右屯卫；第六，左右领军卫；并折冲，各一员。每队旗二，貔、金鹦鹉、瑞麦、犛牛、甘露、鹖鸡，执各一人。刀盾、弓矢相间，人数行列同前。左右厢步军，殿门外左右厢后部各六队，每队三十八人，在部下亲从后，东西相向。第一队，左右卫；第三，左右武卫；第五，左右领军卫：并折冲，各一员。第二，左右骁卫；第四、第六，左右屯卫；并果毅，各一员。角䚟、太平、驯犀、驼牙、白狼、苍乌等旗各二，弩五人，为一列，弓矢十人，为二重，槊二十人，为四重。

真武队五十七人，在端礼门内中道，北向。大庆殿于殿门外。前有金吾折冲都尉一员，仙童、真武、腾蛇、神龟等旗各一，爆槊二人，弩五人为一列，弓矢二十人为四重，槊二十五人为五重。排列仗队职掌六人，分立仗队之间，殿内四人，殿外二人。

殿中省尚辇陈扇二十于廉外，执扇殿侍二十人。陈腰舆、小舆于东西朵殿，腰舆在东，小舆在西，人员、都将各一人，辇官共四十人。陈伞、扇于殿下，方伞。团龙扇四，并分左右夹伞。执扇各一人，将校或节级。方雉扇六十，作三重，在伞、扇之后。辇官长行各一人，金吾左右将军各一员，在伞、扇之南，稍前。四色官四人，二人立于将军之南，与伞、扇一列。宣敕放仗二人，在引驾官南。执仪刀引驾官二人，在亲从官后。长行二十四人，在四色官之南，排列官二人，在长行之南，次金甲天武官二人，在长行南。以上并分东西相向立。设旗于殿门之外，青龙旗一在左，五岳神旗各一次之，五方色龙旗各一次之，五方色龙旗各一又次之。白虎旗一在右，五星神旗各一次之，五方色凤旗

各一次之，五方色凤旗各一又次之。诏颁行之。大庆殿册命诸王、大臣，黄麾仗准文德殿视朝。

政和中，大祀飨乡立仗：大黄龙负图旗一，执绯二百人，陈于阙庭赤龙旗南少西大黄龙旗之北。宣和，冬祀，陈于大内前。大黄龙旗一，执绯六十人，陈于逐顿宫门外宣德门，次大黄龙负图旗之南。宣和此旗下又有日、月、五星连珠、北斗、招摇、苍龙、白虎、朱雀、玄武、君王万岁、狮子、金鸾、金凤、五方龙、天下太平等旗，凡二十一。正、至受朝同。龙墀旗陈于殿庭；太庙，在西棂星门外路南，次赤龙旗少北；青城，在泰祀门外，夏祭大礼在明禋门外。赤龙旗之南。宗祀袷飨大礼，下设大黄龙负图旗、大黄龙旗。大神旗六，执禋各九十人，宣德门、泰茵门并陈于大黄龙旗之南，东西相望；太庙陈于西棂星门外，大黄龙旗之西少南，视赤龙旗为列，南北相望。龙墀旗执绯各十二人，左右有日、月旗各一。次君王万岁旗一，宣德门、泰禋门，在路东；太庙，在门外路南。次狮子旗二，左右有金鸾、金凤旗各一。次五方龙旗各一：青、黄、赤龙旗，宣德、泰禋门在东，太庙在南；黑、白龙旗，宣德、泰禋门在西，太庙在北。次天下太平旗一，宣德、泰禋门，在路西；太庙，在路北。以上旗皆在车驾前发仗内。执绯人并锦帽、五色绝绣宝相花衫、锦臂韝、革带。

政和中，辽使朝紫宸殿，用黄麾角仗，共一千五十六人。殿内黄麾幡二，次四色官之南，分左右。仗首左右厢各一部，每部一百四十人，朵殿下稍南。绛引幡十，分部之南北，各为五重。左右领军卫大将军各一员，在部中稍南。次厢左右第一、第二部同。掌鼓一人，次大将军后。次厢左右第一部次果毅，第二部次折冲。帅兵官十人，分部之南北，北在绛引幡之南，南在绛引幡之北。次厢左右第一、第二部在部之南北。各为五重。执仪刀部九行，每行持各十人。第一，龙头竿黄鸡四角氅；皆持以龙头竿。第二，仪锽五色幡；第三，青孔雀五角氅；第四，乌戟；第五，绯凤六角氅；第六，细弓矢；第七，白鹅四角氅；第八，槊；

第九,皂鹅六角氅。掌揭鼓一人,在绯氅、乌戟之后。次厢左右第一、第二部同。次厢左右各二部,每部一百五人,次左右厢仗首之南。第一部,左右屯卫大将军、果毅各一员;第二,左右武卫大将军、折冲各一员。掌鼓以下至掌揭鼓人数,并同仗首。殿外左右厢各步甲三队,每队三十三人。第一,左右卫,第三,左右武卫,并果毅第二,左右骁卫折冲:并各一员。貔、金鹦鹉、瑞麦旗各二,以次分在三队,刀盾三十人,为五重。内第二队弓矢。左右厢后部各三队,第一队每队三十八人,第二队每队三十三人。第一,左右卫,第三,左右武卫,并折冲;第二左右骁卫果毅。角䚡、太平、驯犀旗各二,以次分在三队。弩五人,为一列,弓矢十人,为二重,第二、第三队为一列。槊二十人,为四重。排列仗队职掌二人,次厢第二部之南,分左右。以上殿内仗队,东西相向排列。

　　殿中省尚辇陈舆、辇于东西朵殿,平辇在东,西向;逍遥辇在西,东向。设伞、扇于殿下,方伞二,分左右;团龙扇四,分左右,夹方伞。方雉扇二十四,分左右,各二重,在伞、扇之后金吾四色官一人。

　　政和中,文德殿发册,用黄麾细仗,共一千四百二人。设日旗、君王万岁旗、狮子旗、金鸾旗、青龙旗、赤龙旗各一,在殿东阶之东,以西为上;月旗天下太平旗、狮子旗、金凤旗、白龙旗、黑龙旗各一,在殿西阶之西,以东为上;每旗执扯四人。俱北向立。押当职掌二人,分左右立于日、月旗南。次方伞。团龙扇四,夹方伞二。次金吾上将军二人,将军四人,引驾官四人。次金甲二人。次四色官六人,内二人执笏,作余金铜仪刀。次碧襕二十四人,内执金铜仪刀左右各六人,在北。次都押衙二人,立于碧襕之南,少退。次皂纛旗一十二,每旗执扯五人。左右金吾仗司员僚各一人押纛,立于旗南。次青龙旗一在东,白虎旗一在西。每旗执扯六人。员僚二人押旗,在旗之北。以上并分左右,东西向。次五方龙旗在东,五方凤旗在西,各二十五。每五旗相间各依方色排列。次五岳神旗五在东,五星神旗五在西,各依方位排列。每旗执扯三人。次朱雀旗一在东,真武旗一在西。每旗执扯六人。以上并北向。员僚二人押旗，在旗之南，分左右。次红门旗二十八，分左右。每旗执扯二人。次寅、卯、辰、巳、午、未旗六，在东；申、酉、戌、亥、子、丑旗六，在西。天王旗四，分左右，夹辰旗。次龙君、赤豹、吏兵旗各五，每旗各为一列在东，每列掩尾天马旗一，以次在东。次虎君、黄熊、力士旗各五，每旗各为一列，每列掩尾天马旗一，以次在西。每旗执扯三人。员僚六人押仗，各分立旗前。次员僚四人押旗，分左右，东西为一列。每列一员。左厢第一队，鸒鸡、白泽、玉马、貔旗、四渎旗各一，为一列；下至第九队旗行列准此。第二队，角、亢、氐、房、心宿旗各一；第三队，虚、危、室、壁、奎宿旗各一；第四队，参、井、鬼、柳宿、驮骢旗各一；第五队，三角兽、黄鹿、苣文、驯象、飞麟旗各一；第六队，辟邪、玉兔、吉利、仙鹿、祥云旗各一；第七队，花凤、飞黄、野马、金鹦鹉、瑞麦旗各一；第八队，孔雀、兕、甘露、网子、角䚟旗各一，并各为一列；第九队，犛牛旗一，设于孔雀旗后。右厢第一队，同左厢第一。第二队，尾、箕、斗、牛、女宿旗各一；第三队，娄、胃、昴、华、觜宿旗各一；第四队，星、张、翼、轸、驮骢旗各一；第五至第八队，并同左厢第五至第八；第九队，驺牙旗、苍乌旗各二，相间为一列。每旗执扯三人。俱北向。员僚二人，押黄麾立于龙凤旗之北。左右厢五色龙凤旗之东西，各设黄麾幡二。次告止幡、传教幡、信幡各五，次绛麾幡二，次绛引幡五。员僚五人，押黄麾立于龙凤旗北少东。排阑旗三十，自黄麾幡东西排列，以次于南，每旗执扯三人。俱北向。镫杖、哥舒各三十，于殿东西两厢排列。镫杖起北，哥舒间之，俱东西相向。左右厢执白柯枪各七十五人，东西相向。又于驺牙旗南设大黄龙旗一，在殿门里少西，执扯二十人。小黄龙旗一，在大黄龙旗后少西，执扯三人。次大神旗六，分左右。卫尉寺押当仪仗职掌四人，排列通直官二人，大将二人，节级二人，检察六人，左右金吾仗司押当职掌、排列官各一人。职掌、大将、检察。凡大朝会仪卫，有司皆依令式陈设。

　　初，宋制，有黄麾大仗、半仗、角仗细仗。南渡后，仪仗尤简，惟

造黄麾半仗、角仗、细仗，而大仗不设。中兴大朝会，四朝惟一讲，绍
与十五年正月朔旦是也。然止以大仗三分减一，用三千三百五十
人。自是正旦、冬至俱免大朝贺，以为定例焉。

　　黄麾半仗者，大庆殿正旦受朝、两宫上册宝之所设也，用二千
四百一十五人。其内仪仗官兵等一千八百三人，兵部职掌五人，统
制官二人，皆幞头、公裳、腰带、靴笏。金吾司碧襕三十二人，幞头、
碧襕衫、铜革带，执仪刀。将官二人，幞头、绯抹额、紫绣罗袍、背腾
蛇、铜革带，执仪刀。旁头一十人，素帽、紫绸衫、缬衫、黄勒帛，执铜
仗子。金铜甲二人，兜鍪、甲衫、锦臂衣，执金铜钺斧。绛引幡十，告
止幡、传教幡、信幡各二，执幡人皆武弁、绯宝相花衫、勒帛。黄麾幡
二，执幡人武弁、黄宝相花衫、铜革带。小行旗三百人，素帽、五色抹
额、绯宝相花衫、勒帛。五色小氅三百人，仪锽四十人，皆缬帽，五色
宝相花衫、勒帛。金节一十二人，武弁、青宝相花衫、铜革带。叉叉
三十人，素帽、五色宝相花衫、勒帛。绿槊二百一十人，素帽、绯宝相
花衫、勒帛。乌戟二百一十人，缬帽、绯宝相花衫、勒帛。白柯枪六
十人，素帽子、银褐宝相花衫、勒帛。仪弓二百七十人，缬帽、青宝相
花衫、勒帛。仪弩六十人，平巾帻、绯宝相花衫、勒帛。铜仗子二十
人，素帽、紫绸衫、黄勒帛。仪刀百八十四人，平巾帻、绯宝相花衫。
内大旗下六百一十二人，大旗三十四，龙旗一十，凤旗一十，五星
旗、五岳旗各五，青龙旗、白虎旗、朱雀旗、玄武旗各一，每旗扶拽一
十七人，搭材一名，武弁、五色宝相花衫、勒帛。其外殿中舆辇、伞扇
百三十三人，逍遥、平辇各一，每辇人员八人，帽子、宜男缬罗单衫、
涂金银柘枝腰带。辇官二十七人，幞头、白狮子缬罗单衫、涂金银海
捷腰带、紫罗里夹三襜。中道伞扇六十六，辇官七十人，素方伞四十
四人，弓脚幞头、碧襕衫、涂金铜革带、乌皮履。绣紫方伞六、花团扇
十二、十八人，雉扇二十二人，准备四人，皆武弁、绯宝相花袍、铜革
带。凤扇二十二人，黄抹额、黄宝相花袍、黄勒帛。编排仪仗职掌五
人，立殿下伞扇后，乌皮介帻、绯罗宽衫、白罗大带。

　　其黄麾小半仗者，大庆殿册皇太子及穆清殿皇后受册之所设

也，用一千四百九十九人。其内仪仗官兵等八百八十七人，兵部职掌十二人，金吾司碧襕三十人，绛引幡二、告止幡一、传教幡一、信幡一、用十五人，黄麾幡一，三人。小行旗百八十人，五色小氅子百八十人，金节十二人，仪锽、斧二十三人，绿𣏾七十五人，乌戟七十五人，白柯枪八十一人，仪弓六十三人，仪弩四十五人，铜仗子一十人，仪刀六十七人。统制官、将官、牵头、金铜甲，皆与前半仗同。内大旗下六百一十二人，殿中舆辇、伞扇百三十二人，皆同前半仗。

其黄麾角仗者，大庆殿冬至受朝、紫宸殿即位、两宫贺节庆寿、紫宸殿受金使朝之所设也，用一千五十六人。内金吾司放仗官二人，统制官一人，摄大将军六人，旁头五人，黄麾幡一，三人，绛引幡八，二十四人，金节十二人，仪弓七十人，仪弩五十人，仪刀七十人，仪锽、斧一十三人，白柯枪三十人，绿𣏾七十人，乌戟七十人，小行旗三百人，五色小氅三百人，铜仗子三十人。

其黄麾细仗者，大庆殿、文德殿发册及进国史之所设也。东都用一千四百二人，中兴后或用百人至五百人，随事增损。而其执仗有四，小行旗、五色小氅、仪刀、铜仗子；其服色有四，缬帽子、素帽子、平巾帻、武弁冠，五色宝相花衫、勒帛。

大朝会之外，有日参、四参、六参、朔参、望参。朔参，用厘务、不厘务通直郎已上。望参，用厘务通直郎已上。宣制、非时庆贺以望参官，余以朔参官。四参官，谓宰执，侍徒，武臣正任，文臣卿监、员郎、监察御史已上。四参遇雨则改日参。在京宫观奉朝请者赴六参。高宗移跸临安，殿无南廊，遇雨雪，则日参官于南阁内起居。宰执、使相立檐下；侍徒、两省、台谏官以下立南阁内；卿监、郎官、武功大夫以下立东西廊。绍兴十二年十月，有司请行正、至朝贺礼，及请求祖宗故实常朝、视朝、正衙、便殿之仪。乃讨论朔日文德殿视朝，紫宸殿日参、望参、垂拱殿日参、四参，假日崇政殿坐，圣节垂拱、紫宸殿上寿之制。请先御正殿视朝。十一月，礼部侍郎王赏言："正、至及大庆贺受朝，系御大庆殿，与文德、紫宸、垂拱殿礼制不同。月朔视朝，则御文德殿，谓之前殿正衙，设黄麾半仗其余紫宸，垂拱皆系

别殿，不设仪仗。今大庆殿朝会，礼文繁多，欲先举行文德殿视朝之
制。"时行宫止一殿，乃更作崇政、垂拱二殿。御史台请以射殿为崇
政殿，朔望权置帐门以为紫宸殿，宣赦书、德音、麻制以为文德殿，
群臣拜表、听御札批答权作文德殿东上阁门。其垂拱殿四参，于殿
门外设位版。十三年，始视朝于文德殿，设黄麾半仗二千四百十五
人。六月，紫宸殿望参，设黄麾角仗一千五十六人。自是，后殿坐及
射殿引呈公事，以日景已高，依旧制设卫士、青凉伞十。淳熙十四
年，诏引呈射殿公事，殿门外排立御马，如后殿之仪。

　　大朝会仪，旧制，垂拱殿设廉，殿上驻辇，候起居称贺班绝，乘
辇，枢密、知阁门官、枢密都承旨、诸房副都承旨前导，管军引驾
至大庆殿后幄降辇，入次更衣。绍兴十五年正月朔旦，以二殿经涂
与东都异，乃以常御殿为垂拱殿，免驻辇，设廉帷，设椅子，称贺华，
过大庆殿后幄。前期，仪鸾司设御榻于大庆殿中，南向，设东西房于
御榻左右稍北，设东西阁于殿后左右，殿上前楹施廉，设香案于殿
下。太常展宫架乐于殿庭横街之南。其日，御辇院陈舆辇、伞扇于
殿下，东西相向。兵部陈五辂于皇城南门外，俱北向。骐骥院列御
马于殿门外，东西相向。兵部帅属设黄麾仗三千三百五十人于殿门
内外。以殿狭，辇出房，不鸣鞭。

　　淳熙十六年正旦，行称贺礼，比政和五礼月朔视朝仪。皇帝御
大庆殿，服靴袍，即御坐，皇太子、文武百僚常服称贺，而设黄麾半
仗二千四百十五人。及冬至朝贺，设黄麾角仗一千五十六人。著为
令。而大朝会仪，自绍兴十五年以后不设。

宋史卷一四四
志第九七

仪卫二

宫中导从　行幸仪卫　太上皇仪卫
后妃仪卫

　　宫中导从之制，唐已前无闻焉。五代汉乾祐中，始置主辇十六人，捧足一人，掌扇四人，持踏床一人，并服文绫袍、银叶弓脚幞头。尚宫一人，宝省一人，高鬟、紫衣。书省二人，紫衣、弓脚幞头。新妇二人，高鬟、青袍。大将二人，紫衣、弓脚幞头。童子执红丝拂二人，高鬟髻、青衣。执犀盘二人，带幞头、黄衫。执翟尾二人，带幞头、黄衫。鸡冠二人，紫衣，分执金灌器、唾壶。女冠二人，紫衣，执香炉、香盘。分左右以次奉引。

　　太宗太平兴国初，增主辇二十四人，改服高脚幞头；辇头一人，衣紫绣袍，持金涂银仗以督领之。奉珍珠、七宝、翠毛华树二人，衣绯袍；奉金宝山二人，衣绿绣袍；奉龙脑合二人，衣绯销金袍，并高脚幞头。执拂翟四人，幞头、衣黄绣袍。旧衣绫袍、紫衣者，悉易以销金及绣。复增司簿一人，内省一人，司仪一人，司给一人，皆分左右前导，凡一十七行。每正至御殿，祀郊庙，步辇出入至长春殿用之。其乘辇，则屈右足、垂左足而凭几，盖唐制也。真宗时，加四面内官周卫。大中祥符三年，内出绘图以示宰相。

行幸仪卫。宋初，三驾皆以待礼事。车驾近出，止用常从以行。其旧仪，殿前司随驾马队，凡诸班直内，殿前指挥使全班祗应：左班七十六人，二十四人在驾前左边引驾，五十二人作两队马随驾；右班七十七人，二十四人在驾前右边引驾，五十三人在驾后作两队随驾，二十七人第一队，二十六人第二队。内殿直五十四人，散员六十四人，散指挥六十四人，散都头五十四人，散祗候五十四人，金枪五十四人，茶酒班祗应殿侍百五十七人，东第二班长祗候殿侍十八人，驾后动乐三十一人，马队弩手分东西八十五人，招箭班三十五人，散直百七人，钧容直三百二十人，御龙直百四十二人，御龙骨朵子直二百二十人。并全班祗应。御龙弓箭直百三十三人，御龙弩直百三十三人，宽衣天武指挥二百一十六人。各有都虞候、指挥使、员僚。若随马不使马队，即减内殿直、散员、散指挥、散都头、散祗候、金枪等直，仍减东西班马队弩手八十五人，余并同上。

凡皇城司随驾入数：崇政殿祗应亲从四指挥共二百五十二人，执擎骨朵，充禁卫；崇政殿门外快行、祗候、亲从第四指挥五十四人；车驾导从、两壁随行亲从亲事官先行一九十六人，并于驾前先行，行幸所到之处，充行宫司把门、洒扫、祗应。各有正副都头、节级、十将。

尚书兵部供黄麾仗内法物：罕毕各一。五色绣氅子并龙头竿挂，第一，青绣孔雀氅；第二，绯绣凤氅；第三，青绣孔雀氅；第四，皂绣鹅氅；第五，白绣鹅氅；第六，黄绣鸡氅。右六军仪仗司供仪仗法物，内狮子旗四口，充门旗二口，各一人执，分左右；二口各十人执扯，分左右，扯人执弓箭。又左金吾引驾仗供牙门旗十四口，十口开五门，每门二口，每口一人，执二人夹，计三十人，并骑，夹人执弓箭。监门校尉二十人，每门四人，并带仪刀，骑。二口系前步甲第七队前，二中系前部黄麾第一队前，二口系后部黄麾第一队前，二口系后步甲第一队前，二口系后步甲第七队前。四口开二门，每门二口，每口一人执二人夹，计十二人，并骑。监门校尉六人，并带仪刀，骑。二口系兵部班剑仪刀队后，二口系真武队前。又右金吾引驾仗供牙门旗十四口，制同左仗。

仁宗康定元年，参知政事宋庠言：“车驾行幸，非郊庙大礼具陈卤簿外，其常曰导从，惟前有驾头，后拥伞扇而已，殊无礼典所载公卿奉引之盛。其侍从及百司官属，下至厮役，皆杂行道中。步辇之后，但以亲事官百余人执梃以殿，谓之禁卫。诸班劲骑，颇与乘舆相远；士庶观者，率随扈从之人，夹道驰走，喧呼不禁。所过旗亭市楼，垂廉外蔽，士民凭高下瞰，莫为严惮。逻司街使，恬不呵止，威令弛阙，玩习为常。非所谓旄头先驱，清道后行之慎也。且自黄帝以神功盛德，犹假师兵营卫，则防微御变，古今一体。案汉魏以降，有大驾、小驾之仪。至唐又分殿中诸卫、黄麾等仗，名数次序，各有施设。国朝承五姓荒残之弊，事从简略，每鸣鸾游豫，尽去戈戟、旌旗之制，仪卫寡薄，颇同藩镇。此皆制度放失，惮于改作之咎。宜委一二博学近臣，讨绎前代仪注及卤簿令，以乘舆常时出入之仪，比之三驾诸仗，酌取其中，稍增仪物，具严法禁，以示尊极，以防未然。革去因循，其在今日。”诏太常礼院与两制详定，参以旧仪，别加新制。

两制同礼官，议略准小驾制度，添清道马、罕毕、旗氅等物。别为常行禁卫仪，加清道马百匹，并带器械，分五行，行二十人。请下殿前司，于诸班内差。罕毕各一，分左右，并骑。牙门旗前后各四，分左右，并骑。绯绣凤氅二十四，分左右，并骑。以上请下殿前司，于诸班内差充。雉扇十二，分左右。请于亲从官内差充。以上新添百六十二人。凡天武宫旧二百一十六人，空行，今添执哥舒，为一重。亲从官旧百四十五人，今添百五十五人，通为三百人，为一重。殿前指挥使旧四十八人，今添百三十二人，通为二百人，或于近上诸班相兼差充，并骑，为一重。以上因旧人数添。旧四百九人，新添三百七人，共七百一十六人。

凡驾前殿前指挥使、亲从官为二重，左右相对，各开二门，约二丈，每门并差人员二人押当。第一门与通事舍人相对，第二门与阁门使相对。每有臣僚迎驾起居，并令中道候起居毕，于左右门出。其诸色人止令于牙门旗前道傍起居，不得便入禁卫中。每门外重，令殿

前指挥使执旗二面以表门，用转光错彩旗，通上计五重，皆掩后团转。凡百司
祗应人于禁卫内无执掌者，及随驾臣僚除合将入禁卫随从人数外，
余并令于殿前指挥使行外左右前后行。凡前牙门旗以后，后牙门旗
以前，属禁卫中，不得辄入。凡中书、枢密院臣僚，并于从内第三重
宽衣天武内行马；其余随驾文武臣僚，并在从内第四重殿前指挥使
内，分左右依官位行马。

　　凡车驾经历去处，若有楼阁，并不得垂廉障蔽，及止绝士庶不
许临高瞰下，止于街两傍立马，即不得夹路喧呼驰走。前门以前，
后牙门以后，不在此限。凡车驾不出皇城门，宣德、左右掖、东华、拱宸
门及已至所幸处，即自有门禁，不用门牙旗约束。凡车驾已在道，前
牙门旗虽行，后牙门旗末行，除止绝闲杂行人外，其随驾臣僚官司
人等，并依常例，次第赴合随从及行马去处。凡前牙门旗在清道马
后约十步已来，后牙门旗在驾后殿前指挥使之后。凡街巷宽阔处，
仪卫并依新图排列。如遇窄狭街巷，禁卫止用亲从官二重，御龙直
二重，雉扇随辇。其后前指挥使、天武官，并权分于驾前后随行。后
至宽阔处，乘舆徐行，仪仗依旧排列。或驾幸园苑、宫观、寺院并臣
僚宅，即清道马、仪仗、殿前指挥使、天武官更不入，惟于外排立。其
随驾臣僚及诸司人，自依常例随从，候驾行，依次排列。或臣僚宅在
巷内，前去不通人行处，其仪仗、殿前指挥使等，各于巷口排立，止
绝行人，余并如故。时详定阅习即毕，或言新制严密，虑违犯者众，
因不果行。

　　嘉祐六年，先是，幸睦亲宅，抱驾头内臣坠马，坏驾头。太常礼
院、阁门及整肃禁卫所请自今车驾出，以阁门祗候并内臣各二员，
分驾头左右扇筤后编拦，仍以皇城司亲从官二十人随之。

　　哲宗绍圣二年，诏：车驾行幸仪卫，驾后东西班殿侍马两队，拨
充驾前编拦，分两壁行于前引行门之前，随身器械，各别给银骨朵
一。驾后马队、殿前指挥使马，以百人分四队。不足，据人数均差，
仍别差人员六人。内殿直、散员、散指挥、散都头、散祗候，并增作一
百四人，分四队，内人员各四人。金枪班添一队，作七十八人，内人

员三人。弩手班添两队,充填拨过东西班殿侍马两队。禁卫御龙直、弓箭直、弩直、长行,仍各添给银骨朵。禁卫外,添差编拦天武人员、长行共二百人,拣选有行止旧人充,出入止于宣德门外,至行在所,即止于行宫门外。

南渡后,乘舆出入,初末有仪。高宗将迎韦太后于郊,因制常行仪仗,用黄麾仗二千二百六十五人。孝宗朝德寿宫,减一千人,用殿前司六百二十九人,皇城在内巡检司三百九十一人,崇政殿四百四十九人,凡一千四百六十九人。四孟诣景灵宫,用殿前司八百七十五人,皇城在内巡检司五百二十八人,崇政殿五百二十一人,凡一千九百二十四人。九年正月,诏:驾出御后殿坐,宰执、百官、仪卫等赴后殿,起居殿上;登辇,出后殿门,驾回,入祥曦殿门。

太上皇仪卫。隆兴元年,孝宗嗣位,诏有司讨论德寿宫舆辇仪卫。先是,绍兴三十二年六月,诏:“上皇日常朝殿,差御龙直四十三人,执仗排立,并设伞扇,鸣鞭。宰执退朝,仍赴德寿宫起居。如遇行幸,令禁卫所随以祗应。”两奉上皇旨,却而不受,故复有是诏。寻有司上言:“汉之未央,唐之兴庆,其车辇仪卫不载。今父尧子舜,事亲典礼,凡往古来今所未备者,当以义起,极其尊崇,为万世法。”遂定宰执、百官诣德寿宫起居,则禁卫所依后殿坐仪排列,禁卫二百九十七人祗应。行幸,则禁卫所差行门、禁卫诸班直、天武亲从官及伞扇、鸣鞭、烛罩等合五百人,随行扈从。前引七十人:内行宫殿前崇政殿亲从一十人,都下亲从二十人,快行亲从二十人,殿前指挥使二十人。中道六十人:编排禁卫行子一十人,执从物御龙直三十人,执伞扇天武一十人,崇政殿亲从拦前一十人。禁卫围子四重四百人:第一,崇政殿亲从一百人;第二,御龙直、骨朵直、弓箭直三十人,东西班七十人;第三,执烛罩都下亲从一百人;第四,内殿直一十人,散员、散指挥、散都头、散祗候、金枪、银枪班各一十人,后从殿前指挥使二十人。

皇太后仪卫。自乾兴元年仁宗即位，章献太后预政，侍卫始盛。用礼仪院奏，制皇太后所乘舆，名之曰“大安辇”。天圣元年，有司言：“皇太后车驾出，合设护卫：御龙直都虞候一人，都头二人，副都头一人，长行五十人，十将已下；骨朵子直都虞候一人，都头二人，副都头二人，十将、长行八十人；弓箭直指挥使一人，都头二人，副都头二人，十将、长行五十人；弩直指挥使一人，都头二人，副都头二人，十将、长行五十人。殿前指挥使两班：左班都虞候一人，都知一人，行门三人，长行二十人，带器械；右班指挥使一人，都知一人，行门三人，长行二十人，带器械。皇城司禁卫二百人，宽衣天武二百人，供御辇官六十二人，宽衣天武百人。余诸司祗应、鸣鞭、待卫，如乘舆之仪。”诏依。

嘉佑八年，英宗即位，太常礼院言：“准诏再详定皇太后出入仪卫：御龙直都头二人，长行二十五人；骨朵子直都头二人，长行四十人；弓箭直都头二人，长行二十五人；弩直都头二人，长行二十五人。殿前指挥使两班，各都知一人，行门各二人，长行各一十人，带器械。皇城司禁卫一百人，宽衣天武一百五十人，打灯笼子亲事官八十人。入内都知、御药院官各一员，内东门司使臣二员。御辇院短镫、教骏、拢马亲事官，入内院子，诸司并入内内侍省祗应内品，人数不定。”诏依。

治平元年，诏太皇后出入唯不鸣鞭，他仪卫如章献明肃故事。四年，神宗嗣位，诏太皇太后仪范已定，皇太后合设仪卫：御龙直、骨朵子直差都虞候、都头、副都头各一人，十将、长行各共三十人；弓箭直、弩直差指挥使、都头、副都头各一人，十将、长行各共二十人。皇城司亲从官一百人，执骨朵宽衣天武官百五十人，充围子行官司人员共一百人，入内院子五十人，充围子皇城司亲事官八十人。打灯笼、短镫马、拢马亲从官，金铜车、棕车随车子祗应人，擎檐子供御辇官，执擎从物等供御、次供御并下都辇直等，人数不定。都知一员，御药院使臣二员，内东门司使臣二员，内酒坊、御厨、法酒库、仪鸾司、乳酪院、翰林司、翰林院、车子院、御膳素厨、代成殿果子库，并从。遇出新城门，添差带器械内臣。哲宗即位，元祐元年，诏太皇太后出入仪卫，并依章献明肃皇后故事。其不可考者，则依慈圣光献皇后之例。既而又诏：太皇太后出入仪卫，添御龙骨朵子直三十六人，御龙弓箭直四十五人，御龙弩直四十五人，皇城司禁卫五十人，马队三百五十人，东西班、茶酒班殿侍共一百人，快行增至二十人。军头引见司监官二员，并将带承局、等子，依随驾例祗应；钧容直并动乐殿侍，则候开乐取旨。

仁、英、哲之世，太后临朝垂廉，仪从亦不崇侈，止曰仪卫，无卤簿名也。南渡后尤简，其车以舆不以辇，余惟伞、扇而已。绍兴奉迎太母，极意备礼，然犹曰太后天性朴素，不敢过饰仪从。器物惟涂金，舆前用黄罗伞扇二，绯黄绣雉扇六，红黄绯金拂扇二，黄罗暖扇二。朝谒景灵宫、太庙，则用禁卫诸班直、天武亲从五百人。其前引、中道、围子，同上皇仪卫而差省焉。

皇太妃出入仪卫。哲宗绍圣元年，三省、枢密院言："增崇皇太妃出入仪卫：龙凤扇二十，侍从官入内省都知或押班一员，内侍省都知或押班一员，皇城司、御药院、内东门司各一员。带御器械内侍八员，引喝内侍一员，殿前指挥使三十二人，内人员二人，御龙直三十三人，骨朵子直三十三人，弓箭直二十三人，弩直二十三人，天武官一百五十四人，皇城司禁卫一百人，入内院子五十人，行宫司一百人，辇官供御六十二人，次供御四十九人，下都五十八人。烛笼七十，诸司御燎子、茶床、快行亲从四人。"礼部太常寺又言："元祐三年，诏皇太妃伞用红黄罗。参议得皇太后出入兼用红黄，今皇太妃若亦用黄，则非差降之意。伏请红黄兼用，从皇太后出入，则止用红。"

徽宗崇宁元年，臣僚言："元符皇后，先帝皇后也，其典礼宜极褒崇。"于是约圣瑞皇太妃之制，出入由宣德正门，增龙凤扇二十，御龙直十二人，御龙骨朵子直十七人，御龙弓箭直十二人，御龙弩直二十二人，殿前指挥十三人，皇城司禁卫二十人，快行亲从宫四人，执烛、皇城司亲从官、金铜车并棕车，随时定数供须。行幸药架一坐，勾当官、吏人二员，封题一员，药童三人，抬檠药架辇官十一人，秤、库子亲事官，量差人数祗应。从之。

二年，臣僚又言："元符皇后，元符未尝预定策之勋，以承神宗、哲宗之志。"礼总太常寺奏："典礼，准圣瑞皇太妃例，侍从官入内内侍省都知或押班一员，皇城、御药、内东门司官各一员，御辇院轮官随从，诸司御燎子、茶床、带御器械内侍十人，引喝内侍一人。舆用龙凤、伞红黄兼用。出入由宣德东门，今欲出入由宣德正门。龙凤扇二十柄，今添作作三十柄。辇官供御六十二人，次供御四十九人，都下五十八人。御龙直三十三人，今添作四十五人。御龙骨朵子直三十三人，今添作五十人。御龙弓箭直三十三人，今添作四十五人。御龙弩直二十三人，今添作四十五人。殿前指挥三十二人，今添作四十五人。内臣二人。皇城司一百人禁卫，今添作一百二十人。天武官一百五十四人，行宫司一百人，入内院子五十人。快行亲从官四人，今添作八人。执烛、皇城司亲从官、金铜车并棕车，逐时内中批出合要数供须。行幸药架一坐，勾当官一员，吏人二员，封题一员，药童三人，抬檠药架辇官十一人，秤、库子亲事官，量差人数祗应。"从之。

皇后仪卫，惟东都《政和礼》有卤簿，他无卤簿之名，惟曰仪卫而已。中兴后，皇太后即既尚简素，后尤简焉。出入朝谒宫庙，用应奉御辇官一员，人吏三人。供应六十三人：内人员十五人，头帽、紫罗四襟单衫、金涂银柘枝腰带；肩擎辇官四十八人，幞头、绯罗单衫、金涂海捷腰带、紫罗表夹三襜、绯罗看带。次供应十四人：内人员一人，服同上，惟海捷带；辇官一十三人，服同肩擎官，惟行狮带。都下五十四人：内人员一人，帽服同前；辇官五十三人，服同上，辇官惟云鹤带。

宋史卷一四五
志第九八

仪卫三

国初卤簿

　　国初卤簿。太祖建隆四年，将郊祀，大礼使范质与卤簿使张昭、仪仗使刘温叟，同详定大驾卤簿之制，惟得唐长兴《南郊卤簿字图》，校以今文，颇有阙略违戾者。礼仪使陶谷建议："金吾及诸卫将军导驾及押仗，旧服紫衣，请依《开元礼》各服本邑绣袍。金吾以辟邪，左右卫以瑞马，骁卫以雕虎，威卫以赤豹，武卫以瑞鹰，领军卫以白泽，监门卫以狮子，千牛卫以犀牛，六军以孔雀为文。旧，执仗军士悉衣五色画衣，随人数给之，无有准式，请以五行相生之色为次，黑衣先之，青衣次之，赤、黄、白次之。大驾五骆，各有副车，近代浸废，请依令文增造。又案明宗旧图，导驾三引而仪仗法物人数多，周太祖卤簿六引而人数少，请准令文用六引，其卤簿各依本品以给。"从之。旧清游队有甲骑具装，亡其制度，谷以其所记造之。又作大辇，皆率意定其制。谷又取天文大角、摄提列星之象，作摄提旗及北斗旗、二十八宿旗、十二辰旗、龙墀十三旗、五方神旗、五方凤旗、四渎旗。时有贡黄鹦鹉、白兔，及驯象自来，又作金鹦鹉、玉兔、驯象旗。太祖又诏别造大黄龙负图旗一，大神旗六，日旗一，月旗一，君王万岁旗一，天下太平旗一，师子旗二，金鸾旗一，金凤旗一，五龙旗五，凡二十一旗，皆有架，南郊用之。大黄龙负图旗陈于明德门前,余二十旗悉立于宿顿宫前,遇朝会册礼,亦皆陈于殿庭。凡马步仪仗,共一万一千二百二十二人,悉用禁军。大将军、将军以军主、都虞候摄事,中郎将、都尉以指挥使、副指挥使摄事,校尉、主帅以军使、副兵马使、都头、副都头、十将摄事。

乾德三年,蜀平,命左拾遗孙逢吉收蜀法物,其不中度者悉毁之。是岁,太祖亲阅卤簿。四年,始令改画衣为绣衣,至开宝三年而成,谓之"绣衣卤薄"。其后郊祀皆用之。军卫羽仪,自是浸甚。每大祀,命大礼、仪、仪仗、卤簿、桥道顿递五使,卤簿使专掌定字图排列,仪仗使纠督之,大礼及余使同按阅,致斋日巡仗。又命殿前大校管勾捧日、奉宸队,侍卫大校勾当仪仗兵队,捧日、天武厢主四人,编排捧日、奉宸队及执仗人,内诸司使、副使三员同押仪仗,别二员编排导引官。六年,诏节度使已下,除在京巡检及押仪仗外,并令服袴褶衣导引。

太宗至道中,令有司以绢画为图,图凡三幅,中幅车略、六引及导驾官,外两幅仪卫,其警场青城,又别为图,图成,以藏秘阁。凡仗内自行事官、排列职掌并捧日、奉宸、散手天武外,步骑一万九千一百九十八人,此极盛也。

真宗咸平五年,诏南郊仪仗引驾官,不得多带从人。宰臣,亲王,枢密、宣徽使,参知政事,枢密副使,三司使,各四人。尚书,节度使,翰林学士、侍读、侍讲学士,各三人。给事,谏议,知制诰,大卿监,金吾大将军,枢密都承旨、副承旨,客省阁门使、副使,诸司使、副使至内殿崇班,各二人。少卿监,诸行郎中已下,阁门祗候已下,各一人。又诏南郊引驾官,中书、枢密院一行在东,亲王一行在西,余依官次。大中祥符元年,改小驾为鸾驾。

自太祖易绣衣卤簿后,太宗、真宗皆增益之。仁宗即位,仪典多袭前世,宋绶定卤簿,为《图记》十卷上之,诏以付秘阁。凡大驾,用二万六十一人,大率以太仆寺主车辂,殿中省主舆辇、伞扇、御马,金吾主纛、槊、十六骑、引驾细仗、牙门,六军主枪仗,尚书兵部主六引诸队、大角、五牛旗,门下省主宝檠,司天台主钟漏,太常主鼓吹,朝服法物库出旗器、名物、衣冠、幰盖，军器库出旗，弩、矢，内弓箭库出戎装、杂仗。凡六引导驾、太仆卿、千牛将军、殿中侍御史、司天监少府监僚佐局官、乘黄令、大将军、金吾上将军、将军、六统军，皆以京朝官内诸司使、副使以下摄事。仗内用禁军诸班直：捧日、天武、拱圣神勇、宣武、骁骑、武胜、宁朔、虎翼兵。大将军、将军以军主、都虞候摄。中郎将、郎将、都尉以指挥使、副指挥使摄。校尉、主帅、旅帅、队正以军使、副兵马使、都头、副都头、十将摄。余法驾、鸾驾、黄麾仗则递减其数。

景佑五年，贾昌朝言仪卫三事：

一曰南郊卤簿，车驾出宫诣郊庙日，执球杖供奉官于导驾官前分列迎引，至于斋宫。夫球杖非古，盖唐世尚之，以资玩乐。其执之者皆袈服，锦绣珠玉，过于侈丽，既不足以昭文物，以不可以备军容。常时豫游，或宜施用。方今夙夜斋戒，亲奉大祀，端冕颙昂，鼓吹不作，而乃陈戏赏之具，参簪绅之列，导迎法驾，入于祠宫。稽诸典仪，未为允称。况导驾官两省员数悉备，何烦更有此色供奉官，谓宜彻去球杖，俟礼毕还宫，鼓吹振作，即复使就列。

二曰大驾卤簿，有羊车前列。臣案羊车本汉、晋之代，乘于后宫。隋大业中，增金实之饰，驾以小驷，驭以卝童，自是以来，遂为法从。唐制兼有辇阵、副车之名。国朝因循，尚未改革。窃以郊祭天地，庙见祖宗，车服所陈，动必由礼。至于四望、耕根之属，兼包历代，皆或有因，岂容后宫所乘，参陪五辂。欲望大驾不用羊车，所冀肃恭，稽合典礼。

三曰南郊大驾卤簿，仪卫甚众，有司虽依典礼，名物次第，兵杖数目，预先分布，及五使量行案阅。其如被差执掌吏员兵伍，素不闲习，行列先后，多失次序；所持名物，亦或差互。押当官但以行事为名，从便趋进，失其处守。窃谓三载亲郊，国之大事，旁陈象物，仰法乾行，四方之人，观礼于是，宜详制度，以示光华。请大驾卤簿前后仗卫次第，于致斋前命仪仗、卤簿使令

有司执簿籍率押当官暨诸卫、诸有执仗士卒将领者，自殿门至
　郊庙分列之处，详视先后及器仗名品，无令差忒。

诏礼仪使宋绶与太常礼院同详定以奏。绶奏："卤簿内有诸司供奉，
盖资备物，以奉乘舆。今昌朝言宿斋之时，不可陈玩乐之具。请郊
祀前一日，应供奉官等令宿幕次，俟皇帝行礼毕降坛，导至青城，由
青城前导归大内。后汉刘熙《释名》曰：'骡车、羊车，各以所驾名之
也。'隋《礼仪志》曰：'汉氏或以人牵，或驾果下马。'此乃汉代已有，
晋武偶取乘于后宫，非特为掖庭制也。况历代于《舆卫志》，自唐至
今，著之礼令，宜且仍旧。其卤簿仪仗，遇南郊前，五使预阅素备，依
昌朝所奏，下仪仗、卤簿使加点阅，使之齐肃。"

皇祐二年，将享明堂，卤簿使奏："法驾减大驾三分之一，而兵
部亡字图故本，且文牍散逸，虽粗有名数，较之礼令，未有以裁其
中。"诏礼官与兵部加考正，为图以奏。及上图，法驾卤簿用万有一
千八十八人。嘉祐二年祫享，用礼仪使奏："南郊仗，金吾上将军、六
统军、左右千牛，皆服紫绣戎服，珂佩，骑而前；节度使亦衣裤褶寻
驾，如旧例。"是月，礼官奏："南郊还，在礼当乘金辂，而或诏乘大
辇，宜著于令，常以大辇从。"六年，幸睦亲宅，内侍抱驾头堕马，驾
头壤。御史中丞韩绛奏请严仪卫，事下阁门、太常礼院议。逐合奏：
"车驾出，请以阁门祗候及内侍各二员，扶驾头左右，次扇筤，又以
皇城亲从兵二十人从其后。"

神宗熙宁七年，诏太常看详兵部大驾卤簿字图，遂奏言："制器
尚象，有其数者，必有其义。后世车驾仪仗，多杂秦、汉制度，当革其
尤者。《周礼·车仆》：'凡师，共革车，各以其萃。'萃，副车也。诸辂
之副，宜次正辂。羊车，前代宫中所乘；五牛旗，盖古之五时副车也，
以木牛载旗，用人舆之，失其本制：宜除去。"从之。

元丰元年，详定所言："大驾舆辇、仗卫仪物，兼取历代所用，其
间情文讹舛甚众。或规摹苟简而因循已久；或事出一时而不足为
法。"诏令更定。于是请去二十八宿、五星、摄提旗所绘人形，及龙、
虎、仙童、大神、金鹦鹉、黄鹦鹉、网子、腾蛇、神龟等旗。旧制，亲祠

南郊,皇帝自大次至版位,内侍二人执翟羽前导,号曰"拂翟"。拂翟不出礼典,乃汉乾佑中宫中导从之物,不宜用诸郊庙。诏可。

又礼文所言:

近制,金辂不以金饰诸末,象辂不以象饰诸末,革辂不鞔,木辂不漆,请改饰四辂。太常则绘三辰,加升龙、降龙,大旗则绘交龙、大赤鸟鸟隼、大白熊虎、大麾龟蛇而去其云龙,使之应礼。又古者,五辂皆载旗,谓之"道德之车"。《考工记》车载崇于戈,酋矛崇于戟,各四赤,戟矛皆插车骑,谓之"兵车"。战国尚武,故增插四戟,谓之"阑戟"。则知德车、武车,固异用矣。汉卤簿,前驱有凤凰阑戟,尤未施于五辂。江左以来,五略乃加棨戟于车之右,韬以黼绣之衣。后周司辂,左建旗,右建阑戟,阑戟方六尺,而被之以黼,皆戾于古。请去五辂阑戟,以应"道德"之称,而建太常于车后之中央,升辂则由左。

又按《周礼》:"大驭,掌驭玉辂以祀。"则祀乘玉辂也。斋仆掌驭金辂,斋右充金辂之右,则斋乘金辂也。斋祀之车,异用而不相因。国朝亲祠太庙,致斋文德殿,翌日即进玉辂,非制。请进金辂,俟太庙祠毕,翌日,御玉辂诣郊。

又《周礼》戎右职曰:"会同,充革车。"《仪礼》曰:"贰车毕乘。"《礼记》曰:"乘君之乘车,不敢旷左,左必式。"盖古者后车余辂,不敢旷空,必使人乘之,所以别旷左之嫌也。自秦兼九国车服,西汉因之,大驾属车八十一乘。《后汉志》云:"尚书、御史载。"扬雄曰:"鸥夷国器,托于属车。"则是汉之属车,非独载人,又以载物,亦《仪礼》所谓"毕乘"之义也。国朝卤簿,车十二乘,虚设于法驾之后,实近旷左之嫌。请令尚书、御史乘之,或以载乘舆服御。

又言:"法驾之行,必有共舆者,盖以承清问。《周官》有太仆、斋仆、道仆,所以御车,至参乘,则其礼益重。故道德之车则有斋右、道右,武车则有戎右,皆以士大夫为之。国朝之制,乘舆有太仆而无参乘,请增近臣一员,立车右。"

其后，诏增制五辂及参乘，玉辂建太常，金辂建大旗，象辂建大赤，革辂建大白，木辂建大麾。诸辂之副，各次正辂，仍存阑载焉。时大驾卤簿，仗下官一百四十六员，执仗、押引从军员、职掌诸军诸司二万二千二百二十一人。初，玉辂自唐显庆中传之，号："显庆辂"。神宗更制新玉略，六年正月，御大庆殿受朝，先夕陈诸庭，夜半辙幕屋，压焉。自是竟乘旧辂。

徽宗建中靖国元年，太常寺状具南郊仪仗，人兵二万一千五百七十五人。政和四年，礼制局言："卤簿六引仪仗，信幡承以双龙，大角黑漆画龙，紫绣龙袋，长鸣、次鸣、大小横吹、五色衣旛、绯掌画交龙。按《乐令》，三品以上绯掌画蹲豹。盖唯乘舆器用，并饰以龙。今六引内系群臣卤簿，而旗物通画交龙，非便，合厘正。"七年，兵部尚书将猷请令有司取《天圣卤簿图记》，更加考正可否而因革之。诏如其请。宣和元年，蔡攸被旨改修，凡人物器服，尽从古制，饰以丹采，三十有三卷。

高宗初至南京，孟太后以乘舆服御及御辇仪仗来进。建炎初，诏东京所属起发祭器、法服、仪仗赴行在所。十一月，帝郊于扬州，仪仗用一千三百五十五人。仓卒渡江，皆为金兵所焚。绍兴十二年，有司言："天子起居，当备法驾，况太母回銮，将奉郊迎。"遂令工部尚书莫将等检会本朝文德、大庆殿旧仪，下太常定，用二千二百六十五人，于是始备黄麾仗，庆、册、亲飨皆用焉。是年冬，玉辂成。

明年，郊，准国初大驾之数，一万一千二百二十二人。内旧用锦袄子者以缬缯代，用铜革带者以勒帛代。而指挥使、都头仍旧用锦帽子、锦臂袖者，以方胜练鹊罗代；用緅者以绸代。禁卫班直服色，用锦绣、金银、真珠、北珠者七百八十人，以头帽、银带、缬罗衫代。旗物用绣者，以错采代；车路院香镫案、衣褥、睥睨、御辇院华盖、曲盖及仗内幢角等袋用绣者，以生色代。殿前司仗内金枪、银枪、旗干，易以漆饰；而拂扇、坐褥以珠饰者去之。帝曰："事天贵质，若惟事华丽，非初意矣。"十月，卤簿器物及金象革木四辂、大安辇皆成。太常又奏，前后六引鼓吹八百八十四人，旧制骑。今路狭拥遏，欲止令步导。从之。十六年，始增捧日、奉宸队，合一万五千五十人。卤簿之制备矣。三十一年九月，行明堂礼，仪物视郊祀省三之一，用一万一十五人。

孝宗隆兴二年正月，以卤簿劳民，乃令有司条具其可省者。次年郊祀，止用六千八百八十九人，盖减绍兴二十八年人数之半也。乾道六年之郊，虽仍备五辂、大安辇、六象，而人数则如旧焉。自后，终宋之世，虽微有因革，大抵皆如乾道六年之制。若明堂，则四辂、大安辇皆省，止用三千三百十九人。故事，祀前二日，诣景灵宫，皆备大驾仪仗、乘辂。中兴后，以行都与东都不同，前二日止乘辇。次日，自太庙诣青城，始登辂，设卤簿。自绍兴十三年始也。车驾遇雨，玉辂施障，从驾臣僚赐雨具，中道遇晴则撤。郊坛电遇，则就青城放御仗，逍遥子还宫，导驾官免步导。

大驾卤簿。象六，中道，分左右。次六引，中道。第一，开封令；第二，开封牧；驾从余州县出者，所在刺史、县令导驾，准此。第三，太常卿；第四，司徒；第五，御史大夫；第六，兵部尚书。以上各用本品卤簿。次纛十二。每纛一人持，一人托，四人扯，骑二人押。次㦸槊骑八，押衙四人骑引。左右金吾上将军四人，将军四人，大将军各一人，折冲都尉一人。大将军、都尉并夹以㦸槊二，每槊一人执，二人夹，㦸槊皆中道。

次清游队。左右道。白泽旗二，一人执，二人引，二人夹，左右金吾折冲都尉各一人领。弩八，弓箭三十二，槊四十。次左右金吾十六骑，左右道，主帅各一人分领。弩八，弓箭十二，槊十二。次夹道伩飞，骑。左右金吾果毅都尉各二人分领。虞候伩飞四十八人，铁甲伩飞二十四人。

次前队殳仗。左右道。左右领军卫将军各一人，㦸槊四人，主帅四人，殳八十，叉八十；相间。左右武卫屯卫主帅各四人，殳各五十人，叉各五十人；左右骁卫主帅四人，殳四十，叉四十。次朱雀旗一，中道，一人持，二人引，二人夹。弩四，弓箭十六。次龙旗十二。中道，并一人执，二人引，二人护后；副竿二，皆骑，左右金吾果毅都尉各一人领。风伯、雨师旗各一，雷公、电母旗各一，木、火、土、金、水星旗各一，左、右摄提旗各一，北斗旗一。次指南、记里鼓、白鹭、鸾旗、崇德、皮轩车。左右金吾卫果毅都尉各一人，来往检校。次引驾十二里。中道，并骑。弩八，弓箭八。槊八。

次太常前部鼓吹。令二人，府史四人从。扛鼓十二在左，主师四人骑领。金钲十二在右，主师四人骑领。大鼓二十，主帅二十人骑领。长鸣百二十，主帅六人骑领。铙鼓十二，主帅四人骑领。歌二十四，拱宸管二十四，箫二十四，笳二十四，大横吹百二十，主帅十人骑领。节鼓二，笛二十四，箫二十四，觱篥二十四，笳二十四，桃皮觱篥二十四；扛鼓十二在左，主帅二人骑领。金钲十二在右，主师二人骑领。小鼓百二十，主帅十人骑领。中鸣百二十，主帅六人骑。领羽葆鼓十二，主帅四人骑领。歌二十四，拱宸管二十四，箫二十四，笳二十四。

次司天监一人，骑，引相风、刻漏，中道。令史一人，排列官二人，骑从。相风乌舆一，匠人一。交龙钲、鼓各一，司晨、典事各一人骑从。钟楼、鼓楼各一，行漏舆一，漏刻生四人从。清道二人，十二神舆一。司天官一人押。

次持钑前队。中道。左右武卫果毅都尉各一人分领，校尉二人。绛引幡一，金节十二，罕一在左，毕一在右，朱雀幢一，又一。青龙、白虎幢各一，分左右，又各一。导盖一。又一。称长一人，钑戟二百八十人，分左右；左右武卫将军各一人，校尉四人，分左右。次殿中侍御史二人，黄麾一。骑二夹。

次前部马队。左右队。第一队。角宿、亢宿、斗宿、牛宿旗各一，执次同龙墀旗，角、亢在左，斗、牛在右，余队同此。左右金吾卫折冲都尉各一人分领，弩十，弓箭二十，槊四十；并分左右，余队皆同。第二队。氐宿、房宿、女宿、虚宿旗各一，左右领军卫果毅都尉各三人分领；兼第三、第四队。第三队，心宿、危宿旗各一；第四队尾宿、室宿旗各一；第五队箕宿、壁宿旗各一，左右领军卫折冲都尉各一人分领；第六队奎宿、井宿旗各一，左右屯卫折冲都尉各一人分领；第七队娄宿、鬼宿旗各一，左右武卫果毅都尉各三人分领；兼第八、第九队。第八队胃宿、柳宿旗各一；第九队昴宿、星宿旗各一；第十队毕宿、张宿旗各一，左右骁卫折冲都尉各三人分领；兼第十一、十二队。第十一队觜宿、翼宿旗各一；第十二队参宿、轸宿旗各一。

次步甲前队。<small>左右道。</small>辇槊四，左右领军卫将军各一人检校。第一队，鹗鸡旗二，引、执同马队。左右领军卫折冲都尉各一人分领，青鍪甲、弓箭六十；第二队，貔旗二，左右领军卫果毅都尉各一人分领，赤鍪甲、刀盾六十；第三队，玉马旗二，左右领军卫折冲都尉各一人分领，青鍪甲、弓箭六十；第四队，三角兽旗二，左右领军卫果毅都尉各一人分领，青鍪甲、刀盾六十；第五队，黄鹿旗二，左右屯卫折冲都尉各一人分领，黑鍪甲、弓箭六十；第六队，飞麟旗二，左右屯卫果毅都尉各一人分领，黑鍪甲、刀盾六十；第七队，骁骥旗二，左右武卫折冲都尉各一人分领，白鍪甲、弓箭六十；第八队，鸾旗二，左右武卫果毅都尉各一人分领，白鍪甲、刀盾六十；第九队麟旗二，左右骁卫折冲都尉各一人分领，黄鍪甲、弓箭六十；第十队，驯象旗二，左右骁卫果毅都尉各一人分领，黄鍪甲、刀盾六十；第十一队，玉兔旗二，左右卫折冲都尉各一人分领，黄鍪甲、弓箭六十；第十二队，辟邪旗二，左右卫果毅都尉各一人分领，黄鍪甲、刀盾六十。

次前部黄麾仗。<small>左右道。</small>绛引幡二十；第一部，左右领军卫大将军各一人检校，<small>兼检校第二部。</small>折冲都尉各一人分领，<small>主帅二人。</small>龙头竿赤氅二十，揭鼓二，仪锽五色幢二十，龙头竿小孔雀氅二十，小戟二十，揭鼓二，龙头竿五色鹅毛氅二十，弓箭二十，龙头鸡毛氅二十，朱縢盾二十，龙头竿绣氅二十，弓箭二十，槊二十，揭鼓二，绿槊盾二十；第二部，左右领军卫折冲都尉各一人分领；<small>主帅及氅锽等并同第一部，余准此。</small>第三部，左右屯卫大将军各一人检校，果毅都尉各一人分领；第四部，左右武卫大将军各一人检校，折冲都尉各一人分领；第五部，左右骁卫大将军各一人检校；<small>兼检校第六部，折冲都尉各一人分领。</small>第六部，左右卫果毅都尉各一人分领。

次六军仪仗。<small>中道，在殿中黄麾后。</small>左右神武军统军各一人，本军旗二，一人执，一人引，二人夹，都头各一人骑押。吏兵、力士旗各五，白干枪五十，柯舒十，镫仗八，<small>相间。</small>排阑旗二十，掩尾天马旗二。左右羽林军、左右龙武军,并同神武军。惟羽林用赤豹、黄熊旗各五,龙武用龙君、虎君旗各五。

次引驾旗十六,中道,执人同六军旗。十二辰旗各一,天王旗四。排仗通直官二人骑领。次龙墀旗十三,中道,各一人执,二人引,二人夹,排仗将人骑领。天下太平旗一,青龙、赤龙、黄龙、白龙、黑龙旗各一,金鸾、金凤旗各一,狮子旗二,日旗、月旗各一,君王万岁旗一。

次御马二十四匹,中道,并以天武官二人执辔。尚乘奉御二人从。次日月合璧旗一,次莒文旗二,次五星连珠旗一,次祥云旗二。以上并一人执,二人引,二人夹,佩横刀,执弓箭。次长寿幢一。次青龙、白虎旗各一。左右道。左右卫果毅都尉各一人分领七十骑,弩八,弓箭二十二,槊四十。

次班剑仪刀队。左右道。左右卫将军各一人,亲卫郎将各二人,班剑二百二十,为第一、第二行;勋卫郎将各二人,班剑二百二十,为第三、第四行;翊卫郎将各三人,仪刀三百七十八,为第五、第六、第七行;左右骁卫翊卫郎将各一人,仪刀一百三十一百三十四,为第八行;左右武卫翊卫郎将各一人,仪刀一百三十八,为第九行;左右屯卫翊卫郎将各一人,仪刀一百四十二,为第十行;左右领军卫翊卫郎将各一人,仪刀一百四十六,为第十一行;左右金吾卫翊卫郎将各一人,仪刀一百五十,为第十二行。

次五仗。左右道。左右卫供奉中郎将各二人,亲勋翊卫各二十四人,左右卫郎将各一人,散手翊卫各三十人,左右骁卫郎将各一人,翊卫各二十八人。

次左右骁卫、翊卫三队。第一队,花凤旗二,大将军各一人,弩十,弓箭二十,槊四十;第二队,飞黄旗二,将军各一人,弩、弓箭、槊同第一队,下准此。第三队,吉利旗二,郎将各一人。

次金吾细仗。殿中伞扇,千牛。中道。青龙、白虎旗各一,一人执,三人引,骑二人押当。五岳神旗各一,五方神旗各一,五方龙旗二十五,五方凤旗二十五,四渎神旗各一。各一人执,二人引,二人夹,四旗属兵部,每行次五方凤旗。援宝三十二人,香案一,符宝郎一人,宝案一,

宝舆一。舆士十二人。碧襕二十四人，骑，内十四人，执仪刀。方伞二，

雉扇四，四色官六人，押仗二人，金甲天武官二人，进马四人，千牛

将军一人，千牛八人，中郎将二人，长史二人，引驾官四人，天武官

三百人。次球仗供奉官一百人。

　　次左右卫夹毂队。左右道。第一、第四队，朱鍪甲、刀盾各六十，

折冲都尉各一人检校；第二、第五队，白鍪甲、刀盾各六十，果毅都

尉各一人检校；第三、第六队黑鍪甲、刀盾各六十，果毅都尉各一人

检校。

　　次捧日、奉宸队。左右道。捧日三十五队，队四十人，骑；奉宸二

十五队，队四十人。并五重相间。

　　次导驾官。中道。通事舍人八人，分左右；侍御史二人，分左右；

御史中丞二人，分左右；正言二人，分左右；司谏二人，分左右；起居

郎二人在左，起居舍人二人在右；谏议大夫四人，分左右；给事中四

人在左，中书舍人六人在右；散骑四人，分左右；门下侍郎二人在

左，中书侍郎二人在右；侍中二人在左，中书令二人在右。次鸣鞭

二。中道。次宫苑马二。中道。

　　次殿中省仗。大伞二，方雉尾扇四，腰舆一，排列官一人骑领。小

雉尾扇四，方雉尾扇十，华盖二，香镫一。

　　次诞马二，玉辂。皇帝升辂，则太仆卿御，千牛大将军二人夹辂，将军

二人陪乘。前有诞马二，都马官二人。次诸司随驾供奉。次大辇，常辇四

人导，尚辇奉御二人骑从。殿中少监二人，骑。本省供奉二人骑从。次御

马二十四。并以天武官二人执辔，尚辇直长二人骑从。

　　次持钑后队。中道。左右武卫旅帅各一人，大伞二，大雉尾扇二

夹。大雉尾扇四，小雉尾扇十二，朱团扇十二，华盖二，又二。睥睨十

二，御刀六，玄武幢一，又一。绛麾二，细槊十二。次大角百二十。左

右金吾果毅都尉各一人骑从。

　　次后部鼓吹。中道。鼓吹丞二人，骑。典事四人骑从。羽葆鼓十

二，主帅四人骑从。歌二十四，拱宸管二十四，箫二十四，笳二十四；

帅二人骑领。铙鼓十二，主帅四人骑领。歌二十四，箫二十四，笳二十

四;小横吹百二十,主帅八人骑领。笛二十四,箫二十四,觱篥二十四,笳二十四,桃皮觱篥二十四。

次黄麾幡二,骑二夹。殿中侍御史二人,骑。令史四人骑从。次芳亭辇一,凤辇一,小舆一,尚辇直长二人,骑,检校。书令史四人骑从。次五牛旗舆各一,左右屯卫队正各一人,骑,检校。并执银装长刀。次乘黄令、丞二人。府史四人骑从。次金、象、革、木辂。次五副辂。次耕根车,次进贤、明远、羊车。次属车十二,次中书、门下、秘书、殿中省局官各一,骑。次黄钺、豹尾车。

次后部黄麾仗。左右道,与殿中黄麾相并。第一部,左右骁卫将军各一人检校,折冲都尉各一人分领;主帅氅镮等并同前部,下皆准此。第二部,左右武卫将军各一人检校,折冲都尉各一人分领;第三部,左右屯卫将军各一人检校,折冲都尉各一人分领;第四部,左右领军卫折冲都尉各一人分领;第五部,左右骁卫折冲都尉各一人分领;第六部,左右骁卫折冲都尉各一人分领,绛引幡二十,护后主帅二十人。

次步甲后队。左右道。第一队,貔旗二,执、引并同前。左右卫果毅都尉各一人分领;鍪甲、弓盾同前队第十二。第二队,鹖鸡旗二,左右卫折冲都尉各一人分领;鍪甲、弓箭同前队第十一。第三队,仙鹿旗二,左右骁卫果毅都尉各一人分领;鍪甲、刀盾同前队第十。第四队,金鹦鹉旗二,左右骁卫折冲都尉各一人分领;鍪甲、弓箭同前队第九队。第五队,瑞麦旗二,左右武卫果毅都尉各一人分领;鍪甲、刀盾同前队第八。第六队,孔雀旗二,左右武卫折冲都尉各一人分领;鍪甲、弓箭同前队第七。第七队,野马旗二、左右屯卫果毅都尉各一人分领;鍪甲、刀盾同前队第六。第八队,犎牛旗二,左右屯卫折冲都尉各一人分领;鍪甲、弓箭同前队第五。第九队,甘露旗二,左右领军卫果毅都尉各一人分领;鍪甲、刀盾同前队第四。第十队,网子旗二,左右领军卫折冲都尉各一人分领;鍪甲、弓箭同前队第三。第十一队,鹖鸡旗二,左右领军卫果毅都尉各一人分领;鍪甲、刀盾同前队第二。第十二队,貔旗二,左右领军卫折冲都尉各一人分领。鍪甲、弓箭同前队第一。

次后部马队。左右道。第一队，角端旗二，左右卫折冲都尉各三人分领；兼第二、第三队。每队弩、弓箭、槊并同前队。第二队，赤熊旗二；第三队，兕旗二，左右骁卫果毅都尉各三人分领；兼第四队。第四队，太常旗二；第五队，驯象旗二，左右武卫折冲都尉各三人分领；兼第六、第七队。第六队，骏𫘪旗二；第七队𫘝𫘪旗二；第八队，𫘤牙旗二，左右屯卫果毅都尉各二人分领；第九队，苍乌旗二；第十队，白狼旗二；第十一队，龙马旗二，左右领军折冲都尉各二人分领；第十二队，金牛旗二。

次后队𣙗仗。左右道。左右领军卫主帅四人，𣙗八十，叉八十；左右武卫主帅四人，𣙗五十，叉五十；左右屯卫骁卫主帅各四人，𣙗四十，叉四十。次掩后队。中道。左右屯卫折冲都尉各一人，大戟五十，刀盾五十，弓箭五十，槊五十。

次真武队。中道。金吾折冲都尉一人，仙童、腾蛇、真武、神龟旗各一，十人执。二人引，二人夹。槊二十五，弓箭二十，弩五。

车驾至青城，则周卫行宫及坛内外。其青城坐甲布列三百三十六铺：典前指挥使二十四铺，四百七十七人，内殿直一十铺，一百四十一人；散员一十铺，一百四十二人；散指挥一十铺，一百四十一人；散都头一十铺，一百四十三人；散祗候一十铺，一百四十人；金枪一十铺，一百五十人；银枪一十铺，一百五十人；东第一班三铺，五十二人；东第二班三铺，五十三人；东第三班六铺，九十一人；东第四班五铺，八十四人；东第五班二铺，二十二人；下茶酒班一铺，三十一人；散直一十铺，一百四十九人；钧容直一十铺，二百人；御龙直二十二铺，三百八十五人；御龙骨朵子直一十二铺，二百一十二人；御龙弓箭直一十八铺，二百九十六人；御龙弩直二十二铺，三百五十六人；把天门天武一铺，八人；驾头扇筤天武一铺，三十二人；禁卫天武六铺，三百一十人；约拦天武三十铺，三百一十人；方围子亲从三十四铺，三百六十人；禁卫崇政殿亲从四十铺，并提举人员共四百六十三人，行宫司亲从一十二铺，一百八十人；快行亲

从四铺，八十六人。行宫殿门崇政殿亲从四十六人，行宫殿门亲从
并提举人员二百四十人，把街约拦亲事官贴诸处靓门一十队及提
举人员一百三人，殿前指挥使已下看守马火甲队一千一百七十一
人，右禁卫诸班共六千七百二十有四人。

　　圆坛东门外中道夹立诸班直主首引驾人员九人，御龙四直门
旗六十人，御龙仗剑六人，天武把门长行八人。

　　大次前外围亲从四队三十八人，执烛亲从八十六人，行宫殿门
一十二人，御龙直四十人。大次后把街约拦执事官五十一人。大次
两壁快行六十九人，于禁卫外排立坛周围，守踏道。里围亲从十将、
节级二十二人，坛从里第二重方围亲从三百二十四人。大次及外墙
诸门行宫司共一百六十人，宫架及坛东幄幕、宰臣百官幕次共六十
人。右自大次前外围至百官幕次，共八百六十二人。凡诣小次行礼，
不须随从。大次前里围并拦前一百七十一人，执烛一百二十九人，
外围一百八十人，行宫门及快行二十四人。右自里围至行宫快行共五
百四人。凡诣小次行礼随从祗应。

　　圆坛从外墙下分作九重：从中第一重，殿前指挥使等七百四十
四人；第二重，御龙直等六百九十五人；第三重，散员等六百四十二
人；第四重，散都头等七百一十人；第五重，天武骨朵大剑约拦五百
八十一人；第六重，御营四面巡检下步军八百六十七人；第七重，御
营四面并青城圆坛巡检下步军八百六十七人；第八重御营四面巡
检下马军四百三十三人；第九重，御营四面巡检及青城圆坛巡检下
马军四百三十四人。坛四门殿前指挥使行门三十五人，内人员一十
五人，坛东门夹立擎鞭长行一十人。右自青城赴坛诸班亲从文武及御营
圆坛巡检下，总七千四百六十七人。

　　驾至太庙，环卫如郊坛，坐甲布列二百六十三铺。殿前指挥使
二十四铺，四百七十七人；内殿直、散员、散指挥、散都头、散祗候、
散直各一十铺，一百二十人，共六十铺七百二十人；金枪一十铺，一
百五十人；银枪一十铺，一百五十人；东第一、第二班各二铺，三十
人，共四铺，六十人；东第三、第四班各四铺，六十人，共八铺，一百

二十人；东第五班二铺，二十二人；下茶酒班一铺，三十一人；御龙直八铺，三百八十五人；御龙骨朵子直四铺，二百一十二人，御龙弓箭直六铺，二百九十六人；御龙弩直八铺，三百五十六人；把行门天武一铺，八人；驾头扇筤天武一铺，三十二人；禁卫天武六铺，三百一十人；禁卫崇政殿亲从四十铺，并提举人员共四百六十三人；行宫司亲从一十二铺，一百八十人；快行亲从四铺，八十六人；方围亲从二十四铺，三百六十人，约拦天武三十铺，三百一十人。

行宫殿门，崇政殿亲从及提举人员二百八十六人，把街约拦亲事官贴诸处觌门一十二队，并提举人员一百三人，御营四面巡检六员下步军九百一十八人，亲从四十人。青城内至圜坛巡检下亲从四十人。右禁卫诸班直等御营四面巡检军兵，及青城至圜坛巡检下亲从，总六千一百四十五人。左山商氏家藏宋《青城》、《圜坛》、《太庙》三图，其布置行列，极为详备，因附卤簿之后，庶览之者，可以考一代之制云。

凡卤簿内牙门旗，中道四，分二门；左右道各十，分五门。中道一门在金吾细仗前，一门在掩后队后。左右厢第一门在步甲前队第六后，第二门在前部黄麾仗前，第三门在后部黄麾仗前，第四门在黄麾仗后，第五门在步甲后队第六后。每旗二人执，四人夹，并骑，分左右。每门监引校尉六人领。

又大驾，郊祀、籍田、荐献玉清昭应景灵宫用之。迎奉圣像亦用大驾，惟不设象及六引导驾官。法驾，减太常卿、司徒、兵部尚书，白鹭、崇德车，大辇、五副辂，进贤、明远车，又减属车四，余并三分减一。泰山下、汾阴行礼，明堂、大庆殿恭谢用之，凡一万一千八十八人。銮驾，又减县令、州牧、御史大夫，指南、记里、銮旗、皮轩车，象辂、革辂、木辂，耕根车、羊车、黄钺车、豹尾车、属车，小辇、小舆，余并减半朝陵，迎泰山天书，东封、西祀，朝谒太清宫，奏告玉清昭灵宫，奉迎刻玉天书，躬谢太庙，皆用之。銮驾旧用二千人，大中祥符五年，真宗告太庙，增至七千人。兵部黄麾仗，用太常鼓吹，太仆寺金玉辂，殿中省大辇，其制无定，然皆减于小驾。御楼、车驾亲征或省方还京,迎禁中天书,五岳上册,建安军迎奉圣像,太庙上册皆用之。

宋史卷一四六

志第九九

仪卫四

政和大驾卤簿并宣和增减　小驾附

政和大驾卤簿。象六，分左右。次六引：开封令、开封牧、大司乐、少傅、御史大夫、兵部尚书。各用本部卤簿。次金吾纛，槊，左右皂纛各六，执、托各一人，绋四人。押衙四人，并骑。钑槊八，执各一人。本卫上将军、将军各四人，本卫大将军二人。并骑。钑槊四，夹大将军。执各一人，夹二人，并骑。法驾，钑槊减二，本卫上将军、将军各减二人。

次朱雀旗队。并骑。金吾卫折冲都尉一人引队，钑槊二，夹都尉；执旗一人，引、夹各二人。凡仗内引、夹、执人数准此。弩四，矢十六，槊二十，左右金吾卫果毅都尉二人押队。法驾，弩减二，弓矢减六，槊减八。宣和，引队改天武都指挥使，押队改天武指挥使。

次龙旗队。大将军一员检校，骑；引旗十二人，并骑。风伯、雨师、雷公、电母旗各一，五星旗五，左、右摄提旗二，北斗旗一，护旗十二人，副竿二。执人并骑。法驾，引旗、护旗人各减四。宣和，检校改左右卫大将军，雷公、电母旗去"公"、"母"二字。

次指南、记里鼓车各一，驾马各四，驾士各三十人；白鹭、鸾旗、崇德、皮轩车各一，驾士各十八人。法驾，无白鹭、崇德车。宣和，有青旌、青雀、鸣鸢、飞鸿、虎皮、貔貅六车，在记里鼓之下、崇德之前；

减白鹭、鸾旗、皮轩三车,驾士之数如前。

次金吾引驾,骑;本卫果毅都尉二人,仪刀、弩、弓矢、槊各减二。宣和,改都尉为神勇都指挥使。

次大晟府前部鼓吹。令二人,府史四人,管押指挥使一人,扛鼓、金钲各十二,帅兵官八人领。大鼓一百二十,帅兵官二十人领。长鸣一百二十,帅兵官六人领。铙鼓十二,帅兵官四人领。歌工、拱宸管、箫、笳各二十四,大横吹一百二十,帅兵官十人领。节鼓二,笛、箫、觱篥、笳、桃皮觱篥各二十四;扛鼓、金钲各十二,帅兵官四人领。小鼓、中鸣各一百二十,帅兵官八人领。羽葆鼓十二,帅兵官四人领。歌工、拱宸管、箫、笳各二十四。法驾,前后扛鼓、金钲各减四,大鼓减四十,长鸣减四十,铙鼓减四,拱宸管后箫、笳各减八,大横吹减四十,节鼓后笛、箫、觱篥、笳、桃皮觱篥各减八,小鼓、中鸣各减四十,羽葆鼓减四,最后箫、笳各减八,帅兵共减十八人。

次太史相风、行漏等舆。太史令及令史各一人,并骑。相风乌舆一,舆士四人。交龙钟、鼓各一,舆士各六人。司辰、典士各一人,并骑。漏刻生四人,鼓楼、钟楼、行漏舆各一,舆士各一百人。太史正一人,清道二人,十二神舆一。舆士十四人。法驾,行漏舆一,舆士各四十人。神舆一,舆士多大驾二人。宣和,鼓、钟楼并改为舆,太史正前有捧日副指挥使二人,捧日节级十人,神舆舆士增十。

次持钑前队。左右武卫果毅都尉二人引队,左右武卫校尉二人。绛引幡一,绁二人。左右有金节十二,执人并骑。罕毕各一,朱雀幢、叉、导盖,青龙、白虎幢各一,叉三。执人并骑。称长一人,钑戟二百八十八,左右武卫将军二人检校,左右武卫校尉四人押队。法驾,金节减四,钑戟减七十二。宣和,引队改骁骑都指挥使,武卫校尉改骁骑军使,增朱雀旗后之叉一,去龙虎旗后之叉三,检校改用左右骁骑将军。

次黄麾幡一。执一人,骑;绁二人。法驾,前有殿中侍御史二员。次六军仪仗。左右神武军、左右羽林军、左右龙武军,各有统军二员,都头二人羽林又有节级二人。押仗,本军旗各一,排阑旗各二十合有,

吏兵、力士旗各五,掩尾天马旗二,羽林有赤豹、黄熊旗,龙武有龙君、虎
君旗各一。白柯枪五十,哥舒棒十,镫仗八。法驾,神武军减排阑旗
十,羽林、龙武军各减四,吏兵、力士旗减一。宣和,统军改军将,神
武军旗改熊虎,排阑旗改平列,哥舒棒改戈戟,镫杖改矛戟,羽林队
无节级,黄熊旗改黄黑,龙武旗改熊虎。

　　次引驾旗。天王旗二,排仗通直官二人押旗,十二辰旗各一。法
驾,同。次龙墀旗。天下太平旗一,排仗大将二人夹旗,五方龙旗各
一,金鸾、金凤旗各一,狮子旗二,君皇万岁旗二,日、月旗各一。法
驾,减鸾、凤、狮子旗。次御马二十四。控马每匹天武二人,御马直
二人,为十二重。法驾,减八,为八重。宣和,御马直改为习驭。次
中道队。大将军一员检校。法驾,同。宣和,大将军改为左右骁卫
大将军。次日月合璧旗一,苣文旗二,五星连珠旗一,祥云旗二,长
寿旗二。宣和,苣文改庆云,祥云改祥光。

　　次金吾细仗。青龙、白虎旗各一,五岳神旗、五方神旗、五方龙
旗、五方凤旗各五。已上执各一人,纬各三人。法驾,五方龙、凤旗各减
二。宣和,改校尉为使臣,五岳神旗去"神"字。

　　次八宝。镇国神宝、皇帝之宝、皇帝行宝、皇帝信宝在左,受命
宝、天子之宝、天子行宝、天子信宝在右,为四重。香案八,各以二列
于宝舆之前。碧襕二十四人,符宝郎行于碧襕之间。法驾,减碧襕
八人。宣和,增引宝职掌二人,香案职掌六人,援卫传喝亲从一百
人。奉宝辇官每宝二十八人,节级一人,奉宝一十二人,舁香案、行
马、执烛笼各四人,持席褥、油衣共三人,香案、宝舆各九,烛笼三十
六,碧襕之数同前。

　　次方伞二,大雉尾扇四夹。执伞、扇各一人,以下准此。法驾,同。次
金吾四色官六人,押仗二人。法驾,减押仗。次金甲二人。宣和,改
为铜甲。次太仆寺进马四人。并骑。次引驾千牛卫上将军一员,千
牛八人,中郎将二人,并乘珂马。千牛二人。并骑。宣和,引驾改为千
牛卫大将军,中郎将改为捧日都虞候。次长史二人。并骑。宣和,无。

　　次金吾引驾官四人。并骑。次导驾官。执政以上人从六人,待制、谏

议、防御使以上五人，监察御史、刺史、诸卫将军以上四人。次伞扇、舆辇。大伞二，中雉尾扇四夹，腰舆一，小雉尾扇四夹，应奉人员一人，十将、将、虞候、节级二人，长行十六人。排列官二人，中雉尾扇十二，华盖二，执各二人。香镫一。执擎八人。小舆一，应奉人，逍遥、平辇下人，长行二十四人。逍遥子一，应奉人，十将、将、虞候、节级共九人，长行二十六人。平辇一。应奉人员七人，余同上。法驾，排列官后中雉尾扇减四。宣和，去小雉尾扇四，腰舆一，添管押人员二人，都将四人，金押小舆排列官二人。小舆一，奉舆二十四人，都将九人。逍遥子改为逍遥辇，奉辇一十六人。平辇一，奉辇人同上，后有上辇奉御二人，骑。小舆前又有大辂一。驾马六，太仆卿御，驾士一百二十人。

　　次驾前东第五班。开道旗一，皂纛旗十二。引驾六十二人，钧容直三百人。引驾回作乐。五方色龙旗五，门旗四十，御龙四直步执门旗六十。天武驾头下一十二人，茶酒班执从物一十一人，御龙直仗剑六人，天武把行门八人。麾旗一，殿前班击鞭一十人，簇辇龙旗八，日、月、麟、凤旗四，青、白、赤、黑龙旗各一。御龙直四十人，踏路马二，夹辂大将军二员，进辂职掌二员，部押二人，教马官二员。法驾，同。宣和，无钧容直，开道旗内增押班一人，殿侍二人。皂纛旗十二，殿侍十二人执。引驾人员二人，长行六十人。五方色吉字旗，殿侍三人，管押十人。门旗，殿侍二人，管押四十人，又八，门旗六十，御龙直一十二人，骨朵直十二人，御龙弓箭直、弩直各十八人，御龙直仗剑六人，执麾旗殿侍二人，管押龙旗人员二人，都知、副都知各一人，执骨朵殿侍十六人，内大将军改为千牛卫大将军，朝服步从。将军二人，朝服陪乘。掌辇四人。

　　皇帝乘玉辂，驾青马六，驾士一百二十八人，扶驾八人，骨朵直一百三十四人。行门三十五人，分左右陪乘将军二员。法驾，同。宣和，驾士增为二百三十四人。

　　次奉宸队。御龙直，左厢骨朵子直、右厢弓箭直，弩直，御龙四直，并以逐班直所管人数列为五重。天武骨朵、大剑三百一十人。次驾后东第五班。大黄龙旗一，钧容直三十一人。扇筤下天武二十人，

茶酒班簇辇三十一人,招箭班三十三人。法驾,同。宣和,止用黄龙
旗,余并无。

次副玉辂一,驾青马六,驾士四十人。法驾,无。宣和,驾士一
百人,内人员二人。次大辇一,掌辇四人,应奉人员十二人,十将、
将、虞候、节级共十人,长行三百五十五人。尚辇奉御二人,殿中少
监、供奉职官二员,令史四人,书令史四人。法驾,同。宣和,增奉辇
为九十人。次太仆御马二十四,为十二重。法驾,减八重。宣和,无
太仆。

次持钑后队。左右武卫旅帅二人。法驾,同。宣和,改为神勇
都指挥使。次重轮旗二,大伞二,大雉尾扇四,小雉尾扇、朱团扇各
十二,华盖二,又二,睥睨十二,御刀六,真武幢一,绛麾二,又一,细
槊十二。法驾,小雉尾扇、朱团扇、睥睨、槊各减四,华盖减一,御刀
减二。宣和,真武幢改为玄武。次左右金吾卫果毅都尉二人,并骑。
总领大角一百二十。法驾,减四十。宣和,改都尉为骁骑都指挥使。

次大晟府后部鼓吹。丞二人,典事四人,管辖指挥使一人,羽葆
鼓十二,帅兵官四人领。歌工、拱宸箫、管、篪各二十四,帅兵官二人领。
铙鼓十二,帅兵官四人领。歌工、箫、篪各二十四,小横吹一百二十,帅
兵官八人领。笛、箫、觱篥、篪、桃皮觱篥各二十四。法驾,羽葆鼓减
四,箫、篪、笛、觱篥、桃皮觱篥各减八,铙鼓减四,小横吹减四十。帅
兵官并减二人。宣和,帅兵官改为天武、神勇、宣武、虎翼四都头。

次黄麾一,执、绗人数同前部,法驾亦同,有殿中侍御史二员在黄麾前。
芳亭辇一,奉辇六十人。凤辇一,奉辇五十人。法驾,去凤辇。宣和,芳
亭奉辇六十二人。

次金、象、革、木四辂,并有副辂。金辂踏路赤马二,正副各驾赤
马六,驾士六十人。余辂正副驾马数同而色异,象辂以赭白,革辂以
骝,木辂以黑,驾士各四十人。法驾,前副辂。宣和,驾马之色又异,
金以骝象以赤,革以赭白,木以乌;驾士正百五十人,副一百人,管
押人员各二人。畎根车一,驾青马六,驾士四十人。法驾,同。宣和,
无。进贤车一,驾士二十四;明远车一,驾士四人。法驾,无。宣和,

各增驾马四。次属车十二乘，每乘驾牛三，驾士十人。法驾，减四乘。宣和，增衔官二人，管押节级一人。次门下、中书、秘书、殿中四省局官各二员。法驾，同。次黄钺车、豹尾车各一，各驾赤马二，驾士十五人。法驾，除进贤、明远车外，并同。宣和，有黄钺天武副都头及神勇副都头各一。

次掩后队。左右威卫折冲都尉二人领队，大戟、刀盾、弓矢㮋各五十。法驾，各减十六。宣和，押队改用宣武都指挥使二人。次真武队。金吾卫折冲都尉一人，辇㮋二，仙童旗一，真武旗一，螣蛇、神龟旗各一，㮋二十五，弓矢二十，弩五。法驾，㮋减六，弓矢减五，弩减一。宣和，改为玄武队。改真武为玄武，又去仙童、龟、蛇旗，改都尉为虎翼都指挥使。

政和大驾外仗。清游队。次第六引外仗，白泽旗二，左右金吾卫折冲都尉二人，弩八，弓矢三十二，㮋四十。法驾，次第三引外仗，弩减二，弓矢减八，㮋减十。宣和，改都尉为捧日都指挥使。左右金吾各十六骑，帅兵官二人，弩八，弓矢、㮋各十二。法驾，金吾骑及弓矢、㮋各减四。宣和，改金吾为天武都头。

次佽飞队。左右金吾卫果毅都尉二人分领，并骑。虞候佽飞四十八人，并骑。铁甲佽飞二十四人。并甲骑。法驾，前减十八人，后减八人。宣和，改金吾卫为拱圣都指挥使，改都尉为都指挥使。

次前队㲻仗。左右领军卫将军二人检校，并骑。辇㮋四。㲻叉分五队：第一，一百六十人；第二，八十人；第三，一百人；第四、第五各八十人。逐队有帅兵官左右领军卫、左右威卫、左右武卫、左右骁卫、左右卫各四人。法驾，㲻叉第一队减六十，第二、第三各减三十，第四、第五各减二十。宣和，改检校为左右卫将军，领军卫为天武都头，威卫为神勇都头，武卫为宣武都头，骁卫为虎翼都头；㲻叉第一队减六十，增第二队至第五队为一百。

次后队㲻仗。㲻叉分五队：第一、第二，八十人；第三，一百人；第四，八十人；第五，一百六十人。帅兵官，左右卫，左右骁卫、左右武卫、左右威卫、左右领军卫。凡前后队㲻仗，前接中道北斗旗，后尽卤簿后队。法驾，殳叉第一、第二队各减二十四，第三、第四各减三十，第五减六十。宣和，殳叉各一百，天武、神勇、宣武、虎翼、广勇都头。

次前部马队。凡十二，皆以都尉二人分领。第一，前左右金吾卫折冲领，角、亢、斗、牛宿旗四，弩十，弓矢二十，槊四十。第二，氐、房、女、虚宿旗四；第三，心、危宿旗，第四，尾、室宿旗各二。以上四队，各以左右领军卫果毅领。第五，箕、壁宿旗第六，奎、井宿旗各二，各以左右威卫折冲领。第七，娄、鬼宿旗，第八，胃、柳宿旗第九，昴、星宿旗各二，各以左右武卫果毅领。第十，毕、张宿旗，第十一，觜、翼宿旗，第十二，参、轸宿旗各二，各以左右骁卫折冲领。弩、弓矢、槊人数，同第一队。法驾，分二十八宿旗为十队，逐队弩减四，弓矢减六，槊减二十。宣和，捧日、拱圣、神勇、骁卫、宣武四都指挥使，分领上十队，以虎翼、广勇都指挥使，分领下二队。

次步甲前队。凡十二，左右领军卫将军二人检校，并骑。镡槊四，逐队皆有都尉二人分领。第一、第三各以左右领军卫，第五以左右威卫，第七以左右武卫，第九以左右骁卫，第十一以左右卫，并折冲；第二、第四各以左右领军卫，第六以左右威卫，第八以左右武卫，第十以左右骁卫，第十二以左右卫，并果毅。内有鹮、貔、玉马、三角兽、黄鹿、飞麟、駃騠、鸾、麟、驯象、玉兔、辟邪等旗各二，以序居都尉之后。逐队有弓矢、刀盾相间，各六十人，居旗之后。法驾，止十队，每队弓矢各减二十。宣和，检校改用左右卫将军，又去镡槊，分领并改为都指挥使：第一、第二并捧日，第三、第四并天武，第五、第六并拱圣，第七、第八并神勇，第九骁骑，第十宣武，第十一虎翼，第十二广勇。

次前部黄麾仗。绛引幡二十，下分六部：第一，左右威卫；第二，左右领军卫；第三，左右威卫；第四，左右武卫；第五，左右骁卫；第六，左右卫。诸部各有殿中侍御史两员，本卫大将军二人检校，本卫折冲都尉二人分领。又各有帅兵官二十人。龙头竿六重，重各二十；揭鼓三重，重各二；仪锽五色幡、小戟、槊各一重，重各二十；弓矢二重,重各二十;朱绿滕络盾并刀二重,重各二十。法驾,止五部,绛引幡、帅兵官、龙头竿、幡、戟、弓矢、盾刀、槊并减六。宣和,六部:骁卫、武卫、屯卫、领军卫、监门卫、千牛卫,皆左右上将军;天武、神勇、宣武、虎翼、广勇,皆都指挥、都头;逐部上将军、都头各一人。

次青龙、白虎旗各一,左右卫果毅都尉二人,分押旗及领后七十骑,弩八,弓矢二十二,槊四十。法驾,减后骑三十,弩减二,弓矢减八,槊减二十。宣和,改都尉为虎翼都指挥使。

次班剑、仪刀队。并骑。左右卫将军二人分领,郎将二十四人,左右亲卫、勋卫各四人,每卫班剑二百二十人;诸翊卫左右卫六人,领仪刀四百八人;左右骁卫二人,领仪刀一百三十六人。左右武卫,左右威卫,左右领军卫、左右金吾卫各二人。法驾,亲、勋卫班剑减八十四人,翊卫仪刀减一百三十二人,增左右骁卫四人,班剑、仪刀九十二人。宣和,分领改左右武卫将军及捧日、天武指挥四人,拱圣六人,神勇、骁骑、骁胜、宣武、虎翼指挥使各二人。

次亲勋、散手、骁卫翊卫队。并骑。左右卫供奉中郎将四人,分领亲勋翊卫四十八人;左右卫郎将二人,分领散手翊卫六十人;左右骁卫郎将二人,分领骁卫翊卫五十六人。法驾,亲勋减十六人,散手、骁卫各减二十人。宣和,改为中卫、翊卫、亲卫队,中卫郎四人,分领卫兵四十八人;翊卫郎二人,分领卫兵六十人;亲卫郎二人,分领卫兵五十六人。

次左右骁卫翊卫三队。并骑。各有二人分领,第一本卫大将军、第二本卫将军,第三本卫郎将;花凤、飞黄、吉利旗各二,分为三队;逐队弩十,弓矢二十,槊四十。法驾,弩减四,弓矢、槊各减半。宣和,分领第一、第二队,左右骁卫大将军、将军;第三,广勇指挥使。改花凤旗为双莲旗。

次夹毂队。凡六,逐队都尉二人检校,第一、第四左右折冲,第二、第三、第五、第六并左右卫果毅。逐队刀盾各六十人,内第一、第四有宝符旗二。法驾,各减刀盾二十。宣和,检校改为捧日、天武、拱圣三指挥使。

次捧日队。逐队引一人，押二人，长行殿侍二十八人，旗头三人，枪手五人，弓箭手二十人，左右厢天武约拦各一百五十五人。法驾，同。

次后部黄麾仗。分六部：左右卫、左右骁卫、左右武卫、左右威卫、左右领军卫、左右武卫。部内殿中侍御史、大将军、都尉、帅兵官、绛引幡、龙头竿等，并同前部。法驾，减第六部，绛引幡减六。宣和，六部：第一改为左右骁卫大将军，自二至六改为天武、神勇、宣武、虎翼、广勇五指挥。

次步甲后队。凡十二，皆有都尉二人分领。第一以左右卫，第三以左右骁卫，第五以左右武卫，第七以左右威卫，第九、第十一各以左右领军卫，以上并果毅；第二以左右卫，第四以左右骁卫，第六以左右武卫，第八以左右威卫，第十、第十二各以左右领军卫，以上并折冲。内有貔、鸐鸡、仙鹿、金鹦鹉、瑞麦、孔雀、野马、犛牛、甘露、网子、祥光、翔鹤等旗各二，以序居都尉之后。逐队有弓矢、刀盾相间，各六十人，居旗之后。法驾，止十队。宣和，自第七队以下，分领改用都指挥使，七、八并神勇，九骁骑，十宣武，十一虎翼，十二广勇。旗亦改其半，七天正尧瑞，八日有戴承，十翔鹤，十一红光，十二文石。

次后部马队。凡十二，皆以都尉二人分领。第一、第二各以左右卫，第五、第六、第七各以左右武卫，第十至十一、十二各以左右领军卫，并折冲；第三、第四各以左右骁卫，第八、第九各以左右威卫，并果毅。内有角䇷、赤熊、兕、天下太平、驯犀、骏犭叟、骦骦、驼牙、苍乌、白狼、龙、虎、金牛旗各二，以序居都尉之后。每队弩十，弓矢二十，矟四十。法驾，止十队。弩减四，弓矢减六，矟减十二。宣和，改都尉为指挥使，一、二并以捧日，三、四并以天武，五、六并以拱圣，七、八并以神勇，九以骁骑，十以宣武，十一以虎翼，十二以广勇。内六有芝禾并秀旗，七有万年连理木旗。

以上卤簿，凡门有六，中道之门二：第一门居日月合璧等旗之后，法驾，居龙墀旗之后；第二门居掩后队之后，法驾，同。各有金吾衙门旗四，监门校尉六人。左右道之门四：第一，居步甲前队第六队之后；第二，居第十二队之后；第三，居夹毂队之后；第四，居步甲后队第六队之后，法驾，同。各有监门校尉四人。宣和，改校尉为使臣。

政和小驾，减大驾六引及象、木、革辂，五副辂，小舆，小辇，又减指南、记里、白鹭、鸾旗、崇德、皮轩、畊根、进贤、明远、黄钺、豹尾、属车等十一，余并减大驾之半。

宋史卷一四七

志第一〇〇

仪卫五

绍兴卤簿　　皇太后皇后卤簿
皇太子卤簿　　妃附　　王公以下卤簿

绍兴卤簿。宋初,大驾用一万一千二百二十二人。宣和,增用二万六十一人。建炎初,裁定一千三百三十五人。绍兴初,用宋初之数,十六年以后,遂用一万五千五十人;明堂三分省一,用一万一十五人。孝宗用六千八百八十九人,明堂用三千三百十九人。以后,并用孝宗之数。绍兴用象六、副象一。乾道用象一,淳熙用象六而不设副,绍熙如乾道,庆元后不设。

六引。第一引,清道二人,孝宗省之。幰弩一人,骑;方伞一,杂花扇二,曲盖一;外仗青衣二人。车辐棒二,告止、传教、信幡各二,戟十。第二引,清道二人,孝宗省之。幰弩一人,骑;鼓一,钲一,大鼓十;节一,槊二,皆骑;方伞一,杂花扇四。孝宗省为二。曲盖一,幢一,麾一,皆骑;大角四,铙一,箫二,笳二,横吹二,笛一,箫一,觱篥一,笳一;外仗青衣四人,孝宗省为二。车辐棒四,孝宗省为二。告止、传教、信幡各二,仪刀十,戟二十,弓矢二十,孝宗皆省为十六。刀盾二十,槊二十。孝宗并省。第三、第四、第五、第六引,并同第二引。内花扇、大角各二,青衣二人。孝宗朝,第三、第四、第五、第六引内大角省为二。余并同第二引已省之数。

金吾纛槊队。纛十二，<small>孝宗省为六。</small>押纛二人，<small>孝宗省为一。</small>押衙四人，<small>孝宗省为二。</small>上将军四人，将军四人，<small>孝宗省之。</small>大将军二人，<small>孝宗省为一。</small>犦槊十二，并骑。<small>孝宗省为八。</small>朱雀队。朱雀旗一，犦槊二，弩四，队前后引、押各天武都指挥使一人，骑。龙旗队。引旗一，风师、雨师、雷旗、电旗各一，五星旗五，摄提旗二，北斗旗一，护旗一，左右卫大将军一人。金吾引驾骑，神勇都指挥使；次弩、弓、矢、槊各四，并骑。

太常前部鼓吹。鼓吹令二，府史四人，管辖指挥使一人，帅兵官三十六人，<small>孝宗省作十四人。</small>扛鼓十二，金钲十二，<small>孝宗鼓、钲并省为十。</small>大鼓六十，<small>孝宗省作二十四。</small>小鼓六十，<small>孝宗省作三十。</small>节鼓一，铙鼓六，羽葆鼓六，歌工二十四，拱宸管二十四，<small>孝宗歌工、管并省为十八。</small>箫、笳各三十六，<small>孝宗朝，箫十八、笳二十四。</small>长鸣六十，中鸣六十，<small>孝宗朝，并省为十八。</small>大横吹六十，<small>孝宗省为二十四。</small>笛十二，<small>孝宗增为十八。</small>觱栗十二，桃皮觱栗十二。

持钑前队。骁骑都指挥使一人，将军二人，军使四人，并骑。称长一人，灵芝旗二，瑞瓜旗二，双莲花旗二，太平瑞木旗二，朱雀旗一，甘露旗二，嘉禾旗二，芝草旗二。绛引幡一，<small>孝宗省之。</small>黄麾幡一，青龙、白虎幢各一，金节十二，罕、毕各一，又一，钑戟五十。<small>孝宗省为四十八。</small>

六军仪仗。第一队，军将二，卒长二，骑。熊虎旗二，赤豹旗二，吏兵旗、力士旗二，戈六，矛四，戟四，钺四，白柯枪五十。平列旗二十，在仗外分夹旗枪。第二队，军将二，卒长二，骑。龙君旗、虎君旗各三，黄熊旗四，赤豹旗二，吏兵旗、力士旗各一，戈六，矛四，戟四，钺四，白柯枪四十。平列旗二十，分夹仗外。第三队，军将二，卒长二，骑。道真官二，吏兵旗、力士旗各一，熊虎旗二，龙君旗、虎君旗各一，天王旗四，十二辰旗各一，戈六，矛、戟、钺各四，白柯枪三十。平列旗二十，分夹仗外。<small>孝宗朝，第一队，军将、卒长各一，龙虎旗、赤豹旗、吏兵旗、力士旗各二，矛四、戈四、戟二、钺二、白柯枪三十，平列旗十四，余同。第二队军将、卒长各一，龙君、虎君、黄熊、赤豹旗同。戟六、钺六、戈四、矛</small>

四、白柯枪二十。第三队军将、卒长各一，吏兵、力士、熊虎、龙君、虎君、天王旗并同。十二辰旗十二，通直官二，白柯枪十，平列旗十二。

龙墀旗队。天下太平旗一，排仗大将二人夹之；五方龙旗各一，为三重。赤在前、黄在中、黑在后、青左、白右。次金鸾旗一，左，金凤旗一，右；狮子旗二；君王万岁旗一；日旗一，左，月旗一，右。御马十匹，分左右，为五重。中道队。左右卫大将军一人检校，骑。日月合璧旗一，庆云旗二，五星连珠旗一，祥光旗、长寿幢各一。

金吾牙门第一门。牙门旗四，次监门使臣六，分左右，骑。孝宗省旗为二，监门为三。金吾细仗。青龙旗一，左，白虎旗一，右；五岳神旗五，分前、中、后、左、右为三列；五方神旗五，陈列亦如之。五方龙旗二十五，相间为五队，每队赤前、黄中、黑后、青左、白右。五方凤旗二十五，相间为五队，陈列亦如之。五岳旗在左，五方旗在右；五龙旗在左，五凤旗在右；四渎旗，江、淮在左，河、济在右；押二人，分左右，骑。孝宗五龙、五凤旗止各一队，共省四十旗，余同。

八宝舆。镇国神宝左，受命之宝右；皇帝之宝左，天子之宝右；皇帝信宝左，天子信宝右；皇帝行宝左，天子行宝右，为四列。每宝一舆，每舆一香案，舆、案前烛罩三十二。引宝职掌八人，侍宝官一人，内外符宝郎各二人，扈卫一百人。碧襕二十人，夹扈卫之外。孝宗省碧襕为十二，余同。

殿中伞扇、舆辇。方伞二，孝宗省一。朱团扇四，孝宗省二。金吾四色官六人，孝宗省为二。押仗二人，骑，金甲二人，执钺，进马官四人，骑，千牛卫大将军一人，孝宗省之。千牛卫将军八人，孝宗省为二。金吾引驾官二人，导驾官四人，并骑导。大伞二，孝宗省一。凤扇四，孝宗省二。夹伞而行。前同。腰舆一，凤扇十六，夹舆。孝宗省为四。华盖二，排列官一人，香凳一，火燎一，小舆一，逍遥子，平辇。

驾前诸班直。驾头、鸣鞭、诞马、烛罩三百三十人。孝宗省为二百一十人。前驱都下亲从官一百五十人，孝宗省为四十五人。东西班六人，孝宗省为二十二人约拦。殿前指挥使四十人，东第三班长入祗候五十二人，班直主首九人，孝宗省为三人。茶酒新旧班一百六人，孝宗省为四十四人。开道旗一，纛一十二，均容直二百七十人。驾回则作乐。
孝宗乾道元年省之，乾道六年以后再用。吉利旗五，五方龙旗五，龙旗二
十，孝宗省之。门旗六十，孝宗省为三十。殿前指挥使、引驾骨朵子直四
十人。分左右，夹门旗外。驾头，驾头下天武官二十二人，孝宗省为十七
人。都下亲从一十六人，孝宗省为八人。茶酒班执从物殿侍二十二人，
又都下亲从二十二人，孝宗省为十七人。剑六人，孝宗省为三人。麾旗
一，人员一，孝宗省之。殿前指挥使、行门二十二人，鸣鞭十二人。孝
宗增为一十四人。次御龙直百二十人，孝宗省为八十六人。快行五十人，
日、月、麟、凤旗各一，青龙、白龙、赤龙、黑龙旗四，人员二，引驾千
牛上将军一人。

　　玉辂奉宸队。分左右，充禁卫，围子八重：崇政殿亲从围子二百
人，为第一重；从里数出。御龙直二百五十人，为第二重；崇政殿亲从
外围子二百五十人，为第三重；御龙直、骨朵子直二百五十人，为第
四重；御龙弓箭直二百五十人，为第五重；御龙弩直二百五十人，为
第六重；禁卫天武二百五十人，为第七重；都下亲从围子三百人，为
第八重。孝宗以上并同。天武约拦二百人，孝宗省作百八十八人。在禁
卫围子外，编排禁卫行子二十一人，快行五十九人，孝宗省为四十二。
管押相视御龙四直八人。孝宗省为四人。照管行子御龙四直二十四
人，孝宗省为八人。天武六人，孝宗省之。禁卫内拦前崇政殿亲从三十
二人，孝宗省作二十五人。

　　驾后部。扇筤，大黄龙旗一。驾后乐：东西班三十六人，钧容直
三十一人，并骑。孝宗此下增招箭班三十四人。扇筤，扇筤下天武二十
二人，孝宗省作一十七人。都下亲从十六人，孝宗省作八人。茶酒班执从
物五十人，骑。孝宗省为三十人。

　　大辇。辇下应奉并人员合六百一十四人，分五番；孝宗乾道元年
省之。六年以后复设。御马十匹，为五重。

　　持钑后队。神勇都指挥使二人，骑，重轮旗二人，大伞二，孝宗
省为一。朱团扇八，孝宗省为四。凤扇二，小雉扇二十二，孝宗省凤扇，
而减雉扇为六。华盖二，孝宗省为一。俾倪十二，孝宗省为六。御刀六，

玄武幢一，绛麾二，叉、细槊十二，孝宗省为六。骁骑都指挥使一人，骑。总领大角。大角四十。孝宗省为二十。

太常后部鼓吹。鼓吹丞二人，典吏四人，孝宗省为三人。管辖指挥使一人，羽葆鼓六，歌工二十四，拱宸管十二，箫三十六，笳二十四，铙鼓六，小横吹六十，笛十二，觱栗十二，帅兵官十人。孝宗歌工十八，拱宸管十二，箫十八，笳二十四，铙鼓六，笛十八，节鼓一，小横吹三十，觱栗十八，桃皮觱栗十二，羽葆鼓吹六，帅兵官八人。

黄麾幡一，中道。金辂、象辂、革辂、木辂各一，每辂诞马各六在辂前，驾士各百五十四人。乾道元年省之，六年以后复用。掩后队。中道。宣武都指挥使二人，大戟、刀盾、弓矢、槊各十五。

金吾牙门第二门。中道。牙门旗四，分左右，孝宗省之。监门使臣六，分左右，骑。孝宗省为三。玄武队。并骑。中道。虎翼都指挥使一人，镱槊二，玄武旗一，槊、弓矢各十，孝宗并省为五。弩五。外仗。分左右道，以夹中道仪仗。清游队。并骑。白泽旗二，捧日指挥使二，弩四，弓矢十，槊十六，左、右金吾十六，骑。天武都头二人，弩八，弓矢十二，槊十二。孝宗弩、弓矢、槊并省为六。欻飞队。并骑。拱圣指挥使二，虞候欻飞二十，铁甲欻飞十二。前队殳仗。都头六人，骑，殳、叉六十。

后队殳仗。都头四人，骑，殳、叉四十。

前部马队。第一队，捧日都指挥使二人，角、斗、亢、牛旗各一，弩四，弓矢十，槊八；第二队，捧日都指挥使二人，氐、女、房、虚旗各一，弩、弓矢、槊如第一队；第三队，天武都指挥使二人，心、危旗各一，弩、弓矢、槊如第二队；第四队，天武都指挥使二人，尾、室旗各一，弩、弓矢、槊如三队；第五队，拱圣指挥使二人，箕、毕旗各一，弩、弓矢、槊如第四队；第六队，拱圣都指挥使二人，奎、井旗各一，弩、弓矢、槊如第五队；第七队，神勇都指挥使二人，娄、鬼旗各一，弩、弓矢、槊如第六队；第八，神勇都指挥使二人，胃、柳旗各一，弩、弓矢、槊如第七队；第九队，骁骑都指挥使二人，昂、星旗各一，弩、弓矢、槊如第八队；第十队，宣武都指挥使二人，毕、张旗各一，弩、弓矢、槊如第九队;第十一队,虎翼都指挥使二人,觜、翼旗各一,弩、弓矢、槊如第十队;第十二队,广勇都指挥使二人,参、轸旗各一,弩、弓矢、槊如第十一队。孝宗省为七队,二十八宿旗每队四,弓矢、槊每队六,余同。

步甲前队。第一队,捧日指挥使、都头各二人,骑,下同。鹦鸡旗二、青鋈甲、刀盾二十;孝宗刀盾省为十二,下同。第二队,捧日指挥使、都头,貔旗,朱鋈甲、刀盾;第三队,天武指挥使、都头,万年连理木旗,黄鋈甲、刀盾;第四队,天武指挥使、都头,芝禾并秀旗,白鋈甲、刀盾;第五队,拱圣指挥使、都头,祥鹤旗,黑鋈甲、刀盾;第六队,拱圣指挥使、都头,犀旗,黄鋈甲、刀盾。孝宗改黄鋈甲为青鋈甲,余并同。

金吾左右道牙门第一门。牙门旗四,分左右,监门使臣八人,并骑。孝宗旗省为二,使臣省为四人。步甲前队第七队,神武指挥使、都头,鹦鸡旗,青鋈甲、刀盾;第八队,神武指挥使、都头,麟旗,朱鋈甲、刀盾;第九队,骁骑指挥使、都头,白狼旗,黄鋈甲、刀盾;第十队,骁骑指挥使、都头,苍乌旗,次白鋈甲、刀盾;第十一队,虎翼指挥使、都头,鹦鹉旗,黑鋈甲、刀盾;第十二队,广勇指挥使、都头,太平旗,黄鋈甲、刀盾。自二至十二队,人、旗、刀盾,数列如第一队。孝宗内去鹦鸡旗、麟旗而用庆云旗、瑞麦旗。

金吾左右道牙门第二门。牙门旗四,分左右,监门使臣八人,并骑。孝宗旗省为二,监门省为四人。

前部黄麾仗。第一部殿中侍御史二员,骑,下同。绛引幡二十,孝宗省为十。犦槊二,捧日指挥使二,都头五,并骑,下同。黄氅五十,孝宗省为二十,鼓四,斧十,戟,弓矢二十,槊三十,孝宗省为二十。弩十;第二部,殿中侍御史,天武指挥使、都头,青氅,鼓,斧,戟,弓矢,槊,弩;第三部,殿中御史,拱圣指挥使、都头,绯氅,鼓,斧,戟,弓矢,槊,弩;孝宗省作三部。第四部,殿中御史,神勇指挥使、都头,黄氅,鼓,斧,戟,弓矢,槊,弩;第五部,殿中御史,骁骑指挥使、都头,白氅,鼓,斧,戟,弓矢,槊,弩;第六部,殿中御史,广勇指挥使、都头,黑鋈,鼓,斧,戟,弓矢,槊,弩。自二至六部,数列并如初部。

青龙白虎队。并骑。青龙旗一;白虎旗一,虎翼都指挥使二,弩四,弓矢十,槊八。

班剑、仪刀队。并骑。武卫将军二人,捧日、天武、拱圣、神勇指挥使各二人,班剑六十,仪刀六十。次骁骑、骁胜、宣武、虎翼指挥使各二人,班剑六十,仪刀六十。

亲勋、散手、骁卫翊卫队。并骑。中卫郎四人,翊卫郎二人,亲卫郎二人,卫兵四十,甲骑四十在卫兵外。左右骁卫、翊卫三队。并骑。第一队,左右骁卫大将军二人,双莲花旗二,弩四,弓矢十,孝宗减弓矢为六,下同。槊十六;孝宗减槊为八,下同。第二队,广勇指挥使二人,吉利旗,弩、弓矢、槊数如初队。

金吾左右道牙门第三门,牙门旗四,分左右,监门八人,并骑。孝宗旗减为二,监门减为四人。捧日队三十四队,左右各十七队,孝宗减为十队,左右各五队。每队引一人,押一人,旗三人,枪五人,弓箭二十人。

后部黄麾仗。凡六部,第一部至六部,并同前部黄麾仗,惟无绛引幡、爆槊。孝宗减为三部,仗数亦同前部黄麾已减之数,并去爆槊、绛引幡。绛引幡二十。孝宗减为十。

金吾左右道牙门第四门。牙门旗四,监门八人,骑。孝宗旗减为二,监门减为四人。

步甲后队。第一队,捧日指挥使、都头各二人,骑,鹓旗、鹍鸡旗各二,青鋈甲、刀盾二十;孝宗减刀盾为十六,逐队并同。第二队,天武指挥使、都头,芝禾并秀旗、万年连理木旗,朱鋈甲、刀盾;第三队,拱圣指挥使、都头,犀旗、鹤旗,黄鋈甲、刀盾;第四队,神武指挥使、都头,苍乌旗、白狼旗,白鋈甲、刀盾;第五队,骁骑指挥使、都头,天下太平旗、鹦鹉旗,黑鋈甲、刀盾;第六队,虎翼指挥使、都头,鹍鸡旗、鹓旗,黄鋈甲、刀盾。自二至六队,数列并如初队。

金吾左右道牙门第五门。牙门旗四,监门八人,骑。孝宗减旗为二,减监门为四。

后部马队。第一队，捧日都指挥使二，角端旗二，弩四，弓矢十，
槊十六；孝宗弓矢减为六，槊减为八。第二队，捧日都指挥使，孝宗更用
天武。赤熊旗，弩、弓矢、槊；第三队，天武都指挥使，孝宗更用拱圣。兕
旗，弩、弓矢、槊；第四队，天武指挥使，孝宗时更神勇。天下太平旗，
弩、弓矢、槊；第五队，拱圣都指挥使，犀旗，孝宗用龙马旗。弩、弓矢、
槊；第六队，拱圣都指挥使，芝禾并秀旗，孝宗用金牛旗。弩、弓矢、
槊；第七队，神勇都指挥使，万年连理旗，弩、弓矢、槊；第八队，神勇
都指挥使，驺牙旗，弩、弓矢、槊；第九队，骁骑都指挥使，苍乌旗，
弩、弓矢、槊；第十队，宣武都指挥使，白狼旗，弩、弓矢、槊；第十一
队，虎翼都指挥使，龙马旗，弩、弓矢、槊；第十二队，广勇都指挥使，
金牛旗，弩、弓矢、槊。自二至十二队，数列并如初队。

　　皇太后、皇后卤簿，皆如礼令。徽宗政和元年，诏皇后受册排黄
麾仗及重翟车，陈小驾卤簿。后谦避，于是诏延福宫受册仍旧；而小
驾卤簿、端礼门外黄麾仗、紫宸殿臣僚称贺上礼，并罢。其景灵宫朝
谒，则依近例。三年，议礼局上皇后卤簿之制。

　　清游队。旗一。执一人，引二人，夹二人，并骑。金吾卫折冲都尉一
员，骑，执㯿槊二人夹。领四十骑，执槊二十人，弩四人，横刀一十六
人。次虞候㑊飞二十八，骑。次内仆、内仆丞各一员。各书令史二人，
并骑。

　　次正道黄麾一。执一人，夹二人，并骑。次左右厢黄麾仗，厢各三
行，行一百人：第一行，短戟、五色氅；第二行，戈、五色氅；第三行，
仪锽、五色幡。

　　左右领军卫、左右威卫、左右武卫、左右骁卫、左右卫等各三
行，行二十人，各帅兵官六人领，内左右领军卫帅兵官各三人，各果
毅都尉一员检校，各一人步从。左右领军卫绛引旗，引前、掩后各六。

　　次内谒者监四人，给事、内常侍、内侍各二人，并骑。内给使各一
人，步从。次内给使一百二十人。次偏扇、团扇、方扇各二十四。次香
镫一。次执擎内给使四人。在重翟车前。

次重翟车。驾青马六，驾士二十四人，行障六、坐障三，夹车，并宫人执。次内寺伯二人，骑，领寺人六人，分左右夹重翟车。

次腰舆一，舆士八人。团雉尾扇二，夹舆。次大伞四，大雉尾扇八，锦花盖二，小雉尾扇、朱画团扇各十二，锦曲盖二十，锦六柱八扇。自腰舆以下，并内给使执。次宫人车。次绛麾二。各一人执。

次正道后黄麾一。执一人，夹二人，并骑。次供奉宫人。次厌翟车驾赤骝，翟车驾黄骝，安车驾赤骝，各四，驾士各二十四人。四望车、金根车，各驾牛三，驾士各一十二人。

次左右厢各置牙门二。每门执二人，夹四人，一在前黄麾前，一在后黄麾后。次左右领军卫，每厢各一百五十人执殳，帅兵官四人检校。次左右领军卫折冲都尉各一员，检校殳仗。各一人骑从。

次后殳仗。内正道置牙门一，每门监门校尉二人，骑；每厢各巡检校尉一员，骑，来往检校。

前后部鼓吹。金钲、扛鼓、大鼓、长鸣、中鸣、铙吹、羽葆、鼓吹、节鼓、御马，并减大驾之半。

皇太子卤簿。礼令，三师、詹事、率更令、家令各用本品卤簿前导。太宗至道中，真宗升储，事多谦抑，谒庙日止用东宫卤簿，六引官，但乘车而不设仪仗。天禧二年，仁宗为皇太子，亦依此制。政和三年，议礼局上皇太子卤簿之制。

家令、率更令、詹事各乘轺车，太保、太傅、太师乘辂，各正道，威仪、卤簿依本品。次清游队旗，执一人，引二人，夹二人。并正道。清道率府折冲都尉一员，领二十骑，执矟一十八人，弓矢九人，弩三人，二人骑从折冲。次左、右清道率府率各一员，领清道直荡及检校清游队龙旗等，执镊矟各二人。次外清道直荡二十四人，骑。

次正道龙旗各六，执一人，前二人引，后二人护。副竿二。执各一人，骑。次正道细仗引。为六重，每重二人，自龙旗后均布至细仗，矟与弓箭相间，并骑；每厢各果毅都尉一员领。次率更丞二员。

次正道前部鼓吹。府史二人领鼓吹，并骑。扛鼓、金钲各二，执各一人，夹二人，以下准此。帅兵官二人；次大鼓三十六，横行，长鸣以下准此。帅兵官八人，长鸣三十六，帅兵官二人；铙吹一部，铙鼓二，各执一人，夹二人，后部铙节鼓准此。箫、笳各六，帅兵官二人，扛鼓、金钲各二，帅兵官二人；次小鼓三十六，帅兵官四人；中鸣三十六，帅兵官二人。以上并骑。

次诞马十，每匹二人控，余准此。厩牧令、丞各一员。各府史二人骑从。次左、右翊府郎将各一员，领班剑，左右翊卫执班剑二十四人，通事舍人四人，司直二人，文学四人，洗马、司议郎、太子舍人、中允、中舍、左右谕德各二人，左、右庶子四人，并骑。自通事舍人以后，各步从一人。

次左、右卫率府副率各一员，步从，亲、勋、翊卫每厢各中郎将、郎将一员，并领六行仪刀：第一行，亲卫二十三人，曲折三人；第二行，亲卫二十五人，曲折四人；第三行，勋卫二十七人，曲折五人；第四行，勋卫二十九人，曲折六人；第五行，翊卫三十一人，曲折七人；第六行，翊卫三十三人，曲折八人。曲折人并陪后门。以上三卫并骑。

次三卫一十八人，骑；中郎将二人夹辂，在六行仪刀仗内。金辂，驾马四，仆寺仆驭，左右率府率一员，驾士二十二人。夹辂左、右卫率府率各一员。各步从一人。

次左、右内率府率各一员，副率各一员，并骑。各步从一人。次千牛骑，执细刀、弓矢，三卫仪刀仗，后开牙门。次左右监门率府直长各六人，监后门。并骑。次左右卫率府每厢各翊卫二队。并骑。次厌角队各三十人，执旗一人。引二人，夹二人。执槊一十五人，弓矢七人，弩三人，每队各郎将一员领。

次正道伞二，雉尾扇四，夹伞。次腰舆一，舆士八人，团雉尾扇二、小方雉尾八夹。执各一人。次内直郎、令史各二人骑从检校。次诞马十，典乘二人，府史二人骑从。

次左右司御率府校尉各一人，并骑从。领团扇、曲盖。次朱团扇、紫曲盖各六，执各一人。次诸司供奉官人。

次左右清道率府校尉各一人，并骑。领大角三十六。铙鼓二，箫、箎各六,帅兵官二人;横吹十,节鼓一,笛、箫、觱栗五,帅兵官二人。并骑。次管辖指挥使二人检校。

次副辂,驾四马,驾士二十人。轺车,驾一马,驾士十四人。四望车,驾一马,驾士一十人。

次左右厢步队凡十六,每队各果毅都尉一人领,并骑。队三十人执旗一人,引二人,夹二人,并带弓矢,骑。步二十五人,前一队执槊,一队带弓矢,以次相间。左右司御率府,左右卫率府厢各四队,二在前,二在后。次左右司御率府副率各一员检校,步队各二人,执镎槊骑从。

次仪仗。左右厢各六色,色九行,行六人。前第一行,戟、赤氅;第二行,弓矢;第三行,仪铤并毦;第四行,刀盾;第五行,仪镗、五色幡;第六行,油戟。次前仗首左、右厢各六色,色三行,行六人。左右司御率府各一员,果毅都尉各一员,帅兵官各六人领。次左右厢各六色,色三行,行六人。左右卫率府副率各一员,果毅都尉各一员,帅兵官各六人领。次尽后卤簿左右厢各六色,色三行,行六人,左右司御率府副率各一员,各一人步从。果毅都尉各一人,帅兵官各六人领,左右司御率府率兵官各六人护后,并骑。每厢各绛引幡十二,执各一人,引前旗六,引后旗六。揭鼓十二。揭鼓左右司御率府四重,左右卫率府二重。

次左右厢役。各一百五十人,左右司御率府各八十六人,左右卫率府各六十四人。并分前后,在步队仪仗外,马队内,前接六旗,后尽卤簿,曲折至门,每厢各司御率府果毅都尉一员检校,各一人从,每厢各帅兵官七人。并骑,左右司御率府各四人,左右率府各三人。

次马队。左右厢各十队,每队帅兵官以下三十一人,旗一,执一人,引二人,夹二人。执槊十六人,弓矢七人,弩三人。前第一队,左右清道率府果毅都尉各一员领;第二、第三、第四队,左右司御率府果毅都尉各一员领;第五、第六、第七队,左右卫率府果毅都尉各一员领;第八、第九第十队,左右司御率府果毅都尉各一员领。次后拒队。旗一,执一人,引二人,夹二人。清道率府果毅都尉一员领四十骑,执槊二十人,弓矢十六人,弩四人。又二人,骑从。

次后拒队前当正道受仗行内开牙门。次左右司厢各开牙门三：前第一门，左右司御率府步队后，左右率府步队前；第二门，左右卫率府步队后，司御率府仪仗前；第三门，左右司御率府仪仗后，左右卫率府步队前。每开牙门，执旗二人，夹四人，并骑。

监门率府直长各二人，并骑；次左右监门率府副率各一员，骑；来往检校诸门，各一人骑从。次左右清道率府副率各三人，仗内检校并纠察，各一人骑从。次少师、少傅、少保，正道乘辂，威仪、卤簿各依本品次，文武官以次陪从。

皇太子妃卤簿之制。政和三年，议礼局上。清道率府校尉六人，骑。次青衣十人。次导客舍人四人，内给使六十人，偏扇、团扇、方扇各十八，并宫人执。行障四，坐障二，夹车，宫人执。典内二人，骑，厌翟车，驾三马，驾士十四人。次阁帅二人，领内给使十八人，夹车，六柱二扇，内给使执。次供奉内人，乘犊车。次伞一，正道。雉尾扇二，团扇四，曲盖二。执伞、扇各内给使一人。次戟九十。

宋制，臣子无卤簿名，遇升储则草具仪注。《政和礼》虽创具卤簿，然未及行也。南渡后，虽尝讨论，然皇太子皆冲挹不受，朝谒宫庙及陪祀，及常朝，皆乘马，止以宫僚导从，有伞、扇而无围子。用三接青罗伞一，紫罗障扇四人从，指使二人，直省官二人，客司四人，亲事官二十人，輦官二十人，翰林司四人，仪鸾司四人，厨子六人，教骏四人，背印二人，步军司宣效一十人，步司兵级七十八人，防警兵士四人。朝位在三公上，扈从在驾后方围子内。

皇太子妃，政和亦有卤簿，南渡后亦省之。妃出入惟乘檐子，三接青罗伞一，黄红罗障扇四人从。以皇太子府亲事官充輦官，前执从物，檐子前小殿侍一人，抱涂金香球。先驱，则教骏兵士呵止。

王公以下卤簿。凡大驾六引，用本品卤簿，奉册、充使及诏葬皆给之。亲王用一品之制，加告止幡、传教幡、信幡各二。其葬日，用六引内仪仗。真宗咸平二年，王承衍出葬日，在禁乐，礼官请卤簿鼓吹备而不作,从之。景德二年,南郊卤簿使王钦若言:"郓王攒日所给卤簿,与南郊仪仗吉凶相参。望依令别制王公车辂,所有鼓吹、仪仗,亦请增置,以备拜官、朝会、婚葬之用。"从之。于是仪服悉以画,其葬日在涂,以革车代辂。

微宗政和三年,议礼局上王公卤簿之制:中道清道六人。次幰弩一骑。次大晟府前部鼓吹。令及职掌、局长、院官各一人,扛鼓、金钲各一,大鼓、长鸣各一十八,扛鼓、金钲各一。次引乐官二人,小鼓、中鸣各十。次麾、幢各一,节一,夹槊二,诞马八,每匹,控马各二人。革车一乘,驾赤马四,驾士二十五人,散扇十,方伞二,朱团扇四夹方伞,曲盖各二。次大角八。次后部鼓吹,丞一员,录事一人。次铙鼓一,箫四,笳四,大吹六,节鼓一,夹色二,笛、箫、觱栗、笳各四。次外仗。青衣十二,车辐棒十二,戟九十,绛引幡六,刀盾、槊、弓矢各八十,仪刀十八,信幡八,告止幡、传教幡各四,仪锃二,仪镗、斧挂五色幡六,油戟十八,仪槊十二,细槊十二。次左右卫尉寺押当职掌一十一人,骑;部辖步兵、部辖骑兵、太仆寺部押人员各一人,教马官一人。押当职掌四人,骑。

公主卤簿。惟葬日给之。秦国成圣继明夫人葬日,亦给外命妇一品卤簿,自余未尝用。

一品卤簿。命妇同。中道清道四人。幰弩一,骑。大晟府前部鼓吹。令一,职掌一人,局长、院官各一人。扛鼓、金钲各一,大鼓、长鸣各一十六,麾、幢、节各一,槊二,诞马六。次革车一乘,驾赤马四,驾士二十五人。命妇厌翟车,驾士二十三人,二品、三品准此。散扇八,二品减四,三品减六,命妇散扇五十,行障五,行于车前,二品、三品准北。方伞二,朱团扇四,曲盖二,大角八。命妇属车六,驾黄牛十八,驾士五十九人,行大角前,二品、三品准此。次后部鼓吹。丞一员,录事一人,引乐官二员。铙鼓一,箫、笳、大横吹各四,节鼓一,笛、箫、觱栗、笳各四。外仗。青衣十人,车辐棒十,戟九十,刀盾、槊各八十,弓矢六十,仪刀三十,信幡八,告止幡、传教幡、仪镗斧挂五色幡各四。次卫尉寺排列,押当职掌一十一人,部辖人员、太仆寺部押人员、教马官各一人。押当职掌四人。命妇加二人。

二品卤簿。命妇同。中道清道二人。幰弩一。大晟府前部鼓吹。令一，及职掌、局长、院官各一人。扛鼓、金钲各一，大鼓十四，麾、幢、节各一，夹槊二，诞马四。次革车一乘，驾赤马四，驾士二十五人。散扇四，方伞、朱团扇、曲盖各二。次大角八。次后部鼓吹。丞一，录事、引乐官各一人。铙鼓一，箫、笳各二，大横吹四，笛、箫、觱栗笳各二。青衣八人，车辐棒八，戟七十，刀盾、槊、弓矢各六十，仪刀十四，信幡四，告止、传教幡各二。次卫尉排列、押当职掌九人，部辖人员、太仆寺部押人员、教马官各一人。押当职掌四人。命妇加二人。

三品卤簿。命妇同。中道清道二。幰弩一。麾、幢各一，节一，夹槊二，诞马四。次革车一乘，驾赤马四，驾士二十五人。散扇二，方伞二，曲盖一，大角四。外仗。青衣八人，车辐棒六，戟六十，刀盾、槊、弓矢各五十，仪刀十二，信幡四，告止、传教幡各二。次卫尉排列、押当职掌七人，部辖人员、太仆寺部押人员、教马官各一人。押当职掌四人。命妇加二人。

以上皆政和所定也。

宋史卷一四八

志第一○一

仪卫六

卤簿仪服

　　卤簿仪服。自汉卤簿，象最在前。晋平吴后，南越献驯象，作大车驾之，以载黄门鼓吹数十人，使越人骑之以试桥梁。宋卤簿，以象居先，设木莲花坐，金蕉盘，紫罗绣檐络脑，当胸、后鞦并设铜铃杏叶，红氂牛毛拂，跋尘。每象，南越军一人跨其上，四人引，并花脚幞头、绯绣窄衣、银带。太宗太平兴国六年，两庄养象所奏：诏以象十于南郊引驾，开宝九年南郊时，其象止在六引前排列。诏卤簿使领其事。

　　旗，皆错采为之，漆竿、镀首、纛头、锦带腰、火焰脚。白泽、摄提、金鸾、金凤、师子、苣文、天下太平、君王万岁、仙童、腾蛇、神龟、及在步甲前后队、后马队三队、六军仪仗内，并以赤。日、月及合璧、连珠、风、雨、雷、电、五星、二十八宿、祥云，并以青。北斗以黑。五岳、四渎、五方、四神、十二辰、五龙、五凤、龙虎君，并以方色。天王以赤、黄二色。排拦以黄、紫、赤三色。

　　元丰三年，详定郊庙奉祀礼文所言："卤簿，前用二十八宿、五星、摄提旗，有司乃取方士之说，绘为人形，于礼无据。伏请改制，各著其象，以则天文。"从之。元祐七年，太常寺言："二十八宿旗，五星摄提旗，按《卤簿图》画人形及牛虎头、妇人、小儿之类，于礼无据。

元丰三年,礼文所上言乞改制。各著其象,以则天文。后有司循旧仪,未曾改正,今欲改造。"从之。

元符二年,徽宗即位,兵部侍郎黄裳言:"南郊大驾诸旗名物,除用典故制号外,余因时事取名。伏见近者玺授元符,茅山之上日有重轮,太上老君眉间发红光,武夷君庙有仙鹤,臣请制为旗号,曰宝符,曰重轮,曰祥光,曰瑞鹤。"从之。

政和四年,礼制局言:"卤簿,大黄龙负图旗画八卦,乞改画九、一、三、七、二、四、六、八、五之数。仙童、网子、大神三旗无所经见,乞除去。"从之。初,大观三年,西京颍阳县大庆观圣祖殿东,有嘉禾、芝草并生。其嘉禾一本四穗,芝草叶圆而重起。至是,诏制芝禾并秀旗。又以是年二有月,日上生青、赤、黄戴气;后,日下生青、赤、黄承气,诏制日有戴承旗。又以元符二年武夷君庙有仙鹤迎诏,政和二年延福宫宴辅臣,有群鹤自西北来,盘旋于睿谟殿上,及奏大晟乐而翔鹤屡至,诏制瑞鹤旗。

八年,礼部侍郎张邦昌奏:"太祖时,甘露降于江陵者十日,瑞麦秀于濮阳者六歧,获金鸐鹈于陇坻,得三玉免于郓封,驯象至而五岭平,琼管族而白鹿出,皆命制为旗章陈之。望诏有司取自崇、观至今,凡中外所上瑞应,悉掇其尤殊者,增制旗物,上以丕承天贶,下以耸动民瞻。"从之。

初,宋制旗物尤盛,中兴后惟务简约,虽参用旧制,然亦不无因革。其太常,青质夹罗,惟绣日、月、星而无龙,下有网须谓之弗,而竿头为龙首,衔青结绶,垂青旄绶十二,谓之旒。盖幅下无斿,而竿首垂旒,抑又取古者"注旄及羽于竿首"之遗制。竿用椆木,护以剖竹,胶以䍠,饰以藻,玉略建之。大旗,黄质九幅,每幅绣升龙一,侧幅二,下垂黄丝网绶九,金辂建之。大赤,朱质七幅,每幅绣鸟隼二,侧幅如之,下垂朱丝网绶七,象辂建之。大白,素质五幅,每幅绣熊一、虎一,侧幅如之,下垂浅黄丝网绶五,革辂建之。大麾,皂质四幅,每幅绣五采龟蛇一,侧幅绣龟二,下垂皂丝网绶四,木辂建之。

其黄龙负图旗,建隆初刑为大制。有架,旗力重,以百九十人维之，今用七十人。其君王万岁、天下太平、日月、五星、北斗、招摇、青龙、朱雀、白虎、玄武等十旗，皆以十七人维之。其祥瑞旗八，绍兴二十五年所制也。是岁，适当郊祀，而太庙生灵芝九茎，赣州进太平瑞木，道州连理木，遂宁府嘉禾，镇江府瑞瓜，南安军双莲花，严州兜率寺、信州玉山芝草，黎州甘露，礼部侍郎王珉等请绘之华旗，以纪盛美焉。

五牛旗，依方色，皆小舆上刻木为牛，背插旗。错采为牛，旗竿上有小盘，盘衣及舆衣，亦并绣牛形。舆士各四人，服绣五色牛衣。自太祖时诏用之。神宗熙宁七年，太常寺言：“大驾卤簿羊车，本前代宫中所乘；五牛旗，盖古之五时副车也。以木牛载旗，用人舆之，失其本制，宜省去。”从之。

牙门旗，古者，天子出建大牙。今制，赤质，错采为神人象，中道前后各一门，左右道五门，门二旗，盖取周制：“树旗表门”及“天子五门”之制。

驾头，一名宝床，正衙法坐也。香木为之。四足璙山，以龙卷之。坐面用藤织云龙，四围错采，绘走龙形，微曲。上加绯罗绣褥，裹以绯罗绣帕。每车驾出幸，则使老内臣马上拥之，为前驱焉。不设，则以朱匣韬之。

幡，本帜也，貌幡幡然。有告止、传教、信幡，皆绛帛，错采为字，上有朱绿小盖，四角垂罗文佩，系龙头竿上。其错采字下，告止为双凤，传教为双白虎，信幡为双龙。又有绛引幡，制颇同此，作五色间晕，无字，两角垂佩。中兴为六角盖，垂珠佩，下有横木板，作碾玉文。三幡，亦以错采篆书“告止”、“传教”、“信幡”。

幢，制如节而五层，韬以袋，绣四神，随方色，朱漆柄。取《曲礼》：“行前朱雀而后玄武，左青龙而右白虎”之义。王公所给幢，黑漆柄，紫绫袋。中兴，用生色袋。

皂纛，本后魏纛头之制。唐卫尉器用，纛居其一，盖旄头之遗象。制同旗，无文采，去锑首六脚。《后志》云：“今制，皂边皂游，游为火焰之形。”金吾仗主之。每纛一人持，一人拓之。乘舆行，则陈于卤簿,左右各六。

绛麾,如幢,止三层,紫罗囊蒙之。王公麾,以紫绫袋。

黄麾,古有黄、朱、纁三色,所以指麾也。汉卤簿有前黄麾护驾御史。宋制,绛帛为之,如幡,错采成"黄麾"字,下绣交龙;朱漆竿,金龙首,上垂朱绿小盖。神宗元丰二年,详定朝会御殿仪注所言:

按《周礼》"木辂建大麾,以田"。郑氏曰:"大麾不在九旗之中。以正色言之,则黑,夏后氏所建。"《礼记》曰:"有虞氏之旗,夏后氏绥。"郑氏曰:"绥,谓注旄牛尾于杠首。所谓大麾,《书》曰'王右秉白旄以麾'。孔颖达曰:"虞世但注旄,夏世始加旒縿。"《西京杂记》,汉大驾有前黄麾。崔豹《古今注》:"麾,所以指麾,乘舆以黄,诸公以朱,刺史二千石以纁。"《开元礼义纂》曰:"唐太宗法夏后之前制,取中方之正色,故制大麾,色黄。"

今礼有黄麾,其帛十二幅。《开宝通礼义纂》曰:"黄,中央之色。此仗最近车辂,故以应象,取其居中,导达四方,含光大也。"今卤簿黄麾,以夏制言之,则状不类旗;以汉制言之则色又不黄。伏请制大麾一:注麾于竿首,则法夏后氏之制;其色正黄,则用汉制;以十二幅为旗,则取唐制;以一旒为之,则取今龙墀旗之制。当元会陈仗卫,建大黄麾一于当御厢之前,以为表识。其当御厢之后,则建黄麾幡二。

并上大黄麾、黄麾幡制度。神宗批曰:"黄麾制度,考详前志,终是可疑。今凿而为之,植于大庭中外共瞻之地,或为博闻多识者所讥。宜且阙之,更俟讨求,黄麾幡仍旧。"

氅,本缉鸟毛为之。唐有六色、孔雀、大小鹅毛、鸡毛之制。《后志》云:"今制有青、绯、皂、白、黄五色,上有朱盖,下垂带,带绣禽羽,末缀金铃。青则绣以孔雀,五角盖;绯则绣以凤,六角盖;皂则绣以鹅,六角盖;白亦以鹅,四角盖;黄则绣以鸡;四角盖。每角缀垂佩,揭以朱竿,上如戟,加横木龙首以系之。"

金节,隋制也。黑漆竿,上施园盘,周缀红丝拂八层,黄绣龙袋笼之。王公以下皆有节,制同金节,韬以碧油。

伞,古张帛避雨之制。今有方伞、大伞,皆赤质,紫表朱里,四角铜蟠首。六引内者,其制差小。哲宗元祐七年,太常寺言:《开元礼》大驾八角紫伞,王公已下四角青伞。今《卤簿图》但引紫伞,而无青伞之文。诏改用。绍兴十三年将郊,诏伞、扇如旧制,拂扇等不以珠饰。

盖,本黄帝时有云气为花薷之象,因而作也。宋有花盖、导盖,皆赤质,如伞而圆,沥水绣花龙。又有曲盖,差小,惟乘舆用之。人臣则亲王或赐之,而以青缯绣瑞草焉。

睥睨,如华盖而小。

扇筤,绯罗绣扇二,绯罗绣曲盖一,并内臣马上执之。驾头在细仗前,扇筤在乘舆后。大驾、法驾、鸾驾,常出并用之。扇园,径四尺二寸,柄长八尺二寸,黄茸绣团龙,仍用金涂铜饰。扇有朱团及雉尾四等。朱团绣云凤或杂花,黑漆柄,金铜饰。雉尾皆方,绣雉尾之状,有三等;大雉扇长五尺二寸,阔三尺七寸;中扇、小扇递减二寸。下方上杀,以绯罗绣雉尾之状,中有双孔雀杂花,下施黑漆横木长柄,以金涂铜饰。乘舆出入,必以前持郭蔽。凡朔望朝贺、行册礼,皇帝升御坐,必合扇,坐定去扇,礼毕驾退,又索扇如初。盖谓天子升降俯仰,众人皆得见之,非肃穆之容,故必合扇以郭焉。

罕、毕,象"毕、昴为天阶",故为前引,皆赤质。金铜饰,朱藤结网,金兽面。罕方,上有二蟠首衔红丝拂;毕园,如扇。

香镫,唐制也。朱漆案,绯绣花龙衣,上设金涂香炉、烛台。长竿二,舆士八人。金涂银火镰、香匙副之。

大角,黑漆画龙,紫绣龙袋。

长鸣、吹鸣、大小横吹,五色衣旛,绯掌画交龙。《乐令》,三品已上,绯掌画蹲豹。

㨬㮘。㨬,击声也。一云象㨬牛,善斗,字从牛。唐金吾将军执之。宋制,如节有袋,上加碧油。常置朝堂,车驾卤簿出,则八枚前导;又四枚夹大将军者,名卫司㨬㮘。

㮘,长矛也。木刃,黑质,画云气。又有细㮘,制同而差小。

戟，有枝兵也。木为刃，赤质，画云气，上垂交龙掌、五色带，带末缀铜铃。又钑戟，无掌，而有小横木；钑，插也，制本插车旁。又小戟与钑戟同。

殳、叉，戟之类。殳，无刃而短，黑饰两末。叉，青饰两末。并中白，画云气，各缀朱丝拂。

枪，槊也。唐羽林所执，制同槊而铁刃，上缀朱丝拂。

仪镗。钺属也，秦、汉有之。唐用为仪仗，刻木如斧，涂以青，柄以黄，上缀小锦幡，五色带。

班剑，本汉朝服带剑。晋以木代之，亦曰"象剑"，取装饰斑斓之义。鞘以黄质，紫斑文，金铜饰，紫丝条纷锴。

御刀，晋、宋以来有之。黑鞘，金花银饰，靶鞗，紫丝绦条纷锴。又仪刀，制同此，悉以银饰，王公亦给之。

刀盾。刀，本容刀也；盾，旁排也。一人分持。刀以木为之。无鞘，有环，紫丝条纷锴。盾，赤质，画，异兽。又朱藤绿络盾，制悉同，唯绿藤绿质，皆特执之。

幨弩，汉京尹、司隶前驱，持弓以射窥者。宋制，每弩加箭二，有鞁，画云气，仗内弩皆同。

弓箭，每弓加箭二，有鞁，同幨弩。

车辐，棒也，形如车轮辐。宋制，朱漆八棱白干。

柯舒，黑漆棒也，制同车轴，以金铜钉饰。

镫杖，黑漆弩柄也。以金铜为镫及饰，其末紫丝条系之。

鸣鞭，唐及五代有之。《周官》条狼氏执鞭趋辟之遗法也。内侍二人执之，鞭鞘用红丝而渍以蜡。行幸，则前骑而鸣之，大祀礼毕还宫，亦用焉；视朝、宴会，则用于殿庭。

诞马，散马也。加金涂银闹装鞍勒。乘舆以红绣鞯，六鞘，王公以下用紫绣及刬花鞯。哲宗元祐七年，太常寺言："诞马，按《卤簿图》曰："旧并施鞍鞯。景祐五年去之。昨纳后，诞马犹施鞍鞯，今欲乞除去，仍依《卤簿图》，用缨、辔、绯屉。"

御马鞍勒之制，有金、玉、水晶、金涂四等闹装，钑鞢促结为坐龙，碾钑镂尘沙面、平面、洼面、方团、寸节、卷荷校具，皆垂六鞘，金银裹鞍桥、衔镫，朱黄丝条辔鞦，绯黄织绣或素圜鞯，襻襆用金银线织或绯黄绘，鞭用紫竹，红、黄丝鞘，缨以红、黄牦牛尾，金为钑。每日，马五匹供奉，鞍用玉及金涂，襻襆皆素。行幸则十四匹，加真金、水晶之饰。太宗至道二年诏："先是，御马以织成鞁覆鞍勒，今后以广绢代之。"

马珂之制，铜面，雕翎鼻拂，攀胸，上缀铜本叶、红丝拂。又胸前及腹下，皆有攀，缀铜铃；后有跋尘、锦包尾。独卤簿中金吾卫将军导驾者，皆有之。

甲骑具装，甲，人铠也；具装，马铠也。甲以布为里，黄绘表之，青绿画为甲文，红锦襈，青绘为下裙，绛韦为络，金铜钑，长短至膝。前膺为人面二，自背连膺以缠以锦腾蛇。具装，如常马甲，加珂拂于前膺及后鞦。

球杖，金涂银里，以供奉官骑执之，分左右前导。大礼，用百人，花脚幞头、紫绣袄袍袄。常出，三十人，公服，皆骑导。

鸡竿，附竿为鸡形，金饰，首衔绛旛，承以采盘，维以绛索，揭以长竿。募卫士先登，争得鸡者，官给以缬袄子，或取绛旛而已。大礼毕，丽正门肆赦则设之。其义则鸡为巽神，巽主号令，故宣号令则象之。阳用事则鸡鸣，故布宣阳泽则象之。一曰"天鸡星动为有赦"，故王者以天鸡为度。金鸡事，六朝已有之。或谓起于西京。南渡后，则自绍兴十三年始也。

大驾卤簿巾服之制：金吾上将军、将军、六统军、千牛、中郎将，服花脚幞头、抹额、紫绣袍、佩牙马，珂刀。诸卫大将军、将军、中郎将、折冲、果毅、散手翊卫，服平巾帻、紫绣袍、大口裤、锦腾蛇、银带，佩横刀，执弓箭。千牛将军，服平巾帻、紫绣袍、大口裤、银带、靴勒、横刀，执弓箭，珂马。千牛，服花脚幞头、绯绣袍、抹额、大口裤、银带、靴勒。前马队内折冲及执稍者，服锦帽、绯绣袍、银带。监门校尉、六军押仗，服幞头，紫绣裲裆。队正，服平巾帻、绯绣袍、大口裤。诸卫主率都尉，引驾骑，持钑队内校尉、旅帅，执卫司戈仗辇稍，金吾十六骑,班剑、仪刀队,亲勋翊卫,执大角人,并服平巾帻、绯绣裲裆、大口裤,佩横刀,执弓箭。金吾押牙,服金鹅帽,紫绣袍,银带,仪刀。金吾持纛者,服乌纱帽、皂衣、裤、鞋袜。金吾押纛,服幞头、皂绣衫、大口裤、银带、乌皮靴。执金吾辇猾,服锦袍帽、臂韝、银带、乌皮靴。

清游队、伙飞、执副仗猾,服甲骑具装、锦臂韝,横刀,执弓箭,白裤。朱雀队执旗及执牙门旗,执绛引幡、黄麾幡者,并服绯绣衫、抹额、大口裤、银带。执戈仗,前后步队、真武队执旗,前后部黄麾,执日月合璧等旗,青龙白虎队、金吾细仗内执旗者,并服五色绣袍、抹额、行滕、银带;执白干棒人,加银褐捍腰。执龙旗及前马队内执旗人,服五色绣袍、银带、行滕、大口裤。执弓箭、执龙旗副竿人,服锦帽、五色绣袍、大口裤、银带。执弩、弓箭人,服锦帽、青绣袍、银带。前后步队人,服五色鍪甲、锦臂韝、鞋袜、裤、银带。朱雀队内执弓箭、弩、猾,虞候伙飞,执长寿幢、宝舆法物人,并服平巾帻、绯绣袍、大口裤、银带。援宝,执绛麾、真武幢叉人,并服武弁、紫绣衫。持钑队、殿中黄麾、伞、扇、腰舆、香镫、华盖,指南、进贤等车驾士,相风、钟漏等舆舆士,并服武弁、绯绣衫。驾羊车童子,服垂耳髻、青头䌽、青绣大袖衫、裤、勒帛、青耳履。执引驾龙墀旗、六军旗者,服锦帽、五色绣衫、锦臂韝、银带。引夹旗及执柯舒、镫仗者,服帖金帽,余同上。执花凤、飞黄、吉利旗者,服银褐绣衣、抹额、银带。夹毂队,服五色质鍪、铠、锦臂韝、白行滕、紫带、鞋袜。骁卫翊卫三队,服平巾帻、绯绣袍、大口裤、锦螣蛇。五辂、副辂、耕根车驾士,服平巾帻、青绣衫、青履鞯。教马官,服幞头、红绣抹额、紫绣衫、白裤、银带。掌辇、主辇,服武弁、黄绣衫、紫绣诞带。拢御马者,服帖金帽、紫绣大袖衫、银带。执真武幢者,服武弁、皂绣衫、紫绣诞带。五牛旗舆士,服武弁、五色绣衫、大口裤、银带。掩后队,服黑鍪甲、锦臂韝、行滕。

鼓吹令、丞,服绿裤褶冠、银褐裙、金铜革带、绯白大带、履鞯。太常寺府史、典事、司天令史,服幞头、绿衫、黄半臂。太常主帅㧖鼓、金钲、节鼓人,服平巾帻、绯绣袍、大口裤,抹带、锦螣蛇;歌、拱宸管、箫、笳、笛、觱栗,无滕蛇。太常大鼓、长鸣、小鼓、中鸣,服黄雷花袍、裤、抹额、抹带。太常铙、大横吹,服绯莒文袍、裤、抹额、抹带。太浑羽葆鼓、小横吹,服青莒文袍、裤、抹额、抹带。排列官、令史、府史,服黑介帻、绯衫、白裤、白勒帛。司辰、典事、漏刻生,服青裤褶冠、革带。殿中少监、奉御、供奉、排列官,引驾仗内排列承直官、大将、金吾引驾、押仗、押旗,服幞头、紫公服、乌皮靴。尚辇奉御、直长、乘黄令丞、千牛长史、进马四色官,服幞头、绿公服、白裤、金铜带、乌皮靴。殿中职掌执伞扇人,服幞头、碧襕、金铜带、乌皮靴。旧衣黄,太平兴国六年,并内侍省并改服以碧。

凡绣文:金吾卫以辟邪,左右卫以瑞马,骁卫以雕虎,屯卫以赤豹,武卫以瑞鹰,领军卫以白泽,监门卫以师子,千牛卫以犀牛,六军以孔雀,乐工以鸾,耕根车驾士以凤衔嘉禾,进贤车以瑞麟,明远车以对凤,羊车以瑞羊,指南车以孔雀,记里鼓、黄钺车以对鹅,白鹭车以翔鹭,鸾旗车以瑞鸾,崇德车以辟邪,皮轩车以虎,属车以云鹤,豹尾车以立豹,相风乌舆以乌,五牛旗以五色牛,余皆以宝相花。

六引内巾服之制:清道官,服武弁、绯绣衫、革带。持幰弩、车辐棒者,服平巾赤帻、绯绣衫、赤裤、银带。青衣,服平巾青帻、青裤褶。持戟、伞、扇、刀盾者,服黄绣衫、抹额、行縢、银带。持幡盖者,服绣衫、抹额、大口裤、银带。内告止幡、曲盖以绯,传教幡、信幡、绛引幡以黄。执诞马镫、仪刀、麾、幢、节、夹翣、大角者,服平巾帻、绯绣衫、大口裤、银带。大驾卤簿内,执镫,并锦络衫帽。持弓箭、矟者,服武弁、绯绣衫、白裤。驾士,服锦帽、绣戎服大袍、银带。弓箭以青,矟以紫。持捆鼓者,服平巾帻、绯绣对凤袍、大口裤、白抹带、锦滕蛇。铙吹部内,服平巾帻、绯绣袍、白抹带、白裤,余悉同大驾前后部。

其绣衣文:清道以云鹤,幰弩以辟邪,车辐以白泽,驾士司徒以瑞马,牧以隼,御史大夫以獬豸,兵部尚书以虎,太常卿以凤,县令以雉,乐工以鸾,余悉以宝相花。

太祖建隆四年,范质议:按《开元礼》,武官陪立大仗,加滕蛇裲裆,如袖无身,以覆其膊胳,盖掖下缝也。从肩领覆臂膊,共一尺二寸。又按《释文》、《玉篇》相传云:其一当胸,其一当背,谓之"两当"。今详称裆之制,其领连所覆膊胳,其一当左膊,其一当右膊,故谓之"起膊"。今请兼存两说择而用之,造裲裆,用当胸、当背之制。宣和元年,礼制局言:鼓吹令、丞冠,又名"裤褶冠"。今卤簿既除裤褶,冠名不当仍旧,请依旧记如《三礼图》"委貌冠"制。从之。

宋史卷一四九
志第一〇二

舆服一

五辂　大辂　大辇　芳亭辇　凤辇
逍遥辇　平辇　七宝辇　小舆
腰舆　耕根车　进贤车　明远车
羊车　指南车　记里鼓车　白鹭车
鸾旗车　崇德车　皮轩车　黄钺车
豹尾车　属车　五车　凉车
相风乌舆　行漏舆　十二神舆
钲鼓舆　钟鼓楼舆

　　昔者圣人作舆,轸之方以象地,盖之园以象天。《易传》言:"黄帝、尧、舜,垂衣裳而天下治,盖取诸乾坤。"夫舆服之制,取法天地,则圣人创物之智,别尊卑,定上下,有大于斯二者乎!舜命禹曰:"予欲观古人之象,日、月、星辰、山、龙、华虫作会,宗彝、藻、火、粉米、黼、黻缔绣,以五采彰施于五色,作服,汝明。"《周官》之属,有巾车、典路、司常,有司服、司裘、内司服等职。以是知舆服始于黄帝,成于唐、虞,历夏及商,而大备于周。周衰,列国肆为侈汰。秦并之,揽上选以供服御,其次以赐百官,始有大驾、法驾之制;又自天子以至牧守,各有卤簿焉。汉兴,乃不能监古成宪,而效秦所为。自是代有变更,志有详略。《东汉》至《旧唐书》皆称《舆服》,《新唐书》改为《车服》,郑樵合诸代为通志又为器服。其文虽殊,而考古制作,无以尚于三代矣。

夫三代制器,所以为百世法者,以其华质适中也。孔子答颜渊为邦之问曰:"乘殷之辂,服周之冕。"且《礼》谓"周人上舆",而孔子独取殷辂,是殷之质胜于周也。又言禹:"致美乎黻冕"。而论冕以周为贵,是周之文胜于夏也。盖已不能无损益于其间焉。不知历代于秦已还,何所损益乎?

宋之君臣,于二帝、三王、周公、孔子之道,讲之甚明,至其规模制度,饰为声明,已足粲然,虽不能尽合古制,而于后代庶无愧焉。宋初,衮冕缀饰不用珠玉,盖存简俭之风。及为卤簿,又炽以旗帜,华以绣衣,褒以球杖,岂非循袭唐、五季之习,犹未能尽去其陋邪?诒之子孙,殆有甚焉者矣。迄于徽宗,奉身之欲,奢荡靡极,虽欲不亡得乎?靖康之末,累朝法物,沦没于金。中兴,掇拾散逸,参酌时宜,务从省约。凡服用锦绣,皆易以缬、以罗;旗仗用金银饰者,皆易以绘、以鍮。建炎初,有事郊报,仗内拂扇当用珠饰。高宗曰:"事天贵质,若尚华丽,非禋祀本意也。"是以子孙世守其训,虽江介一隅,而华质适时,尚足为一代之法。其儒臣名物度数之学,见诸论议,又有可观者焉。今取旧史所载,著于篇,作《舆服志》。

五辂。宋自神宗以降,锐意稽古,礼文之事,招延儒士,折衷同异。元丰有祥定礼文所,徽宗大观间有议礼局,政和又有礼制局。先是,元丰虽置局造辂,而五辂及副辂,多仍唐旧。

玉辂,自唐显庆中传之,至宋曰显庆辂,亲郊则乘之。制作精巧,行止安重,后载太常与阊戟,分左右以均轻重,世之良工,莫能为之。其制:箱上置平盘、黄屋,四柱皆油画刻镂。左青龙,右白虎,龟文,金凤翅、杂花,龙凤,金涂银装,间以玉饰。顶轮三层,施银耀叶,轮衣、小带、络带并青罗绣云龙,周缀缀带、罗文佩、银穗球、小

铃。平盘上布黄褥，四角勾阑设园鉴、翟羽。虚匮内贴银镂香罍，轼
匮银龙二，衔香囊，银香炉，香宝，锦带，下有障尘。青画轮辕，银毂
乘叶，三辕，银龙头，横木上有银凤十二。左建青旗，十有二旒，皆绣
升龙；右载阇戟，绣黻文，并青绣绸杠。又设青绣门帘，银饰梯一，拓
叉二，推竿一，银踏头，银装行马，青缯裹挽索。驾六青马，马有金
面，插雕羽，鞶缨，攀胸铃拂，青绣屉，锦包尾。又诞马二，在辂前，饰
同驾马。余辂及副辂皆有之。驾士六十四人。金辂色以赤，驾六赤马，
建大旗，驾士六十四人。象辂色以浅黄，驾六赭白马，建大赤，驾士
四十人。革辂色以黄，驾六騧马，建大白，驾士四十人。木辂色以黑，
驾六黑骝马，建大麾，驾士四十人。自金辂而下，其制皆同玉辂，惟
无玉饰。五副辂并驾六马，驾士四十人，当用银饰者，皆以铜，馀制
如正辂。

　　政和三年，议礼局更上皇帝车辂之制，诏颁行。玉辂，箱上平
盘、黄屋以下皆如旧。顶轮三层，内一层素，轮顶上施金涂银山花叶
及翟羽，青丝绣云龙络带二，周缀杂色緌带八、铜佩八、银穗球二。
平盘上布红罗绣云龙褥，曲几、扶几，上下设银螭首二十四。四角勾
阑设圆鉴一十六，青罗绣宝相花带，火珠二十八。香匮设香炉，红罗
绣宝相花带香囊，香宝，银结绶二，红罗绣云龙结绶一，红锦帜龙凤
门帘一。青画轮辕，银毂乘叶。轼匮、横辕、前辕并饰以金涂银螭首，
横辕上施银立凤一十二。左建太常，十有二旒；右载阇戟，绣黻文。
杠绔一，以青绣，杠首饰以银螭首。金涂铜钹，青犛牛尾拂，青缯裹
索。驾青马六，马有铜面，插雕羽，鞶缨，攀胸铃拂，青线织屉，红锦
包尾。又踏路马二，在辂前，饰同驾马。凡大祭祀乘之。

　　金辂以下，并以次列其后。若大朝会、册命皇太子诸王大臣，则
设五辂于大庆殿庭，为充庭之仪。金辂赤质，以金饰诸末，建大旗，
余同玉辂，驾赤马六；凡玉辂之饰以青者，金辂以绯。象辂浅黄质，
金涂铜装，以象饰诸末，建大赤，余同玉辂，驾赭白马六；凡玉辂之
饰以青者，象辂以银褐。革辂黄质，鞔之以革，建大白，余同玉辂，驾
赤马六；凡玉辂之饰以青者，革辂以黄。木辂黑质漆之。建大麾，余

同玉辂,驾黑骝六;凡玉辂之饰以青者,木辂以皂。凡玉辂用金涂银装者,象辂、革辂、木辂及五副辂,并金涂铜装。

又礼制局言:"玉辂马缨十二而无采,不应古制,欲以五采罽饰樊缨十有二就。辂衡、轼并无鸾和,乞添置。盖弓二十有二,不应古制,乞增为二十八,以象星。又《巾车》'言玉辂建太常'而不言色,《司常》注云:'九旗之帛皆用绛,以周尚赤故也。'《礼记月令》中央'天子乘大辂,载黄旗,'以金、象、木、革四辂及所建之旗,与四时所乘所载皆合。今玉辂所建之旗,以青帛十二副连属为之,有升龙'而非交龙,又无三辰,皆非古制。如依成周以所尚之色则用赤,依《月令》兼四代之制则当用黄,仍分缜、斿之制及绣画三辰于其上。今改制,太常其斿曳地,当依《周官》以六人维之。又《左传》言:'锡鸾和铃,昭其声也。'注:'锡在马额,铃在旗首。'今旗首无铃,乞增置。又车盖周以流苏及佩各八,无所法象,欲各增为十二,以应天数。又辂之诸末,尽饰以玉,为称其实,而罗纹杂佩乃用涂金,乞改为玉。又车箱两輢有金涂龟文及鹓翅,左龙右虎,乃后代之制,欲改用螭龙,加玉为饰。"又言:"既建太常当车之后,则自后登车有妨。《曲礼》言:'君车将驾,则仆执策立于马前,已驾,仆展轮,效驾,奋衣由右上,取贰绥跪乘,执策分辔,驱之,五步而立,君出就车。'则君升车亦当自右,由前而入。今玉辂前有式匮,不应古制,恐当更易,以便登车及改式之制。又《礼记》言:'车得其式,'《周官舆人》:'三分其隧,一在前,二在后,以揉其式,以其广之半为之式崇。三分轸围,去一以为式围。三分轵围,去一以为轵围。'注:'立者为轵,横者为轵。'今玉辂无式。"

诏:"玉辂用青质,轮辋络带,其色如之。四柱、平盘、虚匮则用赤,增盖弓之数为二十八,左右建旗、常,并青。太常绣日月、五星、二十八宿,旗上则绣以云龙。朱杠,青绥,铃垂十有二就,流苏及佩各增十二之数。樊缨饰以五采之罽,衡式之上又加鸾和。辂之诸末,耀叶、螭头、云龙、垂牙、锤脚、花版、结绥、罗纹杂佩、羽台、麻炉、葱台、香宝、压贴牌字,皆饰以玉。自后而升,式匮不支。既成,高二丈七寸五分,阔一丈五尺。副玉辂,亦用青色,旧驾马四,增为六,色亦以青。"

政和四年,诏改修正副略,讨论制造金、象、革、木四辂,并依新修玉辂制度。旗、常并建,各与辂一色。除去阑戟,改车箱两輤龟文、鹓翅、左龙、右虎之饰,并用蟉龙。增盖弓、博山、流苏等数,轼衡加和鸾,以合于古。金辂朱质,饰以金涂银;左右建太常、大旗及轮衣、络带等,色皆以黄;龙旗九斿,如《周官》金辂建大旗之制;驾马以骝,饰樊缨五采九就。象辂朱质,凡制度、装缀、名物并同金辂,饰以象及金涂银铜输石;左右建太常、太赤、轮衣、络带等,色皆以红;大赤绣鸟隼七游,如《周官》象辂建大赤之制;驾马以赤,饰樊缨七就。革辂朱质,凡制度、装缀、名物并同金辂,饰以金涂铜输石;左右太常、大白及轮衣、络带等,色皆以浅黄;大白绣熊虎六游,如《周官》革辂建大白之制;驾马以赭白,饰樊缨五就。木辂朱质,凡制度、装缀、名物皆同金辂,饰以金涂输石;左右建太常、大麾及轮衣、络带等。色皆以皂;大麾绣龟蛇四游,如《周官》木辂建大麾之制;驾马以乌,饰樊缨三就。四辂驾马各六。玉辂驾士六十四人,余皆四十人。

又礼制局增改雅饰诸辂:旧副玉辂色青,饰以金,改用黄而饰以玉;樊缨如正辂之制,建太常,色黄,饰以组,象日月于缥、星辰于斿,其长曳地。旧金辂改用青,饰以金;樊缨以五采罽而九就;建大旅,色青,饰以组,象交龙于缥、升龙于斿,其长齐轸。象辂改用赤,饰以象;樊缨以五采隼而七就;建大赤,色赤,饰以组,象鸟隼于缥、斿,其长齐较。革辂改用白,饰以革;龙勒条缨,建大白,色白,饰以组,象熊虎于缥、斿,其长齐肩。三辂皆维以缕,削幅为之。木辂依旧色,而饰以漆,其色黑;前樊鹄缨,建大麾,色黑,饰以组,象龟蛇于缥、斿,其长齐首;维以缕,充幅为之。又诏玉辂身仍用红,太常、旗、络带等用黄,余常、旗、络带,亦随其辂色。

高宗渡江,卤簿、仪仗悉毁于兵。绍兴十二年,始命工部尚书莫将、户部侍郎张澄等以《天禧》、《宣和卤簿图》考究制度,及故内侍工匠省记指说,参酌制度。是年九月,玉辂成;明年,遂作金、象、革、木四辂,副辂不设。玉辂之制,青色,饰以玉,通高十九尺,轮高六十三寸,辐径三十九寸,轴长十五尺三寸。顶上剡为轮三层,象天圜也。外施青玉博山八十一,一名耀叶。镂以金涂龙文,覆以青罗,曰轮衣。缀垂玉佩,间以五色垂犛尾,曰流苏。一名缨带。顶四角分垂青罗曰络带,表里绣云龙。遇雨,则油黄缯覆之。

辂之中四柱,象地方也,前柱卷龙。平盘上布锦褥,前有横轼,后垂锦软廉。登车则自后卷廉梯级以登。四面周以阑而阙其中,以备登降。执绥官先自右升,立于右柱下,以备顾问。阑柱头有玉蹲龙。轼前有牌,镂曰"玉辂",以玉篆之,上有玉龙二。中设御坐,纯以黄香木为之,取其黄中之正色也。下有涂金蹲龙十六。在平盘四围下,又有拓角云龙,金彩饰之,前后左右各二。前有辕木三,鳞体昂首龙形。辕木上束两横竿,在前者名曰凤辕,马负之以行;次曰推辕,班直推之以助马力。横于辕后者名曰压辕,以人压于后,欲取其平。车轮三岁一易,心用榆,圜数尺,圈以铁,以防折裂。横贯大木以为轴,夹以两轮,轮皆彩画,此辂下饰也。每新轮成,载铁万斤试之。

左建太常,右建龙旗,插于辂后两柱之金环前。驾青马六,马有镂锡,鞶缨,金铃,红旆绣屟,金包骏,锦包尾,青绘裹索引之。驾士二百三十二人。诞马十二人,左右索百二十八人,入辕马十二人,龙头子二人,前后抱辕各六人,推竿四人,捧轮四人,拓叉四人,净席四人,前拦人员一人,后拦人员一人,前拦马八人,后拦马八人,踏道人员二人,踏道二十人,小拓叉四人,小梯子二人,烛台二人,香匙剪子二人,左右索人员二人。又有呵喝人员二人,教马官二人,捧轮将军四人,千牛卫将军二人,推轮轴官健八人,抱太常龙旗官六人,职掌五人,专知官一人,手分一人,库子八人,装挂工匠二人,诸作工匠十五人,盖覆仪鸾司十一人,监官三员。

金辂黄色,饰以金涂银,制如玉辂,而高减五寸;博山、轮衣、络带、辕辐、轴并以黄,建大旗九游;驾黄马六,驾士一百五十四人。象辂朱色,饰以象及金涂铜,制如金辂;博山、轮衣、络带并以朱,建大赤七游;驾赤马六,驾士一百五十四人。革辂浅黄白色,饰以金涂铜，制如象辂；博山、轮衣、络带并以浅黄白，建大白六游；驾黄白马六，驾士百五十四人。木辂黑色，饰以金涂银，制如革辂；博山、轮衣、络带并以黑，建大麾四游；驾黑马六，驾士一百五十四人。五辂驾士服色：平巾帻、青绢抹额、缬绢对花凤袍、绯缬绢对花宽袖袄、罗抹绢裤、袜、麻鞋，其色各从其辂。

大辂。政和六年，徐秉哲言："南北郊，皇帝乘玉辂以赴斋宫。自斋宫赴坛，正当祀天祭地，乃乘大辇，疑非礼意。"下礼制局讨论。礼制局请："造大辂如玉辂之制，唯不饰以玉。所驾之马，其数如之，唯樊缨一就，以称尚质之义。仍建大旗十有二旒，龙章日月，以协象天之义。至礼毕远斋宫，则御大辇，于礼无嫌。"从之。

大辇。《周官》巾车氏有辇车，以人组挽之，宫中从容所乘。唐制，辇有七：一曰大凤辇，二曰大芳辇，三曰仙游辇，四曰小轻辇，五曰芳亭辇，六曰大玉辇，七曰小玉辇。

太祖建隆四年，翰林学士承旨陶谷为礼仪使，创意造为大辇：赤质，正方，油画，金涂银叶，龙凤装。其上四面行龙云气，火珠方鉴，银丝囊网，珠翠结条，云龙钿窠霞子。四角龙头衔香囊，顶轮施耀叶。中有银莲花坐龙，红绫里，碧牙压帖。内设圆鉴，银丝香囊，银饰勾阑、台坐，红丝缘网，帉错。中施黄褥，上置御坐，扶几，香炉，锦结绶。几衣、轮衣、络带并绯绣压金银线。长竿四，银裹铁镉龙头，鱼钩，锦膊褥，银装画梯，拓叉，黄罗缘席、褥、帊，梯杖褥，朱索，绯缯油帊。主辇六十四人。亲祀南郊、谒太庙还及具銮驾黄麾仗、省方还都，则乘之。

真宗东封，以旧辇太重，遂命别造，凡减七百馀斤，后常用焉。神宗已后，其制：赤质，正方，油画，金涂银龙凤装，朱漆天轮一，金涂银顶龙一。四面施行龙一十六，火珠四。四角龙头四，穗球一十二。顶轮施耀叶，红罗轮衣一，缀银铃，红罗络带二。中设御坐、曲几、锦褥等，施屏风，香炉，结绶。长竿四，饰以金涂银龙头。祀毕，车驾还内,若不进辂,则乘大辇。

政和之制:黄质,冒以黄衣,纮以黄带。车箱四围,于桯之外,高二尺二寸。设轼于前楹,轼高三尺二寸。建大旗于后楹,旗十二游,其长曳地,其色黄,绘以交龙;素帛为参,绘以日月,以弧张幅,以镯韬弧;杠以青锦绸之,注旄于竿首,系以铃。

国朝之辇有七,中兴后,唯存大辇、平辇、逍遥三辇而已。大辇又曰大安辇,其制:赤质,正方,高十五尺三寸,方十一尺六寸。四柱,平盘,上覆青绿锦。上有天轮三层,外施金涂银博山八十一。内有圆镜,金涂银顶龙一,四面行龙十六,火珠四。轮衣以青,坠以金铃,顶有青罗十字分垂四角,曰络带。四角出龙首,衔氂牛五色尾,曰旒绥。四面拱斗,外施方镜,九柱围以朱阑,中设御坐、曲几、屏风、锦褥。下举以长竿四,攒竹筋胶丹漆之。竿为龙首。平盘下,四围结红丝网。辇官服色:武弁,黄缬对凤袍,黄绢勒帛,紫生色袒带,紫绢行縢。

芳亭辇,黑质,顶如幕,屋绯罗衣,裙襕、络带皆绣云凤。两面朱绿窗花版,外施红丝网绸,金铜坌镨,前后垂帘,下设牙床、勾阑。长竿四,银龙头,银饰梯,行马。主辇一百二十人。政和之制,帘以红罗绣鹅为额,内设御坐,长竿饰以金涂铜螭首,横竿二。

凤辇,赤质,顶轮下有二柱,绯罗轮衣,络带、门帘皆绣云凤。顶有金凤一,两壁刻画龟文、金凤翅。前有轼匮、香炉、香宝、结带,下有勾阑二重,内设红锦褥。长竿三,银饰梯,行马。主辇八十人。法驾卤簿,不设凤辇。

逍遥辇,以棕榈为屋,赤质,金涂银装,朱漆扶版二,云版一,长竿二,饰以金涂银龙头。常行幸所御。又鱼钩,坌镨,梅红条。辇官十二人,春夏服绯罗衫,秋冬服白师子锦袄。东封,别造辟尘逍遥辇,加窗隔,黄缯为里,赐名省方逍遥辇。中兴之制,赤质,金涂四柱,棕屋上有走脊金龙四,中起火珠凸顶,四面不设窗障,中有御踏子,制甚简素。祗应人员服帽子、宜男方胜缬衫。

平辇,又各平头辇,亦曰太平辇,饰如逍遥辇而无屋。辇官十二人,服同逍遥辇。常行幸所御。东封,别造升山天平辇,施机关,赐名曰登封辇。中兴之制,赤质,正方,形如一朱龙椅而加长竿二,饰如逍遥辇而不施棕屋,制尤简素,止施画云版而已。

又有七宝辇,隆兴二年,为德寿宫所制也。高五十一寸,阔二十七寸,深三十六寸。比附大辇、平辇制度为之。上施顶轮、耀叶、角龙、顶龙、滴子、铎子、结穗球。下施梅红丝裙网,加缀七宝。中设香木御坐,引手为转身龙,靠背为龙首,靠枰子织以红黄藤。舁以长竿二,竿为螭首,金涂银饰焉。初,有司言:“东都旧制,辇饰以玉,裙网用七宝,而滴子用真珠。”帝曰:“上皇意不然,止欲简素。”遂以涂金易玉,梅红丝结裙网,间缀七宝,而象牙易真珠。既而上皇却不受,每至大内,多乘马,而间有行幸,则用肩舆。自是,重华、寿康两宫并不别造。

小舆,赤质,顶轮下施曲柄如盖,绯绣轮衣、络带,制如凤辇而小。下有勾阑,牙床,绣沥水。中设方床,绯绣罗衣,锦褥。上有小案、坐床,皆绣衣。踏床绯衣。前后长竿二,银饰梯,行马。奉舆二十四人。中兴后,去其轮盖,方四十九寸,高三十一寸。舆上周以勾阑,施翟羽,玉照子,中为方床三级。上设御坐、曲几、踏子、曲柄绯罗绣盖,舆下红丝结五色花裙网。舁以长竿二,竿为螭首。宫殿从容所乘,设卤簿则陈之。

腰舆,前后长竿各二,金铜螭头绯绣凤裙襕,上施锦褥,别设小床,绯绣花龙衣。奉舆十六人。中兴制,赤质,方形,四面曲阑,下结绣裙网。制如小舆,惟无翟尾、玉照子、三级床、曲柄盖,而上设方御床、曲几,舁竿无螭首,用亦同小舆。

耕根车制,青质,盖三曾,馀如五辂之副。驾六青马,驾士四十人。亲祠具大驾、法驾卤簿,并列于仗内;若耕藉则乘之。国朝之车,自耕根而下,凡十有五。南渡所存,惟耕根车一而已,其制度并同,惟驾士七十五人。

进贤车,古安车也。太祖乾德元年改赤质,两壁纱窗,擎耳,虚匮,一辕,绯幰衣,络带、门帘皆绣凤,红丝网。中设朱漆床,香案,紫绫案衣,绯绢裹挽索,朱漆行马。凡车皆有挽索、行马。驾四马,驾士二十四人。

明远车,古四望车也,驾以牛。太祖乾德元年改,仍旧四马。赤质,制如屋,重槛勾阑,上有金龙,四角垂铜铎,上曾四面垂帘,下层周以花版,三辕。驾士四十人,服绣对凤。

羊车,古辇车也,亦为画轮车,驾以牛。隋驾以果下马,今亦驾以二小马。赤质,两壁画龟文、金凤翅,绯幰衣、络带、门帘皆绣瑞羊。童子十八人。

指南车,一曰司南车。赤质,两箱画青龙、白虎,四面画花鸟,重台,勾阑,镂拱,四角垂香囊。上有仙人,车虽转而手常南指。一辕,凤首,驾四马。驾士旧十八人,太宗雍熙四年,增为三十人。仁宗天圣五年,工部郎中燕肃始造指南车。肃上奏曰:

　　黄帝与蚩尤战于涿鹿之野,蚩尤起大雾,军士不知所向,帝遂作指南车。周成王时,越裳氏重译来献,使者惑失道,周公赐轪车以指南。其后,法俱亡。汉张衡、魏马钧继作之,属世乱离,其器不存。宋武帝平长安,尝为此车,而制不精。祖冲之亦复造之。后魏太武帝使郭善明造,弥年不就,命扶风马岳造,垂成而为善明鸩死,其法遂绝。唐元和中,典作官金公立以其车及记里鼓上之,宪宗阅于麟德殿,以备法驾。历五代至国朝,不闻得其制者,今创意成之。

其法:用独辕车,车箱外笼上有重构,立木仙人于上,引臂南指。用大小轮九,合齿一百二十。足轮二,高六尺,围一丈八尺。附足立子轮二,径二尺四寸,围七尺二寸,出齿各二十四,齿间相去三寸。辕端横木下立小轮二,其径三寸,铁轴贯之。左小平轮一,其径一尺二寸,出齿十二;右小平轮一,其径一尺二寸,出齿十二。中心大平轮一,其径四尺八寸,围一丈四尺四寸,出齿四十八,齿间相去三寸。中立贯心轴一,高八尺,径三寸。

上刻木为仙人,其车行,木人指南。若折而东,推辕右旋,附右足子轮顺转十二齿,击右小平轮一匝,触中心大平轮左旋四分之一。转十二齿,车东行,木人交而南指。若折而西,推辕左旋,附左足子轮随轮顺转十二齿,击左小平轮一匝,触中心大平轮,右转四分之一,转十二齿,车正西行,木人交而南指。若欲北行,或东,或西,转亦如之。

诏以其法下有司制之。

大观元年,内侍省吴德仁又献指南车、记里鼓车之制,二车成,其年宗祀大礼始用之。其指南车身一丈一尺一寸五分,阔九尺五寸,深一丈九寸,车轮直径五尺七寸,车辕一丈五尺。车箱上下为两层,中设屏风,上安仙人一执杖,左右龟鹤各一,童子四各执缨立四角,上设关戾。卧轮一十三,各径一尺八寸五分,围五尺五寸五分,出齿三十二,齿间相去一寸八分。中心轮轴随屏风贯下,下有轮一十三,中至大平轮。其轮径三尺八寸,围一丈一尺四寸,出齿一百,齿间相去一寸二分五厘,通上左右起落。二小平轮,各有铁坠子一,皆径一尺一寸,围三尺三寸,出齿一十七,齿间相去一寸九分。又左右附轮各一,径一尺五寸五分,围四尺六寸五分,出齿二十四,齿间相去二寸一分。左右叠轮各二,下轮各径二尺一寸,围六尺三寸,出齿三十二,齿间相去二寸一分;上轮各径一尺二寸,围三尺六寸,出齿三十二,齿间相去一寸一分。左右车脚上各立轮一,径二尺二寸,围六尺六寸,出齿三十二,齿间相去二寸二分五厘。左右后辕各小轮一,无齿,系竹箄并索在左右轴上,遇右转使右辕小轮触落右轮,若左转使左辕小轮触落左轮。行则仙童交而指南。车驾赤马二,铜面,插羽,鞶缨,攀胸铃拂,绯绢屈,锦包尾。

记里鼓车,一名大章车。赤质,四面画花鸟,重台,勾阑,镂拱。行一里,则上层木人击鼓;十里,则次层木人击镯。一辕,凤首,驾四马。驾士旧十八人,太宗雍熙四年,增为三十人。

仁宗天圣五年,内侍卢道隆上记里鼓车之制:“独辕双轮,箱上为两重,各刻木为人,执木槌。足轮各径六尺,围一丈八尺。足轮一周,而行地三步。以古法六尺为步,三百步为里,用较今法五尺为步,三百六十步为里。立轮一,附于左足,径一尺三寸八分,围四尺一寸四分,出齿十八,齿间相去二寸三分。下平轮一,其径四尺一寸四分。围一丈二尺四寸二分,出齿五十四,齿间相去与附立轮同。立贯心轴一,其上设铜旋风轮一,出齿三,齿间相去一寸二分。中立平轮一,其径四尺,围一丈二尺,出齿百,齿间相去与旋风等。次安小平轮一,其径三寸少半寸,围一尺,出齿十,齿间相去一寸半。上平轮一,其径三尺少半尺,围一丈,出齿百,齿间相去与小平轮同。其中平轮转一周,车行一里,下一层木人击鼓;上平轮转一周,车行十里,上一层木人击镯。凡用大小轮八,合二百八十五齿,递相钩锁,犬牙相制,周而复始。”诏以其法下有司制之。

大观之制,车箱上下为两层,上安木人二身,各手执木槌。轮轴共四。内左壁车脚上立轮一,安在车箱内,径二尺二寸五分,围六尺七寸五分,二十齿,齿间相去三寸三分五厘。又平轮一,径四尺六寸五分,围一丈三尺九寸五分,出齿六十,齿间相去二寸四分。上大平轮一,通轴贯上,径三尺八寸,围一丈一尺,出齿一百,齿间相去一寸二分。立轴一,径二寸二分,围六寸六分,出齿三,齿间相去二寸二分。外大平轮轴上有铁拨子二。又木横轴上关戾、拨子各一。其车脚转一百遭,通轮轴转周,木人各一击钲、鼓。

白鹭车,隋所制也,一名鼓吹车。赤质,周施花版,上有朱柱,贯五轮相重,轮衣以绯,皂顶及绯络带,并绣飞鹭。柱杪刻木为鹭,衔鹅毛筒,红绶带。一辕。驾四马,驾士十八人。

鸾旗车,汉制,为前驱。赤质,曲壁,一辕。上载赤旗,绣鸾鸟。驾四马,驾士十八人。

崇德车,本秦辟恶车也。上有桃弧棘矢,所以禳却不祥。太祖乾德元年,改赤质,周施花版,四角刻辟恶兽,中载黄旗,亦绣此兽。太卜署令一人,在车中执旗。驾四马,驾士十八人。政和之制,建黄罗绣崇德旗一,彩画刻木獬豸四。宣和元年,礼制局言:"崇德车载太卜令一员,画辟恶兽于旗。《记》曰'前巫而后史',《传》曰:'桃弧棘矢,以供御王事。'请以巫易太卜,弧矢易辟恶兽。"从之。

皮轩车,汉前驱车也。冒以虎皮为轩,取《曲礼》"前有士师,则载虎皮"之义。赤质,曲壁,上有柱,贯五轮相重,画虎文。驾四马,驾士十八人。政和之制,用漆柱,贯朱漆皮轩五。

黄钺车,汉制,乘舆建之,在大驾后。晋卤簿有黄钺车。唐初无之。贞观后始加。赤质,曲壁,中设金钺一,锦囊绸杠。左武卫队正一人,在车中执钺。驾两马,驾士十五人。

豹尾车。古者军正建豹尾,汉制,最后车一乘垂豹尾,豹尾以前即同禁中。唐贞观后,始加此车于卤簿内,制同黄钺车。上载朱漆竿,首缀豹尾,右武卫队正一人执之。驾两马,驾士十五人。

属车,一曰副车,一曰贰车,一曰左车。秦制,大驾属车八十一乘,法驾三十六乘。汉法驾用三十一乘,小驾用十二乘。隋制,大驾三十六,法驾十二,小驾不用。唐大驾唯用十二乘,宋因之。黑质,两箱牵装,前有曲阑,金铜饰,上施紫通幰,络带、门帘皆绣云鹤,紫丝网纷锴。每乘驾三牛,驾士十人。

五车。徽宗宣和元年,礼制局言:"旧卤簿记有白鹭、鸾旗、皮轩三车,其制非古。按《曲礼》曰:'前有水则载青旌,前有尘埃则载鸣鸢,前有车骑则载飞鸿,前有士师则载虎皮,前有鸷兽则载貔貅。'万乘一出,五车必载,所以警众也。青旌、鸣鸢、飞鸿、貔貅乃以白鹭、鸾旗杂陈其间,未为合礼。今欲改五车相次于中道。继之以崇德车,于是为备。"青旌车,赤质,曲壁,中载青旌,以绛帛为之,画青鸟于其上。鸣鸢车,赤质,曲壁,中载鸣鸢旌,以绛帛为之,画鸣鸢于其上。飞鸿车,赤质,曲壁,中载飞鸿旌,以绛帛为之,画飞鸿于其上。虎皮车,赤质,曲壁,中载虎皮旌,以绛帛为之,缘以赤,画虎皮于上。貔貅车,赤质,曲壁,旌以绛帛为之,缘以赤,画貔貅于上。其辕皆一。

凉车,赤质,金涂银装,龙凤五采明金,织以红黄藤,油壁,绯丝条龙头,梅红罗裤,银螭头,穗球,云朵踏头,莲花坐,雁钩,火珠,门沓,锯钺,频伽,大小镮,驾以橐驼。省方在道及校猎迥则乘之。

相风乌舆,上载长竿,竿杪刻木为乌,垂鹅毛铜,红绶带,下承以小盘,周以绯裙,绣乌形。舆士四人。

行漏舆,隋大业行漏车也。制同钟、鼓楼而大,设刻漏如称衡。首垂铜钵,末有铜象,漆匮贮水,渴乌注水入钵中。长竿四,舆士六十人。

十二神舆，赤质，四门旁刻十二辰神，绯绣轮衣、络带。舆士十二人。

交龙钲、鼓舆各一，皆刻木为二青龙相交，下有木台、长竿，一挂画鼓，一挂金钲，上皆有绯盖，亦绣交龙。舆士各二人。中兴后，相风、行漏、十二神、钲鼓四舆，悉省去。

钟鼓楼舆各一，本隋大驾钟车、鼓车也。皆刻木为屋，中置钟、鼓，下施木台、长竿，如钲、鼓舆。舆士各二十四人。

行漏舆、十二神舆、交龙钲鼓舆、钟鼓楼，旧礼无文，皆太祖开宝定礼所增。